The Greek Versions of the Testaments of the Twelve Patriarchs

Ancient Texts and Translations

Series Editor K. C. Hanson

Robert William Rogers
Cuneiform Parallels to the Old Testament

D. Winton Thomas, editor
Documents from Old Testament Times

Hugo Radau
Early Babylonian History

Henry Frederick Lutz
Early Babylonian Letters from Larsa

Albert T. Clay
Babylonian Epics, Hymns, Omens, and Other Texts

Daniel David Luckenbill
The Annals of Sennacherib

A. E. Cowley
Aramaic Papyri of the Fifth Century B.C.

G. R. Driver
Aramaic Documents of the Fifth Century B.C., rev. ed.

Adolf Neubauer
The Book of Tobit

August Dillman
The Ethiopic Text of 1 Enoch

R. H. Charles
The Apocrypha and Pseudepigrapha of the Old Testament

R. H. Charles
The Book of Enoch

R. H. Charles
The Book of Jubilees

R. H. Charles
The Testaments of the Twelve Patriarchs

R. H. Charles
*The Greek Versions of
the Testaments of the Twelve Patriarchs*

R. H. Charles
The Apocalypse of Baruch

H. B. Swete
The Gospel of Peter

Richard Adelbert Lipsius and Max Bonnet
Apocryphal Acts of the Apostles (3 vols.)

Charles W. Hedrick
The Apocalypse of Adam

The Greek Versions of the Testaments of the Twelve Patriarchs

Edited from Nine Mss., together with the Variants of the Armenian and Slavonic Versions and Some Hebrew Fragments

R. H. CHARLES

WIPF & STOCK · Eugene, Oregon

THE GREEK VERSIONS OF THE TESTAMENTS OF THE TWELVE PATRIARCHS
Edited from Nine Mss., together with the Variants of the Armenian and Slavonic Versions and Some Hebrew Fragments

Ancient Texts and Translations

Copyright © 2008 Wipf & Stock Publishers. All rights reserved. Except for brief quotations in critical publications or reviews, no part of this book may be reproduced in any manner without prior written permission from the publisher. Write: Permissions, Wipf & Stock, 199 W. 8th Ave., Suite 3, Eugene, OR 97401.

ISBN 13: 978-1-55635-762-6

Cataloging-in-Publication data:

The Greek versions of the testaments of the twelve patriarchs / edited from nine mss., together with the variants of the Armenian and Slavonic versions and some Hebrew fragments, by R. H. Charles. New Foreword and Bibliography by K. C. Hanson.

Ancient Texts and Translations

ISBN 13: 978-1-55635-762-6

lx + 324 p.; ill.; 23 cm.
Includes bibliographical references and index.

Text in Greek; introduction, notes, and appendices in English, Greek, and Hebrew.

I. Charles, R. H. (Robert Henry), 1855–1931. II. Hanson, K. C. (Kenneth C.). III. Apocryphal books (Old Testament).

BS1830.T4 G7 2008

Manufactured in the U.S.A.

Foreword

Series Foreword

THE DISCOVERIES OF DOCUMENTS from the ancient Near Eastern and Mediterranean worlds have altered our modern understanding of those worlds in both breadth and depth. Especially since the mid-nineteenth century, chance discoveries as well as archaeological excavations have brought to light thousands of clay tablets, stone inscriptions and stelae, leather scrolls, codices, papyri, seals, and ostraca.

The genres of these written documents are quite diverse: receipts, tax lists, inventories, letters, prophecies, blessings and curses, dowry documents, deeds, laws, instructions, collections of proverbs, philosophical treatises, state propaganda, myths and legends, hymns and prayers, liturgies and rituals, and many more. Some of them came to light in long-famous cities—such as Ur, Babylon, Nineveh, and Jerusalem—while others came from locations that were previously little-known or unknown—such as Ebla, Ugarit, Elephantine, Qumran, and Nag Hammadi.

But what good are these remnants from the distant past? Why should anyone bother with what are often fragmentary, obscure, or long-forgotten scraps of ancient cultures? Each person will answer those questions for herself or himself, depending upon interests and commitments. But the documents have influenced scholarly research in several areas.

It must first be said that the documents are of interest and importance in their own right, whatever their connections—or lack of them—to modern ethnic, religious, or ideological concerns. Many of them provide windows on how real people lived

Foreword

in the ancient world—what they grew and ate; how they related to their families, business associates, and states; how they were taxed; how and whom they worshiped; how they organized their communities; their hopes and fears; and how they understood and portrayed their own group's story.

They are of intense interest at the linguistic level. They provide us with previously unknown or undeciphered languages and dialects, broaden our range of vocabularies and meanings, assist us in mapping the relationships and developments of languages, and provide examples of loan-words and linguistic influences between languages. A monumental project such as *The Assyrian Dictionary*, produced by the Oriental Institute at the University of Chicago, would have been unthinkable without the broad range of Akkadian resources today.[1] And our study of Coptic and early gospels would be impoverished without the Nag Hammadi codices.[2]

The variety of genres also attracts our interest in terms of the history of literature. Such stories as Athra-hasis, Enumma Elish, and Gilgamesh have become important to the study of world literature. While modern readers may be most intrigued by something with obvious political or religious content, we often learn a great deal from a tax receipt or a dowry document. Hermann Gunkel influenced biblical studies not only because of his keen insights into the biblical books, but because he studied the biblical genres in the light of ancient Near Eastern texts. As he examined the genres in the Psalms, for example, he compared them to the poetic passages throughout the rest of the Bible, the Apocrypha, the Pseudepigrapha, Akkadian sources, and Egyptian sources.[3] While the Akkadian and Egyptian resources were much

1. I. J. Gelb et al., editors, *The Assyrian Dictionary of the Oriental Institute of the University of Chicago* (Chicago: Univ. of Chicago Press, 1956–).

2. James M. Robinson, editor, *The Nag Hammadi Library in English*, 4th ed. (Leiden: Brill, 1996).

3. Hermann Gunkel, *Einleitung in die Psalmen: Die Gattungen der religiösen*

Foreword

more limited in the 1920s and 1930s when he was working on the Psalms, his methodology and insights have had an on-going significance.

History is also a significant interest. Many of these texts mention kingdoms, ethnic and tribal groups, rulers, diplomats, generals, locations, or events that assist in establishing chronologies, give us different perspectives on previously known events, or fill in gaps in our knowledge. Historians can never have too many sources. The Amarna letters, for example, provide us with the names of local rulers in Canaan during the fourteenth century BCE, their relationship with the pharaoh, as well as the military issues of the period.[4]

Social analysis is another area of fertile research. A deed can reveal economic structures, production, land tenure, kinship relations, scribal conventions, calendars, and social hierarchies. Both the Elephantine papyri from Egypt (fifth century BCE) and the Babatha archive from the Judean desert (second century CE) include personal legal documents and letters relating to dowries, inheritance, and property transfers that provide glimpses of complex kinship relations, networking, and legal witnesses.[5] And the Elephantine documents also include letters to the high priest in Jerusalem from the priests of Elephantine regarding the rebuilding of the Elephantine temple.

Lyrik Israels, completed by Joachim Begrich, HAT (Göttingen: Vandenhoeck & Ruprecht, 1933). ET = *Introduction to the Psalms: The Genres of the Religious Lyric of Israel,* trans. James D. Nogalski, Mercer Library of Biblical Studies (Macon, GA: Mercer Univ. Press, 1998).

4. William L. Moran, *The Amarna Letters* (Baltimore: Johns Hopkins Univ. Press, 1992).

5. Bezalel Porten et al., editors, *The Elephantine Papyri in English: Three Millennia of Cross-Cultural Continuity and Change,* Documenta et Monumenta Orientis Antiqui 22 (Leiden: Brill, 1996); Yigael Yadin et al., *The Finds from the Bar Kokhba Period in the Cave of Letters,* 3 vols., Judean Desert Studies (Jerusalem: Israel Exploration Society, 1963–2002) [NB: vols. 2 and 3 are titled *Documents* instead of *Finds*].

Religion in the ancient world was usually embedded in either political or kinship structures. That is, it was normally a function of either the political group or kin-group to which one belonged. We are fortunate to have numerous texts of epic literature, liturgies, and rituals. These include such things as creation stories, purification rituals, and the interpretation of sheep livers for omens. The Dead Sea Scrolls, for example, provide us with biblical books, texts of biblical interpretation, community regulations, and liturgical texts from the second temple period.[6]

Another key element has been the study of law. A variety of legal principles, laws, and collections of regulations provide windows on social structures, economics, governance, property rights, and punishments. The stele of Hammurabi of Babylon (c. 1700 BCE) is certainly the most famous. But we have many more, for example: Ur-Nammu (c. 2100 BCE), Lipit-Ishtar (c. 1850 BCE), and the Middle Assyrian Laws (c. 1150 BCE).

The intention of Ancient Texts and Translations (ATT) is to make available a variety of ancient documents and document collections to a broad range of readers. The series will include reprints of long out-of-print volumes, revisions of earlier editions, and completely new volumes. The understanding of ancient societies depends upon our close reading of the documents, however fragmentary, that have survived.

—K. C. Hanson
Series Editor

6. Florentino García Martínez, *The Dead Sea Scrolls Translated: The Qumran Texts in English*, 2nd ed., trans. Wilfred G. E. Watson (Grand Rapids: Eerdmans, 1996).

Select Bibliography

I. EDITIONS AND TRANSLATIONS

Charles, R. H. *The Testaments of the Twelve Patriarchs.* Oxford: Clarendon, 1917. Reprinted, Ancient Texts and Translations. Eugene, OR: Wipf & Stock, 2004.

———. "The Testaments of the XII Patriarchs." In *The Apocrypha and Pseudepigrapha of the Old Testament,* edited by R. H. Charles, 2:282–367. Oxford: Clarendon, 1913.

Jonge, Marinus de. *The Testaments of the Twelve Patriarchs: A Critical Edition of the Greek Text.* Pseudepigrapha Veteris Testamenti Graece 1 pt. 2. Leiden: Brill, 1978.

———. "The Testaments of the Twelve Patriarchs." In *The Apocryphal Old Testament,* edited by H. F. D. Sparks, 505–600. Oxford: Clarendon, 1984.

Kee, Howard Clark. "The Testaments of the Twelve Patriarchs." In *The Old Testament Pseudepigrapha,* edited by James H. Charlesworth, 1:775–828. Garden City, NY: Doubleday, 1983.

Stone, Michael E. *The Testament of Levi: A First Study of the Armenian MSS. of the Testaments of the XII Patriarchs in the Convent of St. James, Jerusalem, with Text, Critical Apparatus, Notes, and Translation.* Jerusalem: St. James, 1969.

II. RESEARCH

Becker, J. *Untersuchungen zur Entstehungsgeschichte der Testamente der Zwölf Patriarchen.* Arbeiten zur Geschichte des antiken Judentums und des Urchristentums 8. Leiden: Brill, 1970.

———. *Die Testamente der Zwölf Patriarchen.* Jüdische Schriften aus hellenistisch-römischer Zeit 3. Gütersloh: Gütersloher, 1974.

Burchard, Christoph. "Neues zur Ueberlieferung der Testamente der zwölf Patriarchen: Eine unbeachtete griechische Handschrift <Athos, Laura I 48> und eine unbekannte neugriechische Fassung <Bukarest, Bibl. Acad. 580 [341]>." *New Testament Studies* 12 (1965).

Eltester, Walther, editor. *Studien zu den Testamente der Zwölf Patriarchen.* Beihefte zur Zeitschrift für die neutestamentliche Wissenschaft 36. Berlin: Töpelmann, 1969.

Hollander, H. W. *Joseph as an Ethical Model in the Testaments of the Twelve Patriarchs.* Leiden: Brill, 1981.

Select Bibliography

———, and Marinus de Jonge. *The Testaments of the Twelve Patriarchs: A Commentary.* Studia in Veteris Testamenti pseudepigrapha 8. Leiden: Brill, 1985.

Hultgard, Anders. *L'eschatologie des Testaments des Douze Patriarches.* Acta Universitatis Upsaliensis. Historia religionum 6–7. Uppsala: Almqvist & Wiksell, 1977–81.

Jonge, Marinus de. *The Testaments of the Twelve Patriarchs: A Study of Their Text, Composition and Origin.* Van Gorcum's theologische bibliotheek 25. Assen: Van Gorcum, 1953.

———. *Testamenta XII Patriarcharum Edited according to Cambridge University Library MS Ff1.24 fol.203a-262b, with Short Notes.* Leiden: Brill, 1964.

———. *Testamenta XII Patriarcharum: Ed. according to Cambridge University Library MS. Ff I.24, fol. 203a-261b.* Pseudepigrapha Veteris Testamenti 1. Leiden: Brill, 1970.

———, editor. *Studies on the Testaments of the Twelve Patriarchs: Text and Interpretation.* Leiden: Brill, 1975.

———. *Jewish Eschatology, Christian Christology, and the Testaments of the Twelve Patriarchs: Collected Essays of Marinus de Jonge.* Novum Testamentum Supplements 63. Leiden: Brill, 1991.

———. "Patriarchs, Testaments of the Twelve." In *Anchor Bible Dictionary,* edited by David Noel Freedman, 5:181–86. New York: Doubleday, 1992.

———. *Pseudepigrapha of the Old Testament as Part of Christian Literature: The Case of the Testaments of the Twelve Patriarchs and the Greek Life of Adam and Eve.* Studia in Veteris Testamentum Pseudepigrapha 18. Leiden: Brill, 2003.

Kugler, Robert A. *The Testaments of the Twelve Patriarchs.* Guides to Apocrypha and Pseudepigrapha. Sheffield: Sheffield Academic 2001.

Philonenko, Marc. *Les interpolations chrétiennes des Testaments des Douze Patriarches et les manuscris.* Paris: Presses universitairès de France, 1960.

Schnapp, Friedrich. *Testamente der Zwölf Patriarchen.* Halle: Niemeyer, 1884.

Sinker, Robert. *Testamenta XII Patriarcharum: Appendix Containing a Collation of the Roman and Patmos MSS. and Bibliographical Notes.* Cambridge: Deighton, Bell, 1879.

Slingerland, H. Dixon. *The Testaments of the Twelve Patriarchs: A Critical History of Research.* SBL Monograph Series 21. Missoula, MT: Scholars, 1977.

Ulrichsen, Jarl Henning. *Die Grundschrift der Testamente der Zwölf Patriarchen: Eine Untersuchung zu Umfang, Inhalt und Eigenart der ursprünglichen Schrift.* Acta Universitatis Upsaliensis. Historia religionum 10. Uppsala: Almqvist & Wiksell, 1991.

TO
R. SINKER, D.D.
F. C. CONYBEARE, M.A.
WILHELM BOUSSET, D.D.
W. R. MORFILL, M.A.

WHO HAVE RENDERED YEOMAN SERVICE
TOWARDS THE RECOVERY AND ELUCIDATION OF
THIS ANCIENT TEXT

PREFACE

A NEW text of the Testaments of the Twelve Patriarchs has long been needed. It is now nearly forty years since Dr. Sinker published a reproduction of the Cambridge MS. with the variants of the Oxford MS. Ten years later he edited collations of the Vatican and Patmos MSS. Dr. Sinker's own work was very accurate so far as it went, but he made no attempt to deal with the relations of the MSS. to each other and to the archetypes from which they were derived. The MSS. evidence was, indeed, hardly adequate for such a task, and, moreover, the presuppositions under which he worked—as also all other students of the Testaments till within the last few years, i.e. that the Testaments were written originally in Greek and by a Christian author—precluded the possibility of ever attaining to a satisfactory text.

For deliverance from the latter misleading presupposition, that the Testaments were of Christian authorship, scholars are indebted in the main to the meritorious articles of F. C. Conybeare. By means of the Armenian Version this scholar established the high probability that all the Christian allusions in the Testaments are the interpolations of Christian scribes in an originally Jewish work, and therein confirmed the earlier hypothesis of Grabe and Schnapp. My own study of the Armenian Version has more than convinced me of the validity of Conybeare's contention. In the prosecution of this study I have spared no pains. I have used the collations of the three Armenian MSS. which Mr. Conybeare has cited in his articles, and which he most kindly placed at my service, and likewise six other MSS., two of which I have collated for the first time.

For deliverance from the other false presupposition, that the Testaments were written originally in Greek, the first steps were taken by Grabe and Kohler when they put forward the suggestion of a Hebrew original, but neither scholar advanced any evidence in support of his hypothesis. The first positive evidence was furnished by Gaster, but since this evidence was so very exiguous in quantity—in all amounting to the explanation of one, or at most two, corrupt passages in the Greek by retranslation into Hebrew—and since even the weight of this slight evidence was handicapped through its connexion with extravagant claims on behalf of a comparatively late Hebrew Testament of Naphtali, the hypothesis of a Hebrew original was still looked upon as highly questionable, or even as undeserving of serious consideration, when the present editor undertook a close study of the Testaments. The firstfruits of that study appeared in the *Encyclopaedia Biblica*, I. 237-241, and the grounds there advanced for a Hebrew original were accepted in the following year by Bousset, who at the same time contributed valuable articles on the Jewish authorship of the Testaments. The sustained study of the intervening years has transformed a good working hypothesis of ten years ago into an indispensable postulate. Nearly every page of the Greek text exhibits passages which can neither be explained nor translated unless by retroversion into Hebrew.

Some of the Sections in the following Introduction have already appeared in the Introduction to my Commentary.

My obligations to friends and scholars are deep and manifold. First of all, to the Trustees of the Hibbert Trust for a subvention towards the cost of publication of the Text: to Dr. Sinker, who, when I informed him of my intention of editing the text, most generously lent me the collation of h, the first Mt. Sinai MS., which had been made for him by Mrs. Gibson: to Mrs. Gibson and Mrs. Lewis for the endless pains they took in securing for me a photographic reproduction of i, the second Sinai MS.: to the Directors of the Paris and Vatican Libraries for permission to photograph their MSS. of the Testaments: to Professor Lake for photographing the Mt. Athos MS.: to Mr. Cowley for his ever ready help in regard to the Aramaic fragments: and to Dr. James, the Provost of King's, for a collation of portions of Dr. Sinker's text with the Cambridge MS. My warm thanks are specially due to Professor Morfill, who retranslated into Greek for this edition the two recensions of the Slavonic Version: and, finally, I am indebted for the Greek Index to the kindness of Miss Poole.

The Editor will be grateful for corrections. In dealing with such a vast mass of manuscript evidence in several languages he cannot hope to escape errors of various kinds. Some of these will be found in the list of Corrigenda on pp. lviii-lix. I cannot conclude without recording my thanks to the readers and compositors for their skilled services in this most difficult Text.

R. H. CHARLES.

CONTENTS

INTRODUCTION:	PAGE
§ 1. Short Account of the Book	ix
§ 2. The Greek MSS.	ix
§ 3. The Armenian MSS.	xii
§ 4. The Armenian Version found in two Recensions: their Relations: their Affinities with the Greek MSS.	xiv
§ 5. Edition of the Armenian Text	xvi
§ 6. Translations of the Armenian Version . . .	xvii
§ 7. The Slavonic Version	xviii
§ 8. The two Slavonic Recensions	xviii
§ 9. The Greek Version found in two forms, α and β: their Relations and the characteristics of their Representatives.	xix
§ 10. Editions of the Greek Version	xxii
§ 11. The Greek Version—a translation from the Hebrew—H	xxiii
§ 12. α and β derived respectively from two lost Hebrew Recensions Hα and Hβ. Table of Affinity of all the Textual Authorities	xxxii
§ 13. Linguistic Character of the Greek Version . .	xl
§ 14. Date of the Original Hebrew	xlii
§ 15. Date of the Greek Version	xliii
§ 16. Title of the Book.	xliv
§ 17. Jewish Additions to the Text	xlvi
§ 18. Christian Additions to the Text.	xlviii
§ 19. Midrash containing Hebrew Fragments of Testament of Judah	li
§ 20. Late Hebrew Testament of Naphtali. . . .	li
§ 21. Aramaic and Greek Fragments containing Phrases and Clauses from an original source of the Testament of Levi and the Book of Jubilees . . .	liii
CORRIGENDA	lviii
BRACKETS AND ABBREVIATIONS USED IN THIS EDITION. .	lx

CONTENTS

	PAGE
THE GREEK TEXT WITH THE ARMENIAN AND SLAVONIC VARIANTS	1
MIDRASH WAJJISSAU WITH HEBREW FRAGMENTS OF T. JUDAH	235
LATE HEBREW TESTAMENT OF NAPHTALI	239
ARAMAIC AND GREEK FRAGMENTS—ORIGINAL SOURCE OF T. LEVI	245
CHRISTIAN ADDITIONS TO FIRST SLAVONIC RECENSION	257
SECOND SLAVONIC RECENSION—S^2	263
COLLATION OF MS. i WHERE IT DIVERGES FROM h	295
GREEK INDEX	299

INTRODUCTION

§ 1. Short Account of the Book.

The Testaments were originally written in Hebrew by a Pharisaic upholder of the Maccabean priest-kings in the closing years of the second century B.C. In the course of the next century the Hebrew text was interpolated with additions emanating from bitter opponents of the Maccabean dynasty. In the early decades of the Christian era the text was current in two forms, which are denoted by H^a and H^β in this edition. The former of these was translated not later than A.D. 50 into Greek, and this translation was used by the scholar who rendered the second Hebrew recension into Greek. The first Greek translation was used by our Lord, by St. Paul, and other New Testament writers. In the second and following centuries it was interpolated by Christian scribes, and finally condemned indiscriminatingly along with other apocryphs. For several centuries it was wholly lost sight of, and it was not till the thirteenth century that it was rediscovered through the agency of Robert Grosseteste, bishop of Lincoln, who translated it into Latin, under the misconception that it was a genuine work of the twelve sons of Jacob, and that the Christian interpolations were a genuine product of Jewish prophecy. The advent of the Reformation brought in critical methods, and the book was unjustly disparaged as a mere Christian forgery for nearly four centuries. The time has at last arrived for this book, so noble in its ethical side, to come into its own, and the text with all the documentary authorities is now laid before the student.

§ 2. The Greek MSS.

a. Bodley MS. Baroccio 133. Quarto. This paper MS. contains several treatises by different hands of the latter part of the fourteenth century. The Testaments occupy ff. 179ᵃ–205ᵇ. Their title and those of Judah and Gad are written in red. There are two copies of this MS. on paper, one in the Bodley MS. Smith 117 belonging to the close of the seventeenth century, and the second in Emmanuel College, Cambridge. This MS. is remarkable for a large number of omissions, at times of entire chapters. A collation of it is given in Dr. Sinker's edition, but it is wanting in accuracy. It is cited by him as O.

b. University Library, Cambridge, Ff. 1. 24. Quarto. This parchment MS. contains four works, of which the Testaments are the fourth, written on ff. 203ᵃ–262ᵇ. It is written in double columns, twenty lines in a column. It belongs to the tenth century. The initials and titles are in red except the first, which is in gold. It was from this MS. that Grosseteste's Latin Version was made. His handwriting, according to Dr. James, is found on the margin. Grabe professes to have given a transcript of this MS. as his text.

Of this MS. there are three copies. The first two are in the University Library and in the Library of Trinity College, Cambridge, respectively, and the third in the Library of Queen's College, Oxford.

This MS. forms the text of Dr. Sinker's edition. Dr. James has tested its accuracy for me, and found it to be above all praise. I have therefore used Dr. Sinker's transcript of the MS. in the present edition. It is cited by him as C.

c. Vatican Library, Cod. Graec. 731. This is a small octavo MS. written on paper with twenty-two or twenty-three lines on each page. Besides the Testaments it contains extracts from the Fathers. The Testaments are given on ff. 97ᵃ–167ᵇ. The script of the latter belongs probably to the thirteenth century. This is the most important of all the MSS. A fairly accurate collation of this MS. by Guidi is given by Sinker in his separately published Appendix to his edition of the Testaments and cited by him as R. I procured photographs of this MS. for the present edition.

d. Vatican Library, Gk. 1238. This is a vellum MS. in three volumes of the LXX, belonging to the thirteenth century. On the close of the LXX follows the Testament of Job, ff. 340ᵃ–349ᵇ, and on 350–380 our present text. There are from thirty-three to thirty-nine lines on each page. Strangely enough, above the general title of the Testaments—$\Delta\iota\alpha\theta\hat{\eta}\kappa\alpha\iota\ \tau\hat{\omega}\nu\ \iota\beta\ \pi\alpha\tau\rho\iota\alpha\rho\chi\hat{\omega}\nu\ \upsilon\hat{\iota}\hat{\omega}\nu$ Ἰακώβ—appear the words Λεπτῆς Γενέσεως, which is one of the

INTRODUCTION

§ 1. SHORT ACCOUNT OF THE BOOK.

THE Testaments were originally written in Hebrew by a Pharisaic upholder of the Maccabean priest-kings in the closing years of the second century B. C. In the course of the next century the Hebrew text was interpolated with additions emanating from bitter opponents of the Maccabean dynasty. In the early decades of the Christian era the text was current in two forms, which are denoted by H^a and H^β in this edition. The former of these was translated not later than A. D. 50 into Greek; and this translation was used by the scholar who rendered the second Hebrew recension into Greek. The first Greek translation was used by our Lord, by St. Paul, and other New Testament writers. In the second and following centuries it was interpolated by Christian scribes, and finally condemned indiscriminatingly along with other apocryphs. For several centuries it was wholly lost sight of, and it was not till the thirteenth century that it was rediscovered through the agency of Robert Grosseteste, bishop of Lincoln, who translated it into Latin, under the misconception that it was a genuine work of the twelve sons of Jacob, and that the Christian interpolations were a genuine product of Jewish prophecy. The advent of the Reformation brought in critical methods, and the book was unjustly disparaged as a mere Christian forgery for nearly four centuries. The time has at last arrived for this book, so noble in its ethical side, to come into its own, and the text with all the documentary authorities is now laid before the student.

§ 2. THE GREEK MSS.

a. Bodley MS. Baroccio 133. Quarto. This paper MS. contains several treatises by different hands of the latter part of the fourteenth century. The Testaments occupy ff. 179ᵃ–205ᵇ. Their title and those of Judah and Gad are written in red. There are two copies of this MS. on paper, one in the Bodley MS. Smith 117 belonging to the close of the seventeenth century, and the second in Emmanuel College, Cambridge. This MS. is remarkable for a large number of omissions, at times of entire chapters. A collation of it is given in Dr. Sinker's edition, but it is wanting in accuracy. It is cited by him as O.

b. University Library, Cambridge, Ff. 1. 24. Quarto. This parchment MS. contains four works, of which the Testaments are the fourth, written on ff. 203ᵃ–262ᵇ. It is written in double columns, twenty lines in a column. It belongs to the tenth century. The initials and titles are in red except the first, which is in gold. It was from this MS. that Grosseteste's Latin Version was made. His handwriting, according to Dr. James, is found on the margin. Grabe professes to have given a transcript of this MS. as his text.

Of this MS. there are three copies. The first two are in the University Library and in the Library of Trinity College, Cambridge, respectively, and the third in the Library of Queen's College, Oxford.

This MS. forms the text of Dr. Sinker's edition. Dr. James has tested its accuracy for me, and found it to be above all praise. I have therefore used Dr. Sinker's transcript of the MS. in the present edition. It is cited by him as C.

c. Vatican Library, Cod. Graec. 731. This is a small octavo MS. written on paper with twenty-two or twenty-three lines on each page. Besides the Testaments it contains extracts from the Fathers. The Testaments are given on ff. 97ᵃ–167ᵇ. The script of the latter belongs probably to the thirteenth century. This is the most important of all the MSS. A fairly accurate collation of this MS. by Guidi is given by Sinker in his separately published Appendix to his edition of the Testaments and cited by him as R. I procured photographs of this MS. for the present edition.

d. Vatican Library, Gk. 1238. This is a vellum MS. in three volumes of the LXX, belonging to the thirteenth century. On the close of the LXX follows the Testament of Job, ff. 340ᵃ–349ᵇ, and on 350–380 our present text. There are from thirty-three to thirty-nine lines on each page. Strangely enough, above the general title of the Testaments—Διαθῆκαι τῶν ιβ πατριαρχῶν υἱῶν Ἰακώβ—appear the words Λεπτῆς Γενέσεως, which is one of the titles of the Book of Jubilees. That there was a close relation between these books we know independently. A collation of this MS. was published by Conybeare in the *J. Q. R.*, Oct., 1900, and Jan., 1901, but I thought it advisable to have the MS. photographed for this edition.

e. Mount Athos MS. This MS. is written in two columns of forty lines each, in a good hand of the tenth century. The Testaments are given on ff. 197^b–229^a. This MS. is of great interest as it contains three large additions to the text, the first before καὶ ἐπὶ πύργους in T. Lev. ii. 3 consisting of a prayer of Jacob, the second after the word ἡμερῶν in T. Lev. xviii. 2, and the third after τῆς γῆς in T. Ash. vii. 2. The third consists of two and two-third columns of certain Christian disquisitions on love and the Trinity. The second is the remarkable Greek Fragment, which we print in Appendix III, and which we show elsewhere to be a translation from a Hebrew work, which was probably an original source of the Testaments. Professor Lake photographed this MS. for me on Mount Athos.

f. Paris MS. 938. This is a beautifully written MS. of the tenth century. The Testaments are given on the first seventy-two folios. Each page contains twenty-three lines. On fol. 1^a there is a list of Old Testament names, including those of the twelve patriarchs, with their meanings. The Testaments proper begin on 1^b. It is characteristic of this MS. that after the title of each Testament it adds the meaning of the proper name, and also that at the conclusion of each Testament it adds the number of years that the patriarch lived. In the latter feature it is followed by the first Slavonic recension (S^1). After the Testaments follow the Testament of Job and other writings. This MS. was photographed for me with a view to the present edition. Dr. Sinker collated this MS. as far back as 1887, but never published the collation.

g. MS. 411 in the Library of the Monastery of St. John the Evangelist in Patmos. It is a quarto MS. written on parchment and assigned by H. O. Coxe to the sixteenth century. This very inaccurate MS. was collated for Dr. Sinker's Appendix, by whom it is cited as P.

h. Mount Sinai MS., No. 547, in the Library of St. Catherine. See Gardthausen, *Cat. Codd. Graec. Sinaiticorum*, p. 132. This MS., 14·5 by 10·35 cm., was written in the seventeenth century. It contains seventeen lines on each page. It is incomplete and comes to an end with T. Jos. xv. 7. This MS. has the following peculiar introduction: Ἰωάννου τοῦ ποτὲ ἐβραίου εἴδησις τῶν διαθηκῶν τῶν ιβ υἱῶν τοῦ πατριάρχου Ἰακὼβ μεταφρασθεῖσα ἀπὸ Ἰουδαικοῦ διαλέκτου εἰς Ἑλληνικήν. The statement is true, but where the scribe got it we cannot determine. This MS. was copied for Dr. Sinker by Mrs. Gibson in Feb., 1892. This copy, together with photographs of the T. Jos. i-xii. 3ⁿ, xv. 1-7, Dr. Sinker most kindly placed at my disposal.

i. Mount Sinai MS. This MS. was discovered accidentally in the Convent Library in the spring of 1906 by Mrs. Gibson. She was searching for *h* with a view to a more correct collation on my behalf. Notwithstanding every effort she, like as the Archbishop of Sinai who had previously sought for it, failed to find it. Just before leaving Mount Sinai, however, she came across this second MS., and photographed the greater part of it for me, i. e. down to T. Ash. vii. 6, when her camera broke down. Unfortunately the negatives of T. Naph. viii. 2ᵇ-ix. 2ᵇ; T. Gad i. 9-iv. 1, v. 3ᵇ-vi. 2ʰ; T. Ash. i. 7ᵇ-ii. 7, iv. 5-vi. 3ᵈ were either lost or proved to be failures. When the photographs of this MS. reached me the first ninety-six pages of my text had already passed through the press. Accordingly I add in Appendix VI a collation of the Testaments of Reuben, Simeon, Levi, and Jud. i-xx, where it differs from *h*, with which it is closely connected. This MS. was written not earlier than the seventeenth century It contains twenty-one to twenty-three lines in each page. It has the same peculiar introduction as *h*. See preceding MS.

§ 3. THE ARMENIAN MSS.

There are many MSS. of this version. The first five are designated by the symbols attached to them in the Venetian edition of the text by the Mechitarist fathers. The rest owe their designation to the present editor. When cited they appear as A^a, A^b, &c.

A^a. Mechitarist Library of St. Lazzaro, Venice, No. 345. This MS., 5 × 7 inches, was written in the year 1220 on paper. This MS. contains also the history of the Prophet Jeremiah. It belongs to the first recension of the text.

A^{b*}. Mechitarist Library of St. Lazzaro, No. 280. This MS., 7½ × 11 inches, was written in two columns of forty-two lines each, on paper, in the year 1418. This MS. is the worst representative of the second recension of the Armenian Version. It contains also the history of Asenath.

A^b. Mechitarist Library of St. Lazzaro, No. 679. This MS., 6 × 10 inches, was written towards the close of the fifteenth century,

INTRODUCTION xiii

in double columns of twenty-six lines each. It consists of 679 folios. This MS. belongs to the first recension. Its collation in the Armenian Text is not infrequently incorrect and defective, as I have discovered through Father Carékin's copy of six of the Testaments in this MS., which he made for Mr. Conybeare, and which the latter most kindly placed at my disposal. I have introduced the needful corrections into the Text on the basis of Carékin's collation.

A^c. Mechitarist Library of St. Lazzaro, No. 229. This MS. Bible, 8 × 10 inches, was written on vellum in double columns of fifty lines each in the year 1655.

A^d. Mechitarist Library of St. Lazzaro, No. 1366. This MS. Bible was written in the sixteenth century on paper in double columns of forty-three lines each.

A^e. This MS. Bible was written in the sixteenth century, and belongs to the London Bible Society. It is designated as B by Conybeare, whose collation I have used.

A^f. This MS. Bible, which belongs to the Catholicos of the Armenian Church at Edschmiadzin, in Armenia, was there photographed by Conybeare in 1891. The MS. is written in two columns of fifty lines each in a beautiful hand. Unfortunately the negatives reproduced the pages of the Edschmiadzin MS. on so minute a scale that it was impossible to print them. Moreover, a few of the columns were out of focus. Notwithstanding, the present editor has been able to decipher five-sixths of the text by holding the negatives between himself and the sunlight and studying the negatives letter by letter and word by word. This MS. is closely related to A^{cdef}, and has been of great service where the collations of these MSS. were slightly inaccurate or defective.

A^g. This MS. Bible, which was written in the seventeenth century, belongs to Lord Zouche. I owe all my citations of its text to Conybeare's collation.

A^h. Bodleian Library, Oxford, No. e. 30. Only five Testaments are found in this MS., and in the following order: Simeon (fol. 168^a), Levi (173^a), Joseph (183^b), Benjamin (195^b), Judah (202^a). The MS. is written in two or more hands, and there are two types of text. Fortunately the four first mentioned Testaments and T. Judah i-xiv. 8^{abc} (i. e. ἐὰν .... αἰσχρομνημονεῖν) belongs to the first recension, and only T. Jud. xiv. 8de–xxvi to the second. This MS. thus attests the same type of text as A^{ah}, but it is more closely related to A^a than to A^b.

All the preceding MSS. have been used by the present editor. There are three others of two of which he has no knowledge.

A^j. A Vatican MS. of the Bible, cited once by Conybeare. See *J. Q. R.*, viii. (1896), p. 260. It belongs to the seventeenth century.

A^k. Mechitarist Library in Vienna, No. 126 (Dashian's *Catalog der Armenischen Handschriften der Mechitaristen-Bibliothek zu Wien*, 1895, p. 71, 411 sqq.). This MS. was written in the year 1388. On the first 105^a folios it contains the history of Joseph and Asenath. Then follow the Testaments. Of these the Testaments of Reuben, Dan, and Naphtali are missing. The order of the remaining nine is peculiar, agreeing in the first five with that of A^h. Thus we have: Simeon, Levi, Joseph, Benjamin, Judah, Issachar, Zebulun, Gad, Asher. A study of the titles of these Testaments given in Sinker's Appendix, p. 25, and the German translation of the T. Jud. xxiv-xxvi and T. Benj. x. 8^b-xii by Dr. Paul Hunanian, makes it at once clear that A^k belongs to the first Armenian recension, and furthermore that A^k is more nearly related to A^{ah} than to A^b and to A^h than to A^a.[1]

A^l. The Hofbibliothek, Vienna, No. 11 (Dashian's *Katalog der Armenischen HSS.*, p. 19, 1891).

§ 4. THE ARMENIAN VERSION FOUND IN TWO RECENSIONS: THEIR RELATIONS: THEIR AFFINITIES WITH THE GREEK MSS.: ITS VALUE.

The two recensions. As we have already observed in the preceding section, there are two recensions of the text, which are represented in this edition as A^α and A^β. A^α, which is found in non-Biblical MSS., includes four MSS., A^{abhk}, of which the last, A^k, is known to the editor only through the translation of Dr. Paul Hunanian in Sinker's Appendix, p. 25. The relations of these four MSS. to each other can be represented as follows:—

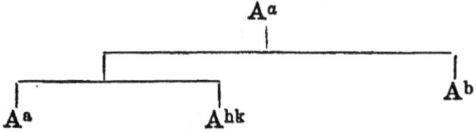

[1] Thus the titles of the Testaments of Simeon, Levi, Joseph, and Benjamin in A^k agree with those in A^{abh}, but that of Judah in A^k agrees only with that in A^h. A^k, like A^{ah}, rejects the additions of A^b in T. Jud. xxiv. 2, 5, 6; xxv. 3. It agrees with A^h in T. Jud. xxiv. 5, xxvi. 1 against A^{ab}, but with A^{ab} against A^{hβ} in xxv. 4.

A^b is a good MS. in many respects and occasionally alone preserves the true text, but it is disfigured by many small additions of words and phrases.

A^β, which is found always (?) in Biblical MSS., includes in this edition $A^{b*cdefg}$. Of these A^{b*} stands aloof from the rest. Its idiosyncrasies are innumerable, but in a few rare cases, where it differs from A^{cdefg}, it has the support of the best Greek MSS. Cf. T. Benj. xii. 1. Unfortunately it was adopted by the Mechitarist editor of the Armenian text as his chief authority. The relations of these six MSS. might be represented as follows:—

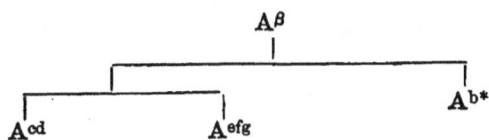

Relations of the two recensions. The variations between A^a and A^β are very great, but the bulk of them appear to have arisen within the Version. Very many of them are simply due to the confusion of like words with each other. Instances of this nature are pointed out on nearly every page of my text. Other differences apparently arose from an attempt of the scribe of A^a to abbreviate the text as it is found in A^β.[1] But over and above these there are certain important sections, where the differences between the two recensions goes back to the Greek, such as in T. Lev. ii. 7-10, xiv. 1, 3-5, where A^a agrees with a against β, and one notable section, T. Lev. iii. 1-5, where A^a is less corrupt than a and gives the nearest reproduction of the original Hebrew archetype.

Affinities of A with the Greek MSS. Exclusive of such passages as the above, A, taken as a whole, agrees with β S against a. This agreement holds in an innumerable number of passages and frequently on a large scale, as in T. Lev. v. 1^b; T. Jud. v. 6, 7, vii. 2-3, 9, x. 5, xviii. 1, xx. 2-4, xxvi. 3; T. Iss. i. 11, vii. 9; T. Zeb. iv. 1-6, ix. 7; T. Dan i. 9; T. Naph. i. 12; T. Gad ii. 3-5, vi. 3; T. Asher ii. 3, vi. 6; T. Jos. viii. 5, xvi. 2-3; T. Benj. vii. 4, viii. 2, xii. In one considerable passage, owing to hmt., i.e. in T. Benj. iv. 5, A agrees with a against β, and likewise in a number of unimportant phrases, where the agreement may be accidental.[2]

[1] Thus in the T. Judah the text of A^a is less by a third than that of A^β, but this is an extreme case.
[2] Cf. T. Jos. iv. 5 (n. 35).

But within β there are two types of text to which aef and bdg belong respectively, and A agrees all but universally with bdg, when bdg differ from aef. In one passage, T. Zeb. viii. 6, A agrees with aef (ὕπαρξιν) against a (πρόσωπον). Here bg differ from all the MSS. and Versions and d gives a text conflated from bg and aef.

Value of A. The value of A will be best understood when we come to deal with the Christian interpolations in the text. These are by no means absent from A, but they are present in a much less degree in A than in a and β. This is specially the case in the last two Testaments. But not only is A notable for its comparative freedom from interpolation, but A^a has alone transmitted the purest form of text in T. Lev. iii. 1–5, and A alone preserved the text where it has been wholly lost by $a\beta$ in T. Jos. xix. 3–7; T. Benj. ii. 6–8.

But A is guilty of the sin of omission, and that almost on every page. These omissions are brought before the reader in my text by the use of the brackets ⌈ ⌉. All words thus enclosed are omitted by A.

Furthermore, the text of A is often corrupt. At times the meaning can only be guessed at. In my retranslations of A into Greek I have reproduced the irregularities of this Version.

§ 5. EDITION OF THE ARMENIAN TEXT.

Only one edition of the text has as yet appeared. This is given on pp. 27–151 of the TREASURY OF OLD AND NEW FATHERS: *Non-canonical Writings of the Old Testament*, Venice, 1896, by H. Sargis Josepheanz (Թանգարան հին և նոր նախնեաց. Ա. Անկանոն գիրք հին կտակարանաց).

This edition consists of a reproduction of A^{b*} with variants in the notes from A^{abcd}. The editor could not unfortunately have chosen a worse MS. for his text. Fortunately, however, in the case of the Testaments of Simeon and Levi, where A^a and A^β differ very greatly, he has given, by the advice of Mr. Conybeare, A^{ab} on the left hand pages and A^{b*cd} on the pages facing them.

My study of this text has led me to form a low opinion of its accuracy. The editor is frequently careless as to the order of the text, and thus represents a divergence between A and $a\beta$ where there is none in the MSS. He is indefinite in his statements on the notes. Thus not unfrequently he says 'one line is missing', and gives the reader no help in determining its length. Happily, by the aid of

A^{bhefg}, I have been able to ascertain his meaning. The title of the T. Joseph is wrongly given for A^{ab}. Again A^b is not infrequently wrongly cited, as the copy of this MS. by Father Carékin shows. I cannot help drawing the same inference with regard to A^{cd} from my study of A^{efg}, which are closely related to A^{cd}, and with regard to A^a from my study of A^h, these two MSS. being made from the same archetype.

Notwithstanding, this scholar has rendered a great service to the students of the Testaments, and materially lightened the labours of his successors. But it is to be hoped that either he or some other Armenian scholar will undertake a critical edition of this much needed work, in which A^{b*} will be banished from the text and not always cited in the notes. In the meantime the students of this literature must content themselves with the knowledge of A that is given in my notes. I have in my notes either silently or expressly corrected Josepheanz's text when needful, and so far as I am aware I have not omitted a single important variant in either A$^\alpha$ or A$^\beta$.

§ 6. TRANSLATIONS OF THE ARMENIAN VERSION.

Paul Hunanian. A German translation has been made by this scholar of the T. Jud. xxiv–xxvi and of T. Benj. x. 8–xii from the Armenian MS. A^k and is given in Sinker's *Appendix*, pp. 26–27.

Conybeare. The chief help towards our knowledge of the Armenian Version has been rendered by this scholar in his contributions to the *J. Q. R.*, 'A collation of Sinker's Texts of the Testaments of Reuben and Simeon with the old Armenian Version,' 1896, vol. viii. 260–268 : 'A collation of Armenian Texts of the Testaments of Judah, Dan, Joseph, Benjamin' (viii. 471–485). In these articles Conybeare has retranslated into Greek or Latin the chief variants in the three MSS. A^{beg}.

Preuschen: 'Die armenische Uebersetzung der Testamente der Zwölf Patriarchen' in the *Zeitschrift für NTliche Wissenschaft*, 1900, i. 106–140. This article gives almost a complete list of the Armenian MSS. and a translation into German of the T. Levi. The translator makes many good suggestions and attempts in some of the corrupt passages a reconstruction of the text. He has rightly shown that the editor of the Armenian text was wrong in making A^{b*} the basis of his text.

Issaverdens, *The Uncanonical Writings of the Old Testament*, pp. 349–

479, Venice, 1901. Dr. Issaverdens has here attempted to translate the Testaments into English, but the task was wholly beyond him. It is not that his English was defective, but that his entire training was not apparently fitted to prepare him for such an undertaking. He ought to have followed closely the printed Armenian text, and, where this text exhibited two very different recensions, have rendered each independently. As it is, he ostensibly follows the longer recension, but frequently adopts a reading from the shorter without informing his reader. No hint is given that at times ten, twenty, or thirty words or even a whole page is wanting in the shorter recension. Sometimes he gives, as a rendering of the Armenian text, the rendering of the Greek text of Sinker, where the Armenian is at variance with the Greek. Occasionally he adds a clause from the Greek which is missing in the Armenian without even a hint to that effect. Finally, his renderings are frequently inaccurate. In short, this translation, while of interest to the general reader, is absolutely worthless to the scholar.

§ 7. THE SLAVONIC VERSION.

This version is late. It is based on the type of text represented by aef, and of these three it attaches most closely to f; for S^1 always and occasionally S^2 agree in making the addition at the close of each Testament that is to be found in f alone of the Greek MSS. But S has affinities also with other MSS. than aef; thus in T. Lev. ix. 1 it agrees with a in reading τὸν προπάτορα ἡμῶν which β, A omit: in T. Gad i. 4 a, S^1 read ὑπάρχων νέος, where β, A have τρυφερὸς ὤν; and in T. Lev. xii. 1 ἐξ αὐτῆς where β, A read αὐτῷ: in T. Benj. iv. 3 c, S read θεοῦ where β has ἀγαθοῦ, and in T. Lev. ix. 11 a, d, A^a, S^1 agree in omitting six words through hmt. Such instances, though they are not numerous, are sufficient to prove that the Greek MS. from which S was translated had sporadically come under the influence of a.

§ 8. THE TWO SLAVONIC RECENSIONS.

The two Slavonic Recensions of the Testaments of the Twelve Patriarchs are primarily taken from the so-called Palea (Greek παλαιά), which contain short accounts of events mentioned in the Old Testament with the addition of traditional stories and comments of the Fathers of the Church. These Palea sometimes appear in separate collections and are sometimes prefixed to the translations of Byzantine chronicles. Their origin is certainly Byzantine. Of the two recensions the short one has undergone many changes from the Greek original. The editor of the Palea has shortened the 'Testaments' as they already existed in a complete Slavonic translation, and following a polemical course against the Jews, he has here and there introduced references to them. Besides the alterations mentioned the editor of the Palea has changed the order of the 'Testaments', having placed the Testament of Joseph before all the others, and having connected it with the death of Jacob. Tichonravov, the Russian editor, has not followed this peculiarity, and some variations have been introduced from a Palea on vellum of 1406, written at Kolemna. The shorter redaction of the Testaments is contained in a vellum MS. of the fourteenth century, preserved in the Monastery of St. Alexander Nevski.

The Complete Recension is from a Palea of the year of 1477, preserved in the Synodal Library at Moscow, No. 210, pp. 146–189.

Some variations from the complete redaction of the Testaments have been introduced from an uncial MS. in a Miscellany of fifteenth to sixteenth centuries, belonging to the Chief Archives of the Ministry of Foreign Affairs at Moscow, and including among other things a part of the chronography of John Malalas.

It will be seen that with the exceptions indicated the two redactions agree.

Tichonravov's work is entitled: Pamiatniki Otrechennoi Russkoi, Literaturi Sobrani i izdani Nikolaem Tikhonravovim [1]. 2 vols. St. Petersburg, 1863.

W. R. MORFILL.

§ 9. THE GREEK VERSION FOUND IN TWO FORMS, α AND β. THEIR RELATIONS AND THE CHARACTERISTICS OF THEIR REPRESENTATIVES.

The Greek Version is found in two forms which are denoted by α and β in this edition. I do not call them recensions, for I hope later to prove that these forms go back to the Hebrew.

α and its characteristics. α is represented by three MSS. *chi*. The relations of *chi* to each other may be represented as follows:

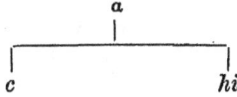

[1] Памятники отреченной литературы собраны и изданы Николаемъ Тихонра-вовымъ. St. Petersburg, 1863.

hi are derived from one and the same parent[1], but are late MSS. and show some signs of a mixed ancestry. In T. Zeb. i. 7ᵇ–ii. 1ᵃ they supply the text of α which c omits through hmt. These MSS. diverge occasionally from c: thus they support β, Aβ, S¹ against c in T. Lev. iii. 8 (n. 49); β, S¹ against c, A in T. Sim. i. 10 (n. 68); β, (A), S¹ against c in T. Sim. vii. 1 (n. 2); β, A, S¹ in T. Lev. vi. 3 (n. 8) against c; β, S in T. Zeb. ix. 5 (n. 27) against c, A.

α is rather disfigured by omissions such as T. Reub. ii. 3ᵇ–4ᵃ; T. Lev. ix. 2ᵇ (n. 8), 11ᵇ (through hmt. n. 49) 14ᵇ; xii. 5–7 (n. 27); xiii. 2; T. Jud. iii. 4 (through hmt.); vi. 1–2; xii. 6–10; xxi. 7ᵈ (n. 54); T. Naph. viii. 4ᵇ, 6ᵒ.

Though freer than β from Christian interpolations, yet α, too, shows many signs of the Christian scribe's activity in this direction[2]. But we shall return to this subject in a later Section.

One notable depravation of the text occurs in T. Jud. xii. 6–10, where α has omitted the text of the Testament and substituted in its stead an abbreviated form of the LXX of Gen. xxxviii. 20, 24–30.

β and its characteristics. β is represented by six MSS., *abdefg*. These MSS. are not so closely related to each other as *hi*, but represent two diverging types of text. Of these *aef* show many affinities with α, and *bdg* with A. As we have shown elsewhere (see § 7), S is derived from *aef*. It is noteworthy that *aef* exhibit one uniform type of text agreeing on the whole very closely with each other, whereas *bdg*, though undoubtedly exhibiting a certain type of text, differ very largely from each other. Thus *g* is remarkable for its large omissions, *d* for its large additions and conflations, and *b* for its frequent small changes of the text. Furthermore, *bdg* are remarkable also for large additions to the text in T. Zeb. Thus vi. 4–6, vii–viii. 3, ix. 8ᶜᵈ are found alone in *bdg*. These, if not from the original Testament, are from a Semitic source.

We shall begin with *b*. In some cases its variants are due to emendation. Thus in T. Lev. xvii. 2 the priesthood of an ancient

---

[1] *h* is not derived from *i* nor *vice versa*; for *i* omits where *h* does not, and *h* omits where *i* does not. Besides, there is a large number of variations between them. See Appendix VI.

[2] In the following passages c adds περὶ χῦ (= περὶ χριστοῦ) in the margin (unless otherwise noted). T. Sim. vi. 5 (in text); T. Lev. iv. 1, x. 2, xvi. 3, T. xviii. 2; T. Iss. vii. 7; T. Naph. viii. 2 (on top of page); T. Ash. vii. 3; T. Jos. xix. 3; T. Benj. iii. 8, ix. 2. Of the above *hi* omit the first three additions in the T. Lev.; *h* omits the address in the T. Sim., and *i* the addition in the T. Naph. Otherwise *hi* agree with c, except that they go a step further and in all cases embody the additions in the text.

INTRODUCTION   xxi

worthy is said to have been πλήρης μετὰ Κυρίου, i. e. " עִם שְׁלֵם,
'perfect with the Lord.' But the scribe of b, failing naturally to
understand this Semitic Greek, wrote πλήρης μετὰ φόβου Κυρίου.
Likewise as an emendation we should explain the addition of
ζήσεσθε in T. Jud. xvi. 2 against all other authorities, and the change
of συντρέχει into συνεργεῖ in T. Benj. iv. 5, of συγγένη into συμπεισθῆς
in T. Jos. vii. 3 as also in iv. 3, of διαβουλίου into διαβόλου in T. Ash. i. 9,
of πατράσιν into πέρασιν in T. Dan v. 10, of δώσει into βοῶν in T. Dan.
v. 9, of ἀπέθνησκε into ἀπέθανεν in T. Lev. xi. 7 (n. 34), and of πρόσεχε
into μὴ πρόσεχε in T. Lev. ix. 9, in nearly every case with disastrous
results. Again, without a shadow of authority, it adds καὶ ἐθαύμαζον at
the close of T. Jos. xvii. 5. Finally, in T. Zeb. viii. 6, it gives a most
unlikely text along with g. On the other hand, in T. Jud. v. 2, the
words καὶ νότου, which it inserts after δυσμῶν, though not found in
any other Greek MS., nor in A or S, are found in the Hebrew
Midrash which contains fragments of the Testament: see Appendix I
(p. 237, line 4 ראובן ... מן הדרום). In some cases it agrees with A
against a, β–b (T. Naph. ii. 8 (n. 62)). Thus, on the whole, it is clear
that, though in many respects b is a good representative of the type
bdg, it would form an insecure foundation on which to construct a
text.

d. This is a most interesting MS. It exhibits peculiar readings
on almost every page. First of all d is a conflate text. This is
manifest in the titles of the Testaments, where it combines the
readings of a and β. Such conflations are common in d. See
T. Jud. vi. 3 (n. 17); T. Zeb. viii. 6 (n. 22); T. Jos. iv. 7 (n. 44); xvi.
5 (n. 23). In other cases d shows affinities with a. Thus in T. Lev.
xiii. 8ᵃ d supports a against β–d, A, S; a, A in reading σοφία,
where β–d read αὐτή in T. Lev. xiii. 8; and by reading ὑμῶν, which
β–d om., in xiv. 7; and a, Aᵃ, S¹ in omitting a clause in ix. 11.
Again, d agrees at times with aef against bg. Cf. T. Gad v. 9 (n. 59),
viii. 1 (n. 4); T. Ash. iv. 2 (n. 10). In one passage, T. Jud. ix. 5, I have
adopted παραθήσας into the text on the testimony of d, A. In another
passage, T. Benj. vi. 4 (n. 26), it seems alone to have preserved the
original text.

Thus d, which is naturally related to b, A, shows many traces of
the influence of a and aef.

g. This is a very corrupt MS. and is chiefly remarkable for its
omissions. It is very closely related to A, and g, A occasionally
agree against all the other authorities. T. Naph. viii. 4ᵍ, g, A
along with e are right against a, $abdf$.

We shall now attempt to represent, on a genealogical table, the affinities between the various MSS. and Versions:—

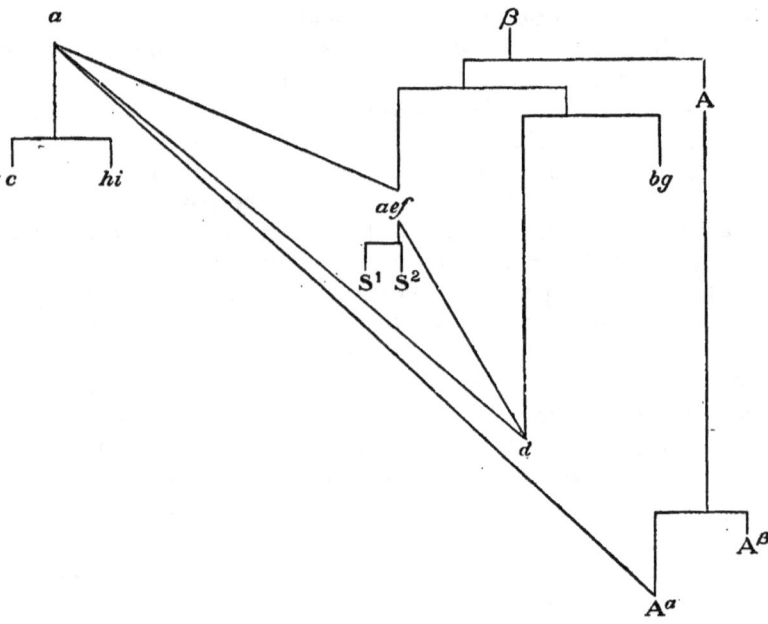

In this table the main connexions are represented. It fails, however, to exhibit the occasional influence of various descendants of β on hi.

§ 10. EDITIONS OF THE GREEK VERSION.

Grabe, *Spicilegium Patrum*, I, Oxon., 1698: 2nd ed., 1714. The text of the Testaments in this edition is given according to b, but inaccurately, and a few of the variations of a appended. With this was printed Grosseteste's Latin translation, for which two Bodley MSS. were used.[1]

Fabricius, *Codex pseudepigraphus Vet. Testamenti*, I. Hamburg, 1713. This is simply a reprint of Grabe's text.

Gallandi, *Bibliotheca Veterum Patrum*, I. Venetiis, 1788. This also is a reprint of Grabe's text.

---

[1] The actual 'copy' that Grabe sent to the press is preserved in Queen's College, Oxford (No. 214). See Sinker, p. ix.

Sinker, *Testamenta XII Patriarcharum, ad fidem codicis Cantabrigiensis edita: accedunt lectiones cod. Oxoniensis.* Cambridge, 1869. We have here a most accurate reproduction of b, but we cannot speak so well of the collation of a, which is given in the footnotes. This contains many serious errors.

Testamenta XII Patriarcharum: Appendix containing a Collation of the Roman and Patmos MSS. and bibliographical Notes. Cambridge, 1879. These are the MSS. denoted by c, g in the present edition. The collation of c was made for Dr. Sinker by Guidi, and is on the whole accurately done. I have discovered four errors through the photographic reproduction which I had executed for me in the Vatican. On p. 4 Dr. Sinker has expressed the conviction that 'in any future critical revision of the text the Cambridge MS. must form the basis'. b is undoubtedly a valuable MS., but it can never again enjoy this distinction.

§ 11. THE GREEK VERSION—A TRANSLATION FROM THE HEBREW.

Apart from Grabe, no notable scholar has advocated a Hebrew original till within the last decade and a half. Even Grabe, though he declared for a Hebrew original, advanced no linguistic arguments in support of his contention. It is remarkable that such an eminent critic as Dillmann could write (Herzog, *Real-Encyc.*[2], xii. 362): 'Since the publication of Nitzsch's study all are agreed that the book is not a translation, but was originally written in Greek.' The judgement of Dr. Sinker is still more pronounced (*Test. XII Patr.*, p. 31): 'The Testaments in their present form were no doubt written in the Hellenistic Greek, in which we now possess them, presenting as they do none of the peculiar marks which characterize a version. Whether there were a Hebrew work, on which the present was modelled, a supposition by no means improbable in itself, we cannot tell, nor is it a matter of much importance.'

To two Jewish scholars, Kohler[1] and Gaster, within the last fourteen years, belongs the honour of re-opening the question of the Hebrew origin of the Testaments. Only Gaster[2], however, has offered any linguistic evidence. But his article on the question, though it contains a few excellent points, failed to establish his thesis. Shortly after the above articles were written the present editor began his study of the Testaments, in the course of which he early came to the conclusion—which he set forth later in the

[1] *J. Q. R.*, 1893, v. 400-406.
[2] 'The Hebrew text of one of the Testaments of the XII Patriarchs' (*Proceedings of the Society of Bibl. Archaeology*, Dec. 1893, Jan. 1894).

Encyclopaedia Biblica (I, 241, 1899)—that the bulk of this work was written before 100 B.C., therein confirming an earlier speculation of Kohler. Since that date a close examination of the Greek text has brought to light a number of facts that puts its derivation from a Hebrew original beyond the possibility of question. The results of this examination will now be placed before the reader.[1] Before entering on this subject it is worth observing that both the Greek MSS. *h* and *i* state at the outset that the Greek is a translation from the Hebrew. See p. xi *ad fin*.

I. *Hebrew constructions and expressions are to be found on every page. Though the vocabulary is Greek, the idiom is frequently Hebraic and foreign to the genius of the Greek language.*

T. Reub. iii. 8 συνίων ἐν τῷ νόμῳ = בתורה בן; iv. 6 οὐκ ἐν καιρῷ αὐτῶν = בלא עתם; vi. 11 ἐν αὐτῷ ἐξελέξατο = בו בחר. T. Sim. iv. 4 ἠγάπησά με σὺν τοῖς ἀδελφοῖς μου (*a*) = אהבני עם־אחי 'loved me as (he did) my brothers'. So β, A, S¹ ὡς τοὺς ἄλλους ἀδελφούς. v. 4 ἐν Λευὶ ἀδικήσουσι = ירעו בלוי; v. 5 οὐ δυνήσονται πρὸς Λευί (β, S¹) = לא יכלו ללוי 'they shall not overcome Levi'. The same Hebraism recurs in T. Iss. iv. 4; T. Dan v. 4. vi. 6 δοθήσονται ... εἰς καταπάτησιν (β) = למרמס ... ינתנו 'they shall be trodden under foot'. This idiomatic use of נתן is common. Cf. use of שים in Is. x. 6. T. Lev. viii. 14 ἐπικληθήσεται αὐτῷ ὄνομα καινόν = יקרא לו שם חדש; xviii. 10 Ἀδάμ = אדם, and should here be rendered by ἀνθρώπους. T. Jud. vii. 1 (*hi*, β) ὄχλος βαρύς = חיל כבד 'a numerous army'; ix. 8 βεθ = בת, κόρους = כורים, ὑφῆς = איפה; xii. 8 ἕως τῆς ζωῆς μου is clearer in the Hebrew than in the Greek, it = בחיי 'so long as I lived'; xx. 4 ἐν στήθει ὀστέων αὐτοῦ, which is absolutely unintelligible, is full of significance in the Hebrew = בלב עצמו 'on his very heart'. In xxi. 5 ἐσθίειν τὴν τράπεζαν αὐτοῦ = אכל שלחנו. Most probably the peculiar Greek προκόψουσιν ἐπὶ κακῷ ἐν πλεονεξίᾳ in xxi. 8 is to be explained by retroversion into the Hebrew יוסיפו להרע בבצע 'they will grow worse in covetousness'; xxv. 1 ἔξαρχοι σκήπτρων = 'chiefs of tribes' (שבטים); xxv. 2 ἡ τρυφὴ τὸν Νεφθαλείμ = 'Eden (blessed) Naphtali', for τρυφή = עדן. In T. Iss. v. 7 ἐκλήρωσεν ἐν αὐτοῖς (β) = הנחיל להם. T. Gad ii. 2 προσεθέμην αὐτῷ μῖσος = הוספתי שנא אתו 'I hated him still more'. T. Ash. i. 5 ἐν οἷς τὰ δύο διαβούλια .. διακρίνοντα αὐτά. Here ἐν οἷς ... διακρίνοντα αὐτά appears to be a poor rendering of אשר ... בחרים בם. T. Ash. iii. 1 ὁ θεὸς ἀναπαύεται εἰς αὐτήν = אלהים ישכן בה 'God hath His

---

[1] The present editor has already published some of the following results in the *Encycl. Bibl.*, i. 239-240; Hastings, *Bibl. Dict.*, iv. 724; *Hibbert Journal*, April, 1905, pp. 562 sqq.

INTRODUCTION   xxv

habitation therein'. T. Jos. ii. 3 ἔδωκέ με ὁ Κύριος εἰς οἰκτιρμοὺς ἐνώπιον=לפני נתן אתי לרחמים (cf. Dan. i. 9) 'granted me to find mercy in the sight of'; xii. 2 κλοπῇ ἔκλεψαν=גנוב גנוב; xii. 3 ποίησον μετ' αὐτοῦ κρίσιν = עשה משפט עמו. T. Benj. x. 11 κατοικήσετε ἐπ' ἐλπίδι ἐν ἐμοί = תשבו לבטח בי 'Ye shall dwell securely with me'. The same misrendering is found in the LXX of Ezek. xxviii. 26; xxxiv. 28, and elsewhere.

The above instances are sufficient in themselves to prove the derivation of our text from a Hebrew original. The bulk of the above expressions could hardly, on any hypothesis, have been written for the first time in Greek. But the evidence can be multiplied fourfold, both in quantity and in conclusiveness, as we shall see as we proceed.

II. *Dittographic renderings of the same Hebrew phrase, and expressions in the Greek implying dittographs in the Hebrew MS. before the translator.*

In T. Sim. iv. 8 κλόνον παρέχει τῇ ψυχῇ καὶ τρόμον τῷ σώματι= ירגיז הנפש וירעיד הגוף, and is thus a dittographic rendering of the first two lines, ἀγριοῖ.. τὴν ψυχὴν καὶ φθείρει τὸ σῶμα, though φθείρει supposes יאבד instead of ירעיד. In T. Naph. iii. 5 ἀπὸ κατοικησίας... τάξας τὴν γῆν ἀοίκητον is a clear instance of dittography. The original here may have been מבלי יושב, which has been rendered first as ἀπὸ κατοικησίας, and a second time as ἀοίκητον.

In vi. 2 (β, A, S¹) the impossible μεστὸν ταρίχων ἐκτὸς ναυτῶν has arisen from a dittograph in the Hebrew; for μεστὸν ταρίχων = מלא מלוחים, a corrupt dittography of בלא מלחים = ἐκτὸς ναυτῶν.[1]

Again, in T. Gad vi. 6 μετανοεῖ τοῦ πλημμελῆσαι εἰς σὲ καὶ τιμήσει σε καὶ φοβηθήσεται καὶ εἰρηνεύσει (β–af, A, S¹). Here the idea of fear is quite alien to the context, which deals with the case of a man repenting of the wrong he had done to a good man: φοβηθήσεται= יֶחֱרַד, a dittograph of יְהַדֵּר=τιμήσει.

We should possibly explain T. Iss. iv. 4 in this way. Thus in εἶδεν ἐπιλέξασθαι κάλλος θηλείας we might take ἐπιλέξασθαι κάλλος= בְּחֹר בְּחֵן and regard the first word as a dittograph of the second. Then the text would run 'he looketh not on the beauty of women'. Otherwise for εἶδεν (which c, ab read) we should read οἶδεν with def (A). Then οἶδεν ἐπιλέξασθαι=ידע לבחר, or, if ἐπιδέξασθαι (a, β–fg) is original, we should have ידע לרצות='cannot have pleasure in'.

On the same principle we should explain T. Jud. iii. 3 τὸν Ἀχὼρ βασιλέα=המלך האחר, i. e. τὸν ἕτερον βασιλέα, a phrase which occurs in

[1] This fact was first pointed out by Gaster (*P. S. B. A.*, Dec., 1893).

the previous verse and has been wrongly repeated in this verse. See notes *in loc.*

Again, the impossible text in T. Lev. viii. 14 ποιήσει ἱερατείαν νέαν κατὰ τὸν τύπον τῶν ἐθνῶν εἰς πάντα τὰ ἔθνη is very probably to be explained in the same way. The words κατὰ τὸν τύπον ... ἔθνη = לצלם הגוים לכל הגוים. Here I take צלם as corrupt for מליץ = μεσίτης. Then either we omit הגוים or לכל־הגוים as a dittograph. Thus we arrive at: 'He will establish a new priesthood to be a mediator for the Gentiles.' The clause occurs in the description of John Hyrcanus, whom the author regarded as the Messiah. Moreover, throughout the entire Testaments the salvation of the Gentiles is confidently expected. But the most notable dittograph occurs in T. Naph. viii. 4, 6 :—

Ἐὰν οὖν καὶ ὑμεῖς ἐργάσησθε τὸ καλόν,
εὐλογήσουσιν ὑμᾶς οἱ ἄνθρωποι καὶ οἱ ἄγγελοι,
καὶ ὁ Θεὸς δοξασθήσεται ἐν τοῖς ἔθνεσιν δι' ὑμῶν,
καὶ ὁ διάβολος φεύξεται ἀφ' ὑμῶν,
καὶ τὰ θηρία φοβηθήσονται ὑμᾶς,
καὶ ὁ Κύριος ἀγαπήσει ὑμᾶς,
[καὶ οἱ ἄγγελοι ἀνθέξονται ὑμῶν].

Τὸν δὲ μὴ ποιοῦντα τὸ καλόν,
καταράσονται αὐτὸν καὶ οἱ ἄγγελοι καὶ οἱ ἄνθρωποι,
καὶ ὁ Θεὸς ἀδοξήσει ἐν τοῖς ἔθνεσιν δι' αὐτοῦ,
καὶ ὁ διάβολος οἰκειοῦται αὐτὸν ὡς ἴδιον σκεῦος,
καὶ πᾶν θηρίον κατακυριεύσει αὐτῷ
καὶ ὁ Κύριος μισήσει αὐτόν.

Here, if we compare ver. 6 with ver. 4, we see that the six lines in ver. 6 correspond line for line with the first six in ver. 4. The seventh line in 4 is thus against the structure of the stanza. It is also against the parallelism. On retranslation into Hebrew we find that it = ומלאכים יאחזובם, which is a dittograph of ואלהים יאהבבם.[1]

III. *Paronomasiae which are lost in Greek can be restored by retranslation into Hebrew.*

We can recover a dozen or more paronomasiae by retranslation, the most of these having to do with the names of the patriarchs. T. Sim. ii. 2 ἡ μήτηρ μου ἐκάλεσέ με Συμεῶνα ὅτι ἤκουσε Κύριος τῆς δεήσεως αὐτῆς = תפלתה יי שמע כי שמעון שמי את קראה אמי.

---

[1] The original line 4' is found only in *eg*, A^bcdef, S, that is in Hβ. The dittograph is omitted only by *a* and therefore goes back to Hα and Hβ, that is, to H itself, the Hebrew archetype. See p. xxxix.

T. Lev. vi. 1 ἀσπίδα ... διὸ καὶ τὸ ὄνομα τοῦ ὄρους Ἀσπίς = שריון. ההר שם כן על ... שריון. Here the play is on different meanings of the same word.[1] T. Lev. xi. 2 ἐκάλεσε τὸ ὄνομα αὐτοῦ Γηρσάμ, ὅτι ἐν τῇ γῇ ἡμῶν πάροικοι ἦμεν (β, A^β, S¹)=גרים ... גרשם; xi. 5, 6 μέσος ... ἵστατο πάσης τῆς συναγωγῆς· διὰ τοῦτο ἐκάλεσα τὸ ὄνομα αὐτοῦ Κααθ (β, A^β)=קהת ... קהל. See Appendix III, 66–7, where we have the same play on the name implied in the Aramaic and Greek Fragments; xi. 7 ἐκάλεσ·ι αὐτὸν Μεραρεῖ ὅ ἐστι πικρία μου (β)= ... מררי; xi. 8 Ἰωχαβὲδ ἐγεννήθη ... ἔνδοξος γὰρ ἤμην (β)=כי ... יבבד נולדה. נכבד אני.

T. Jud. i. 3 ἐπωνόμασέν με Ἰούδαν, λέγουσα· ἀνθομολογοῦμαι τῷ Κυρίῳ = אודה ... יהודה.

T. Iss. i. 15 διὰ τοῦτον τὸν μισθὸν ἐκλήθην Ἰσαχάρ = נקראתי בשכר; v. 8 τῷ δὲ Γὰδ ἐδόθη ἀπολέσαι τὰ ἐπερχόμενα πειρατήρια τῷ Ἰσραήλ גדודים ... לגד. This last verse has by some accident been inserted in Issachar, whereas it ought, of course, to have appeared in the T. Gad.

T. Zeb. i. 3 Ζαβυλὼν δόσις ἀγαθή = טוב זבד ... זבלון; iii. 3 καταπατήσομεν αὐτήν, ἀνθ' ὧν εἶπεν ὅτι βασιλεύσει ἐπί = ב ירדה ... נרדה (Late Hebrew).

T. Naph. i. 6 ἐν πανουργίᾳ ἐποίησε Ῥαχήλ ... διὰ τοῦτο ἐκλήθην Νεφθαλείμ (β–g) = נפתלי נקראתי לכן ... רחל נפתלה; i. 12 ἔτεκε τὴν Βάλλαν λέγων· καινόσπουδός μου ἡ θυγάτηρ· εὐθὺς γὰρ τεχθεῖσα ἔσπευδε θηλάζειν = לינק בהלה ... כי בתולתי בהלה לאמר בלהה את־ילד.

T. Ash. i. 2 ἀκούσατε, τέκνα Ἀσήρ ... καὶ πᾶν τὸ εὐθές ... ὑποδείξω ὑμῖν = הישר וכל אשר בני שמעו ... אתכם אורה; i. 9 θησαυρὸς τοῦ διαβουλίου = אוצר היצר.

T. Benj. i. 6 Βενιαμίν, ὅ ἐστιν υἱὸς ἡμερῶν = בן־ימין ... בנימין; x. 8 οἱ μὲν εἰς δόξαν οἱ δὲ εἰς ἀτιμίαν=לקלון ואלה לכבד אלה.

IV. *Many passages which are obscure or wholly unintelligible in the Greek become clear on retranslation into Hebrew.*

Many phrases and clauses given under No. I could be brought under this head, such as those in T. Jud. xx. 4; T. Jos. ii. 3; T. Benj. x. 11, &c. But there are many more such.

---

[1] ἀσπίς is a bad rendering, as שרין means here body armour or coat of mail as in Sam. xvii. 5; 2 Chron. xxvi. 14. θώραξ is given in T. Jud. iii. 5 as another rendering (see Midr. in Appendix I, p. 236, line 4), and is on the whole satisfactory, for in later times θώραξ appears to mean defensive armour generally.

T. Reub. iii. 5 πνεῦμα ψεύδους †ἐν ἀπωλείᾳ καὶ ζήλῳ† τοῦ πλάττειν λόγους καὶ κρύπτειν λόγους αὐτοῦ ἀπὸ γένους καὶ οἰκείων. The context requires a parallel to ἀπὸ γένους καὶ οἰκείων, which underlies, no doubt, the obelized words. These = וקנאה לשואה, which I take to be a corruption of לשנא וּמְחַנֵּא. Thus we get: 'The spirit of lying which aims at practising deceits on an enemy or rival and concealments from kindred and friends.'

In T. Lev. ii. 7 we have the peculiar expression εἶδον ἐκεῖ ὕδωρ πολὺ κρεμάμενον (α, Aᵃ). Here κρεμάμενον is surely impossible. In β, Aᵝ (i. e. Hᵝ) where the text has been expanded into an account of the seven heavens, the explanatory gloss is added: ἀνάμεσον τούτου κἀκείνου. Here κρεμάμενον = מוקיע which seems corrupt for ברקיע, or rather ורקיע = ἐν τῷ στερεώματι or rather καὶ τὸ στερέωμα. The firmament or raqîa is actually the name of the second heaven in the Talmudic account of the Seven Heavens (Chag. 12ᵇ). In this earlier account the firmament is simply mentioned as being in the first (α) or second heaven (β).

In T. Lev. ii. 8 (α, β, Aᵝ) the second heaven is said to be brighter and more brilliant than the first, ἦν γὰρ καὶ ὕψος (καὶ γὰρ ὕψος ἦν, β, Aᵝ) ἐν αὐτῷ ἄπειρον. Clearly there is something wrong here. The greater brightness of the second heaven cannot be due to its greater loftiness. The error, therefore, lies in the ὕψος. This word = גֹּבַהּ, which is corrupt for נֹגַהּ = φῶς or φέγγος. Thus the brightness of the second heaven was due to a boundless light (φῶς ἄπειρον) that was therein. This light may have been physical, if we may adopt the Talmudic view which represents the sun, moon, and stars as being in the second heaven (Chag. 12ᵇ). The angel, ii. 9, bids Levi not to be surprised at this heaven, for he will presently see a far brighter one.

In T. Lev. xviii. 9 καταπαύσουσιν εἰς κακά is a most peculiar expression but becomes at once clear on retranslation. Thus it = יחדלו להרע 'shall cease to do evil'.

T. Jud. iv. 3 †ἐλευθερώσαμεν τὴν † Χεβρών. Here, from the parallel accounts in the Midrash (Appendix I), Chron. Jerach. xxxvi. 6 and the Book of Jashar (*Dict. des Apocr.* ii. 1176), we must regard Χεβρών = חברון as a corruption of חצור, i. e. Hazor. In the next place, since our text as well as the three authorities mentioned above have to do with the capture and not the deliverance of Hazor, ἐλευθερώσαμεν must be corrupt. This word = חפשנו, corrupt for תפשנו or כבשנו = ἐλάβομεν or ἐκυριεύσαμεν.

T. Jud. v. 3 οἱ ἐπὶ τοῦ τείχους . . . †ἐφελκύσθησαν πρὸς ἡμᾶς 'Those on the wall . . . †were drawn down† against us'. This gives no satisfactory sense. We require some such statement as 'they attacked us' or 'drew themselves up against us'·; for the sons of Jacob were scaling the wall to attack the city. Here then ἐφελκύσθησαν = ארכו (cf. LXX in Num. ix. 19; Josh. xxiv. 31) which appears to be corrupt for ערכו = παρετάξαντο 'drew themselves up in' array against us'.

T. Jud. viii. 2 †παρακαλέσας δέδωκέ μοι. Here παρακαλέσας can hardly mean 'invited', since it is already said that the king had talked with Judah and Ieram and had made a feast for them. Hence I take παρακαλέσας δέδωκε = ונתן נחם, corrupt for נתן בחמי, 'when I was heated with wine he gave me his daughter to wife'. Judah's drunkenness explains his marrying a Canaanite. For another possible explanation see note *in loc*.

T. Jud. ix. 3 καὶ ἤρθη †νεκρὸς ἐν ὄρει Σιείρ, καὶ πορευόμενος ἐν 'Ανονιρὰμ ἀπέθανεν (β, S¹). The words καὶ πορευόμενος ... ἀπέθανεν are omitted by α as unintelligible, and A changes it into ἐν ᾧ ἐπορεύοντο ἐτάφη ἐν 'Αναν. But a comparison of the Midrash Wajjis. and the Chron. Jerach. (see note 20, p. 79) shows that this clause belongs to the original text and in the form in which it appears in β, S¹. Moreover, these authorities help us to discover how the corruption in νεκρός arose. νεκρός = נבלה, whereas these have נחלה = τετραυματισμένος. Thus Esau was wounded on Mount Seir and died as he was passing over Anoniram.

T. Jud. xi. 2 (β, S¹) συνέπεσα πρὸς αὐτήν. Similar phrases occur in xiii. 3 (β-d, A, S¹), and in T. Jos. ix. 5 (α, β-d, S¹). The sense required is obvious: συνέπεσα πρὸς αὐτήν = נפלתי לה, corrupt for בעלתי לה = συνεγενόμην αὐτῇ. This sense suits all the passages.

T. Jud. xiii. 3 ἐν κάλλει γυναικῶν (β) seems quite unsuitable here, and is omitted by α, Aᵇ. Perhaps there was a corruption of חדר = 'apartment' into הדר = κάλλει. Then we should render 'in the women's apartment'.

T. Jud. xxi. 6 οἱ μὲν †κινδυνεύουσιν αἰχμαλωτιζόμενοι, οἱ δὲ πλουτοῦσιν ἁρπάζοντες τὰ ἀλλότρια. Here, instead of κινδυνεύουσι, we require a verb forming an antithesis to πλουτοῦσιν. κινδυνεύουσιν = יִסָּכְנוּ (late Hebrew). In earlier Hebrew it = πτωχεύουσι.

T. Dan i. 7 συνήργει μοι λέγον (α om.). συνήργει is here impossible. It = יעור, which I take to be corrupt for יעיר = ἤγειρε 'stirred me up saying'.

T. Dan i. 8 (beg) ἵνα ὥσπερ πάρδαλις †ἐκμύζουσα ἔριφον, οὕτως ἐκμυζήσω τὸν Ἰωσήφ. Here ἐκμυζᾶν 'to suck' = מצץ, corrupt for רצץ 'to crush'. Hence 'to crush Joseph as a leopard, &c.'

T. Dan iv. 4 †τέρπει τὴν ἀκοήν, καὶ οὕτως ὀξύνει τὸν νοῦν. Here it is manifestly some hearsay that gives provocation 'and makes the mind keen to perceive'. Now τέρπει τὴν ἀκοήν = הרנין השמועה where

הרניו is corrupt for הרגיז. Hence the clause='the thing said giveth provocation'.

T. Dan v. 3 ἀγαπήσατε τὸν κύριον ἐν πάσῃ τῇ † ζωῇ (c, β–d, A, S¹) ὑμῶν καὶ ἀλλήλους ἐν ἀληθινῇ καρδίᾳ. Here the parallelism shows ζωῇ to be corrupt. h d read ψυχῇ, but this looks like a scribe's emendation, though it gives the right idea. Perhaps בכל חייכם or בכל ימיכם is corrupt for בכל מאדכם = 'with all your strength'.

T. Dan v. 6 †ὑπακούσονται τοῦ παρεδρεύειν τοῖς υἱοῖς Λευί. Here 'will obey with a view to attending constantly on' cannot be original. ὑπακούσονται = יַקְשִׁיבוּ, corrupt for יְקַשְּׁרוּ = 'will conspire'. The latter verb occurs in the late Heb., T. Naph. ix. 2 (p. 243).

T. Dan v. 10 (a, beg) τὴν ἐκδίκησιν τοῦ νίκους δώσει τοῖς πατράσιν ἡμῶν. Since the promise refers to the future πατράσιν can hardly be right. I conjecture that אבותינו is corrupt for אויבינו and that accordingly we must render here 'will execute an everlasting vengeance on our enemies'.

T. Gad iii. 3 τὸ μῖσος ἐτύφλωσε τὴν ψυχὴν αὐτοῦ, ὡς κἀγὼ † ἔβλεπον ἐν τῷ Ἰωσήφ (β, A, S¹). Here κἀγὼ ἔβλεπον ἐν = גם אני אראה ב, which may be corrupt for גם אתי עִוְּרָה ב. Thus we have: 'hate blinded his soul as it blinded me also in regard to Joseph.'

T. Gad vii. 6 ὁ γὰρ πένης ... ὑπὲρ πάντας †πλουτεῖ ὅτι οὐκ ἔχει τὸν περισπασμὸν τῶν ματαίων ἀνθρώπων. According to the text the poor man is rich because he is free from the sore travail of men seeking to be rich. But what we require here is a statement that he is happy—not that he is rich—because he is free from disquieting cares. Here πλουτεῖ=יַעֲשִׁיר, corrupt for יְאֻשַּׁר=μακαριστός ἐστι. The LXX of Prov. xxxi. 28 implies the converse corruption.

T. Gad vii. 7 ἐξάρατε οὖν τὸ †μῖσος ἀπὸ τῶν ψυχῶν ὑμῶν καὶ ἀγαπήσατε ἀλλήλους ἐν εὐθύτητι καρδίας. This chapter of Gad deals with envy or jealousy on the part of the poor man towards his wealthier or more prosperous neighbour. Ver. 7 closes the chapter with a general admonition bearing on the subject of the chapter. This admonition should refer, therefore, to ζῆλος or φθόνος, not to μῖσος. The corruption arose in the Hebrew קִנְאָה (= ζῆλος) being corrupted into שִׂנְאָה.

T. Ash. ii. 1 ψυχὴ ἐν λόγοις† ἀφιστῶσα τὸ καλὸν ὑπὲρ τοῦ κακοῦ. So a reads. The text of β–g, A λέγουσα, φησί seems to be a corruption of λόγοις ἀφιεῖσα: ἀφιστῶσα = מסירה, which I take to be corrupt for סמכה = ἀντιλαμβανομένη. Thus we have 'a person may support the good with words on behalf of an evil design'.

T. Ash. v. 2 διὸ καὶ τὸν θάνατον ἡ αἰώνιος ζωὴ †ἀναμένει. The interpolations being omitted, this verse runs: 'Death succeedeth to

INTRODUCTION xxxi

life, night to day, and darkness to light: wherefore also eternal life †awaiteth death.' h, β read ἀναμένει, c (A?) διαμένει. For τόν before θάνατον g reads μετά. This is a mere scribal guess, but it is in the right direction. Now διαμένει with its notion of 'continuance', even of 'continuance after death', is not the idea that the preceding words suggest. It is that of succession, that we expect. διαμένει may be an emendation of the impossible ἀναμένει. I propose that the original ran, as follows: אחר = μετὰ המות חיי־העולם יקומו τὸν θάνατον ἡ αἰώνιος ζωὴ ἀκολουθεῖ, but that this was corrupted into את המות. חיי העולם יקומו = β. It appears that it was the loss or corruption of אחר in H, or μετά in a, β that led to the subsequent depravation of the text. If we could assume its loss in a, β then ἀναμένει could be a corruption of ἀνατελεῖ.

T. Ash. vi. 4 τὰ τέλη τῶν ἀνθρώπων δεικνύουσι τὴν δικαιοσύνην αὐτῶν †καὶ γνωρίζονται† τοῖς ἀγγέλοις Κυρίου καὶ τοῦ Βελίαρ. β—dg read γνωρίζοντες instead of καὶ γνωρίζονται which a attests, and dg γνωριζόντων. The construction in a cannot be right, nor yet its sense. β is better in both respects. It is the soul's recognizing the angels of the Lord or of Beliar that makes it joyful or troubled at the hour of death, not its recognition by these angels. The participial construction of β is near what is required and may point to ב with the infin. in Hebrew. In the notes on my text I have conjectured that we have here a confusion of יֵדְעוּ=γνωρίζονται and יָעֵדוּ=συναντῶσι, the same confusion as the LXX implies in Amos iii. 3. Perhaps this is not necessary, but I think it gives better sense, and, what is more, it explains the impossible text of a. The Hebrew may have, been בהועדם למלאכים or בעוד יועדו למלאכים.

T. Jos. viii. 5 ὅτι διὰ προφάσεως ἀπηλλάγην τῆς Αἰγυπτίας. Here διὰ προφάσεως, if it can stand, must either be rendered 'by (this) means', or 'by a false charge'. But the latter rendering is questionable and the former would require the demonstrative pronoun. Hence I suggest that διὰ προφάσεως=מִתְאֲנַת, corrupt for מִתַּאֲוַת (the LXX and Vulg. imply the same corruption in Prov. xviii. 1). Thus we have 'praising God that I was delivered from the lustful desire of the Egyptian woman'. Cf. iii. 10.

T. Jos. xi. 7. καὶ ἐπλήθυνεν αὐτὸν ἐν χρυσίῳ καὶ ἀργυρίῳ καὶ †ἔργῳ (a). β, A, S omit καὶ ἔργῳ, probably as unintelligible. But by retranslation the source of the corruption springs to light. ἔργῳ=עֲבֹדָה, which the translator read as עֲבֹדָה (=ἔργῳ); but which he should have read as עֲבָדָה ='household servants'. The entire clause will be found in the Hebrew, T. Naph. i. 3 (p. 239), where Naphtali speaks of 'silver and gold and household servants'.

T. Benj. iv. 2 ὁ γὰρ ἀγαθὸς ἄνθρωπος †οὐκ ἔχει σκοτεινὸν ὀφθαλμόν†, ἐλεεῖ γὰρ πάντας. So far as I am aware the expression σκοτεινὸν ὀφθαλμόν is unexampled, and seems to spring from a corruption in the Hebrew. οὐκ ἔχει σκοτεινὸν ὀφθαλμόν= אין לו עין חשך. Here אין is to be rejected as a dittograph of עין, and חשך to be taken as a corruption of חשה. Thus we have האיש הטוב לו עין חשה כי חמל על־כל, 'The good man hath a pitiful eye, for he hath compassion on all'. Cf. Ezek. xvi. 5 לא־חסה עליך עין . . . לחמלה עליך.

T. Benj. iv. 5 τῷ ἀγαπῶντι τὸν θεὸν †συντρέχει. Here συντρέχει=ירוץ, corrupt for ירצה 'approveth'.

T. Benj. viii. 3 ὥσπερ γὰρ ὁ ἥλιος οὐ μιαίνεται †προσέχων ἐπὶ κόπρον . . . οὕτω καὶ ὁ καθαρὸς νοῦς ἐν τοῖς μιασμοῖς τῆς γῆς συνεχόμενος μᾶλλον †οἰκοδομεῖ, αὐτὸς δὲ οὐ μιαίνεται. Here προσέχων (c, β–f)= בְּהִזְהֵר (cf. Sir. xiii. 13), but the word should have been punctuated בְּהַזְהִיר = λάμπων. Strangely enough f has λάμπων here, which is probably only a lucky hit of its scribe. Or προσέχων = על בהופיע (cf. LXX on Job x. 3), which should here have been rendered λάμπων. Next, οἰκοδομεῖ = יבנה which I take to be corrupt for יָנֶּה. Thus the simile in the text becomes perfect.

T. Benj. ix. 1 †ἀνανεωθήσεσθε. Perhaps we have here a corruption of תחרשו (= 'ye will desire' or 'perpetrate') not תחדשו.

In all the above cases we have dealt only with corruptions in the text, where there was no divergence among the MSS. or Versions. Yet the bulk of the restorations is so obvious that we might take as proven our contention without further evidence. And yet the strongest evidence is still to come. In the next Section we shall discuss only those passages in the text where the MSS. and Versions attest different readings, α generally standing in opposition to β, A, S. By means of the evidence thus forthcoming we hope to advance a stage further than we have yet reached, and to prove not only that our book is derived from a Hebrew original, but also that the Hebrew existed in two recensions, H^a and H^β, and that α and β did not originate in the Greek but are derived respectively from H^a and H^β.

§ 12. α AND β ARE DERIVED RESPECTIVELY FROM THE TWO LOST HEBREW RECENSIONS H^a AND H^β. TABLE OF AFFINITY OF ALL THE TEXTUAL AUTHORITIES.

α and β are not, strictly speaking, Greek recensions, for their chief points of divergence[1] did not originate in the Greek, but go

---

[1] There are of course some omissions in α due to hmt. and others possibly to

back to two diverse forms of text already existing in the Hebrew, which we denote as H^a and H^β.

Of these two recensions, H^a and H^β, sometimes one gives the correct text, sometimes the other. Whilst, therefore, it is best to print a and add the main variations from $β$ in the margin,[1] the translator will follow a different course, and follow in one case a, in another $β$.

I shall begin this list of variations between H^a and H^β with a few of the most remarkable taken from different Testaments and then proceed in order through the Testaments. The variants will be underlined.

                  a $β$, A, S^1

T. Benj. xii. 2 ἐκοιμήθη <u>ὕπνῳ καλῷ</u>   ἀπέθανε . . . <u>ἐν γήρει καλῷ</u>

Here $β$, A, S are undoubtedly right, מת בשיבה טובה. In H^a, on the other hand, שיבה has been corrupted into שינה. The same corruption was present in both H^a and H^β in T. Dan vii. 1 ; T. Ash. viii. 1 ; T. Jos. xx. 4, and both Hebrew recensions are right in T. Iss. vii. 9. In the late Hebrew T. Naph. i. 1, the correct Hebrew phrase is found. See App. II. p. 239.

                  a $β$, A, S^1

T. Ash. vi. 6 εἰσφέρει αὐτὸν εἰς ζωὴν αἰώνιον   παραμυθεῖται αὐτὸν ἐν ζωῇ

Here it is H^a that is right and not H^β. The angel of peace conducts the good soul into eternal life. Here εἰσφέρει=ינחה, which in H^β was corrupted into ינחם=παραμυθεῖται. On T. Benj. vi. 1 we have confirmation of the text of H^a, which reads ὁ γὰρ ἄγγελος τῆς εἰρήνης <u>ὁδηγεῖ</u> τὴν ψυχὴν αὐτοῦ.

                  a $β$, A, S^1

T. Ash. vi. 5 ὅτε γὰρ <u>πονηρὰ</u> ἡ ψυχὴ   ὅτε γὰρ <u>τεταραγμένη</u> ἡ ψ.
                   ἀπέρχεται   ἀπέρχεται

Here H^β is right. The troubled or peaceful condition of the soul at death shows its character. Here רעושה=τεταραγμένη was corrupted in H^a into רשעה=πονηρά.

              a (aef)   bdg, A

T. Jos. iv. 7 ἀντεφιλονείκει   ἐσιώπησε.

Here H^a read התחרתה and H^β התחרשה.

                a $β$

T. Reub. iv. 1 μοχθοῦντες ἐν ἔργοις <u>καλοῖς</u>   μοχθοῦντες ἐν ἔργοις καὶ ἀπο-
           καὶ ἐν γράμμασιν   <u>πλανώμενοι</u> ἐν γράμμασιν

accident. These I do not include in the above, though some of them may have originated in the Hebrew.

[1] All the variants of a and $β$ are given in the notes.

Here a, which is in part supported by A, is clearly right and β corrupt. ἐν ἔργοις καλοῖς=ישרים במעשים, of which ישרים was corrupted in H^β into וְישָׁרִים=καὶ ἀποπλανώμενοι.[1]

T. Reub. iv. 7 φέρει... πρόσκομμα τῷ Βελίαρ (a). Here β–af, A, S¹ are right; ποιεῖ... γέλωτα παρὰ τῷ Βελίαρ. γέλωτα=משחק (or שחוק), which in H^a was corrupted into מוֹקֵשׁ.

	a	β, A
T. Gad i. 4	ὑπάρχων νέος	τρυφερὸς ὤν

Here H^a was נַעַר and H^β עָלֵז. It is doubtful which is original.

	a	β, A, S¹
T. Gad v. 4	ὁ φόβος τοῦ θεοῦ οἰκεῖ ἐν αὐτῷ	ὁ φ. τ. θ. νικᾷ τὸ μῖσος

Here the context is in favour of β, A, S¹, since it is dealing with the question of hatred. H^a=חדור בנפשו, corrupt for תוכל לשנאה (=νικᾷ τὸ μῖσος) which stood in H^β.

	a (A)	β, S¹
T. Benj. x. 4	καταλειμπάνω	διδάσκω

Here H^a was מַנִּיחַ and was no doubt right. It is found in late Hebrew, T. Naph. i. 3 אני מניח. In H^β this word was corrupted into מגיד or מורה.

The above instances are sufficient to establish the existence of two distinct types in the Hebrew, H^a and H^β. We shall now proceed systematically through the Testaments, adducing similar phenomena in support of this view.

	a	β–d, A–a, S¹
T. Reub. iv. 10	πονηροῦ	ὁρατοῦ

The reading of H^β ראוי is perhaps best here. 'The God of our fathers delivered him from manifest and hidden death.' This was corrupted in H^a into רע or רשע=πονηροῦ.

	a	β, A, S¹
T. Reub. v. 2	διὰ τοῦ σχήματος	δυνάμεως

Here H^a, i. e. הוד or הן=σχήματος, is undoubtedly right, as the context proves; for it has just been stated that 'since they have no... strength (δύναμιν) over man, they use wiles by outward attractions (σχήμασιν), that they may draw him to themselves. And whom they cannot bewitch with outward attractions, him they overcome by craft'. הן in H^a was corrupted into און.

	a	β, A
T. Lev. iii. 2	ἡμέραν κρίσεως	ἡμέραν προστάγματος

Here προστάγματος may=דת, corrupt for דין=H^a.

---

[1] Or we might take καλοῖς to be=טובים, which was corrupted into וטעים=καὶ ἀποπλανώμενοι.

INTRODUCTION xxxv

In T. Lev. viii. 15 a has παρουσία αὐτοῦ ἀγαπητή, while β–af, A, S have παρ. αὐτοῦ ἄφραστος. The former=ידיד which was corrupted into סוד=ἄφραστος: In 'An Original Source of the Testaments' (App. III. 83) Levi is called ידיד אל. We might also compare the Messianic phrase μονογενοῦς προφήτου in T. Benj. ix. 2. There μονογενοῦς=יחיד. Is this corrupt for ידיד?

In T. Lev. xiii. 5 a reads ὑγιασμένοι ἦτε=תרפאו, and β, A^β, S εὕρητε=תמצאו, both of which appear corrupt for תאצרו=θησαυρίσητε. Thus we have
'Work righteousness upon the earth
That ye may have it as a treasure in heaven'.

	a	β, A^β
T. Lev. xiv. 3	ἥλιος	οὐρανός

Here H^β had שמים, which in H^a was corrupted into שמש.

	a, aef, S	bdg, A^β
T. Lev. xv. 3	οἱ μισοῦντες	οἱ θεωροῦντες

Here a has captured some of the MSS. belonging to β, and =השונאים, which was corrupted into הרואים.

	a	β, A^β
T. Lev. xv. 3	χαρήσονται ἐπὶ τῇ ἀπωλείᾳ ὑμῶν	φεύξονται ἀφ' ὑμῶν

Here H^a was יחדו and H^β ידדו.

	a	β, A, S^1
T. Jud. xxvi. 1	κατέχουσι	κατευθύνουσιν

This variation may have arisen within the Greek, but if not, it may be explained as follows. H^a=שומרים and H^β מְיַשְּׁרִים.

	a, β–bg, S^1	bg, A
T. Zeb. i. 5	ἐβεβαίωσα	ἐσκέπασα ἐπί

Here a has influenced aef and d. H^β = ל כסיתי, which may be corrupt for ל בָּרַתִּי (or קְיַמְתִּי) of H^a, 'I made a covenant with my brothers not to tell my father.' But the original Hebrew word is doubtful here.

	a	β, S^1
T. Zeb. ii. 4	μὴ φέρων ἐγὼ τῶν οἰμωγῶν	εἰς οἶκτον ἦλθον ἐγώ

A is vague here, but favours β, S^1. Here H^a seems original, and may have read נהי לא נשאתי which could have been corrupted into באתי אל נהי. It is true that נשא נהי in Jer. ix. 9, 17 means 'to take up a wailing'.

	c, β–d	d, A
T. Zeb. ii. 5	ἐβόμβει ἡ καρδία	ἐθαμβήθη ἡ καρδία

Here c, β–d are original, being derived from Jer. iv. 19 הומה לי לבי.

c 2

ἐθαμβήθη=חמה, which could be an easy corruption of המה, but the corruption may have arisen within the Greek; for the agreement of bg with c is difficult, though possibly H^β may have had both readings.

                                  a   aef, A
T. Zeb. viii. 6   τὸ πρόσωπον ἀφανίζει   τὴν ὕπαρξιν ἀφανίζει

Here H^a = פנים and H^β אונים. The context is probably in favour of the former. bg give here a text of their own.

                                  a   β, A, S¹
T. Dan i. 4   ἐθέμην περὶ τοῦ θανάτου   ἡδόμην περὶ τοῦ θανάτου

Here the variation may have arisen in the Greek, but it might go back to the Hebrew. See note *in loc*.

                                  a   β, A, S¹
T. Dan iii. 1   αὐτὴν τὴν ψυχὴν ἐκταράσσει   αὐτῇ τῇ ψυχῇ αὐτὸς γίνεται
                                                                ψυχή

Here both H^a and H^β give good sense but the latter is more striking. The variation might be accounted for within the Hebrew. H^β = היה לנפש and H^a רופש היה. Cf. Ezek. xxxiv. 18, 19.

                            a, aef, S¹   bd, A
T. Naph. i. 8   εὐλογίας Ῥαχιήλ   εὐχὰς Ῥαχιήλ

Here H^a read תחלת corrupted into תפלת.

                                  a   β, A, S¹
T. Naph. iii. 2   οἱ ἀστέρες οὐ καλύψουσι   οἱ ἀστ. οὐκ ἀλλοιοῦσι
                  τὴν τάξιν αὐτῶν   τ. τάξιν αὐτῶν

Here H^β has preserved the original text, יְשַׁנּוּ corrupted in H^a into יְכַסּוּ=καλύψουσι.

T. Naph. iv. 2. See note *in loc*.

                                  a   β, A, S¹
T. Gad iv. 3   σπουδάζει   θέλει

Here H^β read יחפץ corrupted (?) into יחפז in H^a.

                                    a   β, (A), S¹
T. Gad vi. 6   ἡσύχασον μὴ ἐλέγξῃς   ἡσύχασον μὴ ἐξάξῃς

H^a = חדל מהוכח, H^β = חדל מהבעס, where the latter is probably a corruption of the former.

T. Gad vii. 3   ἐξέτασον κρίματα κυρίου

          a   β   A
καὶ καταλάμψει   καὶ οὐ (bf om.) καταλείψει   καὶ οὐκ ἐγκαταλείψεις¹
καὶ ἡσυχάσει τὸ διαβούλιόν σου.

Here all the authorities are alike at fault. The context suggests that in the corrupt verb we should have some synonym of ἡσυχάσει, and the moment we retranslate we discover what is lacking. Thus

¹ So by a change of one letter.

INTRODUCTION xxxvii

καταλείψει = יָנִיחַ, which is corrupt for יָנוּחַ = ἀναπαύσεται. Thus ἀναπαύσεται καὶ ἡσυχάσει = ינוח ושקט, which two verbs are conjoined in Job iii. 26. The corruption of ינוח into יניח led to the insertion of the negative in the β, A. On the other hand καταλάμψει (a) presupposes יָנִיהַ, which is thus another corruption of the original ינוח.

T. Gad vii. 5

  a, β   A
εἰ ἀφαιρεῖται αὐτὰ ἐν κακοῖς   εἰ ἀφαιρεῖται τὸν πλοῦτον ἐν κακοῖς

This is a difficult passage. If A has preserved the original text, then we have the very unusual instance of α, β agreeing against A. In that case we must suppose all the existing MSS. of β to have been corrupted since the Armenian Version was made. Since this is wholly unlikely I assume that A has simply restored the original text by conjecture. For that it is the original seems manifest. Thus in ver. 4 our author speaks of a man growing rich by evil means (ἐκ κακῶν τις πλουτήσει). Hence ἐν κακοῖς naturally means 'got by evil means', and the phrase πλοῦτον ἐν κακοῖς = הוֹן מֵעָוֶל, which goes back to Prov. xiv. 11 מהבל הון. Now this text lay behind the corrupt ἀφαιρεῖται αὐτά, which = יסירהו corrupt for יסיר הון = ἀφαιρεῖται πλοῦτον.

T. Ash. i. 8. Here Hᵃ read תדבק (= προσκολλᾶται (h)) corrupted into תקבל = προσλαμβάνει (β, A, S¹). For προσκολλᾶται c reads καὶ προσκολλώμενος.

                a   β, A, S¹
T. Jos. v. 1   ἀνελῶ τὸν ἄνδρα μου φαρμάκῳ   ἀνελῶ τὸν Αἰγύπτιον καὶ
               καὶ λήψομαί σε   οὕτως νομίμως λήψομαί σε

Here Hᵃ seems to be original. It = בחמה which in Hᵝ was corrupted into בחקה and transposed into the next clause.

                a   β, A, S¹
T. Jos. iv. 3 τῆς δολιότητος αὐτῆς   τῆς Αἰγυπτίας
Hᵃ = תרמיתה and Hᵝ המצרית.

                a, β-bg   bg, A
T. Jos. iv. 7 ἀντεφιλονείκει   ἐσιώπησε

Hᵃ = התחרתה (so Symmachus renders (φιλονεικεῖν) in Ps. xxxvi. 1) which may be a corruption of Hᵝ התחרשה = ἐσιώπησε.

                a   β, A, S¹
T. Jos. v. 2   γίνωσκε ὅτι ἐγὼ ἐξαγγελῶ   ἐγὼ ἐξαγγελῶ τὴν ἐπίνοιάν
               πᾶσιν τὴν ἐπίνοιάν σου ταύτην τῆς ἀσεβείας σου πᾶσιν

Here, as in the last instance, there is a transposition of a word from its right clause to the adjoining one. Hᵃ = דע (i. e. γίνωσκε), while H^β read רע (i. e. τῆς ἀσεβείας) and placed it after מומח (ἐπίνοιαν).

	a	β, A, S¹
T. Jos. vii. 2	ἐθεράπευσεν αὐτὴν ἐν λόγοις	ἐθεράπευσεν αὐτὴν μὴ ἀσθενοῦσαν

Here H^α read במלות and H^β לא חולה or the former במילול (late Hebrew) and the latter לא אמללה.

	a	β–d, A, S¹
T. Jos. viii. 5	συνείχετο ἀπὸ τῆς λύπης	ἠσθένει ἀπὸ τ. λ.

Here H^α may have read נכלאה and H^β נלאתה.

	c	β, A, S¹
T. Jos. x. 6	οὐκ ἐπήρθην ἐν κακῷ	ἐμέτρουν ἐμαυτόν

Here H^α read לא רוממתי נפשי (that is, taking ἐν κακῷ as a corruption of ἐμαυτῷ, i. e. ἐμαυτόν as in β, A, S¹). Or רוממתי is a corruption of דוממתי.[1] Thus we have the phrase in Ps. cxxxi. 2 'I kept myself quiet'. From this we could explain the reading of β, A, S¹; for ἐμέτρουν = מדותי, an easy corruption of דוממתי or indeed of רוממתי.

	a	β–d, (A), S¹
T. Jos. xvi. 5	δοὺς αὐτοῖς ὀγδοήκοντα χρυσοῦς ἀνελάβετό με	δοὺς αὐτοῖς ὀγδ. χ. ἀντ' ἐμοῦ

H^α = לקחני. Was there such a form as חלפי in H^β = ἀντ' ἐμοῦ.

	c	β–a, A
T. Jos. xvii. 5	ἤθελον	ἐκέλευσεν

Here H^β = יצא, corrupt for H^α אוה = ἤθελον.

From the above evidence, which could be enlarged, we must conclude that there existed two recensions of the original Hebrew, which we have already designated as H^α and H^β. Since in the main these recensions, as they appear in α and β, differed from each other chiefly in words and phrases, most of which are explicable through simple internal corruptions, the Greek translation of H^α must have been used as a guide by the translator of H^β or vice versa.[2] In a few passages, however, the divergence is on a larger scale. The reader will find such an one in the T. Lev. ii. 7-iii, where the description of the Three Heavens belonged to the original Hebrew archetype and is more or less faithfully preserved in α, A^α, the latter being here influenced by α. After H^α and H^β originated, the description of the Three Heavens was changed in H^β into one of the seven heavens.

---

[1] The LXX and Vulg. read conversely רוממתי as רוממתי in Ps. cxxxi. 2.

[2] In the Book of Daniel we have a good parallel. The variations between the versions of Theodotion and the LXX in i-iii, vii-xii of that book go back to the Semitic.

As this was done clumsily, naturally it has been detected. In many cases it is impossible to get back to H^a owing to the defective text of a. Cf. T. Gad ii. 3–4; T. Naph. i. 12.

There are many omissions in H^a or a through hmt, and some where no such explanation is possible (cf. T. Gad vi. 3, i. e. the clause ἐξορίσας τὸν ἰὸν τοῦ μίσους). In some passages H^a, in others $H^β$ (or possibly only a or $β$) omitted passages owing to the inconsistencies or unintelligibleness of the transmitted text. Thus H^a omits a clause in T. Jud. ix. 3 because it conflicts with the preceding corrupt clause, but here $H^β$, supported by the Midrash Wajjis. and Chron. Jer., happily retains it, while in T. Ash. vi. 2 $H^β$ (or only $β$) omits on the same ground a clause which happily H^a retains notwithstanding its inconsistency. Again, in T. Jos. xi. 7 בעבדה was omitted in $H^β$ through some scribe misunderstanding it, or the wrong rendering ἐν ἔργῳ was omitted in $β$ because of its unintelligibleness.

We are now in a position to represent by a diagram the relations of the lost and existing documents of the Testaments:—

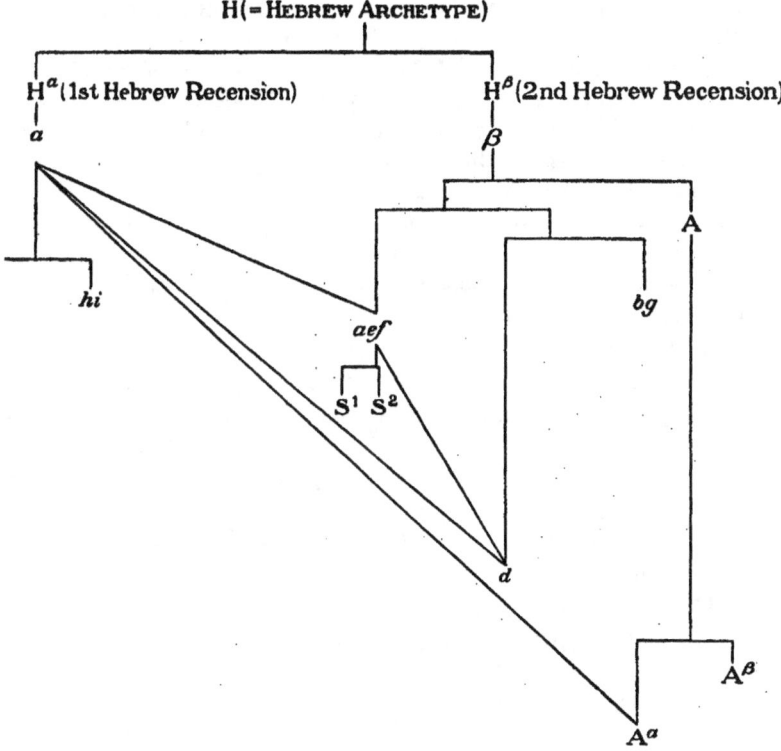

§ 13. LINGUISTIC CHARACTER OF THE GREEK VERSION.

I do not propose to discuss this question exhaustively, but only to bring forward the chief characteristics of this Version. These I shall treat under the following heads :—

I. Peculiar use of certain nouns, &c.
II. Peculiar use of certain phrases.
III. Prepositions and particles.
IV. Hebraisms.

I. *Peculiar use of nouns and other words.*

The translator's use of certain words is in some instances rare, in others unexampled. Thus he uses τόξα as = δόρατα in T. Jud. iii. 3, ix. 3 : ὀλιγοψυχία (T. Gad iv. 7) in the sense of 'hastiness of spirit'— a use however which is established in the LXX : πλάσμα (T. Naph. ii. 5) in the sense of inclination (יצר) : σκῆπτρον (T. Jud. xxv. 1) in the sense of 'tribe', but this is simply a Hebraism (being a rendering of שבט) : φιληδονία seems to be used merely as a synonym of ἡδονή— have we here a parallel of φιλοσοφία and σοφία ? The use of νεωτερισμός (T. Reub. ii. 2) in the sense of 'youth' is, so far as I know, unexampled. ἔνδυμα is apparently used in T. Lev. x. 3 (β) in the sense of καταπέτασμα, which is found in α. This seems to be quite an unjustifiable use of the word. The text may however be corrupt. In T. Benj. ix. 4 we have a peculiar use of the word ἅπλωμα. The word properly means an 'altar cloth', but the context seems to require the meaning 'veil'. This passage, however, is a Christian interpolation, and the use of the word may be due to an ignorant scribe.

ἕτερος is used in the sense of ἄλλος T. Reub. ii. 3 (a), T. Lev. viii. 12 (a); T. Jud. ix. 6, &c.

II. *Peculiar use of certain phrases.*

μετὰ ἔτη δύο τῆς τελευτῆς (T. Reub. i. 2) = 'two years after the death of Joseph'. This peculiar construction recurs in T. Zeb. i. 1. It is found in Plut. *Coriol.* 11. A perfectly analogous construction with πρό appears in the LXX in Amos i. 1, iv. 7, and the N. T. in John xii. 1.

A very interesting construction of ἔχω is found in four of the Testaments.

The passages are—

εἶχε (β, A, S¹ ἔμελλε a) τεκεῖν, T. Iss. ii. 2.
εἶχόν με ἀνελεῖν, T. Jud. vii. 7.
ἄτεκνος εἶχον ἀποθανεῖν, T. Jud. xix. 2.
εὐλογῆσαί σε ἔχει (a), T. Jos. xii. 3. Here β A, S¹ have εὐλογήσει σε.

ἀπολῦσαι ἡμᾶς ἔχει (a), T. Jos. xv. 7. Here *aef*, S¹ have ἀπολύσει (*bdg* ἀπέλυσεν) ἡμᾶς.

We have here strange uses of ἔχω. In the first three cases we should have had ἄν inserted in Classical Greek, but in N. T. times this omission is not infrequent: cf. John ix. 33, xv. 22, xix. 11; Gal. iv. 15, &c. We have now to touch briefly on this peculiar use of ἔχω with an infinitive.

Such phrases as we have cited above from the Testaments in connexion with ἔχω and an infinitive[1] are rather frequent in sixth century Greek writers, from whom Stephanus in his *Thesaurus* gives many quotations. But this usage was well established about 200 A.D. both in Greek and Latin. In Latin we find it in the third century in Cyprian, *De dom. Orat.* 34 'manifestari habebat', 'was to be manifested'; *De Haeret. baptiz.* 73 'unum habet esse et baptisma', 'there must be also one baptism'; Ep. lii. 3 'eici de ecclesia et excludi habebat', and many others. Earlier it is found in Tertullian, writing between 197–220, *Resurr. Carnis* 27 'habemus allegorizare'; *De Pudic.* 13 'erudiri haberent'; *De Virg. veland.* 1 'nasci non habebat', &c. I am not aware of any earlier instances of this use in Latin; but there are in Greek. Thus it is extremely frequent in Clement of Alexandria (ed. Dind.) i. 4 εἰ μήτι γε τοῦ νῦν με λυποῦντος ἐκεῖ χεῖρον παθεῖν ἔχω (quoted from Jannaris' *Historical Greek Grammar* 553 sq. where some dozen of other instances from the same author will be found). Thus the usage existed in Greek towards the close of the second century. But we can establish its currency about the middle and beginning of this century; for in Hermas, *Sim.* ix. 10. 5 we find μικρὸν ἔχω ἀκαιρεθῆναι, καὶ πάντα σοι ἐπιλύσω—'I shall be busy for a little and then I will explain everything to you': and in Ignatius, *Rom.* 2 οὔτε γὰρ ἐγώ ποτε ἔξω καιρὸν τοιοῦτον θεοῦ ἐπιτυχεῖν· οὔτε ὑμεῖς, ἐὰν σιωπήσητε, κρείττονι ἔργῳ ἔχετε ἐπιγραφῆναι—'for neither shall I myself ever have an opportunity such as this... nor will ye, if ye be silent, win the credit of any nobler work'.

Thus we have traced this usage back to about 100 A.D., and now by means of the Greek Version (a) of the Testaments we are able to prove that it was in vogue full half a century earlier. The examples we have given from Hermas and Ignatius enable us to understand how εὐλογῆσαί σε ἔχει in a = 'will bless thee', as indeed we find εὐλογήσει σε in β. Perhaps an element of necessity may lurk in the phrase.

---

[1] Of course the use of ἔχω with an infinitive in the sense of *possum* is Classical as well as Hellenistic.

ἤθελε... ἀνελεῖν, T. Reub. i. 7 = 'would have killed'. Here ἄν is omitted as in the passages just discussed. ἐθέλω is here merely used as an auxiliary, and is Classical. Cf. Aesch. *Eum.* 429 οὐ δοῦναι θέλει = οὐκ ἄν δοίη: also Aristophanes, *Vespae* 536. Μέλλω is used in the same way in T. Iss. ii. 2 (a).

In the first three passages where the constructions εἶχε τεκεῖν, εἶχον... ἀνελεῖν, and εἶχον ἀποθανεῖν occur, we have simply the use of the same idiom in the past tense. To the omission of ἄν in these constructions we have already referred.

III. *Prepositions and particles.*

ἄν is used with the pres. ind., T. Lev. xiii. 9.
ἄν = ἐάν. See Index.
ἵνα with subjunctive as a periphrasis for the imperative, T. Iss. i. 6 ἵνα σχῶ ταῦτα as in N. T. Cf. Eph. v. 33; Gal. ii. 10, &c.
ἐν. This is a very hard worked preposition: it occurs nearly 600 times. In the bulk of these its use is normal. It occasionally expresses the instrument. Two or three times it = εἰς. In a few cases its presence is superfluous, being merely a translation of the Hebrew ב, as after ἐκλέγομαι in T. Reub. vi. 11, or after ἀδικεῖν in T. Sim. v. 4, or after κληρόω in T. Iss. v. 7 (β).
μετά = עם in phrase ποίησον μετ' αὐτοῦ κρίσιν.
σύν apparently = 'like', being a translation of עם in T. Sim. iv. 4.
ὑπὲρ τούτου = περὶ τούτου in T. Gad i. 8 (hi).

IV. *Hebraisms.* Only a few are given under this heading. See § 11.

ἀπὸ προσώπου τῆς πονηρίας, T. Lev. x. 3 = מפני הרע.
πᾶς... οὐ, T. Jud. xv. 4; T. Iss. vii. 3, 7.
ἐκ τῶν πνευμάτων, T. Dan i. 7 (a) = מרוחות 'one of the spirits.'
δύο δύο, T. Ash. i. 4 (v. 1) = שנים שנים, i. e. δισσός.
ἐν κατέναντι τοῦ ἑνός, T. Ash. i. 4 = האחד נגד האחד.
ἐν πρώτοις, T. Benj. x. 8 = בראשונא.
κατὰ τὴν ψυχὴν αὐτοῦ, T. Benj. iv. 5 = כנפשו.
οἷα... οὕτως, T. Reub. i. 10, כזאת... אשר.

§ 14. THE DATE OF THE ORIGINAL HEBREW.

The date of the groundwork of the Testaments is not difficult to determine. Thus Reuben (T. Reub. vi. 10–11) admonishes his sons: Πρὸς τὸν Λευὶ ἐγγίσατε ἐν ταπεινώσει καρδίας ὑμῶν ἵνα δέξησθε εὐλογίαν ἐκ τοῦ στόματος αὐτοῦ... ὅτι ἐν αὐτῷ ἐξελέξατο Κύριος βασιλεύειν ἐνώπιον παντὸς τοῦ λαοῦ. Here a high-priest who is also a king is referred to. Such a combination of offices naturally makes us think of the

INTRODUCTION   xliii

Maccabean priest-kings of the second century B. C. The possibility of doubting this reference is excluded by the words that immediately follow: καὶ προσκυνήσατε τὸ σπέρμα αὐτοῦ ὅτι ὑπὲρ ὑμῶν ἀποθανεῖται ἐν πολέμοις ὁρατοῖς καὶ ἀοράτοις· καὶ ἐν ὑμῖν ἔσται βασιλεὺς αἰώνιος. A similar statement is made in T. Sim. v. 5. Thus the high-priest is not only a high-priest and civil ruler, but also a warrior. That the Maccabean high-priests are here designed cannot be reasonably doubted. But the identification becomes undeniable as further characteristics of this priestly dynasty come to light. It was to be a new priesthood and to be called by a new name (T. Lev. viii. 14 ἱερατείαν νέαν . . . ὄνομα καινόν). Now the Maccabean high-priests were the first to assume the title 'priests of the Most High God'—the title anciently borne by Melchizedek. But the praises accorded in this book could not apply to all the Maccabean priest-kings of the nation. As it was written by a Pharisee, it could not have been composed after the breach arose between John Hyrcanus and the Pharisees towards the close of the second century B. C. Thus the period of composition lies between 153 when Jonathan the Maccabee assumed the high-priesthood and the year of the breach of John Hyrcanus with the Pharisees,—some time, therefore, between 153 and 109. But the date can be determined between closer limits. To one member of the Maccabean dynasty are the prophetic gifts assigned in our text (T. Lev. viii. 15) in conjunction with the functions of kingship and priesthood. Now, in all Jewish history the triple offices were ascribed to only one individual, John Hyrcanus. Hence we conclude that the Testaments were written between 137 and 107. For an attempt to define the date of composition within much closer limits see § 15 in the Introduction to my Translation and Commentary.

§ 15. DATE OF THE GREEK VERSION.

We can only touch on this question here. It will be dealt with in some fullness in my Commentary.

The α Version seems to have been translated first, indeed before 50 A. D.; for it is twice quoted by St. Paul. The first passage is in Rom. i. 32 οὐ μόνον αὐτὰ ποιοῦσιν ἀλλὰ καὶ συνευδοκοῦσιν τοῖς πράσσουσιν, which is taken almost verbally from T. Ash. vi. 2 ὅτι οἱ διπρόσωποι δισσῶς †κολάζονται (rd. ἁμαρτάνουσι) ὅτι καὶ πράσσουσι τὸ κακὸν καὶ συνευδοκοῦσι τοῖς πράσσουσιν. Since bg A omit the words ὅτι . . . πράσσουσιν, we conclude that, though it is now found in α, adef, S¹, it was originally wanting in β and probably also in Hβ. For as we have already seen (Table on p. xxxix) *aef* were early influenced by *a*, and *d* is conflate in character. Hence in reality the passage was preserved only by *a* originally.

The second passage is the well-known one in 1 Thess. ii. 16 ἔφθασεν δὲ ἐπ' αὐτοὺς ἡ ὀργή (+τοῦ θεοῦ DEFG Itala, Vulg. Gothic) εἰς τέλος, which is borrowed from T. Lev. vi. 11 ἔφθασεν δὲ (+ἐπ' β) αὐτοὺς ἡ ὀργὴ τοῦ θεοῦ εἰς τέλος. Here β reads Κυρίου for τοῦ θεοῦ. The ἐπί is omitted by *a* through a simple scribal error.

On the ground of the above quotations we assume, therefore, that *a* was used by St. Paul, and that H^a was therefore translated into Greek at latest before 50 A.D.

When H^β was translated we have no definite means of determining. It was in all likelihood done subsequently to H^a. The translator of H^β appears to have had the translation of H^a before him, and to have followed it, unless where there were manifest divergencies between H^a and H^β.

The wide influence that the Testaments had on the New Testament writers will be treated at length in my Commentary.

§ 16. Title of the Book.

The general title was probably Διαθῆκαι τῶν Πατριαρχῶν. So they are designated in A. But it varies in the different authorities. In *a, bd* it appears as Διαθῆκαι τῶν δώδεκα Πατριαρχῶν τῶν (*hi, d* om.) υἱῶν Ἰακώβ (+τοῦ Πατριάρχου *a*); *a* αἱ δ. τῶν ιβ΄ πατρ. πρὸς τοὺς υἱοὺς αὐτῶν; *e* om., *f* δ. σὺν θεῷ τῶν ιβ΄ υἱῶν τοῦ Ἰακώβ. In the Stichometry of Nicephorus, the Synopsis of Athanasius, and the anonymous list of books edited by Montfaucon, Pitra, and others, the book is simply called Πατριάρχαι.

The title of the individual Testaments is very differently given in the MSS. *a* uniformly gives:—

διαθήκη Ῥουβὴμ τοῦ πρωτοτόκου (πρώτου ?) υἱοῦ Ἰακὼβ (*c* om. τοῦ...
Ἰακώβ) καὶ Λείας,
διαθήκη Συμεὼν τοῦ δευτέρου υἱοῦ Ἰακὼβ καὶ Λείας,
διαθήκη Λευὶ τοῦ τρίτου υἱοῦ Ἰακὼβ καὶ Λείας,
διαθήκη Ἰούδα τοῦ τετάρτου υἱοῦ Ἰακὼβ καὶ Λείας,
διαθήκη Δὰν τοῦ ἑβδόμου υἱοῦ Ἰακὼβ καὶ Βάλλας,

and so with the necessary changes in number and name of mother. In β, A, the matter is more complex. *a* gives simply the name of the patriarch. A fuller form is generally found in *befg*, while the title in *d* is generally conflated from *befg* and *a*. Hence we may, I think, neglect *ad* in this matter. In *f* there are generally additions

INTRODUCTION xlv

containing the interpretation of the name. These additions may also here be neglected. g takes a line of its own. Thus the title of Reuben is δ. 'P., of Issachar δ. 'Ισ. ε΄, and of Joseph ια΄. Only that of Simeon agrees with b. In all the rest it takes a line of its own. Hence on the whole we may ignore it at present. In bef then we find the following, ignoring peculiar additions in ef:—

διαθήκη 'Ρουβὴμ περὶ ἐννοιῶν,
διαθήκη Συμεὼν περὶ φθόνου,
διαθήκη Λευὶ περὶ ἱερωσύνης καὶ ὑπερηφανείας,
διαθήκη 'Ιούδα περὶ ἀνδρείας καὶ φιλαργυρίας (e om. κ. φιλ.) καὶ πορνείας (f om. κ. πορν.),
διαθήκη 'Ισαχὰρ περὶ ἁπλότητος (ἀγαθότητος e f),
διαθήκη Ζαβουλὼν περὶ εὐσπλαγχνίας καὶ ἐλέους,
διαθήκη Δὰν περὶ θυμοῦ καὶ ψεύδους,
διαθήκη Νεφθαλεὶμ (+η΄ b) περὶ φυσικῆς ἀγαθότητος,
διαθήκη Γὰδ (+θ΄ b) περὶ μίσους,
διαθήκη 'Ασὴρ (+ι΄ + b) περὶ δύο προσώπων κακίας καὶ ἀρετῆς,
διαθήκη 'Ιωσὴφ (+ια΄ b) περὶ σωφροσύνης,
διαθήκη Βενιαμὴν (+ιβ΄ b) περὶ διανοίας (ef ἐννοίας) καθαρᾶς.

In A the titles are—

1. A^nefg Βίβλος τῶν παραλειπομένων, λόγοι τοῦ 'Ρ. διαθήκη (+α΄ A^efg), but A^h reads δ. 'Ρ. υἱοῦ 'Ιακὼβ υἱοῦ 'Ισαὰκ υἱοῦ 'Αβραάμ.
2. A^abhk δ. Συμεὼν υἱοῦ 'Ιακὼβ υἱοῦ 'Ισαὰκ υἱοῦ 'Αβραάμ, A^b*cdfg δ. Συμεὼν (+περὶ φθόνου A^fg).
3. δ. Λευὶ περὶ ἱερωσύνης (+καὶ ὑπερηφανείας A^β).
4. δ. 'Ιούδα τοῦ τετάρτου περὶ ἀνδρείας (A^hk δικαιοσύνης) καὶ φιλαργυρίας καὶ πορνείας.
5. δ. 'Ισαχάρ.
6. δ. Ζαβουλὼν (+υἱοῦ 'Ισραὴλ υἱοῦ 'Ισαάκ A^ab).
7. δ. Δὰν περὶ ὑπερηφανείας καὶ ψεύδους.
8. δ. Νεφθαλεὶμ περὶ φυσικῆς ἀγαθότητος (A^d om. περὶ . . . ἀγαθ.).
9. δ. Γὰδ περὶ μίσους.
10. δ. 'Ασὴρ περὶ διπλόης καὶ ἀρετῆς.
11. δ. 'Ιωσὴφ περὶ φθόνου (A^b*cd om. π. φθ.).
12. δ. Βενιαμὴν ιβ΄.

When we compare bef and A, we discover that they agree in the titles of Judah, Naphtali, Gad, Asher, and with A^β in Levi, but that they are wholly or in part different in Reuben, Issachar, Zebulun, Dan, Joseph, Benjamin, and in most MSS. in Simeon. Since, therefore, within β there is a great variety of attestation, and since further, even where there is unity in β as in *bef*, we find that A is more often at variance with *bef* than in agreement with them, we may conclude that the part of the titles particularizing special virtues or vices are really later additions. Hence the original title in Greek of the Testament of Reuben may have had one of two forms: either simply διαθήκη 'Ρουβήμ or this with the addition τοῦ πρωτοτόκου υἱοῦ 'Ιακὼβ καὶ Λείας as in α, and similarly with regard to the rest of the Testaments. The short title in *a* which gives merely the name of the patriarch is not original, but merely due to the desire for brevity which characterizes the work of the scribe of this MS. The Hebrew form was צוואת ראובן. Compare Hebrew Test. Naph., p. 239.

§ 17. JEWISH ADDITIONS TO THE TEXT.

A large body of these additions can be classed under one head as interpolated at a certain period and written with a well-defined object. The period is about 70–40 B.C., and the object of the additions is the overthrow of the Maccabean high-priesthood, which in the first century had become guilty of all lewdness and baseness. The additions in question are:

(1) *First century* B.C. *Additions.*

T. Lev. x, xiv–xvi.
T. Jud. xvii. 2–xviii. 1 (?), xxi. 6–xxiii, xxiv. 4–6.
T. Zeb. ix.
T. Dan v. 6–7, vii. 3 (?).
T. Naph. iv.
T. Gad viii. 2.
T. Ash. vii. 4–7.

These passages are more or less closely bound together by sharing in a common aim, i. e. the denunciation of the present evil state of things under the later Maccabees, T. Lev. x, xiv–xvi; T. Jud. xxii; T. Zeb. ix. 4–5; they condemn the nation as again guilty of apostasy, T. Zeb. ix. 9; T. Naph. iv. 4; T. Gad viii. 2; T. Ash. vii. 5–6; they predict a second captivity, T. Jud. xxiii. 3; T. Naph. iv. 5; an ultimate redemption either by God Himself or through the agency of a Messiah from Judah, T. Lev. xvi. 5; T. Jud. xxiv. 4–6; T. Naph. iv. 5; and a blessed return to their own land, T. Jud. xxiii. 5; T. Ash. vii. 7; T. Zeb. ix. 9.

In all the above characteristics these first century B. C. passages agree with the Psalms of Solomon. In fact, the language in T. Lev. xiv–xvi. and T. Jud. xxiii. almost verbally agrees in some instances with that of these Psalms. With them, too, the hope of a Messiah from Judah is put forward afresh, and the certainty of an ultimate redemption prophesied. All the old glories of the Maccabees are forgotten, and no doubt the expectation of a Messiah from Levi, which was so fondly cherished by the faithful in the latter half of the second century, was now regarded as no better than a delusion of the evil one.

Another characteristic of these additions is their frequent citation of the Book of Enoch, as in T. Lev. x. 5, xiv. 1, xvi. 1 ; T. Jud. xviii. 1 ; T. Dan v. 6 ; T. Naph. iv. 1. Only in two other passages is this book quoted, i. e. in T. Sim. v. 4, and T. Benj. ix. 1. In the latter case this reference is omitted by A and may safely be regarded as an interpolation, and in all probability the former is also an interpolation, although it is attested by all existing authorities. From this frequent reference to Enoch, we may reasonably conclude the existence of certain sections in that literature which have not been preserved in the 1 Enoch (the Ethiopic Enoch), but have been republished in the later 2 Enoch (the Slavonic Enoch).

(2) *Other additions of various dates.* There are a few other additions which cannot be brought under the first head. They are of various dates and spring from various sources.

T. Reub. ii. 3-iii. 2. This passage is dealt with fully in the notes in my Commentary, and is there shown to have been derived ultimately from the doctrine of Stoicism. It is manifestly at variance with its present context. It is difficult to determine when it was incorporated. The fact of its appearing both in α and β, A, S¹ is in favour of its having been interpolated in the original Hebrew; but more likely it was first added in α and then copied into β. The chief reason against accepting the former hypothesis is the difficulty of explaining πνεῦμα, which is here used repeatedly with a meaning confined to the Stoics, as that of a sense, organ, or appetite. רוח was never, so far as I can ascertain, used with this signification. Yet it is possible to assume that some Jew did violence to the usual meanings of this word and used it, in the absence of any other possible word, as a rendering of the Stoic word πνεῦμα. This is constantly done by Greek Jews when translating from Hebrew. Some such document then as T. Reub. ii. 3-iii. 2 may have existed in Hebrew and have been added to the original text of the Testaments by some Jewish scribe.

T. Lev. xvii. 1-9. An addition from a Hebrew source.

T. Reub. vi. 7; T. Lev. xviii. 5^d; T. Iss. v. 4^c, 5^b. Scribal additions. The first passage relates to Levi only.

T. Zeb. vi. 4–6, vii–viii. 3. See Introduction to my Commentary, § 18.
T. Naph. v. 5. A dittograph from ver. 3.
T. Gad vi. 5. Probably originally a marginal gloss.
T. Jos. x. 5–xviii. It is not improbable that this large section either displaced part of the original Testament or was added in the Hebrew. It was written in Hebrew as the rest of the Testaments. In addition to the grounds enumerated in p. 172 of my Commentary we should observe that, whereas the duty of truthfulness is emphatically laid down throughout the Testaments, yet in x. 5–xviii Joseph lies several times to screen his brethren, xi. 2, 3, xiii. 6–9, xv. 2–3, xvi. 6. Further, the style of i–x. 4 is poetical, that of x. 5–xviii is prosaic.

§ 18. CHRISTIAN ADDITIONS TO THE TEXT.

These additions are found in nearly all the Testaments and were made at different periods.

T. Sim. vi. 5 ὡς ἄνθρωπος. The passage without this addition describes simply a Theophany, references to which are frequent in the Testaments, T. Lev. ii. 11, v. 2, viii. 11 ; T. Jud. xxii. 2 ; T. Zeb. ix. 9 ; T. Naph. viii. 3 ; T. Ash. vii. 3.

vi. 7^c ὅτι ὁ θεὸς σῶμα λαβὼν καὶ συνεσθίων ἀνθρώποις ἔσωσεν ἀνθρώπους. A manifest Christian interpolation.

vii. 2^b θεὸν καὶ ἄνθρωπον.

vii. 2^c σώσει [πάντα τὰ ἔθνη καὶ] τὸ γένος τοῦ Ἰσραήλ. So α, β. The bracketed words are a Christian addition. The author can look forward to the salvation of the Gentiles, but he would not set their salvation before that of Israel. See note below on T. Jos. xix. 11. A speaks here only of the salvation of mankind. The same interpolation recurs in T. Jos. xix. 11 (c, β) σώζων [πάντα τὰ ἔθνη καὶ] τὸν Ἰσραήλ, where A has simply ἡ σωτηρία τοῦ Ἰσραήλ.

T. Lev. iv. 1^h ἐπὶ τῷ πάθει τοῦ ὑψίστου. This Christian addition transforms an account of the Judgement into a description of the events accompanying the Crucifixion. The addition moreover was made by a Patripassianist.

iv. 4^{bc} ἕως ἐπισκέψεται κύριος πάντα τὰ ἔθνη ἐν σπλάγχνοις
[υἱοῦ] αὐτοῦ ἕως αἰῶνος
[πλὴν οἱ υἱοί σου ἐπιβαλοῦσι χεῖρας ἐπ' αὐτὸν τοῦ
ἀνασκολοπίσαι αὐτόν].

The Christian interpolations here transform an account of God's coming to dwell with men (cf. v. 2 ἕως ἐλθὼν κατοικήσω ἐν μέσῳ τοῦ Ἰσραήλ) into a prediction of God's sending His Son, and of His crucifixion by the priests.

x. 2 εἰς τὸν Σωτῆρα τοῦ κόσμου χριστόν. The context deals with the wickedness of the high-priests in the first century B.C.

xiv. 1. Here a alone, by the addition of the words ἐπ' αὐτόν, transforms a purely Jewish passage into a Christian one.

2. οἵτινες ἐπιβαλοῦσι τὰς χεῖρας αὐτῶν ἐπὶ τὸν Σωτῆρα τοῦ κόσμου. An addition from the same hand as iv. 4ᶜ.

xvi. 3. This verse may refer to the murder of some Jewish worthy. See my notes *in loc*. Otherwise it is a Christian addition.

xvii. 2 καὶ ἐν ἡμέραις χαρᾶς αὐτοῦ ἐπὶ σωτηρίᾳ κόσμου αὐτὸς ἀναστήσεται. This may or may not be an interpolation. It is unintelligible in its present context.

xviii. 7 ἐν τῷ ὕδατι. This slight addition changes a description of the glorification of John Hyrcanus into a description of the baptism of Christ.

xviii. 9 ὁ δὲ Ἰσραὴλ ἐλαττωθήσεται ἐν ἀγνωσίᾳ
καὶ σκοτισθήσεται ἐν πένθει.

An anti-Jewish Christian addition.

T. Jud. xxiv. 4. Possibly a Christian interpolation.

T. Iss. vii. 7ᶠ. According to some of the MSS. this line is Christian. See notes.

T. Zeb. ix. 8. This verse in a, aef, A, S¹ describes a Theophany in very startling words—'Ye shall see Him (i. e. God) in Jerusalem.' But these words are found in the genuine text of Ps. lxxxiv. 7 as in the LXX ὀφθήσεται ὁ θεὸς ἐν Σιών. So also the Syriac and Vulg. This very phrase is found in T. Naph. viii. 3. In *bdg*, however, we have the Christian addition ἐν σχήματι ἀνθρώπου.

T. Dan v. 10 ἐκ τῆς φυλῆς [Ἰούδα καὶ] τοῦ Λευί. Here the interpolator is clumsy. He ought to have changed φυλῆς to φυλῶν. Besides, the order betrays the interpolator's hand. In the original Testaments, when the two tribes are mentioned together, Levi always precedes Judah. See T. Sim. vii. 1; T. Gad viii. 1; T. Jos. xix. 11.

13 Κύριος ἔσται ἐν μέσῳ αὐτῆς [τοῖς ἀνθρώποις συναναστρεφόμενος] καὶ ὁ Ἅγιος Ἰσραὴλ βασιλεύων ἐπ' αὐτῆς [ἐν ταπεινώσει καὶ πτωχείᾳ καὶ ὁ πιστεύων ἐπ' αὐτῷ βασιλεύσει ἐν τοῖς ἀνθρώποις ἐν ἀληθείᾳ]. The text describes a Theophany as it does frequently elsewhere (see note above on T. Sim. vi. 5). The Christian additions transform it into a prophecy of Christ.

vi. 7. β, S¹ add Σωτήρ against a, A.

vi. 9 ἵνα δέξηται ὑμᾶς ὁ Σωτὴρ τῶν ἐθνῶν· ἐστὶ γὰρ ἀληθὴς καὶ μακρόθυμος, πρᾷος καὶ ταπεινός, καὶ ἐκδιδάσκων διὰ τῶν ἔργων τὸν νόμον Κυρίου. In its present form this is undoubtedly Christian.

T. Naph. viii. 2 διὰ γὰρ τοῦ †Ἰούδα ἀνατελεῖ ἡ σωτηρία τῷ Ἰσραήλ,
καὶ ἐν†. αὐτῷ εὐλογηθήσεται Ἰακώβ.

INTRODUCTION

viii. 3 διὰ †τοῦ σκήπτρου αὐτοῦ† ὀφθήσεται ὁ θεὸς [κατοικῶν ἐν ἀνθρώποις] ἐπὶ τῆς γῆς.

In my Text and Commentary I have, with Bousset, emended τοῦ Ἰούδα into αὐτῶν, since the preceding words are ἐντείλασθε τοῖς τέκνοις ὑμῶν ἵνα ἐνοῦνται τῷ Λευὶ καὶ τῷ Ἰούδα. τοῦ Ἰούδα would thus be due to a Christian scribe who likewise changed αὐτοῖς into αὐτῷ and τῶν σκήπτρων αὐτῶν into τοῦ σκήπτρου αὐτοῦ. Perhaps, however, the singular is right throughout, and Λευί stood originally instead of Ἰούδα, but T. Jos. xix. 11 is against this.

T. Ash. vii. 3 ἕως οὗ ὁ ὕψιστος ἐπισκέψηται τὴν γῆν, καὶ αὐτὸς ἐλθὼν [ὡς ἄνθρωπος μετὰ ἀνθρώπων ἐσθίων καὶ πίνων] καὶ συντρίβων τὴν κάραν τοῦ δράκοντος ἐπὶ τοῦ ὕδατος, οὗτος σώσει τὸν Ἰσραὴλ καὶ πάντα τὰ ἔθνη [θεὸς εἰς ἄνδρα ὑποκρινόμενος].

The original text described God's coming to earth and destroying the primeval dragon in the waters (Ps. lxxiv. 13) and saving Israel and all mankind, as the chief prophets taught. The Christian additions are obvious.

T. Jos. xix. 8. For a full treatment of this passage see notes *in loc.*

xix. 11 (a, β) ἀνατελεῖ ὑμῖν [ὁ ἀμνὸς τοῦ θεοῦ, ὁ αἴρων τὴν ἁμαρτίαν τοῦ κόσμου], σώζων [πάντα τὰ ἔθνη καὶ] τὸν Ἰσραήλ.

The method of the interpolator becomes manifest if we compare the above with the text of A, i. e. ἀνατελεῖ ἡ σωτηρία τοῦ Ἰσραήλ. The order ἔθνη καὶ ... Ἰσραήλ betrays the hand of the Christian interpolator. See also next passage.

T. Benj. vii. 8 (c, β, S¹) περὶ τοῦ ἀμνοῦ τοῦ θεοῦ καὶ σωτῆρος τοῦ κόσμου. This is a Christian interpolation as well as the last words of the verse ἐν αἵματι διαθήκης ἐπὶ σωτηρίᾳ ἐθνῶν καὶ τοῦ Ἰσραὴλ καὶ καταλύσει Βελίαρ καὶ τοὺς ὑπηρέτας. Observe the order 'Gentile ... Jew'. A omits both passages.

ix. 3–5. Obviously Christian. This is the only passage where A has admitted Christian interpolations in T. Benj.

T. Benj. x. 7 (c, β) ἡμεῖς ἀναστησόμεθα ... προσκυνοῦντες τὸν βασιλέα τῶν οὐρανῶν [τὸν ἐπὶ γῆς φανέντα ἐν μορφῇ ἀνθρώπου ἐν ταπεινώσει, καὶ ὅσοι πιστεύσωσιν αὐτῷ ἐπὶ τῆς γῆς χαρίσονται σὺν αὐτῷ]. A omits the interpolation. The hand of the interpolator is obvious.

x. 8 (c, β) κρινεῖ Κύριος ἐν πρώτοις τὸν Ἰσραὴλ περὶ τῆς ἀδικίας [ὅτι παραγενόμενον θεὸν ἐν σαρκὶ οὐκ ἐπίστευσαν αὐτῷ]. A omits the interpolation.

x. 9 (c, β) καὶ τότε κρινεῖ πάντα τὰ ἔθνη [ὅσα οὐκ ἐπίστευσαν αὐτῷ ἐπὶ τῆς γῆς φανέντι]. A omits the interpolation.

xi. Here the interpolators have been hard at work. While one interpolator transformed the original, which spoke only of Benjamin, into a prophecy of Christ (c), the other transformed it into a prophecy of St. Paul (β). The original text is preserved in A. See notes *in loc.*

§ 19. MIDRASH WAJJISSAU CONTAINING HEBREW FRAGMENTS OF THE TESTAMENT OF JUDAH.

It is not necessary to dwell on this subject. Only the part of the Midrash, which has preserved fragments of the Testament of Judah is here given. The Midrash is reprinted in Appendix I from Jellinek's *Bet ha-Midrasch* iii. 1–3. The questions naturally arise : Is the Midrash based on the Testament of Judah? or, Are both works so far as they relate to Judah based on a common original? A comparison of both works with Jub. xxxiv. 1–9 will, I think, make it clear that in the middle of the second century B. C. there existed an account of the war of the Amorite kings against Jacob and his sons. This account both Jubilees and the Testaments laid under contribution, the latter more fully than the former. Further elements of this early history are contained in the Midrash just mentioned ; for these help to explain the over-abbreviated descriptions in both Jubilees and the Testaments. On the other hand, later elements have entered on a large scale into the section of the Book of Jashar which deals with this subject.

§ 20. LATE HEBREW TESTAMENT OF NAPHTALI.

I have printed this Testament in Appendix II. My text follows the Oxford MS., which I designate as A. I have used Gaster's [1] collation of P, which is a twelfth-century MS. now in Paris, and borrowed from his edition some readings which he in turn has taken from Wertheimer's edition (printed at Jerusalem in 1890). Furthermore, for the sake of convenience, I have adopted the division into chapters which appears in Kautzsch's *Apokr. und Pseudep.* ii. 489–492. For the division into verses the present editor is responsible.

Dr. Gaster, to whose text reference has just been made, is of opinion that in the Hebrew text which is printed in our Appendix 'we have undoubtedly the original version of the Testament, free from any interpolation'. Further, he adds : 'In comparing this (the Hebrew Testament) with the Greek Version, we are struck by the great disparity between the two. In the Hebrew version, whole chapters of the Greek are missing, whilst in the Greek, the whole of the Hebrew is condensed into four-and-a-half chapters, the contents

[1] Gaster, 'The Hebrew Text of one of the Testaments of the XII Patriarchs,' *Proceedings of the Society of Biblical Archaeology,* Dec. 1893 ; Jan. 1894.

transposed and mangled almost beyond recognition. The Greek counterpart of the Hebrew makes no sense and has no meaning at all.; whilst the Hebrew is rounded off and complete, and perfectly clear.' These theses of Dr. Gaster have not been accepted in the world of scholarship. Almost universally, scholars who have worked on this field of literature deny the validity of his conclusions. In the first place, the style of the Hebrew is late. In the next place, even if it were early, it could lay no claim to being the original of the Greek 'Testament'. All that could be urged is that the two texts possess an exiguous[1] amount of common material. In all other respects they diverge, and the evidence points to the conclusion that the Hebrew text is, in fact, based directly or indirectly on the primitive Hebrew text from which the Greek Testament was translated.

On the following grounds we cannot accept the present Hebrew text as the original Testament of Naphtali.

(1) The Hebrew Testament does not end as all the Testaments do in the patriarch taking leave of his children.

(2) There is throughout the Hebrew Testament a strong personal feeling of hostility to Joseph. Thus his brethren complain that they have been exiled through his being a bond servant in Egypt (i. 10). Furthermore not a single word in favour of Joseph's personal character is uttered.

On the other hand, in the Greek Testaments, wherever Joseph as an individual is mentioned, he is praised either explicitly or implicitly.[2] And this is true in the single personal reference to him in the Greek Testament of Naphtali i. 8. Where the name Joseph stands for Northern Israel, as in T. Naph. v. 7, vi. 6, &c., the matter is different, and the attitude to Joseph in this relation is the same in both the Greek and Hebrew Testaments.

(3) The account of the senses and powers of man in x. 6 of the Hebrew Testament could not be the original of ii. 8 in the Greek Testament. There are four Hebrew lists of the senses, including that in the Hebrew Testament (see notes *in loc.* in my Translation), and the last is the most remote from the Greek Testament, which can be best explained from the list in Berakoth 61ab.

(4) The conceptions of Michael in the two Testaments do not agree. In the Hebrew (viii. 4) he is represented as the head of the

[1] The text in my Appendix amounts to five pages. The verbal coincidences in these five pages with the Greek Testament amount to about one-third of a page. In one or two passages, however, it is helpful in explaining corruptions in the Greek text, as I have shown in my notes.

[2] T. Reub. iv. 8; T. Sim. iv. 4, 6; T. Lev. xiii. 9; T. Zeb. viii. 4, &c., &c.

seventy angels, who instructed the seventy families that sprang from Noah in the seventy languages. Michael's duty is to be the bearer of God's commands to men. But in the original Testaments Michael plays a loftier rôle. He is not merely the angelic patron of Israel, but the intercessor for the righteous of all nations, their protector against Beliar, and the Mediator between God and Man.

(5) The late and conflate character of this late Hebrew *réchauffé* is shown by the fact that it contains two phrases drawn from two other Testaments, i. e. in i. 4 ('my silver . . . my gold . . . all my substance') from T. Jos. xi. 6, and in i. 8 (' the Lord and I are witnesses ') from T. Lev. xix. 3.

§ 21. ARAMAIC AND GREEK FRAGMENTS CONTAINING PHRASES AND CLAUSES FROM AN ORIGINAL SOURCE OF THE TESTAMENT OF LEVI AND THE BOOK OF JUBILEES.

Of the Aramaic texts which are printed in Appendix III, the Cambridge fragments were first discovered by Mr. H. L. Pass in the Geniza collection of the University Library, and identified by him as a part of the Testaments of the XII Patriarchs. He subsequently published them in the *J. Q. R.*, xii. 651 sqq. The Oxford fragment was found some time later by Mr. Cowley among the Geniza fragments in the Bodleian Library, and briefly described in the Catalogue, No. 2835, 27. The two fragments were written on vellum by the same hand, and not later, in the opinion of Mr. Pass, than the eleventh century.

Both the above fragments were recently published in the *J. Q. R.* 1907, 566–83, by Mr. Cowley and the present editor. The deciphering and translation of the Oxford fragment were almost wholly the task of Mr. Cowley, my part being limited to occasional suggestions or corrections, and attempts at getting behind the Aramaic and Greek fragments to the original presupposed by them.

The Greek fragment was found by me in a tenth century MS. of the Testaments, which Professor Lake photographed for me on Mount Athos, and which is denoted by the letter *e* in this edition. This fragment is interpolated in the midst of a verse in the Testament of Levi, i. e. xviii. 2. This fragment is unique in Greek literature, just as the Aramaic fragments are likewise unique in Aramaic. It is very remarkable that these Greek and Aramaic fragments agree word for word, where they coexist. Into their mutual relations I shall enter presently. So far as the Greek corresponds with the Aramaic, it is printed in parallel columns with it in the article in the *J. Q. R.* just referred to. These Aramaic and Greek fragments are reprinted with additional notes in Appendix III of my Text, and likewise another Greek fragment, to which there is no corresponding Aramaic. The last is now printed on pp. 250-52.

There is also a small Syriac fragment of the same work, which was reprinted by Mr. Pass from Wright's *British Museum Catalogue*. This I have given on p. 254, and corrected by a fresh collation of the MS. the mistake that occurs in the Catalogue and passed from the *Catalogue* into Mr. Pass's reprint.

The fragments—a source of the Testaments. A short study of the fragments serves to show that they are not derived from the Testaments, but are part of a work which formed a common source both of the Testaments and of the Book of Jubilees.

We must now study the relations of the Greek and Aramaic fragments and, in case we discover that both are versions, determine the original language of the work.

The Aramaic and Greek fragments are versions of a common original, neither being a translation of the other.

We shall now study these fragments alike in their relation to each other and to the Testaments. First then we will show that both the Aramaic and the Greek are translations, not originals, and that neither is a translation of the other.

The Aramaic is a translation and not an original work. The first evidence in favour of the Aramaic being a translation is the appearance of a dittograph in ver. 69.

The text twice states the reason for which Levi called his son's name Merari. 'And I was greatly distressed regarding him (מר לי עלוהי לחדה) because as soon as he was born he died' (מית). This statement is nonsense; for Merari did not die. But the true text— a duplicate one for the most part—immediately follows : 'And I was greatly distressed regarding him (הוה מריר לי עלוהי סניא) because he was like to die' (ימות). The simplest explanation of this dittograph is that we have here two renderings, one incorrect and the other correct, of the same Hebrew original. The difference in the word used for 'greatly' (סניא and לחדה) in the two cases is noteworthy. The second and correct rendering is supported by the Testament of Levi xi. 7 ἐκάλεσα αὐτὸν Μεραρεῖ, ὅ ἐστι πικρία μου ὅτι καίγε αὐτὸς ἀπέθνησκεν (*was like to die*).

Again, the peculiar style of the Aramaic fragment is against its being an original production, since it embodies Hebrew words, two of these being artificially Aramaised, two or more Syriac words, and words belonging to different types of Aramaic. To the explanation of some of these peculiarities we shall address ourselves later.

Finally, we might draw attention to the non-Aramaic use of דין in ver. 13 in the sense of 'privilege' or 'right'; for the context shows that דין כהנותא is a rendering of משפט בהנים in Deut. viii. 3.

The Aramaic is not a translation of the Greek fragment. This is at once evident if we compare the Aramaic of ver. 22 with the Greek; for where the former = ἀπὸ σκώληκος καὶ τότε λαβὲ αὐτά· οὕτως γὰρ εἶδον τὸν Ἀβραὰμ τὸν πατέρα μου προσέχοντα, the Greek has merely ἀπὸ παντὸς μολυσμοῦ. In ver. 23 the Greek is again defective over against a full Aramaic text. Again, the Aramaic in verses 17, 25, 31 could not be derived from the corrupt text of the Greek. Nor could the correct Aramaic (= σὺ γυναῖκα) in ver. 17 be derived from the impossible Greek σὺ †πρῶτος, nor in ver. 20 the Aramaic (= πᾶν τοῦτο) from the Greek ὁλοκάρπωσιν, nor in 32 where it = ταύρῳ βοῶν and the Greek has ταύρῳ τῷ δευτέρῳ. The above instances, which could be multiplied, will suffice. Finally, the comparative list of the trees in ver. 24 proves in itself the impossibility of the Greek being the source of the Aramaic.

The Greek is a translation and not an original work. The possibility of the Greek being the original is precluded by the fact that it exhibits several Semitic idioms such as ὧν ἐστιν ὁ καπνὸς αὐτῶν (= עשנם ... אשר), ἐκκαίειν ἐν αὐτοῖς (בער בם), μεγάλη ἀπὸ πάσης σαρκός (גדולה מכל בשר), πρόσεχε σεαυτῷ ἀπὸ παντός (השמר לך מכל). Several of its corrupt or unintelligible passages, moreover, can be explained by retranslation into Hebrew. See notes, verses 13, 49 (i. e. κρίσιν), 17. Likewise the dittograph in ver. 17 (see note 13) points to the Greek being a translation.

The Greek fragment is not a translation of the Aramaic. For in ver. 17 where the Aramaic = γυναῖκα, the Greek has πρῶτος: in ver. 19 where Aramaic = ἐν οἴκῳ θεοῦ, the Greek has ἐν τοῖς ἁγίοις: in 20 where Aramaic = πᾶν τοῦτο, the Greek has ὁλοκάρπωσιν: in 32 where Aramaic = ταύρῳ βοῶν, the Greek has ταύρῳ τῷ δευτέρῳ. Again, in ver. 27, where the Aramaic has an unintelligible expression, the Greek has ἐπὶ τῆς κεφαλῆς αὐτῆς. Finally, the list of trees in the Greek (ver. 24) could not be derived from that in the Aramaic.

Now that it is clear that the two versions are derived from a Semitic original we have next to determine of what language this original was. The determination of this question is complicated by the fact to which we have already drawn attention, namely, the presence in the text of Hebrew words and of Syriac words.[1] There

---

[1] Owing to the presence of the Syriac words in the text, Fraenkel (*Theol. Litteraturzeitung*, 1907, No. 17, col. 475) maintains that the Aramaic is 'undoubtedly' a translation from the Syriac. But the facts adduced above show that the evidence in favour of his contention is extremely weak in comparison with that in favour of a Hebrew original.

are two Syriac words in the Aramaic, and with these we shall at once deal. The words in question, are דפרנא and נשיפא. To the presence of these in the text we drew attention in our article in the *J. Q. R.*, where we summed up in favour of a Hebrew original. First, though דפרנא is a Syriac word, it may likewise have been used in the other Aramaic dialects. However this may be, it is found in the Book of Jubilees xxi. 12—a book universally acknowledged by scholars to have been written in Hebrew. There it appears in the form *dêfrân*[1]. Its appearance, therefore, in the present text need cause us no further trouble. In ver. 4 there is another word which can be best explained from Syriac affinities, but the word itself is not found in Syriac. Thus there remains only the one undoubted Syriac word נשיפא. If there was no counterbalancing evidence in favour of a Hebrew original, the presence of this word might form a presumption in favour of a Syriac original, but nothing more. But the evidences in favour of a Hebrew original are very strong. They are as follows :—

(1) *Five Hebrew words are found in the text.* These are רחע, פר, חדשא, משפחה, הרת. Here רחע is simply an artificial Aramaised form of the Hebrew רחץ. It is found four times in verses 20, 21, 26, 28. How can we explain the presence of this Hebrew word unless on the supposition that the translator had a Hebrew original before him? If he had a Syriac original, its presence here is inexplicable. On that supposition he should have transliterated the Syriac word before him by סחא or אשיג. חדשא (ver. 72) is a like artificial formation from the Hebrew חדש. Why did the translator use such a word, if he did not find it in the text before him? The translator, who, it is clear, was most careless and slovenly or ignorant, knew quite well the Aramaic word for 'month'; for ירחא is found in verses 68 and 70. Again, הרת (='conceived') which occurs twice (66, 70) is a pure Hebrew word. Even a kindred root is not found in any Aramaic language. משפחה (='clan', ver. 17) is also a Hebrew word and not found in any Aramaic language in this sense. Finally פר (='bullock', ver. 32) is a pure Hebrew word, and could not have been found in a pure Syriac original. A good translator would have rendered it by תור in Aramaic.

[1] On the other hand it is to be observed that the list of trees in the Greek corresponding to Bodleian col. *c* shows several transliterations of Aramaic names of trees. But this argument is not conclusive. For it would not be unnatural to use, even in a Hebrew document in the second century B.C., the popular Aramaic names of trees, where a large number is given. Moreover, in certain cases the Hebrew name may either have been forgotten or have become so unfamiliar as to make it advisable to give the ordinary names which these trees bore even amongst the minority who knew Hebrew.

INTRODUCTION lvii

(2) *A paronomasia which was manifestly intended is discovered by retranslation into Hebrew.* In ver. 67 Levi calls his second son Kohath because that 'to him would be the gathering of all the people'. Here the Aramaic words are כנשת ... קהת. Now, if these are given in Hebrew we have an obvious paronomasia קהלת ... קהת. To prove that this is no mere imagination, it is only necessary to point to the fact that in the case of Levi's first son Gershom, and his third and fourth children Merari and Jochebed, and of Kohath's son Amram (ver. 76), the paronomasia is manifest even in the Aramaic translation. But it was impossible to render the play on Kohath in Aramaic. It is equally impossible in Syriac.

(3) *Divergencies between the two versions, difficult expressions and corrupt passages can be explained by retranslation into Hebrew.* In ver. 32 the Aramaic has פר תורין, whereas the Greek has τῷ ταύρῳ τῷ δευτέρῳ. The former = פר השור (cf. Judges vi. 26), the latter הפר השני. Thus this confusion could easily arise in Hebrew.

We have already drawn attention to the peculiar expression in ver. 19 κρίσιν ἱερωσύνης or דין כהנותא. Neither κρίσις nor דין can bear here legitimately the meaning the context requires. The phrase is a rendering of משפט הכהנים (Deut. xviii. 3). It cannot be explained from a Syriac background.

In ver. 17 the corruption in the Greek σὺ †πρῶτος ... λαβὲ σεαυτῷ, where for πρῶτος the Aramaic rightly reads γυναῖκα (אנתתא) can be explained by retroversion into Hebrew, but not into Syriac. πρῶτος = ראשון, a corruption of אשה. In ver. 27 we have the converse corruption, where the Aramaic reads אשה corrupt for ראשה, i. e. = רישא κεφαλή. In the same verse we have another passage which cannot be explained except on the hypothesis of a Hebrew original, μὴ βεβη- λώσῃς τὸ σπέρμα σου μετὰ †πολλῶν, a corruption of πορνῶν, as the Aramaic (זניאן) shows. But in T. Levi ix. 10 we find ἀλλοφύλων ἐθνῶν, and this is the sense required by the context, and especially by Jubilees, that the priestly line was not to be defiled by foreign marriages. The text of the Testaments presupposes זרות which must have been corrupted to זנות (or זונות) from which the Aramaic reading is derived.

In ver. 37 the corrupt form ἀποδεδείκτω comes from ἀποδείκνυμι = הוֹרָה. Here either the 2nd or 3rd sing. fut. is required, i. e. יוֹרֶה. But this can also mean 'cast' or 'sprinkle', the meaning the context requires here.

In ver. 20 the Aramaic reads πᾶν τοῦτο, and the Greek ὁλοκάρπωσιν. Here the latter = עולות, which may have been corrupted into כל-זאת = πᾶν τοῦτο. But this is unlikely.

CORRIGENDA

Page 1. l. 3 of notes. For 'συνθῶ' read 'σὺν θεῷ'.
l. 7 of notes. For 'ag read δ. 'Ρουβίμ ('Ρουβ (sic) g)' read 'a reads 'Ρουβίμ, g δ. 'Ρουβ.'
l. 11 of notes. For 'Σ' read 'P'.
6. l. 7. For 'συνιὼν' read 'συνίων'.
7. n. 99. For 'Eden' read 'Eder'.
11. n. 58. For 'S' read 'S¹'.
15. For 'Συμεών' in title read 'Συμεὼν'.
19. l. 9. Underline ὀγκοῦμαι and add hi, β κακοῦμαι in margin.
25. l. 7 in marg. For 'λυθρωθήσεσθέ' read 'λυτρωθήσεσθε'.
n. 57. For 'a reads' read 'c. hi read'.
26. n. 22. For 'Jos. xix. 7' read 'Jos. xix. 11'.
n. 28. For 'ὅπως καί' read 'οὕτως. καί'.
n. 1. For 'S' read 'S¹'.
27. l. 20 in marg. For 'cfg' read 'efg'.
n. 5. For 'd =' read 'd adds', and add 'S¹' after 'A'.
28. n. 23. For 'adds ... ἐπί' read 'reads τοῖς τοίχοις for τείχους'.
32. l. 7. In Aᵃ add 'σοι' after 'δειχθέντων'.
n. 2. For 'στυγνός' read 'δεινός'.
34. Delete n. 45.
37. n. 15. For 'c, dh. abef' read 'c, d. h, abef'.
38. l. 9 ab imo. Delete 'h'.
45. n. 80. For 'c' read 'a'.
46. n. 8. After 'Aᵝ' add 'S¹'.
47. n. 44. For 'af' read 'a, f'.
55. At end of n. 14 add 'a om. ἐπὶ Κύριον'.
56. l. 8. Middle column. Delete '†' before 'ὑπέρ'.
57. l. 19 in marg. Delete 'a, Aᵝ om. κατὰ ... ἐπαιρόμενοι'.
61. XVIII. 2ᵇ. For 'ᾧι' read 'ᾧ'.
81. l. 14, col. 1. For 'τὴν μητρὸς' read 'τῆς μητρός'.
87. l. 12 in marg. For 'νυμφηθεῖσαν' read 'νυμφευθεῖσαν'.
99. l. 2. For ⌈   ⌉ read [   ].
n. 5. After 'A' add 'S¹'.
105. n. 2. For 'a.' read 'a,'.
107. n. 53. For 'προχωρεῖ⌉ (προσχωρεῖ af' read 'προεχώρει⌉ (προσχωρεῖ af, προχωρεῖ b'.
108. n. 5. After 'abef' add 'S¹'.
110. l. 4. For '*Οὐ' read 'Οὐ'.
112. l. 8. For 'μὲ' read 'μὴ'.
116. In marg. after 'β–g' add 'A'.
n. 1. For 'abef' read 'bef'.
117. n. 27. Add 'β' after 'A'.

CORRIGENDA

120. l. 11. For 'δὲ' read '⸂δὲ⸃'.
124. l. 16. For '⸂*σύνεσιν καὶ' read ' *σύνεσιν ⸂καὶ'.
125. l. 4 in marg. For '*a, af*' read '*a,f*', and for 'VII–VIII. 2' read 'VII–VIII. 3'.
    n. 5. For '*bd, g* reads' read '*b. d* reads κρυφίως, *g*'.
133. n. 27. For '*c, e* read εἰς μίσους' read '*c, e* read εἰς (ἐν *e*) μίσους', and delete ('ἐνμίσως *e*)'.
149. l. 6 in marg. For '*β–g*' read '*β–d*'.
150. l. 9 ab imo in notes. For 'G' read '*aβ*'.
151. n. 16. For 'Ps. lxix. 10, 23' read 'Ps. lxix. 10'.
153. l. 5 read ἀρμενίζον (smooth breathing with *c, def.*). *b* (*ag* ?) give the rough breathing.
156. n. 8. For 'T. Jos. xix. 7' read 'T. Jos. xix. 11'.
    n. 32. Emendation suggested not necessary. Take ἄν as ἐάν.
160. n. 69. For 'κατὰ πάντα' read 'καὶ πάντα', and for 'ὅθεν καί. *d*, A add πάντα' read 'ὅθεν καὶ πάντα'.
162. n. 21. For '*c*' read '*c*, A'.
163. n. 12. For 'κριθῇ' read 'κριθῇ καί'.
    n. 16. Delete '(*a* αὐτῷ)'.
167. l. 8. Add in marg. 'βAS ὑμῶν'.
169. n. 13. For 'ἐνκαταλειφθήσῃ' read 'ἐγκαταλειφθήσῃ'.
170. l. 2. Add * before 'ἐὰν'.
173. n. 42. After '*c* (reading προσκολλόμενος)' add '*h* reads προσκολλᾶται'.
174. ver. 4 (A). For 'εἰσιν' read 'εἰσὶν'.
    n. 1. For '*a*.' read '*a*,'.
176. l. 15 in marg. For 'β, S¹' read 'β, A, S¹'.
177. n. 27. For *ab*, S¹' read '*b*, S¹'.
182. n. 1. For '*abef*, S¹ read' read '*a* read Ἰωσήφ, *bef* S¹'.
183. ver. 5ᶜ. For 'Καὶ' read 'καὶ'.
    n. 23. For '*af*' read '*aef*'.
    n. 24. For '*beg*' read '*bg*'.
192. l. 6. For 'συγγενῇ' read 'συγγένῃ', and likewise in n. 16.
193. n. 58. For 'αὐτῆς' read 'αὐτοῦ'.
195. n. 37. For תאות read תאות.
208. l. 11. Read 'Ἡλιουπόλεως'.
211. ll. 5–7, col. 2. For '[καὶ οἱ ἔλαφοι] ... αὐτῶν' read '[καὶ οἱ ἔλαφοι ... αὐτῶν]',
213. n. 30. For 'T. Asher viii. 2' read 'T. Asher viii. 1'.
216. ver. 6, l. 3. For 'αὐτὸν' read 'αὐτὸν'.
217. n. 14. For מצוקה read מצוק and for להציקה read לציק.
222. l. 3. Underline 'πλάνης'.
223. n. 43. For 'διπλοῦς' read 'διπλᾶ'.
224. n. 12. Delete this note and the obeli before 'ἀπώλεια' in the three versions in ver. 2.
    n. 16. Delete the suggestion and see the discussion of this passage in the Introduction, § 10.

BRACKETS AND ABBREVIATIONS USED IN THIS EDITION.

H denotes the lost Hebrew original, of which, however, small fragments have been preserved.

H^a denotes the first Hebrew recension.

H^β denotes the second Hebrew recension.

a denotes the Greek translation of H^a, and is represented by the Greek MSS. *chi*.

β denotes the Greek translation of H^β, and is represented by the Greek MSS. *abdefg*.

abcdefghi denote the nine Greek MSS. of the Testaments.

A denotes the Armenian Version.

A^a denotes the first recension of the Armenian Version, and is represented by the Armenian MSS. A^{abh}.

A^β denotes the second recension of the Armenian Version, and is represented by the Armenian MSS. $A^{b*cdefg}$.

A^{abcde}, &c. denote the Armenian MSS.

S^1 denotes the first Slavonic recension.

S^2 denotes the second Slavonic recension.

hmt. = homoioteleuton.

⌜ ⌝ The use of these brackets in the text means that the words so enclosed are not found in A.

( ) Words so enclosed are supplied by the Editor.

† † Words so enclosed are corrupt.

[ ] Words so enclosed are interpolated.

THE TEXT. The printed Greek text represents a except in a few cases. Where words are printed in thick type the reader is to understand that the text of β differs, and that this is found in the margin. Only the chief variants are thus denoted.

ΔΙΑΘΗΚΑΙ ΤΩΝ ΔΩΔΕΚΑ ΠΑΤΡΙΑΡΧΩΝ ΤΩΝ ΥΙΩΝ ΙΑΚΩΒ ΤΟΥ ΠΑΤΡΙΑΡΧΟΥ

Διαθήκη Ῥουβὴμ τοῦ πρωτοτόκου υἱοῦ Ἰακὼβ καὶ Λείας[1].

I. Ἀντίγραφον[2] διαθήκης Ῥουβήμ[3], ὅσα[4] ἐνετείλατο τοῖς υἱοῖς[5] αὐτοῦ, ⌜*πρὶν ἢ[6] ἀποθανεῖν αὐτόν, *ἐν ἑκατοστῷ[7] *εἰκοστῷ πέμπτῳ[8] ἔτει τῆς ζωῆς αὐτοῦ⌝. 2. *Μετὰ ἔτη δύο τῆς τελευτῆς[9] Ἰωσὴφ ⌜τοῦ ἀδελφοῦ αὐτοῦ⌝[10], ἀρρωστή- β-d,A,S[1] σαντος[11] Ῥουβήμ[12], συνήχθησαν[13] *ἐπισκέψασθαι αὐτὸν[14] Ἰωσήφ. υἱοὶ[15] αὐτοῦ καὶ υἱοὶ[16] τῶν υἱῶν αὐτοῦ[17].

3. Καὶ[18] εἶπεν αὐτοῖς[19]· Τέκνα[20] μου, *ἰδοὺ ἐγὼ[21] ἀπο-

General Title. α, bd as in text (save that h prefixes αἱ, and bd om. τοῦ πατρ. and d om. τῶν [20]). a reads αἱ δ. τῶν ιβ´ πατρ. πρὸς τοὺς υἱοὺς αὐτῶν, f δ. συνθῶ τῶν ιβ´ υἱῶν τοῦ Ἰακώβ, g δ. τῶν υἱῶν Ἰακὼβ ἤγουν τῶν δώδεκα πατρ. e om. A = διαθῆκαι τῶν πατριαρχῶν.

[1] Title of Testament. h as in text, but with Ῥουβίμ. c reads δ. Ῥουβὴμ καὶ Λίας (sic). A comparison of the titles of two other Testaments shows that h is right. ag read δ. Ῥουβίμ (Ῥουβ (sic) g), bef δ. Ῥουβὴμ (f Ῥουβὴν) περὶ ἐννοιῶν (+ Ῥουβὴμ υἱὸς πρωτότοκος Ἰακὼβ καὶ Λίας e), d a´ δ. Ῥουβὴμ a´ υἱοῦ ..., f adds ἑρμηνεύεται Ῥουβὴν πνᾶ θυ. A[aeis] = βίβλος τῶν παραλειπο-μένων, λόγοι τοῦ Ῥ. διαθήκη (+a´ A[eis]), A[b] = διαθήκη καὶ λόγοι Ῥ. ἀπὸ τῶν παραλειπομένων βίβλου, A[h] διαθήκη Σ. υἱοῦ Ἰακὼβ υἱοῦ Ἰσαὰκ υἱοῦ Ἀβραάμ, A[c] = διαθήκη a´ Ῥ. [2] a reads ἀντίγραφα, and in other Testaments. [3] c, bdef. h, ag read Ῥουβίμ. [4] h reads ὅς. A[ab] = ὡς. [5] g reads τοὺς υἱούς. [6] α, aef. bg read πρίν, d πρὸ τοῦ. [7] g reads ἐν τῷ ρ´. d reads ἀρρωστή-σαντος γὰρ αὐτοῦ ἐν τῷ ἑκατοστῷ. [8] e reads κε´ g ι´. [9] This peculiar construction is found elsewhere first (?) in Plut. Coriol. 11, μεθ´ ἡμέρας ὀλίγας τῆς τοῦ πατρὸς τελευτῆς. A perfectly analogous construction with πρό appears in LXX, Amos i. 1; iv. 7; 2 Macc. xv. 36; John xii. 1; Joseph. Ant., xv. 11. 10. For ἔτη δύο τῆς τελ. g reads δὲ ἔτη τελ. [10] α, d. β-d, A, S om. [11] α, A. abef read ἀρρωστοῦντι. g ἀρρωστῶν. d om. [12] ef. α, a read Ῥουβίμ. A αὐτοῦ. g οὗτος. bd, S[1] om. [13] g reads συνήξε. h συνηχθῆσαι (sic). d adds οἱ ἀδελφοὶ αὐτοῦ. [14] g, A[a] om., while A[bb*cdefg] trs. after υἱῶν αὐτοῦ. [15] c. h, abe read οἱ υἱοί. d om. with next six words. e om. next word (αὐτοῦ). g reads τοὺς υἱούς. [16] c[1], b. c[2]h, adef read οἱ υἱοί g τοὺς υἱούς. [17] g reads αὐτῶν. [18] d adds προσκαλεσάμενος τοὺς υἱοὺς αὐτοῦ. A[b*] add οὗτος ἀναστὰς ἐκάθισεν καί. A[b] add Ῥουβήμ. [19] A[a] om. d adds ἀναστήσατέ με ἀδελφοί μου καὶ λέξω ὑμῖν Γνωστὸν ὑμῖν ἔστω.

θνήσκω καὶ πορεύομαι ὁδὸν²² τῶν²³ πατέρων μου²⁴. 4.
*'Ιδὼν' δὲ²⁵ ⌈ἐκεῖ⌉ *'Ιούδαν καὶ Γὰδ καὶ 'Ασήρ²⁶, τοὺς
β-dg, A, ἀδελφοὺς αὐτοῦ, εἶπεν αὐτοῖς· 'Αναστήσατέ²⁷ με²⁸, ὅπως
S¹ με, εἴπω τοῖς *ἀδελφοῖς μου καὶ τοῖς τέκνοις²⁹ μου, ὅσα ἔχω
ἀδελφοί
μου (f, A ἐν τῇ καρδίᾳ μου κρυπτά³⁰. *ἰδοὺ γὰρ ἐκλείπω ͞ ἀπὸ τοῦ
S¹ om.). νῦν ἐγώ³¹. 5. *Καὶ ἀναστὰς³² κατεφίλησεν αὐτοὺς καὶ
β-d,A,S¹ *εἶπεν αὐτοῖς³³. 'Ακούσατε, *ἀδελφοί μου καὶ υἱοί μου³⁴, ἐνω-
κλαύσας τίσασθε³⁵ 'Ρουβὴμ³⁶ τοῦ πατρὸς ὑμῶν ὅσα ⌈ἐγὼ⌉³⁷ ἐντέλλομαι
εἶπεν,
β-dg, ὑμῖν³⁸. 6. Καὶ³⁹ *ἰδοὺ ἐπιμαρτύρομαι ὑμῖν τὸν Θεὸν τοῦ
Aᵇ*ᵈᵉᵍ οὐρανοῦ σήμερον⁴⁰, *ὅπως μὴ πορευθῆτε⁴¹ ἐν ἀγνοίᾳ νεότητος⁴²
ἀδελφοί ⌈καὶ πορνείᾳ⌉, *ἐν ᾗ⁴³ ἐξεχύθην ἐγὼ καὶ ἐμίανα⁴⁴ κοίτην⁴⁵
μου.
τοῦ πατρός μου 'Ιακώβ⁴⁶. 7. *Λέγω δὲ ὑμῖν⁴⁷ ὅτι *ἔπληξέ

S adds λόγον μετανοίας καί. ²⁰ c, bg read τεκνία. ²¹ α, A. abefg, S¹
read ἐγώ, d ὅτι ἐγώ. ²² d om. but adds τὴν ὁδόν in marg. A = μετὰ
πατέρας μου but q^ntq^h (= μετά) is probably corrupt for q^ntq^h = ὁδόν.
²³ abf om. ²⁴ g om. all ver. 4 and first seven words of ver. 5. ²⁵ α, af.
be, A read καὶ ἰδών. For Καὶ ἰδὼν ... τοῖς τέκνοις μου d reads ταῦτα εἰπὼν
ἀνεστέναξε καὶ εἶπεν· 'Ακούσατε ἀδελφοί μου καὶ τέκνα μου. ²⁶ e reads Γ. καὶ
'Α. καὶ 'Ι. ²⁷ e reads αναστησαται. ²⁸ β–dg, A, S¹ add as in margin.
²⁹ a reads υἱοῖς with ἀδελφοῖς above it. ³⁰ A trs. before ἐν τῇ καρδίᾳ.
³¹ h, af. bde¹, A, S (save that A εἰμὶ ἐγώ) read ἐκλείπων (b ἐκλιπὼν) γὰρ ἐγώ
(d om.) εἰμι ἀπὸ τοῦ νῦν. d supports text save that it om. ἐγώ. c om.
entire clause. e² reads ἐκλείπω γὰρ ἐγὼ ἰδοὺ ἀ. τ. ν. ³² d reads προσκλαύσας.
³³ α, d (save that h om. καί and d om. αὐτοῖς). β–d, A, S¹ read as in marg.
³⁴ α, Aᶜ, S¹ (save that α om. μου¹⁰). β–dg, Aᵇ*ᵈᵉᶠᵍ read ἀδελφοί μου, d, Aᵃᵇ
τέκνα (+μου d). g om. ³⁵ g om. d, A insert καί before ἐνω. d adds τοὺς
λόγους. f υἱοί. ³⁶ α, a read 'Ρουβίμ. ³⁷ c, aef. h, bdg, A, S¹ om.
³⁸ g om. ³⁹ α, dg om. ⁴⁰ β, Aᵃᵇᶜᵈᵉᵍ, S¹ (save that Aᵇ om. σήμερον and
Aᶜᵈᵉᵍ trs. it before τὸν Θεόν). α reads τὸν Θεὸν τοῦ οὐρ. καὶ τῆς γῆς προτειθημοι
(sic) ὑμῖν (for προτ. ὑμῖν h reads σήμερον). προτίθεμαι may here = הערבתי
corrupt for העידתי = ἐπιμαρτύρομαι. β could mean 'I call to witness against
you the God of heaven' (הַעִידֹתִי בָכֶם אֶת־אֱלֹהִים הַשׁ). Cf. Deut. iv. 26.
But the context requires 'I charge you by the God, &c.' Hence we should
expect (as in VI. 9 of this Testament) ὁρκῶ ὑμᾶς τὸν Θεὸν τοῦ οὐρανοῦ τοῦ
μὴ πορευθῆναι = הִשְׁבַּעְתִּיכֶם בֵּאלֹהִים אֲשֶׁר לֹא תִתְהַלְּכוּ. As a corruption of
השבעתי we might explain שָׂמְתִּי = προτίθεμαι, the reading in α. ⁴¹ α. β
reads τοῦ μὴ πορευθῆναι. ⁴² For following καί d reads ἐν ὑμῶν. Aᵃᵇ*ᶜᵈᵉᵍ
= ἐν νεότητι. Aᵇ om. ⁴³ d om. ⁴⁴ β adds τήν. ⁴⁵ e reads κύπην.
⁴⁶ d trs. before τοῦ πατρός. ⁴⁷ α. β reads λέγω γὰρ ὑμῖν, A διὰ τοῦτο καὶ
λέγω ὑμῖν, S ἥμαρτον σὺν Βάλλᾳ τῇ δούλῃ τοῦ πατρός μου. ⁴⁸ α, dg. ef read
ἔπληξέν με. a ἐξέπληξέ με. b ἐνέπληξέ με. d adds κύριος, e ὁ θεός. ⁴⁹ α,
ag. bdef read πληγὴν μεγάλην. Aᵇ*ᵈᵉᵍ = μεγάλως, but Aᵃᵇᶜ support text.

ΔΙΑΘΗΚΗ ΡΟΥΒΗΜ

με⁴⁸ *πληγῇ μεγάλῃ⁴⁹ *ἐπὶ τῆς λαγόνος⁵⁰ μου ἕως⁵¹
μῆνας⁵² ἑπτά· καὶ εἰ μὴ *ὁ πατήρ μου 'Ιακὼβ⁵³ προσηύξατο⁵⁴
*περὶ ἐμοῦ πρὸς Κύριον⁵⁵ ἤθελε⁵⁶ Κύριος⁵⁷ ἀνελεῖν με.
8. Ἤμην γὰρ⁵⁸ ἐτῶν τριάκοντα ὅτε ἔπραξα τὸ πονηρὸν
ἐνώπιον Κυρίου⁵⁹· καὶ ἐμαλακίσθην *μῆνας ἑπτὰ⁶⁰ ἕως
θανάτου. 9. Καὶ *μετὰ τοῦτο⁶¹ ἐν προαιρέσει ψυχῆς μου   h, β, S
*ἑπτὰ ἔτη⁶² μετενόησα *ἐνώπιον Κυρίου⁶³.   ἐγευ-
10. Καὶ⁶⁴ οἶνον καὶ σίκερα οὐκ ἔπιον, καὶ κρέας⁶⁵ σάμην.
οὐκ εἰσῆλθεν *ἐν τῷ στόματί⁶⁶ μου· καὶ πᾶν⁶⁷ ἄρτον ἐπι-   β, S¹ καὶ
θυμίας⁶⁸ οὐκ ἔφαγον⁶⁹ *ἀλλ' ἤμην⁷⁰ πενθῶν ἐπὶ τῇ ἀμαρτίᾳ   οὐ μὴ γένηται.
μου⁷¹, μεγάλη γὰρ ἦν, *οἷα οὐ γέγονεν ἐν Ἰσραὴλ οὕτως⁷².   β, A, S
11. Καὶ νῦν¹ ἀκούσατέ μου, τέκνα μου², ἃ³ εἶδον περὶ τῶν   ἀνθρώπου ἀπὸ τοῦ
ἑπτὰ⁴ πνευμάτων τῆς πλάνης ἐν τῇ μετανοίᾳ μου⁵. 2. Ἑπτὰ   Βελίαρ.
οὖν⁶ πνεύματα ἐδόθη⁷ κατὰ τοῦ ἀνθρώπου⁸ καὶ ταῦτά⁹ εἰσιν¹⁰   β–fg,
*αἱ κεφαλαὶ¹¹ τῶν ἔργων τοῦ νεωτερισμοῦ.   Aᵃ, S κεφαλή.

---

e adds ὁ Θεός. ⁵⁰ α, *af. bdeg* read ἐν (*deg* ἐπὶ) ταῖς (*g* τοῖς) λαγῶσι.
⁵¹ α. β reads ἐπί. ⁵² A = ἐνιαυτούς, but ܩܘܐܠܒ is corrupt for ܩܘܐܝܪܚ = μῆνας. ⁵³ α, *e*. *dg*, A read 'Ι. ὁ πατήρ μου, *abf,* S¹ 'Ι. ὁ π. ἡμῶν. For the order followed in the text see also last verse. ⁵⁴ *eg* read ηὔξατο. ⁵⁵ *ag* read πρὸς Κ. περὶ ἐμοῦ. *h*, Aᵇ om. περὶ ἐμοῦ. ⁵⁶ *g* reads ἠθέλησεν. Before this word *bef* add ὅτι against α, *adg*. If the ὅτι is genuine here, it is as Sinker suggests a rendering of ב׳. Cf. 1 Sam. xiv. 30 : also Exod. xxii. 22; Is. vii. 9. ⁵⁷ *d* adds ὁ Θεός. ⁵⁸ α, *abef,* A^abdeg, S¹. *dg,* A^b*c read δέ. ⁵⁹ α adds καὶ τοῦ πατρός μου. ⁶⁰ α, *g*. β–*g,* A, S¹ read ἑπτὰ μῆνας and β, A, S¹ trs. these words before ἐμαλακίσθην. ⁶¹ α, A. β, S om. ⁶² A^abb*deg trs. after Κυρίου. ⁶³ *h* om. Κυρίου and next six words. ⁶⁴ *c,* A. β, S¹ om. ⁶⁵ α, *defg* read κρέα. ⁶⁶ α. β reads εἰς τὸ στόμα. ⁶⁷ α, *b*. *adefg* read πάντα. S om. ⁶⁸ S om. ⁶⁹ *c,* A. *h,* β, S read as in margin. ⁷⁰ α; *d* (but *d* reads καὶ for ἀλλ'). β–*d,* A, S om. ⁷¹ *g* om. rest of verse. ⁷² *c* (save that for Ἰσραήλ it reads Ἰλ͞η͞μ). *c* alone preserves the Hebrew idiom. Thus οἷα... οὕτως = כאשר ׳ ׳ אשר. A = καὶ οὔποτε ἐν Ἰσραὴλ γέγονεν τοιαύτη. All the other Gr. MSS. make the sentence future. *abdef,* S read καὶ οὐ μὴ γένηται ἐν (+τῷ *b*) Ἰσραὴλ οὕτως. *h* ἀνταμοιβὴ γένοιτο ἐν Ἰσραὴλ οὕτως.

II. ¹ *d* om. *g* om. next four words. ² α, A^abb*cd. β, A^efg om. S reads Ῥουβὴμ τοῦ πατρὸς ὑμῶν. *c* adds καὶ διηγήσομαι ὑμῖν. *h* om. next twelve words. ³ S¹ = ὅς. ⁴ *g* om. For περὶ τῶν ἑπτὰ πνευμάτων S reads τὰ ἑπτὰ πνεύματα. ⁵ *g* adds ἀρκεῖ μοι εἰς διδασκαλίαν ὑμῶν and om. to III. 9 inclusive. ⁶ α. β, S om. A = γάρ. ⁷ *de* read ἐδόθησαν. ⁸ α. β, A, S add as in marg. ⁹ α, *d*. *abef* read αὐτά. ¹⁰ α, *ef*. Other MSS. εἰσί. ¹¹ α, *f,* A^bb*cd. *abde,* Aᵃ, S κεφαλή. ¹² α. A = αὖθις. β, S om.

4 ΔΙΑΘΗΚΗ ΡΟΥΒΗΜ [II. 3

α om.
τοῦ εἶναι
... ὁράσεως
through hmt.

[3. Καὶ ἕτερα¹² ἑπτὰ πνεύματα ἐδόθη¹³ ⌈αὐτῷ⌉¹⁴ *ἐπὶ τῆς κτίσεως¹⁵ τοῦ εἶναι ἐν αὐτοῖς πᾶν ἔργον ἀνθρώπου. 4. Πρῶτον πνεῦμα ζωῆς, μεθ' ἧς ἡ σύστασις¹⁶ κτίζεται. Δεύτερον πνεῦμα ὁράσεως, μεθ' ἧς γίνεται ἐπιθυμία. 5. Τρίτον πνεῦμα ἀκοῆς μεθ' ἧς γίνεται¹⁷ διδασκαλία. Τέταρτον πνεῦμα¹⁸ ὀσφρήσεως, μεθ' ἧς *γίνονται γεύσεις δεδομέναι¹⁹ *εἰς ὁλκὴν²⁰ ἀέρος καὶ ἀναπνοῆς²¹. 6. Πέμπτον πνεῦμα²² λαλιᾶς, μεθ' ἧς γίνεται γνῶσις. 7. Ἕκτον πνεῦμα γεύσεως μεθ' ἧς *γίνεται βρῶσις²³ *βρωμάτων τε καὶ πομάτων²⁴, καὶ ἰσχὺς ἐν αὐτῷ²⁵ κτίζεται *ὅτι ἐν βρώμασίν ἐστιν ἡ ὑπόστασις τῆς ἰσχύος²⁶. 8. Ἕβδομον πνεῦμα σπορᾶς καὶ συνουσίας²⁷, μεθ' ἧς συνέρχονται²⁸ διὰ τῆς φιληδονίας²⁹ ἁμαρτίαι³⁰. 9. Διὰ τοῦτο *ἔσχατόν ἐστι τῆς κτίσεως³¹ καὶ πρῶτον τῆς νεότητος, ὅτι *ἀγνοίας πεπλήρωται³², καὶ

β–bg, A
νεωτερισμόν.

αὕτη τὸν νεώτερον³³ ὁδηγεῖ ὥσπερ³⁴ τυφλὸν ἐπὶ βόθρον καὶ ὡς κτῆνος ἐπὶ κρημνόν³⁵.

III. *Ἐπὶ πᾶσιν δὲ¹ τούτοις ὄγδοον² πνεῦμα³ τοῦ ὕπνου

The section II. 3—III. 2 which relates to the senses is bracketed as an interpolation. ¹³ d reads ἐδόθησαν. ¹⁴ h, β, S. c trs. after κτίσεως. A om. ¹⁵ A corrupt = ἐπὶ πάντων κτισμάτων. c adds αὐτῷ. α om. rest of verse and first eleven words of ver. 4 through hmt. ¹⁶ bd, S². aef read ἡ κίνησις. d adds τοῦ ἀνθρώπου. A = πάντα τὰ κτίσματα. S¹ = τὰ θελήματα. ¹⁷ α, ab, S. def read δέδοται. A = ἀκούεται. ¹⁸ A = τό. ¹⁹ α and A, save that h reads γίνεται. abef, S read ἐστὶν (ἐστὶ ab) ἡ (b om.) γεῦσις δεδομένη. d εὐωδία διδομενης (sic). ²⁰ α, af. be read εἰς συνολκήν. d συνολκεῖν. ²¹ α. β, A read πνοῆς. Perhaps we should read ἐκπνοήν. ²² h om. next seven words through hmt. ²³ h reads γένοιτο βρώσεις. ²⁴ α, a. be¹, S read βρωτῶν τε καὶ ποτῶν. d βροτῶν καὶ πόσεως. e²f βρωμάτων τε καὶ ποτῶν. A = βροτῶν (cf. d) τε καὶ ποτόν. ²⁵ α, aef. d reads αὐτῇ. b αὐτοῖς. A = αὐτῷ or αὐτῇ. ²⁶ There appears to be a doublet or a marginal gloss here. A = ὅτι τὸ βρῶμά ἐστι ἰσχύς. ²⁷ d reads συνουσιασμοῦ. ²⁸ α. afd, S read συνέρχεται. b συνεισέρχεται. e γίνεται. A adds wrongly εἰς ἀλλήλους. ²⁹ Aab loosely = α, β but A^{b*cdefg} corrupt. Ab* wrongly adds ἐν ᾗ. ³⁰ α. β, S read ἡ ἁμαρτία. ³¹ A = μετὰ πάντα ταῦτα τὰ κτίσματα—a loose rendering of our text. ³² h reads αγνοι πεπληρισατο. ³³.α, b, S. adef, A read as in margin. ³⁴ α. β reads ὡς. ³⁵ c,d read κρυμνον, e κρεμνον.

III. ¹ α. aef, A read καὶ ἐπὶ πᾶσι. bd, S ἐπὶ πᾶσι. ² abf, A, S. e reads ἡ', h ἕβδομον. c, d om. ³ h, d add τό. ⁴ h om. ⁵ c reads ὤν. ⁶ a reads ἐσκοτίσθη. ⁷ c prefixes ἡ. A = στάσις, ὑπόστασις or στερέωμα. For φύσεως A^{ab} read by internal corruption οἰκήσεως and om. next four ἐστί⁴, μεθ' οὗ⁵ ἐκτίσθη⁶ ἔκστασις⁷ φύσεως καὶ εἰκὼν τοῦ θανάτου. 2. *Τούτοις τοῖς⁸ πνεύμασι συμμίγνυται⁹ *τὰ πνεύματα¹⁰ *τῆς πλάνης¹¹.] 3. Πρῶτον¹² *τὸ τῆς πορνείας πνεῦμα¹³ ἐν τῇ φύσει¹⁴ καὶ¹⁵ *ταῖς αἰσθήσεσιν¹⁶ ἔγκειται¹⁷. *Δεύτερον πνεῦμα¹⁸ ἀπληστείας¹⁹ γαστρός²⁰. 4. Τρίτον πνεῦμα²¹ μάχης ἐν τῷ ἥπατι καὶ ἐν²² τῇ χόλῃ. Τέταρτον²³ πνεῦμα ἀρεσκείας²⁴ καὶ μαγγανείας²⁵, ἵνα διὰ²⁶ περιεργείας²⁷ ὡραῖος²⁸ ὀφθῇ²⁹. 5. Πέμπτον πνεῦμα ὑπερηφανείας³⁰ ἵνα καυχᾶται³¹ καὶ μεγαλοφρονῇ³². *Ἕκτον πνεῦμα³³ ψεύδους³⁴ †ἐν ἀπωλείᾳ καὶ ζήλῳ†³⁵ τοῦ *πλάττειν λόγους καὶ κρύπτειν λόγους³⁶ ⌜αὐτοῦ⌝³⁷ *ἀπὸ γένους³⁸ καὶ οἰκείων³⁹. 6. Ἕβδομον πνεῦμα *ἀδικίας, μεθ' ἧς⁴⁰

words. ⁸ A = τούτοις τοῖς οὖν ἑπτά. ⁹ h, a read συμμίγνυνται. ¹⁰ α, aef. bd, A, S read τὸ πνεῦμα. ¹¹ h reads τοῖς πλάνοις. ¹² h reads καὶ πρῶτον. ¹³ α, ae, A. b, S read τὸ τῆς πορ. d τὸ πν. τῆς πονηρείας. f τὸ τῆς πονηρίας πν. ¹⁴ Aᵃᵇᵉ = οἰκήσει. ¹⁵ ad, A read καὶ ἐν. ¹⁶ A = τοῖς (Aᵃᵇ om.) αἰσθητοῖς. ¹⁷ c reads ἔγγηται. e ἔγκιται. h ἔγκυται. A ἐστί. ¹⁸ c reads δύο πνεύματα. ¹⁹ bd. h, af read ἀπληστίας, e ἀπλιστείας, c ἀπληστεία. ²⁰ α. af read ἐν γαστρί. bde, A, S read ἐν τῇ γαστρί. ²¹ α om. ²² α, d, A. β—d om. ²³ h reads τρίτον. ²⁴ α reads ἀρεσκίας. d αὐτοραισκίας. ²⁵ c, b read μαγγανίας. h illegible. A = ἐν μαγγανείαις and om. ἵνα διὰ περιεργείας, but [Armenian] seems to be a corrupt compression of [Armenian] = καὶ μαγγανείας ἵνα διὰ περιεργείας. ²⁶ d reads δή. ²⁷ c, bf. ae read περιεργίας. d περιεργασις. h περιεργείᾳ. On A see note 25. ²⁸ h om. ²⁹ h, α². Other MSS. ὠφθῇ. ³⁰ b. af read ὑπερηφανίας. c, de ὑπερηφανείας. h ὑπερηφανεία. ³¹ b reads κινῆται. For καυχᾶται καί A reads καυχώμενος. ³² a¹be. α, df read μεγαλοφρονεῖ. a² μεγαλαυχεῖ. ³³ c om. ³⁴ de read ψεῦδος. A (corrupt) = σκληρολογίας. Read [Armenian]. ³⁵ This phrase is corrupt. The context requires a parallel to ἀπὸ γένους καὶ οἰκείων. ἐν ἀπωλ. καὶ ζήλῳ = באנה וקנאה which I take to be corrupt for לשׂנא וקמה = ἐχθρῷ καὶ ἀντιζήλῳ, 'to an enemy and rival.' For ἀπωλείᾳ c¹, def give the form ἀπολείᾳ, h reads ἀπειλίας. For ζήλῳ Aᵃᵇ⁺ᶜᵈ read ἐν ζήλῳ. ³⁶ h, af, Aᵃᵇᶜᵈ (save that h adds μαγγανίας after λόγους¹⁰ and Aᵃᵇᶜᵈ imply ἔργα for λόγους²⁰). So also e (save that λόγους καὶ κρύπτειν is a marginal addition by the original hand). Aᵇ*, S² support text but Aᵇ* om. λόγους¹⁰ and S² om. λογ.²⁰ c, b, S¹ om. καὶ κρύπτειν λόγους. d reads κρύπτειν λόγους καὶ πράττειν αὐτούς. ³⁷ d, A, S² om. d adds ὡς. c om. next four words. ³⁸ h reads ἀπὸ συγγενῶν αὐτοῦ. S = διὰ τὸν οἶκτον. ³⁹ d, S prefix τῶν. A adds αὐτοῦ. ⁴⁰ c reads ἀδικία καί. e καὶ κλοπαί. ⁴¹ α, ae (over erasure) f. b, A, S read κλοπή. d κλοπῆς.

6   ΔΙΑΘΗΚΗ ΡΟΥΒΗΜ   [III. 6

β–g, A, S ποιήσῃ. κλοπαὶ⁴¹ καὶ γρηπίσματα⁴², ἵνα ἐμπλήσει⁴³ φιληδονίαν καρδίας αὐτοῦ. Ἡ γὰρ ἀδικία συνεργεῖ⁴⁴ *τοῖς λοιποῖς⁴⁵ πνεύμασιν διὰ τῆς δοσοληψίας⁴⁶. [7. Ἐπὶ⁴⁷ πᾶσι δὲ⁴⁸ τούτοις *τὸ
β, S¹ ὕπνου, τὸ ὄγδοον πνεῦμα. πνεῦμα⁴⁹ τοῦ ὕπνου⁵⁰ συνάπτεται⁵¹ *ὅ ἐστι⁵² *πλάνης καὶ φαντασίας⁵³.] 8. Καὶ οὕτως ἀπόλλυται πᾶς νεώτερος⁵⁴, σκοτίζων⁵⁵ τὸν νοῦν ⌐αὐτοῦ¬⁵⁶ ἀπὸ τῆς ἀληθείας, καὶ μὴ
α, ae, πλάνη καὶ φαντασία. *συνιὼν ἐν⁵⁷ τῷ νόμῳ τοῦ θεοῦ⁵⁸, μήτε⁵⁹ ἀκούων⁶⁰ νουθεσίας⁶¹ πατέρων αὐτοῦ⁶² ὡς⁶³ κἀγὼ ἔπαθον⁶⁴ ἐν τῷ νεωτερισμῷ μου. 9. Καὶ νῦν, τέκνα μου⁶⁵, τὴν ἀλήθειαν ἀγαπᾶτε⁶⁶
be, A ὑμᾶς· διδάσκω ὑμᾶς. καὶ αὕτη⁶⁷ *φυλάξει ὑμᾶς⁶⁸. Ἀκούσατε ⌐λόγους¬⁶⁹ Ῥουβὴμ τοῦ πατρὸς ὑμῶν⁷⁰.
10. Μὴ⁷¹ προσέχετε⁷² ὄψει⁷³ γυναικείᾳ⁷⁴
μήτε⁷⁵ συνδιάζετε⁷⁶ μετὰ *θηλείας ὑπάνδρου⁷⁷
α ὄψιν. μήτε⁷⁸ περιεργάζεσθε⁷⁹ πρᾶξιν⁸⁰ γυναικῶν.

⁴² e (over erasure) f. ab, S² read γρυπίσματα. α γρηπιάσματα. d ἁρπαγῆς. A = γρήπισμα, S¹ = συκοφαντεία. ⁴³ α (h reading -σῇ) = ישׂבע. β–g, A, S read ποιήσῃ (ποιήσει f) = יעשׂ‎. ⁴⁴ a reads συνεργεῖται. d αὐτοῦ συνεργεῖ. ⁴⁵ A = πᾶσι τοῖς. ⁴⁶ α, af, A. d reads δωροληψίας ἢ προσωποληψίας. e δωροληψίας. b, S¹ δολολειψίας. ⁴⁷ d reads ἐν. Ver. 7. This verse may be the model on which III. 1, 2 were composed, or it may be due to the same hand. ⁴⁸ α, A. β om. S¹ reads καί before ἐπί. ⁴⁹ d reads τῷ πνεύματι. ⁵⁰ β, S¹ add as in margin against α. For τὸ πνεῦμα τοῦ ὕπνου τὸ ὀγδ. πν. A gives τῷ ὀγδόῳ πνεύματι ἄλλο πνεῦμα. ⁵¹ e reads συνέπεται. ⁵² c, af, A. h, e ᾧ ἐστι. bd, S om. ⁵³ Aᵃᵇ*ᵒᵈᵉᵍ. α, ae read πλάνη καὶ φαντασία. b, S πλάνη καὶ φαντασίᾳ. d τῆς πλάνης καὶ τῆς φαντασίας. f πνεῦμα καὶ φαντασία. Aᵇ πλάνη τῶν ἀφανῶν. ⁵⁴ A = νεότης. S¹ om. ⁵⁵ c reads σκορπίζων. ⁵⁶ α. β, A, S¹ om. ⁵⁷ = ב לב. c om. preceding μή. ⁵⁸ Aᶜ = κυρίου. ⁵⁹ d reads μηδέ. ⁶⁰ α. abef, S read ὑπακούων. d εἰσακούων. For ἀκούων ... πατέρων Aᶜᵈᵉᵍ read νουθετούμενος ὑπὸ πατέρων. ⁶¹ c reads νουθεσίαν. ⁶² e om. ⁶³ c, af. bde read ὥσπερ. h om. ⁶⁴ A = ἐπατήθην (?). Cf. IV. 1 note 13. ⁶⁵ α, de, A. abf, S om. ⁶⁶ α. abdef, A, S read ἀγαπήσατε. ⁶⁷ S = οὕτως. ⁶⁸ h reads φυλάξατε. be (but obelized in e) Aᵃᵇ add (+ ἐγὼ Aᵇ) διδάσκω ὑμᾶς. Aᵇᶜᵈ = καὶ διδάσκω ὑμᾶς. Aᵇ* = καὶ οὖν διδ. ὑ. Perhaps this clause was omitted by α, adfg through hmt. S¹ om. rest of verse. ⁶⁹ α, aef. bd, A om. ⁷⁰ d adds καὶ ἐνωτίσασθε ἃ διδάσκω ὑμᾶς. ⁷¹ h, A read καὶ μή. ⁷² c, abd, S². h reads προσέχητε. e προσέχεται. f πρόσχετε. S¹ = ὁρᾶτε. ⁷³ c. h reads ὄψιν. adefg εἰς ὄψιν. b ἐν ὄψει. ⁷⁴ c though in the form γυναικίᾳ. h, A read γυναικῶν. af γυναικείαν. bdeg, S γυναικός. ⁷⁵ α, adf. beg read μηδέ. ⁷⁶ α. The usual form would be συνδυάζετε. β–dg, S¹ read ἰδιάζετε. d ἰδιάζεσθε. g πλησιάζεται. A = 'do not be advisers of' or 'do not confer with'—a rendering which supports α. h om. next five words. ⁷⁷ d reads θηλύας ὑπάρδρου.

ΔΙΑΘΗΚΗ ΡΟΥΒΗΜ

11. Εἰ μὴ γὰρ εἶδον ἐγὼ[81] Βάλλαν λουομένην[82] ἐν σκεπινῷ[83] β, S¹ τόπῳ, οὐκ *ἂν ἔπιπτον[84] εἰς τὴν ἀνομίαν[85] τὴν μεγάλην. ἀπόντος. 12. Συλλαβοῦσα γὰρ ἡ διάνοιά μου τὴν γυναικείαν[86] γύμ- β, S νωσιν[87] οὐκ εἴασέ[88] με ⌐ὑπνῶσαι⌐[89], ἕως οὗ[90] ἔπραξα τὸ β–g,S¹B. βδέλυγμα[91]. 13. Ἀπιόντος⌐²[92] γὰρ Ἰακὼβ[93] τοῦ[94] πατρός ἦν μεθύ- μου[95] πρὸς Ἰσαὰκ τὸν πατέρα αὐτοῦ, ὄντων ἡμῶν ἐν Γαδὲρ[96] ουσα καί. πλησίον[97] Ἐφραθὰ[98] *ἐν Βηθλεέμ[99], *ἦν ἡ Βάλλα μεθυσθεῖσα κἀγὼ εἰσ- καὶ ἦν κοιμωμένη ἀκάλυπτος[100] ἐν τῷ κοιτῶνι ⌐αὐτῆς⌐[101]. ελθὼν καὶ ἰδών. 14. *Εἰσελθὼν οὖν ἐγὼ καὶ θεασάμενος[102] τὴν γύμνωσιν αὐτῆς β, A, S¹ ἔπραξα τὴν ἀσέβειαν, ⌐μὴ αἰσθανθείσ(ης) αὐτῆς⌐[103], καί, καταλιπὼν ἀσέβειαν. αὐτὴν κοιμωμένην, ἐξῆλθον. 15. *Καὶ εὐθέως[104] ἄγγελος β, A, S¹ *τοῦ θεοῦ[105] ἀπεκάλυψεν τῷ πατρί μου[106] περὶ τῆς ἀσεβείας Ἰακώβ. μου· καὶ ἐλθὼν[107] ἐπένθησεν[108] *ἐπ' ἐμοὶ[109], μηκέτι *αὐτῆς β, A, S¹ ἀψάμενος[110]. ἐπένθει.

A = θηλειῶν ὑπάνδρων. For θηλείας c, e read θηλίας. [78]c, dg. a¹be, S¹ read μηδέ. a²f μή. [79]a²e read περιεργάζεσθαι. [80]abf. de, A^abcdeg read πράξεις. α ὄψιν. g ποτε πρόσωπον. A^b* κάλλος καὶ πράξεις. Text doubtful. [81]a om. [82]g om. next three words. [83]b. a reads σκιπινῷ, c, f σκηπινῷ. d σκεπνῷ. e σκεπεινῷ. h σκοτεινῷ. Cf. Jub. xxxiii. 2 in loco occulto. [84]α, df. abg, S¹ read ἐνέπιπτον. e ἔπιπτον. [85]d adds ἐκείνην. e ταύτην. [86]a reads τῆς γυναικός. [87]h reads γυμνίαν (sic). [88]c, e read ἔασεν. [89]A om. [90]h, fg om. [91]h, abfg. c, e read βδέλλυγμα. d βδέλλυμα· d adds ἐνώπιον κυρίου. [92]c, A and Jub. xxxiii. 1 Et abiit ad patrem suum Isaac. β, S¹ read ἀπόντος. g compresses this verse and first ten words of the next as follows: τοῦ πατρὸς γὰρ Ἰ. ἐν τῷ οἴκῳ μὴ παρόντως, εὗρον Β. μεθύονταν κ. κοιμωμένην, εἰσελθὼν ἔπρ. τὴν ἁ. μετ' αὐτῆς. [93]α prefixes τοῦ. A trs. after πατρός μου. [94]h reads καί. [95]α, A. β, S¹ read ἡμῶν. [96]d reads Γάδ. See Gen. xxxv. 21. [97]e reads πλησίων. [98]c, be, A^bb*cdeg. af read Εὐφρανθά. d Εὐφραθά. h Ὑφραθά. A^a Ἀφραταί, S¹ Ἐφφρατά. [99]α, af, S¹ b reads οἴκου Βηθ. de καὶ Βηθλεέμ. Cf. Jub. xxxiii. 1, 'The tower of Eden of Ephrath,' and xxxii. 34, 'Ephrath that is Bethlehem.' Cf. Gen. xxxv. 19. A = ἐν Βενιαμείν. [100]α (h prefixing καί), A. abef, S¹ read Β. ἦν μεθύουσα καὶ κοιμ. (+καὶ f) ἀκάλυπτος (-ως ae, ἀκάλυφος b) κατέκειτο. d Βαλλὰν ἦν μεθύ. καὶ κοιμ. ἀκάληπτα κατέκοιτο. [101]α. β, A, S¹ om. [102]α. abdef, A, S¹ as in margin. [103]c. h reads μὴ αἰσθείσης αὐτῆς. β, A, S om. [104]a reads καὶ εὐθύς. d εὐθέως δὲ ἅμα τὸ πρᾶξαί με τὴν ἀνομίαν ταύτην. [105]adg, A read κυρίου. [106]d om. β, A, S¹ add Ἰακώβ which A trs. before τῷ πατρί. A adds ἦν ἔπραξα. [107]A adds Ἰακώβ. [108]α. abg, A, S¹ read as in margin. def ἐπένθη (sic). [109]bdeg, A(?). af read ἐμέ. h με. c om. [110]α. β–g, S¹ read ἀψά. αὐτῆς. g ἀψά. αὐτήν. A = ἀψά. Βάλλαν.

ΔΙΑΘΗΚΗ ΡΟΥΒΗΜ [IV. 1

β-d,A,S¹ προσέ-χετε.
β, S¹ καί ἀποπλα-νώμενοι.

IV. Μὴ οὖν προσέχετε, ⌈τέκνα μου⌉¹, κάλλος² γυναικῶν³· μηδὲ ἐννοεῖσθε⁴ τὰς πράξεις αὐτῶν· ἀλλὰ πορεύεσθε ἐν⁵ ἁπλότητι καρδίας, ἐν φόβῳ κυρίου⁶, καὶ μοχθοῦντες⁷ ἐν ἔργοις *καλοῖς, καὶ⁸ *ἐν γράμμασι, καὶ ἐν τοῖς ποιμνίοις⁹ ὑμῶν, ἕως οὗ¹⁰ *ὁ κύριος δώῃ ὑμῖν¹¹ *σύζυγον, ἣν αὐτὸς θέλει¹², ἵνα μὴ πάθητε¹³, ὡς κἀγώ¹⁴. 2. ⌈Ὅτι¹⁵ ἄχρι¹⁶ τελευτῆς

β-de, S¹ Ἰακώβ.

τοῦ πατρός μου¹⁷ οὐκ εἶχον¹⁸ παρρησίαν ἀτενίσαι¹⁹ εἰς *τὸ πρόσωπον αὐτοῦ²⁰, ἢ λαλῆσαί *τινι τῶν ἀδελφῶν²¹ μου²², διὰ²³

β, S¹ ἁμαρτίας.

τοὺς ὀνειδισμούς²⁴. 3. *Καὶ ἕως²⁵ νῦν ἡ συνείδησίς²⁶ μου²⁷ συνέχει²⁸ με περὶ τῆς ἀσεβείας²⁹ μου. 4. Καίγε

β-dg, A, S¹ ὅτι.

πολλὰ³⁰ *παρεκάλεσέν³¹ με³² ὁ πατήρ μου³³, καὶ³⁴ ηὔξατο περὶ ἐμοῦ *πρὸς κύριον³⁵, ἵνα παρέλθῃ³⁶ *ἀπ' ἐμοῦ³⁷ ἡ ὀργὴ κυρίου³⁸, καθὼς καὶ³⁹ ἔδειξέ⁴⁰ μοι⁴¹ κύριος. Ἀπὸ δὲ⁴² τότε

IV. ¹ α, d (save that c om. μου). β-d, A, S om. ² adef read κάλλει. ³ g reads γυναικός. d om. next five words. ⁴ c adds εἰς. ⁵ af om. ⁶ α, β-ag, A, S. ag read θεοῦ. ⁷ b reads μοχθῶντες. A = μοχθεῖτε. ⁸ c. But A = δικαιοσύνης καὶ ζητεῖτε and so, though conflate and loose, supports it. h reads καί. β, S καὶ (+ μὴ S¹) ἀποπλανώμενοι. c om. next three words through hmt. (?) Here c καλοῖς καί = וישעי which was corrupted into וישעו = καὶ ἀποπλανώμενοι. ⁹ A = διδασκαλίαν καὶ τὸ ποιμενικὸν ἔργον. For γράμμασι S¹ reads μέθῃ. ¹⁰ α, dg. abef om. ¹¹ h, β, A, S save that d om. ὁ before κύριος and de read δώει for δώῃ. c reads δοη ὑμῖν κύριος. For the nine words that follow c reads εἰς τὸ ἐπισκέψασθαι ἡμᾶς. ¹² d reads συζύγους εἰς γυναῖκας ἃς αὐτὸς θελήσει. ¹³ c, β-e, A. e reads ἀπατηθῆναι. h απωθανητε. ¹⁴ A adds ἔπαθον. ¹⁵ α, β-bd, A. b, S¹ om. d reads λέγω γὰρ ὑμῖν ὅτι. ¹⁶ α, g add τῆς. ¹⁷ α, de¹g, A. abe²f, S¹ read ἡμῶν. d adds Ἰακώβ. ¹⁸ g reads εἶχα. ¹⁹ d reads τοῦ ατενηναι. e ατενεισαι ²⁰ α, d. abfg, S¹ read πρόσωπον Ἰακώβ. e τὸ πρόσ. τοῦ πατρὸς Ἰρκ. A = τὸ πρόσ. Ἰακ. τοῦ πατρός μου. ²¹ A = παρρησίᾳ τοῖς ἀδελφοῖς. ²² α, de, A. abf, S¹ om. ²³ g reads περί. ²⁴ h adds αὐτοῦ. A ἐμοῦ. ²⁵ α, bfg, S¹. d reads ἀλλὰ καὶ ἕως τοῦ. a καὶ ἕως τοῦ. A ὅτι ἕως. e om. together with next four words. ²⁶ d reads σύνησις. ²⁷ h om. ²⁸ e reads συνέχειν. h om. ²⁹ α. β, S¹ read as in margin. A may = either. ³⁰ α. A = πολλάκις. β, S¹ om. ³¹ α, β-g. g reads ἠλέησεν. ³² β, A, S. α om. ³³ A adds καὶ εἶπεν. g adds βλέπων με συνπεπτωκωτα. ³⁴ α, dg. abef, A, S¹ read ὅτι. ³⁵ α, β, A^{b*d}, S¹. A^{abceg} om. α om. next seven words through hmt. ³⁶ g reads ἀπέλθῃ. ³⁷ A = ἀπὸ σοῦ but b ρ͠τ͠υ is corrupt for גב͠חב͠ = ἀπ' ἐμοῦ. ³⁸ eg read τοῦ θεοῦ, but g trs. it before ἡ ὀργή. ³⁹ c, A^{b*}. h, β, A^{abcdeg}, S¹ om. ⁴⁰ e reads ἔδειξεν. d ἐμαλάκισε. ⁴¹ d reads με. c adds ὁ, g αὐτὸς ὁ. ⁴² α, A. β, S om. g adds καί before ἀπό. ⁴³ α. This is at all events an ancient reading. But there are two other varieties.

ΔΙΑΘΗΚΗ ΡΟΥΒΗΜ

*ἕως νῦν⁴³ παρεφυλαξάμην⁴⁴, καὶ οὐχ ἥμαρτον. 5. Διὰ τοῦτο⁴⁵ *τέκνα μου⁴⁶, *⌈λέγω ὑμῖν⌉⁴⁷, φυλάξατε⁴⁸ ⌈πάντα⌉⁴⁹ ὅσα ἐντέλλομαι⁵⁰ ὑμῖν, καὶ οὐ μὴ ἁμάρτητε⁵¹. 6. *Βόθρος γάρ ἐστι ψυχῆς ἡ ἁμαρτία τῆς πορνείας⁵², χωρίζουσα ἀπὸ⁵³ θεοῦ καὶ προσεγγίζουσα *τοῖς εἰδώλοις⁵⁴, ὅτι αὕτη *ἐστὶν ἡ⁵⁵ πλανῶσα τὸν νοῦν *καὶ τὴν διάνοιαν⁵⁶, καὶ κατάγει⁵⁷ νεανίσκους εἰς ᾅδην, οὐκ ἐν καιρῷ αὐτῶν. 7. Καὶ γὰρ πολλοὺς ἀπώλεσεν ἡ πορνεία· ὅτι κἂν *γέρων ᾖ τις⁵⁸, κἂν⁵⁹ εὐγενής, ⌈κἂν πλούσιος, κἂν πένης⌉⁶⁰, *ὀνειδισμὸν ἑαυτῷ φέρει παρὰ τοὺς υἱοὺς τῶν ἀνθρώπων καὶ †πρόσκομμα τῷ Βελίαρ⁶¹. 8. *᾽Ηκούσατε γὰρ περὶ ᾽Ιωσὴφ πῶς ἐφύλαξεν ἑαυτὸν ἀπὸ⁶² γυναικός, καὶ τὰς ἐννοίας ἐκαθάρισεν⁶³ ἀπὸ πάσης⁶⁴ πορνείας, ⌈καὶ⌉⁶⁵ εὗρεν χάριν ἐνώπιον θεοῦ⁶⁶ καὶ ἀνθρώπων. 9. *Καὶ γὰρ⁶⁷ πολλὰ ἐποίησεν αὐτῷ ἡ Αἰγυπτία, καὶ μάγους προσεκάλεσεν⁶⁸ καὶ *φάρμακα αὐτῷ προσήνεγκε⁶⁹.

dg, A μετανοῶν.
β–g, A, S¹ μου.
β, A, S¹ ὄλεθρος.
bdg, A, S¹ πορνεία.
de, A, S¹ ὄνειδος ἑαυτὸν ποιεῖ καὶ γέλωτα παρὰ τῷ (τοῦ de) B. καὶ τοῖς υἱοῖς τῶν ἀνθρώπων.
β, A, S¹

ἐπειδὴ γὰρ ἐφύλαξεν ἑαυτὸν ᾽Ιωσὴφ ἀπὸ πάσης. β, A, S¹ κυρίου.

aef ἕως ἐννοιῶν. b νῦν. dg, A μετανοῶν (A = ἐν μετανοίᾳ). S¹ = οὖν. ⁴⁴ c reads ἐφυλαξάμην. A^abcdeg = καὶ ἐφυλαξάμην or καὶ παρεφυλ. A^b* = ἔζων καὶ ἐφυλ. or παρεφυλ. ⁴⁵ α adds οὖν. ⁴⁶ d trs. after ἐντέλλομαι ὑμῖν. g reads τεκνία μου. ⁴⁷ α. g reads παρακαλῶ ὑμᾶς. β–g, A, S om. ⁴⁸ b reads φυλάξασθε. ⁴⁹ d trs. after ὅσα. e, A om. ⁵⁰ e reads ἐνετειλάμην. ⁵¹ α, afg. b, S¹ read ἁμαρτήσητε. de αμαρτειτε (-ειται e). ⁵² α. So also af (save that af read ἡ διὰ τῆς πορνείας for τῆς πορνείας). bde¹g, S¹ read ὄλεθρος γὰρ ψυχῆς (d om.) ἐστιν (g ἐστὶ ψυχῆς) ἡ πορνεία. A = ὄλεθρος (A^ab τελευτή) γὰρ φθάσει ἐπὶ ψυχήν, καὶ ἡ πορνεία. e² reads ὄλεθρος γὰρ ψυχῆς ἐστιν ἡ ἁμαρτία ἡ διὰ τῆς πορνείας and is thus a conflate text. It is possible that βόθρος and ὄλεθρος may be different renderings of ΠΠϢ. ⁵³ α, dg. abef om. ⁵⁴ d reads τῷ Βελίαρ. g εἰδώλοις. ⁵⁵ α, β–bg, A. bg read ἐστί. ⁵⁶ g reads τῆς διανοίας. ⁵⁷ d reads κατάγουσα. ⁵⁸ α, d. β–dg, S¹ read κἂν ᾖ τις γέρων. g εἴ τις γέρων ὤν. ⁵⁹ α, d. β–d read ᾖ. g adds εἴη after εὐγενής. ⁶⁰ α. β, A, S¹ om. ⁶¹ α. af read ὀνειδισμὸν ἑαυτῷ ποιεῖ παρὰ τῷ (τὸν f) B. καὶ τοῖς υἱοῖς τῶν ἀνθ. bg ὄνειδος αὐτὸν (αὐτῶν g) ποιεῖ καὶ γέλωτα παρὰ τῷ B. καὶ τοῖς υἱοῖς τῶν ἀνθ. de, A, S read as in margin save that A^b*cdeg om. ἑαυτόν. πρόσκομμα = ΒΡΊΏ a corruption (?) of ΡΙΠϢ (or ΡΙΠϢΏ) = γέλωτα. ⁶² α (save that h adds τοῦ after περί). β, A, S¹ read as in margin (save that for ἐπειδὴ γάρ A reads τοίνυν γάρ). ⁶³ af. c reads ἐκαθάρησεν. b (g?) ἐκαθαίρισεν. de ἐκαθέρισεν. h om. ⁶⁴ A^b om. ⁶⁵ α. β, A, S om. ⁶⁶ α. β, A, S¹ read as in margin. ⁶⁷ A^b*cdeg om. ⁶⁸ c. h, β read παρεκάλεσεν. e adds καὶ φαρμακούς. A^b ἡ Αἰγυπτία περὶ ᾽Ιωσήφ. ⁶⁹ α, β–de (save that h reads αὐτοῦ for αὐτῷ). d reads αὐτῷ διάφορα επινεγκε πρ φίλτρον αὐτῆς διεγείραι τοῦτον βουλομένης. e αὐτῷ φιλημάτων προσήνεγκεν, g, A προσήνεγκεν αὐτῷ.

10 ΔΙΑΘΗΚΗ ΡΟΥΒΗΜ [IV. 9

καὶ[70] οὐκ ἐδέξατο[71] τὸ διαβούλιον τῆς ψυχῆς αὐτοῦ[72] ἐπιθυμίαν
β-d, πονηράν.
Αβ, S¹ 10. Διὰ τοῦτο[73] ὁ θεὸς τῶν πατέρων ὑμῶν[74] ἐρρύσατο
ὁρατοῦ
καί. αὐτὸν ἀπὸ παντὸς πονηροῦ[75] κεκρυμμένου θανάτου.
β, Α, S¹ 11. Ἐὰν γὰρ μὴ κατισχύσει[76] ἡ πορνεία[77] *τὴν ἔννοιαν[78]
κατισχύ- ὑμῶν[79], οὐδὲ ὁ[80] Βελίαρ *δύναται κατισχῦσαι[81] ὑμῶν[82].
σει.
β, S¹ ὅτι V. Πονηραὶ ⌜γάρ⌝[1] εἰσιν αἱ γυναῖκες, τέκνα[2] μου, *καὶ ἐν
μὴ ἔχου- τῷ μὴ ἔχειν αὐτὰς[3] ἐξουσίαν *ἢ δύναμιν[4] ἐπὶ *τὸν ἄνδρα[5],
σαι.
β, Α, S¹ δολιεύονται[6] ἐν σχήμασιν[7] ὅπως[8] αὐτὸν[9] *πρὸς ἑαυτὰς[10]
δυνάμεως ἐπισπάσονται[11]. 2. Καὶ[12] ὃν[13] διὰ *τοῦ σχήματος[14] οὐκ
... κατα- ἰσχύουσιν[15] καταγοητεύσασθαι[16], τοῦτον[17] δι'[18] ἀπάτης κατα-
γωνίσα-
σθαι. γωνίζονται[19]. 3. ⌜Ὅτι⌝ καίγε[20] *περὶ αὐτῶν[21] εἶπέν[22]

[70] Α = ἀλλά. α adds αὐτός. [71] h reads κατεδέξατο. [72] h trs. before τῆς
ψυχῆς. α adds ἥ. [73] α adds οὖν. [74] c. h, A, S¹ read ἡμῶν. β μου. [75] α =
רע or רשע. This apparently was corrupted into ראי. Hence β, A[b*cdeg],
S¹ which read ὁρατοῦ καί (g om.). d ἀοράτου. Aᵃ = ἀνδρὸς ἀοράτου καί. Aᵇ
ἀνδρὸς ἀπὸ ἐκείνου ὁρατοῦ καί. S¹ adds πονηροῦ and om. κεκρυμμένου. [76] c,
defg. h, ab read κατισχύσῃ. [77] Α = ἡ πονηρία. [78] α, bef. α reads τῆς
ἐννοίας. d ἐν ταῖς ψυχαῖς. g, A[b*cce] τῆς καρδίας. A[abd] = τὰς ἐννοίας. [79] h,
β-ab. ab, S¹ om. c, A[ab*d] read ἡμῶν. d ἡμῶν καὶ ἐν τῇ διανοίᾳ. Aᵇ = τῶν
ἀνθρώπων. [80] bg om. [81] α. β, Α, S read κατισχύσει. [82] Α = ἡμῶν.
V. [1]α. β, Α, S¹ om. [2] g reads τεκνία. [3] α, Α (save that for αὐτάς
c read αὐτούς and h αὐταῖς). β, S¹ read as in margin. [4] A[b*cdeg] om.
For ἐξουσίαν ... ἐπί g reads δυν. κ. ἐξουσίαν πρός. [5] α. Α = ἄνδρας.
abefg, S¹ read τὸν ἄνθρωπον, d τῶν ἀνθρώπων. [6] d reads δειλιεύονται. [7] d
adds πάντα τρόπον ἐπινοούμεναι. [8] α, d. β-d, S¹ read πῶς. [9] α, β-d.
d, Α read αὐτούς. [10] c, df. h, beg read πρὸς αὐτάς. a ἐπ' αὐτάς. [11] α,
β-fg. f reads ἐπισπάσωνται. g περισπάσονται. Α = ἰσχύσουσιν ἐπισπάσασθαι.
[12] h om. [13] d reads ὧν τινων. [14] α. β, Α, S¹ read δυνάμεως. α alone
gives the right sense. σχῆμα means 'anything that appeals to the senses'
in the text. Hence α may = זיו corrupted into זין or זיז = β, Α, S¹.
[15] e A[bb*cdeg]. c reads ἴσχυον. abfg, S¹ ἰσχύει. h, Aᵃ ἰσχύσονται. d κατισχύ-
σωσι. [16] c. h reads γοητεύσασθαι. β, Α καταγωνίσασθαι. It is noteworthy
that though A = β here it uses a different word for the καταγων. following.
Possibly καταγοητεύασθαι = לנפל which may have been corrupted into
ליכלת = καταγωνίσασθαι. But καταγοητεύσασθαι may be simply a corrup-
tion of καταγωνίσασθαι. [17] d reads τούτων. [18] d adds τῆς ματαίας καὶ
κενῆς. [19] c, df, A. abg, S¹ read καταγωνίζεται. h ἀγωνίσονται. e ἡττῶσιν.
[20] α. β-dg, S¹. d reads καί. g γάρ. Α καί, which with next two words
it trs. after μοι. [21]Α = περὶ τούτου. [22]Α adds καὶ περὶ τούτου.
[23] d adds οὕτως εἰπών. g ἀκούσατε. [24] g om. c adds καίγε. [25] h om.

V. 6]   ΔΙΑΘΗΚΗ ΡΟΥΒΗΜ   11

μοι ὁ ἄγγελος τοῦ Θεοῦ, καὶ ἐδίδαξέ με²³, ὅτι²⁴ αἱ²⁵ γυναῖκες ἡττῶνται²⁶ *τῷ πνεύματι τῆς πορνείας²⁷ *ὑπὲρ τὸν ἄνδρα²⁸, καὶ *ἐν καρδίᾳ²⁹ μηχανῶνται³⁰ *κατὰ τῶν ἀνθρώπων³¹, καὶ³² *διὰ τῆς κοσμήσεως³³ πλανῶσιν ⌈αὐτῶν⌉³⁴. τὰς δια- β, A, S¹ νοίας³⁵, *καὶ διὰ³⁶ τοῦ βλέμματος *τὸν ἰὸν³⁷ ἐνσπείρουσιν³⁸, πρῶτον τάς. καὶ τότε *τῷ ἔργῳ³⁹ αἰχμαλωτίζουσιν⁴⁰.   4. Οὐ γὰρ δύναται γυνὴ *ἄνδρα βιάσαι εἰς πρόσωπον ἀλλ' ἐν σχήμασι β, A, S¹ πορνικοῖς τοῦτον πανουργεύεται⁴¹.   5. *Λοιπὸν φεύγετε ἀνθρώπον βιά- τέκνα μου τὴν πορνείαν⁴², *καὶ προστάσσετε⁴³ ταῖς γυναιξὶν σασθαι. ὑμῶν⁴⁴. καὶ ταῖς θυγατράσιν ⌈ὑμῶν⌉⁴⁵, ἵνα μὴ κοσμῶσι⁴⁶ τὰς⁴⁷ κεφαλὰς αὐτῶν⁴⁸ καὶ τὰς ὄψεις⁴⁹ *πρὸς ἀπάτην διανοίας⁵⁰, ὅτι πᾶσα γυνὴ⁵¹ δολιευομένη ἐν τούτοις εἰς κόλασιν⁵² αἰώνιον⁵³ τετήρηται⁵⁴.   6. Οὕτως γὰρ⁵⁵ ἔθελξαν τοὺς Ἐγρηγόρους⁵⁶ ⌈τοὺς⌉⁵⁷ πρὸ τοῦ κατακλυσμοῦ· *ἐκεῖνοι γὰρ⁵⁸ β, A, S¹ συνεχῶς⁵⁹ ὁρῶντες ⌈αὐτὰς⌉⁶⁰ ἐγένοντο⁶¹ ⌈καὶ⌉⁶² ἐν⁶³ ἐπιθυμίᾳ κἀκεῖνοι.

²⁶ g reads πλέον ἡττ. Aᵇ = πλέον. Aᵃ om. S¹ = ἐμπίπτονται.   ²⁷ α, abd, A. e reads τῷ πάθει τῆς πορ. f τὸ πνεῦμα τῆς πονηρίας. g ἐν τῷ περὶ τῆς πορνείας. S¹ = εἰς τὴν πορνείαν.   ²⁸ α. abe²f, S¹ read ὑπὲρ τὸν ἄνθρωπον. e¹ ὑπὲρ τῶν ἀνθρώπων. d, A ὑπὲρ τοὺς ἄνδρας. g reads as abef but puts immediately after ἡττῶνται.   ²⁹ g reads διὰ τοῦτο.   ³⁰ e reads μηχανοῦνται. h μηχανίζονται. S¹ = ἐγείρονται.   ³¹ α, bdef. a reads κ. τῶν ἀνθρώπων πνευμάτων both in same hand with ἀνθ. above πν. g κ. τοῦ ἀνθρώπου. A = κατὰ τῶν ἀνδρῶν. S¹ ἐπὶ τὸν ἄνδρα.   ³² c om.   ³³ d reads διὰ μὲν τ. κοσμ. A reads q̅ı̅ω̅ρ̅η̅ q̅η̅ρ̅ (= πῶς τινας) which is corrupt for q̅ω̅ρ̅η̅π̅ı̅ρ̅ = διὰ τῆς κοσμήσεως.   ³⁴ a reads αὐτόν. A om. β, A, S¹ add πρῶτον which g trs. before αὐτῶν.   ³⁵ a adds αἰχμαλωτίζουσαι.   ³⁶ d reads διὰ δέ. A = (+ καί, Aᵉˢ) πρῶτον γὰρ διά.   ³⁷ h reads τοῦ ἰοῦ.   ³⁸ c²h, beg, A, S. c¹(?), af read ἐνσπείρουσαι. d ἐπισπείρουσιν and omits rest of verse.   ³⁹ c, be, A, S¹. afg read τὸ ἔργον. h ἔργον.   ⁴⁰ a om. e adds αὐτούς.   ⁴¹ α (save that c reads πορνικῆς for πορνικοῖς). β, A, S¹ read as in margin.   ⁴² α (save that h trs. φεύγ. after μου). β–g, A, S¹ read φεύγ. οὖν τὴν πορ. τ. μου. So also g, save that it om. μου and trs. τέκνα before τὴν πορ.   ⁴³ d reads καὶ ἐντέλλεσθε. g προστάττετε δὲ καί.   ⁴⁴ h om. fg om. next four words.   ⁴⁵ c, de. h, ab, A, S om.   ⁴⁶ c. h reads κοσμήσονται. β–e κοσμῶνται. e κοσμήσωσιν.   ⁴⁷ h om.   ⁴⁸ α, A. β, S¹ om.   ⁴⁹ β, S¹ add αὐτῶν.   ⁵⁰ α, β–b (save that d adds τῆς before διαν.), A, S. b om.   ⁵¹ h adds μή.   ⁵² Aᵇ add κακίστην.   ⁵³ α. d reads αἰωνίαν. β–d τοῦ αἰῶνος.   ⁵⁴ h reads τηρίζονται.   ⁵⁵ g om.   ⁵⁶ b reads Ἐγγρ.   ⁵⁷ β, A, S om.   ⁵⁸ α, d. β–d, A, S read κἀκεῖνοι.   ⁵⁹ c trs. after ὁρῶντες.   ⁶⁰ h, β, S. c reads τὰς γυναῖκας. A om.   ⁶¹ α, β–e. e reads ἐπεγίνετο. A = ἐγείροντο.   ⁶² α. β, A, S¹ om.   ⁶³ eg om.   ⁶⁴ Aᵇᵇ*ᶜᵈᵉˢ.

α,β–g,S¹ αὐτῶν⁶⁴, καὶ συνέλαβον⁶⁵ τῇ διανοίᾳ *τὴν πρᾶξιν⁶⁶· *μετε-
ἀλλήλων. σχηματίζοντο γὰρ⁶⁷ εἰς ἄνδρα⁶⁸ καὶ ἐν τῇ συνουσίᾳ τῶν
β, A, S¹ ἀνδρῶν *αὐτῶν συνεφαίνοντο αὐταῖς⁶⁹. 7. *Κἀκεῖναι ⸢δὲ⸣⁷⁰
ἀνθρώ-
πους. ἐπιθυμοῦσαι *τῇ διανοίᾳ τῆς φαντασίας⁷¹ αὐτῶν ἔτεκον⁷²
β, A, S¹ γίγαντας. Ἐφαίνοντο γὰρ αὐταῖς⁷³ *οἱ Ἐγρήγοροι⁷⁴ *ἕως
εἰ θέλετε
καθαρεύ- τοῦ οὐρανοῦ φθάνοντες⁷⁵.
ειν τῇ VI. Φυλάξατε¹ οὖν² ἀπὸ τῆς³ πορνείας, καὶ *ἔστε καθα-
διανοίᾳ, ρεύοντες⁴ τῇ διανοίᾳ· *φυλάξατε καὶ⁵ *τὰς αἰσθήσεις ὑμῶν⁶ ἀπὸ
φυλά-
ξασθε. γυναικῶν⁷. 2. Κἀκείνας⁸ δὲ⁹ ἐντέλλεσθε¹⁰ μὴ συνδιάζειν¹¹
h, β, S¹ ἀνδράσιν¹², ἵνα καὶ αὐταὶ καθαρεύωσι¹³ τῇ διανοίᾳ¹⁴. 3. *Αἱ
πάσης γὰρ συνεχεῖς συντυχίαι¹⁵, κἂν μὴ πραχθῇ¹⁶ τὸ ἀσέβημα,
θηλείας.
β, S¹ αὐταῖς¹⁷ μέν ἐστι νόσος ἀνίατος¹⁸, ἡμῖν¹⁹ δὲ *εἰς ὄλεθρον
ὄνειδος Βελίαρ καὶ ὄνειδος αἰώνιον²⁰. 4. Ὅτι ἡ²¹ πορνεία *οὔτε
τοῦ
Βελίαρ αἰώνιον.

g reads μετ' αὐτῶν. α, β–g, S¹ ἀλλήλων (ἀλλήλοις *e*). A*ᵉ* om. ⁶⁵ *d* reads
συλλαβόντες. ⁶⁶ *g* reads τῇ πράξει ⁶⁷ *c*. *h* reads κατεσχηματίζοντο. β,
A, S¹ καὶ (*d* om.) μετεσχηματίζοντο. ⁶⁸ α. β, A, S¹ read ἀνθρώπους. ⁶⁹ *d*
reads τῶν συναφραινάντων αὐτοῖς. ⁷⁰ α. β–*b*, A, S¹ read κἀκεῖναι. *b* κἀκεῖνοι.
⁷¹ *c*, *af*, A. *be*, S¹ τῇ δ. τὰς φαν. *d* τὰς φαν. *g* τὰς διανοίας καὶ φαν. *h* τῇ δ.
καὶ φαντασίᾳ. ⁷² *e* reads ἔτικτον. ⁷³ *f* reads αὐτοῖς. *g* om. ⁷⁴ *b* reads
Ἐγρήγορες. *g* adds ἐκεῖνοι. ⁷⁵ *c*, β–*d*, S¹. A = ὡς φθάνοντες εἰς οὐρανόν.
For φθάν. *d* reads φαίνοντες. *h* φθάσοντας.
VI. ¹ α. β–*bg* read φυλάξασθε. *bg*, S¹ φυλάσσεσθε. ² *g*, S¹ add τέκνα.
h adds ἑαυτούς. ³ *g* om. ⁴ α (save that I have emended ἔσται into
ἔστε). β–*e*, S¹ read εἰ θέλετε καθαρεύειν. *e* ἐὰν θέλεται καθαροὶ εἶναι. *a* adds ἐν.
⁵ α. *aef* read φυλάξασθε. *bd*, S¹ φυλάσσετε. *g* φυλάσσεσθε. ⁶ *c*, *adf*,
A^(b*cdeg). *h*, *beg*, S¹ read τὰς αἰσθήσεις. A^(ab) τὰς ψυχὰς ὑμῶν καὶ τὰς αἰσθ.
⁷ *c*. A = πασῶν γυναικῶν. *h*, β, S¹ read πάσης (*h* om.) θηλείας (*g* φιλίας).
⁸ α, *f*. β–*f* read κἀκείναις. ⁹ *d* om. ¹⁰ α, *g*. β–*eg*, S¹ read ἐντείλασθε.
e παραγγέλεται. ¹¹ α, *de*. *a* reads συνδοιάζειν. *bfg* συνδυάζειν. A^(ab) read
ıիrıկ ṗwı̈ıw_ı̣̄. A^(b*cd) *ıիrıկw̄ıı̈w_ı̣̄* = γυμνοῦσθαι which are corrupt possibly
for *ıիuıjw̄ıı̈w_ı̣̄* = συνδυάζειν. A^(eig) read *bṙıկw̄ıjw̄ıı̈w_ı̣̄* = ἐνδοιάζειν. S¹ reads
μετὰ ἀνθρώπων for μὴ ... ἀνδράσιν. ¹² α. A = ἀνδράσιν αὐτῶν. β reads
ἀνθρώποις. ¹³ *c*, *abg*. *d* reads καθαρεύουσαι. *e* καθαραί εἰσιν. *h*, *f* καθα-
ρεύουσιν. ¹⁴ *d* adds εἰρήνην ἔχουσιν. ¹⁵ α, β–*de*. So *d* but om. συνεχεῖς.
e reads ἐν γὰρ ταῖς συνεχεῖς (sic) συντυχίαις. ¹⁶ *h*, β–*g*, A, S¹. *c* reads δεχθῇ.
g προελθει. ¹⁷ *g* reads αὐτοῖς. ¹⁸ A^(b*) = μυσαρά. Other Armenian
MSS. = μεγάλη. ¹⁹ *c*, *bdf*, A^(ab), S¹. *h*, *aeg*, A^(b*cdefg) read ὑμῖν. ²⁰ α
(save that *c* reads ὄλεθρος τῷ). β, S¹ read as in margin, save that *d* adds
παρά before τοῦ. A = ὄνειδος μέγα. ²¹ *c* reads πᾶσα. ²² A reads *l̇ ṇ_ı̣̄*
ıիp ph̄z (= καὶ οὐδέν) which is corrupt for *ṇ_ı̣̄ ıիⲏıw̄ı l̇ ṇ_ı̣̄* = οὔτε σύνεσιν

VI. 8] ΔΙΑΘΗΚΗ ΡΟΥΒΗΜ 13

σύνεσιν οὔτε²² †εὐσέβειαν²³ ἔχει ἐν ἑαυτῇ καὶ²⁴ πᾶς²⁵ ζῆλος κατοικεῖ²⁶ ἐν τῇ ἐπιθυμίᾳ αὐτῆς²⁷.

5. Διὰ τοῦτο ⌜οὖν λέγω ὑμῖν⌝²⁸ ζηλώσετε²⁹ ⌜τοὺς υἱοὺς β–d,A,S¹ τοῦ³⁰ Λευὶ⌝ καὶ ζητήσετε³¹ ὑψωθῆναι ὑπὲρ αὐτούς³², ἀλλ᾽³³ διὰ τοῦτο. οὐ ἰσχύσετε³⁴.   6. Ὁ γὰρ Θεὸς³⁵ ποιήσει³⁶ τὴν ἐκδίκησιν³⁷ β δυνήσεσθε. αὐτῶν ⌜*ὑμεῖς δὲ ἀποθανεῖτε³⁸ θανάτῳ πονηρῷ⌝.   7. Τῷ γὰρ³⁹ Λευὶ ἔδωκεν * ὁ Θεὸς⁴⁰ τὴν ἀρχὴν⁴¹ [καὶ τῷ Ἰούδᾳ*μετ᾽ αὐτοῦ⁴², *ἐμοὶ δὲ⁴³ καὶ *τῷ Δὰν⁴⁴ καὶ τῷ⁴⁵ Ἰωσήφ⁴⁶, *τοῦ εἶναι εἰς⁴⁷   β, A, S ἄρχοντας].   8. Διὰ τοῦτο⁴⁸ ἐντέλλομαι ὑμῖν ἀκούειν τοῦ⁴⁹ κυρίου. Λευί, *ὅτι αὐτὸς γνώσεται⁵⁰ νόμον θεοῦ⁵¹, καὶ *διαστελεῖ h, A διαεἰς⁵² κρίσιν καὶ θυσιάσει⁵³ ὑπὲρ τοῦ⁵⁴ Ἰσραὴλ μέχρι τελειώ- τελεῖ. σεως χρόνων⁵⁵ *ἀρχιερεὺς χριστός⁵⁶, ὃν⁵⁷ εἶπεν⁵⁸ ὁ⁵⁹ Κύριος. παντός.

οὔτε.   ²³ = חסידות which may be corrupt for תכנה, or εὐσέβειαν is corrupt for εὐλάβειαν as in Mic. vii. 2; Sir. xi. 17.   ²⁴ h reads ἀλλά.   ²⁵ c reads πρός.   ²⁶ f reads οἰκεῖ.   ²⁷ α, β, A^{b*}, S¹. A^{abcdeg} = αὐτῶν.   ²⁸ α (but h reads δέ for οὖν). d reads οἶδα ὅτι. A καὶ ὑμεῖς. β–d, A, S¹ om.   ²⁹ a, S¹. α, bg, A read ζηλώσατε. d ζηλοῦτε. ef ζηλώσητε.   ³⁰ α. β om.   ³¹ afg, S¹. h, be, A read ζητήσατε. c, d ζητεῖτε.   ³² β, A. α reads αὐτῶν.   ³³ A adds κἂν ζητήσητε.   ³⁴ Em. from c ἰσχύσητε. h ἰσχύσατε. adeg read δυνήσεσθε. b δυνήσασθε. f δυνήσησθε. A adds ὑπὲρ αὐτούς.   ³⁵ g reads κύριος.   ³⁶ β. α reads ποιεῖ. A = ἐποίησε.   ³⁷ A = ἐκλογὴν ἐξ.   ³⁸ α. β, S¹ read καὶ ἀποθανεῖσθε (+ ὑμεῖς g). A om. together with next two words.   ³⁹ A = δί.   ⁴⁰ α, ae. bg, S¹ read κύριος. f ὁ κύριος. d κύριος ὁ θεός.   ⁴¹ d reads χάριν. The rest of the verse is spurious.   ⁴² α, ef. ag, A read μετ᾽ αὐτόν (which A trs. before τῷ Ἰ.). b μετ᾽ αὐτῶν. d μετ᾽ αὐτῷ. S¹ om.   ⁴³ α, d. β–d read κἀμοί. d om. next three words.   ⁴⁴ h. c reads τῷ Γάδ. β–d Δάν.   ⁴⁵ c, d. h, β–d om.   ⁴⁶ d adds καὶ τῷ Δάν.   ⁴⁷ α, β–b. b reads τοῦ εἶναι ἐπί. A^{abb*cd} = μετ᾽ αὐτούς. So also A^{eg} save that they prefix καί.   ⁴⁸ c adds οὖν.   ⁴⁹ d reads τῷ.   ⁵⁰ h reads ὅταν διαγνώσατε. For γνώσεται A reads γνωρίσει. S² συνήσει.   ⁵¹ α. β, A, S as in margin.   ⁵² c, β–bg (save that d om. εἰς), S. Here διαστελεῖ (= יוכיח) εἰς = 'he will admonish in respect of judgement.' h, g, A read διατελεῖ εἰς 'will fulfil in respect of.' b διαστέλλει εἰς. All these readings appear unsatisfactory. Perhaps δια(σ)τελεῖ εἰς is corrupt for διατελέσει. Hence διατελέσει κρίσιν = יעשה משפט. In other words the civil authority of Levi (i.e. of the Maccabees) would be referred to here. Possibly διαστελεῖ may be used (uniquely?) as διατελεῖται 'he will issue ordinances.' A adds καὶ εἰς δίκας.   ⁵³ α (c θυσιαση), e, A, S². af reads θυμιάσει. b, S¹ θυσίας. d θυσίαν. g θύσει.   ⁵⁴ α. β, A, S read as in margin.   ⁵⁵ d reads χρόνον.   ⁵⁶ Emended from h which reads ἀρχιερεὺς χριστοῦ. c, β, S read ἀρχιερέως χριστοῦ (d κυρίου). A^{bb*cdeg} = τοῦ εἶναι ἱερέα τῆς διαθήκης χριστοῦ (A^{δ} κήρυκος). A^{a} = τοῦ εἶναι

ΔΙΑΘΗΚΗ ΡΟΥΒΗΜ [VI. 9

c λαλεῖν. 9. Ὀρκῶ ὑμᾶς τὸν Θεὸν τοῦ οὐρανοῦ[60] τοῦ[61] ποιεῖν[62] ἀλήθειαν *ἕκαστος πρὸς τὸν πλησίον αὐτοῦ[63] *καὶ ἀγάπην ἔχειν ἕκαστος πρὸς τὸν ἀδελφὸν αὐτοῦ[64]. 10. Καὶ πρὸς τὸν[65] Λευὶ ἐγγίσατε[66] ἐν ταπεινώσει καρδίας ⌜ὑμῶν⌝[67], ἵνα *δέξησθε εὐλογίαν[68] ἐκ τοῦ[69] στόματος αὐτοῦ. 11. Αὐτὸς γὰρ[70] εὐλογήσει τὸν Ἰσραὴλ καὶ τὸν Ἰούδαν· *ὅτι ἐν αὐτῷ[71] β–f, S¹ ἐξελέξατο Κύριος[72] βασιλεύειν[73] ἐνώπιον[74] *παντὸς τοῦ πάντων λαοῦ[75]. 12. Καὶ προσκυνήσατε[76] *τὸ σπέρμα[77] αὐτοῦ, τῶν λαῶν. ὅτι[78] ὑπὲρ ὑμῶν[79] ἀποθανεῖται[80] ἐν πολέμοις ὁρατοῖς καὶ[81] ἀοράτοις. καὶ *ἐν ὑμῖν ἔσται[82] *βασιλεὺς αἰώνιος[83].

VII. *Καὶ ἀπέθανε Ῥουβίμ, ἐντειλάμενος τοῖς υἱοῖς αὐτοῦ ταῦτα[1]. 2. *Καὶ ἔθεντο[2] αὐτὸν ἐν σορῷ, *ἕως

ἱερέα τῆς διαθήκης. I take it that the original text referred to Ps. cx. 4 or to the thought therein implied which was current at the time. [57] ef read ὧν. [58] Aᵃ add ἐκείνῳ. [59] α, f, Aᵇᵇ*ᶜᵈᵉᵍ. β–f, Aᵃ, S om. [60] c adds καὶ τῆς γῆς. [61] α. β om. [62] h. β, S read ποιῆσαι. c λαλεῖν, a reading possibly due to Zech. viii. 16 (cf. Eph. iv. 25). A = περιπατῆσαι ἀλήθειᾳ. [63] α, bdef (save that e reads μετὰ τοῦ πλ.), A, S¹. ag read ἕκαστον πλησίον αὐτοῦ. [64] α, aef (save that aef om. ἔχειν, af read ἕκαστον and e μετὰ τοῦ ἀδελφοῦ). dg read ἀγάπην ἐχέτω (+ ὁμοίως ἕκαστος πρὸς τ. ἀδ. αὐτοῦ g). b, S¹ om. entire clause. A = ἀγάπην ἔχετε πρὸς τοὺς ἀδελφοὺς ὑμῶν. [65] Aᵇ reads τοὺς υἱούς. [66] d trs. to beginning of clause and for καί reads δὲ καί. [67] α, g. d reads ἡμῶν. β–dg, A, S om. [68] h reads δείξητε ἐν λόγῳ (?) [69] aef om. [70] d om. [71] d reads διότι αὐτόν. [72] h prefixes ὁ. [73] α, aef. bdg, S¹ read βασιλεῦσαι. [74] c. h reads ἐπί. β, S¹ om. [75] α (save that h om. τοῦ), A. β–f, S¹ read πάντων (+ τῶν bg, S) λαῶν. f πάντα τὸν λαόν. [76] h, b, S. aef read προσκυνήσετε. c προσκυνήσεται. d προσκυνῆσαι. g προσκυνήσητε. A = text or aef. [77] c, β–bd. h, bd read τῷ σπέρματι. [78] d om. next three words. [79] h, ef, Aᵃᵇ*ᶜᵈᵉᵍ, S¹. c, abg, Aᵇ read ἡμῶν. d om. [80] α, β–d, Aᵇ, S¹. Aᵃᵇ*ᶜᵈᵉᵍ read ἀποθανοῦνται. d om. [81] d reads τε καί. [82] α. β, S¹ read ἔσται ἐν ὑμῖν (ἡμῖν d). A = ἔσονται ἐν ὑμῖν. [83] α, d. β–d, S¹ read β. αἰώνων. A = βασιλεῖς αἰώνιοι. Here S makes a large Christian addition. See Appendices.

VII. [1] α, af, A. So also be save that they omit ταῦτα. dg read ταῦτα (καὶ g) ἐντειλάμενος Ῥουβὶμ τοῖς υἱοῖς αὐτοῦ ἐτελεύτησε (ἀπέθανε g), and add πρεσβύτης καὶ πληρὶς (sic) ἡμερῶν, ὑπάρχων ἐτῶν ρκε. S¹ = καὶ οὕτως εἰπὼν ἀπέθανε ʹΡ. ὁ πρῶτος τοῦ ʹΙ. υἱός, καὶ ἔζησε ἔτη ρκεʹ. S² ταῦτα λέξας ἀπέθανε ὁ ʹΡ. ὁ πρωτόγονος τοῦ ʹΙ. ἔζη δὲ 125 ἔτη καὶ ἀπέθανε. [2] d reads κατέθετο δέ [3] h, bef, A, S. c reads καί. ad ἕως ὅτου (d οὗ). g ἕως. [4] c reads ἐξενέγκοντες. g ἐξενέγκαντες. [5] α, d, A. β–d, S¹ om. [6] e reads ἐν σορῷ χ. καί. A om. [7] g om. [8] β–e, A, S¹ add τῷ διπλῷ, e τὸ διπλοῦν. [9] h.

II. 1]   ΔΙΑΘΗΚΗ ΣΥΜΕΩΝ   15

ὅτε³ ἀνενέγκαντες⁴ αὐτὸν ἐξ Αἰγύπτου ἔθαψαν αὐτὸν⁵ ⌜ἐν   β, A, S¹
Χεβρών⁷⁶, ἐν τῷ⁷ σπηλαίῳ⁸ *ὅπου ὁ πατὴρ αὐτοῦ⁹·   σπηλαίῳ
τῷ
διπλῷ.
bedg, A
οἱ πα-
Διαθήκη Συμεὼν τοῦ δευτέρου υἱοῦ Ἰακὼβ καὶ Λίας ¹.   τέρες
αὐτοῦ.

I. *Ἀντίγραφον λόγων² Συμεών, ἃ³ ἐλάλησε τοῖς υἱοῖς   β–eg, A,
S¹ ἔτει.
αὐτοῦ⁴, *πρὸ τοῦ ἀποθανεῖν⁵ αὐτὸν⁶ *ἐν ἑκατοστῷ εἰκοστῷ   b, Aᵇ*, S¹
ἔτει⁷ τῆς ζωῆς αὐτοῦ⁸ *ἐν ᾧ χρόνῳ⁹ ἀπέθανεν Ἰωσὴφ ⌜ὁ ἀδελφὸς   εἶπεν
αὐτοῦ⌝¹⁰. 2. *Ἀρρωστοῦντος τοῦ Συμεὼν ἦλθον ἐπισκέ-   αὐτοῖς.
β–e, A,
ψασθαι αὐτὸν οἱ υἱοὶ αὐτοῦ¹¹ καὶ¹² ἐνισχύσας ἐκάθισε¹³, καὶ   S¹ τέκνα,
κατεφίλησεν¹⁴ αὐτοὺς καὶ εἶπεν¹⁵.   ἀκού-
σατε.
II. Ἀκούσατε¹, *τέκνα μου², Συμεὼν τοῦ πατρὸς ὑμῶν   β, Aᶜᵈᵉᶠᵍ,
⌜καὶ ἀναγγελῶ ὑμῖν⌝¹³ ὅσα ἔχω *ἐν τῇ καρδίᾳ μου⁴.   S¹ ὅσα.

af. So practically *c* μετὰ τοῦ πατρὸς αὐτοῦ. *be* read ὅπου οἱ πατέρες αὐτοῦ. *g*, A ὅπου οἱ πατέρες αὐτῶν. *d* ὅπου καὶ οἱ πατ. αὐτοῦ κατετέθησαν. S¹ = τοῦ πατρὸς αὐτοῦ. *f* adds Ῥουβὴν υἱὸς Ἰακὼβ α' υἱὸς Λίας α' ἔζησεν ἔτη ρκε. See note 1 for like addition in S.

I. ¹ α (save that *h* adds τοῦ before Ἰακώβ). *a* reads Συμεών. *bfg*, Aᶠᵍ, S¹ read διαθ. Συμ. β' (*f* om.) περὶ φθόνου (φθόνου *f*) *d* is conflate διαθ. Συμ. υἱοῦ Ἰακὼβ καὶ Λίας δευτέρ. περὶ φθόνου: also *e* διαθ. Σὺμ. περὶ φθόνου· Συμεὼν υἱὸς Ἰακὼβ καὶ Λίας β'. Aᵃᵇʰ = διαθ. Συμ. υἱοῦ Ἰακώβ, υἱοῦ Ἰσαάκ, υἱοῦ Ἀβραάμ. Aᵇ*ᶜᵈ διαθ. Συμ. ² *h, abfg*, S¹. *c* reads διαθήκη. *de*, Aᵃᵇ ἀντίγραφον διαθήκης. Aᵇ*ᶜᵈᵉᵍ ἀντίγ. λόγων διαθήκης. ³ α, *bfg*. *a* reads ὧν. *de* ὅσα. ⁴ α, *d* om. next ten words through hmt. ⁵ β–bd, Aᵇ*ᶜᵈᵉᶠᵍ. *b* reads πρὸ τοῦ θανεῖν. Aᵃᵇʰ = ὅτε ἔμελλε ἀποθανεῖν. ⁶ *af* om. ⁷ *abef* (save that *be* om. ἐν), Aᵇ*ᶜᵈ. *g*, Aᵃᵇᵉᶠᵍ, S¹ read ἐν τῷ ἑκατοστῷ ἔτει καὶ κε' (Aᵉᵍ κζ'). ⁸ Aᵃᵇ add καὶ δευτέρῳ ἔτει. ⁹ α. *abdf*, A, S¹ read ἐν ᾧ ἔτει. *e* ἐν ἔτη (sic) ὅ. *g* om. together with next verse. ¹⁰ α, *d*. β–d, A, S¹ om. ¹¹ α, *af*, save that *h, af* om. τοῦ and *f* reads ἀρρωστοῦντι. *be*, S¹ read ἦλθον γὰρ ἐπισκέψασθαι αὐτὸν ἀρρωστοῦντα οἱ υἱοὶ αὐτοῦ (*b* om. οἱ . . . αὐτοῦ). Aᵃᵇʰ = ἦλθον οἱ υἱοὶ αὐτοῦ ἐπισκ. αὐτὸν ἀρρωσ. and so also Aᶜᵈᵉᶠᵍ save that they om. οἱ υἱ. αὐτοῦ. Aᵇ* = καὶ ἐλθόντες συνήχθησαν οἱ υἱ. αὐτοῦ ἐπισκ. εὐτόν. *d* and *g* give a third form of text. *d* reads ἀρρωστήσας προσκαλεσάμενος τοὺς υἱοὺς αὐτοῦ. *g* ἀρωστήσας (sic) ἐκάλεσεν αὐτούς. Cf. S² ἐκάλεσεν υἱούς. S¹ = οἱ γὰρ υἱοὶ ἦλθον ἐπισκέψασθαι αὐτόν. ¹² A adds Συμεών. *g* om. the next six words. ¹³ α, *ef* read ἐκάθισε. ¹⁴ *h* reads καταφιλήσας and om. following καί. ¹⁵ *g* reads φησί. *b*, Aᵇ*, S¹ add αὐτοῖς.

II. ¹ *c*, β–d, Aᵉᶠᵍ. *d* om. *h*, Aᵃᵇᵇ*ᶜᵈ add μου. ² α, *d*, A. *g* reads τεκνία μου. β–dg, S¹ read τέκνα. √β–e, A⁻ʰ, S¹ add ἀκούσατε. ³ α. β, S¹ om. For Aᵃᵇ see next note. ⁴ *e* reads ἐπὶ καρδίας μου. *d* adds κρυπτά. Aᵃᵇ

2. Ἐγὼ ἐγεννήθην ἐξ Ἰακὼβ *υἱὸς δεύτερος τῷ πατρί
μου⁵,
*καὶ Λία⁶ ἡ μήτηρ μου ἐκάλεσέ με⁷ Συμεῶνα⁸,
ὅτι⁹ ἤκουσε Κύριος τῆς δεήσεως αὐτῆς¹⁰·

3. *Δυνατὸς γὰρ ἐγενόμην¹¹ σφόδρα
οὐκ ἐδειλίασα¹² πρᾶξιν¹³
οὐδὲ ἐφοβήθην *ἀπὸ παντὸς πράγματος¹⁴.

4. Ἡ γὰρ καρδία μου ἦν σκληρά,
καὶ *τὰ ἥπατά¹⁵ μου ἀκίνητα
καὶ τὰ σπλάγχνα μου ἀσυμπαθῆ¹⁶.

5. *Ἐπειδὴ καὶ¹⁷ ἡ ἀνδρεία¹⁸ ἀπὸ¹⁹ ὑψίστου δίδοται²⁰
τοῖς²¹ ἀνθρώποις, ἐν ψυχαῖς καὶ²² σώμασιν. 6. *Ἐν γὰρ
τῷ καιρῷ τῆς νεότητός μου πολλὰ²³ ἐζήλωσα²⁴ τὸν²⁵ Ἰωσήφ,
ὅτι²⁶ *ἠγάπα αὐτὸν ὁ πατήρ μου²⁷ ⌈παρὰ πάντας⌉²⁸. 7.
καὶ²⁹ ἐστήριξα³⁰ ἐπ'³¹ αὐτὸν τὰ ἥπατά μου ὥστε³² ἀνελεῖν
αὐτόν, *ὅτι ὁ ἄρχων³³ τῆς πλάνης καὶ³⁴ τὸ πνεῦμα τοῦ ζήλου³⁵
ἐτύφλωσέ μου τὸν νοῦν, *μὴ προσέχειν³⁶ *αὐτῷ ὡς ἀδελφῷ³⁷,
μηδὲ³⁸ φείσασθαι *τῷ πατρί μου Ἰακώβ³⁹. 8. Ἀλλ' ὁ

bdg, A,
S¹ καὶ ἐν
τῷ καιρῷ
ἐκείνῳ.
β–α, S¹
ἡμῶν.
β, A, S
ἀποστείλας.

add ἀναγγέλλειν ὑμῖν. A^{b*} λέγειν ὑμῖν. A^{cdefg} om. See preceding note.
⁵ c. h reads δεύτ. υἱὸς τοῦ πατρός μου. β, A, S¹ read τοῦ πατρός μου υἱὸς δεύτ.
(δεύτ. υἱός e, A^{b*cd}). ⁶ ag read καί. d Λία τοίνυν. ⁷ A^{abb*} τὸ ὄνομά μου.
⁸ h, ag read Συμεών. ⁹ A^{ab} = καί. ¹⁰ A^{ab} = τῆς μητρός μου. ¹¹ α. β,
A^{b*cdefg}, S¹ read δυν. ἐγενόμην. A^{ab} = καὶ ἐγενόμην δυν. ¹² d adds πᾶσαν.
¹³ e reads πρᾶξαι. ¹⁴ S¹ = στάσιν. ¹⁵ A^{ab} = ἡ κοιλία. ¹⁶ e reads
ἀσυμπάθητα. ¹⁷ α. β reads ὅτι καί. A = καὶ ὅτι. ¹⁸ h adds μου.
¹⁹ d reads παρά. g ἕως. ²⁰ α, β–abg (c, d giving the form διδωται). abg,
A, S read δέδοται. ²¹ e reads τοῖς υἱοῖς τῶν. A = πᾶσιν. ²² β, S add ἐν.
²³ α. aef read ἐν τῷ καιρῷ οὖν ἐκείνῳ τῆς νεότητος ἐν ᾧ. bdg, A, S¹ καὶ (+ ἐγὼ A)
ἐν τῷ καιρῷ ἐκείνῳ. ²⁴ h reads ἐζημίωσα? ²⁵ h om. bd read τῷ. ²⁶ d
reads ἐν φθόνῳ διότι. ²⁷ α, A. β–a, S¹ read ἠγάπα αὐτ. ὁ πατὴρ ἡμῶν.
a ἠγαπᾶτο αὐτὸς τῷ πατρί. ²⁸ α. β, A, S¹ om. ²⁹ A^{abefg} om. ³⁰ α, af.
be read ἐστήρισα. d ἐσκλήρυνα. g ἔστησα. ³¹ c om. ³² α. β reads τοῦ.
³³ d reads ὁ γὰρ ἄρχων. For ἄρχων A^{b*cdefg} read ἄγγελος. ³⁴ α. g om.
β–dg, S read ἀποστείλας. d Σατὰν ἀποστείλας. A^{ah} = ἀπεστάλη ἐπὶ ἐμὲ καί.
A^{b} ἐκίνησέ με εἰς ζῆλον καί. A^{cdefg} ἀπέστειλε τὸ πνεῦμα τοῦ ζήλου καί. ³⁵ ef
read ζήλους. ³⁶ d reads τοῦ μὴ προσ. A^{abbcdef} = μὴ ἀφεὶς (+ με A^{cd}) προσ.
A^{b*} = καὶ μὴ ἀφιέναι προσ. A^{b} καὶ οὐκ ἠφίει προσ. ³⁷ g reads αὐτὸν ὡς
ἀδελφόν and om. rest of verse. ³⁸ α, d. β–d A, S¹ read καὶ μή. ³⁹ α,
A^{ab}. abef, A^{hb*cdeg}, S¹ read Ἰακ. τοῦ π. μου. d Ἰακ. τοῦ π. ἡμῶν. A^{abh} add
γηράσκοντος. ⁴⁰ dg om. next four words through hmt. For next word
A^{b*cdefg} read αὐτῶν. ⁴¹ A^{abh} om. ⁴² S² reads τοῦ πατρός. ⁴³ α. abefg,

ΔΙΑΘΗΚΗ ΣΥΜΕΩΝ

θεὸς[40] αὐτοῦ καὶ[41] ὁ θεὸς *τῶν πατέρων[42] ἡμῶν[43] *ἀπέστειλε β–d,
τὸν ἄγγελον αὐτοῦ καὶ[44] ἐρρύσατο[45] αὐτὸν ἐκ τῶν χειρῶν A^abh, S¹
μου[46]. 9. Ὡς γὰρ[47] ἐγὼ ἐπορεύθην[48] *ἐν Σικίμοις[49] β, Α, S¹
ἐνέγκαι[50] ἄλειμμα[51] τοῖς ποιμνίοις[52] καὶ Ῥουβὶμ[53] εἰς[54] Δο- ἡμῶν.
θαείμ[55], ὅπου[56] τὰ ἐγχρήζοντα[57] ἡμῖν[58] καὶ πᾶσα[59] ἡ ἀπό- β, Α, S¹
θεσις ἦν[60], Ἰούδας[61] ὁ ἀδελφός μου[62] ἐπώλησεν αὐτὸν[63] ἐλθὼν Ῥουβήμ.
τοῖς Ἰσμαηλίταις. 10. Καὶ *ὁ Ῥουβὶμ ἀκούσας ταῦτα[64] β–af, S¹
ἐλυπήθη[65]· ἤθελε[66] γὰρ αὐτὸν[67] ἀπαγαγεῖν[68] πρὸς τὸν πατέρα[69]. διασῶ-
11. Ἐγὼ δὲ[70] *ταῦτα ἀκούσας[71] ὠργίσθην ἐπὶ[72] τὸν[73] Ἰούδαν[74] σαι.
⌜σφόδρα⌝[75], ὅτι[76] ζῶντα αὐτὸν ἀπέλυσεν· καὶ *ἐποίησα μῆνας β,
πέντε ὀργιζόμενος ἐπ' αὐτόν[77]. 12. Καίγε συνεπόδισέ με A^b*cdefg,
*ὁ Κύριος[78] καὶ ἐκώλυσεν δρᾶσιν[79] χειρῶν ⌜ἀπ' ἐμοῦ⌝[80]. *ὅτι S¹ ὠργί-
ἡ χείρ μου ἡ δεξιὰ ἡμίξηρος γέγονεν ἐπὶ ἡμέρας ἑπτά[81]. σθην.

A^abh, S¹ read αὐτοῦ. A^b*cdefg αὐτῶν. d, S² μου. A^abh add Ἰακώβ, Ἰσαὰκ καὶ Ἀβραάμ (A., Ἰ. καὶ Ἰακ. A^h). [44] α, A. abefg, S¹ read ἀποστείλας τ. ἀγγ. αὐτοῦ. d, S² om. [45] a om. [46] a adds ἐξείλατο. [47] h reads καί. A = οὖν. [48] e reads ἀπῆλθον. [49] be. h, adf read ἐν Σικήμοις. g εἰς Σίκημον. c om. [50] β (save that g reads ἐνεγκεῖν), A. c reads ἐνεγκε. h ἤν:γκα. [51] d reads ἀλήμματα. A^abh = φάρμακον but A^b*cdeg agree with text. [52] A^abh = τοῖς προβάτοις ποιμνίων ἡμῶν. [53] α, d. β–d rea... Ῥουβήμ. Slightly corrupt in A^ah. [54] c reads καί. h om. [55] ah, A^b. c reads Δωθαείμ. d Δοδαιν. eg Δοθειμ. f Δοθαημ. h om. A^b*cdefg = αὐλὴν ἡμῶν, but A^abh agrees with text. [56] c reads ἤνεγκε. de, A add ἦν. [57] β–d. d read χρεωδη. α reads χρήζοντα. g adds ἤν. [58] d reads ἡμῶν. [59] e om. [60] α. A^b*cdefg read ἡμῶν. β om. [61] c, f, A^b*cd add δέ. [62] α. β, Α, S¹ read ἡμῶν. [63] A^ab = Ἰωσήφ. [64] c. h is conflate ἐλθὼν Ῥουβὶμ καὶ ἀκούσας ταῦτα. β, A^b*cd, S¹ ἐλθὼν Ῥουβήμ (Ῥουβίμ d). A^ab = ἦλθε Ῥ. ὁ ἀδελφὸς ἡμῶν καί. d adds καὶ μὴ εὑρὼν αὐτόν. [65] dg add σφόδρα. [66] e reads ἦλθεν. [67] h om. [68] c, A^b*cdeg. h, af read διασωθῆναι. bdeg, S¹ διασῶσαι. A^ab conflate = διασῶσαι καὶ ἀπαγαγεῖν. [69] d, A^b*cdefg add αὐτοῦ. [70] g reads γάρ. [71] α. A^abh = ἐλθών. β, A^b*cdefg om. [72] be read πρός. [73] def om. [74] A^ab read αὐτόν. A^b*cdeg Δάν. [75] α. β, Α, S¹ om. [76] d reads διότι. [77] α, β (save that for ἐπ' αὐτόν abdef read αὐτῷ, g αὐτόν). A^ab = οὕτως ὠργίσθην ἐπ' αὐτὸν μῆν. πέντε. A^b*cdeg καὶ ἦν ἐπ' αὐτὸν ὀργιζόμενος (A^fg om.) μ. π. e, A^b*cdeg add ἐπὶ τῷ λόγῳ τούτῳ. g ἐπὶ τοῦτο. d περὶ τούτου διότι ἐβουλόμην ἐγὼ ἀποκτεῖναι αὐτόν. [78] α. adef, A read κύριος. bg, S ὁ θεός. [79] A^b = 'efficacy.' A^ah κακίαν. A^b*cdefg = 'robbery' (as if from δράσσομαι). [80] β trs. before δρᾶσιν against a. A om. d adds λέγω γὰρ ὑμῖν before ὅτι. [81] α. bdg support text, save that bg read ἦν and d ἐγένετο for γέγονεν. aef, A^b*cdefg, S¹ also support text, save that they read ἦν for γέγ. (which e trs. before ἡμίξ.) and ξ' (ἐξήκοντα f) for ζ', while A^b*cdefg, S¹ read ξηρά.

CH. PA. C

13. Καὶ ἔγνων, τέκνα[82], ὅτι *περὶ Ἰωσὴφ[83] *τοῦτό μοι συνέβη[84]· καὶ[85] μετανοήσας ἔκλαυσα[86] καὶ[87] ηὐξάμην *Κυρίῳ τῷ Θεῷ[88] ἵνα[89] *ἀποκατασταθῇ ἡ χείρ μου[90] καὶ[91] ἀποσχῶ[92] ἀπὸ *παντὸς μολυσμοῦ καὶ φθόνου[93] ⌈καὶ ἀπὸ πάσης ἀφροσύνης⌉. 14. Ἔγνων[94] γὰρ ὅτι πονηρὸν πρᾶγμα ἐνεθυμήθην ἐνώπιον κυρίου[95] καὶ[96] *Ἰακὼβ τοῦ πατρός μου[97] *διὰ Ἰωσὴφ[98] *τὸν ἀδελφόν μου, φθονήσας αὐτῷ[99].

III. Καὶ νῦν, τέκνα[1] μου[2] ⌈ἀκούσατέ μου καὶ⌉[3] φυλάξασθε[4] ἀπὸ *τοῦ πνεύματος[5] τῆς πλάνης καὶ τοῦ φθόνου. 2. Καὶ γὰρ ὁ φθόνος κυριεύει *πάσης τῆς διανοίας τοῦ ἀνθρώπου[6] καὶ οὐκ ἀφίησιν[7] αὐτὸν ⌈οὔτε φαγεῖν, οὔτε πιεῖν, οὔτε⌉ ποιῆσαί τι[8] ἀγαθόν. 3. Ἀλλὰ[9] *πάντοτε ὑποβάλλει[10] ἀνελεῖν[11] τὸν φθονούμενον· *καὶ ὁ μὲν φθονούμενος πάντοτε ἀνθεῖ, ὁ δὲ φθονῶν μαραίνεται[12]. 4. Δύο ⌈οὖν⌉[13] ἔτη[14] *ἐν φόβῳ

β–bd

κυρίῳ ἵνα ἀποκατασταθῶ.

β, A, S omit.

β, S¹ τῶν πνευμάτων.

A^abh = καὶ ἐξηράνθη ἐπὶ τριάκοντα ἡμέρας. [82] de, A add μου. [83] d reads διὰ Ἰ. τὸν ἀδελφόν μου. [84] α, β–e. e reads μοι τοῦτο συνέβη. A^b*cdefg συνέβη μοι τοῦτο. A^abh = τοῦτο (A^b om.) συνέβη μοι. [85] A^a om. [86] A^b*cdefg add ἐδάκρυσα. [87] A^abh add δάκρυσι. [88] α, d. β–d, A^b*cdefg, S¹ read κυρίῳ. A^abh = τῷ θεῷ. [89] A^b*cdefg = καί. d adds ἐάν. [90] α, d, A^abh. aefg read ἀποκατασταθῶ. b, S¹ ἀποκαταστάσῃ τὴν χεῖρά μου. d adds ὡς τὸ πρότερον ὑγιῆ. A^b*cdefg = ἀποκατεστάθην. [91] d om. [92] α. beg ἀπόσχομαι. ab (in margin) df, S¹ ἀπόσχωμαι. A = ἀπεσχόμην. [93] A^abh = ἀπὸ ζήλου καὶ παντὸς μολ. A^b*cdefg = ἀπὸ παν. ζήλου καὶ μολ. [94] d reads ἔγνω. [95] A^abh = θεοῦ. [96] g om. [97] abefg (save that bg om. μου), A^abhb*cdefg (save that A^b reads ἡμῶν and A^abh trs. Ἰακ. after μου), S¹. d reads ἐνώπιον οἴκου τοῦ πατρός μου. α ἐν Ἰακ. τῷ πατρί μου. [98] g reads περὶ Ἰωσ. A^abh om. [99] α, bdg (save that g reads τοῦ ἀδ. μου, h, dg αὐτόν and d adds ἀδίκως). aef, S¹ read τὸν ἀδ. ἡμῶν, φθονήσας αὐτῷ. A^abh = φθονήσας τῷ ἀδ. μου (ἡμῶν A^b) Ἰωσήφ (A^b om.). A^b*cdefg = φθον. τοῖς ἀδελφοῖς μου.

III. [1] g reads τεκνία. [2] h, β–b, A. c, b, S om. [3] α. β, A, S om. [4] A^abh* add τὰς ψυχὰς ὑμῶν. [5] α, A, S². β, S¹ read τῶν πνευμάτων. [6] c β–g, S¹. h, g, A^b*cdefg read πάσας τὰς διανοίας τοῦ ἀνθρώπου. A^abh παντὸς ἀνθρώπου. [7] e reads ἀφίουσιν. [8] af read τό. A^abh om. [9] bg, S om. [10] α, β–dg, S. d reads πάντοτε ὑποβ. τῷ φθονοῦντι ἄνω. g πάντοτε ὑποβάλλων πρὸς τὸν φθ. A^abh = ὑποβάλλει ἀνθρώπῳ πάντοτε. A^b*cdefg πάντοτε ὑποβάλλει αὐτῷ. Thus bg, A point to the currency of some such reading as that of d. [11] A^abh add πάντα. [12] α, β (save that e reads φθόνον for φθονῶν). A^b*cdefg = καὶ ᾧ μὲν φθονοῦσι, οὗτος πάντοτε ἀνθεῖ· ὁ δὲ φθονῶν φθίνων (a dittography) μαραίνεται. A^abh καὶ ὁ μὲν μακάριος πάντοτε ὁμοῖος ἄνθει, ἐγὼ δὲ φθόνῳ φθίνων ἐμαραινόμην. [13] α. β, A, S¹ om. [14] h, β, S¹ add ἡμερῶν. g trs. ἡμερῶν after κυρίῳ. [15] c om. [16] α, f, A. β–f, S¹ read ἐν ν. τὴν ψ. μου.

IV. 4] ΔΙΑΘΗΚΗ ΣΥΜΕΩΝ 19

κυρίου[15] ἐκάκωσα *τὴν ψυχήν μου ἐν νηστείᾳ[16]· καὶ ἔγνων
ὅτι ἡ[17] λύσις τοῦ φθόνου διὰ φόβου[18] θεοῦ[19] γίνεται[20].
5. Ἐὰν γάρ[21] τις ἐπὶ Κύριον καταφύγῃ, *ἀποτρέχει τὸ
πονηρὸν πνεῦμα ἀπ' αὐτοῦ[22], καὶ γίνεται ἡ διάνοια[23] κούφη.
6. Καὶ λοιπὸν συμπαθεῖ[24] τῷ φθονουμένῳ[25], καὶ[26] συγγινώσκει[27] bdg, A
*τοῖς ἀγαπῶσιν[28] αὐτόν[29], καὶ οὕτως[30] παύεται τοῦ φθόνου.   οὐ κατα-
IV. *Ἦν δὲ ὁ πατήρ μου ἐρωτῶν[1] ⌜περὶ ἐμοῦ⌝[2] *ὅτι   γινώσκει.
ἑώρακέ με σκυθρωπόν[3], καὶ[4] ἔλεγον αὐτῷ[5] *ὅτι τὰ ἤπατά μου
ὀγκοῦμαι[6]. 2. Ἐπένθουν γὰρ *παρὰ πάντας[7] ὅτι ἐγὼ
ἤμην[8] αἴτιος *τῆς πράσεως[9] Ἰωσήφ. 3. *Καὶ ὅτε[10]
κατέβημεν εἰς Αἴγυπτον, καὶ[11] ἔδησέ[12] με[13] ὡς κατάσκοπον[14],
ἔγνων ὅτι δικαίως πάσχω[15] καὶ οὐκ ἐλυπούμην[16]. 4. Ἰωσὴφ
δὲ[17] ἦν *ἀγαθὸς ἀνήρ[18], καὶ[19] ἔχων[20] πνεῦμα θεοῦ *ἐν αὐτῷ[21],

[17] af om. [18] h, bdef, A, S¹. c, ag read φόβον. [19] α, β–d, S¹. d reads
κυρίου θεοῦ. A = κυρίου. [20] g reads ἐγγίνεται. [21] b om. [22] d reads
τὸ πον. πνεῦμα φεύγει ἀπ' αὐτοῦ. A^abhb* support text, but A^cdeg = φεύγει
αὐτὸς ἀπὸ τοῦ πον. πνεύματος. A^abh om. next fifteen words καὶ γίνεται . . .
αὐτόν. But A^b*cdeg attest them. [23] g adds τοῦ ἀνθρώπου, A^b*cdfg αὐτοῦ.
[24] c reads συμπαθῶν. f συμπαθῇ. [25] A^cde = ὁ φθονῶν. A^b* τῷ φθονοῦντι.
[26] af om. [27] α, aef, S¹. bg, A^b*cde = οὐ καταγινώσκει, but this gives almost
the same sense as the text. Neither seems right. συγγινώσκει = משׁלי
which may be corrupt for משׁנח = 'rejoices' or משׁבח 'commends.' d =
οὐκέτι καταγινώσκει. [28] α, aef. bdg = τῶν ἀγαπώντων. [29] d reads αὐτῶν.
[30] A^b*cd = οὕτως τότε. A^ab om. A^g om. last five words.

IV. [1] α. abdef read καὶ ἦν (+ οὖν e) ἐρωτῶν ὁ πατήρ. For g see note 3.
A^ab = ἠρώτησέ με ὁ πατήρ μου. A^b*cdeg τότε ἦν ἐρωτῶν ὁ π. μου. [2] S¹ reads
ἐμέ. A om. [3] α, df (c reading ἑόρακεν and d omitting με). So also
abe, save that they read ἑώρα (and e adds ὄντα after σκυθ.). g gives the
verse so far as follows: βλέπων δὲ ὁ πατήρ μου τότε ἐμὲ σκυθρωπὸν ἠρώτα περὶ
ἐμοῦ. A^b adds διὰ τί εἶ σκυθρωπὸς σφόδρα; A^b*cdeg add καὶ ἀπεκρίθην αὐτῷ.
[4] d, A^ab add ἐγώ. [5] c, d, A^b*cdeg. h reads ἐγώ. abcfg, A^abh, S¹ om. A^abh
add προφάσει. [6] c. h, d read ὅτι τ. ἤ. μου κακοῦμαι. abefg τ. ἤ. μου
κακοῦμαι ἐγώ. A = τὰ ἄλγη τῶν ἡπάτων μου. d adds καὶ διὰ τοῦτό εἰμι
σκυθρωπός. S¹ reads μόλις. [7] a reads παρὰ πάντα. d πάντοτε. A^abh add
τοὺς ἀδελφούς μου. The verse is thus given in g ἐγὼ γὰρ ἀεὶ ἐπένθουν ὡς ὢν
αἴτιος τοῦ κακοῦ. [8] f adds ὁ. [9] h, af add τοῦ. d reads παρὰ πάντας εἰς
τόν. [10] A^abh = ὅτε γάρ. A^efg ὅτε. g reads καί ὡς and om. next word.
[11] A^b adds Ἰωσήφ. [12] h, abde, A, S¹. c reads ἴδεν. f ἔδεισεν. g ἐδήλωσεν
and om. preceding καί. [13] h reads μοι. A^abh add μόνον. [14] e, A^abh add
καί. A^cdefg add διότι. [15] A^b*cdefg add τοῦτο. [16] g reads ἐλυπήθην.
[17] d adds ἐπειδή. [18] α. bdeg, A, S read ἀν. ἀγ. af ἀγαθός. [19] g om.

C 2

β, Αα, S¹ εὔσπλαγχνος καὶ ἐλεήμων ὑπάρχων²² οὐκ²³ ἐμνησικάκησέν
ὡς τοὺς με²⁴, ἀλλὰ²⁵ ἠγάπησέ με *σὺν τοῖς ἀδελφοῖς μου²⁶. 5. Φυλά-
ἄλλους
ἀδελ- ξασθε οὖν ὑμεῖς²⁷, τέκνα²⁸ μου, ἀπὸ²⁹ παντὸς ζήλου καὶ
φούς. φθόνου³⁰ καὶ πορεύεσθε ἐν *ἁπλότητι καρδίας³¹, ἵνα δῷ³⁴
β, Α, S¹ ⌈καὶ ὑμῖν⌉³⁵ ὁ Θεὸς χάριν καὶ δόξαν καὶ εὐλογίαν *ἐπὶ
ψυχῆς
*καὶ ἐν τὰς κεφαλὰς ὑμῶν³⁶, καθὼς³⁷ ἴδετε³⁸ *ἐν Ἰωσήφ³⁹. 6.
ἀγαθῇ Πάσας⁴⁰ τὰς ἡμέρας⁴¹ οὐκ⁴² ὠνείδισεν ἡμᾶς⁴³ *περὶ τοῦ
καρδίᾳ⁵²,
ἐννοοῦν- πράγματος τούτου⁴⁴, ἀλλ'⁴⁵ ἠγάπησεν ἡμᾶς ὡς τὴν *ψυχὴν
τες *Ἰω- αὐτοῦ⁴⁶ καὶ ὑπὲρ τοὺς υἱοὺς αὐτοῦ⁴⁷ ἐδόξασεν⁴⁸ ἡμᾶς, καὶ⁴⁹
σὴφ τὸν
πατρά- *πλοῦτον καὶ κτήνη καὶ καρπὸν⁵⁰ *ἐχαρίσατο ἡμῖν⁵¹. 7.
δελφον *Καὶ ὑμεῖς⁵², τέκνα μου⁵³, ἀγαπήσατε⁵⁴ ἕκαστος τὸν ἀδελφὸν⁵⁵
ὑμῶν³³.
β, S¹ ἐν αὐτοῦ⁵⁶ ἐν ἀγαθῇ καρδίᾳ, καὶ *ἀποστήσεται ἀφ' ὑμῶν τὸ
αὐτῷ. β, Α, S¹ πᾶσιν ἡμῖν.

²⁰ e trs. after θεοῦ.   ²¹ α, df. abeg, A^{b*cdefg} read ἐν ἑαυτῷ. d adds καί.
²² α. a, A read καί. bdefg, S¹ om.   ²³ g reads οὐ γάρ.   ²⁴ bde read μοι.
g adds ποτέ.   ²⁵ α, ef, A. abd, S¹ read ἀλλὰ καί. g ἀλλὰ μᾶλλον.   ²⁶ α.
β, A^{abh}, S¹ read ὡς τοὺς ἄλλους ἀδελφούς (+ αὐτοῦ ef + μου A^{abh}). A^{b*} = ὡς
πάντας τοὺς ἀδ. αὐτοῦ. A^{cdefg} ὡς π. τοὺς ἄλλους ἀδ. αὐτοῦ.   ²⁷ c. dg read
καὶ ὑμεῖς and trs. after τέκνα μου. h, abef, S¹ om. g trs. ver. 5 after ver. 6.
²⁸ A^{b*cdefg} = ἀδελφοὶ καὶ τέκνα.   ²⁹ d reads ἐπί.   ³⁰ d adds καθὼς καὶ αὐτὸς
Ἰωσὴφ ὁ πατράδελφος ἡμῶν ἐφύλαξεν ἑαυτόν.   ³¹ α. bdeg, S¹ read ἁπλότ.
ψυχῆς. af, A^{b*cdefg} ἁπλότητι.   ³² A^{ab} = καθαρᾷ καρδίᾳ. A^b = καρδίᾳ.
A^{b*cdefg} = καὶ καθαρᾷ καρδίᾳ. a om. next six words.   ³³ fg, A^{abh}, S¹ (save
that A^{abh} read ἀδελφὸν ἡμῶν). A^{b*cdefg} read τὸν ἀδελφὸν ἡμῶν Ἰωσήφ.
be τὸν πατράδελφον ὑμῶν (+ Ἰωσήφ e). d τὸ ἀμνησίκακον αὐτοῦ καὶ καθὼς οἴδατε
ἐν αὐτῷ, οὕτω καὶ ὑμεῖς ποιεῖτε πάσας τὰς ἡμέρας τῆς ζωῆς ὑμῶν.   ³⁴ h, afg.
c reads δωει. bd δώῃ. e δώσει.   ³⁵ A om. d adds κύριος.   ³⁶ g om. For
ὑμῶν d reads ἡμῶν.   ³⁷ f reads καθό.   ³⁸ α, ef. abg, S¹ read εἴδετε.
d δέδωκε.   ³⁹ α. A^{abh} = ἐν Ἰωσ. πραχθέν. β, S¹ read ἐν αὐτῷ. A^{b*cdefg} =
αὐτόν. d adds τεκνία μου.   ⁴⁰ c, bdg, A^{abh}. h, aef, S¹ read καὶ πάσας. A^{b*cde}
= πάσας γάρ.   ⁴¹ d, A add τῆς ζωῆς αὐτοῦ.   ⁴² c reads ἀλλ' οὐκ. It is
possible that ver. 6 should begin with οὐκ ὠνείδ. and that πάσας τ. ἡμέρας
belongs to ver. 5.   ⁴³ A^{abh} add οὐδὲ ἐποίησεν ἡμῖν.   ⁴⁴ α. β reads περὶ τ.
λόγου τούτου. So A^{b*cdefg}, but in gen. plur. A^{abh} = κατὰ τοὺς λόγους τούτους,
or possibly = α. g om. next seven words.   ⁴⁵ d adds μᾶλλον.   ⁴⁶ c reads
ἑαυτοῦ ψ.   ⁴⁷ b, A^{b*cdefg} add καί.   ⁴⁸ h reads ἐδίδαξεν (?)   ⁴⁹ A^{b*cd} om.
⁵⁰ α, β, S¹ (save that c reads κτηνοι (sic) and β, S¹ καρπούς). A^{abh} = πλοῦτον
(+ καὶ A^h) κτηνῶν καὶ καρπῶν. A^{b*cdeg} = πλούτῳ κτηνῶν καὶ καρπῶν.   ⁵¹ c (h?).
af read ἐχ. πᾶσιν ἡ. be, S¹ πᾶσιν ἡ. ἐχ. d ἡ. ἐχ. g πάντα ἡ. ἐχ. A = ἐχ.
ἡ. πᾶσιν which A^{abh} trs. before πλοῦτον.   ⁵² bd, S¹ add οὖν. g om. together
with next two words.   ⁵³ h om. b adds ἀγαπητά. A^{abh} om. next nine words.

πνεῦμα τοῦ φθόνου⁵⁷. 8. Ὅτι⁵⁸ ἀγριοῖ τοῦτο⁵⁹ τὴν ψυχήν⁶⁰, β, Αβ, S¹ διάνοιαν καὶ φθείρει *τὸ σῶμα⁶¹, *ὀργὴν καὶ πόλεμον παρέχει τῷ δια- ⌈καὶ οὐκ βουλίῳ⁶², καὶ εἰς⁶³ αἵματα⁶⁴ παροξύνει, καὶ εἰς ἔκστασιν ἄγει⁶⁵ ἐᾷ τὴν *τὴν διάνοιαν⁶⁶, καὶ κλόνον⁶⁹ παρέχει τῇ ψυχῇ⁷⁰ καὶ τρόμον σύνεσιν ἐν ἀνθρώ- τῷ σώματι. 9. *Ὅτι καὶ⁷¹ ἐν ὕπνῳ *τις ζῆλος⁷² κακίας ποις ἐν- αὐτὸν⁷³ φαντάζουσα⁷⁴ κατεσθίει⁷⁵ καὶ⁷⁶ πνεύμασι πονηροῖς⁷⁷ ἐργεῖν⁷⁶⁷. *ἀλλὰ καὶ διαταράσσει⁷⁸ τὴν ψυχὴν αὐτοῦ, καὶ ἐκθροεῖσθαι τὸ σῶμα ποιεῖ, τὸν ὕπνον καὶ ἐν ταραχῇ διυπνίζει⁷⁹ τὸν νοῦν, καὶ ὡς⁸⁰ πνεῦμα πονηρὸν ἀφαι- *καὶ ἰοβόλον⁸¹, *οὕτως φαίνεται⁸² τοῖς ἀνθρώποις⁸³. ρεῖ⁶⁸.
β, Αβ, S
V. Διὰ τοῦτο Ἰωσὴφ ἦν¹ ὡραῖος *τῷ εἴδει², καὶ καλὸς ἰοβόλον *τῇ ὄψει, ὅτι³ οὐκ ἐνοίκησεν⁴ *ἐν αὐτῷ⁵ οὐδὲν⁶ πονηρόν· ἐκ ἔχων.

⁵⁴ g reads ἀγαπᾶτε. ⁵⁵ d reads πλησίον. ⁵⁶ af read ὑμῶν. ⁵⁷ α, g, A^{b*cdefg}. abdf, S¹ read ἀποστήσατε κτλ. e ἀποστησαται ὑμῶν τὸ πν. τοῦ ζήλου. A^{abh} = ἀπόστητε ἀπὸ πονηροῦ φθόνου. ⁵⁸ g om. ⁵⁹ α, abdg, A^{cdeg}, S¹. e reads τούτῳ. f τούτων. A^{abb*} = φθόνος which A^{ab} trs. before ἀγριοῖ. ⁶⁰A^{b*cdefg} = τὸ σῶμα. A^{ab} = τὸν ἄνθρωπον, but text is corrupt. d om. next five words. ⁶¹ A = τὴν ψυχήν. g adds καί. A^{abh} om. next ten words. ⁶² α, β (save that α reads τῷ διαβόλῳ and bdg τὸ διαβούλιον). A^{b*cdefg} = ὅτι ὀργή καὶ πόλεμός εἰσι τὰ διαβούλια αὐτοῦ. S¹ supports text save that it om. ὀργήν. ⁶³ A^{b*cdeg} om. ⁶⁴ d reads αἷμα. A^{b*cdefg} = θυμόν. ⁶⁵ d trs. after διάνοιαν. ⁶⁶ A reads qſⱂwɼɥȶ = τὸν ἄνθρωπον corrupt for qɥɓɯɯȶ = τ. διάνοιαν. A^{abh} om. rest of chap. and v. 1, 2. ⁶⁷ A^{b*cdefg} om. For σύνεσιν g reads συνείδησιν. b om. ἐν and for ἐνεργεῖν g reads εἰρηνεύειν. ⁶⁸ be, A^{b*cdefg}. g reads ἀλλὰ τὸν ὕπνον ἀφαιρεῖται. af om. d reads ἀλλὰ πάντα ἀβούλως καὶ ἀσκόπως πράττει· ἀφαιρεῖται δέ. ⁶⁹ d reads κλοιόν. e κλωνόν. ⁷⁰ d reads τὴν ψυχὴν καὶ τὸν ὕπνον. ⁷¹ c, A^{b*cdeg}. h, af read ὅτι γε. bde, S¹ ὅτι καί γε. g ὅτι. ⁷² c reads ζῆλον. d ζῆλός τις. ⁷³ c, befg, A^{b*cdeg}. ad read αὐτῶν. h om. For κακίας αὐτὸν φαντ. d reads φαντάζων αὐτῶν κακίαν σφοδρῶς. ⁷⁴ h, β-dg. c reads φαντάζεται. d (see preceding note) g φαντάζων. A^{b*cdefg} = φαντάζεται καί or φαντάζων. ⁷⁵ c om. A^{b*cdefg} add αὐτόν. ⁷⁶ β adds ἐν. ⁷⁷ g reads πονηρίας. ⁷⁸ A^{b*cdefg} = παραπέμπει, but ⱼⱴɥqⱳⱷɥɓ may be corrupt for ⱼⱴɥqȶ = διαταράσσει. ⁷⁹ c. h, β, S read διυπνίζεσθαι. A^{bdeg} = ἐκθροεῖσθαι ποιεῖ but qⱳⱷɼȿⱧɥⱷɓ_ ɡⱴɥɡⱳȶⱷɓ may be corrupt for qⱳⱷɓ_ȴⱧɥⱴqⱳⱨȶ = διυπνίζει. ⁸⁰ α, beg, A^{b*cdefg}, S¹. af read ἕν. d ὥσπερ. ⁸¹ g reads εἰσβολήν. β, S¹ add ἔχων. A^{b*cdefg} ἔχων ἐν ἑαυτῷ. ⁸² a reads οὗτος φαίν. ἔχων. ⁸³ d adds ὁ τῷ τὸν φθόνον ἁλισκόμενος π͞νι ὡς α͞νος.

V. ¹ d trs. before Ἰωσ. ² A^{b*cd} trs. according to Armenian text after ὅτι οὐκ, but not so A^{efg}. g om. together with next two words. ³ d reads τῷ προσώπῳ διότι. ⁴ h(?), abf, A^{b*cdes}. eg read ἐνοικεῖ. c, d ἐνίκησεν. ⁵ bdeg, A^{b*cdeg}. α reads εἰς αὐτόν. af αὐτῷ. ⁶ g trs. after πονηρόν. d om.

ΔΙΑΘΗΚΗ ΣΥΜΕΩΝ [V. 1

γὰρ[7] τῆς ταραχῆς τοῦ πνεύματος τὸ πρόσωπον δηλοῖ[8]. 2. Καὶ νῦν, τέκνα μου[9], Ἀγαθύνατε τὰς καρδίας ὑμῶν[10] ἐνώπιον Κυρίου[11], καὶ[12] εὐθύνατε τὰς ὁδοὺς ὑμῶν ἐνώπιον τῶν[13] ἀνθρώπων[14] καὶ ἔσεσθε εὑρίσκοντες χάριν *ἐνώπιον Κυρίου καὶ ἀνθρώπων[15].

β, A, S¹ πάντων τῶν. 3. *Φυλάξασθε οὖν[16] *ἀπὸ τῆς πορνείας[17], ὅτι *ἡ πορνεία[18] μήτηρ[19] ἐστὶ[20] τῶν κακῶν, χωρίζουσα[21] *ἀπὸ τοῦ[22] θεοῦ καὶ προσεγγίζουσα[23] τῷ Βελίαρ[24].

β, A, S ἐν Λευί. β, S Λευί. β, A^ab μου Ἰακώβ. 4. Ἑώρακα γὰρ ἐγὼ[25] ἐν χαρακτῆρι γραφῆς[26] Ἐνώχ, ὅτι οἱ[27] υἱοὶ ὑμῶν[28] *ἐν πορνείᾳ[29] φθαρήσονται, καὶ *τοῖς υἱοῖς Λευὶ[30] *ἀδικήσουσιν ἐν ῥομφαίᾳ[31]. 5. Ἀλλ᾽ οὐ δυνήσονται πρὸς Λευὶ ἀντιστῆναι[32], ὅτι *πόλεμον Κυρίου πολεμήσει[33] καὶ νικήσει ⌜πᾶσαν⌝[34] παρεμβολὴν[35] ὑμῶν. 6. Καὶ ἔσονται ὀλιγοστοὶ[36] ἐπιμεριζόμενοι[37] *ἐν τῷ[38] Λευὶ καὶ *ἐν τῷ[39] Ἰούδᾳ[40] καὶ οὐκ[41] ἔσται ἐξ ὑμῶν *τις εἰς ἡγεμονίαν[42] καθὼς καὶ ὁ πατὴρ ἡμῶν[43] προεφήτευσεν[44] *ἐν ταῖς[45] εὐλογίαις[46].

[7] α. β–d read ἐκ γ. ταραχῆς. d ἐν γ. ταραχῇ. [8] d reads δηλεῖ. [9] a, S¹ om. [10] d reads ἡμῶν. [11] α, β. A^bcdefg = θεοῦ. [12] c om. next five words. [13] h reads θεοῦ καί. [14] dg, A^bcdefg om. next eight words through hmt. [15] α. abf, S¹ read θεοῦ καὶ ἀνθρώπων. e παρὰ θεῷ καὶ ἀνοις. [16] α. β–e, S¹ read καὶ φυλάσσεσθε. e καὶ φυλάξασθαι. A = (+ καὶ A^h) φυλάξασθε. [17] c, A. β read τοῦ μὴ πορνεύειν. h τοῦ πρὸ τῆς πορνείας (?). [18] A^ab = αὐτή. [19] g reads μεῖζον. [20] β, A, S¹ add πάντων. [21] e reads ἀποστερίζουσα. [22] c, d. h reads ἀπό. abefg om. [23] d reads ἐγγίζουσα. [24] h, β (save that e reads τοῦ for τῷ), A. c reads τῷ διαβόλῳ. [25] α, A^abh. β, A^b*cd om. [26] β–g. α, g read γραφίδι. Is γραφίδι a dittographic rendering and γραφῆς an emendation? [27] ab om. [28] d reads ἡμῶν. g om. afg add μεθ᾽ ὑμᾶς. b, S μεθ᾽ ὑμῶν. d μεθ᾽ ἧς against α, e, A. [29] d reads ἡ πορνεία. [30] α. β–g, A, S read as in margin. g reads ἐλέει. [31] A^abh = πορεύσονται ἐν ῥομφαίᾳ (for πρηιζε is corrupt for μρηιξ). [32] α, A. β, S om. [33] h reads πολεμοῦνται πολέμοις (?). A^abh = πολ. κ. ἐπολέμουν. A^b*cdefg, S² πολ. κ. πολεμοῖ. [34] α, A om. [35] c reads προσβολήν. A^b*cdefg internally corrupt but A^abh right. [36] d reads ὀλίγοροι. A^abh = ἔνδοξοι ὑμεῖς δὲ ὀλιγοστοί. [37] α reads μεριζόμενοι. A^ab om. [38] f reads ἐπί. [39] α, af. bdeg om. [40] α, af. bde, A^abh read Λευὶ καὶ Ἰούδᾳ. g Λ. καὶ τῷ Ἰ. A^b*cdefg = Ἰούδᾳ καὶ Λευί. [41] b om. [42] c. β, S¹ read εἰς ἡγ. h τις ἡγεμόνει. A = ἡγεμών. [43] α, A. abd read μου. efg, S¹ om. β, A^abhefg add Ἰακώβ. A^b*cd trs. it before ὁ πατήρ. [44] e trs. after εὐλογίαις. [45] α. abefg, S read ἐν. d om. [46] d adds περὶ Λευὶ καὶ Ἰούδα. A adds αὐτοῦ.

ΔΙΑΘΗΚΗ ΣΥΜΕΩΝ

VI. Ἰδοὺ εἴρηκα[1] ὑμῖν πάντα[2], *ὅπως δικαιωθῶ ἀπὸ τῆς ἁμαρτίας ὑμῶν[3]. 2. Ἐὰν δὲ[4] ἀφέλητε[5] ἀφ' ὑμῶν τὸν φθόνον καὶ πᾶσαν σκληροκαρδίαν[6],
Ὡς[7] ῥόδον ἀνθήσει[8] τὰ ὀστᾶ μου[9] ἐν Ἰσραήλ,
καὶ[10] ὡς κρίνον *ἡ σάρξ μου[10] ἐν Ἰακώβ,
καὶ ἔσται[11] *ἡ ὀσμή μου ὡς[12] ὀσμὴ Λιβάνου[13]
καὶ πληθυνθήσονται[14] ἅγιοι[15] *ἐξ ἐμοῦ[16] *ἕως αἰῶνας αἰώνων[17]
καὶ *οἱ κλάδοι[18] αὐτῶν[19] εἰς μακρὰν ἔσονται.

3. Τότε ἀπολεῖται[20] τὸ[21] σπέρμα Χαναὰν
*καὶ ἐγκατάλειμμα[22] οὐκ ἔσται ἐν[23] τῷ Ἀμαλήκ,
⌐καὶ ἀπολοῦνται πάντες οἱ Καππαδόκαι⌐[24]
*καὶ πάντες οἱ Χετταῖοι ἐξολοθρευθήσονται[25].

4. Τότε[26] ἐκλείψει[27] *ἡ γῆ[28] Χάμ,
καὶ πᾶς ὁ[29] λαὸς ἀπολεῖται.
Τότε καταπαύσει *πᾶσα ἡ γῆ[30] ἀπὸ ταραχῆς,
*καὶ πᾶσα ἡ[31] ὑπ' οὐρανῶν[32] ἀπὸ πολέμου.

α	β, S
5. Τότε[33] †σημεῖον[34] ἐνδοξασθήσεται[35] *μέγα τῷ Ἰσραήλ[36],	5. Τότε[37] †σημεῖον (Σήμ b d) ἐνδοξασθήσεται

προείρηκα.
β–e, S ἁμαρτίας τῶν ψυχῶν.
β, Αβ, S[1] σκληροτραχηλίαν.
β, Α, S ὡς κέδροι ἅγιοι.

A[ab] omit ver. 4.

VI. [1]α, A, S[2]. β, S[1] read προείρηκα. [2] h reads τοῦτο. S[1] om. [3] α, e[1], A[b*cdeg] (save that e reads πάσης for τῆς and A[b*cdefg] add ἐγώ after δικαιωθῶ). β–e, S support text but add τῶν ψυχῶν after ἁμαρτίας, and d reads ἐπί for ἀπό and ἡμῶν for ὑμῶν. e[2] ἀπὸ πάσης ἁμ. τῶν ψ. ὑμῶν. A[abh] = τὰ σκάνδαλα τῶν υἱῶν ὑμῶν. [4]A[ab] om. A[h] = καί. A[b*cdefg] = γάρ. [5] abg, S[1]. α reads ἀφελέσθαι. d ἀφέλειται. e ἀφέληται. f ἀφέλετε. A[abh] add τοῦτο. [6] α. β, A[b*cdefg] read as in margin. A[abh] om. with four preceding words. [7] d reads Τότε ὡς. [8] A[abh] = ἀνθήσουσιν οἱ υἱοὶ ὑμῶν καί. [9] h om. [10] A[abh] om. [11] A[b*] = ὀζήσει. [12] beg, A (save that A[ab] om. μου), S[1]. h, df om. c, a read ὡς. [13] d adds ἡ εὐωδία μου. [14] α, adfg, A[b*cdeg]. h, b read πληθυνθήσεται. e πληθυνθήσεσθαι. A[abh] = τιμηθήσεται. [15] α. β, A, S, read as in margin. [16] d, A[abh] om. [17] α. β, A, S[1] read ἕως αἰῶνος. [18] h reads αἱ κοιλάδες. [19] c, β–d, S. h, A[b*cdeg] read αὐτοῦ. d αὐτόν. A[ab] = Ἰούδα. β–d add ἕως. [20] c reads ἀπολυται. [21] bg, A[ab] om. [22] h om. [23] α. β om. [24] A om. For Καππαδόκαι bdef read Καππάδοκες. [25] A[abh] = καὶ πᾶσιν τοῖς ἔθνεσιν. [26] h om. A[b*cdefg] = καί. [27] c reads ἐκλειψη. def ἐκλήψει. A[b*cdefg] = ἐξολοθρευθήσεται. [28] h reads ψυχή. [29] α, defg. ab om. [30] α, def, A[b*cd]. ab read ἡ γῆ πᾶσα. g πᾶσα γῆ. [31] A[b*] = ἡ. [32] c, e. But text may be a corruption of abdfg, S[1] οὐρανόν. h reads οὐρανούς. [33] καὶ τότε in A[b*cd], S[1] and καὶ ὅτε of g are secondary. [34] α, aef, S[1].

ΔΙΑΘΗΚΗ ΣΥΜΕΩΝ [VI. 5

ὅτι Κύριος ὁ Θεὸς φαι-
νόμενος ἐπὶ τῆς γῆς
ἥξει³⁸ [ὡς ἄνθρωπος]³⁹
καὶ σώζων⁴⁰ *ἐν αὐτῷ⁴¹ τὸν
Ἀδάμ.

A b*cdeg

5. καὶ τότε Σὴμ ἐνδοξασθή-
σεται
ὅτι Κύριος ὁ Θεός, μέγας τοῦ
Ἰσραήλ, [ἐνδοξασθήσε-
ται]⁴² ἐπὶ γῆς [καὶ] φανή-
σεται [ὡς ἄνθρωπος].

ὅτι Κύριος ὁ Θεός, μέ-
γας⁴³ τοῦ Ἰσραήλ, φαι-
νόμενος⁴⁴ ἐπὶ⁴⁵ γῆς [ὡς
ἄνθρωπος]
καὶ σώζων ἐν αὐτῷ⁴⁶ τὸν
Ἀδάμ.

A abh

5. τότε †Σὴθ ἐνδοξασθήσεται
ὅτι Κύριος ὁ Θεὸς ἡμῶν
φανήσεται ἐπὶ γῆς [ὡς
ἄνθρωπος]
καὶ σώζει⁴⁷ †αὐτὸς πάλιν†.

g om. *bd*, A^(b*cdefg) read Σήμ. A^(abh) Σήθ. S² σημεῖα. It is impossible to determine with any certainty what stood in the original. Σήθ is simply corrupt for Σήμ. Hence the choice lies between σημεῖον and Σήμ. If the latter (which is clear in meaning but less strongly attested) were original, it would be difficult to account for its change into the obscure σημεῖον. On the other hand, while the emendation of σημεῖον into Σήμ is easy, it is hard to see why a Christian scribe should give a more Jewish character to the text. If σημεῖον is original in α, β, σημεῖον ἐνδοξ. may be a rendering of יְכַבֵּד צִיּוֹן which should have been read as יְכַבֵּד צִיּוֹן = δοξάσει Σιών. The subject of the verb would then be μέγας τοῦ Ἰσραήλ. Thus we have: 'The Mighty One of Israel will glorify Zion.' Even if Shem is original, the above change of ἐνδοξασθ. into δοξάσει seems necessary. In favour of Σήμ might be cited Jub. vii. 12, 'God shall dwell in the dwelling of Shem,' and the Onkelos Targum on Gen. ix. 27, 'May He cause His Shekinah to rest in the dwellings of Shem.' ³⁵ Read δοξάσει. See preceding note. ³⁶ α. The text is corrupt for μέγας τοῦ Ἰσρ. which is rightly preserved in β, A^(b*cdefg), S¹ though trs. into the next clause. A^(abh) om. this clause. ³⁷ *g* reads καὶ ὅτε and for σημ. ἐνδοξ. reads δοξασθήσεται. ³⁸ α only. Probably interpolated. ³⁹ Christian interpolation, though found in α, β–α, S. *a* om. ⁴⁰ *h* reads σώσει. ⁴¹ α, be¹fg. *d* reads ἐν αὐτῇ. *a*, S¹ ἐν ἑαυτῷ. A^(abh) = αὐτός. The phrase seems in some form to be original. But ἐν αὐτῷ τὸν Ἀδάμ = בו האדם, where I take בו to be corrupt for לו, which should then be rendered ἑαυτῷ or omitted. See T. Lev. ii. 11, note. Τὸν Ἀδάμ is here used of the human race—a use intelligible in a translation from Hebrew but not in a piece of original Greek. The Greek equivalent of the phrase occurs in T. Lev. ii. 11 in the same connexion. ⁴² A dittography from the preceding line. ⁴³ *g* om. ⁴⁴ *g* reads φθονούμενος. ⁴⁵ *g* adds τῆς. ⁴⁶ *af* read ἑαυτῷ. ⁴⁷ Possibly

ΔΙΑΘΗΚΗ ΣΥΜΕΩΝ

6. Τότε δοθήσεται⁴⁸ πάντα τὰ πνεύματα τῆς πλάνης⁴⁹ εἰς καταπάτησιν⁵⁰
καὶ οἱ⁵¹ ἄνθρωποι⁵² βασιλεύσουσιν⁵³ τῶν⁵⁴ πονηρῶν πνευμάτων⁵⁵.

7. Τότε ἀναστησόμαι⁵⁶ κἀγὼ⁵⁷ ἐν⁵⁸ εὐφροσύνῃ
καὶ εὐλογήσω⁵⁹ τὸν ὕψιστον ἐπὶ⁶⁰ τοῖς θαυμασίοις αὐτοῦ
[ὅτι ὁ⁶¹ Θεὸς σῶμα λαβών, καὶ⁶² συνεσθίων ἀνθρώποις
*ἔσωσεν ἀνθρώπους⁶³].

VII. Καὶ νῦν, τέκνα¹ μου, ἐπακούσατε² τοῦ³ Λευὶ καὶ τοῦ⁴ Ἰούδα⁵   h, β (A), S¹ ὑπακούετε
καὶ⁷ μὴ ἐπαίρεσθε⁸ ἐπὶ τὰς δύο γενεὰς⁹ ταύτας,   τοῦ Λευὶ
ὅτι ἐξ αὐτῶν¹⁰ ἀνατελεῖ ἡμῖν¹¹ τὸ σωτήριον ⌈τοῦ Θεοῦ⌉¹².   καὶ ἐν Ἰούδα

2. *Ἀναστήσει γὰρ¹³ Κύριος¹⁴ ἐκ¹⁵ τοῦ Λευὶ ὡς¹⁶ ἀρχιερέα   λυθρωθήσεσθε⁶.
*καὶ ἐκ¹⁷ τοῦ Ἰούδα¹⁸ ὡς¹⁵ βασιλέα¹⁹ [Θεὸν καὶ ἄνθρω-   β φυλάς.
πον]²⁰.

 Կեղուցանէ is corrupt for կեղուցէ = σώσει. As a result of the above criticism I propose to restore ver. 5 as follows:

Τότε Σὴμ (or Σιὼν) δοξάσει μέγας τοῦ Ἰσραὴλ
ὅτι Κύριος ὁ Θεὸς φανήσεται ἐπὶ τῆς γῆς
καὶ σώσει τοὺς υἱοὺς τοῦ Ἀδάμ.

But μέγας τοῦ Ἰ. may be an interpolation. It is omitted by Aᵃᵇʰ. In that case read the first line as follows:

Τότε Σὴμ (or Σιὼν) δοξασθήσεται.

⁴⁸ α. β reads δοθήσονται.   ⁴⁹Aᵃᵇʰ add τοῦ Βελίαρ.   ⁵⁰ h reads κατάπαυσιν.
g ἕως. Aᵃᵇʰ կորուստ = ὄλεθρον corrupt for կոխումն (so Aᵇ*ᶜᵈᵉᶠᵍ) = text.
⁵¹ ab om.   ⁵² Aᵃᵇ read ωրք (Aᵃ om.) մի = νῦν μὴ corrupt for Յովսէփկ = ἄνθρωποι.   ⁵³ g reads βασιλεύουσι. d adds ἐπί.   ⁵⁴Aᵇ*ᶜᵈᵉᶠᵍ read πάντων τῶν.   ⁵⁵ e om.   ⁵⁶ A = ἀναστησόμεθα.   ⁵⁷ α reads ἐγώ. β, A, S¹ om.
⁵⁸ d om.   ⁵⁹ A = εὐλογήσομεν.   ⁶⁰ b reads ἐν. Aᵃ om. with next three words, Aᵇ with next two.   ⁶¹ bdfg om. g om. next word.   ⁶² Aᵇ*ᶜᵈ add περιπατῶν καί.   ⁶³ befg, Aᵇ*ᶜᵈᵉᶠᵍ, S¹. α reads ἔσ. αὐτόν. a ἔσ. αὐτούς.
d σώσει ἀνθρώπους. Aᵃᵇʰ om.

VII. ¹ b reads τεκνία.   ² c. h, f read ὑπακούσατε. abde, S¹ ὑπακούετε. g ὑπακούσετε. Aᵇ* add μοι ὅτι. Aᶜᵈ καὶ ὅτι. S² om.   ³ α, ef. a reads τόν.
dg, Aᵇᵉᶠᵍ, S¹ τῷ. b om. Aᵃᵇ*ᶜᵈ, S² = ἐν.   ⁴ c. h, β, A, S read ἐν.
⁵ S¹ = Ἰωσήφ.   ⁶ h, β, Aᵃᵇʰ, S². c alone om. Aᵇ*ᶜᵈᵉᶠᵍ = λυτρωθησόμεθα.
Aᵇ add ὅτι ἐκ γένους αὐτοῦ γεννηθήσεται κύριος ὁ θεός. S¹ = ἔσται λύτρωσις.
⁷Aᵃᵇ om.   ⁸ c, e read επερεσθε, h ἐπαιρεσθαι.   ⁹ α. β, S read φυλάς.
A = ἀδελφούς.   ¹⁰ e reads αὐτοῦ.   ¹¹ c, df, A. h, abeg, S read ὑμῖν.
¹² A om.   ¹³ α, befg A, S. a reads ἀναστήσει. d καὶ ἀναστ.   ¹⁴ c om.
¹⁵ d reads ἐκ μέν. Aᵃʰ read τὸν Λευί.   ¹⁶ dg om.   ¹⁷ d reads ἐκ δέ.

ΔΙΑΘΗΚΗ ΣΥΜΕΩΝ [VII. 2

οὗτος²¹ σώσει *[πάντα τὰ ἔθνη καὶ] τὸ γένος τοῦ Ἰσραήλ²².

3. Διὰ τοῦτο ταῦτα²³ ἐντέλλομαι ὑμῖν²⁴ ἵνα²⁵ καὶ ὑμεῖς ἐντέλλεσθε²⁶ τοῖς τέκνοις ὑμῶν²⁷, ὅπως²⁸ φυλάξωσιν αὐτὰ²⁹ εἰς τὰς³⁰ γενεὰς αὐτῶν³¹.

β καί.
β, A, S¹
καὶ
ἐκοιμήθη.
dg, A
ρκε'.
β, Aᵇᵇʰ,
S ξύλων
ἀσήπτων.
α, d, Aᵃᵇ
εἰς τὸ
ἀναγαγεῖν αὐτόν.

VIII. *Καὶ ὡς¹ συνετέλεσεν² Συμεὼν ἐντελλόμενος³ τοῖς υἱοῖς⁴ αὐτοῦ⁵, ἐκοιμήθη⁶ *μετὰ τῶν πατέρων αὐτοῦ⁷ *ὢν ἐτῶν ἑκατὸν εἴκοσι⁸. 2. Καὶ ἔθηκαν αὐτὸν ἐν *θήκῃ ξυλίνῃ⁹, *τοῦ ἀναγαγεῖν τὰ ὀστᾶ αὐτοῦ¹⁰ ἐν Χεβρών. Καὶ ἀνήγαγον¹¹ *αὐτὰ ἐν πολέμῳ Αἰγυπτίων κρυφῇ¹². 3. *Τὰ γὰρ ὀστᾶ τοῦ Ἰωσὴφ ἐφύλαττον¹³ *οἱ Αἰγύπτιοι¹⁴ ἐν τοῖς μνήμασι¹⁵ τῶν
α αὐτὸν ἐν κρυφῇ τὰ ὀστᾶ. β, A, S¹ ταμείοις.

¹⁸ c reads θεοῦ. ¹⁹ g reads βασιλεύειν. h adds καί. ²⁰ α, β (save that h prefixes καί); Aᵃᵇʰᵉᶠᵍ (save that Aʰ prefixes καί), S¹. Aᵇ* = καί ἐστι οὗτος θεός. Aᶜᵈ = καὶ θεόν. S² = καὶ ἄνθρωπον. Bracketed as a Christian interpolation. ²¹ α, β–b. b, S reads οὕτως. Aᵃᵇ = καί. Aᵇ*ᶜᵈᵉᶠᵍ = καὶ οὗτος. ²² α, β, S. A = πάντα ἄνθρωπον (γένη Aᵇ*ᶜᵈᵉᶠᵍ) καὶ ἔθνη ἀνθρώπων. I have bracketed πάντα τὰ ἔθνη καί as an interpolation. Cf. T. Jos. xix. 7. Our author can look forward to the salvation of the Gentiles, but he would not set their salvation before that of Israel. d adds γνωστὸν οὖν ἔστω ὅτι. ²³ c, aef, S². b reads πάντα. A by internal corruption = ἐγώ. h, dg, S¹ om. ²⁴ d adds πάντα ταῦτα. ²⁵Aᵇ*ᶜᵈᵉᵍ om. d reads ὅπως. ²⁶ α, g. a reads ἐντελεῖσθε. b ἐντειλησθε. df ἐντειλεσθε. e ἐντειλασθε. ²⁷Aᵇ add ἵνα καὶ αὐτοὶ ἐντείλωνταί τοῖς τέκνοις αὐτῶν. So also Aᵃ according to Text, but this is probably wrong as Aʰ om. ²⁸ d reads ἵνα. h ὅπως καί. ²⁹ f reads ταῦτα. A = ταύτας (Aᵇ*ᶜᵈᵉᶠᵍ om.) τὰς ἐντολάς. ³⁰ e om. ³¹ Here S¹ makes a Christian addition and at its close gives a duplicate edition of chap. VII. after recension β. See Appendix.

VIII. ¹ c, g, Aᵇ. h, β–dg, Aᵃᵇ*ᶜᵈᵉᶠᵍ, S read καί. d ὡς δέ. ² S¹ = ταῦτα εἰπὼν ἀπέθανεν. ³ Aᵃᵇʰ = τὰς ἐντολὰς ταύτας. Aᵇ*ᶜᵈᵉᶠᵍ = τὰς (Aᵇ* om.) ἐντολάς. ⁴ h, afg read τέκνοις. ⁵ See note 1. d adds ἐξάρας τοὺς πόδας αὐτοῦ. ⁶ c, d. h, β–d, A, S¹ read καὶ ἐκοιμήθη. d adds καὶ προσετέθη. ⁷ S¹ = ἐν τῷ αἰωνίῳ ὕπνῳ. ⁸ c. h reads ἐτῶν δὲ ρκ. ab, S² ἑκατὸν εἴκοσι ἐτῶν. dg χρόνων (d om.) ὑπάρχων ρκε. ef, S¹ ἐτῶν ρκ. Aᵃᵇʰᶜᵈᵉᶠᵍ = ρκε' (ρκζ g) ἔτει τῆς ζωῆς αὐτοῦ. Aᵇ* = ρκε' ἐτῶν. Here A is wrong throughout. ⁹ α. d reads ξυλίνῃ θήκῃ. abef θήκῃ ξύλων. g θήκῃ and omits the rest of the Testament, substituting in its stead ἕως ἀνήγαγον αὐτὸν θάψαντες ἐν Χεβρὼν μετὰ τῶν πατέρων αὐτοῦ. β–dg, Aᵃᵇʰ, S add ἀσήπτων, d ἀσήπτῳ against α, Aᵇ*ᶜᵈᵉᶠᵍ. ¹⁰ abef, Aᵇ*ᶜᵈᵉᵍ, S. α, d, Aᵃᵇ read εἰς τὸ (ἕως τοῦ d) ἀναγ. αὐτόν. ¹¹ α, ef. abd read ἀνήνεγκαν. ¹² β–d, S. So also A which = αὐτὸν ἐν κρυφῇ ἐν πολ. Αἰγυπτίων. α has here an ungrammatical text αὐτὸν ἐν κρυφῇ τὰ

βασιλέων¹⁶. 4. Ἔλεγον γὰρ ⌜αὐτοῖς⌝¹⁷ οἱ ἐπαοιδοί¹⁸, ὅτι ἐν β, S¹
ἐξόδῳ τῶν¹⁹ ὀστῶν Ἰωσὴφ²⁰ ἔσται ἐν πάσῃ *τῇ γῇ²¹ σκότος Αἰγύπτῳ.
καὶ γνόφος καὶ πληγὴ²² μεγάλη²³ τοῖς Αἰγυπτίοις, ὥστε μετὰ αὐτῶν.
λύχνου²⁴ μὴ²⁵ ἐπιγινώσκειν ἕκαστος²⁶ *τὸν ἀδελφὸν²⁷ αὐτοῦ. κατὰ τὸν νόμον τοῦ
IX. *Καὶ ἔκλαυσαν¹ οἱ² *υἱοὶ Συμεὼν³ τὸν πατέρα πένθους.
αὐτῶν⁴. Καὶ ἦσαν *εἰς Αἴγυπτον⁵ ἕως ἡμέρας ἐξόδου β, S¹
αὐτῶν⁶ *ἐν χειρὶ Μωϋσῆ⁷. αὐτῶν
ἐξ Αἰ-
γύπτου.
β–ab, A,
S αὐτοῦ
Διαθήκη Λευὶ τοῦ τρίτου υἱοῦ Ἰακώβ καὶ Λίας¹. πρὸ τοῦ
ἀποθα-
νεῖν αὐ-
I. Ἀντίγραφον λόγων² Λευί³, ὅσα διέθετο⁴ τοῖς υἱοῖς τόν (τῆς
αὐτοῦ⁵ κατὰ πάντα ἃ⁶ ποιήσουσιν⁷, καὶ ὅσα συναντήσει αὐτοῖς αὐτοῦ
*ἕως ἡμέρας κρίσεως⁸. 2. Ὑγιαίνων⁹ γὰρ¹⁰ ἦν ὅτε cfg, S¹).
ἐκάλεσεν αὐτοὺς πρὸς ἑαυτόν· *ἀπεκαλύφθη δὲ¹¹ αὐτῷ ὅτι β–d, S¹
ὤφθη.

ὀστᾶ which d emends into τὰ ὀστᾶ αὐτοῦ ἐν πολ. Αἰγ. ἐν κρυφῇ. d adds καὶ
ἔθαψαν αὐτὸν ἐν τῷ σπηλαίῳ τῷ διπλῷ ὅπου καὶ οἱ πατέρες αὐτοῦ ἐτέθησαν.
Cf. g in note 9. ¹³ d reads ἐφύλαττον δὲ αὐτοῦ. ¹⁴ A^{b*cdefg} om. d adds
τὰ ὀστᾶ Ἰωσήφ. ¹⁵ α. a reads ταμιείοις. bf ταμιείοις. de ταμίοις. A^{b*cdefg}
supports β. A^{ab} = οἰκήμασι. ¹⁶ bg, A^{ab}( ) read βασιλείων. ¹⁷ d reads
αὐτῶν. h, A om. ¹⁸ d reads αὐτῶν. A^{abh} = οἱ Αἰγύπτιοι καὶ οἱ ἐπαοιδοὶ
αὐτῶν. A^{cdefg} οἱ ἐπαοιδοὶ καὶ οἱ μάγοι. ¹⁹ α, A. β om. ²⁰ A adds ἐξ
Αἰγύπτου. ²¹ α, A^{abhcdefg}. b, A^{b*}, S¹ read τῇ Αἰγύπτῳ. The rest of β gives
conflate readings. af τῇ γῇ Αἰγύπτου. de γῇ Αἰγύπτου (Αἰγύπτῳ d). ²² A^{ab}
trs. before καὶ γνόφος and om. next three words. ²³ β adds σφόδρα.
A^{b*cdefg} add σφόδρα πᾶσιν. ²⁴ f reads λύχνων. ²⁵ d, A^{b*cdefg} add
δύνασθαι. ²⁶ af read ἕκαστον. A^{ab} = τις. ²⁷ f reads τῶν ἀδελφῶν.
IX. ¹ d reads ἔκλαυσαν τοίνυν. ² b om. ³ A^{b*cdefg} = ἀδελφοὶ Συμεὼν
καὶ οἱ υἱοί. ⁴ β, S¹ add as in margin. After πένθους d further adds
μ' ἡμέρας. καὶ ἐπέστρεψαν εἰς Αἴγυπτον. ⁵ d reads ἐκεῖ. ⁶ β–d, S add ἐξ
(ἀπ' b) Αἰγύπτου. ⁷ d reads τῷ δὲ θεῷ ἡμῶν δόξα εἰς αἰῶνας. f, S add Συμεὼν
υἱὸς Ἰακὼβ β΄ υἱὸς Λίας (+β΄. ἔζησεν ἔτη ρκ f).

I. ¹ α. Attestation of β, A divided. A^{abh} read διαθήκη Λευὶ περὶ ἱερωσύνης.
bf, A^{cdefg}, S¹ δ. Λ. περὶ ἱερωσύνης καὶ ὑπερηφανείας (+ Λευὶ ἑρμηνεύεται ὑπὲρ ἐμοῦ
μισθός f). a Λευί. de present conflate texts. de, A^{b*} δ. Λ. υἱὸς (υἱοῦ e, A^{b*})
τρίτος (e, A^{b*} om.) Ἰακὼβ περὶ ἱερ. καὶ ὑπερη. ² d reads διαθήκης. A =
ἀποκρίσεων λόγων which seems to be merely a dittographic rendering of
λόγων. ³ h adds τοῦ τρίτου υἱοῦ Ἰακ. καὶ Λείας, and om. next seven words.
A^{b*} om. next five words. ⁴ A = ἔδωκε. ⁵ d = πρὸ τοῦ ἀποθανεῖν αὐτόν.
efg, A πρὸ τῆς τελευτῆς αὐτοῦ. ⁶ g reads ὅσα. ⁷ a adds αὐτοί. ⁸ h
reads ἐν ἡμέρᾳ κ. A^{abh} om. ⁹ Ver. 2 is very confused in A^{abh} and

ΔΙΑΘΗΚΗ ΛΕΥΙ [I. 2

β, Aβ συνελήφθην καὶ ἐτέχθην ἐκεῖ(ἐν Χαρράν Aβ) καὶ μετὰ ταῦτα. β, A, S ὅτε. β, S μετὰ Σ. τὴν ἐκδίκησιν.

μέλλει ἀποθνήσκειν[12]. *Καὶ ὅτε[13] συνήχθησαν[14], *εἶπεν πρὸς αὐτούς[15].

II. Ἐγὼ Λευὶ[1] ἐν Χαρρὰν[2] ἐγεννήθην[3] καὶ[4] ἦλθον[5] σὺν τῷ πατρί μου[6] εἰς[7] Σίκημα[8].   2. Ἤμην[9] δὲ[10] νεώτερος[11], ὡς[12] ἐτῶν εἴκοσι, *καὶ τότε[13] ἐποίησα[14] *τὴν ἐκδίκησιν μετὰ Συμεὼν[15] *τῆς ἀδελφῆς ἡμῶν Δείνας[16] *ἀπὸ Ἐμμώρ[17]. 3. Ὡς δὲ ἐποίμαινον[18] ἐν Ἀβελμαούλ[19], πνεῦμα συνέσεως Κυρίου ἦλθεν ἐπ' ἐμέ[20], καὶ *ἐθεώρουν πάντας ἀνθρώπους[21] *ἀφανίσαντας τὴν ὁδὸν αὐτῶν[22], καὶ *ἐπὶ τείχους οἰκοδομεῖτο ἡ ἁμαρτία καὶ ἐπὶ πύργους ἡ ἀδικία ἐκάθητο[23].   4. Καὶ

β, A^cdeg, S¹ ὅτι τείχη (adf τεῖχος) ᾠκοδόμησεν ἑαυτῇ ἡ ἀδικία καὶ ἐπὶ πύργους ἡ ἀνομία κάθηται.

defective in A^b*. A^abh = καὶ (A^ah om.) ὅτε ἦν αὐτὸς (then space in A^b in which ևրևպ֊ևև (= ὑγιαίνων) probably stood originally) ὤφθη (or ἀπεκαλύφθη) αὐτῷ ὅρασις ὅτι μέλλω (μέλλεις A^b). ἐκάλεσε πρὸς ἑαυτὸν τοὺς υἱοὺς αὐτοῦ. καὶ ὅτε συνήχθησαν πρὸς αὐτόν, εἶπεν π. αὐτούς. A^b* om. ὑγιαίνων and the next seven words with the exception of γάρ.   [10] α, A^b*defg. β, S¹ om.   [11] α, A^cdefg. d reads ἀπεκ. γάρ. af ὤφθη δέ. beg, S¹ ὤ. γάρ.   [12] A^b* add διὰ τοῦτο εἶπεν συνάγειν τοὺς ἀδελφοὺς καὶ υἱοὺς αὐτοῦ.   [13] f reads ὅτε δέ. A^b*cdefg = καὶ ἐγένετο ὅτε.   [14] A^abh, S¹ add πρὸς αὐτόν.   [15] S¹ reads περὶ τῆς ὄψεως ἐν τῇ ἱερωσύνῃ καὶ περὶ προφητείας ἔλεξεν πρὶν ἀποθανεῖν.

II.   [1] de read Λευίς. d adds ὁ πατὴρ ἡμῶν.   [2] ab. c, df read Χαρρά. h, eg Χαρά. A, S read this Χαρά as χαρᾷ and A adds ἐν Χαρράν also after ἐγεννήθην.   [3] α, A^abh. β reads συνελήφθην καὶ ἐτέχθην ἐκεῖ (ἐκεῖ ἐτέχ. f, ἐτέχ. only g). A^b*cdefg = συνελήφθην καὶ ἐτέχ. ἐν Χαρράν. S ἠρξάμην καὶ ἐγεννήθην. S¹ adds καὶ ἦν αὐξανόμενος ἐν τῷ οἴκῳ τοῦ πατρός μου.   [4] α. g om. β–d, A^cdefg, S² read καὶ μετὰ ταῦτα. S¹ καὶ ἐπεί. A^b* add μετὰ ὀκτὼ ἔτη.   [5] c reads ἠλθων. e ἐλθών. . g οἰκῶν.   [6] α, d, A. abefg, S om.   [7] de read ἐν.   [8] h, eg. c reads Σύκημα. ab Σίκιμα. d Σικίμοις. f Σήκημα. A^b* adds καὶ ὅτε ἦμεν ἐν Σικίμοις.   [9] c reads εἴμην.   [10] S¹ om.   [11] g om.   [12] α, def, A^b*cdefg. b reads ὡσεί. ag om.   [13] α. β, A, S read ὅτε.   [14] α, β, S. A = ἐποιήσαμεν.   [15] α. β reads μετὰ Σ. τὴν ἐκδίκησιν. A = τὴν ἐκδίκ. ἐγὼ καὶ Συμεὼν ὁ ἀδελφός μου.   [16] α, β (save that abef read Δίνας), A^abhefg, S. A^b*cd = Δ. τῆς ἀδ. ἡμῶν.   [17] α, e. adfg read ἀπὸ τοῦ (f om.) Ἐμώρ. b ἀπὸ τ. Ἐμμώρ. A = ἀπὸ τῶν Ἀμορραίων, which it trs. before τῆς ἀδελφῆς.   [18] b reads ἐποιμαίνομεν. A^abh = ἦν ἐν τῷ ποιμνίῳ ἡμῶν, and om. next eight words. A^b om. v. 3, 4.   [19] abg, S. α, e²f read Ἐβαλμαούλ. de¹(?), A^b*cdefg Ἀβελμαούμ.   [20] c reads ἐμοί.   [21] h, A. c reads ἐθεώρουν ἀνθ. β–d, S πάντας ἑώρουν ἀνθ. d πάντας ἀνθ. ἐθεώρουν.   [22] α, β–d, S. d reads ὄντας ἀφανεῖς τῇ ὁδῷ αὐτῶν. A = ἀφανισθέντας (or ὅτι ἠφανίσθησαν) ταῖς ὁδοῖς αὐτῶν. A^abh om. rest of verse and first nine words of ver. 4.   [23] α (save that h adds

ΔΙΑΘΗΚΗ ΛΕΥΙ

*ἤμην λυπούμενος²⁴ *ὑπὲρ γένους τῶν υἱῶν τῶν²⁵ ἀνθρώπων β, A^(b*g), καὶ²⁶ ηὐξάμην *τῷ Κυρίῳ²⁷ ὅπως σωθῶ²⁸. 5. Τότε ἐπέπεσέ²⁹ με³⁰ ὕπνος, καὶ ἐθεασάμην ὅρος³¹ ὑψηλὸν *καὶ ἤμην ἐν αὐτῷ³². 6. Καὶ ἰδοὺ ἀνεῴχθησαν³³ οἱ οὐρανοί *, καὶ ἄγγελος Κυρίου³⁴ εἶπε *πρός με³⁵· *Λευί, ⌜Λευί⌝³⁶, εἴσελθε.

S τοῦτο ὄρος ἀσπίδος ἐν Ἀβελμαούλ. β, A, S Λευί.

τούς after the first ἐπί). β, A^(cdeg), S¹ read as in margin save that e om. ὅτι, for ἑαυτῇ, which af om., d reads ἐν αὐτῇ τῇ ὁδῷ, e ἑαυτῆς, g ἐν ἑαυτῇ ;, for ἀδικία e reads κακία, g εὐδοκία; for ἐπὶ πύργους A^(cdeg) read ὡς πύργος, A^(b*) ὡς ἐπὶ πύργον; for ἀνομία A^(b*cdefg) read ἀδικία, A^(b*) ἐπὶ ἀδικίαν; for κάθηται e reads ἐκάθητο. g om. ἡ before ἀνομία. Before καὶ ἐπὶ πύργους e makes the following long addition. Τότε ἐγὼ ἔπλυνα τὰ ἱμάτιά μου, καὶ καθαρίσας αὐτὰ ἐν ὕδατι καθαρῷ. καὶ ὅλος ἐλουσάμην ἐν ὕδατι ζῶντι. καὶ πάσας τὰς ὁδούς μου ἐποίησα εὐθείας· τότε τοὺς ὀφθαλμούς μου καὶ τὸ πρόσωπόν μου ἦρα πρὸς τὸν οὐρανόν. καὶ τὸ στόμα μου ἤνοιξα καὶ ἐλάλησα· καὶ τοὺς δακτύλους τῶν χειρῶν μου καὶ τὰς χεῖράς μου ἀνεπέτασα εἰς ἀλήθειαν κατέναντι τῶν ἁγίων· καὶ ηὐξάμην καὶ εἶπα· Κύριε γινώσκεις πάσας τὰς καρδίας καὶ πάντας τοὺς διαλογισμοὺς ἐννυῶν (sic)· σὺ μόνος ἐπίστασαι· καὶ νῦν τέκνα μου μετ' ἐμοῦ. καὶ δός μοι πάσας ὁδοὺς ἀληθείας· μάκρυνον ἀπ' ἐμοῦ Κύριε τὸ πνεῦμα τὸ ἄδικον καὶ διαλογισμῶν τῶν πονηρῶν καὶ πορνείαν. καὶ ὕβριν ἀπόστρεψον ἀπ' ἐμοῦ. Δειχθήτω μοι Δέσποτα τὸ πνεῦμα τὸ ἅγιον· καὶ βουλὴν καὶ σοφίαν καὶ γνῶσιν καὶ ἰσχὺν δός μοι ποιῆσαι τὸ (sic) ἀρέσκοντά σοι καὶ εὑρεῖν χάριν ἐνώπιόν σου· καὶ αἰνεῖν τοὺς λόγους σου μετ' ἐμοῦ Κύριε. καὶ μὴ κατισχυσάτω με πᾶς σατανᾶς πλανῆσαί με ἀπὸ τῆς ὁδοῦ σου· καὶ ἐλέησόν με καὶ προσάγαγέ με εἶναί σου δοῦλος καὶ λατρεῦσαί σοι καλῶς· τεῖχος εἰρήνης σοι γενέσθαι κύκλῳ μου. καὶ σκέπη σου τῆς δυναστείας σκεπασάτω ἀπὸ παντὸς κακοῦ. παραδῶς διὸ δὴ καὶ τὴν ἀνομίαν ἐξάλειψον ὑπὸ κάτωθεν τοῦ οὐρανοῦ· καὶ συντελέσαι τὴν ἀνομίαν ἀπὸ προσώπου τῆς γῆς· καθάρισον τὴν καρδίαν μου Δέσποτα ἀπὸ πάσης καθαρσίας· καὶ πρὸς ἀροῦμαι πρός σε αὐτός· καὶ μὴ ἀποστρέψεις τὸ πρόσωπόν σου ἀπὸ τοῦ υἱοῦ παιδός σου Ἰακώβ. σὺ Κύριε εὐλόγησας τὸν Ἀβραὰμ πατέρα μου καὶ Σαρρὰν μητέρα μου. καὶ εἶπας δοῦναι αὐτοῖς σπέρμα δίκαιον εὐλογημένον εἰς τοὺς αἰῶνας· εἰσάκουσον δὲ καὶ τῆς φωνῆς τοῦ παιδός σου Λευὶ γενέσθαι σοι ἐγγύς, καὶ μέτοχον ποίησον τοῖς λόγοις σου ποιεῖν κρίσιν ἀληθινὴν εἰς πάντα τὸν αἰῶνα, ἐμὲ καὶ τοὺς υἱούς μου εἰς πάσας τὰς γενεὰς τῶν αἰώνων. καὶ μὴ ἀποστήσῃς τὸν υἱὸν τοῦ παιδός σου ἀπὸ τοῦ προσώπου σου πάσας τὰς ἡμέρας τοῦ αἰῶνος· καὶ ἐσιώπησα ἔτι δεόμενος. a om. next two verses. ²⁴ α (save that c reads εἴμην for ἤμην), A^(cdefg). β, A^(b*f), S read ἐλυπούμην. ²⁵ α (save that c om. second τῶν), dfg (save that they add τοῦ before γένους, and f reads περὶ for ὑπέρ). be, S read περὶ τοῦ γ. τῶν ἀνθ. A^(b*cdefg) = ὑπὲρ τῶν υἱῶν τῶν ἀνθ. ²⁶ d adds ταῦτα θεωρῶν. ²⁷ α. β–d read κυρίῳ. d πρὸς κύριον. A^(abh) τῷ θεῷ and add καὶ ἠτησάμην παρ' αὐτοῦ. ²⁸ α, β, A^(abh). A^(b*cdefg) = σώσῃ αὐτούς (A^(efg) om.). S = σωθῶσιν. ²⁹ eg read ἔπεσεν. ³⁰ c. h reads μοι. β ἐπ' ἐμέ. ³¹ A adds τι. ³² α. α is supported by A^(abh)

ΔΙΑΘΗΚΗ ΛΕΥΙ [II. 7

α	Aᵃ	β, Aᵝ, S¹
7. *Καὶ εἰσῆλθον τὸν πρῶτον οὐρανὸν καὶ εἶδον ἐκεῖ ὕδωρ πολὺ κρεμάμενον³⁷. 8. Καὶ ἔτι εἶδον δεύτερον οὐρανὸν πολὺ φωτεινότερον καὶ φαιδρότερον· *ἦν γὰρ καὶ †ὕψος ἐν αὐτῷ³⁸ ἄπειρον. 9. Καὶ εἶπον τῷ ἀγγέλῳ· Τί ἐστι ταῦτα οὕτως; καὶ εἶπέ μοι ὁ ἄγγελος· *Μὴ θαυμάζε περὶ τούτου, ἄλλον γὰρ οὐρανὸν ὄψει φαιδρότερον καὶ ἀσύγ-	7. Καὶ εἰσελθὼν³⁹ ἐγὼ εἰς τὸν πρῶτον οὐρανὸν 8. †Καὶ παρέπεμψε ἤνεγκέ με†⁴⁰πρὸς τὸν δεύτερον. 7. Καὶ εἶδον ἐκεῖ ὕδωρ πολὺ κρεμάμενον. 9. Καὶ εἶπον αὐτῷ· Τί ἐστι τοῦτο, Κύριε;	7. Καὶ εἰσῆλθον⁴¹ ἐκ τοῦ πρώτου οὐρανοῦ εἰς τὸν δεύτερον⁴² καὶ εἶδον⁴³ ἐκεῖ ὕδωρ κρεμάμενον ἀνάμεσον τούτου κἀκείνου. 8. Καὶ ἔτι⁴⁴ εἶδον τρίτον⁴⁵ οὐρανὸν πολὺ⁴⁶ φωτεινότερον *καὶ φαιδρότερον⁴⁷ παρὰ τοὺς δύο· καὶ *γὰρ †ὕψος ἦν ἐν αὐτῷ ἄπειρον⁴⁸. 9. Καὶ εἶπον τῷ ἀγγέλῳ· Διατί οὕτως⁴⁹; καὶ εἶπεν ὁ ἄγγελος *πρός με⁵⁰. Μὴ

which = καὶ ἤμην ἐν τῷ ὄρει. β, Aᵇ*ᵋ, S read τοῦτο (οὗ τὸ f + τὸ g) ὄρος ἀσπίδος (ἀσπίδων g, Aᵇ*ᶠᵍ) (+ ὅ ἐστι Aᵇ*ᶠᵍ, ὀνύματι S¹) ἐν 'Αβελμαούλ (e²f'Εβελ"; Aᵇ*ᶠᵍ "μαουμ, S¹ corrupt). Aᶜᵈᵉ = τοῦτο ὄρος ὅ ἐστι ἐν 'Αβελμαούμ. ³³ α, f. Other MSS. ἠνεῴχ. Aᵃᵇʰ add μοι. ³⁴ Aᵃᵇʰ = ἦλθεν πρός με ἄγγελος θεοῦ καί. For Κυρίου d reads τοῦ θεοῦ. ³⁵ Aᵇ om. d om. rest of verses, vers. 7, 8 and first twelve words of ver. 9 through hmt. ³⁶ α. β, A, S read Λευί. Aᵃᵇʰ add ἴθι. ³⁷ It will be observed that α and Aᵃ agree almost word for word. The latter text has been dislocated by the insertion of a portion of ver. 8 in the midst of ver 7. For πολὺ κρεμ. c reads πολὺ κρεμμάμενον. ³⁸ c adds τό. Sense is quite unsatisfactory; why should this heaven be brighter because of its loftiness? Hence the error appears to lie in ὕψος. This = נֹגַהּ corrupt for נֹגַהּ = φέγγος or φῶς. This is fitting as the holy ones live therein. ³⁹ Probably the substantive verb was lost after the participle ᓆᓇᓚ (= εἰσελθών). Then the text would = εἰσῆλθον. ⁴⁰ This corrupt clause together with next three words are a fragmentary survival of ver. 8, but may have been wrongly transposed here owing to the influence of Aᵝ. ⁴¹ Aᵝ = εἰσελθών. ⁴² Aᵝ add οὐρανόν. ⁴³ f reads ἴδον. ⁴⁴ b, S² om. ⁴⁵ In Aᵝ ᓆᕈᕈ (= τρίτον) could easily fall out before ᓆᕈᕈᕈ (= οὐρανόν). f om. next word. ⁴⁶ Aᵝ om. ⁴⁷ ab, Aᵋ, S² om. S¹ reads καὶ καθαρώτερον and trs. after δύο. ⁴⁸ g reads ὕψος πνευμάτων τῶν ἀπείρων. ⁴⁹ Aᵝ = δή ἐστι τοῦτο οὕτως. ⁵⁰ eg om. ⁵¹ This clause is lost by Aᵃ, which also wrongly omits the initial καί of the next verse.

[II. 11] ΔΙΑΘΗΚΗ ΛΕΥΙ 31

α	A^α	β, A^β, S^1
κριτον^51. 10. Καὶ^52 ἐν τῷ ἀνελθεῖν σε ἐκεῖ, στήσῃ^53 ἐγγὺς τοῦ Κυρίου καὶ λειτουργὸς αὐτῷ^54 ἔσῃ καὶ μυστήρια αὐτοῦ ἐξαγγελεῖς τοῖς ἀνθρώποις καὶ περὶ †τοῦ μέλλοντος λυτροῦσθαι τὸν†^55 Ἰσραὴλ κηρύξεις.	καὶ εἶπέν μοι· 10. Ἐν τῷ ἀνελθεῖν σε ἐκεῖ †ζήσῃ†^56 ἐνώπιον τοῦ Κυρίου καὶ ἔσῃ λειτουργὸς αὐτοῦ καὶ τὰ μέλλοντα μυστήρια αὐτοῦ ἐξαγγελεῖς τοῖς ἀνθρώποις.	θαύμαζε^57 ἐπὶ τούτοις, ἄλλους γὰρ *τέσσαρας οὐρανοὺς ὄψει^58 φαιδροτέρους.^59 *καὶ ἀσυγκρίτους^60, 10. Ὅτε^61 ἀνέλθῃς ἐκεῖ· ⌜ὅτι⌝^62 σὺ ἐγγὺς Κυρίου στήσῃ, καὶ λειτουργὸς αὐτοῦ^63 ἔσῃ καὶ μυστήρια αὐτοῦ ἐξαγγελεῖς τοῖς ἀνθρώποις^64 καὶ περὶ *λυτρώσεως τοῦ^65 Ἰρσαὴλ κηρύξεις.

β, S τοῦ μέλλοντος

11. Καὶ διὰ σοῦ καὶ τοῦ^66 Ἰούδα ὀφθήσεται Κύριος τοῖς^67 ἀνθρώποις^68.

β, A, S =ἐν.

⌜Σώζων·†ἐν ἑαυτῷ† πᾶν γένος ἀνθρώπων⌝^69. λυτροῦσθαι τόν.

Vers. 10–12. These verses seem out of place here. Both as respects substance and form they would read well after IV. 2. Moreover, as III. 1 implies that Levi has already seen the heavens, we should expect a description of the third heaven here. But these inconsistencies are due to the writer, not to subsequent transpositions of the text; for according to V. 1 Levi is not admitted into the third heaven till he has heard the long disquisition in II. 10—IV. ^52 α. Lost in A^α. ^53 Em. from *h* ἵστασαι. *c* reads ἔσωσε. Right reading preserved in β, A^β, and originally in A^α. See note 55. With the statement in this line compare Jub. xxxi. 13, 'Cause thee to approach Him to serve in His sanctuary.' ^54 *h* reads αὐτοῦ. ^55 Text altered by a Christian scribe. β has suffered similarly. As A^α omits, A^β alone preserves the original = λυτρώσεως. ^56 This corrupt reading is due to an internal corruption of ⱡⱳⱵⱶⱴⱳ (or ⱡⱳⱴⱴⱵⱴⱳ) = στήσῃ into ⱡⱵⱴⱴⱵⱴⱳ = ζήσῃ. ^57 *d* reads θαυμάζεις. *f* erases. ^58 *d* reads οὐρανοὺς ὑπὲρ ἄνω ὄψεις. S reads οὐρανοὺς ὄψει, οἵ εἰσι πλανῆται καὶ ὀνομάζονται ζῶναι. ^59 A^β add τούτων. ^60 *d* reads καὶ ἀσυγκριτωτέρους. *g* ἀσυγκρίτως. S^1 κ. θαυμαστοτέρους αὐτῶν. *d* adds λέγω γάρ σοι and om. next three words. ^61 A^β adds γάρ. ^62 The insertion of ὅτι here gives a different turn to the context. ^63 A^cdef om. A^b* reads κυρίου. ^64 *d* reads υἱοῖς τῶν ἀνθρώπων. ^65 So A^β. β, S read corruptly as in margin. ^66 α. β om. ^67 α. β–d, A, S read ἐν. *d* om. ^68 A^α om. rest of chap. and A^β om. next line. ^69 This clause = בו כל־האדם יישוו, where I take

ΔΙΑΘΗΚΗ ΛΕΥΙ [II. 12

A^a omit 12. *Καὶ ἐκ μερίδος Κυρίου ἡ ζωή σου⁷⁰,
ver. 12. καὶ αὐτὸς ἔσται σοι⁷¹ ἀγρὸς⁷² *καὶ ἀμπελὼν⁷³
καὶ⁷⁴ καρπός⁷⁵ *χρυσίον καὶ ἀργύριον⁷⁶.

α	A^a	β, A^β, S¹
III. Ἄκουσον	III. Ἄκουσον	III. Ἄκουσον
οὖν¹ περὶ τῶν δει-	οὖν περὶ τῶν δει-	οὖν¹¹ περὶ ἑπτὰ οὐ-
χθέντων σοι οὐρα-	χθέντων †ὁράσεων⁶·	ρανῶν. *Ὁ κατώ-
νῶν· ὁ κατώτερος	ὁ πρῶτος⁷ οὐρανὸς	τερος¹² διὰ τοῦτο¹³
*διὰ τοῦτό σοί ἐστι	διὰ τοῦτο †ὂν κατε-	στυγνότερός¹⁴· ἐσ-
στυγνός, ἐπειδὴ² ὁρᾷ	νόησας⁸ σοι ἐπειδὴ	τιν, ἐπειδὴ ὁρᾷ¹⁵
πάσας³ τὰς ἀδικίας	†ἑώρας⁹ ἀδικίας	⌜πάσας⌝¹⁶ τὰς¹⁷ ἀδι-
τῶν ἀνθρώπων. 2.	†τὰ ἔργα†¹⁰ ἀνθρώ-	κίας¹⁸ τῶν¹⁷ ἀνθρώ-
Καὶ ἔχει πῦρ χιόνα	πων. 2. Ὁ δὲ	πων. 2. Ὁ¹⁹
καὶ⁴ κρύσταλλον	δεύτερος ἔχει πῦρ	δεύτερος ἔχει πῦρ
ἡτοιμασμένον⁵ εἰς	καὶ χιόνα καὶ κρύ-	χιόνα²⁰ κρύσταλλον

לב to be corrupt for לו, which may = 'for Himself,' or may be an instance
of the redundant expression of the pronoun before the noun (an Aramaism,
but found in Hebrew. Cf. Gen. ii. 19; Exod. ii. 6; Jos. i. 2, &c.)
Hence read ἑαυτῷ or simply om. Cf. Sim. vi. 5. A om. entire line.
For ἐν ἑαυτῷ of c, h (e?), S² read ἐν αὐτῷ, afg, S¹ ἑαυτῷ, b ἐν αὐτοῖς, d om.
For ἀνθρώπων h reads ἀνθρώπου. ⁷⁰ Cf. Isaac's blessing of Levi, Jub.
xxxi. 16, 'Let His table be thine.' For μερίδος S¹ reads τιμῆς. ⁷¹ α, dfg.
abe read σcυ. ⁷² β–α, A^β. α corruptly reads καρπός. α, A^β ἀγροί.
⁷³ α, adefg. b, S¹ read ἀμπελών. A = ἀμπελώνων. ⁷⁴ α, e¹g, A^β. β–eg, e², S¹
om. ⁷⁵ c. h, β, S¹ read καρποί. A^β καρπίμων. ⁷⁶ c, ag. h reads χρυσίων
καὶ ἀργυρίων. bef, S¹ χρυσίον ἀργύριον. d, A^β read καὶ (+θησαυρὸς A^{b*})
χρυσίου καὶ ἀργυρίου.

III. ¹ h reads δή. ² h reads διατί ἐστι στυγνός, ἐπεί. ³ A, d om. ⁴ h om.
⁵ h reads ἡτοιμασμένα. ⁶ Corrupt for οὐρανῶν. ⁷ This word is only found
elsewhere in d. ⁸ So A^a пр püpr͠ʂɛ̣ɦpr which may be corrupt for
ɯ̣ɦɯпгр ⳝ = στυγνός ἐστι, or пр ɦɯп̄lɯpʂɯqɲjlü ⳝ = ὁ κατώτερος. In the
latter case A^a would be akin to d (see note 15) but the ὁ κατώτερος is in
this case trs. from its place before οὐρανός. A^a therefore = ὁ πρῶτος οὐρανὸς
διὰ τοῦτο στυγνός ἐστι or ὁ πρῶτος ὁ κατώτερος διὰ τοῦτο, being in this latter
case defective. ⁹ This corruption, as the last, is native to A. ¹⁰ An
intrusion owing to which we have the genitives τῆς ἀδικ. and τῶν ἀνθ.
The word զրրծu may be a corruption of the missing word for στυγνός.
See note 8. ¹¹ d om. ¹² d reads ὁ πρῶτος οὗτος κατώτερος. See note 8.
¹³ d adds καί. ¹⁴ A^β, S¹ read στυγνός. ¹⁵ g reads συνορᾷ. b οὗτος παρά.
¹⁶ d, A om. ¹⁷ bg, A om. ¹⁸ S¹ = μυστήρια, though S² supports text.
¹⁹ A^β add δέ. ²⁰ e reads χάλαζα χιών. A^β inserts καί before and after χιόνα.

III. 4] ΔΙΑΘΗΚΗ ΛΕΥΙ

α	A^a	β, A^β, S^1
ἡμέραν κρίσεως ἐν τῇ δικαιοκρισίᾳ τοῦ Θεοῦ· ἐν αὐτῷ γάρ εἰσι πάντα τὰ πνεύματα τῶν ἐπαγωγῶν εἰς ἐκδίκησιν τῶν ἀνθρώπων. 3. Ἐν δὲ τῷ δευτέρῳ εἰσὶν αἱ δυνάμεις τῶν παρεμβολῶν οἱ ταχθέντες εἰς ἡμέραν κρίσεως ποιῆσαι ἐκδίκησιν τοῖς πνεύμασι τῆς πλάνης καὶ τοῦ Βελίαρ· καὶ ἐπ' αὐτούς εἰσιν οἱ ἅγιοι. 4. Ἐν τῷ ἀνωτέρῳ δὲ πάντων καταλύματι[21] ἡ[22] μεγάλη δόξα ὑπεράνω[23] πάσης ἁγιότητος.	σταλλον εἰς ἡμέραν τῶν προσταγμάτων[24] ἡτοιμασμένον. 4. *Ὁ δὲ ἅγιος[25] τῶν ἁγίων ἐστὶν ὑπεράνω πάσης ἁγιότητος.	ἕτοιμα[26] *εἰς ἡμέραν[27] προστάγματος Κυρίου ἐν τῇ δικαιοκρισίᾳ τοῦ θεοῦ· ἐν αὐτῷ[28] εἰσι πάντα τὰ πνεύματα *τῶν ἐπαγωγῶν[29] εἰς ἐκδίκησιν τῶν ἀνόμων[30]. 3. Ἐν[31] τῷ τρίτῳ[32] εἰσὶν αἱ δυνάμεις *τῶν παρεμβολῶν[33], *οἱ ταχθέντες εἰς ἡμέραν κρίσεως[34] ποιῆσαι ἐκδίκησιν[35] *τοῖς πνεύμασι τῆς πλάνης[36] καὶ[37] τοῦ Βελίαρ. *Οἱ δὲ[38] εἰς τὸν τέταρτον οἱ[39] ἐπάνω τούτων ἅγιοι[40] εἰσιν. 4. Ὅτι ἐν τῷ ἀνωτέρῳ πάντων καταλύει ἡ[41] μεγάλη δόξα[40] ἐν ἁγίῳ ἁγίων ὑπεράνω πάσης ἁγιότητος.

[21] c. h reads καταλύει δὲ ἡ. [22] h. c om. [23] h. c om., but β, A, S^1 support h. [24] The plural has probably originated in A^a. Here A^a agree with β, A^β, which have προστάγματος, whereas α has κρίσεως. Both words are independent renderings of משפט. [25] Corrupt for ἐν ἁγίῳ. [26] e reads ἡτοιμασμένα. [27] d reads εἰσὶν ἐν ἡμέρᾳ. [28] d, A^β add δέ. [29] A^b = εἰς δρόμους (?). g om. τῶν. [30] β–α, A^β, S^1. cf. S^1 ανωμ. α ἀνθρώπων. [31] g, A^β prefix καί. [32] g adds οὐρανῷ. [33] A^b has ՟՟՟՟՟՟՟՟ (= τῶν χρόνων) which may be corrupt for ՟՟՟՟՟՟ = τῶν παρεμβολῶν. [34] A^β = καὶ τεταγμέναι εἰσὶν εἰς δικαιοκρισίαν, but the Armenian for δικαιοκρισίαν is internally corrupt for ἡμέραν κρίσεως. dg read αἱ ταχθῆσαι (-εῖσαι g) for οἱ ταχθ. [35] bdg add ἐν. [36] A^β = τῶν δικαίων πλάνης (corrupt). [37] A^b*cd = ἀπό. A^eig om. [38] d om. A = καί. [39] aef, A^β. bg om. d reads δὲ οὐρανόν and dg om. ἐπ. τούτων. For οἱ ... τούτων A^β = οἱ εἰσιν ἐν σκηνώμασι αὐτοῦ where ՟՟՟՟՟՟՟ ՟՟՟՟ is corrupt for ՟ ՟՟՟՟ ՟՟՟՟ = ἐπάνω τούτων.

CH. PA.   D

ΔΙΑΘΗΚΗ ΛΕΥΙ [III. 5

α

5. Ἐν τῷ μετ' †αὐτῶν⁴² εἰσιν ἀρχάγγελοι οἱ λειτουργοῦντες καὶ ἐξιλασκόμενοι πρὸς Κύριον ἐπὶ πάσαις ταῖς ἀγνοίαις τῶν δικαίων, 6. Προσφέροντες τῷ Κυρίῳ ὀσμὴν εὐωδίας⁴³ λογικὴν⁴⁴ καὶ ἀναίμακτον θυσίαν. 7. Ἐν δὲ τῷ ὑποκάτω εἰσὶν⁴⁵ ἄγγελοι οἱ φέροντες ἀποκρίσεις τοῖς ἀγγέλοις τοῦ προσώπου κυρίου. 8. Ἐν δὲ τῷ⁴⁶ μετ' †αὐτῶν⁴⁷ εἰσιν θρόνοι καὶ⁴⁸ ἐξουσίαι, ἐν ᾧ *ἀεὶ ὕμνον τῷ θεῷ προσφέροντες⁴⁹.

Aᵃ

5. *Αἱ δὲ δυνάμεις⁵⁰ τῶν ἀγγέλων εἰσὶ λειτουργοῦντες.

8. Καὶ ὑμνοῦντες τὸν Κύριον, 7. Οἱ καὶ *πρεσβεῖς εἰσι τῆς θεότητος⁵¹.

β, Aᵝ, S¹

5. *'Ἐν τῷ⁵² μετ' αὐτὸν⁵³ οἱ⁵⁴ ἀγγελοί εἰσι *τοῦ προσώπου⁵⁵ Κυρίου⁵⁶ οἱ λειτουργοῦντες *καὶ ἐξιλασκόμενοι⁵⁷ πρὸς Κύριον ἐπὶ πάσαις⁵⁸ ταῖς *ἀγνοίαις τῶν δικαίων⁵⁹. 6. Προσφέρουσι δὲ Κυρίῳ⁶⁰ ὀσμὴν εὐωδίας⁶¹ *λογικὴν καὶ ἀναίμακτον προσφοράν. 7. Ἐν δὲ τῷ ὑποκάτω εἰσὶν οἱ⁶² ἄγγελοι οἱ φέροντες τὰς ἀποκρίσεις *τοῖς ἀγγέλοις⁶³ τοῦ προσώπου Κυρίου. 8. *'Ἐν δὲ τῷ μετ' αὐτόν⁶⁴ εἰσι *θρόνοι καὶ ἐξουσίαι⁶⁵, ἐν ᾧ *ἀεὶ ὕμνοι⁶⁶ τῷ θεῷ προσφέρον-

⁴⁰Aᵝ add τοῦ θεοῦ. ⁴¹d om. ⁴²α, d. β–dg, Aᵝ read αὐτόν. Here and in ver. 8 αὐτῶν seems corrupt. ⁴³c adds τήν. ⁴⁴c. h reads λογικῆς. ⁴⁵h adds οἱ. ⁴⁶h. c reads τό. ⁴⁷c, e. h, g read αὐτῷ. α–eg αὐτόν. ⁴⁸h om. ⁴⁹c. h, in dependence on β, reads ὕμνοι τῷ θ. προσφέρονται. ⁵⁰This phrase seems to be drawn from ver. 3. ⁵¹Apparently a free rendering of ver. 7. ⁵²Aᵝ καί. ⁵³β–dg, S¹. d reads αὐτῶν. g αὐτῷ. ⁵⁴d, Aᵝ om. ⁵⁵d = τοῦ. ⁵⁶Aᵝ = αὐτοῦ. d om. next two words. ⁵⁷S¹ om. but not S². Aᵝ om. the καί. ⁵⁸f reads πᾶσιν. Aᵇ* om. ⁵⁹d reads αἰτήσεσι τῶν ἐν ἀγνοίᾳ ἐσφαλμένων τοῖς δικαίοις. In A by adding ան before զիւրելցւն (= γνώσει) we obtain ἀγνοίᾳ. ⁶⁰Aᵝ trs. after εὐωδίας. ⁶¹d reads εὐωδίαν. ⁶²d om. ⁶³g reads τῶν ἀγγέλων. ⁶⁴abf, S¹. deg read ἐν δὲ τῷ μετὰ τούτων (e αὐτῶν, g αὐτῷ). Aᵝ = καὶ μετ' αὐτούς. ⁶⁵a, Aᵝ. bdef, S¹ read θρόνοι ἐξουσ. g οἱ θρ. αἱ ἐξουσ. ⁶⁶aefg, Aᵝ. b reads ὕμνοι ἀεί. d ἀεὶ ὑμνοῦσί. ⁶⁷h adds ὁ. ⁶⁸h. c reads τρέμωμεν. ⁶⁹c. h reads ἄβυσσοι. ⁷⁰d om. Aᵝ, S = προσφέρουσι. ⁷¹de

ΔΙΑΘΗΚΗ ΛΕΥΙ

α	Aᵃ	β, Aᵝ, S¹
9. Ὅταν οὖν ἐπιβλέψει[67] Κύριος ἐφ' ἡμᾶς οἱ πάντες τρέμομεν[68] καὶ ὁ οὐρανὸς καὶ ἡ γῆ καὶ *ἡ ἄβυσσος[69] ἀπὸ προσώπου τῆς μεγαλωσύνης αὐτοῦ σαλεύονται.	9. Ὅταν οὖν ἐπιβλέψῃ Κύριος ἐπὶ πᾶσαν κτίσιν, ἐσαλεύθησαν οἱ οὐρανοὶ καὶ ἡ γῆ καὶ αἱ ἄβυσσοι.	ται[70]. 9. Ὅταν οὖν ἐπιβλέψῃ[71] Κύριος[72] ἐφ' ἡμᾶς πάντες ἡμεῖς σαλευόμεθα[73], καὶ[74] οἱ οὐρανοὶ καὶ ἡ γῆ καὶ αἱ[75] ἄβυσσοι ἀπὸ[76] προσώπου[77] τῆς μεγαλωσύνης *αὐτοῦ σαλεύονται[78].

10. Οἱ δὲ υἱοὶ τῶν ἀνθρώπων ἐν[79] τούτοις[80] ἀναισθητοῦντες[81] ἁμαρτάνουσι *καὶ παροργίζουσι τὸν ὕψιστον[82].

IV. Νῦν οὖν γίνωσκε[1] ὅτι ποιήσει Κύριος κρίσιν ἐπὶ τοὺς υἱοὺς τῶν ἀνθρώπων.   β–g, A, S γινώσκετε.

Ὅτι[2] πετρῶν[3] σχιζομένων,
καὶ τοῦ ἡλίου σβεννυμένου[4]   h, A σκοτιζομένου.
καὶ ὑδάτων[5] ξηραινομένων
καὶ τοῦ[6] πυρὸς καταπτήσσοντος[7]
καὶ πάσης ⌈τῆς⌉[8] κτίσεως κλονουμένης[9]
καὶ τῶν ἀοράτων πνευμάτων[10] τηκομένων[11]
καὶ[12] τοῦ ᾅδου σκυλευομένου[13] [ἐπὶ τῷ πάθει τοῦ ὑψίστου][14]   β–d, Aᵝ ἀπιστοῦντες.
*οἱ ἄνθρωποι ἀπειθοῦντες ἐπιμενοῦσι ταῖς ἀδικίαις[15].

read ἐπιβλέψει.   [72] d adds ὁ θεός.   [73] d adds καὶ οὐ μόνον ἡμεῖς ἀλλά. [74] Aᵝ om.   [75] adf. b reads οἱ. eg om.   [76] d reads μὴ φέροντες τοῦ. [77] d adds αὐτοῦ καί.   [78] beg. af read αὐ. σαλευθήσονται. d τῆς ὑπερβαλλούσης δόξης. Aᵝ αὐτοῦ.   [79] af. bdeg, S read ἐπί.   [80] Aᵝ add πᾶσιν.   [81] A reads ἀναισθητοῦσι and Aᵃ om. rest of verse. Aᵝ add διὰ τοῦτο.   [82] All MSS. of A om. but Aᵇ*.

IV. ¹α, g. β–g, A read γινώσκετε.   ²c reads καὶ ὅτι. The following clauses in the genitive absolute are rendered in A by clauses with verbs in the future indicative.   ³c. h, β. S prefix τῶν.   ⁴h, A read σκοτιζομένου.   ⁵α, A. β prefixes τῶν.   ⁶Aᵝ om.   ⁷Aᵃ has ujwĭnlu֊ ugh = ἀπειληθήσεται. Aᵝ has ujhĭnulŭugh = λευκὸν ἔσται.   ⁸α, f. β–f, A om.   ⁹Aᵃ has ununŭlĭrughĭu = ἀπολοῦνται being corrupt for inununlĭtrughĭu = κλονήσονται which appears in Aᵝ.   ¹⁰h reads κτισμάτων. ¹¹A^abhcdefg have ζuțuŏtrughĭu = διωχθήσονται corrupt for ζuțĭtrughĭu (so Aᵇ*) = τήξονται.   ¹²b om. This line is transposed before the preceding one by Aᵝ.   ¹³α reads σκυλλομένου.   ¹⁴Bracketed as a Christian interpolation. For τῷ πάθει g reads τὸ πάθος, and for ὑψίστου d reads χριστοῦ ʼnd for ἐπί reads ἐν.   ¹⁵For this and the following line Aᵃ reads καὶ διὰ τοῦτο ἐν ⌐τῇ¬[16] κολάσει κριθήσονται.

2. Εἰσήκουσεν[17] ⌐οὖν¬[18] ὁ ὕψιστος τῆς προσευχῆς[19] σου
*τοῦ διελεῖν[20] σε ἀπὸ[21] ἀδικίας[22] καὶ γενέσθαι αὐτῷ[23] *υἱὸν
καὶ θεράποντα[24] καὶ λειτουργὸν[25] τοῦ προσώπου αὐτοῦ.

β, A, S
γνώσεως
φωτεινόν.

3. Φῶς[26] γνώσεως[27] φωτιεῖς[28] *ἐν τῷ Ἰακώβ[29],
καὶ[30] ὡς[31] ἥλιος *ἔσῃ[32] παντὶ[33] σπέρματι[34] Ἰσραήλ.

α, β, A^β, S | A^a

4. Καὶ δοθήσεταί σοι εὐλογία
*καὶ παντὶ τῷ σπέρματί
σου[35]
ἕως[36] ἐπισκέψεται[37] Κύριος
πάντα τὰ ἔθνη[38] ἐν
σπλάγχνοις [υἱοῦ][39] αὐ-
τοῦ* ἕως αἰῶνος[40].
[Πλὴν[41] οἱ υἱοί σου ἐπι-
βαλοῦσι χεῖρας *ἐπ'
αὐτὸν[42] *τοῦ ἀνασκολο-
πίσαι[43] αὐτόν]

4. Καὶ γενήσεται ἐν ταῖς ἐ-
σχάταις ἡμέραις πέμψει
ὁ Θεὸς
[τὸν υἱὸν αὐτοῦ] τοῦ σώζειν
τὰ κτίσματα

[καὶ υἱοί σου ἐπιβαλοῦσι
χεῖρας καὶ ἀνασκολοπί-
σουσι αὐτόν]

εἰπὼν τοῦτο αὖθις εἶπέν μοι. I have read ἀπειθοῦντες with α, d. β–d, A^β, S read ἀπιστοῦντες. Before ταῖς abd, A^β, S add ἐν, and for ταῖς A^β read ταῖς αὐταῖς. A^β read οἱ δὲ ἀνθ. for οἱ ἀνθ. [16] α. β, A om. [17] Before εἰσήκ. A adds ἰδού, d σοῦ δέ. [18] d, A om. g reads γοῦν. [19] c reads εὐχῆς. [20] A = καὶ διεῖλε. [21] β adds τῆς. [22] A^β = ἀνομίας. [23] abef, A, S. d reads αὐτοῦ. c σεαυτῷ. h σοι αὐτῷ. g om. [24] α, β, A^efg, S. A^a = θεράποντα. A^b*cd εἰς θεράποντα καὶ υἱόν. [25] A^a add πιστόν. [26] d prefixes ὅτι. A^b*cd prefix καί. [27] abefg, S add φωτεινόν, d, A^efg αὐτοῦ φωτινόν, A^b*cd αὐτοῦ, A^a κυρίου. [28] beg, S. α, af, A^β read φωτιεῖ, d φωτίσεις. A^a φωτίζει σε. With ver. 3 we might compare Jub. xxxi. 15 where Isaac blesses Levi—

'And they will declare thy ways to Jacob
And thy paths to Israel.'

[29] α. β, A^cefg, S read ἐν Ἰακ. A^b*d = φωτεινὸν τῷ Ἰακώβ. A^a om. [30] A^a om. [31] α, e. β–eg, A, S read ὡς ὁ. g ὡσεί. [32] β. α reads ἐν. A = ἐπιλάμψεις. [33] c reads φωτί. ae, A add τῷ. [34] α reads σπέρμα. [35] c, def, A^β, S. α reads καὶ τῷ σπ. σου. bg καὶ παντὶ σπ. σου. h ἐπὶ τῷ σπ. σου. [36] dg read ἕως οὗ. [37] h, ag. c, d read ἐπισκεψεῖται. bf ἐπισκέ-ψηται. e ἐπί. [38] This might be a Christian modification of πᾶν τὸ ἔθνος, the latter meaning Israel. The genuineness of ἕως ἐπισκέψεται κ.τ.λ. is supported by v. 2, where God is represented as saying ἕως ἐλθὼν κατοικήσω κτλ. [39] b reads υἱοί. dg τοῦ υἱοῦ. Bracketed as a Christian interpolation. The text deals with an O. T. theophany. Cf. v. 2.

ΔΙΑΘΗΚΗ ΛΕΥΙ

5. ⌜Καὶ⌝⁴⁴ διὰ τοῦτο δέδωταί⁴⁵ σοι⁴⁶ βουλὴ καὶ σύνεσις τοῦ συνετίσαι τοὺς υἱούς σου⁴⁷ *περὶ τούτου⁴⁸.

6. Ὅτι *οἱ εὐλογοῦντες⁴⁹ †αὐτὸν⁵⁰ εὐλογημένοι⁵¹ ἔσονται⁵² *καὶ οἱ⁵³ καταρώμενοι †αὐτὸν⁵⁰ ἀπολοῦνται⁵⁴.   β, Αβ; S ὁ εὐλογῶν

V. Καὶ †ἐν τούτῳ¹ ἤνοιξέ μοι² *ὁ ἄγγελος³ τὰς πύλας ..εὐλογη- τοῦ οὐρανοῦ· καὶ εἶδον τὸν *ἅγιον ὕψιστον ἐπὶ θρόνου καθή-   μένος. β, A, S μενον⁴. 2. Καὶ εἶπέ μοι⁵· Λευί, σοὶ⁶ ἔδωκα⁷ *τὰς ναὸν τὸν εὐλογίας τῆς ἱερατείας⁸ ἕως⁹ ἐλθὼν¹⁰ κατοικήσω¹¹ *ἐν ἐπὶ θρό- μέσῳ¹² τοῦ Ἰσραήλ. 3. Τότε¹³ ὁ ἄγγελος¹⁴ κατήγαγέν¹⁵ νου δόξης με ἐπὶ τὴν γῆν, καὶ ἔδωκέ¹⁶ μοι *ὅπλον καὶ ῥομφαίαν¹⁷, καὶ τὸν ὕ- ψιστον. εἰπέ μοι¹⁸. Ποίησον ἐκδίκησιν ἐν Συχὲμ¹⁹ ὑπὲρ Δείνας²⁰

---

⁴⁰ α, bg. aef, S read εἰς αἰῶνα. d Αβ εἰς αἰῶνα αἰῶνος. ⁴¹ h adds οὖν. This line is a manifest Christian interpolation. It is in conflict with both the form and matter of the text. ⁴² d om. a adds γε. ⁴³ b reads τοῦ ἀποσκολοπίσαι. Αβ = καὶ ἀνασκολοπίσουσι. ⁴⁴ A om. ⁴⁵ c, bd. h (?), a read δέδοται. ef δίδοται. g δίδεται. ⁴⁶ d trs. before δέδωται. ⁴⁷ Aᵇ* om. ⁴⁸ α, aef, S. bdg, Αβ read π. αὐτοῦ. Aᵃ = μὴ ἁμαρτάνειν ἐπ' αὐτόν. ⁴⁹ α, Aᵃ. β, Αβ, S read ὁ εὐλογῶν. ⁵⁰ Apparently a corruption for σε (Schnapp). ⁵¹ α, Aᵃ. β, Αβ, S read εὐλογημένος. ⁵² Aᵃ. β—g, Αβ, S read ἔσται. α om. For εὐλογ. ἔσται g reads εὐλογηθήσεται. With this verse compare Isaac's blessing of Levi, Jub. xxxi. 17:

'And blessed be he that blesses thee,
And cursed be every nation that curses thee.'

⁵³ α, β—bd, A. bd read οἱ δέ. ⁵⁴ S¹ adds καὶ ἔτι ὁ Λευὶ προσετίθει τῷ λόγῳ τοῖς υἱοῖς αὐτοῦ.

V. ¹α. Aᵃ = εἰπὼν τοῦτο. β, Αβ om. ²e om. ³Aᵃ trs. before ἤνοιξε. ⁴α (save that h reads καί for ὕψιστον). β, Aᵉᶠᵍ, S read ναὸν τὸν ἅγιον (g om. τ. ἁγ.) καὶ ἐπὶ θρόνου δόξης τὸν ὕψιστον. Aᵃ⋅ᵇ*ᶜᵈ = ναὸν τὸν ἅγιον καὶ τὸν ὕψιστον ἐπὶ θρόνου δόξης. ⁵d reads πρός με. ⁶c, e read σύ. Here e adds: δοθήσεται καὶ τῷ σπέρματί σου τοῦ λειτουργεῖν τῷ ὑψίστῳ ἐν μέσῳ τῆς γῆς· καὶ ἐξιλάσκεσθαι σὺ ἐπὶ ταῖς ἀγνοίαις τῆς γῆς· τότε. ⁷α, e, Aᵃ. abfg, S read δέδωκα. d δίδωμι. Αβ = δέδοται, but by emending ⳨ into ⳨⳨, Αβ is brought into agreement with abfg. ⁸h, β—e, Aᵃ, S¹. c reads τὰς ἱερατείας. Αβ = δύναμιν ἱερατείας, but ϙοրπԼβԽԼҍ (=δύναμις) is corrupt for ϙορζնπԼβԽԼҍ = εὐλογίαν. ⁹bd add οὗ. ¹⁰Aᵃ = ἐλεύσομαι καί. ¹¹α, aefg. bd read παροικήσω. Αβ may render either. Aᵃ = ἀποκαλυφθήσομαι. ¹²α, def. β—def read ἐμμέσῳ. ¹³d reads καὶ τότε. Aᵃ = καὶ μετὰ ταῦτα. c adds ἐλθών. ¹⁴d adds ὁ συμπαρῶν μοι. Aᵃ add τοῦ κυρίου and trs. after ἤγαγέ με. ¹⁵c, dh. abef, A, S read ἤγαγε. ¹⁶a reads δέδωκε. ¹⁷Aᵃ = ῥομ. καὶ ὅπλον. ¹⁸α, dg, A. β—dg, S om. Aᵃ add ἐλθὲ καί. ¹⁹Aᵃ = Αἰγυπτίοις. Αβ = Σικιμίταις. ²⁰α, d. e rea Δήνας.

Aᵃ =   *τῆς ἀδελφῆς σου²¹, κἀγὼ²² ἔσομαι μετά σου²³, ὅτι Κύριος
συντε-   *ἀπέστειλέν †με²⁴.   4. καὶ συνετέλεσα†²⁵ τῷ καιρῷ ἐκείνῳ
λέσω.
β, Aβ, S¹   *τοὺς υἱοὺς²⁶ 'Εμμώρ²⁷, καθὼς γέγραπται ἐν πλαξὶ²⁸ τῶν
οὐρανῶν.   πατέρων²⁹.   5. Εἶπον δὲ αὐτῷ³⁰· Δέομαί σου³¹, Κύριε³²,
β–a, A, S¹
εἰπέ μοι.   *δίδαξόν με³³. τὸ ὄνομά σου ἵνα³⁴ ἐπικαλέσομαί³⁵ σε³⁶ ἐν ἡμέρᾳ
α παρε-   θλίψεως³⁷.   6. Καὶ εἶπεν³⁸· 'Εγώ εἰμι ὁ ἄγγελος ὁ *παραι-
πόμενος
τοῦ   τούμενος τὸ γένος³⁹ 'Ισραήλ, τοῦ μὴ πατάξαι⁴⁰ αὐτούς⁴¹.
γένους,   ─────────
d προιστάμενος τοῦ γένους. A, S¹ παταχθῆναι. β–d, Aβ, S¹ πατάξαι αὐτοὺς εἰς
τέλος, ὅτι πᾶν πνεῦμα πονηρὸν εἰς αὐτὸν προσβάλλει.

abf, Aβ Δίνας, g τῆς Δίνας. Aᵃ om.   ²¹ α, d, A. β–d, S om.   ²² h reads
ἐγώ.   ²³ Aᵃ om. next four words.   ²⁴ α, adf. beg read ἀπέσταλκέ (+ν e)
με.   For με we should expect σε.   If με is right we should expect καὶ
συντελέσω to follow as in Aᵃ and not κ. συνετέλεσα as in β.   See next note.
S¹ trs. next three verses after τὸν ὕψιστον, v. 7.   ²⁵ See preceding
note.   Aβ = συντελεσθήσῃ, but ⟨armenian⟩ is corrupt for ⟨armenian⟩
= συντελέσω or ⟨armenian⟩ = συνετέλεσα.   Aᵃ om. next twelve words.
²⁶ Aβ = ἐν μέσῳ τῶν υἱῶν.   ²⁷ beg. α, adf read 'Εμώρ.   ²⁸ α, bd. ae¹f
read πλάξεσι.   g πράξεσι.   β–g prefix ταῖς.   ²⁹ α. β, Aβ, S¹ read as in
margin.   ³⁰ d reads αὐτοῦ.   ³¹ α, d, A. abefg om.   ³² d adds μου.
³³ α. β–a, A, S¹ read εἰπέ μοι.   a εἰπέ τί.   ³⁴ g, Aβ read καί.   ³⁵ c, deg.
h, ab read ἐπικαλέσωμαι.   f ἐπικαλοῦμαι.   ³⁶ g reads σοι.   c om.   ³⁷ e, A
add μου.   ³⁸ ae read εἰπέ μοι.   ³⁹ β–d = פונג לשים עם.* The text is un-
certain.   d reads προιστάμενος τοῦ γένους which = נגן על־העם (or עומד.
Cf. Dan. xii. 1).   Is d original and β–d a corruption of it, or is β–d
original and d an emendation due to Dan. xii. 1?   Next α reads παρεπό-
μενος τοῦ γένους, which might be another rendering of עומד על־העם in the
sense 'attending on the nation'; cf. 1 Kings xxii. 19.   The LXX renders
על עמד by βοηθῶν in Esther viii. 11, ix. 16.   But παρεπόμενος may be
either a bad rendering or a corruption of παραιτούμενος.   See parallel
text in Test. Dan. vi. 2.   Finally A = φύλαξ (or προιστάμενος?) τοῦ
γένους and S¹ σώζων τ. γ., which are nearer to d than to β–d.   In
fact d, A imply the same original; for ⟨armenian⟩ (= φύλαξ) is corrupt
for ⟨armenian⟩ = ὑπερασπιστής.   On the other hand, A supports h, β–d
in the parallel passage in Test. Dan. vi. 2.   After γένος adg add τοῦ.
⁴⁰ Can hardly be right unless we take it in the sense 'that one may not
smite.'   A, which = παταχθῆναι, and S (= διαφθείρεσθαι) are right at least
in sense, and are supported by the parallel passage Test. Dan. vi. 5,
ὁ ἄγγελος (i.e. Μιχαήλ) ἐνισχύσει τὸν Ἰσραήλ, μὴ ἐμπεσεῖν αὐτὸν εἰς τέλος κακῶν.
⁴¹ h reads αὐτόν.   β–d, Aβ, S¹ add εἰς τέλος, ὅτι πᾶν (a, Aᵇ* om.) πνεῦμα
πονηρὸν εἰς αὐτὸν (αὐτοὺς a) προσβάλλει (προβάλλει g).   Aᵃ add εἰς τέλος only.
d om. τοῦ μὴ ... προσβάλλει.   ⁴² dg om.   ⁴³ d adds δέ.   bef, S¹ add

7. Καὶ[42] μετὰ ταῦτα[43] ἔξυπνος γενόμενος εὐλόγησα τὸν β, Αβ, S¹ ὕψιστον[44]. τὸν ὕψιστον

VI. Καὶ[1] ὡς ἠρχόμην πρὸς τὸν πατέρα μου εὗρον ἀσπίδα καὶ τὸν χαλκῆν *διὸ καὶ τὸ ὄνομα τοῦ ὄρους Ἀσπις[2] *ὅ ἐστιν[3] ἐγγὺς ἄγγελον τὸν παραι- Γεβάλ, ἐκ δεξιῶν Ἀβιμά[4]. 2. Καὶ συνετήρουν τοὺς λόγους τούμενον τούτους ἐν τῇ καρδίᾳ μου. 3. *Μετὰ δὲ τοῦτο συνεβούλευσα[5] * (προασπί- ζοντα d, τῷ πατρί μου καὶ[6] τῷ[7] Ῥουβὴμ[8] ἵνα εἴπῃ[9] *τοῖς υἱοῖς[10] Ἐμμώρ[11] Αβ) τὸ τοῦ[12] μὴ[13] *περιτμηθῆναι αὐτούς[14], ὅτι[15] ἐζήλωσα *διὰ τὸ γένος τοῦ βδέλυγμα[16], *ὃ ἐποίησαν[17] *ἐπὶ τῇ ἀδελφῇ μου[18]. 4· Ἰσραηλ καὶ πάν- Κἀγὼ[19] ἀνεῖλον τὸν Συχὲμ ἐν πρώτοις *καὶ Συμεὼν[20] τὸν των τῶν Ἐμμώρ[21]. δικαίων.

α ἐν ᾧ ὄνομα τοῦ ὄρους λέγεται Ἀσπις ὅ ἐστιν †ἐγὼ Γεβάλ. β, S¹ ἐγὼ συνεβού- καὶ τὸ λευσα. h, β, A, S¹ Ῥουβὴμ τῷ ἀδελφῷ μου. β, Αβ, S¹ ἐν Ἰσραήλ.

ὥσπερ. "β, Αβ, S¹ add καὶ (+εὐλόγησα S¹) τὸν ἄγγελον (+αὐτοῦ A[b*cd] but not A[fg]) τὸν παραιτούμενον (d προασπίζοντα, A φύλακα, but A is here corrupt as in note 39 for ὑπερασπιστήν or προασπίζοντα, S¹ σώζοντα) τὸ γένος (τοῦ γένους b) Ἰσραὴλ (τοῦ Ἰσ. dg) καὶ (S¹ om.) πάντων (πάντα e, ἐν πᾶσιν S¹) τῶν (+ταγμάτων τῶν Αβ) δικαίων (af, S¹ om. τ. δικ., for which e reads δίκαιον).

VI. [1]d adds ἐγένετο. [2]β save that g om. καί and that d adds ἐκαλεῖτο. The text of α is given in the margin where ἐγώ is corrupt for ἐγγύς. A[α] = διὰ τοῦτο ἐκάλεσα τὸ ὄνομα τοῦ ὄρους ἐκείνου Ἄσπις. A[β] = διὸ καὶ τοῦ ὄρους Ἄσπις τὸ ὄνομα ἐκάλει. With both A[α], A[β], compare d (note 2). [3]b reads ὅτι. [4]aef, Αβ. b, S¹ read Ἀβιλά, d Ἀμηβά (in which μ and β are trs.). g Αὐιμά (where υ may be due to a mistake of the collator). A[ab] = Ἀβινά. α om. ἐκ δ. A. [5]α (save that c reads τούτῳ for τοῦτο). β, A[α] read καὶ (β om.) ἐγὼ συνεβούλευσα. A[efg] om. A[b*cd] = καὶ εἶπον. Αβ om. next three words. [6]A[b*cd] om. [7]α. β om. [8]All authorities but c add as in margin. [9]α, β–ag, Αβ. α, A[α] read εἴπωσι. g ἐπί. [10]g reads τοὺς υἱούς. [11]α. c, abeg. h, df read Ἐμώρ. A = Ἀμορραίους. [12]Αβ = καί. [13]The negative seems right though it is found in c only. Simeon advised against the circumcision of the Shechemites as he intended to avenge the outrage done to his sister. Jub. xxx. 1–4 and Jos. Ant. I. xxi. 1 omit all reference to the circumcision of the Shechemites. [14]A = περιτεμεῖν τὰ σώματα αὐτῶν (αὐτούς Αβ). [15]Αβ = καὶ ὅτι. [16]Αβ = ζῆλον, i.e. ՚ւաժւաՍձ corrupt for ՚ւաժւաւՍ = βδέλυγμα. We must further supply ՟աւՍ = διά before this word. [17]A[a] om. [18]α. This is supported by A[α] which = τῆς ἀδελφῆς μου. β–g, Αβ, S¹ read ἐν Ἰσραήλ. The latter may be due to Gen. xxxiv. 7. g om. [19]d reads καὶ εἰσελθὼν ἐγώ. [20]d, A[b] read ὁ δὲ Σ. ἀνεῖλε. [21]g adds εἴθ' οὕτως. [22]A[ah] = ἦλθον... καί. [23]α, d. A = ἡμῶν. β–d, S¹ om. [24]α. d reads πᾶσαν. β–d, A om. [25]b reads ῥομφαίας. [26]A[a] = ἀκούσας. [27]α. β–d, S¹ om.

40 ΔΙΑΘΗΚΗ ΛΕΥΙ [VI. 5

β-d, S¹ omit.
β-d, A, S¹ omit.
β-d omit.
β, A και μετά ταῦτα.
β, A, S¹
† ἄλλως ἐποίησεν.
h, β-b, A, S¹
ἐμαλακίσθην.
β, A, S¹ κακὰ εἰς Σίκιμα.
β, A, S¹ Σαρρά(ν).

5. Καὶ μετὰ ταῦτα ἐλθόντες²² οἱ ἀδελφοί μου²³ ἐπάταξαν τὴν πόλιν ⌜ἐκείνην⌝²⁴ ἐν στόματι μαχαίρας²⁵.
6. Καὶ ἤκουσεν²⁶ ὁ πατήρ *μου ⌜ταῦτα⌝ ⁷*καὶ ὀργισθεὶς²⁸ ἐλυπήθη²⁹ ὅτι κατεδέξαντο³⁰ τὴν περιτομὴν καὶ³¹ ἀπέθανον³², *καὶ ἐν ταῖς εὐλογίαις³³ †παρεῖδεν ἡμῖν³⁴.
7. *Διότι ἡμάρτομεν ἐπειδὴ³⁵ παρὰ γνώμην αὐτοῦ τοῦτο πεποιήκαμεν³⁶. καίγε ἐμαλακίσθη³⁷ ἐν τῇ ἡμέρᾳ ἐκείνῃ. 8.
*᾿Αλλ᾿ ἐγὼ εἶδον ὅτι ἀπόφασις θεοῦ ἦν εἰς κακὰ³⁸ διότι ἤθελον *καὶ τὴν Σαρρὰ³⁹ ⌜καὶ τὴν Ῥεβέκκα⌝⁴⁰ ποιῆσαι ⌜ὃν τρόπον ἐποίησαν *τὴν Δείναν⁴¹ *τὴν ἀδελφὴν ἡμῶν⁴². καὶ ὁ⁴³ Κύριος ἐκώλυσεν αὐτούς. 9. Καὶ⁴⁴ ἐδίωξαν ᾿Αβραὰμ τὸν πατέρα ἡμῶν⌝ ξένον ὄντα⁴⁵ καὶ κατεπόνησαν⁴⁶ τὰ ποίμνια⁴⁷ ὀγκούμενα⁴⁸ ὄντα⁴⁹, καὶ ᾿Εβλαὴν⁵⁰ τὸν οἰκογενῆ⁵¹ αὐτοῦ⁵² σφόδρα⁵³ ἠκίσαντο⁵⁴.

---

d, A, S² = ἡμῶν.   ²⁹α. β, Aβ, S¹ read καὶ ὠργίσθη καί. A^a om.   ²⁹Aβ has *upitulintrgisil* (= ἐχαλέπηνε) which is corrupt for *inpirulitgisil* = ἐλυπήθη. Aβ add σφόδρα.   ³⁰A adds ἐν πρώτοις.   ³¹β, A, S¹ add μετὰ ταῦτα (τοῦτο bdg).   ³²g reads ἀπέθανε.   ³³d om. A^a = διὸ καὶ ἐν ταῖς εὐλ. ἡμῶν. Aβ = διὰ τοῦτο καὶ τὴν εὐλ. αὐτοῦ.   ³⁴α. β-dg, A, S¹ read ἄλλως ἐποίησεν (A^a om.). g ἄλλους ἐποίησεν. d om.   ³⁵α (save that they read ἡμάρτωμεν). β, S¹ read ἡμάρτομεν (ἡμάρτωμεν df) γὰρ ὅτι. A^{ab} = καὶ ἡμεῖς ἐγενήθημεν δίκαιοι καὶ ὅτι. A^h καὶ ἡμεῖς ἀδελφοὶ δίκαιοι καὶ ὅτι. Aβ = ἡμάρτομεν ἀληθῶς ὅτι. A^a is an internal corruption of the text in Aβ.   ³⁶a reads πεποίηκε.   ³⁷c, b. h, β-b, A, S¹ read ἐμαλακίσθην.   ³⁸α, β (save that e reads κυρίου for θεοῦ, and g οἶδα for εἶδον and ἐστίν for ἦν, and d inserts αὕτη before ἦν). A^a = καὶ εἶδον τὴν ἀπόφασιν τῆς ὀργῆς τοῦ θεοῦ. A^{b*e} = ἀλλ᾿ ἐμοῦ ἰδόντος ὅτι ἀπόφασις κακὴ ἦν περὶ αὐτῶν ἐκ θεοῦ. A^{cde} = ἀλλ᾿ ἐμοῦ ἰδόντος ἀπόφασιν, κακὴ ἦν περὶ αὐτῶν ἐκ θεοῦ. Here περὶ αὐτῶν is an intrusion. After κακὰ β, S² add as in margin, A ἐπὶ Σικιμίτας.   ³⁹α. ag τὴν Σαρράν (Σαρρά g). b, S¹ εἰς τὴν Σαρράν. df καὶ τὴν Σαρράν. e καὶ τῇ Σαρρᾷ. A adds ὡσαύτως.   ⁴⁰α. β, A, S¹ om.   ⁴¹c. h read Δείνην. abdf Δίναν. e Δήνα. g om. A om. ὃν τρόπον to πατέρα ἡμῶν inclusive.   ⁴²c, β-e. h reads τὴν ἀδ. μου. e τῇ ἀδελφῇ ἡμῶν.   ⁴³α, e. β-e om.   ⁴⁴bd add οὕτως.   ⁴⁵g, A^a om. next six words.   ⁴⁶b, S¹ read κατεπάτησαν.   ⁴⁷d adds αὐτοῦ.   ⁴⁸α. ade read ὀγκώμενα. bfg ὀγκόμενα.   ⁴⁹β adds ἐπ᾿ αὐτόν.   ⁵⁰c. a reads Ἰεκβλαί. b Ἰεκβλαέ. d Γεβλαέν. e Ἡβλαήν. f Ἰεβλαήν. g ἡ Ἐβάλ. (h doubtful). A^a = Γεμβολά. Aβ Ἀμβλαήμ. g adds καί. S¹ σὺν αὐτοῖς.   ⁵¹abd. c, ef read οἰκογενην. g οἰκογενον. h ἀγενην.   ⁵²d om.   ⁵³A^a om.   ⁵⁴g. α read ἐκείσαντο. ab αἰκίσαντο. d αἰκήσ. e ἐκίσ. f ἠκίσ.   ⁵⁵h reads οὕτως. A = οὕτως γάρ.   ⁵⁶bd read πάντας τοὺς ξένους.   ⁵⁷A (+ καὶ ἐν

10. *Καίγε οὕτως[55] ἐποίουν *πᾶσι τοῖς ξένοις[56], *ἐν β–af, A, δυναστείᾳ ἁρπάζοντες[57] *τὰς ξένας[58] καὶ †ἐξενηλάτουν[59] S¹ τ. αὐτάς[60]. 11. *Ἔφθασε δὲ αὐτοὺς ἡ ὀργὴ τοῦ θεοῦ εἰς αὐτῶν. τέλος[61]. β–b,A,S¹ μὴ ὀργί-
VII. Καὶ εἶπον[1] ⌜ἐγὼ⌝[2] τῷ πατρί μου[3], Ἰακώβ[4], ὅτι ἐν σοὶ ζου ἐξουδενώσει[5] Κύριος[6] τοὺς Χαναναίους[7] καὶ δώσει[8] τὴν γῆν Ἀα),κύριε αὐτῶν σοι καὶ τῷ σπέρματί σου μετά σε. 2. Ἔσται γὰρ ἀπὸ (+μου τῆς[9] σήμερον *ἡ Σύκημα[10] λεγομένη πόλις ἀσυνέτων[11]. ὅτι[12] de, A–b, ὡσεὶ[13] τις *χλευάσει μωρὸν[14] οὕτως ἐχλευάσαμεν αὐτούς[15], S¹) Ἰακώβ.

δυν. Αβ) ἥρπαζον. [58] α, af. bdeg, A, S¹ read τὰς γυναῖκας αὐτῶν (eg om.). Aa om. rest of chap. d om. next three words. [59] h, Αβ. c reads ἐξελάτουν. befg ξενηλατοῦντες. α ξενηλατοιῶντες. The verb here with its suffix = יחדיין which means both to banish and to seduce to idolatrous worship. (Cf. Deut. iv. 19, xiii. 14, xxx. 17, &c.). The Greek translator wrongly followed the former. We might perhaps render ἀπεπλάνων αὐτάς. In Jub. xxx. 7–17 the penalty of death is ordained for intermarriage with the heathen in connexion with *the destruction of Shechem*. Cohabitation with a Gentile was regarded as equivalent to worship of the Gentile idols. See my commentary on Jub. xxx. 10, note. [60] α. b, S¹ read αὐτούς and adefg om. Αβ could = αὐτάς or αὐτούς. [61] α (save that h om. αὐτούς), aef (save that they read κυρίου for τοῦ θεοῦ). b, S¹ read ἔφθασε δὲ ἡ ὀ. κ. ἐπ' αὐτοὺς εἰς τ. dg διὰ τοῦτο (g om. δ. τ.) ἔφθασε (+δέ g) ἐπ' αὐτοὺς ἡ ὀ. κ. εἰς τ. Aa om. and Αβ is defective and = ἔφθασε δὲ ἐπ' αὐτοὺς εἰς τέλος. This verse, as Grabe (*Spicileg. Patrum*, 1698, i. 138) saw, was adopted by St. Paul in 1 Thess. ii. 16, ἔφθασεν δὲ ἐπ' αὐτοὺς ἡ ὀργὴ τοῦ θεοῦ (DEFG it., Vulgate, g, o but most other authorities om. τοῦ θεοῦ). Our text appears to be based on Gen. xxxv. 5 and presupposes, as Rönsch (*Buch der Jubiläen*, pp. 390, 391), חֲמַת יַעֲן instead of וַיְהִי חִתַּת. The LXX follows the Hebrew: καὶ ἐγένετο φόβος θεοῦ ἐπὶ τὰς πόλεις τὰς κύκλῳ αὐτῶν and so also Jub. xxx. 26.

VII. [1]d reads εἶπαν. [2]α. β, A om. [3]b, Αβ om. [4]α. β–b, A, S¹ read as in margin (save that d trs. Ἰακώβ before μή). b μὴ ὀργ. κύριε. [5]This word must here be taken to mean 'destroy,' but A has followed its usual meaning 'to despise.' It may be a rendering of יָבוּס or יָבֹז, or of the latter word as in Prov. xxvii. 7 which may mean 'to tread under foot' or 'to despise.' [6]d adds ὁ θεός. [7]Aa (by an internal corruption) = τὰς πόλεις and om. the rest of the verse. [8]Αβ add κύριος. [9]α. β om. [10]c. h reads ἡ Σήκημα. β–b Σίκημα. b Σίκιμ. [11]d reads συνετῶν. Cf. Sir. l. 26, ὁ λαὸς μωρὸς ὁ κατοικῶν ἐν Σικίμοις. [12]Aa om. ὡσεὶ ... ὅτι through hmt. [13]d reads ὥσπερ. [14]h reads χλενας, d χλενάζει. [15]h reads αὐτόν. [16]g reads γὰρ καί. A om. [17]α, β–b. b, S¹ reads

ΔΙΑΘΗΚΗ ΛΕΥΙ [VII. 3

beg καὶ
λαβόντες
ἐκεῖθεν
Δίναν
τὴν ἀδελ-
φὴν ἡμῶν
ἀπάραν-
τες (ἐπά-
ραντες e).

Aβ omit
καὶ τὸ
λόγιον..
προφη-
τείας.

3. Ὅτι ⌜καίγε⌝[16] ἀφροσύνην ἔπραξαν ἐν Ἰσραὴλ μιάναντες[17] τὴν ἀδελφήν μου[18]. 4. *Ἀπάραντες δὲ[19] *ἤλθομεν εἰς[20] Βεθήλ[21].

VIII. Κἀκεῖ πάλιν εἶδον[1] *ὅραμα ὡς[2] τὸ πρότερον μετὰ *τὸ ποιῆσαι ἡμᾶς ἐκεῖ[3] ἡμέρας ἑβδομήκοντα[4]. 2. Καὶ εἶδον[5] ἑπτὰ ἄνδρας[6] ἐν ἐσθῆτι[7] λευκῇ[8] *λέγοντάς μοι[9]. Ἀναστὰς ἔνδυσαι τὴν στολὴν τῆς ἱερατείας, καὶ[10] τὸν στέφανον τῆς δικαιοσύνης[11], *καὶ τὸ λόγιον[12] τῆς συνέσεως καὶ τὸν ποδήρη[13] τῆς ἀληθείας καὶ τὸ πέταλον[14] τῆς πίστεως καὶ τὴν μίτραν[15] †τῆς κεφαλῆς†[16] καὶ τὸ ἐφοὺδ τῆς προφητείας. 3. Καὶ[17] εἷς[18] ἕκαστος αὐτῶν[19] βαστάζοντες *ἦσαν καὶ[20] ἐπέθηκάν μοι[21] καὶ εἶπόν[22] μοι[23]. Ἀπὸ τοῦ

μιᾶναι. Aβ = καὶ ἐμίαναν. *adf*, S¹ add Δίναν. Aᵃ om. together with next three words. [18] α, Aβ. β, S¹ read ἡμῶν. [19] α. *adf* read ἐπάραντες (ἀπάραντες *d*) οὖν (δέ *a*). Aᵃ = ἀπάραντες δὲ ἐκεῖθεν. Aβ = ἕτοιμοι δέ. *beg* read as in margin (save that *bg* om. Δίναν and *g* om. ἐκεῖθεν and ἀπάραντες). For ἀπάραντες ... Βεθήλ S¹ reads καὶ διὰ τοῦτο ἡ ὀργὴ τοῦ κυρίου ἐξῆλθε κατ' αὐτῶν καὶ ὁ ἄγγελος τοῦ ἰσχυροῦ ἐβοήθησεν ἐμοί.   [20] *d* om.   [21] *ag* read Βαιθήλ. S¹ makes here a Christian addition. See Appendix.

VIII. [1] *def* read ἴδον.   [2] *b* reads πρᾶγμα ὥσπερ. For ὅραμα ... πρότερον S¹ reads δεινήν τινα ὄψιν.   [3] *h, aefg*, A. So also *c* (save that it om. ἡμᾶς). *b*, S¹ reads τὸ ποιῆσαι. *d* om.   [4] Aβ = ἑξήκοντα.   [5] A adds ἐκεῖ.   [6] *c, g*, A. *h, β–g* read ἀνθρώπους. *e* trs. before ἑπτά.   [7] *f* reads ἐσθήσεσι.   [8] α, *abg*, A. *de* read λαμπρᾷ. *f* λευκαῖς.   [9] *c* trs. before ἐν ἐσθ. *e* reads φέροντές μοι and om. next seven words.   [10] Aᵇ*ᵈ = καὶ ἐπίθες. Aᶜ om.   [11] Aᵃ add ἐπίθες ἐπὶ τὴν κεφαλήν σου.   [12] *e* reads καὶ τὸν λόγον. Aᵃ = καὶ τὴν ἐντολήν. Aʰ om. next five words. Aβ om. together with rest of verse.   [13] *abf*. *c* reads ποδήρει. *h, deg* ποδηρι. Aᵃ = λόγον. It is possible that Aᵃ has transposed the words occurring before τῆς συνέσεως and τῆς ἀληθείας. In other words ꡏꡃꡀ = λόγον should be read before the former and ꡏꡃꡈꡇꡏꡋꡃ = ἐντολήν which is corrupt (?) for ꡏꡃꡈꡇꡔꡃꡋꡃ = ποδήρη.   [14] *q* reads πηδάλιον.   [15] β–ad. α, *ad* read μίτραν. Aᵃ = κόσμον.   [16] α. *bedg*, Aᵃ read τοῦ σημείου. *af*, S¹ τοῦ στηθίου. Aᵃ adds ἐπὶ τοῖς ὤμοις σου. Here στηθίου looks like a corruption or emendation of σημείου, and may be neglected. But κεφαλῆς and σημείου have to be accounted for, and I know of no explanation. κεφαλῆς, of course, cannot be right, since, as the parallel phrases show, we require here an abstract noun. Only for σημείου we might regard ראש (= κεφαλῆς) as a corruption of ישר or מישור = εὐθύτητος. Perhaps מופת (= σημείου 'miracle') might be a corruption of מישור.   [17] *d* reads ταῦτα εἰπόντες καὶ προσελθόντες.   [18] *h*. om.   [19] *d* om. β–*d* adds ἕκαστον.   [20] α. β, A om. *d* adds τὰς στολάς.   [21] *d* adds

VIII. 10] ΔΙΑΘΗΚΗ ΛΕΥΙ 43

νῦν γενοῦ²⁴ εἰς ἱερέα²⁵, σὺ²⁶ καὶ *πᾶν τὸ σπέρμα²⁷ σου²⁸. β, A, S
4. Καὶ²⁹ ὁ πρῶτος ἤλειψέ³⁰ με³¹ ἐλαίῳ ἁγίῳ, καὶ ἔδωκέ μοι ἱερέα κυρίου
ῥάβδον³². 5. *Καὶ ὁ³³ δεύτερος ἔλουσέ³⁴ με³⁵ ὕδατι σὺ καὶ τὸ
καθαρῷ³⁶, καὶ ἐψώμισέν³⁷ με³⁸ *ἄρτον καὶ οἶνον³⁹ ἅγιον⁴⁰ καὶ σπέρμα σου ἕως
περιέθηκέ⁴¹ μοι στολὴν ἁγίαν⁴² καὶ ἔνδοξον. 6. Ὁ δὲ⁴³ αἰῶνος.
τρίτος βυσσίνην⁴⁴ *μοι περιέθηκεν⁴⁵, ὁμοίαν⁴⁶ ἐφούδ. 7. bdg, A, S¹
Ὁ δὲ⁴⁷ τέταρτος ζώνην *μοι περιέβαλεν⁴⁸, ὁμοίαν πορφύρας⁴⁹. ῥάβδον κρίσεως.
8. Ὁ⁵⁰ πέμπτος *κλάδον μοι ἐλαίας ἔδωκεν πιότητος⁵¹.
                                                                c, β, S
  α, β, S | Aᵃ | Aᵇ* | Aᶜᵈᵉᶠᵍ   ἄγια
9. Ὁ ἕκτος | 9–10. Καὶ ὁ | 9–10. Καὶ ὁ | 9–10. Καὶ ὁ   ἁγίων.
στέφανόν μοι⁵² | ἕκτος ἐπλή- | ἕκτος διάδημα| ἕκτος καὶ ὁ ἕβ-
*τῇ κεφαλῇ⁵³ | ρωσε τὰς χεῖ-| ἱερατείας πε-| δομος διάδημα
περιέθηκεν⁵⁴. | ράς μου θυμιά-| ριέθηκε τῇ κε-| ἱερατείας ἔδω-
10. Ὁ⁵⁵ ἕβ- | ματος ὥστε | φαλῇ μου καὶ ὁ| κέ μοι καὶ
δομος *διάδη- | | ἕβδομος ἐπλή-| πάλιν ἐπλήρω-
μά μοι ἱερα- | | ρωσε τὰς χεῖ-| σαν τὰς χεῖρας·
τείας περιέθη- | | ράς μου θυ- |
κεν καὶ⁵⁶ ἐ- | | |

αὐτά. h om. next three words. ²² abe read εἶπαν. ²³ c, Aᵃ. h, β, Aᵝ
om. c adds καί. Aᵃ om. next three words. ²⁴ α, e. abf read γίνου.
d ἔσει. ²⁵ α. β, Aᵝ add κυρίου. Aᵃ add θεοῦ. Cp. ix. 3. ²⁶ f reads
σοί. g καὶ σύ. ²⁷ α. β–df, A read τὸ σπέρμα. df τῷ σπέρματι. ²⁸ β–d,
A add as in margin. d reads ἕως τοῦ αἰῶνος. ²⁹ ae read καὶ ἔτι. .d τότε.
Aᵃ om. ³⁰ h, abdg. c reads ειληψε. e ηληψεν. f om. ³¹ h reads μοι.
f om. e adds ἐν. ³² α. bdg, A, S¹ add κρίσεως, aef χρίσεως. ³³ α. β,
Aᵃ read ὁ. Aᵝ = ὁ δέ. ³⁴ ef read ἔλουσεν. ³⁵ h reads μοι. eg add ἐν.
³⁶ Aᵃ = ἁγίῳ. ³⁷ d reads ὕψωσεν. ³⁸ c, aefg, A. h reads μοι. bd om.
³⁹ c reads in dative. ⁴⁰ h, A. c, β, S read as in margin. ⁴¹ g reads
παρέθηκεν. ⁴² A = καλόν. ⁴³ α, Aᵝ. β, Aᵃ, S¹ om. ⁴⁴ d reads
βυσσίνη. ⁴⁵ α, af. bdeg read με περιέβαλεν. ⁴⁶ h reads ὅμοιος. Aᵃ
om. with next word. ⁴⁷ α, A. β om. ⁴⁸ α. a reads περιέβαλεν.
bdefg μοι (με e; f om.) περιέθηκεν. S adds οὐκ ἐπὶ τὸ μέσον ἀλλὰ τὸ κατώτερον
μέρος τοῦ σώματος καὶ ἡ ζώνη ἦν. ⁴⁹ α, adef. b reads πορφύρα. g πορφυ-
ρίδι. g adds from ver. 10 καὶ ἐπλ. ... κυρίῳ. ⁵⁰ Aᵃ˒ ᵇ* = ὁ δέ. Aᶜᵈᵉᶠᵍ
καὶ ὁ. ⁵¹ Aᵃ = κλ. ἐλαίας πιότητος ἔδωκέ μοι. Aᵝ ἐν ὁμοιώματι ἐλαίας
πιότητος ἔδ. μοι καὶ ἐπλήρωσαν τὰς χεῖράς μου θυμιάματος. For πιότ. c, bd
read ποιότητος. S om. ἐλαίας. ⁵² d reads μου. e om. ⁵³ d reads
τὴν κεφαλήν. ⁵⁴ d adds ἱερατείας. Cf. Aᵇ*. ⁵⁵ h reads καὶ ὁ. ⁵⁶ α,
aefg (save that h om. μοι). b, S read διάδημά μοι τῇ κεφαλῇ περιέθ. ἱερατ.
(save that S¹ reads τιμῆς for ἱερατείας). With this reading compare Aᵇ*.
d om. ⁵⁷ α, adfg, S. be read ἐπλήρωσαν. With this reading compare

ΔΙΑΘΗΚΗ ΛΕΥΙ [VIII. 10

α, β, S	A^a	A^b*	A^cdefg
πλήρωσε[57] τὰς χεῖράς μου θυμιάματος[58], ὥστε ἱερατεύειν με[59] Κυρίῳ, *τῷ θεῷ[60].	ἱερατεύειν με ἐνώπιον Κυρίου. (+ καὶ ὁ ἔβδομος A^b)	μιάματος ὥστε ἱερατεύειν με ἐνώπ. Κυρίου.	μου θυμιάματος ὥστε ἱερα᾽ τεύειν ἐνώπ. Κυρίου.

11. *Καὶ λέγουσι[61] πρός με· Λευί[62], εἰς τρεῖς ἀρχὰς διαιρεθήσεται[63] τὸ σπέρμα σου[64], εἰς[65] σημεῖον[66] *δόξης Κυρίου ἐπερχομένου[67].

α	β, S	A^a	A^β
12. Καὶ[68] ὁ πρῶτος κλῆρος ἔσται μέγας· καὶ ὑπὲρ αὐτὸν οὐ γενήσεται ἕτερος.	12. *Καὶ ὁ [πιστεύσας] πρῶτος κλῆρος ἔσται μέγας· ὑπὲρ αὐτὸν οὐ γενήσεται[69].	12. Καὶ οἱ πιστεύσουσιν ἐν πρώτοις, αὐτοῖς ἔσται κλῆρος μέγας.	12. Καὶ[70]†Κύριος[71] (read ὅs) ἐπίστευσε ἐν πρώτοις *κλῆρος αὐτῶν ἔσται μέγας καὶ ὑπὲρ αὐτὸν οὐδεὶς ἔσται[72].

13. Ὁ δὲ[73] δεύτερος ἔσται *ἐν ἱερωσύνῃ[74].   14. *Ὁ δὲ[75]

A^cdefg. [58] h reads θυμιαμάτων. [59] af om. [60] α. β, A, S om. [61] α, dg. aef read λέγουσι δέ. b, S εἶπαν (εἶπε S) δέ. A = καὶ λέγει. [62] g reads Λευί, Λευί. [63] A^a = διαιρήσω. [64] A^b* add καὶ ἔσῃ. [65] A^a = καί. [66] c reads σνμειον. [67] A^a = δόξης παρουσίας κυρίου. A^β = παρουσίας δοξ. κύριου. For ἐπερχομένου g reads ἐπερχομένης. [68] c om. [69] eg. So also b save that it trs. κλῆρος ἔσται, and S² save that it reads καὶ μείζων for μέγας. I have bracketed πιστεύσας as an intrusion. It is found also in A. With its omission our text = α. d is conflated from the above text and α. It is: καὶ ὁ πιστεύσας πρ. οὗτος ἔσται κλῆρος μέγας καὶ ὑπὲρ αὐτὸν ἕτερος οὐ γενήσεται. af carry further the corruption in our text: καὶ ἐπίστευσα· πρ. κλῆρ. ἔσται (ἔσται κλῆρ. a) καὶ μέγας ὑπὲρ αὐτὸν (αὐτῶν a) οὐ γενήσεται. S¹ καὶ ὁ πρῶτος πιστεύσας ἔσται μέγας. [70] A^b* = ὅτι. [71] A^β read ιπρ (= κύριος) corrupt for πρ = ὅς. Thus A is brought into agreement with β. [72] A^od. A^b* = κλῆρον αὐτοῦ σοι καὶ ὑπέρ σε οὐδεὶς ἔσται μείζων. A^οιg = καὶ κλῆρος αὐτῶν ἔσται μέγας (μείζων A^fg and om. rest) καὶ ὑπὲρ αὐτοὺς οὐδεὶς ἔσται μείζων. [73] h, A^β. c, β, A^a, S² om. S¹ om. entire verse. [74] de read εἰς ἱερωσύνην. A^a = ἱερεὺς μέγας. A^β = ἱερωσύνη. [75] c. h, A^β; S¹ read καὶ ὁ. β, A^a, S² read ὁ. [76] A^a = ἐπικληθήσεται ὄνομα αὐτοῦ but ἱπριω = αὐτοῦ is corrupt for ἱπρ = καινόν. A^β = ἔσται ὄνομα αὐτοῦ, where the same corruption exists as in A^a. [77] Though all MSS. agree in this text we should read ἐν τῷ (A = ἐκ τοῦ or ἐν τῷ) if βασιλεὺς ... ἀναστήσεται

VIII. 18]   ΔΙΑΘΗΚΗ ΛΕΥΙ   45

τρίτος *ἐπικληθήσεται αὐτῷ ὄνομα καινόν[76], ὅτι βασιλεὺς †ἐκ
τοῦ†[77] Ἰούδα ἀναστήσεται καὶ ποιήσει *ἱερατείαν νέαν, κατὰ   β-af, A
τὸν τύπον τῶν ἐθνῶν εἰς πάντα τὰ ἔθνη[78]. 15. Ἡ δὲ   ἄφρα-
παρουσία[79] αὐτοῦ ἀγαπητή[80] ἐστιν[81] ὡς προφήτης[82] ὑψίστου[83]   β-af, A,
ἐκ σπέρματος Ἀβραὰμ τοῦ[84] πατρὸς ἡμῶν[85].   S ἀρχι-
16. *Πᾶν οὖν ἐπιθυμητὸν[86] ἐν Ἰσραὴλ[87] σοὶ[88] ἔσται καὶ τῷ   ερεῖς.
σπέρματί σου[89].   β-af, Aβ
καὶ ἔδεσθε[90] πᾶν ὡραῖον ἐν[91] ὁράσει,   φυλα-
καὶ τὴν τράπεζαν Κυρίου διανεμεῖται[92] τὸ σπέρμα σου[93].   χθήσεται.
17. Καὶ ἐξ αὐτῶν[94] ἔσονται ἱερεῖς[95] καὶ[96] κριταὶ καὶ[96] γραμ-   β, A, S
ματεῖς·   καὶ ἐξυ-
καὶ[97] ἐπὶ στόματος αὐτῶν †ληφθήσεται[98] τὸ ἅγιον[99].   πνισθείς.
18. *Ἐξυπνισθεὶς οὖν[100] συνῆκα[101], ὅτι *τοῦτο ὅμοιόν ἐστι τοῦ   β, S¹
   ἐκείνου
   ἐστί.
   For an
   Aramaic

fragment based on VIII. 18, 19; IX. 1, 6, 9, 10 see Appendix.

is genuine. The corruption may have arisen accidentally or may be due
to a Christian scribe, who wished to bring the text into line with O. T.
prophecy.   [76] α, β-d, Aβ, S (save that A^cdg read ὕπρω (= αὐτοῦ) corrupt
for ὕπρ (so A^b*ef).= νέαν and S¹ πάντων τῶν χθονῶν for εἰς πάντα τὰ ἔθνη).
d reads ἱερατείαν νέαν εἰς πάντα τὰ ἔθνη. A^a = ἔλεος (but q.β̇πι.β̇ρι.ύ is cor-
rupt for ρω϶ωὑωιηι.β̇ρι.ύ = ἱερατείαν) εἰς πάντα τὰ ἔθνη τῶν λαῶν.   [79] h,
β–e, A. c, e read παρρησία.   [80] c, af, S². bdeg, A read ἄφραστος = כצבן (late
Hebrew) corrupt for אהוב = ἀγαπητός. S¹ corrupt.   [81] α, A. β–d om.
d reads ἔσται.   [82] α, aef, Aβ, S¹. bdg, S² read προφήτου. A^a om.   [83] α,
β–b, A, S¹. b, S² read ὑψηλοῦ. d, A^a om. rest of verse.   [84] α. β om.
[85] c, β–ef, Aβ. h, ef read ὑμῶν.   [86] α. β–g, A^β, S² read πᾶν ἐπιθυμητόν.
A^a = καὶ πάντα ἐπιθυμητά. g om. S¹ corrupt.   [87] g reads Ἰερουσαλήμ.
[88] A^β om.   [89] A^a om. next six words. d adds ἕως τοῦ αἰῶνος.   [90] abg,
α, ef read ἔδεσθαι. d φάγεσθαι. S¹ ἔσεσθε.   [91] bdef om. For ἐν ὁράσει
A^β reads εὐπρεπείας.   [92] α. β reads διανεμήσεται.   [93] S¹ adds τοῦτό ἐστι
οἱ ἀπόστολοι.   [94] ἐξ αὐτῶν = מהם.   [95] α, af. β–af, A, S read ἀρχιερεῖς.
d, A^a om. next four words. e adds οἱ before ἀρχιερεῖς and κριταί.   [96] α,
β–af, A^elg, af, A^b*cd om.   [97] α, A^a, S². β–e, A^β, S¹ read ὅτι. e ὥστε.
[98] af. The same text is implied in c λυφθήσεται and h λειφθήσεται. β–af,
A^β read φυλαχθήσεται. S¹ τελεῖται. A^a = ἀναστήσεται φυλακή. None of
these readings is satisfactory. It is possible that the text originally
referred to the blessing pronounced by Levi (cf. Reub. vi. 10; Jub. xxxi.
15): 'The blessing of the Lord will be given in their mouths.' Sir. l. 20.
[99] A^a add τοῦ κυρίου.   [100] h. c om. together with next word. β, A, S
read καὶ ἐξυπνισθείς.   [101] A^ah (internally corrupt) = ἐμεμψάμην. A^b =
ἐκεῖ συνῆκα. A^β qωρίωgωιγ (= ἐθαύμασα) corrupt for ρίωgωιγ = συνῆκα.
[102] α. So almost A which = ἦν τοῦτο τὸ ὅραμα ὅμοιον τοῦ πρώτου (+ ὀράμα-

ΔΙΑΘΗΚΗ ΛΕΥΙ [VIII. 18

β, S¹ πρώτου ὀνείρου¹⁰². 19. *Καὶ ἔκρυψα καίγε τοῦτο¹⁰³ ἐν
παντί. τῇ καρδίᾳ μου, καὶ οὐκ ἀνήγγειλα *αὐτό τινι ἀνθρώπῳ¹⁰⁴ *ἐπὶ
β–d, τῆς γῆς¹⁰⁵.
A cdefg

πρὸς IX. *Καὶ μεθ' ἡμέρας¹ δύο ἀνέβην² ἐγὼ καὶ Ἰούδας
Ἰσαὰκ
μετὰ τοῦ *μετὰ τοῦ πατρὸς ἡμῶν Ἰακὼβ πρὸς Ἰσαὰκ³ ⌜τὸν προπάτορα
πατρὸς ἡμῶν⌝⁴. 2. Καὶ εὐλόγησέν με *ὁ πατὴρ τοῦ πατρός μου⁵
ἡμῶν. κατὰ⁶ *τῶν ὁραμάτων ὧν⁷ εἶδον· *καὶ οὐκ ἠθέλησε πορευθῆναι
β, Aa, S
πάντας μεθ' ἡμῶν εἰς Βεθήλ⁸.   3. ⌜Ὡς δὲ ἤλθομεν εἰς Βεθήλ⌝⁹,
τοὺς εἶδεν¹⁰ ὁ πατήρ μου Ἰακὼβ¹¹ ὅραμα¹² περὶ ἐμοῦ, ὅτι ἔσομαι
λόγους
τῶν αὐτοῖς εἰς ἱερέα¹³.   4. Καὶ ἀναστὰς¹⁴ *τῷ πρωὶ¹⁵ *ἀπεδε-
ὁράσεων κάτωσε πάντα¹⁶ δι' ἐμοῦ ⌜τῷ Κυρίῳ⌝¹⁷.   5. Καὶ ⌜οὕτως⌝¹⁸
μου. ἤλθομεν εἰς Χεβρὼν τοῦ καταμεῖναι¹⁹ ἐκεῖ²⁰.   6. Καὶ ὁ²¹
α omit
καὶ οὐκ.. Ἰσαὰκ ἐκάλει με συνεχῶς *τοῦ ὑπομνῆσαί²² *με νόμον²³
Βεθήλ. Κυρίου²⁴, καθὼς *ἔδειξέ μοι²⁵ ὁ ἄγγελος²⁶.   7. Καὶ ἐδίδασκέ
β, A, S¹
ἱερέα πρὸς τὸν θεόν. af, Aa ἄγγ. κυρίου.

τος A^a). abef read τοῦτο ὅμοιον ἐκείνου (ἐκείνῳ a) ἐστί. So also d (save
that for ἐκ. ἐστί it reads ἐστὶν ἐκείνου. g τοῦτο τὸ σημεῖον ἐκείνου ἐστὶν ὁμ.
¹⁰³ befg, S. So h (save that it reads κἀγώ for καίγε) and c (save that it
reads τοῦτο καίγε). ad read καίγε ἔκρ. (+ καὶ d) τοῦτο. A^a = καὶ ἔκρ. τοῦτο.
A^β κἀγὼ ἔκρυψα.   ¹⁰⁴ α (save that c reads αὐτῷ). β, S¹ read αὐτὸ (αὐτῷ e)
παντὶ ἀνθρώπῳ. A^a = τινί. A^β; Aram. = παντὶ ἀνθρώπῳ.   ¹⁰⁵ A^a = ἕως
τοῦ νῦν. Aram. om.

IX. ¹ d reads μετὰ δὲ ἡμέρας.   ² α, dfg. ab, A, S read ἀνέβημεν. e ἀνέ-
βενον (sic).   ³ α, d, S (save that S om. Ἰακώβ). β–d, A^cdefg read πρὸς
Ἰσαὰκ μετὰ τοῦ πατρὸς (τὸν πατέρα b) ἡμῶν. A^b* = πρὸς Ἰσ. τὸν πατέρα ἡμῶν.
A^a = πρὸς Ἰσ. τὸν πατέρα τοῦ πατρὸς ἡμῶν.   ⁴ α (save that h reads πατέρα
for προπάτορα), S. All other authorities om.   ⁵ A^a om.   ⁶ d reads καί.
⁷ α. β, A^a, S read πάντας τοὺς λόγους τῶν ὁράσεων (τῆς ὁράσεώς g, A^a, S²)
μου (dg om.) ὧν (ὡς g). A^β = πάντας τοὺς λόγους μου ὧν.   ⁸ β, A^β.
A^a = καὶ οὐκ ἠθέλ. πορευθῆναι αὐτός. α om.   ⁹ α, beg. adf A om. through
hmt. For ἤλθομεν e reads ἦλθον, and for ὡς δέ g reads ὡς καί.   ¹⁰ d reads
τότε ἴδε καί. A = καὶ εἶδεν.   ¹¹ f trs. before ὁ πατήρ. g, A^a om.   ¹² α,
af. β–af, A read ἐν ὁράματι.   ¹³ α. bdeg, S¹ add πρὸς τὸν θεόν. af τῷ θεῷ.
A ἐνώπιον τοῦ κυρίου.   ¹⁴ A = ἀνέστη καί.   ¹⁵ c, deg. af read ἀπὸ π. b
τὸ π. h τῇ πρωίᾳ.   ¹⁶ A = προσήνεγκε τὰς δεκάτας.   ¹⁷ A om.   ¹⁸ α.
β, A om.   ¹⁹ b reads καταλῦσαι. S¹ = κατὰ δύναμιν.   ²⁰ α, A. β, S¹ om.
²¹ α. β om.   ²² af read τοῦ ὑπομνηματίσαι. A = καὶ ὑπέμνησε.   ²³ de read
με (d om.) λόγον.   ²⁴ A^β om. next five (cf. text of af, A^a) words through
hmt.   ²⁵ α, bg. adef, A(?) read ἐδίδαξέ με (μοι d).   ²⁶ beg, S¹ add τοῦ
θεοῦ. af, A^a add κυρίου.   ²⁷ d reads μοι.   ²⁸ A = ἱερατικόν.   ²⁹ g, A
trs. A^a, ^eg = ὁλοκ. καὶ θυσ.   ³⁰ α (save that h reads ἑκουσίων). β–g, S¹

ΔΙΑΘΗΚΗ ΛΕΥΙ

*με²⁷ νόμον ἱερωσύνης²⁸, *θυσιῶν, ὁλοκαυτωμάτων²⁹, *ἀπαρχῶν ἑκουσίου, σωτηρίου³⁰. 8. *Καὶ ἦν καθ' ἑκάστην ἡμέραν συνετίζων με³¹, *καὶ ἀσχολούμενος εἰς ἐμὲ³² *ἔλεγέ μοι³³. 9. Πρόσεχε³⁴ σεαυτῷ³⁵ ἀπὸ τοῦ πνεύματος τῆς πορνείας, τοῦτο γὰρ³⁶ †ἐνδελεχῆ ἐστιν†³⁷ *καὶ μέλλει μιαίνειν³⁸ διὰ³⁹ τοῦ σπέρματός σου⁴⁰ *τὰ ἅγια⁴¹. 10. *Λαβὲ οὖν σεαυτῷ⁴² *γυναῖκα, ἔτι⁴³ νέος ὤν, *μὴ ἔχουσαν μῶμον μήτε βεβηλωμένην, μήτε ἀπὸ γένους⁴⁴ ἀλλοφύλων⁴⁵ ἐθνῶν. 11. Καὶ πρὸ⁴⁶ τοῦ εἰσελθεῖν σε⁴⁷ εἰς τὰ ἅγια, λούου· καὶ ἐν τῷ θύειν σε⁴⁸, νίπτου⁴⁹· καὶ ἀπαρτίζων πάλιν⁵⁰ τὴν θυσίαν, νίπτου. 12. *Δώδεκα οὖν δένδρων ἐχόντων φύλλα⁵¹ ἀνάγαγε⁵² τῷ⁵³

β-g, S¹ ἑκουσίων σωτηρίων.
β, Aᵉᶠᵍ, S¹ εἰς ἐμὲ ἦν ἀσχολούμενος ἐνώπιον κυρίου καί.
α, d, Aᵃ, S¹ omit καὶ ἀπαρ. ... νί-

πτου. β-g δένδρων ἀεί.

read ἀπαρχῶν ἑκουσίων, σωτηρίων. g ἀπαρχῶν. A^β = καὶ ἀπαρχῶν ἑκουσίων καὶ σωτηρίου. Aᵃ om. together with all but two last words of next verse. S adds ὥστε ἱερατεύειν τῇ καθαρότητι ἐννοίας τῷ ὑψίστῳ θεῷ. ³¹ α, β-dg, S. A^β = καὶ (A^cdfg om.) συνεχῶς οὕτως ἦν συνετίζων καὶ ἐδίδασκε. dg read καὶ ἦν καθ' ἑκάστην συνέτιζον με καὶ εἰς ἐμὲ ἀσχολ. (εἰς ἐμὲ ἀσχολ. καὶ συνετίζων με g) ἦν (g om.) ἐνώπιον κυρίου (+τοῦ θεοῦ d). ³² α. β-dg, A^eᶠᵍ, S¹ read καὶ εἰς ἐμὲ ἀσχολ. ἦν (e om.) ἐνώπιον κυρίου. For text of dg see preceding note. A^cd = καί μοι παρήγγελλε ἐνώπιον κ. but ⲓⲱⲓⲛⲡⲉⲓⲣⲣⲉ̄ⲣ = παρήγγ. is corrupt for ⲓⲙⲱⲡⲉⲱⲙⲉⲧ̄ⲣⲉ̄ⲣ (Aᵉ. A^ᶠᵍ corrupt forms of it) = ἀσχολούμενος ἦν. ³³ α. ad, A^β, S read καὶ (+ ἐν τοῖς νουθετήμασιν S) ἔλεγέ μοι. be read καὶ ἔλεγε, f κατελεγέν μοι. g λέγων. ³⁴ b adds μὴ before πρόσεχε. f reads προσχές. ³⁵ α, af, S¹. bdg, A^β read τέκνον. e, Aram. Frag. 16 τέκνον σεαυτῷ. f adds καί. Aᵃ reads τέκνον but trs. before πρόσεχε. ³⁶ e om. ³⁷ α (for ἐνδελεχές). adefg read ἐνδελεχεῖ. b, S¹ ἐνδελεχιεῖ. A = ἀπατᾷ σε. I have bracketed the text as corrupt. ³⁸ b trs. after σου. ³⁹ c reads ἀπό. ⁴⁰ c reads μου. ⁴¹ Aᵃ = τὸν νόμον σου. A^β = τὴν παραθήκην σου (A^ᶠᵍ om.), where ⲟⲩⲓⲁⲱⲓⲡⲉ ⲣⲛ may be corrupt for ⲟⲩⲓⲉⲱⲓⲟⲩⲓ ⲣⲛ = διὰ τοῦ σπέρματός σου. ⁴² e reads λαβέ σου οὖν. Aᵃ = λαβὲ σύ σοι. ⁴³ g reads εἰς γυναῖκα ὅτι. ⁴⁴ A = ἵνα μὴ ἔχῃς μῶμον ἐν σοὶ καὶ (+ μηδεμίαν Aᵃ) βεβήλωσιν καὶ μὴ ᾖ (+ γυνὴ Aᵇ) ἀπὸ γένους. For μήτε ... μήτε of af, μηδὲ ... μηδὲ are found in ab and μηδὲ ... μήτε in de. g om. μήτε βεβηλωμένην. ⁴⁵ α, e¹. β-e, A^β, S¹ add ἤ, Aᵃ-μηδέ or μήτε. ⁴⁶ g om. ⁴⁷ α, de. abfg om. ⁴⁸ α. β om. ⁴⁹ α, e give the form νήπτου, g as νιπται (bis). a reads εἰς αὐτά. A = ἁγίασον σεαυτόν. α, d, Aᵃ, S¹, om. next six words through hmt., and Aᵃ om. the rest of the chapter. ⁵⁰ e trs. after θυσίαν. ⁵¹ α. β-g read δώδεκα δένδ. ἀεὶ ἐχ. So nearly A^β = ἐκ τῶν δώδεκα [+ καὶ A^b*cd] ἀεὶ ἐχόντων. g δώδεκα δένδ. ἀπεχόντων. ⁵² α, adefg. b reads ἄναγε. A^β = ἀνάξεις. ⁵³ bd om. ⁵⁴ a adds καὶ πᾶσαν θυσίαν ἅλατι ἁλιεῖς. ⁵⁵ e reads καὶ ἐμέ. ⁵⁶ α. β om. ⁵⁷ df, A^β om. next three words through hmt. h om. next

ΔΙΑΘΗΚΗ ΛΕΥΙ [IX. 12

β, S¹ πετεινοῦ καθαροῦ. α omit καὶ... ἁλιεῖς. β, A, S πάσης. β, A, S¹ ἀσεβοῦντες, πλανῶντες (πλανᾶσθε A). β, A, S σύν.

Κυρίῳ[54] *ὡς κἀμὲ[55] Ἀβραὰμ ἐδίδαξε. 13. Καὶ ἐκ[56] παντὸς ζώου καθαροῦ[57] ⌐καὶ πετεινοῦ¬[58] πρόσφερε θυσίαν *τῷ Κυρίῳ[59]. 14. Καὶ *παντὸς πρωτογεννήματός σου[60] καὶ οἴνου[61] πρόσφερε *ἀπαρχὰς εἰς θυσίαν Κυρίῳ[62] ⌐τῷ θεῷ¬[63]. *Καὶ πᾶσαν θυσίαν ἅλατι ἁλιεῖς[64].

X. *Καὶ τανῦν[1] φυλάξατε[2] *ὅσα ἐγὼ ἐντέλλομαι ὑμῖν, τέκνα, ἐπειδὴ ὅσα ἐγὼ ἤκουσα παρὰ τῶν πατέρων μου ⌐ἀνήγγειλα ὑμῖν¬[3]. 2. ⌐Καὶ ἰδοὺ¬[4] ἀθῷός εἰμι[5] τῆς[6] ἀσεβείας[7] ὑμῶν[8] *καὶ παραβάσεως[9] ἣν ποιήσετε ἐπὶ *τῇ συντελείᾳ[10] *τῶν αἰώνων[11] [εἰς τὸν σωτῆρα τοῦ κόσμου χριστόν][12] *πλανῶντες τὸν Ἰσραήλ[13], καὶ ἐπεγείροντες[14] *ἐπ' αὐτὸν[15] κακὰ μεγάλα[16] *παρὰ Κυρίου[17]. 3. Καὶ ἀνομήσετε[18] *ἐν τῷ[19] Ἰσραήλ[20], ὥστε μὴ βαστάζειν[21] τὴν[22] Ἱερουσαλὴμ[23] ἀπὸ προσ-

five words. [58] β, S¹ read as in margin. [59] adef, A^(b*cde), S¹. ab κυρίῳ. g τῷ θεῷ. c αὐτῷ. A^(fg) om. to τῷ θεῷ. [60] α, a (save that h, a om. σου). bf read π. πρωτογεννήματος. deg πρώτου γενήματος (γενν. g). A^β = πάντων κτηνῶν καὶ ἀπὸ καρπῶν, but ⟨Armenian⟩ appears to be corrupt for ⟨Armenian⟩ = πρωτογεννημάτων. [61] a reads οἴνων. [62] α (save that c reads ἀρχάς). af read ἀπ. θυσίαν τῷ (f om.) κυρίῳ. b ἀπαρχάς. d κυρίῳ ἀπαρχάς. eg, A^β ἀπαρχὰς τῷ κυρίῳ. [63] α. β, A^β, S¹ om. β–bdf read τῷ κ. b om. [64] β–d (save that e reads ἁλίσεις), A^β. d reads καὶ πᾶσαν δὲ θ. ἅ. ἁλατιεῖς. Gk. Frag. 29 (see Appendix) supports text.

X. [1] c. h reads καὶ οὖν. β, A νῦν οὖν. [2] b reads φυλάξασθε. [3] α (save that h adds μου after τέκνα). β–d agrees with text (save that beg om. ἐγώ after ὅσα[10] and β–d om. ἐγώ after ὅσα[20], and for ἐπειδή read ὅτι). d, A agree in omitting ἀνήγγειλα ὑμῖν. d, A^β read τέκνα μου ὅτι (A^β om.) ὅσα ἤκουσα παρὰ τῶν πατέρων μου ἐντέλλομαι ὑμῖν. A^a = ὅσα νῦν ἐντέλλομαι ὑμῖν ὅσα ἤκουσα παρὰ τῶν πατέρων μου. A^a contains τέκνα also but has trs. it before φυλάξατε. [4] α. β, A. om. [5] g reads ὑμῖν. A adds ἀπ' ἐκείνου. [6] α β, A, S read πάσης. [7] d reads ἀδικίας. [8] g trs. after παραβ. [9] c, β. h reads καὶ ὡς ἀσέβειαν. A^β = καὶ παραβάσεως. A^a om. but not A^b as Text represents. [10] c. h, e read τῆς (e om.) συντελείας; β συντελείᾳ. [11] e reads τοῦ αἰῶνος. [12] Bracketed as a Christian interpolation. The last word is found only in c. [13] α. β, S¹ read ἀσεβοῦντες (ἀθετοῦντες a, S¹) πλανῶντες (eg om.) τὸν Ἰσρ. (e om. τ. Ἰ.). A = ἀσεβοῦντες πλανᾶτε τὸν Ἰσρ. h om. next thirteen words through hmt. [14] A = ἐπεγείρετε. [15] c. abfg, S² read αὐτῷ. d αὐτόν. e ἑαυτοῖς. A = ὑμῖν. S¹ om. [16] A = σφόδρα μεγάλα. d adds ἐπερχόμενα αὐτῷ. [17] bdfg, A. c, a read παρὰ κυρίῳ. e om. [18] β–d. c reads ἀνομεισητε. d ἀνομήσει. A = ἀνομεῖτε. [19] c. β, A, S¹ read σύν. ἀνομεῖν ἐν = ב גוע. [20] c om. next ten words. h resumes with ὥστε after its lacuna. [21] h. afg read βαστάσαι. be βαστάξαι. d, A δύνασθαι

ΔΙΑΘΗΚΗ ΛΕΥΙ

ὥπου τῆς²⁴ πονηρίας ὑμῶν, ἀλλὰ σχισθήσεται²⁵ τὸ κατα- β–d, S
πέτασμα²⁶ τοῦ ναοῦ, ὥστε μὴ καλύψαι²⁷ τὴν²⁸ ἀσχημοσύνην σχίσαι τὸ ἔνδυμα.
ὑμῶν.   4. Καὶ²⁹ διασπαρήσεσθε³⁰ αἰχμάλωτοι³¹ ἐν³² τοῖς β, A, S¹
ἔθνεσιν, καὶ ἔσεσθε * εἰς ὄνειδος καὶ εἰς κατάραν ἐκεῖ³³.   5. Ὁ ἐκεῖ.
γὰρ οἶκος, ὃν ἂν³⁴ ἐκλέξεται³⁵ Κύριος³⁶, * Ἰερουσαλὴμ κληθή- εἰς ὀνει-
σεται³⁷, καθὼς * περιέχει ἡ βίβλος³⁸ Ἐνὼχ τοῦ δικαίου. δισμὸν
                                                                      καὶ εἰς
XI¹. Ὅτε οὖν * ἔλαβον γυναῖκα, ἐγὼ εἴκοσι καὶ ὀκτὼ κατάραν
ἐτῶν ὑπῆρχον², * ἦν δὲ αὐτῇ ὄνομα Μελχά³.   2. Καὶ συλλα- καταπά-
βοῦσα ἔτεκεν υἱόν⁴, καὶ ἐκάλεσα⁵ τὸ ὄνομα αὐτοῦ⁶ Γηρσάμ⁷, τημα.
ὅτι * ἐν γῇ παροικίας ἦμεν⁸.   3. * Καὶ εἶδον⁹ περὶ αὐτόν¹⁰, maic
─── and
Fragments based on XI. 1, 5, 6, 7, 8; XII. 1–7; XIII. 1, 3, 4, 7, 8, 9 Greek
see Appendix. β–e S¹ ᾗ ὄνομα Μελχά. β, (Aβ) S¹ τῇ γῇ ἡμῶν πάροικοι.
After ἦμεν bde, A, S¹ add Γηρσὰμ γὰρ παροικία γράφεται.

βαστάσαι.   ²²f om.   ²³A^cd read Ἰσραήλ. A^a add πόλιν.   ²⁴h. β om.
²⁵c, d, A. h reads σχισθήσονται. ab, S σχίσαι. e σχισε. f σχίσει. g
σχήσετε.   ²⁶c. h reads καταπετάσματα. β, A, S¹ ἔνδυμα. Since ἔνδυμα
is never used as a translation of פָּרֹכֶת, the veil which divided the holy
place from the holy of holies, nor of מָסָךְ, it is possible that τοῦ ναοῦ is
an interpolation and that the text spoke merely of the rending of the
garments whereby their shame should be exposed. Cf. Isa. xxii. 8. But
if καταπέτασμα is original then τοῦ ναοῦ is so also. A^a add κόσμου before
τοῦ ναοῦ in the sense of 'ornament.'   ²⁷α. β–b read καλύπτειν. b κατα-
καλύπτειν.   ²⁸α. β om.   ²⁹d reads καὶ οὐ μόνον ταῦτα γενήσεται οὕτως
ἀλλὰ καὶ ὑμεῖς.   ³⁰c, abg. h reads διασπαρεῖσθαι and om. next six words.
def read διασπαρί (εἰ d, ἡ e) σεσθαι.   ³¹d, Aβ om.   S¹(?) reads ὁμόφυλοι.
³²A adds πᾶσιν.   ³³α. β, Aβ, S² read ἐκεῖ (b om.) εἰς ὀνειδισμὸν καὶ εἰς κατά-
ραν (g om. καὶ εἰς κατ.) καὶ εἰς καταπάτημα. A^a reads εἰς κατάραν καὶ εἰς ὀνειδ.
καὶ εἰς καταπάτημα ἀλλοτρίων. S¹ εἰς ὀνειδ. καὶ εἰς καταπάτημα.   ³⁴d om.
³⁵h, f. c reads ἐκλέξειται. adg ἐκλέξηται. b ἐξελέξηται. e ἐξελέξεται. A
ἐξελέξατο. A^a add ἑαυτῷ.   ³⁶e om.   ³⁷d reads Ιηλ̄ ἅγιον ἔσται. f om.
³⁸α, deg. abf read περιέχει βίβλος. A = γέγραπται (A^h om.) ἐν βίβλοις.

XI. ¹g om. XI.–XII. ₃ S¹ om. XI.–XIII. here but adds them after
XIX.   ²α (save that c reads χρόνων for ἐτῶν). β, Aβ, S¹ read ἐλ. γυναῖκα,
ἤμην ἐτῶν. εἴκοσι ὀκτὼ (κη' ἐτῶν ἤμην ade, εἴκοσι καὶ ὀκτὼ ἐτῶν ἤμην f). A^a =
ἤμην ἐγὼ ἐτῶν εἴκοσι καὶ ὀκτὼ ἔλαβον ἐγώ μοι γυναῖκα.   ³α (save that c reads
Μελχέ). e which is dependent on α reads ἦν δὲ ὄνομα αὐτῆς Μελχώ. A is
an expansion of α. It = καὶ ἦν τὸ ὄνομα τῆς γυναικός μου Μελχά. β–e, S¹
read ᾗ ὄνομα Μελχά.   ⁴α, d, A^b*, Gk. Frag. 63. a reads παροικηλόν.
bef, A^cdefg, S¹ om. Ver. 2 is very corrupt in A^a. It = καὶ ὅτε ἦμεν ἐν
Γεσέμ, ὅτι πάροικοι ἦμεν ἐν τῇ γῇ ἐν ᾗ ἦμεν· Γεσὲμ γὰρ παροικία μεταγράφεται.
⁵h, d, S¹, Gk. Frag. 63. c, abef, Aβ read ἐκάλεσε.   ⁶ adds παροικεία.

ΔΙΑΘΗΚΗ ΛΕΥΙ   [XI. 3

β (Aβ), ὅτι οὐκ ἔστιν[11] ἐν τῇ[12] πρώτῃ τάξει.   4. Καὶ[13] ὁ Καὰθ[14]
S¹ εἶδον ἐγεννήθη *ἐν τῷ[15] τριακοστῷ πέμπτῳ[16] ἔτει[17] ⌜τῆς ζωῆς
δὲ ἐν ὁρά- μου⌝[18] *πρὸς ἀνατολὰς ἡλίου[19].   5. *Καὶ εἶδον ἐν ὁράματι·
ματι ὅτι
μέσος ἐν ἐν ὑψηλοῖς ἵστατο μεσῶν τῆς συναγωγῆς[20].   6. *Διὰ τοῦτο
ὑψηλοῖς ἐκάλεσα τὸ ὄνομα αὐτοῦ Καάθ[21], [ὅ ἐστιν ἀρχὴ μεγαλείου καὶ
ἵστατο
πάσης συμβιβασμός][22].   7. Καὶ *τρίτον υἱὸν[23] ἔτεκέν μοι τὸν
τῆς συνα- Μεραρεῖ[24] τῷ[25] τεσσαρακοστῷ[26] ἔτει[27] *τῆς ζωῆς μου[28], καὶ
γωγῆς.
β, A τρίτον.

[7] A^a = Γεσέμ.   [8] α (save that h reads ὑμῶν (?) for ἦμεν). β, A, S read
ἐν τῇ γῇ ἡμῶν (αὐτοῦ f.   ἐν ᾗ ἦμεν A.   e om.) πάροικοι ἦμεν (πάροικος ἤμην e).
bde, A, S¹ add Γηρσὰμ (Γεσὲμ A^a) γὰρ παροικία γράφεται (μεταγράφεται A)
against α, aef.   [9] α, Aβ. bef read εἶδον δέ. af ἰδών. d ἴδον γάρ. A^a om.
together with rest of verse.   [10] β reads αὐτοῦ.   [11] b reads ἔσται.
[12] α, d, Aβ. β–d om.   [13] d gives ver. 4 as follows: καὶ ἐν τῷ λε ἔτει πάλιν
συλλαβοῦσα ἔτεκέ μοι υἱὸν δεύτερον κατὰ ἀνατολὰς ἡλίου.   [14] α reads Κάθ here
and elsewhere. A^b adds υἱός μου.   [15] α. β om.   [16] A^a om. Aram.
Frag. = τετάρτῳ. Gr. Frag. 68 reads ἐνιαυτῷ corrupt(?) for τετάρτῳ.
[17] A^b* om.   [18] α. β, A, S¹ om.   [19] A^a om.   [20] α (save that c om. ἐν
before ὁράματι). β reads εἶδον δὲ ἐν ὁράματι, ὅτι μέσος (μέσον adf, μεσῶν e) ἐν
ὑψ. (+δρυσὶ S¹) ἵστ. πάσης τῆς συναγωγῆς. A = καὶ εἶδον ἐν ὁράματι ὅτι ἐν
μέσῳ πολλῶν (here *puquiug* (= πολλῶν) is a corrupt dittography of *pupdp*
= ὑψηλός) ἵστατο ὑψηλὸς ὑπὲρ πᾶσαν τὴν συναγωγήν (ἐν μέσῳ τοῦ ὕψους ἵστατο
ὑπὲρ πᾶσαν τ. συναγωγήν Aβ). It thus appears that A supports β. With
our text we should compare the Gr. Frag. Ἑώρακα ὅτι ἐπ᾽ αὐτῷ ἔσται ἡ
συναγωγὴ παντὸς τοῦ λαοῦ. There may be a paronomasia in קהר and קהל =
συναγωγή.   [21] A^a read Καάθ only. For ἐκάλεσα α reads ἐκάλεσε and for
Καάθ S¹ reads Καιάφα and d Κάθ.   [22] I have bracketed this clause as a
gloss. Though it is found in both α, β and A, it cannot be given as an
explanation of the name. It may, however, be a corrupt survival of the
text which may be more truly handed down in the Gr. Frag. καὶ ὅτι αὐτὸς
ἔσται ἡ ἀρχιερωσύνη ἡ μεγάλη· αὐτὸς καὶ τὸ σπέρμα αὐτοῦ ἔσονται ἀρχὴ βασιλέων
ἱεράτευμα τῷ Ἰσραήλ. The MSS. evidence is as follows: α, S¹ support text
(save that h, S¹ read συμβιβασμοῦ). Similarly β (save that d om. ἀρχὴ μεγ.
and e reads ἑρμηνεία for ἀρχή). A = ὅ ἐστιν ἡ ἀρχὴ μεγαλείου (χρίσεως Aβ
by an easy internal corruption) καὶ κρίσεως (but ꜧωπηηπι[βτωϊ may be
corrupt for ꜧωωπιωπιηπι[βτωϊ = συμβιβασμοῦ).   [23] c. h reads τὸν υἱὸν
τὸν τρίτον. β–bd, A read τρίτον. b, S¹ τρεῖς. For the first seven words
d reads καὶ προσθῆσα (sic) ἔτεκέ μοι υἱόν.   [24] α. ae read Μεραρήν. bf Μεραρί.
a om. next fifteen words through hmt.   [25] α, d. bef om.   [26] d read μ.
[27] A* om.   [28] c, d. h, bef, A^a read ζωῆς μου. Aβ om.   [29] e reads ἐπεί.
[30] c, e, A^ah. So also Aram. and Gr. Frag. 69. h, bdf, A^bβ, S¹ read ἐκάλεσε.

ΔΙΑΘΗΚΗ ΛΕΥΙ

ἐπειδὴ[29] ἐδυστόκησεν ἡ μήτηρ αὐτοῦ ἐκάλεσα[30] αὐτὸν[31] h, bdf, Ab, S¹
Μεραρεί[32] ὅ ἐστι[33] *πικριασμός[34]. 8. Ἡ δὲ Ἰωχαβὲδ[35] ἐκάλεσε.
*ἐγεννήθη ἐν Αἰγύπτῳ τῷ ἑξηκοστῷ τετάρτῳ μου ἔτει[36]. *ἔνδοξος β, S¹
γὰρ ἦν τότε ἐν μέσῳ τῶν ἀδελφῶν μου[37]. πικρία μου ὅτι

XII. Καὶ ἔλαβεν ὁ[1] Γερσὰμ[2] γυναῖκα[3] καὶ ἔτεκεν[4] καίγε
*ἐξ αὐτῆς[5] τὸν Λομνὴ[6] καὶ Σεμεῆ[7]. 2. *Οἱ δὲ[8] υἱοὶ αὐτὸς ἀπέθνη-
Καὰθ[9] Ἀβραάμ[10], Ἰσαχάρ[11], Χεβρὼν[12] καὶ[13] Ὀζηήλ[14]. σκεν.
3. ⌜Καὶ οἱ[15] υἱοὶ Μεραρεῖ Μοολὶ[16] καὶ Μωυσῆς[17]⌝. 4. Καὶ β, S¹
——————— ἑξηκοστῷ
τετάρτῳ ἔτει ἐτέχθη ἐν Αἰγ. β, Α αὐτῷ.

[31] e reads αὐτῶν. Aˢ, Aram. and Gr. Frag. 69 = τὸ ὄνομα αὐτοῦ. [32] α.
b reads Μεραρί. d Μεραρή. ef Μεραρήν (-ἰν f). [33] Α = ἑρμηνεύεται. [34] c.
β–e, Α read πικρία μου. h κρασμος. e πικρασμοῦ. β adds ὅτι καίγε (καὶ d)
αὐτὸς ἀπέθνησκεν (ἀπέθανεν b). [35] α, bg. β–bg read Ἰωχαβέθ (Ἰοχ. af) Aª
= Γεναβάδ. Ab* Ναχαβέθ. Aᶜᵈⁱˢ Ἰοχαβίθ. [36] α (save that c reads ἐγεν-
νήθην). Aª = ἐγεννήθη (or ἐτέχθη) μοι ἑξήκοντα τετάρτῳ ἔτει ζωῆς μου, ἐν ᾧ ἦν
ἐν Αἰγ. β–d, S¹ read ἑξηκοστῷ (ἑξήκοντα f, ξ´ e) τετάρτῳ ἔτει (τεσσάρων ἐτῶν f)
ἐτέχθη ἐν Αἰγ. Aᵝ = ὅτε ἦν ἑξήκ. τεσσάρων ἐτῶν ἐτέχθη μοι (Ab* om.) ἐν
Αἰγ. d stands alone and gives ver. 8 thus: καὶ ἐν τῷ ξ´ τετάρτῳ ἔτει τῆς
ζωῆς μου ἐν Αἰγ. συλλαβοῦσα ἔτεκέ μοι θυγατέρα τὴν Ἰωχαβέθ. This slightly
agrees with Aram. Frag. 71. [37] h. So c (save that it reads εἰ τῶτε ἐν
μέσῳ). β reads ἤμην τότε (e om.) ἐμμέσῳ (ἐν μέσῳ def) τ. ἀδ. μου. Aª = καὶ
τότε ἦν ἐνδ. ἐν μέσῳ ἀδελφῶν πολλῶν. Aᵝ = καὶ ἦν τότε ἐνδ. ἐν μ. τῶν ἀδ. μου.

XII. ¹b om. ²Aᵇ = Γεθσών. Aª add ἑαυτῷ. ³Ab*cd add συνέλαβεν.
Aᵉᵍ καὶ συνέλαβεν. ⁴S¹ = ἐγεννήθη. ⁵α, S¹. β, A read αὐτῷ. Aª add
υἱόν. ⁶c, f. h reads Λομνεί and om. next nine words. a reads Λομήν.
b Λομνί. d Λομνήν. e Λωμνήν. Aª, deg Λουμί. Ab* Λουνμί. Aᶜ Λομί. Exod.
vi. 17 לִבְנִי and so Aram. Frag. ⁷c. b reads τὸν Σεμεί. adf Σεμεί. e τὸν
Σενεήν. Aª = Σεμί. Aᵇ Συμί. Ab*cd Σεμηί. Aᵉᵍ Σεμνεί. Exod. vi. 17 שִׁמְעִי.
⁸c. ef, Aª read καὶ οἱ. ab καί. For the first four words of ver. 2 d reads
ἔλαβε καὶ Κὰθ γυναῖκα καὶ ἔτεκεν αὐτῷ. ⁹c adds εἰσίν. ¹⁰c, d. b reads
Ἀμβράμ. Cf. LXX. Exod. vi. 18. aef Ἀβράμ. A = Ἀμράμ. So Exod.
vi. 18 עַמְרָם, and also Aram. Frag. d adds καί. ¹¹c, adef, Aª. b reads
Ἰσαάρ. Aᶜᵈ = Ἰσαχαρά. Ab* Ισαχαρ και Ισαχαρα. d adds καί. Exod. vii.
18 and Aram. Frag. 75 יִצְהָר. ¹²b reads Χεβρώ. ¹³α, d, A. Other
MSS. om. ¹⁴c. h reads Ὀζωήλ. adf, Aᵝ Ὀζιήλ. b Ὀζήλ. e Οὐζηήλ.
Aª = Οὐζέλ. Aᵇ Οὐζιήλ. ¹⁵c, ef. h, ab om. For the first four words
d reads ὁμοίως δὲ καὶ ὁ Μεθαρή ἔλαβεν αὐτῷ γυναῖκα καὶ ἔτεκεν. Α om. ver. 3.
¹⁶b, S¹. c reads Μοθλί. h Μεθχί. af Μοθλή. d τὸν Μααλή. e Μωλή. Exod.
vi. 19 and Aram. Frag. 75 מַחְלִי. ¹⁷α. d reads Μωυσὴ καὶ Ααρών. Cf.
Exod. vi. 19 מֻשִׁי. af read Ὀμουσή. b, S¹ Ὀμουσί where the o may
represent the vav in the Hebrew. On the other hand, the LXX has

ΔΙΑΘΗΚΗ ΛΕΥΙ [XII. 4

α om. from αὐτός to end of chapter. af, A ἱεράτευσα τῷ κυρίῳ.

⌜ἐν¹⁸ τῷ¹⁹ *ἐνενηκοστῷ τετάρτῳ μου ἔτει⌝²⁰ ἔλαβεν ὁ²¹ Ἀβραὰμ²² τὴν Ἰωχαβὲδ²³ τὴν²⁴ θυγατέρα μου ἑαυτῷ²⁵ εἰς γυναῖκα ὅτι ἐν μιᾷ ἡμέρᾳ²⁶ ἐγεννήθησαν²⁷ αὐτὸς καὶ ἡ θυγάτηρ μου. 5. Ὀκτὼ²⁸ ἐτῶν ἤμην ὅτε εἰσῆλθον²⁹ εἰς γῆν³⁰ Χανάαν³¹· καὶ *δέκα καὶ ὀκτὼ³² ἐτῶν³³ ὅτε³⁴ ἀπέκτεινα *τὸν Συχέμ.³⁵· καὶ *δέκα καὶ ἐννέα³⁶ ἐτῶν³⁷ ἱεράτευσα³⁸ καὶ *εἴκοσι καὶ ὀκτὼ³⁹ ἐτῶν⁴⁰ ἔλαβον⁴¹ γυναῖκα· καὶ τεσσαράκοντα⁴² (καὶ ὀκτὼ)⁴³ ἐτῶν⁴⁴ εἰσῆλθον εἰς Αἴγυπτον· 6. *Καὶ ἰδού ἐστε, τέκνα μου, τρίτη γενεά⁴⁵. 7. Ἰωσὴφ⁴⁶ ἑκατοστῷ *ὀγδόῳ καὶ δεκάτῳ μου ἔτει⁴⁷ ἀπέθανεν.

XIII. Καὶ *νῦν, τέκνα μου¹, ἐντέλλομαι ὑμῖν, φοβεῖσθε² *Κύριον τὸν Θεὸν ὑμῶν³ ⌜ἐξ ὅλης τῆς καρδίας ὑμῶν⌝⁴,

Ὀμουσεί also. e reads βουσήν. ¹⁸ c, d. Other MSS. om. A om. to ἔτει inclusive. ¹⁹ be om. ²⁰ c. So also h, b (save that h om. μου and b trs. it after ἔτει). e reads c̄ᾱ ἔτει Μωυσή. af ἐνενηκ. ἔτει μου σὺν τῷ τετάρτῳ (καὶ τετάρτῳ f). d ἐνενηκ. ἔτει τῆς ζωῆς μου. S¹ corrupt. ²¹ c, bf. Other MSS. om. ²² α, de. af read Ἀβράμ. b Ἀμβράμ. A = Ἀμράμ. d adds ὁ υἱὸς Κάθ. ²³ a. c reads Ἡοχαβέλ. h Ἰωχαβέλ. d, A^{a, cdeg} Ἰωχαβέθ. e Ἰωχαβέ. af Ἰοχαβέθ. A^b = Ὀχαβέθ. ²⁴ c, d. Other MSS. om. ²⁵ c, adf, A^a, ^eg. b reads αὐτῷ. e αὐτήν. h, A^{b*cd} om. ²⁶ Aβ = ἔτει. ²⁷ α om. rest of chap. ²⁸ e reads η΄. Aram. Frag. 78 ὀκτωκαίδεκα. ²⁹ g reads ἦλθον. ³⁰ ag om. ³¹ Aβ = Χαναανιτῶν. d om. next nine words. ³² afg. b, A read ὀκτωκαίδεκα. e ΙΗ. ³³ f om. ³⁴ A^a = ἤμην ὅτε. A^{b*} om. g om. next nine words. ³⁵ A = τοὺς Σικιμίτας. ³⁶ af. de read Θ̄. b, A ἐννεακαίδεκα. ³⁷ bde. af read ἔτη. A^a add ἤμην ὅτε. ³⁸ af, A^a add τῷ κυρίῳ. ³⁹ f, A. a read κ΄ καὶ η΄. de KH. bg εἰκοσιοκτώ. S¹ εἴκοσι, ⁴⁰ A^a, ^{eg} add ἤμην ὅτε. ⁴¹ A^a add μοι. ⁴² de read μ̄. ⁴³ Added in accordance with Aram. Frag. 79. ⁴⁴ A^{a, cdeg} add ἤμην ὅτε. ⁴⁵ aef (save that af om. ἐστέ and e reads ἔσται). So also A^β (save that A^{b*cd} add ὑμεῖς after ἐστέ). b, S¹ read καὶ ἰδού, τέκνα μού ἐστε, τέκνα μου, τρίτη γενεά. d καὶ ἰδού ἐστε ἀρτίως τρίτη γενεά, ὑμεῖς τέκνα μου. A^a = καὶ νῦν ἰδού ἐστε τέκνα μου †τρεῖς†. g reads καὶ ἰδοὺ ἔσται τέκνα τρεῖς γενεαί. ⁴⁶ d reads Ἰωσὴφ γὰρ ὁ ἀδελφός μου. A^β = καὶ Ἰωσ. g, A^a om. this verse. ⁴⁷ adf, S¹ (save that a and S¹ om.). b reads ὀκτωκαιδεκάτῳ ἔτει. d ι΄ ἐτῶν. A^β καὶ δεκάτῳ ἔτει αὐτοῦ ὅτε, thus agreeing with d.

XIII. ¹g om. S¹ om. next two words. ²α, f, S¹. a reads φοβεῖσθαι. beg, A ἵνα φοβεῖσθε (φοβεῖσθαι e). d ἵνα φοβήσθε. ³α, adfg, A, S² (save that c, adfg read ἡμῶν). e reads τὸν θεὸν ὑμῶν. b τὸν κ. S¹ τὸν κύριον ἡμῶν. ⁴c. af read ἐξ ὅλης τῆς καρδίας. beg ἐξ ὅλης καρδ. d ἐξ ὅλης καρδ. ἡμῶν. h, A om. ⁵ag add καρδίας (+ ὑμῶν g). d κυρίου. e ψυχῆς. A^a = εὐθύ-

XIII. 6] ΔΙΑΘΗΚΗ ΛΕΥΙ 53

καὶ πορεύεσθε ἐν ἁπλότητι[5] *κατὰ πάντα τὸν νόμον αὐτοῦ[6].

2. *Διδάξατε δὲ καὶ ὑμεῖς[7] τὰ τέκνα ὑμῶν γράμματα[8]   α om.
ἵνα ἔχωσι[9] σύνεσιν ἐν *πάσῃ τῇ ζωῇ αὐτῶν[10],   ver. 2.
ἀναγινώσκοντες[11] ἀδιαλείπτως[12] τὸν νόμον τοῦ Θεοῦ[13].

3. Ὅτι[14] πᾶς, *ὃς γνώσεται[15] *νόμον Κυρίου[16], τιμηθήσεται, καὶ οὐκ ἔσται[17] ξένος, ὅπου ὑπάγει[18].

4. Καίγε πολλοὺς φίλους ὑπὲρ γονεῖς κτήσεται[19] καὶ ἐπιθυμήσουσι πολλοὶ τῶν ἀνθρώπων δουλεῦσαι αὐτῷ[20] καὶ ἀκοῦσαι νόμον[21] ἐκ τοῦ[22] στόματος αὐτοῦ[23].

5. Ποιήσατε ⌜οὖν⌝[24] δικαιοσύνην[25], τέκνα μου, ἐπὶ τῆς γῆς, ἵνα †εὕρητε[26] ἐν τοῖς οὐρανοῖς.   α ὑγιασμένοι ἦτε.

6. Καὶ σπείρατε[27] ἐν *ταῖς ψυχαῖς[28] ὑμῶν[29] ἀγαθὰ *καὶ εὑρήσετε[30] αὐτὰ[31] *ἐν τῇ ζωῇ ὑμῶν[32].
*Ἐὰν δὲ σπείρητε πονηρὰ[33]
*πᾶσαν ταραχὴν καὶ θλῖψιν θερίσετε[34].

τητι, Α^β ἁπλότητι.   [6]Α^α = κατὰ πάσας τὰς ἐντολὰς αὐτοῦ. Α^β τῶν νόμων αὐτοῦ. d om. τόν, and b reads αὐτῶν for αὐτοῦ.   [7]e reads διδάξατε καὶ ὑμεῖς. Α^α = καὶ διδάξατε.   [8]g trs. before τὰ τέκνα.   [9]f reads ἔχουσιν. S¹ ἔχητε.   [10]de read πάσῃ ζ. αὐτῶν.   [11]abfg, Α^β, S¹. d reads καὶ ἵνα γινώσκοντες καὶ ἐπιγινώσκοντες. e ἵνα γινώσκουσιν. Α^α = ἀναγινώσκειν.   [12]d reads ἀδιαλείπτως ὦσιν and trs. after θεοῦ.   [13]Α = κυρίου.   [14]c reads διότι. Α^eg om. Α^β om. next five words.   [15]g reads ὁ εἰδώς.   [16]α, d, Α^α. abfg read ν. θεοῦ. e τὸν νόμον τοῦ θεοῦ. e adds καί.   [17]c reads ἐστίν. [18]β. c reads ἂν εἰσέρχεται. h ἂν ἀπέρχεται.   [19]h (?), ag. c, df read κτίσεται. b κτήσηται. e γε ζητεῖν. S¹ adds ὧν φιλομαθής. Α^α om. ver. 4 and compresses vers. 5, 6 as follows:

    Σπείρατε δικαιοσύνην (or ἐλεημοσύνην) ἐπὶ τῆς γῆς
    ἵνα θερίσητε ἀταραξίαν.

[20]g reads αὐτόν. Α^{b*cd} = ὑμῖν. Α^eg om.   [21]c, β–d. h reads νόμους. d λόγον.   [22]ae¹ om.   [23]Α^{b*cd} = ὑμῶν.   [24]α. β, Α, S¹ om.   [25]c trs. after τέκνα μου.   [26]β, Α^β, S. d adds αὐτήν and for preceding ἵνα reads ὅπως. c reads ὑγιασμένοι εἶται (i.e. ἦτε). h ἠλιασμένοι. All readings corrupt. εὕρητε = ימצאו and ὑγιασμένοι ἦτε = ירפאו, both of which are corrupt for יראנו = θησαυρίσητε. Cf. Matt. vi. 19, 20.   [27]α, af. bdeg read σπείρετε. [28]f reads τῇ ψυχῇ.   [29]d reads ἡμῶν.   [30]α (though c reads εὑρήσεται and h εὑρήσητε). β, Α read ἵνα εὕρητε. S¹ καὶ θερίσετε καὶ εὑρήσετε.   [31]g, S¹ om.   [32]α om. S¹ reads αἰωνίῳ for ὑμῶν.   [33]α (save that c reads σπείρετε). abef, S¹ read ἐὰν γὰρ σπείρητε (σπείρετε ef) κακά. dg ἐὰν γὰρ σπείρητε.   [34]α, β–dg (save that c reads θερησεται (sic), h, bf θερίσητε, e θερίσεται), Α^β. dg read ταραχήν, πᾶσαν (d om.) θλῖψιν θερίσητε (θερησετε g). [35]ab, Α^β. c, df read κτίσασθε. h, e κτήσασθαι. g, Α^α κτήσεσθε.   [36]Α^α =

ΔΙΑΘΗΚΗ ΛΕΥΙ [XIII. 7

β, Αβ, S
θεοῦ
μετὰ
σπουδῆς.
α ἵνα.

7. Σοφίαν κτήσασθε³⁵ *ἐν φόβῳ³⁶ Θεοῦ³⁷
ὅτι³⁸ ἐὰν *γένηται αἰχμαλωσία,
καὶ ὀλοθρευθῶσι πόλεις καὶ χῶραι³⁹
*καὶ χρυσὸς καὶ ἄργυρος καὶ πᾶσα⁴⁰ κτῆσις⁴¹ ἀπολεῖται⁴²
*τοῦ σοφοῦ τὴν σοφίαν⁴³ †οὐδεὶς⁴⁴ δύναται⁴⁵ ἀφελέσθαι⁴⁶
εἰ μὴ τύφλωσις⁴⁷ ἀσεβείας⁴⁸ καὶ πώρωσις⁴⁹ ἁμαρτίας⁵⁰.

β–d, A, S
om.

8. ᵧἘὰν γάρ τις φυλάξῃ αὐτὸν ἐκ τῶν πονηρῶν τούτων ἔργων⁷⁵¹
τότε⁵² γενήσεται⁵³ αὐτῷ σοφία⁵⁴ καὶ *παρὰ τοῖς πολεμίοις
λαμπρὰ⁵⁵
καὶ ἐπὶ⁵⁶ γῆς ἀλλοτρίας⁵⁷ πατρίς,
καὶ ἐν μέσῳ⁵⁸ ἐχθρῶν εὑρηθήσεται⁵⁹ φίλος.

β, A
ταῦτα.
abf, A,
S¹ ἡμῶν.

9. *Πᾶς ὃς ἂν διδάσκει καλὰ καὶ πράττει⁶⁰
σύνθρονος ἔσται⁶¹ βασιλέων⁶²,
ὥσπερ⁶³ καὶ Ἰωσὴφ ὁ ἀδελφός⁶⁴ μου⁶⁵.

καὶ φόβον. ³⁷α, β, S¹. Aᵃ = κυρίου θεοῦ. Aᵝ, S² κυρίου. β, Aᵝ, S add μετὰ σπουδῆς. ³⁸α read ἵνα. ³⁹α, β, S¹ read γένηται αἰχ. καὶ πόλεις ἐξολοθρευθῶσι (ὀλοθρευθῶσι bf) καὶ χῶραι (S¹ om. κ. χῶραι). Aᵃ = ὅτι ὅτε γενήσονται ἐν ταραχῇ χῶραι καὶ ὀλοθρευθῶσι. Aᵝ = ὅτι ἐὰν γένωνται χῶραι καὶ πόλεις ὀλοθρευθῶσι. d adds καὶ ἄρουραι. ⁴⁰Aᵃ om. ⁴¹abeg. α, df read κτίσις. ⁴²beg. c reads ἀπωλλεῖται. h ἀπολυται. d ἀπόλλυται. af ἀπώληται. ⁴³α, β–df. df read τοῦ δὲ σοφοῦ τὴν σ. Aᵃ = τὴν δὲ σοφίαν τῶν σοφῶν. Aᵝ τὴν δὲ σοφίαν. ⁴⁴e reads οὐ. ⁴⁵Aᵃ = δυνήσεται. ⁴⁶Aᵃ add ἀπ' αὐτῶν. Aᵇ ἀπ' αὐτοῦ. ⁴⁷For τύφλ ... ἁμαρτίας S¹ reads σκοτία ἁμαρτίας τύφλωσις ῥήματος ἀπὸ τῆς εὐγενείας. ⁴⁸Aᵃ om. next three words. ⁴⁹Em. from πόρρωσις of α, e. adf read πόρωσις. b πήρωσις. g πείρωσις. Aᵝ = πλήρωσις, a corruption of our text. ⁵⁰g reads καρδίας. ⁵¹α (save that c reads φυλάξει, and h ἑαυτόν, and πράξεων for ἔργων). d reads ἐὰν δὲ φυλάξῃ ταῦτα. β–d, A, S om. But the τότε (α, aef) which begins the next line points to some such clause as the above. ⁵²α, aef, S¹. bg, A read ὅτι. d om. ⁵³c adds ἐν. ⁵⁴α, d (but d prefixes ἡ), A. β–d read αὐτή. Aᵃ add αὐτοῦ ὡς πόλις ἰσχυρά. S¹ reads πόλεμος and for next five words καὶ ἀπὸ τοῦ πολεμίου. ⁵⁵h, β. c reads περὶ τοὺς πολεμίους λαμπρός. A = παρὰ τῷ πολέμῳ (τοῖς πολεμίοις Aᵝ) λαμπρότης. ⁵⁶g adds τῆς. Aᵃ om. this line and the next. ⁵⁷Aᵝ = ἀλλοτρίων. ⁵⁸α, ef. Other MSS. read ἐμμέσῳ. ⁵⁹c reads γενήσεται. For εὑρ. φίλος S¹ reads ἀναστρέψεται. ⁶⁰α (save that h reads διδάσκῃ). ae read ὃς ἐὰν διδάσκῃ ταῦτα καὶ πράττῃ (πράσσει e). bdg ἐὰν (+ γὰρ g) διδάσκῃ (διδάσκει d) ταῦτα καὶ πράττῃ (πράττει d). f ὃ ἐὰν διδάσκει ταῦτα καὶ πράσσει. A = ὅτι ἐὰν ὁ διδάσκεις καὶ τοῦτο πράττῃς. S¹ ἐὰν δέ τις γλίχηται τῆς διδασκαλίας καὶ σοφίας. ⁶¹A = ἔσῃ. ⁶²α, β–ab, A, S². ab, S¹ read βασιλέως. ⁶³α. β read ὡς. ⁶⁴g reads πατράδελφος. S¹ prefixes ἁγνός. ⁶⁵α, d. abf, A, S¹ read ἡμῶν. eg ὑμῶν.

ΔΙΑΘΗΚΗ ΛΕΥΙ

α, Aᵃ

XIV. Ἐγὼ¹ οὖν, τέκνα μου², ἔγνων³ ὅτι ἐπὶ τὰ τέλη τῶν αἰώνων ἀσεβήσετε⁴ *ἐπὶ Κύριον, χεῖρας ἐπιβάλλοντες⁵ ἐν⁶ κακίᾳ [ἐπ' αὐτὸν]⁷ καὶ ἐν⁸ πᾶσι τοῖς ἔθνεσιν γενήσεσθε⁹ χλευασμός.

β, Aᵝ, S¹

XIV. Καὶ νῦν, τέκνα μου¹⁰, ἔγνων ἀπὸ¹¹ γραφῆς¹² Ἐνώχ, ὅτι ἐπὶ τέλει¹³ ἀσεβήσετε¹⁴ ἐπὶ Κύριον, *χεῖρας ἐπιβάλλοντες ἐν πάσῃ κακίᾳ¹⁵ καὶ αἰσχυνθήσονται*ἐφ' ὑμῖν¹⁶ οἱ ἀδελφοὶ ὑμῶν, καὶ πᾶσι τοῖς ἔθνεσι γενήσεσθε¹⁷ χλευασμός.

2. Καὶ γὰρ ὁ πατὴρ ἡμῶν Ἰσραὴλ καθαρός ἐστιν¹⁸ ἀπὸ τῆς¹⁹ ἀσεβείας²⁰ τῶν ἀρχιερέων [οἵτινες ἐπιβαλοῦσι²¹ τὰς χεῖρας αὐτῶν ἐπὶ τὸν σωτῆρα τοῦ κόσμου]²². Aᵃ om. vers. 2, 3, 4 (to ἀνελεῖν inclusive).

α

3. Ὡς²³ γάρ ἐστιν ὁ †ἥλιος²⁴ καθαρὸς ἐνώπιον κυρίου †ἐπὶ τὴν γῆν²⁵, οὕτω καὶ

β (S¹).

3. *Καθαρὸς ὁ οὐρανὸς ὑπὲρ τὴν γῆν²⁶ καὶ ὑμεῖς οἱ φωστῆρες τοῦ Ἰσραήλ²⁷,

Aᵝ

3. Τέκνα μου, καθαροὶ γίνεσθε καθὼς οἱ οὐρανοὶ ὑπὲρ τὴν γῆν· καὶ ὑμεῖς οἳ οἱ

XIV. ¹Aᵃ = καὶ. ²Aᵃ add ἀναγγέλλω ὑμῖν ὅ. ³Aᵃ add ἀπὸ γραφῆς (τῶν ἔργων Aᵇ) Ἐνώχ. ⁴h. c reads ἀσεβήσουσιν. ⁵α (save that c reads ἐπιβαλοῦσι). Aᵃ = καὶ χεῖρας ὑμῶν ἐπιβαλεῖτε ἐπὶ κ. ὑμῶν. ⁶Aᵃ add πάσῃ (rightly). ⁷α. Bracketed as a Christian addition. A, β, S¹ om. Observe addition made here by β, Aᵝ. ⁸c. h om. ⁹c reads γενήσεσθαι (corrupt for γενήσεσθε as in af, A). h γενήσεται. ¹⁰e, Aᵝ. β—e, S¹ om. ¹¹e adds τῆς. ¹²S¹ reads γενεᾶς. ¹³abd, S¹. e reads τὸ τέλος. f συντελείᾳ. g τέλος. Aᵝ = ἐπὶ τὰ τέλη τῶν αἰώνων. ¹⁴f. abdg read ἀσεβήσητε. e ἀσεβήσεται. S¹ ἀσεβέσουσι. Aᵝ add καθὼς ποιήσουσιν πάντα τὰ ἔθνη. ¹⁵β (save that de read ἐπιβαλόντες), S¹. Aᵝ = καὶ χεῖρας ὑμῶν ἐπιβαλεῖτε ἐπὶ κύριον. Unless we can render χεῖρας ἐπιβ. ἐν πάσῃ κακίᾳ as 'stretching out the hands to all wickedness,' we must reject either the whole clause or χεῖρας ἐπιβ. at all events. ¹⁶bg. d om. af read ἐφ' ὑμᾶς and e ἐφ' ὑμῶν. ¹⁷af, A. bg read γενήσεται. d γενήσετε. e γενήσεσθαι. ¹⁸α, adefg. b, S¹ read ἔσται. Aᵝ = ἦν. ¹⁹α, abd, Aᵇᶜᵈᵉᵍ, S¹. efg, Aᵇ* read πάσης. ²⁰c adds ὑμῶν καί. ²¹Aᵝ = ἐπιβάλλουσι. ²²c adds χν. The clause is bracketed as a Christian interpolation. ²³h. c reads οὐ. ²⁴ = שמש which, since β, Aᵝ read οὐρανός, is corrupt for שמים. ²⁵ = בארץ corrupt for מארץ or מהארץ = ὑπὲρ or παρὰ τὴν γῆν. Hence read ὑπέρ or παρά, as in β, Aᵝ. ²⁶β—d (save that for οὐρανός, which f om., a reads ἥλιος). d om. S¹ om. ver. 3 and ver. 4 to ἀσεβείᾳ. ²⁷aefg. b reads οὐρανοῦ. For καὶ ὑμεῖς ... Ἰσραήλ d reads καὶ γὰρ αὐτῷ ὡς φωστῆρές εἰσιν. ²⁸Aᵝ give the imperative here. ²⁹c reads σκοτισθεῖτε. ³⁰Em. from

ΔΙΑΘΗΚΗ ΛΕΥΙ [XIV. 3

ὑμεῖς ἐστε²⁸, οἱ φωστῆρες τοῦ Ἰσραήλ, παρὰ πάντα τὰ ἔθνη. 4. Καὶ ἐὰν ὑμεῖς σκοτισθῆτε²⁹ ἐν ἀσεβείᾳ, τί λοιπὸν τὰ ἔθνη ποιήσουσι³⁰ ἐν τυφλώσει διάγοντες³¹; καὶ ἐπάξετε κατάραν ἐπὶ τὸ γένος ἡμῶν³², †ὑπὲρ οὖν†³³ τὸ φῶς τοῦ νόμου τὸ δοθὲν εἰς φωτισμὸν *παντὸς ἀνθρώπου³⁴, †τοῦτον θέλ(ήσ)ετε³⁵ ἀνελεῖν, ἐναντίας ἐντολὰς διδάσκοντες³⁶ τοῖς τοῦ θεοῦ δικαιώμασιν.

Aa om. ver. 5 and ver. 6 to βεβηλώσετε καί inclusive.

†ὡς ὁ ἥλιος καὶ ἡ σελήνη. 4. *Τί ποιήσουσιν πάντα τὰ ἔθνη, ἐὰν ὑμεῖς σκοτισθῆτε ἐν ἀσεβείᾳ; καὶ ἐπάξετε κατάραν³⁷ ἐπὶ³⁸ τὸ γένος ἡμῶν³⁹, †ὑπὲρ ὧν⁴⁰ τὸ φῶς τοῦ νόμου⁴¹ τὸ δοθὲν⁴² ὑμῖν⁴³ εἰς φωτισμὸν παντὸς ἀνθρώπου, †τοῦτον⁴⁴ θελήσετε⁴⁵ ἀνελεῖν, ἐναντίας ἐντολὰς διδάσκοντες *τοῖς τοῦ θεοῦ δικαιώμασι⁴⁶.

φωστῆρές ἐστε τοῦ Ἰσραήλ, ὡς ὁ ἥλιος καὶ ἡ σελήνη, ἔσεσθε. 4. Τί⁴⁷ ποιήσουσιν πάντα τὰ ἔθνη, ἐὰν [γὰρ]⁴⁸ σκοτισθήσεσθε ἐν ἀσεβείᾳ; καὶ ἐλεύσονται κατάραι ἐπὶ τὸ γένος ὑμῶν, καὶ τὸ φῶς τὸ δοθὲν διὰ τοῦ νόμου ὑμῖν εἰς φωτισμὸν *καὶ παντὶ ἀνθρώπῳ⁴⁹, τοῦτο θελήσετε ἀνελεῖν καὶ [ἐναντίον τούτου]⁵⁰ διδάξετε⁵¹ τὰς ἐντολὰς⁵² κατὰ τοῦ δικαιώματος θεοῦ.

5. Τὰς προσφορὰς⁵³ Κυρίου λῃστεύσετε⁵⁴, καὶ *ἀπὸ τῶν

ποιήσωσιν of c. h reads ποιήσειε. ³¹h adds ὑπὲρ οὖν. ³²c. h, S¹ read ὑμῶν. ³³α. This unintelligible phrase is no doubt corrupt for ὑπὲρ ὧν as in β = אשר על. Cf. Ps. civ. 14 (LXX) for ὑπέρ with genitive in this sense as a rendering of על. A^β give καί. S¹ γάρ. ³⁴d om. ³⁵c reads θέλεται. h θέλετε. ³⁶c. h reads διδάξοντες. ³⁷β–d (save that aef read σκοτισθήσεσθε and g ὑμῖν σκοτισθήσεται, e ἐπαξηται, f ἐπαταξετε, S¹ ἐπάξουσιν). d reads (almost as in α) καὶ ἐὰν ὑμεῖς σκοτισθῆτε, τί ποιήσουσι πάντα τὰ ἔθνη; ἐν γὰρ τῇ ἀσεβείᾳ ὑμῶν ἐπάξετε. ³⁸g om. ³⁹d, S¹ read ὑμῶν. ⁴⁰af read ὑπὲρ οὗ. ⁴¹b, S² read κόσμου. d κόσμου καὶ τοῦ νόμου. For ὑπὲρ ὧν τὸ φῶς... δοθέν S¹ reads οἱ ἅγιοι νόμοι ἐδόθησαν. ⁴²abe¹f add ἐν against α, de²g, A^β, S¹. ⁴³b adds ἐν. d adds καὶ παντὶ ἀνθρώπῳ and om. παντὸς ἀνθρώπου in next line. So also A^β. ⁴⁴Read τοῦτο with a. ⁴⁵dg (though the former gives the form θελήσειτε and the latter θελήσεται). abef, S¹ read θέλοντες. ⁴⁶e reads τῆς τοῦ θ. δικαιοσύνης. S¹ om. rest of chap. ⁴⁷A^eg i. e. զլուք. A^{b*cd} prefix ևիմ, text then = καὶ μὴ ὅ(?) or καὶ οὐδέν. ⁴⁸Bracketed as an interpolation. ⁴⁹So also d. See note 43. ⁵⁰Bracketed as a dittography of the last four words of the verse. A^a om. ver. 4 save the following words, ὅτι ὑμεῖς ἐναντίον τῷ κυρίῳ διδάσκετε τὰς ἐντολὰς ὑμῶν. ⁵¹A^eg. A^{b*cd} = διδάσκειν. ⁵²A^g om. next six words. ⁵³A^β read ијшиппьррушу (= τῆς ἐντολῆς) corrupt for

XV. 1]   ΔΙΑΘΗΚΗ ΛΕΥΙ   57

μερίδων⁵⁵ αὐτοῦ⁵⁶ κλέψετε⁵⁷ ἐκλεκτά, ἐσθίοντες⁵⁸ *ἐν κατα- bdeg,
φρονήσει⁵⁹ μετὰ⁶⁰ πορνῶν.   6. Καὶ⁶¹ ἐν πλεονεξίᾳ τὰς Aβ καὶ
ἐντολὰς⁶² κυρίου⁶³ διδάξετε⁶⁴, *τὰς μὲν⁶⁵ ὑπάνδρους βεβηλώ- θυσιάσαι
σετε⁶⁶ καὶ πόρναις⁶⁷ καὶ μοιχαλίσιν⁶⁸ συναφθήσεσθε⁶⁹, *θυγα- κυρίῳ
τέρας δὲ⁷⁰ ἐθνῶν λήψεσθε⁷¹ εἰς γυναῖκας⁷², καὶ γενήσεται⁷⁴ τὰ ἐκ-
*ἡ μῖξις ὑμῶν⁷⁵ ὡς⁷⁶ *Σόδομα καὶ Γόμορρα⁷⁷.   7. Καὶ⁷⁸ λεκτά.
φυσιωθήσεσθε⁷⁹ ἐπὶ τῇ ἱερωσύνῃ ὑμῶν⁸⁰ *κατὰ τῶν ἀνθρώπων β βεβη-
ἐπαιρόμενοι⁸¹, οὐ μόνον δὲ τοῦτο⁸² ἀλλὰ καὶ κατὰ τῶν ἐντολῶν καὶ παρ-
τοῦ Θεοῦ⁸³.   8. *Καταφρονήσετε γὰρ τὰ ἅγια χλευάζοντες καὶ θέν ους
γελοιάζοντες⁸⁴.   Ἰσραὴλ
                                                                   (bgʹΙερου-
XV. Διὰ¹ τοῦτο² *ὁ ναός³, ὃν⁴ ἐκλέξεται⁵ κύριος⁶, σαλήμ)
*ἔρημος ἔσται⁷ *ἐν τῇ ἀκαθαρσίᾳ ὑμῶν⁸, καὶ ὑμεῖς αἰχμά- μια-
                                                                  νεῖτε.
β (A) γυναῖκας *καθαρίζοντες αὐτὰς καθαρισμῷ παρανόμῳ⁷³. β Γόμορρα
ἐν ἀσεβείᾳ. α, Aβ om. κατά . . . ἐπαιρόμενοι. β *φυσιούμενοι κατα-
φρονήσετε⁸⁵ τὰ ἅγια⁸⁶ ἐν καταφρονήσει⁸⁷ γελοιάζοντες⁸⁸.

ιμωιπωρωη̂ι = τῆς προσφορᾶς.   ⁵⁴ α. c reads ληστεύσειτε.   bdfg ληστεύ-
σητε.   e ληστεύσηται.   h corrupt.   ⁵⁵ Aβ read զրսւմ̃ալ̂ի (= τὴν φιάλην)
corrupt for զրսւմ̃բիի = τὴν μερίδα.   ⁵⁶ α reads αὐτῶν. Aβ = κυρίου.
⁵⁷ α. α, d read κλέψειτε.   bfg κλέψητε.   e κλέψηται.   bdeg, Aβ add καὶ πρὸ
τοῦ θυσιάσαι κυρίῳ (θεῷ Aβ) λήψεσθε (d λήψετε) τά.   ⁵⁸ Aβ = καὶ ἔδεσθε.
⁵⁹ h, β, Aβ, but β trs. before ἐσθίοντες and Aβ after πορνῶν.   c reads ἐν
καταφροσύνῃ before μετά.   ⁶⁰ e adds τῶν.   ⁶¹ b om.   ⁶² h, b add τοῦ.
⁶³ e om.   ⁶⁴ α. h, bdf read διδάξητε.   c διδαξειτε.   e διδάξηται.   g διαδέξηται.
⁶⁵ α. β–e, Aβ read τάς.   e καὶ τάς.   ⁶⁶ α. β reads βεβηλώσητε.   β adds καὶ
παρθένους Ἰσραὴλ (bg Ἰερουσαλήμ, d om.) μιανεῖτε (ef μιάνητε) against α, Aβ.
⁶⁷ af read πονηραῖς.   ⁶⁸ e reads μυχαλλίδαις.   ⁶⁹ Aα = ἔσται συναγωγὴ
ὑμῶν, Aβ ἔσονται συναγωγαὶ ὑμῶν through internal corruption.   ⁷⁰ α. e,
A read καὶ θυγατέρας.   β–e θυγατέρας.   ⁷¹ d reads λήψετε. A adds ὑμῖν.
⁷² Aα = γάμον.   ⁷³ β (save that d reads καθαρίζεσθε ἑαυτὰς κ. π. and e reads
κ. αʹ. καθαρισμὸν παράνομον).   Aα = ἐν νῷ ἔχειν καθαρίζειν αὐτὰς καθαρισμῷ
παρανομίας ὑμῶν.   Aβ ἐν νῷ ἔχειν καθαρίζειν αὐτὰς παρανομίᾳ ὑμῶν.   ⁷⁴ α, β–
af. af read γίνεται. A = γενήσονται.   ⁷⁵ A = αἱ μῖξεις ὑμῶν ἐν ἀσεβείᾳ.
⁷⁶ beg om.   ⁷⁷ α, β. · A = Σοδομιτῶν καὶ Γομορραίων.   β adds ἐν ἀσεβείᾳ.
⁷⁸ Aα om.   ⁷⁹ Aᵇ* = φυσιοῦσθε.   ⁸⁰ α, d, A.   β–d om.   ⁸¹ α, β (save
that adf om. τῶν), Aα.   Aβ om.   ⁸² α. d, A read ταῦτα ποιήσετε.   β–d
om.   ⁸³ Aα adds ἐναντίοι ἔσεσθε.   ⁸⁴ α. For γελοιάζ. c reads γελιάζοντες.
Aα om.   ⁸⁵ aef. bdg read φυσιούμενοι καταπαίξετε. Aβ = ἀσεβήσετε (i. e.
ուկրաղսւբսպիր corrupt for ունարսպսւհինսպիր = φυσιωθήσεσθε) καὶ
διαταράξετε.   ⁸⁶ a reads τῶν ἁγίων.   g τὸ ἅγιον.   ⁸⁷ Aβ = καταφρονοῦντες
καί.   ⁸⁸ d reads γελιάζοντες as in c.

XV. ¹ h, S¹ read καὶ διά.   ² α, adf. beg read ταῦτα.   ³ e reads οὗτος.
Aα add ὑμῶν.   ⁴ α, deg. abf read ὃν ἄν.   ⁵ α, efg. ab read ἐκλέξηται.

ΔΙΑΘΗΚΗ ΛΕΥΙ [XV. 1

Aª om.
vers. 2, 3.
b (d) g
Aβ θεω-
ροῦντες.
β, Aβ
φεύξον-
ται ἀφ'.
β–d, A, S
τοὺς
πατέρας
ἡμῶν.
c¹ Aª
ἡμῶν.
β, Aβ, S

λωτοὶ ἔσεσθε εἰς πάντα τὰ ἔθνη.   2. Καὶ *ἔσεσθε βδέλυγμα⁹ αὐτοῖς¹⁰, καὶ λήψεσθε¹¹ ὄνειδος¹² καὶ αἰσχύνην αἰώνιον παρὰ *τῆς δικαιοκρισίας¹³ τοῦ Θεοῦ.   3. Καὶ πάντες οἱ μισοῦντες¹⁴ ὑμᾶς *χαρήσονται ἐπὶ τῇ ἀπωλείᾳ¹⁵ ὑμῶν¹⁶.   4. Καὶ¹⁷ εἰ μὴ¹⁸ δι' Ἀβραὰμ καὶ Ἰσαὰκ καὶ Ἰακὼβ *τῶν πατέρων ἡμῶν ἔλεος λήψεσθε¹⁹, εἷς²⁰ ἐκ τοῦ σπέρματος²¹ ὑμῶν²² *οὐ μὴ²³ καταλειφθῇ²⁴ ἐπὶ τῆς γῆς.

XVI. Καὶ νῦν *ἐγὼ ἔγνωκα¹ ὅτι ἑβδομήκοντα ἑβδομάδας² πλανηθήσεσθε³, καὶ τὴν ἱερωσύνην βεβηλώσετε⁴ καὶ *τὰ θυσιαστήρια⁵ μιανεῖτε⁶.   2. Καὶ τὸν νόμον ἀθετήσετε⁷ καὶ λόγους προφητῶν ἐξουδενώσετε⁸ *ἐν διαστροφῇ κακῇ⁹. *δι-

ἔγνων ἐν βίβλῳ Ἐνώχ.   β, Aβ, S τὰς θυσίας.

dg ἐξελέξηται (-εται *g*).   ⁶ *e* adds τόπον.   Aª εἶναι τόπον τοῦ ὀνόματος αὐτοῦ.
⁷ *g* reads ἐρημωθήσεται.   ⁸ α, S. β–e, Aβ read ἐν ἀκαθαρσίᾳ (+ καὶ ἁρπαγῇ Aβ). *e* ἐπὶ ἀκαθαρσίας.   Aª καὶ ἐν ἀκαθαρσίᾳ διαφθορᾶς.   ⁹ β–deg, S¹. *c* reads βδέλυγμα.   *h* βδελύσεσθε.   *deg*, Aβ ἔσεσθε εἰς βδέλυγμα.   For ver. 2 Aª reads καὶ αἶσχος ἔσεσθε πᾶσι τοῖς ἔθνεσι and om. ver. 3.   S¹ ἔσονται βδέλυγμα.
¹⁰ α, Aβ.   β–e read ἐν αὐτοῖς.   *e* ἐπ' αὐτούς.   ¹¹ S¹ reads λήψονται.
¹² *b* reads ὀνειδισμόν.   *e* om. following καί.   ¹³ Aβ = τοῦ δικαίου κριτοῦ.
¹⁴ α, aef, S.   *by*, Aβ read θεωροῦντες.   *d* ὁρῶντες.   Do these variants point back to הרואים and הרואים?   ¹⁵ α (save that *h* adds εὐτελείᾳ καί before ἀπωλείᾳ).   β, Aβ read φεύξονται ἀφ'.   A confusion (?) of ישירו and יסורו.
S om.   ¹⁶ S om.   *d* adds μισούμενοι ὑμᾶς.   ¹⁷ *h* om.   ¹⁸ Aª add ἐστίν.
¹⁹ α (save that *c* reads ηλεος for ἐλ.).   β–d, A, S¹ read τοὺς πατέρας ἡμῶν (ὑμῶν Aᵇ*ᶜᵈ).   *d* τοῦ πατρὸς ἡμῶν, ἐπεὶ οὐδέ.   ²⁰ A = τὸ ἐκτημόριον.   ²¹ Aª = γένους.   ²² *h*, *c*², *d*, Aβ.   *c*¹, Aª read ἡμῶν.   β–d, S μου.   ²³ β–d, A.
c reads οὐκ.   *h* οὐ.   *d* om.   ²⁴ *abg*, S². *c* reads εκατελυφθη.   *h*, *f* καταλήφθη.
d καταλιμπάνετο.   *e* καταλίφθη.   S¹ κατέλειψα.

XVI.   ¹ α. *abefg*, Aβ, S read ἔγνων.   *d* ἀνέγνων.   Aª om. first seven words of this verse.   β, Aβ, S add ἐν (+ τῇ *d*) βίβλῳ (βιβλίῳ *be*) Ἐνώχ.   ²Aβ read br. broβ'b brblγμ (= καὶ ἑπτὰ ἑσπέρας) corrupt for broβ'bbrbωlγμ (= ἑβδομάδας).   For ἑβδομήκ. ἑβδ. S reads ἑβδομάδα.   ³Aª = πλανᾶσθε and om. rest of verse.   ⁴ *c*, Aᵉᵍ. *h*, β read βεβηλώσητε.   *e* βεβηλωσειτε.
Aᶜᵈ = βεβηλώσει.   Aᵇ* give the clause as follows: τὴν βεβήλωσιν ἐν ἱερωσύνῃ ὑμῶν ἐπιμίξετε.   S¹ om. next four words.   ⁵ α. β, Aβ, S² read τὰς θυσίας.
⁶ α, *ab*. *def* read μιάνητε.   *g* om.   ⁷ α (*c* ἀθετησειτε, *h* -ητε).   *befg*, Aβ read ἀφανίσητε.   *a*, S ἀφανίσετε.   *d* om. together with the three preceding words.
Aβ = ἀφανῆ ποιήσετε.   The entire verse is very corrupt and defective in Aª which = καὶ ἀπολοῦνται ἐξ ὑμῶν οἱ νόμοι καὶ οἱ προφῆται· καὶ (Aᵃᵇ om.) διώξετε ἐξ ὑμῶν δικαίους.   ⁸ α, *a*. *df* read ἐξουδενώσητε.   *bg* ἐξουθενώσητε.   *e* ἐξουθενήσεται.   Aβ renders ἐξουδ. in the sense of 'despise.'   ⁹ α.   β, S² read

XVI. 5] ΔΙΑΘΗΚΗ ΛΕΥΙ 59

ώξετε δὲ[10] ἄνδρας[11] δικαίους, καὶ εὐσεβεῖς μισήσετε[12], ἀληθινῶν[13] λόγους βδελύξεσθε[14]. [3. Καὶ ἄνδρα καινοποιοῦντα[15] β, S ὡς νομίζετε νόμον *ἐν δυνάμει ὑψίστου[16] πλάνον[17] προσαγορεύσετε, καὶ (or-σετε) τέλος †ὁρμήσετε τοῦ ἀποκτεῖναι[18] αὐτόν, οὐκ εἰδότες[19] αὐτοῦ τὸ ἀποκτε- ἀνάστημα†[20], τὸ[21] ἀθῷον αἷμα[22] *ἐν κακίᾳ[23] ἐπὶ τῆς[24] κεφαλῆς[25] νεῖτε. ὑμῶν ἀναδεχόμενοι[26].] 4. *Λέγω δὲ ὑμῖν ὅτι[27] δι᾽ αὐτὸν[28] β–b, A, S καί. ἔσονται[29] τὰ ἅγια ὑμῶν ἔρημα[30] ἕως ἐδάφους[31]. 5. Καὶ β, Aβ, S *τόπος ὑμῖν καθαρὸς οὐκ ἔσται[32], ἀλλ᾽ ἔσεσθε[33] ἐν τοῖς ἐδάφους μεμιαμ- ἔθνεσιν εἰς κατάραν καὶ* εἰς διασκορπισμόν[34], ἕως[35] *αὐτὸς μένα. μίνα.

ἐν διαστροφῇ. Aβ om. S[1] = ἐν ἀναστροφῇ. [10] α. dg, Aβ read καὶ διώξετε (-ητε d). abef, S[1] read διώξετε (f -ητε). [11] Aβ om. [12] af, Aβ. h, beg read μισήσητε (-ειται e). c μισοῦντες. d om. [13] α, β–deg, S. deg, Aβ read ἀληθινούς which Aβ trs. after λόγους. [14] a. α, bfg read βδελύξησθε (βδελλ- c). d βδελλύξητε. e βδελυξεισθαι. [15] α (καὶ νόμονουντα (sic) c). β, A read ἀνακαινοποιοῦντα. adf, A add τόν. In Aβ the clause καὶ ἄνδρα ... προσαγορεύσετε is trs. before ver. 2. [16] α, β, S[1]. A[a] om. Aβ = τοῦ ὑψίστου. A adds αὐτόν. [17] A[a] add καὶ ἀκάθαρτον. [18] α (c reading ὁρμησειτε, h -ητε). β, S read ὡς νομίζετε (a νομίσετε, f -σητε) ἀποκτενεῖτε (d ἀποκτεῖναι). Aβ = ὡς νομίζω ἀποκτενεῖτέ. A[a] ἀποκτενεῖτε. The original text seems to be irrecoverable. The text of α recalls slightly Acts vii. 57, 58, ὥρμησαν ὁμοθυμαδὸν ἐπ᾽ αὐτόν, καὶ ... ἐλιθοβόλουν. Possibly the entire verse is a Christian interpolation, but this is not probable. We might conjecture the origin of the three distinct readings above. A[a] = ἀποκτενεῖτε = תרמו. This latter word if written twice by a scribal error might have led to the text of α and been written תרדא לרמה = ὁρμήσετε τοῦ ἀποκτεῖναι, or else have been written as תרדפו לרמה = νομίσετε (af) ἀποκτεῖναι which approximates to the text of β. The ὡς would then have to be explained as a later addition. [19] A = ὡς (A[b] = καί, Aβ om.) οὐ δυνάμενοι εἰδέναι. [20] α, β = 'dignity.' A[b*cde] read զյաւրնեցբից = ἀνάστασιν, which seems to rest on a misinterpretation of ἀνάστημα. A[a] offers զարդարանից = δικαιοσύνην which is obviously a corruption of A[b*cde]. A[s] reads զյաւղբնեցբից (another corruption of A[b*cde]) = νίκην. [21] e om. g, A[a] prefix καί. [22] d, A add αὐτοῦ. [23] α, β. A = ἐν κακίᾳ ὑμῶν which A[a] trs. before τὸ ἀθῷον. [24] α. β om. [25] b reads κεφαλάς. [26] g reads δεχόμενοι. A[a] add καὶ ἐπὶ κεφαλῆς τέκνων ὑμῶν. A = ἀναδέξεσθε. [27] α. β–b, A read καί. b, S om. [28] h reads αὐτῶν. eg τοῦτο. [29] c, af. h, bdeg read ἔσται. [30] S[1] om. d, Aβ add καί. [31] β, Aβ, S add μεμιαμμένα (e μεμησμένα, g μεμιασμένα). [32] α. β, S read οὐκ ἔσται τόπος ὑμῶν (g ὑμῖν) καθαρός. A = οὐκ (A[a] οὐκέτι) ἔσται ὑμῶν τόπος καθαρός. [33] β, Aβ trs. after ἔθνεσιν. For ἔσεσθε ... διασκορπισμόν A[a] gives ἐν τοῖς ἔθνεσιν διασκορπισθήσεσθε. [34] e reads διεσκορπισμένοι. g διασκορπισμόν. [35] e adds ἄν. [36] d reads αὐτός. A[a] = πάλιν ὁ κύριος. d om. next four words. [37] h, bef.

ΔΙΑΘΗΚΗ ΛΕΥΙ [XVI. 5

πάλιν[36] ἐπισκέψηται[37] καὶ *οἰκτειρήσῃ καὶ[38] προσδέξηται[39]
α, β, Αβ, ὑμᾶς.
S ὑμᾶς
[ἐνπίστει   XVII. *Καὶ ὅτι ἠκούσατε[1] περὶ τῶν ἑβδομήκοντα[2] ἐβδο-
καὶ   μάδων[3], ἀκούσατε καὶ[4] περὶ τῆς ἱερωσύνης[5].   2. Καθ' ἕκαστον
ὕδατι][40] γὰρ ἰωβηλαῖον[6] ἔσται ἱερωσύνῃ[7]. Καὶ[8] ἐν τῷ[9] πρώτῳ ἰωβηλαίῳ
           ὁ *χριόμενος πρῶτος[10] εἰς ἱερωσύνην *ἔσται μέγας[11], καὶ
α λαλεῖ.   λαλήσει[12] Θεῷ ὡς πατρί· καὶ ἡ ἱερωσύνη αὐτοῦ πλήρης μετὰ[13]
           κυρίου· [καὶ ἐν ἡμέραις[14] χαρᾶς αὐτοῦ[15] *ἐπὶ σωτηρίᾳ[16] κόσμου
           *αὐτὸς ἀναστήσεται][17].   3. Ἐν[18] τῷ δευτέρῳ ἰωβηλαίῳ
β–d, Αβ,   ὁ[19] χριόμενος ἐν πένθει ἀγαπητοῦ[20] συλληφθήσεται[21] *καὶ
S = ἀγα-   ἔσται[22] ἡ ἱερωσύνη αὐτοῦ τιμία[23], καὶ παρὰ πάντων[24] δοξα-
πητῶν.   σθήσεται.   4. Ὁ δὲ τρίτος ἱερεὺς[25] λύπῃ παραληφθήσεται[26].
           5. Καὶ[27] ὁ τέταρτος ἐν ὀδύναις[28] ἔσται· ὅτι[29] προσθήσει[30]
           *ἐπ' αὐτῷ[31] *ἡ ἀδικία[32] *εἰς πλῆθος[33]· καὶ πᾶς Ἰσραὴλ

c reads ἐπισκέψειται. ag ἐπισκέψεται. A adds ὑμᾶς.   [38] c. h reads οἰκτη-
ρῆσαι. abfg οἰκτειρήσας (-ισας f). e οἰκτείρας. Aβ reads ꝗ ͫͬ ᵭ ƀ ꝯꝉ (= πάλιν)
corrupt for ꝗ ꝑ ͧ ᵹ ƀ ꝯꝉ as in Aᵃ = οἰκτειρήσας.   [39] adg read προσδέξεται.
c -ειται.   [40] α, β–e¹, Αβ, S.   e¹, Aᵃ om.

XVII. ¹d reads καθὼς ἠκούσατε περί and om. next seven words. Aβ =
ὡς οὖν ἀκούετε. Aᵃ om. XVII, XVIII. S om. first seven words.   ²a
reads o'.   ³Aᵇ*ᶜᵈ = καὶ ἑπτὰ ἑσπερῶν but a very slight change restores the
text. See note 2, chap. xvi.   ⁴a om. S reads τέκνα μου.   ⁵c reads
ἱεροσύνης, and so generally gives this word.   ⁶c reads ἰοβηλαῖον and so
generally. e ἰωβήλεον and so generally. g ἰουβλαῖον. For καθ'... Ἰωβ. S¹
reads καὶ ἐν τῷ γένει.   ⁷d reads ἱερωσύνης and d, S om. next five words.
⁸b om.   ⁹g om.   ¹⁰α, g, Αβ. β–g read πρῶτος χριόμενος. α gives the
form χειρόμενος and f χειρώμενος. S¹ adds καὶ ὃς ἂν χρισθῇ and om. rest of
verse.   ¹¹α, deg. abf, Αβ read μέγας ἔσται.   ¹²β, Αβ. α reads λαλεῖ. c
adds τῷ.   ¹³b adds φόβου. πλήρης μετά = עם לבו̇.   ¹⁴α. β, Αβ read
ἡμέρᾳ.   ¹⁵e adds καί.   ¹⁶e reads σωτηρίας. Aᵇ*ᶜᵈ σωτηρία, but Aᵍ agrees
with text.   ¹⁷α, β. Aᵇ* = γενήσεται. Aᶜᵈᵉᵍ ἀναστήσεται.   ¹⁸α, be¹g.
ade²f read ἐν δέ. Aβ = καὶ ἐν.   ¹⁹g reads ὡς. ae¹ om.   ²⁰α, g. β–dg,
Aβ, S read ἀγαπητῶν. d ἀγαπητόν. e² ἀγαπητῷ.   ²¹h reads ληφθήσεται.
²²eg om., but e adds ἔσται in margin.   ²³S om. rest of verse.   ²⁴α.
β reads πᾶσιν.   ²⁵β–f add ἐν.   ²⁶d reads παραλειφθήσεται. Aβ = περιλη-
φθήσεται. c om. next two verses, and d om. next six words through hmt.
²⁷g om.   ²⁸h, a, Αβ. β–a read ὀδύνῃ.   ²⁹β, S. Aβ reads καί. h ᾧ.   ³⁰β.
h reads προσθείῃ. Here προσθήσει = יֹסִיף corrupt for יֵאָסֵף = συναχθήσεται
or יֻסַף = προστεθήσεται.   ³¹adf. bg read ἐπ' αὐτόν. e ἀπ' αὐτοῦ. h ἐν αὐτῷ.
³²h trs. before ἐπ' αὐτῷ.   ³³Αβ = πολλή.   ³⁴β, Αβ. h reads μισήσει.
³⁵h trs. after αὐτοῦ, g before μισήσουσιν.   ³⁶g reads τῷ.   ³⁷g reads

μισήσουσιν³⁴ ἕκαστος³⁵ τὸν³⁶ πλησίον αὐτοῦ. 6. Ὁ πέμπτος
ἐν σκότει³⁷ παραληφθήσεται³⁸. 7. Ὡσαύτως³⁹ καὶ ὁ ἕκτος
καὶ ὁ ἕβδομος⁴⁰. 8. *Ἐν δὲ τῷ ἑβδόμῳ²⁷ ἔσται μιασμός⁴¹,
ὃν οὐ δύναμαι⁴² εἰπεῖν ἐνώπιον⁴³ ἀνθρώπων· ὅτι αὐτοὶ γνώ-
σονται οἱ ποιοῦντες αὐτά. 9. Διὰ τοῦτο ἐν αἰχμαλωσίᾳ
καὶ ἐν προνομῇ ἔσονται· καὶ ἡ γῆ αὐτῶν⁴⁴ καὶ *ἡ ὕπαρξις⁴⁵
ἀφανισθήσεται⁴⁶.
10. *Καὶ ἐν τῇ πέμπτῃ⁴⁷ ἑβδομάδι⁴⁸ ἐπιστρέψουσιν εἰς
γῆν ἐρημώσεως αὐτῶν, καὶ⁴⁹ ἀνακαινοποιήσουσιν οἶκον κυρίου⁵⁰.
11. Ἐν δὲ τῷ †ἑβδομηκοστῷ ἑβδόμῳ†⁵¹ ἥξουσιν ἱερεῖς⁵², β, Αβ, S
εἰδωλολατροῦντες, μοιχοί⁵³, φιλάργυροι⁵⁴ ὑπερήφανοι, ἄνομοι, ἑβδόμῳ
ἀσελγεῖς⁵⁵, παιδοφθόροι⁵⁶, κτηνοφθόροι⁵⁷. ἑβδομα-
τικῷ.

XVIII. Καὶ¹ μετὰ τὸ γενέσθαι τὴν ἐκδίκησιν αὐτῶν παρὰ β, Αβ, S¹
κυρίου, *ἐκλείψει ἡ ἱερωσύνη². μάχιμοι.
2. Καὶ³ τότε ἐγερεῖ⁴ κύριος ἱερέα καινόν⁵,
ᾧ⁶ πάντες οἱ λόγοι κυρίου⁷ ἀποκαλυφθήσονται⁸,
καὶ αὐτὸς ποιήσει κρίσιν⁹ ἀληθείας¹⁰ ἐπὶ τῆς γῆς¹¹ *ἐν
πλήθει¹² ἡμερῶν.
3. Καὶ ἀνατελεῖ¹³ ἄστρον αὐτοῦ¹⁴ ἐν οὐρανῷ ὡς βασιλέως¹⁵
φωτίζων¹⁶ φῶς γνώσεως †ἐν ἡλίῳ ἡμέρα†¹⁷,

σκοτείᾳ. ³⁸ *d* reads παραλειφθήσεται. ³⁹ *h* reads ὡς αὐτός. ⁴⁰ Αβ om.
⁴¹ *h* reads σπασμός. ⁴² *h* reads δαμείς. ⁴³ *b*ᵣ S¹ adds κυρίου καί. ⁴⁴ α,
adefg, Αβ. *b*, S om. *a* om. next four words. ⁴⁵ *eg* reads ἡ (αἱ *g*) ὑπάρ-
ξεις. Αβ = ἡ ἐπαρχία. *bdef*, S add αὐτῶν. ⁴⁶ *c, g* read ἀφανισθήσονται.
⁴⁷ *c. h* om. together with next two words. *adf* read καὶ ἐν πέμπτῃ. *b κ.
ἐμπέμπτῃ*. *eg κ. ἐν πέμπτῳ*. ⁴⁸ *g* reads ἑβδοματικῷ. ⁴⁹ *h* om. ⁵⁰ *a*
reads κυρίῳ. ⁵¹ α. β, Αβ, S read ἑβδόμῳ ἑβδοματικῷ. ⁵² *beg* prefix οἱ.
⁵³ α. β, Αβ, S¹ read μάχιμοι. ⁵⁴ *c, ad* give the form φυλάργυροι. ⁵⁵ *e*
reads ἀσεβεῖς. ⁵⁶ *b*, Αβ add καί. ⁵⁷ α trs. before ἄνομοι. *eg* om. *abdf*,
Αβ, S¹ support order of text.

XVIII. ¹ *g* om. καὶ ... ἱερωσύνη. ² α, *adef*, Αβ, S¹ (save that *c, ef*
read ἐκλήψει, and *d* reads ἐκλείψῃ and om. ἡ, and *e* reads ἱερατεία, and Αβ
prefix καί). *b* reads τῇ ἱερατείᾳ. ³ α. β, Αβ om. ⁴ α, β, S¹. Αβ read
ἐγείρει. ⁵ Αβ om. ⁶ α, *bdf*, Αβ. *ag* read ὡς. *e ὅ*. ⁷ *d*¹ reads αὐτοῦ.
*d*² κυρίου, as all other MSS. ⁸ *f* reads ἀποκαλυφθήσωνται. ⁹ *e*¹ reads τὴν
ἐκδίκησιν. *e*² κρίσιν, as all other MSS. ¹⁰ α, β–*dg*. *g*, Αβ read ἀληθινήν.
d is conflate and reads ἀληθινὴν ἀληθείας. ¹¹ *e* om. ¹² *e* reads ἐμπλήθει.
¹³ *d* adds αὐτῷ. ¹⁴ *h* reads αὐτῷ. ¹⁵ *h, dfg*, Αβ. *c, abe*, S read βασιλεύς.
¹⁶ *h, a*¹ read φωτίζον. ¹⁷ *h, abf. c, eg*, S read ὡς ἐν ἡλίῳ ἡμέρα (ἡμέρας *e*, S).
d ἐν ἡλίῳ ὡς ἡμέρας. Αβ = ὡς ἐν μεσημβρίᾳ ἐνώπιον τοῦ ἡλίου. The text =
בּיוֹם שֶׁמֶשׁ which may be corrupt for לְיוֹם שֶׁמֶשׁ = ὡς ὁ ἥλιος (φωτίζει) τὴν

β, Αβ, S¹   καὶ μεγαλυνθήσεται ἐν τῇ οἰκουμένῃ[18].
οἰκουμένῃ
[ἕως   4. Οὗτος[19] ἀναλάμψει[20] *ὡς ὁ[21] ἥλιος ἐν τῇ γῇ[22],
ἀναλή-   καὶ ἐξαρεῖ πᾶν σκότος *ἐκ τῆς ὑπ' οὐρανὸν[23]
ψεως   καὶ ἔσται εἰρήνη ἐν πάσῃ τῇ γῇ.
αὐτοῦ].
Αβ =   5. Οἱ οὐρανοὶ ἀγαλλιάσονται[24] ἐν ταῖς ἡμέραις αὐτοῦ[25],
ἐκείναις.   καὶ ἡ γῆ χαρήσεται[26],
    καὶ αἱ[27] †νεφέλαι[28] εὐφρανθήσονται[29].
    [καὶ ἡ γνῶσις κυρίου[30] ἐκχυθήσεται[31] ἐπὶ τῆς γῆς ὡς[32]
       ὕδωρ θαλασσῶν[33]]
adg καὶ   *καὶ οἱ ἄγγελοι τῆς δόξης τοῦ προσώπου κυρίου εὐφρανθή-
τοῦ.   σονται ἐν αὐτῷ[34].
    6. Οἱ οὐρανοὶ[35] ἀνοιγήσονται[36],
h, abg   καὶ[37] ἐκ τοῦ ναοῦ τῆς δόξης[38] ἥξει[39] ἐπ'[40] αὐτὸν ἁγιασμᾳ
πατρός
(+καὶh).   μετὰ φωνῆς πατρικῆς ὡς ἀπὸ *'Αβραὰμ πρὸς 'Ισαάκ[41].

ἡμέραν. The text of c, eg can thus be explained as a conflation of the above two.   [18] β, Αβ, S¹ add ἕως ἀναλήψεως αὐτοῦ.   [19] c, β–deg. h, de read οὕτως.   g, Αβ καὶ οὕτως.   [20] f reads ἀναλάμπει. Αβ ἀναβήσεται. S om. next three words.   [21] cg read ὡς, h ὁ.   [22] α om. the next two lines through hmt.   [23] abfg, Αβ. d reads ἐν τῇ ὑπ' οὐρανόν. e ἐν τοῖς ὑπὸ οὐρανόν.   [24] f reads ἀγαλλιάσωνται.   [25] α, β, S¹. Αβ = ἐκείναις.   [26] adg. c reads χαρίσονται.   h, bef χαρίσεται. Possibly we should om. χαρήσεται or εὐφρανθήσονται and combine this line with the next. See notes 28, 34.   [27] dg, Αβ om.   [28] This expression is strange. αἱ νεφέλαι = הענבה, which may have been corrupt for בעבורו = δι' αὐτόν. Cf. d, note 35.   [29] f reads εὐφρανθήσωνται. The next line is an interpolation, it destroys the parallelism and is not in touch with the context.   [30] g reads χριστοῦ.   [31] α, adf (save that c reads ἐκχηθήσεται). beg read χυθήσεται.   [32] c reads ὡσεί.   [33] d reads θαλάσσιον. g θαλάσσης.   [34] This line would form the third of the tristich, when we omit the fourth (see note 29) and combine the second and third in one. The second line would (see notes 26, 28) be: καὶ ἡ γῆ χαρήσεται δι' αὐτόν. While afg add καί after δόξης e om. the next fifteen words through hmt. For κυρίου Αβ read αὐτοῦ. S¹ om. προσώπου. For εὐφρανθήσονται of c we find in h, bef χαρίσονται, and χαρήσονται in adg. c adds καὶ χαρήσονται after αὐτῷ.   [35] d adds δι' αὐτόν.   [36] f reads ἀνοιγήσωνται.   [37] Αβ om.   [38] Αβ add αὐτοῦ (+καί Α^{b*cd} ?).   [39] h, d read ἥξῃ. e ἥξουσιν.   [40] g reads ἀπ'.   [41] Αβ. This seems the best text. c, adf read 'Αβραὰμ π̅ρ̅ς̅ καί (adf om.) 'Ισαάκ. h 'Αβ. πατρὸς καὶ 'Ισ. abg 'Αβ. πατρὸς 'Ισ. e π̅ρ̅ς̅ 'Αβ. καὶ 'Ισ. καὶ 'Ιακώβ. Here π̅ρ̅ς̅ is a contraction of πρός not of πατρός. S om. ὡς ... 'Ισαάκ.   [42] α, β–de. d reads δόξα ἐπ' αὐτὸν ἀνθήσεται. e ἡ δόξα κυρίου ἐπ' αὐτῷ ῥηθ. Αβ = τὴν δόξαν αὐτοῦ ἐπ' αὐτὸν ἐροῦσιν.   [43] Αβ = γνώσεως. For καὶ ἁγ. S¹ reads ἅγιον. c adds καί.

ΧVIII. 10]   ΔΙΑΘΗΚΗ ΛΕΥΙ   63

7. Καὶ *δόξα ὑψίστου ἐπ' αὐτὸν ῥηθήσεται⁴², καὶ πνεῦμα συνέσεως καὶ ἁγιασμοῦ⁴³ καταπαύσει *ἐπ' αὐτόν⁴⁴ [ἐν τῷ ὕδατι].

8. *Αὐτὸς γὰρ⁴⁵ δώσει τὴν μεγαλωσύνην⁴⁶ κυρίου⁴⁷ τοῖς υἱοῖς αὐτοῦ⁴⁸ ἐν ἀληθείᾳ εἰς τὸν αἰῶνα, καὶ οὐκ ἔσται διαδοχῇ⁴⁹ αὐτοῦ⁵⁰ εἰς γενεὰς *καὶ γενεὰς⁵¹ ἕως τοῦ αἰῶνος.

9. Καὶ ἐπὶ *τῆς ἱερωσύνης⁵² αὐτοῦ⁵³ *τὰ ἔθνη⁵⁴ πληθυνθήσονται⁵⁵ ἐν γνώσει ἐπὶ τῆς γῆς, καὶ φωτισθήσονται διὰ χάριτος κυρίου.
[ὁ δὲ Ἰσραὴλ ἐλαττωθήσεται ἐν ἀγνωσίᾳ καὶ σκοτισθήσεται ἐν πένθει]⁵³·
ἐπὶ τῆς ἱερωσύνης αὐτοῦ ἐκλείψει⁵⁷ ἡ⁵⁸ ἁμαρτία   β, S
καὶ οἱ ἄνομοι *καταπαύσουσιν εἰς κακά⁵⁹,   πᾶσα.
[οἱ δὲ δίκαιοι καταπαύσουσιν ἐν αὐτῷ]⁶⁰.

10. Καίγε⁶¹ αὐτὸς⁶² ἀνοίξει τὰς θύρας⁶³ τοῦ παραδείσου, *καὶ ἀποστήσει⁶⁴ τὴν ἀπειλοῦσαν ῥομφαίαν⁶⁵ κατὰ τοῦ⁶⁶ Ἀδάμ.

⁴⁴ d reads αὐτόν. α, β–e, Aᵝ add ἐν τῷ ὕδατι.   ⁴⁵ α. β–e, Aᵉⁱˢ, S¹ read αὐτός. e οὗτος. Aᵇ*ᶜᵈ = αὐτὸς καί.   ⁴⁶ Aᵝ read א̇₂ܐܶܪܘܣܢܶܐ [ܐ݂ܗ̱ܚ݂ܶܐ (= ἀλή- θειαν) corrupt for ܐ݂ܶܘ݂ܗ݂ܺܫܘܣܢܶܐ [ܐ݂ܗ̱ܚ݂ܶܐ = μεγαλωσύνην.   ⁴⁷ h reads αὐτοῦ. d om.   ⁴⁸ g reads τῶν ἀνθρώπων.   e om. For τοῖς ... ἀληθείᾳ Aᵝ read πᾶσι (Aᵇ*ᶜᵈ om.) οἱ ἐν ἀληθείᾳ περιπατήσουσιν.   ⁴⁹ e reads πλήν.   ⁵⁰ b reads αὐτῷ.   ⁵¹ h, Aᵝ read γενεῶν. g om.   ⁵² c reads τῇ ἱερωσύνῃ.
⁵³ b om. τὰ ἔθνη ... ἱερωσύνης αὐτοῦ through hmt.   ⁵⁴ h reads τὰ ἔτη. d om. S¹ reads τόποι.   ⁵⁵ h om. next seven words. S¹ reads μεγαλύνονται.
⁵⁶ These words are found in all MSS. (but bᵉ) and in A, S. With the exception of ἐν ἀγνωσίᾳ which it omits they are found in the margin of e. If they are in their original form they are undoubtedly of Christian origin. I have on this ground bracketed them. The favourable references to the Gentiles in the two preceding lines are quite in keeping with the universalism of the writer. For διὰ χάριτος ... ἱερωσύνης αὐτοῦ S¹ reads τῇ εὐλογίᾳ τοῦ θεοῦ Ἰσρ. ἀσθενίζεται.   ⁵⁷ h, ab. Other MSS. ἐκλήψει. S¹ om.   ⁵⁸ α, Aᵝ. β, S¹ read πᾶσα.   ⁵⁹ The construction is peculiar. It seems to be a rendering of יַחְדִּלוּ לְהָרַע. After καταπαύσουσιν d om. next six words through hmt. For καταπαύσουσιν e reads καταπέσουσιν.   ⁶⁰ Om. with e as an intrusion. So also Schnapp and Bousset. The parallelism is against it. Moreover, as Schnapp remarks, the use of καταπαύω in two dissimilar meanings in two successive lines would be strange.   ⁶¹ Aᵝ = ὅτι καί.   ⁶² c reads αὐτούς.   ⁶³ c reads πύλας.   ⁶⁴ α, dg, Aᵝ. be read καὶ στήσει. af ἀποστήσει.   ⁶⁵ h adds τήν.   ⁶⁶ g reads τόν.   ⁶⁷ g reads

ΔΙΑΘΗΚΗ ΛΕΥΙ [XVIII. 11

11. Καὶ δώσει τοῖς ἁγίοις φαγεῖν ἐκ τοῦ ξύλου τῆς ζωῆς, καὶ *πνεῦμα ἁγιωσύνης ἔσται[67] ἐπ᾿ αὐτοῖς[68].

12. Καὶ ὁ Βελίαρ δεθήσεται ὑπ᾿ αὐτοῦ, καὶ δώσει ἐξουσίαν τοῖς τέκνοις αὐτοῦ[69] πατεῖν ἐπὶ τὰ πονηρὰ πνεύματα.

13. Καὶ εὐφρανθήσεται κύριος ἐπὶ τοῖς τέκνοις αὐτοῦ[70],

beg, Aβ   καὶ εὐδοκήσει[71] ἐπὶ *τοῖς ἀγαπητοῖς[72] αὐτοῦ *ἕως αἰῶνος[73].

εὐφρο-   14. Τοτὲ ἀγαλλιάσεται Ἀβραὰμ καὶ Ἰσαὰκ καὶ Ἰακώβ,
σύνην
β–de, A   κἀγὼ χαρήσομαι[74], καὶ πάντες οἱ ἅγιοι ἐνδύσονται[75]
ἐλέσθε   δικαιοσύνην[76].
οὖν.

XIX. Καὶ νῦν, τέκνα μου[1], πάντα ἠκούσατε[2]. *Ἐκλέξασθε[3]

β–dg
(Aᵃ, β)   ἑαυτοῖς *ἢ τὸ φῶς ἢ τὸ σκότος[4], ἢ τὸν[5] νόμον[6] κυρίου, ἢ *τὰ

ἀπεκρί-   ἔργα τοῦ Βελίαρ[7]. 2. Καὶ *ἀπεκρίθησαν αὐτῷ οἱ υἱοὶ αὐτοῦ
θημεν
ἡμεῖς   λέγοντες[8]. Ἐνώπιον κυρίου πορευσόμεθα[9] Γκαὶ¹[10] κατὰ τὸν
τῷ πατρὶ νόμον αὐτοῦ. 3. Καὶ εἶπεν *αὐτοῖς ὁ πατὴρ αὐτῶν[11].
λέγοντες. Μάρτυς ἐστι[12] κύριος, καὶ μάρτυρες οἱ[13] ἄγγελοι αὐτοῦ, *καὶ
β–d,
Aᵃʰ, β   μάρτυρες ὑμεῖς καὶ μάρτυς ἐγὼ[14] *περὶ τοῦ λόγου τοῦ στόματος
εἴπομεν. ὑμῶν[15]. Καὶ *εἶπον αὐτῷ οἱ υἱοὶ αὐτοῦ[16]. Μάρτυρες[17].   4.

πνεύματι ἁγίῳ συνησεῖται.   [68]c, β–de. h reads πάντας. de αὐτούς. Aβ αὐτῷ.
[69]h om. b adds τοῦ.   [70]S om. next six words.   [71]b adds κύριος.
[72]a reads τοὺς ἀγαπητούς.   [73]α. abefg read ἕως τῶν αἰώνων. d εἰς τὸν αἰῶνα
τοῦ αἰῶνος. e ἕως τοῦ αἰῶνος τῶν αἰώνων.   [74]c. h, abeg read χαρίσομαι. df
χαρίσωμαι.   [75]d reads εὐφρανθήσονται.   [76]α, af, S¹. d reads ἐν δικαιο-
σύνῃ. beg, Aβ εὐφροσύνην. The latter seems preferable.

XIX. ¹Aᵇ*ᶜᵈ om.   ²α, β–ag. ag, A read ἀκούσατε. .e adds καὶ οἴδατε.
Aᵃ adds ἀπ᾿ ἐμοῦ.   ³α, d. β–dg read ἐλέσθε. g συνελέσθε. β–e, Aᵃ, ᵇᵈᵉᵍ
add οὖν. Aᵇ* = ἰδού.   ⁴α, de, Aᵃ (save that d om. the first ἤ). abfg,
S read ἢ τὸ σκότος ἢ τὸ φῶς. Aβ = ἢ τὸ σκότος.   ⁵be om.   ⁶Aᵃ read
ϙϙπρϑυ (= τὰ ἔργα) corrupt for ϙορξϧυ = τὸν νόμον.   ⁷α, df, Aᵃ. ab
read ἔργα B. e (g?) ἔργα τοῦ B. Aβ = τοῦ B. S¹ adds πᾶν ὃ ἐννόησα εἶπον
ὑμῖν and then inserts XI.–XIII. between XIX. 1 and XIX. 2.   ⁸α (save
that c adds αὐτῷ after λέγοντες). dg, S¹ follow more or less closely. d, S¹
reads ἀπεκρ. οἱ υἱοὶ αὐτοῦ (+ Λευί S¹) τῷ πατρὶ αὐτῶν λέγοντες. g ἀπεκρ.
ἐκεῖνοι καὶ εἶπον. abef ἀπεκρίθημεν ἡμεῖς τῷ πατρὶ λέγοντες. Aᵃ, β = ἀποκρι-
θέντες τῷ πατρὶ ἡμῶν εἴπομεν. Aᵇ ἀποκριθέντες τῷ π. αὐτῶν εἶπον.   ⁹h, ae.
c, bdfg read πορευσώμεθα.   ¹⁰α. β, A, S¹ om.   ¹¹α. dg reads ὁ πατὴρ
(+ αὐτῶν Λευὶς πρὸς αὐτούς d). abef, Aβ ἡμῖν (abef om.) ὁ πατὴρ ἡμῶν. Aᵃ
= Λευὶ ὁ πατὴρ ἡμῶν (αὐτῶν Aᵇ).   ¹²α. A = ἐστί μοι (+ σήμερον Aᵃ).
β om. S¹ adds ἡ ἡμέρα ἐμοὶ ἐπαγγελεῖται.   ¹³g reads οἱ ἅγιοι.   ¹⁴c. h, β
read καὶ μάρτυς ἐγὼ καὶ μάρτυρες ὑμεῖς. Aβ = καὶ (Aᵇ*ᶜᵈ om.) μάρτυς ἐγὼ καὶ
ὑμεῖς. Aᵃ om. S¹ καὶ μάρτυρες ἡμεῖς.   ¹⁵α, β–dg. d reads περὶ τὸν λόγον

ΔΙΑΘΗΚΗ ΙΟΥΔΑ

Καὶ οὕτως¹⁸ ἐπαύσατο¹⁹ Λευὶ ἐντελλόμενος τοῖς υἱοῖς αὐτοῦ, *καὶ ἐξέτεινε τοὺς πόδας αὐτοῦ²⁰ ⌜ἐπὶ τῆς κλίνης⌝²¹ καὶ προσετέθη πρὸς τοὺς πατέρας αὐτοῦ, ζήσας *ἔτη ἑκατὸν τριάκοντα ἑπτά²². 5. Καὶ ἔθηκαν αὐτὸν ἐν²³ σορῷ, καὶ²⁴ *μετὰ τοῦτο²⁵ *ἔθαψαν αὐτὸν ἐν Χεβρὼν²⁶ μετὰ²⁷ *'Αβραὰμ καὶ 'Ισαὰκ καὶ 'Ιακώβ²⁸.

Διαθήκη 'Ιούδα τοῦ τετάρτου υἱοῦ 'Ιακὼβ καὶ Λείας¹.

I. 'Αντίγραφον² λόγων³ 'Ιούδα, ἃ⁴ ἐλάλησε τοῖς υἱοῖς αὐτοῦ πρὸ τοῦ ἀποθανεῖν αὐτόν. 2. *Συναχθέντες οὖν⁵ ἦλθον *πρὸς αὐτὸν⁶ καὶ⁷ εἶπεν αὐτοῖς· 3. ⌜'Ακούσατε, β–d, A τέκνα μου, 'Ιούδα τοῦ πατρὸς ὑμῶν· ἐγὼ⌝⁸ τέταρτος υἱὸς ἐγε- τέταρτος.

τοῦ στ. ὑμ. g περὶ τοῦ λ. τοῦ στ. μου καὶ ὑμῶν. Aᵃ = περὶ τῶν λόγων τοῦ στ. μου. Aᵝ περὶ αὐτοῦ καὶ περὶ τοῦ στ. αὐτοῦ. S¹ περὶ τ. λόγων ὑμῶν. ¹⁶ α, d, Aᵇ (save that d, A ᵇ om. αὐτῷ). ae, Aᵝ read εἴπαμεν (+ ἡμεῖς Aᵝ). b εἰπώμεν. f εἴπομεν. g εἶπον ἐκεῖνοι. Aᵃʰ = ἡμεῖς εἴπομεν. ¹⁷ α, β–a. a reads μάρτυς. Aᵃ = ἔσται, ἔσται. Aᵝ μάρτυς ἔσται. ¹⁸ Aᵃ om. h om. next seven words. ¹⁹ g reads ἀνεπαύσατο. ²⁰ Aᵃ om. ²¹ α, S¹. β–d, A om. d reads καὶ ἐκοιμήθη ἐν εἰρήνῃ. S adds αὐτοῦ (S¹ om.) καὶ ἐκοιμήθη. ²² α (save that h adds καί before ἑπτά). β–b, S read ἔτη (α om.) ρλζ. b ἑκατὸν τριάκοντα ἑπτὰ ἔτη. Aᵃ = ἔτη ρλε. Aᵝ ρλη ἔτη. ²³ g om. Aᵝ add ἐν Αἰγύπτῳ. ²⁴ g, Aᵃ om. ²⁵ α (save that c reads τούτῳ). β reads ὕστερον. ²⁶ α, β–g, S. g reads θάψαντες ἐν Χευρών. Aᵃ = ἤνεγκαν αὐτὸν καὶ ἔθαψαν ἐν Χ. Aᵇ* ἤνεγκαν αὐτὸν ἐν Χ. καὶ ἔθηκαν. Aᶜᵈᵉᵍ ἐν Χ. ²⁷ α, g. a reads ἀνὰ χεῖρας = לעבי (cf. 2 Sam. xv. 2). bf ἀνὰ χεῖρα. d ἀνὰ μετά (a conflation). e, A ἀνὰ μέσον. ²⁸ g reads τῶν πατέρων αὐτοῦ. d adds τῷ δὲ θεῷ ἡμῶν ἡ δόξα εἰς αἰῶνας. f, S¹ add Λευὶ υἱὸς 'Ιακὼβ Γ̅ (+ καὶ S¹) υἱὸς Λίας Γ̅ ἔζησεν ἔτη ρλζ (for Γ̅ ... ρλζ, S¹ reads γυναικὸς τοῦ 'Ιακώβ).

¹ Title. α in text. bef read δ. 'Ι. περὶ ἀνδρείας καὶ φιλαργυρίας (e, S¹ om. κ. φιλ.) καὶ πορνείας (f, S¹ om. κ. πορ.). To this f adds 'Ιούδας ἑρμηνεύεται ἐξομολόγησις. a simply 'Ιούδα. d and A are conflate. d, Aᵃᵇᶜᵈᵉᶠᵍ read δ. 'Ι. τοῦ τετάρτου υἱοῦ 'Ιακὼβ (Aᵃᵇᶜᵈᵉᶠᵍ om. υἱ. 'Ι.) περὶ ἀνδρείας (Aʰ δικαιοσύνης) καὶ φιλ. καὶ πορνείας. Aᵇ = δ. 'Ι. τοῦ τετάρτου περὶ φιλ. καὶ πορν. ἀλλὰ καὶ δικαιοσύνης. g stands alone : δ. 'Ι. περὶ ἀνδρείας καὶ περὶ τοῦ μὴ μεθύσκεσθαι οἴνῳ. ² d, A add διαθήκης. ³ h om. ⁴ α. β–d read ὅσα. d om. together with next four words. ⁵ α. aefg read καὶ συναχθ. b, A, S¹ συναχθ. d καὶ γὰρ συναχθ. οἱ υἱοὶ αὐτοῦ. g om. next word. ⁶ c om. d reads ἐπισκέψασθαι αὐτόν. ⁷ g om. Aᵇ* adds ἀναστὰς ἐκάθισε καί. ⁸ α. d reads οἴδατε, τέκνα μου, ὅτι. β–d, A om. S¹ reads τέκνα μου, ἰδού, λέξω ὑμῖν πρίν με

ΔΙΑΘΗΚΗ ΙΟΥΔΑ [I. 3

β, A ἤμην καὶ σπουδαῖος. β, A, S μου Ἰακώβ. β–b,A(?) ἐπηύξατο. β–g, S¹ πιάσας αὐτὴν ἐποίησα βρῶμα τῷ πατρί μου. β, A, S¹ τὰς δὲ δορκάδας.

νόμην[9] τῷ πατρί μου Ἰακώβ[10], καὶ Λεία[11] *ἡ μήτηρ μου[12] ἐπωνόμασέν[13] με[14] Ἰούδαν[15], λέγουσα· Ἀνθομολογοῦμαι[16] τῷ[17] Κυρίῳ, ὅτι ἔδωκέν[18] μοι[19] ⌈καὶ⌉[20] τέταρτον υἱόν. 4. *Ἐγὼ ὀξὺς ἤμην[21] ἐν[22] νεότητί μου[23], καὶ ὑπήκουον[24] τῷ πατρί μου κατὰ πάντα λόγον[25]. 5. Καὶ ἐτίμων[26] τὴν μητέρα μου[27] καὶ τὴν ἀδελφὴν *τῆς μητρός μου[28]. 6. Καὶ ἐγένετο ὡς ἡδρύνθην[29] καὶ[30] ὁ πατήρ μου[31] *ηὔξατό μοι[32], λέγων· Βασιλεὺς ἔσῃ[33] κατευοδούμενος[34] ἐν[35] πᾶσιν.

II. Καὶ ἔδωκέ μοι Κύριος[1] χάριν ἐν πᾶσι τοῖς ἔργοις μου, ἔν τε[2] ἀγρῷ καὶ ἐν τῷ οἴκῳ. 2. Οἶδα[3] ὅτι συνέδραμον ἐλάφῳ[4] καὶ *ἐπίασα αὐτὴν καὶ ἐποίησα αὐτὴν βρῶμα τῷ πατρί μου καὶ ἔφαγεν[5]. 3. *Τὴν δὲ δορκάδα[6] *διὰ τοῦ δρόμου[7]

ἀποθανεῖν τὰ πράγματά μου.   [9] afg, A add ἐγώ.   [10] α, A^b*. β, A^(α, bcdefg) S¹ om.   [11] α, ag. def, A read Λία. b, S¹ om.   [12] f reads τῇ μητρί μου καί. g om.   [13] α (save that they read ἐπονόμασεν). β reads ὠνόμασεν. [14] A^cdefg om.   [15] c, aef. h, bdg read Ἰούδα.   [16] A = ἀνθομολογήσομαι. [17] afg om.   [18] c, bdeg. h, af read δέδωκε.   [19] A^abhcdef add κύριος.   [20] c, bdf, S¹.   a reads καίγε. h, eg, A om.   [21] c. h reads ἐγὼ οὖν ὀξ. ἤμην. d ἐγώ, τέκνα μου, ὀξ. ἤμ. β–d ὀξ. ἤμ. A^β = ὀξ. ἤμ. ἐγώ. A^α = καθαρὸς ἤμ. ἐγώ. S¹ ἦν. β–e, A add καὶ σπουδαῖος. e καὶ γενναίως. S¹ σπουδαῖος. Possibly σπουδαῖος is an alternative rendering with ὀξύς of מהיר.   [22] d adds τῇ. [23] S¹ adds ὅτι ἡ ἀνδρεία ἦν ἐν τοῖς στήθεσιν καὶ ἦν ἐν ποσὶν ταχύς, καὶ κρατερὸς ἐν τῷ σώματι καὶ πολλοὶ τῶν ἀγωνιζομένων οὐκ ἠδυνήθησαν ἀνέχεσθαι ἐπὶ τοὺς βραχίονας καὶ ἐνίκησα τὴν βεβαιότητα τοῦ πολίτου οὐχ ὑπείκοντός μοι, καὶ εἶδεν ὁ πατήρ μου ὅτι ὁ ἄγγελος τοῦ κρατεροῦ συνεμάχετό μοι.   [24] c, deg. h, S¹ read καὶ ὑπήκουσα. abf καὶ ὑπακούων. A^β om. together with next three words.   [25] e reads τρόπον.   [26] α, d read ἐτίμουν. b εὐλόγουν.   [27] h, f om.   [28] g reads αὐτῆς.   [29] c, ag. A corrupt form of this appears in h, f ἠνδρύνθην. Other verbs of kindred meaning are given in b, A ἠνδρώθην. d ἠνδρειώθην. e ἀνδριώθην.   [30] g om.   [31] β, A, S¹ add Ἰακώβ.   [32] c, b. h reads ηὔξατο. adefg, A ἐπηύξατό μοι (a om.) or A^β = ηὔξατο περὶ ἐμοῦ. S¹ εὐλόγησέν με.   [33] d reads ἔσει.   [34] α, β–b, A. b reads καὶ εὐοδούμενος. A ܘܡܫܬܪܪ ܠܟ (= πρωτεύων) corrupt for ܘܡܬܪܬܪ ܠܟ = κατευοδούμενος.   [35] f reads ἐπί.

II. [1] e¹, A^b* om.   [2] g reads τῷ. adef, A add τῷ.   [3] b, S¹ read ὡς εἶδον.   [4] c. h, β read τῇ ἐλ.   [5] α (save that h om. the second αὐτὴν and trs. βρῶμα after μου). β–g read πιάσας αὐτὴν ἐποίησα βρῶμα (βρώματα d) τῷ πατρί μου. g reads as β–g but trs. βρῶμα to the end. A = πιάσας (A^abhcdefg om.) ἔδωκα αὐτὴν βρῶμα τῷ π. μου.   [6] c. h reads τὰς δὲ δορκάδας. β, S¹ τὰς δορκ. A = καὶ τὰς δορκ.   [7] β, A trs. this phrase after ἐκράτουν against α. A adds₃ μου.   [8] e reads τῷ. d om.   [9] e reads πεδίῳ. f σπουδαίοις.

ΙΙ. 5] ΔΙΑΘΗΚΗ ΙΟΥΔΑ 67

ἐκράτουν, καὶ πᾶν ὃ ἦν ἐν τοῖς⁸ πεδίοις⁹ κατελάμβανον. 4. β–e, S¹
*Τὸν λέοντα¹¹ ἀπέκτεινα¹² καὶ ἀφειλόμην¹³ ἔριφον ἐκ τοῦ κατελάμ-
στόματος αὐτοῦ¹⁴· τὴν¹⁵ ἄρκον λαβὼν ἀπὸ τοῦ ποδὸς ἀπέ- *φοράδα
λυσα¹⁶ εἰς *τὸν κρημνόν¹⁷, *καὶ συνετρίβη¹⁸. 5. *Τῷ ἀγρίαν
ἀγρίῳ χοίρῳ²⁰ κατέδραμον²¹, καὶ προέλαβον²² ⌈ἐν τῷ τρέχειν λαβὸν
με⌉ καὶ²³ κατεσπάραξα αὐτόν. καὶ
                                                                πιάσας
ἡμέρωσα¹⁰. 4. Καὶ λέοντα. β, A, S¹ *καὶ πᾶν θηρίον, ὃ ἐπέστρεφε ἐπ'
ἐμέ, διέσπων αὐτὸ ὡς κύνα¹⁹.

¹⁰ β–aε (save that for κατέλαβον d reads καταλαβών and g κατέδραμον), S¹. a
reads καὶ κρατήσας ἡμέρωσα. e, A represent a third type of text. e φορ.
αγ. καταλαβως (sic) ἡμέρωσα πιάσας δορκάδα ἐκύνηγον ἐν τῇ χειρί μου. A (with
which e is related) = φοράδας ἀγ. πιάσας ἡμέρωσα αὐτάς· ζῶα ἄγρια ἐθήρευσα
ἐν χερσί μου. ¹¹ α. β–def, S¹ read καὶ λέοντα. ef λέοντα. A = καίγε τὸν
λέοντα (λέοντας Aᵝ) πολλάκις. Vers. 4–7 appear in an expanded form in
d as follows: ἄλλοτε πάλιν ποιμαίνοντός μου τὰ πρόβατα τοῦ πατρός, λέων ἐκ
τῆς ἐρήμου ἐπελθὼν ἥρπασεν ἔριφον ἐκ τῆς ἀγέλης καὶ ἐπορεύετο. καὶ ἰδὼν αὐτὸν
ἔδραμον ἐπ' αὐτὸν καὶ πιάσας παραχρῆμα ἀπέκτεινα καὶ ἀφελόμην τὸν ἔριφον ἐκ τοῦ
στόματος αὐτοῦ. ἄλλοτε πάλιν ἄρκος (sic) ἐπελθούσης τῇ ποίμνῃ λαβὼν αὐτὸν ἀπὸ
τοῦ ποδὸς ἀπεκύλησα εἰς τὸ κρημνὸν καὶ παρ' αὐτὰ διερράγη. καὶ πᾶν δὲ θηρίον
ἐπεστρεφέν (sic) ἐπ' ἐμὲ διεσπάρασσον αὐτὸ ὥσπερ κύνα. 5. Καὶ παντελεῖ ἀφα-
νισμῷ παρεδίδουν. ἄλλοτε θεασάμενος κύνα ἄγριον τρέχοντος συνέδραμον αὐτό·
καὶ παραλαβὼν αὐτὸν ἐν τῷ τρέχειν με κατεσπάραξα αὐτόν. 6. Ἄλλοτε πάρδαλιν
(sic) ἐν Χεβρὼν προσεπίδησεν ἐπὶ τὸν κύνα μου τὸν παρακολουθοῦντά μοι· καὶ πιάσας
αὐτὴν ἀπὸ τῆς οὐρᾶς ἀπεκόντισα αὐτὸν ἐν τῇ γῇ καὶ εὐθέως ἐρράγη. 7. Ἄλλοτε
πάλιν διερχομένου μου ἐν τοῖς ὁρίοις Γάζης, θεασάμενος βοῶν ἀγρίων ἀγέλην νεμω-
μένην ἐπί τινα χώραν ἔκλινα τῆς ὁδοῦ καὶ πρὸς αὐτοὺς γενόμενος κρατήσας τὸν
μείζονα αὐτῶν ἀπὸ τῶν κεράτων, καὶ ἐν κύκλῳ συσσείσας καὶ σκοτίσας ῥῆξας αὐτὸν
ἀνεῖλον. ¹²A = ἀποκτείνας (Aᵇ ἀπέκτεινον). ¹³ h. c, bg read ἀφελόμην.
af ἀφειλάμην. e, A ἀφηρόμην. ¹⁴Aᵝ = αὐτῶν. ¹⁵ α. β om. A = καὶ
τόν. ¹⁶ α, a. g, A read ἀπηκόντισα, of which I take bdef ἀπεκύλησα to
be a corruption. Then ἀπηκόντισα and ἀπέλυσα would be independent
renderings of שלחתי. ¹⁷ h, afg. c reads τὸν κρυμνόν. b κρημνόν. e δένδρον.
¹⁸ α. See also d in note 11, καὶ παρ' αὐτὰ διερράγη. β, A, S¹ read καὶ πᾶν
θηρίον ὃ (ab, S¹ εἰ, dg om.) ὑπέστρεφεν (b ἐπίστρεφε, df ἐπεστρεφέν, e ἐπέ-
τρεχεν, g ἐπιστρέφων) ἐπ' (b πρὸς, g εἰς) ἐμέ, διέσπων (bg διήσπουν, d διεσπά-
ρασσον, e διησπον, f διέσπουν, A = ἀπέκτεινον) αὐτὸ ὡς (αὐτὰ Aᵇ*ᵉ) κύνα (a om.
ὡς κ.) By referring to the text of d, given above, it will be observed
that here again d is conflate, or is it alone not defective? ¹⁹ See
preceding note. ²⁰ h, af (but a om. τῷ). befg read τῷ χ. τῷ ἀγ. c τὸν
αγριο χοιρα. ²¹ α, a. β–a read συνέδραμον. ²² h. c reads προελαβα.
abef πρόκα (bef om.) προλαβών. d παραλαβών. g προσλαβὼν ἐκ τοῦ ποδός.
In A the text = καὶ καταδραμόντος μου χοῖρον ἄγριον κατέλαβον αὐτὸν καὶ πατάξας

F 2

ΔΙΑΘΗΚΗ ΙΟΥΔΑ [II. 6

β, (A), S¹ 6. *Πάρδαλις ἐν Χεβρὼν προσεπήδησεν ἐπὶ τὸν κύνα²⁴,
αὐτὴν καὶ καὶ πιάσας²⁵ αὐτὸν²⁶ ἀπὸ τῆς κέρκου²⁷ ἀπηκόντισα²⁸ *αὐτὸν
ἐρράγη
ἐν τοῖς ἐπὶ τὴν πέτραν καὶ ἐρράγη εἰς δύο²⁹.
ὁρίοις 7. *Βοῦν ἄγριον εὗρον τὴν χώραν νεμόμενον, καὶ κρατήσας³⁰
Γάζης. τῶν κεράτων³¹ καὶ³² κύκλῳ *συσσείσας³³ *καὶ σκοτίσας³⁴
β–d, A, ῥίψας³⁵ ἀνεῖλον³⁶ αὐτόν³⁷.
S¹ ἐν
χώρᾳ III. *⁰Ὅτε δὲ¹ *ἦλθον οἱ δύο βασιλεῖς τῶν Χαναναίων
νεμόμε-
νον ἐκρά- τεθωρακισμένοι² ἐπὶ τὰ *ποίμνια ἡμῶν καὶ λαὸς πολὺς³ *μετ'
τησα. αὐτῶν⁴ *κἀγὼ μόνος⁵ δραμὼν ἐπὶ τὸν βασιλέα *τὸν ἕνα⁶ *καὶ
β, A, S¹
καὶ ὅτε. β, S¹ καὶ πολὺς λαός.

κατεσπάραξα τὰ ὀστᾶ αὐτοῦ.   ²³ α. β om.   ²⁴ α, β–d (save that e reads
πρός for ἐπί and g prefixes καί). Aᵃ = πάρδαλις ἄλλοτε ἐν Χ. προσπηδάσας
ἐπὶ τὸν κ. Aᵝ ἄλλοτε πάρδ. ἐλθὼν ἐν Χ. καὶ προσπηδάσας ἐπὶ τ. κ. Observe
that d agrees with Aᵃ. See note 11.   ²⁵ ag read κρατήσας.   ²⁶ α.
β reads αὐτήν. A om.   ²⁷ α, af. β–af read οὐρᾶς.   ²⁸ af. α read
ἀπηκόντισα. bdeg ἀπεκόντισα.   ²⁹ α. β–d, S¹ read αὐτὴν καὶ ἐρράγη (e διερ-
ράγη) ἐν τοῖς ὁρίοις (e ὄρεσιν) Γάζης. For d see note 11. A = καὶ εὑρέθη
(+ ἡ πάρδαλις Aᵇᵍ) ῥαγεῖσα ἐν ὁρίοις Γάζης. The εὑρέθη here is borrowed
from ver. 7 where it should be restored and read as εὗρον (q.v.p). The
phrase ἐν ὁρίοις Γάζης seems to be wrongly connected with ver. 6. d
connects it with ver. 7.   ³⁰ α. β–d, A read βοῦν ἄγρ. ἐν (f ἐπί, bg om.)
χώρᾳ (fg χώραν, A ὄρει) νεμόμενον ἐκράτησα (A κρατήσας). be add ἐκ.
³¹ A adds αὐτοῦ.   ³² c om. β adds ἐν.   ³³ h, β–e, A. c reads συστήσας.
e συνσήσας. Aᵃ, ᵉᶠᵍ add αὐτόν.   ³⁴ α, bf. β–bfg, A⁻ᵇ* read καὶ σκοτώσας.
g σκοτώσας. Aᵇ* = καὶ ἐσκότωσα. Aᵇ add δηλονότι ἐκμαίνας.   ³⁵ Aᵃᵇʰ read
καὶ ἔρριψα (+ ἐν τῇ γῇ Aᵇ). Aᶜ om. Aᵇ* read καὶ ῥίψας ἐν τῇ γῇ.   ³⁶ Aᵃᵇʰ
om.   ³⁷ f reads αὐτήν. h om.

III. ¹ α. β–d, A, S¹ read καὶ ὅτε. d καὶ ἐν μιᾷ τῶν ἡμερῶν.   ² A = ἦλθεν
ὁ βασιλεὺς τ. Χ. τεθωρακισμένος.   ³ α. abefg, S¹ read ποίμνια (e πρόβατα) καὶ
π. λαός (g πολλοὶ λαοί). d ποίμνια ἡμῶν τοῦ ἁρπάσαι αὐτὰ καὶ πολὺς λαός.
A ποίμνια πολλῷ λαῷ (Aᵇ καὶ πολὺς λαός).   ⁴ Aᵇ = ἦν αὐτῷ. Aᵃᵇ*ᶜᵈᵃᵍ om.
⁵ d reads ἐγὼ μόνος. g καί. A = κἀγὼ μόνος ἦν καί.   ⁶ α = האחד, 'the
one.' The other authorities read הציר which is well reproduced by ae, S¹
as Ἀσούρ, less well by bfg Σούρ. d Ἀσσυρίων. (Cf. my note on Jub.
xxxiv. 4). A = Ζούρ. The omission of Ἀσούρ by α is due to its wrong (?)
text in iv. 2. See note 14, p. 72.   ⁷ α. β, S¹ read συνέσχον (α συνεῖχον,
e συνηχον) αὐτὸν καὶ ἐπὶ (e om.) τ. κνημῖδας (d ἀντικνημῖδας) κρούσας. A =
συνέσχον αὐτὸν καὶ κρούσας ἐπὶ τὰς κνήμας αὐτοῦ.   ⁸ A = καταασπάσας.   ⁹ α.
β–d, A, S¹ read καὶ τόν. d ὁμοίως καὶ τόν.   ¹⁰ α. β–eg, S¹ read Ταφουέ.
e Γαφούς. g Ταφουσέ. A = τῶν Ταφίων.   ¹¹ d reads ἵππον ἄφνω. g τὸν
ἵππον. Aᵃᵇ add αὐτοῦ. Aᵇ* add κρούσας.   ¹² β, Aᵇʰʰ*ᶜᵈᵉᶠᵍ add αὐτόν. S¹

[III. 3]   ΔΙΑΘΗΚΗ ΙΟΥΔΑ   69

κρούσας αὐτὸν ἐπὶ τὰς κνημῖδας[7] *κατέσπασα, καὶ οὕτως[8] ἀνεῖλον β, A, S[1]
αὐτόν.   2. *Τὸν δὲ[9] ἕτερον βασιλέα *τὸν Ταφουὲ[10] Ἀσοὺρ συνέσχον
καθήμενον ἐπὶ *τοῦ ἵππου[11] [ἀνεῖλον[12] καὶ οὕτως πάντα τὸν αὐτὸν καὶ
λαὸν αὐτοῦ[13] διεσκόρπισα.   ἐπὶ τ. κνημῖδας κρούσας.

α	β, S[1]	A
3. Καὶ[14] τὸν †Ἀχὼρ βασιλέα[15]] ἄνδρα γίγαντα εὗρον[16]	3. *Τὸν Ἀχὼρ βασιλέα[17]] ἄνδρα γίγαντα[18] βάλλοντα	3. Καὶ *τὸν βασιλέα Χωρὰ] ἄνδρα[19] γίγαντα †ἔχοντα

om. rest of verse. The words ἀνεῖλον καὶ οὕτως ... βασιλέα must be rejected as a corrupt and in part dittographic addition. For since according to III. 1 and IV. 1 (β, A, S²) Judah kills five kings and according to III. 7 Jacob kills one, there can only be one other king slain, as there are only seven in all. This is the King of Tappuah whom Judah slays, according to our present text in III. 2. Thus the original text cannot have dealt with an eighth king as the present Greek text does in III. 3–5. And yet these verses with the exception of the phrase τὸν Ἀχὼρ βασιλέα are original; for they are found in the Midr. Wajjis and the Book of Jashar — only in these latter with reference to the King of Tappuah. Hence we rightly infer that verses 2–5 originally related to the King of Tappuah only. We can, moreover, account for the origin of the added name Ἀχώρ. For Ἀχώρ = אחור a corruption of אחר = ἕτερος. Thus τὸν Ἀχὼρ βασιλέα is merely a corrupt dittography of the opening words of ver. 2. The earlier part of the addition arose subsequently either in the Hebrew or in the Greek translation. To this addition there is nothing corresponding in the other Hebrew authorities.   [13] h, de, A[abhb*]. c, afg, A[cdefg] read αὐτῶν. b, S[1] om.   [14] α, A. d reads καὶ πάλιν. ἄλλοτε. β–d om.   [15] α, β (save that g reads Ἐχὼρ β.). A[abh] attempts an emendation and gives βασιλέα Χωρά (cf. A, ver. 4). A[b*cdeg] give Ὀχοσορά for Χωρά. Before discovering the corruption of the text, I took Χωρά to be corrupt for Χωρόν = חורן, i.e. בת־חורון. See Jub. xxxiv. 2–8 note.   [16] It will be observed that α gives at once the most intelligible text and the most grammatical. On the other hand, α is defective, for the phrase ἔμπροσθεν καὶ ὄπισθεν ἐφ' ἵππου is found also in Jashar and Chron. Jerach.   [17] An addition. See note 12. There is no verb to govern this accusative; for ἀνελόμενος must be construed with λίθον. For d see note 14.   [18] b reads γιγάντων. d adds τῇ ἰσχύι.   [19] See note 15. Observe that this order recurs in ver. 4.   [20] c. h reads ἀνειλάμην.   [21] h. c reads λυτρῶν.   [22] Undoubtedly corrupt. Possibly הביתי (i.e. הִכֵּיתִי = ἐπάταξα, so A, S[1]) stood originally in the Hebrew which was corrupted into נתתי (i.e. נָתַתִּי). δέδωκα might be corrupt for κέκρουκα; but bde read ἔδωκα. See note 27.   [23] Though in α, d it is an addition to the text. The verse originally ended

ΔΙΑΘΗΚΗ ΙΟΥΔΑ [III. 3

βάλλοντα τόξα καὶ | τόξα ἔμπροσθεν καὶ | περὶ τὴν ὀσφὺν †36
ἀνηλάμενος²⁰ λίθον | ὄπισθεν ἐφ' ἵππου²⁴ | ὄπισθεν καὶ ἔμ-
ἐξήκοντα λιτρῶν²¹ | ἀνελόμενος²⁵ λίθον | προσθεν τόξον καὶ³⁷
καὶ ἀκοντίσας †δέ- | *ἐξήκοντα λιτρῶν²⁶ | καθήμενον ἐφ' ἵπ-
δωκα²² τῷ ἵππῳ | ἀκοντίσας †ἔδωκα²⁷ | που ἀνελόμενος λί-
καὶ ἀπέκτεινα αὐτὸν | *τῷ ἵππῳ²⁸ καὶ | θον λιτρῶν ξ' καὶ
[σὺν τῷ ἵππῳ]²³. | ἀπέκτεινα²⁹ αὐτόν³⁰. | ἀκοντίσας ἐπάταξα³⁸
4. (Wanting.) | 4. Καὶ *πολεμήσας | τὸν ἵππον καὶ ἀπέ-
                 | τὸν †'Αχὼρ³¹ ἐπὶ | κτεινα αὐτόν. 4.
                 | *ὥρας δύο³² *ἀπέ- | Καὶ πολεμήσας τὸν
                 | κτεινα αὐτόν³³, καὶ | βασιλέα †Ναχὼρ
                 | εἰς³⁴ δύο μέρη³⁵ | ὡς ἐπὶ ὥρας δύο καὶ
                 | ποιήσας τὴν ἀσπίδα | εἰς μέρη ποιήσας τὴν
                 | αὐτοῦ συνέκοψα | ἀσπίδα συνέκοψα
                 | τοὺς πόδας αὐτοῦ. | τοὺς πόδας αὐτοῦ,
β, S¹ οὖν | | καὶ οὕτως ἀπέκτεινα
...ἐν τῇ | | αὐτόν.
χειρί.
β, S¹   5. *Ἐν δὲ³⁹ τῷ ἐκδύειν⁴⁰ με⁴¹ τὸν θώρακα αὐτοῦ⁴², ἰδού,
λίθοις   *ἄνδρες †ὀκτώ⁴³, ἑταῖροι⁴⁴ αὐτοῦ⁴⁵, ἤρξαντο πολεμεῖν με⁴⁶.
σφενδο-   6. Ἐνειλήσας⁴⁷ *δὲ ἐγὼ⁴⁸ τὴν στολήν μου *ἐπὶ τὴν χεῖρά⁴⁹
νήσας
αὐτούς.   μου ⌐καὶ⌐⁵⁰ *σφενδονήσας αὐτοῖς λίθους⁵¹ *τέσσαρας ἐξ αὐτῶν

with ἀπέκτεινεν αὐτόν, and thus ver. 4 was lost through hmt. ²⁴ d reads
ἵππον. ²⁵ d reads ἀνελωμένος. f ἀνηλάμενος. ²⁶ def. abg, S¹ read λιτρῶν ξ'.
d adds ἐγὼ καί. ²⁷ bde. afg read δέδωκα. S¹ ἐπάταξα. ²⁸ β–e. e reads
τοῦ ἵππου. d adds αὐτοῦ. ²⁹ a adds καί. ³⁰ d om. ag om. next nine
words. ³¹ β–de, S¹. d reads πεζεύσας Ἀχὼρ ἐπολέμησε μετ' ἐμοῦ. e ἐπυλέ-
μησα τ. Ἀ. Ἀχώρ here also represents a corruption of אחר = ἕτερον. See
note 15. ³² β–ef, S¹. ef read δύο ὥρας. de add διὸ (e om.) καί. ³³ This
clause, which has καί prefixed in de, should be transferred to the close of
the verse as in A. See note 32. ³⁴ e reads ἐπί. ³⁵ b reads μερίδας.
³⁶ So A corruptly ηρ (Aʰᵉ om.) [Armenian text]. ³⁷ Aᵇᵉᶠᵍ om.
³⁸ Aᵇ reads πατάξας and om. following καί. ³⁹ e reads καὶ ἐν. ⁴⁰ A =
ἐνδύεσθαι. ⁴¹ e om. aef add αὐτόν. bg αὐτοῦ. ⁴² α, d, A. β–d om. af add
καί. ⁴³ α, ad. bef read ὀκτὼ ἄνδρες. g πεντήκοντα ἄνδρες. A = ἐφάνησαν
ἄνδρες ἑπτά (Aᵉᶠᵍ ἐννέα). ἐννέα is supported by Midr. Wajjis, Chron.
Jerach. and Book of Jashar, הישר. ⁴⁴ ab, Aᵇᵇ*ᶜᵈᵉᶠ, S¹. In the other
MSS. this word is written ἕτεροι. ⁴⁵ c reads ἑαυτοῦ. Aᵃ αὐτῶν. ⁴⁶ α.
β–e, A read πρός με. e μετ' ἐμοῦ. ⁴⁷ α, adg. bf read ἐνειλίσας. e ἐνηλήσας.
g, A prefix καί. ⁴⁸ α. β, S¹ read οὖν. A = ἐγώ. ⁴⁹ α. β, S¹ reads ἐν
τῇ χειρί. For the words τὴν στολήν ... μου A reads τὴν χεῖρά (Aᶜᵈ τὰς
χεῖράς) μου τῇ στολῇ μου. ⁵⁰ α, A. β om. ⁵¹ c (save that with h I have

ΔΙΑΘΗΚΗ ΙΟΥΔΑ

β, A, S¹ ἀνεῖλον⁵². *οἱ δὲ λοιποὶ⁵³ ἔφυγον. 7. *Ὁ δὲ πατήρ
καὶ μου Ἰακὼβ⁵⁴ ἀνεῖλε τὸν †Βελισάθ⁵⁵, βασιλέα⁵⁶ πάντων⁵⁷
Ἰακὼβ ὁ
πατήρ. τῶν⁵⁸ βασιλέων, ⌈ἄνδρα⌉⁵⁹ γίγαντα τῇ ἰσχύι πηχῶν δώδεκα⁶⁰.
ἡμῶν.
β, Aᵃᵇ, S¹ 8. Καὶ ἐπέπεσεν⁶¹ ἐπ' αὐτοὺς τρόμος⁶², καὶ ἐπαύσαντο πολε-
ἀμέριμνος μοῦντες⁶³ ἡμᾶς⁶⁴.   9. *Διὰ τοῦτο ὁ πατήρ μου ἀμέριμνος ἦν
ἦν ὁ π. ἐν τοῖς πολέμοις⁶⁵, ὅτε⁶⁶ ἐγὼ *σὺν τοῖς ἀδελφοῖς μου ἤμην⁶⁷.
μου.
h, Aᵃᵇᵉᶠᵍ 10. *Εἶδε γὰρ⁶⁸ *ἐν ὁράματι⁶⁹ ⌈περὶ ἐμοῦ⌉⁷⁰ ὅτι ἄγγελος
ὅτι. δυνάμεως⁷¹ *συνέπεταί μοι⁷² ἐν πᾶσι, τοῦ μὴ *ἅψασθαί μοι⁷³.

β-e, A, S¹ IV. *Καὶ μετὰ τοῦτο γέγονεν ἡμῖν κατὰ νότον¹ πόλεμος²
ἡττᾶσθαί
με. μείζων³ *τοῦ ἐν Σικίμοις⁴· καὶ παραταξάμενος *σὺν τοῖς
β-dg, A, ἀδελφοῖς⁵ μου ἐδιώξαμεν⁶ χιλίους⁷ καὶ ἀπεκτείναμεν⁸ ἐξ
S¹ καὶ
κατὰ νότον γέγονεν ἡμῖν. β, A⁻ᵇ*, S¹ ἐδίωξα. β, A⁻ᵇ*, S¹ ἀπέκτεινα... διακοσίους
ἄνδρας καὶ τέσσαρας βασιλεῖς.

placed λίθους for λίθοις). h reads σφενδονίσας αὐτοῖς λίθους. abdg, S¹ λίθοις
σφενδονίσας (bg σφενδων. d σφενδονήσας) αὐτούς (g εἰς αὐτούς). ef λίθους
σφενδονήσας αὐτοῖς. A = σφενδονήσας.   ⁵²g reads τοὺς δ' ἀνεῖλον. A =
ἀνεῖλον ἐξ αὐτ. ἄνδρας (Aᵃᶜᵈ om.) τέσσαρας.   ⁵³α. g reads καὶ οἱ λοιποί.
β–g οἱ δὲ ἄλλοι.   ⁵⁴α. d reads τῷ καιρῷ ἐκείνῳ ὁ π. μου Ἰ. β–d, A, S¹ καὶ
Ἰ. ὁ π. ἡμῶν (e, Aᵇ*ᶜᵈᵉᶠᵍ μου).   ⁵⁵α, af. b reads Βεελισά. d Βελιατ. e Βεε-
λησάθ. g Βεελισάδ. Aᵃ = Βελιασά. Aᵇʰʰ*ᶜᵈᵉᵍ Βελιασάθ. S¹ Ἐλισάφ. These
seem to be corruptions of בעל־שילה = 'Lord of Shilo.'   ⁵⁶e trs. before
Βελ.   ⁵⁷d reads ἅπαντα.   ⁵⁸e om.   ⁵⁹α. β, A, S¹ om.   ⁶⁰c, f. h,
e read δέκα δύο. abdg ιβ'.   ⁶¹c, abf. h, deg read ἔπεσεν.   ⁶²d trs.
before ἐπ'. A = τρόμος (+ ἡμῶν Aᵇ*ᵈ) καὶ φόβος.   ⁶³e trs. to end of verse.
⁶⁴α, d. abeg read ἀφ' ἡμῶν. f ἐφ' ἡμᾶς.   ⁶⁵α. β–g, Aᵃᵇʰ, S¹ read καὶ
(β–g om.) δ. τοῦτο ἀμ. ἦν ὁ π. μου... πολέμοις. Aᵇ*ᶜᵈᵉᵍ = καί. g om. the
entire verse, but adds the first half of it, prefixing καί and om. ὁ πατήρ μου
after ver. 10. d om. rest of verse.   ⁶⁶c, β–dg, Aᵇ*ᶜᵈ, S¹. h. Aᵃᵇʰᵉᶠᵍ read
as in margin.   ⁶⁷α (save that I have corrected ειμην of c and συνήμην
of h into ἤμην). β–dg read ἤμην σὺν (b ἐν) τοῖς ἀδ. μου.   ⁶⁸α, β–d, Aᵃᵇʰ,
S¹. d reads ὅτι εἶδεν. g εἶδεν ὁ πατήρ μου. Aᶜᵈ = εἶδεν. Aᵉᶠᵍ ἐγὼ γάρ by
internal corruption.   ⁶⁹e reads ὅραμα. Aᵇ*ᶜᵈ add νυκτός.   ⁷⁰A om.
⁷¹d reads κυρίου. Aᵇ = κυρίου δυνάμεω.   ⁷²α, afg. bd read ἔπεταί μοι.
e ἦν μετ' ἐμοῦ. S¹ βοηθεῖ μοι.   ⁷³α ἅψασθε μαι (h μοι) for ἅψασθαί μοι. d, A
read ἡττᾶσθαί με. β–de, S¹ ἡττᾶσθαι. e ἡττιθῆναί με. These appear to be
independent renderings of two different moods of נגע.

IV.   ¹α (save that they read νῶτον corruptly for νότον). abf, A, S¹ read
καὶ κατὰ νότον γέγονεν ἡμῖν (for ἡμῖν Aᵇ*ᵃᵈᵉᵍ read μέγας). d πάλιν οὖν γέγ.
ἡμῖν. e καὶ κ. τὸν νότον ἡμῖν γέγ. g ἡμῖν γέγ.   ²g adds κατὰ τοῦ νώτου.
³e reads μεῖζον. d om.   ⁴abg. ef read τοῦ ἐν Σικήμοις. α τοῖς ἐν Σηκίμοις.
d om.   ⁵α. β reads μετὰ τῶν ἀδελφῶν.   ⁶α, Aᵇ* (but this reading

ΔΙΑΘΗΚΗ ΙΟΥΔΑ [IV. 1

β, S¹   αὐτῶν διακοσίους⁹.   2. Καὶ ἀνῆλθον¹⁰ ἐγὼ¹¹ ἐπὶ *τοῦ
†ἄλλους   τείχους¹², καὶ¹³ *ἀνεῖλον †τὸν βασιλέα αὐτῶν†¹⁴.   3. Καὶ
δύο βασι-
λεῖς†   οὕτως †ἠλευθερώσαμεν¹⁵ τὴν¹⁶ †Χεβρών¹⁷, καὶ ἐλάβομεν
ἀνεῖλον.   πᾶσαν τὴν αἰχμαλωσίαν¹⁸.
Α ἀνεῖλον
ἄλλους   V. Καὶ¹ τῇ ἑξῆς ἀπήλθομεν² εἰς Ἀρετάν³, πόλιν κραταιὰν⁴
ἔτι   καὶ ἰσχυράν⁵, *ἀπειλοῦσαν ἡμῖν θάνατον⁶.   2. *Ἐγὼ δὲ
βασιλεῖς
τέσσα-   καὶ ὁ Γὰδ⁷ προσηξάμεν⁸ *ἀπὸ ἀνατολῶν τῆς πόλεως⁹·
ρας.   Ῥουβὴμ δὲ¹⁰ καὶ ὁ¹¹ Λευὶ¹² ἀπὸ δυσμῶν¹³.   3. Καὶ
β–de,
A, S¹ αἰχ. τῶν βασιλέων. β–dg, Α, S¹ τειχήρη καὶ ἀπροσέγγιστον.

seems corrupt). β, A^abhcde'g, S² read ἐδίωξα. A adds ἐξ αὐτῶν ἄνδρας.
⁷bde, S¹ add ἄνδρας. g ἄνδρας καὶ τέσσαρας βασιλεῖς. ⁸α, A^b* (seems
corrupt). β, A^abhcdefg read ἀπέκτεινα. ⁹α. d, A read ἄνδρας διακοσίους.
β–g, S¹ add ἄνδρας (d om.) καὶ τέσσαρας (b τέσσαρες, ef τεσσαρεις) βασιλεῖς.
g ἄνδρας. A καὶ βασιλεῖς τέσσαρας. d om. ver. 2 through hmt. ¹⁰g reads
ἀνελθών. ¹¹α, A. β om. b, S¹ add ἐπ' αὐτούς. ¹²A reads τῶν τειχέων
αὐτῶν. ¹³g om. ¹⁴α, i.e. the King of Hazor, who, however, was
already slain by Judah (iii. 1). β–e, S² read ἄλλους δύο βασιλεῖς ἀνεῖλον.
e ἀνεῖλον δύο βασιλεῖς. A = ἀνεῖλον ἄλλους ἔτι βασιλεῖς τέσσαρας, where
βασιλεῖς is corrupt, but τέσσαρας is right according to Midr. Wajjis. For
βασιλεῖς we should read ἰσχυρούς = גבורים, as in Midr. Wajjis and Chron.
Jerach. הרג לאוחם ד' גבורים. ¹⁵α, ag. bdef read ἐλευθερώσαμεν. Text
= חפשנו corrupt for תפשנו = συνελάβομεν, or for כבשנו (verb used in Midr.
Wajjis here) = κατεκυριεύσαμεν. Corruption due to corruption of Ἀσούρ
into Χεβρών. See note 17. ¹⁶d reads τόν. ¹⁷Corrupt for Ἀσούρ =
חצור. The whole chapter relates to Hazor as in Midr. Wajjis, Chron.
Jerach. xxxvi. 6, Book of Jashar (Dict. des Apocr., ii. 1176). ¹⁸e reads
εὐπορίαν. β–d, Α, S¹ add τῶν βασιλέων. d αὐτῶν.

V. ¹b, S¹ om. Instead of καὶ τῇ... ἰσχυράν d reads πάλιν οὖν ἄλλη πόλει
κραταιᾷ καὶ ἀπροσέγγιστος Ἀρετὰ ὀνομαζομένη. ²efg read ἀπήλθαμεν. ³be.
d reads Ἀρετά. g Ἀβετά. α, ae²(over erasure)f, S³ ἑτέραν. A^abhcdefg = Αριτα.
The original word was סרטן (see Book of Jashar, ii. 1176; Chron. Jerach.
xxxvi. 7). ⁴g reads κραταιᾷ and om. καί following. A^b* = ἀνάλωτον
κραταιάν. ⁵α. β–dg, A, S¹ read τειχείρη (ef τειχηράν) καὶ ἀπροσέγγιστον
(α προσέγγιστον ἡμῖν). g τῇ χειρὶ καὶ ὡς προσηγγίσαμεν. For text of d see
note 1. ⁶a reads θαν. ἀπ. g ἀπ. ἡμῖν θανάτῳ. A = καὶ ἠπείλουν ἡμῖν
θάνατον. d adds ὀργισθέντες οὖν ἡμεῖς ἐπ' αὐτὴν ἐπορεύθημεν εἰς αὐτήν. ⁷α.
β, S¹ read Ἐγὼ οὖν καὶ Γάδ. A = καὶ τότε (A^ef ἰδού) ἐγὼ καί Γ. ⁸d reads
προσηύξαμεν. ⁹A = εἰς τὸ τεῖχος τῆς πόλεως ἀπὸ ἀνατολῶν. ¹⁰c om.
¹¹α. β om. ¹²d reads Λευίς. ¹³b adds καὶ νότου. ¹⁴A = οὕτως
ἐνόμιζον and trs. after τείχους. ¹⁵d om. ¹⁶α, abf. beg, A read ἐπί.
For τ. τείχους Αβ read τῶν τειχέων. ¹⁷A adds καί. ¹⁸ἐφέλκειν is used

ν. 5] ΔΙΑΘΗΚΗ ΙΟΥΔΑ 73

νομίσαντες[14] οἱ[15] ἀπὸ[16] τοῦ τείχους, ὅτι ἡμεῖς μόνοι ἐσμέν[17],
† ἐφελκύσθησαν[18] πρὸς[19] ἡμᾶς.

α	β, S¹	A
4. Καὶ οὕτως λάθρα οἱ ἀδελφοί μου ἐξ ἑκατέρων τῶν μερῶν τοῦ τείχους εἰσήλθομεν εἰς τὴν πόλιν.	4. Καὶ οὕτως λάθρα[20] οἱ ἀδελφοί μου[21] ἐξ ἑκατέρων * τῶν μερῶν[21] πασσάλοις * ἐπανέβησαν τῷ τείχει[22] καὶ εἰσῆλθον[23] εἰς τὴν πόλιν ἀγνοούντων αὐτῶν[24].	4. Ἀλλὰ[25] πάντες ἀδελφοὶ ἡμῶν ἐξ ἑκατέρων τῶν μερῶν πασσάλους ἐμπήξαντες[26] εἰσήλθομεν[27] εἰς τὴν πόλιν ἀγνοούντων αὐτῶν.

α, β, S¹		A	
5. *Καὶ κατελάβομεν[28] αὐτὴν ἐν στόματι μαχαίρας, *καὶ τοὺς[29] ἐν *τῷ πύργῳ[30] καταφυγόντας *ἐν πυρὶ ἐνεπρήσαμεν καὶ οὕτως πάντας ἐλάβομεν καὶ πάντα τὰ αὐτῶν[31].		5. Καὶ ἐλάβομεν αὐτοὺς ἐν στόματι μαχαίρας, καὶ οἱ ἐν τῷ τείχει[32] κατέφυγον [καὶ εἰσῆλθον εἰς τοὺς πύργους][33] καὶ *τότε ἡμεῖς ἐμπρήσαντες τοὺς πύργους σὺν αὐτοῖς ἐλάβομεν[34].	β ἐμπρήσαντες τὸν πύργον σὺν αὐτοῖς ἐλάβομεν.

as a rendering of the hiphil of ארך in Num. ix. 19 and Jos. xxiv. 31, in the sense of 'to prolong' in the latter passage. A = ἐφείλκυσαν τὸν πόλεμον. This suggests the idea that as ἐφελκύσθησαν = ארכו, the latter may be corrupt for ערכו, which with or without מלחמה = 'set themselves in array'—a phrase which occurs several times in the Midr. Wajjis but not exactly in this place. [19] α, af. bdeg read ἐφ'. [20] b reads λαθραῖοι. [21] b om. For ἑκατέρων S¹ reads πάντων. [22] d reads ἀνέβησαν τὸ τείχος. S¹ om. τῷ τείχει. [23] a reads ἦλθον. [24] g trs. before ἀγν. a om. [25] So A[abcdefg]. A[b] = καὶ οἱ ἄλλοι (եւ այլք). A[b*] = δέ. [26] A[b] adds ἐν τῷ τείχει. [27] A[abh]. Cf. α. A[b*cdefg] = εἰσῆλθον. [28] h. c reads κατελάβομεν. β καὶ ἐλάβομεν. [29] d reads τοὺς δέ. [30] β. α reads τοῖς πύργοις. S¹ om. [31] α. β reads ἐμπρήσαντες (bdf ἐμπρίσαντες) τὸν πύργον σὺν αὐτοῖς ἐλάβομεν (+ πάντας f). S¹ reads ἐνεπρήσαμεν only. [32] An error for πύργῳ. [33] A dittographic rendering. [34] So A[bhefg], save that A[bh] add καί before ἐλάβομεν. The Armenian text (note 4, p. 80) wrongly omits եւ անպէպ (= καὶ ἐλάβομεν) after նորոք in giving text of A[b]. The եւ is here an intrusion. The same mistake is made with regard to A[acd] in the same note. A[b*] is corrupt. [35] Better form preserved in β. [36] α, e. [37] h reads εἰδότες. [38] e. b reads θαφφού. adf Θαφονέ. g Θαμβύί. A[abcdeg] Θεωκίων. A[b*] Θωκίων. [39] bg. a om. df, A read ἐπέβαλον ἐπὶ (εἰς f) τὴν αἰχ. (+ τοῦ ἀφελέσθαι αὐτὴν ἐξ d) ἡμῶν. e = α. [40] A adds ἡμεῖς. A[β] om. next five words. [41] b reads

α
6. Ἐν δὲ τῷ ἀπιέναι ἡμᾶς, ἄνδρες †Βαθουὲ³⁵ ἐπελάβοντο³⁶ τὴν αἰχμαλωσίαν ἡμῶν καὶ ἰδόντες³⁷ ἡμεῖς συνήψαμεν πόλεμον μετ' αὐτῶν. 7. Καὶ ἀπεκτείναμεν πάντας καὶ πάλιν ἐλάβομεν τὴν αἰχμαλωσίαν ἡμῶν.

β, A, S¹
6. Καὶ ἐν τῷ ἀπιέναι ἡμᾶς, ἄνδρες Θαφφουὲ³⁸ *ἐπέβαλον τῇ αἰχμαλωσίᾳ ἡμῶν³⁹ καὶ⁴⁰ παραδόντες⁴¹ αὐτὴν⁴² τοῖς υἱοῖς ἡμῶν συνήψαμεν *πρὸς αὐτοὺς⁴³ ἕως⁴⁴ Θαφφουέ⁴⁵. 7. *Κἀκείνους ἀπεκτείναμεν⁴⁶ καὶ τὴν πόλιν⁴⁷ ἐνεπρήσαμεν⁴⁸, καὶ⁴⁹ πάντα τὰ *ἐν αὐτῇ⁵⁰ ἐσκυλεύσαμεν⁵¹.

α om. vers. 1-2. Aβ om. ver. 1.

VI. Καὶ ὡς ἤμην ἐν τοῖς ὕδασι Χωζηβά¹, οἱ ἀπὸ †Ἰωβὴλ² ἦλθον ἐφ'³ ἡμᾶς εἰς πόλεμον. 2. Καὶ *συνάψαντες ἐτρέψαμεν⁴ αὐτοὺς⁵ ⌐καὶ τοὺς ἀπὸ Σιλὼμ συμμάχους αὐτῶν ἀπεκτείναμεν⌐⁶ καὶ οὐκ ἐδώκαμεν ⌐αὐτοῖς⌐⁷ διέξοδον⁸ *τοῦ

παραλαβόντες. ⁴²A = τὴν αἰχμαλωσίαν. b adds σύν. ⁴³e reads πρὸς ἑαυτούς and trs. before συνήψαμεν. ⁴⁴beg. A, S¹. af read ἐν τῷ. d ἐν. ⁴⁵eg. b reads Θαφφού. adf Θαφονέ. A = Θαφού. ⁴⁶Aᵇʰᵉˢ. Aᵃᶜᵈ = ἀπεκτ. ἐκείνους, but not Aᵇ as Armenian text represents. d adds πάντας. ⁴⁷d, Aᵇ* add αὐτῶν. ⁴⁸a reads ἐμπρήσαντες. ⁴⁹f, A. β–f om. ⁵⁰β. Aᵇ* = αὐτῶν. ⁵¹aef. bdg, S¹ read σκυλεύσαντες. A = εἰς αἰχμαλωσίαν ἀπηγάγομεν.

VI. ¹e. a reads Χωζιβά. bd, S¹ Χουζηβά. f Χοζιβά. g Χοζηβά. Aᵃʰ = Χουζιφά. Aᵇ Χουζιβά. This town is probably the כְּזֵבָא mentioned in 1 Chron. iv. 22 as belonging to the descendants of Shelah, son of Judah, and named כֹּזֵבָא in Gen. xxxviii. 5. Chron. Jerach. xxxvi. 8 speaks of the 'waters of יָשׁוּב, north of Tappuah.' The name here is corrupt but the position assigned to it, 'north of Tappuah,' is right if we may identify it with 'Ain el Kezbeh' (Encyc. Bib., i. 37, 38). ²b corrupt possibly for Ἀρβήλ or Ἀρβαήλ. The inhabitants of this town were destroyed by the sons of Jacob at this time according to the Book of Jashar (op. cit., ii. 1178). af, S¹ read Ἰώ. dg Ἰωήλ. e Ἰβήν. Aᵃ gives Ἰωιλαταί as equivalent of οἱ ἀπὸ Ἰ. ³bdeg. af read πρός. ⁴b reads συνήψαμεν. A = συνάψαντες πρὸς αὐτοὺς ἐτρέψαμεν. ⁵af add κἀκείνους ἀπεκτείναμεν. ⁶β–f (save that a reads Σολών, b Σηλώμ, e Σιλών, instead of Σιλώμ, and d reads αὐτούς instead of αὐτῶν). f, A om. entire clause. This reference, however, to the people of Shilo is found also in Chron. Jerach., xxxvi. 8. See also III. 7 above. ⁷g reads αὐτῶν. A om. ⁸g reads διεξόδοις. ⁹e reads πρὸς ἡμᾶς ἐλθεῖν. ¹⁰α. adefg, Aβ read καὶ οἱ. b καί. The words οἱ δὲ ... ἡμέρᾳ appear in d as follows: τῇ δὲ ε' ἡμέρᾳ ἐπῆλθον ἡμῖν καὶ οἱ ἀπὸ Μεχὴρ βουλόμενοι. ¹¹g reads ἐπί. ¹²c,

VII. 1]   ΔΙΑΘΗΚΗ ΙΟΥΔΑ   75

εἰσελθεῖν πρὸς ἡμᾶς⁹.   3. *Οἱ δὲ πάλιν¹⁰ ἀπὸ¹¹ Μαχὴρ¹² β–b, Αβ
ἐπῆλθον¹³ ἡμῖν τῇ πέμπτῃ ἡμέρᾳ¹⁴, καὶ¹⁵ προσάξαντες πρὸς καὶ οἱ.
αὐτοὺς¹⁶ *ἐν κραταιᾷ μαχαίρᾳ¹⁷ περιεγενόμεθα αὐτῶν¹⁸ καὶ β, A, S¹
ἀπεκτείναμεν *καὶ αὐτοὺς¹⁹ πρὸ τοῦ ἀναβῆναι τὴν ἀνάβασιν²⁰. λαβεῖν
4. Ὡς δὲ ἤκομεν²¹ ἐν²² τῇ πόλει²³, αἱ γυναῖκες αὐτῶν ἐκύλιον τὴν
*λίθους ἐφ' ἡμᾶς²⁴ ἀπὸ τῆς κορυφῆς τοῦ ὄρους ἐν ᾧ²⁵ *ἦν σίαν.
ἡ πόλις²⁶.   5. Καὶ ὑποκρύψας²⁷ ἐγώ τε καὶ Συμεὼν β–df, A,
ἐξόπισθεν²⁸ ἐπελαβόμεθα²⁹ τῶν ὑψηλῶν, καὶ *ἐξολοθρεύσαμεν S¹ καρ-
καὶ ταύτην τὴν πολιν³⁰.   τερᾷ
   μάχῃ.
   περιεγ.
VII. Καὶ τῇ ἐξῆς ἐρρέθη πρὸς ἡμᾶς ὅτι *Γαὰς πόλεως ὁ ὅτι ἦσαν
βασιλεὺς ἐν λαῷ πολλῷ¹ ἔρχεται² πρὸς ἡμᾶς.   πλῆθος
   δυναστῶν.

ἐν αὐτοῖς. β, A, S¹ ὅλην τ. πόλιν ὠλοθρεύσαμεν.

dg. ab read Μεχίρ (Μαχίρ b). h, ef read Μεχείρ. In Jub. xxxvi. 2, 4
I have taken this word to be a compression of Μαχανισακιρ, which is
actually found in Jub. xxxiv. 2. This latter form is an inversion of
Σακιρμαχανι, in other words, Shakir of Machanaim, as in Chron. Jerach.,
xxxvi. 8; Book of Jashar, ii. 1174.   ¹³c reads ἀπήλθων.   ¹⁴α. β, S¹
add as in margin (save that g reads ἐχεβρών for αἰχμαλωσίαν). d, A = λ.
τὴν αἰχ. ἡμῶν (d om.) ἀφ' ἡμῶν.   ¹⁵a om. next six words.   ¹⁶α. bef
read αὐτοῖς. dg αὐτούς.   ¹⁷α,f. bg, S¹ read ἐν καρτερᾷ (g κρατερᾷ) μίχῃ.
d ἐν κραταιᾷ χειρὶ καὶ δυνάμει μετὰ μαχαίρας. e, A καρτερὰν μάχην. d adds μετὰ
μαχαίρας.   ¹⁸α,f, Aᵇ*. a reads καὶ αὐτῶν. β–af, Aᵃᵇᶜᵈ om.   β, A, S¹
add ὅτι ἦσαν πλῆθος δυναστῶν (b, S¹ δυνατοί, d δυναστὸν, g δυνατὸν) ἐν αὐτοῖς.
¹⁹α. β, S¹ read αὐτούς. A = πολλὰ πλήθη.   ²⁰A = ἡμᾶς τὰ ὑψηλά. d
adds τοῦ ἡλίου.   ²¹α, ag. ef read ἤκαμεν. bd ἤλθομεν.   ²²b om.   ²³α.
β, A, S¹ read πόλει αὐτῶν.   ²⁴h, def. c reads λίθον ἐφ' ἡμᾶς. abg, A, S¹
ἐφ' ἡμᾶς λίθους.   ²⁵α, e. β–e read ᾗ.   ²⁶g adds αὐτῶν. d reads ἡ πόλις
αὐτῶν.   ²⁷c, af. h reads ἀποκρύψας. bdg ὑποκρυβέντες. e ἀποκρυβέντες.
²⁸A adds τῆς πόλεως.   ²⁹be read ἐπιλαβόμεθα. A = ἀνήλθομεν.   ³⁰α
(save that h reads ὀλοθρεύσαμεν). β, A, S¹ read καὶ ὅλην τὴν πόλιν ὠλοθρεύ-
σαμεν (bef ὀλοθρ. dg ἐξολοθρ.).

VII. ¹α (save that h reads βαρεῖ for πολλῷ). aej read Γαὰς (+ ἡ e)
πόλις βασιλέων ἐν ὄχλῳ βαρεῖ. d agrees in substance with α and reads
ὁ βασιλεὺς τῆς πόλεως Γᾶς ἐν ὄχλῳ βαρύ (sic). b, S¹ αἱ πόλεις τῶν δύο βασιλέων
ἐν ὅ. β.   g 'Ραγαὰς πόλεως βασιλέως ἐν ὅ. β.   A = Γᾶς πόλις σὺν βασιλεῖ
δυνατῷ.   ²b reads ἔρχονται.   ³β–e, A, S¹ (save that g reads γοῦν for οὖν).
α reads δὲ καὶ ὁ Γάδ (h Δάν).   e is conflate, οὖν καὶ Γάδ.   ⁴β–d (save
that e reads συμμάχην and g συμμάχους).   d reads προσποιησάμενοι ἑαυτοὺς
Ἀμορραίους ὑπάρχειν καὶ ἕνεκεν τοῦ συμμαχῆσαι αὐτοὺς ἡμᾶς. A = προσποι-
ησάμεθα ὡς Ἀμορρ. (Aᵇ προσποιησάμενοι ὡς Ἀ. Aᵃ προφάσει) (+ καὶ ἐσχημα-
τισάμεθα σύμμαχοι εἶναι αὐτῶν Aᵇ*).   ⁵dg. e reads εἰσήλθαμεν. abf ἤλθομεν.

ΔΙΑΘΗΚΗ ΙΟΥΔΑ [VII. 2

α

2. Ἐγὼ δὲ καὶ ὁ Γὰδ πορευθέντες πρὸς Ἀμορραίους καὶ προσποιησάμενοι αὐτοῖς συμμάχους εἰσήλθομεν εἰς τὴν πόλιν αὐτῶν.

3. *Νυκτὸς δὲ βαθείας⁷ ἦλθον δὲ⁸ καὶ πάντες οἱ ἀδελφοί μου, καὶ ἀνοίξαντες τὰς πύλας αὐτοῖς, πάντας αὐτοὺς ἐξολοθρεύσαμεν⁹ καὶ ἐπροενομεύσαμεν¹⁰.

β, Α, S¹
καὶ ἐν τῇ
Θάμνᾳ
προσεγ-
γίσαμεν.
β–d, Α
τῶν πολε-
μίων βα-
σιλέων.

β, Α, S¹

2. Ἐγὼ *οὖν καὶ Δὰν³ *προσποιησάμενοι Ἀμορραίους ὡς σύμμαχοι⁴ εἰσήλθομεν⁵ εἰς τὴν πόλιν αὐτῶν⁶.

3. Νυκτὶ δὲ βαθείᾳ *ἐλθόντων τῶν ἀδελφῶν ἡμῶν¹¹ ἠνοίξαμεν τὰς πύλας¹² αὐτοῖς¹³ καὶ πάντας αὐτοὺς *καὶ τὰ αὐτῶν¹⁴ ὀλοθρεύσαμεν¹⁵ καὶ *πάντα τὰ¹⁶ αὐτῶν προνομεύσαντες¹⁷ τὰ¹⁸ τρία τείχη αὐτῶν καθείλαμεν¹⁹.

4. *Καὶ ἐπροσεγγίσαμεν τῇ Θάμνᾳ²⁰, *ἐν ᾧ²¹ ἦν πᾶσα ἡ ἀποσκευὴ²² αὐτῶν²³. 5. *Τότε οὖν ὑβριζόμενος παρ' αὐτῶν ὠργίσθην²⁴, *καὶ ὥρμησα²⁵ *ἐπ' αὐτοὺς ἐπὶ τὴν †κορυφήν²⁶. κἀκεῖνοι *ἐσφενδόνιζόν με ἐν λίθοις²⁷ *καὶ τόξοις²⁸. 6. Καὶ εἰ μὴ Δὰν ὁ ἀδελφός μου συνεμάχησέν

d adds σὺν τῷ λαῷ αὐτῶν. ⁶Α om. ⁷c. h reads νυκτὶ βαθείᾳ. ⁸h om.
⁹h reads καὶ τὰ αὐτῶν ὀλοθρεύσαμεν. ¹⁰h reads ἐπρονομεύσαμεν. ¹¹adef.
bg read ἐλθοῦσι τοῖς ἀδελφοῖς. For ἐλθόντων ... πύλας αὐτοῖς A gives
ἀναστάντες ἠνοίξαμεν τοῖς ἡμετέροις ἀδελφοῖς τὰς πύλας. ¹²d reads πόρτας.
g om. next eight words. ¹³ae²f. bde¹g om. ¹⁴d om. e om. next five
words through hmt. ¹⁵a reads ὠλοθρεύσαμεν. ¹⁶d, A read τὰ ὑπάρχοντα. e τά. ¹⁷abdf. e, A read ἐπρονομεύσαμεν. g παρανομήσαντες. e, A
add καί. ¹⁸deg om. ¹⁹aefg. b reads καθείλομεν. d καθείλωμεν. ²⁰α
(save that for ἐπροσεγγ. h reads προσεγγ.). β–d, A, S¹ read καὶ ἐν τῇ Θάμνᾳ
προσεγγίσαμεν (ab προσηγγ.). d διερχόμενοι δὲ διὰ τῆς Θάμμα προσηγγίσαμεν.
²¹α. β–g read οὗ. g ὅπου. A ᾗ. ²²bg read ἀποφυγή. A = ἄρξ. ²³α.
β, A read τῶν πολεμίων βασιλέων (d om.). S¹ εἰς πόλεμον. ²⁴α, de (save that
c reads ὀργίσθην and de om. οὖν and read ἐθυμώθην for ὠργ.). abfg, S¹ read
τότε ὑβριζόμενος ὠργίσθην (bg ἐθυμώθην. f ὀργίσθην). A^abcdeg = καὶ ὑβριζόμενοι
τότε παρ' αὐτῶν καὶ θυμούμενοι. ²⁵c, ef read καὶ ὅρμησα. A = ὡρμήσαμεν.
²⁶c, β–f. f reads πρὸς αὐτοὺς ἐπὶ τ. κορυφήν. h ἐπὶ τ. κ. πρὸς αὐτούς. A ἐπ'
αὐτοὺς ἕως ἦλθον ἐπὶ τ. κορυφήν. g, A add τοῦ ὄρους. Since the Midr.
Wajjis has לחומה ראשון ועלה · · · יעפ, it is possible that as our text =
לראש עליהם יעפר, the two last words are corrupt for ראשון חומה על and
that we should read therefore ὥρμησα (or ἀνεπήδησα) πρῶτος ἐπὶ τὸ τεῖχος.
²⁷α, af (save that af om. με). b reads ἐσφενδόνουν ἐπ' ἐμὲ λίθοις. deg σφενδονοῦντες (e σφενδονήσαντες) ἦσαν (g om.) ἐπ' ἐμὲ λίθοις (e λίθους). ²⁸e om.

ΔΙΑΘΗΚΗ ΙΟΥΔΑ

με[29], *εἶχόν με ἀνελεῖν[30]. 7. *Ἀπήλθομεν οὖν[31] *ἐπ' αὐτοὺς μετὰ θυμοῦ[32] καὶ *πάντες ἔφυγον[33], καὶ *ἀπελθόντες δι' ἄλλης ὁδοῦ πρὸς τὸν πατέρα ἡμῶν ἐδεήθησαν αὐτῷ[34] καὶ ἐποίησαν[35] εἰρήνην μετ' αὐτοῦ[36]. 8. Καὶ οὐκ ἐποιήσαμεν[37] αὐτοῖς οὐδὲν[38] κακόν, ἀλλ'[39] *εἴχομεν αὐτοὺς ὑποφόρους[40], *καὶ ἀπεδώκαμεν[41] αὐτοῖς[42] τὴν αἰχμαλωσίαν[43] αὐτῶν[44].

β–d, A, S¹ διελθόντες δ. ἅ. ὁδοῦ ἐδεήθησαν τοῦ πατρός μου.

α	β, A, S¹
9. Ὠικοδομήσαμεν δὲ καὶ τὴν πόλιν αὐτῶν.	9. *Καὶ οἰκοδόμησα ἐγὼ τὴν Θάμναν καὶ ὁ πατήρ μου τὴν †'Ραβαήλ[45].

β–af, S¹ ἐποίησεν. β–α,A,S¹ αὐτῶν.

10. *Ἤμην δὲ ἐγὼ χρόνων εἴκοσι[46], ὅτε ἐγένετο[47] ὁ πόλεμος οὗτος[48]. 11. Καὶ ἦσαν οἱ Χαναναῖοι φοβούμενοι *καὶ ἐμὲ[49] καὶ *τοὺς ἀδελφούς[50] μου[51].

β, A, S¹ ἐποιήσαμεν αὐτοὺς ὑποσπόνδους.

VIII. *Ἦσαν δέ μοι[1] κτήνη πολλά, καὶ *εἶχον ἀρχιποίμενα[2] Ἱεράμ[3] τὸν Ὀδολομήτην[4]. 2. *Πρὸς ὃν ἐλθὼν εἶδον[5] Βαρσαβὰ[6] τὸν[7] βασιλέα[8] Ὀδολάμ[9]. ᵀκαὶ ἐλάλησεν ὑμῖν[10]

α ὃς ἐλθὼν πρός.

A = καὶ τόξα ἐτόξευον ἐπ' ἐμέ. ²⁹α. β reads μοι. ³⁰α, β–e. e reads ἔμελλόν με ἀνελεῖν. A = ἔχειν (A^b* ἐκεῖνοι λαβόντες) ἀνείλόν με. These words are found in Chron. Jerach., xxxvi. 11 היו הורגין את יהודה. ³¹ c, g. β–dfg, A read ἐπήλθομεν οὖν. k ἐπῆλθ. δέ. d ἀνέβημεν. f, S¹ ἐπῆλθον οὖν. ³² a reads ἐπ' αὐτούς. d πρὸς αὐτ. μ. θυμοῦ. g μ. θυμοῦ ἐπ' αὐτούς. ³³ A = ἐφυγαδεύσαμεν αὐτούς. ³⁴ α. β–d, A, S¹ read διελθόντες δι' ἄλλης ὁδοῦ (a δι' ἄλλης ὁ. ἐλθόντες. e διελθόντες) ἐδεήθησαν τοῦ πατρός μου (b om. A = ἡμῶν). d διελ. δι' ἄλλης ὁδοῦ ἀπῆλθον πρὸς Ἰακὼβ τὸν πατέρα ἡμῶν δεόμενοι. ³⁵ α, af. bdeg, S¹ read ἐποίησεν. A = ἐποιήσαμεν. ³⁶ α, a. β–a, A, S¹ read αὐτῶν. ³⁷ A = ἐγένετο. ³⁸ beg read οὐθέν. ³⁹ d adds μᾶλλον. ⁴⁰ α. Cf. Midr. Wajjis נתנו להם מס. β–d, S¹ give a different text, ἐποιήσαμεν αὐτοὺς ὑποσπόνδους (e ἐπισπόνδους). d ὑποσπόνδους αὐ. ἐποιήσαμεν. A = σπονδὰς ἐποιήσαμεν πρὸς αὐτούς. With the latter text cf. Book of Jashar (1689, fol. 79ᵇ) ויכרתו להם ברית שלום and וישימום בני יעקב ברית שלום. ⁴¹ g reads δόντες. ⁴² β, S¹ add πᾶσαν against α, A. ⁴³ g reads ἐχεβρών. A = αἰχμαλώτους. ⁴⁴ α, d, A. β–d, S¹ om. ⁴⁵ β–d, S¹ (save that for Θάμναν of aefg, b reads Θάμνα, and for 'Ραβαήλ of aef, S¹, b reads 'Ραμβαήλ and g 'Ροβαήλ). d, A read Τότε (A = καὶ μετὰ τοῦτο) οἰκοδόμησα (A^ab ἐμνημόνευσα by internal corruption) ἐγὼ τ. (+πόλιν d) Θάμνας (A Θάμνα) καὶ ὁ. π. μου τὴν 'Ραβήλ (A 'Ραφαήλ). ⁴⁶ α, β–d, A read εἴκοσι ἐτῶν ἤμην. d ἤμην δὲ τότε κ' ἐτῶν. ⁴⁷ dg read γέγονεν. ⁴⁸ d reads καὶ εἰρηνεύσαμεν. ⁴⁹ c. h reads καὶ ἐμοί. β με. ⁵⁰ h reads in dat. ⁵¹ d adds σφόδρα.

VIII. ¹α. β, A, S¹ read ἦν δέ (A om.) μοι (+καί abf, A^b, S¹). ²A = ἦν ὄνομα τοῦ ἀρχιποίμενος μου. ³α, aef. b reads Ἰράν. dg 'Ηράν. A^abhc = Ἰράς. A^b*deg 'Ιράμ. ⁴ α, abg. d reads Ὀδωλλαμίτην. ef Ὀδολαμήτην.

ΔΙΑΘΗΚΗ ΙΟΥΔΑ [VIII. 2

β–bd καὶ¹¹ ἐποίησεν ἡμῖν πότον¹²· καὶ †παρακαλέσας¹³ δέδωκέ¹⁴ μοι
Βισσουέ. τὴν θυγατέρα αὐτοῦ¹⁵ *ὀνόματι Σαβά¹⁶ εἰς γυναῖκα. 3.
β, A, S¹ Αὐτὴ¹⁷ ἔτεκέν μοι τὸν Ἡρ¹⁸ καὶ τὸν¹⁹ Αὐνὰν καὶ τὸν²⁰
ἔζησεν
καὶ τὰ Σηλώμ²¹. *Καὶ τοὺς μὲν δύο²² ἀνεῖλεν²³ Κύριος· ὁ γὰρ
τέκνα Σηλὼμ²⁴ ἔζησεν²⁵.
αὐτοῦ
ὑμεῖς IX. *Δέκα καὶ ὀκτὼ¹ *ἔτη ἐποίησεν δὲ² εἰρήνην³ ὁ⁴ πατήρ
ἐστέ.
β, A, S¹ μου⁵ μετὰ τοῦ ἀδελφοῦ αὐτοῦ Ἡσαῦ⁶, καὶ οἱ⁷ υἱοὶ αὐτοῦ μεθ'
ἐτῶν ἐν ἡμῶν μετὰ⁸ τὸ ἐλθεῖν ἡμᾶς ἀπὸ⁹ *Μεσοποταμίας ἀπὸ Λαβάν¹⁰.
τῷ τεσ-
σαρα- 2. Καὶ πληρωθέντων τῶν¹¹ δεκαοκτὼ ἐτῶν¹² ἐπανῆλθεν¹³ ἡμῖν
κοστῷ Ἡσαῦ ὁ ἀδελφὸς τοῦ πατρός μου¹⁴ ἐν λαῷ βαρεῖ¹⁵ καὶ ἰσχυρῷ.
ἔτει ζωῆς 3. Καὶ *ἔπαισεν ἐν τόξῳ Ἰακὼβ τὸν Ἡσαῦ¹⁶, καὶ¹⁷ ἤρθη¹⁸
μου.
β–adf, A, S¹ ἔπεσεν ἐν τόξῳ Ἰακώβ.

⁵ β–dg, A, S¹. dg read πρὸς ὃν ἐλθὼν (g om. καὶ) ἰδών με (g om.). α reads as
in margin. ⁶ α, aef. bd read Βαρσάν. g, A Βαρσά. ⁷ α. β om. ⁸ dg
read βασιλεύς. ⁹ d reads Ὀδυλλάμ. A = Ὀδολομάτων. ¹⁰ c. h reads
ἐλάλησεν αὐτόν. β, A om. Perhaps we should read καὶ ἐκάλεσεν ἡμᾶς.
¹¹ d om. ¹² g reads τόπον. h adds ὁ βασιλεύς. ¹³ A adds με. παρα-
καλέσας has no intelligible meaning here. It = מְנַחֵם corrupt (?) for בְּחֻמִּי,
'when I was heated,' i. e. by wine, or בְּיֵחַם, 'when I was hot with desire.'
Cf. XI. 2, XIII. 5–7. For the same corruption cf. LXX on Is. lvii. 5.
¹⁴ α, g. β–e, S¹ read δίδωσι(ν). e δίδουσιν. A = ἐδίδου. ¹⁵ a om. ¹⁶ α.
af read Βισσουέ. b Βησσοῦς. d Βοσεέ (which ht trs. before τὴν θυγ.). e τὴν
Βησουέ. g Βισουέ. A = Βερσουέ. These are all corruptions of בַּת־שׁוּעַ.
See my note on Jub. xxxiv. 20. ¹⁷ d reads καὶ συλλαβοῦσα. A = καὶ
αὐτή. ¹⁸ β–a, A. α, a read Εἴρ. ¹⁹ bd om. ²⁰ abefg om. ²¹ c, ag,
A^b*. h, β–ag read Σιλώμ. A^ab Συλαμών. ²² α, A. abdfg read ὧν τοὺς
δύο (+Ἡρ καὶ Αὐνάν d). e υἱὸς τοὺς δύο. bde, A, S¹ add ἀτέκνους. ²³ h, g
add ὁ. ²⁴ c, a, A. h, β–a read Σιλώμ. ²⁵ β, A, S¹ add καὶ τὰ τέκνα
αὐτοῦ (a om.) ὑμεῖς ἐστέ (d om. ὑ. ἐ.).

IX. ¹ α. β reads δεκαοκτώ. ² α, af, A, S¹ (save that af, A, S¹ om. δέ).
bg read ἔτη ἐποιήσαμεν. d ἐποιήσαμεν ἔτη. e ἔτη ἐποιήσατο. ³ d reads μετὰ
τὸ ἐλθεῖν ἡμᾶς ἀπὸ Λαβὰν ἐκ τῆς Μεσοποταμίας ἐν εἰρήνῃ διάγοντες. ⁴ d adds
τε. S¹ om. with next two words. ⁵ α. d. β–d, A read ἡμῶν. bd add
καὶ ἡμεῖς. ⁶ c reads Ἰσαύ. ⁷ a om. ⁸ c adds δέ. ⁹ c, eg. h, abf
read ἐκ. d om. together with next seven words. e adds τῆς. ¹⁰ A =
Λαβὰν ἐκ Μεσοποταμίας τῶν Συρίων. ¹¹ bg om. ¹² β, A, S¹ add ἐγὼ (β–e,
A om.) ἐν τῷ (be om.) τεσσαρακοστῷ (+πέμπτῳ d) ἔτει (+τῆς ad) ζωῆς μου.
¹³ α. β–f read ἐπῆλθεν. f ἀνῆλθεν. ¹⁴ A = ἡμῶν. ¹⁵ c, d read βαρύ.
¹⁶ a. So also α, f (save that α inserts ὁ before Ἰακώβ and reads ἐπέπεσεν,
and f ἔπεσεν for ἔπαισεν). d also (see below) substantially supports our
text. Either ἔπεσεν is simply a corruption of ἔπαισεν or the latter may have

ΔΙΑΘΗΚΗ ΙΟΥΔΑ

† νεκρὸς[19] ἐν ὄρει Σιείρ[20]. 4. * Καὶ ἡμεῖς κατεδιώξαμεν[22] β, S¹ τοὺς υἱοὺς Ἡσαῦ[23], ἦν δὲ * καὶ τούτοις πόλις ὀχυρά[24], καὶ οὐκ Σιείρ, καὶ ἠδυνήθημεν εἰσελθεῖν ⌈ἐν αὐτῇ⌉[25]. * περικαθίσαντες δὲ[26] ἐπο- μενος ἐν λιορκοῦμεν αὐτήν[27]. 5. Καὶ ὡς οὐκ ἤνοιγον * ἡμῖν μετὰ Ἀνονιράμ ἡμέρας εἴκοσι[28] ⌈ὁρώντων αὐτῶν⌉[29] προσάγω[30] κλίμακα[31] καὶ νεν[21]. παραθήσας[32] * τὴν ἀσπίδα ἐπὶ τῆς κεφαλῆς μου[33] καὶ[34] β, A, S¹ ἀνῆλθον[35] * ἀποδεχόμενος τοὺς λίθους[36] καὶ[37] ἀνεῖλον * τέσσαρας πόλις καὶ τεῖχος
σιδηροῦν καὶ πύλαι χαλκαῖ. α, β–d, S¹ τὴν ἀσπίδα. β, A λίθους ἕως ταλ-
άντων τριῶν καὶ ἀνελθών (A om.).

been only a happy emendation in the Greek, and ἔπεσεν or ἐπέπεσεν may have been a rendering of הכה which the translator took to be הֻכָּה, whereas he should have read it as הִכָּה. The Midr. Wajjis and Chron. Jerach. have here הכה לעשו = 'smote Esau.' Similarly Jub. xxxviii. 2. Of the other authorities bg, A, S¹ read ἔπεσεν ἐν τόξῳ Ἰακώβ. d ἔπεσε τῷ Ἡσαῦ ἐν τόξῳ ὁ πατήρ μου Ἰακώβ. e ἔπεσεν τὸ ξύλον. h om. next twelve words through hmt. [17] d adds εὐθέως. [18] e reads ἦλθεν. d adds ὡς. Aᵇ = ἦραν αὐτόν. [19] g reads Ἡσαῦ. Aᶜᵈᵉᵍ trs. before ἤρθη. Aᵇ om. νεκρός = נְבֵלָה which is corrupt for נְחֱלָה = τετραυματισμένος. Owing to this corruption c om. the following clause and A, while preserving it, wrongly alters it. In the Midr. Wajjis and Chron. Jerach. ver. 3 appears as: והכה לעשו . . . ואז נחלה מן החץ נשאוהו בניו . . . והלך ומת שם בארודיך [20] c, bg. a reads Σικάρ. df Σιήρ. e Σιρήχ. [21] β–bd, S¹ (save that eg read Ἀνονιράμ). bd read καὶ πορευόμενος ἐπάνω Εἰρραμνά (Ἡράν d) ἀπέθανεν. A = καὶ πορευομένων αὐτῶν ἐτάφη ἐν Ἀνανιράμ. Cf. Jub. xxxviii. 9. This clause was omitted by c owing to the corruption pointed out in note 19, and altered as above in A for the same reason. [22] c. af read ἡμεῖς δὲ διώξαντες ἐπί. beg, A ἡμεῖς δὲ ἐδιώξαμεν ἐπί (e ἐπεδιώξαμεν). d ἡμεῖς κατεδ. ἐπί. For τ. υἱούς following e reads ὀπίσω τῶν υἱῶν. [23] d reads αὐτοῦ καὶ κατέφυγον εἰς τὴν πόλιν αὐτῶν. [24] h. c reads καὶ ἡ τούτων πόλις ἰσχυρά. β–d, A τούτοις πόλις (A πόλεις (+ ὀχυραὶ Aᵇ*)) καὶ τεῖχος σιδηροῦν (τείχη (+ αὐτῶν Aᵇ*) σιδηρᾶ A) καὶ πύλαι (+ αὐτῶν Aᵇʰᵉᵍ) χαλκαῖ. d ταύτης τεῖχος ὀχυρὸς καὶ πύλαι χαλκαῖ. S¹ αὐτοῖς πόλις σιδηρᾶ καὶ πύλαι χαλκαῖ. [25] α, bd. ef read εἰς αὐτήν. g ἐν αὐγῇ. α, A om. [26] af. c, e read περικαθίσαντες δέ. h περικλεισθήσαντες δέ. b καὶ περικαθίσαντες. dg παρακαθήσαντες τοίνυν (δέ g). [27] c, A. h, abdf, S¹ read αὐτούς. e ἐπ' αὐτήν. g αὐτῇ. [28] h. β reads μετὰ ἡμέρας εἴκοσι (εἴκ. ἡμέρας f). c ἡμῖν ἕως ἡμ. εἴκ. A = ἡμῖν τὰς πύλας μετὰ ἡμ. εἴκ. c, d add καί. [29] A om. [30] d reads προσάγων. A = προσηγάγομεν. [31] Aᵇʰᵉᵍ πρὸς τὰ τείχη αὐτῶν. Aᵃᵇ*ᶜᵈ insert these words before κλίμακα according to Armenian text. [32] d, Aᵃᵇᶜᵈᵉᵍ. Aᵇ* = παραθήσαντες. This participle is necessary though α, β–d, S¹ om. it. [33] α, β–dg. d reads ἀσπίδα ἐν τῇ κεφαλῇ μου. g τ. ἀσπίδα ἐπὶ τ. κεφαλήν μου. Aᵇʰᵉᵍ⁽ᵃᶜᵈ?⁾ = ἀσπίδα ἐπὶ τῶν κεφαλῶν ἡμῶν. So also Aᵇ* but that it trs. ἀσπίδα after ἡμῶν. [34] α,

80   ΔΙΑΘΗΚΗ ΙΟΥΔΑ   [IX. 5

β,(A),S¹ τῶν δυναστῶν αὐτῶν³⁸.   6. *Καὶ ὁ³⁹ 'Ρουβὶμ καὶ ὁ⁴⁰ Γὰδ
καὶ τῇ   ἀνεῖλον ἑτέρους ἕξ⁴¹.   7. Τότε ⌈οὖν⌉⁴² αἰτοῦσιν⁴³ ἡμῖν⁴⁴
ἑξῆς ἐμ-
βάντες.   τὰ πρὸς εἰρήνην καὶ *γενομένης βουλῆς μετὰ⁴⁵ τοῦ πατρὸς
β, A, S¹ ἡμῶν ἐδεξάμεθα αὐτούς⁴⁶.   8. Καὶ ἦσαν διδόντες⁴⁷ ἡμῖν
αὐτοὺς   πυροῦ⁴⁸ κόρους⁴⁹ πεντακοσίους⁵⁰, καὶ⁵¹ ἐλαίου †υφης⁵²
ὑποφό-
ρους.   πεντακοσίους⁵³, καὶ⁵⁴ οἴνου *μέτρα πεντακόσια ⌈ἕως τοῦ λιμοῦ⌉
bde, A   ὅτε⁵⁵ κατήλθομεν⁵⁶ εἰς Αἴγυπτον.
διακο-
σίους.   β–af, A βέθ.   β, A χίλια πεντακόσια ἕως ὅτε.

β–d, A^bcd.   d, A^b*e om.   ³⁵A^b* read ἀνήλθομεν ἐπὶ τὸ τεῖχος.   ³⁶α.
Here the text seems to mean 'sustaining the assault of the stones.' In
this sense we should expect ὑποδεχόμενος, but Polybius (iii. 43. 3, v. 51. 1)
uses ἀποδεχόμενοι in this sense. β, A, S¹ read ἀποδεχόμενος (ὑποδεχόμενος e)
λίθους (+ ἐπὶ τῆς κεφαλῆς μου e; + μεγάλους A^(a?)b*cdeg, but A^bh om.) ἕως ταλάντων
τριῶν (ὡς τάλαντα τρία e).   ³⁷β–g, S¹ add ἀνελθών. g εἰσελθών.   ³⁸c. h reads
τέσ. τοὺς δυνατοὺς αὐτῶν. β τέσ. τοὺς (d om.) δυνατοὺς ἐξ αὐτῶν (e δυνάστας αὐτῶν).
A = αὐτῶν ἄνδρας τέσσαρας δυνατούς.   ³⁹α (save that h om. ὁ).   afg read
καὶ ἑξῆς. bde καὶ τῇ ἑξῆς. A = καὶ μετ' ἐμέ.   β–adf, A, S¹ add ἐμβάντες.
d ἐλθόντες. af ἀναβάντες.   ⁴⁰α. β om.   ⁴¹b reads ἑξήκοντα.   ⁴²α. d
reads οἱ λοιποί. β–d, A, S¹ om.   ⁴³e reads αἰτήσαντες.   ⁴⁴c. h reads ἡμῶν.
β ἡμᾶς.   ⁴⁵α. β–de read γενόμενοι βουλῆς (cf. 1 Chron. xii. 19). d γενομένου
βουλῆς μετά. e γενομένη βουλή.   A^b reads [ʾuhprhwł] [ʾrwłʾ] = αἰτήσαντες
ἱλαροί, where however [ʾrwłʾ] is corrupt for [ʾrwłʾn] = βουλήν. So I have
just found A^h reads. Thus A^b = αἰτήσαντες βουλήν, a good rendering of G.
The text of A^(a?)b is not recorded in the Armenian text, but only that
of A^b*cdeg. In these MSS. [ʾrwłʾ] is corrected into [ʾwłʾ] = πρῶτον.
Hence their text = αἰτήσαντες πρῶτον.   ⁴⁶α. β–e, A, S¹ add ὑποφόρους.
e ἐπιφόρους.   ⁴⁷A adds ἀεί.   ⁴⁸d reads σίτου which b adds in margin,
g πυρούς.   ⁴⁹h, β–e =בוכ. c reads κόκκους. e φόρους.   ⁵⁰α, f. a reads φ'.
bde, A διακοσίους. g om.   ⁵¹α, A. β–g, S¹ om. g reads σύν.   ⁵²c.
h reads υφεις, af φεύς. These seem to be corruptions of איפה, which is
transliterated in the LXX as οἰφί and οἰφεί. But the use of this word
as a measure of liquids is without parallel. We might, however, defend
its use here by appealing to a similar use of סאה, which though all but
universally a measure for grain is used in a few instances as a measure
for liquids. See Jer. Targ. on Exod. xxix. 4; Lev. xi. 15, 27 &c. (Levy,
Chaldäisches Wörterbuch, p. 136). It is possible, therefore, to regard βέθ
which is the text of bdeg as a correction. A^abb*cdeg = μέτρον βέθ (sic).
⁵³α, ef. abd read φ', g φέ. e om. rest of verse but e² adds ἕως ὅτε κατήλθ.
εἰς Αἰγ. at foot. A^abhodeg om. next seven words.   ⁵⁴α, A^b*. β, S¹ om.
⁵⁵α. abfg, A^b*, S¹ read μέτρα (afg, A^b* om.) χίλια (S¹ om.) πεντακόσια (φ' ag)
ἕως ὅτε (ὅτου a). d reads μέτρα αφ καὶ ταῦτα ἐλαμβάνομεν ἐξ αὐτῶν ἕως ὅτου.
⁵⁶g reads ἤλθομεν.

ΔΙΑΘΗΚΗ ΙΟΥΔΑ

X. *Μετὰ δὲ ταῦτα¹ Ἢρ² ὁ υἱός μου ἄγεται τὴν Θαμὰρ ἐκ Μεσοποταμίας θυγατέρα Ἀρὰμ³ †ἑαυτῷ εἰς γυναῖκα⁴. β, A, S¹ Ἀράμ.

α
2. Ἢν δὲ ὁ Εἲρ πονηρός, καὶ ἐθανάτωσεν αὐτὸν ἄγγελος Κυρίου. 4. Καὶ ἔδωκα αὐτὴν Αὐνὰν τῷ δευτέρῳ μου υἱῷ, καὶ ἰδοὺ⁵ αὐτὸν ἀνεῖλεν ὁ Κύριος. 3. Καὶ αὐτὸς οὐκ ἔγνω αὐτὴν κατὰ πανουργίαν τὴν μητρὸς αὐτοῦ⁶.

β, S¹
2. *⁷Ἢν δὲ ⁷Ἢρ⁷ πονηρός, καὶ†ἠπόρει⁸ περὶ τῆς⁹ Θαμάρ, ὅτι οὐκ *ἦν ἐκ γῆς¹⁰ Χαναάν· καὶ¹¹ *ἄγγελος Κυρίου¹² ἀνεῖλεν αὐτὸν τῇ τρίτῃ¹³ νυκτί. 3. Καὶ¹⁴ αὐτὸς οὐκ ἔγνω αὐτήν, κατὰ πανουργίαν τῆς μητρὸς αὐτοῦ¹⁵, οὐ γὰρ ἤθελεν *ἔχειν τέκνα¹⁶ ἀπ'¹⁷ αὐτῆς.
4. *Ἐν ταῖς ἡμέραις τοῦ θαλάμου¹⁸ *ἐπεγάμβρευσα αὐτῇ τὸν¹⁹ Αὐνάν²⁰. Καίγε οὗτος²¹ ἐν πονηρίᾳ²² οὐκ ἔγνω αὐτήν²³, ποιήσας σὺν αὐτῇ ἐνιαυτόν.

A
2. †Ὃς ἦν²⁴ πονηρός, καὶ ἠπόρει²⁵ περὶ τῆς Θαμάρ, ὅτι οὐκ ἦν ἐκ Χαναναίων. Καὶ²⁶ ἄγγελος Κυρίου ἀνεῖλεν αὐτὸν²⁷ τῇ δευτέρᾳ²⁸ ἡμέρᾳ²⁹ 4. τοῦ θαλάμου αὐτοῦ *[καὶ] ἤθελον³⁰ ἐπιγαμβρεῦσαι αὐτὴν τῷ Αὐνάν· καίγε οὗτος ἐν πονηρίᾳ οὐκ ἔγνω³¹ *ποιήσας σὺν αὐτῇ ἐνιαυτόν³².

X. ¹α, a. bef read μετὰ ταῦτα. dg, A καὶ μετὰ ταῦτα.   ² c reads Εἴρ.   ³ d reads Ἀράν, g Ἀράβ.   ⁴ α. β, A om.   ⁵ h adds καί.   ⁶ α om. rest of vers. 3, and 4, 5.   ⁷ d reads ἦν τε ὁ υἱός μου Ἢρ.   ⁸ b reads ἠπορεῖτο. Text may be a mistranslation of צר לחמר, which should have been rendered ἔθλιβε τὴν Θ. or ἤχθραινε τῇ Θ. Cf. Jub. xli. 2 (Er) 'hated and would not lie with her ... because he wished to take him a wife of the kinsfolk of his mother.'   ⁹ g reads τήν.   ¹⁰ e reads ἔνεγγυς.   ¹¹ d reads διὰ τοῦτο καί.   ¹² d reads ὁ ἄγγ. Κυρίου and trs. after αὐτόν.   ¹³ b adds ἡμέρᾳ τῇ.   ¹⁴ S¹ om.   ¹⁵ α om. οὐ γὰρ ... μητρὸς αὐτοῦ (ver. 5) through hmt.   ¹⁶ e reads τέκνα ἔχειν.   ¹⁷ de read ἐξ.   ¹⁸ d reads ἐν ταῖς ἡμ. ἐκείναις τοῦ θαλάμου αὐτῆς επικει... ου. g om.   ¹⁹ d reads ἐπεγ. αὐτὴν τῷ. g ἐπιγαμβρεύσας δὲ καὶ αὐτήν.   ²⁰ S add τὸν δεύτερον υἱόν μου. See reading of α.   ²¹ g reads καὶ αὐτός.   ²² e reads πανουργίᾳ. d adds ὑπάρχων.   ²³ g om. next eight words.   ²⁴ Here ե֊ր (i.e. Ἢρ) has fallen out before ե֊ր (= ἦν).   ²⁵ A^{abhb*cd} read զմնելով (= ᾐλαβεῖτο) which may be corrupt for զմռւ֊ ուիլ = ἠπόρει. A^{efg} զմռսւ̌ուիլ = ἐθάρρει.   ²⁶ A^{ab*cd} add ὁ.   ²⁷ A^b

82   ΔΙΑΘΗΚΗ ΙΟΥΔΑ   [X. 5

β, A, S¹
γυνή μου
Βησσουέ.   β, A, S¹
β, A, S¹   5. Καὶ ὅτε³³ ἠπείλησα αὐτῷ³⁴, συνῆλθε
οἰνοχοοῦ-   μὲν³⁵ αὐτῇ, *διέφθειρε δὲ τὸ σπέρμα³⁶
σαν (A,   ἐπὶ³⁷ τὴν γῆν³⁸, κατὰ τὴν ἐντολὴν τῆς
S¹ om.)   μητρὸς αὐτοῦ³⁹· καίγε οὗτος⁴⁰ ἀπέθανεν⁴¹
ἐν μέθῃ   ἐν πονηρίᾳ⁴².
οἴνου.
β, S¹   6. Ἤθελον δὲ *καὶ τὸν Σηλὼμ δοῦναι αὐτῇ⁴³, ἀλλ' ἡ *μή-
†συνέ-   τηρ αὐτοῦ⁴⁴ οὐκ ἀφῆκεν⁴⁵. ⌜ἐπονηρεύσατο γάρ⌝⁴⁶, ὅτι⁴⁷ οὐκ ἦν⁴⁸
πεσα
πρὸς   ἐκ *τῶν θυγατέρων τῶν Χαναναίων⁴⁹ *ὡς καὶ αὐτή⁵⁰.
αὐτήν.   XI. Κἀγὼ ᾔδειν¹ ὅτι πονηρὸν² γένος ἦν³ *τῶν Χανα-
A †συν-
έπεσα   ναίων⁴, ἀλλὰ τὸ διαβούλιον⁵ τῆς νεότητος⁶ ἐτύφλωσε *τὴν
πρὸς   διάνοιάν μου⁷.   2. Καὶ ἰδὼν⁸ αὐτὴν οἰνοχοοῦσαν⁹ ἠπατήθην,
βουλὰς   καὶ *†ἔλαβον αὐτὴν μὴ βουλευσαμένου τοῦ πατρός μου¹⁰.   3.
αὐτῆς.

τὸν υἱόν μου *Ηρ.   ²⁸ Here *bրկրրդդ.ու.ṛ* = δευτέρᾳ is corrupt for *brrn*
րդ.ու.ṛ = τρίτῃ.   ²⁹ Cf. *b* (see note 13) which points to existence of
ἡμέρᾳ here. After ἡμέρᾳ A om. ver. 3 and first three words of ver. 4
through hmt.   ³⁰A^hefg = ἤθελεν.   ³¹A^b* = ἤθελεν. A^b add Θαμάρ.
³² So A^ahcdefg (save that these MSS. read ποιῆσαι instead of ποιήσας). A^b =
καὶ οὐκ εἰσῆλθεν εἰς αὐτήν.   ³³ *d* reads γνοὺς ἐγώ.   ³⁴ For ἠπείλησα . . .
αὐτῇ S¹ reads ἀπηγόρευσα αὐτὸν μὴ συνεῖναι αὐτῇ. *d* adds τότε.   ³⁵ *f* om.
³⁶ *d* reads καὶ διέφθειρεν· τὸ δὲ σπέρμα· *g* adds αὐτοῦ.   ³⁷ *f* reads εἰς.
³⁸ *d* adds ἔρριψεν.   ³⁹ A^b adds Βηρσουέ.   ⁴⁰ *abeg*, A. *d*, A^b read ἀλλὰ
(*d* om.) καὶ οὗτος, *f* οὕτως.   ⁴¹ *b* trs. after πονηρίᾳ.   ⁴² A^ab*cdeg add αὐτοῦ.
⁴³ *d* reads αὐτὴν δοῦναι καὶ τῷ Σιλὼμ εἰς γυναῖκα. For Σηλώμ of *c, e*, we find
Σιλώμ in *h*, β–*e*, A^b*, Σιλαμών in A^acd, Ζυλαμών in A^b. A^b, S add τὸν τρίτον
υἱόν μου. For αὐτῇ A^b reads Θαμάρ.   ⁴⁴ α. β, A, S read γυνή μου· β–*df*,
S add Βησσουέ, *d* Βουσεέ, *f* Βισσουέ, A Βηρσουνέ.   ⁴⁵ *de*, A add με (+ τοῦτο
ποιῆσαι *d*).   ⁴⁶ *c, ef. h, abdg*, S¹ read ἐπονηρεύετο γάρ (+ πρὸς τὴν Θαμάρ
bd, S). A om. *e* adds ἐν Θαμάρ.   ⁴⁷ *d* reads διότι.   ⁴⁸ A^bb* add Θαμάρ.
⁴⁹ α, A. β reads τῶν (*abf* om.) θυγατέρων Χανάαν.   ⁵⁰ α, *aef. bg*, A^abhb*, S
read ὡς αὐτή. *d*, A^cdefg om. *d* om. next two verses (xi. 1, 2).

XI. ¹ β–*de*. *c* reads ειδην, *h* ιδην, *e* ἴδον.   ² *b*, A, S¹ add τό.   ³ α, A.
β om.   ⁴ α, A. β, S¹ read Χανάαν.   ⁵ *a* adds τῆς ψυχῆς καί.   ⁶ A, S¹
add μου.   ⁷ α, A (save that *c* trs. μου before τήν). *abefg* read τὴν καρδίαν
μου (but *g* trs. μου before τήν).   ⁸ *e* reads εἰδώς.   ⁹ α. We have three
distinct readings. A, S¹ = ἐν μέθῃ (+ μου A^b, + οἴνου S¹) = בשתא or
במשתה. α reads οἰνοχοοῦσαν = משקה. But as ἠπατήθην (α ἐπατήθην) re-
quires some such expression as ἐν μέθῃ, we might assume that משקה is
a corruption of במשתה, or else adopt the reading of β, οἰνοχοοῦσαν ἐν
μέθῃ οἴνου, which conjoins α and A. · After ἠπατήθην S¹ adds μεθυσκόμενος.
¹⁰ α. β, S¹, and A read as in margin. How are we to explain these

XI. 5]   ΔΙΑΘΗΚΗ ΙΟΥΔΑ   83

*Αὐτὴ δὲ[11] *ἀπόντος ἐμοῦ[12] ἐπορεύθη καὶ *ἔλαβε τῷ[13]
Σηλώμ[14] γυναῖκα[15] ἐκ *τῆς Χανάαν[16].   4. Ἐπιγνοὺς[17] β-d γῆς,
δὲ ἐγὼ[18] ὃ ἐποίησε κατηρασάμην αὐτὴν[19] ἐν ὀδύνῃ ψυχῆς
μου.   5. Καίγε[20] ἀπέθανεν ἐν τῇ[21] πονηρίᾳ[22] αὐτῆς ⌈μετὰ β,Α,S¹
τῶν τέκνων αὐτῆς⌉[23].   υἱῶν
                                                                αὐτῆς.

strange variations? First we shall consider β, S¹ συνέπεσα πρὸς αὐτήν.
This peculiar clause recurs again in xiii. 3, 7; Test. Jos. ix. 5. So far
as I am aware, it is not only quite unexampled but quite impossible in
Greek. Nor can it be explained as a corruption native to the Greek.
We must therefore have recourse to the Hebrew. Yet the sense of the
phrase is obvious from a comparison of the three passages. It denotes
a licit or illicit sexual connexion. Now β, S¹ = (בה or) נפלתי עליה, but
this Hebrew cannot yield the needed sense. Hence I conjecture that
נפלתי is corrupt for בעלתי, which in later Hebrew has exactly the senses
required by the three contexts. Now turning to A, which = συνέπεσα
πρὸς βουλὰς αὐτῆς, we observe that it agrees with β, S¹ in attesting the
corrupt συνέπεσα, while it approximates to α in πρὸς βουλὰς αὐτοῦ. For,
if we compare A and α, we see that A—πρὸς βουλὰς αὐτῆς (בעצתה) and
α—μὴ βουλευσαμένου τοῦ πατρός μου point to a common original lost in
β, S¹. The Greek of α = 'my father not having counselled (it).' Cp.
2 Sam. xvi. 23. But probably we should read μὴ συμβουλευσάμενος τῷ
πατρί μου, as in xiii. 4, = בלא עצת אבי. For phrase, cf. 1 Chr. xii. 19.
In xiii. 4, Judah says that he wished to consult his father before taking
Bathshua. Since the context does not refer to the machinations of
Bathshua, we conclude that α alone is right here. Our author is fond
of the phrase. Cf. ix. 7 γενομένης βουλῆς μετὰ τοῦ πατρὸς ἡμῶν. See also
reading of d in note 15 below, and also in note 33 on xiv. 6, where it
reads ἄνευ βουλῆς τοῦ πατρός μου. Finally, ἔλαβον αὐτήν (= נשאתיה, a
phrase denoting marriage) cannot be explained as being derived from
or in any way connected with בעלתי, of which נפלתי (i.e. συνέπεσα) is
a corruption. α as it stands represents faithfully the original α recen-
sion, as is manifest from xiii. 4, where it actually recurs: συμβουλεύσομαι
τῷ πατρί μου καὶ οὕτως λήψομαι τὴν θυγατέρα σου. Thus we have here
an original divergence between the two recensions. α is truly repre-
sented in our text: β (†συνέπεσα πρὸς αὐτήν) when emended = συνεγενόμην
αὐτῇ, whilst A borrows partly from β and partly from α, and from the
latter in a corrupt form.   [11] α, fg. abe read αὐτή, d καί.   [12] α. β reads
ἀπόντος μου (d om.). A⁽ᵇ⁾ trs. to end of sentence.   [13] α, ade. b reads
ἐλάβετο, fg ἔλαβεν τόν.   [14] α, e. β–e Σιλώμ.   [15] f reads ἄνδρα. d adds
χώρις βουλή μου (sic).   [16] α. β–d, S¹ read γῆς χ., d, A τῶν Χαναναίων.
[17] α. β reads γνούς.   [18] α, deg, A. abf om.   [19] α, dfg. a reads αὐτῆς,

G 2

ΔΙΑΘΗΚΗ ΙΟΥΔΑ [XII. 1

β–d, A, S¹ XII. *Μετὰ δὲ ταῦτα¹ *χηρευούσης τῆς² Θαμάρ³ *μετὰ
τοὺς   ἔτη δύο⁴ ἀκούσασα ὅτι ἀνέρχομαι⁵ τοῦ⁶ κεῖραι⁷ τὰ πρόβατα⁸,
λόγους
τούτους.   κοσμηθεῖσα κόσμῳ νυμφικῷ, ἐκάθισεν⁹ *ἐν Ἐνὰν¹⁰ *τῇ
β, A, S¹   πόλει¹¹ *πρὸς τὴν πύλην¹² ⌜τοῦ πανδοχείου¹³. 2. Νόμος
πύλην
β, S¹ γαμ- γὰρ *ἦν τῶν¹⁴ Ἀμορραίων¹⁵ τὴν †χηρεύουσαν¹⁶ προκαθέζεσθαι¹⁷
οῦσαν.   ἐν¹⁸ πορνείᾳ¹⁹⌝. 3. Μεθυσθεὶς οὖν ἐγὼ ἐν²⁰ οἴνῳ²¹ οὐκ
β, A, S   ἐπέγνων²² αὐτήν²³, καὶ ἠπάτησέ²⁴ με τὸ κάλλος αὐτῆς διὰ
πορνείᾳ
ἑπτὰ   τοῦ σχήματος²⁵ τῆ⸒ κοσμήσεως. 4. Καὶ ἐκκλίνας²⁶ πρὸς
ἡμέρας   αὐτὴν εἶπον²⁷· Εἰσέρχομαι²⁸ πρός σε·. καὶ²⁹ εἶπεν³⁰ ⌜Καὶ⌝³¹
παρὰ τὴν
πύλην.   τί μοι δώσεις³²; καὶ δέδωκα³³ αὐτῇ τὴν ῥάβδον μου καὶ
β–de, A,   †τὸ δακτύλιον³⁴ καὶ τὸ³⁵ διάδημα³⁶ τῆς βασιλείας μου³⁷
S¹ ἐν   ⌜εἰς ἀρραβῶνα⌝³⁸. Καὶ *ὡς συνῆλθον³⁹ αὐτῇ συνείληφεν⁴⁰.
ὕδασι
(οἴνῳ f, Aᵇ) Χωζὴβ οὐκ ἐπέγνων αὐτὴν ἀπὸ τοῦ οἴνου. β, A, S¹ εἰσέλθω. β, A, S
τὴν ζώνην.

be αὐτῇ.   ²⁰α. β–g, A add αὐτή. g om. with rest of verse. ²¹α. β,
A om.   ²²β–e, A, S¹ add υἱῶν, e υἱοῦ. ²³α. β, A, S¹ om.
   XII. ¹α, d. β–d, A read μετὰ δὲ (A καὶ ἐγένετο μετὰ) τοὺς λόγους τούτους.
²α, β–eg, Aᵃʰᵇ*ᶜᵈᵉᶠᵍ. eg, Aᵇ read χηρεύουσα ἦν (ἡ g). ³e², A add καί.
⁴α (but h reads ἐπί for μετά). abfg read μ. δύο ἔτη, d ἐπὶ δύο ἔτη, e καὶ μετὰ
τρία ἔτη. ⁵h reads ἔρχομαι. ⁶α. β om. ⁷c, def. read κῆραι. ⁸e adds
εν εν αν τῇ πόλει πρὸς τῇ πύλῃ νόμος γάρ. A add μου. g om. the next three
words. ⁹A prefixes καί, and for ἐν Ἐνὰν ... πανδοχείου reads πρὸς τὴν
πύλην ἐν μέσῃ τῇ πόλει. g ἐκάθισεν and trs. after πόλει. ¹⁰c, e. This is
Enaim (עינים) mentioned in Gen. xxxviii. 14, where the LXX has Αἰνάν.
g reads εννεα ανα, h, a ἔναντι, bd, S¹ ἀπέναντι, f εν. ¹¹d reads τῆς πόλεως.
g om. h adds τῶν Ἀμορραίων. ¹²α, bd. aefg reads παρὰ (πρὸς efg) τῇ
πύλῃ. ¹³α. β, A. om. A om. next verse through hmt. ¹⁴α. β om.
¹⁵dg read Ἀμορραίοις. ¹⁶α. β, S¹ read as in margin and rightly. ¹⁷α, a.
bdg read προκαθίσαι, ef προκάθεσθαι. ¹⁸d adds τῇ. ¹⁹α. β (save that
d reads ἡμέρας ἑπτά, and aefg τῇ πύλῃ), A, S¹ read as in margin. ²⁰d reads
ἐξ. h om. ²¹α. d reads οἴνου, f, Aᵇ οἴνῳ Χοζιβά (Χουζιάβ Aᵇ). β–df,
Aᵃʰᵇ*ᶜᵈᵉᶠᵍ, S¹ ὕδασι Χωζηβά (Χωζιβά a, Χωζὴβ b, Χοζή g, Χουζζάβ Aᵃᵇ*ᶜᵈᵉᶠᵍ).
d om. next three words and inserts διό. ²²c reads ἐπέγνω, f ἔγνων, A
ἐδυνήθην ἐπιγνῶναι. ²³Aᵇ = Θαμάρ. Here β, A, S add ἀπὸ τοῦ οἴνου.
²⁴h, A read ἐπάτησε. ²⁵Aᵇ*ᵈ = κάλλους. ²⁶ad read ἔκλινα. ²⁷ad
read εἰπών. ²⁸α. β, A, S¹ read εἰσέλθω. ²⁹h, A read ἡ δέ. ³⁰bd,
S¹ add μοι. ³¹α. β, A, S¹ om. ³²Aᵃᵇ = θέλεις δοῦναι. ³³α. β reads
ἔδωκα. ³¹α = דֹּחָה. But β, A, S¹ read τὴν ζώνην = חֲגֹרָתֶךָ. The latter
is right. Cf. xv. 3. ³⁵g om. ³⁶ = בִּכְתָּם or בָּתָר. It is unknown to
Jub. xli. 11, 18, where the same account is given as in Gen. xxxviii. 18.
³⁷α, A. β om. ³⁸α. β, A, S¹ om. ³⁹c, adef, Aᵃʰᶜˡᵍ, S¹. h reads ὡς
ἦλθον, b συνελθών, g, Aᵇ*ᵇᵈ συνῆλθον. ⁴⁰α, β–dg, Aʰᵉᶠ. d reads παραχρῆμα

5. Ἀγνοῶν δὲ ἐγώ⁴¹ ὃ ἐποίησα⁴², *ἤθελον ἀνελεῖν αὐτήν⁴³· α ἔπεμψα *πέμψασα δὲ ἐν κρυπτῷ τοὺς ἀρραβῶνας κατῄσχυνέ με⁴⁴. τοῦ λαβεῖν 6. *Καλέσας δὲ αὐτήν⁴⁵, ἤκουσα καὶ τοὺς ἐν μυστηρίῳ τοὺς λόγους⁴⁶ *οὓς καθεύδων σὺν αὐτῇ ἐν τῇ μέθῃ μου ⌜ἐλά- ἀρρα- λησα⌝⁴⁷. *Καὶ οὐκ ἠδυνήθην ἀνελεῖν αὐτήν, ὅτι παρὰ βῶνας. α om. Κυρίου ἦν.⁴⁸. 7. *Ἔλεγον γάρ⁴⁹· Μήποτε ἐν δολιότητι vers. ἐποίησε παρὰ ἄλλης⁵⁰ λαβοῦσα τὸν ἀρραβῶνα⁵¹. 8. 6–10. *Ἀλλ' οὐδὲ⁵² ἤγγισα⁵³ αὐτῇ ἔτι⁵⁴ ἕως *τῆς ζωῆς μου⁵⁵,

συνέλαβεν. g om. A^b = καὶ συνείληφεν, A^{ab*cd} = ᾗ καὶ συνειλ.: A adds ἀπ' ἐμοῦ. ⁴¹ α. β reads ἀγν. δέ, A^b = ἠγνόησα δὲ ἐγώ. ⁴² α, dg, A. abef, S¹ read ἐποίησεν. ⁴³ β–dg (save that a reads αὐτὴν ἀνελεῖν), A, S¹. α, dg om. ⁴⁴ β–dg, A (save that f reads κατίσχυσεν for κατῄσχυνε, and A^b Θαμὰρ δὲ πέμψασα for πέμψ. δέ, and A τὸν ἀρραβῶνα), S¹. d reads πέμψασα ἐν κρυπτῷ τοὺς ἀρ. κατῄσχ. με, g καὶ πέμψασα ἔκρυψεν τοὺς ἀρ. καὶ κατῄσχ. με. Here α omits vers. 6–10, and in their stead substitutes the following passage, which is an abbreviated form of the LXX of Gen. xxxviii. 20, 24–30, in part adapted to its new context. Ἔπεμψα τοῦ (h δέ) λαβεῖν τοὺς ἀρραβῶνας. Καὶ οὐχ εὗρον αὐτήν, καὶ μεθ' ἡμέρας τινὰς ἠκούσθη ὅτι Θαμὰρ ἐκπε- πόρνευκε (c ἐκπεπόρευκε) καὶ (+ ἰδοὺ h) ἐν γαστρὶ ἔχει. Ἀκούσας δὲ ἐγὼ εἶπον· Ἐξαγάγετε (ἐξαγαγέτω c) αὐτὴν (αὐτὴ c) καὶ καυθήτω. Ἡ δὲ ἀπέστειλε πρός με λέγουσα· Τοῦ ἀνθρώπου οὗτινος (εἴτινος c) ταῦτά εἰσιν, ἐγὼ ἐν γαστρὶ ἔχω· ἐπίγνωθι οὖν τίνος ὁ δακτύλιος καὶ ἡ ῥάβδος καὶ τὸ διάδημα (τὸ δ. καὶ ἡ ῥ. h). Ἐπιγνοὺς δὲ ἐγὼ εἶπον· Δεδικαίωται Θαμὰρ ἢ ἐγώ. Καὶ οὐ προσεθέμην ἔτι τοῦ γνῶναι αὐτήν. Ἐγένετο δὲ ἐν τῷ τίκτειν αὐτήν (h om. ἐγένετο . . αὐτήν), ἔσχε (+ γοῦν h) δίδυμα, καὶ ὁ μὲν εἷς ἐξήνεγκε τὴν χεῖρα αὐτοῦ, καὶ λαβοῦσα ἡ μαῖα ἔδησεν ἐπὶ τῆς χειρὸς αὐτοῦ κόκκινον λέγουσα· Οὗτος (h om.) ἐξελεύσεται πρῶτος· ὁ δὲ ἐπισυνήγαγε τὴν χεῖρα αὐτοῦ, καὶ εὐθὺς ἐξῆλθεν ὁ ἀδελφὸς αὐτοῦ. Καὶ ἐκάλεσεν τὸ ὄνομα αὐτοῦ Φαρές· καὶ μετὰ τοῦτο ἐξῆλθεν καὶ ὁ ἐπὶ τῆς χειρὸς αὐτοῦ ἔχων καὶ (h om.) τὸ κόκκινον· καὶ ἐκάλεσεν τὸ ὄνομα αὐτοῦ Ζαρά. ⁴⁵ g reads καὶ λύσας δὲ αὐτήν. A^{b*cd} add πρός με καί. ⁴⁶ A adds παρ' αὐτῆς. ⁴⁷ abefg, S¹ (save that b, S¹ trs. οὓς after μέθῃ μου). d reads οὓς ἐλάλησα καθ. πρὸς αὐτὴν ἐν τῇ μέθῃ μου. A = ἐν ᾧ ἐν τῇ μέθῃ μου ἐκάθευδον σὺν αὐτῇ (A^{b*d} om. σ. αὐτῇ). ⁴⁸ This clause is trs. into ver. 7 by d. See note 51. For ἀνελεῖν A^{b*d} read ἰδεῖν. After ἦν A adds ἐκεῖνο. ⁴⁹ β–b. b reads ἔλεγον δέ. A^{abhc} = καὶ ἐνεθυμήθην, but ܘܕܠܦ is corrupt for ܘܐܡܪܬ = ἔλεγον. Hence A^{abhc} = καὶ ἔλεγον ἐν τῇ καρδίᾳ. A^{b*dfg} = καὶ νομίσας (ἐνόμιζον καὶ fg) ἔλεγον. d adds πρὸ τοῦ ἐξειπεῖν με αὐτὴν τοὺς ἐν μυστηρίῳ λόγους μου ὅτι ἀνελῶ αὐτήν· ὅτι. ⁵⁰ bde, S¹. afg ἄλλον. A may be either so far as form goes. ⁵¹ d adds καὶ ἐπειδὴ εἰπέ μοι τοὺς ἐν μυστηρίῳ λόγους, οὐκ ἠδυνήθην ἀνελεῖν αὐτήν· ὅτι παρὰ κυρίου ἦν. See note 48. ⁵² d reads καὶ οὐκέτι, g, A^{ahb*cdefg} καὶ οὐκ. ⁵³ d reads συνεγενόμην. ⁵⁴ A adds καὶ συνέσταλμαι. d om. next five words, g next four. ⁵⁵ aef, S¹. b reads ἕως θανάτου μου,

β–dg, S ὅτι βδέλυγμα ἐποίησα[56] ⌈τοῦτο⌉[57] ἐν ⌈παντὶ⌉[58] Ἰσραήλ[59].
ἔζησα 9. Καίγε οἱ ἐν τῇ πόλει ἔλεγον, μὴ *εἶναι ἐν τῇ πύλῃ
ἐκεῖ.
β–bd τελισκομένην[60]. ὅτι ἐξ *ἄλλου χωρίου[61] ἐλθοῦσα πρὸς βραχὺ
ἀκούσατε ἐκάθισεν ἐν τῇ[62] πύλῃ. 10. *Καὶ ἐνόμιζον[63] ὅτι οὐδεὶς
τέκνα ἔγνω ὅτι εἰσῆλθον πρὸς[64] αὐτήν. 11. Καὶ μετὰ ταῦτα
μου.
β, A, S¹ ἤλθομεν[65] εἰς Αἴγυπτον *⌈πρὸς Ἰωσὴφ⌉ διὰ τὸν[66] λιμόν.
πορεύ- 12. *Ἤμην δὲ ἐγὼ ἐτῶν τεσσαράκοντα καὶ ἐξ[67] καὶ ἑβδομή-
εσθε.
β–ag, κοντα καὶ[68] τρία ἔτη ἐποίησα[69]. *εἰς Αἴγυπτον[70].
(A), S¹ XIII. *Καὶ νῦν ἐντέλλομαι ὑμῖν, τέκνα μου, ἀκούσατε
μηδὲ ἐν- ⌈Ἰούδα⌉[1] τοῦ πατρὸς ὑμῶν[2] καὶ φυλάξασθε[3] τοὺς λόγους μου[4]
θυμήσεσι
διαβου- τοῦ ποιεῖν[5] πάντα[6] τὰ δικαιώματα Κυρίου[7] καὶ ὑπακούειν
λίων ἐντολὰς[8] Θεοῦ. 2. Καὶ μὴ πονηρεύεσθε[9] ὀπίσω τῶν ἐπι-
ὑμῶν
ἐν ὑπερη- θυμιῶν ὑμῶν[10] *ἐν ὑπερηφανείᾳ καρδίας[11], καὶ μὴ καυχᾶσθε ἐν
φανείᾳ *ἔργοις καὶ ἰσχύι[12] τῆς νεότητος ὑμῶν ὅτι* γε τοῦτο[13] πονη-
καρδίας
ὑμῶν. ρὸν ἐνώπιον[14] Κυρίου[15] ἐστί[16]. 3. Ἐπειδὴ κἀγὼ[17]

but Judah could not say this whilst still alive, nor yet ἡμέρας θανάτου μου,
as in A^abhcefg. A^b*d = τῆς ἡμέρας ταύτης. [56] g reads ἦν. [57] d, A om.
[58] d adds τῷ. A om. [59] d adds καὶ ἐτέχθησάν μοι ἐξ αὐτῆς Φαρὲς καὶ Ὀζαρά·
ἤγουν ὑμεῖς τέκνα μου, and omits ver. 9, 10. [60] β–d (save that for τελισκο-
μένην aef read τελωνουμένην, and for πύλη bg, S¹ read πόλει). A = μὴ τελεσθῆναι
τοιαῦτα ἐν τῇ πύλῃ. [61] g reads ἄλλης χώρας. [62] b om. [63] efg, A.
a reads. νομίζων. A adds οὕτως. b, S¹ read ἐνόμιζεν. [64] a reads εἰς.
[65] d reads εἰσήλθομεν. [66] f reads τήν. d adds τ. ἀδελφὸν ἡμῶν after Ἰωσήφ.
[67] α (save that c reads ὀκτὼ for ἕξ), S¹. bfg rend σαρακοντα ἐξ ἐτῶν ἤμην,
ade μς' ἐτῶν ἤμην (+τότε d). [68] α. β om. [69] α. abef, A, S¹ read ἔζησα,
d ἐζήσαμεν, g εἰμί. [70] α, A. β–dg, S¹ read ἐκεῖ, d μετὰ ταῦτα, g ὧδε. a
adds ἔτη.

XIII. [1] α. aef read κ. ν. ὡς λέγω (f om. ὡς λέγω) ὑμῖν ἐντέλλομαι, ἀκούσατε
τέκνα μου Ἰ., bg, S¹ κ. ν. ὅσα ἐγὼ ὑμῖν (g om.) ἐντέλλομαι, ἀκούσατε τέκνα (+μου
Ἰ. g +καὶ Ἰ. S¹). d νῦν οὖν τέκνα μου ἀκούσατε Ἰ. A = κ: νῦν ἀκούσατε τέκνα
μου ὅσα ἐντέλλομαι ὑμῖν. [2] A om. [3] α. β reads φυλάξατε. β, S¹ add
πάντας. [4] d adds καὶ τὰς ἐντολάς μου. A = Ἰούδα τοῦ πατρὸς ὑμῶν. [5] A
reads πεῖϑbr = ἔχειν, but this is corrupt for ᴡπᵌbr₁ (= ποιεῖν). [6] b, S¹
om. [7] A = ἐνώπιον Κυρίου. d om. next four words. [8] α, af. b reads
ἐντολῆς, eg ἐντολαῖς. b, S¹ add Κυρίου. [9] α. β, A, S¹ read πορεύεσθε.
[10] α, ag. β–ag, S¹ read ὑμῶν μηδὲ ἐνθυμήσεσι (+τῶν de) διαβουλίων ὑμῶν,
A καρδιῶν ὑμῶν μηδὲ ἐνθυμήσεσι ὑμῶν. [11] α, β–a. a om. A = ἐν ὑπερη-
φανείᾳ τῶν διαβουλίων ὑμῶν ἐμπίπτετε. β–f, S¹ add ὑμῶν. [12] α. adef read
ἰσχύι (+καὶ d) ἔργοις, b ἔργοις ἰσχύος, g ἐν ἰσχύει ἔργον ὑμῶν. A, S¹ = ἰσχύι
ἔργων. [13] c, a. h reads τό, bdef καίγε τοῦτο, g γε καὶ τοῦτο. A = τοῦτο
πᾶν. S¹ om. ὅτι .. ἐστί. [14] α, β–bg, A^b*cdeg. bg, A^abef read ἐν ὀφθαλμοῖς.

XIII. 5]   ΔΙΑΘΗΚΗ ΙΟΥΔΑ   87

ἐγκαυχησάμενος ¹⁸ ὅτι *ἐν πολέμοις ¹⁹ οὐκ *ἠπάτησέ με²⁰ α ὑπήν
πρόσωπον *γυναικὸς εὐμόρφου²¹, *καὶ ὠνείδιζον²² 'Ρουβὶμ²³ τησέν
*τὸν ἀδελφόν²⁴. *μου περὶ Βάλλας ²⁵ γυναικὸς τοῦ²⁶ πατρός ωπον.
μου, καὶ²⁷ τὸ πνεῦμα *τοῦ ζήλου καὶ τῆς πορνείας²⁸ παρετά- β–d, A, S
ξαντο²⁹ *ἐπ' ἐμέ³⁰, ἕως³¹ †συνετέλεσα εἰς 'Ανὰν τὴν Χαναναν- †συνέ-
πεσα εἰς
τὴν³² καὶ εἰς Θαμὰρ τὴν νύμφην³³ μου.   4. *Ἔλεγον Βησουέ
γὰρ τῷ πενθερῷ μου ὅτι συμβουλεύσομαι τῷ πατρί μου καὶ ναίαν.
οὕτως λήψομαι³⁴ τὴν θυγατέρα σου· *ὁ δὲ οὐκ ἤθελεν, ἀλλ'³⁵ β, A, S¹
ἔδειξέ³⁶ μοι *εἰς ὄνομα³⁷ τῆς θυγατρὸς αὐτοῦ *χρυσοῦ πλῆθος νυμφηθεῖ-
σαν τοῖς
ἄπειρον³⁸. *βασιλεὺς γὰρ ἦν³⁹.   5. *Καὶ ἐκόσμησεν υἱοῖς.
αὐτὴν⁴⁰ ἐν χρυσίῳ⁴¹ καὶ μαργαρίταις, *καὶ ἐποίησεν αὐτὴν β–d, A,
S¹ καί.

¹⁵ h reads θεοῦ.   ¹⁶ α, A. β omit.   ¹⁷ efg, A. h reads ἐγώ, b, S¹ γὰρ ἐγώ.
c, ad om.   ¹⁸ c. h reads ἐκαύχησά μοι corrupt (?) for ἐκαυχησάμην. β–g, S¹
read καυχησάμενος. g, A καυχησάμενος ἤμην.   ¹⁹ c trs. before ὅτι.   d reads
καὶ πολεμιστὴς ὢν τάχα.   For these and the next six words A reads οὐκέτι
ἠπατήθην ἐν πολέμοις (A^(b*cdefg) om. ἐν πολ.) εὐμορφίᾳ (εὐμορφία A^h) γυναικῶν
εὐμόρφων (A^(b*d) om).   ²⁰ β–g. α reads ὑπήντησέν μοι—apparently a cor-
ruption of our text. g reads ἤττησέν με. For ἠπάτησε .. εὐμόρφου S¹
reads οὐκ ἐπέτυχόν μοι εὔμορφοι γυναῖκες.   For A see preceding note.
d adds ἄνθρωπος ἐν χρυσίῳ καὶ ἀργυρίῳ οὐδέ, g ἄνθρωπος ἢ εἰς χρυσὸν διερρέ-
θιζον οὐδὲ εἰς.   ²¹ α om.   ²² α, g, A (save that α reads ὀνείδ. for ὠνείδ.).
d reads ἔτι δὲ καὶ ὀνείδιζον, a ὀνειδίζων, b, S¹ ὠνείδιζον, ef ὀνείδιζον.   ²³ α, ad.
β–ad read 'Ρουβήμ.   ²⁴ g reads τῷ ἀδελφῷ.   ²⁵ dg add τῆς.   ²⁶ α, dg.
abef om.   ²⁷ b om.   d adds ταῦτα καυχώμενος, A τότε.   ²⁸ A = τῆς πορν.
καὶ τοῦ ζ.   For ζήλου c reads ζήλους.   ²⁹ b reads παρετάξατο.   ³⁰ α. abefg
read ἐν (ἐπὶ g) ἐμοί, d μοι.   ³¹ d adds οὗ.   ³² α. β–d (save that e reads
Βησσουέ, f Βισσουέ for Βησουέ), A, S¹ read as in margin. d reads ἐνέπεσον
εἰς Βυσουὲ τὴν Χ. καὶ ἔλαβον αὐτὴν γυναῖκα ὁμοίως.   συνετέλεσα seems to be
a corruption native to the Greek.   ³³ α. β, A, S¹ (save that A, S¹ =
τῷ υἱῷ) read as in margin.   ³⁴ α (save that c om. τῷ πατρί μου καὶ οὕτως
λήψομαι). β–d, A^(ab*cdeg), S¹ καὶ ἔλεγον τῷ π. μου Συμβουλεύσομαι (b συμβου-
λεύσω, f συμβουλεύσωμαι, A^(ab*cde) συμβουλεῦσαι, but A^h = συμβουλεύσομαι)
τῷ πατρί μου καὶ οὕτως λήψομαι.   d reads καὶ γὰρ ὅτε ἐκάλεσέ μοι Βαρσὰν ὁ
πενθερός μου καὶ εἰπέ μοι περὶ τῆς θυγατρὸς αὐτοῦ, οὐκ εἶπον αὐτῷ· Βουλεύσομαι
περὶ τούτου τὸν πατέρα μου καὶ οὕτως λήψομαι.   A^b = καὶ ἔλεγον τ. πενθερῷ μου
Ἔρχομαι βουλεύομαι καὶ λέγω τῷ πατρί μου πρῶτον καὶ τότε λήψομαι.   A adds
εἰς γυναῖκα.   ³⁵ α. d reads ἀλλά, β–d, A, S¹ καί.   ³⁶ c reads ἔδειξα.
³⁷ α. β reads ἐπ' ὀνόματι.   S¹ ἀπὸ τῶν κτημάτων.   ³⁸ d reads χρυσοῦ πλῆθος,
f χρυσίον ἄπειρον πλῆθος, g χρυσίον πλ. ἄπειρον.   ³⁹ α, A^(ab*cd). β–d, A^(befg), S¹
read ἦν γὰρ βασιλεύς. d om.   ⁴⁰ α, A–^b. β–d, S¹ read καὶ αὐτὴν κοσμήσας,
d κοσμήσας δὲ καὶ αὐτήν, A^b καὶ τὴν θυγατέρα αὐτοῦ Βηρσουὲ ἐκόσμησε.   ⁴¹ c,

ΔΙΑΘΗΚΗ ΙΟΥΔΑ [XIII. 5

β, A, S¹ οἰνοχοεῖν ἡμῖν⁴² ἐν τῷ δείπνῳ⁴³. 6. Καὶ ὁ⁴⁵ οἶνος
δείπνῳ
*ἐν διέστρεψέ μου *τοὺς ὀφθαλμούς⁴⁶, καὶ ἠμαύρωσέ μου τὴν
κάλλει καρδίαν⁴⁷ *ἢ ἡδονή⁴⁸. 7. Καὶ ἐρασθεὶς αὐτῆς *συνέ-
γυναι- πεσα εἰς αὐτήν⁴⁹, καὶ παρέβην ἐντολὴν⁵⁰ Κυρίου καὶ τὴν⁵¹
κῶν⁴⁴.
c (A) ἐντολὴν *τοῦ πατρός⁵² μου, καὶ ἔλαβον αὐτὴν⁵³ εἰς γυναῖκα.
ἐν τῇ 8. Καὶ *ὁ Κύριος ἀνταπέδωκέ μοι⁵⁴ κατὰ τὸ διαβούλιον τῆς
ἡδονῇ. ψυχῆς⁵⁵ μου ὅτι⁵⁶ οὐκ ηὐφράνθην ἐν⁵⁷ τοῖς τέκνοις αὐτῆς⁵⁸.
β, A, S¹
πατέρων. XIV. Καὶ νῦν ᴵλέγω⁷¹, τέκνα μου², μὴ μεθύσκεσθε³ οἴνῳ,
β-a,A,S¹ ὅτι⁴ ὁ⁵ οἶνος διαστρέφει⁶ τὸν νοῦν ἀπὸ τῆς ἀληθείας καὶ
καρδίας. ἐμβάλλει ὀργὴν ἐπιθυμίας, καὶ ὁδηγεῖ εἰς πλάνην⁷ *τοὺς
ὀφθαλμούς⁸. 2. Τὸ γὰρ πνεῦμα⁹ τῆς πορνείας¹⁰ τὸν οἶνον
ὡς¹¹ διάκονον *ἔχει πρὸς τὴν ἡδονὴν¹² *τοῦ νοός¹³· ὅτι καίγε

adefg. h, b read χρυσῷ. d adds καὶ ἱματισμῷ, A^{abbb*cd} καὶ ἀργυρίῳ. ⁴² α,
d (save that c om. ἡμῖν and d om. καί), A^{bh(ac?)} (for ꓣ_ꓶꓯꓯꓯ_ꓯꓲ_ꓳꓯꓘꓮꓪ_L (=
οἰνοχοοῦσαν) is corrupt for ꓣ_ꓶꓯꓯꓯ_ꓯꓲ_ꓳꓯꓘꓮꓪ_ꓶꓯ = οἰνοχοεῖν), A^{efg} (save that they
add ἡμῖν before οἰνοχοεῖν). abefg, S¹ read ἐποίησεν ἡμῖν οἰνοχοεῖν. ⁴³ d adds
καὶ ἐθεασάμην οὕτως. ⁴⁴ β. A^{ab*cdefg} = καὶ ἦν καλὴ σφόδρα. α, A^b om.
This phrase is difficult, and its difficulty probably led to its omission by
α, A^b, and to the addition of a clause in d (see note 43), and the
recasting of the phrase in A^{ab*cdeg}. ἐν κάλλει γυναικῶν = בהדר נשים,
where הָדָר is probably corrupt for חֶדֶר = 'chamber,' 'apartment.' Thus
the feast was held in the women's apartment to influence Judah.
Otherwise if הדר really stood in the original, we should have to insert
it immediately after μαργαρίταις, where it would aptly mean: 'with the
ornaments of women.' ⁴⁵ f om. ⁴⁶ h reads τὸν ὀφθαλμόν. g om.
together with the next three words. ⁴⁷ c, abf, A^{abcefg}, S¹. h, de, A^{b*d} read
διάνοιαν (+ καὶ τὴν καρδίαν d). ⁴⁸ h, aefg (save that g prefixes καί), S.
The parallelism supports this reading. c reads ἐν τῇ ἡδονῇ. A = ἐν
ὀδύνῃ where ὀδύνη is corrupt for ἡδονῇ (as Conybeare has pointed out).
bd, S¹ read ἡδονή. A^{b*d} = καὶ ἔπεσε καρδία μου ἐν ὀδύνῃ (cf. d in note 47).
⁴⁹ α. β–d, S¹ read συνέπεσα, d συνέπ. αὐτῇ. A = καταπατέομαι. d reads
αὐτῇ. On this phrase see note 10 on xi. 2. ⁵⁰ d om. next four words
through hmt. ⁵¹ α. β, A om. ⁵² α. β, A, S¹ read τῶν (β–g om.)
πατέρων. ⁵³ A reads αὐτήν (Βηρσουέ A^b) μοι. ⁵⁴ α. β, A, S¹ read ἀνταπ.
μοι Κύριος. ⁵⁵ α, a. β–a, A, S¹ read καρδίας. c om. next word. ⁵⁶ d,
A^b read καί, A^{ab*cdeg} διὰ τοῦτο. ⁵⁷ bd read ἐπί. ⁵⁸ c reads αὐτοῦ. A =
μου (+ ἃ ἦσαν ἐκ Βηρσουέ A^b).
XIV. ¹ c. h reads λέγω ὑμῖν and trans. after μου. β, A om. ² g om.
³ h, e add ἐν. ⁴ h om. ⁵ a om. ⁶ d reads ἀποστρέφει. ⁷ dg add
ἐπιθυμίας. ⁸ g om. A = τῶν ὀφθαλμῶν. ⁹ A^{b*cdefg} add τῆς πλάνης καί.
¹⁰ f reads πονηρίας, g ἐπιθυμίας. ¹¹ c om. ¹² α. β–d, A, S read πρὸς
τὴν ἡδονὴν (τὰς ἡδονὰς bg) ἔχει, d ἔχει πρὸς τὰς ἡδονάς. ¹³ A = τὸν νοῦν.

XIV. 7] ΔΙΑΘΗΚΗ ΙΟΥΔΑ 89

*τὰ δύο ταῦτα[14] ἀφιστῶσι τὴν διάνοιαν[15] τοῦ ἀνθρώπου. β, Αβ, S
3. Ἐὰν γὰρ πίῃς[16] οἶνον εἰς μέθην, *ἐν διαλογισμοῖς ῥυπαροῖς δύναμιν.
συνταράσσει[17] *τὸν νοῦν σου[18], *καὶ ⌜εἰς πορνείαν⌝[19] ἐκθερ- β, Α τις πίῃ.
μαίνει[20] τὸ σῶμα πρὸς *ἡδονήν, καὶ[21] πράσσει τὴν ἁμαρτίαν[22] β, Α, S
καὶ οὐκ αἰσχύνεται. 4. Τοιοῦτός[23] ἐστιν ὁ πάροινος[24], νοῦν εἰς
τέκνα μου, ὅτι[25] ὁ μεθύων[26] *οὐκ αἰδεῖται οὐδένα[27]. 5. πορνείαν
*Ἰδοὺ γὰρ κἀμὲ ἐπλάνησεν μὴ αἰσχυνθῆναι τὸ πλῆθος[28] *τῆς (Α om.).
πόλεως[29]· ὅτι[30] ἐν ὀφθαλμοῖς πάντων ἐξέκλινα πρὸς τὴν β, Α, S
Θαμάρ, καὶ ἐποίησα *ἁμαρτίαν μεγάλην[31], καὶ *ἀνεκάλυψα καὶ εἰ
κάλυμμα ἀκαθαρσίας υἱῶν μου[32]. 6. Πιὼν[33] τὸν[34] οἶνον[35] πάρεστι
οὐκ ᾐσχύνθην[36] τὴν[37] ἐντολὴν τοῦ[38] Θεοῦ, καὶ ἔλαβον γυναῖκα ἐπιθυμίας
Χαναναίαν. 7. *Συνέσεως ⌜γὰρ πολλῆς⌝[39] χρῄζει[40] ὁ πίνων[41] αἴτιον.
τὸν[42] οἶνον, *τέκνα μου[43], *καὶ αὕτη ἐστὶν ἡ σύνεσις τῆς b, Α, S¹
                                                                οἶνος.

β–bd, Α συνέσεως γάρ (g, Α om.).

[14] d reads αὐτὰ τὰ δύο.   [15] α, Α^ah. β, Α^bb*cdeg, S read δύναμιν.   [16] h. c reads πιεσς, abg, Α, S τις πίῃ, d τις πίνει τόν, ef πίει.   [17] α, β–d (save that c reads πονηροῖς for ῥυπαροῖς and g λογισμοῖς for διαλογισμοῖς). d reads ἐν διαλογισμοῖς πονηροῖς γίνεται· συνταράσσει γάρ. Α = διαλογισμοὶ ῥυπαίνουσιν.   [18] α. β–d, Α, S read τὸν νοῦν, d ὁ οἶνος τὸν νοῦν.   [19] α. β, Α, S read εἰς πορνείαν καί (Α om.)   [20] c reads ἐκθερμένη, d θερμαίνει.   [21] α. β, Α, S read μίξιν, καί. β, Α, S add εἰ (d ἐάν, aef, S¹ om.) πάρεστι (d παρῆν) τὸ τῆς ἐπιθυμίας (d ἁμαρτίας) αἴτιον.   [22] a reads ἐπιθυμίαν.   [23] dg read ὁ τοιοῦτος and connect with αἰσχύνεται in preceding verse, and d om. next five words, and g next six. f reads ὅτι οὕτως.   [24] Emended from πονηρός of α, af and πόρνος of e. b, Α, S¹ read οἶνος. Our emendation explains all these corruptions.   [25] f adds οὕτως.   [26] Α^ab = μεθύων οἴνῳ.   [27] α. β, S reads οὐδένα αἰδεῖται (+ οὐδὲ αἰσχύνεται ὡς ἔπαθον κἀγὼ d). Α = οὐκέτι αἰδεῖται.   [28] α, β (but that β om τό). d reads ὅτι οὐκ ᾐδέσθην πλῆθος λαοῦ, οὐδὲ αἰσχύνθην ὁλόκληρον δῆμον. For μὴ αἰσχυνθῆναι Α reads καὶ οὐδὲ ἐνόμισα.   [29] α. β–d read ἐν τῇ πόλει, Α = τὸ ἐν τῇ πύλῃ, S ἐν ταῖς πύλαις. d om.   [30] d reads καὶ γάρ.   [31] Α^b*d = ἀνομίαν.   [32] h, β (save that h adds τῶν before υἱῶν), S¹. c reads ἀνεκάλυμμα ἀκαθ. υἱῶν μου. Α νῦν (Α^abh om.) ἀνεκάλυψα τοῖς υἱοῖς μου ἔργα ἀκαθαρσίας μου. Here զπրծա = ἔργα may be corrupt for մսպրսա = κάλυμμα.   [33] h reads πιεῖν. d gives ver. 6 as follows: Καὶ ταῦτα πεποίηκεν ὁ οἶνος καθὼς καὶ τὸ πρότερον ἡνίκα ἔλαβον γυναῖκα Χαναναίαν ἄνευ βουλῆς τοῦ πατρός μου· διὰ τοῦτο τοίνυν παραγγέλλω ὑμᾶς, τέκνα μου, ἵνα μὴ καὶ ὑμεῖς τὸ αὐτὸ πάθητε.   [34] α. β om.   [35] f adds καί.   [36] h, befg. c reads ἐσχ., a ᾔσχ.   [37] α, aef. bg om.   [38] α, fg. abef om.   [39] α. aef read συνέσεως γάρ. bd, S¹ διὸ (διότι d) συνέσεως. g, Α = συνέσεως.   [40] In most MSS. written χρίζει.   [41] a reads πιων.   [42] α, d. β–d om.   [43] h, β–d. c, d om. Α trs. before ὁ πίνων. Α^cefg om. next ten words.   [44] α, β

ΔΙΑΘΗΚΗ ΙΟΥΔΑ [XIV. 7

β–dg οἰνοποσίας⁴⁴. *ἕως ὅτε ἔχει αἰδῶ, πίνει⁴⁵.   8. Ἐὰν δὲ
ἵνα ἕως παρέλθῃ⁴⁶ τὸν ὅρον⁴⁷, ἐμβάλλει⁴⁸ εἰς⁴⁹ τὸν νοῦν αὐτοῦ⁵⁰ τὸ
... πίῃ.
β–b, A   πνεῦμα τῆς πλάνης, καὶ ποιεῖ *τὸν μέθυσον αἰσχρορημονεῖν
βασιλεύ- καὶ⁵¹ παρανομεῖν καὶ μὴ⁵² αἰσχύνεσθαι *ἀλλὰ καυχᾶσθαι⁵³
σῃ πορ- τῇ ἀτιμίᾳ⁵⁴ *καὶ νομίζειν εἶναι καλόν⁵⁵.
νεύων
γυμνού- XV. Ὁ πορνεύων¹ ζημιούμενος οὐκ αἰσθάνεται² καὶ ἀδοξῶν³
μενος τῆς
βασι- οὐκ αἰσχύνεται. 2. *Κἂν γάρ⁴ τις *βασιλεύς ἐστι καὶ
λείας ἐξ- πορνεύει, γυμνοῦται τῆς βασιλείας⁵, *δουλωθεὶς τῇ πορνείᾳ⁶ ὡς
έρχεται.
β–d, A, S¹ κἀγὼ ἔπαθον⁷.   3. Δέδωκα⁸ τὴν ῥάβδον μου, τουτέστιν⁹,
γυμνω- τὸ στήριγμα τῆς ἐμῆς φυλῆς¹⁰, καὶ τὴν ζώνην μου, τουτέστιν¹¹,
θείς
(ἐγυμνώ- τὴν δύναμιν, καὶ τὸ διάδημα¹², τουτέστιν, τὴν δόξαν τῆς βασιλείας
θην g, A). μου¹³. 4. Καίγε *μετανοήσας ἐπὶ τούτοις¹⁴, οἶνον¹⁵ καὶ
α, adf κρέα¹⁶ οὐκ¹⁷ ἔφαγον¹⁸ ἕως γήρους¹⁹ μου²⁰, καὶ *πᾶσαν
τὴν
δόξαν. εὐφροσύνην²¹ οὐκ εἶδον.   5. Καὶ ἔδειξέ μοι ὁ ἄγγελος τοῦ

(save that d om. ἐστίν, and f om. τῆς). Aᵃᵇ*ᵈ = καὶ αὕτη ἐστὶν σύνεσις
εὐφροσύνης. But ⁅armenian⁆ is corrupt for ⁅armenian⁆ = οἰνο
ποσίας. Aᵇ = διὰ εὐφροσύνην σύνεσίς ἐστιν. ⁴⁵α (save that h om. ἕως).
β–dg, S¹ read ἵνα ἕως ὅτε (ὅτου α) ἔχει αἰδῶ, πίῃ (b πίνῃ, ef πίει), g ὡς ὅτε
εἰδὼς ποιεῖ, d ἵνα μὴ σκοτισθῇ τις ἐξ αὐτοῦ. Aᵃᵇᵇ*ᵈ = ἵνα ἕως ὅτε ἔχει οἶνον
αἰδοῖ πίῃ. ⁴⁶d reads παραβῇ. ⁴⁷β–d, A, S¹ add τοῦτον. ⁴⁸c reads
ἐμβαλεῖ. For ἐμβάλλει... νοῦν S¹ reads ἕρπει εἰς τὰ ὦτα. ⁴⁹g om. ⁵⁰α,
g, Aᵃᵇᶜᵉᶠᵍ. Aᵇ*ᵈ = αὐτῶν. b reads καὶ ποιεῖ. aef om. ⁵¹d reads τῷ με
θύοντι. Here a new hand begins in Aʰ, and rest of this Testament
belongs to Aᵝ not to Aᵅ. ⁵²A = ἀπὸ μηδενός. ⁵³α. β–g read ἀλλὰ
(+ καὶ A, bd) ἐγκαυχᾶσθαι. g om. ⁵⁴Aᵇ*ᶜᵈᵉᶠᵍ, S² add αὐτοῦ. h reads
ἀδικίᾳ, d ἀτομίᾳ. ⁵⁵α. β–d, A, S¹ read νομίζοντα εἶναι καλόν (καλόν τι
ποιεῖν A), d τὸ αποτομια ἀναισχύντως (sic).

XV. ¹For next fourteen words b reads καί. ²A = λυπεῖται, but
⁅armenian⁆ is corrupt for ⁅armenian⁆ = αἰσθάνεται. For ζημιούμενος ... ἀδοξῶν,
S¹ reads καὶ γυμνούμενος οὐχ ὑποτάσσεται, ἀτάκτως. g om. next four words.
³α reads ἄδοξον. ⁴d reads καὶ γὰρ ἐάν, g ἐὰν γάρ. ⁵α. β, A read
βασιλεύσῃ (d βασιλεὺς εἴη, ef βασιλεύσει. A = βασιλεύς τις ᾖ (πορνεύων) Aᵃᵇ*ᶜᵈ
trs. before βασιλεύς) γυμνούμενος τῆς βασιλείας ἐξέρχεται (Aᵉᶠᵍ om.). b γυμνού
μενος τῆς βασιλείας οὐκ ἐξέρχεται. S¹ βασιλεύσῃ πορνεύει γυμνούμενος καὶ ἐκ
τῆς βασιλείας ἐκπίπτει. ⁶g, Aᵃᵇᵇ*ᶜᵈ read δοῦλος (+ εἶναι A) τῆς πορνείας.
Aᵉᶠᵍ om. ⁷α, d. abef, S¹ read γυμνωθείς, g, A ἐγυμνώθην. ⁸α, S¹. β,
A read ἔδωκα γάρ. ⁹Aᵃᵇ om. next ten words through hmt. but not
Aʰ,ᵝ. ¹⁰ad read φυλακῆς. ¹¹α, adf om. next six words through
hmt. ¹²A add τῆς κεφαλῆς μου. ¹³g om. ¹⁴d reads πολλὰ μετὰ
ταῦτα μετενόησα καί. A adds πᾶσι. ¹⁵h adds οὐκ ἔπιον. A trs. the words
οἶνον and κρέα. *¹⁶α, aefg. b reads κρέας, d σίκερα. ¹⁷d reads οὐκέτι.

XVI. 3]   ΔΙΑΘΗΚΗ ΙΟΥΔΑ   91

θεοῦ²² ὅτι²³ *κἂν βασιλέως κἂν πτωχοῦ²⁴ *κατακυριεύσωσιν β, A, S¹
αἱ γυναῖκες²⁵. ⌈οὐκ ἐστὶν ἐν αὐτοῖς προκοπὴ ζωῆς⌉²⁶.   6. ὅτι
*Τοῦ μὲν²⁷ βασιλέως²⁸ αἴρουσιν²⁹ τὴν³⁰ δόξαν· τοῦ³¹ ἀνδρείου³² αἰῶνος.
τὴν³⁰ δύναμιν, *τοῦ δὲ πτωχοῦ³³ τὸ³⁴ *τῆς πτωχείας³⁵
ἐλάχιστον στήριγμα.   β-d, S¹
   XVI. Φυλάξασθε¹ οὖν², τέκνα μου, *τὸν ὅρον τοῦ³ οἴνου· μετὰ
*ἔστιν γὰρ⁴ ἐν αὐτῷ τέσσαρα⁵ πνεύματα πονηρά⁶· *ἐπιθυμίας, θεοῦ
πυρώσεως, ἀσωτίας καὶ αἰσχροκερδίας⁷. 2. Ἐὰν⁸ πίνητε⁹ αἰδού-
οἶνον¹⁰ *ἐν εὐφροσύνῃ¹¹, *ἐστὲ αἰδούμενοι μετὰ φόβου θεοῦ¹². α καί.
*ἐὰν γὰρ ἐν εὐφροσύνῃ ἀποστῇ ὁ τοῦ θεοῦ φόβος¹³, λοιπὸν γίνεται aef τί δὲ
*μέθη, καὶ παρεισέρχεται ἡ ἀναισχυντία¹⁴.   3. *Εἰ δὲ λέγω;
θέλετε σωφρόνως ζῆσαι, μηδ' ὅλως τοῦ οἴνου ἐφάπτεσθε¹⁵ ἵνα μὴ πίνετε.

¹⁸ α, A. β, S¹ read ἔλαβον.   ¹⁹ abg read γήρως.   ²⁰ α, A–ᵇ. β, Aᵇ, S¹ om.
²¹ c reads π. ἀφροσύνην.   Aᵇ = ἄνευ πάσης εὐφροσύνης ἔζησα καί.   ²²A =
Κυρίου.   ²³ α. β, A, S¹ add ἕως τοῦ αἰῶνος, which b, S¹ set before ὅτι.
²⁴ α, ag.   b reads καὶ βασιλεῖ καὶ πτωχῷ, ef κἂν βασιλεῖ κἂν πτωχῷ (πτωχοῦ e).
For these words, together with the next three, d reads κἂν βασιλεὺς ᾖ κἂν
ἀνδρεῖος κἂν πτωχὸς ὁ τῷ τοιούτῳ ἁλισκόμενος πάθει γυναῖκες κατακυριεύσωσι αὐτόν,
and A⁻ᵇ γυναῖκες κατακυριεύσουσι κἂν βασιλέων κἂν πτωχῶν, Aᵇ ἐὰν βασιλέων
καὶ πτωχῶν πορνείαις γυναῖκες κατακυριεύσουσι.   ²⁵ α, af (save that af trs.
κατακ. after γυναῖκες).   beg, S¹ read αἱ γυναῖκες κατακυριεύουσι.   g adds κἂν
ἀνδρίου φανερoῦνται.   ²⁶ In α only.   h prefixes καί.   ²⁷ α, β–bdg.   b, S¹
read καὶ τοῦ μέν, d καὶ τοῦ.   g om.   A = καὶ τῶν.   ²⁸ g om.   A = βασιλέων.
²⁹ α, bd, S¹.   aef, A read ἀροῦσι.   g om.   ³⁰ h om.   ³¹ α. β reads τοῦ δέ.
A = τῶν.   ³² g om.   A = ἀνδρείων.   ³³ α. β–g reads καὶ τοῦ πτ., g τοῦ
δέ.   A = καὶ τῶν πτωχῶν.   ³⁴ h, β–ag.   c reads τῷ.   ag, A om.   ³⁵A
read an acc. by an error.   g adds τό.

XVI.   ¹ α, β–d read φυλάσσεσθε, d φυλάσσετε.   ² d om.   ³ α, β–bd, A.
bd read ὅρον.   ⁴ d reads ἔχει γὰρ ὁ οἶνος.   ⁵ A trs. after πονηρά.   ⁶ d adds
ἅτινά ἐστι ταῦτα.   ⁷ α, β (save that abef om. καί).   A = ἐπιθυμία, πύρωσις
(πυρώσεως A^{ab*cdefg}), καὶ ἀσωτία, αἰσχροκερδία (αἰσχροκερδίας A^{b*de}).   ⁸ g adds
δέ.   ⁹ h, abdg.   c reads πινειται, ef πίνετε.   ¹⁰ g om.   ¹¹ For ἐν εὐφρ. ἐστέ
A gives καί (A^{b*cd} om.) θέλετε εὐφρόσυνοι εἶναι.   ¹² α (save that h reads
τοῦ Κυρίου for θεοῦ).   β–d, S¹ read μετὰ φόβου θεοῦ αἰδούμενοι (+ ζήσεσθε b).
A = μετὰ φόβου Κυρίου καὶ αἰδοῖ πίνετε.   d om.   ¹³ aef, A, S (save that f
reads ἀπὸ θεοῦ ὁ φοβος, ef ἀφροσύνη, a ἀπό for ἀποστῇ ὁ τοῦ, and S¹ om. γάρ
and adds καί before ἀποστῇ).   b reads ἐὰν γὰρ πίνητε μὴ αἰδούμενοι καὶ ἀποστῇ
ὁ τοῦ θεοῦ φόβος.   d reads καὶ αποροι ὁ φόβος τοῦ θεοῦ ἀφ' ἡμῶν, g ἀποστήσεται
ὁ μισόκαλος ἀφ' ὑμῶν καί.   The clause is omitted by α through hmt.,
reading only καί.   ¹⁴ d reads μέθη ἀπὸ δὲ τῆς μέθης παρεισ. ἡ ἀναισχ.   g is
utterly corrupt: ὁ τοῦ θεοῦ φόβος ἐν ταῖς καρδίαις ὑμῶν.   Here c adds ὁ μὴ

ἁμαρτάνητε[16] ἐν λόγοις ὕβρεως[17] καὶ[18] μάχαις[19] καὶ[20] συκοφαντίαις[21] καὶ παραβάσεσι[22] ἐντολῶν[23] Θεοῦ[24], καὶ ἀπολεῖσθε[25] ⌈οὐκ⌉[26] ἐν καιρῷ ὑμῶν. 4. Καίγε[27] μυστήρια Θεοῦ καὶ ἀνθρώπων[28] ἀποκαλύπτει[29] ὁ οἶνος, ὡς[30] κἀγὼ *τὰς ἐντολὰς τοῦ[31] Θεοῦ, καὶ μυστήρια Ἰακὼβ τοῦ πατρός μου ἀπεκάλυψα[32] τῇ Χανανίτιδι[33], *ἅ μοι[34] εἶπεν *ὁ Θεὸς[35] μὴ[36] ἀποκαλύψαι[37].

XVII. *Καὶ νῦν ἐντέλλομαι[1] ὑμῖν, τέκνα μου, μὴ ἀγαπᾶν[2] ἀργύριον[3] μηδὲ ἐπιβλέψαι[4] *εἰς κάλλος[5] γυναικῶν· ὅτι κἀγὼ[6] διὰ χρυσίον[7] καὶ[8] εὐμορφίαν[9] ἐπλανήθην[10] εἰς Βησουὲ[11] τὴν Χαναναίαν. [2. *Καὶ οἶδα[12] ὅτι διὰ τὰ δύο ταῦτα ἔσται[13] τὸ γένος μου[14] *εἰς ἀπώλειαν πορνείας[15]. 3. ὅτι καὶ[16] σοφοὺς ἄνδρας τῶν υἱῶν μου ἀλλοιώσουσιν καὶ βασιλείαν[17] Ἰούδα *σμικρυνθῆναι ποιήσουσιν[18], ἣν ἔδωκέ

b–d,A,S¹ *Xαν.* *Βησουέ. β, A, S¹ 5. *Καὶ πολέμου καὶ ταραχῆς αἴτιος γίνεται ὁ οἶνος[38]. B, A, S¹ ἀργύριον. β, S¹ ἐν πονηρίᾳ.*

πίνων τὸν οἶνον μετὰ φόβου Θεοῦ. Is this the lost clause in α? See note 13. ¹⁵ α. aef read τί δὲ λέγω; μηδ' ὅλως πίνετε, bg εἰ δὲ μηδὲ ὅλως (μὴ δόλῳ g) πίετε, d ἐγὼ δὲ λέγω ὑμῖν ἐὰν ἐστὶν ὑμῖν δυνατὸν μηδ' ὅλως πιεῖν οἶνον. A = καὶ καλόν ἐστι ὅλως μὴ πίνειν οἶνον. S¹ λέγω δὲ εἰ ὅλως μὴ πίετε. d adds μὴ πίετε. ¹⁶ h. c reads ἁμαρτάνετε. β ἁμάρτητε. For the next nine words S¹ reads ἐν μικρῷ τοιαῦτα ἐστι ὕβρις καὶ παράβασις. ¹⁷ g om. ¹⁸ d reads ἤ. ¹⁹ α, g. β–g, A read μάχης. ²⁰ c om. d reads ἤ, and so also for the next καί. ²¹ h, g. c, β–g, A read συκοφαντίας. ²² h. c, β, A reads παραβάσεως. ²³ d om. g reads ἐν πόλει. ²⁴ d reads τοῦ θεοῦ, A° κυρίου. ²⁵ adefy. α, b read ἀπολεῖσθαι. ²⁶ A om. ²⁷ d reads καὶ γάρ. ²⁸ b, Aᵇᵇ*ᵈ add ἀλλοτρίοις. ²⁹ c reads ἀνακαλύπτει. ³⁰ d reads καὶ γάρ. ³¹ α. β reads ἐντολάς. ³² β–abd, add Βησουέ (Βησουέ e, Βισσουέ f). ³³ bd, A, S¹ add Βησουέ. a Βισσουέ. ³⁴ α. β reads οἷς. A = ᾗ. ³⁵ A = Κύριος. h adds μου. ³⁶ d reads μηδ' ὅλως. ³⁷ d adds τινι, καὶ οὐ μόνον ταῦτα πάντα τὰ σκάνδαλα ποιεῖ ὁ οἶνος. ³⁸ β–d (save that b adds δέ after πολέμου), A (but reading πολέμων γὰρ καὶ ταραχῶν for first four words), S¹. d reads ἀλλὰ πολέμου καὶ ταραχῆς αἴτιος γίνεται. α om.

XVII. ¹ α, S². aefg, Aᵃᵇ*ᶜᵈᵉᶠᵍ read ἐντέλλομαι, bd, S¹ ἐντέλ. οὖν. Aᵇ = ἐντελλόμενος ἐντέλλομαι. ² g adds τό. ³ g om. next nine words through hmt. ⁴ c. h, ef read ἐπιβλέπειν, ab ἐμβλέπειν, d βλέπειν. ⁵ α, b. ae read εἰς κάλλη, df ἐν κάλλει (d κάλλῃ). ⁶ α. β, A read καίγε (+ ἐγώ d). ⁷ α. β, A, S¹ read ἀργύριον. ⁸ aef add διά. ⁹ A⁻ᵇ add γυναικῶν, Aᵇ γυναικός. ¹⁰ g reads πλανηθεῖτε ὡς κἀγώ and om. next four words. ¹¹ β (save that e reads Βησσ., f Βισσουέ). α reads Αὐνᾶν. A = Βηρσουέ. ¹² α. abef, A⁻ᵇ, S¹ read ὅτι οἶδα ἐγώ, g ὅτι οἶδα. Aᵇ = καὶ γὰρ οἶδα ἐγώ. For these and the next five words d reads: διὰ τοῦτο εἰς ταῦτα τὰ δύο οἶδα ἐγὼ ὅτι. ¹³ α, adf, A, S¹. beg read ἔσεσθε. ¹⁴ A = τοῦτο. ¹⁵ α. β, S¹ read ἐν πονηρίᾳ. A = ἐν πορνείᾳ. ¹⁶ α, Aᵃᵇᶜᵉᶠᵍ. β reads καίγε (+ καὶ d).

μοι Κύριος ἐν ὑπακοῇ πατρός μου[19]. 4. *Ἐγὼ οὖν οὐδέ- *bdef*
ποτε[20] *παρελύπησα Ἰακὼβ τὸν πατέρα μου[21], ὅτι[22] πάντα ἐλύπησα
*ὅσα μοι ἔλεγεν[23] ἐποίουν[24]. 5. Καὶ Ἀβραὰμ[25] ὁ *ef*) λόγον
προπαππός[26] μου εὐλόγησέ με[27] βασιλεύειν ἐν[28] Ἰσραὴλ[29], Ἰ. τοῦ
*καὶ Ἰακὼβ εὐλόγησέ με οὕτως[30]. 6. Καὶ[31] ἐγὼ οἶδα d, A
ὅτι ἐξ ἐμοῦ στήσεται *τὸ βασίλειον[32]. Ἰσαάκ.

XVIII. *Καὶ ἔγνωκα[1] ὅσα* κακὰ ποιήσετε[2] ἐν[3] ⌈ταῖς⌉[4] β, A, S¹
ἐσχάταις ἡμέραις.] 2. Φυλάξασθε[5] οὖν[6], τέκνα μου, ἀπὸ τοῦ
τῆς *πορνείας καὶ τῆς φιλαργυρίας[7], καὶ[8] ἀκούσατε Ἰούδα πατρός.
τοῦ πατρὸς ὑμῶν[9]. β, A, S¹
3. Ὅτι[10] ταῦτα[11] ἀφιστᾷ[12] *τῷ νόμῳ τοῦ[13] θεοῦ, ὅτι (β–bd
om.)
καὶ τυφλοῖ[14] τὸ διαβούλιον τῆς ψυχῆς, καίγε
ἀνέγνων
βλοις Ἐνὼχ τοῦ δικαίου. ἐν βί-

A^(b*d) om. [17] *h, g* read βασιλεῖς. [18] *d* read σμικρυνοῦσι. For the
passage ἦν ἔδωκέ μοι . . . ἐποίυνν, *g* reads πάντα ὅσα εἶπεν ὁ πατὴρ Ἰακὼβ
ἐποίουν μὴ λυπήσας αὐτόν. [19] α, A^(ab*cd). β, A^(eig), S¹ om. [20] α (save that
h reads δέ for οὖν). β–g, A, S¹ read οὐδέποτε γάρ. [21] α, *a* (save that *a*
reads ἐλύπησα), A^b. *bdef*, S¹ read ἐλύπησα (+τὸν *ef*) λόγον Ἰακώβ (*d* trs.
after μου) τοῦ πατρός μου. A^(ab*cdeg) ἐλύπησα Ἰακὼβ τὸν πατέρα μου λόγοις
(A^(eig) trs. λόγοις before Ἰακώβ). β undoubtedly presents the harder text.
If it goes back to the original, then ἐλύπησα τὸν λόγον = המרותי לדבר
corrupt(?) for המריתי בדבר = ἠπείθησα τῷ λόγῳ. בדבר also would explain
the text of A. [22] *d* reads ἀλλά. [23] *h. c* (A?) reads μοι ὅσα ἔλεγεν,
abef, A, S¹ ὅσα (+καὶ A) εἶπεν, *d* προέταττέ μοι. [24] *f* reads ἐποίησα. *d* adds
διὰ τοῦτο ἐκληρονόμησα τὴν εὐλογίαν Ἀβραάμ. [25] *d*, A read Ἰσαάκ. [26] Em.
from προπαππους of *c*. *h* reads προπάτορος, β, A, S¹ πατὴρ (+πατρὸς *e*) τοῦ
πατρός. [27] = ברכני, which may be corrupt for בחרני = ἐξελέξατό με.
But it is better perhaps to supply λέγων after verb. See i. 6. [28] *c, a*
om. [29] *g* reads Ἰερουσαλήμ. [30] α (save that *h* adds αὐτός after Ἰακώβ).
aef, A^(ab*cdefg), S¹ read κ. Ἰσαὰκ ὁμοίως ἐπευλόγησέ (εὐλόγ. *f*, S¹) με (A om.)
οὕτως (A^(b*cdefg) om.), *d* ὁμοίως καὶ Ἰακὼβ εὐλόγησέ με, *b* κ. Ἰσαὰκ ἐπευλόγησέ με
ὁμοίως οὕτως. For last two words in *b, g* reads ὁ πατὴρ τοῦ πατρός μου
εὐλόγησέν με βασιλεύειν ἐν Ἱερουσαλήμ. [31] α, *b*. *aef*, A read διότι, *dg* διό.
S¹ τοσοῦτον γὰρ καί. [32] A^b = ἡ εὐλογία.

XVIII. [1] α. β, A, S¹ read ὅτι (β–bd om.) καίγε (ἐγὼ A) ἀνέγνων
(ἔγνων *ef*) ἐν βίβλοις (βίβλῳ *dg*) Ἐνὼχ τοῦ δικαίου. [2] *ae* read κακοποιήσετε.
[3] *b* read ἐπ'. [4] α. β, A om. [5] *d* reads φυλάξατε, *g* φυλάσσεσθε.
[6] *d* om. [7] *d* reads φιλαργ. καὶ τῆς πορν. *g* om. τῆς before φιλαργ. A^(ab) =
πορν. καὶ μέθης καὶ φιλαργ. S² φιλαργ. καὶ μέθης. [8] *c*, A. *h*, β, S¹ om.
f adds οὖν after ἀκούσατε. *g* om. with rest of verse. [9] *d* adds καὶ γινώ-
σκετε. [10] *d* adds τὰ δύο πάθη. [11] A^(b*d) read φιλαργυρία. [12] *d* reads

ΔΙΑΘΗΚΗ ΙΟΥΔΑ

καὶ ὑπερηφάνειαν ἐκδιδάσκει¹⁵,
καὶ οὐκ ἀφίει¹⁶ ἄνδρα ἐλεῆσαι¹⁷ τὸν¹⁸ πλησίον αὐτοῦ.

4. Στερίσκει¹⁹ τὴν ψυχὴν αὐτοῦ²⁰ ἀπὸ πάσης ἀγαθότητος²¹,
καὶ²² * συνέχει αὐτὸν²³ ἐν *πόνοις καὶ μόχθοις²⁴.

β-g, S¹
καὶ
ἀφιστᾷ
ὕπνον
αὐτοῦ.

⌈Τὸν ὕπνον ἐκδιώκει ἀπ' αὐτοῦ⌉²⁵,
καὶ²⁶ καταδαπανᾷ²⁷ τὰς²⁸ σάρκας αὐτοῦ.

5. *Θυσίας Θεοῦ ἐμποδίζει²⁹,
⌈καὶ εὐλογίαν Θεοῦ οὐ μνημονεύει⌉³⁰.
*Προφήτου λαλοῦντος οὐκ ἀκούει³¹,
καὶ λόγους³² εὐσεβείας³³ προσοχθίζει³⁴.

6. ⌈*Δυσὶ γὰρ πάθεσιν ἐναντίοις δουλεύει³⁵,
*καὶ Θεῷ ὑπακοῦσαι³⁶ οὐ δύναται³⁷,
ὅτι ἐτύφλωσεν³⁸ τὴν ψυχὴν αὐτοῦ
καὶ ἐν ἡμέρᾳ ὡς ἐν νυκτὶ πορεύεται⌉.

β, A, S¹
εἴδωλα.

XIX. Τέκνα μου, ἡ φιλαργυρία πρὸς¹ εἰδωλολατρείαν²

ἀφιστοῦσιν. ¹³α. β–d read νόμου. d ἀπὸ νόμου θεοῦ τὸν ἄνθρωπον. A = τῶν νόμων. ¹⁴d reads τυφλοῦσι. ¹⁵d reads ἐκδιδάσκουσι. ¹⁶c, bfg. h reads ἀφείη, a ἀφίησι, d ἀφίουσιν, e αφει. ¹⁷g trs. after αὐτοῦ. ¹⁸Aᵇ*ᶜᵈᵉᶠᵍ = τυύς. ¹⁹d reads ὑστεροῦσι γάρ. e στερεῖ καί. ²⁰d om. ²¹bg read ἀγαθοσύνης. ²²aef om. ²³d reads συνέχουσιν αὐτὸν τὸν ἄνθρωπον. ²⁴α. β–d read μόχθοις καὶ πόνοις, d πόνῳ καὶ μόχθῳ. ²⁵α. abef, S¹ read καὶ ἀφιστᾷ ὕπνον (+ ἀπ' f) αὐτοῦ, d καὶ ἀφιστῶσι τὸν ὕπνον αὐτοῦ. A om. Here ἀφιστάναι and ἐκδιώκειν appear to be alternative readings of נדד. Cf. Gen. xxxi. 40. For still another rendering see Sim. iv. 8. The phrase is found in Sir. xlii. 9 ἡ μέριμνα αὐτῆς ἀφιστᾷ ὕπνον. ²⁶a om. ²⁷d reads ἐκδαπανῶσι. ²⁸α, d. β–d om. ²⁹α, β–d, S¹ (save that β–d, S¹ prefix καί and g reads Κυρίου). d reads καὶ γὰρ ἡ φιλαργυρία θυσίαν ἐμποδίζει. A = καὶ θυσίας Κυρίου χλευάζει, but յաղթէ ազրէ is corrupt for յաղթելի = ἐμποδίζει. ³⁰α (save that h om. καί and reads μνημονεύεται), aef, S¹ (save that a, S¹ read εὐλογίας). bdg read καὶ εὐλογίας (+ θεοῦ d, + Κυρίου g) οὐ μέμνηται. A om. ³¹α (save that c reads προφήτῃ λαλοῦντι). β, A, S¹ read καὶ προφήτῃ λαλοῦντι οὐχ ὑπακούει. ³²α, A. β–d, S¹ read λόγῳ, d λόγον. ³³f adds οὐ.* ³⁴d reads ἀποδιωχθείν; A = ἀνθίσταται, but ընդդէմ դառնալով is corrupt for ընդդէմ դառնալով = προσοχθίζει. ³⁵α, f (save that for δουλεύει καί f reads δουλεύων). ae, S¹ read δυσὶ γὰρ πάθεσιν ἐναντίοις τῶν ἐντολῶν τοῦ θεοῦ δουλεύων. bg read δύο γὰρ πάθη ἐναντία τῶν ἐντολῶν τοῦ θεοῦ (ἐντολῆς θεοῦ ἃ ὁ g) δουλεύων, d δύο γὰρ πάθη ἀνίατα ταῦτα. ³⁶α, β–b, S¹ (save that β–b, S¹ om. καί, and a reads θεοῦ): b reads θεῷ θεοῦ ὑπακούειν. ³⁷d adds ὁ τοιοῦτος. ³⁸α, β–bd. b reads ἐτύφλωσαν, d ἀποτυφλοῦσι.

XIX. ¹d reads ἀπό. ²α (c gives the form ἡδολολατρείαν). β, A, S¹

XX. 1]   ΔΙΑΘΗΚΗ ΙΟΥΔΑ   95

ὁδηγεῖ[3], ὅτι[4] ἐν πλάνῃ[5] ἀργυρίου τοὺς μὴ ὄντας θεοὺς[6] ὀνομάζουσιν, καὶ ποιεῖ *τὸν ἔχοντα[7] αὐτὴν[8] εἰς ἔκστασιν[9] ἐμπεσεῖν. 2. Διὰ τὸ[10] ἀργύριον[11] ἐγὼ *τέκνα μου ἀπόλωλα[12], καὶ[13] εἰ μὴ ἡ[14] μετάνοιά μου[15] ⌜καὶ ἡ ταπείνωσίς μου[16]⌝, καὶ αἱ[17] εὐχαὶ[18] τοῦ πατρός μου †συνέδραμον[19], ἄτεκνος εἶχον ἀποθανεῖν. 3. Ἀλλ' ὁ Θεὸς τῶν πατέρων μου[20] *ἠλέησέ με[21] ὅτι ἐν ἀγνωσίᾳ[22] ⌜τοῦτο⌝[23] ἐποίησα. 4. Ἐτύφλωσε[24] γάρ[25] με ὁ ἄρχων τῆς πλάνης[26], καὶ ἠγνόησα ὡς ἄνθρωπος[27], καὶ *ὡς σὰρξ[28] ἐν[29] ἁμαρτίαις φθαρείς[30]. ⌜καὶ[31] ἐπέγνων[32] τὴν ἐμαυτοῦ ἀσθένειαν, νομίζων[33] ἀκαταμάχητος εἶναι⌝.

β, S¹ δι' ἀργυρίου.
β–f, A, S τῆς σαρκός μου.
β, S τῆς ψυχῆς μου.
β, A, S εὐχαὶ Ἰακώβ.
β, A, S ὁ οἰκτίρμων

XX. Γνῶτε[1] οὖν, τέκνα μου[a], ὅτι δύο πνεύματα σχολάζουσι[3] τῷ ἀνθρώπῳ, *τὸ τῆς[4] ἀληθείας καὶ *τὸ τῆς[5] πλάνης[6].

καὶ ἐλεήμων συνέγνω.
c om. καὶ ἠγνόησα

... τῆς πλάνης (XX. 1).

read εἴδωλα. [3] g adds τὴν ψυχήν. [4] g om. [5] β, S¹ add διά. [6] A adds θεούς. [7] A reads τοὺς ἔχοντας. [8] c reads αὐτόν. [9] g reads κοτειαν. [10] α, A. β om. [11] dg read ἀργυρίου. A^b adds Βηρσουὲ τῆς γυναικός μου. [12] α. β, A, S¹ read ἀπώλεσα τὰ τέκνα μου. [13] A^ab*cdefg om., but not A^b as in Arm. text [14] g om. f, A^b read ἦν ἡ, and f om. next four words. [15] α. β–f, A, S read τῆς (b om.) σαρκός μου. A^–b om. next hmt. four words. A^b om. next ten words. [16] α. β, S read τῆς (b om.) ψυχῆς μου. [17] g, A om. [18] β, A^ab*cdefg, S¹ add Ἰακώβ. [19] α. β om. A^ab*cdefg = ἔσωζον, A^b = οὐκ ἂν ἐσώθην καί. This passage illustrates well the respective values of our authorities. συνέδραμον = רצו, corrupt for נרצו = ἐδέχθησαν. Or possibly for ירוץ = ἐβοήθησαν. (Cf. T. Gad, v. 9, note). β simply omitted συνέδραμον as unintelligible, while the reading of A may represent attempts on the part of Armenian scribes to give sense to the text, or ἔσωζον may = ירוץ, as it does a few times in the LXX. [20] A^ab = ἡμῶν. [21] α. β, A, S read ὁ (aef om.) οἰκτίρμων καὶ ἐλεήμων συνέγνω (A ἔγνω). [22] c. h, β read ἀγνοίᾳ. [23] c. h reads τὸ ἄτοπον. β, A om. [24] A = ἐσκανδάλισε. [25] af om. [26] c om. rest of verse together with xx. 1 through hmt. [27] h om. rest of verse. [28] beg, A, S. a(?)f om. d reads ὡς ἅπαξ. [29] g om. [30] d reads διαφθαρείς. A = φυρείς or φυρθείς, a corruption of φθαρείς. A om. rest of verse. [31] dfg om. [32] a reads ἐπέγνω. [33] d reads ἦν ἐνόμιζον.

XX. [1] h. befg read ἐπίγνωτε, d γινώσκετε. a om. entire chapter. [2] ef om. [3] h adds ἐν. [4] A = εἰς τὴν ἀλήθειαν. [5] g reads τῆς, A εἰς τήν. [6] dg om. ver. 2 and first eight words of ver. 3 through hmt. A = πλάνην. [7] h. c reads μέσων ἐστὶ τῆς συνηδήσεως. α defective and corrupt in vers. 2–4. [8] Corrupt for ἐν ᾧ ? [9] A = μέσῳ αὐτῶν (+ δυοῖν

ΔΙΑΘΗΚΗ ΙΟΥΔΑ

α

2. Καὶ *μέσον ἐστὶ συνειδήσεως[7]. 3. Καὶ ἐν ἕκαστον αὐτῶν γνωρίζει ὁ Κύριος. 4. Καὶ οὐκ ἐστὶ καιρὸς ὃς[8] δυνήσεται λαθεῖν αὐτὸν τὰ ἔργα τῶν ἀνθρώπων, ὅτι καὶ τὰ στήθη τῶν ὀστέων αὐτῶν παρὰ Κυρίου γέγραπται.

β, A, S[1]

2. Καὶ μέσον[9] ἐστὶ *τὸ τῆς συνέσεως[10] *τοῦ νοός, οὗ ἐὰν θέλῃ, κλῖναι[11]. 3. *Καίγε τὰ τῆς ἀληθείας καὶ τὰ τῆς πλάνης γέγραπται ἐπὶ τὸ στῆθος τοῦ ἀνθρώπου[12]. καὶ ἐν[13] ἕκαστον αὐτῶν[14] γνωρίζει *ὁ Κύριος[15]. 4. Καὶ οὐκ ἐστὶ καιρὸς ἐν ᾧ *δυνήσεται λαθεῖν ἀνθρώπων ἔργα[16], ὅτι ἐν †στήθει ⌐ὀστέων⌐[17] αὐτοῦ†˙[8] ἐγγέγραπται[19] ⌐ἐνώπιον Κυρίου.

β, A μαρτυρεῖ πάντα καὶ κατηγορεῖ. β, A, S[1] ἀγαπήσατε.

5. *Καὶ⌐ τὸ[20] πνεῦμα τῆς ἀληθείας[21] κατηγορεῖ[22] πάντων καὶ[23] ἐμπεπύρισται ὁ ἁμαρτωλὸς[24] ⌐ἐκ τῆς ἰδίας καρδίας⌐, καὶ *ἆραι πρόσωπον ⌐πρὸς τὸν κριτὴν⌐ οὐ δύναται[25].

XXI. Καὶ νῦν, τέκνα μου[1], *παραγγέλλω ὑμῖν, ἀγαπᾶτε[2]

A[b]) [10] A = σύνεσις. [11] A reads *qnp lwlu bt nlʾblu slnp = ἦν ἐστι καὶ ἔχει νοῦς(?), corrupt for *slmwg jnp lwlblu jtnt(?) = νοός, οὗ ἐὰν θέλῃ κλῖναι. [12] b, S[1] (save that S[1] reads ἐπικλίνεται for γέγραπται). ef read καίγε (+ τὸ τῆς ἀληθείας καὶ e) τὸ τῆς πλάνης παραβάλλει ἐπὶ τὸ στ. τοῦ ἀνθρώπου. The text reflects the language of Prov. iii. 3, Jer. xxxi. 33, כתב על לב, 'to write on the heart.' στῆθος is a rendering of לב as in Ex. xxviii. 23, 26. dg om. first eight words as we have seen (see note 6) and read ταῦτα (g om.) γέγραπται (+ γὰρ g) ἐπὶ τὸ (g om.) στ. τοῦ ἀνθ. A = ὅτι ἀδικία καὶ ἀλήθεια γεγραμμέναι εἰσὶ ἐπὶ τὸ στ. τοῦ ἀνθ. [13] d, A = ἕνα. [14] dg read αὐτόν. A = ἀνθρώπων. S[1] hopelessly corrupt in this clause. [15] α, g. α(ἱ)bd, A read Κύριος, ef Κύριον. [16] bdef, S[1] (save that f reads μαθεῖν). g reads δυνήσ. ἄνθρωπον ἔργα αὐτοῦ λαθεῖν. A[ab*cdeg] = δυνήσ. ἄνθρωπος κρύψαι, A[b] ἄνθρωπος δυνήσ. κρύψαι ἔργα αὐτοῦ. Perhaps we should read ἀνθρώπου in the text. Cf. g, A. [17] A om., because unintelligible as it stands. But ἐν στήθει ὀστέων αὐτοῦ בלב עצמו = 'on the heart itself,' or (less likely) it is corrupt for ἐν ὀστέῳ στήθους αὐτοῦ = בעצם לבו, which has the same meaning: cf. Ex. xxiv. 10; Job xxi. 23. With the former construction, cf. Keth. 77[b] עשה בשביל כבוד עצמך = 'do it on account of thy own honour.' [18] b, S[2] read αὐτός. [19] d reads γέγραπται. [20] h reads τὸ δέ. [21] A adds καί. [22] α. β, A = μαρτυρεῖ πάντα καὶ (ef om.) κατηγορεῖ. S[1] ἀκούει ἄμφω καὶ κατηγορεῖ. [23] A adds ὡσεί. [24] α. β reads ἁμαρτήσας. [25] α. β reads ἆραι π. οὐ δύν. πρὸς τ. κριτήν. A = οὐ δύν. ἆραι τὸ πρόσωπον αὐτοῦ.

XXI. [1] abg om. [2] α. β, A, S[1] read ἀγαπήσατε. [3] d reads Λευίν.

XXI. 6] ΔΙΑΘΗΚΗ ΙΟΥΔΑ 97

τὸν Λευὶ³ ἵνα⁴ διαμείνητε⁵ καὶ⁶ ⌐μὴ ἐπαίρεσθε⁷ *ἐπ'
αὐτόν⁸⌐, ἵνα μὴ ἐξολοθρευθῆτε⁹. ⌐2. Ἐμοὶ γὰρ¹⁰ ἔδωκεν
*ὁ θεὸς¹¹ τὴν βασιλείαν, κἀκείνῳ¹² τὴν ἱερατείαν¹³, καὶ β Κύριος.
ὑπέταξε¹⁴ τὴν βασιλείαν *τῇ ἱερωσύνῃ¹⁵. 3. Ἐμοὶ β–af, S¹
ἔδωκεν τὰ ἐπὶ¹⁶ γῆς, ἐκείνῳ τὰ¹⁷ ἐν οὐρανοῖς¹⁸. 4. *Οὕτως ὡς ὑπερ-
γὰρ¹⁹ *ὑπερέχει ἡ ἱερατεία τοῦ θεοῦ²⁰ τῆς ἐπιγείου²¹ οὐρανὸς
βασιλείας²², ἐὰν μὴ δι' ἁμαρτίας ἐκπέσῃ²³ ἀπὸ²⁴ Κυρίου²⁵ καὶ τῆς γῆς,
κυριευθῇ²⁶ *ἀπὸ τῆς²⁷ ἐπιγείου βασιλείας⌐. 5. *Ὁ γὰρ β, A, S¹
ἄγγελος Κυρίου εἶπέ μοι, ὅτι αὐτὸν ὑπέρ σε ἐξελέξατο Κύριος²⁸ καὶ γάρ.
προσεγγίζειν²⁹ αὐτῷ³⁰, καὶ ἐσθίειν³¹ τὴν³² τράπεζαν αὐτοῦ, β, S¹
καὶ ⌐ἀπαρχὰς *αὐτῷ προσφέρειν³³⌐ ἐντρυφημάτων³⁴ υἱῶν Ἰσραήλ. ἀπαρχὰς
*Σὺ δὲ ἔσῃ βασιλεὺς Ἰακώβ³⁵. μάτων.

6. Καὶ ἔσῃ³⁶ ⌐ἐν αὐτοῖς⌐³⁷ ὡς³⁸ ἡ³⁹ θάλασσα. Καθάπερ⁴⁰ bdeg, A,
γὰρ⁴¹ ἐν αὐτῇ δίκαιοι⁴² χειμάζονται⁴³, ⌐οἱ μὲν αἰχμαλωτιζόμενοι S¹ δί-
*οἱ δὲ πλουτοῦντες⁴⁴⌐, οὕτως καὶ *ἐν σοὶ πᾶν γένος⁴⁵ ἀνθρώ- καιοι καὶ
ἄδικοι.

⁴ d adds δι' αὐτοῦ. ⁵ hi, β, A. c reads μείνητε. A adds εἰς τὸν αἰῶνα. ⁶ hi om.
⁷ c reads ἐπέρεσθε, hi ἐπέρεσθαι, d ἐπέρετε. ⁸ α, β–af. a reads ἐπ' αὐτῷ, f εἰς
αὐτόν. ⁹ A om. next three verses. ¹⁰ d reads μέν. ¹¹ ch. i, β read
ὁ (β om.) Κύριος. ¹² d reads ἐκείνῳ δέ, b ἐκείνῳ. ¹³ α, abe, S¹. df read ἱερωσύνην,
g εἰρήνην. g om. next six words. ¹⁴ c reads ἐπέταξε. ¹⁵ α reads ἡ ἱερωσύνῃ.
¹⁶ hi, df, S¹ add τῆς. ¹⁷ hi read δὲ τά, f τοῦ. ¹⁸ c reads οὐρανῷ. ¹⁹ ch.
β–af, S¹ read ὡς (ὥσπερ γάρ d) ὑπερέχει ὁ (b om.) οὐρανὸς τῆς γῆς οὕτως
(τοσοῦτον d), a οὕτως, f ὄντως, i οὐ γάρ. ²⁰ c. hi read υπερατεια (sic) τοῦ
θεοῦ, β ὑπερέχει θεοῦ (g om.) ἱερατεία (ἱερατείας d). ²¹ β reads ἐπὶ γῆς.
²² bd om. rest of verse through hmt. ²³ c reads ἐκπέσει, g ἀποπέσει. ²⁴ α.
β om. ²⁵ hi read τοῦ Κυρίου (ἱ Θεοῦ). ²⁶ c reads κυριευθείς, g κυριευθεῖ.
²⁷ c. hi read ἐπὶ τῆς, efg read ὑπὸ τῆς, a ὑπό. ²⁸ α (save that hi add ὁ
before Κύριος). β, S¹ read καὶ γὰρ αὐτὸν ὑπέρ σε (g om. ὑπ. σε) ἐξελέξατο
(+ ὁ d) Κύριος. A = ἐξελέξατο γὰρ αὐτὸν Κύριος ὑπὲρ ὑμᾶς. ²⁹ α. β read
ἐγγίζειν, A = ἐγγίσατε. ³⁰ d reads αὐτόν, S¹ αὐτοῖς. ³¹ A = φάγετε.
³² α. β om. ³³ α (save that hi read αὐτοῦ). β, A, S¹ om. ³⁴ b
reads ἐντρυφήματα. h adds τῶν. ³⁵ α, β–bg, A, S¹ (save that d reads
ἔσει and d, A add ἐν before Ἰακώβ and hi om. Ἰακ.). g reads ἐμὲ δὲ
βασιλεύειν ἐν Ἰ. b om. ³⁶ d reads ἔσει, g εἶναι. ³⁷ α, efg. ab read αὐτοῖς,
d ἐπ' αὐτόν. ³⁸ e reads ὡσεί. ³⁹ α, adf. g reads ἐν (θαλάσσῃ). be, A om.
⁴⁰ α. β reads ὥσπερ. ⁴¹ α, β, A^b. A^–b om. ⁴² d prefixes οἱ. bdeg,
A, S¹ add καὶ (+ οἱ d) ἄδικοι. ⁴³ A read ᚠᚺᚱᚢᚺᚠᚢ (= βαπτίζονται) corrupt
for ᚠᚱᚱᚺᚠᚢ = χειμάζονται. g reads σχηματίζονται. A om. next six words.
⁴⁴ β–g. α reads οἱ δὲ πλουτοῦσιν, g πλανοῦντες δέ. d om. οὕτως καὶ ... πλου-
τοῦσιν by hmt. (?), and reads καί instead. ⁴⁵ β–d, A. c reads ἐσύ (sic)
ὅτι τὸ γένος τῶν, hi σὺ γένος. ⁴⁶ A = Ἰσραήλ. g adds ἤγουν ἐμοί. ⁴⁷ α,

β, S¹ ἁρ-
πάζοντες.
β, A οἱ
βασιλεύ-
οντες (+
ἐν σοὶ A)
ἔσονται
ὡς κήτη.
β, S¹
θυγατέ-
ρας καὶ
υἱοὺς
ἐλευθέ-
ρους.
α om.
οἴκους...
ἁρπάσου-
σιν.

πων⁴⁶, οἱ μὲν ⌜κινδυνεύουσιν⌝⁴⁷ αἰχμαλωτιζόμενοι ⌜οἱ δὲ πλου-
τοῦσιν⌝⁴⁸ ἁρπάζοντες *τὰ ἀλλότρια⁴⁹⌝.

7. Ὅτι *οἱ βασιλεῖς ὡς κήτη ἔσονται⁵⁰,
*καταπίνοντες ἀνθρώπους⁵¹ ὡς ἰχθύας
*υἱοὺς καὶ θυγατέρας ⌜ἐλευθέρων⌝⁵² καταδουλώσουσιν⁵³
*οἴκους, ἀγρούς, ποίμνια, χρήματα ἁρπάσουσιν⁵⁴.

8. Καὶ πολλῶν σάρκας ⌜ἀδίκως⌝⁵⁵ κόρακας⁵⁶ *καὶ ἴβεις⁵⁷
χορτάσουσιν⁵⁸
⌜καὶ προκόψουσιν⁵⁹ ἐπὶ κακῷ⁶⁰ ἐν πλεονεξίᾳ ὑψούμενοι⌝.

9. Καὶ ἔσονται ⌜ὡς⌝ καταιγίδες⁶¹ ψευδοπροφῆται⁶²,
καὶ πάντας⁶³ δικαίους διώξουσιν⁶⁴.

XXII. Ἐπάξει¹ δὲ αὐτοῖς² Κύριος διαιρέσεις ⌜κατ᾽ ἀλλή-
λων⌝³,
καὶ πόλεμοι ⌜συνεχεῖς⌝ ἔσονται ἐν Ἰσραήλ⁴.

2. Καὶ ἐν ἀλλοφύλοις⁵ συντελεσθήσεται ἡ βασιλεία μου⁶,
ἕως *τοῦ ἐλθεῖν⁷ *τὸ σωτήριον⁸ τοῦ⁹ Ἰσραήλ¹⁰,

bfg. ae read οἱ μὲν κινδυνεύσουσιν. A = κινδυνεύσει καὶ παραβήσεται and om.
rest of verse. S¹ = πεσοῦνται εἰς ἀτυχίας. Instead of κινδυνεύουσιν the text
requires some word the antithesis of πλουτοῦσιν. Now κινδυν. = יִכְסְפוּ (or
יִכָּסְפוּ) (late Hebrew) the former of which in earlier Hebrew = πτωχεύουσι
(cf. Is. xl. 20), or text = נִכְסָפִים corrupt for מַכְסִפִים = πτωχεύουσιν. The
latter is a rare word: cf. Eccles. iv. 13, v. 15, ix. 15. The former word,
though found only once in O.T., is common in later Hebrew. ⁴⁸ *be*, S¹ read
πλουτίσουσιν, *i* πλουτίζωσιν. ⁴⁹ α. β, S¹ om. ⁵⁰ α. β, A read οἱ (*a* om.)
βασιλεύοντες (+ ἐν σοὶ A) ἔσονται ὡς κήτη. S¹ = ὥσπερ βασιλεύοντες ἔσονται ὡς
κήτη. ⁵¹ A = καὶ καταπίονται Ἰσραὴλ ὡς ἰχ. S¹ ἐσθίοντες ἰχθύας καὶ ἀνθρώπους.
⁵² α, A (save that A^{ab} read αὐτῶν and A^{hb*cdefg}om. ἐλευθέρων). β, S¹read θυγ. καὶ
υἱοὺς ἐλευθέρους (*d* om.). ⁵³ *bg* read καταδουλοῦσιν. ⁵⁴ *b*. This line is omitted
by α but attested by β, A, S¹. Likewise the parallelism supports it.
β–*b*, A, S¹ read (+ καὶ A) οἴκους (χρυσίον *d*) καὶ ἀγροὺς καὶ (β–*d* om.)
ποίμνια καὶ (β, S¹ om.) χρήματα (β–*b*, S¹ om.) ἁρπάσουσιν (ἁρπάσωσιν *f*,
ἁρπάζουσιν *g*). ⁵⁵ *g* prefixes καί. For πολλῶν . . . χορτάσουσιν S¹ reads
πολλὰ σώματα τῶν ἀδίκων κόρακες καὶ καθαρματοφαγοῦσαι ὄρνιθες χορτάσουσιν.
⁵⁶ *a* reads κόρακες. ⁵⁷ β–*g*. *c* reads ἡβεῖς, *hi* καὶ κύνες, *g* ἴβεις. ⁵⁸ *d* reads
χορτάσωσι, *g* χορτάζουσι. ⁵⁹ *c* reads προσκόψουσιν. ⁶⁰ α, *af. bedg* read τὸ
κακόν, *hi* κακῶν. ⁶¹ *c* reads καταιγίδαις, *g* καταιγίς, S¹ ἀποστάται.
⁶² A = προφῆται. ⁶³ *f* reads ἄπαντας, *d* adds τούς. ⁶⁴ *b* reads διώξονται,
f διώξωσιν. For πάντας . . . διώξουσιν A reads πάντες οἱ δίκαιοι διωχθήσονται.

XXII. ¹*g* reads ἐπανάξει. ²*ci, e* read αὐτούς. ³*hi*, A om. ⁴α om.
next two lines through hmt. *d* om. next line. ⁵A adds καί and thus
connects καὶ ἐν ἀλλοφ. with what precedes. ⁶A = αὐτῶν. ⁷*d* reads οὖ
ἔλθῃ. ⁸A^b = ἡ βασιλεία. ⁹*b* om. ¹⁰*d* reads κόσμου and adds καὶ ἐν

⌜ἕως τῆς¹¹ παρουσίας¹² Θεοῦ τῆς δικαιοσύνης⌝,
*τοῦ ἡσυχάσαι τὸν Ἰακὼβ¹³ ἐν εἰρήνῃ ⌜καὶ πάντα τὰ ἔθνη⌝¹⁴.

3. Καὶ αὐτὸς φυλάξει κράτος¹⁵ βασιλείας μου ἕως¹⁶ αἰῶνος¹⁷, ὅρκῳ γὰρ ὤμοσέ μοι ὁ¹⁸ Κύριος¹⁹ μὴ ἐξαλείψαι²⁰ *τὸ βασίλειον ἐκ τοῦ σπέρματός μου ἕως αἰῶνος²¹.

XXIII. Πολλὴ¹ ⌜δὲ⌝ λύπη² μοί ἐστι, τέκνα μου³, διὰ β–af, A, τὰς ἀσελγείας⁴ καὶ γοητείας⁵ ἃς ποιήσετε ⌜εἰς τὸ βασίλειον⌝⁶, ἐγ- S¹ γοη- τείας καὶ γαστριμύθοις⁷ ἐξακολουθοῦντες⁸ κληδόσι⁹ καὶ δαίμοσι¹⁰ πλάνης¹¹. εἰδωλο-
2. Τὰς θυγατέρας ὑμῶν μουσικὰς καὶ δημοσίας¹² ποιήσετε¹³, λατρείας. *ἐπιμιγήσεσθε δὲ¹⁴ *ἐν βδελύγμασιν¹⁵ ἐθνῶν. 3. Ἀνθ' ὧν ἐπάξει¹⁶ Κύριος *ἐφ' ὑμᾶς¹⁷ λιμὸν καὶ λοιμόν¹⁸, θάνατον a, A πο- καὶ ῥομφαίαν [ἐκδικοῦσαν]¹⁹, πολιορκίαν [καὶ κύνας εἰς δια- λιορκίαν σπασμὸν]²⁰ ἐχθρῶν²¹ καὶ *φίλων ὀνειδισμούς²², [ἀπώλειαν]²³ ἐχθρῶν.

ἀλλοφύλοις συντελεσθήσεται ἡ βασιλεία μου. ¹¹ α. β om. ¹² β–g add τοῦ ¹³ A = καὶ τότε οἰκήσει Ἰ. (Ἰσραὴλ καινός Aᵇ). ¹⁴ Bracketed as an interpolation. It is foreign to the context and A om. c om. the τά. h om. next eight words. ¹⁵ g reads τὸ κράτος τῆς. ¹⁶ b adds τοῦ. ¹⁷ i om. rest of verse. ¹⁸ c. Other MSS. om. ¹⁹ d adds τοῦ. ²⁰ ch, aef. b reads ἐκλείψειν, d ἐκλεῖψαι, g, A ἔκλειψιν ποιῆσαι, S¹ λαμβάνειν. ²¹ ch, A (save that c om. ἐκ τοῦ σπ. μου). β, S¹ read τὸ βασιλειόν (τὴν βασιλείαν d) μου ἐκ (καὶ bg) τοῦ σπέρματός (τῷ σπέρματί g) μου πάσας τὰς ἡμέρας (f om. π. τ. ἡμ.) ἕως (g om.) τοῦ (a om.) αἰῶνος.

XXIII. ¹ c reads πολλύ. ² g trs. after ἐστι. ³ aef om. ⁴ c, b read ἀσελγίας, f ἀληδόνας. ⁵ h om. β–af, A add καὶ εἰδωλολατρείας. ⁶ A reads καί, d ἐπὶ τὸ βασιλεύειν. ⁷ α reads ἐν γαστρὶ μύθους. ⁸ b reads ἀκολουθοῦντες. ⁹ b, A. So also g but trs. κλ. and δαιμ. πλάνης. This word is written variously in the MSS. c reads κλύδωσι, hi κλώδωσι, d κλύδοσι, e κλήδωσιν, f κλείδοσιν. a om. ¹⁰ c, e read δαίμωσιν. ¹¹ β, A. c reads πλάνων, hi πάντων. ¹² S¹ = ὀρχηστρίδας. ¹³ hi, df read ποιήσητε. Aᵃᵇ = ποιεῖτε. ¹⁴ α. β–g, Aᵃᵇᶜᵉᶠᵍ read καὶ (aef om.) ἐπιμιγ., g ἐπὶ γῆς ἔσεσθε. Aʰᵇ*ᵈ = ἐπιμιγήσονται. ¹⁵ a reads βδελύγματι, g βδελύγματα. ¹⁶ α. β–d read ἄξει, d ἥξει. ¹⁷ Aᵃᵇʰʰ*ᶜᵈ om. but not Aᵉᵍ. ¹⁸ Aᵃᵇ read ⴏⴎⴎⴍⴈⴌⴈⴁⴐⴊⴈ (= σεισμόν) corrupt for ⴓⴐⴍⴛⴌⴈⴁⴐⴊⴈ = λοιμόν. Aʰᵇ*ᶜᵈᵉᵍ ⴓⴗⴍⴈⴌⴈⴁⴐⴊⴈ = φόνον. hi read λοιμοῦ and om. preceding καί. dg add καί. λοιμόν may be a corrupt dittography of λιμόν. Then λιμός, θάνατος, and ῥομφαία would be the three destroying agencies so frequently mentioned together in Jer. xiv. 12, xv. 2, &c. ¹⁹ Since A om. and the word injures the parallelism I have bracketed as an interpolation. A adds καί. ²⁰ Since a, A om. and the phrase seems alien to the context I have bracketed it as an intrusion. It is derived from Jer. xv. 3. By its omission ἐχθρῶν is rightly made dependent on πολιορκίαν, and this phrase is balanced by φίλων ὀνειδισμούς. a om.

ΔΙΑΘΗΚΗ ΙΟΥΔΑ [XXIII. 3

β, A, S¹ καὶ *σφακελισμὸν ⸢ὀφθαλμῶν²⁴, καὶ⁷⸣ νηπίων ⸢ἀναίρεσιν⸣²⁵
ἀναίρεσιν *ὑπαρχόντων ἁρπαγήν²⁶, ⸢ναοῦ²⁷ θεοῦ ἐμπρησμόν²⁸, *γῆς⸣ ἐρή-
(A om.)
καὶ συμ- μωσιν²⁹, *ὑμῶν δὲ³⁰ αὐτῶν³¹ δουλείαν ἐν ἔθνεσιν. 4. Καὶ
βίων ἐκτεμοῦσι *τοὺς υἱοὺς³² ὑμῶν εἰς³³ εὐνούχους *ταῖς γυναιξὶν³⁴
ἀφαίρε-
σιν. αὐτῶν. 5. ¨Εως³⁵ ἂν *ἐπισκέψηται κύριος ὑμῖν³⁶, *ἐν

β, A, S¹ ἐπιστρέψητε πρὸς κύριον.

next five words. ²¹ h reads ἐχθροῦ. With πολιορκίαν ἐχθρῶν cf. Jer.
xix. 9. ²² α, abd, Aᵇ (Armenian text wrong here). So also Aʰᵇ*ᵈ
with words transposed. A^aoe = φίλων εἰς ὀνειδισμούς. efg read φίλων
ὀνειδισμόν. ²³ The text is here uncertain. A comparison of the adjoining
context suggests that ἀπώλειαν καὶ σφακ. ὀφθαλμῶν is, if original, thoroughly
corrupt. Thus if ὀφθαλμῶν is original, it is unlikely that it was preceded
by two accusatives, as all the adjoining parallels are against this. But
ὀφθαλμῶν cannot be right. The preceding genitives and the following
one (two?) relate to persons. Hence ὀφθαλμῶν is either interpolated or
corrupt. (i) First if ὀφθαλμῶν is an interpolation (hi, A omit it), ἀπώλειαν
καὶ σφακελισμόν = וכלה שחת; for σφακελίζω in the only two places where
it occurs in the LXX (Lev. xxvi. 16; Deut. xxviii. 32) is a rendering of
כלה. Now this phrase could be an easy corruption of שחת כלות = ἀπώλειαν
νυμφῶν, 'the destruction of brides.' (ii) Again, if ὀφθαλμῶν is inter-
polated, the interpolation may extend also to the two preceding words.
The phrase καὶ σφακελισμὸν ὀφθαλμῶν would be then an addition to the
text like καὶ κύνας εἰς διασπασμόν above, and ἀπώλειαν might be taken as
a marginal gloss—explaining the rare word σφακελισμόν—which was
subsequently taken into the text. (iii) Or finally, if ὀφθαλμῶν represents
some corruption in the original, σφακελισμὸν ὀφθαλμῶν = כלת עינים, where
עינים could be corrupt for עולים = παιδίων or νηπίων. In that case σφακ.
†ὀφθαλμῶν (i. e. νηπίων) would be simply a dittography of the following
clause νηπίων ἀναίρεσιν, ἀπώλειαν having been originally as in (ii) a marginal
gloss. As I think we should adopt either (ii) or (iii), I have bracketed
the clause ἀπώλειαν ... ὀφθαλμῶν καί as an addition to the text. ²⁴ Cf.
Lev. xxvi. 16 מכלות עינים, שחפת, also Deut. xxviii. 32. hi, A om.
ὀφθαλμῶν and d, A the following καί. For σφακ. a reads λήμην and d
σφακελισμούς. S¹ reads καὶ πρὸ τῶν ὀφθαλμῶν. ²⁵ α, β. A om. β, A, S¹
add καὶ συμβίων ἀφαίρεσιν (g ἀναίρεσιν, A διαίρεσιν). ²⁶ bdg, S¹. ef read
ὑπαρχόντων ἀπαρχόντων. a om. c reads ὑπαρχόντων ἀπαρχῶν, hi ἀπαρχὴν τῶν
ἀπαρχῶν. A = καὶ (A^abeg om.) ἔνδειαν (but ϣⲱⲗⲱⲟⲩⲛⲟⲓⲃ is corrupt for
ϣⲱⲣϣⲟⲩⲛⲟⲓⲃ = ἁρπαγήν) ὑπαρχόντων. ²⁷ hi read ναῶν. ²⁸ α, adg. For
ἐμπρησμοῦ of α, adg, ἐμπυρισμόν is read by β–adg. ²⁹ a trs. before ναοῦ.
g reads εἰς ἐρήμωσιν. ³⁰ α. β–d, S¹ read ὑμῶν, d, A καὶ ὑμῶν. ³¹ h om.
next eight words. A adds εἰς. ³² α. β, A, S¹ read ἐξ. ³³ g om. ³⁴ a

ΧΧΙV. 2]   ΔΙΑΘΗΚΗ ΙΟΥΔΑ

τελεία καρδία[37] *μεταμελουμένους καὶ πορευομένους[38] ἐν πάσαις   β, A, S¹
ταῖς ἐντολαῖς αὐτοῦ[39], ⌜καὶ⌝ *ἀναγάγῃ ὑμᾶς[40] ἐκ[41] *τῆς   μεταμε-
αἰχμαλωσίας ⌜τῶν ἐθνῶν⌝[42].   λουμένοι
                                                                      καὶ πορευό-

α, β, S	A	μενοι.
XXIV. *Καὶ μετὰ ταῦτα[1] ἀνατελεῖ ὑμῖν[2] ἄστρον ἐξ Ἰακὼβ ἐν εἰρήνῃ[3], καὶ ἀναστήσεται[4] ἄνθρωπος [ἐκ τοῦ σπέρματός μου][5] *ὡς ἥλιος δικαιοσύνης[6], συμπορευόμενος[7] τοῖς ἀνθρώποις[8] ἐν πραότητι καὶ δικαιοσύνῃ. *Καὶ πᾶσα ἁμαρτία οὐχ εὑρεθήσεται ἐν αὐτῷ[9]. 2. Καὶ ἀνοιγήσονται ἐπ' αὐτῷ[10] οἱ οὐρανοὶ	**XXIV.** Καὶ μετὰ ταῦτα ἀνατελεῖ τὸ ἄστρον εἰρήνης, *τοῦ ἡλίου τῆς δικαιοσύνης[11] καὶ συμπορεύσεται ἀνθρώποις *ἐν πραότητι καὶ δικαιοσύνῃ[12]. 2. Καὶ[13] ἀνοιγήσονται αὐτῷ οὐρανοὶ	β–b, A, S¹ ἐπισκέψηται ὑμᾶς Κύριος ἐν ἐλεεῖ καὶ ἀναγάγῃ.

reads τὰς γυναῖκας. A = εἰς δουλείαν γυναικῶν.   [36] α, β–bg, S¹. bg, A read καὶ ὡς.   [36] α, save that c gives form ἐπισκέψεται. The construction is irregular. We should expect ὑμᾶς. β, A, S¹ read ἐπιστρέψητε πρὸς Κύριον (+ καί A).   [37] α, β–bd, A. b reads εὐτελείᾳ καρδίας, d ἐν τέλει καρδίας.   [38] α. β, S¹ read μεταμελούμενοι καὶ πορευόμενοι (d om. καὶ πορ.). A = μεταμελήσεσθε καὶ πορεύσεσθε.   [39] α, A. β, S¹ read τοῦ θεοῦ.   [40] α (but with the form ἀναγάγει). β, A, S¹ read καὶ (A om.) ἐπισκέψηται (ἐπισκέψεται a) ὑμᾶς (ἡμᾶς d) Κύριος (A^{ab*cd} om.) ἐν ἐλεεῖ καὶ ἀναγάγῃ (ἀναγάγει dg, ἐν ἀγάπῃ b).   [41] α. β reads ἀπό.   [42] hi, β–b (save that for ἐθνῶν f reads λαῶν). c reads τῶν ἐθνῶν τῆς αἰχμαλωσίας, b τῆς αἰχ. τῶν ἐχθρῶν ὑμῶν.

XXIV. [1] c om. καί and trs. μετὰ ταῦτα after Ἰακώβ. h prefixes as title of chapter περὶ τοῦ Χριστοῦ πῶς μέλλει γεννηθῆναι.   [2] g om. Cf. A.   [3] In T. Levi xviii. 3 we have οὐρανῷ.   [4] e om.   [5] Interpolated probably by the scribe who added verses 5 and 6. Verses 1-3 refer to the Messiah from Levi.   [6] b reads ὡς ὁ ἥλιος τῆς δικαιοσύνης. A^{-b} om. The phrase is drawn from Mal. iv. 2, and ἀναστήσεται ἄνθρωπος recalls the peculiar text of the LXX of Num. xxiv. 17.   [7] We should expect to find καὶ συμπορεύσεται as in A.   [8] α, aef. bdg read υἱοῖς τῶν ἀνθρώπων.   [9] There is no adequate ground for rejecting this clause as a Christian interpolation. Cf. T. Levi xvii. 9; Pss. Sol. xviii. 41, where the Messiah is to be καθαρὸς ἀπὸ ἁμαρτίας.   [10] be read αὐτόν, S¹ αὐτοῖς.   [11] A^b. Rest om.   [12] Emended from A^{ahb*dg} which = ἡσυχίᾳ καὶ δικαιοσύνῃ, for ⟨ᴡᵀᵘᴿᵖⁿᴵ⸱ᴮᴵᵤᵤᴵᵖᵤ is corrupt for ⟨ᴍᵀᵁᵂᴾ⟩ᴺᴵ⸱ᴮᴵᵤᵤᴵᵖᵤ = πραότητι. A^b = ἐν ἡσυχίᾳ, A^{ce} εἰρήνῃ καὶ ἡσυχίᾳ.

ΔΙΑΘΗΚΗ ΙΟΥΔΑ

α, β, S
'Εκχέαι[14] πνεῦμα[15] εὐλογίαν πατρὸς ἁγίου[16], καὶ αὐτὸς ἐκχεεῖ πνεῦμα χάριτος ἐφ' ὑμᾶς.

A
καὶ ἐκχυθήσονται εὐλογίαι πατρὸς ἁγίου ἐπ' αὐτῷ[29], καὶ αὐτὸς ἐκχεεῖ ἐφ' †ἡμᾶς[30] πνεῦμα χάριτος.

α ἐν ἀληθείᾳ.
3. *Καὶ ἔσεσθε αὐτῷ εἰς υἱοὺς[17] ἐν ἀληθείᾳ
*καὶ πορεύσεσθε[18] ἐν προστάγμασιν[19] αὐτοῦ πρώτοις καὶ ἐσχάτοις.

3. Καὶ ἔσεσθε αὐτῷ εἰς υἱοθεσίαν ἀληθείας καὶ πορεύσεσθε ἐν τοῖς προστάγμασιν αὐτοῦ πρώτοις καὶ δευτέροις.

4. [Οὗτος ὁ βλαστὸς Θεοῦ ὑψίστου

4. [Τότε ἀναβήσεται βλαστὸς ἀπ' ἐμοῦ]

β–d, S¹ εἰς ζωὴν πάσης σαρκός.
καὶ αὕτη ἡ πηγὴ *πᾶσι παρέχουσα ζωήν[20]].

5. Τότε ἀναλάμψει[21] σκῆπτρον βασιλείας μου καὶ ἀπὸ τῆς ῥίζης ὑμῶν[22]

5. Καὶ *ἀναλάμψει σκῆπτρον[31] βασιλείας μου καὶ ἀπὸ τῆς ῥίζης ὑμῶν[32] ἀναστήσεται πυθμήν,

α πηγή. β, S¹ ἐν αὐτῷ ἀναβήσεται.
γενήσεται πυθμήν[23],

6. Καὶ *ἐξ αὐτῆς βλαστήσει[24] ῥάβδος δικαιοσύνης[25] τοῖς ἔθνεσιν
*κρῖναι καὶ σῶσαι[26] πάντας τοὺς[27] ἐπικαλουμένους τὸν[28] Κύριον.

6. Καὶ ἀπ' αὐτοῦ ἀναβήσεται[33] ῥάβδος δικαιοσύνης τοῖς ἔθνεσιν κρῖναι καὶ σῶσαι πάντας τοὺς ἐπικαλουμένους Κύριον.

[13] A^beg. A^ab*cd om. [14] c reads ἐκχαῖε (sic). [15] α, β–bg. bg, S² read πνεύματος. Though A om. there seems no valid ground for marking it as an interpolation. Cf. Ps. xi. 2; Joel ii. 28 for the thought. hi, d om. next seven words through hmt. [16] g reads αὐτοῦ, S¹ καὶ ἀγνότητα. [17] α om. [18] b. deg read καὶ πορεύεσθε. α, af om. a om. rest of line. [19] hi, efg. c, bd, S read προστάγματι. [20] α. β–d, S read εἰς ζωὴν πάσης (g om.) σαρκός, d εἰς ζωὴν αἰώνιον. a om. next two verses together with XXV. I have bracketed οὗτος ... ζωήν as a Christian interpolation though some defence could be made. [21] g adds δεύτερον. [22] hi read ἡμῶν. [23] β–ag. α reads πηγή, dg ποιμήν. How this impossible reading arose I cannot discover. [24] c. β–ag read as in margin, hi ἐν αὐτῇ ἀναβήσεται, g ἐν αὐτῷ γενήσεται. [25] g adds ἐν. [26] hi, β. c reads καὶ σώσει. [27] ef om. [28] α. β om. [29] A^b adds ὅς ἐστι Χριστός. [30] A^abc(es?) but ἡμᾶς is corrupt for ὑμᾶς. A^b*d=ἀνθρώπους. [31] A^ab. A^hb*cdg= θαλλήσει ἀπὸ σκήπτρου. [32] A^b adds ἀπὸ προφητῶν. [33] A^b adds ὁ ἀπεσταλμένος.

XXV. 3]   ΔΙΑΘΗΚΗ ΙΟΥΔΑ   103

XXV. Καὶ¹ μετὰ ταῦτα *ἀναστήσεται Ἀβραὰμ καὶ
Ἰσαὰκ καὶ Ἰακὼβ εἰς ζωήν², *καὶ ἐγὼ³ καὶ οἱ ἀδελφοί μου
ἔξαρχοι⁴ †σκήπτρων⁵ ⌈ἐν Ἰσραὴλ⌉⁶ ἐσόμεθα⁷, *πρῶτος Λευί⁸,
δεύτερος ἐγώ, τρίτος Ἰωσήφ, τέταρτος Βενιαμήν⁹, πέμπτος
*Συμεών, ἕκτος Ἰσαχάρ¹⁰, καὶ οὕτως *πάντες καθεξῆς¹¹. 2. α Ζαβου-
Καὶ¹² ὁ¹³ Κύριος εὐλόγησε¹⁴ τὸν Λευί, *ὁ δ'¹⁵ ἄγγελος τοῦ β–b; A
προσώπου¹⁶ ἐμέ¹⁷, *αἱ δυνάμεις¹⁸ τῆς δόξης¹⁹ τὸν Συμεών²⁰, εὐλογή-
ὁ οὐρανὸς τὸν Ῥουβίμ²¹, τὸν Ἰσαχὰρ *ἡ γῆ²², ἡ θάλασσα σει.
τὸν²³ Ζαβουλών, τὰ ὄρη τὸν Ἰωσήφ, ἡ σκηνὴ²⁴ *τὸν Βενιαμήν²⁵,
οἱ φωστῆρες τὸν Δάν²⁶, *ἡ †τρυφὴ²⁷ τὸν Νεφθαλείμ²⁸, *ὁ
ἥλιος²⁹ τὸν Γάδ, *ἡ σελήνη³⁰ τὸν Ἀσήρ.

α, β, S¹ | A
3. Καὶ *ἔσεσθε εἰς λαὸν³¹ | 3. Καὶ ἔσονται εἰς λαὸν Κυρίου β ἔσται
Κυρίου, καὶ³² *γλῶσσα | καὶ μία γλῶσσα   εἰς λαός.
μία³³, | καὶ οὐκ ἔσται ἐν ὑμῖν πνεῦ-
καὶ οὐκ ἔσται ἐκεῖ³⁴ *πνεῦ- | μα πλάνης
μα πλάνης³⁵ τοῦ Βελίαρ, | ὅτι ἐμβληθήσεται μιαρὰ
ὅτι ἐμβληθήσεται, *ἐν πυ- | πνεύματα³⁸ εἰς κρίσιν
ρὶ³⁶ *εἰς τὸν αἰῶνα³⁷. | αἰώνιον.

XXV. ¹hi, g om.   ²A = ἔσται Ἰακὼβ ζῶν καὶ Ἰσραὴλ ἀναστήσεται.
c adds καί after Ἰακώβ.   ³α reads κἀγώ, g ἐγώ.   ⁴A^abc = ἔξαρχος.
⁵α, d. bf read σκῆπτρον ἡμῶν (ὑμῶν f), eg, S¹ σκήπτρων ἡμῶν. The translator
should have rendered שבטים here by φυλῶν, but A understood peculiar
meaning of σκῆπτρον here and rendered by φυλῶν ἡμῶν.   ⁶c reads ἐν
Ἱερουσαλήμ.   ⁷c, df read ἐσώμεθα.   ⁸α, A. β trans. The numbers are given
in e throughout this verse by the Greek letters.   ⁹c, df. hi, bg read Βενιαμίν,
e Βενιαμείν.   ¹⁰β–f (save that d reads Ἡσαχάρ), A, S¹. α reads Ζαβουλών,
f Συμεών. e, S¹ add ζ΄ Ζαβουλών.   ¹¹α, ef. β–ef, S¹ read καθ. πάντες.
A = πάντες.   S¹ adds ἐν Ἰσραήλ.   ¹²d reads τότε.   ¹³β om.   ¹⁴α, b, S¹.
β–b, A read εὐλογήσει.   d trs. before Κύριος.   ¹⁵α. d reads καὶ ὁ, β–d ὁ.
A = καί.   ¹⁶d reads πατρός μου.   ¹⁷β. α reads ἐμοί.   ¹⁸A = καὶ ὁ
ἄγγελος.   ¹⁹A^b* adds αὐτοῦ.   ²⁰d om. next four words.   ²¹α. bfg
read Ῥουβήμ, e Ῥουβήν.   ²²d trs. before τὸν Ἰσ.   ²³hi add Βενιαμίν.
²⁴A = αἱ σκηναί.   ²⁵c, df. bg read τ. Βενιαμίν, e τ. Βενιαμείν.   hi om.
²⁶d reads Ἀδάμ.   ²⁷A = αἱ τρυφαί. The original was עדן 'Eden.'   ²⁸α,
abg. def read Νεφθαλήμ.   ²⁹A^abceg = δυνάμεις καὶ στηριγμοί, A^hb*d δύναμις
καὶ στηριγμός.   ³⁰α, β–ab. b, S¹ read ἐλαία. A = αἱ ἐλαῖαι.   ³¹α, A^eig.
bdg read ἔσται εἰς λαός, ef ἔσται εἰς λαόν, A^abb*cd ἔσονται εἰς λαόν, S¹ ἔσται ἐν
τοῖς λαοῖς.   ³²g, S¹ om.   ³³f reads γλῶσσαν μίαν.   ³⁴α. bg, S¹ read
ἔτι, e οὐκέτι, df om.   ³⁵d reads τῇ πλάνῃ.   ³⁶α, df. be read ἐν τῷ πυρί,
g εἰς τὸ πῦρ.   ³⁷g reads τὸ αἰώνιον. dg add καὶ ἐπέκεινα.   ³⁸A^b adds

ΔΙΑΘΗΚΗ ΙΟΥΔΑ [XXV. 4

α, β, S¹

A

After
πλουτι-
σθήσον-
ται β–g,
S¹ add
*καὶ οἱ ἐν
πείνῃ
χορτα-
σθήσον-
ται⁴⁴
*καὶ οἱ ἐν
ἀσθενείᾳ
ἰσχύσου-
σιν⁴¹.
abg, A,
S¹ Ἰακώβ.

4. *Καὶ οἱ³⁹ ἐν λύπῃ τελευ-
τήσαντες ἀναστήσονται
ἐν χαρᾷ
καὶ⁴⁰ οἱ πτωχοὶ⁴¹ διὰ⁴² Κύ-
ριον⁴³ πλουτισθήσονται
καὶ οἱ *ἀποθνήσκοντες διὰ
Κύριον⁴⁶ ἐξυπνισθήσον-
ται *εἰς ζωήν⁴⁷.

5. Καὶ οἱ ἔλαφοι Ἰωσὴφ⁴⁸
δραμοῦνται ἐν ἀγαλλιά-
σει,
καὶ οἱ ἀετοὶ Ἰσραὴλ⁴⁹ πε-
τασθήσονται⁵⁰ ἐν χαρᾷ
[οἱ δὲ ἀσεβεῖς πενθήσουσιν
καὶ οἱ ἁμαρτωλοὶ κλαύ-
σονται]⁵¹
καὶ πάντες οἱ λαοὶ δοξά-
σουσι τὸν⁵² Κύριον εἰς⁵³
αἰῶνας.

4. Καὶ οἱ ἐν λύπῃ⁵⁴ τελευτή-
σαντες ἀναστήσονται
καὶ οἱ διὰ Κύριον ἀποθνή-
σκοντες ἐξυπνισθήσον-
ται.

5. Καὶ οἱ ἔλαφοι τοῦ Ἰακὼβ
δραμοῦνται⁵⁵
καὶ αἱ δαμάλεις⁵⁶ τοῦ Ἰσ-
ραὴλ πηδιάσουσιν
καὶ πάντες λαοὶ δοξάσου-
σιν⁵⁷ Κύριον εἰς αἰῶνα.

β, A, S¹
κατευ-
θύνουσι.

XXVI. Φυλάξατε¹ οὖν τέκνα μου *πάντα τὸν² νόμον
Κυρίου³, ὅτι⁴ ἐστὶν *πᾶσιν ἐλπὶς⁵ τοῖς κατέχουσιν⁶ *τὰς

τοῦ πονηροῦ.   ³⁹ d reads καί, g ὡς.   ⁴⁰ h om.   ⁴¹ α. β, S¹ read ἐν πτωχείᾳ.
⁴² hi add τόν.   ⁴³ S¹ adds ἐξυπνισθήσονται εἰς ζωὴν καί.   ⁴⁴ β–g, S¹ (save that
for πείνῃ ab, S¹ read πενίᾳ, d πίνα, ef πεῖνα).   ef trs. this clause after ἰσχύσου-
σιν, and S¹ trs. it after ἐξυπνισθ. εἰς ζωήν.   α, g, A om.   An interpolation.
⁴⁵ β–d, S¹.   α, d, A om.   An interpolation.   ⁴⁶ α (save that hi add τόν
after διά).   abdg read διὰ κ. ἀποθανόντες, ef διὰ κ. ἀποθνήσκοντες.   ⁴⁷ α, d.
β–d read ἐν ζωῇ.   ⁴⁸ α, def. abg, A, S¹ read Ἰακώβ.   ⁴⁹ g reads Ἰακώβ.
⁵⁰ d reads πενθήσονται.   ⁵¹ I have bracketed this clause as an interpola-
tion though found in α, β, S¹.   It is omitted by A and is against the
parallelism.   b om. οἱ before ἁμαρτωλοί, and g reads κολασθήσονται for
κλαύσονται.   ⁵² α. β om.   ⁵³ hi, d add τούς.   ⁵⁴ Aᵃᵇ. Aʰᵇ*ᶜᵈᵉᶠᵍ =
ὑπερηφανίᾳ.   ⁵⁵ Aᵇ om. next line.   ⁵⁶ I do not see how this reading
can have arisen.   ⁵⁷ Aᵇ = τοῦ Ἰσραὴλ εὐλογήσουσιν.

XXVI.   ¹ hi read φυλάξασθε.   ² hi, aef, Aᵃᵇ. c reads πάντοτε τόν, bg
πάντα. d, Aʰᵇ*ᶜᵈᵉᶠᵍ τόν.   ³ g om.   ⁴ h reads ὅς.   ⁵ α. β, A read
ἐλπὶς πᾶσι.   ⁶ α. β, S¹ read κατευθύνουσιν. A = εὐθὺ περιπατοῦσιν a free
rendering of β. The genitive αὐτοῦ that follows supports α, which =
שומרים of which מישרים = κατευθύνουσι is a corruption. But corruption
may have originated in the Greek.   ⁷ α, β–b. b, S¹ read τὴν ὁδὸν αὐτοῦ.

ΔΙΑΘΗΚΗ ΙΣΑΧΑΡ

ὁδοὺς αὐτοῦ⁷.   2. *Καὶ ⌈εἶπεν αὐτοῖς ὅτι Ἰδοὺ ἐγὼ⌉⁸ *ἑκατὸν   aef ὅτι.
*δέκα καὶ ὀκτὼ ἐτῶν⁹ ἀποθνήσκω σήμερον¹⁰.   β, A, S¹
                                                                                 σήμερον
     α   β, A, S¹   ἐν ὀφ-
3. Μηδείς¹¹ με ἐνταφιάσει ἐν   3. Μηδείς με ἐνταφιάσῃ¹³ θαλμοῖς
πολυτελεῖ ἐσθῆτι, ἀλλὰ ἀνα-   ⌈πολυτελεῖ¹⁴ ἐσθῆτι⌉, ἢ *τὴν   ὑμῶν.
γάγετέ¹² με ἐν Χεβρών, ἔνθα   κοιλίαν μου ἀναρρήξει¹⁵, ⌈ὅτι
καὶ οἱ πατέρες μου.   ταῦτα μέλλουσι ποιεῖν¹⁶ *οἱ βα-
                                                σιλεύοντες¹⁷⌉, καὶ¹⁸ ἀναγάγετέ
                                                με εἰς¹⁹ Χεβρὼν *μεθ' ὑμῶν²⁰.
     α, β, S¹   A
4. *Καὶ ταῦτα εἰπὼν ἐκοι-   4. *Καὶ ἐκοιμήθη Ἰούδας μετὰ   β, S¹
μήθη²¹ καὶ ἐποίησαν οἱ υἱοὶ   πατέρων αὐτοῦ καὶ ἐποίησαν   ἐκοιμήθη
αὐτοῦ κατὰ πάντα ὅσα²² ἐνε- καθάπερ ἐνετείλατο αὐτοῖς²⁷.   Ἰούδας.
τείλατο αὐτοῖς, *καὶ ἔθαψαν²³
αὐτὸν²⁴ *μετὰ τῶν πατέρων
αὐτοῦ²⁵ *ἐν Χεβρών²⁶.

Διαθήκη Ἰσαχὰρ τοῦ πέμπτου υἱοῦ Ἰακὼβ καὶ Λείας¹.

I. Ἀντίγραφον λόγων Ἰσαχάρ. *Καλέσας γὰρ τοὺς υἱοὺς
αὐτοῦ εἶπεν αὐτοῖς²·

A = κατ' αὐτόν.   ⁸α. aefg read καὶ εἶπεν ὅτι (g om.), b, S¹ καὶ εἶπε πρὸς
αὐτούς.   d om.   ⁹α. aef read ριθ' (ρι' καὶ ἐννέα e) ἐτῶν ἐγώ.   bg δεκαεννέα
ἐτῶν ἐγώ, d ριθ' ἐτῶν σήμερον ἐγώ.   A = καὶ νῦν (A^{ab} om.) ἐγὼ (A^{ab*cdeg} om.)
ἑκατὸν δέκα καὶ ἐννέα (A^{ab*cdeg} ἐννέα καὶ δέκα). S¹ ἑκατὸν πεντήκοντα καὶ ἐννέα
but the right number is given by S at end of ver. 4.   ¹⁰d trs. before
ἐγώ. See last note.   β, A, S¹ add as in margin.   ¹¹c adds δεῖ.   ¹²h
reads ἀνείλασθαι (sic).   ¹³b. α, adefg read ἐνταφιάσει.   ¹⁴ade. bfg read
πολυτελῇ.   ¹⁵bdefg (save that e reads ἀναρρίξῃ and b ἀναρήξει), A. a reads
ἀναρρήξοι τὴν κ. μου.   ¹⁶d reads ποιῆσαι.   ¹⁷g reads βασιλεῖς.   ¹⁸β–d.
d, A read ἀλλά.   ¹⁹β–d. d reads ἐν.   ²⁰bdg, A^{ab*cdeg} trs. before εἰς.
aef, A^b, S¹ om.   ²¹α, β (save that d om. καί and β–dg, S¹ add Ἰούδας
after ἐκοιμήθη, and d adds Ἰ. τοῖς υἱοῖς αὐτοῦ before it and ἐν εἰρήνῃ after it,
while g adds Ἰ. before it).   ²²α, ab. efg read ά. For κ. π. ὅσα d reads
καθά.   ²³g reads θάψαντες, d καὶ λαβόντες αὐτὸν ἔθαψαν αὐτόν.   ²⁴β, S¹
add ἐν Χεβρών.   ²⁵g om.   ²⁶β, S¹ om. f, S¹ add Ἰούδας υἱὸς Ἰακὼβ δ' υἱὸς
Λίας δ'. καὶ (f om.) ἔζησεν ἔτη ριθ.   ²⁷A^b. A^{ab*cdefg} read καὶ ἐποίησαν οὕτως
(A^g om. ?) καθάπερ ἐνετείλατο αὐτοῖς καὶ ἐκοιμήθη Ἰούδας μετὰ πατέρων αὐτοῦ.

I. ¹Title. α in text. bef, S read Δ. Ἰ. περὶ ἁπλότητος (ἀγαθότητος e) (+
Ἰσαχὰρ ἑρμηνεύεται μισθός f), g Δ. Ἰ. ε΄, a Ἰσαχάρ. d is conflate: Δ. Ἰ. υἱὸς
Ἰακὼβ καὶ Λίας ε΄ περὶ ἁπλότητος. A^{abcdef} = Δ. Ἰ. (+υἱοῦ Ἰακὼβ A^c).   ²α.

ΔΙΑΘΗΚΗ ΙΣΑΧΑΡ [I. 1

ἀκούσατε³ τέκνα⁴ Ἰσαχὰρ τοῦ πατρὸς ὑμῶν⁵
ἐνωτίσασθε ῥήματα ἠγαπημένου⁶ ὑπὸ Κυρίου.
2. *Ἐγὼ ἐτέχθην ⌈πέμπτος υἱὸς τῷ Ἰακὼβ⌉¹⁷ ἐν μισθῷ τῶν
μανδραγόρων⁸. 3. Ῥουβὶμ⁹ *γὰρ ⌈ὁ ἀδελφός μου⌉¹⁰ ἤνεγκεν
μανδραγόρους¹¹ *ἐκ τοῦ ἀγροῦ¹², καὶ¹³ προσαπαντήσασα¹⁴
*ἡ Ῥαχιὴλ¹⁵ ⌈αὐτὸν⌉¹⁶ ἔλαβεν¹⁷ αὐτούς¹⁸. 4. Ἔκλαιε¹⁹ δὲ
ὁ²⁰ Ῥουβίμ²¹, καὶ ἐπὶ τῇ φωνῇ αὐτοῦ ἐξῆλθεν²² Λεία ἡ
μήτηρ μου²³.
5. *Ἦσαν δὲ ταῦτα μῆλα²⁴ εὔοσμα²⁵, *ἅπερ γίνονται²⁶
*ἐν τῇ γῇ Χαράν²⁷ ὑποκάτω φάραγγος ὑδάτων. 6. Εἶπε
δὲ Ῥαχήλ· οὐ δώσω *σοι ταῦτα²⁸, *ἀλλ᾽ ἵνα σχῶ ταῦτα²⁹
ἀντὶ τέκνων· *παρεῖδε γάρ με ὁ Κύριος, καὶ τέκνα οὐκ ἐγέννησα
τῷ Ἰακώβ. 7. Δύο οὖν ἦσαν τὰ μῆλα³⁰. Καὶ εἶπεν ἡ³¹
Λία ⌈πρὸς Ῥαχήλ⌉³². *Ἱκανούσθω σοι³³ ὅτι ἔλαβες τὸν

β, A, S¹
γάρ.
β–dg
ἔλαβεν.
β, S¹ ἃ
ποιεῖ ἡ
γῆ Ἀράμ
ἐν ὕψει.
β, A, S¹
ὅτι (A
ἀλλά)
ἔσονταί
μοι.
β, A, S¹
ἦσαν δὲ
τὰ μῆλα
δύο.

β, S¹ (save that β, S¹ om. γάρ and g adds οὗτος before Καλ. and om. αὐτοῖς),
and d adds πρὸ τοῦ ἀποθανεῖν αὐτόν before εἶπεν. A^aef = καὶ (οὓς A^cf) εἶπεν,
A^b καὶ εἶπεν Ἰ. τοῖς υἱοῖς αὐτοῦ ἐν τῷ χρόνῳ τῆς τελευτῆς αὐτοῦ, A^b*d ὅτε ἔμελλε
τελευτᾶν τὴν ζωὴν αὐτοῦ, ἐκάλεσε τοὺς υἱοὺς αὐτοῦ καὶ εἶπεν. Probably the last
five words belong to A^b also, but the notes are uncertain. ³ A^a = ἄκουσον.
⁴ d reads τεκνία. h adds μου. A^ab*cdf om. ⁵ g om. next line. ⁶ ci,
aef, A. h, d, S¹ read ἠγαπημένα, bg ἠγαπημένοι. ⁷ α, β–g. g reads πέμπτος
υἱὸς ἐτέχθην τῷ Ἰακώβ and then om. to end of Ch. II. A = ἐγὼ ἐτέχθην.
⁸ c writes μανδραγούρων and so elsewhere. ⁹ b reads Ἰακώβ. ¹⁰ α. β–d, A,
S¹ read γάρ, d om. ¹¹ a reads μανδραγόραν. ¹² A = ἐκ τοῦ ἄκρου. ¹³ A
adds πρῶτον. ¹⁴ b reads προαπαντ., d ἀπαντήσασα τοῦτον. ¹⁵ α. adef read
Ῥαχήλ, b Ῥαχιήλ. ¹⁶ α. Cf. d in note 14. abef, A, S¹ om. ¹⁷ f reads
ἀπέλαβεν. ¹⁸ hi, bef, S¹. c reads τοὺς μανδραγούρους, a αὐτήν, d αὐτὰ ἐξ αὐτοῦ.
A^ab = ἐξ αὐτοῦ (+ τοὺς μανδραγόρους A^b. Cf. d), A^b*d ἐκ κόλπου αὐτοῦ, A^cf om.
¹⁹ d reads ἔκλαυσε. ²⁰ α. β om. ²¹ e reads Ῥουβήν, abf Ῥουβήμ. ²² A =
ἤκουσε. ²³ α. β–d, S¹. d reads αὐτοῦ καὶ ἐμοῦ. A^abef = αὐτοῦ. A^b*d om. A adds
καὶ εἶπεν τῇ Ῥαχήλ. δὸς τοὺς μανδραγόρους. d adds καὶ εἶπεν αὐτῇ· ἵνα τί ἔλαβες
τὰ μανδραγόρα τοῦ υἱοῦ μου; ²⁴ α (save that c reads μύλα for μῆλα here
and later). a reads αὕτη δὲ ἦν μῆλα, bdef ταῦτα δὲ ἦσαν μῆλα (ὡς μᾶλα d).
A = καὶ ἦσαν οἱ μανδράγοροι μῆλα. ²⁵ aef. α, d read εὔοσμα, b εὐώδημα.
²⁶ α. abd read ἃ ἐποίει, ef, S¹ ἃ ποιεῖ. A = καὶ γίνονται. ²⁷ α (save that hi
reads Χαναάν). β, S¹ read ἡ γῆ Ἀράμ (Ἀράν d) ἐν ὕψει. A = ἐν τῇ ὕλῃ ἐν τῇ
Ἀράμ, and om. next three words. ²⁸ c. hi, def read σοι αὐτά, ab, A αὐτά σοι.
²⁹ α. β, A, S¹ read ὅτι (A = ἀλλὰ) ἔσονταί μοι. ³⁰ α (save that hi read
μοι and ἐγένη for με and ἐγέννησα). β–g, A read ἦσαν δὲ τὰ (b om.) μῆλα
(μύλα (sic) d) δύο. A^b adds καὶ εἶπεν αὐτῇ. Σὺ υἱοὺς ἔχεις πολλούς, καὶ ἐγὼ
οὐκ ἔχω καὶ εἶπεν. ³¹ α. β om. ³² α (save that hi read τὴν Ῥαχιήλ).
β, A, S¹ om. ³³ A = οὐκ ἔστιν ἱκανόν σοι. ³⁴ bd, A add τῆς (b, A om.)

I. 13]   ΔΙΑΘΗΚΗ ΙΣΑΧΑΡ   107

ἄνδρα³⁴ μου· μὴ καὶ ταῦτα³⁵ λήψῃ³⁶ ⌜ἀπ᾿ ἐμοῦ⌝³⁷; 8. bd, A
*Εἶπε δὲ αὐτῇ 'Ραχήλ³⁸· Ἔστω³⁹ σοι ὁ⁴⁰ 'Ιακώβ *τῇ νυκτὶ παρθε- νίας μου.
ταύτῃ⁴¹ ἀντὶ τῶν μανδραγόρων ⌜*τοῦ υἱοῦ⁴² σου⌝. 9. *Εἶπε β, A, S¹
δὲ πρὸς αὐτὴν ἡ Λεία⁴³· *ἐμός ἐστιν ὁ 'Ιακώβ⁴⁴, *ὅτι ἐγώ εἰμι⁴⁵ Λία πρὸς
γυνὴ⁴⁶ νεότητος αὐτοῦ.   10. *Καὶ εἶπε 'Ραχήλ⁴⁷· *Μὴ αὐτήν· Μὴ καυ-
καυχῶ μηδὲ δόξαζε σεαυτήν⁴⁸, *ὅτι ἐμὲ πρότερόν σου ἡρμόσατο⁴⁹, χῶ μηδὲ
καὶ *δι᾿ ἐμὲ⁵⁰ ἐδούλευσε *τῷ πατρὶ ἡμῶν⁵¹ *ἔτη δεκατέσσαρα⁵². δόξαζε σεαυτήν·
                                                                    ἐμὸς γάρ
       α | β, A, S¹   ἐστιν ὁ 'I.
11. *Καὶ εἰ μὴ ὁ δόλος | 11. Τί σοι ποιήσω, ὅτι ἐπλή-   κἀγώ.
ἐπλήθυνεν ἐπὶ τῆς γῆς καὶ ἡ | θυνεν ὁ δόλος ⌜καὶ ἡ πανουργία   β, S¹ ἡ δὲ
πονηρία τῶν ἀνθρώπων ἐχώ- | τῶν ἀνθρώπων καὶ ὁ δόλος   'Ραχὴλ
ρησεν, οὐκ ἂν εἶ σὺ ὁρῶσα τὸ | προεχώρει⌝ ἐπὶ τῆς γῆς· εἰ δὲ   εἶπε· Τί
πρόσωπον τοῦ 'Ιακώβ⁵³. | μή, σὺ οὐκ ἂν ᾖς ὁρῶσα πρ. 'I.   οὖν; ὅτι
12. *Οὐ γὰρ γυνὴ αὐτοῦ εἶ σύ⁵⁴, ἀλλὰ⁵⁵ δόλῳ ἀντὶ ἐμοῦ   ἐμὲ προ- τέραν
εἰσήχθης⁵⁶. 13. *Καὶ ἐμὲ ἐπλάνησεν⁵⁷ ὁ πατήρ μου, μοσται.   σου ἥρ-

παρθενίας.   ³⁵ A = τοὺς μανδραγόρους.   ³⁶ hi, ab. c, def read λήψει.   ³⁷ α.
β, A, S¹ om.   ³⁸ α (save that hi read ἡ 'Ραχιήλ).   abef, A⁻ᵇ, S¹ read ἡ δὲ
εἶπεν, d, Aᵇ εἶπε δὲ 'P.   ³⁹ α. aef read καὶ ἔστω, bd, A, S¹ ἰδοὺ ἔστω.   ⁴⁰ c.
i, β om.   ⁴¹ α. β reads τὴν νύκτα ταύτην.   ⁴² c reads υἱῶν.   ⁴³ h, A. c om.
abdef read εἶπε δὲ (καὶ εἶπεν f) Λία πρὸς αὐτήν.   abdef, A add μὴ καυχῶ μηδὲ
δόξαζε σεαυτόν (μηδὲ δοξάζου d, Aᵇ*ᵈ, καὶ μὴ δοξάζου b, Aᵇ).   ⁴⁴ c. hi read
ἐμός ἐστιν 'I. abdef, A, S¹ read ἐμὸς γάρ ἐστιν ὁ (de om.) 'I.   ⁴⁵ α. β, A, S¹
read κἀγώ.   ⁴⁶ hi add ἐκ.   ⁴⁷ α (save that h reads 'Ραχιήλ).   abef, A read
ἡ δὲ 'P. εἶπε, d εἶπε δὲ 'P.   ⁴⁸ α (save that c reads μή for μηδέ).   This phrase
has already appeared in β in the preceding verse.   β, A read τί οὖν;
⁴⁹ α (for ἡρμόσατο c gives the form εἰρμώσατο and for ἐμέ hi read ἐγώ).
abef, A, S¹ read ὅτι ἐμὲ (ἐμοὶ b) προτέραν (πρῶτον b) σου (b om.) ἥρμοσται, d οὐχὶ
πρῶτον ἐμέ σου ἥρμοσε;   ⁵⁰ Aᵃᵇ*ᶜᵈ trs. after ἐδούλευσε.   ⁵¹ i reads τ. π. ὑμῶν,
d, Aᵇ τῷ πατρί μου (+ Λαβαν Aᵇ). Aᵃᵇ*ᶜᵈ om.   ⁵² d read ἔτι ἰδεῖν corrupt for
ἔτη ιδ´(?).   ⁵³ α (save that for τὸ πρόσωπον τοῦ h reads πρώην πρόσωπον).
β, A read τί σοι (σύ e) ποιήσω (Aᵇ*ᶜᵈ ἐποίησα), ὅτι ἐπλήθυνεν ὁ δόλος (+ σου A)
⌜καὶ ἡ πανουργία τῶν ἀνθρώπων καὶ ὁ δόλος⌝ (a om. preceding eight words
through hmt.) προχωρεῖ⌝ (προσχωρεῖ af, προχορούσιν d) ἐπὶ τῆς γῆς; Εἰ δὲ μὴ
(εἰ δὲ προεχώρουν d) σὺ οὐκ ἂν ᾖς ὁρῶσα (οὐκ ἂν ᾖς σὺ ὁρῶσα be, οὐ γὰρ οἶδες
σὺ τὸ d) πρόσωπον 'I.   For εἰ δὲ . . . 'Ιακώβ A reads εἰ ἐν ἀληθείᾳ ὢν ἦσθα, οὐκ
ἂν ἑώρας τὸ πρ. 'I.   S¹ agrees with β save that for καὶ ὁ δόλος προχωρεῖ . . . εἰ
δὲ μή it reads καὶ εἰ μὴ ὁ δόλος προεχώρει ἐπὶ τῆς γῆς.   ⁵⁴ α, β (save that b
reads σὺ εἶ and d εἰ for εἶ σύ).   A = γυνὴ γὰρ αὐτοῦ οὐκ ἦσθα.   ⁵⁵ α. β read
ἀλλ᾿ ἐν.   ⁵⁶ ci, abef. h reads εἰσῆλθες, d εἰσενέχθης αὐτῷ.   Aᵃᵇ*ᶜᵈ read ɯɴᴘᴜᴍᴘ
= ἐδόθης (Aᵇ ɧɪɴɴᴘ = ἔδωκας) αὐτῷ, but both these verbs may be cor-
ruptions of ɕɪɴʙᴘ = εἰσῆλθες or εἰσήχθης.   ⁵⁷ α. abef read καὶ ἐπλάνησέ με

108 ΔΙΑΘΗΚΗ ΙΣΑΧΑΡ [I. 13

β, S¹ με
ιδεῖν, ὅτι
εἰ ἤμην
ἐκεῖ, οὐκ
ἐγίνετο
τοῦτο.
β–d, S¹
καὶ εἶπε
'Ρ. Λαβὲ
ἕνα μαν-
δραγόραν
καὶ ἀντὶ

*⌈καὶ μετέστησέ με τὴν νύκτα ἐκείνην⌉, καὶ⁵⁸ οὐκ εἴασε *⌈τῷ Ἰακὼβ ἰδεῖν με, ἐπεί⌉, ἐὰν ἤμην ἐκεῖ⁵⁹, *τοῦτο αὐτῷ οὐκ ἐγένετο⁶⁰. 14. *'Ἀλλ' οὖν ἀντὶ τῶν μανδραγούρων ἐκμισθῶ σοι μίαν νύκτα τῷ Ἰακώβ⁶¹. 15. *ʺἜγνω δὲ Ἰακὼβ τῇ Λείᾳ⁶², καὶ ⌈συλλαβοῦσα⌉ *ἔτεκεν ἐμέ⁶³, καὶ διὰ ⌈τοῦτον⌉⁶⁴ τὸν μισθὸν ἐκλήθην⁶⁵ Ἰσαχάρ.

II. Τότε ⌈οὖν⌉¹ ὤφθη τῷ² Ἰακὼβ³ ⌈ἄγγελος Κυρίου λέγων⌉⁴, *ὅτι τέκνα τέξει 'Ραχήλ⁵, *ἐπειδὴ κατέπτυσεν⁶ συνουσίαν⁷ ἀνδρὸς καὶ ἐξελέξατο τὴν⁸ ἐγκράτειαν.   2. Καὶ⁹ εἰ

τοῦ ἑνὸς ἐκμισθώσω σοι μίαν νύκτα.   β ὅτι διέπτυσε.

(a om.), d, A ἐπλάνησε γάρ με.   A' om. next nineteen words.   ⁵⁸ α. abdef, S¹ read καὶ μεταστήσας (καταστήσας d) με (a om.) τῇ νυκτὶ ἐκείνῃ (τὴν νύκτα ἐκείνην d). A om.   ⁵⁹ α. abef, S¹ read με ἰδεῖν ὅτι εἰ ἤμην ἐκεῖ, d με γνῶναί τοῦτο· λέγω γάρ σοι ὅτι εἰ ἤμην ἐκεῖ. A = ἐκεῖ (+ εἰ ἤμην ἐκεῖ Aᵇ).   ⁶⁰ α (save that h om. αὐτῷ and i reads αὐτό). abdef, A, S¹ read οὐκ ἐγίνετο (+ σοι d) τοῦτο (+ οὕτως A). ⁶¹ α. abef, S¹ read (corruptly) καὶ εἶπε 'Ρ. Λαβὲ ἕνα (a μίαν) μανδραγόραν (μανδράγουρον f) καὶ ἀντὶ τοῦ ἑνὸς (ἀντὶ ταύτης a) ἐκμισθώσω (ἐκμισθῶ bf, S¹) σοι (+ αὐτόν b) μίαν νύκτα (ἐν μιᾷ νυκτί b), d καὶ ἔρρηψεν αὐτῇ τὸ ἓν μανδράγουρον καὶ εἶπεν αὐτῇ· λαβὲ τὸ ἓν καὶ ἀντὶ τὸ ἓν ἔχε τὸν 'Ι. τὴν νύκτα ταύτην. Aᵃᵇ = Λαβὲ εἶπεν (ἕνα Aᵇ) τῶν μανδραγόρων (+ καὶ τὸν ἕνα Aᵇ) καὶ ἀντὶ τοῦ ἑνὸς ἐκμισθώσω σοι Ἰακὼβ ἐν τῇ νυκτὶ (= ταύτῃ Aᵇ). Aᵇ*ᶜᵈᶠ = καὶ προσέθηκε 'Ραχὴλ λαλεῖν καὶ εἶπεν. Ἕνα τῶν μανδραγόρων λήψομαι, καὶ ἀντὶ τοῦ ἑνὸς ἐκμισθώσω σοι ἐν τῇ νυκτί.   ⁶² α. β–d read ἔγνω 'Ι. τὴν Λίαν, d ἔγνω 'Ι. τῇ νυκτὶ ἐκείνῃ. A = καὶ εἰσῆλθε 'Ι. πρὸς τὴν Λίαν (+ ἐν ἐκείνῃ τῇ νυκτὶ Aᵇ).   ⁶³ α, df, Aᵃᵇ*ᶜᵈ (adding αὐτῷ). abe read με (a om.) ἔτεκε. Aᵇ = ἐγέννησε 'Ι. με ἐκ Λίας.   ⁶⁴ α. abdef, A; S¹ om.   ⁶⁵ c reads ἐκλήθη.

II. ¹ α. β, A, S¹ om. Before the beginning of the chapter d adds: καὶ πάλιν ἕωθεν ἀντέστρεψε Λίαν καὶ τὸ ἕτερον μανδράγορον εἰποῦσα τῇ 'Ραχήλ. Λαβὲ τοῦτο καὶ ἐκμισθοῦμαι αὐτὸν καὶ τῇ νυκτὶ ταύτῃ.   καὶ ἔλαβε τὰ δύο μῆλα 'Ραχήλ, καὶ δέδωκεν αὐτῇ τὸν 'Ιακὼβ καὶ τῇ ἄλλῃ νυκτί.   ² d om.   ³ hi read πατρί μου.   ⁴ α, b, S¹. aef read ἄγγελος, d ἄγγελος κυρίου καὶ εἶπεν. A om. ⁵ α (save that hi read 'Ραχιήλ). abef read ὅτι δύο (aef om.) τέκνα 'Ραχὴλ τέξεται. d om. Aᵃᵇᵇ*ᶜᵈ = ὅτι διὰ τοῦτο ἔτεκεν 'Ραχὴλ δύο τέκνα.   ⁶ α. β reads ὅτι διέπτυσε (+ 'Ραχὴλ d). Aᵇ is very corrupt and for ἐπειδὴ ... ἐγκράτειαν gives ἐπειδὴ κατέπτυσε συνουσίαν ἀνδρός, ἔδωκε αὐτῇ ἐν μισθῷ ἑνὸς μανδραγόρου καὶ καταφρονήσει ἡρμόσατο (?) καὶ ἐξελέξατο ἐγκράτειαν. A⁻ᵇ agrees with α, β. ⁷ d reads συνουσίας.   ⁸ α. β om.   ⁹ Verses 2–4 appear confusedly in d as follows: 2. Τούτου ἕνεκα δύο τέκνα τέξεται, ὅτι ἐν τοῖς μανδραγόροις ἐπεσκέψατο αὐτὴν ὁ Κύριος.   3. οἶδε γὰρ ὅτι διὰ τέκνα ἤθελεν συνεῖναι τῷ Ἰακὼβ καὶ οὐ διὰ φιληδονίαν.   2. καὶ γὰρ εἰ μὴ Λίαν ἡ μήτηρ μου ἀντὶ συνουσίας ἀπέδωτο τὰ δύο μῆλα, ὀκτὼ υἱοὺς εἶχε τεκεῖν.   διὰ τοῦτο ἔτεκεν ἕξ, τοὺς δὲ δύο ἔτεκεν ἡ 'Ραχήλ.

III. 1]   ΔΙΑΘΗΚΗ ΙΣΑΧΑΡ   109

μὴ Λεία[10] ἡ μήτηρ μου ἀντὶ συνουσίας ἀπέδοτο[11] τὰ δύο   β, A, S¹
μῆλα, [ἔτι][12] ὀκτὼ υἱοὺς ἔμελλε[13] τεκεῖν· διὰ τοῦτο ἐξ ἔτεκε,   εἶχε.
*καὶ Ῥαχιὴλ τέτοκε τοὺς δύο[14] ὅτι ἐν *τοῖς μανδραγόροις[15] ἐπεσκέ-   β–d,
ψατο αὐτὴν[16] ὁ[17] Κύριος.   3. Εἶδε[18] γὰρ ὅτι διὰ τέκνα   A^{ab*cdf},
ἤθελεν συνεῖναι *τῷ Ἰακώβ[19], καὶ οὐ διὰ φιληδονίαν.   S¹ τοὺς δὲ δύο (+ ἡ e) 'Ραχήλ.

α, β	Aab*cdf
4. Προσθεῖσα[20] γὰρ καὶ[21] τῇ ἐπαύριον ἀπέδωκε[22] τὸν Ἰακώβ[23]. Ἐν *τοῖς μανδραγόροις[15] οὖν[24] ἐπήκουσε Κύριος[25] τῇ[26] Ῥαχήλ[27].	4. *Καὶ τῇ ἐπαύριον προσθεῖσα ἀπῄτησε Ἰακὼβ ἵνα λάβῃ ἔτι ἄλλον μανδραγόρον[28].

β–dg, S¹
Ἰακώβ,
ἵνα λάβῃ
καὶ τὸν
ἄλλον
μανδρα-
γόραν.
β, A^{ab*}

5. Ὅτι καί γε ποθήσασα τούτους[29] οὐκ ἔφαγεν[30], ἀλλὰ   cdf, S¹
ἀνέθηκεν[31] ταῦτα[32] ἐν οἴκῳ Κυρίου[33], προσάξασα[34] τῷ ἱερεῖ[35]   ἱερεῖ
τῷ ὄντι[36] ἐν τῷ *τότε χρόνῳ[37].   ὑψίστου.

III. *ὅτε οὖν[1] ἡδρύνθην[2] ἐγὼ[3], *τέκνα μου[4], ἐπορεύθην[5]   β καιρῷ ἐκείνῳ.
ἐν *εὐθύτητι καρδίας[6], *καὶ ἐγενόμην[7] γεωργὸς *τῷ πατρί   β–d, S¹
μου καὶ τοῖς ἀδελφοῖς μου[8], καὶ ἔφερον καρποὺς[9] ἐξ[10] ἀγρῶν[11].   τῶν πατέρων μου καὶ
τῶν ἀδελφῶν μου.   β–af, A, S¹ ἀγρῶν κατὰ καιρὸν αὐτῶν.

4. ἐν τοῖς μανδραγόροις ἐπήκουσε Κύριος τὴν Ῥαχήλ.   [10] α. β reads Λία.
[11] h, af (a trs. before ἀντί). ci, e read ἀπέδωτο, b ἀπέδω.   [12] α (save that ci
read ἔτη). β, A om.   [13] α. abef, A read εἶχε, d ἔσχε.   [14] α (save that
c reads Ῥαχιὴλ καί). abef, A^{ab*cd} read as in margin. A^b is very corrupt;
ἡ ἔλαβεν τὰ μῆλα καὶ οὐ συνουσίας γάμου καὶ τὰ δύο τέκνα Ῥαχὴλ ἔτεκεν.   [15] α
reads ταῖς μανδραγόραις.   [16] i reads ταύτην, e αὐτῇ. A^b = τὴν Ῥαχήλ.   [17] α,
aef. b om.   [18] d reads οἶδε.   [19] A^{ab*cdf} = τῷ ἀνδρὶ αὐτῆς, A^b Ῥαχὴλ τῷ Ἰακώβ.
[20] b reads προσθῆσα.   [21] h om.   [22] α. abf read ἀπέδοτο, e ἀπέδωτο.
[23] abef, S¹ add as in margin, save that for τ. α. μανδραγόραν b reads τ. α.
μανδραγόρα, f τ. α. μανδράγουρον, and a τὴν ἄλλην μανδραγόραν. After μανδρα-
γόραν b, S¹ add διὰ τοῦτο.   [24] aef. α reads καί. bd om.   [25] e reads ὁ K. and
trs. after 'P.   [26] b reads τῆς, d τήν.   [27] c reads 'Ραχηήλ, h 'Ραχιήλ.   [28] A^b is
very corrupt and reads καὶ Λία ἡ μήτηρ μου τῇ ἐπαύριον προσθεῖσα ἀπῄτησε
'Ιακώβ, ἐπιπόθησις γὰρ ἦν ἐν αὐτῇ καὶ οὐ διὰ τόκον.   καὶ ἔλαβεν 'Ραχὴλ ἔτι ἄλλον
μανδράγορον.   [29] hi. c reads τούτοις, a αὐτάς, bdef, A αὐτούς. A^b = υἱούς.
[30] A^b adds 'Ραχὴλ τὰ μῆλα.   [31] d reads ἐνέθηκεν. A^b = ἔδωκεν.   [32] α.
adef, A^b read αὐτά, b αὐτούς. A^{ab*cd} om.   [33] A^b adds Θεοῦ. A adds καί.
[34] α. bde, S¹ read προσενέγκασα, af προσενεγκοῦσα. A = either reading.
[35] A = ἀρχιερεῖ. β, A^{ab*cdf}, S¹ add ὑψίστου, A^b Θεοῦ ὑψίστου.   [36] A^b adds
ἀρχιερεῖ.   [37] β reads as in margin. A^b adds καὶ εὐλόγησε 'Ραχὴλ ἐν δυοῖν υἱοῖς.

III. [1] d adds ἐγώ. g reads καὶ ὅτε. A = ἀλλὰ ὅτε.   [2] hi, df read ἠνδρ.
[3] α. β, A om.   [4] g om.   [5] α, A. β reads ἐπορευόμην.   [6] A^{b*} =
εὐθείᾳ καρδίᾳ. d adds μου.   [7] A = γενόμενος.   [8] α, A (save that A adds

110   ΔΙΑΘΗΚΗ ΙΣΑΧΑΡ   [III. 2

β–α, A,   2. ⌈*Καὶ ηὐλόγει με ὁ πατήρ μου βλέπων με¹² *ὅτι ἐν
S¹ ἤμην.
β–g,S¹ἀν- ἁπλότητι πορεύομαι¹³ *ἔμπροσθεν αὐτοῦ¹⁴⌉.   3. *Καὶ οὐκ
θρώπου,   εἰμὶ¹⁵ περίεργος *ἐν ταῖς πράξεσίν μου¹⁶, ⌈οὐδὲ φθονερὸς¹⁷
πορευό-   καὶ¹⁸ βάσκανος *τῷ πλησίον μου¹⁹.   4. *Οὐ κατελάλησά
μενος ἐν
ἁπλότητι   τινος πώποτε²⁰, οὐδὲ²¹ ἔψεξα²² βίον ἀνθρώπου⌉²³.   5.
ὀφθαλ-   Τριάκοντα ⌈καὶ πέντε⌉²⁴ ἐτῶν ἔλαβον²⁵ ἐμαυτῷ²⁶ γυναῖκα²⁷,
μῶν·
5. διὰ   ὅτι ὁ κάματος κατήσθιε τὴν ἰσχύν²⁸ μου²⁹, καὶ οὐκ ἐνενόουν³⁰
τοῦτο.   ἡδονὴν³¹ γυναικός, ⌈ἀλλὰ διὰ τοῦ κόπου³² ὁ ὕπνος μοι³³ περι-
β, S¹ εἴ
τι γὰρ   εγένετο³⁴⌉. 6. Καὶ ἔχαιρε ⌈πάντοτε⌉³⁵ ἐπὶ τῇ ἁπλότητί
ἔκαμνον   μου. *ὁ πατήρ μου³⁶ ⌈διότι³⁷ καὶ *πᾶν πρῶτον γέννημα³⁸
πᾶσαν   *διὰ τοῦ ἱερέως³⁹ τῷ⁴⁰ Κυρίῳ⁴¹ προσέφερον⁴², ἔπειτα καὶ⁴³ τῷ
ὁπώραν.
β, S¹ μου, πατρί μου⁴⁴. 7. Καὶ ὁ⁴⁵ Κύριος ἐμυριοπλασίασε⁴⁶ τὰ ἀγαθὰ

           καὶ τότε ἐγώ.   β ἐδιπλασίαζε τὰ ἀγαθά.

Ἰακώβ after πατρί μου). β–d, S¹ read as in margin, d τοῦ πατρός μου καὶ
τῶν ἀδ. μου. Aᵇ om. rest of Testament.   ⁹A = πάντα.   ¹⁰dg read ἐκ
τῶν.   ¹¹bd, A, S¹ add αὐτῶν (b, A, S¹ om.) κατὰ καιρὸν αὐτῶν (d, A om.),
eg add κατὰ τοὺς (e om.) καιροὺς αὐτῶν. A om. ver. 2. See, however, first
note on ver. 6. S¹ om. ἐξ ἀγρῶν.   ¹²c, β (save that abd read εὐλόγησε
and abdef om. με). hi read ὁ δὲ πατήρ μου βλέπων ηὐλόγησέ (i εὐλόγει) με.
¹³g reads ἐν εὐθύτητι πορευόμενον.   ¹⁴α. β, S¹ om.   ¹⁵α. a reads
οὐκ εἰμί, bdef, A, S¹ καὶ (ὅτι edf om.) οὐκ ἤμην, g οὐ γὰρ ἤμην.   ¹⁶g om.
Aᵇ*ᵈ om. rest of verse together with ver. 4. Aᵃᵉᶠ read διὰ τοῦτο καί in
their stead.   ¹⁷b reads πονηρός.   ¹⁸g reads ἤ.   ¹⁹α, adf. be
read τῷ πλ. g om.   ²⁰α. d reads ποτέ. β–d om.   ²¹d reads οὐκ.
²²d adds ποτέ.   ²³β–g, S¹ add as in margin save that d adds μου after
ὀφθαλμῶν. On A see note 16.   ²⁴α, aef, S¹ (save that aef, S¹ om. καί).
bdg, A om.   ²⁵i, g read ἔλαβα.   ²⁶hi, β–dg. c reads ἑαυτῷ.   dg, A
om.   ²⁷d reads τὴν γυναῖκά μου.   ²⁸c reads ψυχήν.   ²⁹g om.
³⁰c, bd. hi, aefg read ἐνόουν.   ³¹d reads ἡδονῆς. For this together with
next word A reads γάμον and om. next eight words.   ³²g adds μου.
³³α, g. abf read μου, de με.   ³⁴f reads περιεγίνετο. g trs. before μοι.
³⁵β, S¹ trs. before ἔχαιρε. A om.   ³⁶d, A trs. before ἐπὶ τῇ ἁπλ.   ³⁷α.
bdeg, S¹ read as in margin, af εἶτα γὰρ (a om.) ἔκαμνον (ἔκαμον f) πᾶσαν
ὥραν. A = εἴ τι ἔκαμνον and om. the rest of the Chapter, reading instead
καὶ οὐ διεμέρισα διὰ τοῦτο. Πάντοτε εὐλόγει ὁ πατήρ μου (Aᵃ om. ὁ π. μ.).
The last five words belong to ver. 2. See last note on ver. 1.   ³⁸c. hi
read πρῶτα γέννημα, adf πᾶν πρωτογέννημα (+πρῶτον f), beg πᾶν πρωτογέ-
νημα πρῶτον. S¹ adds καὶ τὰ πρῶτα.   ³⁹d om. but see note 42.   ⁴⁰α.
β om.   ⁴¹g reads Κυρίου.   ⁴²d adds πρῶτον διὰ τοῦ ἱερέως.   ⁴³α. β,
S¹ om.   ⁴⁴e om. β adds καὶ τότε ἐγώ (+ ἐξ αὐτῶν μετελάμβανον d, +ἀπή-
λαυον g), S¹ καὶ τότε ἐμαυτῷ.   ⁴⁵α. β, S¹ om.   ⁴⁶α. β, S¹ read ἐδιπλασίαζε.

αὐτοῦ[45] *ἐν ταῖς χερσί[47] μου· ᾔδει δὲ καὶ 'Ιακὼβ *ὁ πατήρ μου[46], ὅτι ὁ Θεὸς συνεργεῖ[48] τῇ ἁπλότητί μου.   8. *Πάντα γὰρ πένησι καὶ θλιβομένοις[49] παρεῖχον *ἐκ τῶν ἀγαθῶν τῆς γῆς[50] ἐν ἁπλότητι καρδίας μου[51].

IV. Καὶ νῦν *ἀκούσατέ μου, τέκνα[1],
καὶ πορεύεσθε ἐν ἁπλότητι[2] ⌜καρδίας ὑμῶν⌝[3],
ὅτι εἶδον ἐν ὑμῖν[4] ⌜πᾶσαν⌝[5] εὐαρέστησιν[6] Κυρίου[7].

2. ⌜Ὁ ἁπλοῦς χρυσίον οὐ[8] πλεονεκτεῖ
βρωμάτων ποικίλων οὐκ ἐφίεται
*ἐσθῆτα διάφορον οὐ θέλει[9].

3. Χρόνους πολλοὺς[10] *οὐκ †ἐπιγράφει τοῦ ζῆν†[11]
ἀλλὰ μόνον ἐκδέχεται *τὸ θέλημα[12] τοῦ Θεοῦ⌝.

4. Καί γε *τὰ πνεύματα[13] τῆς πλάνης οὐδὲν *ἰσχύουσιν πρὸς αὐτόν[14],
οὐ γὰρ[15] †εἶδεν ἐπιδέξασθαι†[16] κάλλος[17] θηλείας[18]
⌜ἵνα μὴ[19] ἐν[20] διαστροφῇ μιάνῃ[21] τὸν νοῦν αὐτοῦ⌝.

margin notes:
bdg, A αὐτῇ.
bdeg, S¹ οὐκ ἐπιθυμεῖ,
τὸν πλησίον οὐ πλεονεκτεῖ.
β–g, S² ὑπογράφει ζῆν.

---

[47] α, e. abfg read ἐν (a om.) χερσίν μου, d ἐν τῇ χειρί μου.   [48] d reads συμπράττει, eg συνήργει.   [49] α, ef (save that hi read πᾶσι and e θλιβομένῳ). ad read πάντα γὰρ πένητα καὶ πᾶσι θλιβομένοις (πάντα θλιβόμενον d), bg, S¹ παντὶ γὰρ πένητι καὶ παντὶ θλιβομένῳ.   [50] α. abef, S¹ read τῆς γῆς τὰ ἀγαθά, dg τὰ ἀγαθὰ (τὸ ἀγαθὸν g) τῆς γῆς.   [51] α, dg. abef, S¹ om.

IV. [1] d, A read τέκνα μου ἀκούσατε μοι, g ἀκ. τέκνα.   [2] A reads פעולת־הלב = ὑγιότητα corrupt for תמימות־הלב.   [3] c, bg (save that b om. ὑμῶν). hi, aef read ψυχῆς ὑμῶν (i ἡμῶν). d is conflate: καρδίας καὶ ψυχῆς ὑμῶν.   [4] α, aef, S¹. bdg, A read αὐτῇ.   [5] d, A om.   [6] A = τὸ εὐάρεστον.   [7] Aᶜ = Θεοῦ. g om. A om. next two verses through hmt. (?). Observe reading of Aᶜ.   [8] bdeg, S¹ read as in margin (save that g reads πλούσιον for πλησίον). This addition makes the construction easy, but the reference to one's neighbour seems alien to the context.   [9] d reads ἐσθῆτας διαφόρους οὐ βούλεται.   [10] α. β reads μακρούς.   [11] α. β–g, S² read οὐχ (οὐκ ef) ὑπογράφει ζῆν, g οὐχὶ γράφει ζῆν, S¹ οὐ ζητεῖ ζῆν. α is undoubtedly corrupt, and apparently also β. The sense appears as in S¹ to be: 'he does not long to live for long periods.' Now ἐπιγράφει (or ὑπογράφει) τοῦ ζῆν = לחיות מחקה which may be corrupt for לחיות (or מחמד) מחמד = 'desires to live.'   [12] d trs. after Θεοῦ.   [13] A = τὸ πνεῦμα.   [14] β. α reads ἰσχύσωσιν αὐτῷ (πρὸς αὐτόν h). A = ἴσχυε πρὸς αὐτόν.   [15] d om.   [16] α, β–fg (de reading οἶδεν and hi εἶ), S². fg, A read εἶδεν (οἶδεν f, ᾔδειν A) ἐπιλέξασθαι, S¹ ἐπιβλέπει. Possibly the original was לא ידע לרצות = οὐκ οἶδεν ἐπιδέξασθαι = 'cannot have pleasure in.'   [17] d reads κάλλους.   [18] A = γυναικῶν.   [19] i reads μή, d ἵνα μή γε.   [20] g om.   [21] h reads μανεῖ, d μιαίνει.   [22] A = καὶ οὐ.   [23] β, A.. c reads

ΔΙΑΘΗΚΗ ΙΣΑΧΑΡ [IV. 5

β ζῆλος[23] 5. Οὐ[22] ζηλοῖ ἐν διαβουλίοις
ἐν[24] δια- [οὐ βάσκανος[26] ἐκτήκει τὴν ψυχὴν αὐτοῦ][27]
βουλίοις *οὐδὲ ⌜περισπασμὸς⌝ ἐν ἀπληστείᾳ ἐν νοΐ[28],
*αὐτοῦ
ἐπελεύ- 6. Πορεύεται[29] δὲ[30] ἐν *ἁπλότητι ⌜ψυχῆς⌝[31]
σεται[25].
β, S¹, S²   πάντα[32] ὁρᾷ[33] ἐν *εὐθύτητι ⌜καρδίας⌝[34]
εὐθύτητι. *μὴ ἐπιδεχόμενος[35] *ὀφθαλμοὺς πονηροὺς[36] ἀπὸ τῆς
β, S¹, S²   πλάνης τοῦ κόσμου
ἁπλό-   *ἵνα μὲ ἴδῃ διεστραμμένας τὰς ἐντολὰς τοῦ Κυρίου[37].
τητι.
       V. Φυλάξατε οὖν *τέκνα μου νόμον Θεοῦ¹,
          καὶ *τὴν ἁπλότητα κτήσασθε²,
          ⌜καὶ ἐν ἀκακίᾳ πορεύεσθε,
β ἐντολὰς   μὴ περιεργαζόμενοι τοῦ³ πλησίον⁴ τὰς πράξεις.
Κυρίου   2. Ἀλλὰ ἀγαπήσατε⁵ τὸν⁶ Κύριον καὶ τὸν πλησίον⁷,
καὶ τοῦ.   πένητα καὶ ἀσθενῆ⁸ ἐλεήσατε⁹⌝.
         3. Ὑποτίθετε¹⁰ τὸν νῶτον¹¹ ὑμῶν εἰς τὸ γεωργεῖν
β ἔργοις   καὶ ἐργάζεσθε ἐν ἔργοις¹² ⌜καθ᾽ ἑκάστην γεωργίαν,
γῆς.   δῶρα μετ᾽ εὐχαριστείας¹³ Κυρίῳ προσφέροντες¹⁴⌝.

ζηλεῖ, hi ζηλοῖ.   [24] g adds τοῖς.   [25] β, S (save that for αὐτοῦ a reads αὐτῶν,
e αὐτόν).   α om.   A reads μου.   [26] bdg, S read βασκανία.   [27] Rightly
omitted by A.   [28] Emended from α, β, S¹ οὐδὲ (οὐ α, οὔτε g) περισπασμὸν
(πορισμὸν b) ἐν ἀπληστείᾳ (ἁπλότητι c) ἐννοεῖ (ἐν νοεῖ i). A = καὶ οὐκ
ἀπληστίαν (+χρυσίου A^{b*cdfg}) ἐνόουν.   Here A^{ab*cd} according to Arm. text
trs. ἐνόουν before ἀπληστ.   The reading of b is obviously an emendation.
[29] A = ἐπορεύθην.   [30] ch, ef. abdg, A, S¹ read γάρ.   i om.   [31] α. β, S read
εὐθύτητι ψυχῆς (ζωῆς b).   A = ἁπλότητι.   [32] bdg, A prefix καί.   [33] A =
ἑώρων.   [34] α. β, S as in margin.   A = εὐθύτητι.   [35] d reads μὴ ἀποδεχό-
μενος.   For these words and the rest of the verse A gives μήποτε ἐπιβαλὼν
τὸν ὀφθαλμὸν εἰς πλάνην.   [36] α, β—bg, S².   bg, S¹ read ὀφθαλμοῖς (ὀφθαλμὸν g)
πονηρίας.   [37] α, aef, S¹ (save that f reads ὁδούς for ἐντολάς, e διεστραμμένων
for διεστραμμένας, and hi Θεοῦ for Κυρίου, and aef om. τοῦ).   bg read ἵνα μὴ
ἴδῃ διεστραμμένως (g reads διεστραμμένα) τι (g om.) ἐντολῶν τοῦ Κυρίου
(Θεοῦ g).   d om.   A = μὴ ἴδω διεστραμμένως καὶ βάλῃ ἐμὲ εἰς ταραχὴν αὐτῶν.

V. ¹α, adef (save that d reads Κυρίου for Θεοῦ).   bg, S¹ read νόμον Θεοῦ
τέκνα μου (g om.).   A = νόμον Κυρίου.   ²A^{-fg} = κτήσασθε τ. ἁπλότητα,
but A^{fg} agree with α, β, and A om. rest of ver. and ver. 2.   ³α. bdg, S¹
read as in margin (save that dg read μηδὲ τῶν for καὶ τοῦ and g καὶ τῶν),
aef ἐντολὴν Κυρίου καὶ τοῦ.   ⁴dg read πλησίων.   ⁵α, aef. bdg read
ἀγαπᾶτε.   ⁶α.   β om.   ⁷d adds ὑμῶν.   ⁸c reads ὀρφανόν.   Is this
due to Ps. lxxxi. 3?   ⁹b reads ἐλεᾶτε.   ¹⁰hi read ἀποτίθετε, bdg ὑπόθετε.
¹¹g reads νοῦν.   ¹²β, A, S¹ add τῆς (abef om.) γῆς.   A om. rest of verse.
¹³hi, d add τῷ (but hi trs. τῷ K. after προσφ.).   ¹⁴g reads προσφέρετε.

4. Ὅτι¹⁵ ἐν πρωτογεννήμασιν¹⁶ καρπῶν¹⁷ ⌜τῆς γῆς¹⁸⌝ *εὐλογήσει ὑμᾶς¹⁹ Κύριος²⁰ ⌜καθὼς εὐλόγησε²¹ πάντας τοὺς²² ἁγίους²³ ἀπὸ Ἀβὲλ ἕως τοῦ νῦν⌝. 5. Οὐ γὰρ δέδοται ὑμῖν²⁴ ἄλλη μερὶς ⌜*εἰ μὴ²⁵ *τῆς πιότητος²⁶ τῆς γῆς *ἐν πόνοις καρπῶν²⁷⌝.

α, β, S¹

6. *Ὅτι καὶ²⁸ ὁ πατήρ μου²⁹ Ἰακὼβ³⁰ ἐν³¹ εὐλογίαις ⌜τῆς³² γῆς καὶ ἀπαρχῶν³³ καρπῶν³⁴ εὐλόγησέ με. 7. Καὶ ὁ³⁵ Λευὶ³⁶ καὶ ὁ³⁷ Ἰούδας ἐδοξάσθησαν³⁸ παρὰ Κυρίου καὶ³⁹ ἐν υἱοῖς Ἰακώβ. Καὶ ὁ⁴⁰ Κύριος *ἐκληροδότησεν αὐτούς⁴¹⌝, καὶ τῷ μὲν Λευὶ⁴² ἔδωκε *τὴν ἱερατείαν⁴³, τῷ δὲ Ἰούδᾳ⁴² τὴν βασιλείαν.

A

6-7. Δι' ὃ καὶ ὁ πατὴρ ἡμῶν ἐν ταῖς εὐλογίαις ἡμῶν (A^{b*d} αὐτοῦ) ἐκληροδότησε τῷ Λευὶ τὸ πρωτεῖον καὶ Ἰούδας ἐδοξάσθη ἐν υἱοῖς Ἰακώβ.

bg, S¹ ἧς ἐν πόνοις οἱ καρποί.

β–d, S ἐ-κλήρωσεν ἐν αὐτοῖς. β–d, S¹ αὐτοῖς (+ οὖν bg) ὑπακούσατε.

8. *Καὶ ὑμεῖς ⌜οὖν⌝ αὐτοῖς ὑπακούετε⁴⁴ καὶ⁴⁵ τῇ ἁπλότητι⁴⁶ τοῦ πατρὸς ὑμῶν περιπατεῖτε⁴⁷· [*τῷ δὲ⁴⁸ Γὰδ ἐδόθη ἀπολέσαι τὰ *ἐπερχόμενα πειρατήρια⁴⁹ τῷ Ἰσραήλ].

β, A, S¹ ὅτι καὶ τῷ.

---

¹⁵ g om. ¹⁶ α, a. β–ad read πρωτογεννήμασιν. d προγεννήμασι. Aᵃ = γεννήμασιν or εὐφορίᾳ. A^{b*cdfg} (corrupt) = πόνοις. ¹⁷ A adds ὑμῶν. ¹⁸ α. β–ag read γῆς, g τῆς γῆς καί. a om. h adds εὐλογίας, i εὐλογίαν. ¹⁹ h, dg. c reads εὐλογῆσαι. b, S¹ read εὐλόγησε, aef εὐλογήσει σε. A = εὐλογηθήσεται but by a change of a single letter A becomes εὐλογήσει. ²⁰ A om. rest of verse. ²¹ c reads εὐλογῆσαι. ²² c om. ²³ g reads δικαίους. d adds αὐτοῦ. ²⁴ g, A. a reads ἡμῖν, bdef, S¹ σοι. α om. ²⁵ α, e. abfg read ἤ, d πλήν. ²⁶ d om. ²⁷ α, aef. bg, S¹ read as in margin. d om. ²⁸ α, aefg, A. b, S¹ read ὅτι, d καὶ γάρ. A = δι' ὅ. ²⁹ α, d. β–d, A, S¹ read ἡμῶν. ³⁰ d trs. before ὁ πατήρ. ³¹ g om. ³² abde om. ³³ α, beg. a reads ἀπαρχῇ, d ἐν ἀπαρχαῖς, f ἀπαρχῆς. ³⁴ aef add γῆς. ³⁵ dg om. ³⁶ de read Λευίς. ³⁷ h, abe. c, dfg om. ³⁸ b reads ἐδοξάσθη. ³⁹ α. β, S¹ om. ⁴⁰ α. β read γάρ. ⁴¹ α, d. β–d, S¹ read ἐκλήρωσεν ἐν (g om.) αὐτοῖς. ⁴² c. hi, β om. ⁴³ hi, a read τὸ ἱερατεῖον. ⁴⁴ α. β–d, A, S¹ read αὐτοῖς (+ οὖν bg) ὑπακούσατε (ἔστε A^{b*c}). d ἀκούσατε οὖν αὐτοῖς. ⁴⁵ a om. ⁴⁶ c adds τῆς καρδίας ὑμῶν, h μου, a τε, g τῆς ζωῆς. ⁴⁷ α. β read περιπατήσατε. A = μὴ σκανδαλισθῆτε, but there is an obvious internal corruption here. d om. rest of verse. ⁴⁸ α. β–d, A, S¹ read as in margin. The clause τῷ δὲ ... Ἰσραήλ, which contains a play on the name Gad, is alien to the context and belonged probably to the Test. of Gad originally. It is omitted by d. Thus τῷ Γὰδ ... τὰ

β, A, S¹   VI. *Γινώσκετε οὖν¹, τέκνα² μου, ὅτι ἐν ἐσχάτοις καιροῖς
οἴδατε   καταλείψουσιν³ οἱ υἱοὶ ὑμῶν τὴν ἁπλότητα
(οἶδα
bdg, A).   ⌜καὶ κολληθήσονται τῇ ἀπληστίᾳ⌝,
            ⌜καὶ⌝ ἀφέντες⁴ ⌜τὴν ἀκακίαν⁵
β κακουρ-   προσπελάσουσι⁶ τῇ πανουργίᾳ⁷,
γίᾳ.   *καὶ καταλιμπάνοντες⁸ τὰς ἐντολὰς Κυρίου
            *κολληθήσονται τῷ Βελίαρ⁹.
2. Καὶ ἀφέντες⌝ τὸ¹⁰ γεωργεῖν¹¹
ἐξακολουθήσουσι¹² τοῖς ⌜πονηροῖς⌝¹³ διαβουλίοις αὐτῶν
καὶ διασπαρήσονται ἐν τοῖς ἔθνεσιν
καὶ δουλεύσουσιν¹⁴ τοῖς ἐχθροῖς αὐτῶν.
3. Καὶ ὑμεῖς οὖν εἴπατε ταῦτα¹⁵ τοῖς τέκνοις ὑμῶν, ὅπως, ἐὰν
ἁμάρτωσι¹⁶, τάχιον¹⁷ ἐπιστρέψωσι¹⁸ πρὸς τὸν¹⁹ Κύριον,
4. Ὅτι ἐλεήμων ἐστὶ καὶ ἐξελεῖται²⁰ αὐτοὺς *τοῦ ἐπιστρέ-
ψαι αὐτοὺς²¹ εἰς τὴν γῆν αὐτῶν.

          α   β, A, S¹
VII. *'Ἰδοὺ οὖν ὡς ὁρᾶτε,   VII. Ἑκατὸν εἰκοσιδύο
ἑκατὸν εἴκοσι καὶ ἓξ ἐτῶν   ἐτῶν εἰμὶ ἐγώ, καὶ οὐκ ἔγνων
ὑπάρχω¹, καὶ οὐκ *ἔγνων †ἐν   ἐν ἐμοὶ ἁμαρτίαν ⌜εἰς θάνα-
ἐμοὶ ἁμαρτίαν   2. γυναικός†   τον.   2. Πλὴν τῆς γυναικός
πλὴν τῆς συμβίου μου².   μου οὐκ ἔγνων ἄλλην⌝.
Οὐκ ἐπόρνευσα³ ἐν μετεωρισμῷ ⌜ὀφθαλμῶν⌝⁴ μου⁵.

πειρατήρια = הגדודים ... לגד.   ⁴⁹ α. β–d read τὰ πειρ. τὰ ἐπερχόμενα.
A = τὰ πειρ. ἃ ἀποκαλυπτόμενα ἐστίν; but ιμμᴫℓℓngr is corrupt for
ιμπᴫℓℓngr = ἐπερχόμενα.

VI. ¹ aef, S¹ read οἴδατε, bdg, A οἶδα. ² g reads τεκνία. ³ A = πορνεύ-
σουσι ἀπό, which may have been corrupt for πορεύσουσιν ἀπό. ⁴ A om. next
fifteen words through hmt. ⁵ hi read κακίαν. ⁶ c reads προσπελάσωσι.
⁷ α. β read κακουργίᾳ. ⁸ α, ae. bf read καταλιπόντες, d καταλείποντες. ⁹ g
prefixes καί and trs. before preceding line. ¹⁰ α read τῷ. ¹¹ b reads γεωργείον.
¹² h, abde. c reads ἐξακολουθοῦσι, f ἐξακολουθήσωσιν, g ἐπακολ. ¹³ f om.
c add καί. ¹⁴ bf add ἐν. ¹⁵ f reads αὐτά. g. trs. after ὑμῶν. ¹⁶ bd
read ἁμαρτήσωσι. ¹⁷ bf read τάχειον. ¹⁸ α, d. β–d read ἐπιστρέψουσι.
¹⁹ c. hi, β om. ²⁰ a reads ἐξελῆται. Aᵇ*ᵈ add σώσει. ²¹ α. β–g
reads τοῦ ἐπιστρέψαι. g, A read καὶ ἐπιστρέψει αὐτούς (g om.). a reads
together with next four words.

VII. ¹ α (save that hi prefix καί and read ὑπάρχων for ὑπάρχω). abf, A, S¹
read as in parallel text. deg ρκβ' (ε' g) εἰμὶ (ἤμην e) ἐγὼ (d om.) σήμερον
(e om.). ² α (save that hi read γυναικῶν). β, S¹ read as in parallel column
save that for ἐν ἐμοί bdg read ἐπ' ἐμέ (dg ἐμοί) and S¹ om. εἰς θάνατον. A =

3. Οἶνον⁶ εἰς ἀποπλάνησιν οὐκ ἔπιον·
   ⌜πᾶν ἐπιθύμημα τοῦ πλησίον οὐκ ἐπεθύμησα⁷⌝.
4. Δόλος,⁸ οὐκ ἐγένετο⁹ *ἐν τῇ¹⁰ καρδίᾳ μου·
   ψεῦδος οὐκ ἀνῆλθε διὰ τῶν¹¹ χειλέων μου.
5. ⌜Παντὶ ἀνθρώπῳ ὀδυνομένῳ συνεστέναξα
   καὶ πτωχῷ μετέδωκα ἄρτον¹² μου⌝.
   Εὐσέβειαν ἐποίησα¹⁴ ἐν πάσαις ταῖς¹⁵ ἡμέραις μου.
   *Ἀλήθειαν ἐφύλαξα¹⁶,

After ἄρτον μου β, S¹ add ⌜οὐ βέβρωκα μόνος

α	β, S¹
6. Τὸν Κύριον ἠγάπησα¹⁷ καὶ πάντα ἄνθρωπον ἐξ ὅλης τῆς καρδίας¹⁸ μου	6. ⌜Τὸν Κύριον ἠγάπησα *ἐν πάσῃ¹⁹ ἰσχύι μου· ὁμοίως²⁰ καὶ πάντα ἄνθρωπον ἠγάπησα *ὑπὲρ τὰ²¹ τέκνα μου.

ὅριον οὐκ ἔλυσα⌝¹³.

7. *Ταῦτα καὶ ὑμεῖς, τέκνα μου, ποιεῖτε²²,
   καὶ²³ πᾶν πνεῦμα τοῦ Βελίαρ φεύξεται ἀφ' ὑμῶν
   καὶ πᾶσα πρᾶξις πονηρῶν ἀνθρώπων οὐ κυριεύσει ὑμῶν²⁴
   καὶ¹¹ πᾶν ἄγριον θηρίον²⁵ καταδουλώσετε²⁶
   ἔχοντες μεθ' ὑμῶν²⁷ τὸν θεὸν τοῦ οὐρανοῦ *καὶ τῆς γῆς²⁸
   *συμπορευόμενον τοῖς ἀνθρώποις ἐν ἁπλότητι καρδίας²⁹⌝.
8. *Καὶ ταῦτα εἰπὼν ἐνετείλατο τοῖς υἱοῖς αὐτοῦ³⁰ ὅπως ἀναγά-

β-d, A^acfg, S¹ καὶ ἐνετείλατο αὐτοῖς.

ἔγνων ἐν ἐμοὶ ἁμαρτίαν. ³A add καί. ⁴c read ὀφθαλμῷ. ⁵ef om. ⁶A trs. after ἀποπλάνησιν. ⁷be read ἐπόθησα. ⁸The couplet δόλος ... χειλέων μου appears in A as Καὶ δόλος οὐκ ἀνῆλθε διὰ τῶν χειλέων μου καὶ οὐκ ἐψευσάμην τῷ πλησίον μου. ⁹d reads ἔγνω. ¹⁰α, df. abe read ἐν, g τῇ. ¹¹g om. ¹²α. β-ag read τὸν ἄρτον, ag τῶν ἄρτων. ¹³β save that b reads ἔφαγον for βεβρ. and d adds ποτε after βεβρ. and τινι after ἔλυσα. ¹⁴g om. next seven words. Cf. reading of adf. ¹⁵e om. ¹⁶α. adef, S¹ read ἀλ. ἐποίησα (e ἠγάπησα), b καὶ ἀλήθειαν· A καὶ ἐν ὁσιότητι ἐπορευσάμην. A om. verses 6–7. c add εὐσέβειαν ἠγάπησα. ¹⁷hi add ὁμοίως. ¹⁸c. hi read ἰσχύος. ¹⁹efg. bd read ἐν πάσῃ τῇ. a om. ²⁰d adds δέ. ²¹b reads ὡς. ²²c. hi, g read καὶ ταῦτα ποιεῖτε καὶ ὑ. τ. μου (g ποιήσατε τ. μου καὶ ὑ.); b, S¹ ταῦτα καὶ ὑ. ποιήσατε τ. μου. adef ταῦτα ποιήσατε καὶ ὑ. τ. μου. ²³c reads ταῦτα ὑμεῖς ἐὰν ποιεῖτε. ²⁴β. c reads ἀφ' ὑμῶν, hi ὑμῖν. ²⁵α, d. a reads πάντα ἄγρια θηρία, befg πάντα ἄγριον θῆρα (θηρίον f, θηρίον θῆρα e). ²⁶c. hi, f read καταδουλώσητε, ab καταδουλώσεσθε, e καταδουλώσησθε, g καταδουλώσασθε, d οὐκ ἔλθῃ πρὸς ὑμᾶς and omit next two lines. c adds in margin and hi in text περὶ τοῦ Χριστοῦ. ²⁷α. β-d read ἑαυτῶν. ²⁸α. β, S¹ om. ²⁹α, β-d, S¹ save that hi, ef read συμπορευόμενοι and α adds αὐτοῦ after καρδίας. ³⁰α. β-d, A^acfg, S¹ read as in margin, d, A^b*d ταῦτα (+πάντα A^b*d) εἰπὼν Ἰσαχὰρ τοῖς υἱοῖς αὐτοῦ ἐνετείλατο αὐτοῖς. Thus the

ΔΙΑΘΗΚΗ ΙΣΑΧΑΡ [VII. 8

β–g, S¹ γνωσιν αὐτὸν³¹ ἐν³² Χεβρών³³, κακεῖ³⁴ θάψωσιν αὐτὸν³⁵ αὐτὸν ⌈μετὰ τῶν πατέρων αὐτοῦ⌉³⁶.
ἐν τῷ
σπηλαίῳ. α | β, S¹ | A

9. Καὶ ἐκτείνας τοὺς πόδας αὐτοῦ³⁷ ἐκοιμήθη ἐν γήρει καλῷ ὕπνον αἰώνιον. | 9. *Καὶ ἐξέτεινε τοὺς πόδας αὐτοῦ καὶ³⁸ ἀπέθανε³⁹ ἐν γήρει καλῷ, πᾶν μέλος ἔχων ὑγιές⁴⁰, καὶ ἰσχύων ὕπνωσεν ὕπνον αἰώνιον⁴¹. | 9. Καὶ ἐκτείνας τοὺς πόδας αὐτοῦ ὕπνωσεν ἐν *γῇ 'Ρακολμ⁴² *ὑγιὴς ὤν.⁴³ πάντα μέλη αὐτοῦ, καὶ ἐν ἰσχύι ὕπνωσεν ὕπνον αἰώνιον⁴⁴.

Διαθήκη Ζαβουλῶν τοῦ ἕκτου υἱοῦ Ἰακὼβ καὶ Λείας¹.

I. *Ἀντίγραφον λόγων² Ζαβουλών, ὧν³ διέθετο τοῖς υἱοῖς⁴ αὐτοῦ, ⌈πρὶν ἢ ἀποθανεῖν αὐτὸν⌉⁵ *ἐν τῷ⁶ ἑκατοστῷ *τετάρτῳ καὶ δεκάτῳ⁷ ἔτει τῆς ζωῆς αὐτοῦ⁸, μετὰ *οὖν δύο ἔτη⁹ *τοῦ θανάτου¹⁰ Ἰωσήφ. 2. Εἶπεν¹¹ αὐτοῖς· Ἀκούσατέ μου¹²,

inferior MSS. of A agree closely here with α, d.   ³¹ A = ὀστέα αὐτοῦ.   ³² α, bdf. aeg read εἰς.   ³³ d reads Χευρών.   ³⁴ g reads καί. f adds αὐτόν.   ³⁵ β–g trs. before θάψωσιν against α.   g, A om. β–g, A, S¹ add ἐν τῷ σπηλαίῳ (+ τῷ διπλῷ d, A).   ³⁶ h, A om.   ³⁷ hi. c om. ³⁸ β–d save that g reads ἐκτείνας and om. αὐτοῦ καί. d reads ὡς δὲ ἐπλήρωσεν ἐντελλόμενος τοῖς υἱοῖς αὐτοῦ.   ³⁹ b adds πέμπτος.   ⁴⁰ d reads ὑγιῇ.   g om. rest of ver.   ⁴¹ f, S¹ add Ἰσσαχὰρ υἱὸς Ἰακὼβ ϛ´ (+ καὶ S¹) υἱὸς Λίας ϛ´ (+ καὶ S¹) ἔζησεν ἔτη ρκβ´.   ⁴² So A^{abbd}, corruption of γήρᾳ καλῷ. A^{cf} are more corrupt.   ⁴³ A^{acfg}. A^{b*d} = ὑγιὴς ἦν.   ⁴⁴ A^{b*} add εἰς δόξαν θεοῦ.

¹ Title. α in text. abef, S¹ read Δ. Ζ. περὶ εὐσπλαγχνίας καὶ ἐλέους (+ ἑρμηνεύεται Ζ. δῶρον f), d (conflate) Δ. Ζ. υἱοῦ Ἰακὼβ καὶ Λίας ϛ´ περὶ εὐσπλαγχνίας καὶ ἐλεημοσύνης, g Δ. Ζ. περὶ ἐλεημοσύνης ϛ´. A^{ab} = Δ. Ζ. υἱοῦ Ἰσραὴλ υἱοῦ Ἰσαάκ, A^{cfg} = Δ. Ζ.   ²α, β–abd. a reads ἀντίγραφα λόγ. b, S¹ reads ἀντίγραφα. d reads ἀντίγραφον διαθήκης. A^{abb*cd} (conflate) = ἀντίγ. διαθήκης λόγων. A^b om. 1, 2, 3°.   ³ ci, β–bd. h reads ᾧ, b ὅ, d ὅσα. ⁴ α. β read τέκνοις.   ⁵ c. d reads πρὸ τοῦ ἀποθανεῖν αὐτόν. h, β–d, A, S om. ⁶ β–a om.   ⁷ hi, d (save that h reads τεσσάρῳ). So bg, S¹ ριδ´. ef(though corrupt) support text τέσσαρες (-ις f) καὶ δεκάτῳ, c τετάρτῳ, a τεσσαρακοστῷ καὶ δεκάτῳ. A = εἰκοστῷ καὶ τετάρτῳ.   ⁸ g om. rest of verse.   ⁹ c. h reads δὲ δύο ἐτῶν, i οὖν ἔτη. adef, A read δύο ἔτη, bg λβ´.   ¹⁰ d reads τῆς τελευτῆς. ¹¹ α. β–dg, A^{acf}, S read καὶ εἶπεν. d, A^{bb*d} καλέσας (ἐκάλεσε A^{b*d}) τοὺς υἱοὺς αὐτοῦ (+ καὶ A^{b*d}) εἶπεν, g καλέσας αὐτοὺς εἶπεν.   ¹² a add λόγων, d oi.

II. 1]   ΔΙΑΘΗΚΗ ΖΑΒΟΥΛΩΝ   117

υἱοὶ Ζαβουλών¹⁸, *προσέχετε ῥήμασιν¹⁴ *τοῦ πατρὸς ὑμῶν¹⁵.

3. Ἐγὼ¹⁶ Ζαβουλὼν δόσις ἀγαθὴ¹⁷ γέγονα¹⁸ τοῖς γονεῦσί μου· ἐν γὰρ τῷ τεχθῆναί¹⁹ με, ηὐξήνθη²⁰ ὁ πατήρ μου²¹ σφόδρα καὶ τὰ πρόβατα²² καὶ τὰ βουκόλια, ὅτε²³ *ἐν ταῖς ποικίλαις ῥάβδοις²⁴ εἶχον²⁵ τὸν κλῆρον. 4. Οὐκ ἔγνων ⌈δὲ²⁶⌉ ὅτι ἥμαρτον ἐν ταῖς ἡμέραις μου ⌈παρεκτὸς ἐννοίας⌉. 5. Οὐ²⁷ μνήσκομαι²⁸ ὅτι παρανομίαν ἐποίησα, πλὴν τὴν ἄγνοιαν ἣν ἐποίησα²⁹ ἐπὶ τοῦ³⁰ Ἰωσήφ, ὅτι ἐβεβαίωσα³¹ τοῖς ἀδελφοῖς μου³² *μὴ εἰπεῖν³³ *τῷ πατρί μου³⁴ τὸ γενόμενον. 6. Ἀλλ᾽³⁵ ἔκλαιον³⁶ ⌈ἐν κρυφῇ⌉³⁷ *ἡμέρας πολλὰς³⁸ *διὰ τὸν Ἰωσήφ³⁹· *ἐφοβούμην γὰρ⁴⁰ *τοὺς ἀδελφούς μου, ⌈ὅτι⁴¹ συνέθεντο πάντες⁴² *ὅστις ἐξείπῃ⁴³ τὸ μυστήριον ἀναιρεθῆναι⁴⁴ αὐτόν⁴⁵⌉. 7. *Πλὴν ὅτε⁴⁶ ἐβούλοντο ἀνελεῖν αὐτόν⁴⁷, *ἐγὼ μετὰ δακρύων προσεκάλουν αὐτοὺς⁴⁸ μὴ ποιῆσαι τὴν ἁμαρτίαν⁴⁹ ταύτην.

σφόδρα.
β–d,
A^abcf, S
εἶχεν.
bg, A
ἐσκέπασα ἐπί.
β (A), S¹
πολλὰ
διεμαρτυράμην
αὐτοῖς
⌈μετὰ δακρύων⌉

II. Ἦλθον¹ γὰρ ὁ² Συμεὼν ⌈καὶ ὁ Δὰν⌉² καὶ ὁ² Γὰδ τοῦ.

g om. μου.   ¹³ d adds τοῦ πατρὸς ὑμῶν.   ¹⁴ g reads φωνῆς.   d, A read καὶ προσέχετε (+τοῖς d) ῥήμασιν.   ¹⁵ α, g. abef, A, S¹ read πατρὸς ὑμῶν, d μου. ¹⁶ β, A add εἰμί.   g om. ver. 3.   ¹⁷ A = ἀγαθοῖς.   ¹⁸ α. β, S¹ om.   ¹⁹ α. β read γεννηθῆναι.   ²⁰ α, d.   β–d read ηὐξήθη.   ²¹ α, d, A, S². befg S¹ read ἡμῶν.   a om.   β–d add ἕως.   ²² α, af. bdeg read ποίμνια.   ²³ d reads ὅτι.   A^b*efg = καί.   ²⁴ α, β–b.   b reads ἐν τοῖς ποικίλοις ῥάβδοις. A^abb*cefg = ποικίλον.   ²⁵ α, d. β–d, A^abcf, S read εἶχεν.   A^b* om. ²⁶ α. β, A, S¹ om.   b adds τέκνα μου.   ²⁷ α. β, S¹ read οὐδέ.   ²⁸ α, aeg. b reads μιμνήσκομαι, df μέμνημαι.   A = μέμνησθαι δύναμαι.   ²⁹ β, A. α om. ³⁰ α, b.   β–b om.   ³¹ α, β–bg, S¹ (save that aef add ἐπί). bg, A read as in margin (though A adds τὸν λόγον after μου). Ἐσκέπασα ἐπί = בְּפַשְׁיִּי corrupt for עַל חֻקְמַי = ἐβεβαίωσα. Cf. Esther ix. 21, 31. ³² d add τοῦ.   ³³ A = καὶ οὐκ εἶπον.   ³⁴ β, A (though A adds Ἰακὼβ and trs. after γενόμενον). α read τὸν πατέρα ἡμῶν.   ³⁵ α, β–bdg, A^b*d. bg, A^abcefg read καί.   d om. ἀλλ᾽...Ἰωσήφ. Yet see note 45.   ³⁶ b add πολλά.   ³⁷ α, β–afg. af read κρυφῇ.   g, A om.   ³⁸ bg om. f prefixes ἐπί.   ³⁹ c. hi, aefg read περὶ (+τοῦ h) Ἰωσήφ.   b om.   ⁴⁰ g reads ἀλλ᾽ ἐφοβούμην.   ⁴¹ d reads αὐτοὺς ἐπειδὴ γάρ.   ⁴² β, S¹ add ὁμοῦ.   ⁴³ α (save that c reads ἐξείπει). bg read εἴ τις ἐξείποι, adf ὅτι (a om.) εἴ τις ἐξείπῃ, e ἤ τις ἐξείποι.   ⁴⁴ d reads ἀναιρεθήσεται.   ⁴⁵ β, S¹ add μαχαίρᾳ. After μαχαίρᾳ d adds ἔκλαιον οὖν ἐγὼ περὶ Ἰωσὴφ ἡμέρας πολλὰς ἐν κρυφῇ. ⁴⁶ dg, S¹ read πλὴν ὅτι.   A^b*d = καὶ ὅτε.   ⁴⁷ c om. rest of verse and ἦλθον...τοῦ ἀνελεῖν in ii. 1 through hmt.   ⁴⁸ hi. β, S read as in margin. A = πολλάκις διεμαρτυράμην (ἐβουλόμην διαμαρτύρασθαι A^ab, ὠλόλυζον A^b*d) αὐτοῖς τοῦ.   ⁴⁹ h. β, A read ἀνομίαν.

β, A, S¹ ἐπὶ τὸν Ἰωσὴφ τοῦ ἀνελεῖν αὐτόν, καὶ ἔλεγεν αὐτοῖς μετὰ
*ἐπὶ τὸν δακρύων. 2. Ἐλεήσατέ με ἀδελφοί μου⁷· οἰκτειρήσατε⁸
Ἰωσὴφ³
⌜τοῦ σπλάγχνα⁹ Ἰακὼβ τοῦ πατρὸς ἡμῶν¹⁰. Μὴ¹¹ ἐπαγάγετε¹²
ἀνελεῖν τὰς χεῖρας ὑμῶν ⌜τοῦ¹³ ἐκχέαι αἷμα ἀθῷον⌝, ὅτι οὐχ ἥμαρτον¹⁴
αὐτὸν⌝¹⁴
καὶπεσὼν εἰς ὑμᾶς. 3. Εἰ δὲ καὶ¹⁵ ἥμαρτον, ἐν παιδείᾳ παιδεύσατέ με,
ἐπὶ πρόσ- ⌜ἀδελφοί μου⌝¹⁶, *τὴν δὲ χεῖρα ὑμῶν μὴ¹⁷ *ἐνέγκατε ἐν φόνῳ
ωπον
Ἰωσὴφ⁵ ἀδελφοῦ ὑμῶν¹⁸ διὰ Ἰακὼβ τὸν πατέρα ὑμῶν¹⁹. 4. Ὡς δὲ
*ἔλεγεν ἔλεγεν ⌜ὀδυρόμενος⌝²⁰ τὰ *ῥήματα ταῦτα²¹, *μὴ φέρων ἐγὼ τῶν
αὐτοῖς⁶.
β, A, S¹ οἰμωγῶν²² ⌜ἠρξάμην κλαίειν⌝, καὶ τὰ ἥπατά μου ἐξεχύθησαν²³,
ἐπαγά- καὶ πᾶσα²⁴ ἡ ὑπόστασις²⁵ τῶν σπλάγχνων μου ἐχαυνοῦτο²⁶.
γετε ἐπ'
ἐμέ. 5. *Ἔκλαιον δὲ σὺν τῷ Ἰωσὴφ²⁷ καὶ ἐβόμβει²⁸ ἡ καρδία μου,
β, Aᵃᵇᶜ ⌜καὶ οἱ ἁρμοὶ τοῦ σώματός μου ἔτρεμον²⁹⌝· καὶ οὐκ ἠδυνάμην
ἐπενέγ- στῆναι³⁰. 6. *Ἰδὼν δὲ Ἰωσὴφ συνκλαίοντά με³¹ αὐτῷ,
κητέ μοι. κἀκείνους ἐπερχομένους³² ἀνελεῖν αὐτόν³³, κατέφυγεν ὄπισθέν³⁴
β, S¹ εἰς

οἴκτου ἦλθον ἐγὼ καί. β, A, S¹ ἐχαυνοῦτο ἐπὶ τὴν ψυχήν μου. β, S¹
ἔκλαιε δὲ καὶ Ἰωσὴφ κἀγὼ σὺν αὐτῷ. β, S¹ ἐξέστησαν.

II. ¹ag read ἦλθε. ²h. β, A, S¹ om. ³A = ἐπ' αὐτόν. g om.
af om. next eight words through hmt. deg S¹ add μετ' ὀργῆς. ⁴d, A om.
⁵e reads ὁ Ἰωσήφ. ⁶Aᵇ*ᵈ = ἔλεγεν μετὰ δακρύων. Cf. α. Aᵃᵇᶜᵉfg = ἐδάκρυε
καὶ ἔλεγε. af insert καὶ before ἔλεγεν. ⁷d om. ⁸bdg, A add τά.
⁹A read ܫܝܒܘܬ (= τὸ γῆρας) which is corrupt for ܫܚܠܘܬ = τὰ σπλάγχνα.
¹⁰a reads ὑμῶν. ¹¹d, A read καὶ μή. ¹²β, S¹ add ἐπ' ἐμέ. A adds
the same phrase after ὑμῶν. ¹³g om. ¹⁴d adds τι. ¹⁵f om. ¹⁶α,
β–bd, S¹. bd, A om. ¹⁷α (save that c om. δέ), β, Aᵃᵇᶜ, S¹. Aᵇ*ᵈᵉfg = καὶ
μή τι (+ μοι κακά Aᵇ*). ¹⁸α. β, Aᵃᵇᶜ read ἐπενέγκητέ μοι (dg ἐπ' ἐμέ, b om.).
¹⁹c, A. hi, β, S¹ read ἡμῶν. ²⁰α. β, A, S¹ om. ²¹g reads ἐλεεινὰ
ῥήματα. ²²α. β, S¹ read as in margin save that d om. καί. A =
οἶκτος ἔπεσεν εἰς καρδίαν μου. ²³dg. hi, β–dg read ἐξελύθησαν, S¹ ἐξελύθη.
c reads ἐξηλήθησαν. β, S¹ add ἐπ' ἐμέ. A = ἐτύπησαν ἐν ἐμοί, but ܨܘܦܠ
ܠܗܘ is corrupt for ܨܢܘܒܓܘܠ = ἐξεχύθη and thus supports dg. The text
is based on Lam. ii. 11 'and my liver was poured out' (נשפך). ²⁴g trs.
after ὑπόστασις. ²⁵A reads ܠܘܪ ܩܘܦܢܠܦܒܘܠ = ὑπόστασις δυνάμεως, but
the two words appear to be duplicate renderings of ὑπόστασις. ²⁶β, A, S¹
add as in margin (save that e om. ἐπί, and g reads τῇ ψυχῇ for τὴν ψυχήν).
ἐχαυνοῦτο is difficult—corrupt perhaps for ἐθολοῦτο. The text would then
be based on Lam. i. 20, ii. 11 חמרמרו. ²⁷α, A (save that A read αὐτῷ
for τῷ 'I.). β, S¹ read as in margin save that f om. καί and d δὲ καί.
²⁸a. c reads ἐβόμβοι, hi ἔμφοβος ἦν, bfg ἐβόμβη, d, A ἐθαμβήθη, e ἐβόνβει.
ἐβόμβει = הָמָה, ἐθαμβήθη = חָמַץ. ²⁹hi. c reads ἔτρεχον, β ἐξέστησαν.
³⁰b reads τοῦ στῆναι. g trs. before οὐκ. ³¹α. β, A, S¹ read καὶ ἰδὼν
(εἶδεν g) με συνκλαίοντα. ³²i, β–g, A, S¹. ch read ἀπερχ. g ἀνερχ. ³³g

III. 3]   ΔΙΑΘΗΚΗ ΖΑΒΟΥΛΩΝ   119

μου, δεόμενος *τῆς πρὸς αὐτὸν βοηθείας³⁵.   7. *'Εν δὲ τῷ β, A, S¹
μεταξὺ ἀναστὰς³⁶ 'Ρουβὴμ³⁷ εἶπεν³⁸. *Δεῦτε ἀδελφοί μου³⁹, μὴ αὐτῶν.
ἀποκτείνωμεν αὐτὸν ἀλλὰ ῥίψωμεν⁴⁰ αὐτὸν εἰς ἕνα τῶν *ξηρῶν ἀναστὰς
λάκκων⁴¹ τούτων⁴², ὧν ὤρυξαν οἱ πατέρες ἡμῶν, καὶ οὐχ εὗρον δέ.
ὕδωρ⁴³. 8. Διὰ γὰρ τοῦτο ἐκώλυσε ὁ⁴⁴ Κύριος *τοῦ μὴ β, Α, S¹
ἀναβλῦσαι ὕδωρ⁴⁵ ἐν αὐτοῖς ἵνα *γένηται περιποίησις τῷ⁴⁶ β τοῦ
'Ιωσήφ. 9. *Καὶ ἐποίησαν⁴⁷ *οὕτως ἕως ὅτου⁴⁸ ἐπώλησαν⁴⁹ ἀναβῆναι
αὐτὸν⁵⁰ τοῖς 'Ισμαηλίταις⁵¹.   β–dg, S¹
    III. *Εἰς γὰρ τὸ τίμημα αὐτοῦ ἐγὼ οὐκ ἐκοινώνησα, ἐποίησε
τέκνα μου¹. 2. *'Αλλὰ Συμεὼν² καὶ *ὁ Δὰν καὶ ὁ Γὰδ καὶ β, Aᵃᵇ
τὰ τέκνα αὐτῶν³, καὶ⁴ λαβόντες *τὴν τιμὴν αὐτοῦ⁵ ἐπρίαντο⁶ Γὰδ καὶ
ὑποδήματα ἑαυτοῖς⁷ *καὶ ταῖς γυναιξὶν αὐτῶν⁸ ⌈καὶ τοῖς τέκνοις οἱ ἄλλοι-
αὐτῶν⁹⌉, εἰπόντες·   3. *Οὐ φαγόμεθα αὐτήν¹⁰, ὅτι τιμή φοὶ ἡμῶν.
ἐστιν *αἵματος τοῦ ἀδελφοῦ ἡμῶν¹¹, ἀλλὰ καταπατήσει¹² β–dg,
καταπατήσωμεν¹³ αὐτήν, ἀνθ' ὧν εἶπεν βασιλεῦσαι¹⁴ ἐφ' αὐτη.
                                                                Aᵃᵇ ἡμῶν

adds καί.   ³⁴α. β read ὀπίσω.   ³⁵α. β–d, A, S¹ read as in margin.
d reads αὐτοῖς.   ³⁶α. β read as in margin. A = καὶ τότε ἀναστάς.
³⁷ abfg. α, d read 'Ρουβίμ, e 'Ρουβήν.   ³⁸ a adds αὐτοῖς.   ³⁹ α. β, A read
ἀδελφοί (+ μου g, A).   ⁴⁰ c reads βάλλομεν.   ⁴¹ α. β, A read λάκκων
τῶν ξηρῶν.   ⁴² g om. rest of verse together with ver. 8.   ⁴³ Aᵇᶜ add
ῥίψωμεν αὐτόν. c. om. next ten words through hmt.   hi add ἐν αὐτοῖς
owing to c(?).   ⁴⁴ hi. β om.   ⁴⁵ hi, A. bd, S¹ read τοῦ ἀναβῆναι (εὑρεθῆναι
d) ὕδωρ, aef ὕδωρ ἀναβῆναι.   ⁴⁶ c, abef, A (save that c reads γένεται and
b τοῦ). hi read γένωνται περιποιήσεις τῷ, d γένονται εἰς περιποίησιν τῷ.   ⁴⁷ α,
d, A. So also g save that it prefixes ὁ.   ⁴⁸ α. β–dg, S¹ read καὶ ἐποίησε Κύριος.
⁴⁸ α. β–g read οὕτως ἕως οὗ, g καὶ εἶθ' οὕτως.   ⁴⁹ α, bdeg. a reads
πέπρακαν, and trs. after 'Ισμ. f ἔπρασαν. A = ἐπωλήσαμεν.   ⁵⁰ Aᵃᵇ =
'Ιωσήφ.   ⁵¹ c reads 'Ισραηλίταις.

    III.   ¹ α. β–dg, S¹ read καὶ γὰρ τὸ τίμημα (τῆς τιμῆς b, τῷ τιμήματι e) τοῦ
'Ιωσήφ, τέκνα (aef, S¹ trs. after ἐκοιν.), ἐγὼ οὐκ ἐκοινώνησα, d καὶ ἐκ τῆς τιμῆς
αὐτοῦ, τέκνα, ἐγὼ οὐκ ἐκ., g τῆς δὲ τιμῆς 'Ιωσὴφ μὴ γένοιτό μοι κοινωνῆσαι. A =
ἀλλὰ (Aᵃ om.) τὸ τίμημα οὐκ ἐκ. ἐγώ, τέκνα μου.   ² g reads Σ. δέ.   ³ α. β–g,
Aᵃᵇ read Γὰδ καὶ οἱ ἄλλοι (ἀδελφοί ae. f om. ἄλλοι) ἐξ ἀδελφοὶ ἡμῶν (ἐξ τῶν
ἀδελφῶν μου d, ἐξ ἀδελφοί Aᵃᵇ), g καὶ Γάδ. Aᵇ*ᶜᵈᵉᶠᵍ = Γ. καὶ οἱ ἄλλοι ἀδελφοί.
⁴ bd om.   ⁵ α (save that c reads αὐτῶν). β, S¹ read τὴν τιμὴν τοῦ (g om.)
'Ιωσήφ. A = αὐτήν.   ⁶ aefg. α, b read ἐπριάσαντο, d ἠγόρασαν.   ⁷ d trs.
before ὑποδήματα. Aᵇ = τοῖς ποσὶν αὐτῶν.   ⁸ Aᵇ*ᵈ om.   ⁹ d om.   ¹⁰ a
reads καὶ οὐ φαγόμεθα αὐτήν and trs. after αὔτη (see margin). For αὐτήν
g, A read ἐξ αὐτῆς.   ¹¹ α save that hi trs. ἐστιν αἵματος. β, A, S¹ read
αἵματός ἐστιν (bdg, A om.) τοῦ (efg om.) ἀδελφοῦ ἡμῶν αὕτη (dg, Aᵃᵇ ἐστίν,
Aᵇ*ᶜᵈᵉᶠᵍ ἦν).   ¹² hi, dg om.   ¹³ a reads καταπατήσομεν.   ¹⁴ c. hi read

120   ΔΙΑΘΗΚΗ ΖΑΒΟΥΛΩΝ   [III. 3

ἡμᾶς[15], ⌜καὶ ἴδωμεν[16] τί ἐστι[17] *τὰ ἐνύπνια[18] αὐτοῦ⌝. 4.
β, S¹   Διὰ τοῦτο οὖν[19] ἐν ⌜γραφῇ⌝ *νόμου Μωυσέως γέγραπται[20].
Ἐνώχ (A   Τὸν μὴ θέλοντα *ἀναστῆσαι σπέρμα[21] τῷ ἀδελφῷ αὐτοῦ
αὐτῶν).   ὑπολύεσθαι[22] τὸ ὑπόδημα ⌜αὐτοῦ⌝[23] καὶ ἐμπτύεσθαι εἰς τὸ
πρόσωπον. 5. *Καὶ οἱ ἀδελφοὶ τοῦ Ἰωσὴφ[24] οὐκ ἠθέλη-
σαν[25] †ζωὴν[26] ἀδελφοῦ αὐτῶν[27], καὶ ὁ[28] Κύριος ὑπέλυσεν[29]
αὐτοὺς[30] τὸ ὑπόδημα[31] *ὃ ἐφόρεσαν κατὰ ⌜Ἰωσὴφ τοῦ ἀδελφοῦ⌝
αὐτῶν[32]. 6. Καὶ *γὰρ ἐλθόντες ἐν Αἰγύπτῳ[33] ⌜ὑπελύθη-
β ἔμ-   σαν[34] *ὑπὸ τῶν παίδων[35] Ἰωσὴφ ἔξωθεν[36] τοῦ πυλῶνος, καὶ
προσθεν.   οὕτως[37] προσεκύνησαν[38] *τῷ Ἰωσὴφ[39] κατὰ τὸν τύπον
βασιλέως[40] Φαραώ⌝[41]. 7. Οὐ μόνον δὲ προσεκύνησαν
β–dg,   αὐτῷ[42] ἀλλὰ καὶ ⌜ἐνεπτύσθησαν[43] παραχρῆμα[44] πεσόν-
A, S¹   τες ἔμπροσθεν αὐτοῦ, καὶ⌝[45] ᾐσχύνθησαν[46] παρὰ[47] τῶν[48]
ἔμπρο-
σθεν.

βασιλεύσει, β–b, A ὅτι βασιλεύσει, b βασιλεύειν.   [15] A^abcefg = ὑμᾶς, A^b*d αὐτούς.
[16] hi, ade. c reads εἴδομεν, bg εἴδωμεν, f ἴδομεν.   [17] ch, f. i, β–f read ἔσται.
[18] d reads τὸ ἐνύπνιον.   [19] α. β om. A = καί.   [20] α. β, S¹ read νόμου
(d om.) Ἐνὼχ γέγραπται.   A = νόμῳ αὐτῶν εἶπεν.   [21] h, β–d (save that f
reads σπ. ἀναστῆσαι), A. c, d read ἀναστῆναι τὸ (c om.) σπέρμα.   [22] α, g.
b, S¹ reads ὑπολυθήσεσθαι, α ὑποδήσεσθαι, ef ὑποδεθήσεσθαι, d ὑποληφθήσεται.
A^ab = ὑπολύειν. A^b*d om. and for the next eight words A^b*d read ἐμπτύ-
σουσι εἰς τὸ πρόσωπον τοῦ ὑποδήματος αὐτοῦ. A^cefg om. together with next
eight words.   [23] α. β–g, A om. g reads ὃ ἐφόρεσαν and om. rest of
ver. 4 and all ver. 5.   [24] α, β–d (save that β–d om. τοῦ). d reads κατὰ·
τοῦτον δὴ τὸν νόμον. A = καὶ γὰρ ἀδελφοὶ αὐτοῦ.   [25] α, β–adf. a reads
ἤθελον, d ἠθέλης. f om.   [26] α, af, S¹. beg read εἰς ζωήν, d τὴν ζωὴν Ἰωσὴφ
τοῦ. A = περὶ ζωῆς. Here I take οὐκ ἠθέλησαν ζωὴν ἀδελφοῦ αὐτῶν = אחיהם
בחייה צמח לא where בחייה may be corrupt for לחיות. Hence text should
run οὐκ ἠθέλησαν περιποιήσασθαι ἀδελφὸν αὐτῶν.   [27] hi, d om. rest of ver.
through hmt.   [28] c. Other MSS. om.   [29] c reads ἐπέδυσεν.   [30] a
reads αὐτοῖς.   [31] A = τὰ ὑποδήματα.   [32] c, aef, S¹. b reads Ἰωσήφ.
A = ἃ ἐφόρεσαν κατ' αὐτοῦ.   [33] g reads ἡμεῖς γὰρ ἐλθόντες εἰς Αἴγυπτον πρὸς
Ἰωσήφ. A πάντες γὰρ ἐλθ. εἰς Αἴγ.   [34] β–g, S¹. α reads ἀπελύθησαν,
g ὑπελύθημεν.   [35] c reads ἀπὸ τῶν ποδῶν. d add τοῦ.   [36] α, S¹. β read
as in margin.   [37] d adds συνελθόντες.   [38] g reads προσεκυνήσαμεν.
[39] c, β–dg. h reads τὸν Ἰ., d αὐτόν. g om.   [40] c, ad, S¹. hi read βασιλέα,
ef τοῦ βασιλέως. bg τοῦ.   [41] g om. next five words.   [42] c, be. h, af
read αὐτόν. d om.   [43] h, β–g. c read ἐνεμπτύσθησαν, g ἐνεπτύσθημεν.
g adds ἔμπροσθεν αὐτοῦ and om. this phrase at end of clause.   [44] bdf, S¹.
α, aeg read παρὰ σχῆμα.   [45] β, S¹ add οὕτως.   [46] g reads ᾐσχύνθημεν.
[47] c. h reads ὑπό, g ἐνώπιον, abef, A, S¹ ἔμπροσθεν, d πρός.   [48] af om.

ΔΙΑΘΗΚΗ ΖΑΒΟΥΛΩΝ

Αἰγυπτίων[49]. κακά[50].

IV. Μετὰ δὲ τὸ †πραθῆ-ναι[1] αὐτὸν ἐκάθησαν οἱ ἀδελφοί μου[2] ἐσθίειν καὶ πίνειν. 2. Ἐγὼ δὲ σπλαγχνιζόμενος τὸν Ἰωσὴφ *οὐκ ἔφαγον[3]· προσέχων[4] δὲ τῷ λάκκῳ, ἐπειδὴ[5] ἐφοβεῖτο[6] Ἰούδας μήπως ἀποπηδήσαντες[7] Συμεὼν καὶ ὁ Δὰν καὶ ὁ Γὰδ ἀνέλωσιν αὐτόν. 3. Ὁρῶντές με δὲ μὴ[8] ἐσθίοντα ἔθεντό με[9] τηρεῖν αὐτὸν ἕως οὗ ἀπεδόθη *τοῖς Ἰσμαηλίταις[10]. 5. Ἐλθὼν δὲ Ῥουβὶμ καὶ ἀκούσας ὅτι ἐπράθη[8] ἀπόντος *αὐτοῦ περιεσχίσατο[11] τὸν χιτῶνα αὐτοῦ θρηνῶν ἔλεγεν[12]· Πῶς

8. *Ἤκουσαν γὰρ ὅσα ἐνεδείξαντο αὐτῷ

IV. *Μετὰ δὲ τὸ βάλλειν αὐτὸν εἰς τὸν λάκκον[13] *ἐκάθησαν ἐσθίειν ⌐οἱ ἀδελφοί μου[14]. 2. Ἐγὼ γὰρ[15] δύο ἡμέρας καὶ δύο νύκτας οὐκ ἐγευσάμην, σπλαγχνιζόμενος ἐπὶ Ἰωσήφ[16]·⌐ καὶ[17] Ἰούδας οὐ συνέτρωγεν αὐτοῖς· *προσεῖχε δὲ ⌐τῷ λάκκῳ⌐[18], *ὅτι ἐφοβεῖτο[19] μὴ[20] ἀποπηδήσαντες Συμεὼν[21] καὶ Γὰδ ἀνέλωσιν αὐτόν. 3. *Καὶ ὁρῶντες κἀμὲ μὴ ἐσθίοντα ἔθεντό με τηρεῖν αὐτὸν ἕως οὗ ἐπράθη[22]. 4. Ἐποίησε δὲ[23] ἐν τῷ λάκκῳ τρεῖς ἡμέρας καὶ τρεῖς νύκτας καὶ οὕτως *ἐπρά-

β–dg, S[1] μετὰ ταῦτα γὰρ ἤκουσαν οἱ Αἰγύπτιοι πάντα τὰ κακὰ ἃ ἐποιήσαμεν τῷ Ἰωσήφ.

---

[49] g om. next verse. [50] α (save that h adds καὶ πάντα after γάρ). abef, S[1] read as in margin (save that for ἐποιήσαμεν e reads ἐνεδειξάμεθα), d ἐν τῷ ἀκοῦσαι πάντα τὰ κακὰ ἃ πεποιήκαμεν τῷ Ἰ. A = ἠκούσθη γὰρ ἐν πᾶσι τοῖς Αἰγυπτίοις.

IV. [1] Corrupt probably for βληθῆναι. [2] c. hi read αὐτοῦ. [3] hi trs. before σπλαγχ. [4] hi. c reads προσεσχών. [5] hi add δέ. [6] c reads ἐφοβήτω. [7] hi. c reads ἀποπηδήσωσιν. [8] c om. [9] hi om. [10] c. h (i ?) reads ὁ ὅσιος. [11] h. c reads αὐτῷ περιεσχήσαντο. [12] c. h (i ?) reads καὶ λέγων. [13] g, A (save that for αὐτόν A read Ἰωσήφ). d read ἀλλὰ τότε γὰρ μετὰ τὸ βληθῆναι αὐτὸν εἰς τὸν λάκκον. abef, S[1] are defective and corrupt: καὶ (abe, S[1] om.) μετὰ ταῦτα ἔβαλον (ef ἔβαλλον). [14] d. Cf. α and Gen. xxxvii. 25 מִכׇּל־לָחֶם וַיֵּשְׁבוּ. g reads ἤρξαντο ἐσθίειν οἱ ἀδελφοί μου, A ἤθελον ἐσθίειν, S[1] ἐκάθησαν ἐσθίειν ἐκεῖνοι. Here ljuɯɪɫfɪʉ = ἤθελον seems corrupt for ujɯuɯʉɫfɪʉ = ἤρξαντο. abef read defectively ἐσθίειν ἐκεῖνοι. [15] d reads δέ. g om. [16] g read αὐτόν. [17] d reads ὁμοίως δέ. [18] abefg. d reads ἀλλὰ τῷ λάκκῳ προσεῖχε. A = ὅτι (A[b*d] ἀλλὰ) προσεῖχε. [19] β–d, S[1]. d reads ἐφοβεῖτο γάρ. A = καὶ ἐφοβεῖτο. [20] d, A add πως. Cf. α. [21] g om. next four words. For Σ. καὶ Γ. A read Γ. καὶ Σ. [22] β save that for τηρεῖν d reads εἰς τὸ διατηρεῖν. A = καὶ ὁρῶν με μὴ ἐσθίοντα [καὶ θεωρῶν με μὴ γενόμενον καὶ] Ἰούδας με ἔθετο τηρεῖν αὐτόν, ἕως οὗ ἔπρασαν αὐτόν (A[b*] om. last clause). The

ΔΙΑΘΗΚΗ ΖΑΒΟΥΛΩΝ [IV. 5

α

ὄψωμαι[24] τὸ πρόσωπον τοῦ πατρός μου Ἰακώβ; 6. Καὶ λαβὼν τὸ ἀργύριον κατέδραμεν ὀπίσω τοῖς ἐμπόροις· μὴ εὑρὼν δὲ αὐτοὺς ὑπέστρεψεν ὀδυρόμενος[25]· καταλιπόντες[26] δὲ οἱ ἔμποροι τὴν πλατεῖαν ὁδὸν διόδευσαν[27] διὰ *Τρογλοδίτων ἐν συντόμῳ[28].

β, A, S¹ Καὶ οὐκ ἔφαγεν (+ 'Ρουβήμ bg). β, A, S¹ πένθει· εὗρον. β-g, A, S¹ ἡμῶν Ἰακώβ. β, A, S¹ ἐμβάψωμεν.

β, A, S¹

θη ἄσιτος[29]. 5. *Καὶ ἀκούσας Ῥουβὴμ ὅτι ἐπράθη ἀπόντος αὐτοῦ, περισχισάμενος[30] *τὰ ἱμάτια αὐτοῦ[31] ἐθρήνει[32], λέγων· *Πῶς ὄψομαι[33] τὸ πρόσωπον Ἰακὼβ[34] τοῦ πατρός μου[35]; 6. Καὶ λαβὼν τὸ ἀργύριον[36] κατέδραμε[37] *τοῖς ἐμπόροις[38], *καὶ οὐδένα εὗρεν[39]. ἀφέντες γὰρ[40] τὴν ὁδὸν τὴν μεγάλην[41] ἐπορεύθησαν[42] ⌜διὰ Τρωγλοδύτων⌝[43] ἐν τῇ συντόμῳ.

7. ⌜*Ἦν δὲ ὁ Ῥουβὶμ λυπούμενος⌝[44], καὶ οὐκ ἔφαγεν[45] ⌜ἄρτον⌝ *ἐν ἐκείνῃ τῇ ἡμέρᾳ[46]. *προσελθὼν οὖν ὁ Δὰν εἶπεν αὐτῷ[47]· 8. Μὴ κλαῖε μηδὲ λυποῦ[48]· εὕρομεν[49] γὰρ τί εἴπωμεν[50] τῷ πατρὶ ἡμῶν[51]. 9. Θύσωμεν ⌜μαχαίρᾳ⌝[52] *χίμαρρον αἰγῶν[53] καὶ μολύνωμεν[54] τὸν χιτῶνα Ἰωσήφ, καὶ *ἀποστείλωμεν

---

first clause in brackets is manifestly a duplicate rendering of what precedes. [23] d om. [24] c. h reads ὄψομαι. [25] c. hi read ὀδυνόμενος. [26] hi. c reads καταλείποντες. [27] c. hi read ἐπορεύθησαν. [28] c. hi read Τρογλοδύτων ἐν συντομίᾳ. [29] β-g, A^ace, S¹. g trs. ἄσιτος before καὶ οὕτως. A^b = ἔμεινε ἄσιτος ἕως ἔπρασαν αὐτόν, A^b*dg ἐπράθη Ἰωσήφ. [30] A^abce = καὶ ἀκούσας Ῥ. ὅτι ἐπράθη (A^ae om. ὅτι ἐπρ.) περιεσχίσατο. A^b*dfg περιεσχίσατο. [31] d, A. β-d, S¹ om. A adds καί. [32] g reads ἐθρήνησε. [33] d reads οἴμοι πῶς ὄψωμαι. [34] d trs. after μου. [35] a reads ἡμῶν. [36] d reads τίμημα. [37] bdeg. af read καὶ καταδραμών. [38] g reads ὀπίσω τῶν ἐμπόρων. [39] beg, A^abcefg. af, S¹ read καὶ (f om.) οὐδὲν εὑρών (εὗρεν f, S¹). d, A^b*d καὶ οὐχ εὗρεν αὐτούς. [40] a om. A adds ἦσαν. [41] d reads βασιλικὴν ὁδόν. A adds ἢ ἦν ἐν τῇ συντόμῳ καὶ ἄλλην ὁδόν (A^b*d om. ὁδόν, A^efg om. καὶ … ὁδόν). [42] A om. rest of verse. [43] af, S¹. bd read τραγλοκολπητῶν, d τρογλοκοπητῶν, e τρωγοκολπιτῶν, g στρογκαλῶν κολπῆ. [44] α. β, A, S¹ om. [45] hi, β–ae, A^abc, S¹. c, ae read ἔφαγον, A^b*d = ἀπώλετο through an obvious internal corruption. bg (on g see note 46), A^b add 'Ρουβήμ, A^ab*cdefg Ἰωσήφ. [46] α. β-g, A read ἐν τῇ ἡμ. ἐκ., g τὴν ἡμέραν ἐκείνην 'Ρουβήμ. [47] α, β-g, S¹ (save that β-eg, S¹ om. ὁ). g reads καὶ ἐλθὼν Δὰν λέγει. A = καὶ προσελθὼν Δ. εἶπεν τῷ 'P. [48] α. β read as in margin. [49] c. hi read εὕρωμεν. β, A, S¹ read εὗρον. [50] h, d. c, β–d read εἴπομεν. [51] g om. β–g, A, S¹ add Ἰακώβ. [52] α, β–bde, S¹. e reads μαχαίροις, bd, A om. [53] A^acef = χίμαρρον, A^bb*cd = τραγίσκον. [54] α. So LXX in Gen. xxxvii. 31. β, A, S¹ as in margin. (Here A^b omit to end of verse 7.)

ΔΙΑΘΗΚΗ ΖΑΒΟΥΛΩΝ   V. 1]   123

αὐτὸν τῷ Ἰακὼβ λέγοντες[55]. Ἐπίγνωθι, ὁ[56] *χιτὼν τοῦ υἱοῦ σου β, A, S¹
ἐστίν[57]; *καὶ ἐποίησαν οὕτως[58].   10. ⌐Τὸν γὰρ χιτῶνα[59] ἐροῦμεν
ἐξέδυσαν τὸν[60] Ἰωσὴφ ἐν *τῷ πιπράσκειν[61] αὐτόν[62], *καὶ   Ἰακὼβ
ἐνέδυσαν αὐτὸν ἱμάτιον δουλικόν[63]⌐.   11. *⌐Ἔλαβε δὲ Συμεὼν A).
τὸν χιτῶνα[64], ⌐καὶ⌐[65] οὐκ ἤθελε δοῦναι αὐτόν[66]. ⌐*ἐβούλετο γὰρ[67] β, S¹ πα-
τῇ ῥομφαίᾳ[68] *κατακόψαι αὐτόν[69]⌐, ὀργιζόμενος ὅτι οὐκ[70] δούλου.
ἀνεῖλεν αὐτόν.   12. Ἀναστάντες δὲ[71] *⌐πάντες⌐ εἴπομεν β, A, S¹
αὐτῷ[72], ὅτι[73] ἐὰν μὴ δῷς *τὸν χιτῶνα[74], εἴπωμεν[75] ⌐τῷ πατρὶ χιτῶνα
ἡμῶν⌐[76] ὅτι σὺ[73] μόνος ἐποίησας τὸ πονηρὸν *τοῦτο ἐν εἶχε Σ.
Ἰσραήλ[77].   13. *Καὶ οὕτως δέδωκεν αὐτὸν αὐτοῖς[78]. β, S¹
Καὶ[73] ἐποίησαν καθὼς *εἶπεν ὁ Δάν[79].   θέλων.
                                                            β, A, S¹
V. Καὶ νῦν[1], τέκνα μου, παραγγέλλω[2] ὑμῖν *τοῦ φυλάσ- ἔζησεν
σειν[3] τὰς[4] ἐντολὰς *τοῦ Κυρίου[5] ⌐καὶ ποιεῖν ἔλεος ἐπὶ[6] τὸν σὴφ A)

καὶ οὐκ ἀνεῖλεν.   β, S¹ κατ' αὐτοῦ πάντες ὁμοῦ εἴπομεν.   β–g, A, S¹
ἐροῦμεν.   β, S¹ ἀναγγελῶ.

[55] α save that c reads ἀποστείλομεν.   β, A, S¹ read as in margin.   [56] α,
def. abg, A, S¹ read εἰ.   [57] α, β–g (save that β–g add οὗτος). g reads
χιτών ἐστιν τοῦ υἱοῦ σου οὗτος. A = οὗτός ἐστιν χιτὼν υἱοῦ σου Ἰωσήφ.
[58] b, S¹ om.   [59] β–dg, S¹ add τοῦ πατρὸς ἡμῶν. g om. τὸν ... Ἰωσήφ.
d presents a peculiar text of this verse: ὅταν δὲ ἠβουλήθησαν πιπράσαι αὐτὸν
ἐξέδυσαν τὸν χιτῶνα τὸν ποικίλον καὶ ἐνέδυσαν ἱμάτιον παλαιὸν ἐν σχήματι δούλου.
[60] c reads τῷ.   [61] α. abef, S¹ read τῷ μέλλειν πιπράσκεσθαι (b, S¹ πιπρά-
σκειν), g γὰρ τῷ μέλλειν πιπράσκειν.   For d see note 59.   [62] α, β–ag.
g reads τὸν Ἰωσήφ. a om.   [63] α, β–g, S¹ save that for δουλικόν β–g, S¹
read παλαιὸν δούλου. g reads ἐκδύσαντες αὐτὸν τὸν χιτῶνα τοῦ πατρὸς ἐνέδυσαν
παλαιὸν δουλικόν.   [64] α (save that hi om. δέ). β, A, S¹ read as in margin
save that g add ὁ before Σ.   [65] A om. g om. together with next four
words.   [66] c reads αὐτῷ, A = αὐτοῖς.   [67] α. β, S¹ read θέλων (+ ἐν d).
[68] β–g, S¹ add αὐτοῦ.   [69] g read αὐτὸν διελεῖν ἀντὶ Ἰωσήφ, καὶ οὐκ ἐδίδου αὐτόν.
[70] α. β, A, S¹ read as in margin.   [71] d reads οὖν.   [72] α. β, S¹ read as in
margin (save that g trs. κατ' αὐτοῦ after ὁμοῦ). A = ἡμεῖς κατ' αὐτοῦ εἴπομεν.
[73] g om.   [74] α, A^b. d reads αὐτόν. β–d, A^{-b} om.   [75] hi. β, A, S¹ read
ἐροῦμεν, c εἴπομεν.   [76] α. g reads τῷ πατρί. β–g, A, S¹ om.   [77] α, (A^b q).
β–a, A^{ab*cdeg}, S¹ read ἐν Ἰσραήλ, a ἐνώπιον Κυρίου.   [78] α. abef, S¹ read
καὶ οὕτω (οὕτως bf) δίδωσιν αὐτὸν (S¹ om.). αὐτοῖς (a trs. before αὐτόν, b om.),
d τότε φοβηθεὶς δίδωσιν αὐτόν, g, A καὶ (g om.) τότε δοὺς αὐτόν (A om.).
[79] α, β–d, S¹, A^{abb*d}. d read εἶπεν Δ.   A^{ceg} ἐνετείλατο αὐτοῖς ὁ Δάν.

V. [1] g reads ἰδού.   [2] c, A^{abces}. hi read παραγγελῶ, β, S¹ ἀναγγελῶ.
A^{b*d} om.   [3] A = φυλάσσετε.   [4] g om.   [5] hi, A. c reads τοῦ
θεοῦ, β Κυρίου. A^{b*} add καθὼς κἀγὼ ἐφύλαξα καὶ χάριν ἔλαβον ἀπὸ θεοῦ.
A om. καὶ ποιεῖν ἔλεος ... ὁ Κύριος through hmt.   [6] e reads μετά.

ΔΙΑΘΗΚΗ ΖΑΒΟΥΛΩΝ [V. 1

πλησίον[7], καὶ εὐσπλαγχνίαν *ἔχειν πρὸς πάντας[8] οὐ μόνον *ἐν ἀνθρώποις[9], ἀλλὰ *καὶ ἐν ἀλόγοις ζῴοις[10]. 2. Διὰ γὰρ ταῦτα εὐλόγησέ με ὁ[11] Κύριος[7]. *καὶ πάντων[12] τῶν ἀδελφῶν μου ἀσθενούντων ἐγὼ ἄνοσος παρῆλθον[13]. οἶδε[14] γὰρ[15] Κύριος ἑκάστου τὴν προαίρεσιν[16]. 3. *Ἔχετε οὖν[17]

β-d, A, S¹ ὑμῶν, τέκνα μου.
ἔλεος ἐν[18] σπλάγχνοις ὑμῶν[19], ὅτι *εἴ τι ἂν[20] ποιήσῃ[21] τῷ πλησίον αὐτοῦ, *οὕτω Κύριος[22] ποιήσει[23] *μετ' αὐτοῦ[24]. 4. *Καὶ γὰρ[25] υἱοὶ[26] τῶν ἀδελφῶν μου ἠσθένουν καὶ[27] ἀπέ-

β-dg, S ἠσθένουν.
θνησκον διὰ Ἰωσήφ[28], ⌈ὅτι οὐκ ἐποίησαν ἔλεος *ἐν σπλάγχνοις αὐτῶν[29]⌉. οἱ δὲ *ἐμοὶ υἱοὶ[30] ἄνοσοι διεφυλάχθησαν[31] καθὼς[32]

c μετ' αὐτῶν.
οἴδατε[33]. 5. Καὶ ὅτε ἤμην *ἐν γῇ[34] Χαναὰν *εἰς τὴν παραλίαν[35] ἐθήρευον θήραν[36] Ἰακὼβ[37] τῷ πατρί μου[38], καὶ

deg, A, S¹ θήραν ἰχθύων.
πολλῶν ἀγχομένων *ἐν τῇ θαλάσσῃ[39], ἐγὼ ἀβλαβὴς διέμενον[40].

VI. Πρῶτος ⌈οὖν⌉[1] ἐγὼ ἐποίησα σκάφος[2] ἐπιπλέειν[3] ἐν τῇ[4] θαλάσσῃ, ὅτι Κύριος ἔδωκέ μοι ⌈*σύνεσιν καὶ σοφίαν[5] ἐν αὐτῷ[7]. 2. Καὶ καθῆκα[6] ξύλον ὄπισθεν αὐτοῦ[7], καὶ

[7] g adds αὐτοῦ. [8] α, de. abf read πρὸς π. ἔχειν, g ἔχειν ἐπὶ π. [9] α. bdg read πρὸς ἀνθρώπους, aef εἰς ἀνθρώπους. [10] ci. h om. β–g read καὶ εἰς (+τὰ d) ἄλογα (+ὑμῶν d), g καὶ πρὸς ἄλογα. [11] α, g. β–g om. [12] A = ὅτι πάντων. [13] d add τὸν βίον, A ἡμέρας μου. [14] β, A, S. α read εἶδε. [15] hi add ὁ. [16] A^{ab*d} add καρδίας. [17] α, bdg, S¹. ef, A read ἔχετε. a om. [18] adefg add τοῖς. [19] h reads αὐτῶν. d om. β–d, A, S¹ add τέκνα μου. d adds τοῦτο εἰδότες. [20] α. a reads ἐάν, bg, A, S¹ ὡς ἄν, d ὅσα ἄν, e ὃ ἐάν, f εἴ τι ἐάν. [21] h, β–def. c reads ποιήσεις, i ποιήσοι, def ποιήσει. h adds τις, i τοῖς. g om. next six words through hmt. [22] c. hi, β–g, S¹ read οὕτως (οὕτω i, df) καὶ ὁ (a om.) Κύριος. [23] hi read ποιεῖ. [24] α. β–g read αὐτῷ, g αὐτόν. In A the order of the words is οὕτως ποιήσει αὐτῷ Κύριος. [25] A = διὰ τοῦτο. A^{b*cdeg} add τέκνα μου. [26] c, A. hi, β read οἱ υἱοί. [27] α, dg, A. β–dg, S om. [28] d reads τὴν ἐν τῷ Ἰωσὴφ γεναμένην παρὰ τῶν πατέρων αὐτῶν παρανομίαν. [29] So β, S¹ = בהיטבם. c reads μετ' αὐτῶν = בטבמ which appears to be a corruption of former. hi read εἰς αὐτόν. [30] α, bdg. aef read υἱοί μου. A = ἐμοί. [31] A^{-e} διεφυλάχθησαν. A° = διεφυλάχθητε. [32] α. β read ὡς. [33] h reads εἴδετε. [34] hi, β–bg, A, S¹. c, b read ἐν τῇ, g εἰς γῆν. [35] α. β–bg read εἰς τὴν (b om.) παράλιον. [36] α, a. bf read θήρα ἰχθύων, deg, A, S¹ θήραν ἰχθύων. A^{b*} add τροφήν. [37] g om. [38] d reads ἡμῶν. [39] A^b = ἐν σάλῳ. A^{ab*cdeg} om. [40] α, fg. β–fg read διέμεινα, g ἔμεινα.

VI. [1] α. β, A, S¹ om. [2] d reads σκάφην. [3] d reads ἐπιπλέον, g πλέειν which it trs. before σκάφος. b trans. after θαλάσσῃ. A = καὶ ἔπλευσα. [4] c, ag. hi, β–ag, A om. [5] g reads σοφ. κ. σύνεσιν. [6] β–d, S¹. α read

ὀθόνην ἐξέτεινα ἐν *ἑτέρῳ ξύλῳ ὀρθῷ[8] *ἐν μέσῳ[9]. 3. Καὶ ἤμην[10] β, S¹
⌜ἐν αὐτῷ⌝[11] διαπορευόμενος[12] *τοὺς αἰγιαλούς[13], *ἁλιεύων ὀρθῷ ξύλῳ.
ἰχθύας[14] τῷ[15] *οἴκῳ τοῦ[16] πατρός μου ἕως ὅτου[17] ἤλθομεν εἰς α, af ἐν.
Αἴγυπτον. [4. Καὶ[18] ἐκ τῆς θήρας μου *παντὶ ἀνθρώπῳ 4–6 in
ξένῳ[19] σπλαγχνιζόμενος μετεδίδουν[20]. 5. *Εἰ δὲ ἦν bdg only.
ξένος, ἢ νοσῶν, ἢ[21] γηράσας, ἐψήσας[22] τοὺς ἰχθύας, καὶ
*ποιήσας αὐτὰ ἀγαθῶς[23] κατὰ τὴν ἑκάστου χρείαν προσέ-
φερον πᾶσι, συναλγῶν[24] καὶ συμπάσχων. 6. Διὰ τοῦτο
καὶ ὁ Κύριος *πολλοὺς ἰχθύας ἐνέπλησέ με[25] ἐν τῇ ἄγρᾳ τῶν
ἰχθύων[26]. Ὁ γὰρ μεταδιδοὺς τῷ πλησίον[27], λαμβάνει πολλα-
πλασίονα[28] παρὰ Κυρίου]. 7. *Πέντε οὖν ἔτη[29] ἡλίευσα[30], Bracket-
[παντὶ ἀνθρώπῳ *ὃν ἑωράκειν[31] μεταδιδούς, καὶ παντὶ τῷ οἴκῳ ed words
τοῦ πατρός μου ἐξαρκῶν]. 8. *Καὶ τὸ μὲν θέρος[32] ἡλίευον, bdg.
*ἐν τῷ χειμῶνι δὲ[33] ἐποίμαινον μετὰ τῶν ἀδελφῶν μου.

VII. [Νῦν[1] ἀναγγελῶ ὑμῖν ἃ ἐποίησα. Εἶδον θλιβόμενον VII–
ἐν γυμνότητι χειμῶνος, καὶ σπλαγχνισθεὶς *ἐπ' αὐτόν[2], VIII. 2
κλέψας[3] ἱμάτιον ἐκ τοῦ οἴκου *τοῦ πατρός[4] μου, κρυφέως[5] bdg.
ἔδωκα τῷ θλιβομένῳ. 2. Καὶ ὑμεῖς οὖν, τέκνα μου, ἐξ
ὧν παρέχει ὑμῖν[2] ὁ Θεός, ἀδιακρίτως πάντας[6] σπλαγχνιζόμενοι
ἐλεᾶτε, καὶ παρέχετε *παντὶ ἀνθρώπῳ ἐν ἀγαθῇ καρδίᾳ.

καθῆρξα, d καθῆκαν. A=ἠσφάλισε. [7] A^b = νεώς. [8] α, β, S¹ read as
in margin. A=ἐν μέσῳ τοῦ ὀρθοῦ ξύλου καί. [9] ab read ἐμμέσῳ. hi add
τοῦ αἰγιαλοῦ, d αὐτοῦ, A ἐν μέσῳ τοῦ νεώς. [10] b, S¹ om. [11] hi. β, S¹. c;
A om. [12] hi read ἐρχόμενος. g πορευόμενος. [13] hi, d om. g reads ἐν
τοῖς αἰγ. [14] g. b, S¹ reads ἡλίευον ἰχθ., d, A καὶ ἤμην ἁλιεύων ἰχθ.—perhaps
better than eg, e ἁλιεύων, α, f ἐν. a om. [15] β, A om. [16] d reads
οἴκου, efg οἴκῳ. [17] α. β–b read οὗ. b om. [18] Verses 4–6 are found
only in bdg. [19] bg. d reads πάντα ἄνθρωπον ξένον. [20] b reads
ἐδίδουν. [21] b. g reads εἰ δὲ ξένος ἦν καί, d ἢ ἦν ὁ ξένος νοσῶν ἤ. [22] d reads
ἔψον. [23] b. g reads ποιῶν αὐτοὺς ἀγαθούς (d αὐτοῖς ἐναγαθως ἐδέσματα).
[24] d. bg read συνάγων. [25] d. bg read πολὺν ἰχθὺν ἐποίησέ μοι (save that
g trs. ἐποίησέ μοι before πολύν). ἐνέπλησε = עַבֶּשׁ which may have been
corrupted into עשׂה = ἐποίησε. [26] d. bg read θηρᾶν. [27] bg. d reads
πλησίῳ μετὰ πάσης προθυμίας. [28] bg. d reads ἑπταπλάσιον. [29] α. β–α,
A, S¹ read πέντε ἔτη, a πέμπτῳ ἔτει. [30] c, β, A^aboeg. h, S¹ read ἡλίευον.
A^b*d om. [31] bg (save that g reads ὡς). d reads τὸ ἀρκοῦν. [32] α, α
(save that a om. καί). bfg read τὸ θέρος, d, A καὶ (A^b*d om.) τῷ μὲν θέρει, e
τὸ δὲ θέρος, S¹ om. next word. [33] α (save that h om. δέ). β–d, A read
καὶ ἐν χειμῶνι, d τῷ δὲ χειμῶνι.

VII. [1] d prefixes καί. This chapter only in bdg. [2] d om. [3] bd.
g reads ἔκλεψα. [4] d. bg om. [5] bd. g reads κρυφαίως καί. [6] d. b

3. Εἰ δὲ μὴ ἔχετε δοῦναι τῷ χρῄζοντι, συμπάσχετε αὐτῷ[7] ἐν σπλάγχνοις ἐλέους. 4. Οἶδα[8] ὅτι ἡ χείρ μου *οὐχ εὗρε[9] ἐπιδοῦναι[10] τῷ χρῄζοντι, καὶ ἐπὶ[11] ἑπτὰ σταδίους συμπορευόμενος αὐτῷ ἔκλαιον· καὶ τὰ σπλάγχνα μου *ἐστρέφετο ἐπ' αὐτῷ[12] εἰς συμπάθειαν.

bg εἰς ἡμᾶς, ἐμὲ δὲ ἰδὼν ἐσπλαγχνίσθη. εἰς ὃν ἐμβλέποντες καὶ ὑμεῖς ἀμνησίκακοι γίνεσθε τέκνα μου (g om. τ. μου) καί. β, S¹ τοῦ ἀδελφοῦ.

VIII. Καὶ ὑμεῖς οὖν, τέκνα μου, ἔχετε εὐσπλαγχνίαν *κατὰ παντὸς ἀνθρώπου[1] ἐν ἐλέει, ἵνα καὶ ὁ Κύριος *εἰς ὑμᾶς σπλαγχνισθεὶς[2] ἐλεήσῃ ὑμᾶς. 2. Ὅτι καίγε[3] ἐπ' ἐσχάτων τῶν[4] ἡμερῶν ὁ Θεὸς ἀποστελεῖ[5] *τὰ σπλάγχνα[6] αὐτοῦ ἐπὶ τῆς[7] γῆς, καὶ ὅπου εὕρῃ σπλάγχνα ἐλέους, ἐν αὐτῷ κατοικεῖ. 3. Ὅσον γὰρ[8] ἄνθρωπος σπλαγχνίζεται εἰς *τὸν πλησίον αὐτοῦ[9], τοσοῦτον *καὶ ὁ[4] Κύριος εἰς αὐτόν.] 4. Ὅτε δὲ[10] κατήλθομεν[11] *εἰς Αἴγυπτον[12], Ἰωσὴφ *οὐκ ἐμνησικάκησεν ἡμῖν[13]. 5. Εἰς[14] ὃν *προσέχοντες καὶ ὑμεῖς, τέκνα μου ἀγαπᾶτε ἀλλήλους[15], καὶ μὴ λογίζεσθε[16] ἕκαστος *κακίαν πρὸς τὸν ἀδελφὸν[17] αὐτοῦ. 6. Ὅτι τοῦτο[7?] χωρίζει ἑνότητα[18], καὶ ⌈πᾶσαν συγγένειαν⌉[19] διασκορπίζει[20], ⌈καὶ τὴν ψυχὴν ταράσσει⌉[21] καὶ

α	aef, A, S¹	bg
τὸ πρόσωπον ἀφανίζει[22].	τὴν ὕπαρξιν ἀφανίζει.	ὁ γὰρ μνησίκακος σπλάγχνα ἐλέους οὐκ ἔχει.

reads πᾶσι, g πάντοτε. [7] d. bd (save that b adds πρὸς καιρόν after ἔχετε and om. αὐτῷ). g reads τῷ χρείαν ἔχοντι. [8] d reads καὶ γὰρ ἐγὼ ἐν μιᾷ τῶν ἡμερῶν οἶδα. [9] g trs. before ἡ χείρ. b add πρὸς τὸ παρόν. [10] bg. d reads τι δοῦναι. [11] dg. b reads ἔτι. [12] bg. d reads ἐτρέφοντο.

VIII. [1] bd. g reads εἰς πάντα ἄνθρωπον. [2] b. g reads σπλ. ἐφ' ὑμᾶς, d σπλ. [3] g reads γε. [4] b om. [5] g. bd read ἀποστέλλει. [6] g. d reads σπλάγχνα, b τὸ σπλάγχνον. [7] d om. [8] g adds ὁ. [9] dg (save that d reads τό). b reads τὸν πλησίον. [10] α, β—bdg, A. bdg read γάρ, S¹ om. [11] h reads ἀπήλθομεν. [12] ae read ἐν Αἰγύπτῳ. [13] α, aef, S¹. A = οὐκ ἐμνήσθη τὸ κακὸν ὃ ἐποίησα (A b*cdeg ἐποίησαν) αὐτῷ, bg read οὐκ ἐμνησικάκησεν εἰς (g om.) ἡμᾶς, ἐμὲ δὲ (g γὰρ) ἰδὼν ἐσπλαγχνίσθη, d ἰδὼν ἡμᾶς σφόδρα ἐσπλαγχνίσθη ἐφ' ἡμῖν καὶ οὐδ' ὅλως ἐμνησικάκησεν. [14] c om. [15] α, aef, A (save that aef, A trs. καὶ ὑμεῖς after τέκνα μου and read ἀγαπήσατε). bg, S¹ read ἐμβλέποντες (g βλέποντες) καὶ ὑμεῖς ἀμνησίκακοι γίνεσθε τέκνα μου (g om. τ. μου) καὶ ἀγαπᾶτε ἀλλήλους, d βλέποντες καὶ ὑμεῖς, τ. μου, ἀγαπ. ἀλλ. ἀμνησίκακοι γίνεσθε. [16] a reads λογιζέσθω. d λογίζεσθε. A adds μηδὲ νομίζετε (a dittographic rendering). [17] c, A. h reads κακῆσαι τοῦ ἀδελφοῦ, β τὴν (aef om.) κακίαν τοῦ ἀδελφοῦ. [18] A reads ᚎᚍᚆᚏᚅᛁ.ᛒᚏᛁᛚ = κακότητα, which may have been in the Greek copy before the translator. [19] S¹ reads τὴν λύπην τῆς καρδίας. [20] S¹ = διατείνει. [21] d, A om. [22] d is

IX. Προσέχετε ⌜οὖν⌝¹ ἐπὶ² τὰ ὕδατα, *καί, γνῶτε, ὅταν³ aeg, A
*πορεύονται ἐπὶ τὸ αὐτό⁴, λίθους, ξύλα, γῆν⁵ *καὶ ἕτερά τινα⁶ ὅτι ὅτε (a ὅταν).
κατασύρουσιν⁷. 2. Ἐὰν⁸ δὲ εἰς πολλὰ διαιρεθῶσιν⁹, β, A, S
ἡ γῆ ἀφανίζει¹⁰ αὐτά, *καὶ γίνονται¹¹ εὐκαταφρόνητα¹². ἄμμον.
3. Καὶ ὑμεῖς ⌜οὖν⌝¹³ ἐὰν διαιρεθῆτε, ἔσεσθε¹⁴ οὕτως. 4. β, S
⌜Μὴ οὖν¹⁵ *χωρισθῆτε ἐν δυσὶ κεφαλαῖς⌝¹⁶. ὅτι πᾶν ὃ ἐποίησεν μὴ σχι-σθῆτε εἰς
ὁ¹⁷ Κύριος κεφαλὴν μίαν κέκτηται¹⁸, *καὶ ὤμους δύο, χεῖρας δύο κε-
δύο, πόδας δύο καὶ τὰ λοιπὰ μέλη ἄπαντα¹⁹. 5. Ἔγνων φαλάς.
β, S¹ ἔχει.
*γὰρ ἐγὼ²⁰ ἐν γραφῇ τῶν²¹ πατέρων μου, ὅτι²² β–d, A,
Διαιρεθήθεσθε ἐν Ἰσραήλ²³, S¹ ἔδωκε
δύο ὤμ.
καὶ δύο²⁴ βασιλείαις²⁵ ἐξακολουθήσετε²⁶, ⌜χεῖρας⌝¹,

πόδας ἀλλὰ σύμπαντα μέλη μιᾷ κεφαλῇ ὑπακούει.   bdg ὅτι ἐν ἐσχάταις
ἡμέραις ἀποστήσεσθε ἀπὸ Κυρίου καί.

conflate and to the reading of aef adds that of bg. A reads
զզյւգւկզնւ[ժիւն ւկիւյւն ւսեէ = ὁμοουσίαν(?) ἀφανῆ ποιεῖ where
the noun is corrupt for զզյւգնւ[ժիւն = ὕπαρξιν. We have now to
decide between ὕπαρξιν and πρόσωπον. The former = אנוש which seems
to be a corruption of פנים, as the context here is rather in favour of
the latter.

IX. ¹α, d. β–d, A om. A add τέκνα μου ²bg om. ³α. aeg, A
read as in margin, b ὅτι, f, S¹ ὅτε, d πῶς ὅτε. ⁴α. β, A read ἐπὶ τὸ
αὐτό (d μὲν τὸ αὐτῷ, A ὁμοθυμαδόν) πορεύονται (b πορεύεται). ⁵α, β–bd,
A, S². b, S¹ reads τήν, d καὶ τήν. ⁶α. β, A, S read ἄμμον. Have the two
readings arisen from a confusion of אמר and דמה? A adds ὁμοῦ, a duplicate
rendering of ἐπὶ τὸ αὐτό. ⁷α. aef, A read καταφέρει, bd, S¹ κατασύρει,
g κατωρύσσει. ⁸d read ἐπάν. ⁹α. β read διαιρεθῇ (e διερρεθῇ).
¹⁰A reads ծսծեէ (= καλύπτει) corrupt for ծսմեէ = ἀφανίζει. ¹¹α, df.
be, Aᵃᵇ read καὶ γίνεται, Aᵇ*ᶜᵈ καὶ γενήσεται. ag om. S¹ corrupt. ¹²ag om.
A adds ὑπὸ πάντων. ¹³α. β, A om. ¹⁴A=γίνεσθε. d reads this verse as
follows: οὕτω καὶ ὑμεῖς ἔσεσθε ἐὰν διαρεθῆτε. ¹⁵α. β, S om. ¹⁶α. β, S
read as in margin (save that d adds οὖν before εἰς and g reads χωρισθεῖτε
for σχ.). ¹⁷α, b. β–b, A om. ¹⁸α. β, S¹ read ἔχει. A= χαρίσατο.
¹⁹α (save that hi trs. δύο bef. ὤμους and adds καὶ κεφαλὴν μίαν). abefg, S¹
read as in margin (save that e reads δύο ὤμους, πόδας, χεῖρας, S¹ δύο (...)
δύο χεῖρας καὶ δύο πόδας and that for ἀλλὰ σύμπαντα μέλη (a), b reads ἀλλὰ
πάντα τὰ μέλη τῇ and ef ἀλλὰ σὺν πᾶσιν μέλεσιν, g καὶ τὰ λοιπὰ τῇ). d reads
ἔδωκε μὲν γὰρ δύο. ὤμ. χ. καὶ πόδ. ἀλλὰ πᾶσι τούτοις κἂν ὅτι διπλᾶ ἡμῖν δέδωκεν
ὁ θεός, ἀλλ᾽ οὖν μιᾷ κεφαλῇ ὑπακούει—φυλάξασθε οὖν τέκνα μου τοῦ μὴ διαιρεθῆναι.
A = ὅτι ἔδωκε δύο ὤμ. δύο πόδ. καὶ τὰ λοιπὰ μέλη (+ καὶ Aᵇ*ᶜᵈᵉᵍ + καὶ πάντα Aᵇ)
μιᾷ κεφ. (+ ἔδωκε Aᵇ*ᶜᵈ) ὑπακούειν. ²⁰α, A. d reads γάρ. β–d, S¹ om.
²¹α, A. β om. ²²bdg add as in margin (save that g om. καί). g om.
διαιρ. ἐν Ἰ. ²³a reads Ἰερουσαλήμ. ²⁴Aᵇ*ᶜᵈ om. ²⁵aef(S²). α support

128   ΔΙΑΘΗΚΗ ΖΑΒΟΥΛΩΝ   [IX. 5

After   καὶ πᾶν βδέλυγμα ποιήσετε.
ποιήσετε
h, β, S   6. Καὶ αἰχμαλωτεύσουσιν²⁸ ὑμᾶς οἱ ἐχθροὶ ὑμῶν
add   καὶ κακωθήσεσθε²⁹ ἐν³⁰ ἔθνεσιν
*καίγε   *ἐν πολλαῖς³¹ ἀσθενείαις *καὶ θλίψεσιν³².
πᾶν
εἴδωλον   α   β, A, S¹
προσκυ-   7. Καὶ μετὰ ταῦτα μνησθέντες   7. Καὶ μετὰ ταῦτα μνησθή-
νήσετε²⁷.   Κύριον †ἐπιστρέψετε³³   σεσθε³⁷ Κυρίου καὶ³⁸
c, bd κα-   καὶ ἐλεήσει³⁴ ὑμᾶς, ὅτι   μετανοήσετε³⁹
θήσεσθε.   ἐλεήμων ἐστὶ καὶ εὔ-   καὶ ἐπιστρέψει ὑμᾶς, ὅτι
β, A, S¹   σπλαγχνος,   ἐλεήμων ἐστὶ καὶ εὔ-
πάσαις   *καὶ οὐ λογίζεται³⁵ κακίαν   σπλαγχνος,
                τοῖς υἱοῖς τῶν ἀνθρώ-   *καὶ μὴ λογιζόμενος⁴⁰ κα-
                πων   κίαν *τοῖς υἱοῖς τῶν
                διότι σάρξ εἰσιν καὶ πλα-   ἀνθρώπων⁴¹ διότι σάρξ
                νῶνται ἐν ταῖς πονηραῖς   εἰσιν
                αὐτῶν πράξεσιν³⁶.   καὶ *τὰ πνεύματα⁴² τῆς
                                                πλάνης πλανᾷ⁴³ αὐτοὺς
                                                ἐπὶ πάσαις πράξεσιν⁴⁴.

                   α, aef, A, S¹   bdg
             8. Καὶ μετὰ ταῦτα⁴⁵ ἀνα-   8. Καὶ μετὰ ταῦτα ἀνατελεῖ⁴⁹
                τελεῖ⁴⁶ ⌜ὑμῖν⌝ *αὐτὸς   ὑμῖν αὐτὸς⁵⁰ Κύριος⁵¹,
                ὁ⁴⁷ Κύριος,*φῶς δικαιο-   φῶς δικαιοσύνης
                σύνης⁴⁸

text but read corruptly βασιλείας. b, A, S¹ read βασιλεῦσιν, dg βασιλεῖς.
²⁶ d reads ἐξακολουθήσεσθε. ²⁷ hi, β, S against c, A add as in margin (save
that h reads τὰ εἴδωλα, and h, d om. γε). ²⁸ d reads αἰχμαλωτίσουσιν. ²⁹ hi,
β–bd, A, S¹. c, bd read as in margin. ³⁰ bdg add τοῖς. ³¹ α. β, A, S¹
read ἐν (ef καὶ) πάσαις. ³² A^ceg om. g reads θλίψεσιν, bdg add καὶ ὀδύναις
ψυχῆς (d ψυχαῖς). ³³ c reads ἐπιστρέψειται, hi ἐπιστρέψητε a mistranslation of
ושבו which should here be rendered μετανοήσετε. ³⁴ hi. c reads ἐλεύσῃ.
ἐπιστρέψετε καὶ ἐλεήσει of α = ורחם ושבו, whereas μετανοήσετε καὶ ἐπιστρέψει
of β, A, S¹ = והשיב תנחמו which seems to be a transposition and corruption
of the original of α. In β, A, S¹ ἐπιστρέψει would have to be translated
'will bring you back,' i. e. to your own land. But this idea does not
occur till next verse. ³⁵ Here A agrees with α. ³⁶ α add περὶ
τοῦ (c om.) xv. ³⁷ aef, S¹ read μνησθέντες as in α. ³⁸ bdg, A.
aef, S¹ om. ³⁹ A^{b*d} = ἐλεηθήσεσθε μετανοίᾳ. Cf. α. ⁴⁰ adef. bg, S
read μὴ λογ. Here A = α. ⁴¹ A^{b*d} = τοῖς ἀνθρώποις. ⁴² d,
A = τὸ πνεῦμα. ⁴³ bg read ἀπατᾷ. ⁴⁴ a prefixes ταῖς. bdg, A add
αὐτῶν. ⁴⁵ c reads τοῦτο. ⁴⁶ This verb is taken transitively by A.
⁴⁷ h om. ⁴⁸ c. hi, A read τὸ φῶς τῆς (A om.) δικ. S¹ ἐν φωτὶ

X. 2]   ΔΙΑΘΗΚΗ ΖΑΒΟΥΛΩΝ   129

α, aef, A, S
καὶ ἐπιστρέψετε⁵² *εἰς τὴν
γῆν⁵³ ὑμῶν⁵⁴,
καὶ ὄψεσθε αὐτὸν⁵⁵ ἐν
Ἱερουσαλὴμ ⌜διὰ τὸ ὄνο-
μα αὐτοῦ *τὸ ἅγιον⁵⁶⌝.

bdg
καὶ ἴασις *καὶ εὐσπλαγ-
χνία⁵⁷ ἐν⁵⁸ ταῖς πτέ-
ρυξιν αὐτοῦ.
Αὐτὸς λυτρώσεται πᾶσαν
αἰχμαλωσίαν υἱῶν ἀν-
θρώπων ἐκ τοῦ Βελίαρ
καὶ πᾶν πνεῦμα πλάνης
πατηθήσεται⁵⁹.
καὶ ἐπιστρέψει *πάντα τὰ⁶⁰
ἔθνη εἰς παραζήλωσιν
αὐτοῦ⁶¹,
καὶ ὄψεσθε *θεὸν ἐν σχή-
ματι ἀνθρώπου⁶²
*ὃν ἂν ἐκλέξηται Κύριος
Ἱερουσαλὴμ ὄνομα αὐ-
τῷ⁶³.

9. Καὶ⁶⁴ πάλιν ⌜ἐν *τῇ πανουργίᾳ⁶⁵ *τῶν ἔργων⁶⁶ ὑμῶν⁶⁷⌝
παροργίσετε⁶⁸ αὐτόν,
καὶ ἀπορριφήσεσθε⁶⁹ ⌜ἀπ' αὐτοῦ⌝⁷⁰ ἕως καιροῦ συντελείας.
X. Καὶ νῦν τέκνα μου, μὴ λυπεῖσθε *ὅτι ἀποθνήσκω¹,
μηδὲ συμπέσητε² ὅτι ἀπολήγω³. 2. Ἀναστήσομαι γὰρ⁴
πάλιν *ἐν μέσῳ⁵ ὑμῶν, ⌜ὡς ἡγούμενος *ἐν μέσῳ⁶ υἱῶν

δικαιοσύνης. ⁴⁹ b, S¹ read ἀνατέλλει. ⁵⁰ bd add ὁ. ⁵¹ S¹ om.
⁵² S¹ reads ἐπιστρέφει. ⁵³ af read ἐκ τῆς γῆς, e ἐπὶ τῆς γῆς. ⁵⁴ S¹
reads αὐτοῦ. ⁵⁵ α. aef, A, S read Κύριον. ⁵⁶ c. hi read τὸ πανάγιον.
aef, S¹ om. ⁵⁷ d reads εὐσπλαγχνίας. ⁵⁸ dg. b reads ἐπί. ⁵⁹ d adds
καὶ φοβηθήσεται. ⁶⁰ d reads ὑμᾶς εἰς τὴν γῆν ὑμῶν καί. ⁶¹ d om. ⁶² d
reads Κύριον ἐν Ἱερ. ἐν σχ. ἀνθ. A Christian phrase. ⁶³ b. g reads ὃν ἂν
ἐκλ. Κύριος, ἐν Ἱερ. διὰ τὸ ὄνομα αὐτοῦ, d καὶ κληθήσεται τὸ ὄνομα αὐτοῦ μεγάλης
βουλῆς ἄγγελος. ⁶⁴ d adds μετὰ ταῦτα. ⁶⁵ c. hi, β read τῇ (β om.) πονηρίᾳ.
⁶⁶ hi, adef, S¹ (save that adef om. τῶν). c reads τ. πατέρων, b λόγων,
g ἐργάσητε. ⁶⁷ c reads ἡμῶν, g ὑμᾶς. ⁶⁸ e reads παροργίσατε. A = παροργί-
ζετε. ⁶⁹ b reads ἀπορηφήσεσθε. Aᵇ = κατοικήσετε αὖθις. ⁷⁰ α. β, S¹
om. A adds ἐν τοῖς ἔθνεσι.

X. ¹ A = ἐπὶ λόγοις μου. β, S¹ add ἐγώ. g om. rest of sentence. ²α
(save that c reads συπέσειτε). β reads συμπίπτετε. If the text is right
we should surely supply τῷ προσώπῳ. Cf. Gen. vi. 5, or for a different
construction Neh. vi. 16 ויפלו בעיניהם. A = συνταράσσεσθε. ³α, ae.
bfg read ἀπολείπω ὑμῶν (f om.), d ἐκλείπω ἐγώ. A adds ἀπὸ ζωῆς. ⁴f om.
⁵α, dfg. abe read ἐμμέσῳ. ⁶α, adefg. b reads ἐμμέσῳ. ⁷h om.

CH. PA.   K

β, S¹ αὐτοῦ⁷, καὶ⁷ εὐφρανθήσομαι⁸ *ἐν μέσῳ⁹ τῆς φυλῆς μου, *οἵτινες
ὅσοι ἐφύ- φυλάξουσιν¹⁰ νόμον Κυρίου ⌐καὶ ἐντολὰς¹¹ Ζαβουλὼν πατρὸς
λαξαν. αὐτῶν⁷. 3. Ἐπὶ δὲ τοὺς ἀσεβεῖς ἐπάξει¹² Κύριος
πῦρ αἰώνιον, καὶ ἀπολεῖ¹³ αὐτοὺς *ἕως γενεὰς γενεῶν¹⁴.
4. *Ἐγὼ δὲ νῦν¹⁵ εἰς τὴν ἀνάπαυσίν μου¹⁶ ἀποτρέχω¹⁷,
*ὡς καὶ¹⁸ οἱ πατέρες μου. 5. Ὑμεῖς δὲ φοβεῖσθε
h, bd, S¹ Κύριον¹⁹ ⌐τὸν θεὸν ἡμῶν²⁰ ἐν πάσῃ ἰσχύι ὑμῶν²¹ πάσας
ὑμῶν. τὰς²² ἡμέρας τῆς ζωῆς ὑμῶν⌐²³. 6. Καὶ ταῦτα εἰπὼν
ἐκοιμήθη ⌐†ὕπνῳ²⁴ καλῷ⌐, καὶ ἔθηκαν αὐτὸν *οἱ υἱοὶ αὐτοῦ²⁵
β-d, A, *εἰς θήκην ξυλίνην²⁶. 7. Ὕστερον δὲ *ἀναγαγόντες
S¹ ἐν
θήκῃ. ἔθαψαν αὐτὸν ἐν Χεβρὼν²⁷ μετὰ τῶν πατέρων αὐτοῦ²⁸.

Διαθήκη Δὰν τοῦ ἑβδόμου υἱοῦ Ἰακὼβ καὶ Βάλλας¹.

I. Ἀντίγραφον λόγων Δάν², *ὧν εἶπεν³ τοῖς υἱοῖς αὐτοῦ⁴
ἐπ' ἐσχάτων⁵ τῶν⁶ ἡμερῶν αὐτοῦ⁷ *ἐν τῷ ἑκατοστῷ εἰκοστῷ

⁸ A^{sb*cd} read ηὐφράνθην according to printed Arm. text (?) but A^e supports
α, β.   ⁹ α, adefg.   b reads ἐμμέσῳ.   ¹⁰ α. β reads as in margin.
A = ὅσοι ἐφυλάξατε.   ¹¹ g reads ἐντολήν.   ¹² d adds ἐπ' αὐτούς.   ¹³ α.
β-g read ἀπολέσει, g ἀπόλλυσιν.   ¹⁴ α. β reads ἕως γενεῶν. A = ἀπὸ
τῶν υἱῶν Ἰσραήλ.   ¹⁵ α. a reads τέως δέ, b ἐγώ, def τέως οὖν (+ ἐγώ d),
g ἐγώ τε.   ¹⁶ aef add ἐγώ.   ¹⁷ A^{b*cd} om. rest of verse.   ¹⁸ α, A^{ab}.
β-d, S¹ read ὡς, d καί.   ¹⁹ d om.   ²⁰ c, aefg. hi, bd, S¹ read ὑμῶν.
hi om. next ten words through hmt.   ²¹ c. β, S¹ om.   ²² a om.   ²³ d
adds καὶ τὰ ἀρεστὰ ἐνώπιον αὐτοῦ ποιεῖτε. For addition in S see S² in loc.
²⁴ = נְעִים corrupt for נָעִים = γήρει. The phrase is found correctly in
T. Iss. vii. 9 ἐκοιμήθη ἐν γήρει καλῷ.   ²⁵ g reads υἱοὶ αὐτοῦ. d om.   ²⁶ c. hi
read ἐν θήκῃ ξυλίνῃ, β, A ἐν θήκῃ (+ καινῇ ἐν ᾗ οὐδεὶς οὐδέποτέ τις ἐτέθη d).
²⁷ α. d, A^{b*d} (save that d reads ἀγαγ.); abef, A^{abcefs}, S¹ ἀναγαγ. αὐτὸν εἰς X.
(ἐν X. e) ἔθαψαν (+ αὐτόν ^{abcef}), g ἀνήγαγον θάψαντες ἐν X.   ²⁸ d adds τῷ δὲ
θεῷ ἡμῶν εἴη δόξα εἰς αἰῶνας. Ἀμήν. f, S¹ adds Ζαβουλὼν υἱὸς Ἰακὼβ ϛ υἱὸς Λίας
ϛ (ὁ τρίτος S¹). (+ καὶ S¹) ἔζησεν ἔτη ριδ (ρδ S¹), A^{b*d} add εἰς δόξαν θεοῦ.

I. ¹Title. α in text. a reads Δάν, bef, S¹ Δ. Δ. περὶ θυμοῦ καὶ ψεύδους (f ψεύ-
δους καὶ θυμοῦ· Δὰν ἑρμηνεύεται κρίσις), g ἀρχὴ λόγων διαθήκης Δ. περὶ θ. καὶ ψ. ζ'.
d is conflate Δ. Δ. υἱὸς ἕβδομος Ἰακώβ, υἱὸς Βάλλας πρῶτος περὶ θ. καὶ ψ.
A = Δ. Δ. περὶ ὑπερηφανίας καὶ μίσους (+ καὶ ζήλου A^b, but this addition is
not in Conybeare's transcript). Here ᴜᴡʜʟᴊᴩʜᴡʜʟ = μίσους is obviously
an error for ᴜᴡʜʟᴨʜᴩʜᴡʜʟ = ψεύδους.   ² A^{b*d} add υἱοῦ Ἰακώβ.   ³ d reads
ὅσα ἐλάλησεν, g ὃν εἶπεν.   ⁴ hi om. next five words through hmt. A^{b*d}
add καὶ θυγατράσι.   ⁵ f reads ἐσχάτων.   ⁶ ae om.   ⁷ A^{bb*cdef} = τούτων.

I. 7]   ΔΙΑΘΗΚΗ ΔΑΝ   131

πέμπτῳ⁸ ἔτει⁹ τῆς¹⁰ ζωῆς αὐτοῦ. 2. *Καλέσας γὰρ¹¹
*τὴν πατρίαν αὐτοῦ¹² εἶπεν¹³· Ἀκούσατε υἱοὶ *Δὰν λόγων
μου¹⁴, καὶ¹⁵ προσέχετε¹⁶ ῥήμασι ⌈τοῦ πατρὸς ὑμῶν⌉¹⁷. 3. β–dg, S
Ἐγὼ¹⁸ ἐπείρασα ἐν καρδίᾳ μου¹⁹ καὶ²⁰ ἐν πάσῃ²¹ ζωῇ μου²², ῥήμασι
ὅτι καλὸν²³ *καὶ θεῷ εὐάρεστον ἡ ἀλήθεια²⁴ μετὰ δικαιοπρα- στό-
γίας²⁵ *καὶ ⌈ὅτι⌉ πονηρὸν τὸ ψεῦδος²⁶ καὶ ὁ θυμὸς²⁷ πᾶσαν ματος.
κακίαν *ἐκδιδάσκοντα τὸν ἄνθρωπον²⁸. 4. *Ὁμολογῶ οὖν
ὑμῖν σήμερον²⁹, τέκνα μου³⁰, ὅτι ἐν καρδίᾳ μου ἐθέμην³¹ περὶ β, S ἄν-
                                                                 θρωπον
τοῦ θανάτου³² Ἰωσήφ, ⌈τοῦ ἀδελφοῦ μου⌉³³, *τοῦ ἀγαθοῦ ἀνδρὸς διδάσκει.
καὶ ἀληθινοῦ³⁴.   5. Καὶ ἔχαιρον ἐπὶ τῇ πράσει αὐτοῦ³⁵, β, A, S¹
ὅτι³⁶ *ὑπὲρ ἡμᾶς³⁷ *ὁ πατὴρ αὐτὸν ἠγάπα³⁸. 6. Τὸ γὰρ³⁹   †ἡδόμην.
πνεῦμα τοῦ ζήλου⁴⁰ καὶ τῆς ἀλαζονείας⁴¹ ἔλεγέ μοι· Καίγε β, A, S¹
σὺ *αὐτὸς υἱὸς αὐτοῦ εἶ⁴². 7. Καὶ *ἐκ τῶν πνευμάτων⁴³ ἐν.

ag om. rest of verse through hmt. ⁸ α. bf read ἐν (b om.) ἑκατοστῷ
εἰκοστῷ πέμπτῳ, d ἐν ἔτει ρκε΄, e ἐν ρκε΄ ἔτει. ⁹d om. ¹⁰ ef om. ¹¹ α,
dg. aef, A^fg καὶ καλέσας, b, A^{abb*cd} καλέσας. ¹² α, β–dg, S¹. d, A read
τοὺς υἱοὺς αὐτοῦ, g αὐτούς. ¹³ d, A add αὐτοῖς. ¹⁴ hi, β (save that hi read
τοὺς λόγους), A^{ab*cdefg}, S¹. c reads λόγων Δὰν τοῦ πατρὸς ὑμῶν. A^b = Δ.
πατρὸς ὑμῶν. ¹⁵ b, S om. ¹⁶ A^b (by an internal corruption) = προσβλέψατε.
f adds τοῖς. ¹⁷ α, dg (save that d om. τοῦ). β–dg, S read στόματος
(+ τοῦ b) πατρὸς ὑμῶν (ἡμῶν e). A = στόματός μου. ¹⁸ α, A. β–d om.
d reads ὅσα. ¹⁹ c om. ²⁰ g om. A^{b*} adds ἔγνων. ²¹ β adds τῇ. ²² d adds
καὶ ἔγνων. ²³ hi read τὸ κάλλος (i καλι). ²⁴ c, aed. bfg, S read θεῷ καὶ
εὐάρεστον (f ἀρεστὸν) ἡ ἀλ., hi θεῷ εὐάρ. καὶ ἡ ἀλ. A = ἐστὶν ἐνώπιον Κυρίου
καὶ εὐάρ. ἡ ἀλ. (ἡ ἀλ. καὶ εὐάρ. A^{b*d}). ²⁵ c reads δικαιοπρασίας. ²⁶ c, β, A
(save that c reads πανπόνηρον and A om. ὅτι and adds ἐστί after πονηρόν).
hi read τὸ δὲ πονηρὸν ψ. ²⁷ b, S¹ add ὅτι, A^b καί. d adds δι' ὧν καί.
²⁸ c. hi, A read ἐκδιδάσκουσι (ἐκδιδάσκει A) τ. ἄνθ. β–d, S read ἄνθρωπον
(e ἀνθρώπων, a om.) ἐκδιδάσκει (διδάσκει f), d οἱ ἄνθρωποι ἐκδιδάσκονται.
²⁹ α, d (save that d om. οὖν), A^{abcefg}. β–d, A^{b*d}, S read ὁμολογῶ (+ οὖν A^{b*d})
σήμερον ὑμῖν. Before ὁμολογῶ d inserts τοίνυν ὡς ταῦτα πειράσας καὶ γνοὺς
ἀμφοτέρων τὸ διάφορον. ³⁰ c om. ³¹ α, S². β, S¹ read ἡδόμην (bd ἡδώμην)
(+ πάνυ d) = שׂמחתי corrupt for שׂמתי = ἐθέμην. A = ἡδονὴ ἦν. We have
here the familiar phrase שׂום על לב. ³² A^a om. ³³ α. β, A, S¹ om.
³⁴ α, g. d reads τοῦ ἀλ. ἀνδ. καὶ ἀγ., aefg, A, S² τοῦ ἀνδ. τοῦ ἀγ. (g τοῦ ἀγ. ἀνδ.)
καὶ ἀλ., b, S¹ ἀνδ. ἀλ. καὶ ἀγ. g om. next six words. ³⁵ b, S¹ read Ἰωσήφ.
³⁶ d reads διότι. ³⁷ α, β, S¹. A^b = ὑπὲρ ἐμέ, A^{ab*cdefg} πλέον. ³⁸ α, β–dg
(save that b read αὐτοῦ), S¹. dg, A^{abc} read ἠγάπα αὐτὸν ὁ πατὴρ ἡμῶν (g αὐτοῦ,
A^{bc} μου). For ὑπέρ... ἠγάπα A^{b*defg} read αὐτὸν πλέον (A^{efg} πλέον αὐτόν)
ἠγ. ὁ πατήρ μου. ³⁹ d, A^{b*d} om. ⁴⁰ e reads ζήλους. ⁴¹ A = τοῦ
μίσους. ⁴² α (save that c om. αὐτοῦ after υἱός). β reads υἱὸς αὐτοῦ (+ εἶ d).

K 2

ΔΙΑΘΗΚΗ ΔΑΝ [I. 7

β, A, S¹ τοῦ Βελίαρ †συνήργει⁴⁴ μοι, ὅτι⁴⁵· *Λαβὲ τὸ ξίφος καὶ ⌈ἐν
λέγον. τούτῳ⌉⁴⁶ ἄνελε τὸν Ἰωσήφ⁴⁷, καὶ ἀγαπήσει σε ὁ πατήρ⁴⁸,
β-g,A,S¹ ἀποθανόντος αὐτοῦ. 8. *Τοῦτο δὲ ἦν τὸ πνεῦμα τοῦ θυμοῦ
πατήρ
σου. τὸ πειθόν με⁴⁹· ὥσπερ⁵⁰ πάρδαλις †ἐκμύζουσα⁵¹ ἔριφον,
beg,A ἵνα οὕτως *⌈ἐμοὶ ἐνέβαλεν⌉ †ἐκμυζῆσαι⁵² τὸν Ἰωσήφ.
ὥσπερ.   α   β, A, S¹
β-d, A
†ἐκμυζή- 9. Ἀλλ' ὁ Θεὸς*τῶν πατέρων⁵³   9. Ἀλλ' ὁ Θεὸς Ἰακώβ⁵⁵ *τοῦ
σω.   μου οὐκ εἴασεν αὐτὸν ἐμπεσεῖν   πατρός μου⁵⁶ οὐκ ἐνέβαλεν⁵⁷
         εἰς τὰς χεῖράς μου, ἵνα κατα-   αὐτὸν εἰς τὰς χεῖράς μου *ἵνα
         μόνας εὑρὼν αὐτὸν ἀνελῶ, καὶ   εὕρω⁵⁸ αὐτὸν μόνον, οὐδὲ εἴασέν
         ποιήσω⁵⁴ λυθῆναι σκῆπτρον   με⁵⁹ *τὸ ἀνόμημα τοῦτο ποιῆ-
         δεύτερον τῷ Ἰσραήλ.   σαι⁶⁰ ἵνα μὴ⁶¹ λυθῶσι⁶² δύο
                                         σκῆπτρα ἐν Ἰσραήλ.

II. Καὶ νῦν, τέκνα μου, ἰδοὺ¹ ἐγὼ ἀποθνήσκω, καὶ ἐν
ἀληθείᾳ λέγω ὑμῖν, ὅτι² ἐὰν³ μὴ φυλάξητε⁴ ἑαυτοὺς ἀπὸ *τοῦ
πνεύματος⁵ *τοῦ ψεύδους καὶ τοῦ θυμοῦ⁶, καὶ ἀγαπήσητε⁷

A = υἱὸς εἶ αὐτοῦ (A^b Ἰακώβ).   ⁴³α. β—d, A read ἕν τῶν πν. The former,
however, is a familiar Hebraism. d reads τὸ πνεῦμα.   ⁴⁴a reads
συνήργησε. Text = יצר corrupt(?) for אמר if α is right.   ⁴⁵α. bdeg, S¹
read λέγων, f, A καὶ ἔλεγεν (+ μοι A), a λέγον.   ⁴⁶α. β—g, A, S¹ read λαβὲ τ.
ξίφος τοῦτο καὶ ἐν αὐτῷ (df, A om. ἐν αὐτῷ), g τὸ ξ. τοῦτο λαβὲ καὶ ἐν αὐτῷ.
⁴⁷d adds ἐν αὐτῷ.   ⁴⁸β—g, A, S¹ add σου.   ⁴⁹c, abef, S¹ (save that abef,
S¹ read ἐστί for δὲ ἦν). hi agree with c but gives a different order: τοῦτο
δὲ τὸ πειθόν με πνεῦμα ἦν τοῦ θυμοῦ, d ταῦτά μοι τὸ πνεῦμα τοῦ θυμοῦ ὑπέβαλλεν,
g, A τὸ δὲ (τόδε τὸ A) πνεῦμα τοῦ θυμοῦ πάλιν (A om.) ἐπειθέν με. d om. rest
of verse.   ⁵⁰c. hi read ὡς γάρ, af ἦν γὰρ ὥσπερ, beg ἵνα ὥσπερ (bg ὡς).
⁵¹ae, S². α, f give the form ἐκμίζουσα, bg, S¹ ἐκμυζᾷ. Conscious of the
impossibility of the text A restored it as follows : ἵνα ἐκμυζήσω αἷμα Ἰωσήφ,
ὡς ἐκμυζᾷ πάρδαλις αἷμα ἐρίφου. But we can hardly accept this restoration.
The corruption lies in ἐκμύζουσα which = מצצ corrupt for רצץ = συντρί-
βουσα (in late Hebrew). Similarly for ἐκμυζῆσαι in the next line we
should read συντρῖψαι.   ⁵²α (c giving form ἐκμιζῆσαι, hi ἐκμύζουσα).
β—df read ἐκμυζήσω, f ἐκμιζήσω S¹ ἐξεμύζησα. For the corruption in text
and the reading of A see note 51.   ⁵³c. hi read τοῦ πατρός.   ⁵⁴c. hi
read ποιῆσαι.   ⁵⁵beg, A, S¹. adf om.   ⁵⁶β—d, A (save that b, A read
ἡμῶν), S. d reads τῶν πατέρων μου.   ⁵⁷d reads ἔβαλε.   ⁵⁸β, S¹. A
reads καὶ οὐχ εὗρον.   ⁵⁹b om.   ⁶⁰bfg. ae read τοῦτο τ. ἀν. ποιῆσαι, d,
A ποιῆσαι τὸ ἀν. τοῦτο.   ⁶¹bg om.   ⁶²d reads καταλυθῶσιν.

II. ¹b, S om.   ²c reads καί.   ³aef read εἰ.   ⁴hi, eg. c, af read
φυλάξετε, b διαφυλάξητε, d φυλάξατε.   ⁵a om.   ⁶A = τῆς πλάνης καὶ τοῦ
ψεύδους. Here ܐܢܗܪܢܝ̈ܒܒܘ݂ܬ (= πλάνης) is undoubtedly corrupt.

ΔΙΑΘΗΚΗ ΔΑΝ

τὴν ἀλήθειαν καὶ τὴν μακροθυμίαν, ἀπολεῖσθε⁸. 2. Τύφλωσις β, A, S¹
*γάρ ἐστιν ὁ θυμὸς καὶ οὐκ ἐᾷ ὁρᾶν πρόσωπόν τινος ἐν ἀληθείᾳ⁹. ἐστὶν ἐν
3. ⌜Ὅτι⌝, κἂν πατήρ, *ἢ μήτηρ¹⁰ ἐστίν¹¹, ⌜ὡς πολεμίοις¹² προσ- τῷ θυμῷ, τέκνα
έχει¹³ αὐτοῖς¹⁴· *ἢ⌝ ἀδελφός ἐστιν¹⁵ οὐκ οἶδεν¹⁶· ἢ¹⁷ *προφήτης μου, καὶ
Κυρίου, παρακούει¹⁸· ἢ¹⁷ δίκαιος¹⁹, οὐ βλέπει· ⌜*ἢ φίλος²⁰, οὐκ ἔστι
οὐ γνωρίζει⌝. 4. *Περιβάλλεται γὰρ ⌜αὐτὸν⌝ τὸ πνεῦμα πρόσω-, τις ὁρῶν
τοῦ θυμοῦ τὸ δίκτυον τῆς πλάνης²¹ καὶ τυφλοῖ τοὺς²² ὀφθαλ- πον ἐν ἀληθείᾳ.
μοὺς αὐτοῦ, καὶ¹ διὰ τοῦ ψεύδους σκοτοῖ²³ τὴν διάνοιαν β–α, A,
⌜αὐτοῦ⌝²⁴, καὶ τὴν ἰδίαν ὅρασιν παρέχει αὐτῷ. 5. *Ἐν S¹ τοὺς
τίνι δὲ²⁵ περιβάλλει τοὺς ὀφθαλμοὺς αὐτοῦ²⁶; *ἐν μίσει φυσι-
καρδίας²⁷ κατὰ τοῦ ἀδελφοῦ αὐτοῦ²⁸ *εἰς φθόνου²⁹. κούς.
                                                                be, A, S¹
III. *Καὶ γὰρ πονηρὸς ὁ θυμός¹, τέκνα μου, *ὡς καὶ αὐτὴν ἐν μίσει
τὴν ψυχὴν ἐκταράσσει². 2. Καὶ τὸ μὲν σῶμα *ἴδιον ποιεῖται³ καρδίας
τοῦ θυμώδους⁴, *τῆς δὲ ψυχῆς⁵ κατακυριεύει, καὶ παρέχει *τῷ σιν αὐτῷ
                                                                      καρδίαν
ἰδίαν (A πολεμίαν ἐναντίων, S¹ om.). β–α, A, S¹ καὶ γὰρ αὐτῇ τῇ ψυχῇ
αὐτὸς γίνεται ψυχή.

⁷ α reads ἀγαπήσετε. ⁸ hi, abef. c reads ἀπόλλυσθαι, d ἀπωλείᾳ ἀπολεῖσθε, g ἵνα μὴ ἀπόλλυσθε. ⁹ α. β, A, S¹ read as in margin, save that af om. ἐστίν, f om. τις, g om. μου, bd add θυμώδης after τις, and A trs. ἐν ἀληθείᾳ before ὁρῶν. ¹⁰ c, aefg, A. b reads κἂν μήτηρ, hi ἡμῶν, d ὑμῶν. ¹¹ g om. ¹² f reads πολέμιον, g πολέμιος. ¹³ β. c reads προσέχειν, h προσέχων. ¹⁴ b reads ἑαυτοῖς. ¹⁵ α. β–f read ἐὰν (+ δὲ a) ᾖ ἀδελφός, f ἐὰν ἀδελφὸς εἶ (sic). A = ἀδελφόν. ¹⁶ f reads ἴδεν. ¹⁷ α. β reads ἐάν. A = καί. ¹⁸ A = προφήτου Κυρίου οὐκ ἀκούει. g om. Κυρίου, and rest of verse after παρακούει. ¹⁹ c reads δικαίου. A^{b¹g} = τὸν δίκαιον. A^{ab*cd} τοὺς δικαίους. ²⁰ h. c reads ἡ φίλους, β, S¹ φίλον. ²¹ α (save that c reads αὐτό). β, S¹ read περιβάλλει (περιβαλεῖ e) γὰρ αὐτὸν (αὐτῷ aefg, αὐτὸ d) τὸ πν. τοῦ θ. τὰ δίκτυα τῆς πλάνης. A = περιβάλλει γὰρ τὸ πν. τῆς πλάνης τὰ δ. τῆς ἀσελγείας. ²² hi, a. c om. β–α, A read as in margin. ²³ α read σκοτεῖ, d σκοτιεῖ. ²⁴ d om. rest of verse and ἐν τίνι ... καρδίας in ver. 4. ²⁵ α reads ἐντείνει. A = καὶ τότε, S¹ ἐν αὐτῷ. ²⁶ A adds καὶ κυκλοῖ, a duplicate rendering. ²⁷ hi, b. c, e read εἰς μίσους καρδίας, ag ἐκ μίσους, f ἐν μίσους καρδίαν (ἐνμίσως e) ἰδίαν. be, A, S add as in margin, d καὶ δίδωσιν αὐτῷ ἰδίαν καρδίαν διεγείρων αὐτόν. ²⁸ b om. ²⁹ A^{ab} = καὶ φθόνος, A^{b*cdefg} καὶ φθόνερος and connect with next chapter.

III. ¹ α, β–bd. bd read πονηρὸς ὁ θυμός. A^{b*cd} = πονηρές ἐστι θυμῷ, A^{ab} (internally corrupt) περιβάλλει θυμόν. On A see also preceding note ² α. β–ag, A, S¹ read as in margin, save that d adds καί before αὐτῇ. a om. g reads αὐτὴ ἡ ψυχὴ αὐτοῦ γὰρ ψύχος. ³ b reads ἰδιοποιεῖται. ⁴ c reads μύσους. ⁵ α, β (save that h, ag om. δέ), A^{b*d}. A^{abcefg} = τῶν δὲ ψυχῶν. ⁶ hi read τὸ σῶμα. ⁷ α, g. β–g, S¹ read as in margin, A = ἰδίᾳ but om.

ΔΙΑΘΗΚΗ ΔΑΝ [III. 2

β-g, S¹ σώματι⁶ ⌈δύναμιν⁷, ἵνα ποιήσῃ⁸ πᾶσαν⌉ ἀνομίαν⁹. 3. *Καὶ
δύναμιν ὅταν ταῦτα πάντα πράξῃ τὸ σῶμα, δικαιοῖ τὰ πραχθέντα καὶ ἡ
ἰδίαν. ψυχή¹⁰, ἐπειδὴ οὐ βλέπει ὀρθῶς. 4. *Διὰ τοῦτο¹¹ ὁ θυμού-
β-d (A), μενος¹², *ἐὰν μὲν ᾖ¹³ *δυνατὸς ⌈τῷ σώματι⌉¹⁴, *τριπλῆν ἐν
S¹πράξῃ, τῷ θυμῷ τὴν δύναμιν κέκτηται¹⁵ · μίαν¹⁶ μὲν ἀπὸ¹⁷ τῆς βοηθείας
ἡ ψυχὴ *τῶν ὑπουργούντων¹⁸ · *δεύτερον δὲ¹⁹ διὰ τοῦ πλούτου *πείθων
δικαιοῖ τὸ καὶ νικῶν [αὐτὸν] ἀδίκως²⁰ · *τρίτον τὴν²¹ φυσικὴν ἔχων
πραχθέν. *δύναμιν δι' αὐτῆς δρᾷ²² τὸ κακόν²³. 5. Ἐὰν δὲ ἀσθενὴς
β, A, S¹ ᾖ²⁴ θυμούμενος²⁵, *διπλοῦν τὸ τῆς ὀργῆς πάθος ἐν αὐτῷ
βλέπει. ἀναφύει²⁶ · βοηθεῖ *γὰρ αὐτῷ ὁ θυμὸς²⁷ πάντοτε ἐν παρανο-
β, S¹ τρι- μίᾳ²⁸. 6. Τοῦτο τὸ πνεῦμα ἀεὶ μετὰ τοῦ ψεύδους²⁹ ⌈ἐκ
πλῆν ἔχει δεξιῶν τοῦ Σατανᾶ πορεύεται, ἵνα *ἐν ὠμότητι καὶ ³⁰ψεύδει⌉
τὴν δύν. γίνονται³¹ αἱ πράξεις αὐτοῦ³².
ἐν τῷ
θυμῷ. IV. Οὐκοῦν σύνετε¹ τὴν δύναμιν τοῦ θυμοῦ² ὅτι³ †ματαία
β, A, S¹
τοῦ
σώματος
καὶ δι'
ἑαυτοῦ
   δρῶν. β-d, A, S¹ διπλῆν ἔχει τὴν δύναμιν παρὰ τὴν (afom.)τῆς
   φύσεως.

δύν. ἵνα ποιήσῃ πᾶσαν. ⁸ hi, bdg (but g trs. after ἀνομίαν). c, ef read
ποιήσει, a ποιήσῃς. ⁹ d reads παρανομίαν, A^befg τὰς ἰδίας ἀνομίας A^ab*d τὴν
ἰδίαν ἀνομ. ¹⁰ α (save that c reads πράξει for πράξῃ, and τὸ πραχθὲν καὶ
ὑψοῖ for τὰ ... ψυχή). β-d, A^b, S¹ read καὶ ὅταν (+ τι A) πράξῃ (ef πράξει.
A om. according to printed text, but A^befg attest it at any rate), ἡ (b, A^b om.)
ψυχὴ (A^b om.) δικαιοῖ τὸ πραχθέν, d τότε ἡ ψυχὴ δικαιοῖ τὸ πραχθέν. ¹¹ A^b*d
read δι' ὅ. ¹² hi read θυμός. A^b*cdefg add ἔστι. ¹³ a reads ἐὰν μένῃ, f κἂν
μὴ ᾖ. ¹⁴ α. β, A^b*cdefg read δυνατός. A^ab om. ¹⁵ α, A^b*cdefg. β, S¹ read as
in margin, save that f om. τὴν and g reads πολλὴν for τριπλῆν. A^ab = δύναμις
ἐν τῷ θυμῷ. ¹⁶ d reads καὶ μίαν. ¹⁷ b, S¹ read διὰ τῆς δυνάμεως καί.
g διά. ¹⁸ A = τῆς συνεργούσης. d adds αὐτῷ. ¹⁹ dg read δευτέραν,
e δευτέρα. A = καὶ δεύτερον. ²⁰ α. β-a, A, S¹ read παραπείθων (a παρα-
πείθειν, +αὐτῷ d) καὶ νικῶν (a νικᾶν) ἐν ἀδίκῳ (d, A ἐν ἀδικίᾳ). I have
bracketed the αὐτόν in the text as an interpolation. ²¹ α, g. β-adg
read τρίτην τὴν (ef om.), d, A τρίτον δὲ τήν, a om. ²² α. β, A, S¹ as in
margin (save that A reads δρᾶν). ²³ d om. next verse. ²⁴ g om.
²⁵ c reads κοιμούμενος. ²⁶ α. β-d, A, S¹ read as in margin, save that
for παρὰ ... φύσεως A reads καὶ εἰ παρὰ φύσεως (corrupt). ²⁷ α (save
that hi read αὐτόν). β-d read γὰρ αὐτοῖς ὁ θυμός, A^b*defs = αὐτῷ, S¹ αὐτοῖς.
A^abc om. c adds αὐτῷ. ²⁸ A adds θυμοῦ. ²⁹ A reads υπιπιſιππιßtιuιſμ
(= θυμοῦ) corrupt for uιππιßtιuιſμ = ψεύδους. α, A om. next ten words
through hmt. ³⁰ aefg. b read ἐν ὀμότητι, d ἐν ὀμότητι, S¹ ἐπὶ τὸ πλέον
and om. following καί. ³¹ ab, A read γίνωνται. ³² g reads αὐτῶν.

IV. ¹ d adds τέκνα μου. ² d adds καὶ φεύγετε οὖν αὐτήν. ³ g reads

ΔΙΑΘΗΚΗ ΔΑΝ

ἐστίν⁴. 2. Ἐν γὰρ λόγῳ παροξύνεται⁵ πρῶτον· εἶτα⁶ *ἐν ἔργοις⁷ †δυναμοῖ⁸ τὸν ὀργιζόμενον⁹, καὶ¹⁰ ἐν *ζημίαις πικραῖς διαταράσσει τὸ διαβούλιον αὐτοῦ¹¹, καὶ οὕτως διεγείρει ἐν θυμῷ μεγάλῳ τὴν ψυχὴν αὐτοῦ. 3. Ὅτε¹² οὖν λαλεῖ τις*καθ᾽ ὑμῶν¹³, ⌜ὑμεῖς⌝ μὴ¹⁴ *κινεῖσθε εἰς ὀργήν¹⁵, καὶ ἐάν τις¹⁶ ἐπαινέσῃ¹⁷ ὑμᾶς ὡς¹⁸ ἁγίους¹⁹, μὴ ἐπαίρεσθε²⁰· μήτε²¹ μεταβάλλεσθε²² ⌜μήτε⌝ εἰς τέρψιν μήτε εἰς ἀηδίαν²³. 4. Πρῶτον γὰρ²⁴ τέρπει²⁵ τὴν ἀκοήν, καὶ οὕτως²⁶ ὀξύνει τὸν νοῦν²⁷ *τοῦ νοῆσαι²⁸ τὸ †ἐρεθισθέν²⁹, καὶ³⁰ θυμωθεὶς νομίζει³¹ δικαίως ὀργίζεσθαι³². 5. Ἐὰν δὲ³³ *ζημίᾳ ἢ ἀπωλείᾳ τινὶ περιπέσητε³⁴, τέκνα³⁵, ⌜μὴ ἐκτροεῖσθε³⁶⌝· ὅτι ⌜αὐτὸ⌝ τὸ πνεῦμα³⁷ *ποιεῖ ἐπιθυμῆσαι³⁸ τοῦ ἀπολλυμένου³⁹ ἵνα *θυμῷ πέσῃ διὰ τοῦ πάθους⁴⁰.

bdg,A,S¹ παροξύνει.

bdg,A,S¹ ἀγαθούς.

β, S¹ καὶ τότε.

β, S¹ θυμωθῇ διὰ τοῦ πόθου.

διδασκαλία παρὰ θυμοῦ. ⁴ ὅτι μ. ἐστίν = כי הבל corrupt (?) for כי יחבל = ὅτι διαφθείρει. ⁵ α, aef. bdg, A, S¹ read as in margin. ⁶ A = καὶ εἶτα. ⁷ g om. ⁸ = יגבר corrupt(?) for יגבר = ἐξαγριοῖ (cf. Dan. viii. 7). ⁹ b reads ἐρεθιζόμενον. ¹⁰ h om. ¹¹ hi, β (save that for πικραῖς aefg, S¹ read μικραῖς, and d μακραῖς, and β reads ταράσσει). c reads πικραῖς ζ. διαταράσσει τὸν ἐρεθιζόμενον. A = ζ. μικραῖς προπέμπει τὸ δ. αὐτοῦ, but יחכוק פליקו is corrupt for יחתרקו = ταράσσει. a om. rest of verse through hmt. ¹² g reads ὅτι. ¹³ d reads καθ᾽ ἡμῶν. A = μεθ᾽ ὑμῶν. ¹⁴ b om. ¹⁵ α, β (save that β reads θυμόν for ὀργήν). A = κινείσθω ἡ καρδία ὑμῶν εἰς θυμόν. ¹⁶ a om. ¹⁷ h. c reads ἐπαινέσει, abg ἐπαινῇ, de ἐπαινεῖ, f επαινα. ¹⁸ c om. ¹⁹ α, aef. bdg, A, S¹ read ἀγαθούς. ²⁰ A adds εἰς μετεωρισμόν (?). ²¹ α, def. abg read μηδέ. S¹ om. ²² h adds μὴ ἐπαίρεσθε. S¹ om. ²³ adf. α reads ἀϊδίαν, e ἀειδίαν, g ἀιδείαν which are corruptions of the form in the text. b emends into εἰδέαν. A reads ως[[ταραχάς]] (= ταραχάς) which may be a loose rendering of ἀηδίαν. S¹ = ἐπιθυμίαν δόξης. d adds κατακυριεύεσθε ὑπὸ τοῦ λόγου. ²⁴ c reads μέν. ²⁵ g reads τρέπει, perhaps rightly. A = τέρψις εὐφραίνει. ²⁶ A⁻ᵃᵇ = τότε. Aᵃᵇ om. together with next three words. ²⁷ c adds ἡμῶν. ²⁸ α. d reads πρὸς τὸ νοῆσαι, β–d νοῆσαι. A = καὶ συνετίζει. ²⁹ α, β–dg. dg read ῥηθέν. If dg is not right, we should emend ἐρεθισθέν into ἐρεθίσαν. A = διαβούλιον τοῦ ἐρεθίσαντος (?). d adds καὶ ὅταν νοήσει αὐτό. ³⁰ α, A. β, S¹ read καὶ (d om.) τότε. A adds ὁ. ³¹ d adds ὅτι. ³² a reads ὀργιζόμενος, d ὀργίζεται. Aᵃᵇ om. rest of chapter. ³³ beg om. ³⁴ hi, β, Aᵇ*ᶜᵈᵉᶠᵍ (save that hi give accusatives instead of datives, b ἐάν for ἢ and περιπέσῃ for περιπέσητε and g om. τινί and Aᵇ*ᵒᵈ trans. ζημίᾳ and ἀπ.). c reads ζημίαν ἢ ἀπωλείᾳ τινὶ περιπεσεῖ. ³⁵ bde add μου. ³⁶ c. h, β–g read θροεῖσθε, g προίεσθε. ³⁷ Aᵇ*ᶜᵈᵉᶠᵍ add πλάνης. ³⁸ α. abeg, S¹ read ἐπιθ. ποιεῖ, df ἐπιθυμεῖν σε ποιεῖ, Aᵇ*ᶜᵈᵉᶠᵍ = ἐπεθύμησε ποιεῖν τοῦτο (Aᵍ om.). ³⁹ g. α read ἀπολλομένου, b ἀπολωμένου, df ἀπολλωμένου, e ἀπωλουμένου, a, S¹ ἀπολωλότος. Aᵇ*ᶜᵈᵉᶠᵍ = καὶ εἰς τὸ τελειοῦν (Aᵇ*ᶜᵈ τελειώσας) τὴν ἀπώλειαν. ⁴⁰ α. β, S¹ read as in margin (save that d reads θυμωθείς). Aᵇ*ᶜᵈᵉᶠᵍ = λυπηθῇ.

6. Καὶ⁴¹ ἐὰν ζημιωθῆτε ἑκουσίως *ἢ ἀκουσίως⁴² *μὴ λυπεῖσθε⁴³· ἀπὸ γὰρ λύπης⁴⁴ ἐγείρεται⁴⁵ καὶ⁴⁶ θυμὸς⁴⁷ ⌈μετὰ ψεύδους⌉⁷. 7. *Ἔστι δὲ διπρόσωπον κακὸν ὁ θυμὸς μετὰ ψεύδους⁴⁸, καὶ συναίρονται⁴⁹ ἀλλήλοις ἵνα ταράξωσι⁵⁰ *τὴν καρδίαν⁵¹· ταρασσομένης δὲ τῆς ψυχῆς συνεχῶς, ἀφίσταται ὁ⁵² Κύριος ἀπ' αὐτῆς καὶ κυριεύει αὐτῆς ὁ Βελίαρ.

β, A, S¹
τὸ διαβούλιον.

bdg, A, S¹ τὰς ἐντολὰς.

V. Φυλάξατε¹ οὖν, *τέκνα μου², *τὴν ἐντολὴν³ τοῦ⁴ Κυρίου
καὶ τὸν νόμον αὐτοῦ τηρήσατε⁵·
ἀπόστητε⁶ ἀπὸ τοῦ⁷ θυμοῦ⁸,
καὶ μισήσατε⁹ τὸ ψεῦδος,
ἵνα¹⁰ *Κύριος κατοικήσει ἐν ὑμῖν¹¹
καὶ φεύξεται¹² *ἀφ' ὑμῶν¹³ ὁ Βελίαρ.
2. Ἀλήθειαν φθέγγεσθε¹⁴ ἕκαστος πρὸς τὸν πλησίον αὐτοῦ
καὶ οὐ μὴ ἐμπέσητε εἰς μῆνιν¹⁵ *καὶ ταραχάς¹⁶,
ἀλλ' ἔσεσθε¹⁷ ἐν εἰρήνῃ ἔχοντες τὸν θεὸν *τῆς εἰρήνης¹⁸
καὶ *οὐ μὴ κατισχύσει¹⁹ ὑμῶν²⁰ πόλεμος.

(but A° over line θυμωθῇ) διὰ πόθου τοῦ ἀπολωλότος. *a* om. rest of chapter. ⁴¹ *c. h*, β, A^(b*edefg) om. ⁴² *b* om. ⁴³ A^(b*edefg) = καὶ ταραχθῆτε. ⁴⁴ A^(b*edefg) by easy internal corruption = θυμοῦ. ⁴⁵ α, *d*, A, S¹. β–*ad* read ἐγείρει. ⁴⁶ *c. hi*, β, A^(b*edefg) om. ⁴⁷ α, A. β–*a* read θυμόν. ⁴⁸ *de*, A^(b*cdes) (save that *d* read πρόσωπον). *b*, S¹ read διπρόσωπον κακὸς θυμὸς (*b* θυμὸν) μετὰ ψεύδους. α, *fg* om. through hmt. ⁴⁹ *de. hi, f* read συναιρῶνται, *c* συναινῶνται (sic), *bg* συνερῶνται, which are corrupt forms of the word in the text. συναίρονται ἀλλήλοις means 'unite with one another,' 'assist one another,' and is so rendered by A^(b*edefg). S¹ = συμμίσγονται and accordingly supports reading of *bg*, which it took to be from συνεράω. It might be possible to regard συνερῶνται as a present middle Attic form of συνερέω, 'to support,' 'advocate,' but this is unlikely. ⁵⁰ α, *b, g. de* read ταράξουσιν, *f* πράξουσιν. A = προπέμψωσιν. Same corruption as in ver. ί. ⁵¹ α. β, A^(b*edefg), S¹ as in margin (save that *ef* read τὰ διαβούλια). *d* adds τῆς ψυχῆς. ⁵² α, *dg. bef*, A om.

V. ¹ *df* read φυλάσσετε. ² *a* om. ³ α, *aef*, S². *bdg*, A, S¹ read as in margin. ⁴ *dg* om. ⁵ α, *abef. d* read ἐκζητήσατε, *g* τηρήσετε. A = μὴ ἐκκλίνετε. ⁶ *bg* add δέ. ⁷ α, e. β–e, A om. ⁸ A read ܡܢ ܒܒܠ (= ψεύδους) corrupt for ܡܢ ܚܡܬܐ = θυμοῦ. ⁹ *hi* read μισεῖτε. ¹⁰ *hi, g* add ὁ. ¹¹ A^(ab*ed) trs. Κύριος ... ὑμῖν and φεύξεται ... Βελίαρ. For κατοικήσει which *c, f* read, we find κατοικήσῃ in *hi*, β–*f*. *a* om. next line. ¹² α. *bfg* read φύγῃ, *de* φεύγει. ¹³ *hi* om. ¹⁴ *c*, β–*a. hi* read φθέγξετε, *a* λαλεῖτε. ¹⁵ *b*, S¹ reads ἡδονήν. ¹⁶ A^(b*d) om. ¹⁷ A adds πάντοτε. ¹⁸ A = τὸν εἰρηνοποιόν. *a* om. rest of chapter and vi. 1–7. ¹⁹ *c* reads οὐ μὴ κατησχήσει. A = καταπαύσεται. ²⁰ *dg*, A = ἐν (*d.* om.) ὑμῖν. ²¹ *bg* read καὶ (*b* om.) ἀγαπᾶτε. ²² *d* reads θεόν. ²³ *c, befg* (save that *g* om.

3. Ἀγαπήσατε[21] τὸν Κύριον[22] ἐν πάσῃ *τῇ ζωῇ[23] ὑμῶν[24] *καὶ ἀλλήλους[25] ἐν ἀληθινῇ[26] καρδίᾳ. β, S οἶδα
4. *Ἐγὼ οἶδα[27] ὅτι ἐν ταῖς[28] ἐσχάταις ἡμέραις ἀποστήσεσθε[29] γάρ. β ὡς ἂν
τοῦ Κυρίου, ἀπο-
καὶ προσοχθιεῖτε[30] τῷ[31] Λευί, στῆτε.
καὶ πρὸς τῷ[32] Ἰουδὰ[33] παρατάξεσθε[34], defg, S¹
ἀλλ' οὐ δυνήσεσθε[35] πρὸς αὐτούς[36]. πορευό-
*ἄγγελος γὰρ Κυρίου ὁδηγεῖ ἑκατέρους[37], μενοι καὶ
ὅτι ἐν αὐτοῖς[38] στήσεται ὁ[39] Ἰσραήλ. (g, S¹
om.) ποι-
οῦντες.
5. Καὶ *ὡς ἂν ἀποστήσεσθε[40] ἀπὸ[41] Κυρίου[42], *ἐν πάσῃ β, A, S¹
κακίᾳ[43] *πορευόμενοι ποιήσετε τὰ βδελύγματα τῶν ἐθνῶν ἐκπορ- πλάνης.
νεύοντες ἐν[44] γυναιξὶν ἀνόμων[45] καὶ ἐν πάσῃ πονηρίᾳ[46] defg, A
ἐνεργούντων[47] ⌈ἐν ὑμῖν⌉ *τῶν πνευμάτων[48] τῆς πονηρίας[49]. ὅτι.
6. [Ἀνέγνων γὰρ[50] ἐν βίβλῳ Ἐνὼχ[51] τοῦ δικαίου ⌈καὶ bdeg, A,
ἔγνων⌉[52] ὅτι ὁ[53] ἄρχων ὑμῶν[54] ὁ Σατανᾶς ἐστιν[55] *καὶ S¹ πάντα
ὅτι[56] τὰ πνεύματα τῆς πονηρίας[57] καὶ τῆς ὑπερηφανίας τά πνεύ-
ματα.
β, A, S¹
πορνείας.

τῇ), A, S¹. h, d read τῇ (h om.) ψυχῇ. [24]f reads ἡμῶν. [25]hi, β (save that f om. καί), A. c om. [26]A = καθαρᾷ. [27]α (save that h adds γάρ before οἶδα), A. β, S¹ read as in margin. [28]c. h, β, A om. [29]c reads ἀποστεῖτε ἀπό. [30]c, beg. h reads προσώχθητε, df προσωχθήσετε. A = ἐπαναστήσεσθε. [31]b reads τόν. [32]α, β om. [33]α. β reads Ἰουδάν. [34]α (save that c gives παρατάξεισθε), ef (save that f gives παρατάξησθε). bdg, A read ἀντιτάξεσθε. [35]c reads δυνήσειται, g δύνασθε. [36]α, β, Aᵇ. Aᵃᵇ*ᶜᵈᵉⁱᶠ = αὐτόν. [37]hi, A (save that eg om. γάρ and g, A read ὁδηγήσει and for ἑκατέρους Aᵃᵇ read αὐτούς, Aᵇ*ᵈᵉⁱᶠ αὐτόν, Aᶜ ἔτι). c om. hi add αὐτούς. [38]Aᵃᵇ*ᵈᵉⁱᶠ=αὐτῷ. [39]α. β om. [40]α. β reads as in margin (save that g om. ἄν). A = ἀποστάντες. [41]c adds τοῦ. [42]Aᵇ = αὐτοῦ. [43]A⁻ᶠ reads ϳοᴸⱶμρηιᴸβᴸᵇʷⁱᶠʳᵖ = ἐπιθυμίᾳ corrupt(?) for ϳϟᴸⱶμρηιᴸβᴸᵇʷⁱᶠʳᵖ = ἐν κακίᾳ. This phrase A trs. after next word. [44]α. β, S¹ read πυρευόμενοι (πορεύεσθε b) καὶ (bg, S¹ om.) ποιοῦντες βδελύγματα (βδέλυγμα g) ἐθνῶν, ἐκπορνεύοντες (ἐκπορεύοντες b, S¹, καὶ πορεύοντες g) ἐν. A⁽ᵃ⁾ᵇ = πορεύσεσθε (πορεύεσθε Aᵇ) καὶ ποιοῦντες βδέλυγμα ἐκπορνεύοντες ἐν ἔθνεσιν ἐν. Aᵇ*ᵈⁱᶠ = πορεύσεσθε καὶ ποιοῦντες βδ. ἐν ἔθν. ἐκπορνεύοντες ἐν. Aᶜ⁽ᵉ⁾ βδελυσσόμενοι βδ. ἐν ἔθν. ἐκπορνεύοντες ἐν. [45]c, S¹ read ἀνόμοις. [46]dg read πορνείᾳ. [47]α, β–g. Aᵇ*ᵈᵉⁱᶠ read ʷᵇϟϟᵃʷⁱᶠᵇʷᴸ (= ἀφρονοῦντος) corrupt (?) for ʷⱶᶠμʷⁱⁿᵇʷᴸ = ἐνεργοῦντος. Aᵇ (i.e. ʷⱶᵃⁿⁱᶠ ⁱᶠⁱⁱᵘ Ɫᵇᵇᵇᴸ) = ἔθνει ἄλλος γίνεσθαι (?). Aᵃ = ἐθνῶν (?) γίνεσθαι ἄλλος. [48]hi om. A = τοῦ πνεύματος. [49]α. β, Aᵃᵇᵉⁱᶠ S¹ read as in margin. Aᵇ*ᵈ = πορνείας καὶ πλάνης. [50]c om. [51]d trs. after δικαίου. [52]c. hi read καὶ εὗρον. bdefg, A, S¹ om. [53]g om. [54]d om. [55]α. β trs. before ὁ Σ. A, S¹ = ἔσται. [56]f, Aᵃᵇᶜᵉⁱᶠ, S¹ read ὅτι, Aᵇ*ᵈ καί. bdeg, A, S¹ add πάντα. [57]α, f. be, A, S¹ read πορνείας, dg πλάνης καὶ (d om.) τῆς πορνείας. Aᶠ

138   ΔΙΑΘΗΚΗ ΔΑΝ   [V. 6

bdg, A   †ὑπακούσονται⁵⁸ * τοῦ παρεδρεύειν⁵⁹ τοῖς υἱοῖς Λευί, τοῦ ποιεῖν⁶⁰
τῷ Λευί   αὐτοὺς ἐξαμαρτάνειν ἐνώπιον Κυρίου.
†ὑπακού-
σονται.   7. Καὶ * οἱ ἐμοὶ υἱοὶ⁶¹ συνεγγίζοντές⁶² εἰσι τοῦ⁶³ Λευὶ
            καὶ συναμαρτάνοντες⁶⁴ αὐτοῖς⁶⁵ ἐν πᾶσιν.
            * οἱ δὲ υἱοὶ τοῦ⁶⁶ Ἰούδα ἔσονται ἐν πλεονεξίᾳ
            ἁρπάζοντες⁶⁷ ἀλλότρια ὡς⁶⁸ λέοντες.]
            8. ⌜Καὶ⌝⁶⁹ διὰ τοῦτο ἀπαχθήσεσθε⁷⁰ [σὺν αὐτοῖς]⁷¹ * εἰς
            αἰχμαλωσίαν⁷²
            κἀκεῖ ἀπολήψεσθε⁷³ * πάσας τὰς πληγὰς Αἰγύπτου⁷⁴
            καὶ πάσας τὰς⁷⁵ πονηρίας⁷⁶ τῶν ἐθνῶν.
            9. Καὶ οὕτως⁷⁷ ἐπιστρέψαντες⁷⁸ πρὸς Κύριον ἐλεηθήσεσθε⁷⁹
            καὶ ἄξει ὑμᾶς⁸⁰ εἰς τὸ ἁγίασμα αὐτοῦ
            * καὶ δώσει⁸¹ ὑμῖν εἰρήνην⁸².
            10. Καὶ ἀνατελεῖ ὑμῖν * ἐκ τῆς φυλῆς [Ἰούδα καὶ] τοῦ Λευὶ
β, S¹ καὶ   τὸ σωτήριον Κυρίου⁸³
αὐτός.   * αὐτὸς γὰρ⁸⁴ ποιήσει πρὸς τὸν Βελίαρ πόλεμον⁸⁵

om. next three words.   ⁵⁸ bdg, A⁻ᵇ add τῷ Λευί before this verb. Aᵇ adds
οὐ. - If the former is a later addition (α, ef, S¹ om. it), ὑπακούσονται can
hardly be right. Probably יבשרי to which ὑπακούσονται goes back is corrupt
for ישׁקר. = συστρέψονται, 'will conspire.' S¹ ὑπακούεσθαι ἄρξονται.   ⁵⁹ A
= καὶ παρεδρεύσουσι, S¹ καὶ ἀρέσκειν.   ⁶⁰ h, d read τοῦ ποιῆσαι, A καὶ
ποιήσουσι.   ⁶¹ α. β read οἱ (b om.) υἱοί μου.   ⁶² α. β reads ἐγγίζοντες.
⁶³ α. β–af, S¹ read τῷ, f, A τοῖς υἱοῖς.   ⁶⁴ c. hi, bef read συνεξαμαρτάνοντες,
dg ἐξαμαρτάνοντες (+ εἰσί g). g, Aᵃ add εἰσί, Aᵇᵉᵉᶠᵍ ἔσονται.   ⁶⁵ d trs. after
πᾶσιν. g om. For αὐτοῖς Aᵇ*ᶜᵈᶠ give ἱερεῦσιν.   ⁶⁶ α. b reads καὶ υἱοί,
d ἀλλὰ καὶ οἱ υἱοί, efg, A καὶ οἱ υἱοί.   ⁶⁷ befg add τά.   ⁶⁸ d adds οἱ.
⁶⁹ α. β, A, S¹ om.   ⁷⁰ A = ἐλεύσεσθε. g om. next six words.   ⁷¹ added
by interpolator of verses 6, 7.   ⁷² α, d. bef read ἐν αἰχμαλωσίᾳ.
⁷³ c reads ἀπαλείψεσθε.   ⁷⁴ Aᵇ*ᶜᵈᶠᵍ = σὺν αὐτοῖς πληγὰς ἐν Αἰγυπτίοις.   ⁷⁵ b om.
⁷⁶ d reads πορνείας.   ⁷⁷ A = μετὰ ταῦτα. The text requires some such
expression.   ⁷⁸ hi, befg, S. c reads ἐπιστρέψασθαι, d, A ἐπιστρέψετε.
⁷⁹ A = καὶ ἐλεήσει ὑμᾶς.   ⁸⁰ g adds κύριος.   ⁸¹ f, A, S¹. The same text
is implied in all the other MSS. but b. c καὶ δόει, h, e καὶ δώῃ, d καὶ δώει,
g καὶ δόσει, b βοῶν.   ⁸² hi add περὶ τοῦ Χριστοῦ as title before verses 10–13.
A adds εἰς τὸν αἰῶνα.   ⁸³ Aᵇ*ᵈ = σωτήριον ἐξ οἴκου Ἰ. καὶ ἐκ φυλῆς Λευί. β om. τοῦ
before Λευί. For κυρίου g reads τοῦ θεοῦ. Here A adds καὶ δώσει εἰρήνην ἕως
τοῦ αἰῶνος (+ τῷ Ἰσραήλ Aᵇ*)—a doublet from the preceding verse. I have
bracketed Ἰούδα καὶ as an interpolation, for if it were original we should
have φυλῶν and not φυλῆς. Cf. T. Sim. vii. 1, T. Gad viii. 1, T. Jos. xix. 6.
⁸⁴ α. β, S¹ read as in margin. A = καί.   ⁸⁵ A⁻ᵇ trs. before πρὸς τόν.
Here Aᵇ*ᶜᵈ add καὶ ψυχὰς ἁγίων πρὸς ἑαυτὸν καλέσει, καὶ ἐπιστρέψει καρδίας
ἀπειθῶν πρὸς τὸν κύριον, which are drawn and expanded from ver. 11.

V. 13]   ΔΙΑΘΗΚΗ ΔΑΝ   139

καὶ τὴν ἐκδίκησιν τοῦ νίκους δώσει τοῖς[86] †πατράσιν[87] ὑμῶν[88].

11. Καὶ τὴν αἰχμαλωσίαν λήψεται[89] ἀπὸ τοῦ Βελίαρ, [τὰς ψυχὰς τῶν ἁγίων][90]
*καὶ ἐπιστρέψει[91] καρδίας[92] ἀπειθεῖς[93] πρὸς Κύριον.
καὶ δώσει *τοῖς ἐπικαλουμένοις αὐτὸν[94] εἰρήνην αἰώνιον.

12. Καὶ *ἀναπαύσονται ἐν Ἐδὲμ ἅγιοι[95]
καὶ ἐπὶ *τῆς νέας[96] Ἱερουσαλὴμ εὐφρανθήσονται δίκαιοι
*ἥτις ἐστὶ δόξα θεοῦ αἰώνιος[97].

13. Καὶ οὐκέτι ὑπομενεῖ[98] Ἱερουσαλὴμ ἐρήμωσιν
*οὐδὲ αἰχμαλωτισθήσεται Ἰσραήλ[99],
ὅτι[100] Κύριος ἔσται[101] *ἐν μέσῳ[102] αὐτῆς[103] [τοῖς ἀνθρώποις συναναστρεφόμενος][104]
καὶ ὁ[105] Ἅγιος Ἰσραὴλ βασιλεύων[106] ἐπ' αὐτῆς[107] [ἐν
*ταπεινώσει καὶ πτωχείᾳ[108], καὶ ὁ πιστεύων *ἐπ'
αὐτῷ[109] *βασιλεύσει ἐν τοῖς ἀνθρώποις ἐν ἀληθείᾳ[110]].

β—ad, A, S¹ ἥτις ἔσται εἰς δόξασμα θεοῦ ἕως τοῦ αἰῶνος.
β—a, S¹ ἐν ἀληθ. θείᾳ ἐν τοῖς οὐρανοῖς.

A°ᶠᵍ om. next sixteen words.   [86] ef om.   [87] b reads πέρασιν—a bad emendation of πατράσιν found in all other MSS. and in A, S¹. But πατράσιν ὑμῶν, which is impossible, = אבותיכם which is corrupt for אויביכם = πολεμίοις ὑμῶν, and the line = 'and he will execute an everlasting vengeance on your enemies' (i.e. ויתן נקמת נצח באויביכם). For text of A see note 85.   [88] df. α, beg, S¹ read ἡμῶν. A = αὐτοῦ.   [89] dg which g trs. before τὴν αἰχ. c reads λάβε (?), hi, bef λάβῃ.   [90] α. β reads ψυχὰς ἁγίων, S¹ ψυχῶν ἁγίων. Aᵃᵇᵉᶠᵍ read καὶ τὰς ψ. τῶν ἁγ. See ver. 10, note 85 where Aᵇ*ᶜᵈ wrongly insert 11ᵃᵇ. I have bracketed τὰς ... ἁγίων as a Christian addition.   [91] f om.   [92] d reads ψυχάς.   [93] A⁻ᵇ = ἀπειθῶν.   [94] A trs. after αἰώνιον.   [95] So Aᵇᵉᶠᵍ. Possibly also Aᵃᶜ though printed Arm. Text represents Aᵃᵇᶜ as ἐν Ἐ. ἀναπ. ἅγ. Aᵇ*ᵈ = πάντες ἅγ. ἐν Ἐ. ἀναπ.   [96] bg, A, S¹. c reads τῆς βασιλείας, hi, ef τῆς νέας ἁγίας (ἁγίας καὶ νέας e, ἁγίας νέας, f), d τὴν ἁγίαν καὶ δικαίαν, S² τῆς ἁγίας. The reading ἁγίας may be due to קדש being written corruptly a second time as חדש.   [97] α (save that h reads Κυρίου). befg, A, S¹ read as in margin (save that ef, A,S¹ read ἐστί and g θεῷ αἰωνίῳ), d ἕως τοῦ αἰῶνος.   [98] f reads ὑπομείνῃ. For ὑπομ. Ἰ. ἐρήμωσιν A gives Ἰ. ἐρημωθήσεται.   [99] d reads οἱ δὲ αἰχμαλωτισθήσονται. For αἰχμαλωτισθήσεται b reads αἰχμαλωτίζεται. hi add ὁ before Ἰσραήλ.   [100] d reads ὁ.   [101] hi read ἐστί.   [102] bd read ἐμμέσῳ.   [103] A = αὐτῶν.   [104] A Christian(?) interpolation. In T. Jud. xxiv. 1 this is said of the Messiah. The phrase is used with reference to wisdom in Bar. iii. 37. A = καὶ τοῖς ἀνθ. συναναστρεφήσεται.   [105] b om.   [106] A = βασιλεύσει.   [107] α, ef, A. d read ἐπ' αὐτήν, b, S¹ ἐπ' αὐτούς, g ἐν αὐτοῖς.   [108] α, β, Aᵃᵇᵉᵍ (save that bdg add ἐν before πτωχείᾳ). Aᵇ*ᶜᵈᶠ = εἰρήνη.   [109] c, bef. hi read ἐπ' αὐτόν, dg ἐν αὐτῷ.   [110] α. bdeg read βασ. ἐν ἀληθ. (+ καὶ g) ἐν τοῖς

VI. Καὶ νῦν *φοβήθητε τὸν Κύριον¹, τέκνα μου, καὶ προσέχετε ἑαυτοῖς² ἀπὸ τοῦ Σατανᾶ καὶ *τῶν πνευμάτων³ αὐτοῦ. 2. Ἐγγίσατε⁴ τῷ θεῷ καὶ τῷ ἀγγέλῳ *τῷ παραιτουμένῳ ὑμᾶς⁵· ὅτι οὗτός ἐστι μεσίτης θεοῦ καὶ ἀνθρώπων καὶ⁶ ἐπὶ τῆς εἰρήνης τοῦ⁷ Ἰσραὴλ κατέναντι⁸ *τῆς βασιλείας τοῦ †θεοῦ στήσεται⁹· 3. Διὰ¹⁰ τοῦτο σπουδάζει ὁ ἐχθρὸς ὑποσκελίζειν¹¹ πάντας τοὺς ἐπικαλουμένους *τὸν Κύριον¹². 4. Οἶδε γὰρ ὅτι *ἐν ᾗ ἡμέρᾳ¹³ ἐπιστρέψει¹⁴ Ἰσραήλ, συντελεσθήσεται ἡ βασιλεία τοῦ ἐχθροῦ. 5. Αὐτὸς γὰρ¹⁵ ὁ ἄγγελος *τῆς εἰρήνης¹⁶ *ἐνισχύσει τὸν Ἰσραὴλ¹⁷ μὴ ἐμπεσεῖν¹⁸

a παρεπομένῳ ὑμῖν.
β–ab, A, S¹ καὶ κατέναντι.
bg(A), S¹ ἐχθροῦ.
β, A, S¹ πιστεύσει.

οὐρανοῖς. f ἐν ἀληθ. βασ. ἐν τ. οὐρ. A^ab = βασ. ἐν ἀληθ. ἕως τῶν οὐρανῶν. A^b*cdefg βασ. ἐν ἀληθ. ἕως τοῦ αἰῶνος. The confusion of ουνοις and ανπωις could easily arise.

VI. ¹c reads φοβεῖτε τὸν θεόν. ²c reads ἑαυτούς. A adds καὶ φυλάξασθε —a doublet of προσ. ἑαυτοῖς. ³A = κακοῦ πνεύματος. ⁴α, β–bd. b, S¹ read ἐγγίζετε δέ, d ἐγγίσατε δέ. A = καὶ ἐγγίσατε. ⁵β–d. The other authorities diverge from β–d and from each other. α reads τῷ παρεπομένῳ ὑμῖν (ἡμᾶς hi). Cf. α in T. Levi v. 6 : d reads αὐτοῦ τοῦ μὴ πατάξαι ὑμᾶς εἰς τέλος. For τῷ ἀγγ.... ὑμᾶς A reads ὁ ἄγγελος συγγινώσκει ὑμῖν. Here ﬕﬗﬓﬖﬕ, which = φείδεται or συγγινώσκει, may be a misrendering of παραιτεῖται, since in late Greek παραίτησις = 'forgiveness,' or ﬔﬗﬓﬖﬕ may be corrupt for ﬔﬗﬓﬖﬕ = φροντίζει, ἐπιμελεῖται, which would point to עליכם נוגן as in T. Lev. v. 6, 7. S¹ = ᾧ δεδομένοι ἐστί. In T. Levi v. 6 we have followed β–d and taken it to be a rendering of פונע לעם. The text = 'who intercedeth for you' = לְכֶם פֹּגֵעַ or סניגרכם in Mishnic and Talmudic Hebrew. See note on T. Levi v. 6. We might perhaps assume different Hebrew originals in Levi v. 6 and in Dan. vi. 2, on the ground of the divergence of d, A(?), S¹ in the two passages. But the fact that α gives παρεπόμενος and β–d παραιτούμενος in both passages implies the same Hebrew original in both. Hence the text is doubtful. ⁶b om. ⁷α. β om. ⁸α, b. β–ab, A, S¹ read as in margin. Text = לפני which may mean 'in the presence of' or after עמד 'against.' ⁹α, def (save that d trs. στήσεται before τῆς and f before τοῦ). bg, S¹ read τῆς βασ. τοῦ ἐχθροῦ στήσεται (g στήσεσθε). Is θεοῦ right ? If not the false text might be explained by a corruption of איב into אל. Though ἐχθροῦ is weakly attested it gives an excellent sense. It has the support of A, though this version is here corrupt, reading ἐχθρας τῶν βασιλέων. ¹⁰g, A read καὶ διά. ¹¹d reads ὑποσκελλίσαι (sic). ¹²A = τὸ ὄνομα τοῦ κυρίου. A^b*cdefg om. next eight words. ¹³c, b. h, ef read ἐν ᾗ ἂν ἡμέρᾳ (e ἡμέραν), dg ἣν (ᾗ d) ἂν ἡμέραν. ¹⁴α (hi ἐπιστρέψῃ). bfg read πιστεύσει, de πιστεύσῃ. A^ab read ﬕﬗﬓﬖﬕ (= δυναμωθήσεται) corrupt for ﬔﬗﬓﬖﬕ = πιστεύσει. ¹⁵bf, S¹ om. ¹⁶g om. ¹⁷c reads

VI. 8]   ΔΙΑΘΗΚΗ ΔΑΝ   141

αὐτὸν εἰς τέλος[19] κακῶν[20]. 6. Ἔσται δὲ ἐν καιρῷ τῆς[21]
ἀνομίας[22] *τοῦ Ἰσραὴλ[23] (οὐκ ἔσται)[24] ἀφιστάμενος[25] *ἀπ'
αὐτῶν[26] *ὁ Κύριος[27], καὶ[28] *μετελεύσεται ἐπ' ἔθνει ζητοῦντι τὸ   β +ἔθνη
θέλημα αὐτοῦ[29], ὅτι *οὐδεὶς τῶν ἀγγέλων ἔσται ἴσος αὐτῷ[30].   ποιοῦν-
7. Τὸ δὲ ὄνομα αὐτοῦ[31] ἐν *παντὶ τόπῳ Ἰσραὴλ[32] ⌈καὶ ἐν   β, A, S¹
τοῖς[33] ἔθνεσιν⌉[34].   ἔσται ἐν.
8. Διατηρήσατε οὖν[33] ἑαυτούς[35], τέκνα μου, ἀπὸ παντὸς   β, S¹
*ἔργου πονηροῦ[36],   ἔθνεσιν
                                                                    Σωτήρ.
καὶ ἀπορρίψατε *ἀφ' ὑμῶν τὸν θυμὸν καὶ τὸ ψεῦδος[37] β-g πᾶν.
⌈καὶ ἀγαπήσατε τὴν ἀλήθειαν καὶ τὴν μακροθυμίαν⌉.

ἐπιστρέψει τὸν Ἰσραὴλ καὶ ἐνισχύσει. A adds καί according to printed Arm. Text
but certainly A^befg do not.   [18] d reads ἐκπεσεῖν.   [19] hi, befg, A. c reads
χεῖρας, d βάθος.   [20] A = κακόν.   [21] α, A^be. β, A^-bc om.   [22] d reads
ἀνομαλίας.   [23] hi read αὐτοῦ ὁ Ἰσραήλ, g Ἰσραήλ.   [24] I have added these
words. If we do not so the loss of one or more clauses must be assumed
before καὶ μετελεύσεται, for ver. 6 deals with the restoration of Israel
through the angel of peace.   [25] A = ἀποστήσεται.   [26] hi read ἀπ' αὐτοῦ.
g trs. after κύριος.   [27] α, g. β-g, A, S read κύριος. We should perhaps
bracket ὁ κύριος as an interpolation. This verse relates to the action of the
angel of peace. See note 24. But the αὐτοῦ after θέλημα supports it.
[28] α, A. β, S om.   [29] c (save for the corruption of ἔθνη for ἔθνει). Text =
יהפך לגוי בעה רצונו. בעה is of course very unusual in this sense in
Hebrew. It is probably a corruption of עבד = ποιοῦντα, which is the
reading of all the other MSS. hi, befg read μετελεύσεται ἐπὶ ἔθνη (b ὄπισθε)
ποιοῦντα τὸ θ. αὐτοῦ (τὸ ἀληθὲς ἄλειμμα g), d μεταστραφήσεται ἐπὶ τὰ ἔθνη
ποιοῦντα τ. θ. α. A = μετελεύσεται ἐπὶ τὰ ἔθνη καὶ τὸ θέλημα αὐτοῦ τελειώσει.
S¹ ἔσται ἐν ἔθνεσιν ποιῶν τὸ θέλημα αὐτοῦ. Here c alone is right, in reading
the singular ἔθνει. The other texts did not arise from a deliberate
transformation of the text in the Christian interest but from the
miswriting of ἔθνει as ἔθνη. We have seen above that μετελεύσεται (μετα-
στραφήσεται d) = יהפך, which is here to be taken transitively = ἐπιστρέψει,
'he will transform.' On the other hand, if we do not insert the negative
before ἀφιστάμενος, we must assume the loss of some words before καὶ
μετελεύσεται referring to Israel's repentance or conversion. If in these Israel
was the subject then יהפך would be rendered 'they will become a nation.'
[30] α, β-b, A, S¹ (save that h, e read ἴσως, i ἴσῳ, d trs. ἔσται after αὐτοῦ, and
A, S¹ om. ἔσται). b reads οὐδενὶ τῶν ἀγγ. ἔσται ὡς αὐτῷ.   [31] β, A, S¹ add
ἔσται.   [32] α, β, S¹ (save that g om. τόπῳ, d om. Ἰσραήλ, and h adds ἐν bef. Ἰσ.).
A = ἐν πάσῃ γῇ καὶ ἐν Ἰσραήλ.   [33] g om.   [34] β, S add σωτήρ (g σωτηρία).
After this a resumes.   [35] aef om.   [36] α, β, A (save that c om. ἔργου
and d reads πον. ἔργου).   [37] α. β, S¹ read τὸν θ. καὶ πᾶν (g τό) ψεῦδος
(+ἀφ' ὑμῶν d). A has elements of α and β and = ἀφ' ὑμῶν ψεῦδος καὶ

β, A, S¹   9. Καὶ ἃ ἠκούσατε[38] παρὰ τοῦ πατρὸς ὑμῶν, μετά-
(+τὸν A) δοτε[39] ⌈καὶ[40] ὑμεῖς[41]⌉ τοῖς τέκνοις ὑμῶν[42], [ἵνα δέξηται[43]
νόμου
θεοῦ.   ὑμᾶς ὁ Σωτὴρ[44] τῶν ἐθνῶν· *ἐστὶ γὰρ ἀληθὴς καὶ μακρόθυμος,
β, S¹   πρᾶος καὶ ταπεινός[45], καὶ[46] ἐκδιδάσκων[47] διὰ τῶν ἔργων *τὸν
δικαιο-
σύνη τοῦ   νόμον Κυρίου[48]].   10. Ἀπόστητε οὖν ἀπὸ πάσης ἀδικίας
νόμου   καὶ κολλήθητε[49] τῇ δικαιοσύνῃ τοῦ[50] Θεοῦ[51], καὶ ἔσται τὸ
τοῦ.
β μου.   γένος ὑμῶν[52] εἰς σωτηρίαν *ἕως τοῦ αἰῶνος[53].   11. *Καὶ
β, A, S¹   θάψατέ με[54] ἐγγὺς τῶν πατέρων μου.
κατε-
φίλησεν   VII. Καὶ ταῦτα εἰπὼν *καταφιλήσας αὐτοὺς[1] *ὕπνωσεν
αὐτοὺς   †ὕπνῳ καλῷ[2].   2. Καὶ[3] ἔθαψαν αὐτὸν *οἱ υἱοὶ αὐτοῦ.
καί.
β, A, S¹   Καὶ[4] μετὰ *τοῦτο ἀπήνεγκαν[5] ⌈τὰ ὀστᾶ αὐτοῦ[6]⌉... *ἔνθα ἦν[7]
†ὕπνον   Ἀβραὰμ[8] καὶ Ἰσαὰκ καὶ Ἰακώβ[9].
αἰώνιον†.
β-d, A,   [3. Πλὴν οὖν[10] προεφήτευσεν αὐτοῖς[11] ⌈Δὰν⌉[12] ὅτι ἐπιλά-

S¹ ταῦτα ἀνήνεγκαν ⌈τὰ ὀστᾶ αὐτοῦ⌉¹ (+καὶ κατέθηκαν f (dg), A, S¹) σύνεγγυς.

πάντα θυμόν.   ³⁸g, A read ἀκούετε.   ³⁹d om.   ⁴⁰hi read δέ.   ⁴¹d adds
ποιεῖτε ἀναγγείλατε δὲ αὐτὰ καί.   ⁴²a adds αὐτῶν, ef αὐτά, g ἀναγγείλατε.
⁴³hi add καί.   ⁴⁴b reads πατήρ. The clause ἵνα... ἐθνῶν in its present
form is obviously Christian. The words that follow might be taken as
referring to Dan. (Cf. i. 3), but it is safer to bracket them as an
addition.   ⁴⁵d reads ἐστὶ γὰρ ἀλ. καὶ μ. ἐν πᾶσι, πραΰς τε καὶ ταπεινός,
g ἐν πᾶσι γὰρ ἀλ. καὶ μ. ἐστι, ταπ. καὶ πρᾶος.   ⁴⁶g om.   ⁴⁷c reads διδάσκων.
⁴⁸α. β, A, S¹ read as in margin.   ⁴⁹hi read κολληθήσεσθε.   ⁵⁰α, A.
β, S¹ add νόμου τοῦ (bg om.).   ⁵¹α, β-b, A^{bb*defg}. b, A^{cefg}, S¹ read κυρίου.
A* om. b om. rest of verse.   ⁵²c, A. hi read ἡμῶν, β, S μου.   ⁵³g reads
εἰς τοὺς αἰῶνας.   ⁵⁴α, β-dg, A^{b*d}, S¹. d reads θ. δέ με, g θάψαντες οὖν,
A^{abc} καὶ νῦν, τέκνα μου, θάψατέ με.

VII. ¹α. β, A, S¹ read as in margin.   ²c. β, A read ὕπνωσεν ὕπνον
αἰώνιον, hi ἐκοιμήθη. d adds πρεσβύτης καὶ πλήρης ἡμερῶν ὑπάρχων. Here
c = שכב בשינה טובה, where שינה is corrupt for שיבה. Cf. T. Zab. x. 6.
β, A = שכב שינת עולם, which I take to be a corruption of c (emended).
The addition in d confirms the emendation of c.   ³This verse appears
in d as follows: καὶ ἐνέγκαντες οἱ υἱοὶ αὐτοῦ θήκην ξύλων ἀσήπτων κατεσκευασμένην
κατέθεντο αὐτὸν ἐν αὐτῇ. μετὰ ταῦτα δὲ ἀνέγκαντες ἔθαψαν αὐτὸν ἐν Χευρὼν μετὰ
τῶν πατέρων αὐτοῦ. Καὶ οὗτοι μέν εἰσιν οἱ λόγοι οὓς ἐνετείλατο Δὰν τοῖς υἱοῖς
αὐτοῦ.   ⁴g om.   ⁵α, A^c. β-d read ταῦτα ἀνήνεγκαν.   ⁶f, A^{abb*defg},
S¹ add καὶ κατέθηκαν (+αὐτά f), g adds θέντες. Such an addition is found
in d (see note 3), and is needed. Hence with f (dg), A^{-c}, S¹ add καὶ
κατέθηκαν.   ⁷α. β-d, A, S¹ read σύνεγγυς (g ἐγγύς).   ⁸g om. rest of
chapter.   ⁹This forms the natural close of the Testament. Verse 3
is the addition of a later hand. It is still more severe on Dan than v.
5, 8.   ¹⁰α. adef om. b, S¹ read ὡς.   ¹¹d reads ἐπ' αὐτούς. A = περὶ

I. 3] ΔΙΑΘΗΚΗ ΝΕΦΘΑΛΕΙΜ 143

θωνται[13] τοῦ[14] Θεοῦ αὐτῶν[15] καὶ ἀλλοτριωθήσονται[16] γῆς[17] bd, A
κλήρου[18] αὐτῶν, ⌈καὶ γένους Ἰσραήλ⌉, καὶ ⸌πατριᾶς⸍ ⌈† τοῦ νόμου.
σπέρματος αὐτῶν⌉[19]].

Διαθήκη Νεφθαλεὶμ τοῦ ὀγδόου υἱοῦ Ἰακὼβ καὶ   h, β-bg
Βάλλας[1].   τελευτῆς.
   β, A, S¹
   μηνὸς
I. Ἀντίγραφον διαθήκης Νεφθαλεὶμ ἧς[2] διέθετο[3] ἐν καιρῷ ὑγιαίνον-
⌈τῆς ἐξόδου⌉[14] αὐτοῦ ἐν ἔτει *ἑκατοστῷ καὶ τριακοστῷ[5] τῆς[6] αὐτοῦ.
ζωῆς αὐτοῦ[7]. 2. Συνελθόντων[8] τῶν υἱῶν αὐτοῦ[9] ἐν τῷ[10] β-dg, A,
ἑβδόμῳ μηνί, μιᾷ[11] τοῦ μηνός[12], ἐποίησε δεῖπνον αὐτοῖς[13]. S¹ αὐτοῖς
3. *Καὶ τὸ πρωὶ[14] μετὰ τὸ ἐξυπνισθῆναι[15] αὐτὸν εἶπεν αὐτοῖς[16] κώθωνα.

αὐτῶν. [12] h, d, A om. [13] bf. α, ae read ἐπιλάθονται, d ἐπιλησθήσονται.
[14] α, S¹. bd, A read as in margin. aef om. [15] A^{b*d} om. next five words
through hmt. [16] α, abe. d reads ἀπηλλοτριωθήσονται, f ἀλλοτριωθήσωνται.
[17] h, d om. [18] d reads κλήρους. S¹ om. [19] α. adef, S¹ read as α but
prefix αὐτῶν καί. b reads αὐτῶν οὕτως καὶ γέγονεν. d adds ὅπερ καὶ γέγονεν
ἐπ' αὐτούς. A is here wanting. Of the above readings the hardest is that
of α, adef, S¹. If this verse was added in the Hebrew, we might regard
היום which is presupposed by τοῦ σπέρματος αὐτῶν as a corruption
of יהי = καὶ διασπαρήσονται or הצאה = γέγονεν ἐπ' αὐτούς as in d. But the
text is quite uncertain. At the close d adds τῷ θεῷ ἡμῶν εἴη δόξα εἰς
αἰῶνας. Ἀμήν, f, S¹ Δὰν υἱὸς Ἰακὼβ ϛ υἱὸς Βάλλας ἃ ἔζησεν ἔτη ρκε'.
I. [1] Title. α in text. a reads Νεφθαλείμ, bef, A^{acf} δ. N. (+ η' b) περὶ
φυσικῆς ἀγαθότητος, d (conflate from α and abef) δ. Ν. υἱὸς Ἰακὼβ η'
υἱὸς Βάλλας β' περὶ φυσ. ἀγαθότητος, g δ. Ν. περὶ πλεονεξίας η'. A^b = A^{acf}
(? save that for φυσ. ἀγαθότητος it reads ἀγαθῶν ἤθους), A^{b*} = δ. Ν. υἱοῦ
Ἰακὼβ περὶ φυσικοῦ ἀγαθοῦ, A^d δ. N. f adds Νεφθαλεὶμ ἑρμηνεύεται πλατυσμός.
[2] b, S¹ read ὦν, g ἥν. [3] d reads ἔθετο. [4] c. hi, adef read τῆς (d. om.)
τελευτῆς, bg, S¹ τέλους. A om. [5] h, aef (save that f om. καί and ae read
ρλ'), A, S¹. c, g read ἑκατοστῷ which g trs. before ἔτει. b reads ἑκατοστῷ
τριακοστῷ δευτέρῳ, d ρλβ'. [6] ef om. [7] c om. [8] d adds γάρ. A^{b*}
adds a doublet συναχθέντων, or rather it = συνῆλθον συνήχθησαν οἱ υἱοὶ αὐτοῦ.
For verses 2–3 and the first three words of 4, g reads ποιήσας δεῖπνον
συνῆξε τοὺς υἱοὺς αὐτοῦ καὶ ἔφη πρὸς αὐτούς. [9] d adds πρὸς αὐτόν. [10] α,
d. abef om. [11] α, aef, A, S¹. d reads ἐν ἡμέρᾳ μιᾷ, b τετάρτῃ. [12] β-dg,
A, S¹ add as in margin. [13] α. β-dg, A, S¹ read as in margin (save that
b reads αὐτός for αὐτοῖς and A ɴɪᴘᴡɪʙᴘɪᴜ (= χαρά corrupt for
ɪᴜᴘᴡɪʙᴘɪᴜ = κώθωνα), d αὐτοῖς καὶ ηὐτρέπησε κοιτῶνα καὶ ἐκοιμήθησαν.
[14] α (save that c reads τῷ), b (save that it trs. τὸ π. after αὐτόν. a reads

144   ΔΙΑΘΗΚΗ ΝΕΦΘΑΛΕΙΜ   [I. 3

β, A, S¹   ὅτι ¹⁷ Ἀποθνήσκω· καὶ ¹⁸ οὐκ ἐπίστευσαν ¹⁹ αὐτῷ.   4. Καὶ²⁰
εὐλογῶν.   *δοξάζων τὸν ²¹ Κύριον ²² *ἐκραταιώθη καὶ εἶπεν.²³, ὅτι Μετὰ τὸ
β, S¹   δεῖπνον τὸ χθὲς *ἀπέθανεν ἡ σάρξ μου²⁴.   5. *Ἤρξατο
ἐκραταί-   δὲ²⁵ λέγειν²⁶· Ἀκούσατε, τέκνα *μου, υἱοὶ Νεφθαλείμ, ἀκούσατε
β, S¹   λόγους πατρός ὑμῶν²⁷.   6. Ἐγὼ ἐγεννήθην ἀπὸ Βάλλας²⁸,
ἀποθανεῖ- ⌈καὶ⌉²⁹ ὅτι³⁰ ἐν πανουργίᾳ ἐποίησε³¹ Ῥαχιήλ³², καὶ ἔδωκεν
ται.   *ἀντ' αὐτῆς ³³ Βάλλαν ³⁴ *τῷ Ἰακώβ ³⁵, καὶ *συλλαβοῦσα ἔτεκέ
β-g,   με ἐπὶ τῶν γονάτων τῆς Ῥαχιήλ ³⁶, ⌈καὶ³⁷ διὰ τοῦτο *ἐκάλεσε
A, S¹   τὸ ὄνομά μου³⁸ Νεφθαλείμ. 7. *Ἠγάπησε γάρ³⁹ με Ῥαχιὴλ⁴⁰
ἐπὶ τῶν   πάνυ⁴¹, ὅτι ἐπὶ *τῶν γονάτων⁴² αὐτῆς· ἐγεννήθην⌉, καὶ ἔτι⁴³
μηρῶν   ἁπαλὸν ὄντα *με κατεφίλει⁴⁴ λέγουσα· *Δοίη μοι ἀδελφόν⁴⁵
Ῥαχὴλ
ἔτεκέ με. σου ἐκ τῆς κοιλίας μου κατά σε. 8. Ὅθεν καὶ ὅμοιός μου⁴⁶
β-g, S¹   ἦν ⌈κατὰ πάντα⌉⁴⁷ Ἰωσὴφ⁴⁸ κατὰ τὰς †εὐλογίας⁴⁹ Ῥαχιήλ.
ἐκλήθην.

β-g μηρῶν.   β-g ἴδοιμι ἀδελφόν.   bd, A εὐχάς.

καί, ef καὶ πρωί, d, A τῇ δὲ (καὶ τῇ A) ἐπαύριον.   ¹⁵ d reads ἐξυπνίσαι.
¹⁶ d adds τεκνία μου, γνωστὸν ὑμῖν ἔστω.   ¹⁷ d adds ἐγώ, A^{b*} ἰδοὺ ἐγώ.
¹⁸ d adds πορεύομαι ὁδὸν πατέρων μου· οἱ δὲ ἀκούσαντες ταῦτα.   ¹⁹ α, d, A^{abc}.
abef, A^{b*d} read ἐπίστευον.   ²⁰ d reads ὁ δέ.   ²¹ α. β-g, A, S¹ read as in
margin.   ²² A = θεόν.   ²³ α. β, S¹ read as in margin. A = ἐκραταιώθη
ἐνθυμούμενος.   ²⁴ α. -β, S¹ read as in margin. A = ἀποθνήσκω.   ²⁵ α.
β-dg read ἦρξ. οὖν. d, A καὶ ἤρξατο.   ²⁶ b adds τοῖς υἱοῖς αὐτοῦ, A αὐτοῖς.
²⁷ α, β-dg. d, A read μου (A^{b*cdf} om.) N. τοῦ πατρός ὑμῶν (d ἡμῶν).   d adds
ἐνωτίσασθε ὅσα ἐγὼ ἐντέλλομαι ὑμῖν.   ²⁸ α reads Βάλας.   d adds Ἰακὼβ τῷ
πατρί μου, υἱὸς ὄγδοος.   For Βάλλας... to end of chapter g reads B. τῆς
παιδίσκης Ῥ. ὄγδοος υἱὸς τῷ Ἰ. τῷ πατρί μου.   ²⁹ d, A om.   ³⁰ d reads ὅτε.
³¹ f adds ἡμᾶς.   ³² α, a. bdef read Ῥαχήλ. A' om. next two lines to
Ῥαχὴλ (see margin) through hmt.   ³³ b reads ἀνθ' ἑαυτῆς.   d adds τὴν
παιδίσκην.   b add τήν.   ³⁴ A^b adds τὴν μητέρα μου.   ³⁵ A^{ab*cd} om.
d adds διό.   ³⁶ α. β-g, A, S¹ read as in margin, save that d reads τὸν
μηρόν and a Ῥαχιήλ, and A ἐτέχθην for ἔτεκέ με.   A om. next nineteen
words through hmt(?).   ³⁷ c. hi, β, S¹ om.   ³⁸ α. β-g, S¹ read as in
margin.   ³⁹ α (save that c prefixes ὅτι). β-g, S¹ read καὶ ἠγάπησε.
⁴⁰ α, a. β-ag read (+ ἡ ε) Ῥαχήλ.   ⁴¹ α. β-g, S¹ om.   ⁴² α. β-dg read
τῶν μηρῶν, d τὸν μηρόν.   ⁴³ b reads εἴδει.   ⁴⁴ α, d (save that hi read
ἐπεφίλει). β-dfg, A read κατεφίλει με, f κατεφίλει.   ⁴⁵ So I have emended
β-g, ἴδοιμι ἀδελφόν (ἀδελφούς e) in accordance with A which = δοίη μοι κύριος
ἀδελφόν.   α is very corrupt, ἴδει (ιδη hi) μοι ὁ ἀδελφός. ιδει or ιδη might be
corrupt for εἴη, but this would not explain A.   Our text = יתן לי
or יתן לי.   ⁴⁶ α, d. β-dg read μοι.   A = ἐγώ and adds τῷ
before Ἰωσήφ.   ⁴⁷ α. β-g read ἐν πᾶσιν (πάσῃ d).   ⁴⁸ hi, b prefix ὁ.
⁴⁹ α, aef = תפלות corrupt for תברכת = εὐχάς which bd, A read

ΔΙΑΘΗΚΗ ΝΕΦΘΑΛΕΙΜ

9. Ἡ δὲ[50] μήτηρ μου *Βάλλα ὑπῆρχε[51] θυγάτηρ Ῥουθαίου[52], ἀδελφοῦ Δεβόρρας[53], τῆς τροφοῦ Ῥεβέκκας[54]· ἥτις[55] ἐν μιᾷ ἡμέρᾳ ἐτέχθη[56] ἐν ᾗ καὶ Ῥαχιήλ[57]. 10. Ὁ δὲ Ῥουθαῖος[58] ἐκ τοῦ γένους ἦν[59] Ἀβραάμ, Χαλδαῖος, θεοσεβής, ἐλεύθερος καὶ εὐγενής. 11. *Καὶ αἰχμαλωτισθεὶς[60] ἠγοράσθη ὑπὸ Λαβάν· καὶ ἔδωκεν αὐτῷ Εὐνὰν[61] τὴν παιδίσκην αὐτοῦ[62] εἰς[63] γυναῖκα, ἥτις[64] ἔτεκε θυγατέρα, καὶ ἐκάλεσεν *τὸ ὄνομα αὐτῆς[65] Ζέλφαν[66], *ἐπ' ὀνόματι[67] τῆς πόλεως[68] ἐν ᾗ αἰχμαλωτίσθη[69].
12. *Καὶ μετὰ τοῦτο ἔτεκεν τὴν Βάλλαν[70], λέγων·

α	bef, (A), S¹	β–ad, A, S² καὶ
†Καινοποιός μου ἡ θυγάτηρ·	*Καινόσπονδός μου ἡ θυγάτηρ[71]· *εὐθὺς γὰρ τεχθεῖσα ἐπιλαβομένη τοῦ μαζοῦ ἔσπευδεν θηλάζειν[72].	ἐπειδὴ κοῦφος ἤμην. β–d A, S² ἔταξέ με. bdg, A

II. *Ἐγὼ ἤμην κοῦφος[1] ⌜τοῖς ποσὶν⌝[2] *ὡς ἡ[3] ἔλαφος ⌜καὶ⌝[4] ἔταξέ με ὁ πατήρ μου ⌜Ἰακὼβ⌝[5] εἰς πᾶσαν ἀγγελίαν[6], *καίγε ὡσεὶ[7] ἔλαφόν με ηὐλόγησεν[8]. 2. Καθὼς[9] γὰρ *οἶδεν ὁ

ἀποστολὴν καὶ ἀγγελίαν.

margin. [50] c adds ἡ. [51] α, A. β–dg read ἐστὶ B. d ἦν and trs. after Ῥουθ. [52] h, a. c reads Ἡροθαίου. i Ῥουθέου. b Ῥωθέου. def, A Ῥουθέου. [53] a reads Δεββόρας. [54] c reads Ῥεβέκας. A^b adds γυναικὸς Ἰσαάκ. [55] c reads ὅτι. For ἥτις... Ῥαχιήλ A reads ἥτις καὶ ἐν μιᾷ ἑσπέρᾳ ἐτέχθησαν αὐτὴ (ἡ μήτηρ Βάλλας A^b) καὶ Ῥ. [56] d reads ἐγενήθη. [57] α, a. β–ag read Ῥαχήλ. b prefixes ἡ. [58] α, a. b reads Ῥόθεος, def Ῥούθεος. [59] ef om. [60] d reads ὅστις αἰχμαλωτίσθη ἀπὸ τῆς ἑαυτοῦ πόλεως. [61] hi, f. c reads Ἐνάν, a Ἐνί, be Αἰνάν, d Ἐδνάν. A = Ζεννάν. S om. [62] d reads αὐτῆς. [63] af om. [64] c reads ὅτι. [65] hi, β–b, A. c reads τὸ ὄν. αὐτοῦ, b αὐτήν. [66] d reads Ζεβάλ. [67] β–g. c reads κατ' ὀνόματι, hi ἐπωνομάσθη. [68] α, f. β–f, A, S¹ read κώμης. [69] b reads ἠχμαλωτεύθη. [70] α. β–d read καὶ (b om.) ἑξῆς (ἐξ ἧς b) ἔτεκεν τὴν Βάλλαν (Λαβάν a but Βάλαν in second hand), d καὶ πάλιν ἔτεκεν αὐτῷ τὴν B. ἐξ ἧς ἐγεννήθην ἐγώ. ad om. rest of verse. [71] bf, S¹. e καινος σπονδος μου ἡ θ. A = καινοσπουδασμὸς(?) ἡ θ. μου. α read as in margin. There was a play upon the name in the original. Βάλλαν, λέγων· καινόσπουδός μου ἡ θ. = בָּלְהָה לֵאמֹר נִבְהֲלָה בִּתִּי. [72] bef, S¹ (save that b, S¹ om. ἐπιλ. τοῦ μ.). A slightly corrupt = εὐθὺς γὰρ ἐτέχθη (τεχθεὶς A^a) καὶ ἐπιλαβομένη τοῦ μαζοῦ μητρὸς αὐτῆς καὶ ἔσπευδε θηλάζειν. This clause is omitted by α, adg.

II. [1] c. hi read ἐγὼ δὲ εἰμὶ κοῦφος. β–ad, A, S² as in margin. a ἐπεὶ δὲ κ. ἤμην. d ἐγώ, τεκνία μου, ἐγενόμην κοῦφος. [2] b adds μου. [3] c, d. hi read ὡσεί, β–d ὡς. [4] α, d. β–d, A, S² om. [5] g, A om. [6] α, aef. bdg, A read as in margin. [7] c. Other MSS. καίγε ὡς. A = ὡς γάρ. [8] ci, afg. h, bd read εὐλ. [9] For verses 2–8 g reads καὶ ἐποίουν τὰς ἐντολὰς αὐτοῦ κατὰ τάξιν, καὶ

ΔΙΑΘΗΚΗ ΝΕΦΘΑΛΕΙΜ [II. 2

b (def?), κεραμεὺς[10] τὸ σκεῦος πόσον χωρεῖ, καὶ πρὸς αὐτὸ[11] φέρει τὸν[12]
A κτίσις πηλόν, οὕτω[13] καὶ ὁ Κύριος πρὸς ὁμοίωσιν τοῦ πνεύματος[14]
ὑψίστου.
bd (A?) ποιεῖ[15] τὸ σῶμα, καὶ πρὸς τὴν δύναμιν τοῦ σώματος[16] *τὸ
ἄρχεται. πνεῦμα ἐπιτίθησιν[17]. 3. Καὶ[18] οὐκ *ἔστιν ἐνλεῖπον[19] *ἐν
bd, A ἐκ τοῦ ἑνὸς[20] *τρίτον τριχός.[21]· *σταθμῷ γὰρ καὶ μέτρῳ[22]
πᾶν
πλάσμα. καὶ κανόνι πᾶσα ⌜ἡ⌝[23] *κτίσις ἐγένετο[24]. 4. Καὶ καθὼς[25]
bdef, A οἶδεν[26] ὁ κεραμεὺς ἑνὸς ἑκάστου τὴν χρῆσιν †ὡς[27] ἱκανή[28],
ὡς.
bdef, A οὕτω[29] καὶ ὁ Κύριος οἶδε τὸ σῶμα, ἕως τίνος διαρκέσει ἐν *τῷ
αὐτοῦ; ἀγαθῷ[30], καὶ πότε ἔρχεται[31] *ἐν κακῷ[32]. 5. Ὅτι οὐκ ἔστι
*καὶ ὡς *ὁ* πλάσμα[33] καὶ πᾶσα ἔννοια ἣν ⌜οὐκ⌝ ἔγνω Κύριος· *πάντα γὰρ[34]
νοῦς[41] ἄνθρωπον[35] ἔκτισεν κατ' εἰκόνα ἑαυτοῦ[36]. 6. *Ὡς γὰρ[37] ἡ
αὐτοῦ,
ῥύτω[42] ἰσχὺς αὐτοῦ[38], οὕτω[39] καὶ τὸ ἔργον αὐτοῦ[40]· ὡς[46] *ὁ ὀφθαλμὸς[47]
*καὶ *ἡ* αὐτοῦ, οὕτως[48] καὶ †ὁ ὕπνος αὐτοῦ· ὡς[49] ἡ ψυχὴ αὐτοῦ,

τέχνη[43] αὐτοῦ· ⌜καὶ ὡς ἡ προαίρεσις[44] αὐτοῦ, οὕτω[42] καὶ ἡ πρᾶξις
αὐτοῦ· ὡς[45] ἡ καρδία αὐτοῦ, οὕτω[42] καὶ τὸ στόμα αὐτοῦ⌝.

ἕτερά τινα πολλὰ φυσιογνωμικά. [10] α, A. β read ὁ κ. οἶδεν. [11] *h, aef. c, d*
read αὐτῷ, *b* αὐτόν. The clause πρὸς αὐτῷ... πηλόν is given corruptly
and unintelligibly in A αὐτὸ μᾶλλον ἢ φέρει τὸ ἀγαθόν (?). [12] *b* om.
[13] α, *bd. aef* read οὕτως. [14] *d* reads σώματος. [15] *d* adds καί. [16] A =
πνεύματος. [17] α. β–*dg* read τὸ πν. ἐντίθησι, *d* τίθησι τὸ πνεῦμα. A = τίθησι
τὸ σῶμα (A[b*d] τὴν ὑπόστασιν or τὸν ἄνθρωπον). [18] *d* om. [19] *c, e* (save
that *c* read ἐνλείπων), a read ἐ. ἐλλεῖπον, *bd* ἐ. λοιπόν, *f* ἐ. ἐλλείπων, *hi* (?) ποιεῖ
τὸ σῶμα (repeated from ver. 2). [20] *d* reads αὐτοῦ αἰῶνος. *a* om. rest of verse
together with verses 3–7, and substitutes διὰ τοῦτο, τέκνα μου, ἔστω πάντα τὰ
ἔργα ὑμῶν ἐν τάξει εἰς ἀγαθὸν ἐν φόβῳ θεοῦ, καὶ μηδὲν ἄτακτον ποιεῖτε ἐν καταφρονήσει
μηδὲ ἔξω καιροῦ αὐτοῦ which is really ver. 9 of this chapter. [21] *d* reads
τριστίχῳ γάρ. A = βραχὺ μέρος τριχός. [22] α, β–*de. d* reads σταθμῷ καὶ μέτρῳ,
e σταθμοῦ γ. κ. μέτρου, A μέτρῳ γ. κ. σταθμῷ. [23] α. β, A om. [24] α. *b,*
A = κ. ὑψίστου, *def* κ. ὑψοῦται. Possibly נכונה ('was established') stood
originally in the text, subsequently corrupted into הורמה = ὑψοῦται.
[25] α. *bef* read καθάπερ. *d* καθώσπερ. [26] *d* om. A = πρὸς ὁμοίωσιν τοῦ
πνεύματος ποιεῖ (repeated from ver. 2). [27] = מָה which should here be
rendered τί. [28] α, *ef. b* read ἱκανεῖ, *d* ἱκανεῖν. [29] α, *bdf. e* reads οὕτως.
[30] α. *bef* read ἀγαθῷ, *d* ἀγαθοῖς. [31] α, *ef. bd* read as in margin, and
apparently rightly, A = ἀρχόμενον ποιεῖ (?). [32] A = τὸ κακόν. [33] α, *ef.*
bd, A read as in margin. [34] A = καὶ πάντα. [35] *f* om. [36] *df* read
αὐτοῦ. [37] α. *bdef,* A read as in margin. [38] *d* reads τοῦ ἀνθρώπου.
[39] *hi, ef* read οὕτως. [40] After αὐτοῦ α om. the clauses found in the margin,
which apparently belong to the original. For text of S² which though
slightly corrupt and defective supports *bdef,* A, see Appendix. [41] *bef,* A.
d reads ἡ προαίρεσις. [42] *bd. ef* read οὕτως. [43] *def,* A. *b* reads τὸ
ἔργον. [44] *bef. d* reads τέχνη. [45] *bef. d* reads καὶ ὡς. [46] α, *bef.*
d, A read καὶ ὡς. [47] *d* reads οἱ ὀφθαλμοί. [48] α, *ef. bd* read οὕτω.

II. 8] ΔΙΑΘΗΚΗ ΝΕΦΘΑΛΕΙΜ 147

οὕτως[48] καὶ ὁ λόγος αὐτοῦ[50], ἢ ἐν νόμῳ Κυρίου, ἢ ἐν νόμῳ[51] A ἔργοις.
τοῦ[52] Βελίαρ. 7. Καὶ ὡς[53] κεχώρισται ἀνάμεσον *τοῦ
φωτὸς καὶ ἀνάμεσον τοῦ σκότους[54] *ὁράσεώς τε καὶ ἀκοῆς[55], bdef, A, S
οὕτως[56] κεχώρισται ἀνάμεσον ἀνδρὸς καὶ *ἀνδρός, καὶ ἀνάμεσον φωτὸς καὶ
γυναικὸς καὶ[57] γυναικός[58], καὶ οὐκ ἔστιν εἰπεῖν ὅτι †*ἐν τῷ σκότους.
ἑνὶ τοῖς προσώποις ἡττόμενον ἦν †[59]. α ἀνάμεσον.

OTHIOTH OF "R. AKIBA." A[b] οὐκ
(ed. Jellinek, *Bet ha-Midrasch*, ἔστιν
III. 42–43). ὅμοιος εἰς
(The underlined phrases are τῷ ἑνὶ
found in ver. 8.) προσώποις ἢ νοί.

8. *Πάντα ⌜γὰρ⌝[60] ἐν τάξει .... לא ברכת ראש אלא לכבוד
ἐποίησεν ὁ Θεὸς καλά· τὰς
πέντε αἰσθήσεις ἐν τῇ κεφαλῇ עינים אלא לראות...אזנים אלא
*καὶ τὸν τράχηλον συνάψας
τῇ κεφαλῇ[61], *προσθεὶς αὐτῇ לשמוע...וחוטם להריח לחיים לה
καὶ τρίχας εἰς εὐπρέπειαν καὶ טעם טעמו מאכל שנים לשוחקות b, A καὶ
δόξαν[62]· εἶτα[63] καρδίαν *εἰς τρίχας
φρόνησιν[64], κοιλίαν εἰς †διά- ושט להבליע קנה למשוך ולהוציא πρὸς
κρίσιν[65], *στόμαχον εἰς...[66] לב להבין בינה הכליות ליעץ ריאה δόξαν.

---

[49] A = καὶ ὡς. [50] d adds καὶ πορεύεται εἰς ἕκαστος. [51] α, bdef. A reads ἔργοις perhaps rightly. Cf. T. Levi, xix. 1. [52] b om. [53] β–d, A. d reads ὥσπερ. α ὡς οὐ, hi οὐ. [54] α. bdef, A, S¹ read as in margin, save that d adds ἀνάμεσον before σκότους. [55] hi, bef (save that bef om. τε). c reads καὶ ἀκοῆς. A = καὶ ἀκοῆς καὶ ὁράσεως. d om. [56] α, ef. bd read οὕτω. α adds οὐ. [57] bdef, A, S¹. α read as in margin. S² om. [58] d adds καὶ πάντα ἐκ προαιρέσεως γίνεται ἀμφοτέρων. [59] α (save that h read ἡτούμενος, i ἡτούμεος). bef support text, save that for ἡττ. ἦν b read ἢ τῶν ὁμοίων, e ἡττῶν ἥττουν ὅμοιον, f ἥττον ἥγουν ὅμοιον. d reads ἐν τῷ ἑν(ὶ) αὐτοῖς προσώποις ἥττον ἐποίησεν ἢ ἔλαττον. A[ab*cde] = τῷ ἑνὶ ἑνὶ ἢ προσώποις ἢ νοΐ ὅμοιος. For οὐκ ἔστιν ... ἦν A[b] reads οὐκ ἔστι ὅμοιος εἰς τῷ ἑνὶ προσώποις ἢ νοΐ. This is defective but right apparently so far as it goes, and in A[ab*cd] we are accordingly to read τῷ ἑνὶ εἰς. [60] d reads τὰ πάντα, f πάντα. [61] abdef (save that df add ἐν before τῇ). b, A read καὶ τὸν τράχηλον συνάπτει (A συνῆπτε) τῇ κ. α om. through hmt. a add καί. [62] α, aef (save that ef read πρός for εἰς). d reads προσθεὶς αὐτῷ καὶ τρίχας πρὸς δόξ. καὶ εὐπρ. b, A read as in margin, S¹ καὶ τρίχας τῆς κεφαλῆς πρὸς εὐπρ. κ. δόξαν. [63] A = καί. [64] A = εἰς εὐφροσύνην, καί. [65] Probably corrupt for διαχώρησιν. Thus κοιλίαν εἰς διαχώρησιν would = כרם לריעה which is found in R. Akiba's list of the senses and faculties: see Jellinek's *Bet ha-Midrasch*, III. 42. d adds τροφῆς. [66] d. All other MSS. and A, S¹ read στομάχου. Supply

ΔΙΑΘΗΚΗ ΝΕΦΘΑΛΕΙΜ [II. 8

†κάλαμον[67] πρὸς †ὑγείαν[68], ἧπαρ[69] πρὸς θυμόν, χολὴν πρὸς πικρίαν, ⌈καὶ⌉[70] *σπλῆνα πρὸς γέλωτα[71], νεφροὺς⌈εἰς πανουρ-γίαν⌉[72], ψύας[73]⌉ εἰς δύναμιν, *†πλευρὰν εἰς τὸ καθεύδειν†[74], ὀσφὺν[75] εἰς ἰσχύν, καὶ τὰ ἑξῆς.

לשאוב כבד לכעוס מרה לזרוק
מחול לשחוק כרם לריעה קורקבן
להטחינה קיבה לשינה

β-g, S¹ θήκην.
β-ad, S¹ ἀκοῦσαι, οὐ δύναται.
β-g, S¹ δυνήσεσθε ποιεῖν.

9. Οὕτως[76] ⌈οὖν⌉ *ἔστωσαν, τέκνα μου, πάντα τὰ ἔργα ὑμῶν ἐν τάξει εἰς ἀγαθόν[77] ἐν φόβῳ Θεοῦ, καὶ μηδὲν ἄτακτον ποιήσητε[78] ἐν καταφρονήσει, μηδὲ[79] ἔξω[80] *καιροῦ αὐτοῦ[81].
10. *⌈Ὅτι ἐὰν εἴπῃς τῷ ὀφθαλμῷ, Ἄκουε, οὐ δυνήσεται[82].

ἀλεσμόν. Thus στόμαχον εἰς ἀλεσμόν = להטחינה קורקבן the phrase which occurs immediately after כרם לריעה in R. Akiba's list of the senses. See note 65. [67] α, ab, S². d reads κολασμόν, e καὶ λεμόν, f καὶ λαιμόν. A = καλάμους (+ τὸν ἀνώτερον καὶ τὸν κατώτερον Aᵇ), S¹ = τὸ σῶμα καὶ κοιλίαν. κάλαμον = קנה which should here have been rendered λάρυγγα. [68] πρὸς ὑγείαν = לשלום corrupt for למשוך as we see from R. Akiba's list קנה למשוך.. Hence we should read here πρὸς εἰσπνοήν. [69] α reads ὕπαρ. [70] df, A om. [71] c (save that it reads σπλῆναν). h, A read σπλῆνας (d σπλῆναν) εἰς γέλωτα, abef, S¹ εἰς γέλωτα σπλῆνα (e σπλῆναν, f σπλίνα). [72] = עָרְמָה 'prudence' or עֵצָה 'counsel.' [73] bdf. α reads ψώας, a ψόας, e ψοίας. Text = כסלים. [74] α. β-g, S¹ read πλευρὰν (πλευράς bd, S¹) εἰς θήκην. A = εἰς τὸ τιθέναι ὀσφῦς. Printed Arm. Text here wrongly trs. ὀσφῦς and πλευράς. Here πλευράς seems secondary to πλευράν, since the converse change is unlikely. But πλευράν gives no good sense either in the α or the β text. It is therefore probably corrupt for πλεύμονα. Accordingly α = πλεύμονα εἰς τὸ καθεύδειν = ריאה לשכוב, which, on turning to Akiba's first list, we see is corrupt for ריאה לשאוב, for that phrase is found there, and different forms of it in the Akiba's second list, Berakh. 61ᵃ and Hebrew T. Napth. εἰς τὸ τιθέναι in A points to לשום or להושיב. [75] d reads ὀσφῦς, A πλευράς.
[76] Verse 8 is here omitted by a, having been trs. by that MS. before ver. 7. See note 20. [77] hi. c reads τέκνα μου, ἔστωσαν πάντα ὑμῶν ἐν τάξει εἰς ἀγαθόν. g reads τέκνα μου, καὶ ὑμεῖς πάντα τὰ ἔργα ὑμῶν ἐν τάξει ποιεῖτε τὰ ἀγαθά, adef, A (+διὰ τοῦτο a) τέκνα μου, ἔστω πάντα τὰ ἔργα ὑμῶν ἐν τάξει εἰς ἀγαθόν (d, A ἀγαθὰ καί), b, S¹ τέκνα μου, ἐν τ. ἔστε εἰς ἀγαθά. [78] α. b-e read ποιεῖτε, e ποιῆτε. A adds καί. [79] hi read μή. [80] d adds τοῦ. [81] A = καιρῶν ὑμῶν, but ձիրնգ (= ὑμῶν) is corrupt for ﬕրնգ (= αὐτοῦ). [82] α, A. β-ad, S¹ support text (save that for Ἄκουε, οὐ δυν. they read as in margin). a reads οὐ δύναται οὖν ἐὰν εἴπῃς τῷ ὀφ. ἀκοῦσαι, d ὅτι ὥσπερ εἴπῃς τῷ ὀφ. ῥήματα, ἀκοῦσαι οὐ δύναται χωρὶς τὸ οὖς. [83] A = σκότος.

III. 4] ΔΙΑΘΗΚΗ ΝΕΦΘΑΛΕΙΜ 149

οὕτως οὐδὲ *ἐν σκότει⁸³ *ὄντες δύνασθε ποιεῖν⁸⁴ ἔργα⁸⁵ c, ef καινοῖς. φωτός. df, Aᵇ
III. Μὴ οὖν σπουδάζετε¹ *ἐν πλεονεξίᾳ² *διαφθεῖραι τὰς σκοπῶν- πράξεις ὑμῶν³, ἢ ἐν *λόγοις κενοῖς ἀπατᾶν⁴ τὰς ψυχὰς ὑμῶν, τες. β–g, Aᵃᵇ ὅτι⁵ σιωπῶντες⁶ ἐν *καθαρότητι καρδίας⁷ συνήσετε⁸ τὸ θέλημα διαβόλου. τοῦ Θεοῦ⁹ κρατεῖν¹⁰, καὶ ἀπορρίπτειν τὸ θέλημα τοῦ Βελίαρ¹¹. β, S¹ ἀλ- λοιοῦσι. 2. Ὁ¹² ἥλιος καὶ ἡ¹² σελήνη καὶ οἱ¹² ἀστέρες οὐ †καλύψουσι¹³ β, S¹ τὴν¹⁴ τάξιν αὐτῶν· οὕτω¹⁵ καὶ ὑμεῖς μὴ ἀλλοιώσητε¹⁶ νόμον ἐπηκο- Θεοῦ¹⁷ ἐν ἀταξίᾳ τῶν¹⁸ πράξεων ὑμῶν¹⁹. 3. Ἔθνη πλα- λούθη- σαν λί- νηθέντα *καὶ ἀφέντα Κύριον²⁰ ἠλλοίωσαν²¹ τὴν²² τάξιν αὐτῶν, θοις καὶ καὶ *ὑπήκουσαν ξύλοις καὶ λίθοις²³, πνεύμασι²⁴ πλάνης. 4. ξύλοις ἐξακο- Ὑμεῖς δὲ *μὴ οὕτως²⁵, τέκνα μου, γινώσκοντες²⁶ ἐν τῷ²⁷ λούθη- σαντες.

⁸⁴ α. β–g, S¹ read as in margin of page 148 (save that for ποιεῖν bd read ποιῆσαι), g ποιήσητε. A = δύναται ποιεῖν. ⁸⁵ d reads ἔργον.

III. ¹ d reads σπεύδετε. ² A trs. after διαφθεῖραι. ³ h, β (save that h reads ἡμῶν), S¹. c reads διαφθαρῆναι ὑμῶν τὰς πράξεις. A = διαφθεῖραι γῆν ἐν ταῖς πράξεσι ὑμῶν. dg om. next eight words through hmt. ⁴ c, abef, A, S¹ (save that c, ef read καινοῖς for κενοῖς). hi read λόγῳ καὶ κενοῖς ἀτόποις ἀπατῶντες. ⁵ d reads ἀλλά. ⁶ α, abeg, S. df, Aᵇ read σκοπῶντες, Aᵇᵇ*ᶜᵈᵉ ὑπήκοοι but this text is merely a corruption of Aᵇ. ⁷ g, A read καθαρᾷ καρδίᾳ. ⁸ α, aeg, A. b, S¹ read δυνήσετε, d ζητήσατε. ⁹ Aᵇ = κυρίου θεοῦ. ¹⁰ h, β–g, S. c read κρατέως, i κραταιῶς, g, A ποιεῖν. ¹¹ α, d. β–d, Aᵃᵇ read διαβόλου. Aᵇ*ᶜᵈᵉ = Σατανᾶ. hi add καθώς. ¹² α. β om. ¹³ So α which = ישכי (i.e. יכסו) corrupt for ושני = ἀλλοιοῦσι which is read by β, S¹. A = κωλύουσιν but ﬁﬁ is corrupt for ﬁﬁ = ἀλλοιοῦσι. See note 16 where Aᵇ*ᶜᵈᵉ give rightly the latter verb. ¹⁴ α, d. β–d om. ¹⁵ c, d. Other MSS. οὕτως. ¹⁶ c, b read ἀλλοιώσετε, Aᵃᵇ = κωλύσητε—the same corruption as noticed in note 13. Aᵇ*ᶜᵈᵉ = ἀλλοιώσητε. ¹⁷ Aᶜ = κυρίου. c adds καί. ¹⁸ α. β om. ¹⁹ d reads ἡμῶν. ²⁰ d reads ἀπὸ κυρίου. A = ἀφῆκαν κύριον. b adds τὸν before κύριον. ²¹ d reads ἠλλοίωσε, g ἠλλοιώθησαν. ²² c. g reads κατὰ τήν. hi, β–g om. ²³ α (save that hi read λίθοις καὶ ξύλοις). β, Aᵇᵇ*ᶜᵈᵉ, S¹ read as in margin, save that d reads ἐπηκολούθησε, and for ξύλοις f reads ξύλα, and for ἐξακολουθήσαντες Aᵇᵇ*ᶜᵈᵉ read καὶ ἐξακολουθεῖν. Aᵇ reads as Aᵃᵇ*ᶜᵈᵉ but adds λατρείας after ξύλοις. The text of β, A, S¹ is unsatisfactory. Possibly neither text is original, and we should read ὑπήκουσαν ξύλοις καὶ λίθοις ἐξακολουθήσαντες. ²⁴ Aᵇᵇ*ᶜᵈᵉ = πνεύματι, Aᵃ προσώποις.— ²⁵ d reads οὕτως μὴ ποιεῖτε. ²⁶ α. β–dg, S¹ read γνόντες, dg, A (+ἀλλά) γνῶτε. For ἐν τῷ στερεώματι . . . πάντα d reads ἐκ τῶν δημιουργημάτων ἀπὸ στερεώματος καὶ ἀπὸ γῆς καὶ θαλάσσης καὶ ἀπὸ πάντων τὸν Κύριον δημιουργήσαντα καὶ ποιήσαντα, and A στερέωμα οὐρανοῦ καὶ θαλάσσης καὶ ἐν πᾶσι τοῖς δημιουργήμασιν (Aᵇ*ᶜᵈ

ΔΙΑΘΗΚΗ ΝΕΦΘΑΛΕΙΜ [III. 4

c ὅτι ἐνήλλαξαν. c, d αὐτῶν.
στερεώματι, ἐν γῇ καὶ[28] ἐν[29] θαλάττῃ, καὶ[28] ἐν[30] πᾶσι τοῖς δημιουργήμασι *Κύριον τὸν[31] ποιήσαντα πάντα[32], ἵνα μὴ γένησθε[33] ὡς Σόδομα, ἥτις[34] ἐνήλλαξε[35] τάξιν φύσεως αὐτῆς[36]. 5. Ὁμοίως[37] δὲ[38] καὶ[39] οἱ Ἐγρήγοροι[40] ἐνήλλαξαν τάξιν φύσεως αὐτῶν, οὓς[41] κατηράσατο[42] Κύριος ἐπὶ τοῦ κατακλυσμοῦ[43], δι' οὓς[44] *ἀπὸ κατοικησίας καὶ ἄκαρπον τάξας τὴν γῆν [ἀοίκητον][45].

bdg, A, S¹ ἀνέγνων. β, A, S¹ κατὰ πᾶσαν.
IV. Ταῦτα[1] λέγω ὑμῖν[2], τέκνα μου, ὅτι ἔγνων[3] ἐν τῇ[4] γραφῇ[5] Ἐνώχ, ὅτι καίγε[6] ὑμεῖς ἀποστήσεσθε ἀπὸ Κυρίου[7], πορευάμενοι κατὰ πᾶσαν ἀνομίαν[8] ἐθνῶν[9], καὶ ποιήσετε[10] πᾶσαν πονηρίαν[11] Σοδόμων[12]. 2. Καὶ ἐπάξει Κύριος ὑμῖν αἰχμα-

πάντα τὰ δημιουργήματα). Here 𝔄𝔯𝔪 (= οὐρανοῦ) is corrupt for 𝔄𝔯𝔪 = γῆς. Although the cases of the text are not in order, A clearly goes back to α, β. [27]α. β om. [28]g om. [29]c, β–df. hi, f om. See text of d and A under note 26. [30]c, g. Other MSS. om. [31]d reads τὸν Κύριον δημιουργήσαντα καί. A = τὸν (A^{ab} om.) Κύριον τόν. [32]α, g. b, A, S read ταῦτα πάντα. aef τὰ πάντα. d om. [33]abeg. c reads γίνεσθε. hi, f γίνεσθαι. d γίνεσθε. [34]hi, β–ad, A. c reads ὅτι. d οἵτινες. a om. together with next six words. [35]hi, befg. c reads as in margin. d ἤλλαξαν. [36]hi, β–d, A, S¹. c, d read as in margin. d adds οὓς καὶ ἐτέφρωσε Κύριος. [37]f reads ὅμως. [38]c, d om. [39]a adds ὡς. For the rest of the verse d reads ἐπὶ τοῦ κατακλυσμοῦ οὓς κατηράσατο ὁ Κύριος. [40]α, aefg. b read ἐγρήγορες. a om. next four words. [41]be add καί. [42]hi read κατηργήσατο. [43]a om. rest of verse. [44]α, ef. bg, A read δι' αὐτούς, S¹ ἕνεκα γὰρ αὐτῶν ζωῆς. [45]α (save for ἀποκατοικήσας of α I read ἀπὸ κατοικησίας as in bdefg. c reads δείξας for τάξας which is found in hi, bdefg). ἀπὸ κατοικησίας = מבלי־יושב. Hence ἀοίκητον (before which α adds καί) is bracketed as a dittography. bdefg read as in text, save that for ἀπὸ κατοικησίας καί g reads ἀπό τε οἰκίας ἀπό τε and bdefg read καρπῶν for ἄκαρπον). A = εἰς (A^{ao} om.) ἄλλην φύσιν καρπῶν τάξας καὶ τὴν ἀνόητον (A^{b*cde} προσποιητόν). But 𝔄𝔯𝔪 (= φύσιν) is corrupt for 𝔄𝔯𝔪 = κατοικησίαν and 𝔄𝔯𝔪 (= προσποιητόν) and 𝔄𝔯𝔪 (= ἀνόητον) are corrupt for 𝔄𝔯𝔪 = ἀοίκητον. Thus A does not imply a text different from G. S¹ = ἐκέλευσεν εἶναι κατακλυσμόν.

IV. [1]d adds δέ. [2]bg, S¹ om. [3]α, aef. bdg, A, S¹ read as in margin. [4]c, A. hi, β, S om. [5]bg, A add ἁγίᾳ. [6]α, def. b, S read καίγε καί. g γε καί. A = καί. [7]d reads Θεοῦ. S¹ = γραφῆς τοῦ νόμου τοῦ Κυρίου. [8]bd read πονηρίαν against all other MSS. and A, S. [9]hi om. rest of verse. A^{b*d} om. next four words. [10]β, A, S¹ add κατά. [11]bd read ἀνομίαν against all other MSS. and A, S. [12]g reads δαιμόνων, A^{abc} (Arm. printed Text) ἐθνῶν but A^{b?de} give Σοδόμων. [13]d, A, S om. [14]d reads

[V. 2] ΔΙΑΘΗΚΗ ΝΕΦΘΑΛΕΙΜ 151

λωσίαν, καὶ δουλεύσετε ⌈ἐκεῖ⌉¹³ *τοῖς ἐχθροῖς¹⁴ ὑμῶν, καὶ bg, S
πάσῃ κακώσει¹⁵ καὶ θλίψει †συναναστραφήσεσθε¹⁶, ἕως †συγκα-
ἀναλώσει¹⁷ Κύριος πάντας ὑμᾶς. 3. Καὶ σμικρυνθέντες¹⁸ σεσθε.
ἐπιστρέψετε¹⁹ καὶ ἐπιγνώσεσθε Κύριον τὸν Θεὸν ὑμῶν²⁰ καὶ Α συγ-
ἐπιστρέψει ὑμᾶς εἰς τὴν γῆν ὑμῶν κατὰ²¹ τὸ πολὺ αὐτοῦ ἔλεος²². σεσθε(?).
4. Καὶ ἔσται ὅταν²³ *ἐξέλθωσιν εἰς τὴν γῆν τῶν²⁴ πατέρων β, Α, S¹
αὐτῶν, πάλιν ἐπιλήσονται²⁵ τοῦ²⁶ Κυρίου καὶ ἀσεβήσουσιν²⁷. μετὰ τὸ
5. Καὶ διασπερεῖ²⁸ αὐτοὺς Κύριος²⁹ ἐπὶ πρόσωπον³⁰ πάσης ὀλιγωθῆ-
τῆς γῆς, *ἄχρις οὗ ἔλθῃ³¹ *τὸ σπλάγχνον Κυρίου³², ἄνθρωπος καὶ σμι-
*ποιῶν δικαιοσύνην καὶ ποιῶν ἔλεος³³ εἰς πάντας τοὺς *μακρὰν κρυνθή-
καὶ τοὺς ἐγγύς³⁴.
                                                                                β–α,
V. Ἐν γὰρ *τῷ τεσσαρακοστῷ ἔτει τῆς¹ ζωῆς μου, εἶδον² Α, S¹
*⌈ὅραμα⌉ ἐν τῷ ὄρει τοῦ Ἐλαιῶνος³ κατὰ ἀνατολὰς Ἱερουσαλήμ, ἥξουσιν
ὅτι⁴ ὁ ἥλιος καὶ ἡ σελήνη ἕστηκαν⁵. 2. Καὶ ἰδοὺ Ἰσαὰκ⁶ β–d,
ὁ πατὴρ *τοῦ πατρός⁷ μου⁸ ἔλεγεν⁹ ἡμῖν· Προσδραμόντες Α, S¹

ἔτει τεσσαρακοστῷ. β–dg, S¹ λέγει.

τοὺς ἐχθρούς. ¹⁵hi read κακίᾳ. ¹⁶α, adef. bg read συγκαλυφθήσεσθε.
A ταπεινωθήσεσθε or συγκαμφθήσεσθε. Original doubtful. If συνανα-
στραφήσεσθε = 'ye shall wrestle with' (cf. Gen. xxx. 8), it may =
יתחפכו which is unlikely in itself and may be a corruption of יכשלו =
ταπεινωθήσεσθε (A), or συγκαμφθήσεσθε. Then συγκαλυφθήσεσθε would
be a corruption of συγκαμφθήσεσθε. These Greek words are con-
fused in LXX of 2 Kings iv. 35; Ps. lxix. 10, 23. If, on the other
hand, συναναστραφήσεσθε = ישבנו, the latter may be corrupt for תבנינו =
ταπεινωθήσεσθε, and συγκαλυφθήσεσθε = תכסה a corruption of תכנע. ¹⁷b
reads ἂν ἀναλώσῃ. A^{b*cde} = ἀναγνώσει but A^{ab} support text. ¹⁸α. β, A, S¹
read as in margin (save that g om. ὀλιγωθ. ὑμᾶς καί). ¹⁹α, bg. ae read
ἐπιστρέψεσθε. df ἐπιστρέψητε. ²⁰c reads ἡμῶν and om. next seven words
through hmt. ²¹hi read διά. g om. ²²a om. rest of chapter. ²³h reads
ὅτι. ²⁴α. bdefg, A, S¹ read as in margin (save that g reads ἔλθωσιν). ²⁵dg, A.
α, e read ἐπιλάθονται. bf ἐπιλάθωνται. ²⁶α. β om. ²⁷A^{b*cde} = ὑπερήφανοι
ἔσονται, but the corruption is native to these MSS. A^{ab} = text. ²⁸α,
A. be, S¹ read διασπείρει. d διασπαρεῖ. f διασπαριεῖ. ²⁹d om. hi prefix ὁ.
³⁰α, g. bdef read προσώπου. For πρόσωπον πάσης A reads πᾶν τὸ πρόσωπον.
³¹b reads ἄχρι τοῦ ἐλθεῖν. ³²A^{ab} = Κύριος. A^{b*cde} Κύριος σπλάγχνῳ.
³³A reads ποιῶν ἐλ. καὶ δικαιοσύνην. ³⁴d reads ἐγγὺς καὶ τοὺς μακράν.

V. ¹α, d. β–d, A, S¹ read as in margin. ²def read ἴδον. a adds ἐν
ὀνείρῳ ὅτι. ³α, A (save that A om. ὅραμα). abeg, S¹ read ἐν ὄρεσιν
ἐλαίου (ae ἐλαιῶν, g ἐλεῶν). df ἐν ὁράσει (+ μου d) ἔλεον. ⁴a om.
⁵d reads ἵσταντο ἐνώπιον ὑμῶν. g ἕστηκεν. A adds καὶ πάντες (+ ἡμεῖς A^b)
προσεδράμομεν. ⁶g reads Ἰακώβ. ⁷g om. ⁸A = ἡμῶν. ⁹α, A.

152 ΔΙΑΘΗΚΗ ΝΕΦΘΑΛΕΙΜ [V. 2

β, S¹ *κρατήσατε ἕκαστος¹⁰ κατὰ δύναμιν¹¹, ⌈καὶ *τοῦ πιάσαντος¹²
πάντες ἔσται ὁ ἥλιος καὶ ἡ σελήνη⌉. 3. Καὶ¹³ *ἐδράμομεν πάντες
ὁμοῦ ἐπε- ὁμοῦ¹⁴ ⌈καὶ⌉¹⁵ ὁ¹⁶ Λευὶ¹⁷ ἐκράτησε τὸν ἥλιον *καὶ ὁ Ἰούδας
δράμο- φθάσας ἐπίασε τὴν σελήνην¹⁸, καὶ ὑψώθησαν ἀμφότεροι σὺν
μεν.
β, A, S¹ αὐτοῖς¹⁹. 4. Καὶ ὄντος²⁰ τοῦ Λευὶ *ὡς ὁ ἥλιος²¹, ⌈ἰδοὺ⌉²²
ἀλλή- νέος²³ *τις ἐπιδίδωσιν²⁴ αὐτῷ βαΐα φοινίκων δώδεκα, καὶ
λοις Λευί.
β, S¹ Ἰούδας *ἐγένετο λαμπρὸς²⁵ ὡς *ἡ σελήνη²⁶, καὶ *ἦσαν ὑπὸ
φθάσας τοὺς πόδας αὐτῶν²⁷ δώδεκα ἀκτῖνες²⁸. [5. Καὶ προσδρα-
γὰρ Ἰ.
ἔλαβεν. μόντες *οἱ δύο ὅτε²⁹ Λευὶ³⁰ καὶ Ἰούδας³¹ ἐκράτησαν αὐτούς³²].
A ἐν 6. Καὶ ἰδοὺ ταῦρος ἐπὶ τῆς γῆς, ἔχων δύο³³ κέρατα μεγάλα,
παρα-
δείσῳ. καὶ πτέρυγας³⁴ ἀετοῦ ἐπὶ³⁵ νώτου αὐτοῦ· καὶ θέλοντες ἡμεῖς³⁶
β Πέρ- πιάσαι³⁷ αὐτόν, οὐκ ἠδυνήθημεν. 7. *ἐλθὼν δὲ Ἰωσὴφ
σαι, Ἐλι-
μαῖοι, Γε- κατέλαβεν³⁸ αὐτόν, καὶ συνανῆλθεν³⁹ αὐτῷ εἰς τὸ⁴⁰ ὕψος.
λαχαῖοι 8. Καὶ εἶδον *ὅτι ἤμην παρεκεῖ⁴¹, καὶ ἰδοὺ γραφὴ *ἁγία
(aef Χελ-
καῖοι). ὤφθη ἡμῖν⁴², λέγουσα⁴³. Ἀσσύριοι⁴⁴, Μῆδοι⁴⁵, Πέρσαι⁴⁶,

β–dg, S¹ read as in margin. dg λέγων. ¹⁰ g reads ἕκαστος κρατῆσαι.
c adds τόν, h τό. ¹¹ A adds αὐτοῦ. ¹² c, β–ag, S. hi read τοῦτο
ποιήσαντος. a τοῦ κρατήσαντος. g om. ¹³ d adds ἅμα τῷ λόγῳ. ¹⁴ α.
β, S¹ read as in margin. A = ἐν τῷ ἐπιτρέχειν ἡμᾶς. ¹⁵ d adds προσδραμών.
¹⁶ a om. ¹⁷ e reads Λευίς. ¹⁸ c, β (save that adf om. ὁ, and for ἐπίασε
a reads ἐκράτησε, and g om. καὶ ὁ and trs. φθ. after ἐπίασε), Aˢᶜ. hi read
τὴν δὲ σελήνην ὁ Ἰ. φθ. ἐπίασεν. Aᵇ = καὶ Ἰ. ἔφθασε ἐπίασε, Aᵇ*ᵈ καὶ Ἰ. τὴν
σελήνην. ¹⁹ S¹ reads ἡμῖν. ²⁰ β–g, S. α reads (+ οὕτως καὶ h) ὄντως.
g γεγονότος. A = ἔχοντος. εἶναι ὡς = רָה הָיָה. ²¹ α, g. β–dg, S read ὡς
ἡλίου. d σὺν τῷ ἡλίῳ. A = τὸν ἥλιον. ²² α. β, A, S¹ om. ²³ α, aef.
bd read νεανίας. g νεᾶνις. S¹ om. ²⁴ S¹ = ἐδόθη. ²⁵ α. β–e, A, S¹ read
ἦν (e om.) λαμπρός (d λαμπρὸς ἦν). ²⁶ c reads ὁ ἥλιος over an erasure.
²⁷ α. β, A, S¹ read ὑπὸ τ. πόδας αὐτῶν (bd, A, S¹ αὐτοῦ) ἦσαν (Aᵇᵇ⁺ᶜᵈ om.).
²⁸ hi, f read τινές. ²⁹ c. hi read ὅτε. β, A, S¹ as in margin. Ver. 5 is
bracketed as a dittography of ver. 3ᵃᵇ. ³⁰ β–d prefix ὁ. de read Λευίς.
³¹ eg prefix ὁ. ³² hi, f. c reads αὐτάς. β–fg, Aᵇ, S¹ ἑαυτούς. g, Aᵃᵇ*ᶜᵈᵉ ἑαυτοῖς.
³³ d, Aᵇ*ᶜᵈᵉ read ιβ'. ³⁴ α, dg, A. abef, S read πτέρυγες. ³⁵ β add τοῦ.
³⁶ α, A. β, S om. ³⁷ a reads κρατῆσαι. aef trs. after αὐτόν. ³⁸ α (save
that hi om. δέ). β, S read as in margin. A = Ἰ. δὲ ἔλαβεν. ³⁹ ag read
συνῆλθεν. ⁴⁰ β om. ⁴¹ α. β–d, S¹ read ὅτι ἤμην (+ παρὼν aef) ἐκεῖ
(+ που bg, S¹). d, A represent a different text. d ὅτι ἦμεν ἐν κύποις
(corrupt for κήποις 'gardens'). A αὐτὸν ὅτι ἦν ἐν (+ τῇ Aᵇᵇ⁺ᶜᵈᵉ) παραδείσῳ.
Possibly παρεκεῖ and παρὼν ἐκεῖ and ἐκεῖ που in α, β–d are different
corruptions of ἐν παραδείσῳ. ⁴² S¹ = ἐπ' αὐτῷ. ⁴³ A = καὶ ἔλεγε.
⁴⁴ A (corrupt) = Ἀσιατικοί. ⁴⁵ i, β, S¹. c reads Μῆδιοι. h Μηδε. A = καὶ

Χαλδαῖοι⁴⁷, Σύροι⁴⁸, κληρονομήσουσιν αἰχμαλωσίαν⁴⁹ τὰ β, Aᵃᵇ, S¹ δώδεκα σκῆπτρα τοῦ Ἰσραήλ. μῆνας.

VI. *Καὶ πάλιν¹ μετὰ ἡμέρας² ἑπτὰ εἶδον *ὅτι ὁ πατήρ β, S¹ τὸν πατέρα μου Ἰακὼβ ἵστατο³ ἐν τῇ θαλάσσῃ Ἀμνείας⁴, καὶ ἡμεῖς⁵ σὺν ἡμῶν Ἰ. αὐτῷ⁶. 2. Καὶ ἰδοὺ πλοῖον ἤρχετο⁷ ἀρμενίζον⁸ *ἐκτὸς ἑστῶτα. β, A, S¹ ναυτῶν⁹ καὶ κυβερνητῶν¹⁰· ἐπεγέγραπτο *δὲ τῷ πλοίῳ¹¹ *ὅτι ἡμεῖς πλοῖον¹² Ἰακώβ. 3. *Καὶ λέγει¹·³ ἡμῖν ὁ πατὴρ ἡμῶν¹⁴. οἱ υἱοὶ *Δεῦτε ἀνέλθωμεν¹⁵ εἰς τὸ πλοῖον ἡμῶν. 4. *Ὡς δὲ β, A, S¹ εἰσήλθομεν¹⁶ γίνεται¹⁷ χειμὼν σφοδρός¹⁸, καὶ λαῖλαψ ἀνέμου¹⁹ μεστὸν ταρίχων
ἐκτὸς ναυτῶν. β-bg, A, S¹ ἀναβῶμεν.

Πάρθοι. ⁴⁶ Aᵃᵇ om. Here β, A add against α Ἐλιμαῖοι (d, A Ἐλαμῆται. ef Ἐλ(+λ e)οίμεροι. Aᵇ = Λίμαψοι. S¹ Ἀλλόφυλοι. a om.), Γελαχαῖοι (aef Χελκαῖοι. g Γεθγέοι. A = Γαλάται which it trs. to end of list. S¹ = Χερουλκαι). The latter appears to be a corrupt dittography of Χαλδαῖοι. ⁴⁷ Seems lost by A unless we take Γαλάται to be a corruption of Χαλδαῖοι. See note 46. If this word is original it should be restored before Μῆδοι. ⁴⁶ c, d' read Σύριοι. A = Ἀσσύριοι. The whole text in A = Ἀσιατικοί, καὶ Πάρθοι, Πέρσαι (Aᵃᵇ om.) καὶ Ἐλαμῆται (Aᵇ Λιμαψοι), Ἀσσύριοι καὶ Γαλάται—very corrupt. ⁴⁹ α, df. abe, A, S¹ read ἐν (ae om.) αἰχμαλωσίᾳ. g om.

VI. ¹ α, bg, Aᵃᵇᵇ*ᶜᵈ, S¹. aef, Aᵉᶠ read πάλιν. d ταῦτα ἴδον τότε πάλιν δέ. ² α. β, Aᵃᵇ S¹ read as in margin. Aᵇ*ᶜᵈᵉᶠ = ἔτη. The confusion between μῆνας and ἡμέρας arose in the Greek. ³ α, A. β, S read as in margin (save that b read ἑστηκότα for ἑστῶτα). ⁴ c,g. hi read Ἀμνείᾳ. abef Ἰαμνίας. d(A?) Ἰαμνείας. S¹ Χαμνίας. ⁵ α. β, A, S¹ add as in margin (save that g om. οἱ). ⁶ dg read μετ' αὐτοῦ. ⁷ d reads ἤρχοντο and trs. before πλοῖον. g trs. after ἀρμενίζον. ⁸ c, df read ἀρμενίζων. S¹ adds σὺν ἱστίοις. ⁹ α, A S¹ read as in margin (save that S¹ reads φορτίου for ταρίχων, and g, A ναύτου for ναυτῶν). As Gaster has pointed out μεστὸν ταρίχων = מלא מלוחים a corrupt dittography of בלא מלחים = ἐκτὸς ναυτῶν. ¹⁰ α, f. β–f, A, S¹ read κυβερνήτου. ¹¹ c, A, S¹. h, β read δὲ τὸ πλοῖον. i τὸ δὲ πλοῖον. ¹² α. β–bd, S¹ read πλοῖον. d οὕτως, πλοῖον. b om. A = τοῦ. ¹³ d reads εἶπε δέ. ¹⁴ aef om. g om. next six words through hmt. ¹⁵ α (save that hi read ἔλθωμεν). abef, A, S¹ read as in margin. b ἐμβῶμεν. ¹⁶ α, β (save that hi, d¹ read ἤλθομεν for εἰσῆλθ.), S. A = καὶ ἀνήλθομεν. d adds ἐν αὐτῷ. Aᵇ* σὺν αὐτῷ εἰς ναῦν. ¹⁷ d, A read καὶ (d om.) ἐγένετο. ¹⁸ g trs. before χειμών. Aᵇ*ᶜᵈᵉᶠ = σφόδρα which Aᵇ*ᶜᵈ trs. after λαῖλαψ. Aᵃᵇ om. with next four words. ¹⁹ hi read ἄνεμος. A = ἐπὶ τῇ θαλάσσῃ but לרנחלב may be corrupt for ςηηςηυ = ἀνέμου. ²⁰ α, aef, Aᵉᶠ. bd, S¹ read μεγάλου. g μεγάλη. According to printed Arm. Text Aᵃᵇᵇ*ᶜᵈ omit but not so Aᵉᶠ. ²¹ α, β–bg, S¹. b reads ἐφήπταται. g, A (+ ὡς εἰ A) ἀφίπταται. Rab. T. Napth.

ΔΙΑΘΗΚΗ ΝΕΦΘΑΛΕΙΜ [VI. 4

bd, S μέγας²⁰, καὶ ἀφίσταται²¹ ὁ πατὴρ ἡμῶν²² ἀφ' ἡμῶν, ὁ²³
μεγάλου. κρατῶν *τοὺς αὐχένας²⁴. 5. Καὶ²⁵ ἡμεῖς²⁶ χειμαζόμενοι
β, A, S¹ ἐπὶ τὸ πέλαγος *ἐφερόμεθα, καὶ²⁷ ἐπληρώθη τὸ πλοῖον
καὶ 'I. ἐπὶ
ἀκατίου ὑδάτων²⁸, *ἐν τρικυμίαις²⁹ περιρησσόμενον³⁰, ὥστε³¹
φεύγει. *καὶ συντρίβεσθαι³² αὐτό³³. 6. *Ὁ δὲ Ἰωσὴφ ἐπὶ ἀκατίῳ
⌜χωριζό- ἐπορεύθη³⁴. ἡμεῖς δὲ διεχωρίσθημεν ἐπὶ σανίδων ἐννέα³⁵. Λευὶ
μεθα
δὲ καὶ δὲ καὶ Ἰούδας ἦσαν *ἐπὶ τὸ αὐτό³⁶. 7. Καὶ³⁷ διεσπάρημεν³⁸
ἡμεῖς ἐπὶ πάντες εἰς³⁹ τὰ πέρατα *τῆς γῆς⁴⁰. 8. Ὁ δὲ Λευὶ⁴¹
σανίδων
δέκα⌝. περιβαλλόμενος⁴² σάκκον⁴³ ἐδέετο⁴⁴ *τοῦ Κυρίου⁴⁵. 9. Ὡς
β–d, S¹ δὲ ἐπαύσατο ὁ χειμών, *ἔφθασε τὸ σκάφος ἐπὶ τῆς γῆς⁴⁶,
πέρατα. ⌜ὥσπερ⌝⁴⁷ ἐν εἰρήνῃ. 10. Καὶ ἰδοὺ ἦλθεν⁴⁸ ὁ πατὴρ
β, S¹ περὶ
πάντων ἡμῶν⁴⁹ καὶ πάντες⁵⁰ ὁμοθυμαδὸν ἠγαλλιασάμεθα⁵¹.

ἡμῶν ἐδέετο.

v. 1 reads יתעלם מעלינו. Possibly the reading of bg, A is a corruption of that of α, β–bg, S¹ which might be a rendering of יתעלה or מעלינו). יעלה. We might then explain עלם as a corruption of עלי. ²²α, A. β, S om.
²³β, A, S. α om. i adds κράζων καί. ²⁴S¹ = τὰ ἰστία. ²⁵d reads τότε. ²⁶g adds οἱ. ²⁷d reads φερόμενοι. ²⁸g prefixes τῶν. d trs. before τὸ πλοῖον. ²⁹b reads τρικυμίας. ³⁰beg, A, S. a reads περιρρησσόμενον. d περιφερόμενον. f περισπώμενον. ch φερόμενοι. i φερόμενον. Perhaps ἐν τρικυμίαις περιρησσόμενον = דכוה בגלי הים 'pounded by the waves of the sea.' Rab. T. Napth. v. 5 reads והיכוה גלי הים אל סלע 'and the waves of the sea smote it to the rocks,' where היכוה should be emended into הדיחוה = 'drove it' or 'dashed it,' if אל סלע is genuine.
³¹ Perhaps corrupt for ἔστε = 'until' or a mistranslation of עד אשר.
³²d, A read συντριβῆναι. ³³A = τὸ πλοῖον. ³⁴α (save that h reads Ἰακώβ for Ἰωσήφ). β, A, S¹ read as in margin (save that d reads τότε for καί). ³⁵c (save that I have corrected the vox nulla πασανιδων into σανίδων). hi support text (save that for σανίδων ἐννέα they read πᾶσαν ὁδὸν οἱ ἐννέα). β, S¹ read as in margin (save that d om. δέ and g reads ἐπὶ σαννίδια νέα). ³⁶d reads δὲ τὸ αὐτὸ ἐν σανήδι. A = ἐν τῷ μέσῳ but ԲԻ ՃԸրնգԼ is corrupt for ԲԻ ՃԸաւրՒԼ = ἐπὶ τὸ αὐτό. ³⁷α, A. β, S¹ om.
³⁹α, bdg, A. aef, S¹ read διεσπάρησαν. β, S¹ add οὖν οἱ (aef om.). def add οὖν. ³⁹α, dg. abef read ἕως εἰς. ⁴⁰α, A. d reads πάντα. β–d, S¹ om. ⁴¹de read Λευίς. ⁴²b reads περιβαλόμενος. ⁴³hi, d read σάκκῳ. g trs. σάκκον before περιβ. ⁴⁴α. β, S¹ read as in margin (save that d reads ὑπέρ for περί). A = ἐδέετο περὶ ἡμῶν. ⁴⁵d reads τῷ κυρίῳ.
⁴⁶α (save that hi read ἐπὶ τὴν γῆν). β, A, S¹ read τὸ σκ. ἔφθασεν ἐπὶ τ. γῆν.
⁴⁷dg, A om. ⁴⁸b adds Ἰακώβ. ⁴⁹dg, A add Ἰακώβ. ⁵⁰hi, A (though A trs. after ὁμοθυμαδόν). c reads πάλιν. β, S¹ om. ⁵¹α. β reads ἠγαλλιώμεθα.

ΔΙΑΘΗΚΗ ΝΕΦΘΑΛΕΙΜ

VII. Ταῦτα¹ τὰ δύο ἐνύπνια εἶπον² τῷ πατρί μου³ καὶ⁴ β-d, S¹
εἰπέ μοι· Δεῖ *ταῦτα πληρωθῆναι⁵ κατὰ *τοὺς καιροὺς⁶ τά:
αὐτῶν, *πολλὰ τοῦ Ἰσραὴλ ὑπομείναντος⁷.
2. Τότε⁸ λέγει μοι ὁ πατήρ μου· Πιστεύω⁹ *τῷ θεῷ¹⁰ ὅτι β-d, S¹
ζῇ¹¹ Ἰωσήφ¹². ὁρῶ γὰρ ⌜πάντοτε⌝¹³ ὅτι Κύριος ἀριθμεῖ¹⁴ αὐτὸν ὅτι.
μεθ' ἡμῶν. 3. Καὶ κλαίων ἔλεγε¹⁵. *Οἴμοι, τέκνον μου Ἰωσήφ, β-g,
ζῆς¹⁶, καὶ *οὐ βλέπω σε¹⁷, *καὶ σὺ οὐχ¹⁸ ὁρᾷς Ἰακὼβ τὸν A, S¹
γεννήσαντά σε. 4. *Ἐποίησε οὖν καὶ ἐμὲ δακρῦσαι¹⁹ ἐν²⁰ τέκνον
τοῖς λόγοις τούτοις²¹. *Ἐγὼ δὲ²² *ἐκαιόμην τοῖς σπλάγχνοις²³ μου.
μου²⁴, ἀναγγεῖλαι²⁵ ὅτι πέπραται²⁶ ⌜Ἰωσήφ⌝²⁷. *ἀλλ' ἐφο- β, A, S¹
βούμην²⁸ τοὺς ἀδελφούς μου²⁹. ἡμᾶς.

VIII. Καὶ¹ ἰδού², τέκνα μου³, ὑπέδειξα ὑμῖν καιροὺς β-d,
ἐσχάτους †ὅτι⁴ πάντα γενήσεται ἐν Ἰσραήλ. 2. Καὶ ὑμεῖς A, S¹
⌜οὖν⌝⁵, ἐντείλασθε τοῖς τέκνοις ὑμῶν⁶ ἵνα ἐνοῦνται τῷ Λευὶ ἰδού.
καὶ τῷ⁷ Ἰούδα.

VII. ¹α, A. β-d, S¹ om. d reads τότε. ²d, A = διηγησάμην. ³Aᵇ add
Ἰακώβ. ⁴h om. i om. to πατήρ μου (ver. 2) inclusive. ⁵α, bg, S¹.
aef read αὐτὰ πληρωθῆναι. d γὰρ πληρωθῆναι ταῦτα πάντα, τέκνα μου. A =
ταῦτα πάντα πληρωθῆναι. ⁶α, d. aef read καιρούς. bg, A, S¹ τὸν (b, A,
S¹ om.) καιρόν. ⁷A = καὶ πολλὰ τὸν Ἰ. ὑπομεῖναι(?). ⁸α adds οὖν.
⁹g reads πίστευσον. ¹⁰α, d. A = τῷ Κυρίῳ. β-d, S¹ om. d adds
τέκνα μου. ¹¹hi, g add ὁ. d τὸ τέκνον μου. ¹²A adds καὶ ἐγὼ οὐχ ὁρῶ
αὐτόν. ¹³hi read πάντα. ¹⁴c, A. hi, β, S¹ read συγκαταριθμεῖ.
¹⁵A adds πάντοτε here, which it om. in previous verse. ¹⁶α. β-g, A, S¹
read as in margin (save that adef trs. Ἰ. after τέκνον μου). g reads ποῦ ἧς
τέκνον μου Ἰ. ¹⁷d reads οὔτε σε βλέπω ἐγώ. α, Aᵃᵇ om. rest of verse and
Aᵇ*ᶜᵈᵉᶠ trs. it wrongly after τούτοις in ver. 4. See note 21. ¹⁸d reads
οὔτε σὺ πάλιν. af καὶ οὐχ. ¹⁹α (save that hi om. οὖν). β-d, A, S¹ read
(+ καί a) ἐποίησε δὲ (af, A om.) καὶ ἡμᾶς δακρῦσαι. d ταῦτα λέγων καὶ ἡμᾶς
κλαῦσαι ἐποίησεν. ²⁰α, af. bdeg read ἐπί. ²¹c, aefg, A. hi, d read
αὐτοῦ. b, S¹ αὐτοῦ τούτοις. Here Aᵇ*ᶜᵈᵉᶠ add καὶ πάλιν εἶπε· καὶ σὺ οὐχ ὁρᾷς
Ἰ. τὸν γεννήσαντά σε. See note 17. ²²α. β-d, A, S¹ read καί. d ἐγώ.
²³A ἐκαίοντο τὰ σπλάγχνα. ²⁴α, A. β, S¹ om. d, A add καὶ ἠβουλόμην
(+ μέν d). ²⁵A adds αὐτῷ. ²⁶g reads πέπρακται. ²⁷α. β, A, S¹ om.
²⁸d reads ἐφοβ. δέ. ²⁹d adds μήποτε γνόντες ἀποκτείνουσί με.

VIII. ¹α, d. β-d, A, S¹ om. ²d, A add οὖν. ³g om. ⁴Text
requires πῶς. Hence, since ὅτι = כי, the latter may have been corrupt
for איך. ⁵d adds τέκνα μου. ⁶Aᵇ add καὶ τὰ τέκνα ὑμῶν τοῖς τέκνοις
αὐτῶν. ⁷d om. a om. next nine words. h adds περὶ τοῦ Χριστοῦ before
following verses. ⁸Read αὐτῶν as Bousset suggests. Text due to
Christian scribe. Salvation proceeds jointly from Levi and Judah: cf.

156 ΔΙΑΘΗΚΗ ΝΕΦΘΑΛΕΙΜ [VIII. 2

Διὰ γὰρ †τοῦ 'Ιούδα†⁸ ἀνατελεῖ⁹ ἡ¹⁰ σωτηρία¹¹ τῷ 'Ισραὴλ¹²
καὶ ἐν †αὐτῷ¹³ εὐλογηθήσεται¹⁴ 'Ιακώβ.

β, A, S¹ 3. Διὰ¹⁵ †τοῦ σκήπτρου αὐτοῦ¹⁶ ὀφθήσεται ὁ¹⁷ Θεὸς [κατοικῶν
διὰ γάρ.   ἐν ἀνθρώποις¹⁸] ἐπὶ τῆς γῆς,
            τοῦ¹⁹ σῶσαι *τὸ γένος τοῦ²⁰ 'Ισραήλ,
g,   *καὶ ἐπισυνάξει²¹ δικαίους ἐκ τῶν²² ἐθνῶν.
A^abb*def
ἐπισυνά-   4. *'Εὰν ⌜οὖν καὶ ὑμεῖς⌝²³ ἐργάσησθε· τὸ καλόν²⁴,
ξαι.   εὐλογήσουσιν ὑμᾶς *οἱ ἄνθρωποι καὶ οἱ ἄγγελοι²⁵,
β–ag, A,   καὶ ὁ²⁶ Θεὸς δοξασθήσεται ἐν τοῖς ἔθνεσιν *δι' ὑμῶν²⁷,
S¹ ἐάν.   καὶ ὁ διάβολος φεύξεται ἀφ' ὑμῶν,
β, A, S¹   ⌜καὶ τὰ θηρία φοβηθήσονται ὑμᾶς⌝²⁸,
καλόν,   *καὶ ὁ Κύριος ἀγαπήσει ὑμᾶς²⁹,
τέκνα   [καὶ οἱ ἄγγελοι ἀνθέξονται ὑμῶν]³⁰.
μου.
bdg, A, S¹
ἀγαθήν.   5. *⌜Ὡς ἄν τις³¹ τέκνον³² †ἐκθρέψῃ³³ καλῶς³⁴ μνείαν ἔχει
            καλήν³⁵,
            οὕτως³⁶ καὶ *ἐπὶ τοῦ καλοῦ ἔργου μνήμη παρὰ Θεοῦ ἀγαθή³⁷.

T. Sim. vii. 1; T. Lev. ii. 11; T. Dan. v. 4; T. Gad viii. 1; T. Jos. xix. 7.   ⁹ *ef* add ὑμῖν.   ¹⁰ α. β om.   ¹¹ *ef* read σωτήρ.   ¹² *d* om. next line and to τοῦ 'Ισραήλ in ver. 3.   ¹³ Read αὐτοῖς. See note 8.   ¹⁴ *g* om. next seven words. *h* adds τῷ.   ¹⁵ α. β–g, A, S read as in margin.   ¹⁶ Read τῶν σκήπτρων αὐτῶν. See note 8.   ¹⁷ *c*. Other MSS. om.   ¹⁸ *eg*, S read οὐρανοῖς. The clause in brackets may be an addition of the Christian scribe who made the changes in ver. 2.   ¹⁹ α. β om.   ²⁰ *c*. *h* reads γένος τῷ. β, S¹ τὸ γένος. A = πᾶν τὸ γ.   ²¹ *g*, A^abb*def read ἐπισυνάξαι. A^c καὶ ἐπισυνάξας. Perhaps we should read καὶ ἐπισυνάξαι. A adds πάντας.   ²² *g* om.   ²³ α (save that *c* prefixes καί). *ag* read ἐὰν γάρ. β–ag, A, S¹ as in margin.   ²⁴ *g* reads ἀγαθόν. β, A, S¹ add as in margin.   ²⁵ α, abeg, A, S¹ (save that *abe*, S¹ prefix καί). *df* read καὶ οἱ ἀγγ. καὶ οἱ ἄνθ. A^ab om. next four lines and καὶ οἱ ἄγγελοι of fifth line through hmt.   ²⁶ *b* om.   ²⁷ *h* reads δι' ἡμῶν. *d* ἐν ὑμῖν. *bd*, S¹ trs. δι' ὑμῶν and ἐν ὑμῖν respectively before ἐν τοῖς.   ²⁸ A, S¹ om.   ²⁹ *eg*, A^b*cdef, S. A^ab wanting through hmt. See note 25. This line is original though it is missing in α, *abdf*. See next note.   ³⁰ Though om. only by *a*, I have bracketed this line as an interpolation. The preceding line forms the proper end of the stanza: compare last line of ver. 6. The interpolation arose apparently from a corrupt dittography of the preceding verse. The text = ומלאכים יאחזובם a corrupt dittography of אלהים יאהבכם.   ³¹ α, *aef*, A. *b*, S¹ read ὡς ἄν τις γάρ. *d* ὥσπερ γὰρ ἐάν τις. *g* ὡς γὰρ ἄν τις (?).   ³² *dg* trs. after ἐκθρέψει. A reads τέκνα and trs. after καλῶς. For ἐκθρέψει we must read ἐκθρέψας with A^b*cdf.   ³³ *abf*. α, *deg* read ἐκθρέψει.   ³⁴ *c* reads καλόν, *h* καλῶν. A = ἐπιμελῶς.   ³⁵ α, *aef. bdg,*

VIII. 10]   ΔΙΑΘΗΚΗ ΝΕΦΘΑΛΕΙΜ   157

6. Τὸν δὲ μὴ *ποιοῦντα τὸ³⁸ καλόν,
καταράσονται αὐτὸν³⁹ καὶ⁴⁰ *οἱ ἄγγελοι καὶ οἱ ἄνθρωποι⁴¹,   β–α, A,
*καὶ ὁ Θεὸς ἀδοξήσει ἐν τοῖς ἔθνεσιν δι' αὐτοῦ⁴²,   S¹ γυναι-
*καὶ ὁ⁴³ διάβολος οἰκειοῦται *αὐτὸν ὡς ἴδιον σκεῦος⁴⁴,   κὸς
καὶ πᾶν θηρίον κατακυριεύσει αὐτῷ⁴⁵   αὐτοῦ.
καὶ⁴⁶ ὁ Κύριος μισήσει αὐτόν.   β, A δύο
7. Καὶ γὰρ⁴⁷ αἱ ἐντολαὶ τοῦ νόμου⁴⁸ διπλαῖ εἰσιν   ἐντολαί
ᴦκαὶ ᴧ⁴⁹ μετὰ τέχνης πληροῦνται⁵⁰.   (+θεοῦ def).
8. Καιρὸς γὰρ συνουσίας⁵¹ γυναικός⁵²   β–ad,
καὶ καιρὸς ἐγκρατείας⁵³ εἰς προσευχὴν αὐτοῦ⁵⁴.   A, S¹
    παρέχου-
9. Καὶ *αἱ δύο τοῦ Θεοῦ εἰσι⁵⁵, καὶ εἰ μὴ ἐγένοντο⁵⁶ ἐν   σιν·
τῇ⁵⁷ τάξει αὐτῶν ἁμαρτίαν *μεγίστην παρεῖχον τοῖς ἀνθρώποις·   οὕτως
τὸ αὐτὸ⁵⁸ καὶ *ἐπὶ τῶν λοιπῶν ἐντολῶν⁵⁹ ἐστι⁶⁰.   10.   ἐστί.
    β, A, S¹
Γίνεσθε οὖν *σοφοὶ ἐν θεῷ, τέκνα μου⁶¹, καὶ φρόνιμοι, ἰδόντες⁶² σοφοὶ ἐν
τάξιν ἐντολῶν⁶³ αὐτοῦ⁶⁴ καὶ θεσμοὺς παντὸς πράγματος⁶⁵, ὅπως   θεῷ.
*ἀγαπήσει ὑμᾶς ὁ Κύριος⁶⁶.   β–g, A,S¹
    εἰδότες.

A, S¹ read as in margin. g adds περὶ αὐτοῦ. d om. next line through hmt. ³⁶c reads οὕτω. ³⁷A = τὸ ἀγαθὸν ἔργον παρὰ Θεῷ ἀγαθὴν ἔχει (A^{b*cd} ἕξει) μνείαν. For Θεοῦ b reads Θεῷ. ³⁸ef read ποιοῦντα. a ὄντα. ³⁹α, A. d reads τοῦτον which it trs. before καταράσ. β–d, S om. ⁴⁰α, aef. bdg, A, S¹ om. ⁴¹α, adg, A (save that d adds Κυρίου after ἄγγελοι). bef, S¹ read οἱ ἄνθ. καὶ οἱ ἄγγ. ⁴²β–d, A, S¹ (save that b reads ἀδοξήσῃ and g om. ὁ before Θεός). α om. d reads καὶ ὁ θ. δοξάσειεν αὐτῷ. ⁴³d reads ὁ δέ. A = ὁ. ⁴⁴α, bdg (save that d reads αὐτῷ). aef read αὐτῷ ὡς ἰδίῳ σκεύει. ⁴⁵c, d. h reads αὐτόν. abeg αὐτοῦ. ⁴⁶d reads ἔτι δὲ καί. ⁴⁷A^{b*cde} add πᾶσαι. ⁴⁸A = κυρίου. ⁴⁹a reads ἀλλὰ καί and trs. these three lines ending προσευχὴν αὐτοῦ after παρέχουσιν (ver. 9). ⁵⁰A read ḷwrqḥ (= τάξεως) corrupt (?) for ḷwɯnɯpḥu = πληροῦνται. ⁵¹d adds ὁ καιρός. ⁵²α, a. β–a, A, S¹ read as in margin. ⁵³f reads ἐργασίας. ⁵⁴h, β, S¹ (save that g reads προσευχῆς). c reads εἰς σευχην αὐτῶν. A = καὶ τοῦ προσευχὰς ποιεῖν. ⁵⁵α. bdg, A, S¹ read δύο (+αὗται A) ἐντολαί εἰσι (+τοῦ Θεοῦ d). Here d is conflate. ef read αἱ δύο ἐντολαὶ Θεοῦ εἰσι. a om. together with preceding καί. ⁵⁶α. abg, A, S read γένωνται. d γένονται. e γένονται. f γίνονται. ⁵⁷α, A. β, S¹ om. ⁵⁸α (save that h reads μεγάλην). β–ad, A, S¹ read as in margin (save that f read παρέχωσιν). a reads παρέχουσιν and om. rest of verse, d reads παρέχουσιν πᾶσι τοῖς μὴ πρεπόντως ἀλλὰ καταφρονητικῶς ταῦτα πράττουσιν οὕτως δέ ἐστι. ⁵⁹A^{b*} = πᾶσαι ἐντολαί. ⁶⁰α. β, A, S¹ om. ⁶¹α (save that c trs. σοφοὶ after θεῷ). β, A, S¹ read as in margin. ⁶²α, g. β–g, A, S¹ read as in margin. ⁶³A^{a} = ἐντολῆς. ⁶⁴g reads Θεοῦ. ⁶⁵f trs. A = πάντων πραγμάτων. ⁶⁶α, adefg (save that d om. ὁ). b, A, S¹ read ὁ Κ. ἀγαπήσει ὑμᾶς.

IX. *Καὶ πολλὰ¹ τοιαῦτα ἐντειλάμενος² αὐτοῖς παρεκάλεσεν ἵνα μετακομίσωσι³ τὰ ὀστᾶ αὐτοῦ⁴ *ἐν Χεβρών, καὶ θάψωσι αὐτὸν⁵ μετὰ τῶν πατέρων αὐτοῦ⁶. 2. Καὶ⁷ φαγὼν *καὶ πιὼν⁸ ἐν ἱλαρότητι ψυχῆς⁹ συνεκάλυψε¹⁰ τὸ πρόσωπον αὐτοῦ καὶ ἀπέθανε. 3. Καὶ ἐποίησαν *οἱ υἱοὶ αὐτοῦ¹¹ *κατὰ πάντα¹² ὅσα¹³ ἐνετείλατο αὐτοῖς¹¹ Νεφθαλεὶμ¹⁴ ὁ πατὴρ αὐτῶν¹⁵.

Διαθήκη Γὰδ τοῦ ἐννάτου υἱοῦ Ἰακὼβ καὶ Ζέλφας¹.

I. Ἀντίγραφον διαθήκης Γάδ², ἃ³ ἐλάλησε⁴ τοῖς υἱοῖς αὐτοῦ⁵ ἐν *τῷ ἑκατοστῷ εἰκοστῷ πέμπτῳ ἔτει τῆς ζωῆς⁶ αὐτοῦ, *λέγων αὐτοῖς⁷. 2. *ᴵᴳἈκούσατε, τέκνα μου⁷· ἐγὼ ἐγενόμην ἔννατος υἱὸς⁸ τῷ Ἰακώβ⁹, καὶ¹⁰ ἤμην¹¹ ἀνδρεῖος ἐπὶ τῶν ποιμνίων¹². 3. *Ἐγὼ οὖν²³ ἐφύλαττον ᴵἐν τῇ¹⁴

β, A, S
ἔννατος
υἱὸς ἐγεννήθην.

IX. ¹A = πολλὰ οὖν. For καὶ πολλὰ... παρεκάλεσεν d reads ταῦτα ἐντειλάμενος N. τοῖς υἱοῖς αὐτοῦ καὶ ἄλλα πολλὰ τοιαῦτα διετάξατο αὐτοῖς. ²Aᵃ = ἐνετείλατο. Aᵇ*ᵈ διηγησάμενος (through an internal corruption). ³deg read μετακομίσουσιν. g adds αὐτοῦ. ⁴g om. ⁵adef (save that ae read εἰς and de θάψουσιν). bg, A, S¹ read εἰς (g ἐν) X. καὶ θάψωσι (g θάψουσι). α om. through hmt. (?). ⁶g adds ὃ καὶ ἐποίησαν. ⁷Aᵃᵇᵇ*ᶜᵈ according to printed text om. but not Aᵉᶠ. ⁸f om. d adds καὶ πάντα. g σὺν αὐτοῖς. ⁹d adds πράξας. ¹⁰e reads συνεκαλύψατο. ¹¹g om. ¹²β–g, A, S¹. hi read πάντα. c, g om. ¹³d reads ἅ. g adds εἶπεν καί. ¹⁴d om. ¹⁵d adds τῷ δὲ Θεῷ ἡμῶν κ.τ.λ. f, S¹ adds Νεφθαλεὶμ υἱὸς Ἰακὼβ η′, υἱὸς Βάλλας β′ (S¹ reads καὶ Λείας for η′ υἱ. Βάλλας)· ἔζησεν ἔτη ρλβ′. g οὕτως. Ἀμήν.

¹Title. α as in text. β–ad, S read Διαθήκη Γὰδ θ′ (bef, S om. g trs. before Διαθήκη) περὶ μίσους (+ Γὰδ ἑρμηνεύεται πειρατήριον f). a Γάδ. d Γ. υἱὸς Ἰ. θ′ υἱὸς Z. α′ περὶ μίσους πειρατήριον. A = Δ. Γ. περὶ ὁράσεως, but ܡܒܪܢܝܬܐ is corrupt for ܣܢܐܬܐ = μίσους. ²hi add τοῦ ἐννάτου υἱοῦ Ι. Aᵇ* adds υἱοῦ Ἰακώβ. ³dg read ὅσα. α adds ἐποίησε καί. This may have arisen through יֽדבר being repeated in the MS. as עֽבדי. ⁴β–dg, S add αὐτός. ⁵d adds πρὸ τοῦ ἀποθανεῖν αὐτόν. ⁶α, A (save that h om. εἰκοστῷ). bf, S read ἔτει ἑκατοστῷ εἰκοστῷ πέμπτῳ (b ἑβδόμῳ) ζωῆς. aeg ἔτει ρκε′ (+ τῆς ag) ζωῆς. d ρκέ ἔτει τῆς ζωῆς. ⁷α. Aᵃᵇᶜᵈ = καὶ εἶπεν αὐτοῖς. b reads λέγων. dg καλέσας γὰρ εἶπεν αὐτοῖς (g αὐτοὺς εἶπεν). aef, S¹ om. Aᵇ* = συνήγαγε τοὺς υἱοὺς αὐτοῦ καὶ θυγατέρας καὶ εἶπεν αὐτοῖς. S² ἐκαλέσατο γὰρ τοὺς υἱοὺς αὐτοῦ καὶ εἶπεν. Here S² agrees closely with dg, Aᵇ*. ⁸α. β, A, S read as in margin (save that d prefixes ἐγώ, τέκνα μου, b reads ἕβδομος for ἔννατος, and bg ἐγενόμην for ἐγεννήθην). ⁹d adds ἡ δὲ μήτηρ μου Ζέλφας παιδίσκης Λίας. ¹⁰d reads ἐγώ. ¹¹Aᵃᵇ*ᵈᵉᶠ om. ¹²d adds σφόδρα. Aᵃᵇ om. next eight words through hmt. ¹³α. Aᵇ*ᵉᵈᵉᶠ = καὶ ἐγώ. β, S read ἐγώ.

[I. 7]   ΔΙΑΘΗΚΗ ΓΑΔ   159

νυκτί⁷ *τὸ ποίμνιον¹⁵, καὶ ὅταν¹⁶ ἤρχετο ὁ¹⁷ λέων, ⌈ἢ⌉ ὁ   β–df, A,
λύκος⁷¹⁸, *ἢ πᾶν θηρίον¹⁹ ἐπὶ *τὴν ποίμνην²⁰, κατεδίωκον²¹ S¹ ἢ πάρ-
αὐτό²², καὶ *φθάνων ἐκράτουν²³ *τὸν πόδα αὐτοῦ τῇ χειρί   δαλις, ἢ
μου²⁴ καὶ *ἠκόντισα αὐτὸ ὡσεὶ λίθου βολήν, καὶ²⁵ *ἀνήρουν ἄρκος ἢ
αὐτό²⁶.   4. Ὁ οὖν Ἰωσὴφ ⌈ὁ ἀδελφός μου⌉²⁷ ἐποίμαινε   πᾶν θη-
μεθ' ἡμῶν, ἕως²⁸ ἡμέρας τριάκοντα²⁹, καὶ *ὑπάρχων νέος³⁰ ρίον.
ἐμαλακίσθη³¹ ὑπὸ³² τοῦ καύσωνος³³.   5. Καὶ³⁴ ὑπέστρεψεν β–a, A,
ἐν³⁵ Χεβρὼν πρὸς τὸν πατέρα ἡμῶν³⁶· καὶ ἀνέκλινεν *αὐτὸν σας.
πλησίον αὐτοῦ³⁷, ὅτι ἠγάπα αὐτὸν πάνυ³⁸.   6. Καὶ εἶπεν   β–d,(A),
Ἰωσὴφ τῷ πατρὶ ἡμῶν³⁹, ὅτι οἱ⁴⁰ υἱοὶ ⌈Ζέλφας καὶ⌉ Βάλλας⁴¹ S¹ γυ-
θύουσι ⌈τὰ θρέμματα⌉⁴² τὰ καλὰ⁴³ καὶ ἐσθίουσιν⁴⁴ αὐτὰ παρὰ ρίσας
γνώμην *Ρουβὶμ καὶ Ἰούδα⁴⁵.   7. *⌈Ἦν γὰρ ἰδὼν⌉⁴⁶ ὅτι   ἐσκότουν
ἄρνα⁴⁷ ἐξειλάμην⁴⁸ *ἐκ τοῦ⁴⁹ στόματος τῆς⁵⁰ ἄρκου, κἀκείνην⁵¹ καὶ ἀκον-
                                                            τίσας
                                                           αὐτὸ ἐπὶ
                                                           δύο στα-
                                                           δίους
(+ καὶ b, S) οὕτως (g om.).   β, A τρυφερὸς ὤν.   b, A, S¹ αὐτοῦ.
β, S¹ Ἰ. καὶ Ρ.   β, A, S εἶδεν γάρ.

¹⁴ α. β om.   ¹⁵ g reads τὸ πρωτοποίμνιον and trs. before ἐν τῇ νυκτί.
¹⁶ g reads ὅτε.   ¹⁷ α, b. β–b om.   ¹⁸ α. β–ad, S¹ read ἢ λύκος. d, A
omit. For λέων ἢ λύκος a reads λύκος ἢ λέων.   ¹⁹ α. β–df, A, S¹ read as
in margin (save that g reads ἄρκτος). d ἢ ἄρκος ἢ ἄλλο τι θηρίον. f ἢ πανθήρ.
a om. A adds τὸ ὁρμώμενον ἐπὶ τὸ ποίμνιον.   ²⁰ c reads τὸ ποίμνιον.
²¹ A^abc read in 3rd plural.   ²² i, a read αὐτόν. A = αὐτά.   ²³ α (save that
c reads φθανουν). β–a, A, S¹ read as in margin (save that b reads πιάζων).
a reads κρατήσας.   ²⁴ α, β (save that c om. μου), S¹. A = τῇ χ. (A^{b*d}
ταῖς χερσί) μου τὸν πόδα αὐτῶν. d adds ἢ τὴν οὐρὰν αὐτοῦ.   ²⁵ α (save that
they give the form ἠκόντηζα). β–d, S¹ read as in margin (save that b, S¹
read γυρεύων and ἀκόντιζον and a αὐτόν). d γυρίσας αὐτὸν ἐσκότουν, εἶθ' οὕτως
ἀκοντίζων αὐτὸ ἐπὶ δύο σταδίους ἔρριπτον καὶ οὕτως. A = γυρίσας περὶ ἐμοῦ
ἐσκότουν (+ ἐκμαίνας A^b + αὐτά A^{b*cdef}) καὶ ἠκόντιζον ὡς δύο σταδίους, οὕτως.
²⁶ α, def. a reads ἀν. αὐτόν. bg, S¹ ἀνήρουν. A = ἀνὴρ ἦν ἐγώ—an obvious
corruption of our text.   ²⁷ α. β, A, S¹ om.   ²⁸ α. β–g read ὡς. g om.
²⁹ d reads κ'.   ³⁰ α, S¹. β, A read as in margin (save that ef read τρυφερώ-
τερος). Here text = ־נען and β, A = ־ללן.   ³¹ a reads ἐκαυματίσθη.   ³² α, af.
bdeg read ἀπό.   ³³ b reads καύματος.   ³⁴ d om.   ³⁵ c, d. hi, β–d read εἰς.
³⁶ α, β–b. b, A, S¹ read as in margin.   • ³⁷ A = πλησίον τοῦ πατρὸς αὐτοῦ.
S¹ om. rest of verse.   ³⁸ α, A (save that A trs. bef. ἠγάπα). β om. For
next three words i reads Ἰ. εἶπεν.   ³⁹ α, β, S¹. a (over ἡμῶν), A read αὐτοῦ.
⁴⁰ b om.   ⁴¹ a reads Βάλας. For the next eight words d reads κατεσθίουσι
τὸ ποίμνιον.   ⁴² α. β, A, S¹ om.   ⁴³ A = κάλλιστα.   ⁴⁴ α. β read
κατεσθίουσιν.   ⁴⁵ α, A. β, S¹ as in margin.   ⁴⁶ c. hi read ὃν γὰρ ἰδόντες.
β, A^{abcef}, S read as in margin (save that dg read οἶδε and e ἴδεν for εἶδεν).
A^{b*d} = διότι.   ⁴⁷ c. Other MSS. ἀρνόν. g trs. before ὅτι.   ⁴⁸ α, ef.

ΔΙΑΘΗΚΗ ΓΑΔ [I. 7

β, (A), S ἐθανάτωσα, *τὸν δὲ⁵² ἀρνὸν ἔθυσα· *περὶ οὗ ἐλυπούμην⁵³,
καὶ ἐνεκότουν τῷ Ἰ. περὶ τοῦ αὐτοῦ⁵⁸. ὅτι οὐκ *ἠδύνατο ζῆν⁵⁴. καὶ⁵⁵ ἐφάγομεν αὐτόν⁵⁶. 8. *Καὶ ὑπὲρ τοῦτο ἐνεκότουν τῷ Ἰωσὴφ ⁵⁷ ⌜ἕως ἡμέρας διαπράσεως αὐτοῦ⁵⁸. 9. Καὶ τὸ πνεῦμα τοῦ⁵⁹ μίσους ἦν ἐν ἐμοί⁷, καὶ⁶⁰
λόγου τούτου. οὐκ ἤθελον⁶¹ *οὔτε †δι' ἀκοῆς οὔτε δι' ὀφθαλμῶν⁶² ἰδεῖν τὸν
β, S¹ Ἰωσήφ, ὅτι⁶³ κατὰ πρόσωπον⁶⁴ ἤλεγξεν ἡμᾶς ⌜λέγων⌝⁶⁵, ὅτι
αὐτοῦ εἰς χωρὶς⁶⁶ Ἰούδα⁶⁷ ἠσθίομεν *τὰ θρέμματα⁶⁸· *πάντα γὰρ⁶⁹ ὅσα
Αἴγυπτον. ἔλεγε *τῷ πατρὶ⁷⁰ ἐπείθετο αὐτῷ.

β, S οὔτε δι' ὀφθ. οὔτε δι' ἀκοῆς. II. Ὁμολογῶ τοίνυν¹ τὴν ἁμαρτίαν μου, τέκνα², ὅτι
πλειστάκις ἤθελον³ ἀνελεῖν αὐτόν, *ἐπειδὴ ἐμίσουν αὐτὸν ἐκ
ψυχῆς⁴. 2. Καίγε διὰ τὰ ἐνύπνια⁵ *προσεθέμην αὐτῷ τὸ

β, A, S¹ καὶ (A^{bc} ὅτι d διότι) κατὰ πρόσωπον ἡμῶν. β–g, A, S¹ ὅτι
ἕως (ἐκ A) ψυχῆς ἐμίσουν αὐτόν (+ καὶ ὅλως οὐκ ἦν ἐν ἐμοὶ ἥπατα ἐλέους
εἰς αὐτόν bg, A) β, S¹ μῖσος.

α reads ἐξειλόμην. bg ἐξηλόμην. d ἐξελόμην.   ⁴⁹ d reads ἀπό, g ἐκ.   ⁵⁰ hi, abef.
c reads τοῦ. dg om.   ⁵¹ A = τὴν ἄρκον.   ⁵² α. β, A, S read καὶ τόν.
⁵³ A^{b*d} om. For ἐλυπούμην α reads ἐλυπήθην.   ⁵⁴ A = ἔζη.   ⁵⁵ g om.
⁵⁶ b adds καὶ εἶπε τῷ πατρὶ ἡμῶν. d, A^{b*} τοῦτον ἰδὼν Ἰ. κατελάλησεν ἡμᾶς
πρὸς Ἰακώβ, καὶ ἐμνησικάκησεν (for last five words A^b reads τῷ πατρὶ αὐτοῦ).
⁵⁷ α (hi reading τούτου). β, S read as in margin (save that d om.
καί, f reads ῥήματος for λόγου, and g τόν before Ἰ.). A = ἡμεῖς ἐνεκοτοῦμεν
τῷ Ἰ. περὶ τοῦ λ. τούτου.   ⁵⁸ β, S¹ add as in margin.   ⁵⁹ d reads μου.
⁶⁰ A^{b*} read ἕως καί.   ⁶¹ A reads ｌｗｒｌｚｈ (= ἠδυνάμην) corrupt for ｌｗｍｌｚｈ
= ἤθελον.   ⁶² α. β, S read as in margin (save that g reads οὐδὲ ... οὐδέ).
A combines the three following words (ἰδεῖν τ. Ἰ.) with what precedes
as follows: δι' ὀφθ. ἰδεῖν τὸν Ἰ. οὔτε δι' ἀκοῆς ἀκούειν περὶ αὐτοῦ. We should
add ἀκούειν with A after δι' ἀκοῆς. The phrase would then = בשנאת נפשי.
Cf. Ps. xliv. 2, &c. or δι' ἀκοῆς = בשמעו corrupt for לשמע = ἀκούειν.   ⁶³ α,
A^{bc}. d reads διότι. β–d, A^{ab*def}, S¹ καί.   ⁶⁴ α. β, A, S¹ read πρόσωπον ἡμῶν.
⁶⁵ α. β, A, S¹ om.   ⁶⁶ α. β reads ἄνευ.   ⁶⁷ d adds καὶ Ῥουβίμ.   ⁶⁸ g
reads αὐτά. A^{b*d} = ἀρνόν.   ⁶⁹ α. β–d, A, S¹ read κατὰ πάντα. d ὅθεν καί.
d, A add πάντα.   ⁷⁰ d reads τῷ πατρὶ ἡμῶν. So presumably A though
text represents them as = ὁ πατὴρ ἡμῶν. A^{b*} add Ἰωσήφ after ἔλεγε and
Ἰακώβ after ἡμῶν. d om. ἐπείθετο αὐτῷ.

II. ¹ α. β reads νῦν.   ² h, A add μου.   ³ d reads ἠβουλήθην.   ⁴ α
(save that h reads ἐμίσησα). β–g, S¹ read as in margin (save that S¹ adds
πάσης before ψυχῆς). g om. A = καὶ (A^{ef} ὅτι) ἐκ ψυχῆς ἐμ. αὐτόν. The ἕως
seems corrupt in β, S¹. bg, A add as in margin (save that g om. ὅλως and
for ἥπατα ἐλέους reads ἐλεός).   ⁵ A^{b*} adds αὐτοῦ.   ⁶ α, A (save that h,
A om. αὐτῷ). Yet the pronoun seems necessary. See reading of d.

II. 5]   ΔΙΑΘΗΚΗ ΓΑΔ   161

μῖσος⁶, καὶ ἤθελον αὐτὸν⁷ ἐκλεῖξαι⁸ *ἐκ γῆς⁹ ⌜ζώντων⌝¹⁰, ὃν β, A, S¹
τρόπον¹¹ ἐκλείχει¹² ὁ μόσχος τὰ χλωρὰ *τοῦ πεδίου¹³.   ἀπὸ (efg
　　　　α　　　　　　　　　　　　　　β, A, S¹   ἐπὶ) τῆς γῆς.

3. Καὶ κρυφῇ πράσας αὐτὸν   3. Διὸ¹⁵ ἐγὼ καὶ Συμεὼν¹⁶
Ἰούδας τοῖς Ἰσμαηλίταις. 5. πεπράκαμεν αὐτὸν τοῖς Ἰσ-
Οὕτως¹⁴ ὁ Θεὸς τῶν πατέρων   μαηλίταις [*τριάκοντα χρυ-
ἡμῶν ἐρρύσατο αὐτὸν ἐκ τῶν   σίων¹⁷, καὶ τὰ δέκα ἀποκρύ-
χειρῶν ἡμῶν, ἵνα μὴ ποιήσω- ψαντες τὰ εἴκοσι ἐδείξαμεν
μεν ἐν τῷ Ἰσραὴλ ἀνομίαν   τοῖς ἀδελφοῖς ἡμῶν¹⁸]. 4.
μεγάλην.   Καὶ οὕτως τῇ πλεονεξίᾳ ἐπλη-
                             ροφορήθημεν¹⁹ τῆς ἀναιρέσεως
                             αὐτοῦ. 5. Καὶ ὁ Θεὸς τῶν
                             πατέρων μου²⁰ ἐρρύσατο αὐτὸν
                             ἐκ τῶν χειρῶν μου, ἵνα
                             μὴ²¹ ποιήσω ἀνόμημα²² ἐν
                             Ἰσραήλ.

The text presupposes שְׂנֵא אֹתִי חוֹסַפְתִּי. Cf. Gen. xxxvii. 8. I here follow
A^ef; for printed Arm. Text reads προσετεθέμεθα (?) αὐτῷ τ. μ. β, S as in
margin. d adds εἰς αὐτόν. ⁷d, A trs. after next word. ⁸h, b, S¹. c, e
read ἐκλίξαι, f ἐκλῆξαι which are corruptions of the text. Num. xxii. 4
which was in the mind of the writer also supports the text. Here the
LXX = ἐκλίξει ἡ συναγωγὴ αὕτη πάντας τοὺς κύκλῳ ἡμῶν, ὡς ἐκλίξει ὁ μόσχος
τὰ χλωρὰ ἐκ τοῦ πεδίου. Notwithstanding, the expression put into Gad's
mouth is very difficult. d, A, which read ἐξαλείψαι, offer a more attractive
text. Of this word ἐκλεῖψαι in a and ἐκθλῖψαι in g could be easy
corruptions. Moreover ἐκλεῖξαι could be explained from ἐκλείχει in the
next clause. ⁹d reads ἐκ τῆς γῆς τῶν. A^b* om. ¹⁰c reads ζόντα.
a om. rest of verse. ¹¹According to Armenian Text A^abb*cd add ἐξαλείψας,
but this may be an error of the editor as A^ef om. ¹²d reads ἐκλήξει.
¹³α. bd, S¹ read as in margin. efg, A τὰ (eg, A om.) ἐπὶ τῆς γῆς. With
text compare Num. xxii. 4 ירק השדה. ¹⁴c reads οὗτος. ¹⁵f adds καί.
g δέ. A^a om. ¹⁶β–b, A, S². b, S¹ read Ἰούδας. ¹⁷abef (save that be
read χρυσῶν). g reads εἰς τριάκοντα χρυσᾶ. d εἰς χρυσίνους λ'. The words in
brackets, though found in β, A, S¹, are a Christian interpolation. ¹⁸a om.
¹⁹β–bg, S¹. bg, A read ἐπληροφορήθην. deg, A add περί. The expression
is strange. It seems to be a development of that in Eccles. viii. 11
לְמַעֲשׂוֹת ... מָלֵא לֵב. Our text = מלאנו להרגו = 'we were bent on slaying
him.' Perhaps מלאנו is defective for מלא לבנו = 'our heart was filled'
(i.e. bent on). ²⁰β, A^a, S¹. A^b om. A^b*cdef read ἡμῶν as in α. ²¹b om.
²²fg read ἀνομίαν. d adds μέγα (as in α), and so originally A; for 'Ի ՄԷՋ ՀՈՒՐ'
(= ἐν μέσῳ τοῦ Ἰσραήλ) is corrupt for ՄԵԾ ՅԻՍՐ = μέγα ἐν Ἰσρ.

ΔΙΑΘΗΚΗ ΓΑΔ   [III. 1

b, A, S   III. Καὶ νῦν ἀκούσατε¹ λόγον² ἀληθείας³, *τοῦ ποιεῖν⁴
ἀκούσατε, δικαιοσύνην, καὶ πάντα⁵ νόμον⁶ ὑψίστου, καὶ μὴ⁷ πλανᾶσθε⁸
τέκνα
μου.   *τῷ πνεύματι⁹ τοῦ μίσους¹⁰, ὅτι κακόν ἐστιν ἐπὶ πάσαις ταῖς¹¹
β–fg, S¹ πράξεσι τῶν¹¹ ἀνθρώπων. 2. *Πᾶν ὃ¹² ἐὰν¹³ ποιεῖ¹⁴ ὁ μισῶν¹⁵,
ὁ μισῶν *βδελυκτόν ἐστιν¹⁶· ἐὰν *δέ τις¹⁷ ποιεῖ¹⁸ τὸν¹⁹ νόμον Κυρίου,
βδελύσ- *τοῦτον οὐκ ἐπαινεῖ²⁰· ἐάν τις²¹ φοβεῖται²² Κύριον καὶ θέλει
σεται.
β, S¹   *τὸ δίκαιον²³, *τοῦτον οὐκ ἀγαπᾷ²⁴.   3. Τὴν ἀλήθειαν
δίκαια.   ψέγει²⁵, *τῷ κατορθοῦντι φθονεῖ²⁶, *καταλαλιὰν ἀσπάζεται²⁷,
β, A, S¹ ὑπερηφανίαν ἀγαπᾷ²⁸, ὅτι τὸ μῖσος ἐκτυφλοῖ²⁹ τὴν ψυχὴν
ἐν τῷ
Ἰωσήφ.   αὐτοῦ, ὡς²⁰ κἀγὼ³¹ ⌈τότε⌉³² ἔβλεπον³³ *τὸν Ἰωσήφ³⁴.

¹ b, A^ef, S add τέκνα μου, but A^abb*cd according to printed text prefix
these words. See note 3.   ² c, g. h, β–g, A, S read λόγους.   ³ defg
add τέκνα μου.   ⁴ A reads καὶ ποιήσατε.   ⁵ bd, A, S. α, aef read πᾶν.
g τόν.   ⁶ g adds τοῦ. A reads λόγους.   ⁷ h om.   ⁸ b, S read πλανᾶσθαι.
⁹ f reads τὸ πνεῦμα.   ¹⁰ A reads ՏՈպՈՐրՆԼթԲրԱՆ (= πλάνης) corrupt for
ԱԱՈՒԲրՆԼթԲրԱՆ = μίσους.   ¹¹ α. β om.   ¹² f reads παρό. A = ὅτι πᾶν.
¹³ d om.   ¹⁴ c, def. h, abg read ποιῇ (+ καλόν h).   ¹⁵ g reads δίκαιος.
¹⁶ α. β–fg, S¹ read as in margin. f βδέλλοιος ἔσται. g οὐ μή σε βδελύσσεται.
A^ab = βδέλυγμά ἐστι αὐτῷ. A^b*cdef βδελυκτὸν (or βδέλυγμα) δοκεῖ αὐτῷ. Here
αὐτῷ is an intrusion. Hence A supports α. βδελύσσεται and βδελυκτόν
may both be renderings of נתעב, but if βδελύσσεται is taken actively, as
it can be in β–fg, then it presupposes מתעב.   ¹⁷ α, A. β, S om.   ¹⁸ h,
bg read ποιῇ.   ¹⁹ α, A. β om.   ²⁰ a reads οὐκ ἐπ. τοῦτον. A = πάντες
ἐπαινοῦσιν αὐτόν. h adds τὸ πνεῦμα τῆς πλάνης.   ²¹ c. Other MSS. om.
²² α, ef. abdg read φοβῆται. h adds τόν.   ²³ α, A. β, S¹ read as in
margin.   ²⁴ A = τοιοῦτον τίς ἐστιν ὃς οὐκ ἀγαπᾷ. h reads τοῦτο for τοῦτον
and adds τὸ πνεῦμα after ἀγαπᾷ.   ²⁵ h reads ὅτι λέγει and trs. before τὴν
ἀλ. A corruptly adds ὅς before τὴν ἀλ.   ²⁶ c om. For κατορ. d reads
καταρχοῦντι. A reads ՄՅՊԴԼ ՊԴՈԼՈՒՄՈՐՃՈՒ ՀԻՐ ԼՈՒՀՈՒՆԱԼԲ = μιαίνει τὴν
ὁδὸν αὐτοῦ φθονεῖ. But ՄՅՊԴԼ is corrupt for ՊԼՊՊՅ, before which if we
replace the ὅς wrongly added before τὴν ἀλήθειαν (see note 23), A = τῷ
κατορθοῦντι φθονεῖ. A^b*d adds ՊՐ before ԼՈՒՀՈՒԱՇԲ.   ²⁷ A = ὅτι (A^b*d
om.) τῇ ματαιότητι προσκυνεῖ; but ՊԼՈՒՅՆԼԲԲՐԱՆ ԲՐԿՊՈՒԱԿԲ is corrupt(?)
for ՉՐԻՊՈՒՊՈՈՒԲՐԻԼ ԲՆՊՈՒԼԲ = καταλαλιὰν ἀσπάζεται.   ²⁸ a om. rest
of verse. h adds ὁ μακρύνων ἀπὸ προσώπου Θεοῦ. d adds καὶ ἁπλῶς εἰπεῖν
πᾶν πονηρὸν ἔργον καὶ πᾶσαν ἄλλην σατανικὴν πρᾶξιν ἐπισπᾶται.   ²⁹ α.
beg, A, S read ἐτύφλωσε. d ἀποτυφλεῖ. f ἀποτυφλοῖ.   ³⁰ α, f. β–a read
καθώς.   ³¹ h, g read ἐγώ.   ³² α. β, A, S¹ om.   ³³ d reads ἔπαθον and
trs. after Ἰωσήφ. ὡς ... ἐν τῷ Ἰ. = כי נם אני אראה בי which may be
corrupt for בי" עָרָה אֹתִי נַם כִּי = ὡς κἀμὲ ἐτύφλωσε ἐν τῷ Ἰ.   ³⁴ α. β, A, S¹
read as in margin.

IV. 6]   ΔΙΑΘΗΚΗ ΓΑΔ   163

IV. Φυλάξασθε οὖν, τέκνα μου¹, ἀπὸ τοῦ μίσους, ὅτι β, S¹ εὐ-
⌐καὶ⌐¹² εἰς³ αὐτὸν τὸν Κύριον ἀνομίαν⁴ ποιεῖ. 2. Οὐ γὰρ θὺς θέλει.
θέλει ἀκούειν ⌐λόγων⌐¹⁵ ἐντολῶν⁶ αὐτοῦ περὶ ἀγάπης *τοῦ β, A, S¹
πλησίον⁷ *⌐καὶ⌐¹ εἰς Θεὸν ἁμαρτάνει⁸. 3. ⌐Ἐὰν γὰρ πέσῃ ἵνα κριθῇ
ὁ ἀδελφός⌐¹⁹, *σπουδάζει εὐθὺς¹⁰ ἀναγγεῖλαι τοῖς¹¹ πᾶσιν, καὶ περὶ αὐ-
σπεύδει *περὶ αὐτοῦ ἵνα κριθεὶς¹² καὶ κολασθεὶς ἀποθάνῃ. τῆς.
4. Ἐὰν δὲ *δοῦλός τις ᾖ¹³, συμβαλεῖ¹⁴ αὐτὸν πρὸς τὸν κύριον διαβαλεῖ.
αὐτοῦ, καὶ ἐν πάσῃ θλίψει¹⁵ *ἐπιχαίρει αὐτῷ¹⁶, εἴπως¹⁷ ἐπιχειρεῖ.
θανατωθῇ¹⁸. 5. *Τῷ γὰρ φθόνῳ συνεργεῖ τὸ μῖσος¹⁹, καὶ²⁰ β–af,A,
κατὰ τῶν εὐπραγούντων· *ἐν προκοπῇ²¹ ἀκούων καὶ²² ὁρῶν τώσει
πάντοτε ἀσθενεῖ. 6. Ὥσπερ²³ ἡ ἀγάπη ⌐καὶ⌐ τοὺς νεκροὺς αὐτόν.
*θέλει ζωοποιῆσαι²⁴ καὶ τοὺς ἐν²⁵ ἀποφάσει θανάτου θέλει²⁶ β, S¹
    ὥσπερ·
    γάρ.

IV. ¹g om. ²α. β, A, S¹ om. ³af read ἐπί. ⁴α, be¹g, S¹.
ade²f, A read ἀνομεῖν. ⁵c, abe, S. hi read λόγους. d νόμον. f λόγον.
g adds Θεοῦ. ⁶For the next nine words g reads Θεοῦ αὐτοῦ περὶ ἀγάπης
οὐ μέλλει αὐτῷ εἰς τὸν πλησίον καὶ εἰς τὸν Θεόν. ⁷f reads τῶν πλησίων.
⁸d reads διὰ τοῦτο ἁμαρτάνει καὶ εἰς Θεόν. ⁹β, S (save that b reads πταίσῃ
for πέσῃ). α, A om. but wrongly. adef add αὐτοῦ. ¹⁰α. β, A, S¹ read
as in margin (save that A trs. the words). σπουδάζει in α = וחפי, a
correction of יפחי = θέλει of β, S¹. ¹¹α. β om. ¹²α (save that h
reads ὑπέρ and hi κριθῇ). β, A, S¹ read as in margin (save that a reads αὐτόν
and dg αὐτοῦ for αὐτῆς). ¹³α (save that they read εἰ for ᾖ and hi trs. τις
after εἰ). β, A, S¹ read ᾖ δοῦλος (af δοῦλος ᾖ). ¹⁴ci. h, β, S¹ read
συμβάλλει and A^abb*def read as in margin. A° corrupt. Here A may be
an unjustifiable change of the text. συμβαλεῖ here = יָסִים or יָנְדֶה. Cf.
Jer. xliii. 3. ¹⁵d adds αὐτοῦ. ¹⁶α, β–b (save that d om. αὐτῷ). b, S¹
read ἐπιχειρεῖ κατ' αὐτοῦ (a αὐτῷ). A = ἐπιχειρεῖ διατελεῖν (or ἀφαιρεῖν) αὐτὸν
καὶ θέλει (A^β λογίζεται). It is obvious that there is an internal dittography
in A. If ἐπιχειρεῖ is right ἐν πάσῃ θλίψει is probably a mistake for πᾶσαν
θλίψιν. We should then have the familiar phrase כל־רעה יחשב עליו.
¹⁷hi read εἴπερ. d ὅπως. ¹⁸α, af. bdeg, A, S¹ read as in margin (save
that de read θανατώσῃ). ¹⁹α. β–ab, A, S¹ read τὸ γὰρ μῖσος συνεργεῖ (bd,
S¹ ἐνεργεῖ) τῷ φθόνῳ (d φόνῳ). af ὁ γὰρ φθόνος συνεργεῖ τῷ φόνῳ. ²⁰d reads
the next six words as follows: ἀκούων τὴν κατ' αὐτῶν εὐπραγούντων προκοπεῖν.
For κατὰ ... ἀσθενεῖ A = ἀντιστρατεύεται (i. e. qȟuḣ but A^ef rightly read
ḣuḣ = ἐστὶ) κατὰ τῶν εὖ ποιούντων πάντοτε ὅτι προκοπὴν αὐτῶν πάντοτε ἀκούων
καὶ ὁρῶν ἀσθενεῖ (A^b*edef om. καὶ ὁρῶν ἀσθενεῖ and for προκοπὴν A^cef read
μῖσος through an internal corruption). ²¹α. ae read τῇ προκοπῇ.
bg, A, S¹ τὴν προκοπήν. f om. ²²α, bf. ade read ἢ καί. g ἤ.
²³α. β, S¹ read as in margin. A = καὶ ὥσπερ. ²⁴g trs. ²⁵c om.
²⁶hi, β–b, A, S. b reads θελήσει. c om. ²⁷α, df, A. β–df, S¹ om.

M 2

164   ΔΙΑΘΗΚΗ ΓΑΔ   [IV. 6

ἀνακαλέσασθαι, οὕτως καὶ²⁷ τὸ μῖσος τοὺς ζῶντας θέλει ἀποκτεῖναι, καὶ *τοὺς ἐν ὀλίγῳ ἁμαρτήσαντας²⁸ οὐ θέλει ζῆν. 7. Τὸ γὰρ πνεῦμα τοῦ μίσους *διὰ τῆς²⁹ ὀλιγοψυχίας συνεργεῖ τῷ Σατανᾷ ἐν πᾶσιν εἰς θάνατον τῶν ἀνθρώπων, τὸ δὲ πνεῦμα τῆς ἀγάπης *ἐν μακροθυμίᾳ³⁰ συνεργεῖ *τῷ νόμῳ³¹ τοῦ Θεοῦ εἰς σωτηρίαν τῶν³² ἀνθρώπων.

V. ⌜Κακὸν οὖν¹ ἐστι² τὸ μῖσος⌝, ὅτι *ἐνδελεχεῖ συνεχῶς³ *τῷ ψεύδει, λαλῶν⁴ κατὰ τῆς⁵ ἀληθείας, καὶ τὰ μικρὰ μεγάλα
β (A), S¹   ποιεῖ⁶, τὸ *φῶς σκότος⁷ παρέχει⁸, καὶ⁹ τὸ γλυκὺ πικρὸν λέγει¹⁰,
σκότος   ⌜καὶ⌝ συκοφαντίαν¹¹ ἐκδιδάσκει *καὶ ὀργὴν¹² ⌜ἐκταράσσει⌝¹³
φῶς.
β, A ὀρ-   καὶ πόλεμον ⌜διεγείρει⌝¹⁴, καὶ ὕβριν¹⁵ καὶ πᾶσαν πλεονεξίαν,
γὴν καὶ   κακῶν¹⁶ καὶ¹⁷ ἰοῦ διαβολικοῦ τὴν καρδίαν ἐκπληροῖ¹⁸.   2.
πόλεμον. *Ταῦτα οὖν¹⁹ ἐκ πείρας²⁰ λέγω ὑμῖν, τέκνα μου, ὅπως
          ἐξώσητε²¹ τὸ μῖσος *τὸ διαβολικόν²², καὶ κολληθῆτε τῇ
abe,   ἀγάπῃ τοῦ²³ Θεοῦ²⁴.   3. Ἡ²⁵ δικαιοσύνη²⁶ ἐκβάλλει τὸ
Aabcdef
Sτ. μῖσος. μῖσος²⁷, ἡ ταπείνωσις ἀναιρεῖ *τὸ ζῆλος²⁸· ὁ γὰρ δίκαιος καὶ

²⁸ d reads τοὺς ἁμαρτ. ἐν ὀλίγῳ. A = ἕνεκα σμικρῶν ἁμαρτιῶν.   ²⁹ A = καί.
The phrase διὰ τ. ὀλιγ. = מקצר רוח. Cf. Prov. xiv. 29; Pss. Sol. xvi. 11.
³⁰ A = καὶ μακροθυμίας.   ³¹ c reads τὸ πνεῦμα.   ³² β–dg om.

V. ¹bg, S¹ om.   ²α. β, S om.   ³ A reads ??? ??? (= συνεχῶς) which may be corrupt for ??? = ἐνδελεχεῖ συνεχῶς.   ⁴β, S¹ (save that a reads λαλοῦν). c reads τὸ εὖ λαλῶν. hi τὸ ψεῦδος λαλεῖ. A = τὸ ψεῦδος λαλῶν (Aᵇ*ᶜᵈᵉᶠ λαλεῖν). With ἐνδελεχεῖ ... ψεύδει, cf. Ecclus. xx. 25 ὁ ἐνδελεχίζων ψεύδει.   ⁵a reads τάς.   ⁶A = ποιῶν.   ⁷α, S².
β, A, S¹ read as in margin (save that d, A read σκότος ὡς φῶς).   ⁸hi, ef. c reads λαλεῖ. bd, S¹ read προσέχει.   g, A βλέπει. S² ποιεῖ. a om. In Is. v. 20 the phrase is אור לחשך חשך לאור. Here παρέχει might be a rendering of שים but is never found as such. g, A βλέπει = יעשה. προσέχει properly = לשום. Perhaps τὸ φῶς σκότος παρέχει = ישׂה אור לחשך.   ⁹ c, A. hi, β om.
¹⁰ h reads λαλεῖ. i καλεῖ.   ¹¹ c, β–a. hi συκοφαντίαις. a συκοφαντίας.
c adds τις.   ¹²α, β–bd, A, S². d reads καὶ ἐνεργεῖ. b, S¹ om.   ¹³ α.
β, A, S¹ om.   ¹⁴α. β, A, S om.   ¹⁵ a om. rest of verse.   ¹⁶ c om.
¹⁷ hi om.   ¹⁸α (save that c, d² read ἐκπληρεῖ), d¹. β–ad read πληροῖ.
¹⁹ α. β–b, A read ταῦτα. b, S¹ καὶ ταῦτα.   ²⁰ A reads ??? (= ἁπλότητος) corrupt for ??? = πείρας.   ²¹ β–b, Aᵃᵇ*ᶜᵈᵉᶠ. α reads ἐξώσετε. b, S¹ φεύξεσθε. For ὅπως ... διαβολικόν Aᵇ reads ὅπως μὴ μισῆτε ἀλλήλους· μῖσος γὰρ ἔργον τοῦ διαβόλου.   ²²α. β–b, A read τοῦ διαβόλου. b, S¹ om.   ²³ g om.   ²⁴ ci, d, A. h, β–d, S read κυρίου.
²⁵ d reads ὅτι ἡ μέν. hi om. clause ἡ δικ.... μῖσος.   ²⁶ d, A add πατέρων.
²⁷ d om. next five words. A adds καί.   ²⁸ α, Aᵇ*. abe, Aᵃᵇᶜᵈᵉᶠ, S read τ. μῖσος. f τ. ψεῦδος. g τὸν φθόνον.   ²⁹ g reads ἀδικίαν.   ³⁰ h reads ἄλλων.

ΔΙΑΘΗΚΗ ΓΑΔ

ταπεινὸς αἰδεῖται ποιῆσαι ἄδικον[29], ⌜οὐχ ὑπ' ἄλλου[30] καταγινωσκόμενος[31]⌝ ἀλλ'[32] ὑπὸ τῆς ἰδίας καρδίας[33], ὅτι Κύριος ἐπισκοπεῖ[34] *τὴν ψυχὴν[35] αὐτοῦ[36]. 4. *Οὐ καταλαλεῖ[37] *ἀνδρὸς ὁσίου[38], ἐπειδὴ ὁ φόβος τοῦ Θεοῦ[39] *οἰκεῖ ἐν αὐτῷ[40]. 5. Φοβούμενος γὰρ[41] μὴ προσκρούσαι[42] Κυρίῳ[43], οὐ θέλει τὸ καθόλου[44] οὐδὲ[45] ἕως ἐννοίας.[46] ἀδικῆσαι ἄνθρωπον. 6. Ταῦτα *ἐγὼ ἔσχατον[47] ἔγνων μετὰ τὸ μετανοῆσαί[48] με περὶ[49] Ἰωσήφ[50]. 7. Ἡ γὰρ κατὰ Θεὸν ἀληθὴς[51] μετάνοια[52] [ἀναιρεῖ *τὴν ἄγνοιαν[53] καὶ] φυγαδεύει τὸ σκότος, καὶ φωτίζει τοὺς ὀφθαλμοὺς καὶ γνῶσιν παρέχει τῇ ψυχῇ, καὶ ὁδηγεῖ *τὸ διαβούλιον[54] *πρὸς σωτηρίαν[55]. 8. *Καὶ οὐκ ἔμαθεν ἀπὸ ἀνθρώπων τοῦτο ἀλλ' οἶδε διὰ μετανοίας τοὺς ἐπιστρέφοντας δέχεσθαι[56]. 9. Ἐπήγαγε γάρ[41] μοι ὁ Θεὸς νόσον ἥπατος, καὶ εἰ μὴ[57] *αἱ εὐχαὶ[58] τοῦ πατρός μου[59] *ἐβοήθησάν μοι[60], Ἰακώβ.

β–d, A, S¹ τὸ διαβούλιον. β, A, S¹ νικᾷ τὸ μῖσος. β–af, A, S ⌜καὶ⌝ ἅ οὐκ ἔμαθεν ἀπὸ ἀνθρώπων οἶδε διὰ τῆς μετανοίας.

β–a, S πατρός μου.

[31] h reads κατά τινος κωλούμενος. g διδασκόμενος. [32] For n₂ b[d]₂ (= οὐκ εἰ) read b[d]₂ n₂ = εἰ μή or ἀλλά. [33] g reads συνειδήσεως. [34] α, β–bd.· b reads ἐπισκέπει, d ἐπιβλέπει. [35] α. β–d, A, S read as in margin (save that A, S read τὰ διαβούλια). d ἐπ' αὐτόν. [36] α, bg· β–bg, S¹ om. A = αὐτῶν. [37] d reads καὶ διὰ τοῦτο οὐ καταλεῖ (sic). A = καὶ οὐ καταλαλεῖ. [38] α, β–bd. b reads ἀνδρός, d ἄνδρα ὅσιον. A = ἀνδρὸς ἀληθοῦς. c adds αὐτοῦ. [39] c, β–be. h reads κυρίου. b, A, S¹ ὑψίστου. e Χριστοῦ. [40] α. β, A, S¹ read as in margin. α = ידור בנפשו. β, A, S¹ יוכל לשנאה. [41] d om. [42] c, A^b. h, bdfg read προσκρούσει. ae προσκρούσῃ. [43] A adds αὐτοῦ καί. [44] a reads καθόλου. [45] β. α reads οὔτε. A^{abb*cd} καί. A^{ef} om. [46] α, β–b. b, A, S read ἐννοιῶν. [47] α, β–d, S. d reads δ' ἐγὼ ἔσχατον. A^{abcdef} = γὰρ πάντα ἐγὼ ὕστερον. A^{b*} γὰρ ἰδὼν ὕστερον. I do not see how this corruption in A arose. [48] A^{b*cdef} (by internal corruption)=ἀσεβῆσαι. [49] bdefg add τοῦ. [50] A^{b*cdef} add ἐν τῷ μετανοῆσαί με. [51] β. c reads ἀληθεῖς. h ἀληθινή. [52] c reads μετάνοιαι. [53] α, β–bd. b reads ἀπείθειαν. S¹ ἔχθραν. d om. As A omits bracketed clause and as this clause not only spoils the balance of the rest but is also actually expressed in substance later, I have bracketed it as a disturbing gloss. [54] A^a om. A reads τῷ διαβουλίῳ καὶ ὁδηγεῖ τὴν ψυχήν for τῇ ψυχῇ ... τὸ διαβούλιον. [55] c reads τῆς σωτηρίας. [56] α (save that c reads ὑπό and h om. καί and τούς, adds τῆς after διά, and reads verbs in 1st sing.). af read καὶ οὐκ ἔμαθεν ἀπὸ (ὑπὸ a) ἀνθρώπων, οἶδε διὰ τῆς μετανοίας τοὺς ἐπιστρέφοντας δέχεσθαι. β–af, A, S¹ read as in margin (save that A reads μετάνοια for δ. τῆς μ. d reads παρά. e ὑπό and g διὰ τῶν for ἀπό). There is some radical corruption in all the MSS. and Versions. [57] d adds ἦσαν. [58] a reads εὐχαί, g εὐχή. bg, A, S add Ἰακώβ. [59] adef add Ἰακώβ. [60] α, A = ירוני. a reads ἔφθασαν. β–a,

ΔΙΑΘΗΚΗ ΓΑΔ

β, A, S ὀλίγου δεῖν[61] *ἐξέλειπε τὸ πνεῦμα μου[62]. 10. Δι' ὧν γὰρ
διαφώνη- ὁ[63] ἄνθρωπος παρανομεῖ, δι' ἐκείνων[64] κολάζεται. 11.
σεν ἀπ'
ἐμοῦ τὸ Ἐπεὶ ⌜οὖν⌝[1] ἔκειτο[65] τὰ ἥπατά μου ἀνίλεως[66] κατὰ τοῦ Ἰωσήφ,
πνεῦμά *τῷ ἥπατι[67] πάσχων[68] ἀνίλεως ἐκρινόμην ἐπὶ *χρόνους δέκα[69],
μου.
β, A, S καθ' *ὧν χρόνων[70] ἐνεῖχον[71] τῷ Ἰωσήφ[72].
μῆνας VI. *Καὶ νῦν[1], τέκνα μου, ⌜παραινῶ ὑμῖν⌝[2]· ἀγαπᾶτε[3]
ἔνδεκα. ἕκαστος *τὸν πλησίον[4] αὐτοῦ[5], καὶ ἐξάρατε τὸ μῖσος ἀπὸ τῶν
β, A, S
Ἰωσήφ, καρδιῶν ὑμῶν· ἀγαπήσατε[6] ἀλλήλους[7] ἐν ἔργῳ καὶ λόγῳ καὶ
ἕως ἵνα διανοίᾳ ψυχῆς. 2. *Ἐγὼ γὰρ[8] κατὰ πρόσωπον τοῦ πατρός
πραθῇ. μου[9], εἰρηνικὰ[10] ἐλάλουν τῷ Ἰωσήφ· *ἐξερχόμενος δὲ ἐξ αὐτοῦ[11]
bdg, A,
S¹ τὸν τὸ πνεῦμα *τοῦ μίσους ἐσκότιζέ μου τὸν νοῦν[12], καὶ ἐτάρασσέ[13]
ἀδελφόν. *μου τὸν λογισμὸν[14] *πρὸς τὸ[15] ἀνελεῖν αὐτόν[16]. 3. Ἀγαπή-
bdg, A, S¹ σατε[17] ἀλλήλους ἀπὸ καρδίας, καὶ ἐάν τις[18] *ἁμαρτήσει εἰς σέ[19],
ἀγαπῶν-
τες. β–d, A–ᵇ, S¹ καὶ ἐξελθόντος μου. β, A, S¹ τὴν ψυχήν μου.

S om. If ἔφθασαν here is not a conjecture of the Greek scribe, it = נגעו
as it does generally in the LXX. Is the latter a corruption of ערו which
α, A presuppose here, or of נרע, which we have conjectured as the original
in the parallel passage in T. Jud. xix. 2 where α reads συνέδραμον = ירצו?
[61] α, adg. bef om. [62] α (save that h reads ἐξέλιπε). β, A, S read as in
margin (save that ag, A^{ab} om. ἀπ' ἐμοῦ and A reads ἐχωρίσθη). g adds ἐπ' ἐμέ.
[63] α, deg. abf, A, S om. [64] β–d, A, S add καί. [65] α, g, A. d reads ἔκειντο.
α ἀνέκειτο. bef ἐνέκειτο. [66] d om. next seven words through hmt. See
note 69. [67] a om. [68] A = ἔπασχον καί. [69] α. β, A, S read as in
margin. d adds κατὰ τοῦ Ἰωσήφ· διὰ τοῦτο ἔπασχον αὐτὰ ἀνίλεως. g adds
καί. a om. rest of verse. [70] α. bd read ὅσον χρόνον. efg ὃν χρόνον.
[71] g, A read εἶχον (+ κακὸν μῖσος A). d trs. after Ἰωσήφ. [72] β, A, S add
as in margin (save that d om. ἵνα). For πραθῇ A^{b*} read ἐπράσαμεν.

VI. [1] A^b add Ὦ ἀγαπητοί, ἀληθής ἐστι ὁ λόγος οὗτος ὅτι δι' ὧν μελῶν καὶ
ἁμαρτάνει, δι' ἐκείνων καὶ κολάζεται καὶ νῦν. [2] α (save that c reads παρανῶ).
β, A, S om. [3] α, β–aef. b, S¹ read ἀγαπήσατε. dg ἀγαπητά. [4] α, aef.
bdg, A, S¹ read as in margin. [5] d adds ἀγαπησάτω καὶ τὸν πλησίον αὐτοῦ
(conflate). [6] α (save that h reads ἀγαπᾶτε), aef, S². A, bdg, S¹ read as
in margin. [7] d, A^g add καί. [8] A = διὰ ὃ καὶ ἐγώ. [9] α, d, A. β–dg
read ἡμῶν. g om. [10] A^b = ἐν εἰρηνικοῖς. [11] α. d reads ἐξερχομένου δὲ
αὐτοῦ ἀπὸ προσώπου τοῦ πατρὸς ἡμῶν, A^b ἐξερχομένου δέ μου ἐκ τοῦ πατρός
μου. β–d, A^{ab*odg}, S¹ read as in margin (save that g om. μου).
[12] A^{b*(cd?)} read πλάνης ἐσκότιζε τὴν ψυχήν μου εἰς μῖσος. For μου hi
read με ὑπό. [13] A reads ﺟﻨﻌﻭﺭﭭﺭ (= προέπεμπε) corrupt for ﺟﻨﻌﻇﺭﭭ
= ἐτάρασσε. [14] α (save that hi om. μου). β, A, S¹ (save that a trs.
μου before τήν) as in margin. [15] bd read τοῦ. [16] a om. rest of
chapter and vii. 1–6. [17] ch, ef, A. ef, A add οὖν. i, bdg, S¹ read

ΔΙΑΘΗΚΗ ΓΑΔ

α	β, A, S¹
εἰπὲ αὐτῷ εἰρήνην²⁰, καὶ ἐν	εἰπὲ αὐτῷ *ἐν εἰρήνῃ²³, ἐξ- A^{b*cde}
τῇ ψυχῇ σου μὴ κρατήσῃς	ὁρίσας τὸν ἰὸν τοῦ μίσους, καὶ²⁴ εἴπετε.
δόλον· καὶ ἐὰν μετανοήσας	ἐν τῇ²⁵ ψυχῇ σου μὴ κρατή- A^b ὑμῶν.
ὁμολογήσῃ²¹, ἄφες αὐτῷ²².	σῃς δόλου· καὶ ἐὰν *ὁμολογή- LK 17₃.
	σας μετανοήσῃ²⁶ *ἄφες αὐτῷ²⁷.

4. Ἐὰν δὲ ἀρνεῖται²⁸, μὴ φιλονείκει αὐτῷ, μήποτε²⁹ ὁμόσαντος
αὐτοῦ δισσῶς ἁμαρτάνεις³⁰, 5. [Μὴ³¹ ἀκούσῃ³² ἐν μάχῃ ἀλ-
λότριος³³ τὸ³⁴ μυστήριόν σου³⁵, *ἵνα μὴ³⁶ μισήσας³⁷ *ἐχθράνῃ
σε³⁸, καὶ μεγάλην ἁμαρτίαν ἐργάσηται³⁹ ⌜ἐν σοί⌝⁴⁰· ὅτι
πολλάκις *δολοφωνεῖ σε⁴¹ ἢ περιεργάζεταί σε⁴² ἐν κακοῖς⁴³]

ἀγαπᾶτε οὖν (i om.). ¹⁸α, ef. bdg om. ¹⁹c. hi, f read ἁμαρτήσῃ εἰς σέ, bdg, S ἁμάρτῃ εἰς σέ. e ἁμαρτει εἰς σέ. A = ἁμαρτήσετε εἰς ἀλλήλους. ²⁰c. hi read εἰρήνη σοι. ²¹c reads ὁμολογήσει. ²²α om. next six words through hmt. ²³A^{ab} = εἰρήνην. dg add καί. ²⁴d om. ²⁵bdg om. ²⁶β–ad, A^a, S¹ (save that f reads μετανοήσει). d μὲν μετανοήσῃ ὁμολογήσῃ. A^b = ὁμολογήσαντες μετανοήσητε. A^{b*cde} ὁμολογήσας μετανοήσῃς. ²⁷A^b = ἄφετε ἀλλήλοις. g om. next six words through hmt. S¹ adds μὴ καταφρονεῖ αὐτοῦ. ²⁸α, β–ad, A^b, S¹. d reads ἄρνηται. A^{ab*cde} = ἀρνῇ. ²⁹d reads μή. ³⁰α. beg read ἁμαρτήσῃς. df ἁμαρτήσεις. A^b adds αἴτιος γὰρ τῆς ὁμοσίας εἶ. ³¹A corruptly reads καί and so destroys the sense of what follows. I have bracketed all ver. 5 except the final clause as an interpolation. Verses 3, 4, 6, 7 deal wholly and in a most original manner with the subject of forgiveness, and with this subject the bracketed clauses have no relation. This interpolation appears to be based on Prov. xxv. 8–10 with possibly a consciousness of Sir. xix. 8–9, and deals with the danger men run, when their tempers are roused in a legal suit, of divulging secrets to strangers, and so of exposing themselves to attack from these strangers. The final clause λαβὼν ἀπό σου τὸν ἰόν, which according to ver. 3 (β, A, S¹) refers to evil of personal resentment passing from the breast of the offended man to the offender whom he passionately reproves, cannot apply to the stranger in ver. 5, but follows naturally on the words μὴ φιλονείκει in ver. 4: 'don't get into a passion, lest catching the poison from thee (i.e. he too falling into a passion) he take to swearing, &c.' ³²df read ἀκούσει. A^b = ἀκούσουσιν. ³³g reads ἀλλοτρίῳ. A trs. before ἐν μάχῃ. A^b = ἀλλότριοι. ³⁴α. β om. ³⁵α. β, A, S read ὑμῶν. ³⁶A^e = καί. A^{abb*cd} om. ³⁷A = μισήσῃ σε (A^{b*cde} ὑμᾶς) καί. ³⁸α, b, A^{ab} (save that b trs. ἐχθ. σε). efg, S¹ read ἐχθράνῃ. d ἐχθραίνει. S¹ om. following καί. A^{b*cde} ἐχθροὶ ἦτε. ³⁹A^{(–ab ?)} = ἐργάσησθε. A^{ab} om. rest of verse. ⁴⁰α. bd, S read κατά σου. efg διά σου. ⁴¹hi, f. c reads δολοφωνῆσαι. b δολωφωνῆσαι. d δολοφονῆσαι. e δολοφονεῖ σε. g δολοφωνῆσε (sic). But these

ΔΙΑΘΗΚΗ ΓΑΔ [VI. 5

β, S, *λαβὼν ἀπό σου[44] τὸν ἰόν. 6. Ἐὰν *δὲ ἀρνήσηται[45] καὶ
(A?) *αἰδεσθῇ ἐλεγχόμενος[46], ἡσύχασον[47] μὴ †ἐλέγξῃς[48] αὐτόν·
ἐξάξης.
β, S¹ τοῦ ὁ γὰρ ἀρνούμενος[49] μετανοεῖ *τοῦ πλημμελῆσαι[50] *εἰς σέ[51],
μηκέτι *καὶ [φοβηθεὶς] εἰρηνεύει[52]. 7. Ἐὰν δέ *ἐστιν ἀναιδής[53],
πλημμ.
β–af, A, καὶ ἐνίσταται[54] τῇ κακίᾳ, *καὶ οὕτως[55] ἄφες αὐτῷ ἀπὸ
S¹ ἀλλὰ καρδίας, καὶ δὸς[56] ⌈τῷ Θεῷ τὴν ἐκδίκησιν.
καὶ τιμή-
σει σέ VII. Ἐὰν *δὲ εἷς[1] ὑπὲρ ὑμᾶς εὐοδοῦται μὴ λυπεῖσθε[2],
[καὶ ἀλλ'[3] εὔχεσθε ὑπὲρ αὐτοῦ[4]⌉ ἵνα τελειωθῇ[5]· *οὕτως γάρ ἐστιν
φοβηθή-
σεται]καὶ ὑμῖν συμφέρον[6]. 2. Καὶ ἐὰν ἐπὶ πλεῖον ὑψοῦται, μὴ
εἰρηνεύ- φθονεῖτε ⌈αὐτῷ⌉[7], μνημονεύοντες ὅτι πᾶσα σὰρξ ἀποθανεῖται.
σει.
β, S¹ τις. Κυρίῳ δὲ ὕμνους[8] προσφέρετε[9] τῷ παρέχοντι τὰ καλὰ καὶ[10]

bdeg, A, S¹ τελείως εὐοδοῦται.

may imply δόλῳ φωνήσει. A⁻ᵃᵇ renders the phrase together with ἡ περιερ-
γάζεται as follows: παρασκευάζεται πολλάκις δολοφονεῦσαί σε. S¹ = δολο-
φονήσει σε. ⁴²β, S. α om. ⁴³α. β reads κακῷ. ⁴⁴α, *b*, A, S.
def read ἀπό σου λαβών. *g* ἀπολαβών. ⁴⁵α (*c* reading ἀρνήσειτε,
such itacisms being frequent in this MS.). *befg*, S¹ read οὖν ἀρνεῖται.
d οὖν ἀρνῆτε (i. e. for ἄρνηται). A = οὖν ἀρνῆσθε. A adds τοῦτο. ⁴⁶A =
αἰδεσθῆτε (Aᵇ*ᶜᵈᵉ ἐπιλείπητε) ἐλεγχόμενοι. After αἰδεσθῇ *d* adds ὑπό σου.
⁴⁷α, *efg*. *b*, S¹ read καὶ (*b* om.) ἡσυχάσθη. *d* εἰς εὐχάς. A = ἡσυχάσατε.
A adds καί. ⁴⁸α (*c* reading ἐλλεγξης). The text may be right, if ἡσύχ.
μὴ ἐλέγξῃς = 'cease from reproving.' *bg*, S¹ read as in margin. *def* ἐξάξεις.
A = δημοσιεύητε. ⁴⁹A adds τοιαῦτα. ⁵⁰α. β, S¹ read as in margin.
A = καὶ οὐ πλημμελεῖ. ⁵¹A = τινί. ⁵²α. β–*af*, A, S¹ read as in margin
(save that *d* om. ἀλλά and σέ and adds σοί after φοβηθ. and μετά σου after
εἰρην. and A gives the three verbs in the 3rd present indicative: cf. α),
f καὶ φοβηθήσεται καὶ εἰρηνεύσει. φοβηθείς or its equivalent καὶ φοβηθήσεται are
bracketed as interpolations. The idea of 'fear' is alien to the context.
Perhaps φοβηθήσεται (=ירא) arose through a dittography of יקר=τιμήσει.
⁵³α. β–*a*, A, S¹ read ἀναιδής (*d* ἀναίδεια) ἐστιν. ⁵⁴*c* (A?) reads ἀνίσταται.
⁵⁵*f* om. For this phrase together with rest of sentence A gives: καὶ ἐὰν
οὕτως ᾖ, ἄφες αὐτῷ ἀπὸ ὅλης καρδίας σου, καὶ δὸς ταῖς χερσὶν αὐτοῦ ἵνα τελείως
†ὁδηγήσει†, συμφέρει γὰρ οὕτως. Here the last six words constitute the
latter half of vii. 1 where they should be restored. ⲙⲡⲱϥⲗⲏⲣⲏⲧⲃⲩⲅⲧ
(=ὁδηγήσει) is corrupt for ⲙⲱⲣⲛⲏⲧⲃⲩⲅⲏ = εὐοδηθήσεται. Hence A supports
bdeg, S. ⁵⁶A om. last four words of this verse and first twelve of next.

VII. ¹*c*. *hi* read δέ τις. β, S¹ τις. A om. ²*hi* om. next two words
through hmt. (?). ³*c, f*. *beg*, S add καί. *d* μᾶλλον. ⁴*c* reads ἑαυτοῦ.
⁵α, *f* (save that *f* prefix καί). *bdeg*, A, S¹ read as in margin. (See note 56,
chap. VI.). ⁶α (save that *hi* trs. ἐστὶν ὑμῖν), A. *beg*, S¹ read ἴσως γὰρ
ὑμῖν συμφέρει οὕτως. *f* οὕτως *g*. ὑμῖν συμφέρει. *d* om. ⁷*c*. *h* reads αὐτοῦ.

VII. 5] ΔΙΑΘΗΚΗ ΓΑΔ 169

συμφέροντα *πᾶσιν ἀνθρώποις¹¹· 3. Ἐξέτασον *κρίματα befg οὐ (bf om.)
Κυρίου¹² καὶ †καταλάμψει¹³ καὶ ἡσυχάσει¹⁴ τὸ διαβούλιόν σου. †κατα-
4. Ἐὰν δὲ¹⁵ ἐκ κακῶν¹⁶ τις πλουτήσει, ὡς Ἡσαῦ ὁ πατρά- λείψει.
δελφός¹⁷ μου, μὴ ζηλώσητε¹⁸· ὅρον¹⁹ ⌈δὲ⌉²⁰ Κυρίου ἐκδέξασθε²¹. γάρ.
5. Εἰ²² ἀφαιρεῖται²³ †αὐτὰ²⁴ *ἐν κακοῖς²⁵, ἢ μετανοήσαντι²⁶, Α τὸν πλοῦτον.
bg, (A), S¹ μετανοοῦσιν.

i αὐτόν. β, A, S om. ⁸ b reads ὕμνον. hi add καὶ ᾠδάς. ⁹ hi read
προσφέροντα and om. next six words. d adds ἀπαίστως (sic). ¹⁰ ef add τά.
¹¹ d reads τοῖς ἀνθ. πᾶσιν. ¹² hi, befg, A, S¹ (save that b, S¹ read κυρίῳ).
c reads κρῖμα τῷ Κυρίῳ. d κρῖμα Κυρίου. ¹³ α. b reads οὕτως καταλείψει.
dg οὐκ ἐγκαταλείψει (g καταλείψει). ef οὐ (f om.) καταλήψει. Α = οὐκ
ἐνκαταλειφθήσῃ but by a change of one letter it ≠ οὐκ ἐγκαταλείψεις. S¹ = μὴ
καταλείψητε. Α^(abb*cd) trs. after τὸ διαβούλιόν σου according to printed Arm.
Text but not A^(cf). First of all καταλήψει (ef) is a corruption of καταλείψει.
There remain then καταλάμψει of α and some compound of λείψει in β, A, S¹.
But καταλάμψει is impossible. It may be a corruption of καταλείψει, or it
may attest a corruption already existing in the Hebrew original: that is,
it = יִבֶן corrupt for יִבֶן = καταλείψει. Thus it appears that καταλείψει must
for the present be accepted. But this word admits of no intelligible mean-
ing in the present context. Hence if it is right, something is wrong
in the context. Now according to deg, A, S¹, a negative should be
inserted before καταλείψεις. If then καταλείψεις is to be retained, the
negative must be inserted and the clause interpreted in the sense of
a prohibition as in S¹: 'thou shalt not forsake,' i.e. τὰ κρίματα. But the
absence of the negative in α, bf makes it not improbable that the
negative is an intrusion in the text. In that case καταλείψει = יָנִיחַ
corrupt for יָנוּחַ = ἀναπαύσεται, which would go well with ἡσυχάσει = יִשְׁקֹם.
For the conjunction of these two verbs cf. Job iii. 26. Possibly only ינוח
alone stood in the text originally. Then this through a dittograph became
יניח וינוח. Hence the Versions. ¹⁴ A = ἡσύχασον. ¹⁵ β–f, A, S¹ add καί.
¹⁶ A = κακίας. ¹⁷ hi read ἀδελφὸς τοῦ πατρός. ¹⁸ α, d read ζηλώσειτε.
¹⁹ = מועד 'the time appointed by the Lord.' ²⁰ h, defg, S¹. c reads δή.
b γάρ. A om. ²¹ h reads δέξασθαι. ἐκδέξ. in the sense of ὑπομείνατε = קוה.
Cf. Ps. xxxvii. 9, 10. ²² α. beg read ἢ γάρ (corrupt for εἰ γάρ). df, A
εἰ γάρ. S¹ = οὗτος γάρ. ²³ A = ἀφαιρῆσθε. S¹ φέρει (corrupt). ἀφαιρεῖσθαι
seems = לקח here. A better rendering would have been κτᾶσθαι. ²⁴ A
reads τὸν πλοῦτον. S¹ om. ²⁵ S = τὸ κακόν (corrupt). d om. next three
words. But ἐν κακοῖς may = ברשעים corrupt for מרשעים 'from the wicked.'
²⁶ Em. from μετανοήσας a mistranslation in α, ef. bg, A, S¹ read plural as in
margin. For ἢ . . . ἀφίησι A reads καὶ μετανοεῖτε, ἄφεσις ἔσται ὑμῖν.

ΔΙΑΘΗΚΗ ΓΑΔ [VII. 5

befg, S¹ ἀφίησι²⁷ ἢ²⁸ ἀμετανόητος²⁹ τηρεῖται³⁰ εἰς *αἰωνίαν κόλασιν³¹.
ἀμετα- 6. Ὁ γὰρ πένης³², ἐὰν ἀφθόνως ἐπὶ πᾶσι Κυρίῳ εὐαρεστῇ³³,
νοήτῳ
τηρεῖ (*ef* οὗτος³⁴ *ὑπὲρ πάντας³⁵ †πλουτεῖ³⁶, ὅτι οὐκ ἔχει τὸν *περι-
τηρήσει). σπασμὸν τῶν ματαίων ἀνθρώπων³⁷. 7. Ἐξάρατε οὖν³⁸ τὸ
β–α, A, S †μῖσος³⁹ ἀπὸ τῶν ψυχῶν ὑμῶν, καὶ ἀγαπήσατε⁴⁰ ἀλλήλους ἐν
καὶ ἄ-
φθονος εὐθύτητι καρδίας.
ἐπὶ πᾶσι
Κυρίῳ VIII. Εἴπατε *⌜δὲ⌝ ταῦτα καὶ ὑμεῖς¹ τοῖς τέκνοις ὑμῶν,

εὐχαριστῶν. β, A, S¹ πονηρὸν περισπασμὸν τῶν.

---

²⁷ *g* om.   ²⁸ *d* reads καί. A = δέ.   ²⁹ Em. from ἀμετανοήτως of α (an obvious corruption as ω is frequently written for ο in *c*). This emendation is supported by τηρεῖται and by A. The text appears to be modelled on Job xxi. 30 לַיוֹם אֵיד יֵחָשֶׂךְ רָע. *befg*, S¹ read as in margin. *d* ἀμετανοήτοις μένουσι. A = ἐὰν μὴ μετανοῆτε (= ἀμετανόητοι).   ³⁰ α. A = τηρεῖσθε which though differing in person supports α. 'The unrepentant are reserved.' The other MSS. and S make God the subject of the verb—a mistake due to their putting ἀμετανόητος in the dative. *bdg* read τηρεῖ (+ αὐτούς *d*). *ef* τηρήσει (*f* τηρήσῃ).   ³¹ *d*, A. α, *f* read εἰς αἰῶνας τὴν κόλασιν where αἰῶνας seems corrupt for αἰῶνος. *beg* εἰς (+ τὸν *g*) αἰῶνα τὴν (εἰς *g*) κόλασιν.   ³² S¹ = ταπεινός but S² = text.   ³³ α (save that *h* reads ἄφθονος and εὐάρεστον). *bdefg*, A, S read as in margin (save that *g* adds καί before ἐπί). A adds ἐστί after εὐχαριστῶν.   ³⁴ Em. from οὕτως of *c*. Cf. αὐτός of β–*f*, S. A = τοιοῦτος. *h*, *f* οὕτω.   ³⁵ α. *defg* read παρὰ πάντας (*f* παντός). A = either α or *deg*. *bg*, S read παρὰ πᾶσι.   ³⁶ *g* reads πλουτιεῖ. Text = יְעַשֵּׁר corrupt for יְאֻשַּׁר = μακαριστός ἐστι. (So Symmachus renders on Ps. xli. 3.) The poor man is happy (not 'rich' as the corrupt text states) because, as the next clause states, he is free from the sore travail of men (i.e. of men seeking to be rich).   ³⁷ α. β, A, S¹ read as in margin (save that *g* om. τῶν). πονηρὸν περισπασμόν = עִנְיַן רָע which is found in Eccles. i. 13, v. 13.   ³⁸ *d* om.   ³⁹ Since verses 1–6 deal with the duty of banishing envy or jealousy, ver. 7 which treats only of hatred cannot be in its right position here, if the text is uncorrupt. For the writer could not reasonably conclude a disquisition on jealousy with the exhortation 'put away *therefore* hatred.' But the verse rightly belongs here as the text is corrupt. μῖσος = שִׂנְאָה which is corrupt for קִנְאָה = ζῆλος. The corruption is probably to be explained by the occurrence of the phrase 'put away hatred from your hearts' in vi. 1.   ⁴⁰ α, *aef. bg* read ἀγαπᾶτε. *d*, A^ef om. καὶ ἀγαπᾶτε together with rest of verse and first eight words of next chapter. Καὶ ἀγάπη εἰς ἀλλήλους . . . καρδίας are added by a later hand at foot of page in *d*.

VIII. ¹ *h, ef* (save that *hi* read δή). *c* reads δὴ ταῦτα ὑμεῖς. *abg*, A, S δὲ

ὅπως τιμήσωσιν †'Ιούδα² καὶ Λευὶ³ †ὅτι ἐξ αὐτῶν ἀνατελεῖ *adef,*
*⌈ὑμῖν⌉ Κύριος σωτηρίαν⁴ *τῷ Ἰσραήλ⁵. 2. *Ἐγὼ γὰρ *σωτήρ.*
ἔγνων⁶, ὅτι ἀποστήσονται⁷ τὰ τέκνα ὑμῶν ἀπ' αὐτοῦ⁸, καὶ⁹ *β, A, S*
πάσῃ πονηρίᾳ καὶ κακώσει καὶ διαφθορᾷ ἔσονται ἀπὸ¹⁰ Κυρίου. *ἐπὶ τέλει*
3. *Καὶ ἡσυχάσας ὀλίγον εἶπε πάλιν¹¹· Τέκνα μου, ὑπακούσατε¹² *ἀποστή-*
⌈τοῦ πατρὸς ὑμῶν¹³⌉, καὶ θάψατέ με ἐγγὺς¹⁴ τῶν πατέρων *β–g, A, S*
μου.   4. *Καὶ ἐξάρας τοὺς πόδας¹⁵ αὐτοῦ ἐκοιμήθη ἐν *β, A*
εἰρήνῃ¹⁶.   5. Καὶ μετὰ *ἔτη πέντε¹⁷ ἀνήγαγον αὐτὸν *καὶ ὀλ.*
*εἰς Χεβρών, καὶ ἔθηκαν αὐτὸν μετὰ τῶν πατέρων αὐτοῦ¹⁸. *ἡσυχά-*
σας π.
εἶπεν.

Διαθήκη Ἀσὴρ τοῦ δεκάτου υἱοῦ Ἰακὼβ καὶ Ζέλφας¹.

I. Ἀντίγραφον διαθήκης ⌈Ἀσήρ², ἃ³ ἐλάλησε τοῖς υἱοῖς

(g, A om.) καὶ ὑμεῖς ταῦτα (g om). *d* om. together with next three words. *hi* add περὶ τοῦ Χριστοῦ. ² α. β–d read Ἰούδαν. *d* τὸν Ἰούδαν. We should read Λευὶ καὶ Ἰούδαν as is found universally: cf. Testaments of Sim. vii. 2, Levi ii. 11, viii. 14, Dan. v. 4, &c. ³ *bg* prefix τόν. *e* reads Λευίν. ⁴ α, g, A (save that *c* reads ἡμῖν Κύριος σωτηρία and g, A om. ὑμῖν). *b*, S read Κύριος σωτῆρα. *adef* ὑμῖν (*d* om. in repetition of clause at foot of page) Κύριος σωτήρ. ⁵ α, *ab*, A^b*, S. *def*, A^b* read τοῦ Ἰ. *g* ἐν τῷ Ἰ. A^abcdef = παντὶ Ἰ. ⁶ α. β, S read ἔγνων γάρ. A = καὶ ἔγνων. ⁷ α. β, A, S read as in margin (save that for τέλει *af* read τούτου and *d* reads ἀναστήσονται for ἀποστ.). ⁸ *b*, S¹ read ἀπ' αὐτῶν, but S² = text. *d* ἐπ' αὐτόν. ⁹ β adds ἐν. ¹⁰ α. β–g, A, S read as in margin. Both seem independent renderings of ‏מאת‎. *g* reads ἐν οἴκῳ. ¹¹ α. β–d, A read as in margin. S¹ = καὶ ὀλ. ἡσυχάσας εἶπεν. *b* adds αὐτοῖς. S om. next seven words. For ver. 3 *d* reads ταῦτα ἐντειλάμενος Γὰδ τοῖς υἱοῖς αὐτοῦ. ¹² *g* reads ἐπακούσατε. ¹³ *a* om. For bracketed words A reads μου. ¹⁴ α. β reads σύνεγγυς. ¹⁵ α. β (save that *d* om. καί) = ‏רגלי‎ ‏אסף‎ (cf. Gen. xlix. 33). A = καὶ καταφιλήσας τοὺς υἱούς, but ⸂ܡܕܢܚܐ ܒܪܫܘ ܢܗܪܝܗܘ is corrupt for ܡܕܢܚܐ ܕܒܫܘ ܢܗܪܝܢܘ = α, β. S¹ καὶ ἐκτείνας τοὺς πόδας. ¹⁶ *d* adds καὶ ἔθηκαν αὐτὸν ἐν θήκῃ καινῇ. ¹⁷ α. β, A, S¹ reads πέντε ἔτη. ¹⁸ α, *bg*, A (save that *bg*, A trs. εἰς Χ. after αὐτόν, and *g*, A read ἔθαψαν, and *g* adds ἅμα). *aef*, S¹ read εἰς Χ. καὶ ἔθαψαν (S¹ = ἔθηκαν) αὐτὸν ἐκεῖ. *d* καὶ ἔθαψαν ἐν Χ. ἐν τῷ σπηλαίῳ τῷ διπλῷ μετὰ Ἀβραὰμ καὶ Ἰσαὰκ καὶ Ἰακώβ. *d* adds τῷ δὲ θεῷ ἡμῶν. *f*, S¹ Γὰδ υἱὸς Ἰακὼβ θ', υἱὸς Ζέλφας α'. ἔζησε (S¹ = ζήσας) ἔτη ρκε'. *g* τέλος τῶν λόγων διαθήκης Γάδ· οὗτος ἦν Ζέλφας πρῶτος υἱός· ἔζησεν ἔτη ρκε'.

¹ Title. α as in text. *a* reads Ἀσσήρ. *bef*, S¹ δ. Ἀ ί (*ef*, S¹ om.) περὶ δύο προσώπων κακίας καὶ ἀρετῆς (+ Ἀσσὴρ ἑρμηνεύεται πλοῦτος ἢ μακάριος *f*). *d* δ. Ἀ. υἱοῦ Ἰακὼβ ι' υἱοῦ Ζέλφας παιδίσκης Λίας περὶ δύο προσώπων κακίας καὶ ἀρετῆς. *g* λόγος ι' δ. Ἀ. περὶ διδασκαλίας καὶ ἀληθείας. A = δ. Ἀ. (+ υἱοῦ

ΔΙΑΘΗΚΗ ΑΣΗΡ [I. 1

αὐτοῦ *ἐν ἑκατοστῷ εἰκοστῷ πέμπτῳ ἔτει τῆς⁴ *ζωῆς αὐτοῦ⁵. 2. *ʿΥγιαίνων ⌜γὰρ⌝⁶ *εἶπε πρὸς αὐτούς⁷· Ἀκούσατε, τέκνα⁸ Ἀσήρ, τοῦ πατρὸς ὑμῶν, καὶ⁹ πᾶν τὸ εὐθὲς¹⁰ ἐνώπιον *τοῦ Θεοῦ¹¹ ὑποδείξω¹² ὑμῖν¹³. 3. Δύο ὁδοὺς *ἔδωκεν ὁ Θεὸς τοῖς υἱοῖς τῶν ἀνθρώπων¹⁴, καὶ δύο διαβούλια, ⌜καὶ δύο πράξεις, *καὶ δύο τρόπους¹⁵⌝, *καὶ ⌜δύο⌝ τέλεα¹⁶. 4. Διὰ τοῦτο πάντα¹⁷ δύο¹⁸ δύο εἰσίν¹⁹, ἐν κατέναντι τοῦ ἑνός.

β, A, S¹
ἐν καλῷ,
πᾶσα
πρᾶξις
αὐτῆς
ἐστιν.

5. Ὁδοὶ *⌜γάρ⌝ εἰσιν²⁰ δύο, καλοῦ καὶ κακοῦ· ἐν οἷς²¹ εἰσι τὰ δύο²² διαβούλια ἐν στέρνοις²³ ἡμῶν²⁴ *διακρίνοντα αὐτά²⁵. 6. Ἐὰν οὖν²⁶ ἡ ψυχὴ θέλει²⁷ *†καλῶς πορευθῆναι†, πάσας τὰς πράξεις αὐτῆς ποιεῖ²⁸ ἐν δικαιοσύνῃ, *κἂν ἁμάρτῃ²⁹ εὐθὺς³⁰

¹Ἰακὼβ A^(b)*) περὶ διπλόης καὶ ἀρετῆς.   ²f reads Ἀσσήρ always.   ³ad read ὅσα.   ⁴α, A (save that h om. εἰκοστῷ). bf, S¹ read ἐν (b om.) ἑκατοστῷ εἰκ. ἕκτῳ (b om.) ἔτει, and aeg ἐν (eg om.) ρ (ἑκατοστῷ g) κς΄ ἔτει (+τῆς a). d ἐν τῷ ρκς΄ ἔτει τῆς.   ⁵g om.   ⁶α. afg, A^(abcdef) read ὑγιαίνων. bde, S¹ ἔτι ὑγιαίνων. A^(b)* = ἀσθενήσας.   ⁷A^(b)* = ἐκάλεσε αὐτοὺς καὶ εἶπεν.   ⁸aef, A om.   ⁹A = ὅτι.   ¹⁰ = יָשָׁר a paronomasia with אָשֵׁר (i.e. Ἀσήρ).   ¹¹d reads κυρίου ποιήσατε καί. g adds ὑμῶν.   ¹²A^(bb*d) read ὑπέδειξα.   ¹³d adds αὐτό.   ¹⁴d reads ὑπέδειξεν ὁ θ. τοῖς ἀνθρώποις.   ¹⁵α, adef. b, S² read κ. δύο τόπους. g κ. δ. πόνους. S¹ om.   ¹⁶h. ci, e read κ. δ. τέλεια. bdg, S¹ κ. δ. τέλη. af om.   ¹⁷def read τὰ πάντα.   ¹⁸b om. d reads ἐκ. A^(ef) om. next ten words through hmt.   ¹⁹A adds ὅτι. a om. next four words.   ²⁰α. β, S¹ om. A = εἰσίν.   ²¹hi, β–g. c reads αἷς. g, A ᾧ. οἷς refers to καλοῦ καὶ κακοῦ, but if αἷς is right it refers to ὁδοί, which noun might again be referred to by αὐτάς (abeg). If ἐν αἷς and αὐτάς may be taken together, we should regard them as corruptions of αἷς . . . ἐν αὐταῖς. Thus the text would imply בהם . . . אשר.   ²²d om.   ²³α reads corruptly ἑτέροις.   ²⁴hi, d read ὑμῶν.   ²⁵α, f. β–df read δ. αὐτάς. d om. A = καὶ διάκρισις αὐτῶν. See note 21.   ²⁶dg om.   ²⁷d reads θελήσῃ εἶναι.   ²⁸α (save that c reads αὐτοῖς). β, A, S¹ read as in margin (save that g om. αὐτῆς). In order to deal with the corruption in καλῶς πορευθῆναι (α) and ἐν καλῷ (β, A, S¹) we must observe that in verses 3, 5 our author has spoken of two inclinations in the breast of man, which are directed towards good and evil. In verses 6–8 the result of man's following one or other of these two is set forth, of following the good inclination in verses 6–7 and of following the evil in ver. 8. The soul (ver. 6) has to decide between them. Now καλῶς πορευθῆναι appears to be a rendering of בטוב לצאת which may be a corruption of ביצר הטוב. If so, we should read ἐν τῷ καλῷ διαβουλίῳ. In ver. 8 the corresponding phrase ביצר הרע is likewise corruptly given in the Greek ἐν πονηρῷ . . . τὸ διαβούλιον, where the corruption is native

Ι. 9] ΔΙΑΘΗΚΗ ΑΣΗΡ 173

μετανοεῖ. 7. Δίκαια *γὰρ λογιζομένη³¹ καὶ ἀπορρίπτουσα³² β, A, S¹
τὴν πονηρίαν ἀνατρέπει εὐθὺς τὸ κακόν³³, καὶ³⁴ ἐκριζοῖ³⁵ τὴν προσλημ-
ἁμαρτίαν. 8. Ἐὰν δὲ *ἐν †πονηρῷ³⁶ κλίνῃ³⁷ †τὸ δια- β, S
βούλιον†³⁸, *πᾶσα πρᾶξις αὐτῆς ἐστιν³⁹ ἐν πονηρίᾳ, καὶ⁴⁰ ὡς ἀγ-
ἀπωθουμένη⁴¹ τὸ ἀγαθόν, *καὶ προσκολλώμενος⁴² τὸ κακόν, καὶ ποιῶν.
κυριευθεὶς⁴³ ὑπὸ⁴⁴ τοῦ Βελίαρ· κἂν⁴⁵ ἀγαθὸν⁴⁶ πράξει⁴⁷, ⌜ἐν β-b,A,S¹
πονηρίᾳ⁴⁸ αὐτὸ⁴⁹ μεταστρέφει⁵⁰⌝. 9. *Ὅτε γὰρ⁵¹ ἄρξεται⁵² κακο-
*τὸ ἀγαθὸν ποιεῖν⁵³, τὸ τέλος τῆς πράξεως *εἰς πονηρὸν αὐτῷ ποίησιν
ἐλαύνει⁵⁴· ἐπειδὴ ὁ⁵⁵ θησαυρὸς⁵⁶ τοῦ διαβουλίου⁵⁷ πονηροῦ⁵⁸ β-dg ἰοῦ
πνεύματος πεπλήρωται⁵⁹. πονηροῦ.

to the Greek. ²⁹ bde, A, S¹. α, afg read καὶ ἡ (g κἂν) ἁμαρτία. ³⁰ h reads
αὐτῇ, i αὐτῆς. ³¹ α, g (save that c om. γάρ). abef, S¹ read γ. λογιζόμενος.
d γ. λογιζόμεθα. A = γ. λογίζεται. ³² α, g. β–g read ἀπορρίπτων. A =
ἀπορρίπτει. ³³ A adds ἀπ' αὐτοῦ. ³⁴ c om. ³⁵ α, d read ἐκριζεῖ. ²⁶ d =
ἐστὶ πονηρόν. See note 38. ³⁷ h, ae, A^(b*cdef). bdfg, S read κλίνει. c ἐκκλίνει.
A^(ab) λογίσεται (by internal corruption). ³⁸ Read τῷ διαβουλίῳ or rather read
the whole clause thus: ἐὰν δὲ κλίνῃ ἐν τῷ πονηρῷ διαβουλίῳ. The ψυχή is
here as in ver. 6 the subject of κλίνῃ. Observe the αὐτῆς after πρᾶξις.
This verse is concerned with the evil inclination (יצר הרע = τὸ πονηρὸν
διαβούλιον), which naturally pursues evil, as the good inclination pursues
good. ³⁹ g reads πᾶσαι αἱ π. αὐτῷ. d, A^(b*cdef) om. αὐτῆς in this clause.
⁴⁰ g reads ὅτι καί. ⁴¹ g (though in the form ἀποθουμένη). α,.def read ἀποθού-
μενος. α, S¹ ἀποθέμενος. b ἀπωθούμενος. ⁴² c (reading προσκολλόμενος). The
participle should be feminine as ψυχή is subject. So also κυριευθείς.
β, A, S¹ read as in margin (save that d reads καὶ λαμβάνει). α = תִּדְבַּק.
β, A, S¹=תִּמָּשֵׁל. ⁴³ See note 42. ⁴⁴ h, g reads ἀπό. ⁴⁵ d reads
καί. ⁴⁶ defg, S, A add τι. ⁴⁷ a reads πράξῃ. ⁴⁸ g reads πονηρίᾳ ἐστὶ
κακόν and om. next two words. ⁴⁹ c, be, S¹. h reads αὐτόν. af αὐτῷ.
d αὐτοῦ. ⁵⁰ α, be, S. af read μεταστραφήσεται. d καταστρέφει. ⁵¹ α, af.
β–af read ὅταν γάρ. A = καὶ ὅταν. ⁵² h. c reads ἄρξειτε which in this
MS. would represent ἄρξηται. β ἐνάρξηται. ⁵³ α. β, S read as in
margin (save that g om. ὡς and dg read ποιοῦσα). A = ἀγαθῶν ἔργων.
d adds τότε. ⁵⁴ α (save that h reads αὐτόν). β–b, A, S¹ read as in
margin.(save that dg read αὐτῆς and g κακοποιᾶν). b, S² αὐτοῦ εἰς κακὸν
ποιεῖν ἀνελαύνει. g, A add αὐτόν. ⁵⁵ g om. ⁵⁶ In θησαυρὸς τοῦ διαβουλίου
there was a play upon words in the original אוצר יצר. See Taylor,
Sayings of the Fathers², p. 151. ⁵⁷ α, adef, S. b reads διαβόλου. g om.
abef, A add ἰοῦ. This word may have arisen through a dittography of
the last three letters of διαβουλίου or possibly it may have been lost through
hmt. S adds κατακυριεύεται ὑπὸ τοῦ Βελίαρ ἐπεί (καί S²). ⁵⁸ α, β, S. A =
πονηροῦ πονηρίας. ⁵⁹ g reads γεγένηται. a trs. before πνεύματος.

ΔΙΑΘΗΚΗ ΑΣΗΡ [II. 1.

β-g, A
†λέ-
γουσα,
⌜φησί⌝†.
abg, A, S¹
ἄγει.
β, A, S¹
λειτουρ-
γοῦντα
αὐτῷ ἐν
κακῷ.

II. *ˇΕστιν οὖν¹ ἡ² ψυχὴ *ἐν λόγοις †ἀφιστῶσα³ τὸ καλὸν ὑπὲρ *τοῦ κακοῦ⁴, καὶ *τὸ τέλος⁵ *τοῦ πράγματος⁶ εἰς κακίαν †ἄγων⁷. 2. Ἔστιν⁸ ἄνθρωπος ὃς⁹ οὐκ οἰκτείρει¹⁰ *λειτουργοὺς αὐτοῦ¹¹· καίγε τοῦτο διπρόσωπον¹², ἀλλὰ τὸ ὅλον πονηρόν ἐστιν.

α
3. Ἔστιν ἄνθρωπος ἀγαπῶν πονηρευόμενον †ὅ ἐστι πονηρία†¹³, ὅτι καὶ ἀποθανεῖν αἱρεῖται ἐν κακῷ· καὶ περὶ τούτου φανερόν ἐστι†τὸ ὅλον†¹⁴ διπρόσωπόν ἐστι τὸ δὲ πᾶν κακὴ πρᾶξις.

β, A, S¹
3. Καί¹⁵ ἐστιν ἄνθρωπος ἀγαπῶν τὸν¹⁶ πονηρευόμενον· *ὡς αὐτός ἐστιν ἐν πονηρίᾳ¹⁷, ὅτι ⌜καὶ⌝ ἀποθανεῖν αἱρεῖται ἐν κακῷ *δι' αὐτόν¹⁸· καὶ περὶ τούτου φανερὸν ὅτι διπρόσωπόν¹⁹ ἐστι· τὸ δὲ πᾶν κακὴ πρᾶξις.

α
4. †Καίγε ἀγάπη οὖσα, ἐν πονηρίᾳ ἐστὶν ὁ συγκρύπτων²⁰ τὸ κακὸν ὑπὲρ τὸ ὄνομα τὸ καλόν·† τὸ δὲ τέλος τῆς πράξεως ἔρχεται εἰς κακόν.

β, S¹
4. †Καίγε ἀγάπη οὖσα, *ἐν πονηρίᾳ²¹ ἐστὶν συγκρύπτουσα†τὸ κακόν, ὅπερ²² ἐστὶν²³ τῷ²⁴ ὀνόματι ὡς καλόν²⁵· τὸ δὲ τέλος τῆς πράξεως ἔρχεται εἰς κακόν.

A
4. Εἰ καὶ ἐν ἀγάπῃ εἰσίν, ἐν πονηρίᾳ εἰσιν συγκρύπτοντες τὸ κακὸν ὃ ὀνόματι ὡς καλὸν φαίνεται· τὸ δὲ τέλος τῆς πράξεως †ἐστι²⁶ εἰς κακόν.

II. ¹α. β-dg, S¹. d reads ἔστι. g ἔστιν γάρ. A = καὶ ἔστιν. ²α. β, A, S¹ om. ³α. ἀφιστῶσα = מסירה corrupt (?) for סמכה = ἀντιλαμβανομένη 'helps.' We should then read τοῦ καλοῦ for τὸ καλόν. β-g read as in margin (save that d adds δῆθεν before φησί), but their text can only be regarded as a bad emendation of α, or at all events a no less corrupt text. g reads φησὶ θέλουσα. A = λέγουσα. S¹ = ποιοῦσα, φησί—all equally unsatisfactory. ⁴d reads τὸ κακόν and om. rest of verse. ⁵af read τῷ τέλει. ⁶A^{ab} = τῶν πραγμάτων. A^{b*cd} ἔξω. ⁷α, ef. This should be ἄγουσα or ἄγον. abg, A, S¹ read ἄγει. a om. verses 2–4. ⁸A^{b*cd!} read καί. A^e καί ἐστιν. ⁹α, d, A. S¹ read ὅστις. befg ὅτι. ¹⁰d reads κατοικτειρεῖ (sic). S¹ ἀγαπᾷ. ¹¹α. β (save that d adds τόν before λειτουργ.), A, S¹ read as in margin. ¹²d reads πονηρόν ἐστι καὶ διπρόσωπον and om. next five words. ¹³This is either a gloss or a corruption of the text found in β, A, S. ¹⁴Bracketed as a dittographic rendering of הכל in the next clause and thrust in here by mistake. ¹⁵bdg, A, S. ef om. ¹⁶bdeg, S¹. f, A om. ¹⁷f. d, A, S¹ read ὡς καὶ αὐτὸς ὑπάρχων ἐν πονηρίᾳ. beg ὡσαύτως ἐστὶν ἐν πονηρίᾳ. Here ὡς appears to be used causally. Thus the object of this clause is to explain the preceding clause. But since the

5. Ἄλλος²⁷ κλέπτει, ἀδικεῖ²⁸, ἁρπάζει, πλεονεκτεῖ²⁸, καὶ ἐλεεῖ²⁹ πτωχούς· διπρόσωπον μὲν ⌜καὶ⌝³⁰ τοῦτο, *τὸ δὲ ὅλον³¹ β,S¹τοὺς πονηρόν³² ἐστιν. 6. *Ὁ πλεονεκτῶν³³ τὸν³⁴ πλησίον²⁸ πτωχούς. παροργίζει τὸν Θεόν, καὶ³⁵ τὸν ὕψιστον³⁶ ἐπιορκεῖ καὶ τὸν πτωχὸν³⁷ ἐλεεῖ³⁸· τὸν ἐντολέα³⁹ *τοῦ νόμου⁴⁰ Κύριον⁴¹ ἀθετεῖ⁴² καὶ παροξύνει, καὶ τὸν πένητα ἀναπαύει. 7. ⌜Τὴν⁴³ ψυχὴν σπιλοῖ, καὶ⌝ τὸ σῶμα λαμπρύνει⁴⁴, πολλοὺς ἀναιρεῖ καὶ ὀλίγους ἐλεεῖ, καὶ τοῦτο⁴⁵ διπρόσωπόν⁴⁶ ἐστι, *τὸ δὲ ὅλον πονηρόν ἐστιν⁴⁷. 8. Ἄλλος⁴⁸ μοιχεύει *καὶ πορνεύει⁴⁹ καὶ ἀπέχεται ἐδεσμάτων⁵⁰· καὶ⁵¹ νηστεύων κακοποιεῖ, καὶ τῇ³⁵ δυναστείᾳ *τοῦ πλούτου⁵² πολλοὺς κατασύρει⁵³, καὶ bdg, A ἐκ⁵⁴ τῆς ὑπερόγκου⁵⁵ κακίας ποιεῖ⁵⁶ ⌜τὰς⌝⁵⁷ ἐντολάς⁵⁸· καὶ πλούτῳ. καὶ τῷ

real explanation is given in the ὅτι clause, we must regard the ὡς clause either as corrupt or as interpolated. d adds καὶ τοσοῦτον. ¹⁸A = αὐτοῦ. ¹⁹g reads διπρόσωπος. ²⁰α (save that c reads συγκύπτων). But ὁ συγκρύπτων is difficult. If we retain it ἀγάπη οὖσα must be taken as a concessive clause by itself, 'though love be present.' If ver. 4 refers to the same subject as ver. 3 then ὁ συγκρύπτων seems wrong. This phrase = המחביא which may be corrupt for האוהב = ὁ ἀγαπῶν. But the closing words in ver. 3 imply that the subject of that verse is fully dealt with. If this is so, then a lacuna should be marked at the beginning of ver. 4. ²¹defg. b, S¹ read πονηρία. ²²defg. b, S¹ read ὥσπερ. ὑπέρ in α may be a corruption of ὅπερ, and τὸ ὄνομα a corruption of τῷ ὀνόματι. ²³e om. ²⁴d adds μέν. ²⁵bdg read καλῷ. ²⁶A reads զīŋ (=ἐστίν) corrupt for զɯŋ (= ἔρχεται). ²⁷d adds δέ. For ἄλλος A reads ἄλλοι here and in the subsequent verses. A adds πάλιν. ²⁸a om. ²⁹β, S add τούς. ³⁰h, a, A om. ³¹b reads ὅλον δέ. ³²e reads πονηρῶν. ³³α, β–bd. bd, S¹ read πλεονεκτῶν. A = πλεονεκτεῖ and adds καί before παροργίζει. ³⁴α reads τῷ. a om. ³⁵g om. ³⁶A adds Θεόν. ³⁷g reads Θεόν. ³⁸b reads ἐλεᾷ. a om. rest of verse. ³⁹d reads ποιητήν. Aᵃ=ἐντολήν, Aᵇ corrupt. ⁴⁰β, A, S. α om. ⁴¹d trs. after ἀθετεῖ. ⁴²A reads ɯɯnԷ (=ψεύδεται) corrupt for /ɯnɯnԷ = ἀθετεῖ. ⁴³d reads καὶ τήν. ⁴⁴h om. A adds καί. ⁴⁵bdg add μέν. ⁴⁶A = διπλόη. ⁴⁷c, β–b (save that c, d om. ἐστιν). h, b om. A = καὶ κακὸν τὸ ὅλον. S¹ καὶ τοῦτο χεῖρον. ⁴⁸A = ἄλλοι πάλιν with following verbs in the plural. ⁴⁹b, A, S¹. adefg read πορνεύει. c πορνεία. hi om. This phrase is probably an interpolation. ⁵⁰c reads ἐκδεσμάτων. b αἰδεσμάτων. Aᵇ*ᶜᵈᵉᶠ = ἐδέσματος. ⁵¹d om. ⁵²α, aef, S¹. bdg, A read as in margin. A adds αὐτῶν. ⁵³α. β–d read παρασύρει. d ἐπισύρει. ⁵⁴ = 'immediately after' but probably מרע (= ἐκ κακίας) is corrupt for ברע = 'notwithstanding his wickedness.' ⁵⁵c reads ὑπὲρ οἴκου. ⁵⁶If the preceding ἐκ retains its ordinary meaning, this word can hardly be

ΔΙΑΘΗΚΗ ΑΣΗΡ [II. 8

τοῦτο διπρόσωπόν ἐστιν⁵⁹, *τὸ δὲ ὅλον⁶⁰ κακόν ἐστιν. 9.
bdg ὡς   Οἱ τοιοῦτοί εἰσι⁶¹ δασύποδες, ὅτι⁶² ἐξ ἡμισείας εἰσὶ καθαροί, τὸ
ὖες εἰσί. δ' ἀληθὲς⁶³ ἀκάθαρτοί εἰσι.   10. *Καὶ γὰρ⁶⁴ ὁ Θεὸς ἐν ταῖς
β, A, S¹   πλαξὶ⁶⁵ τῶν ἐντολῶν⁶⁶ οὕτως εἶπεν.
οὐρανῶν.
β, A, S¹   III. Ὑμεῖς¹ δέ², *τέκνα μου³, μὴ γίνεσθε *κατ' αὐτοὺς⁴
οὖν.   διπρόσωποι, ἀγαθότητος καὶ κακίας, ἀλλὰ τῇ ἀγαθότητι μόνῃ⁵
β, A, S¹   κολλήθητε, ὅτι ⌜Κύριος⌝⁶ ὁ Θεὸς *ἀναπέπαυται ἐπ'⁷ αὐτήν⁸, καὶ
ἀναπαύ-   οἱ ἄνθρωποι *αὐτὴν ποθοῦσιν⁹.   2.   *Τὴν ⌜δὲ⌝ κακίαν ἀπο-
εται εἰς.
β, A, S¹   δράσατε¹⁰, ἀναιροῦντες *τὸ διαβούλιον¹¹ ἐν ταῖς ἀγαθαῖς ὑμῶν
τὸν διά-   πράξεσι, ὅτι οἱ διπρόσωποι *οὐκ εἰσὶ τοῦ Θεοῦ¹², ἀλλὰ ταῖς
βολον.   ἐπιθυμίαις αὐτῶν δουλεύουσιν, ἵνα τῷ Βελίαρ ἀρέσωσιν, καὶ
β, A, S¹   τοῖς ὁμοίοις¹³ αὐτῶν ἀνθρώποις.
οὐ Θεῷ.
   IV. Οἱ γὰρ ἀγαθοὶ ἄνθρωποι¹ *⌜καὶ⌝ μονοπρόσωποι κἂν²
νομισθῶσι παρὰ τῶν³ διπροσώπων⁴ ἁμαρτάνειν⁵, δίκαιοί εἰσι
β, S¹ γάρ.   παρὰ τῷ⁶ Θεῷ.   2. Πολλοὶ ⌜δὲ⌝⁷ ἀναιροῦντες τοὺς⁸ πονηρούς,
adef   δύο⁹ ποιοῦσιν ἔργα *καλοῦ τε καὶ κακοῦ¹⁰, *τὸ δὲ ὅλον¹¹
καλὸν διὰ   καλόν, ὅτι τὸ¹² κακὸν ἐκριζώσας ἀπώλεσεν.   3. *Ἔστι
κακοῦ.   τις μισῶν¹³ τὸν ἐλεήμονα καὶ ἄδικον¹⁴, ⌜καὶ⌝¹⁵ τὸν μοιχὸν

right. In that case ποιεῖ = עשׂי which may be corrupt for יעוּה = διαστρέφει.
⁵⁷α. β, A, S om.   ⁵⁸ A = ἔλεος.   ⁵⁹ e, A = δοκεῖ.   g om.   α, S om.
next five words through hmt.   ⁶⁰ adef. bg read ὅλον δέ.   For τὸ δὲ . . .
ἐστίν A reads καὶ κακὸν τὸ ὅλον.   ⁶¹ α, S¹. aef read ὅσοι εἰσί.   bdg read
as in margin (save that g gives corruptly ὡς υἷαις ει).   A οὖν εἰσιν ὡς ὖες
δασεῖς.   ⁶² S¹ om.   ⁶³ d adds εἰπεῖν.   ⁶⁴ A = διὸ καί.   ⁶⁵ g adds πράξεσι.
S = βιβλίοις.   ⁶⁶ α. β, A, S¹ read as in margin.   hi add ῥητῶς.

III. ¹ A^{abb*cd} = καὶ ὑμεῖς.   ² α. β, A, S¹ read as in margin.   ³ S om.
⁴ g trs. after διπρόσωποι.   S om.   ⁵ ad, A read μόνον.   ⁶ α. β, A,
S om.   efg add καί.   ⁷ α. β, A, S read as in margin.   ⁸ hi read αὐτῆς.
A = τοιούτους.   ⁹ α. β, A, S read ποθοῦσιν (A ποθήσουσιν) αὐτήν.   ¹⁰ α,
β–ad, A, S (save that β–ad, A, S om. δέ).   a reads τὴν δὲ κακίαν φεύγετε.
d ἀποδράσατε οὖν τ. κ.   ¹¹ α. β, A, S read as in margin.   ¹² α, A^b. A^b
adds δοῦλοι.   β, A^{abb*adef}, S¹ read as in margin.   ¹³ f reads ἰδίοις.

IV. ¹ α, aef. bdg read ἄνδρες.   A adds εἰσίν.   ² β, A, S¹. α
corruptly reads κἂν μονοπρόσωποι (hi μονοπρόσωπον).   ³ hi trs. after
διπροσώπων.   ⁴ adef add ἀνθρώπων.   ⁵ α reads ἁμαρτωλῶν possibly
corrupt for ἁμαρτωλοί.   ⁶ e om.   ⁷ α. β, S¹ read as in margin.   ⁸ ef om.
⁹ α trs. before πονηρούς.   ¹⁰ α. S¹ practically the same = καλὸν καὶ κακόν.
adef read as in margin.   bg, A κακὸν διὰ καλοῦ.   ¹¹ α. b reads ὅλον
ἐστὶ δέ.   adefg ὅλον δ' ἐστί.   A^{ab} om. together with καλόν.   ¹² hi, g om.
d reads τόν.   ¹³ A = καί εἰσιν πάλιν τινὲς μισοῦντες.   S¹ adds δέ after ἐστί.
¹⁴ b, S¹ read ἀδικῶν.   hi, A read τὸν ἄδικον.   ¹⁵ α, adf. beg, A, S¹ om.

ΔΙΑΘΗΚΗ ΑΣΗΡ

καὶ[16] νηστεύοντα[17], *καὶ αὐτό ἐστι διπρόσωπον[18], ἀλλὰ ⌜τὸ
πᾶν⌝ ἔργον ἀγαθόν[19], ὅτι μιμεῖται[20] Κύριον, μὴ[21] †προσδοκώ- β, A, S¹
μενος[22] τὸ δοκοῦν καλὸν †μετὰ[23] *τοῦ ἀληθινοῦ[24] καλοῦ[25]. προσ-
4. Ἄλλος[26] οὐ θέλει *ἰδεῖν ⌜ἡμέρας⌝ ἀγαθὰς[27] μετὰ ἀσώτων, μενος.
ἵνα μὴ αἰσχρανεῖ[28] τὸ σῶμα[29] καὶ τὴν ψυχὴν μολυνεῖ[30]· β, S¹
*καίγε τοῦτο διπρόσωπον[31], ὅλον[32] δὲ καλόν[33] ἐστιν. 5. κακοῦ.
*Οἱ γὰρ[34] τοιοῦτοι δορκάσι[35] καὶ ἐλάφοις[36] *εἰσιν ὅμοιοι[37],
ὅτι ἐν ἤθει ἀγρίων[38] δοκοῦσιν ἀκάθαρτοι εἶναι, *τὸ δὲ πᾶν[39] β-de, S¹
καθαροί εἰσιν[39], ὅτι ἐν ζήλῳ Κυρίου[40] ⌜πορεύονται⌝, ἀπεχό- ἀγρίῳ.
μενοι *ὧν καὶ ὁ Θεὸς διὰ τῶν ἐντολῶν μισῶν ἀπαγορεύει[41], β, A, S¹
*ἀπείργων τὸ κακὸν τοῦ ἀγαθοῦ[42]. Θεοῦ.

[16] α, A add τόν, but β rightly om.   [17] b reads ληστεύοντα. S¹ corrupt.
[18] abef, A, S¹. α, dg read corruptly καίγε (dg καὶ) αὐτός ἐστι (c om.)
διπρόσωπος (d διπρόσωπον).   [19] β, A, S¹ add ἐστί.   [20] k adds τόν.
[21] d reads καί.   [22] c. hi, β, A^{ab*cd}, S¹ read as in margin. A^b = προσδέχεται
Θεός. προσδοκώμενος is a corruption of προσδεχόμενος or it is a translation
of חכמה corrupt for לחכמה = προσδεχόμενος.   [23] ⌐ = ב. corrupt for ב.
Thus we have 'the seeming good as the genuine good.' Yet עם
may have stood in this sense.   [24] d reads ἀληθινοῦ. A^{b*cdef} =
τῆς ἀληθείας.   [25] α, A^{ab}. β, S¹ read as in margin. A^{b*cdef} omit.
[26] α, aef. bdg read ἕτερος.   [27] c. h, b, S¹ read ἰδεῖν ἡμέραν ἀγαθήν (save
that ab¹, S¹ trs. ἰδεῖν after ἀγαθήν). d ἰδεῖν ἡμέραν κακήν. aefg ἀγ. ἡμέραν
ἰδεῖν. c may have been influenced by LXX of Ps. xxxiv. 12. In h, β, S¹
we have the technical use of יום טוב as meaning a time of enjoyment
or festival. Cf. Esther viii. 17. Text of h, β, S¹ is to be preferred.
A = ἀγαθὸν (A^{b*cd} om.) ἰδεῖν (transposing the ἰδεῖν after ἀσώτων).   [28] ef.
ad read αἰσχράνῃ. b χράνῃ. g μιανεῖ. c (h?) ἐχθραίνει. hi ἐχεράνῃ (sic).
The reading of α seems a corruption of that of β.   [29] b reads στόμα.
[30] β, A, S¹ trs. before τὴν ψ. For μολυνεῖ, hi, ad read μολύνῃ.   [31] α, abefg,
S¹ (save that c adds αὐτό and S¹ πᾶν after τοῦτο). d reads καίγε
καὶ τοῦτο ὅλον. ef add ἐστί. A = τοῦτο οὖν διπλόη ἐστί. a om. rest of
verse.   [32] α read μᾶλλον.   [33] d²g read κακόν.   [34] α. b, S¹ read
ὅτι οἱ. adefg οἱ. A = καὶ οἱ.   [35] be read δόρκοις. g prefixes τοῖς.   [36] g
prefixes τοῖς.   [37] α. β, A, S¹ read ὅμοιοί εἰσιν.   [38] α, ade, A^{ef(?)}. β-ade,
S¹ read ἀγρίῳ. A^{abb*cd(?)} = ἀγριότητι.   [39] A^{b*d} om.   [40] α. β, A, S¹ read as
in margin.   [41] h, β-g, A, S¹ (save that h om. καί, f τῶν, and A reads μισεῖν).
c reads ὧν ὁ Θεὸς μισεῖ. g οὖν τὸ πονηρόν, ἐργάζεσθε τὸ καλόν, ὅτι ὁ Θεὸς διὰ
τῶν ἐντολῶν τῶν ἔργων ὧν μισεῖ ἀπαγορεύει.   [42] β-ag, S¹ (save that bd, S¹
read ἀπείργον). c, a om. h reads τὸ κακὸν ἐκ τοῦ ἀγαθοῦ. g τὸ γινόμενον
ἀγαθόν. A = καὶ ἀπείργειν τὸ κακὸν τοῦ ἀγαθοῦ.

ΔΙΑΘΗΚΗ ΑΣΗΡ

V. Ὁρᾶτε¹, τέκνα², πῶς δύο³ εἰσὶν ⌐ἐν πᾶσιν⌐, ἐν⁴ κατέναντι τοῦ ἑνός, *καὶ ἐν ὑπὸ τοῦ ἑνὸς⁵ κέκρυπται· ⌐ἐν τῇ κτήσει ἡ πλεονεξία, ἐν τῇ εὐφροσύνῃ ἡ μέθη, ἐν τῷ γέλωτι τὸ πένθος, ἐν τῷ γάμῳ ἡ ἀσωτίᾳ⌐⁶. 2. Τὴν⁷ ζωὴν ὁ θάνατος διαδέχεται, τὴν δόξαν ἡ ἀτιμία, τὴν ἡμέραν ἡ νύξ⁸, τὸ φῶς τὸ σκότος· τὰ δὲ πάντα⁹ ὑπὸ ἡμέραν εἰσίν¹⁰, ὑπὸ ζωὴν¹¹ τὰ δίκαια, ⌐ὑπὸ θάνατον τὰ ἄδικα⌐¹². διὸ καὶ τὸν¹³ θάνατον ἡ αἰώνιος ζωὴ ἀναμένει¹⁴. 3. Καὶ οὐκ¹⁵ ἔστιν εἰπεῖν τὴν ἀλήθειαν ψεῦδος, οὐδὲ *τὸ δίκαιον ἄδικον¹⁶, ὅτι πᾶσα ἀλήθεια ὑπὸ *τοῦ φωτός¹⁷ ἐστιν, ⌐καθὼς τὰ πάντα¹⁸ ὑπὸ *τοῦ Θεοῦ⌐¹⁹. 4. Ταῦτα οὖν²⁰ πάντα ⌐ἐγὼ⌐²¹ ἐδοκίμασα ἐν τῇ ζωῇ μου, καὶ οὐκ ἐπλανήθην ἀπὸ τῆς ἀληθείας Κυρίου, καὶ²² τὰς ἐντολὰς τοῦ ὑψίστου²³ ἐξεζήτησα²⁴ κατὰ πᾶσαν ἰσχύν μου πορευόμενος²⁵.

VI. Προσέχετε οὖν *καὶ ὑμεῖς, τέκνα μου¹, *τὰς ἐντολὰς² Κυρίου³ μονοπροσώπως *ἀκολουθοῦντες τῇ ἀληθείᾳ⁴. 2. Ὅτι οἱ διπρόσωποι δισσῶς †κολάζονται⁵, ⌐Ὅτι καὶ πράσσουσι

β, Α, S¹ ὑπὸ ζωὴν τὰ δίκαια.

β, Α, S¹ πορευόμενος μονοπροσώπως εἰς τὸ ἀγαθόν.

V. ¹ b, A^{b*cd}, S¹ add οὖν. ² g om. A adds μου. ³ d adds ὁδοί. ⁴ a om. next five words through hmt. ⁵ g repeats. After κέκρυπται d adds καὶ γὰρ ἐν τῇ κρίσει ἡ προσωποληψία, μᾶλλον δὲ ἡ δοροληψία κέκρυπται. ⁶ α, adef, S¹ (save that all read κτίσει for κτήσει except h which reads κρίσει, α om. ἐν... πλεονεξία, d adds δέ after ἐν 1° and 2° and instead of ἡ ἀσωτία which α read and f om., ae, S¹ read ἡ ἀκρασία, d ἡ ἀτεκνία). bg, A om. ⁷ d reads πρὸς τούτοις δὲ τήν. ⁸ be, S¹ add καί. a om. next four words. ⁹ A adds ταῦτα. ¹⁰ bd, S¹ add καί. h om. next four words. ¹¹ g adds ἦν. Printed Arm. Text reads τῶν δικαίων for τὰ δίκαια. ¹² α. β, A, S¹ om. ¹³ g reads μετά. ¹⁴ h, β–g. c reads διαμένει. g μόνη μένει. ¹⁵ d om. ¹⁶ g reads ἄδικον δίκαιον. ¹⁷ α, bd. aefg read τὸ φῶς. ¹⁸ α, bd. aefg read ὅλα. ¹⁹ α, d. β–d read τὸν Θεόν. aef add ἐστίν. d εἰσίν. ²⁰ α, A. β, S¹ om. ²¹ α. β, A, S¹ om. ²² d, A read ἀλλά. d adds πάσας. ²³ h reads Κυρίου. ²⁴ e reads ἐζήτησα. ²⁵ α. β, A, S¹ read as in margin.

VI. ¹ α, adef. bg, S¹ read τέκνα καὶ ὑμεῖς. A = τέκνα μου. ² α, b. β–b read ταῖς ἐντολαῖς. ³ c, g. h, β–g prefix τοῦ. ⁴ h, β, A, S¹ (save that g reads ἀ. τὴν ἀλήθειαν and A καὶ ἀκολουθεῖτε τ. ἀ.). c reads ποιοῦντες. ⁵ A = κολασθήσονται. Text = ישאו or ישמו which should here have been rendered ἁμαρτάνουσι. The double nature of the sin is then stated in ver. 2. There is no mention here of punishment. In 1 Enoch v. 9 one or other of these Hebrew verbs is rendered by ἁμάρτωσιν in the Gizeh Greek Version and in the Greek followed by the Ethiopic Version is rendered by κολασθήσονται, but in this passage the former is right and the latter wrong. ⁶ α, adef, S¹ (save that d reads διότι for ὅτι). bg, A wrongly om.

VI. 5] ΔΙΑΘΗΚΗ ΑΣΗΡ 179

τὸ κακόν, καὶ συνευδοκοῦσι τοῖς πράσσουσιν[7][6], *μιμούμενοι bg, A τὰ τὰ πνεύματα τῆς πλάνης καὶ κατὰ τῶν ἀνθρώπων συναγωνιζόμενοι[7]. πνεύματα

3. Γ'Υμεῖς οὖν, τέκνα μου[18], τὸν νόμον Κυρίου[9] φυλάξατε· πλάνης καὶ[10] μὴ προσέχετε *τῷ κακῷ ὡς καλῷ[11], ἀλλὰ κατὰ[12] τὸ μισήσατε ὄντως[9] καλὸν[13] ἀποβλέπετε, καὶ διατηρεῖτε αὐτὸ ἐν πάσαις τὰ κατὰ ταῖς[14] ἐντολαῖς Κυρίου, εἰς αὐτὸ[15] ἀναστρεφόμενοι, καὶ ἐν ἀνθρώ- αὐτῷ καταπαύοντες[16]. 4. Ὅτι τὰ τέλη τῶν ἀνθρώπων πων ἀγω- δεικνύουσι[17] τὴν δικαιοσύνην αὐτῶν[18], *καὶ †γνωρίζονται[19] β, A, S¹ *τοῖς ἀγγέλοις[20] Κυρίου, καὶ τοῦ Βελίαρ[21]. 5. Ὅτε[22] γὰρ (+καὶA) †πονηρὰ[23] ἡ ψυχὴ ἀπέρχεται[24], βασανίζεται ὑπὸ τοῦ πονηροῦ γνωρίζον- πνεύματος, *ὃ καὶ[25] ἐδούλευεν[26] ἐν ἐπιθυμίαις[27] καὶ ἔργοις γνωρί- πονηροῖς. ζουσι).

β-ef, S¹ τοὺς ἀγγέλους. β, A, S¹ τεταραγμένη.

this clause which states the two sins of which the διπρόσωποι are guilty. This clause has been taken over bodily by S. Paul into Rom. i. 32. [7] α (save that h reads ἀγωνιζόμενοι). aef, S¹ support α but differ slightly and gave a different order: τὰ πνεύματα τῆς πλάνης μιμούμενοι (+τὰ e, S¹) κατὰ τῶν ἀνθ. ἀγωνιζόμενα. bg, A owing to the loss of the preceding clause rewrote the text. d is conflate as frequently, combining both texts. bdg, A = τὰ πνεύματα τῆς πλάνης μισήσατε τὰ (d ὅτι, g καὶ τὰ) κατὰ τῶν ἀνθρώπων (b τὸν ἄνθρωπον) ἀγωνιζόμενα (d ἀγωνίζονται). [8] α, aef, S¹. bdg, A om. [9] g om. [10] c om. [11] α, ag, A, S¹. bef read τὸ κακὸν ὡς καλόν. d τῷ καλῷ ὡς κακῷ. [12] α, aef. bd reads εἰς. g om. [13] For ὄντως καλόν A^{ef} reads δίκαιον λόγον (by internal corruption), A^{abb*cd} δίκαιον καὶ καλόν. [14] α, d. abefg, A om. [15] b, S¹ read αὐτόν. [16] A read ՏոգաղերայլP (=φροντίζοντες) corrupt for ՏաՍգաերայլP = καταπαύοντες (intransitively used). [17] α (for usual form δεικνύασι). β reads δείκνυσι. [18] S om. A^{ab} om. rest of VI and all VII. [19] α, abef, S¹ read γνωρίζοντες. dg γνωριζόντων. A = καὶ γνωρίζειν (= καὶ γνωρίζουσι). But all are corrupt. γνωρίζονται τοῖς ἀγγέλοις = למלאכים יודעו where the verb is corrupt for יודעי = 'meet the angels.' The LXX implies the same corruption in Amos iii. 3. Read καὶ συναντῶσι. [20] α, ef. abdg, S¹ read τοὺς ἀγγέλους. A = τὸν νόμον. [21] α. β, A, S¹ = Σατανᾶ. [22] α, aef. bdg read ἐάν. [23] α. β, A, S¹ (save that e reads τεταγμένη) read as in margin. α = רעשה which may be a corruption of רעשה = τεταραγμένη. The text of β is preferable, since ἥσυχος defines the opposite emotion. See next verse. [24] d reads ἐξέρχεται. e ἀνέρχεται. [25] c, g (omitting καί). h reads καὶ γάρ. β-g read ᾧ καί. [26] c. h, β, S¹ read ἐδούλευσεν. [27] h reads ἐπιθυμίᾳ. [28] α, f (omitting ἐστίν). abeg, A read ἡσύχως. d ἡσύχως εἰσέρχεται καί.

180   ΔΙΑΘΗΚΗ ΑΣΗΡ   [VI. 6

α
6. Ἐὰν δέ *ἐστιν ἥσυχος²⁸ *ἐν χαρᾷ²⁹ †γνωρίζει³⁰ τὸν ἄγγελον τῆς εἰρήνης, *καὶ εἰσφέρει αὐτὸν εἰς ζωὴν αἰώνιον³¹.

β, A, S¹
6. Ἐὰν δὲ ἡσύχως ⌜ἐν χαρᾷ⌝ †ἐγνώρισε τὸν ἄγγελον τῆς εἰρήνης, παραμυθεῖται αὐτὸν ἐν ζωῇ.

hi, β, A, S¹ καὶ (h, f om.) ἐν ἡσυ- χίᾳ συν- τρίβων.

VII. Μὴ γίνεσθε¹ ὡς Σόδομα², ἥτις ἠγνόησε³ *τοὺς ἀγγέλους⁴ Κυρίου, καὶ ἀπώλετο ἕως⁵ αἰῶνος.   2. *'Εγὼ γὰρ οἶδα⁶ ὅτι ἁμαρτήσετε⁷ καὶ παραδοθήσεσθε εἰς χεῖρας ἐχθρῶν ὑμῶν, ⌜καὶ⌝¹⁸ ἡ γῆ ὑμῶν⁹ ἐρημωθήσεται¹⁰, καὶ τὰ ἅγια ὑμῶν καταφθαρήσονται¹¹, καὶ ὑμεῖς¹² διασκορπισθήσεσθε¹³ εἰς τὰς τέσσαρας¹⁴ γωνίας *τῆς γῆς¹⁵, καὶ ἔσεσθε *εἰς διασπορὰν ἐξουδενωμένοι¹⁶ ὡς¹⁷ ὕδωρ¹⁸ ἄχρηστον¹⁹,   3. "Εως οὗ²⁰ ὁ ὕψιστος ἐπισκέψηται τὴν γῆν, καὶ αὐτὸς ἐλθὼν [ὡς ἄνθρωπος²¹ μετὰ ἀνθρώπων *ἐσθίων καὶ πίνων²²], καὶ²³

²⁹ This phrase is omitted by A, S¹. If it is original it should be taken with γνωρίσει. But it seems to be an intrusion or a corruption. We should expect ἀπέρχεται. Cf. ver. 5.   ³⁰ α. β, A, S read ἐγνώρισεν. Verb corrupt as in ver. 5. See note 19. Read συναντήσει or συνήντησε.   ³¹ α (hi reading αὐτήν). β, A, S¹ read (+καὶ S¹) παραμυθεῖται (dg, A παρακαλοῦντα, b παρακαλέσει) αὐτὸν ἐν ζωῇ (save that e reads αὐτήν and A ζωὴν αὐτοῦ). d adds αἰωνίᾳ καὶ ἀτελευτήτῳ. The text of α is to be preferred. εἰσφέρει = מְנַחֵה. This corrupted as מְנַחֵם explains aef, S¹ παραμυθεῖται and bdg, A παρακαλοῦντα. The LXX implies the same corruption in 1 Sam. xxii. 4; Is. lvii. 18. Moreover in T. Benj. vi. 1 reads ὁ γὰρ ἄγγελος τῆς εἰρήνης ὁδηγεῖ τὴν ψυχὴν αὐτοῦ where ὁδηγεῖ = מנחה or ינחה—a passage that confirms the text of α. It is noteworthy that Symmachus renders מנחם as if it were ינחם in Job xxix. 25—the converse corruption of that presupposed by β, A, S¹.

VII. ¹ b, S¹ add τέκνα. d prefixes οὖν.   ² A, S¹ read Σοδομῖται followed by the requisite plurals. α om. rest of verse.   ³ A^abb*d read ἔγνωσαν, but A^cfg support text.   ⁴ d reads ἀγγέλους. A = τὸν ἄγγελον τῆς εἰρήνης.   ⁵ hi add τοῦ.   ⁶ c. hi, A reads ἐγὼ οἶδα. β, S¹ οἶδα γάρ.   ⁷ β–g. α read ἁμαρτήσητε. g ἁμαρτήσεσθε.   ⁸ α, A om.   ⁹ hi om.   ¹⁰ b om. next five words.   ¹¹ α. β–bd read καταφθαρήσεται. d διαφθαρήσονται.   ¹² d adds δέ.   ¹³ d adds ἐν τοῖς ἔθνεσιν.   ¹⁴ A^b*d = πάσας.   ¹⁵ af om.   ¹⁶ α. β, S¹ read ἐν διασπορᾷ (d διαφθορᾷ) ἐξουθενωμένοι (aefg ἐξουδενωμένοι). A = διασπαρέντες καὶ ἐξουθενωμένοι.   ¹⁷ c reads ὡσεί, the ει being added above the line.   ¹⁸ d reads εἶδος.   ¹⁹ α add here περὶ τοῦ (c om.) Χριστοῦ, c in margin and hi in text after τὴν γῆν. d τοῦ Χριστοῦ.   ²⁰ g om.   ²¹ A adds καί. The bracketed clause is obviously a Christian interpolation.   ²² A =

συντρίβων²⁴ τὴν κάραν²⁵ τοῦ δράκοντος *ἐπὶ τοῦ²⁶ ὕδατος, β–g, S¹
*οὗτος σώσει²⁷ τὸν Ἰσραὴλ καὶ πάντα τὰ ἔθνη [θεὸς²⁸ εἰς ἀπειθεῖν.
ἄνδρα ὑποκρινόμενος²⁹]. 4. Εἴπατε οὖν, ⌜τέκνα μου καὶ β, A, S¹
ὑμεῖς⌝³⁰ ταῦτα τοῖς τέκνοις ὑμῶν³¹, μὴ ἀπειθήσωσιν³² αὐτῷ. γάρ (aef,
5. *'Εγὼ γὰρ ἔγνων³³ ὅτι ⌜ἀπειθοῦντες⌝³⁴ *ἀπειθήσετε, καὶ S¹ ἔγνων
ἀσεβοῦντες ἀσεβήσετε³⁵, μὴ προσέχοντες³⁶ *τῷ νόμῳ³⁷ θεοῦ, ταῖς
ἀλλ' ἐντολαῖς ἀνθρώπων *κακίᾳ διαφθειρόμενοι³⁸. 6. *Καὶ πλαξὶ
διὰ τοῦτο³⁹ διασκορπισθήσεσθε⁴⁰ ὡς Γὰδ καὶ⁴¹ Δάν, οἱ τῶν οὐ-
ρανῶν.
ἀδελφοί μου⁴², *καὶ ἀγνοήσετε χώρας αὐτῶν⁴³ καὶ φυλὴν καὶ β, A, οἱ
γλῶσσαν⁴⁴. 7. Ἀλλ' ἐπισυνάξει ὑμᾶς⁴⁵ ἐν πίστει διὰ χώρας
τῆς⁴⁶ εὐσπλαγχνίας αὐτοῦ, καὶ⁴⁷ δι' Ἀβραὰμ καὶ Ἰσαὰκ ἀγνοή-
καὶ Ἰακώβ. σουσιν

(A ἠγνόησαν). β–e, A, S¹ ὑμᾶς Κύριος. β, A, S¹ ἐλπίδα.

ἔδεται καὶ πίεται. ²³ c, f, S¹ om. hi, β–f, A, S¹ add as in margin. ²⁴ A, S¹
= συντρίψει. ²⁵ ch. i reads καρδίαν, β κεφαλήν. ²⁶ g, A^cfs. A^{b*d} om.
together with ὕδατος. α, β–g read διά a change which may be due to
Christian influences, but yet διά can here mean 'in.' S¹ = τῇ βουλῇ or
τῷ ὕδατι. The text goes back to Ps. lxxiv. 13 מים־על. ²⁷ α, befg, S.
a reads σώσῃ. d σώσει οὕτως. A^{b*edg} = καὶ σώσει. ²⁸ f reads ἕως. a om.
θεὸς ... ὑποκρινόμενος. The bracketed clause which follows is obviously
Christian. ²⁹ hi, β–ag, S. c reads ἐπικρ. g ἀποκρ. A = φαινόμενος.
³⁰ α. β, A, S om. ³¹ d adds τοῦ ἐντείλασθαι αὐτοῖς. ³² α. β–g read
ἀπειθεῖν. g ἀπιστεῖν. A = ἀπιστήσωσιν. ³³ α. aef, S¹ and bdg, A^{b*cdfg}
read as in margin(save that g reads πράξεσιν τῶν ἀνθρώπων for πλ. τῶν οὐρανῶν).
³⁴ g om. ³⁵ α (save that they put the verbs in the aorist subj. and
hi add αὐτῷ after the first). β–d, A, S¹ read ἀπειθήσετε (A ἀπειθήσουσι)
αὐτῷ καὶ ἀσεβοῦντες ἀσεβήσετε (ab ἀσεβήσητε, A ἀσεβήσουσι) εἰς αὐτόν (g αὐτῷ).
d ἀπειθήσειτε εἰς αὐτόν. S¹ = αὐτῷ ἀπειθήσετε. ³⁶ g reads προσέχετε οὖν.
³⁷ c, β–b. hi, b read τὸν νόμον. hi, β–f add τοῦ. ³⁸ α (save that hi read
διαφερόμενοι before κακίᾳ). defg read μονοπροσώπῳ (f μονοπροσώπων) κακίᾳ
φερόμενοι (f διαφερόμενοι). ab om. A = κακίᾳ (or εἰς κακίαν) πίπτοντές ἐστε. But
ܘܐܠܒܘܠܦ (= πίπτοντες) may be corrupt for ܐܝܝܡܠܒܘܠܦ = διαφθειρόμενοι.
S¹ = μόνον ἕξετε κακίαν. ³⁹ hi. c reads καί. β, S¹ διὰ τοῦτο. A ἀλλὰ διὰ τοῦτο.
⁴⁰ hi, g read σκορπισθήσεσθε. ⁴¹ i reads ὡς. b adds ὡς. ⁴² A = ἡμῶν.
⁴³ α (save that c reads ἀγνωήσειτε and h ἀγνοήσητε). β, A read as in margin.
S¹ = οὐκ ὄψονται τὴν χώραν αὐτῶν. The text of β, A is preferable owing to
next verse. ⁴⁴ β, A, S¹ add αὐτῶν. ⁴⁵ α, e. β–e, A, S¹ read as in
margin (save that A^s reads ὑμᾶς θεός). ⁴⁶ c. h om. β, A, S¹ read as in
margin (save that f reads ἐλπίδος). ⁴⁷ α, d. β–d, A, S¹ om.

ΔΙΑΘΗΚΗ ΑΣΗΡ   [VIII. 1

β-d,A,S¹ VIII. Καὶ¹ εἰπὼν αὐτοῖς ταῦτα ἐνετείλατο λέγων²· Θάψατέ
αὐτοῖς   με ἐν³ Χεβρών⁴. Καὶ ἀπέθανεν⁵ †ὕπνῳ⁶ καλῷ κοιμηθείς⁷.
λέγων:
β-d,A,S¹ 2. Καὶ⁸ ἐποίησαν οἱ υἱοὶ αὐτοῦ ὅσα⁹ ἐνετείλατο αὐτοῖς, καὶ¹⁰
Καὶ μετὰ   *ἀνήγαγον αὐτὸν ἐν Χεβρὼν καὶ ἔθαψαν αὐτὸν¹¹ μετὰ τῶν πατέρων
ταῦτα.   αὐτοῦ¹².
bg, A
ἀναγα-
γόντες
αὐτὸν
ἔθαψαν.
            Διαθήκη Ἰωσὴφ τοῦ ἑνδεκάτου υἱοῦ Ἰακὼβ καὶ
                              Ῥαχιήλ¹.
β, S¹
τέκνα μου   I. Ἀντίγραφον διαθήκης Ἰωσήφ². Ἐν τῷ μέλλειν αὐτὸν
καὶ ἀδελ- ἀποθνῄσκειν³, καλέσας⁴ τοὺς υἱοὺς αὐτοῦ καὶ τοὺς ἀδελφοὺς
φοί.
β, Aabc   ⌜αὐτοῦ⌝ εἶπεν αὐτοῖς.
dfg, S¹ 2. *Ἀδελφοί μου καὶ τέκνα μου⁵,
υἱοί, τοῦ   Ἀκούσατε Ἰωσὴφ⁶ τοῦ ἠγαπημένου ὑπὸ⁷ Ἰσραήλ⁸,
πατρὸς
ὑμῶν.   Ἐνωτίσασθε *ῥήματα τοῦ στόματός μου.⁹

VIII. ¹This verse d gives as follows: καὶ ταῦτα εἰπὼν αὐτοῖς ἐκοιμήθη
ἐν εἰρήνῃ.   ² α. β–d, A, S¹ read as in margin.   ³ α, g. abef read εἰς.
⁴ h, e read Χευρών.   ⁵ h, aef add ἐν.   ⁶ = ישן corrupt for ישב = γήρει.
See T. Iss. vii. 9; T. Benj. xii. 2. The same corruption is found in
T. Zeb. x. 6.   ⁷ A = ἐκοιμήθη.   ⁸ α. β–d, A, S¹ read as in margin.
For καὶ... αὐτόν 2° d reads καὶ ἀγαγόντες αὐτὸν οἱ υἱοὶ αὐτοῦ ἔθαψαν αὐτὸν
ἐν Χεβρὼν ἐν τῷ σπηλαίῳ διπλῷ.   ⁹ α. β–d, A, S¹ read ὥς.   ¹⁰ g om.
¹¹ α, aef (save that aef om. ἐν X. and h, aef om. αὐτόν 2°). S¹ = ἀνήγαγον
αὐτόν (rest corrupt). bg, A read as in margin (save that g reads καὶ
θάψαντες for αὐτ. ἔθ.).   See d in note 8.   d adds ἐν X. ἐν τῷ σπηλαίῳ
διπλῷ.   ¹² Aᵇ adds ἐν Χεβρών. f, S¹ read Ἀσσὴρ υἱὸς Ἰακώβ ιʹ, υἱὸς
Ζέλφας βʹ (S¹ Z. βʹ καὶ υἱὸς Ἰ. ιʹ) καὶ (f om.) ἔζησεν ἔτη (S¹ om.) ρκςʹ.   g adds
τέλος διαθήκης Ἀσήρ· οὗτος ἐκ τῆς Ζέλφας δεύτερος ἔζησε ἔτη ρκςʹ.

¹Title. α as text (save that h om. τοῦ before ἑνδεκάτου and adds πρώτου
after Ῥαχ.). abef, S¹ read δ. Ἰωσ. ιαʹ (ef, S¹ om.) περὶ σωφροσύνης (+ Ἰωσὴφ
ἑρμηνεύεται ὄνειδου (sic) ἀφαίρεσις f). d δ. Ἰωσ. τοῦ παγκάλλου (sic) υἱοῦ Ἰηκώβ
ιαʹ, υἱοῦ Ῥαχὴλ αʹ περὶ σωφροσύνης. g ιαʹ only. A = διαθήκη Ἰωσήφ (+ περὶ
φθόνου Aᵇʰᵉᶠᵍ).   ²d adds ἃ διέθετο τοῖς υἱοῖς αὐτοῦ.   ³ d adds ἐν γὰρ τῷ
ριʹ ἔτει τῆς ζωῆς αὐτοῦ.   ⁴ α add γάρ.   ⁵ α, Aᵇʰʰ (save that h om. κ. τέκνα
μου).   β, S¹ read as in margin (save that g reads τεκνία and dg add μου
after ἀδ.). Aᵇ*ᶜᵈᶠᵍ om.   ⁶ S¹ om. g adds καί.   ⁷ c, g om. d adds
Κυρίου Θεοῦ.   ⁸ Aᵇ* add πατρὸς ὑμῶν.   ⁹ α. β, Aᵃᵇᶜᵈᶠᵍ, S¹ read as in
margin (save that a reads ἡμῶν, d ῥήματα for τοῦ and Aᵇ om. υἱοί). Aᵇ*

3. Ἐγὼ εἶδον ἐν τῇ ζωῇ μου τὸν φθόνον καὶ τὸν θάνατον
Καὶ[10] οὐκ ἐπλανήθην ⌜ἀλλ' ἔμεινα⌝[11] ἐν τῇ ἀληθείᾳ
Κυρίου.

4. Οἱ[12] ἀδελφοί μου οὗτοι ἐμίσησάν με, *Ὁ δὲ Κύριος[13]
ἠγάπησέ με·
Αὐτοὶ[14] ἤθελόν με[15] ἀνελεῖν, *Ὁ δὲ Θεὸς[16] τῶν πατέρων
μου[17] ἐφύλαξέν με·
Εἰς λάκκον με[18] ἐχάλασάν, Καὶ ὁ ὕψιστος ἀνήγαγέν με[18.]

5. Ἐπράθην *εἰς δουλείαν[19], *Καὶ ὁ πάντων δεσπότης[20] β, S εἰς
ἠλευθέρωσέν με· δοῦλον.
Εἰς αἰχμαλωσίαν ἐλήφθην[21], Καὶ ἡ κραταιὰ αὐτοῦ χείρ
ἐβοήθησέ μοι·
Ἐν λιμῷ συνεσχέθην, Καὶ αὐτὸς ὁ Κύριος διέθρεψέ με[22.]

6. Μόνος ἤμην[23], καὶ ὁ Θεὸς[24] παρεκάλεσέ με·
Ἐν ἀσθενείᾳ ἤμην, καὶ ὁ Κύριος[25] ἐπεσκέψατό με[26.]
Ἐν φυλακῇ ἤμην, καὶ ὁ †σωτὴρ[27] ἐχαρίτωσέ με[28.]
[Ἐν δεσμοῖς καὶ ἔλυσέ με.][29]

ῥήματά μου. [10] d reads ἀλλ'. [11] α, def, S¹ (save that def read ἔμενον). a reads ἀλλ'. bg, A om. [12] g reads ἐπεὶ γοῦν οἱ. A^{ahb*cdfg}, S¹ καὶ οἱ, but not A^b as text states. [13] α, d. β–d, A^{abh}, S¹ read καὶ (+ ὁ aefg) Κύριος. A^{b*cdfg} om. together with next two words. [14] g reads οὗτοι. A^{b*}, S¹ read καί. [15] d trs. after ἀνελεῖν. [16] c, A^b. a reads καὶ ὁ Κύριος. h, bdef, A^{ab*cdg} καὶ ὁ Θεός. [17] ef om. A^b = ἡμῶν. [18] c om. [19] α, A. β, S read as in margin save that g reads ὡς δοῦλος. [20] α. β–ab, A^{b*cdg} read ὁ πάντων Κύριος. a καὶ ὁ Θεός. b, S καὶ ὁ Κύριος (+ ἐκ πάντων S). A^{ab} om. together with ἠλευθέρωσέν... ἐλήφθην. [21] c, d read ἀνελήφθην. A^{b*cdfg} om. next ten words. [22] c reads μοι. [23] ch om. next sixteen words through hmt. af om. next eight words through hmt. [24] beg, A, S. d reads Κύριος. d, A^{b*}, S² add τοῦ πατρός μου. [25] aef. bdg, S¹ read ὕψιστος. A^{abhcdfg} = Θεός. A^{b*} = φύλαξ. [26] a om. next eight words. A^{abh} next six words. [27] α, β. We should read Θεός μου with A^{b*cdfg} or Κύριος with S¹. g adds ἐν πᾶσιν. [28] c reads μοι. [29] d om. It is found in all other MSS. and in A, S. A^{ab*cd} add Κύριος, A^{ef} Θεός before ἔλυσε, but not A^{bh}. I have bracketed the line as an interpolation. It may be a dittography, and have arisen from a corrupt repetition of the preceding in the Hebrew. Thus δεσμός and φυλακή can both go back to מִסְגֵּר. ἐχαρίτωσε = חָנַן which might possibly be corrupted with הִתִּיר = ἔλυσε. ἐχαρίτωσε forms a good parallel to the two preceding verbs and ἔλυσε does not. Finally the parallelism is destroyed by this addition, as verses 4, 5, 6, 7 form stanzas of three lines each. a om.

ΔΙΑΘΗΚΗ ΙΩΣΗΦ

β, A, S¹
Αἰγυ-
πτίων.
deg, Aᵃᵇ
ἐν
φθόνοις.
συνδού-
λων.
β–b
οὕτως
(d μετὰ
ταῦτα,
ag om.)
ὁ εὐνοῦ-
χος Φ.
β, A, S¹
ἀπω-
θεῖται.
bg, Aᵃᵇʰ,
S¹τόποις.
β, S¹
παρί-
σταται.

7. Ἐν διαβολαῖς καὶ συνηγόρησέ μοι.
   Ἐν λόγοις³⁰ ἐνυπνίων³¹ πικροῖς³² καὶ³³ ἐρρύσατό με³⁴.
   Δοῦλος³⁵ καὶ ὕψωσέ³⁶ με.

II. *Καὶ οὗτος ⌜ὁ ἀρχιμάγειρος Φαραὼ⌝¹ ἐπίστευσέ μοι τὸν οἶκον αὐτοῦ. 2. Καὶ ἠγωνισάμην πρὸς γυναῖκα ἀναιδῆ ἐπείγουσάν² με παρανομεῖν μετ' αὐτῆς, ἀλλ' ὁ Θεὸς *τοῦ πατρός μου³ ἐρρύσατό⁴ με ἐκ⁵ φλογὸς καιομένης. 3. Ἐφυλακίσθην⁶, ἐτύφθην⁷, ⌜ἐξεμυκτηρίσθην⌝⁸, καὶ ἔδωκέ με⁹ ὁ¹⁰ Κύριος¹¹ εἰς οἰκτιρμοὺς ἐνώπιον τοῦ δεσμοφύλακος.

4. Οὐ γὰρ¹² ἐγκαταλείπει¹³ Κύριος¹⁴ τοὺς φοβουμένους αὐτόν,
   *Οὐκ ἐν σκότει, ἢ δεσμοῖς¹⁵, ἢ θλίψεσιν, ἢ ἀνάγκαις.

5. Οὐ γὰρ ὡς ἄνθρωπος ἐπαισχύνεται ὁ Θεός,
   Οὔτε¹⁶ ὡς υἱὸς ἀνθρώπου δειλιᾷ,
   Οὔτε¹⁷ ὡς γηγενὴς [ἀσθενεῖ ἢ]¹⁸ πτοεῖται¹⁹,

6. Ἐν²⁰ πᾶσι δὲ τούτοις²¹ προίσταται²²
   Καὶ ἐν διαφόροις τρόποις²³ παρακαλεῖ²⁴.

ἐν δεσμοῖς to end of chapter.   ³⁰ α, β, S. A read ρωἶωπυ (= φυλακαῖς) but this is probably corrupt for ρωἶωυ = λόγοις.   ³¹ α. β, A, S¹ read Αἰγυπτίων (d Αἰγυπτίοις).   ³² Aᵃᵇʰ om.   ³³ A adds ἐκεῖθεν.   ³⁴ f, Aᵇ*ᶜᵈᵍ om. next line.   ³⁵ α (save that h reads δοῦλον). deg, Aᵃᵇ read as in margin. b ἐν φθόνοις σὺν δόλοις. S¹ = ἐν φθόνοις σὺν πόνοις.   ³⁶ S¹ = ἐξείλατο.

II. ¹ α (save that h reads αὐτός). adefg read καὶ (a om.) (+ μετὰ ταῦτα d, + οὕτως eg, + οὗτος f) ὁ εὐνοῦχος (d οἰνοχόος) Φ. b κ. οὕτως Φωτιμὰρ ὁ ἀρχιμάγειρος Φ. A = καὶ οὕτως Πεταφρῆς (Aᵇ*ᶜᵈᶠˢ Φωτιφάρ). S¹ = Καὶ οὕτως ὁ ἄρχων τῶν εὐνούχων. g adds ὁ Φωτι.   ² g. α, adef read ἐπειγούσης. b ἐπειγούσῃ.   ³ h, Aᵇ*ᶜᵈᶠˢ. ·c reads τῶν πατέρων μου. befg, Aᵃᵇʰ, S¹ Ἰσραὴλ τοῦ πατρός μου (g, Aᵃᵇʰ τ.π.μ. Ἰσραήλ). ad τοῦ πατρός μου Ἰακώβ (a Ἰ.τ.π.).   ⁴ b reads ἐφύλαξε.   ⁵ ·c. h, β read ἀπό.   ⁶ g prefixes καί.   ⁷ be read ἐνυπτήθην.   ⁸ α, ef. bdg read ἐμυκτηρίσθην. α, A om.   ⁹ h, bf. c, adeg read μοι. The words ἔδωκέ με .. εἰς οἰκτιρμοὺς ἐνώπιον are a literal translation of the Hebrew נתן אתי לרחמים לפני. Cf. Dan. i. 9.   ¹⁰ α. β om.   ¹¹ h reads Θεός.   ¹² α, d. β–d read μὴ γάρ (efg γὰρ μή).   ¹³ α, A. aef, S read ἐγκαταλείψει. bg ἐγκαταλίπῃ (+ ποτε g). d ἐγκαταλειμπάνει.   ¹⁴ α, adef, A. bg, S om. d adds πώποτε.   ¹⁵ A = οὐδὲ ἐνσκοτεῖ δεσμοῖς.   ¹⁶ α, adef. bg read οὐδέ.   ¹⁷ α, def. abg read οὐδέ.   ¹⁸ Bracketed as an interpolation. Possibly it is an alternative rendering with πτοεῖται of חתָּה.   ¹⁹ α. Reading of β, A, S in margin appears to be a corruption of α.   ²⁰ b (h?) read ἐπί. A = ἐν γάρ.   ²¹ α, β–bg. bg, Aᵃᵇʰ, S¹ read as in margin. Aᵇ*ᶜᵈᶠˢ = Κύριος (by an internal corruption of Aᵃᵇʰ).   ²² α. β, S¹ read as in margin. A = ἐστί.   ²³ α, β–af, A. a read τύποις. f προσώποις.

ΔΙΑΘΗΚΗ ΙΩΣΗΦ

Ἐν βραχεῖ²⁵ ἀφίσταται²⁶ *εἰς τὸ²⁷ δοκιμάσαι τῆς ψυχῆς β, A τὸ διαβούλιον. ἀφιστάμενος.

7. *Ἐν δέκα²⁸ πειρασμοῖς *δόκιμον ἀπέδειξέ με²⁹ Καὶ ἐν πᾶσιν αὐτοῖς.³⁰ ἐμακροθύμησα³¹. Ὅτι³² μέγα φάρμακόν ἐστιν *ἡ μακροθυμία³³ Καὶ πολλὰ³⁴ ἀγαθὰ δίδωσιν *ἡ ὑπομονή³⁵.

III. Ποσάκις ἡ Αἰγυπτία¹ ἠπείλησέ² μοι³ θάνατον; ποσάκις⁴ τιμωρίαις⁵ ⌜με⌝⁶ παραδοῦσα⁷ ἀνεκαλέσατο⁸ [καὶ β–α,Aᵃ, ἠπείλησέ μοι⁹] *καὶ μὴ θέλοντός μου¹⁰ συνελθεῖν αὐτῇ ἔλεγέ¹¹ θέλοντι. S¹ μὴ μοι· 2. Κυριεύσεις¹² *κἀμοὶ καὶ πάντων τῶν ἐν τῷ οἴκῳ μου¹³, β, A, S¹ *ἐὰν ἐπιδῷς ἑαυτὸν¹⁴ εἰς ἐμέ, καὶ ἔσῃ ὡς δεσπότης ἡμῶν¹⁵. ἔλεγε δέ. β, A, S¹ 3. Ἐγὼ δὲ¹⁶ ἐμνημόνευον¹⁷ *λόγους πατρός μου¹⁸, καὶ μου καὶ εἰσερχόμενος εἰς τὸ ταμιεῖον *⌜κλαίων⌝ προσηυχόμην¹⁹ πάντων τῶν ἐμῶν. Κυρίῳ²⁰. 4. Καὶ ἐνήστευον ἐν τοῖς ἑπτὰ ἔτεσιν²¹ ἐκείνοις, dg,A μου καὶ ἐφαινόμην *τῷ Αἰγυπτίῳ²² ὡς ἐν τρυφῇ διάγων· ὅτι²³ Ἰακώβ.

S = ὀδύναις. ²⁴A reads *ωηωξh* (= παρακαλεῖται) corrupt for *ωηωξh* = παρακαλεῖ. a om. next line. ²⁵c, d read βραχύ. ²⁶α. β, A read as in margin. S¹ = ἐπιστάμενος. ²⁷h reads ἐν τῷ, g καὶ εἰς τό. ²⁸β–d, A. α read ἐν ἕνδεκα. d διὰ τοῦτο ἐν. g ἕως δέκα. S¹ = ἐν ἐννέα. ²⁹α. β–d, A, S¹ read δόκιμόν με ἀνέδειξε. d ἐδοκίμασε. ³⁰g, A reads τούτοις. ³¹A = ἐδοκιμάσθην. ³²d reads οἶδα ὅτι. ³³Aᵃʰ ἡ ὑπομονή. Aᵇ = αἱ ὑπομοναί (not sing. as in text). Aᵇ*ᶜᵈᵍ = αἱ μακροθυμίαι. S om. next line. ³⁴Aᵇ*ᶜᵈᵍ om. ³⁵Aᵇ*ᶜᵈᵍ = ὑπομένουσι.

III. ¹d adds Μέμφις. g repeats ποσ. ἡ Αἰγ. S¹ reads οἱ Αἰγ. ²c reads ὑπείλησε. e ἠθέλησεν. S¹ = ἠπείλησαν. ³g om. ⁴g adds ἡ Αἰγυπτία. ⁵h reads εἰς τιμωρίας. g τιμωρίᾳ. d ἀπειλαῖς and om. next seven words. ⁶α. β, A, S¹ om. ⁷a reads παραδοῦναι. A° = παρέδωκε. ⁸A = πάλιν ἀνεκαλέσατο. For ἀνεκαλέσατο... αὐτῇ a reads ἀλλ' ὁ Θεὸς ἐρρύσατό με. befg, Aᵃᵇᵇ*ᶜᵈ, S¹ add με. ⁹g, Aᵃᵇᵇ*ᶜᵈ om. I have bracketed καὶ ἠπείλησέ μοι as an interpolation. ¹⁰α, Aᵃʰ. bdef, S¹ read as in margin. g μὴ θελήσας. Aᵇ*ᶜᵈᵍ = ἀλλ' ἐγὼ οὐκ ἠθέλησα. Aᵇ καὶ (text wrong here) οὐκ ἠθελησα. ¹¹α. β, S¹ read as in margin (save that a reads γάρ for δέ). A=καὶ ἔλεγε. For following μοι g reads ὅτι. ¹²β–f. α, f read κυριεύσῃς. ¹³α. β, A, S¹ read as in margin. ¹⁴d trs. ἐὰν... ἐμέ before κυριεύσεις. Aᵃᵇᵇ = καὶ (Aᵃʰ om.) ἐὰν κυριεύσῃς. ¹⁵f om. A = μου. ¹⁶b, S¹ read οὖν. ¹⁷α. β reads ἐμνησκόμην. ¹⁸c. dg, A read λόγων (+πατέρων Aᵉ) πατρός μου (g μου πατρὸς) Ἰακώβ. These (excepting Aᵉ) are right. Cf. Jub. xxxix. 6. h, aef, S¹ read λόγους (aef λόγων) πατέρων μου. b λόγους πατέρων πατρός μου Ἰακώβ. ¹⁹c. h reads κλαίων καὶ εὐχόμενος. β, A, S¹ read προσηυχόμην. c adds τῷ. ²⁰A = θεῷ. d adds τῷ θεῷ. ταῦτά μοι ἐποίησα ἐπὶ ἔτη ἑπτά. ²¹A = ἡμέραις but the corruption is native to A. ²²c reads τοῖς Αἰγυπτίοις.

ΔΙΑΘΗΚΗ ΙΩΣΗΦ [III. 4

οἱ νηστεύοντες *διὰ τὸν θεόν[24] τοῦ προσώπου τὴν χάριν[25] λαμβάνουσιν[26]. 5. Ἐὰν δὲ ἀπεδήμει[27] *ὁ κύριός μου[28] οἶνον[29] οὐκ ἔπινον, *καὶ τριημερίζων[30] ἐλάμβανόν[31] ⌈μου⌉ τὴν τροφήν[32], καὶ ἐδίδουν[33] αὐτὴν ⌈τοῖς⌉[34] πένησιν καὶ ⌈τοῖς⌉[34]

β–d,A,S¹   ἀσθενοῦσιν.   6: *⌈Ὠρθριζον δὲ[35] πρὸς Κύριον καὶ ἔκλαιον
καί.   περὶ Μεμφίας[36] τῆς Αἰγυπτίας, ὅτι σφόδρα[37] ἀδιαλείπτως
β, A, S¹   ἠνόχλει[38] μοι[39]. *καὶ γὰρ[40] ἐν νυκτὶ εἰσῄει[41] *πρός με[42]
υἱόν, καὶ λόγῳ ἐπισκέψεως. 7. Καὶ[43] ὅτι[44] τέκνον ἄρρεν[45] οὐκ ἦν
ηὐξάμην   αὐτῇ, καὶ[46] προσεποιεῖτο ἔχειν με ⌈ὡς⌉[47] υἱόν[48]. 8. Καὶ[49]
πρὸς
Κύριον   ἕως[50] χρόνου ὡς υἱόν με[51] περιεπτύσσετο, *ἐγὼ δὲ[52] ἠγνόουν
καὶ ἔτεκεν *κἀκείνη δὲ ὕστερον[53] εἰς πορνείαν με ἐφελκύσατο[54].
ἄρρεν.

A^{ab} om. καὶ ἐφαινόμην... διάγων.   [23] d reads καὶ γάρ. c adds γάρ.   [24] α, b.
β–b read διὰ θεόν. β, A, S¹ trs. before νηστεύοντες.   [25] d reads θέσιν.
[26] α, b. β–bd read προσλαμβάνουσιν. d προλάμπουσαν κέκτηνται.   [27] aef.
c, g read απεδη μοι, a corruption of ἀπεδήμει. h ἐπεδήμει. b, S¹ ἐπεδίδη μοι.
d ἀπέδωτό μοι. A^{abb*cd} read ԵրբԲաւյբ=ἀπηρχόμην or ἀπεδήμουν corrupt(?) for
ԵրբԲաւյբ = ἀπεδήμει.   [28] α. A read ոււԲբբ (=ποι) corrupt(?) for ուեբբ իմ
= ὁ Κύριος μου. β, S¹ om.   [29] d reads οἶνος.   [30] a om. A = τριῶν
γὰρ ἡμερῶν and om. following μου. It would have been better if the
translator had rendered οὔτε τριημερίζων, regarding the negative as
governing the two verbs ἔπινον and ἐλάμβανον. See Driver, Hebrew
Tenses², 115. But it is possible to take the text as it stands.   [31] h (?),
ef read ἐλάμβανα. g ἐλάμβανε.   [32] α. β reads δίαιταν.   [33] h reads
ἐδιδόμην. g ἐδίδου.   [34] α. β, A, S¹ om.   [35] α, d (save that c, d read ὀρθ.).
aefg read ὤρθριζον (save that ef read ὀρθ.). b, S¹ καὶ ὤρθριζον. The phrase
= ואשׁחר. A^b adds at beginning καὶ ὅλην τὴν νύκτα προσηυχόμην.   [36] α, b,
A^g, S¹. d reads αὐτῆς and om. τῆς Αἰγ. ef Μεμφίου. g Μεμφθείαν (with
following two words in acc.). a om. A^a = Πεμθίας. A^h Μεμφθίας. A^{b*cd}
Μεφίας. A^b corrupt.   [37] a om. A adds καί.   [38] efg. c reads ἐνόχλῃ.
h, abd ἐνόχλει.   [39] A^b adds τοῦ πορνεῦσαι.   [40] h. c, d read καὶ γὰρ καί.
β–d, A, S¹ read as in margin.   [41] bde read εἰσίει.   [42] b, S¹ trs. after
ἐπισκέψεως.   [43] bd add τὰ μὲν πρῶτα (d τ. πρ. μέν). S¹ has some corruption.
[44] d reads ἐπειδή. g ὅτε.   [45] α. β–d read ἀρρενικόν (g ἀρσενικόν). d om.
and trs. τέκνον after αὐτῇ.   [46] c, a. h, β–a, A, S¹ om.   [47] g, A om.
[48] (h?), β, A, S¹ add as in margin (save that d om. καί and ef ἄρσεν). Possibly
this clause was lost through hmt. as υἱόν may have stood in c as in A
instead of ἄρρεν. Before this addition d inserts ὑπολαβὼν ἐγὼ ὅτι χάριν
τέκνου τοῦτο ποιεῖ and om. καὶ ἕως χρόνου ... ἠγνόουν.   [49] α, A. β, S¹ om.
[50] b, S¹ add οὖν.   [51] aef, A trs. after περιεπτ. g om.   [52] α. β–df, A,
S¹ read κἀγώ. f om. together with next word.   [53] α. a reads ὅτι.

9. Καὶ νοήσας ἐγὼ[55] ἐλυπήθην ἕως θανάτου[56]· *ἐξελθούσης δὲ[57] αὐτῆς ἦλθον εἰς ἐμαυτόν, καὶ ἐπένθησα[58] περὶ αὐτῆς[59] ἡμέρας πολλάς, *ὅτι ἔγνων τὸν δόλον αὐτῆς καὶ τὴν πλάνην[60]. 10. Καὶ ἔλεγον *πρὸς αὐτὴν[61] ῥήματα ὑψίστου, εἰ ἄρα ἐπιστρέψει[62] ἀπὸ τῆς ἐπιθυμίας[63] τῆς πονηρᾶς[64].

β–a, A, S¹ ποσάκις.
β–d, A, S¹ με.

IV. *Πολλάκις οὖν[1] *ὡς ἁγίῳ ἀνδρὶ ἐν λόγοις[2] ἐκολάκευέ[3] με[4] καὶ[5] μετὰ δόλου διὰ[6] ῥημάτων ἐπαίνει[7] *τὴν σωφροσύνην[8] μου ἐνώπιον τοῦ ἀνδρὸς αὐτῆς[9], βουλομένη *κατὰ μόνας[10] ὑποσκελίσαι με. 2. *Ἐδόξαζε ⌜γάρ⌝[11] με ὡς σώφρονα *φανερῶς, καὶ ἐν κρυφῇ[12] ἔλεγέ μοι· Μὴ φοβηθῇς[13] τὸν ἄνδρα μου· καὶ γὰρ πέπεισται[14] περὶ τῆς σωφροσύνης σου[15]· ὅτι κἂν *τις αὐτῷ εἴπῃ[16] περὶ ἡμῶν, *οὐ πιστεύσει[17]. 3. *Ἐν τούτοις πᾶσιν[18] ἐγὼ[19] *χαμοκοιτῶν ἐδεόμην τοῦ Θεοῦ[20] ὅπως *ῥύσεταί με[21] ἐκ *τῆς δολιότητος αὐτῆς[22]. 4. Ὡς

bdg, A, S¹
ἐχαμοκοίτων ἐγὼ ἐν σάκκῳ καί.
aef θεοῦ ἐν σάκκῳ.
β–a; A, S¹
τῆς Αἰγυπτίας.

be, S¹ ἔσχατον. d κἀκείνη μάλιστα ἐπετείνετο περισσοτέρως ὁ ἔρως καί. f ὕστερον. g ἔσχατα δέ. A = καὶ μετὰ ταῦτα. ⁵⁴ α, befg, S¹. But with ad we should read ἐφελκύετο. A = ἠθέλησε ἐμβάλλειν (A^{b*cdfg} ἐφελκύειν). ⁵⁵ α, A. β–d, S¹ om. d reads τὸν δόλον ἐγώ. ⁵⁶ d om. next six words. ⁵⁷ α. β–d, A, S¹ read καὶ ἐξελθ. ⁵⁸ A^{ab} add καὶ ἔκλαυσα. ⁵⁹ d adds ἐπί. ⁶⁰ d reads ἐγνωκὼς τὴν πλάνην αὐτῆς. a om. ⁶¹ α. β reads αὐτῇ. ⁶² α, defg. a reads ὑπόστρεψει. b, S¹ ἀποστρέψει. ⁶³ β, A, S¹ add αὐτῆς. ⁶⁴ d reads πονηρίας. A^b adds καὶ αὐτὴ φανερῶς εἰς ὀφθαλμοὺς ἀνθρώπων ἔλεγε.

IV. ¹ α. β–a, A, S¹ read as in margin (save that A^{abh} is corrupt). a om. ver. 1. ² α, β–a, S¹ (save that dg read ἅγιον ἄνδρα). A^{b*cdfg} = ὡς ἁγίοις λόγοις. A^{ab} ἁγίοις λόγοις σου. ³ α, de². be¹fg read ἐκολάκευσε. ⁴ g reads μοι. ⁵ b, S¹ om. ⁶ d adds ματαίων. ⁷ α, d, A. bef, S¹ ἐπαινοῦσα. g ἐπήνεσε. A adds με καί. ⁸ h reads τῆς σωφροσύνης. ⁹ A adds ἐξηγεῖτο καί. d om. rest of verse. ¹⁰ A^b = ἐν κρυπτῷ. ¹¹ α. β–d, A, S¹ read ἐδόξαζε (save that g, S¹ read ἐδόξασε). d, A read καὶ φανερῶς μὲν ἐδόξαζε. ¹² d, A read ἐν κρυπτῷ δέ. ¹³ c, def read φοβηθείς. ¹⁴ c, abef, A, S¹. h, dg read πεπίστευται. ¹⁵ d om. rest of verse. ¹⁶ α. β–d, A, S¹ read εἴπῃ τις αὐτῷ. ¹⁷ α. β–d read οὐ μὴ πιστεύσῃ (e πιστεύσει). ¹⁸ d reads ἐγὼ δὲ ταῦτα ἀκούων ἐλυπούμην μεγάλως καί. ¹⁹ α. β om. ²⁰ α, aef (save that aef add ἐν σάκκῳ). bd, A, S¹ read ἐχαμοκοίτων ἐγὼ (d, A om.) ἐν σάκκῳ καὶ (A καὶ ἐν σάκκῳ) ἐδεόμην τοῦ θεοῦ (A Κυρίου). g χαμαικοιτῶν ἐν σάκκῳ ἐδεόμην τ. Θεοῦ. ²¹ c, bdeg. h, af read ῥύσηταί με. bdg, S¹ add ὁ (dg om.) Κύριος. ²² α. β–a, A, S¹ read as in margin. a ταύτης. α = תרמיתה or מרמתה which may be a corruption of המצרית = τῆς Αἰγυπτίας.

β, A, S¹ δὲ οὐδὲν ἴσχυσεν²³ ⌜*ἐν τούτῳ²⁴, πάλιν ἐπὶ²⁵⌝ λόγῳ κατη-
Κυρίου. χήσεως ἤρχετο²⁶ πρός με τοῦ²⁷ μαθεῖν²⁸ λόγον Θεοῦ²⁹. 5.
β, S¹ καὶ Καὶ ἔλεγέ³⁰ μοι³¹· Εἰ θέλῃς³² ἵνα καταλείψω³³ τὰ εἴδωλα,
τὸν Αἰ- συγγενοῦ³⁴ μοι, *κἀγὼ πείθω τὸν ἄνδρα μου³⁵ ἀποστῆναι ἀπὸ³⁶
γύπτιον
πείσω. τῶν εἰδώλων, *καὶ πορευσόμεθα †ἐνώπιον Κυρίου σου³⁷.
abef, S¹ 6. *Ἐγὼ δὲ πρὸς αὐτὴν ἔλεγον³⁸ *ὅτι οὐχὶ³⁹ ἐν ἀκαθαρσίᾳ
ἐν νόμῳ
κυρίου θέλει⁴⁰ Κύριος τοὺς σεβομένους αὐτόν, οὔτε⁴¹ *τοῖς μοιχεύουσιν
σου εὐδοκεῖ⁴², ⌜ἀλλὰ τοῖς ἐν καθαρᾷ καρδίᾳ καὶ στόμασιν ἀμιάντοις
πορευό-
μενοι. αὐτῷ προσερχομένοις⌝⁴³. 7. *Κἀκείνη ἀντεφιλονείκει πλη-
β, A, S¹ ρῶσαι θέλουσα τὴν ἐπιθυμίαν αὐτῆς⁴⁴. 8. *Ἐγὼ δὲ⁴⁵
om. ἀλλὰ προσετίθουν *νηστείαν καὶ⁴⁶ προσευχήν, ὅπως ῥύσεταί⁴⁷ με ὁ⁴⁸
...προσ-
ερχο- Κύριος ἀπ' αὐτῆς⁴⁹.
μένοις.

bg, A ἐσιώπησε.

²³ g reads ἴσχυεν. ²⁴ α. β–d, A, S¹ om. d reads ἀνύσαι. ²⁵ g reads ἐν.
²⁶ α, bf, S¹. aeg, A read εἰσήρχετο. d εἰσέρχεται. ²⁷ α. β om. A⁻ᵇ = θέλουσα.
Aᵇ καὶ ἤθελε. ²⁸ A^fg = διδάσκειν. A^{b*cd} om. but A^{ab} read as in text.
²⁹ α. β, A, S¹ read Κυρίου. ³⁰ g reads λέγει. ³¹ A⁻ᵇ om. ³² α. β reads
θέλεις. ³³ b reads καταλίπω. ³⁴ b reads συνπείσθητι. Aᵇ adds καὶ χαρίζου
μοι. ³⁵ α, A. β, S¹ read as in margin (save that S¹ adds Πετιφράν before
πείσω). ³⁶ α. β om. ³⁷ α (save that c reads πορευσώμεθα and h ἐν ὀνόματι
for ἐνώπιον). Here both ἐνώπιον and ἐν ὀνόματι seem corrupt for ἐν νόμῳ.
abef, S¹ read as in margin (save that a reads πορευόμενον). dg, A καὶ ἐν
ν. Κυρίου (Aᵇ om.) σου πορευσόμεθα (d πορευσώμεθα οἱ ἀμφότεροι, A πορεύεσθαι).
³⁸ α. aef read ἔλεγον δὲ πρὸς αὐτήν. bg, S¹ λέγω δὲ πρὸς αὐτήν. d εἶπον δὲ
αὐτῇ. A = καὶ ἐγὼ (A^{ab*cd} om.) λέγω πρὸς αὐτήν. ³⁹ α. β reads οὐκ.
S¹ adds Ἀμεμφρία κυρία μου. ⁴⁰ h, b read λέγει. g ἐλεεῖ. ⁴¹ α (save
that h adds ἐν). β reads οὐδὲ ἐν. ⁴² A = εὐδοκεῖ Κύριος ἐν τοῖς μοιχεύουσιν.
⁴³ α. β. A, S¹ om. ⁴⁴ α (save that c reads θέλων and h om. it). aef
read κἀκείνη ἐφιλονείκει ποθοῦσα τελέσαι τ. ἐπιθυμίαν αὐτῆς. bg, A κἀκείνη
ἐσιώπησε ποθοῦσα ἐκτελέσαι (g τελέσαι) τ. ἐ. αὐτῆς (A^{ab} καὶ (Aᵇ om.) τελοῦσα
τ. ἐπιθυμίαν αὐτῆς (Aᵇ μου)). d is conflate as frequently and reads: ἐκείνη
δὲ ταῦτα ἀκούσασα ἐσιώπησε μὲν κατὰ πρόσωπόν μου μηδὲν ἕτερον τολμήσασα
εἰπεῖν· τῇ δὲ διανοίᾳ αὐτῆς ἐφιλονείκει ποθοῦσα τελέσαι τ. ἐπιθυμίαν αὐτῆς.
S¹ = αὐτὴ δὲ λόγους πολλοὺς προσετίθει, and points to aef. d, S¹ may here
be neglected. bdg, A and α, aef only differ really in one word. Where
the former have ἐσιώπησε the latter have ἀντεφιλονείκει or ἐφιλονείκει. The
latter = התחרתה while ἐσιώπησε = השׁתחתה. ⁴⁵ α. β, A read κἀγώ.
⁴⁶ S¹ om. ⁴⁷ a reads ῥύσηται. ⁴⁸ abd om. ⁴⁹ d reads ἐκ τῶν τοῦ
διαβόλου παγίδων, καὶ ἐκ τῶν χειρῶν αὐτῆς.

V. *Καὶ πάλιν[1] ἐν[2] *ἑτέρῳ χρόνῳ[3] λέγει μοι· Εἰ μοιχεῦσαι οὐ θέλεις, ἐγὼ ἀνελῶ[4] τὸν *ἄνδρα μου φαρμάκῳ καὶ[5] λήψομαί σε εἰς[6] ἄνδρα. 2. Ἐγὼ οὖν, ὡς ἤκουσα τοῦτο, διέρρηξα *τὰ ἱμάτιά[7] μου, καὶ εἶπον ⌜αὐτῇ⌝[8]· Γύναι, αἰδέσθητι τὸν Θεόν[9], καὶ[10] μὴ ποιήσῃς τὴν *πρᾶξιν ταύτην τὴν πονηράν[11], ἵνα μὴ[12] ἐξολοθρευθῇς· *ἐπεὶ καίγε γίνωσκε ὅτι ἐγὼ[13] ἐξαγγελῶ[14] *πᾶσιν τὴν ἐπίνοιάν σου ταύτην[15]. 3. Φοβηθεῖσα[16] οὖν ἐκείνη ἠξίου με[17] ἵνα μὴ[18] ἐξαγγείλω[19] τὴν *ἐπίνοιαν ταύτην[20]. 4. Καὶ *ἀνεχώρησεν, ἐπιβάλπουσά με δώροις[21] καὶ *ἀπολαύσεσι πάσαις[22].

VI. ⌜Καὶ μετὰ τοῦτο⌝[1] ἀποστέλλει[2] μοι βρῶμα ἐν γοητείᾳ

β, Α, S¹
Αἰγύπτιον καὶ
οὕτως
νομίμως.
β τὴν
στολήν.
β–f, A, S¹
Κύριον.
β, A, S¹
ὅτι καίγε
ἐγώ.

β–d, S¹ τὴν ἐπίνοιαν τῆς ἀσεβείας σου πᾶσιν. β–g, A, S¹ κακίαν αὐτῆς.
β–d, A, S¹ πέμπουσα πᾶσαν ἀπόλαυσιν υἱῶν ἀνθρώπων.

V. [1] α. aefg, A read πάλιν. b, S¹ πάλιν δέ. d διελθόντος οὖν ἐκ τότε ἐνιαυτοῦ ὁλοκλήρου πάλιν. [2] g om. [3] d reads μιᾷ τῶν ἡμερῶν προσελθοῦσα.
[4] α reads ἀνερῶ, and other MSS. ἀναιρῶ. I have emended as above.
[5] α (save that h adds οὕτως). β, A, S¹ read as in margin save that for νομίμως (which ef, A read) a reads νομίσας. b, S¹ νόμῳ, d νομίμῳ and g om. Here φαρμάκῳ = בחמה and νομίμως = בהקנ.
[6] d om. [7] α. β reads as in margin. [8] α. d reads πρὸς αὐτήν.
β–d, A, S¹ om. [9] α, f. β–f, A, S¹ read as in margin. [10] g om.
[11] h, aefg, A. c reads πρ. τὴν πονηράν, b, S¹ πρ. τὴν πονηρὰν ταύτην. d πονηρὰν πρ. ταύτην. [12] e om. [13] α (save that h adds οὖν after ἐπεί).
β–g, A, S¹ read as in margin (save that d reads καί for καίγε).
g reads καὶ γὰρ ἐγώ. Here γίνωσκε in α = ידע. The latter word though wanting here in β, A, S¹ reappears in the next clause as ידע in β, A, S¹. See note 15. [14] g, Aᵇ read ἐξαγγέλλω. [15] α. β–d, S¹ read as in margin (save that g reads πᾶσαν). d τῆς καρδίας σου καὶ ἀσεβείας σου πᾶσιν ἀνθρώποις. For πᾶσιν ... ταύτην A reads πονηρὰν πρᾶξίν σου πᾶσιν. Here ἐπίνοιαν τῆς ἀσέβειας = ידע חמת. See note 13. [16] Aᵃᵇ om.
[17] α, A. d reads μοι. β–d, S¹ om. [18] c, d. h reads μηδέν. β–d, A μηδενί.
[19] α, β–dg (save that aef read ἀναγγείλω). d reads ἀναγγείλαί τινι. g εἴπω. h adds τινι. [20] α. β–g, A, S¹ read as in margin. g ἀσέβειαν τῆς ἐπινοίας αὐτῆς. [21] α. β reads as α save in giving θάλπουσα (a θέλπουσα) for ἐπιθ. A = ἀναχωρήσασα δώροις ἔθαλπέ με. [22] α (save that the MSS. read in accusative). β–d, A, S¹ read as in margin (save that A reads ἔπεμπέ μοι for πέμπουσα). d ἀποστέλλουσά μοι ἀπὸ πᾶσαν ἀπόλαυσιν.

VI. [1] α. d, S¹ read καὶ δὴ ἐν μιᾷ. β–d καί. [2] α, β–ag. ag, S¹ read

ΔΙΑΘΗΚΗ ΙΩΣΗΦ [VI. 1

πεφυρμένον³. 2. *Ὡς δὲ⁴ ἦλθεν ὁ⁵ εὐνοῦχος ὁ κομίζων αὐτό⁶, *ἀνέβλεψα καὶ⁷ εἶδον *φοβερὸν ἄνδρα⁸ ἐπιδιδόντα μοι *μετὰ τοῦ τρυβλίου⁹ μάχαιραν· καὶ συνῆκα ὅτι¹⁰ *περιέργεια

β-g, A, S¹ ἐστὶν εἰς ἀποπλάνησίν μου¹¹. 3. Καὶ ⌜ἐξελθόντος αὐτοῦ¹²⌝
μήτε ἐκεῖνο ἔκλαιον¹³, *μὴ γευσάμενος μήτε ἐκείνου μήτε ἄλλου τῶν
μήτε ἐδεσμάτων αὐτῆς¹⁴. 4. *Μετὰ δὲ¹⁵ μίαν ἡμέραν ἐλθοῦσα¹⁶
ἄλλο τι πρός με¹⁷ *καὶ ἐπιγνοῦσα τὸ βρῶμα¹⁸ λέγει¹⁹ μοι²⁰· Τί
τῶν
ἐδεσμ. τοῦτο ὅτι οὐκ ἔφαγες²¹ *τοῦ βρώματος²²; 5. Καὶ εἶπον
αὐτῆς *πρὸς αὐτήν²³· ⸌Ὅτι²⁴ ἐπλήρωσας αὐτὸ ⌜γοητείας⌝²⁵
γευσά-
μενος. θανάτου²⁶· καὶ *πῶς εἶπας²⁷ ὅτι Οὐ προσεγγίζω²⁸ τοῖς²⁹
β, Aᵇ*ᶜᵈᵍ εἰδώλοις³⁰ ἀλλὰ τῷ³¹ Κυρίῳ³² ⌜μόνῳ⌝³³; 6. Νῦν οὖν
ἐπέγνω τ. γνῶθι³⁴ ὅτι ὁ³⁵ Θεὸς *τοῦ πατρός³⁶ μου *δι' ἀγγέλου αὐτοῦ³⁷
β. καί.
β, A, S¹ ἀπεκάλυψέ³⁸ μοι τὴν κακίαν σου³⁹, καὶ *ἐν τούτῳ ἐφύλαξα⁴⁰
ἐτήρησα. αὐτὸ⁴¹ εἰς ἔλεγχόν σου, *εἴπως ἄρα⁴² ἰδοῦσα⁴³ μετανοήσεις⁴⁴.

ἀπέστειλε. g adds ἄν. ³ h, β-b. c reads πεφαρμακευμένον. b πεφυραμένον.
⁴ c. h reads ὡς. β, A, S¹ read καὶ ὡς. ⁵ eg om. ⁶ β. c reads αὐτῷ.
h αὐτός. Aᵃᵇ*ᶜᵈᵉᵍ τὴν δίαιταν. Aᵇ τὸ βρῶμα. aef, A prefix μοι. S¹ adds καὶ
ὁ Θεὸς ἐφανέρωσέ μοι. ⁷ d, A = ἀναβλέψας. ⁸ α, β-b. b, A, S¹ read
ἄνδρα φ. ⁹ c om. For μετά g reads διά and for τρυβλίου d reads τριβλίου.
By an internal corruption A reads θήκης. ¹⁰ abg, A add ἡ. ¹¹ α. β-d,
Aᵃᵇʰ, S¹ read (+ ἡ b) περιέργεια αὕτη (b αὐτῆς, Aʰ om.) εἰς ἀποπλάνησίν (+ ψυχῆς
b) ἐστιν (Aᵃᵇʰ ἤρξατο). d περιέργεια ἦν τοῦ Σατανᾶ καὶ εἰς ἀποπλ. ψ. ἐστιν.
Aᵇ*ᶜᵈᵍ = ἀποπλάνησις αὕτη εἰς περιέργειαν ἐστίν μοι. ¹² b reads αὐτῆς.
¹³ Aᵃᵇ om. Aᵇ*ᶜᵈᵍ = ἠρξάμην κλαίειν καί. ¹⁴ α. β-g, A, S¹ read as in
margin (save that ef om. τι and trs. γευσάμενος before τῶν and A reads
ἐγευσάμην). g μήτε ἐκείνου μήτε ἄλλου τῶν ἐδεσμάτων τινὸς γευσάμενος.
¹⁵ α, af. be, S¹ read μετὰ οὖν (e om.). d καὶ δὴ μετά. g, A καὶ μετά. ¹⁶ c
reads ἐξελθοῦσα. d ἀνελθοῦσα. ¹⁷ g reads μοι. ¹⁸ α. β, Aᵇ*ᶜᵈᵍ read
as in margin. Aᵃᵇʰ, S¹ om. ¹⁹ d reads εἶπε. ²⁰ α, dg. β-dg read
πρός με. ²¹ bdeg add ἀπό. ²² a reads τὸ βρῶμα. d adds τούτου
ὅπερ τῇ χθὲς ἡμέρᾳ ἀπέστειλά σοι. a om. next four words. ²³ g reads αὐτῇ.
S¹ = πρὸς τὴν κυρίαν ἐμήν. ²⁴ dg read ἐπειδή. For ὅτι ἐπλήρωσας S¹ reads τί
ἐποίησας ἐμοί, ὥστε τὴν ζωήν μου λαμβάνειν τὰ ἄνομα ὅτι ἔπεμψας βρῶμα πληρώσασα;
²⁵ α. β, A, S¹ om. ²⁶ d reads θανατικοῦ φίλτρου διὰ τοῦτο οὐκ ἔφαγον αὐτό.
²⁷ d reads ἐπειδὴ εἶπάς μοι. ²⁸ α. β-g read ἐγγίζω. g ἔτι ζῶ. ²⁹ α, adef, A.
bg om. ³⁰ d adds ἀπὸ τοῦ νῦν. ³¹ α, d, β-d om. For τῷ Κ. μόνῳ
S¹ reads ἔσομαι τοῦ Κυρίου. ³² g reads θεῷ. ³³ df read μόνον. ³⁴ d
reads γνώθητι. ³⁵ e¹ om. ³⁶ A = τῶν πατέρων. ³⁷ α, A. β-dg, S¹ read
δι' ἀγγέλου. dg om. ³⁸ c reads ἐπεκάλυψε. ³⁹ d adds διὰ τοῦτο. ⁴⁰ α.
β, A, S¹ read as in margin. ⁴¹ d trs. after σου. ⁴² c. h, β read

7. *"Ινα δὲ⁴⁵ μάθῃς⁴⁶, ὅτι⁴⁷ τῶν⁴⁸ ἐν σωφροσύνῃ θεοσεβούν- β–f,A,S¹
των⁴⁹ οὐ κατισχύσει⁵⁰ κακία⁵¹ *τῶν ἀσεβούντων⁵². ⌈ἰδοὺ⌉⁵³ ἐνώπιον
λαβὼν⁵⁴ *ἐξ αὐτοῦ ἐνώπιόν σου ἐσθίω. Καὶ τοῦτο εἰπὼν ἐπευξάμενος αὐτῆς (+ἀπ'
οὕτως⁵⁵. Ὁ Θεὸς τῶν πατέρων μου καὶ ὁ ἄγγελος Ἀβραὰμ⁵⁶ αὐτοῦ e)
*ἔσται μετ' ἐμοῦ⁵⁷, ⌈ἔφαγον⌉⁵⁸. 8. Ἡ δὲ ⌈ἰδοῦσα τοῦτο⌉⁵⁸ ἔφαγον (+ἀπὸ
ἔπεσεν⁵⁹ *ἐπὶ πρόσωπον αὐτῆς⁶⁰ *εἰς τοὺς πόδας μου⁶¹ τοῦ βρώ-
κλαίουσα⁶². καὶ ἀναστήσας⁶³ αὐτὴν ἐνουθέτησα. 9. *ἢ ματος A),
δὲ⁶⁴ συνέθετό μοι⁶⁵ τοῦ⁶⁶ *μηκέτι ποιῆσαι⁶⁷ τὴν ἀσέβειαν (καὶ εἶπον
ταύτην⁶⁸. αὐτῇ A).
β, A, S¹
VII. *"Ετι δὲ¹ ἡ καρδία αὐτῆς *ἔκειτο εἰς τὸ κακὸν καὶ ἡ δὲ
περιεβλέπετο ποίῳ τρόπῳ με παγιδεῦσαι· στενάζουσα δὲ †συντόμως ἔπεσεν.
συνέπιπτε μὴ ἀσθενοῦσα². 2. Ἰδὼν δὲ αὐτὴν³ ὁ *ἀνὴρ αὐτῆς⁴ β, S καὶ
λέγει⁵ ⌈πρὸς αὐτήν⌉⁷. Τί⁶ συνέπεσε τὸ πρόσωπόν σου; ἡ δὲ β, A, S¹

ἐνέκειτο εἰς (+ἐμὲ εἰς bdg, A, S¹) ἀκολασίαν καὶ στενάζουσα συνέπιπτεν.
β, Aᵇᶠᵍ, S¹ Αἰγύπτιος.

εἰ ἄρα. e adds αὐτό. ⁴³ β–eg, S¹ add αὐτό. ⁴⁴ d reads μετανοήσῃ σε.
⁴⁵ d reads ἵνα. A = καὶ τοῦτο. ⁴⁶ a, A = γνώσῃ. ⁴⁷ g om. ⁴⁸ h om.
⁴⁹ h, β–a, A, S. c reads εὐσεβούντων. a θεὸν σεβόντων. ⁵⁰ α, ade. β–ade,
A, S¹ read κατισχύει. For οὐ ... ἀσεβούντων f reads οὐδὲν κακὸν ἄπτεται.
⁵¹ g reads τὰ κακά. ⁵² α, g. bde read ἀσεβούντων. af om. See note 50.
⁵³ α. d reads θεᾶσαι. β–d, A, S¹ om. ⁵⁴ a om. df, A read καὶ λαβών.
⁵⁵ α (save that h om. οὕτως). So almost f ἐνώπιόν σου ἀπ' αὐτῶν ἐσθίω, εἰπών.
β–df, A⁻ᵇ, S¹ read as in margin (save that after αὐτῆς g adds ἐξ αὐτῆς).
d reads ἀπὸ τοῦ βρ. ἐνώπιον αὐτῆς ἔφαγον οὕτως εἰπών and Aᵇ ἀπὸ τοῦ β. ἐφ.
ἐνώπιον αὐτῆς καὶ εἶπεν. ⁵⁶ d reads τοῦ 'A. g Ἰσραήλ. A = αὐτοῦ.
⁵⁷ A = φυλάξει με. ⁵⁸ α. β, A, S¹ om. ⁵⁹ d reads ἐπέπεσεν. A = πεσοῦσα.
⁶⁰ bd, S read ἐπὶ πρόσωπον and d trs. after μου. ⁶¹ Aᵇ*ᶜᵈᵍ om. For εἰς
d reads ἐπί. ⁶² α. β, S read as in margin. A = ἔκλαυσε. ⁶³ Aᵇ*ᶜᵈ
= ἐγγίσας. Aᶠ συνετίσας. ⁶⁴ α. β reads καί. ⁶⁵ c reads με. b om.
⁶⁶ α, bd. β–bd om. ⁶⁷ α. β reads μὴ ποιῆσαι ἔτι. ⁶⁸ d adds ἀλλ' ἤδε τῷ
στόματι αὐτῆς ἀπειρνεῖτο τοῦ μηκέτι ἐν τοῖς αὐτοῖς εὑρεθῆναι.

VII. ¹ α, β–bd, S¹. b read ὅτι δέ. d, A ἀλλ' οὖν. ² α (save that h reads
ὁποίῳ and c reads μοι for μή). β, A, S¹ read as in margin (save that b, S¹ om.
καί and read προσέπιπτεν, d adds τῷ προσώπῳ after συνέπ. and. dg read
πρός με εἰς for εἰς ἐμὲ πρός, and that for στενάζουσα συνέπιπτεν A reads
πνεύματι συμπεσοῦσα (for ՁՈՒԲԵԱԼ is corrupt for ԱՈՒՂԵՒԱԼ ἐστέναξε).
I have obelized συντόμως as corrupt for συντόνως (as also in Aq.'s Version of
Prov. xix. 13). ³ f reads ταύτην. ⁴ α, A⁻ᵇᶠᵍ. Aᵇ*ᶜᵈᶠᵍ is conflate reading
ἀνὴρ αὐτῆς ὁ Αἰγύπτιος. β, Aᵇᶠᵍ, S¹ read as in margin. d adds οὕτως συμπεσοῦσα.

192 ΔΙΑΘΗΚΗ ΙΩΣΗΦ [VII. 2

β, S¹ ⌜πρὸς αὐτὸν⌝⁷ εἶπεν, ⌜ὅτι⌝⁷ *πόνον καρδίας ἐγὼ ἀλγῶ, καὶ οἱ
στενα- τοῦ πνεύματος στεναγμοὶ συνέχουσί με⁸. *ʽΟ δὲ⁹ ἐθεράπευσεν¹⁰
γμοὶ τοῦ
πνεύ- αὐτὴν *ἐν λόγοις¹¹. 3. *Τότε οὖν εὐκαιρίαν λαβοῦσα¹²
ματός εἰσεπήδησε πρός με, *ἔτι ἔξω ὄντος¹³ τοῦ ἀνδρὸς αὐτῆς, καὶ
μου.
β, A, S¹ λέγει¹⁴ μοι· *ʺΑγχομαι, ἢ εἰς κρημνὸν ῥίπτω ἐμαυτήν¹⁵, ἐὰν
μὴ ἀσθε- μὴ *συγγενῇ μετ' ἐμοῦ¹⁶. 4. *'Εγὼ δὲ¹⁷ νοήσας ὅτι *τὸ
νοῦσαν.
β–d, S¹ πνεῦμα¹⁸ τοῦ Βελίαρ *ἐνοχλεῖ αὐτήν¹⁹, προσευξάμενος τῷ²⁰
τότε εἰσε- Κυρίῳ, εἶπον *πρὸς αὐτήν²¹. 5. ῞Ινα τί, ⌜ἀθλία⌝²²,
πήδησε.
bg, Aᵇ*ᶜᵈ ταράσσῃ²³ καὶ θορυβῇ²⁴ ἐν ἁμαρτίαις τυφλώττουσα²⁵; μνή-
ἢ εἰς σθητι²⁶ ὅτι ἐὰν ἀνέλῃς σεαυτήν²⁷, *ἡ 'Ασιτηθώ²⁸, ἡ παλλακὴ²⁹
φρέαρ ἢ τοῦ ἀνδρός σου, ἡ³⁰ ἀντίζηλός³¹ σου³² κονδυλίσει³³ *τὰ τέκνα
εἰς κρη-
μνόν. σου³⁴, καὶ³⁵ ἀπολέσεις³⁶ τὸ μνημόσυνόν σου ἀπὸ τῆς γῆς.

⁶d reads εἶπε. ⁶d adds σοι συνέβη ὅτι. ⁷α. β, A, S¹ om. ⁸α, β (save
that d adds δυνῶν (sic) after καρδίας and for τοῦ π. στεναγμοί β, S¹ read as in
margin). Aᵃᵇ*ᵈ = ἄλγος ἐστὶ καὶ στεναγμοὶ τοῦ ἥπατός μου συνέχουσί με.
Aᶜᵉ = ἄλγος καρδίας συνέχει με. Aᵇ καρδίας μου ἄλγος ἐστί, καὶ στεναγμοὶ
καρδίας μου συνέχουσί με (differently in printed text). ⁹α, d. β–d, S¹ =
καί. ¹⁰α, β–b. b reads ἐθεράπευεν. ¹¹α. β, A, S¹ read as in margin.
ἐν λόγοις may = בְּמִלִּים (late Hebrew) whereas μὴ ἀσθ. = לֹא אֶמְלְלָה.
Or there may be a confusion of במלה and לא הלה. ¹²α. d reads
καὶ ἐν μιᾷ τῶν ἡμερῶν. β–d, S¹ read τότε. Aᵃᵇ = καὶ ἐν τῷ παρελθεῖν με.
Aᵇ*ᶜᵈᵍ καὶ ἐν δευτέρᾳ ἡμέρᾳ. ¹³h, aef. bg read ἔτι ὄντος ἔξω. d ἀποδημοῦντος.
c om. ἔτι ... αὐτῆς. ¹⁴d reads εἶπε. ¹⁵α, aef, S¹ (save that h adds
σοι after ἄγχομαι and ae read ἑαυτήν and S¹ read τοῖχον for κρημνόν).
bg, Aᵇ*ᶜᵈ read ἄγχ. ἢ εἰς φρέαρ ἢ εἰς κρημνὸν ἐμαυτὴν ῥίπτω (Aᵇ*ᶜᵈ ῥίπτω ἐμ.
ἢ εἰς κρ.). d ἐμαυτὴν θέλω ἀγχόνῃ χρήσασθαι ἢ εἰς κρ. ἢ εἰς φρ. ἐμ. ῥίπτω.
Aᵃᵇ = ἀγχ. ἢ εἰς φρέαρ ῥίπτω ἐμαυτήν. ¹⁶Em. from συγγενης μ. ε. of α.
aef read μοι συγγενῇ (f συγγενεῖς). b μοι συμπεισθείς. d συνέλθῃς μοι. g μοι
συγγενοῦ. ¹⁷c, A. h reads ἐγώ. β, S¹ καί. ¹⁸a om. ¹⁹α, d, A. abef,
S¹ read αὐτὴν (a αὐτῇ) ἐνοχλεῖ. g ἐνοχλεῖ. ²⁰α. β om. ²¹α. β reads αὐτῇ.
²²α. β, A, S¹ om. ²³h, β–dg. c reads ταράσσει. d συνταράσσῃ. g ταράττει.
²⁴d reads θορυβῆς. g θορυβεῖ. ²⁵A = ἀναγκαίαις ἀπολομένη but ⱪⱷⱪⲧⱪⱷⲃⱷⱳⲏⲗ
may be corrupt for ⱪⲏⲧⲣⱪⲱⲅⲃⱷⲱⲗ = τυφλώττουσα. ²⁶Aᵃᵇ = γινώσκω
(Aᵇ ἔγνως) τοῦτο. Aᵇ*ᶜᵈᵍ μνήσθητι τοῦτο. ²⁷c, g read ἑαυτήν. S¹ adds τότε
φανερῶς. ²⁸α. a om. b reads ἡ Σηθώ. d ἡ Σωή. ef, Aᵇ*ᵍ ἡ 'Ασιτηθώ.
g 'Ισιτηθώ. Aᵃᵇᶜᵈ and S¹ corrupt. ²⁹h reads παλλακίς. ³⁰d adds καί.
³¹A reads ⱬⱷⱳⱳⱷⱡⲱⱪ ⲡⱬⲧⱷⲩⱼ (= ἐναντίον υἱοῦ) corrupt for ⲓⱷⱳⱡⱷⱡⳃⱷⱳⱷⲡ =
ἀντίζηλος. ³²d adds γενήσεται κυρία τοῦ οἴκου σου καί. ³³aef, A. bdg read
κολαφίσει. c κονδυλῆσαι ἔχει. h κοδωλῆσαι ἔχειν. S¹ = ἀποκτενεῖ. ³⁴h, β. c τὰ
παιδία σου. A = τὸ τέκνον σου. d trs. τὰ τ. σου bef. κολαφίσει.
³⁵d adds σύ. ³⁶adf. α, e read ἀπολέσῃς. bg, S¹ ἀπολέσει. A = ἀπόλλυσι.

VIII. 2]   ΔΙΑΘΗΚΗ ΙΩΣΗΦ   193

6. *Καὶ λέγει[37] πρός με· *'Ιδοὺ οὖν[38] ἀγαπᾷς με· *τοῦτό μοι β,A-b,S¹
ἀρκείτω· μόνον ἀντιποιῆσαι[39] *τῆς ζωῆς μου[40] ⌈καὶ*τῶν τέκνων[41] ἀρκεῖ μοι
μου⌉, *καὶ ἔχω[42] προσδοκίαν ἀπολαῦσαι[43] ⌈καὶ⌉[44] τῆς ἐπι- ⌈μόνον⌉
θυμίας μου. 7. *Οὐκ ἔγνω δὲ αὐτὴ[45] ὅτι διὰ τὸν[46] Κύριόν[47] om.)
μου εἶπον οὕτως ἐγώ[48], καὶ οὐχὶ[49] δι' αὐτήν. 8. 'Εὰν ἀντι-
γάρ τις *ὑποπέσῃ πάθει[50] ἐπιθυμίας[51] καὶ *δουλωθῇ αὐτῷ[52] β–d,A,S¹
ὡς κἀκείνη, κἂν ἀγαθόν[53] τι ἀκούσῃ[54] εἰς *ἐκεῖνο τὸ[55] πάθος[56] καὶ οὐκ
*ἐκλαμβάνει αὐτὸ[57] πρὸς *τὴν πονηρὰν ἐπιθυμίαν[58]. ἔγνω
VIII. Λέγω οὖν[1], τέκνα μου[2], ὅτι ὥρα *ἦν ὡσεὶ[3] ἕκτη ἐνόει).
ὅτε[3] ἐξῆλθεν ἀπ' ἐμοῦ[4]. *Καὶ κλίνας γόνυ[5] πρὸς Κύριον β, S¹
ὅλην τὴν ἡμέραν καὶ ὅλην τὴν νύκτα[6], πρὸς[7] ὄρθρον ἀνέστην, ὑποπέσῃ
δακρύων[8] καὶ αἰτῶν[9] λύτρωσιν *ἐξ αὐτῆς[10]. 2. Τέλος[11] ἐπι-
                                                         θυμίας
πονηρᾶς. β–ag, A, S¹ πάθος δ (A om.) ἥττηται. β, S¹ ἐπιθυμίαν
πονηράν. b–d, A, S¹ νύκτα συνάψας. β–d, A, S¹ ἀπὸ τῆς Αἰγυπτίας.

[37] α, β–dg. d reads ἡ δ' ἔφη. g καὶ εἶπεν. [38] α, A^(ab*cdfg) (omitting οὖν).
a reads εἰ οὖν. bfg, S¹ ἴδε οὖν. d νῦν οἶδα ὅτι. e εἰ δὲ οὖν. [39] α (both MSS.
reading ἀρκήτω). β, A, S¹ read as in margin (save that d adds τοῦτο καί
after μοι and b, A⁻ᵇ read ἀντιποιῇ, g, Aᵇ om. ἀρκεῖ . . μόνον, and A⁻ᵇ read τοῦτο
instead of μόνον). If the ὅτι is retained the ἀντιποιῆσαι must be changed
into ἀντιποιῇ σύ or ἀντιποιήσῃ. [40] A^(abh) read τοῦ θανάτου μου. α om. μου.
[41] α reads τοῖς τέκνοις. [42] α. a reads εἰ ἔχω. bdef, S¹ ἔχω (+τοίνυν d).
g, A ἔχω οὖν. [43] i (?) reads ἀναπολαῦσαι. d ὅτι ἀπολαύσω. [44] α.
β, A, S¹ om. [45] α. β–d, A, S¹ read as in margin. In d the whole
verse reads: Καὶ ἐγὼ μὲν διὰ τὸν θεὸν εἶπον αὐτά· ἐκείνη ὑπέλαβεν ὅτι ἀγαπῶν
αὐτὴν εἶπον τοῦτο. [46] a om. [47] α, β–bd, S¹. bd, A read Θεόν.
[48] α (but h trs. before οὕτως). β, A, S¹ om. [49] α, ef. β–ef read οὐ.
[50] α. β, S¹ read as in the margin (save that d reads ὑποπέσοι). For ἐὰν . . .
κἀκείνη A gives ἐὰν γὰρ εἰς πάθη τοιαῦτα τολμῶν (but ⟨corrupt⟩
is corrupt for ⟨corrupt⟩ = ἐπιθυμιῶν) καὶ πονηρῶν τις ὑποπέσῃ (Aᵇ
ὑποπέσῃ τις), ὡς κἀκείνη, τούτῳ δουλωθήσεται. [51] β adds πονηρᾶς. [52] α
(save that h reads αὐτῇ). β, S¹ read τούτῳ (de τοῦτο) δουλωθῇ. For A see
note 50. [53] A^(ab) = πᾶν. A^(b*cdg) μύριον τι, but readings are corruptions
of ⟨corrupt⟩ = ἀγαθόν. [54] d reads ἀκούσει. [55] α. β, A read τό. g om.
[56] β–ag, A, S¹ add as in margin. g adds ἡττόμενος. α, a seem wrong in
omitting. [57] A = αὐτὸ ἐκλαμβάνουσα καί. [58] α. β, S¹ read as in margin.
A = πονηρὰν ἐπιθυμίαν αὐτῆς.

VIII. [1] α, adef, A. bg, S¹ om. β, A add ὑμῖν. [2] α, ag, A. bdef, S¹ om.
[3] d om. [4] d adds τότε. [5] α. aefg read κ. γόνυ κλίνας. bd, A, S¹ κἀγὼ γόνυ
κλίνας. [6] α, d. β–d, A, S¹ read as in margin. [7] α. bdg read περὶ τόν.
aef πρὸς τόν. [8] d adds καὶ ταῦτα ποιῶν. A adds πρὸς Κύριον. [9] For
αἰτῶν . . . αὐτῆς d reads αἰτοῦντός μου τοῦ λυτρωθῆναι αὐτήν. [10] α. β–d, A, S¹

CH. PA.   O

ΔΙΑΘΗΚΗ ΙΩΣΗΦ [VIII. 2

β, S¹ βία ἐπελαμβάνετό¹² μου τῶν ἱματίων, μετὰ βίας ἐφελκομένη με
(aefg εἰς συνουσίαν¹³.   3. Ὡς ⌜οὖν⌝¹⁴ εἶδον¹⁵ ὅτι μαινομένη¹⁶
om.)
κρατεῖ *κρατεῖ μου τὸν χιτῶνα, καταλείψας αὐτὸν [καὶ ἐκτιναξάμενος]
τὰ ἱμάτιά ἔφυγον γυμνός¹⁷.   4. *Ἐκείνη δὲ¹⁸ ⌜κρατήσασα τοῦτον⌝¹⁹
μου
γυμνὸς *ἐσυκοφάντησέ με· καὶ ἐλθὼν ὁ ἀνὴρ αὐτῆς ἔβαλέ με εἰς φυλακὴν
ἔφυγον. ἐν τῷ αὐτοῦ οἴκῳ²⁰, καὶ τῇ ἑξῆς *μαστιγώσας ἐξέπεμψέ²¹ με εἰς
β–d,A,S¹
κἀκείνη *τὴν τοῦ Φαραὼ εἱρκτήν²².   5. *Καὶ ὡς²³ ἤμην ἐν
ἐσυκο- *τοῖς δεσμοῖς²⁴, ἡ Αἰγυπτία συνείχετο²⁵ ἀπὸ τῆς λύπης.
φάντησέ

με (+πρὸς τὸν ἄνδρα αὐτῆς b, A^{abb*cd}) καὶ (A^b om.) ἐνέβαλέ με εἰς
φυλακὴν ἐν οἴκῳ αὐτοῦ ὁ Αἰγύπτιος.   β–d, S¹ μαστίξας με ἔπεμψε.
β–d, A, S¹ ἠσθένει.

read as in margin. A^b adds Μεμφίας.   ¹¹h adds δέ. b, S¹ οὖν. d μόνον με
εὑροῦσα ἐν τῷ κοιτῶνι. A^{ab*cd} μετὰ τοῦτο ἐλθοῦσα. A^{bbfg} μετὰ τοῦτο.   ¹²c.
h, β, A, S¹ ἐπιλαμβάνεται.   ¹³d reads συνουσιασμόν. A^b adds from next verse
καὶ ἐγὼ κατέλειψα αὐτοῦ τὰ ἱμάτια καὶ ἔφυγον ἔξω.   ¹⁴h, A om.   ¹⁵e om.
d adds αὐτήν. g ἐγώ.   ¹⁶A adds ἐστί.   ¹⁷α. β, S¹ read as in
margin (save that d adds ἀποδυσάμενος after μου and for γυμνὸς ἔφυγον
reads ἔφυγον ἀπ᾽ αὐτῆς γυμνός). A^{ab*cd} = κατέλειψα τὰ ἱμάτιά μου καὶ
γυμνὸς ἔφυγον ἀπ᾽ αὐτῆς. A^{fg} κρατησάσης τὰ ἱμάτιά μου γυμνὸς ἔφυγον. A^{bh}
om. καὶ ἐκτιναξάμενος is bracketed as an intrusion. It may be
a rendering of נערתי, a corrupt dittography of עזבתי = καταλείψας.
ἀποδυσάμενος in d above implies the same text as α. From α and A it is
clear that β, S¹ wrongly omit καταλείψας.   ¹⁸α. β–d, A^b read κἀκείνη.
A^{ab*cdfg} = καὶ τότε ἐκείνη. Ver. 4 is peculiar in d: τότε ἀποκαμοῦσα ἐκείνη καὶ
ἀπογνοῦσα τὴν θέλησιν αὐτῆς, καὶ ὅτι οὐ πείθομαι τῷ σκοπῷ αὐτῆς τῷ μυσαρῷ καὶ
εὐαγεῖ ἐσυκοφάντησέ με πρὸς τὸν Αἰγύπτιον καὶ ὀργισθεὶς κατ᾽ ἐμοῦ ἔβαλέ με εἰς
φυλακὴν τὴν οὖσαν ἐν τῷ οἴκῳ αὐτοῦ. τῇ δὲ ἑξῆς μαστιγώσας με ἀπέστειλέ με εἰς
τὴν εἱρκτὴν Φαραὼ τοῦ βασιλέως.   ¹⁹α (save that h reads κρατοῦσα).
β, A, S¹ om.   ²⁰α (save that h reads ἐνέβαλε). β–d, A, S¹ read as in
margin (save that A^{abb*cd} according to text read συκοφαντήσασά με ἐδήλωσε
for ἐσυκοφάντησέ με, but this is not true of A^{bfg}: A^{bfg} = ἐσυκοφάντησέ με).
Observe that d (see note 18) supports the addition in b, A^{abb*cd}. The
order in A^{bbfg} is εἰς φυλ. ἐνέβαλεν ἐν οἴκῳ αὐτοῦ ὁ Αἰγ., though Arm. printed
Text represents all MSS. as giving ὁ Αἰγ. ἐνέβαλέ με εἰς φυλ. ἐν οἴκῳ αὐτοῦ.
²¹α. β–d, S¹ read as in margin. d agrees rather with α. See note 18.
²²α. β–bd, A, S¹ read τὴν εἱρκτὴν τοῦ Φαραώ. b φυλακὴν ἐν οἴκῳ αὐτοῦ ὁ Αἰγύπτιος.
For d see note 18.   ²³α, A. β–d, S¹ read ὡς οὖν. For καὶ ὡς ... λύπης
d reads καὶ ὄντος μου ἐν τῇ φυλακῇ ἡ Αἰγ. ἠρρώστει ἀπὸ τῆς λύπης καί, and om.
rest of verse, which it inserts in a modified form in ix. 4. See note 25,
p. 196.   ²⁴α. β–d read πέδαις.   ²⁵α. β–d, A, S¹ read as in
margin. συνείχετο may = נכלאה and ἠσθένει = נחלתה, one of which may

ΔΙΑΘΗΚΗ ΙΩΣΗΦ

α
ἐλθοῦσα δὲ ἐπηκροᾶτό μου πῶς ηὐχαρίστουν τῷ Κυρίῳ καὶ ὕμνουν ἐν οἴκῳ *τοῦ σκότους²⁶, καὶ ἔχαιρον ἐν *ἱλαρᾷ φωνῇ²⁷ δοξάζων τὸν Θεόν μου, ὅτι διὰ προφάσεως ἀπηλλάγην²⁸ τῆς Αἰγυπτίας.

β–d, A, S¹
καὶ²⁹ ἐπηκροᾶτό μου³⁰ πῶς ὕμνουν³¹ Κύριον³² ἐν οἴκῳ σκότους καὶ *ἐν ἱλαρᾷ φωνῇ³³ *χαίρων ἐδόξαζον³⁴ τὸν Θεὸν³⁵ μόνον³⁶ ὅτι *διὰ προφάσεως³⁷ ἀπηλλάγην²⁸ τῆς Αἰγυπτίας.

IX. *Πολλάκις δὲ¹ ἔπεμψε πρός με λέγουσα²· Εὐδόκησον³ ⌜πληρῶσαι τὴν ἐπιθυμίαν⌝ μου, καὶ λύω⁴ σε ἐκ⁵ τῶν δεσμῶν, ⌜καὶ ἀπαλλάξω σε ἐκ⁶ τοῦ σκότους. 2. *Ἐγὼ δὲ οὐδὲ⁷ ἕως⁸ ἐννοίας⁹ ἐξέκλινα¹⁰ πρὸς αὐτήν· *ὁ γὰρ θεὸς ἀγαπᾷ¹¹ μᾶλλον τὸν¹² ἐν¹³ λάκκῳ σκότους †πιστὸν¹⁴ ἐν σωφροσύνῃ¹⁵, ἢ τὸν ἐν ταμείοις †βασιλέα¹⁶ τρυφῶντα μετ' ἀκολασίας. 3. *Εἰ δὲ¹⁷ ἐν σωφροσύνῃ διάγων *θέλει

β–af, S¹ νηστεύ-
β–bd, S¹ βασιλέων.
c, b, S¹ ό.

be a corruption of the other. ²⁶ c. h reads τοῖς κόποις. ²⁷ c. h reads ἱλαρότητι φωνῆς. ²⁸ A = ἀπήλλαξε. Clause in A = ἀπήλλαξέ με ἀπὸ προφάσεων τῆς Αἰγυπτίας. ²⁹ g adds ἐρχομένη πολλάκις. ³⁰ A^{b*cdg} om. These MSS. add ἀδιαλείπτως, a word which A^b adds after πῶς. ³¹ fg add τόν. ³² b, A, S¹ add ἄν. ³³ g reads ἐν ἱλαρότητι φωνῆς. A trs. before ἐν οἴκῳ. ³⁴ A^{b*cdfg} = δοξάζων ὕμνουν. ³⁵ b adds μου. ³⁶ A trs. after next word and for μόνον ὅτι reads ὃς μόνος. ³⁷ Here, as A (see note 28) shows, τῆς Αἰγυπτίας is to be taken as a genitive dependent on προφάσεως. For διά we should expect ἀπό. Hence there may have been a corruption of ט into ב. Now διὰ προφάσεως τῆς Αἰγ. = מִתַּאֲנַת הַמִּצְרִית, where תאנת is corrupt for תַּאֲוַת. The LXX and Vulgate suppose the same corruption in Prov. xviii. 1. Hence the clause = 'was set free from the lustful desire of the Egyptian woman.'

IX. ¹ α, df. abe, S¹ read πολλάκις. g καὶ πολλάκις. A = πολλάκις γάρ. ² A^{bh} = καὶ λέγει. A^{fg} om. A^{ab*cd} = εἰς τὴν φυλακήν, but here ρωὴν (= φυλακή) is a corruption of ρωὴ = λόγος. ³ dg add τοῦ. ⁴ α, ef, A ad, S¹ read λύσω. b λυτρώσω. g λυτρωσε, corrupt for λυτρώσω σε. ⁵ α. β om. ⁶ α. β om. d adds καὶ τῆς δουλίας ἐλευθερώσω σε after σκότους. ⁷ c. h reads ἐγὼ δέ. β–d, S¹ καὶ οὐδέ. d ἐγὼ δὲ οὐδ' ὅλως οὐδέ. ⁸ e reads ὡς. ⁹ b reads ἐννοιῶν ποτέ. ¹⁰ c. h, β read ἔκλινα. g adds ποτέ. ¹¹ α. β, S¹ read ἀγ. γὰρ ὁ θεός. ¹² h reads τῶν. ¹³ d adds τῷ. ¹⁴ c. h reads πιστῶν. af πιστεύοντα. β–af, S¹ read νηστεύοντα. Here the latter reading is obviously right as the contrasting epithet τρυφῶντα in the parallel shows. The corruption is native to α, β. ¹⁵ e reads εὐφροσύνῃ. h om. next twelve words through hmt. ¹⁶ c, d. β–bd read as in margin. S = βασιλικοῖς. b om. ¹⁷ aef. c, b, S¹ read ὁ δέ. g ἢ ἡ δέ (i.e. a corruption

ΔΙΑΘΗΚΗ ΙΩΣΗΦ [IX. 3

α οίδεν. καὶ[18] δόξαν καὶ[19] οἶδεν ὁ ὕψιστος ὅτι συμφέρει, παρέχει[20]
α καὶ αὐτῷ καὶ ταῦτα[21] ὡς κἀμοί. 4. Ποσάκις⌐[22] καίπερ
παρέχει. ἀσθενοῦσα κατῄει ⌐πρός με⌐ ἐν ἀωρίᾳ[23], καὶ ἤκουσε[24] τῆς
β, A, S¹ φωνῆς μου προσευχομένου[25], *καὶ ἐγὼ συνίων[26] *τοὺς στενα-
καὶ τὰ γμοὺς[27] ἐσιώπων[28]. 5. Καὶ ⌐γὰρ⌐ *ὄντος μου[29] ἐν τῷ
στέρνα
καί. οἴκῳ αὐτῆς ἐγύμνου[30] τοὺς βραχίονας αὐτῆς καὶ[31] τὰς κνήμας,
β, S¹ πάνυ ⌐*ἵνα †συμπέσω εἰς αὐτήν[32]. *ἦν γὰρ⌐ καὶ ὡραία πάνυ[33]
γὰρ ἦν
ὡραία. ⌐μάλιστα κοσμουμένη[34]⌐ πρὸς ἀπάτην[35] μου. Καὶ ὁ Κύριος
ἐφύλαξέ με ἀπὸ τῶν ἐγχειρημάτων αὐτῆς.

X. Ὁρᾶτε οὖν, τέκνα μου, πόσα κατεργάζεται[1] ἡ[2] ὑπομονὴ
h, β μετ-
έλθητε. καὶ ἡ[3] προσευχὴ μετὰ νηστείας. 2. *Οὕτως καὶ ὑμεῖς[4],
β, S¹ τα- ⌐ἐὰν τὴν σωφροσύνην καὶ τὴν ἁγνείαν μεταδιώκητε[5] ἐν
πεινώσει.
β, S¹ ὑπομονῇ καὶ *προσευχῇ μετὰ νηστείας ἐν ταπεινώσει[6] καρδίας,
ἠγάπησε. ὁ[7] Κύριος κατοικήσει[8] ἐν ὑμῖν, ὅτι ἀγαπᾷ[9] τὴν σωφροσύνην.

for εἰ δέ). d om. ver. 3. [18] S = λήψεται. [19] β–bd, S. b reads καὶ εἰ.
α om. [20] β–d, S. α read as in margin. [21] α, be, S¹. afg read ταύτην.
[22] d om. next eight words. [23] Aᵇ adds ἐν ἑσπέρᾳ ἐν σκότει. [24] c, afg, S¹.
h, be, A read ἤκουε. d ἠκροάσω. [25] Aᵃᵇ*ᶜᵈ = καὶ ἀνεστέναζε. Aᵇ supports
text and Aʰᶠᵍ om. c adds μου. Here d adds μου διότι ὕμνουν καὶ ἐδόξαζον τὸν
θεὸν ἐν οἴκῳ σκότους. καὶ ἐν Ἰλαρῷ φωνῇ καὶ προσώπῳ ἔχαιρον καὶ ἐδόξαζον
τὸν θεόν, ὅτι διὰ προφάσεως ἀπηλλάγην τῆς Αἰγυπτίας. παρερχομένη δὲ ἀτένᾳζεν
which it has drawn from viii. 5. [26] α, A. β, S¹ read συνίων δὲ ἐγώ.
Aᵇ adds ἤκουον. [27] α. β, A, S read τοὺς στεναγμοὺς (f τοῦ στεναγμοῦ) αὐτῆς.
[28] α, a. Other MSS. read ἐσιώπουν. [29] α. β reads ὅτε ἤμην. [30] g reads
ἐγύμνασε (sic). [31] α. β, A, S¹ read as in margin. [32] α, β–d, S¹. d reads ἵνα
συμπ. εἰς ἔρωτα αὐτῆς. A = ἵνα σκανδαλίσῃ με, but these words are more probably
a rendering of πρὸς ἀπατήν μου later, and so I have supposed in the text.
Here as in Test. Jud. xi. 2 (β, S¹), xiii. 3, 7 I take συμπίπτειν to represent
a corruption in the Hebrew. See note in Test. Jud. xi. 2. [33] α. β, S¹
read as in margin. Aᵃᵇʰ = καὶ ὡραία πάνυ. Aᵇ*ᶜᵈᵍ om. [34] c reads καὶ
κεκοσμημένη. [35] b reads ἀπάτησιν. g ἀγάπην. On A see note 32.

X. [1] A = ἐστί. [2] e om. [3] be om. [4] α (save that c reads ἡμεῖς).
β, A, S¹ read καὶ ὑμεῖς (+οὖν bd). A = ἐὰν γένησθε τοιοῦτοι. Verses 2–4
are very defective in A which = καὶ ὑμεῖς ἐὰν γένησθε τοιοῦτοι ἀπὸ λυπῶν καὶ
θλίψεων (+καὶ πειρασμῶν Aᵃᵇ*ᶜᵈ) σωθήσεσθε διὰ κυρίου· ἡ γὰρ ἐν λόγῳ ἡ ἐν
διανοίᾳ παραβήσεσθε. [5] c. h, β read as in margin. [6] α (save that for
ἐν ταπ. h reads καὶ ταπεινότητος). β, S¹ read as in margin. [7] α. β om.
[8] α, bd, S. a reads κατοικιεῖ. efg κατοικεῖ. [9] α. β, S¹ read as in margin.

ΔΙΑΘΗΚΗ ΙΩΣΗΦ

3. *Ὅπου δὲ κατοικεῖ ὁ ὕψιστος[10], κἂν *φθόνος τις περι- β, S¹ τις πέσῃ, κἂν δουλία, κἂν συκοφαντία[11], *ὁ Κύριος κατοικῶν ἐπ' περιπέσῃ αὐτὸν[12] διὰ τὴν σωφροσύνην οὐ μόνον⌐ ἐκ τῶν κακῶν ῥύεται[13] φθόνῳ, ἢ δουλείᾳ αὐτόν[14], ⌐ἀλλὰ καὶ ὑψοῖ[15] καὶ δοξάζει αὐτὸν ὡς κἀμέ. 4. ἢ συκο- *Πάντας⌐ γὰρ ⌐ἀνθρώπους[16] ἢ ἐν ἔργῳ⌐ *ἢ ἐν λόγῳ, ἢ ἐν φαντίᾳ διανοίᾳ[17] †συνέρχεται[18]. 5. Γινώσκουσιν[19] οἱ ἀδελφοί σκότει μου[20] πῶς ἠγάπησέ με ὁ πατήρ μου[21], καὶ οὐχὶ[22] ὑψούμην[23] adefg, ⌐ἐν τῇ διανοίᾳ[24] μου⌐, καίπερ νήπιος ὑπάρχων[25], ⌐εἶχον τὸν β–dg, S¹ *φόβον τοῦ θεοῦ[26] ἐν τῇ καρδίᾳ[27] μου⌐· ᾔδειν[28] γὰρ ὅτι πάντως πάντα[29] παρελεύσεται. 6. Καὶ *†οὐκ ἐπήρθην ἐν κακῷ† γὰρ ὁ ἄν- ἀλλ'[30] ἐτίμουν *τοὺς ἀδελφούς μου[31], καὶ διὰ τὸν φόβον θρωπος.

β, A, S¹ †ἐμέτρουν ἐμαυτὸν καί.

[10] S¹ om. For κατοικεῖ ae read καὶ οἰκεῖ. g om. δέ. [11] α. β, S¹ read as in margin (save that d trs. τις after περιπέσῃ and f reads φθορᾷ for φθόνῳ). a om. next eight words. [12] c. h reads ὁ Κ. ἐπ' αὐτῶν κατοικῶν. β–α Κ. ὁ ἐν (Κ. ἐπ' ef) αὐτῷ κατοικῶν. [13] a reads ῥύσεται. [14] α. β, S¹ om. For ἐκ τῶν κακῶν ... κἀμέ A reads ἐξ ἀλγέων καὶ θλίψεων καὶ πειρασμῶν καὶ κακῶν (A^b θλίψεως καὶ κακοῦ) σωσθήσεσθε ὑπὸ τοῦ κυρίου. [15] c, d read ὑψεῖ. [16] α. β–dg, S¹ read as in margin (save that af om. ὁ). d καὶ γὰρ ὁ ἄνθρωπος. g πᾶς γ. ἄνθρωπος. A^{ab*cdg} = γάρ. A^b ἐὰν γάρ. [17] g reads ἢ ἐννοίας. [18] α, aef. bg, S¹ read συνέχεται. d συνεπαίρεται. A^{ab*cdg} = ἁμαρτήσεσθε. A^b ἁμάρτῃ τις. d trs. the entire verse after ἐν τῇ διανοίᾳ μου in ver. 5. If α is right in giving the acc. ἀνθρώπους, συνέρχεται must represent a transitive verb, possibly יבוא in the sense of 'happens to.' The subject would then be φθόνος ἢ δουλία κ.τ.λ. in ver. 3. If β is right in giving ἄνθρωπος, then יבוא may be corrupt for יגבה = ἐπαίρεται or συνεπαίρεται as in d. [19] d adds γάρ. A^b, S¹ = γινώσκετε. [20] g adds οὗτοι. [21] d adds Ἰακώβ. [22] β reads οὐχ. [23] d reads ὑψώθην. g ἡττούμην. [24] b, S¹ read καρδίᾳ. d om. next eleven words, and substitutes ver. 4 + διὰ τοῦτο ἐφύλαξα ἐμαυτόν· καὶ ἀπὸ λόγου καὶ ἔργου καὶ διανοίας. [25] α. β–d reads ὧν. [26] h, abf. c reads φόβον θεοῦ. eg τοῦ θεοῦ φόβον. eg om. next four words. [27] b, S¹ read διανοίᾳ. [28] d reads οἶδα. [29] α, d, A. β–d read τὰ (f om.) πάντα (+ταῦτα f). [30] c (save that οὐκ ἐπήρθην is written κ ἠπάρθην). β, A, S¹ read as in margin. h is conflate: οὐκ ἐν μέτρῳ ἑαυτῷ ἀλλά. Of these readings those of h and β, A, S¹ are thoroughly corrupt. c might stand: 'I did not raise myself (against them) with evil intent.' But this is unsatisfactory. First then the negative is original or it is not. (i) If original, we may regard ἐν κακῷ in c as a corruption of ἐμαυτόν (β, A, S¹). Cf. h ἑαυτῷ. Then ἐπήρθην = רוממת, which the translator should here have rendered actively as the Pilel ἐπῆρα (or ὕψωσα). Thus text originally = לא רוממתי נפשי = 'I did not exalt myself.' The

198   ΔΙΑΘΗΚΗ ΙΩΣΗΦ   [X. 6

β, A, S¹ αὐτῶν³² *καὶ πιπρασκόμενος ἐσιώπουν³³ εἰπεῖν³⁴ *τοῖς
ἐσιώπουν   Ἰσμαηλίταις³⁵ ὅτι³⁶ υἱός εἰμι Ἰακὼβ³⁷ ἀνδρὸς μεγάλου³⁸ *καὶ
πιπρα-
σκόμενος δικαίου³⁹.
μή.
β, A, S¹   ΧΙ. *Καὶ ὑμεῖς οὖν¹, *τέκνα μου², ⌜ἔχετε ἐν πάσῃ³
τὸ γένος πράξει ὑμῶν *πρὸ ὀφθαλμῶν ὑμῶν⁴ *τὸν τοῦ θεοῦ φόβον⁵,
μου ὅτι. καὶ⁷ τιμᾶτε⁶ τοὺς ἀδελφοὺς ὑμῶν· πᾶς γὰρ ὁ⁷ ποιῶν⁸ νόμου
β, A, S¹ Κυρίου ἀγαπηθήσεται ὑπ'⁹ αὐτοῦ.   2. *Ἐρχόμενος δὲ¹⁰
δυνατοῦ.
β–d, S¹ *μετὰ τῶν Ἰσμαηλιτῶν¹¹ *ἐπηρώτων με λέγοντες Δοῦλος εἶ;
ἐλθὼν δὲ Κἀγὼ εἶπον¹² ὅτι δοῦλός¹³ εἰμι¹⁴ ἐξ οἴκου¹⁵, ἵνα μὴ αἰσχύνω
(cf οὖν)
         εἰς Ἰνδοκολπίτας.   β, S¹ ἠρώτων με Κἀγὼ εἶπον.

text of β, A, S¹ can be explained from this. Either ἐμέτρουν = מדותי
a corruption of רוממתי, or ἐμέτρουν is a corruption of ἐμετεώριζον (= רוממתי).
The loss of the negative would be intelligible on the latter corruption.
(ii) If on the other hand the negative is not original we might explain
רוממתי נפשי as a corruption of דוממתי נפשי, 'I kept myself quiet,' the
phrase in Ps. cxxxi. 2, where the LXX and Vulgate render דוממתי as if
it were רוממתי. If imperfects instead of perfects stood in the original,
the corruptions could be similarly explained. (iii) Finally, the whole
clause may be a dittography of οὐχὶ ὑψούμην ἐν τῇ διανοίᾳ μου (in ver. 5),
where במדע was rewritten as ברעם.   ³¹A = αὐτούς.   ³² h om. d reads
αὐτόν.   ³³ α. β, A, S¹ read as in margin.   ³⁴ α. β–d, S¹ read μή (g om.)
εἰπεῖν. d μὴ ἐξειπὼν αὐτοῖς but trs. after Ἰσμαηλίταις. A = καὶ οὐκ εἶπον.
ἐσιώπα εἰπεῖν = חדל לאמר.   ³⁵ Aᵇ om.   ³⁶ α. β, A, S¹ (save that d adds
ἢ before ὅτι) read as in margin.   ³⁷ h, β, Aᵇ, S¹. c, Aᵃᵇ*ᶜᵈ om.   ³⁸ f
reads δικαίου.   ³⁹ α (save that h om. καί). β, A, S¹ read as in margin.
XI. ¹ α, β, S¹. Aᵃᵇᵇ*ᶜᵈ = καὶ ὑμεῖς. Aᶠᵍ = ὑμεῖς οὖν.   ² α, d, Aᵃᵇ*ᶜᵈ.
β–d, Aᵇᶠᵍ om.   ³ b om.   ⁴ c, adefg, S¹ (save that aef, S¹ om. ὑμῶν and d
trs. after φόβον). h, b om.   ⁵ c, abef. h reads τὸν φόβον κυρίου. dg τὸν
φ. τοῦ θεοῦ.   ⁶A = ἀγαπᾶτε. h, d om. καὶ τιμᾶτε . . . ὑμῶν.   ⁷ e om.
⁸ Aᵃʰᵇ*ᶜᵈ read ἀγαπῶν but Aᵇᶠᵍ support text.   ⁹ h reads ἀπ'.   ¹⁰ α. β–d,
S¹ read as in margin (save that g reads Ἰνδοκοπήν). d ἡνίκα δὲ ἤλθομεν εἰς Ἰνδ.
A = ἐλθὼν οὖν μετ' αὐτῶν εἰς Ἰνδακοπάτας (Aᵇ*ᵈ Ἰνδκακοπάτας, Aᶜᵍ Ἰνδκακ-
πράτας).   ¹¹ A reads οἱ Ἰσμαηλῖται and trs. after ἐπηρώτων με.   ¹² α. β, S¹
read as in margin (save that bdef read ἠρώτουν and g reads καί for κἀγώ).
β, S¹ have thus lost a clause. This clause is preserved also in A
which = ἐπηρώτων με οἱ Ἰσμ. καὶ εἶπον· Δοῦλος εἶ ἢ ἐλεύθερος; Κἀγὼ
εἶπον.   ¹³ be, S¹ add αὐτῶν.   ¹⁴ d adds αὐτῷ. g ἐγώ.   ¹⁵ A reads
ｐｕｎｉｂｕｋ (= φύσεως) corrupt for ｐｗｈｎｉｂｕｋ = οἴκου. d, A add
αὐτῶν (d om.) τοῦτο δέ (A om. δέ and Aᵇʰᶠᵍ om. τοῦτο ἔλεγον) ἔλεγον.

XII. 1] ΔΙΑΘΗΚΗ ΙΩΣΗΦ 199

τοὺς ἀδελφούς μου. 3. Λέγει δέ μοι ὁ μείζων αὐτῶν[16.] β, A, ͑
*Οὐκ εἶ δοῦλος[17], ὅτι καὶ[18] ἡ ὄψις σου δηλοῖ[19]. Ἐγὼ δὲ δηλοῖ
*λέγω αὐτοῖς[20] ὅτι[18] δοῦλος ⌜αὐτῶν⌝ ὑπάρχω[21]. 4. Ὡς περὶ σου καὶ
δὲ *εἰς Αἴγυπτον ἐφθάσαμεν ἐμάχοντο περὶ ἐμοῦ τὸ[22] *τίς ἠπείλει
προδοὺς χρυσίον λάβῃ με[23]. 5. Διὸ πᾶσιν ἔδοξεν *τοῦ μοι
εἶναι[24] με εἰς Αἴγυπτον πρὸς *τὸν μετάβολον τῆς ἐμπορίας[25] νατου⌝.
αὐτῶν, ἕως ὅτου[26] ἐπιστρέψουσιν[27] φέροντες[28] ἐμπορίαν[29]. β, A, S¹
6. *Ὁ δὲ Κύριος ἔδωκέ μοι[30] χάριν ἐν ὀφθαλμοῖς τοῦ ἦλθομεν εἰς A.
μεταβόλου καὶ ἐπίστευσέ[31] μοι τὸν οἶκον αὐτοῦ. 7. Καὶ περὶ ἐμοῦ
εὐλόγησεν αὐτὸν *ὁ Θεὸς[32] ἐν[33] χειρί μου, καὶ ἐπλήθυνεν ἐμά-
*αὐτὸν ἐν χρυσίῳ καὶ ἀργυρίῳ[34] ⌜καὶ ἔργῳ⌝[35]. 8. Καὶ χοντο.
ἤμην μετὰ αὐτοῦ[36] *μῆνας τρεῖς[37]. β-af,
A, S¹

XII. Κατ' ἐκεῖνον δὲ[1] τὸν καιρὸν κατῄει[2] Μεμφὶς[3] Κύριος.
⌜ἐν λαμπήνῃ⌝[14] *ἡ γυνὴ[5] τοῦ Πεντεφρὶ[6] ⌜μετὰ δόξης πολλῆς, αὐτὸν ἐν
ἀργυρίῳ καὶ χρυσίῳ. β-d, A, S¹ μ. τρεῖς καὶ (e om.) ἡμέρας πέντε.
β, A, S¹ παρῄει.

[16] h om. d adds ὁ πρῶτος τοῦ τόπου. [17] β–dg, A, S¹ add σύ. For
οὐκ ... δοῦλος d reads σὺ δ. οὐκ εἶ. [18] g om. [19] α. β, A, S¹ read as
in margin (save that a reads ἠπείλησε. d θάνατον for ἕως θ. A^{ab} σε for
περὶ σου, and A om. ἕως θ.). [20] c. h reads εἶπον αὐτοῖς. β, A, S¹ ἔλεγον.
[21] α. β reads εἰμί. [22] α. β, A, S¹ read as in margin (save that d adds
πολλοί before περί). [23] α, β, S¹ (save that g adds τίνι after τίς, b reads
προσδούς and S¹ πρῶτος προσδούς for προδούς). A = καὶ ἕκαστος ἐδίδου μέρος
ἐμπορίας αὐτῶν (+ἀντὶ ἐμοῦ A^b) ἵνα με λάβῃ (+ἀντὶ κέρδους αὐτῶν A^{ab}). [24] α.
β, S¹ read εἶναι. A = ἀφιέναι. [25] α, d, A^{ahb*cdg}. β–d, S¹ read
μετάβολον ἐμπορίας. A^b = ἀρραβῶνα μεταβόλου ἐμπορίας. [26] α.
β–ab read οὖ. ab om. [27] h, bd read ἐπιστρέψωσι. d ὑποστρέψωσι.
[28] A = καὶ οἴσουσι. c adds εἰς. [29] d reads τὴν ἐμπορίαν αὐτῶν. f ἐμπορίας.
A^b adds καὶ οὕτως ἐποίησαν. [30] α. β–d read καὶ ὁ κ. ἔδωκέ μοι. d καὶ ἔδωκέ
μοι κ. [31] d reads ἐνεπίστευσε. [32] α, af. β–af, A, S¹ read as in margin.
[33] h adds τῇ. [34] α, d. β–d, S¹ read as in margin. A = χρυσίον καὶ ἀργύριον
αὐτοῦ (A^b om.). [35] α. β, A, S¹ om. ἔργον here = עֲבֹדָה, but we may
assume that the translator should have read עֲבָדִים = 'household servants.'
d om. rest of chapter. [36] α, bg, A, S¹. aef read αὐτῶν. [37] α. β–d, A,
S¹ read as in margin (save that g reads τινάς for πέντε and A^{ab*cd} read
ἡμέρας ἐνενήκοντα καὶ πέντε).

XII. [1] α, adfg. be, S¹ om. For κατ' ... κατῄει A reads παρῄει οὖν κατ'
ἐκεῖνο (?). [2] α (though written as κατιει). aef παρείη. bg, A, S¹ παρίει.
d παρῆν. For A see note 1. [3] b reads ἡ Μεμφία. adefg ἡ Μεμφίς. d adds
ἡ Αἰγυπτία. [4] α, def (though written as ἐν λαμπίνη in h). Corrupt in a

ΔΙΑΘΗΚΗ ΙΩΣΗΦ [XII. 1

β, Α, S¹ ὅτι ἤκουσε περὶ ἐμοῦ παρὰ τῶν εὐνούχων αὐτῆς⁷⁷. 2. *Καὶ
καὶ λέγει τῷ ἀνδρὶ αὐτῆς⁸, *ὅτι ἐπλούτησεν ὁ μετάβολος⁹ ἐν
ἐπέβαλεν χερσίν¹⁰ *τινος νέου¹¹ Ἑβραίου, λέγουσι¹² δὲ ὅτι ⌜καὶ⌝¹³
ἐπ' ἐμὲ
τοὺς κλοπῇ ἔκλεψαν¹⁴ αὐτὸν¹⁵ ἐκ γῆς¹⁶ Χαναάν. 3. Νῦν οὖν
ὀφθαλ- ποίησον μετ' αὐτοῦ¹⁷ κρίσιν, καὶ ἀφελοῦ¹⁸ τὸν νεανίαν¹⁹ εἰς
μοὺς
αὐτῆς *τὸν οἶκον ἡμῶν²⁰, καὶ *εὐλογήσαί σε ἔχει²¹ *ὁ Θεὸς τῶν
⌜ὅτι εἶπον⌝ Ἑβραίων²², ὅτι χάρις *ἐκ τοῦ²³ οὐρανοῦ ἐστι *πρὸς αὐτόν²⁴.
αὐτῇ οἱ
εὐνοῦχοι XIII. Ὁ δὲ ⌜Πεντεφρὶς⌝¹¹ πεισθεὶς² τοῖς λόγοις ⌜αὐτῆς⌝³
περὶ ἐκέλευσεν⁴ †ἐλθεῖν⁵ τὸν μετάβολον, *καὶ λέγει αὐτῷ⁶· *Τί
ἐμοῦ⌝.
β, Α, S¹ τοῦτο ὃ ἀκούω ⌜περί σου⌝¹⁷, ὅτι κλέπτεις⁸ ψυχὰς⁹ ἐκ γῆς¹⁰
περὶ τοῦ Χαναάν¹¹, *καὶ εἰς παῖδας μεταπωλεῖς¹²; 2. *Ὁ δὲ

μεταβόλου ὅτι ἐπλούτησεν. β, Α, S¹ οἰκονόμον σου (aef, S¹
οἶκόν σου) καὶ εὐλογήσει σε. bdg, S¹ ἀχθῆναι. β-ad, S¹ εἰς π.
μετεμπολῶν.

ἡ ἐλλακπίνη. bg, Α, S¹ om. ⁵ h, g. c reads τῇ γυνῇ. b, Α, S¹ γυνή. a om.
ef ἡ. d reads μετά. ⁶ c, g (omitting τοῦ). h, adf read τ. Πεντεφρή.
be read τ. Πετεφρί (-ή e). ⁷ α. β, S¹ read as in margin (save that for
ἐπέβαλεν e reads ἐπέβαλλεν and d ἰδοῦσα). A reads only καὶ (Αᵃᵇ*ᶜᵈ om.)
ἐπιβλέψασα εἰδέν με. ⁸ d reads καὶ ἐλθόντος τοῦ ἀνδρὸς αὐτῆς λέγει αὐτῷ.
After καί Aᵇ adds ἐπιστρέψασα. ⁹ α. β, Α, S¹ read as in margin. ¹⁰ c.
Other MSS. read χειρί. ¹¹ c, ef. h, a read τινός. bg, Α, S¹ νέου τινός.
d νεωστί τινος. ¹² Aᵃᵇ*ᶜᵈ = ἔλεξαν but Aᵇʰˢ support text. ¹³ α, adefg.
b, Α, S¹ om. ¹⁴ dg read ἔκλεψεν. ¹⁵ h reads αὐτῶν. ¹⁶ h, g read τῆς.
¹⁷ Aᵇ* = αὐτῶν. ¹⁸ A adds ἀπ' αὐτοῦ. ¹⁹ d reads νεανίσκον. ²⁰ α. aef,
S¹ read οἶκόν σου. bdg οἰκονόμον σου. A = οἰκονυμίαν σου. ²¹ α (save that
h reads σοι). β, Α, S¹ read as in margin (save that d reads ἡμᾶς).
²² c, b. h reads τῶν Ἑ. ὁ Θ. β-b ὁ τῶν Ἑ. Θ. ²³ d reads αὐτοῦ. ²⁴ α.
ab reads ἐπ' αὐτῷ. efg ἐπ' αὐτόν. d ἐν αὐτῷ.

XIII. ¹α, dg. af read Πεντεφρής. be, S¹ Πετεφρίς (-ής e). ² Α = ἠσθείς.
³ d reads αὐτοῖς. ⁴ Aᵃʰᵇ*ᵒᵈᶠˢ om. but Aᵇ supports text. ⁵ α, aef. bdg, S¹
read as in margin. Aᵇ = ἄγειν. Aᵃʰᵇ*ᵒᵈᶠˢ = ἤγαγε. c adds πρός. ἐλθεῖν
is difficult. ἐκέλευσεν ἐλθεῖν = אמר לבוא. Since bdg, S¹ = לחוב and Aᵇ
= להביא, לבוא is a corruption possibly of להביא. ⁶ c om. d adds Τὴν
ἀλήθειάν μοι λέξον ἐν τάχει πρὸ τοῦ σε τιμωρήσωμαι. ⁷ α, Α. β-bd read τί
τοῦτο ἀκούω περί σου; b, S¹ τί ταῦτα ἀκούω; d ἤκουσα γάρ. ⁸ b adds τάς.
⁹ d adds ἐλευθέρας. ¹⁰ S¹ om. ¹¹ b reads Ἑβραίων. ¹² α. a reads εἰς
παῖδας ἀπεμπολῶν. befg, S¹ εἰς παῖδας (S¹ δουλείαν) μετεμπυλῶν (b, S¹ μετεμπωλῶν).
d εἰς π. μεταβάλλων. A = εἰς παῖδάς σοι καὶ εἰς παιδίσκας. d adds νῦν οὖν
ἀπάγγειλόν μοι, εἰ ταῦτα οὕτως ἔχῃ καθὼς ἀκούω περί σου. ¹³ α. β-dg, Α, S¹

μετάβολος πεσὼν εἰς τοὺς πόδας αὐτοῦ¹³ *ἐδέετο λέγων¹⁴. β–dg, A,
Δέομαί σου¹⁵, κύριε, *οὐκ οἶδα¹⁶ ὃ¹⁷ λέγεις.   3. *Καὶ S¹ πεσὼν
λέγει αὐτῷ ὁ Πεντεφρής¹⁸.   Πόθεν ⌈οὖν⌉ *ἐστιν ὁ παῖς¹⁹ οὖν ἐπὶ πρόσ-
ὁ Ἑβραῖος²⁰; καὶ²¹ εἶπεν²². Οἱ²³ Ἰσμαηλῖται παρέθεντό²⁴ ωπον
μοι αὐτόν, ἕως ὅτου²⁵ ἐπιστρέψωσιν²⁶.   4. *Ὁ δὲ οὐκ²⁷ αὐτοῦ ὁ
ἐπίστευσεν αὐτῷ²⁸, ἀλλ' ἐκέλευσεν γυμνὸν τύπτεσθαι²⁹. βολος.
Ἐπιμένοντος δὲ αὐτοῦ *τούτοις τοῖς λόγοις³⁰, λέγει³¹ *ὁ bdg,A,S¹
Πεντεφρής³². Ἐναχθήτω³³ οὖν³⁴ ὁ νεανίσκος.   5. Καὶ ὁ δὲ λέγει (b, S¹
εἰσαχθεὶς προσεκύνησα τῷ Πεντεφρῇ³⁵, τρίτος³⁶ γὰρ ἦν ἔφη,
*ἐν ἀξιώματι παρὰ τῶν³⁷ Φαραὼ ⌈ἀρχόντων⌉.   6. Καὶ d εἶπε).

h, befg, A τύπτεσθαι αὐτόν.   aef, S¹ ἀποκριθήτω.   β, S¹ ἀρχιευνούχῳ.
β ἐν ἀξίᾳ παρὰ τῷ Φ. ⌈ἄρχων πάντων τῶν εὐνούχων, ἔχων γυναῖκας καὶ
παλλακὰς καὶ τέκνα⌉.

read as in margin (save that for πεσὼν οὖν A^{abcd} read καὶ ἔπεσεν, A^{b*} τότε ἔπ.
and A^{fg} ἔπ.).   d reads π. οὖν ὁ μετάβολος ἥγουν ὁ πραγματευθεὶς ἐπὶ πρόσωπον
αὐτοῦ.   g π. ὁ μετάβολος εἰς τοὺς πόδας αὐτοῦ. εἰς τοὺς πόδας αὐτοῦ =
לרגליו, but ἐπὶ πρόσωπον αὐτοῦ = לפניו. Which is the original?   ¹⁴A^{ahb*cdfg}
= καὶ λέγει.   A^b = λέγει αὐτῷ.   ¹⁵ h, ef om.   ¹⁶A^{ab*cd} om. but A^{bfg} retain
(printed Arm. Text wrong).   ¹⁷ dg, A read τί.   ¹⁸ α. bdg, A, S¹ read
ὁ δὲ λέγει (b, S¹ ἔφη, d εἶπε).   aef ὁ δέ.   ¹⁹ α (save that h adds σοί after
ἐστίν).   bdg, A, S¹ read σοί (g om.) ὁ παῖς.   aef ὁ παῖς σου (ae σοί).   ²⁰ f
adds οὗτος.   ²¹A = ὁ δέ.   ²² d adds ὁ μετάβολος.   ²³ c om.   ²⁴ g trs.
after αὐτόν.   ²⁵ α. bdeg read οὗ. af om. α om. also ἕως.   ²⁶ α, b. df read
ὑποστρέψωσι.   eg ἐπιστρέψουσι.   a om.   ²⁷ α. β–d, A, S¹ read καὶ
(+Πεντεφρής A^b) οὐκ.   For ὁ δὲ … αὐτῷ d reads καὶ μὴ πιστεύσας αὐτῷ
ὁ Πεντεφρίς.   ²⁸ c, g read αὐτόν and g adds ὁ Πεντεφρί.   ²⁹ c, ad, S¹. h, befg,
A add αὐτόν.   d reads αὐτὸν τύπτ. γυμνόν.   ³⁰ α, ae. dg read τοῖς λόγοις
τούτοις.   f τ. τοιούτοις λόγοις.   b om.   A, S¹ support text.   ³¹ d reads ἔφη.
A^{ab*cdfg} om. together with ὁ Π., but not A^b nor A^b as Arm. Text represents.
³² c, af. h, d read Πεντεφρίς.   bg, S¹ Πετεφρίς.   e Πετεφρής.   A^{ahb*cdfg} om.   ³³ α.
bdg read ἀχθήτω.   aef, S¹ ἀποκριθήτω = יֵעָנֶה, a corruption of יָבֹא = ἀχθήτω or
ἐναχθήτω.   For Ἐναχθήτω … νεανίσκος A reads ἄγετε ὧδε (+ἔφη A^{ab*cd}) τὸν
νεανίσκον (+καὶ αὐτὸς λέγει ἡμῖν ταῦτα A^b).   ³⁴ α. β om. h adds καί.   d adds
ἔμπροσθέν μου after νεανίσκος.   ³⁵ α. β, S¹ read as in margin (save that bd
om. the ι).   A = αὐτῷ.   d adds πρὸς τὴν γῆν.   ³⁶A reads 𐤁𐤓𐤉𐤐𐤓𐤐 (=
δεύτερος) corrupt for 𐤁𐤓𐤓𐤐𐤓𐤐 = τρίτος.   ³⁷ α. A^{-b} = παρὰ τῷ Φ. ἀξίωμα
αὐτοῦ(?).   A^b ἀξ. αὐτοῦ παρὰ τ. Φ.   At any rate A supports α against the
addition in β, S¹.   β, S¹ read as in margin (save that d reads τοῦ for τῷ and
adds καί before ἄρχων, and dg γυναῖκα for γυναῖκας.   g adds καί before ἔχων.
b reads γυναῖκα κ. τέκνα κ. παλλακάς and S¹ adds τῷ βασιλεῖ after παρά, and

ΔΙΑΘΗΚΗ ΙΩΣΗΦ [XIII. 6

b, A Τίνος εἰ δοῦλος;
β, S¹
ἀποστέλλει πρὸς τὸν ἄνδρα
(+αὐτῆς bdg).
α τιμωρῆσαι ἀδίκως.
befg, A^b* ἔλθωσιν, φησίν.
β, A, S¹ αὐτόν.

διαχωρίσας³⁸ με³⁹ ἀπ' αὐτοῦ⁴⁰ λέγει⁴¹ μοι⁴²· Δοῦλος εἶ ἢ ἐλεύθερος; *ἐγὼ δὲ⁴³ εἶπον⁴⁴· Δοῦλος⁴⁵. 7. *Καὶ λέγει· Τίνος; καὶ λέγω⁴⁶· Τῶν Ἰσμαηλιτῶν. 8. *Ὁ δὲ εἶπε⁴⁷· Πῶς αὐτῶν ἐγένου⁴⁸ δοῦλος; καὶ⁴⁹ εἶπον· Ὅτι ἐκ γῆς⁵⁰ Χαναὰν ἐπριάσαντό⁵¹ με. 9. *Εἶπε δὲ πρός με⁵²· ⌜Ὄντως⌝⁵³ ψεύδῃ⁵⁴. Καὶ ⌜εὐθὺς⌝⁵⁵ *ἐκέλευσε κἀμὲ γυμνὸν⁵⁶ τύπτεσθαι.

XIV. Ἡ δὲ Μεμφὶς¹ ἑώρα² διὰ *τῶν θυρίδων³ ⌜*τυπτόμενόν με⁴, *πλησίον γὰρ ἦν ὁ οἶκος αὐτῆς⁵, καὶ *ἀπέστειλε πρὸς αὐτόν⁶, λέγουσα⌝⁷· Ἄδικος⁷ ἡ κρίσις σου⁸, ὅτι⁹ τὸν κλαπέντα ⌜ἐλεύθερον⌝ *τιμωρεῖς, ὡς ἀδικήσαντα¹⁰. 2. Ὡς δὲ ⌜ἐγὼ⌝¹¹ οὐκ ἤλλαξα *τὸν λόγον μου¹² ⌜τυπτόμενος⌝, ἐκέλευσε *φυλαχθῆναί με¹³, ἕως οὗ ἔλθωσιν¹⁴ οἱ κύριοι *τοῦ παιδός¹⁵. 3. *Ἡ δὲ γυνὴ¹⁶ ἔλεγε¹⁷ πρὸς *τὸν ἄνδρα αὐτῆς¹⁸·

reads γυναῖκας καὶ τὰ τέκνα τῶν παλλακῶν). ³⁸a reads ἐκχωρίσας. ³⁹c reads μοι. ⁴⁰A = αὐτῶν. ⁴¹α, A^b. β, S¹ read εἶπε. ⁴²aefg, A^{ab*cd fg} om. ⁴³α, A. β, S¹ read καί. ⁴⁴d adds αὐτῷ. α om. next seventeen words through hmt. ⁴⁵d, A add εἰμί. ⁴⁶β–b, S¹ (save that α om. the second καί, and dg read εἶπον for λέγω). b, A reads καὶ (+ αὐτὸς A^{ab*cd}) λέγει πρός με (A^{ab*cd} om. πρός με)· Τίνος εἶ δοῦλος; καὶ λέγω (A^{abb*cd} εἶπον) αὐτῷ (A om.). ⁴⁷adef. b, A^b, S¹ καὶ (+ πάλιν b) λέγει μοι. g, A^{ab*cd} ὁ δὲ λέγει μοι (g om.). A^{fg} καὶ λέγει. ⁴⁸bg, A, S¹. aef read γίνη. d ἐγένετο. ⁴⁹efg add ἐγώ. ⁵⁰b reads τῆς. ⁵¹α, g. β–g read ἐπρίαντο. ⁵²b reads ὁ δὲ ἠπίστησε λέγων. ⁵³α. b reads ὅτι. defg, A, S¹ om. ⁵⁴f reads ψεύδει. ⁵⁵α. g reads εὐθίως. β–g, A om. ⁵⁶α, A^b omitting καί. abefg, A read γυμνόν με ἐκέλευσε (g, A⁻^b trs. ἐκέλ. before γυμνόν. aef trs. it before με). d ἐκέλευσε γυμνωθῆναί με καί. S¹ = γυμνώσας ἐκέλευσε.

XIV. ¹c reads Μεμφὶ ὡς. ²A adds με. ³c. h, β, A, S¹ read (+ τῆς A) θυρίδος. A om. rest of verse, but inserts the latter half of it ἄδικος ... ἀδικήσαντα after the first clause in ver. 3. ⁴α, adg (save that a om. με). bef read τυπτομένου μου. S¹ = πῶς ἐτυψάν με. ⁵α. β, A, S¹ om. ⁶α. β, S¹ read as in margin (save that g reads ἀπέστειλε). ⁷b, A, S¹ add ἐστί. For the position of the clause ἄδικος ... ἀδικήσαντα in A see note 3. ⁸α, b, A^{bh}, S¹. β–b, A^{ab*cd fg} om. ⁹h (?), β, S¹ add καί. ¹⁰β, A, S¹ (save that e reads τιμωρῆσαι and A συνέχεις). α reads as in margin. Its corruption seems to be peculiar to itself. ¹¹α. β, A, S¹ om. ¹²c, A^{ab*cdg}. h, a, A^b read τὸν λόγον. β–af, S¹ λόγον. f λέγων. ¹³α, aef, S¹ (save that ef read ἡμᾶς). b reads φυλακισθῆναί με. dg, A ἐν (d om.) φυλακῇ βληθῆναι ἡμᾶς (A με). ¹⁴α, ad, A^{abcd fg}, S¹. befg, A^b*

ΔΙΑΘΗΚΗ ΙΩΣΗΦ

⌜Τί¹⁹ συνέχεις²⁰ τὸν αἰχμάλωτον καὶ εὐγενῆ παῖδα *ἐν β, A, S¹
δεσμοῖς²¹⌝, *ὃν ἔδει μᾶλλον ἄνετον εἶναι²² καὶ ὑπηρετεῖσθαι²³. ὑπηρετεῖν σοι.
4. Ἤθελε γὰρ ὁρᾶν με²⁴ ἐν πόθῳ ⌜ἁμαρτίας⌝²⁵. *ἐγὼ δὲ²⁶ β, A, S¹
ἠγνόουν ἐν²⁷ πᾶσι τούτοις²⁸. 5. *Εἶπε δὲ πρὸς αὐτήν²⁹. ὁ δὲ εἶπε πρὸς τὴν
Οὐκ ἐστὶ *τοῦτο τοῖς³⁰ Αἰγυπτίοις πρὸ ἀποδείξεως ἀφαιρεῖσθαι Μέμφιν.
τὰ ἀλλότρια. 6. Ταῦτα ⌜οὖν⌝³¹ εἶπε * περὶ τοῦ μεταβόλου³². dg, A ἔθος
*Ὁ δὲ παῖς³³ *ὀφείλει ἐγκατάκλειστος εἶναι³⁴. παρὰ
XV. Μετὰ δὲ¹ *ἡμέρας εἰκοσιτέσσαρας² ἦλθον οἱ (d om.) τοῖς.
Ἰσμαηλῖται· *ἦσαν γὰρ³ ἀκούσαντες⁴ ὅτι Ἰακὼβ ⌜ὁ πατήρ β–bd, A
μου πολλὰ⁵⌝ πενθεῖ περὶ ἐμοῦ⁶, *καὶ ἐλθόντες λέγουσι⁷ πρός καὶ ὁ παῖς

οὖν (A ὅτι). β, A, S¹ καί. β εἶπον.

read as in margin (save that g trs. φησίν before ἔλθωσιν). ¹⁵α, β–dg, S¹.
d, A^{b/g} read μου. g, A^{ab*cd} αὐτοῦ. ¹⁶α, S¹. β, A read καὶ (d τότε) ἡ γυνὴ
αὐτοῦ (efg om.). ¹⁷α. β reads λέγει. ¹⁸α. β, A, S¹ read as in margin
(save that d reads αὐτῷ). Instead of the next clause which A om.,
A inserts there the latter half of ver. 1. See note 3. ¹⁹α. β–d
read διὰ τί. d reads ὅτι δή. ²⁰α reads συνέχει. d om. S¹ = ὑβρίζεις.
²¹α. β, S¹ om. ²²α. β–d, A^{abh} read ὃν ἔδει εἶναι (e trs. after
μᾶλλον, fg trs. after ἄνετον) μᾶλλον (A^{ab} om.) ἄνετον. d (A^{fg}?) τοῦτον
(d om.) ἄνετον εἶναι. A^{b*cd} = δεῖ οὖν εἶναι ἀποστάτην τὸν μετάβολον. καὶ
τοῦτον ἄνετον εἶναι (?). S¹ = ὃν ἔδει μᾶλλον ἔχειν ἐν τοῖς οἰκήμασιν.
²³α. β, A, S¹ read as in margin (save that b reads σου and g trs.
σοι before ὑπηρετεῖν). A^b om. next seven words. ²⁴β–g, S¹ trs.
before ὁρᾶν. ²⁵e reads ἁμαρτήματος. d adds αὐτῆς. S¹ om. ²⁶α.
β–dg, A^g, S¹ read καί. dg, A^{abbh*cd} καὶ ἐγώ. ²⁷c, aef. h, bdg read ἐπί.
²⁸h om. next seven words. ²⁹c. β, A^{ab*cdg}, S¹ read as in margin (save
that d, A^{ab*cdg} read λέγει and a αὐτήν and d αὐτῇ for π. τὴν Μέμφιν). A^b =
καὶ ὁ ἀνὴρ λέγει πρὸς τὴν γυναῖκα. ³⁰c. aef, S¹ read τοῖς. b παρά. d ἔθος
τοῖς. g, A ἔθος (g ἔθνος) παρὰ τοῖς. ³¹α. β, A, S¹ om. ³²α, β, S¹.
A = (+καὶ A^{bh}) ὁ μετάβολος. ³³α. β–bd, A read as in margin (save that
for ὅτι A^{b*} read αὐτοῦ and om. rest of verse). b καὶ περὶ ἐμοῦ ὅτι. d κα
εἶπεν ὅτι ὁ παῖς. S¹ = ὁ παῖς. ³⁴b reads ὄφειλα ἐγκατάκλειστος εἶναι. g ὀφείλει
κατάκλειστος εἶναι. A = ὀφείλει εἶναι ἐν δεσμοῖς. S¹ = ἔστω παρὰ τοῖς δεσμίοις.

XV. ¹c, bd, A, S¹. h reads γάρ but trs. after ἡμέρας. af read οὖν.
eg om. ²c. So d but in figures. h reads ἡμ. εἴκοσι καὶ τέσσαρας. β–dg
εἰκοσιτέσσαρας (e κδ') ἡμ. g ἡμ. τέσσαρας. ³α. β, A, S¹ καί. ⁴d, A
add ὄντων αὐτῶν (A om. ὄντ. αὐτ.) εἰς γῆν Χ. ⁵α. β, A, S¹ om.
⁶A τοῦ υἱοῦ αὐτοῦ. S¹ om. rest of verse. ⁷α, A^b. β reads (+καὶ d) εἶπον.

β-dg με. 2. Τί ότι είπας σεαυτὸν⁸ *δοῦλον εἶναι⁹; καὶ ἰδοὺ
ἔγνωμεν. ⌈ἡμεῖς⌉¹⁰ ἐγνώκαμεν¹¹ ὅτι *υἱὸς εἶ ἀνδρὸς μεγάλου¹² ἐν γῇ¹³
β-d,A,S¹ Χαναάν, καὶ *ὁ πατήρ σου ⌈ἔτι⌉ πενθεῖ περί σου¹⁴ *ἐν
καὶ πάνυ σάκκῳ ⌈καὶ σποδῷ⌉¹⁵. 3. *Ταῦτα ἀκούσας ἐγὼ διελύθη
ἤθελον
(aef τὰ σπλάγχνα μου, καὶ ἡ καρδία μου ἐτάκη, καὶ ἤθελον δακρῦσαι
θέλων) πάνυ¹⁶, ἀλλ'¹⁷ ἐπέσχον ἐμαυτόν¹⁸, ἵνα μὴ αἰσχύνω¹⁹ τοὺς
δακρῦ- ἀδελφούς μου, ⌈*καὶ εἶπον αὐτοῖς²⁰ Ἐγὼ οὐκ οἶδα·²¹ δοῦλός
σαι.
β, S¹ εἰμι⌉. 4. Τότε ⌈οὖν⌉²² ἐβουλεύσαντο²³ πωλῆσαί με, ἵνα
βουλεύ- μὴ εὑρεθῶ ἐν *ταῖς χερσὶν αὐτῶν²⁴. 5. Ἐφόβουντο γὰρ
ονται.
β, A, S¹ τὸν *πατέρα μου²⁵, ἵνα μὴ *ἐλθὼν ἐν αὐτοῖς ποιήσει²⁶ ἐκδίκησιν
Ἰακώβ. κινδύνου²⁷. ἤκουον²⁸ γὰρ ὅτι μέγας ἐστὶ παρὰ Θεῷ²⁹ καὶ³⁰
β, A, S¹ ἀνθρώποις. 6. Τότε λέγει *αὐτοῖς ὁ μετάβολος³¹. Λύσατέ
ποιήσῃ με ἀπὸ τῆς κρίσεως τοῦ³² Πεντεφρί³³. 7. *Ἐκεῖνοι δὲ
ἐν αὐτοῖς.
β-g,A,S¹ προσελθόντες³⁴ ᾔτουν³⁵ με³⁶ λέγοντες· ⌈Εἰπὲ⌉³⁷ ὅτι ἐν
Κυρίῳ. ἀργυρίῳ ἠγοράσθης³⁸ ἡμῖν, *κἀκεῖνος ἀπολῦσαι ἡμᾶς ἔχει³⁹.

β-g, S¹ προσελθόντες οὖν. bdg, A^{b*cdg} ἀπέλυσεν ἡμᾶς.

A^{ab*cdg} = καὶ λέγουσι. ⁸α, aef, A^{ab}. bdg read ἑαυτόν. A^{b*cdfg} = ἡμῖν.
⁹ef, A read ὅτι δοῦλός εἰμι. g δοῦλον. ¹⁰α, d. β-d, A, S¹ om. A^{b*cdfg}
om. καὶ ... ἐγνώκαμεν. ¹¹α, dg. β-dg read as in margin. ¹²α, abdf
(save that d adds δυνατοῦ καί after ἀνδρός). e reads ἀνδ. μ. υἱός εἶ. g υἱὸς
ἀνδ. μ. εἶ. ¹³α, def. a, A read τῇ γῇ. b, S¹ τῇ. g om. ¹⁴α, A^b (save
that A^b om. περί σου). β, S¹ read πενθεῖ (+ περί σου aefg) ὁ πατήρ σου.
A^{abb*cdfg} = καὶ ἰδοὺ (A^b om.) αὐτὸς πενθεῖ περί σου. ¹⁵α. β-b, A, S¹
read ἐν σάκκῳ. b ἐν λάκκῳ. d adds περὶ σου. A^b adds περὶ τοῦ πατρός μου.
¹⁶α (save that h reads διελυπήθη). β-d, A, S¹ read as in margin (save
that b reads πάλιν for πάνυ). d καὶ ταῦτα ἀκούσας ἐγὼ παρ' αὐτῶν πάνυ ἠθ.
δακρῦσαι. ¹⁷α, g. b, A, S¹ read καί. d καὶ πάλιν and om. next two words.
aef om. ¹⁸g adds καὶ εἶπον. A^b περὶ τοῦ πατρός μου. ¹⁹g reads
καταισχύνω. ²⁰h, d (omitting καί). c read κ. εἶπον αὐτῷ. abef, S¹ κ. εἶπα
(f εἶπον). g om. ²¹d adds τοῦτο ὃ λέγετε ὑμεῖς· ἐν δὲ οἶδα ὅτι. ²²α.
β, A, S¹ om. ²³α, A. β, S¹ read as in margin. ²⁴α. β, A^{b*cdfg}, S¹ read
χερσὶν αὐτῶν. A^{ab} αὐτοῖς. ²⁵α. β, A, S¹ read as in margin. ²⁶α (save
that h reads ποιήσῃ αὐτοῖς for ἐν α. π.). β, A, S¹ read as in margin (save that
df read ποιήσει). e adds τήν. ²⁷d reads κίνδυνον. ²⁸b reads ἠκούσθη.
²⁹α, g. β-g, A, S¹ read as in margin. ³⁰g adds παρά. ³¹α, e, A^{ab*cdfg}.
β-e, A^b, S¹ read ὁ μ. αὐτοῖς (d πρὸς αὐτούς). ³²β om. ³³α, d. af read
Πεντεφρή. beg, S¹ Πετεφρί (e-ή). A^{abh} Πεταφρή. A^{b*cdfg} Φωτιφάρ. A^{abh} add
ὐρρηϥ·ϯρ corrupt(?) for ὐρϥρηρηϥ as in A^{b*cdfg}. A then = δευτέρου
ἄρχοντος (A^{ab} om.). ³⁴α. β-g, S¹ read as in margin. g, A καὶ προσελ-
θόντες. d adds οἱ Ἰσμαηλῖται. A ἔμπροσθεν αὐτοῦ. ³⁵α, β-bd, A. bd, S¹
read αἰτοῦνται. ³⁶g om. ³⁷α, aef, S¹. bdg, A om. ³⁸α, g. aef, S¹

XVI. *Ἡ δὲ Μεμφὶς εἶπε τῷ ἀνδρὶ αὐτῆς[1]· *'Αγόρασον β, S¹ ἐδή-
τὸν νεανίαν[2], ἀκούω γάρ, φησίν[3], ὅτι πωλοῦσιν αὐτόν. λωσε.
c   β, Α, S¹   β–df, Α,
                                                           S¹ πρία-
2. Εὐθέως δὲ ἀπέστειλε εὐνοῦ-   2. Καὶ[5] ἀπέστειλεν εὐνοῦχον σθαί με.
χον ἐν τοῖς Ἰσμαϊλίταις, αἰ-   τοῖς Ἰσμαηλίταις[6], *αἰτοῦσά
τοῦσά με εἰς διάπρασιν. 3. Ὁ δὲ με εἰς διάπρασιν[7]· *καλέσας
εὐνοῦχος *μὴ θελήσας ἀγορά-   οὖν ὁ ἀρχιμάγειρος τοὺς Ἰσ-
σαι με[4] ἀνεχώρησεν πειράσας   μαηλίτας ᾔτει με εἰς πρᾶσιν[8].
αὐτούς, καὶ δηλοῖ τῇ δεσποίνῃ   3. ⌜Καὶ μὴ θελήσας ἀνεχώρη-
αὐτοῦ, ὅτι πολλὴν τιμὴν αἰ-   σεν⌝[9]. *Ὁ εὐνοῦχος ⌜πειρα-
τοῦσιν τοῦ παιδός.   σθεὶς αὐτῶν⌝ δηλοῖ[10] *τῇ δεσ-
                                ποίνῃ[11] ὅτι πολλὴν αἰτοῦσι
                                τιμὴν ⌜τοῦ παιδός⌝.

read ἐπράθης. b ἠγοράσθη. d ἐπράθη. A^{ah} = ἠγόρασας τοῦτον, A^b ἠγοράσατε τ.,
A^{b*cdfg} ἠγοράσαμεν τ. The chief variations seem to have arisen within α, β.
[39] h. c reads κἀκεῖνος λοιπῶν λῦσαι ἡμᾶς ἔχει. Here λοιπῶν may be corrupt
for λοιπόν. aef, S¹ read κἀκεῖνος ἀπολύσει ἡμᾶς. bdg κἀκεῖνος (+ ταῦτα ἀκούσας
εὐθέως d) ἀπέλυσεν ἡμᾶς. Α καὶ ὁ μετάβολος ἀπέλυσεν (+ ἡμᾶς A^{abh}).

XVI. [1] c. From this point onward h is wanting. aef read ἐδήλωσε δὲ
(+ ἡ M. f) τῷ ἀνδρὶ αὐτῆς. b, A, S¹ ἡ δὲ M. ἐδήλωσε (A ἀπέστειλε) τῷ ἀ. αὐτῆς.
d ἐδήλωσε δὲ αὐτῷ ἡ γυνὴ αὐτοῦ. g καὶ ἐδήλωσε τῷ ἀ, αὐτῆς ἡ M.   [2] c. β–df,
A, S¹ read as in margin. f reads πριάσαι με. d ἐκπρίου αὐτόν. But d is
peculiar and for ἀγόρασον ... αὐτόν reads λέγουσα· Ἐπειδὴ ἀκούω ὅτι
πωλοῦσι αὐτὸν ἐκπρίου αὐτόν. [3] b, S¹ read ἔφη. [4] It will be observed
that c, bg represent only the eunuch as in treaty for the purchase of
Joseph, whereas in aef, A, S¹, and also d (see note 9) first Potiphar acts
and next the eunuch. The loss in c, bg could have arisen through hmt.,
but probably the words referring to Potiphar are an intrusion (see
note 8). The fact that this addition is implied by d is discounted
when we consider that d is frequently conflate.   [5] β–d, S¹. d reads
καὶ εὐθέως. Α καὶ ἕτερον (A^b ἄνθρωπον).   [6] d adds καὶ ἤγαγεν αὐτούς.
[7] β–bd, S¹. bd, A read καὶ (b om.) ᾐτεῖτό με (b om.) (+ ἀπ' αὐτῶν Α) εἰς
διάπρασιν (b πρᾶσιν).   [8] aef, A, S¹ (save that A read ἐμπόρους for Ἰσμ.
and A^{ab*cdg} add ἀπ' αὐτῶν after ᾔτει). c, bdg om. and probably rightly as
this clause conflicts with the words before and after.   [9] abef, S¹ (save
that b adds ποιῆσαι μετ' αὐτῶν after θελήσας). g, A om. d has a very
peculiar text but gives excellent sense: for αἰτοῦσά με ... παιδός it reads
καὶ ᾐτεῖτό με εἰς διάπρασιν παρ' αὐτῶν ὁ Πεντεφρίς· εἰπόντες δὲ πολλὴν τὴν τιμὴν
μου, καὶ μὴ θελήσας ἀπέστειλεν ἡμᾶς, ὁ δὲ εὐνοῦχος πορευθεὶς ἐδήλωσε τῇ δεσποίνῃ
αὐτοῦ ταῦτα.   [10] abef, S¹ (save that b, S¹ add δέ after ὁ and e reads αὐτοῖς).

β¹, A, S 4. ⌜*'Η δὲ ἀπέστειλεν¹² *εὐνοῦχον ἕτερον¹³⌝, λέγουσα¹⁴.
μνᾶς   'Εὰν καὶ δύο¹⁵ μνᾶς¹⁶ ζητοῦσι¹⁷ ⌜παρέχετε⌝¹⁸. μὴ φείσασθε¹⁹
χρυσίου.
β–be, A ⌜χρυσίου· μόνον²⁰ πριασάμενος²¹ τὸν παῖδα ἄγαγε²² *πρός
αἰτοῦσι. με.   5. 'Ελθὼν οὖν ὁ εὐνοῦχος⌝ καὶ²³ δοὺς²⁴ αὐτοῖς²⁵
β, Α, S¹
καί.   ὀγδοήκοντα²⁶ χρυσοῦς²⁷ *ἀνελάβετό με· τῇ δὲ Αἰγυπτίᾳ εἶπεν
β–d, S¹ ὅτι δέδωκα ἑκατόν. 6. 'Εγὼ δὲ²⁸ εἰδὼς²⁹ ἐσιώπησα³⁰ ἵνα
ἀντ' ἐμοῦ,
ἑκατὸν   μὴ αἰσχυνθῇ³¹ *ὁ εὐνοῦχος³².
εἶπεν
τῇ Αἰγ. XVII. 'Ορᾶτε οὖν¹, τέκνα μου², πόσα ὑπέμεινα ἵνα μὴ
δεδόσ-   αἰσχύνω³ τοὺς ἀδελφούς μου. 2. Καὶ ὑμεῖς ⌜οὖν⌝ ἀγαπᾶτε
θαι. Καί.
aef, A   ἀλλήλους, ⌜καὶ ἐν μακροθυμίᾳ⁴ *συγκρύπτετε ἀλλήλων⁵ τὰ
αἰκισθῇ· ἐλαττώματα⌝. 3. Τέρπεται γὰρ⁶ ὁ θεὸς⁷ ⌜ἐπὶ *ὁμονοίᾳ

β καταισχύνω.

g reads καὶ πειρασθεὶς αὐτῶν ὁ εὐν. δηλοῖ. A = καὶ ἐδήλωσε ὁ εὐν. With A compare *d* (see note 9). *aef* make ὁ εὐνοῦχος the subject of the preceding verb ἀνεχώρησεν and *af* accordingly add δέ after δηλοῖ. ¹¹ *g* reads αὐτήν. ¹² *d* reads καὶ ἀποστέλλει. S¹ om. together with next three words. ¹³ *c*. β–d read ἕτερον εὐν. *d* ὕστερον εὐν. ¹⁴ A = ἡ δὲ λέγει. ¹⁵ S¹ = διακοσίας. ¹⁶ *c*. β, A, S¹ read as in margin. ¹⁷ *c, be*, S¹. β–be, A read as in margin. ¹⁸ *c, a.* *befg* read πρόσεχε. *d* δὸς αὐτοῖς. S¹ = προσέχετε. *d* om. next three words. ¹⁹ *c, a²g*, A^abh. *abef*, S¹ read φείσασθαι. A^b*cdfg = φεῖσαι. ²⁰ *d* reads μόνος. ²¹ *c*. β reads πριάμενος. ²² β–b. *c, b*, S¹ read ἀγάγετε. ²³ *c. d* reads μοι καί. β–d, A, S¹ καί. Vers. 5, 6 appear as follows in *d* : Καὶ λαβὼν ὁ εὐνοῦχος τὸ χρυσίον κατεδίωξεν ἡμᾶς καὶ ὀγδοήκοντα χρυσίνους δοὺς αὐτοῖς ἀντὶ ἐμοῦ, καὶ λαβών με παρ' αὐτοῖς ἐλθόντων ἡμῶν εἰς τὸν οἶκον ἑκατὸν εἶπεν δεδωκέναι, καὶ εἰδὼς ἐγὼ ἐσιώπησα ἵνα μὴ καταισχύνω τοὺς συνδούλους μου, μήτε μὴν αἰκισθῇ ὁ εὐνοῦχος. ²⁴ *c*, β–be, S¹. *b* reads δίδει. *e* δίδωσι. A = ἔδωκε. ²⁵ S¹ om. A adds ἀντ' ἐμοῦ. ²⁶ *c*, β (*aeg* reading π'). A = ἑξήκοντα. S¹ = ὀκτώ. ²⁷ *c, g*. β–*eg* read χρυσίνους. *e* χρυσίους. *g* χρυσσούς (sic). A^b adds τιμὴν ἀντ' ἐμοῦ ὁ εὐνοῦχος. ²⁸ *c*. β–*d*, S¹ read as in margin (save that *b* reads εἰπών. *e* adds καί before ἑκατόν, while after δεδόσθαι *be* add ἀντ' ἐμοῦ. S¹ ἀντ' αὐτοῦ. *g* ἔλαβέν με). For *d* see note 23. A = καὶ εἶπεν ὅτι ὀγδοήκοντα χρυσοῦς ἔδωκε ἀντ' αὐτοῦ. Καί. Perhaps חלף (i.e. ἀνελάβετο) is corrupt for חלף = ἀντί. ²⁹ *b* reads ἰδών. A adds ταῦτα. *bef* add ἐγώ. ³⁰ A adds περὶ αὐτοῦ. ³¹ *c. aef*, A, S¹ read as in margin. *b* ἐασθῇ. *dg* καταισχύνω and put last two words in acc. τοὺς εὐν. ³² A^b = αὐτός. A^{abh*cdfg} om.

XVII. ¹ *c*, A. β, S¹ om. *g* om. ὁρᾶτε . . . μου. ² *c, f*, A. β–*f*, S¹ om. ³ *c*. β reads as in margin. ⁴ *c*, β–*b*. *b* reads μακροθυμίαις. ⁵ *d* reads διάγετε κρύπτοντες (sic) ἀλλήλους. For ἀλλήλων S¹ reads τῶν νέων. ⁶ *c, bdg*,

ΧVII. 7] ΔΙΑΘΗΚΗ ΙΩΣΗΦ 207

ἀδελφῶν⁸ καὶ⁷ ἐπὶ προαιρέσει καρδίας⁹ ⌜ἀγαθῆς⌝¹⁰ †εὐ- β, S¹ εὐ-
δοκοῦσιν¹¹ εἰς ἀγαθόν¹². 4. *⁰Ότε ⌜δὲ⌝¹³ ἦλθον οἱ ἀδελφοί δοκιμού-
μου εἰς Αἴγυπτον, αὐτοὶ¹⁴ γινώσκουσιν¹⁵ ὅτι *ἀπέστρεψα τὸ ἀγάπην
ἀργύριον αὐτοῖς¹⁶, καὶ οὐκ ὠνείδισα *αὐτούς, καὶ¹⁷ παρεκά- (ἀ ἀγα-
λεσα¹⁸ ⌜αὐτούς⌝¹⁹. 5. Καὶ²⁰ μετὰ θάνατον *᾽Ιακώβ, τοῦ β-d, A, S
πατρός μου²¹, ⌜περισσοτέρως⌝ ἠγάπησα αὐτούς, καὶ πάντα ὅσα ὡς.
ἤθελον²² ⌜ὑπερεκπερισσοῦ⌝²³ *ἐποίουν αὐτοῖς²⁴· 6. *Καὶ οὐκ β-dg,
ἀφῆκα²⁵ αὐτοὺς²⁶ θλιβῆναι *ἕως μικροῦ πράγματος²⁷· καίγε Aᵇᶠᵍ, S
πᾶν ὃ ἦν ἐν τῇ²⁸ χειρί μου αὐτοῖς δέδωκα²⁹. 7. ⌜Καὶ⌝³⁰ β-ad, A,
οἱ υἱοὶ *αὐτῶν υἱοί μου³¹, *καὶ οἱ υἱοί μου ὡς δοῦλοι αὐτῶν³², S¹ ἐκέ-
καὶ³³ ἡ ψυχὴ *αὐτῶν ψυχή μου³⁴, καὶ πᾶν ἄλγημα³⁵ αὐτῶν (-αν A).

β, A, S¹ ⌜ἐκ περισσοῦ⌝ ἐποίησα.   c, A μου ψυχὴ αὐτῶν.

A, S¹. aef om.   ⁷A = κύριος.   ⁸β, S¹. c reads ἐλλαττώματα (sic)
ἀδελφῶν καὶ ὁμονοίᾳ. Here ἐλαττώματι may = חָסֶד corrupt for חָסֶד
'kindness.' ⁹Aᵇ*ᶜᵈᵍ = καρδιῶν.   ¹⁰c. β, A, S¹ om. The word
may have originated in a dittography of εἰς ἀγαθόν. ¹¹c. εὐδοκοῦσιν may
be corrupt for εὐδοκούσης. But A = ὅτε (Aᵇ*ᶜᵈᵍ αἱ or οἱ) εὐδοκοῦσιν. β, S¹
read as in margin (save that g reads εὐδοκιμήσει). ¹²c, a, Aʰᵇ*ᶜᵈᵍ. β-α
read as in margin. Aᵇ = ἀλλήλους but this is apparently due to internal
corruption. The idea required here is not expressed by ἀγαθόν which
may be a corruption of ἀγάπην, and אהבה (= ἀγάπην) may be corrupt for
אחוה = ἀδελφότητα.   ¹³c. β–d, S read καὶ ὅτε. d ὅταν οὖν. A = ὅτε.
¹⁴c. β–d, A, S read ὡς (+ καί A). For αὐτοί and the next seven words
d reads καὶ ἐπέγνω αὐτούς.   ¹⁵c, Aᵇ*ᶜᵈ. β–bd read οἴδασιν. b, Aᵇ ἔγνωσαν.
S = ὁρᾶτε καὶ ὑμεῖς.   ¹⁶g, Aᵇ read ἀπέστρεψαν τὸ ἀργύριον αὐτῶν. ¹⁷c.
β, S¹ read ἀλλὰ καί (d om.). A = αὐτοὺς ἀλλά.   ¹⁸d reads παρακαλέσω.
¹⁹β, S. c reads αὐτοῖς. A⁽ᵃ⁷⁾ᵇ add ἰδοὺ ἀκούουσι οἱ ἀδελφοί μου ἐὰν ψευδές τι
λαλῶ ἐγώ· ἀποδιδοῦσι εἰς πρόσωπόν μου. Aʰᵇ*ᶜᵈˢ add ἀκούουσι, ἰδού, καὶ (Aʰ
om. ἰδού, κ.) ἐροῦσι εἰ ἐγὼ ψευδές τι λαλῶ. ²⁰g reads κ. πάλιν. A =
ἀλλὰ καί (Aᶠᵍ om.).   ²¹c, d. β–dg, Aᵇᶠᵍ, S read ᾽Ιακώβ. g τοῦ πατρὸς
ἡμῶν ᾽Ι. Aᵃᵇ*ᶜᵈ = τοῦ πατρός μου.   ²²c. a reads ἠθέλησαν. β–ad, S¹
read ἐκέλευσεν. d μοι παρήγγειλεν ὁ πατήρ μου. A = ἐκέλευσαν. The
variations arose within the Greek or c, a = אוה. The rest = צוה or יצו.
²³c. β–d, S read ἐκ περισσοῦ. d, A om.   ²⁴c. β, A, S¹ read as in
margin. d adds ἐπ᾽ αὐτούς. b adds καὶ ἐθαύμαζον.   ²⁵c, d, A. β–d, S
read οὐκ ἀφῆκα γάρ.   ²⁶a reads αὐτοῖς.   ²⁷S¹ = οὐ πρὸς κακὴν αἰτίαν.
A adds καὶ ἔδωκα αὐτοῖς πάντα ὅσα ἐξήτησαν.   ²⁸c, g. β–g om.   ²⁹c, β–b.
b reads ἔδωκα.   ³⁰c. β, A, S om.   ³¹β, S¹. c reads αὐτῶν. A = μου,
υἱοὶ αὐτῶν. d om. next seven words.   ³²c, β–d, S¹ (save that g om. οἱ).
A = καὶ δοῦλοί μου, δοῦλοι αὐτῶν.   ³³c, A. β, S¹ om.   ³⁴β, S¹. c, A
read as in margin. A adds καί (Aʰ om.) ἡ γῆ μου γῆ αὐτῶν, a phrase which

ΔΙΑΘΗΚΗ ΙΩΣΗΦ [XVII. 7

bdg (A) ἄλγημά μου[36], ⌈καὶ πᾶσα μαλακία αὐτῶν *ἀσθένειά μου, καὶ[37]
ἀσθένειά ἡ βουλή⌉ *αὐτῶν βουλή μου[38]. 8. Καὶ οὐχ ὕψωσα ἐμαυτὸν[39]
μου ἡ γῆ
μου γῆ ἐν αὐτοῖς ⌈ἐν ἀλαζονείᾳ⌉ διὰ τὴν ⌈κοσμικήν⌉ *μου δόξαν[40],
αὐτῶν ⌈ἀλλ'[41] ἤμην ἐν αὐτοῖς ὡς εἷς τῶν ἐλαχίστων[42]⌉.
(+ καί g).
bef, S¹   XVIII. ⌈Ἐὰν⌉[11] οὖν καὶ ὑμεῖς[2] πορευθῆτε ἐν ταῖς[3] ἐντολαῖς
μου
βουλή Κυρίου[4], ὑψώσει ὑμᾶς[5] *ὁ θεὸς[6] ⌈ἐν ἀγαθοῖς⌉ εἰς αἰῶνας.
αὐτῶν. 2. ⌈Καὶ *ἐάν τις θέλει⌉[7] κακοποιῆσαι ὑμᾶς, ὑμεῖς τῇ
β–ae,A, ἀγαθοεργείᾳ[8] εὔχεσθε ὑπὲρ αὐτοῦ, καὶ ἀπὸ παντὸς κακοῦ
S¹Κυρίου,
τέκνα λυτρωθήσεσθε ὑπὸ[9] Κυρίου⌉. 3. Ἰδοὺ[10] ⌈γὰρ⌉[11] ὁρᾶτε ὅτι
μου.
β–af, S¹ ⌈διὰ τὴν *ταπείνωσιν καὶ τὴν μακροθυμίαν μου[12]⌉ θυγατέρα
ὑμᾶς *ἱερέως ἡλιουπόλεως[13] ἔλαβον ἐμαυτῷ[14] εἰς γυναῖκα[15], καὶ
ἐνταῦθα
καί ἑκατὸν τάλαντα *χρυσίου δέδοταί μοι[16] *σὺν αὐτῇ[17], *καὶ
εὐλογή- ὁ[18] Κύριός μου[19] αὐτοὺς[20] κατεδούλωσεν[21]. 4. *Καίγε
σει ὑμᾶς.
β ἀγαθοποιίᾳ.   β–a, S¹ μακροθυμίαν καί.   β–a, A, S¹ κυρίων
(dg κυρίου) μου.   β–ae, A, S¹ ὅτι.

bdg (omitting the καί) add after ἀσθένειά μου.   ³⁵ S¹ = νόσος.   ³⁶ a om.
rest of chapter.   ³⁷ c, ef (save that ef om. καί). S corrupt.   bdg, A read
as in margin (save that A trs. before καὶ πᾶν ἄλγημα. See note 34).
³⁸ c, dg.   bef, S¹ read as in margin. A⁻ʰ = μία ἦν ἡμῶν πάντων ἡ βουλή.
Aʰ om.   ³⁹ bdef. c reads αὐτόν. g ἑαυτόν.   ⁴⁰ c. bdef read δόξαν μου.
g δόξαν.   ⁴¹ d reads καί.   ⁴² c, b. defg read ἐλαχιστοτέρων.

XVIII. ¹ A om. and for οὖν ... κυρίου read καί (Aᵇʰ om.) ὑμεῖς οὖν τὴν
αὐτὴν ὁδὸν πορευθῆτε.   ² e, S² add τέκνα μου.   ³ ef om.   ⁴ β–ae, A, S¹
add τέκνα μου against c, a.   ⁵ c reads ἡμᾶς. bdeg, S¹ add ἐνταῦθα (S¹ om.)
καὶ εὐλογήσει ὑμᾶς (bg, S¹ om.) omitted by c, af through hmt. A attests the
originality of this clause. Thus for ὑψώσει ... αἰῶνας Aᵇʰ read καὶ ὁ θεὸς
δοξάσει ὑμᾶς (Aᵃ = σε ?) καὶ ὑψώσει ὑμᾶς (Aᵇʰ om.) ἄνω. Here Arm. Text
wrongly represents Aᵇ as twice reading σε. Possibly it is wrong also
as to Aᵃ. Aᵇ*ᶜᵈᶠᵍ = ὅτι καὶ (Aᶠᵍ om. ὅτι κ.) Ἰσραὴλ Σαδαι δοξάσει ὑμᾶς καὶ
ὑψώσει εἰς αἰῶνας.   ⁶ c, Aᵃᵇʰ. For Aᵇ*ᶜᵈᶠᵍ see preceding note. β, S¹ om.
⁷ c. β–g, S read ἐὰν θέλῃ (f θέλει) τις. g ὅταν θελήσει.   ⁸ c. β reads
as in margin.   ⁹ c. β reads διά. For λυτρωθήσεσθε ὑπὸ κυρίου S reads
λυτρώσει ὁ κ. (+ ὑμᾶς S²).   ¹⁰ a om. verses 3, 4.   ¹¹ g, A om.   ¹² c. β, S¹
read as in margin (save that d adds μου before καί).   ¹³ c. So Jub. xl. 10.
β–a, A, S¹ read as in margin (save that g om. μου).   ¹⁴ c, A. β–a, S¹ om.
¹⁵ S¹ add Σειφήν.   ¹⁶ c, defg (save that d reads δέδωκε and eg δέδοται).
b, S¹ read μοι χρυσίου δέδοται. A = χρυσίου ἐδωκάν μοι.   ¹⁷ A places after
χρυσίου. f om. rest of verse.   ¹⁸ c. β–ae, A, S¹ read ὅτι. e om.   ¹⁹ c, g.
β–ag, A, S¹ read μοι.   ²⁰ e reads αὐτοῖς.   ²¹ c, de. b reads ἐδούλευσε.

καὶ²² ὡραιότητα ἔδωκέ²³ μοι ὑπὲρ ὡραίους Ἰσραήλ, ⌈καὶ⌉ β–a, A,
ἐφύλαξέ²⁴ με ⌈ἕως γήρους²⁵ ἐν δυνάμει καὶ⌉ ἐν κάλλει· S¹ ὡς
*Καὶ γὰρ ὅμοιος ἤμην²⁶ ἐν πᾶσι τῷ²⁷ Ἰακώβ. ἄνθος ὑπέρ.

c, β, S¹   A
XIX. Ἀκούσατε δέ¹,   XIX. *Ἀκούσατε οὖν⁹
τέκνα μου, καὶ *περὶ ὧν †οἶδα   τὸ ἐνύπνιον ὃ εἶδον¹⁰.   2. β–b δ
ἐνυπνίων².   2. Δώδεκα³   Δώδεκα ἐλάφους ἑώρων¹¹ ὅτι εἶδον
ἔλαφοι ἐνέμοντο⁴ *ἐν τόπῳ⁵   ἐνέμοντο καὶ¹² ἐξ αὐτῶν ἐννέα ἐνύπνιον.
καὶ οἱ ἐννέα⁶ διεσπάρησαν   διεσπάρησαν· οἱ δὲ τρεῖς ἐσώ-
*εἰς πᾶσαν τὴν γῆν⁷· ὁμοίως   ζοντο¹³, καὶ τῇ ἡμέρᾳ τῇ ἑξῆς
δὲ⁸ καὶ οἱ τρεῖς.   καὶ αὐτοὶ διεσπάρησαν.

A (only for verses 3–7)

3. Καὶ ἑώρων ὅτι τρεῖς¹⁴ ἔλαφοι τρεῖς ἀμνοὶ ἐγίνοντο καὶ ἐβόησαν πρὸς Κύριον καὶ ἐξήγαγε αὐτοὺς Κύριος¹⁵ εἰς τόπον εὐθαλῆ καὶ ἔνυδρον, καὶ ἤγαγε¹⁶ αὐτοὺς ἐκ σκότους εἰς φῶς.

4. Καὶ ἐκεῖ ἐβόησαν πρὸς Κύριον μέχρι οὗ συνήχθησαν *πρὸς αὐτοὺς¹⁷ οἱ ἐννέα ἔλαφοι καὶ ἐγίνοντο αὐτοὶ ὡς δώδεκα πρόβατα, καὶ μετ' ὀλίγον χρόνον ηὐξάνοντο καὶ ἐγίνοντο ποίμνια πολλά.

5. Καὶ¹⁸ μετὰ ταῦτα ἑώρων *καὶ ἰδοὺ¹⁵ δώδεκα βόες

---

g ἐδούλωσε.   ²²c. β–a read καίγε. A gives a peculiar text of ver. 4:
Καὶ ἦν (+ Ἀσανὲθ γυνή μου A^b) ὡραῖος ὡς ἄνθος καὶ (+ἐγὼ ἦν A^b) ὡραῖος ὑπὲρ (+ πάντας A^b) ἐκλεκτοὺς Ἰσραήλ (+καὶ σώφρων καὶ ταπεινὸς A^b) ὑπὲρ Λευὶ καὶ Ἰούδα καὶ (+ὑπὲρ A^b) Νεφθαλείμ· ἐφύλαξέ με ἐν κάλλει (for ἐφ.... κάλλει A^b reads πλέον ὡραῖος ἦν ἢ αὐτοί), ὅτι ὅμοιος ἦν ἐγὼ ἐν πᾶσι τῷ Ἰακώβ (+τῷ πατρί μου A^b).   ²³d reads δέδωκε.   ²⁴c. β–a read διεφύλαξε.   ²⁵c, ef. bdg read γήρως.   ²⁶c. β–ag read ὅτι ἐγὼ (d om.) ὅμοιος. For g see next note. ²⁷dg read τοῦ. For καὶ γὰρ...Ἰ. g reads ἐν πᾶσι ὅμοιος τοῦ Ἰ. εἰμι.

XIX. ¹c, aef. β–aef, S¹ om.   ²c. For οἶδα read εἶδον. b reads ὧν εἶδον ἐνυπνίων, β–b as in margin save that d reads ὅπερ. S¹ = ὧν εἶδον ἐνύπνιον· τοῦτο λέξω σοι.   ³e reads ὅτι δώδεκα.   ⁴g adds καὶ δι' ἕνα ἐτηρήθησαν. ⁵c. β, S¹ om.   ⁶b adds διαιρέθησαν καί.   ⁷c, β–b (save that g reads ἐπί). b, S read τῇ γῇ.   ⁸c, f. β–df, S¹ om. For ὁμοίως... τρεῖς d reads καὶ οἱ τρεῖς ὕστερον διεσπάρησαν.   ⁹A^b reads ἔλθετε οὖν πάντες, ἀκούσατε. A alone preserves the full form of the text, but in some cases it is corrupt beyond recovery.   ¹⁰A^b adds τότε.   ¹¹A^b trs. before δώδεκα.   ¹² A^{ab*cdefg}. A^b reads οἱ ἐσμὲν ἡμεῖς δώδεκα ἀδελφοί, καὶ ἑώρων γε.   ¹³ A^{ab*cdefg}. A^b = ἐνέμοντο μετ' ἀλλήλων.   ¹⁴A^h om.   ¹⁵A^{bh} om. A^h adds ἐκ σκότους εἰς φῶς καὶ ἤγαγε αὐτούς and om. six words after ἔνυδρον.   ¹⁶A^b = ἐξήγαγε. A^b trs. the clause καὶ ἤγαγε...φῶς before καὶ ἐξήγαγε.   ¹⁷A^{bbefg}. A^{ab*cd} om.   ¹⁸A^b om.

θηλάζοντες[19] μίαν δάμαλιν, ἢ ἐκ[20] ... γάλακτος θάλασσαν ἐποίει καὶ ἔπινον ἐξ αὐτοῦ[21] αἱ δώδεκα ποίμναι καὶ ἀνηρίθμητα ποίμνια. 6. Καὶ τοῦ τετάρτου βοὸς ἀνέβησαν τὰ κέρατα μέχρι τοῦ οὐρανοῦ καὶ ἐγένοντο ὡς τεῖχος τῶν ποιμνῶν, καὶ ἐν μέσῳ τῶν δύο[22] κεράτων ἐξεβλάστησε[23] ἄλλο κέρας. 7. Καὶ ἑώρων *μόσχον ὃς δωδεκάκις περιέβαλλε αὐτούς[24], καὶ ἐγένετο[25] τοῖς βουσὶ ὁλοκλήρως (?) εἰς βοήθειαν.

c, β, S¹	A
8. *Καὶ εἶδον[26] *ὅτι [ἐκ τοῦ Ἰούδα ἐγεννήθη] †παρθένος, [ἔχουσα στολὴν βυσσίνην, καὶ ἐξ αὐτῆς] ἐγεννήθη ἀμνὸς [ἄμωμος][27] *καὶ ἦν[28] ἐξ ἀριστερῶν	8. Καὶ εἶδον *ἐν μέσῳ τῶν κεράτων παρθένον τινά, [ἔχουσαν στολὴν ποικίλον καὶ ἐξ αὐτῆς] προῆλθεν ἀμνός[29], καὶ ἐξ ἀριστερῶν αὐτοῦ ὥρμων

β, S¹ προηλθεν.

[19] A^(b*cdef) by internal corruption = νεμόμενοι (or βοσκοῦντες). [20] A adds an adjective = κραταιοῦ, or ἰσχυροῦ or δεινοῦ. [21] A^(bh) i. e. 𐤀𐤋𐤅𐤄𐤀. A^(ab*cdefg) read 𐤀𐤍𐤂𐤅𐤄𐤋 (= αὐτῶν) corruptly. [22] A^(efg) om. perhaps rightly. [23] A^(abh). A^(b*cdefg) read ἀνέστη. [24] A^(ab(h)cefg) (save that A^b reads ὅπου ἦν for ὅς, A^c om. δωδεκάκις and αὐτούς and A^(efg) om. ὅς). A^(b*d) = μόσχους δώδεκα οἱ περιέβαλλον αὐτούς. [25] A^(abhcfg). A^(b*d) = ἐγένοντο. [26] d reads ἶδον δέ. [27] This passage has been generally rejected as a Christian interpolation. But if we excise it wholly, the unity of the context is destroyed. It seems undeniable that the same leader is referred to in ver. 7 and subsequently in ver. 9. In the former verse as a μόσχος he goes to the aid of the βόες: in the latter (see A) the βόες and others rejoice in his triumphant overthrow of their enemies. In the latter half of ver. 8 this leader is referred to as ἀμνός. If then the translator has rightly rendered his original, the symbolic designation of this leader is changed: from being a μόσχος he becomes an ἀμνός. A similar transformation has already been twice mentioned in verses 3 ἔλαφοι ... ἀμνοὶ ἐγίνοντο, 4 ἐννέα ἔλαφοι ... ἐγίνοντο ὡς πρόβατα. Hence this third transformation causes no difficulty. But some record of this transformation must have appeared. Hence the beginning of ver. 8 must have recounted this transformation of a μόσχος into an ἀμνός, and not the birth of a virgin of the tribe of Judah and her bearing of a blameless ἀμνός. Even the textual evidence points to this conclusion. A comparison of c, β with A leads to the excision of ἐκ τοῦ Ἰ. ἐγεννήθη and ἄμωμος (om. also by f) as interpolations. Further, as we have already shown, the context requires here an account of a transformation and not of a birth; hence παρθένος has either been substituted for μόσχος (= עגל) or is a mere interpolation. (Indeed where human beings are everywhere designated as animals the use of παρθένος is in itself impossible.)

ΔΙΑΘΗΚΗ ΙΩΣΗΦ

αὐτοῦ ὡς λέων· καὶ πάντα τὰ θηρία ὥρμων[30] *κατ' αὐτοῦ[31] καὶ ἐνίκησεν αὐτὰ ὁ ἀμνός, καὶ ἀπώλεσεν *αὐτὰ εἰς καταπάτημα[32]. 9. Καὶ ἔχαιρον ἐπ' αὐτῷ[33] οἱ *ἄγγελοι καὶ οἱ ἄνθρωποι[34] καὶ πᾶσα[35] ἡ γῆ. 10. Ταῦτα δὲ[36] γενήσεται ἐν καιρῷ αὐτῶν[37] ἐν ἐσχάταις ἡμέραις. 11. Ὑμεῖς οὖν, τέκνα μου, φυλάξατε τὰς ἐντολὰς Κυρίου, καὶ τιμᾶτε[38] τὸν *Λευὶ καὶ τὸν Ἰούδαν[39]. ὅτι *ἐκ τοῦ σπέρματος[40] αὐτῶν ἀνατελεῖ ὑμῖν[41] [ὁ ἀμνὸς τοῦ Θεοῦ, ὁ αἴρων τὴν ἁμαρτίαν τοῦ κόσμου][42], σώζων [πάντα τὰ

πάντα[43] τὰ θηρία καὶ πάντα τὰ ἑρπετά[44], καὶ ἐνίκησεν αὐτὰ ὁ ἀμνός, καὶ ἀπώλεσεν αὐτά. 9. Καὶ ἔχαιρον δι' αὐτὸν οἱ βόες *καὶ ἡ δάμαλις [καὶ οἱ ἔλαφοι][45] ἠγάλλοντο ἅμα μετ' αὐτῶν. 10. Ταῦτα δὲ[46] δεῖ γίνεσθαι ἐν καιρῷ αὐτῶν. 11. Καὶ ὑμεῖς, τέκνα μου, τιμήσατε τὸν Λευὶ καὶ τὸν Ἰούδαν ὅτι ἐξ αὐτῶν ἀνατελεῖ ἡ[47] σωτηρία τοῦ Ἰσραήλ.

β, S¹ Ἰούδαν καὶ τ. Λευὶ ὅτι ἐξ. β, S¹ χάριτι.

The evidence points to the former alternative. Finally the addition ἔχουσα στολὴν βυσσίνην would naturally be made when once παρθένος appeared in the text. The original therefore of the first half of ver. 8 would be fairly represented by καὶ εἶδον ὅτι ἐν μέσῳ τῶν κεράτων μόσχος ἐγενήθη ἀμνός. This lamb, whose victories are recounted in the close of the verse, appears to have been a Maccabean, i. e. a descendant of Levi. On his right fights Judah (λέων). For according to the true text Judah is subordinate to Levi. See ver. 6. The above reasoning as to the interpolations holds good even if verses 7, 8, and 9 refer to different leaders. [28] c. β—d, S¹ read καί. d om. [29] See note 27. For κεράτων i. e. ԵՂԲԲՐՈՒՑՆ (so A^befg) A^ab*cd according to printed Arm. Text give ԵՂԲԲՐՈՒԼՈՒՑՆ = ἐλάφων. [30] a. c reads ὅρμουν. β—a ὥρμουν. [31] g reads αὐτῷ. [32] c. adg, S² read αὐτὰ (d ἅπαντα) εἰς καταπάτησιν. bef, S¹ εἰς καταπάτησιν. [33] f reads αὐτόν. [34] g reads ἄνθ. καὶ οἱ ἀγγ. The text is obviously secondary. A is undoubtedly to be preferred. [35] f adds δέ. [36] d adds τέκνα μου. [37] S¹ adds χαιρήσουσι ἐπ' αὐτῷ. g trs. ἐν κ. αὐτῶν after ἡμέραις. [38] d reads τιμήσατε. Cf. A. [39] c. So A. β, S¹ read as in margin. [40] c. β, S¹ read as in margin. [41] c reads ἡμῖν. g trs. before ἀνατελεῖ. [42] Christian interpolations. For ὁ αἴρων τ. ἁμ. τ. κόσμου which c read, β, S read χάριτι. [43] A^bhefg. A^ab*cd om. [44] For καὶ πάντα τὰ ἑρπετά (= ՈՒՀՊՆՑՈՒՓ) we should read εἰς καταπάτημα = Ƭի ՂՈՒՊՈՒՆԻՖԻ. [45] A^b*cdg. A^ab read καὶ ἔκγονα τῶν τριῶν ἐλάφων. A^b δύο τῶν τριῶν ἐλάφων. I have bracketed the καὶ οἱ ἔλαφοι as an interpolation; for the βόες already symbolize the Twelve Tribes. [46] A^ab*cd add πάντα against A^bhefg. [47] A^b. A^ab*cdhefg om. [48] See note 42.

ἔθνη καί]⁴⁸ τὸν Ἰσραήλ.
12. Ἡ γὰρ βασιλεία αὐτοῦ βασιλεία *ἔσται αἰώνιος⁴⁹ ἥτις οὐ παρελεύσεται⁵⁰· ἡ δὲ ἐμὴ βασιλεία⁵¹ ἐν ὑμῖν ἐπιτελεῖται, ὡς ὀπωροφυλάκιον⁵²

β, S¹ οὐ φανή- σεται.

ὃ⁵³ μετὰ τὸ θέρος ἐξαφανίζεται⁵⁴.

12. Ἡ γὰρ ἐμὴ βασιλεία⁵⁵ ἡ ἐν ὑμῖν ἐπιτελεσθήσεται, ὡς ὀπωροφυλάκιον, ὃ οὐ φανήσεται *μετὰ τὸ θέρος⁵⁶.

XX. Οἶδα ⌈γὰρ⌉¹¹ ὅτι μετὰ *τὴν τελευτήν μου² οἱ Αἰγύπτιοι θλίψουσιν³ ὑμᾶς⁴, ἀλλ' ὁ Θεὸς⁵ ποιήσει τὴν ἐκδίκησιν ὑμῶν⁶ καὶ ἐπάξει⁷ ὑμᾶς εἰς *τὰς ἐπαγγελίας⁸ τῶν πατέρων ὑμῶν⁹. 2. *Ὑμεῖς δὲ¹⁰ συνανοίσετε¹¹ τὰ ὀστᾶ μου¹² μεθ' ὑμῶν¹³, ⌈ὅτι, ἀναγομένων¹⁴ τῶν ὀστέων ἐκεῖ¹⁵, Κύριος ἐν φωτὶ ἔσται μεθ' ὑμῶν¹⁶, καὶ ὁ¹⁷ Βελίαρ *ἐν σκότει ἔσται¹⁸ μετὰ τῶν Αἰγυπτίων⌉.

β, Aᵃʰᵇ* cdg, S¹ ἀλλά. bd, S μου.

c, A
3. *Ἀσυνὲθ δὲ¹⁹ τὴν μητέρα ὑμῶν ἀγάγετε²⁰ [παρὰ τὸν Ἱππόδρομον]²¹ καὶ πλησίον Ῥαχιὴλ τῆς μητέρος μου *θάψατε αὐτήν²².

β, S¹
3. *Καὶ †Ζελφὰν τὴν μητέρα ὑμῶν ἀναγάγετε καὶ²³ ἐγγὺς Βάλλας [παρὰ *τὸν Ἱππόδρομον²⁴] πλησίον *Ῥαχήλ, θέτε αὐτήν²⁵.

⁴⁹ c. bd, S read αἰῶνος. aefg αἰώνιος. ⁵⁰ c, β–ab. ab, S¹ read παρασαλεύσεται. ⁵¹ g adds καί. ⁵² af. c, bdg read ὀποροφ., e ὠποροφ. ⁵³ c. β, S¹ read ὅτι. ⁵⁴ c. β, S¹ read as in margin. Here S¹ makes a large Christian addition of several hundred words. ⁵⁵ So Aᵃᵇᵇᵉᶠᵍ (save that Aᵃᵇʰ om. ἐμή). Printed text corrupt. ⁵⁶ Aʰᵇ*ᶜᵈᵍ. Aᵃᵇ = ἐν σώματι (through an internal corruption).

XX. ¹ c. β–dg, A, S¹ om. dg read τέκνα. ² Aᵃᵇʰ = ἐμέ. Aᵇ*ᶜᵈᶠ τὴν ἔξοδόν μου. ³ b reads θλίψωσι. ⁴ c reads ἡμᾶς. ⁵ d adds τῶν πατέρων μου. ⁶ d reads ὑμῖν and trs. before τὴν ἐκδίκησιν. A = αὐτῶν. a om. rest of ver. and 2–3. ⁷ c. β reads εἰσάξει. ⁸ c, efg. b, A, S¹ read τὴν ἐπαγγελίαν. d τὴν γῆν τῆς ἐπαγγελίας. ⁹ c, b, A, S¹. efg read ἡμῶν. d μου. ¹⁰ c, Aᵇ. β–a, Aᵃʰᵇ*ᶜᵈᵍ, S¹ read as in margin. ¹¹ bg. c reads συνανήσετε. d συνανύσατε. e συνανοίσατε. f συνανύσετε. ¹² d trs. before τά. ¹³ defg add ἐκεῖ. ¹⁴ g reads ἀγαγομένων. ¹⁵ c. bd, S¹ read μου. efg μου (g ὑμῶν) ἐκεῖ. ¹⁶ c reads ἡμῶν. ¹⁷ b om. ¹⁸ c reads ἐσκότισται. ¹⁹ c. See d in note 23. Aᵇ*ᶜᵈᵍ = καὶ Ζελφάν. Ver. 3 in Aᵃᵇᵇ = καὶ τὸν ἀδελφόν (Aᵃ τοὺς ἀδελφοὺς) ὑμῶν ἀναγάγετε (Aᵃʰ ἀναπαύσατε) καὶ ἐγγὺς τῆς ἀδελφῆς (+ μου Aᵇʰ) καὶ ἐγγὺς τῆς μητέρος θέτε αὐτόν (Aᵃ αὐτούς). Possibly ՛լ՛՛՛՛ (ἀδελφόν) is corrupt for ՛՛՛՛՛՛՛՛='Ἀσυνὲθ μητέρα. The reading of d (see note 23) favours this conjecture. ²⁰ c. A =

ΔΙΑΘΗΚΗ ΒΕΝΙΑΜΗΝ

4. Καὶ²⁶ *ταῦτα εἰπὼν²⁷ ἐκτείνας²⁸ τοὺς πόδας αὐτοῦ²⁹ *ἐκοιμήθη ὕπνῳ καλῷ³⁰. 5. Καὶ ἐπένθησεν³¹ αὐτὸν πᾶς β, S Ἰσραὴλ καὶ πᾶσα Αἴγυπτος πένθος μέγα.

ὕπνον αἰώνιον.

c

6. ⌜Καὶ ἐν τῇ ἐξόδῳ τῶν υἱῶν Ἰσραὴλ ἐξ Αἰγύπτου συνήγαγον τὰ ὀστᾶ Ἰωσήφ, καὶ ἔθαψαν αὐτὸν ἐν Χεβρὼν μετὰ τῶν πατέρων αὐτοῦ· ἐγένοντο δὲ τὰ ἔτη τῆς ζωῆς αὐτοῦ ἔτη ἑκατὸν δέκα⌝.

β, S¹

6. ⌜Καὶ γὰρ σὺν³² τοῖς Αἰγυπτίοις *ὡς μέλος ἔπασχε³³, *καὶ εὐεργέτει³⁴ ἐν³⁵ παντὶ ἔργῳ *καὶ βουλῇ καὶ πράγματι παριστάμενος³⁶⌝.

Διαθήκη Βενιαμὴν τοῦ ιβ′ υἱοῦ Ἰακὼβ καὶ Ῥαχιήλ¹.

I. Ἀντίγραφον λόγων² Βενιαμήν³, ὧν⁴ διέθετο⁵ *τοῖς υἱοῖς⁶ αὐτοῦ⁷, ζήσας⁸ *ἔτη ἑκατὸν εἴκοσι πέντε⁹.

ἀναγάγετε. ²¹ Bracketed as a gloss from the LXX of Gen. xlviii. 7. A omits. ²² c. A^{ab} = θέτε αὐτόν (A^a αὐτούς). A^{b*cdg} = θέτε and trs. before πλησίον. ²³ bef, S¹. d reads ἀναγάγετε δὲ καὶ Ἀσινὲτ τὴν μ. ὑμῶν καὶ τεθήτω. ag om. entire verse. Thus d supports c. ²⁴ S¹ = τὸ πανδοχεῖον. ²⁵ d reads Ῥαχιήλ. ²⁶ d om. ²⁷ A^b = μετὰ ταῦτα. A^{ahb*cdg} om. d adds Ἰωσὴφ καὶ ἐντειλάμενος τοῖς υἱοῖς αὐτοῦ. ²⁸ A^{abe} = ἐξέτεινε καί. A^b adds Ἰωσήφ which according to printed text A^{b*cd} add after αὐτοῦ. ²⁹ β–d, A^{abhb*cd}, S. c, d, A^g om. ³⁰ e. ὕπνῳ καλῷ = שיבה טובה corrupt for בשיבה טובה = ἐν γήρει καλῷ. Cf. T. Zeb. x. 6, T. Iss. vii. 9, T. Assher viii. 2. β, S¹ read ἐκοιμήθη (+ ἐν εἰρήνῃ d) ὕπνον αἰώνιον. A = ἀπέθανε (+ ἑκατὸν καὶ δέκα ἐτῶν A^{b*cd}). Here ὕπνον αἰώνιον = שינת עולם which may likewise be a corruption of the Hebrew phrase already indicated. ³¹ e reads ἐπένθησαν. ³² aef. b reads καί. dg, S¹ om. ³³ aef. bg read ὡς ἰδίοις μέλεσι (g ἴδια μέλη) συνέπασχε. d συνέπασχε ἐν πάσῃ τῇ ζωῇ αὐτοῦ. ³⁴ β–d. d reads εὐεργετῶν αὐτούς. ³⁵ b om. ³⁶ β–dg, S¹. d reads ἀγαθῷ. διὰ τοῦτο καὶ ἐπένθησαν αὐτὸν πάντες οἱ Αἰγύπτιοι ὡς προνοητὴν αὐτῶν καὶ κηδεμόνα. g καὶ λόγῳ καὶ βουλῇ παριστάμενος. d adds τῷ δὲ θεῷ ἡμῶν. f, S¹ Ἰωσὴφ υἱὸς Ἰακὼβ ια′ υἱὸς (+ καὶ S¹) Ῥαχὴλ α′ (+ καὶ S¹) ἔζησε ἔτη ρι′. g τέλος διαθήκης Ἰωσήφ.

I. ¹ Title. c in text. β–dg, S read δ. Βενιαμὶν (e -εὶν, f -ὴν) (+ ιβ′ b) περὶ διανοίας (ef ἐννοίας) καθαρᾶς (+ Βενιαμὴν ἑρμηνεύεται τέκνον ὀδύνης f). g δ. Β. περὶ τοῦ ἀγαπᾶν τὸν πλησίον· λόγος ιβ′. d (conflate) δ. Β. υἱοῦ Ἰ. ιβ′ υἱοῦ Ῥαχὴλ β′ περὶ διανοίας καθαρᾶς. A^{abhcdg} = δ. Β. ιβ′. A^{b*} δ. Β. υἱοῦ Ἰακὼβ Ἰσραήλ. ² c, β–d, S¹. d, A = διαθήκης (+ λόγων A^{b*}). ³ c, df. abg read -ιν. e -είν. ⁴ d reads περὶ ὧν. g ὅς. ⁵ β, A^a, S¹. c reads ἔθετο (a mere error). A^{bh} = ἐξηγήσατο (but A^{bh} ⲏⲙⲛⲧⲃⲱⲟⲩⲅ is a corruption of A^a). A^{b*cdefg}

ΔΙΑΘΗΚΗ ΒΕΝΙΑΜΗΝ [I. 2

β–dg, S¹ 2. *Καταφιλήσας δὲ αὐτοὺς¹⁰ εἶπεν¹¹. Ὥσπερ¹² Ἰσαὰκ καὶ φιλή- *ἐτέχθη τῷ Ἀβραὰμ ἐν γήρει αὐτοῦ¹³, οὕτως κἀγὼ τῷ¹⁴ σας αὐ. Ἰακώβ¹⁵. 3. *Καὶ ἐπειδὴ¹⁶ Ῥαχιὴλ *ἡ μήτηρ μου¹⁷ β–d, Aᵉᶠᵍ ἑκατοστῷ τέθνηκε¹⁸ γεννῶσά με, *γάλα οὐκ ἔσχον· Βαλλὰν οὖν τὴν ἔτει παιδίσκην αὐτῆς ἐθήλασα¹⁹. 4. Ἡ γὰρ²⁰ ⸢Ῥαχιὴλ μετὰ ἐτέχθη τῷ Ἀ. τὸ τεκεῖν²¹ τὸν Ἰωσὴφ⸣ δώδεκα ἔτη ἐστείρευσεν· καὶ προσ- β, S¹ ηύξατο *πρὸς Κύριον²² ⸢μετὰ νηστείας²³, καὶ συλλαβοῦσα νηστείας τέτοκέ²⁴ με⸣. 5. Σφόδρα γὰρ²⁵ *ἠγάπα ⸢ὁ πατήρ μου⸣²⁶ δώδεκα τὴν Ῥαχιὴλ²⁷, ⸢καὶ ηὔχετο δύο υἱοὺς ἰδεῖν ἐξ αὐτῆς⸣²⁸. ἡμέρας. β ἔτεκεν. 6. Διὰ τοῦτο ἐκλήθην²⁹ *Βενιαμίν, ὅ ἐστιν υἱὸς ἡμερῶν³⁰.

ἐλάλησε. ⁶g reads τοὺς υἱούς. ⁷d adds ἐν ἐσχάταις ἡμέραις αὐτοῦ. Α ἐν τετάρτῳ ἔτει (Aᵇ* ἡμέρᾳ) τῆς ἀσθενείας αὐτοῦ. ⁸d om. Aᵇ = ἔζησε. ⁹c, f, Aᵇ*ᶜᵈᵉᶠᵍ. aeg read ἔτη ρκέ. b ἕ. ἑκατὸν εἴκοσι. d ἐν τῷ ρκέ ἔτει τῆς ζωῆς αὐτοῦ. S¹ ἔτη ρκα'. Aᵃᵇʰ = ἕ. ἑκατὸν καὶ εἴκοσι καὶ ἕν. ¹⁰c. β–dg, S¹ read as in margin. g καὶ καλέσας αὐτούς. Aᵃᵇʰᵉᶠᵍ = c or β–dg. Aᵇ*ᶜᵈ φιλήσας αὐτούς. d reads καλέσας γὰρ τοὺς υἱοὺς αὐτοῦ καὶ ἀσπασάμενος. Aᵇ* = καὶ καλέσας τοὺς υἱοὺς αὐτοῦ πρὸς ἑαυτὸν καὶ ὅτε προσήγγισαν. Thus d and Aᵇ* are related. ¹¹Aᵇ*ᶜᵈ = καὶ λέγει. d adds ἀκούσατε τέκνα Β. τοῦ πατρὸς ὑμῶν ἐνωτίσασθε ὅσα ἐγὼ ἐντέλλομαι ὑμῖν σήμερον. ¹²c, dg. β–dg read ὥς. d adds γὰρ ὁ before Ἰσαάκ. ¹³c, d (save that d reads ἐπὶ γήρους). β–d, Aᵉᶠᵍ (also Aᵃʰᶜ but corruptly) read as in margin. Aᵇ = μετὰ τὸ ἑκατοστὸν ἔτος τῷ Ἀ. ἐτέχθη. Aᵇ*ᵈ πατὴρ πατρὸς ἡμῶν ἑκατοστῷ ἔτει ἐτέχθη. For ὥσπερ ... αὐτοῦ S¹ reads corruptly as follows: Ἐγὼ Β. ἐν τῷ γήρᾳ τοῦ πατρός μου Ἰακώβ, καὶ πάντες οἱ ἀδελφοί ἦσαν νεανίαι (?). Καὶ οὕτως ὁ πατὴρ πατρὸς ἡμῶν (cf. Aᵇ*ᵈ) ἐτέχθη τῷ Ἀβ. ἑκατοστῷ ἔτει. Aᵉᶠᵍ om. next four words. ¹⁴d adds πατρί μου. ¹⁵S¹ adds ὁ δὲ Ἰακὼβ ἦν ἑκατὸν ἐτῶν. ¹⁶c, β–bg, Aᵃᵇ*ᶜᵈ, S¹. b reads ἐπειδὴ οὖν. g, Aᵇᵉᶠᵍ ἐπειδή. ¹⁷c, d, Aᵇ. β–d, Aᵃᵇ*ᶜᵈᵉᶠᵍ, S¹ om. ¹⁸g trs. after με. ¹⁹c, β, S¹ (save that c reads ἔσχεν and om. τήν, a reads Βαλάν and g om. οὖν). A = κἀγὼ τὸ γάλα (+ Βαλλᾶς Aᵇ*ᶜᵈ) παιδίσκης (+αὐτῆς Aᵇ*ᶜᵈ+αὐτῆς Βαλλᾶς Aᵉᶠᵍ) ἐθήλασα. ²⁰d, S¹ add μήτηρ μου (S¹ ἡμῶν). For ἡ γὰρ ... ἐστείρευσεν A reads ἦν δὲ αὐτῇ ἔτη δώδεκα ἃ ἐστείρευσε. ²¹aef add αὐτήν. ²²c, d. β–d read Κυρίῳ. Aᵇʰᵇ*ᵉᶠᵍ add πατήρ μου (Aᵇʰᵉᶠᵍ om. π. μου) καὶ ἔδωκε αὐτῇ (+ὁ Θεὸς Aᵇ*) γάλα ἰσχυρόν (Aᵇ* πολύ). Aᵃᶜᵈ γάλα πολύ. ²³c. β, S¹ read as in margin (save that d reads ἡμέρας β'). ²⁴c. β reads as in margin. ²⁵β, Α, S¹. c om. ²⁶c. β, S¹ read ὁ πατὴρ ἡμῶν (g μου) ἠγάπα. ²⁷c. β reads Ῥαχὴλ as generally. ²⁸c, β–d, S¹ (save that β–d read ἀπ' αὐτῆς, a τεκεῖν, S¹ ἔχειν for ἰδεῖν, e εὔχεται, and g trs. ἰδεῖν before δύο υἱούς). d reads ὅθεν καὶ ηὔξατο ἵνα ἴδῃ ἐξ αὐτῆς δύο υἱούς. ²⁹a om. S¹ reads γεννηθεὶς ἐκλ. ³⁰c, d (save that d reads ὅπε (sic) for ὅ). β–d, Α, S¹ read υἱὸς ἡμ. (Aᵇ* δεξιᾶς. A⁻ᵇ* om.) ὅ (e ὅς, g, Α τοῦτ') ἐστιν Βενιαμίν (e -είν, f -ήν).

II. 3] ΔΙΑΘΗΚΗ ΒΕΝΙΑΜΗΝ 215

II. Ὅτε *δὲ ἦλθον εἰς Αἴγυπτον †πρὸς Ἰωσήφ[1], καὶ [2] β–d,A,S[1] ἐγνώρισέν[3] με ὁ ἀδελφός μου†, λέγει[4] μοι· Τί[5] εἶπαν[6] τῷ οὖν εἰσῆλθον πατρί μου ὅτε[7] *με ἐπώλησαν[8]; 2. Καὶ εἶπον ⌐αὐτῷ¬ εἰς Αἴγ. ὅτι ἔφυραν[9] τὸν χιτῶνά σου αἵματι[10] καὶ *πέμψαντες αὐτὸν καὶ ἐγνώ- εἶπον[11]· Ἐπίγνωθι[12] εἰ[13] ὁ[14] χιτὼν τοῦ υἱοῦ σου ἐστὶν[15] ρισέ με Ἰωσήφ,ὁ οὗτος. ἀδελφός μου.

c | β, S[1] | A
3. Καὶ λέγει μοι· | 3. Καὶ*λέγει μοι[18]· | 3. *Καὶ λέγει μοι dg, A, S[1]
Ναί, ἀδελφέ[16]· καὶ | Ναί[19], ἀδελφέ· | Ἰωσήφ· Ναί, εἶπον οἱ
ὅτε[17] ἐξέδυσάν με | *Καὶ γὰρ ὅτε ἔλα- | ἀδελφέ[21]. ἔκλεψάν ἀδελφοί μου.
τὸν χιτῶνά μου | βόν με οἱ Ἰσμαηλῖ- | με Χαναναῖοι ἔμ-
δέδωκάν με τοῖς | ται, εἰς ἐξ αὐτῶν | ποροι βίᾳ.
Ἰσμαιλίταις· καὶ | ἀποδύσας με τὸν
δέδωκάν μοι περί- | χιτῶνα ἔδωκέ μοι
ζωμα, καὶ φραγγελ- | περίζωμα καὶ φρα-
λώσαντες εἰπόν μοι | γελλώσας με εἶπε
τρέχειν. | τρέχειν[20].

II. [1]c, d (save that d reads εἰσῆλθον). β–d, A, S[1] read as in margin (save that be read ἀνεγνώρισε). Since most probably x. 1 originally stood before ii. 1, we should perhaps emend πρὸς Ἰωσήφ, καὶ ἐγνώρισέν με ὁ ἀδελφός μου, λέγει μοι into ἐγνώρισα Ἰωσήφ τὸν ἀδελφόν μου· καὶ λέγει μοι, and the text of β–d, A, S[1] similarly. Benjamin recognizes Joseph as he had already seen him in a vision (x. 1). Benjamin was only six when Joseph was sold by his brethren (Jub. xxxii. 33; xlii. 20). A later account in the Book of Jashar (Dict. des Apocr., II. 1222) states that Benjamin was the first to recognize Joseph by means of an astrolabe. [2]g om. [3]be read ἀνεγνώρισεν. For ἐγνώρισεν ... λέγει μοι d reads ἀναγνωρίσας με ἔκλαυσε πικρῶς καὶ καλέσας με κατ' ἰδίαν ἔφη μοι. After ἐγνώρισέν με β–d, A, S[1] add Ἰωσήφ. [4]eg, A[abb*cd] read καὶ λέγει. [5]fg read ὅτι. [6]c, ef. abdg read εἶπον. dg, A, S[1] add οἱ ἀδελφοί μου (S[1] om.) (+περὶ ἐμοῦ A⁻¹) (+τῷ Ἰακώβ A[abh]). [7]c, ade, A. bfg read ὅτι. [8]c. β, S[1] read ἐπώλησάν με. A = ἀπωλόμην. [9]c, bd. aefg read ἔφυρον. [10]A[b*d] om. [11]c, S[1]. β–d read πέμψαντες εἶπον. d ἀπέστειλαν αὐτὸν πρὸς Ἰακὼβ λέγοντες. A = ἀπέστειλαν πρὸς αὐτὸν (A[b*cdefg] τὸν πατέρα+ἡμῶν A[b*]) καὶ λέγουσι (A[b*cd] εἶπον). [12]A[abh] = ἴδε καὶ (A[h] om.) ἐπίγνωθι. [13]f om. For εἰ ... οὗτος A[b*cdg] read τὸν χιτῶνα ὅτου ἐστὶ οὗτος. A[ab] ὅτου ἐστὶ ὁ χιτὼν οὗτος. [14]deg om. [15]bg om. [16]c adds μου. [17]c adds με. [18]d reads εἰπέ μοι Ἰωσήφ. [19]d adds ὄντως. [20]β–d, S[1] (save that g reads εἰπέν μοι and a φραγγ. and S[1] om. ἔδωκε ... καί). d reads κἀγὼ ἐπορεύθην μετὰ τῶν Ἰσμ. εἰς ἐξ αὐτῶν ἀποδύσας με τὸν χιτῶνα ὃν ἐφόρουν ἔδωκέ μοι περίζωμα καὶ φραγ. εἶπε τρέχειν. A = ἔκλεψάν με οἱ Χαναναῖοι ἔμποροι βίᾳ. This clause corresponds to the first in β–d, S[1].

ΔΙΑΘΗΚΗ ΒΕΝΙΑΜΗΝ [II. 4

c
4. Εἰς δὲ ἐξ αὐτῶν ῥάβδῳ μαστίζων με, ὑπήντησεν αὐτῷ λέων καὶ ἀνεῖλεν αὐτόν. 5. Καὶ οὕτως οἱ μέτοχοι αὐτοῦ φοβηθέντες ἐν †ἀνέσει με κατέσχεν†.

β, S¹
4. Ἐν δὲ τῷ ὑπάγειν²² κρύψαι *τὸ ἱμάτιόν μου²³, ὑπήντησεν²⁴ αὐτῷ λέων²⁵ καὶ ἀνεῖλεν αὐτόν. 5. Καὶ οὕτως οἱ μέτοχοι²⁶ φοβηθέντες *διαπωλοῦσί με τοῖς †ἑτέροις αὐτῶν²⁷.

A
4. Καὶ ἐγένετο ἐν τῷ ὑπάγειν αὐτούς, (+καί Α^befg) ἔκρυπτον τὸ ἱμάτιόν μου, [εἰ]ἀπήντησέ†μοι²⁸ θηρίον καὶ ἀνεῖλε²⁹. 5. Καὶ οὕτως³⁰ οἱ μέτοχοι αὐτοῦ ἐπώλησάν με τοῖς Ἰσμαηλίταις.

A (only for verses 6–8).

6. Καὶ οὐκ ἐψεύσαντο αὐτοὶ ταῦτα λέγοντες· ἤθελεν γὰρ κρύπτειν ἀπ' ἐμοῦ *τὰ ἔργα τῶν ἀδελφῶν ἡμῶν³¹, καὶ ἐκάλεσε πρὸς αὐτὸν τοὺς ἀδελφοὺς αὐτοῦ³² καὶ λέγει³³· 7. Μὴ λέγετε τῷ πατρί μου³⁴ ἃ ἐποιήσατέ μοι, ἀλλ' οὕτως λέξατε καθὼς ἐξηγησάμην³⁵ τῷ Βενιαμίν. 8. Καὶ αἱ ἔννοιαι *γένωνται ἐν ὑμῖν³⁶ τοιαῦται³⁷ καὶ μὴ ἔλθωσιν οἱ λόγοι οὗτοι εἰς καρδίαν ⸆ὸν πατρός μου.

III. *Νῦν οὖν, τέκνα μου, καὶ ὑμεῖς ⸀ἀγαπήσατε¹ Κύριον τὸν Θεὸν τοῦ οὐρανοῦ *καὶ τῆς γῆς², καὶ⁸ φυλάξατε⁴ ἐντολὰς αὐτοῦ⁷, *μιμούμενοι τὸν ἀγαθὸν καὶ ὅσιον ἄνδρα ⸀Ἰωσήφ⁵.

²¹ A^b*cdefg (save that efg om. Ἰωσήφ). A^ab read ὅτε εἶπον ταῦτα ἐθρήνει Ἰωσὴφ καί (A^a om.) ἔλεγέ μοι. ²² b, S¹ add αὐτόν. ²³ g reads τὰ ἱμάτια. ²⁴ g reads ἀπήντησεν. ²⁵ d om. ²⁶ d adds αὐτοῦ. ²⁷ ἑτέροις corrupt for ἑταίροις. A on the whole supports β, S¹. How did ἐν ἀνέσει με κατέσχεν of c originate? The ideas (in ἀνέσει and κατέσχεν) seem contradictory. κατέσχεν is probably corrupt for κατέσχον. c, then, may = לכדוני ברוחה corrupt (?) for מכרוני לרעיהם = β, S¹. The tense ἐπώλησαν in A is preferable to the present in β, S¹. ²⁸ For qhu = μοι read quuu = αὐτῷ. ²⁹ A^a(?)b*cd add με. ³⁰ A^bh. A^ab*cd = τότε οὕτως. A^efg = τότε. ³¹ A^b. A^ahb*cdeg om. ³² A^ahb*cdefg. A^b = ἡμῶν. ³³ A^b adds χωρὶς μου. ³⁴ A^d reads ἡμῶν. ³⁵ A^ahbcdeg. A^b* = ἔλεξα. ³⁶ A^b*cdeg. A^ab = μὴ γένωνται. ³⁷ A^b adds ἐν ὁδῷ μὴ γνώσηται Βενιαμὶν καὶ ἐξηγήσηται τῷ Ἰακώβ.

III. ¹ c, β–bdf (save that ae read τί for νῦν and eg trs. καὶ ὑμεῖς after ἀγαπήσατε). b, S¹ read καὶ ὑμεῖς οὖν τέκνα μου (+ἀγαπητά S¹) ἀγαπήσατε. df ἀγαπήσατε οὖν καὶ ὑμεῖς τέκνα μου (f τέκνα μου καὶ ὑμεῖς). A = καὶ οὖν (A^ahb*cdefg om.) ὑμεῖς τέκνα μου. ² c, d. β–d, S¹ om. ³ β, S. c om. ⁴ dg add τάς. ⁵ A = μιμηταὶ γίνεσθε ἀνδρὸς ἀγαθοῦ καὶ ἀληθοῦς.

ΔΙΑΘΗΚΗ ΒΕΝΙΑΜΗΝ

c, β, S

2. Καὶ ἔστω ἡ διάνοια ὑμῶν *εἰς τὸ ἀγαθόν⁶, ὡς κἀμὲ οἴδατε⁷· Ὅτι⁸ ὁ ἔχων τὴν⁹ διάνοιαν ὀρθὴν¹⁰ πάντα βλέπει ὀρθῶς¹¹. 3. Φοβεῖσθε¹² Κύριον καὶ ἀγαπᾶτε τὸν πλησίον¹³· καὶ ἐὰν τὰ πνεύματα τοῦ Βελίαρ εἰς πᾶσαν πονηρίαν θλίψεως ἐκστήσωσι¹⁴ ὑμᾶς, οὐ μὴ *κατακυριεύσωσιν ὑμῶν¹⁵, *ὡς οὔτε¹⁶ Ἰωσὴφ *τὸν ἀδελφόν¹⁷ μου. 4. Πόσοι¹⁸ τῶν ἀνθρώπων *ἤθελον αὐτὸν ἀνελεῖν¹⁹, καὶ ὁ Θεὸς ἐσκέπασεν αὐτόν²⁰; ὁ γὰρ φοβούμενος τὸν Θεὸν καὶ ἀγαπῶν τὸν πλησίον²¹ ὑπὸ *τοῦ πνεύματος²² τοῦ Βελίαρ οὐ δύναται πληγῆναι, σκεπαζόμενος²³ ὑπὸ τοῦ φόβου τοῦ Θεοῦ. 5. Καὶ ἀπὸ²⁴ ἐπιβουλῆς ἀνθρώπων

A

2–5. Ὅτι ἕως θανάτου αὐτοῦ οὐκ ἤθελε λέγειν περὶ αὐτοῦ· ἀλλ' Ἰακὼβ γνοὺς ἀπὸ Κυρίου λέγει αὐτῷ· ἀλλ' ὅμως αὐτὸς²⁵ ἀπηρνεῖτο, *καὶ τότε²⁶ χαλεπῶς ὅρκοις τοῦ Ἰσραὴλ ἐπείσθη²⁷. β, S¹ ἐξαιτήσωνται.
β, S¹ κατακυριεύσει ὑμῶν πᾶσα πονηρία θλίψεως.
β, S¹ ἠθέλησαν ἀνελεῖν αὐτόν.
β, S¹ πλησίον αὐτοῦ.
β–a τοῦ ἀερίου πνεύματος.

⁶ d reads ἀγαθὴ ἕως τέλους. a om. next fourteen words, ὡς... Κύριον inclusive. ⁷ e, S¹ read ἴδετε. ⁸ c, d. β—d om. For ὅτι... ὀρθῶς S read οὕτως ζῆτε καὶ ὑμεῖς. ⁹ d adds ἑαυτοῦ. ¹⁰ c, ef. bg read ἀγαθήν. d καθαρὰν ἀπὸ παντὸς ἔργου κακοῦ καὶ πάσης πράξεως πονηρᾶς. ¹¹ g read ὀρθά. ¹² d adds οὖν τόν. ¹³ d adds ὑμῶν. ¹⁴ c. Cf. 2 Chron. xv. 6. β, S¹ read as in margin (save that de read ἐξαιτήσονται). Here, if β, S¹ are right, ἐὰν... εἰς πᾶσαν πονηρίαν †θλίψεως ἐξαιτήσωνται = בכל אם נפשיכם יבקשו מצוקה רע where I take מצוקה to be corrupt for להציקה. Hence for θλίψεως read τοῦ θλίβειν. ¹⁵ c. β, S¹ read as in margin (save that β—df read κατακυριεύσῃ and d reads πᾶσαν πονηρίαν). ¹⁶ c. aeg read ὡς καί. bf, S ὡς οὐδέ. d ὥσπερ. ¹⁷ c, ade. bfg read τοῦ ἀδελφοῦ. ¹⁸ d adds γάρ. ¹⁹ c. β read as in margin. e om. next five words. ²⁰ d adds καὶ ἐρρύσατο αὐτὸν ἐκ τῶν χειρῶν αὐτῶν. ²¹ c. β, S¹ read as in margin. ²² c. β—a read as in margin (save that g reads ἐναερίου for ἀερίου). a om. For ὑπὸ τοῦ πνεύματος... ἐπιβουλῆς ἀνθρώπων S¹ read αὐτὸς οὐ φοβήσεται οὐδέν· εἴπερ πολὺ κακίας αὐτῷ ποιοῦσιν ἔν τινι, οὐ νικήσουσι. ²³ dg read σκεπόμενος. ²⁴ c, adef. b reads ὑπό. g ἐξ. ²⁵ Aᵇ. Aᵇ*ᶜᵈᵉᶠᵍ = καὶ οὕτως. Aʰ om. ²⁶ Aᵇ. Other MSS. om. ²⁷ Text reads ⟨ուռւսսսպրսպ⟩_L (= ἐκοίνωσε or συνευδόκησε) which may be corrupt for ⟨ուռւսսսպբսպ⟩_L = ἐπείσθη.

ΔΙΑΘΗΚΗ ΒΕΝΙΑΜΗΝ [III. 5

β-dg, S
ὑπὸ τῆς
τοῦ
Κυρίου
ἀγάπης.
β-b, S¹
υἱῶν.
β, S¹ ὅτι
(bef, S¹
εἴτι)
ἐνεθυμή-
θησαν
πονηρὸν
περὶ
αὐτοῦ.

ἢ θηρίων οὐ δύναται κατα-
κυριευθῆναι²⁸, βοηθούμενος
*†ζῆν ἀπ' αὐτῆς† ὑπὸ τῆς
ἀγάπης²⁹ ἧς³⁰ ἔχει πρὸς τὸν
πλησίον.

6. *Καὶ γὰρ³¹ *ὁ Ἰωσὴφ ἐδεήθη τοῦ πατρὸς ἡμῶν³², ⌜ἵνα
προσεύξηται *ὑπὲρ τῶν ἀδελφῶν αὐτοῦ³³⌝ ἵνα μὴ³⁴ λογίσηται
*⌜Κύριος⌝ αὐτοῖς³⁵ *ἁμαρτίαν, ⌜ὅτι ἐποίησαν πονηρὸν εἰς αὐτόν⌝³⁶.
7. Καὶ *οὕτως ἐβόα Ἰακὼβ³⁷· *ὦ τέκνον χρηστόν³⁸, ἐνί-
κησας³⁹ τὰ σπλάγχνα⁴⁰ Ἰακὼβ τοῦ πατρός σου· καὶ περιλαβὼν⁴¹
αὐτὸν⁴² ἐπὶ⁴³ δύο⁴⁴ ὥρας κατεφίλει, λέγων·

c, β, S¹
8. Πληρωθήσεται⁴⁵ *περὶ
σοῦ⁴⁶ προφητεία οὐράνιος⁴⁷

A
8. ⌜Πληρωθήσεται ἐπὶ σὲ ἡ
προφητεία οὐράνιος ἡ λέγει

A^{ab*cdefg} trs. before ὅρκοις. For Ἰσραήλ A^b reads Ἰακώβ. ²⁸ bg read
κυριευθῆναι. ²⁹ c. β-dg, S read as in margin. d ὑπὸ τῆς ἀγάπης.
g ὑπὸ τοῦ Κυρίου διὰ τῆς ἀγάπης. Here c is difficult or most probably
corrupt. The difficulty lies in ζῆν ἀπ' αὐτῆς. Possibly ζῆν might be
taken with βοηθούμενος as expressing one idea = יִחְיֶה, and ἀπ' αὐτῆς
= מִיָּדָיו corrupt for בְּאַדֹנָי = ὑπὸ τοῦ Κυρίου as in g. d om. this
clause, possibly because of its corruptness. g undoubtedly gives the best
sense, though we should expect διὰ τὴν ἀγαπήν. ³⁰ c, β-dg. dg read
ἥν. ³¹ A = πλήν. ³² c. β-b, S read ἐδεήθη τοῦ πατρὸς ἡμῶν Ἰωσήφ
(S¹ Ἰακώβ). b reads ἐδεήθην τοῦ πατρὸς ἡμῶν Ἰακώβ. A ἐδεήθη (+ Ἰωσὴφ A^b)
τοῦ πατρός. ³³ c. β-b read ὑπὲρ (g περὶ) τῶν υἱῶν (+ αὐτοῦ d). b περὶ τῶν
ἀδελφῶν ἡμῶν. For ἵνα προσευξ... αὐτοῦ S¹ read λέγων, ὦ τιμητέ πάτερ μου
Ἰακώβ, πρόσευξαι περὶ τῶν υἱῶν σου τῷ θεῷ. ³⁴ g om. ³⁵ c, d. β-d,
S read αὐτοῖς ὁ (aefg om.) Κύριος. ³⁶ c. β, S¹ read as in margin (save
that g, S² add ἁμαρτίαν before ὅτι (as in c). fg read πονηρά, and S¹ μου).
A^{bhefg} = ταύτην τὴν κακίαν. A^{ab*cd} = (τοῦτο) εἰς κακίαν (+ ἵνα μὴ ἀθυμῶσι οἱ
ἀδελφοί A^b). ³⁷ c, β-d. d reads καὶ ἔλεγεν Ἰ. οὕτως. A = τότε Ἰακὼβ
κλαίων (A^{b*cdefg} ἀκούων. A^h om.) ἐβόα καὶ ἔλεγεν. S¹ = Καὶ οὕτως σφοδρᾷ φωνῇ
ἐβόα Ἰ. ³⁸ c, aef. b reads ὦ τέκνον Ἰωσήφ. d γλυκύτατον, Ἰωσήφ,
ὦ τέκνον χρηστόν. g ὦ τέκνον Ἰ. ὦ τέκνον χ. A = τέκνον μου, Ἰ., τέκνον μου
(A^{efg} om. Ἰ. τ. μ.), γλυκὺς παῖς. S¹ = εὐλογητόν. A^{abb*cd} but not A^{efg}
add ἐνίκησας κακίαν τῶν ἀδελφῶν σου. ³⁹ d reads ἐνέκλεισας. ⁴⁰ A reads
שׁלבים (= γῆρας) corrupt for שׁלבים = σπλάγχνα. ⁴¹ d reads
παραλαβών. ⁴² A^{b*d} om. ⁴³ afg om. ⁴⁴ A = τρεῖς through an
easy internal corruption. ⁴⁵ c adds in margin περὶ Χριστοῦ. The
Messianic interpretation of this passage naturally led to the additions
in brackets. ⁴⁶ c. bg read ἐν σοί. d ἐπὶ σέ. aef ἐπὶ σοί. S¹ =

[περὶ⁴⁸ τοῦ ἀμνοῦ τοῦ Θεοῦ καὶ σωτῆρος τοῦ κόσμου], ὅτι ἄμωμος ὑπὸ⁴⁹ ἀνόμων παραδοθήσεται καὶ ὁ⁵⁰ ἀναμάρτητος ὑπὲρ ἀσεβῶν ἀποθανεῖται [ἐν αἵματι διαθήκης ἐπὶ σωτηρίᾳ ἐθνῶν καὶ τοῦ⁵¹ Ἰσραὴλ καὶ καταλύσει⁵² *Βελίαρ καὶ τοὺς ὑπηρέτας αὐτοῦ⁵³]. ὅτι ὁ ἄμωμος ὑπὲρ ἀνόμων †μιανθήσεται⁵⁴ καὶ ὁ ἀναμάρτητος ὑπὲρ ἀσεβῶν ἀποθανεῖται.

β,ὑπέρ.
A ἔλεος.
β μιμήσασθε οὖν (b om.)
ἐν ἀγαθῇ διανοίᾳ.

IV. Ἴδετε¹ οὖν², *τέκνα μου³, τοῦ ἀγαθοῦ ἀνδρὸς⁴ τὸ τέλος⁵· μιμήσασθε⁶ ⌜*ἐν ἀγαθῷ διὰ⁷ τὴν εὐσπλαγχνίαν⌝ αὐτοῦ, ἵνα ⌜καὶ ὑμεῖς⌝ στεφάνους⁸ δόξης φορέσητε⁹. 2. Ὁ γὰρ¹⁰ ἀγαθὸς ⌜ἄνθρωπος⌝ οὐκ ἔχει σκοτεινὸν ὀφθαλμόν¹¹, ἐλεεῖ¹² γὰρ πάντας, κἂν *ἁμαρτωλοὶ ὦσιν¹³. 3. ⌜Κἂν *μὴ βούλωνται περὶ αὐτοῦ εἰς καλά¹⁴, *οὗτος τὸ ἀγαθὸν ποιῶν¹⁵ νικᾷ τὸ κακόν, σκεπόμενος¹⁶ ὑπὸ τοῦ Θεοῦ¹⁷· τοὺς †ἀδικοῦντας¹⁸ ἀγαπᾷ ὡς τὴν ψυχὴν αὐτοῦ. 4. Ἐάν¹⁹ τις

β, S βουλεύωνται περὶ αὐτοῦ εἰς (ag om.) κακά. βἀγαθοῦ. β, A, S¹ δὲ δι-καίους.

ἐν σοί. ⁴⁷c. β read (+τοῦ f) οὐρανοῦ. S¹ = τοῖς ἀνθρώποις. ⁴⁸d reads παρά. ⁴⁹c. β, S ὑπέρ. ⁵⁰c. β, S¹ om. ⁵¹c, d. β–d om. ⁵²b reads καταργήσει. ⁵³c, β–d (save that b reads ὑπηρετοῦντας αὐτῷ). d reads τοῦ Β. καὶ τῶν ὑπηρετῶν αὐτοῦ πᾶσαν τὴν δύναμιν. S¹ = B. καὶ τὸν ὑπηρετοῦντα αὐτῷ. ⁵⁴c, β, S¹ seem right here.

IV. ¹c, d, A. β–d εἴδετε. ²c, A. β, S om. ³c, d, A. β–d, S, read τέκνα. ⁴d adds ἐκείνον. S Ἰωσήφ. ⁵c, β, S. Apparently corrupt for ἔλεος as in A, but τέλος may refer to the high position attained by Joseph; thus Benjamin's sons are exhorted to imitate his mercy that they may attain crowns of glory. Aᵇ adds τὸ τοῦ Ἰωσήφ. ⁶c, b, A. β read as in margin. S¹ = καὶ μιμήσασθε. ⁷c apparently corrupt. β read as in margin. S¹ = τὴν ἀγαθὴν διάνοιαν καί. ⁸A = στέφανον. ⁹c, β–g, S. g reads ἐργάσητε (sic). A = λήψησθε. ¹⁰c, Aᵃᵇ*ᵒᵈ. β, Aᵇᵉᶠᵍ, S om. ¹¹For the expression cf. Ps. lxix. 23. Yet the text seems wrong. ¹²c, β–ab. b reads ἐλεᾷ. ¹³c. β, Aᵃᵇᵇ*ᶜᵈᵉᶠᵍ read ὦσιν, ἁμαρτωλοί. Aᵇ ἁμαρτωλός τις ὁρᾷ. ¹⁴c, S read as in margin (save that def read βουλεύονται and d εἰς κακίαν). ¹⁵c. bf, S read οὕτως (S¹ om.) ὁ (f om.) ἀγαθοποιῶν. ade αὐτὸς (οὗτος a) ἀγαθοποιῶν. g om. together with next three words. ¹⁶c, β–bg (save that c reads σκεπάμενος). b reads σκεπαζόμενος. g σκεπάζεται. S¹ adds γάρ. ¹⁷c, S. β reads as in margin. S¹ adds ἕνεκα τῆς ἀγαθοποιίας. ¹⁸c. β, A, S¹ read as in margin (save that S¹ om. δέ). c must be corrupt. ¹⁹A adds δέ.

β-af, A δοξάζηται²⁰, οὐ²¹ φθονεῖ αὐτόν²²· ἐάν τις πλουτεῖ²³, οὐ ζηλοῖ²⁴·
πιστεύων *ἐάν τις ἀνδρεῖος²⁵, ἐπαινεῖ²⁶ αὐτόν²⁷· τὸν σώφρονα ἀγαπῶν²⁸·
(A om.) ⌜τὸν πένητα ἐλεεῖ²⁹· *τῷ ἀσθενοῦντι³⁰ συμπάσχει³¹· τὸν
ὑμνεῖ.
β ἀνυμ- Θεὸν φοβεῖται³²⌝.
νεῖ.
    c, A   β–a, S¹
5. Καὶ τὸν ἔχοντα χάριν   5. *Τὸν ἔχοντα³⁴ φόβον
*ἀγαθοῦ πνεύματος³³ ἀγαπᾷ   Κυρίου³⁵ ὑπερασπίζει³⁶· *τῷ
κατὰ τὴν ψυχὴν αὐτοῦ.   ἀγαπῶντι³⁷ τὸν Θεὸν συντρέ-
          χει³⁸· τὸν ἀθετοῦντα τὸν ὕψι-
          στον νουθετῶν ἐπιστρέφει³⁹·
          καὶ τὸν ἔχοντα χάριν *ἀγαθοῦ
          πνεύματος⁴⁰ ἀγαπᾷ⁴¹ κατὰ
          τὴν⁴² ψυχὴν αὐτοῦ.

V. Ἐὰν ⌜οὖν καὶ ὑμεῖς⌝¹ ἔχετε² ἀγαθὴν³ ⌜διάνοιαν⁴, καὶ⌝
οἱ πονηροὶ ἄνθρωποι⁵ *εἰρηνεύσουσιν μεθ' ὑμῶν⁶, καὶ οἱ
ἄσωτοι αἰδεσθέντες⌝ ὑμᾶς⁸ ⌜ἐπιστρέψουσιν⁹ εἰς *τὸ ἀγαθόν¹⁰, καὶ

²⁰ def read δοξάζεται. A^efg om. with next five words. ²¹ S¹ = μή.
²² c. β, A^abb*cdeg, S¹ om. A^b reads ἐπὶ τῇ δόξῃ αὐτοῦ. d om. next five
words. ²³ c, aef. bg read πλουτῇ. ²⁴ a om. next eight words.
S = ζηλοῦτε. ²⁵ A^-ah = τὸν ἀνδρεῖον. A^ah corrupt. d adds ᾖ.
²⁶ S¹ = ἐπαινεῖτε. ²⁷ c. abef, A om. d reads τοῦτον and trs. before
ἐπαινεῖ. A^ab*cd add καὶ but not A^bhefg. A^f om. rest of chapter. ²⁸ c.
β–af read πιστεύων ὑμνεῖ. A = ὑμνεῖ. S¹ ἐν πίστει ἐπαινεῖτε. f om.
A comparison of the adjoining clauses leads us to expect a single word
here as in c or A. ²⁹ S = ἐλεεῖτε. a om. next three words. ³⁰ c.
β–ad read τῷ ἀσθενεῖ. d τὸν ἀσθενῇ. ³¹ c. β–a read συμπαθεῖ. S¹ =
συμπαθεῖτε and adds ἀγαπᾶτε τοὺς ἀδελφούς, μὴ ἐπιλανθάνεσθε τῶν γονέων.
³² c = ירא. β reads as in margin (save that d reads ὑμνεῖ) = יוד׳.
³³ c. A = ἀπὸ Κυρίου. ³⁴ bd. ef read τῷ ἔχοντι. g τοῦ ἔχοντος. a om.
entire verse. ³⁵ def. bg, S read Θεοῦ. ³⁶ beg. df read ὑπερ-
ασπίζεται. S¹ = ὑπερασπίζετε. ·b, S¹ add αὐτοῦ. S¹ adds further : τὸν μὴ εἰδότα
τὸν θεὸν κολάζετε (al. ἐπιστρέφετε, ἀποστρέφετε) εἰς τὴν δικαίαν ὁδόν. ³⁷ d reads
τὸν ἀγαπῶντα. S¹ = τοῖς ἀγαπῶσιν. ³⁸ β–ab. b reads συνεργεῖ. S¹ =
συνεργεῖτε : συντρέχει = ירץ which may be corrupt for ירצה = 'has pleasure
in,' but συνεργεῖ = יעזור has the support of the parallelism of the
preceding clause. ³⁹ S¹ = μὴ ἀποστρέφετε. ⁴⁰ ef. bd read πνεύματος
ἀγαθοῦ. g ἁγίου. S¹ = καὶ πνεῦμα ἀγαθόν. ⁴¹ S¹ = ἀγαπᾶτε. ⁴² g om.

V. ¹ c. a reads οὖν. β–a, A^ab*cd δέ, A^befg, S¹ om. ² c, def. ab read
ἔχητε. g σχῆτε. A = ᾖτε. ³ A = ἀγαθοί. ⁴ b, S¹ add τέκνα. ⁵ g (?)
read ἄρχοντες. ⁶ β–bd, A, S¹. c, b read εἰρηνεύσωσιν ὑμῖν (c om.)

ΔΙΑΘΗΚΗ ΒΕΝΙΑΜΗΝ

οἱ πλεονεκτοῦντες[11] οὐ μόνον ἀποστήσονται *τοῦ πάθους[12] ἀλλὰ καὶ *τὰ τῆς[13] πλεονεξίας *ἃ εἶχον[14] δώσουσιν[15] τοῖς θλιβομένοις. 2. Ἐὰν ἦτε ἀγαθοποιοῦντες καὶ *τὰ ἀκάθαρτα[16] πνεύματα φεύξονται[17] *ἀφ' ὑμῶν[18], καὶ[19] τὰ θηρία[20] *φοβηθήσονται ὑμᾶς[21]. 3. ⌜Ὅπου γὰρ ἔνι[22] *φόβος ἀγαθῶν ἔργων καὶ φῶς[23] εἰς διάνοιαν καὶ[24] τὸ σκότος *ἀποδιδράσκει ἀπ'[25] αὐτοῦ.⌝ 4. *Ἐὰν ⌜γὰρ⌝[26] ὑβρίσει[27] *ἄνδρα ὅσιον[28] μετανοεῖ[29], ἐλεεῖ γὰρ ⌜ὁ ὅσιος⌝ τὸν λοίδωρον[30] καὶ σιωπᾷ. aef, S¹ φῶς ἀγαθῶν ἔργων.

c

5. Κἂν[31] τις *δίκαιον προδώσει[32], *ὁ δίκαιος προσεύχεται· εἰ καὶ πρὸς[33] ὀλίγον ταπεινωθῇ, *μετ' οὐ[34] πολὺ φαιδρότερος[35] ἀναφαίνεται, οἷος γέγονεν[36] Ἰωσὴφ ὁ ἀδελφός μου.

β–a, S¹

5. Κἄν τις ψυχὴν δικαίαν προδοίη, καὶ ὁ δίκαιος προσευχόμενος πρὸς ὀλίγον ταπεινωθῇ, μετ' οὐ πολὺ φαιδρότερος ἀναφαίνεται, οἷος γέγονεν Ἰωσὴφ ὁ ἀδελφός μου.

A

5. Καὶ ἐάν τις ὑβρίζῃ ψυχὴν δικαίαν,†πενθεῖ[37],ὅτι εἶδε ταπεινωθεῖσαν αὐτήν[38], καὶ μετενόησε†[39],οἷος γέγονεν Ἰ. ὁ ἀδελφός μου.

d εἰρηνεύουσι μεθ' ἡμῶν. [7] c, β–g, S¹. g reads αἰδεσθῶσιν. A = αἰδέσονται. [8]A^efg = ἡμᾶς. [9] c reads ἐπιστρέψωσιν εἰς ὑμᾶς. [10] c. β–d read ἀγαθόν, d ἀγαθά· ὁμοίως δέ. [11] c, β–bd. bd read πλεονέκται. [12] d reads τοῦ τοιούτου πάθους. S¹ = τῆς ἁρπαγῆς. [13] c, β–ad. a reads τισὶν τῆς. d τὰ ἀπό. [14] c. β–d om. d reads συλλεγέντα αὐτοῖς εἴτε χρήματα εἴτε κτήματα. [15] d reads δίδωσιν and trs. after θλιβομένοις. g reads ἀποδώσουσιν. [16] d reads αὐτὰ τά. [17] bf read φεύξεται. [18] S¹ om. [19] c. d reads ἀλλὰ μὴν καί. β–d, A^b*cd, S¹ read καὶ αὐτά. A^abhefg om. καὶ … ὑμᾶς. [20] d adds ἀνήμερα. [21] b reads φεύξεται ἀφ' ὑμῶν φοβηθέντες. [22] g om. [23] c. aef, S¹ read as in margin. b φόβος ἀγαθῶν ἔργων. d φῶς ἀγαθὸν ἔργον. g φῶς καθαρόν and ἐν for the following εἰς. [24] c. S reads ἀνθρώπου. β om. [25] b om. [26] c, β–g, S¹. g reads ἐάν. A = κἄν. dg, A^abh add τις. [27] c, df, A^h. abe read ὑβρίσῃ. g τηρήσει. A^-h = ὑβρίζῃ. S¹ ὑβρίσητε. abe add τις. [28] d reads ἄνδρα ἅγιον. A^abh = τοῦτον τὸν ἀληθῆ. A^ab*cdes ἄνδρα ἀληθῆ. [29] S¹ = μετάνοια ἐστίν. A^abh om. rest of verse. [30] c, bef. adg read λοίδορον. [31] a om. ver. 5. d om. κἄν τις … ἀναφαίνεται. [32] c (though δικαίῳ is emended into δίκαιον). β–ad, A^b*cdes, S¹ agree (save that A reads ὑβρίζῃ), d ψ. δικαίου προδῶ. A^abh = ψυχήν σου (A^a om.) ὑβρίζῃ. All renderings are unsatisfactory. [33] g om. [34] be read μεθ' οὗ. [35] g reads σφοδρότερον. [36] c adds ἐν. [37] A^h om. [38] A^ab*cd trs. before ταπειν. [39] A is here hopelessly corrupt.

ΔΙΑΘΗΚΗ ΒΕΝΙΑΜΗΝ [VI. 1

VI. Τὸ διαβούλιον τοῦ ἀγαθοῦ ἀνδρὸς οὐκ ἔστιν ἐν χειρὶ
af, A πλάνης¹ πνεύματος² Βελίαρ· ὁ γὰρ ἄγγελος τῆς εἰρήνης
πλάνου. ὁδηγεῖ τὴν ψυχὴν αὐτοῦ. 2. ⌜Καὶ⌝³ οὐχ ὁρᾷ⁴ ⌜ἐμπαθῶς⌝⁵
*τὰ φθαρτά⁶, οὐδὲ⁷ συνάγει⁸ πλοῦτον ⌜εἰς φιληδονίαν⌝⁹.
3. Οὐ¹⁰ τέρπεται ἐν¹¹ ἡδονῇ, ⌜[οὐ λυπεῖ τὸν πλησίον], οὐκ
ἐμπίπλαται τρυφῇ¹², οὐ πλανᾶται μετεωρισμοῖς ὀφθαλμῶν⌝¹³.
Κύριος γάρ ἐστι ἡ¹⁴ μερὶς¹⁵ αὐτοῦ. 4. Τὸ¹⁶ ἀγαθὸν
β–α, S¹ διαβούλιον *οὐ δέχεται δόξης ⌜οὐκ ἀτιμίας⌝¹⁷ ἀνθρώπων, *καὶ
οὐκ ἐπι- πάντα δόλον¹⁸ ἢ¹⁹ ψεῦδος ἢ²⁰ μάχην *ἢ λοιδωρίαν²¹ *οὐκ
δέχεται οἶδε²². *Κύριος γὰρ²³ ἐν αὐτῷ κατοικεῖ²⁴, καὶ φωτίζει τὴν²⁵
δόξαν καὶ
ἀτιμίαν. ψυχὴν αὐτοῦ, καὶ χαίρει²⁶ πρὸς πάντας²⁷ ἐν παντὶ καιρῷ.
5. Ἡ ἀγαθὴ διάνοια²⁸ οὐκ ἔχει δύο γλώσσας²⁹ εὐλογίας καὶ
β, A, S¹ καταρᾶς³⁰, ὕβρεως καὶ ⌜τιμῆς⌝³¹, ἡσυχίας καὶ ταραχῆς,
τιμῆς, ὑποκρίσεως καὶ ἀληθείας, [πενίας καὶ πλούτου]³², ἀλλὰ *μίαν
λύπης καὶ
χαρᾶς. ἔχει περὶ πάντας³³ εἰλικρινῆ³⁴ καὶ³⁵ καθαρὰν ⌜διάθεσιν⌝.
6. Οὐκ ἔχει *ὅρασιν οὔτε ἀκοὴν³⁶ διπλῆν· *πᾶν γὰρ ὃ³⁷

VI. ¹ *c, β–afg*, S. *af*, A read as in margin. *g* om. ² *d* reads τοῦ.
³ *c*. β, A, S¹ om. ⁴ *g* reads ἐνορᾷ. For ὁρᾷ . . . φθαρτά S¹ reads ἄγει εἰς
πειρασμὸν τοὺς φθαρτούς. ⁵ *d* reads ἔμπροσθεν. ⁶ *c, aef. bdg* τοῖς φθαρτοῖς.
⁷ *c, β–eg*, A, S¹. *eg* read οὔτε. ⁸ A reads զիսնէ (= οἶδε) corrupt for ժսնէ
= συνάγει. ⁹ Surely a mistranslation for ἐν φιληδονίᾳ. ¹⁰ A = οὐδέ.
¹¹ *c*. β–*g* om. *g* reads ποτέ. ¹² *c, efg.* ad read τρυφῆς. *b*, S¹ τροφῆς.
¹³ The clauses here omitted by A are possibly interpolations; for Κύριος
γάρ ἐστι ἡ μερὶς αὐτοῦ would follow naturally on φιληδονίαν or ἡδονῇ. At
all events οὐ λυπεῖ τὸν πλησίον is foreign to the context, and is accordingly
bracketed as such. ¹⁴ *c*. β om. ¹⁵ *g* om. ¹⁶ *a* om. τὸ . . . ψεῦδος.
¹⁷ *c*. β–*a*, S¹ read as in margin (save that *b* reads δόξης καὶ ἀτιμίας and S¹
ἐπιδέξεται). οὐκ ἀτιμίας may be a marginal gloss incorporated in the text.
In β the asyndetic structure is set right. A = οὐκ οἶδε δόξαν. ¹⁸ β–*ad*,
A, S¹. *d* reads πάντα δὲ δόλον. *c* om. ¹⁹ A = καί. ²⁰ *c, d.* β–*d*, S¹ om.
A = καί. ²¹ *c*. β–*d*, A, S¹ read καὶ λοιδορίαν (*ae* λοιδορίαν). *d* om.
²² β, A, S¹. *c* om. ²³ *d* reads ὅτι Κύριος. ²⁴ A = ἐστί. ²⁵ *adef* om.
²⁶ The context seems to require a transitive verb. Χαίρει = יֶחֱדֶה corrupt
for יַחֲדֶהוּ = εὐφραίνει αὐτόν. Indeed εὐφραίνει αὐτόν is added in *d* (as
a dittography) after διάνοια in the next verse where it is out of place.
²⁷ *g* reads πάντα. ²⁸ *d* adds εὐφραίνει αὐτόν, a dittography from preceding
sentence. See note 26. ²⁹ A = διαβούλια. ³⁰ S¹ adds μάχην καὶ ψεῦδος
καί (sic). ³¹ *c*. β, A, S¹ add as in margin (save that in S¹ the word for
λύπης is corrupt, and that A reads κολακείας for χαρᾶς). *a* om. next six
words. ³² Bracketed as an interpolation. A om. ³³ *d* reads πρὸς
πάντας ἔχει. For πάντας *a* reads πάντων. ³⁴ *d* reads εἰληκρινήν. A =

VII. 2]　ΔΙΑΘΗΚΗ ΒΕΝΙΑΜΗΝ　223

ποιεῖ, ⌐ἢ³⁸ λαλεῖ, *ἢ ὁρᾷ³⁸, οἶδεν ὅτι³⁹ Κύριος ἐπι- β–α, S¹
σκέπτει⁴⁰ τὴν⁴¹ ψυχὴν αὐτοῦ. 7. Καὶ καθαίρει τὴν ὑπὸ
διάνοιαν αὐτοῦ πρὸς⁴² τὸ μὴ καταγνωσθῆναι ὑπὸ *τῶν ἀνθρώ- Θεοῦ καὶ ἀνθρώ-
πων, ὁμοίως καὶ⌐ ὑπὸ Θεοῦ. Ὁμοίως δὲ καὶ τοῦ Βελίαρ τὰ ἔργα πων· καὶ
διπλᾶ ἐστιν, καὶ ἁπλότητα ἐν αὐτοῖς οὐκ ἔχουσιν⁴³. τοῦ
　VII. ⌐Διὰ τοῦτο⌐, τέκνα μου, ⌐λέγω ὑμῖν⌐¹, φεύγετε τὴν δὲ πᾶν
κακίαν² †⌐τοῦ Βελίαρ⌐ ὅτι μάχαιραν³ δίδωσιν⁴ τοῖς πειθομένοις ἔργον
αὐτοῦ⁵. διπλοῦν
ἐστι, καὶ

　c, bg　　　　β–bg, S¹　　　　A　　　ούκ ἔχει
2. Ἡ δὲ μάχαιρα⁶ | 2. Ἡ δὲ μάχαιρα | 2. Καὶ ἡ μάχαιρά　ἁπλό-
ἑπτὰ κακῶν μήτηρ | ἑπτὰ κακῶν μήτηρ | ἐστι ἑπτὰ κακῶν　τητα.

ἔμπεδον or ἀσφαλῆ. ³⁵ b, S¹ om. ³⁶ c, β, S¹ (save that β, S¹ read οὐδέ).
A^{abb*cd} = ἀκοὴν καὶ ὅρασιν, but A^{efg} support c. ³⁷ g reads πάντα ά. c adds ἐάν.
³⁸ d om. ³⁹ d reads γὰρ ὅτι ὁ. ⁴⁰ c, b. adef read ἐπισκοπεύει. g ἐπισκοπεῖ.
a om. rest of chapter. ⁴¹ c. β–a om. ⁴² g reads εἰς. ⁴³ c (save
that I have changed ἔχωσιν into ἔχουσιν). β–a, S¹ read as in margin
(save that d reads ἀπό for ὑπό and dg om. καί before τοῦ). For πᾶν γὰρ ὃ
ποιεῖ ... ἔχουσιν A reads πᾶς γὰρ ὃς ποιεῖ ἔργα Θεοῦ καὶ Βελίαρ διπλοῦς ἐστι καὶ
οὐχ ἁπλότης.
　VII. ¹ c. β, A, S¹ om. ² c, β, S¹. A^{ab*cd} = πορνείαν καὶ κακίαν. A^{bh} κακίαν
καὶ πορνείαν. A^{efg} πορνείαν. ³ β, A^{b*cdeg}, S¹. c, A^{ab} read μάχαιρα. d adds
δίστομον. ⁴ A^{abh} = ἐν χειρί ἐστι. ⁵ c. β, S¹ read αὐτῇ. ⁶ The text is
doubtful. Either μάχαιραν ... μάχαιρα or συλλαμβάνει ἡ διάνοια (c, abef) is
corrupt. For if the latter is original, that is, if the mind conceives
through Beliar and becomes the parent of seven evil conditions of the
individual and of society, then the μάχαιρα cannot be the parent of these.
Hence if συλλαμβάνει ἡ διάνοια is original in the sense 'the mind
conceiveth,' we should strike out μάχαιραν ... μάχαιρα as an interpolation.
Thus we should have: 'Flee the malice of Beliar; for it is the mother
of seven evils.' Next let us suppose μάχαιρα to be original. In that
case we must regard συλλαμβάνει ἡ διάνοια as corrupt, and adopt the
reading of A^{b*cds} 'and the sword is the mother of seven evils, and it
receives (them) through Beliar.' For 'and it receives' A^{b*cds} reads 'which
it has' (զդր ունի a corruption of ևւ սպանէ the text of A^{ab}). Further, as
the sword cannot be said to be the mother of 'envy,' for φθόνος we must
read φόνος. We should consider the possibility that συλλαμβάνει is
a rendering of הרה here, as the text of A^{ab} supposes, or rather that
λαμβάνει originally stood here and was changed to συλλαμβάνει owing to
the phrase μήτηρ κακῶν preceding. Then the text of β–bg, S¹, which adds
ὅτε τίκτει, would be explained as a further depravation of the text in the
same direction. Of the above solutions I think the first is to be preferred,

ΔΙΑΘΗΚΗ ΒΕΝΙΑΜΗΝ [VII. 2

ἐστί. *πρῶτον συλλαμβάνει ἡ διάνοια διὰ τοῦ Βελίαρ[7.] †*Καὶ ἔστιν πρῶτον[8] ὁ †φθόνος[9], δεύτερον[10] ἡ[11] †ἀπώλεια[12], τρίτον ἡ[11] θλίψις, τέταρτον ἡ[11] θεηλασία[13], πέμπτον ἡ[11] ἔνδεια, ἕκτον ἡ[11] ταραχή, ἔβδομον ἡ[11] ἐρήμωσις.

ἐστί· πρῶτον συλλαμβάνει ἡ διάνοια διὰ τοῦ Βελίαρ †*ἔστιν δὲ ὅτε τίκτει πρῶτον[14] †φθόνον, δεύτερον †ἀπώλειαν, τρίτον θλίψιν, τέταρτον αἰχμαλωσίαν, πέμπτον ἐν- δειαν, ἕκτον ταραχήν, ἔβδομον ἐρήμωσιν.

μήτηρ, *καὶ λαμβάνει διὰ τοῦ Βελίαρ[15.] καὶ ἔστι πρῶτον †φθόνος, δεύτερον †ἀπώλεια, τρίτον θλίψις, τέταρτον αἰχμαλωσία[16], πέμπτον ἔνδεια, ἕκτον ταραχή[17], ἔβδομον ἐρήμωσις.

β, Α, S ἑκατὸν ἔτη.

3. Διὰ τοῦτο καὶ[18] ὁ Κάϊν ἑπτὰ ἐκδικίαις[19] παρεδόθη[20] ὑπὸ Θεοῦ[21]. *κατὰ γὰρ[22] *ἑκατοστὸν ἔτος[23] μίαν πληγὴν ἐπήγαγεν *ἐπ' αὐτὸν[24] ⌈ὁ[25] Κύριος⌉.

c

4. Διακοσίων ἐτῶν πάσχει καὶ ἐννακοσιοστῷ[26] ἔτει ἐρημοῦται[27]· διὰ γὰρ Ἀβὲλ τὸν

β, Α

4. Διακοσίων[28] ἐτῶν[29] πάσχει[30], καὶ ἐννακοσιοστῷ ἔτει ἐρημοῦται[31] [ἐπὶ τοῦ κατα-

and that the text should be read as follows: φεύγετε τὴν κακίαν τοῦ Βελίαρ· ὅτι συλλαμβάνει ἡ διάνοια διὰ τοῦ Βελίαρ καὶ ἑπτὰ κακῶν μήτηρ γίνεται· καὶ ἔστι πρῶτον κ.τ.λ. [7] c, β–dg, S¹ (save that c om. διά). d reads καὶ πρῶτον μὲν συλλαμβάνει ἡ διάνοια τὸ πονηρὸν διὰ τῆς κακίας τοῦ Βελίαρ, which is merely an expansion of β–d. g πρῶτος συλλ. διάνοιαν τοῦ B. [8] c, A. bg read ἔστι δὲ πρῶτος. [9] Corrupt (?) for φόνος—the first evil that ensued on Cain's submission to Beliar. See note 6. φόνος would then be a rendering of דם. [10] fg read β' and similarly use letters throughout rest of verse. [11] c. bg, A om. [12] ἀπώλεια = בְּבִיָּה which the translator should here have rendered by φόβος. [13] c. aef read αἰχμαλωσίαν. bg, A^abh αἰχμαλωσία. A^b*cdefg = ταραχή. αἰχμαλωσία is a rendering here of נלב = φυγή or 'exile.' Cf. Pirke Aboth v. 11. [14] ae (save that e reads ὁ for ὅτε). d ἔστι δὲ τὸ πρῶτον τίκτει τόν. f ἔστιν δὲ ὅταν τίκτει πρῶτον. S¹ = ὅτι τ. πρ. [15] A^abh. A^b*cdefg read ἃ ἔχει διὰ τοῦ Βελίαρ, but this has arisen from an internal corruption of A^abh. [16] See note 13. [17] A^b*cd = ὀργή. A^eg om. A^f = κακία. [18] g om. [19] bg, A (A^ab = ἐκδικίας), S¹. c reads ἐκδικούμενα. aef ἀδικίαις. d ἐκδικήσεσιν. [20] c, aef, A^b*cdefg, S¹. bg read παραδίδοται. A^abh = ἔλαβε. [21] c. β–g, S read τοῦ Θεοῦ. g, A = Κυρίου. [22] A^b*d = καὶ κατά. [23] c. β, A, S as in margin. [24] c. β reads αὐτῷ. [25] dg om. [26] c reads τῷ ἐννακοστῷ. [27] It will be observed that aef here agree with c in omitting the phrase ἐπὶ τοῦ κατακλυσμοῦ which is found in bdg, A. [28] dg, A add γάρ. S¹ om. διακοσίων . . .

ἀδελφὸν αὐτοῦ *ἐν πᾶσι τοῖς κακοῖς ἐκρίνετο, ὁ δὲ Λαμὲχ ἐν ἑβδομηκοντάκις ἑπτά. | κλυσμοῦ]³² διὰ 'Αβὲλ τὸν δίκαιον ³³ ἀδελφὸν αὐτοῦ. *'Εν τοῖς ἑπτὰ οὖν κακοῖς³⁴ *ὁ Καὶν ἐκρίνετο, ὁ δὲ Λαμὲχ ἐν τοῖς ἑβδομηκοντάκις ⌜ἑπτά⌝³⁵.

5. Ὅτι³⁶ *ἕως τοῦ αἰῶνος³⁷ οἱ ὁμοιούμενοι *τῷ Καὶν³⁸ ⌜*ἐπὶ φθόνῳ καὶ μισαδελφίᾳ τοιαύτῃ⌝ κολασθήσονται ⌜κρίσει⌝³⁹. β–d, S¹

VIII. *Ὑμεῖς δέ¹, *τέκνα μου², ἀπόδρατε³ τὴν κακίαν, ⌜*τὸν φθόνον⁴ καὶ τὴν⁵ μισαδελφίαν⌝, καὶ προσκολλᾶσθε⁶ τῇ ἀγαθότητι ⌜καὶ τῇ ἀγάπῃ⌝⁷. τῇ αὐτῇ κολάσει κριθήσονται. β, S καὶ ὑμεῖς οὖν.

c | β, S¹ | A
2. Ὁ γὰρ καθαρὸς νοῦς οὐκ ἔχει μιασμὸν | 2.*Ὁ ἔχων διάνοιαν καθαρὰν ἐν ἀγάπῃ οὐχ ὁρᾷ γυναῖκα εἰς πορνείαν· οὐ γὰρ ἔχει μιασμὸν⁸· | 2. Ὁ γὰρ ἔχων αὐτὴν οὐχ ὁρᾷ⁹ γυναῖκα εἰς πορνείαν οὐδὲ γιγνώσκει μιασμὸν¹⁰

⌜ἐν καρδίᾳ⌝, ὅτι ἀναπαύεται¹¹ *ἐπ' αὐτὸν¹² τὸ¹³ πνεῦμα *τοῦ Θεοῦ¹⁴. 3. ⌜ὥσπερ⌝ γὰρ¹⁵ ὁ ἥλιος οὐ μιαίνεται †προσέχων¹⁶

κατακλυσμου. ²⁹ A^{ab*cd} om. but not A^{befg}. A adds τῆς ζωῆς αὐτοῦ but A^{cefg} om. πάσχει . . . ἔτει. ³⁰ A^{ab*cd} = ἔπαθε. A^b ἤρξατο πάσχειν. A adds τοῦτο. ³¹ A reads ուիլելցոււ = ἀπῆλθε (+ ἀπ' αὐτοῦ A^{ab*cdefg}) corrupt for ուիրյուցուի = text. ³² bdg, A. aef rightly om. Cf. c. A adds καὶ ἔπαθε τοῦτο. ³³ A^{b*cd} om. ³⁴ dg, A^{befg} (save that g, A^{befg} om. οὖν). A^{ahb*cd} = καὶ ἐν τοῖς ἑπτὰ κακοῖς (A^h om.). a reads ἐν τοῖς ἑπτά. bef, S¹ ἐν τοῖς ἑπτακοσίοις ἔτεσιν (e om.). Here b abandons its allies dg, and a its allies ef. ³⁵ A = ἔκρινε αὐτόν· ἐν δὲ (A^{ahb*cdefg} om. αὐτὸν . . . δὲ) τοῖς ἑβδομηκοντάκις τὸν Λ. ³⁶ c reads ὅτι γάρ. a om. entire verse. A^b adds ἐκδικίας θεοῦ Λαμὲχ ἔπραξε ἐν Καὶν ὅτι. ³⁷ A = εἰς τὸ τέλος τῶν αἰώνων. ³⁸ d reads τὸν Κ. A^{–b} = αὐτοῖς. ³⁹ c. β–ad, S¹ read ἐν φθόνῳ εἰς τὴν μισαδελφίαν (ef trs. εἰς τ. μισαδ. before ἐν) τῇ αὐτῇ κολάσει (g κρίσει) κριθήσονται. d ἐν φθ. ἢ μισαδελφίᾳ ἢ φθ.· τῇ αὐτῇ κολάσει κατακριθήσονται. For οἱ ὁμ. . . . κρίσει A reads οἱ ὁμοιούμενοι αὐτοῖς (A^b τῷ Καὶν) κολασθήσονται.

VIII. ¹ c. β, S read as in margin (save that g om. οὖν). A = τοιγαροῦν. ² a om. ³ c, ef. a reads φύγετε. bdg ἀποδράσατε. ⁴ c. β–d, S¹ read φθόνον τε. d φθόνον δέ. ⁵ g om. ⁶ a reads προσκολλήθητε. ⁷ g, A om. S¹ = καὶ εὐκαρδίας τῇ ἀγ. ⁸ β (save that d adds ἀγαθὴν καί before καθαράν, τῇ before ἀγάπη and τοῦ θεοῦ after it). S¹ καὶ ἔχοντες διάν. καθαρὰν ἐν ἀγ. μὴ ὁρᾶτε γυναῖκα εἰς πορνείαν· καὶ μὴ ἔχετε μιασμὸν ἐν ψυχῇ καί. Compare Matt. v. 28. ⁹ A^{efg} = ἕξει. ¹⁰ A^{b*cdefg} = πορνείαν μιασμοῦ. ¹¹ ef read ἀναπέπαυται. ¹² c, d. aeg read ἐπ' αὐτῷ. bf ἐν αὐτῷ. ¹³ f om. ¹⁴ A = ἅγιον. ¹⁵ d om. ¹⁶ f reads λάμπων. Text = בהקריב which may be ἐπὶ[17] κόπρον[18] καὶ[19] βόρβορον[20], ⌈*ἀλλὰ μᾶλλον[21] ἀμφότερα ψύγει[22] καὶ ἀπελαύνει τὴν δυσωδίαν⌉, οὕτω καὶ ὁ καθαρὸς[23] νοῦς ἐν τοῖς μιασμοῖς[24] τῆς[17] γῆς συνεχόμενος[25] ⌈μᾶλλον †οἰκοδομεῖ[26], αὐτὸς δὲ οὐ μιαίνεται⌉.

c	β, S¹	A
IX. Λέγω δὲ ὑμῖν καὶ πράξεις ἀπὸ λογίων Ἐνὼχ τοῦ δικαίου, *ὅτι πορνεύ(σ)ετε¹ πορνείαν Σοδόμων καὶ ἀπολε(ῖ)σθε ἕως βραχύ. Καὶ πάλιν ἀνανεωθήσεσθε καὶ ἡ βασιλεία Κυρίου οὐκ ἔσται ἐν ὑμῖν.	IX. Ὑπονοῶ² δὲ καὶ³ πράξεις *οὐ καλὰς ἐν ὑμῖν⁴ ἔσεσθαι *ἀπὸ λόγων Ἐνὼχ τοῦ δικαίου⁵· *πορνεύσετε γὰρ⁶ πορνείαν Σοδόμων *καὶ ἀπολεῖσθε ἕως βραχὺ⁷, καὶ *ἀνανεώσησθε ἐν γυναιξὶν στρίνους⁸· καὶ ἡ βασιλεία Κυρίου οὐκ ἔσται ἐν ὑμῖν ὅτι *εὐθὺς αὐτὸς λήψεται⁹ αὐτήν.	IX. Πλὴν ὑπονοῶ πράξεις κακίας ἔσεσθαι ἐν ὑμῖν ὅτι ἠκούσαμεν¹⁰ ἀπὸ λόγων τῶν πατέρων ἡμῶν· ὅτι πορνεύσετε ὑμεῖς πορνείαν Σοδόμων, ἕως *καὶ παρὰ βραχὺ ἀπολεῖσθε¹¹ καὶ ἀνανεωθήσεσθε εἰς στρίνους¹² γυναικῶν καὶ ἡ βασιλεία Κυρίου οὐκ ἔσται ἐν ὑμῖν ὅτι *ἀνὴρ εὐθὺς λήψεται αὐτήν¹³.

corrupt for בהשקף = παρακύπτων. ¹⁷ d om. ¹⁸ f reads κοπρία. ¹⁹ c, bdg, A, S. aef read ἤ. ²⁰ c, β—af. a reads βόθυνον. f βορβόρῳ. ²¹ g reads μᾶλλον δέ. f adds τά. ²² a reads ψύχει. ²³ g reads κακαθαρμένος. ²⁴ c, bdg. aef read μιάσμασι. ²⁵ A^bh read ոչ ւյաշաւրիւ = οὐ συνέχεται. A^b*cdefg ոչ ւյաշւրիւ corrupt. ²⁶ c corrupt as context shows. As the sun looks down on mire and is not defiled but rather dries it up and banishes its evil odour, so the pure mind though beset with the defilements of earth is not itself defiled but rather buildeth them up! Here we require a word signifying the cleansing action of the pure mind on the pollutions of the world. Hence יבנה (= οἰκοδομεῖ) may be corrupt for יְזַכֶּה = καθαρίζει.

IX. ¹ So also d, A. See note 6. ² d, A read πλήν, τέκνα μου (A om. τ. μου), ὑπονοῶ. ³ abdef, S¹. g, A om. ⁴ β—ab. ab, S¹ read ἐν ὑμῖν οὐ καλάς. ⁵ β—d, S¹. d reads ἔγνων γὰρ ἀπὸ τῆς βίβλου λόγων Ἐ. τοῦ δικ. ⁶ β—dg. d, A read ὅτι πορνεύσετε (as c). g πορνεύεται δέ. ⁷ β (save that b reads ἀπώλησθε, g ἀπόλυσθε). S¹ καὶ ἀπολ. πολύ. a om. next five words. ⁸ β—a (save that g reads ἀνανεωθήσεσθε). S¹ γαμήσετε γυναῖκας βδελυράς. Perhaps ישרתה (i. e. ἀνανεώσεσθε) is corrupt for ישרתה = ἐργάσεσθε. ⁹ d reads ὁ εὐθὺς λήψεται αὐτός. ¹⁰ A^bhefg. A^ab*cd read ἤκουσα. ¹¹ A^b*cd. A^ab read καὶ ἕως οὐκ (?) ἀπολεῖσθε. A^efg ἕως καὶ παρὰ βραχὺ ἀπόλλυται. ¹² A^b*cd. A^abh = διαστροφήν. ¹³ A^b*d. A^abh = εὐθεῖς λήψονται αὐτήν. A^efg εὐθὺς ποιεῖ (ɯnՌձ) αὐτήν.

ΔΙΑΘΗΚΗ ΒΕΝΙΑΜΗΝ

c, β, S[1]

2. Πλὴν ἐν μερίδι ὑμῶν γενήσεται *ναὸς Θεοῦ[14], καὶ *ἔσται ὁ ἔσχατος ἔνδοξος[15] *ὑπὲρ τὸν πρῶτον[16], καὶ *συναχθήσονται ἐκεῖ[17] αἱ[18] δώδεκα φυλαί, καὶ πάντα τὰ ἔθνη ἕως οὗ ὁ ὕψιστος ἀποστείλῃ[19] τὸ σωτήριον αὐτοῦ[20] ἐν ἐπισκοπῇ μονογενοῦς προφήτου[21]. [3. Καὶ εἰσελεύσεται εἰς τὸν πρῶτον ναόν, καὶ ἐκεῖ Κύριος ὑβρισθήσεται[22] *καὶ ἐπὶ ξύλου ὑψωθήσεται[23]. 4. Καὶ ἔσται τὸ ἅπλωμα τοῦ ναοῦ σχιζόμενον[24] καὶ μεταβήσεται[25] τὸ πνεῦμα τοῦ Θεοῦ ἐπὶ τὰ ἔθνη, ὥσπερ[26] πῦρ ἐκχυνόμενον. 5. Καὶ ἀνελθὼν ἐκ τοῦ ᾅδου[27] ἔσται[28] μεταβαίνων[29] ἀπὸ[30] τῆς[31] γῆς πρὸς[32] οὐρανόν[33]. Ἔγνων[34] δὲ οἷος ἔσται[28] ταπεινὸς ἐπὶ[35] γῆς, καὶ οἷος ἔνδοξος *ἐν οὐρανῷ[36]].

A

2. Πλὴν ἐν μερίδι ὑμῶν γενήσεται *ἡ κληρονομία αὐτοῦ[37], καὶ[38] διὰ τὸν ναὸν Κυρίου ὕψωσέ με Ἰακώβ, ἵνα δοξασθήσωμαι ἐν αὐτῷ, καὶ αἱ δώδεκα φυλαὶ ἐκεῖ συναχθήσονται καὶ πάντα ἔθνη. [3. Καὶ Κύριος ὑβρισθήσεται καὶ ἐξουθενωθήσεται[39]. 5. Καὶ μεταβήσεται ἀπὸ τῆς γῆς πρὸς τὸν οὐρανόν, *ἔγνων γὰρ οἷος ἐστιν ἐκ γῆς ἢ οἷος εἰς οὐρανούς[40], ἢ καὶ τί μέτρον αὐτοῦ καὶ τόπος καὶ ὁδός].

aef, S[1] ἔνδοξος ἔσται.

c υἱοῦ αὐτοῦ.

c om. ἔγνων δὲ ...x. 1 .. εἰδέα αὐτοῦ.

[14] c, β–b. b, S[1] ὁ ν. τοῦ θ. [15] c, dg (save that dg trs. ἔνδοξος before ἔσται). aef, S read as in margin (save that S adds ἐν ὑμῖν). b ἔνδοξος ἔσται ἐν ὑμῖν. [16] b om. and inserts a dittograph from ver. 1: ὅτι αὐτὸς λήψεται αὐτόν. [17] c. β, S[1] read ἐκεῖ συναχθήσονται and trs. after φυλαί. [18] bd om. [19] c, be. a reads ἀνατείλῃ. d ἀποστελῇ. f ἀποστελεῖ. [20] d om. [21] β–b. c reads υἱοῦ αὐτοῦ. b om. S[1] reads ὡς εἶπον οἱ προφῆται. [22] b adds καὶ ἐξουθενωθήσεται. Cf. A. [23] d reads ἐπὶ ξύλου σταυρούμενος. [24] c reads σχισθήσεται. [25] c, β–bd. bd, S[1] read καταβήσεται. [26] c. β reads ὡς. [27] c, bdg. a reads χάον. ef, S λαοῦ. [28] d reads ἐστί. [29] c, aefg. b, S read ἀναβαίνων. d καταβαίνων. [30] d reads ἐπί. [31] c, d. β–d om. [32] c, d. β–d read εἰς. [33] d reads οὐρανούς. c om. rest of verse and x. 1. [34] b reads ἔγνω. [35] adg add τῆς. [36] d reads ὑπάρχει ἐν οὐρανῷ. [37] A[efg] om. [38] A[bh] om. [39] A[b*cdeg]. A[abh] = τιμηθήσεται. [40] A[abh]. A[b*cdeg] om. According to Armenian Text this clause is added after ὁδός but Carekin's copy of A[b] and A[h] places it as in text.

ΔΙΑΘΗΚΗ ΒΕΝΙΑΜΗΝ [X. 1

x. 1 to be restored before ii. 1.
β, A, S¹ καὶ δικαιοσύνην
⌜ἕκαστος μετὰ τοῦ πλησίον αὐτοῦ⌝ καὶ κρίμα εἰς πιστοποίησιν.
β, S¹ ταῦτα γὰρ ἀντὶ

X. ¹Ὅτε¹ δὲ *ἦν Ἰωσὴφ ἐν Αἰγύπτῳ², ἐπεθύμουν ἰδεῖν τὴν εἰδέαν³ αὐτοῦ ⌜καὶ τὴν μόρφωσιν⌝⁴ τῆς ὄψεως αὐτοῦ⁷· καὶ δι' εὐχῶν Ἰακὼβ τοῦ πατρός μου⁵ εἶδον ⌜αὐτόν, ἐν ἡμέρᾳ γρηγορῶν, *καθ' ὃ ἦν⁶ πᾶσα⌝⁷ ἡ εἰδέα⁷ αὐτοῦ. 2. ⌜Καὶ ταῦτα εἰπὼν λέγει αὐτοῖς⌝⁸· *Γινώσκετε οὖν⁹, τέκνα μου, ὅτι¹⁰ ἀποθνήσκω. 3. *Ποιήσατε οὖν¹¹ ἀλήθειαν *ἕκαστος πρὸς τὸν πλησίον αὐτοῦ¹², ⌜καὶ τὸν νόμον Κυρίου, καὶ τὰς ἐντολὰς αὐτοῦ¹³ φυλάξατε⌝⁷. 4. *Ταῦτα γὰρ ὑμῖν ἀντὶ πάσης κληρονομίας καταλειμπάνω¹⁴. καὶ ὑμεῖς ⌜οὖν⌝ δότε αὐτὰ¹⁵ τοῖς τέκνοις ὑμῶν *εἰς κατάσχεσιν¹⁶ αἰώνιον· οὕτω¹⁷ ⌜γὰρ⌝ ἐποίησεν¹⁸ Ἀβραὰμ καὶ Ἰσαὰκ καὶ Ἰακώβ. 5. *Ταῦτα γὰρ πάντα δέδωκαν ἡμῖν εἰς κληρονομίαν¹⁹ *εἰπόντες· Φυλάξατε τὰς ἐντολὰς τοῦ Θεοῦ²⁰ ἕως ὅτου²¹ ἀποκαλύψει²² Κύριος²³ τὸ σωτήριον αὐτοῦ²⁴ *πᾶσι τοῖς ἔθνεσιν²⁵. 6. ⌜Καὶ⌝²⁶ τότε

π. κληρονομίας ὑμᾶς διδάσκω. β–g, A, S¹ πάντα ταῦτα ἡμᾶς κατεκληρονόμησαν. A ἐν πάσῃ τῇ γῇ.

X. ¹ aefg, A. bd, S¹ read ὅτι. ² de, A. bfg, S¹ read 'Ι. ἦν ἐν Αἰγ. (af ἐν Αἰγ. ἦν). A adds καί. ³ bfg. ade read ἰδέαν. ⁴ b reads μορφήν. ⁵ β–af, A^bh, S¹. f, A^ab*cdeg read ὑμῶν. α om. and trs. τ. π. and A trs. τ. π. μου (or ὑμῶν) before Ἰακώβ. ⁶ af read καθ' ἥν. ⁷ bfg. ade read ἰδέα. A reads εἰδέαν ζῶσαν. d adds καὶ ἡ δόξα αὐτοῦ. ⁸ c. β, A, S¹ om. ⁹ A = καὶ νῦν. S¹ = ὁρᾶτε οὖν. ¹⁰ d, A^bhefg om. A^ab*cd read ἰδού. ¹¹ g reads καὶ ποιησάτω. A = καὶ ἐντέλλομαι ὑμῖν ποιεῖν. ¹² c. β, S¹ read as in margin (save that α om. καὶ κρίμα εἰς πιστοποίησιν). For ἀλήθειαν . . . αὐτοῦ A reads δικαιοσύνην καὶ ἀλήθειαν καὶ κρίμα εἰς πίστιν (A^bh om. καὶ κρίμα εἰς πίστιν) Κυρίου. Possibly εἰς πιστοποίησιν is an attempt to render נכב. ¹³ g om. ¹⁴ c. β, S¹ read as in margin (save that b, S¹ trs. ὑμᾶς before ἀντί and dg trs. it after διδάσκω). A = ταῦτα δίδωμι ὑμῖν ἀντὶ πάσης κληρονομίας. Καταλειμπάνω = מַשְׁאִיר which is the natural word for a bequest, whereas διδάσκω = מַגִּיד or סָבִיד, or מוֹרֶה is a corruption of the former. ¹⁵ α reads ταῦτα. ¹⁶ A εἰς κληρονομίαν and all but A^b trs. before τοῖς τέκνοις. ¹⁷ c, d. β–d, A, S¹ read τοῦτο. ¹⁸ c, β–b. b reads ἐποίησαν. β–de, S¹ add καί against c, de, A. ¹⁹ c. β–g, A, S¹ read as in margin (save that adf read ταῦτα πάντα and A adds an unintelligible καὶ (A^b om.) μᾶλλον ἢ before πάντα). g ταῦτα πάντα πάλαι κατεκλ. ἐν πίστει. δέδωκαν εἰς κλ. and κατεκληρονόμησαν = הוֹרִישׁוּ. ²⁰ A = καὶ εἶπον· Οὕτως ποιήσατε. For φυλάξατε, α reads φυλάξασθε, g φυλάξαντες. ²¹ bef read ὅτε. ²² c, aef. β–aef read ἀποκαλύψῃ. ²³ c, e, A. b reads ὁ Κύριος, dg S¹ trs. before ἀποκαλύψει. af om. ²⁴ A^b om. ²⁵ A = ἐν πάσῃ τῇ γῇ. ²⁶ c. β, A, S¹ om.

X. 9] ΔΙΑΘΗΚΗ ΒΕΝΙΑΜΗΝ 229

ὄψεσθε[27] Ἐνὼχ *καὶ Σήθ[28], καὶ[29] Ἀβραάμ, καὶ[29] Ἰσαὰκ καὶ Ἰακώβ ἀνασταμένους[30] ἐκ δεξιῶν ⌈αὐτοῦ⌉[31] *ἐν ἀγαλλιάσει[32].   β-d, S¹ Νῶε καὶ (aefom.)

c, β, S¹   A   Σήμ.

7. Τότε καὶ ἡμεῖς ἀναστησόμεθα[33] ἕκαστος *ἐπὶ σκῆπτρον ἡμῶν[34] προσκυνοῦντες τὸν βασιλέα *τῶν οὐρανῶν[35] [τὸν ἐπὶ γῆς φανέντα[36] ἐν[37] μορφῇ ἀνθρώπου *ἐν ταπεινώσει[38], καὶ ὅσοι πιστεύσωσιν[39] αὐτῷ[40] ἐπὶ τῆς[41] γῆς *χαρίσονται σὺν αὐτῷ[42]].

7. Τότε ἀναστησόμεθα καὶ ἡμεῖς ἕκαστος ἐπὶ σκῆπτρον αὐτοῦ καὶ προσκυνήσομεν τὸν οὐράνιον βασιλέα.

    β-g, S¹ ἐπίστευσαν.

8. *Καὶ οἱ[43] πάντες ἀναστήσονται, οἱ μὲν εἰς δόξαν, οἱ δὲ εἰς ἀτιμίαν, καὶ κρινεῖ Κύριος[44] ἐν πρώτοις τὸν Ἰσραὴλ[45]περὶ τῆς *ἀδικίας αὐτῶν[46] [ὅτι παραγενόμενον[47] Θεὸν[44] ἐν σαρκί[48], οὐκ ἐπίστευσαν αὐτῷ[49]]. 9. Καὶ τότε κρινεῖ πάντα τὰ ἔθνη [ὅσα οὐκ ἐπίστευσαν αὐτῷ ἐπὶ τῆς[50] γῆς.

8. Τότε πάντες[51] †ἀλλαγησόμεθα[52] οἱ μὲν εἰς δόξαν[53], οἱ δὲ εἰς ἀτιμίαν· κρίνει γὰρ Κύριος ἐν πρώτοις τὸν Ἰσραὴλ περὶ τῆς ἀδικίας ἣν ἔπραξαν[54].   β-d, S¹ εἰς αὐτὸν ἀδικίας.

9. Καὶ τότε[55] οὕτως πάντα τὰ ἔθνη[56].   β σαρκὶ ἐλευθερωτήν.

bdg, S¹ τότε καί.

---

[27] A^(b*cdefg) = ὁρᾶτε.   [28] c. β-d, S¹ read as in margin. d, A καὶ (d, A^b om.) Νῶε.   [29] d, A^b om.   [30] c reads ἀνισταμένων.   [31] c. β, A, S¹ om.   [32] g trs. before ἀνισταμένους.   [33] β-af, S¹. c, f read ἀναστησώμεθα. a ἀνιστάμεθα. [34] β, S¹ (save that d reads σκήπτρῳ). c om.   [35] g reads τοῦ οὐρανοῦ. [36] c, bdg, S¹. aef read φαινόμενον.   [37] b om.   [38] c. β-a, S¹ read ταπεινώσεως. a om.   [39] c, g. β-g, S¹ read as in margin.   [40] d reads εἰς αὐτόν. e trs. before ἐπίστευσαν.   [41] c, g. β-g om.   [42] c. β-d, S¹ read συγχαρίσονται (-ήσονται ag) αὐτῷ. d συγχωρίσει αὐτῶν.   [43] c. aef read ὅτε καί. bdg, S¹ as in margin.   [44] g om.   [45] aef add καί.   [46] c. β-d, S¹ read as in margin. d εἰς ἑαυτὸν γενομένης ἀδικίας (cf. A).   [47] c, adeg. bf read παραγενάμενον. [48] c, S¹. β reads as in margin. S¹ om. next three words.   [49] c. β-d om. d reads εἰς αὐτόν. g om. next ten words.   [50] c, g. β-g om.   [51] A^abb. A^(b*cdefg) read καὶ ἡμεῖς.   [52] Corrupt. The verb should be in the third plural. ᵘᵒᵖᵖᵒᵉᵗᵇᵘᵍᵑᵤᵖ is a rendering of ἀλλαγησόμεθα (as in 1 Cor. xv. 51, 52) corrupt for ἀναστησόμεθα or rather ἀναστήσονται.   [53] A^bb read τιμήν. [54] A^efg om. next ten words.   [55] A^b reads οὕτως.   [56] A^abb om. next

ΔΙΑΘΗΚΗ ΒΕΝΙΑΜΗΝ [X. 9

c om.
ver. 10.

aef ἀπι-
στήσα-
σιν.

β–α οὐ.

β, S¹ κατὰ
πρόσ-
ωπον.

φανέντι[57]]. 10. Καὶ ἐλέγξει ἐν τοῖς ἐκλεκτοῖς *τῶν ἐθνῶν[58] τὸν Ἰσραήλ, ὥσπερ ἤλεγξεν τὸν Ἡσαῦ ἐν τοῖς Μαδιναίοις τοῖς †ἀπατήσασιν[59] *ἀδελφοὺς αὐτῶν[60] [γενέσθαι διὰ τῆς πορνείας καὶ τῆς εἰδωλολατρείας, καὶ[61] ἀπηλλοτριώθησαν Θεοῦ][62], γενόμενοι[63] οὖν[64] τέκνα ἐν μερίδι φοβουμένων[65] Κύριον.

10. Καὶ ἐλέγξει τὸν Ἰσραὴλ ἐν τοῖς ἐκλεκτοῖς ἔθνεσι ὥσπερ ἤλεγξε τὸν Ἡσαῦ ἐν τοῖς Μαδιαναίοις τοῖς ἀγαπήσασιν τοὺς ἀδελφοὺς αὐτῶν· γίνεσθε οὖν, τέκνα μου, *ἐν μερίδι[66] τῶν φοβουμένων Κύριον.

11. Γ'Ὑμεῖς οὖν, τέκνα μου[67], ἐὰν[68] πορευθῆτε[69] ἐν ἁγιασμῷ Γ*ἐν ταῖς ἐντολαῖς[70] Κυρίου¹, πάλιν κατοικήσετε[71] Γἐπ' ἐλπίδι¹ *ἐν ἐμοί[72], καὶ συναχθήσεται[73] *πρὸς Κύριον[74] πᾶς Ἰσραήλ.

c	β, S¹	A
XI.¹ Καὶ οὐκέτι κληθήσομαι λύκος ἅρπαξ διὰ τὰς ἁρπαγὰς ὑμῶν ἀλλὰ [ἐργάτης Κυρίου διαδιδῶν τροφὴν τοῖς ἐργαζομένοις τὸ ἀγαθόν. 2. Καὶ	XI. Καὶ οὐκέτι κληθήσομαι[2] λύκος ἅρπαξ διὰ τὰς ἁρπαγὰς ὑμῶν ἀλλ' [ἐργάτης Κυρίου διαδιδοὺς[3] τροφὴν τοῖς ἐργαζομένοις τὸ ἀγαθόν. 2. Καὶ	XI. Καὶ οὐκέτι κληθήσεται[4] *λῄσταρχος καὶ[5] λύκος διὰ τὴν ἁρπαγὴν ὑμῶν,

eight words.   [57] g reads φανέντα.   [58] g, S¹ om.   [59] bdg, S¹ but a manifest corruption of ἀγαπήσασιν as in A. aef read ἀπιστήσασιν (a corruption of the reading of d). d ἀποστήσασιν.   [60] bd. aef, S¹ read ἀδελφὸν (ef ἀδελφοῦ) αὐτῶν. g αὐτὸν ἀδελφούς.   [61] d reads οἵτινες καί.   [62] I have bracketed these words as an interpolation added to explain the corrupt reading ἀπατήσασιν or ἀποστήσουσιν.   [63] d reads γινόμενοι.   [64] a. β–a read οὐ, which is clearly a modification of οὖν. S¹ om.   [65] ag add τόν.
[66] A[b*cdefg]. A[sbh] = μερίς.   [67] c. abg, S¹ read ὑμεῖς δε. def ὑμεῖς οὖν.   [68] A adds γάρ.   [69] c. β–d, S¹ read πορεύησθε (-εσθε befg). d πορεύεσθε.   [70] c. β, S¹ read as in margin. c = עַל־פִּי, while β, S¹ = עַל־פֶּה.   [71] β–d. c, d read κατοικήσειτε (sic).   [72] dg read σὺν ἐμοί and trs. before ἐπ' ἐλπίδι.   [73] c, bg, A, S¹. aef read συναχθήσεσθε.   [74] b, S¹ trs. after Ἰσραήλ against c, β–b, A. A = πρός με.

XI. [a] The text of β, S is here largely interpolated, and made to refer to St. Paul. In c the interpolation is so framed as to refer to Christ.   [2] g reads κληθήσεται.   [3] β–bg. b reads διαδιδῶν. g διδούς.
[4] A[b*] reads κληθήσεσθε.   [5] Evidently an internal corruption.

ΔΙΑΘΗΚΗ ΒΕΝΙΑΜΗΝ

ἀναστήσεται ἐν ὑστέροις] ἀγαπητὸς Κυρίου [ἐκ - σπέρματος Ἰούδα καὶ Λευί]⁶ ποιῶν εὐδοκίαν *ἐν στόματι αὐτοῦ⁷, [γνῶσιν καινὴν φωτίζων πάντα τὰ ἔθνη]⁶.

ἀναστήσεται *ἐκ τοῦ σπέρματός⁸ μου ἐν ὑστέροις καιροῖς] ἀγαπητὸς Κυρίου [ἀκούων⁹ τὴν¹⁰ φωνὴν αὐτοῦ] *καὶ ποιῶν εὐδοκίαν θελήματος αὐτοῦ¹¹, [γνῶσιν καινὴν φωτίζων πάντα τὰ ἔθνη

2. ἀλλ' ἀγαπητὸς *Κυρίου καὶ ποιῶν εὐδοκίαν¹² στόματος¹³ αὐτοῦ.

β, S¹

*φῶς γνώσεως¹⁴, ἐπεμβαίνων¹⁵ *τὸν Ἰσραὴλ¹⁶ ἐν σωτηρίᾳ, καὶ ἁρπάζων ὡς λύκος ἀπ' αὐτῶν¹⁷, καὶ *διδοὺς τῇ συναγωγῇ τῶν ἐθνῶν¹⁸. 3. Ἕως¹⁹ συντελείας *τοῦ αἰῶνος²⁰ ἔσται ἐν συναγωγαῖς²¹ ἐθνῶν καὶ ἐν τοῖς ἄρχουσιν αὐτῶν, ὡς μουσικὸν μέλος ἐν στόματι πάντων²². 4. Καὶ ἐν βίβλοις ἁγίαις ἔσται ἀναγραφόμενος, καὶ τὸ ἔργον καὶ ὁ λόγος αὐτοῦ· καὶ ἔσται ἐκλεκτὸς Θεοῦ²³ *ἕως τοῦ²⁴ αἰῶνος. 5. Καὶ²⁵ δι' *αὐτῶν φοιτήσει ὡς²⁶ Ἰακὼβ²⁷ ὁ πατήρ μου, λέγων· Αὐτὸς ἀναπληρώσει τὰ ὑστερήματα τῆς *φυλῆς σου²⁸].

⁶ Christian interpolations referring the passage to Christ. ⁷ c. Cf. A^(bb*cdefg). adef, A^a read θελήματος αὐτοῦ. The latter = חפצו the former בחירו. ⁸ g reads ἐν τῷ σπέρματι. ⁹ bdg, S¹ add ἐπὶ γῆς. ¹⁰ adef. bg om. ¹¹ adef, S¹. bg om. See note 7. ¹² A^a(?)bh. A^b*cd = καὶ εὐδοκίας. A^efg καὶ ποιητῇ εὐδοκίας. But all the MSS. are corrupt. ¹³ A^bb*cdefg. A^ah read θελήματος αὐτοῦ (A^a om. ?). ¹⁴ d trs. before πάντα τὰ ἔθνη. S¹ = ἐν γνώσει ¹⁵ beg. a reads λάμπων. df ἐπιβαίνων. S¹ = εἰσάγων. ¹⁶ β–ab, S¹. ab read τῷ Ἰσραήλ. a trs. after σωτηρίᾳ. ¹⁷ β–ab, S¹. ab read αὐτοῦ. ¹⁸ S¹ = συνάγων τὰ ἔθνη. g om. next eight words through hmt. ¹⁹ b reads καὶ ἕως. d adds τῆς. ²⁰ adef (save that a om. τοῦ). b, S¹ read τῶν αἰώνων. ²¹ df add τῶν. ²² S¹ adds κατὰ τὸ ὄνομα τοῦ καλουμένου. ²³ d om. ²⁴ g om. ²⁵ a om. ver. 5. d om. next nine words. ²⁶ ef (save that e reads αὐτόν). b reads δι' αὐτὸν συνέτισέ με. g διὰ τοῦτο ἐφυσίωσέν με. S¹ περὶ αὐτοῦ γνωρίζεσθε. The text is absolutely uncertain. ²⁷ ef trs. after μου. ²⁸ bg. def read κοιλίας μου. Here strangely enough this divergence could be explained on the supposition of a Hebrew background. bg = שבטך. def = בטנך.

ΔΙΑΘΗΚΗ ΒΕΝΙΑΜΗΝ [XII. 1

c
XII.¹ Καὶ ταῦτα εἰπὼν ἐκτείνας τοὺς πόδας αὐτοῦ 2. ἐκοιμήθη †ὕπνῳ² καλῷ [καὶ ἀγαθῷ]³. 3. Οἱ δὲ υἱοὶ αὐτοῦ ἐποίησαν ὡς προσέταξεν αὐτοῖς, καὶ ἄραντες τὸ σῶμα αὐτοῦ ἔθαψαν αὐτὸ⁴· ἐν Χεβρὼν μετὰ τῶν πατέρων αὐτοῦ. 2. Ὁ δὲ ἀριθμὸς τῆς ζωῆς αὐτοῦ ἔτη ἑκατὸν εἴκοσι πέντε⁵.

β, Α, S¹
XII. Καὶ⁶ *ὡς ἐπλήρωσε τοὺς λόγους αὐτοῦ⁷ εἶπεν⁸· Ἐντέλλομαι ὑμῖν, *τέκνα μου⁹, ἀνενέγκατε¹⁰ τὰ ὀστᾶ μου ἐξ Αἰγύπτου, καὶ *θάψατέ με¹¹ εἰς¹² Χεβρὼν ἐγγὺς¹³ τῶν πατέρων μου. 2. Καὶ¹⁴ ἀπέθανε Βενιαμὶν¹⁵ *ἑκατὸν εἴκοσι πέντε¹⁶ ἐτῶν ἐν γήρει καλῷ· καὶ ἔθηκαν αὐτὸν ἐν παραθήκῃ¹⁷. 3. Καὶ¹⁸ ἐνενηκοστῷ¹⁹ πρώτῳ²⁰ ἔτει ⌜τῆς²¹ †ἐξόδου²² τῶν υἱῶν Ἰσραὴλ †ἐξ Αἰγύπτου²³⌝, *αὐτοὶ καὶ οἱ ἀδελφοὶ αὐτῶν²⁴ ἀνήγαγον τὰ ὀστᾶ τῶν πατέρων²⁵ αὐτῶν ἐν κρυφῇ *ἐν τῷ πολέμῳ Χαναάν²⁶, καὶ ἔθαψαν αὐτοὺς²⁷ ἐν Χεβρὼν²⁸

XII. ¹ Here the two types of text run widely apart so far as words go, and in ver. 3 there is a difference as to matter. According to c only the burial of Benjamin by his sons is recounted, whereas in β, A, S¹ it is the burial of the patriarchs generally by their sons. Even A preserves some evidence in favour of c as it reads ἔθαψαν αὐτόν with c; also df (see note 14) recount the burial of Benjamin only. ² It will be observed that β, A, S¹ have rightly γήρει here. This corruption has occurred several times before. See T. Iss. vii. 9. ³ A dittographic rendering of ṬWB. ⁴ c reads αὐτῷ. ⁵ c adds καὶ ταῖς πρεσβείαις αὐτῶν ὁ Θεὸς ἐλέει καὶ σώσον ἡμᾶς· τέλος γὰρ ἔσχεν (sic) τῶν δώδεκα πατριαρχῶν αἱ διαθῆκαι ἐν Κυρίῳ. ⁶ ef om. A^{b1} adds ἐγένετο. ⁷ d reads πληρώσας Βενιαμὴν τοὺς λόγους τούτους. After ἐπλήρωσε A^{b*} add Βενιαμήν. ⁸ A = λέγει αὐτοῖς. S¹ adds ὁρᾶτε, τέκνα μου, ὅσα ἐνόησα, εἶπον ὑμῖν. Καὶ, ἰδού, δίδωμι ἐμαυτὸν τῷ τάφῳ. ⁹ A^{abcdeg} om. but not A^{b*}. ¹⁰ abg, A^{b*eis}, S¹. d reads ἀνάγαγε. ef, A^{abhcd} ἀνενέγκαι. ¹¹ β–d, A^{b*}, S. d, A^{abcdefg} read θάψαι. ¹² β–df. df read ἐν. ¹³ f reads μετά. ¹⁴ d gives ver. 2 as follows: Ταῦτα ἐντειλάμενος Βενιαμὴν τοῖς υἱοῖς αὐτοῦ ἐξάρας τοὺς πόδας αὐτοῦ ἐξέλειπεν προσετέθη μετὰ τῶν πατέρων αὐτοῦ, πρεσβύτης καὶ πλήρης ἡμερῶν γενόμενος, ζήσας ἔτη ρκε΄. τότε ἐποίησαν οἱ υἱοὶ αὐτοῦ πάντα ὅσα ἐνετείλατο Βενιαμὴν ὁ πατὴρ αὐτῶν. This text is conflate. Its last clause it holds in common with c and προσετέθη . . . αὐτοῦ is wrongly added here from ver. 3 according to the substance of c. f om. verses 2–4 and gives in their stead a text that is practically the same as ver. 3 of c: Καὶ

β, A, S¹
·*παρὰ τοὺς πόδας²⁹ τῶν πατέρων αὐτῶν. 4. *Καὶ αὐτοὶ ἐπέστρεψαν³⁰ ἐκ γῆς³¹ Χαναάν, καὶ³² ᾤκησαν ἐν Αἰγύπτῳ ἕως ἡμέρας ἐξόδου αὐτῶν ἐκ ⌜γῆς⌝ Αἰγύπτου³³.

ἐποίησαν οὕτως καθὼς ἐνετείλατο αὐτοῖς· καὶ ἀνενεγκόντες ἔθαψαν αὐτὸν ἐν Χεβρών. S adds ταῦτα εἰπών. ¹⁵ S¹ adds υἱὸς τοῦ Ἰακὼβ δωδέκατος. ¹⁶ bg. ae read ρκε΄. After ἐτῶν A^{abhcdefg} add ζωῆς αὐτοῦ. ¹⁷ bg. ae read παρακαταθήκη. ¹⁸ be. a reads καὶ ἐν τῷ. d ἐν γὰρ τῷ. S¹ ἐν. g abbreviates verses 3–4 as follows: Καὶ ἔκρυπτον πρὸ τῆς ἐξόδου αὐτῶν ἀναγαγόντες καὶ θάψαντες ἐν Χεβρὼν 4. ὑπέστρεψαν εἰς Αἴγυπτον. ¹⁹ bde. a reads ϛ΄. A^{abh} = δεκάτῳ. A^{b*cdefg} read ՂԻԻՆԵՐՈՐԴ (= ἐννάτῳ) corrupt for ՂԻԻՆԻԵՐՈՐԴ = ἐνενηκοστῷ. ²⁰ bd, A, (S¹ ?). ae om. ²¹ e om. ²² Corrupt for εἰσόδου. ²³ Corrupt for εἰς Αἴγυπτον. d reads ἀπό. ²⁴ A trs. after πατέρων αὐτῶν. S¹ = καὶ οἱ ἀδ. αὐτῶν. ²⁵ A^{b*} = πατρός. ²⁶ ade, S¹. b reads ἐν τόπῳ λεγομένῳ Χαναάν. A = ὅτε ἦσαν ἐν πολέμῳ οἱ Χαναναῖοι. ²⁷ A = αὐτόν. See notes 1 and 14. ²⁸ d adds ἐν τῷ σπηλαίῳ τῷ διπλῷ. ²⁹ A = ἐγγύς. ³⁰ abe, A, S¹. d reads αὐτοὶ δὲ πάλιν ὑποστρέψαντες. ³¹ A^{b*cdefg} om. ³² d om. ³³ a adds τέλος τῶν ιβ΄ διαθηκῶν τῶν υἱῶν Ἰακώβ. d ὑπὲρ δὲ τούτων ἁπάντων οἵ τε ἀναγινώσκοντες καὶ ἀκούοντες δόξαν ἀναπέμψωμεν θεῷ εἰς αἰῶνας. Ἀμήν, ἀμήν, ἀμήν. f, S¹ Βενιαμὴν υἱὸς Ἰακὼβ ιβ΄, υἱὸς Ῥαχὴλ β΄. ἔζησεν ρκε΄. g τέλος τῶν διαθηκῶν τῶν ιβ΄ πατριαρχῶν υἱῶν Ἰσραήλ.

APPENDIX I

מדרש ויסעו

(This Midrash, which is reprinted from Jellinek's *Beth-ha Midrasch* iii. 1-3, contains Hebrew Fragments of the Testament of Judah. These are underlined.)

ויסעו ויהי חתת אלהים (בראשית ל"ה ה'). אמרו אם שני
בני יעקב עשו הדבר הגדול הזה אם יאספו כולם יכולים להחריב
את העולם. ונפל פחדו של הק"בה עליהם לכך לא רדפו אחרי בני
יעקב. רבותינו אמרו אף על פי שלא רדפו אחריהם בפעם ההיא
אבל לאחר ז' שנים רדפו תתכנסו כל מלכי האמורי על בני יעקב
ובקשו להורגם בבקעת שכם. לפי שלאחר שיכן חזר יעקב ובניו לשכם
ועמדו שם וישבו שם. אמרו לא די להם שהרגו כל אנשי שכם אלא
שיורשים את ארצם. נתקבצו כולם ובאו עליהם להורגם. כיון שראה
יהודה כך קפץ לתוך מערכת הרגלים הנלחמים עמהם והרג בתחלה
<u>לישוב מלך תפוח</u> שהיה מכוסה מראשו ועד רגליו בברזל ובנחשת T. Jud. iii. 2.
<u>והיה רוכב על סוס והיה מורה חניתו בשני ידיו מעל הסום לפניו</u> iii. 3.
ולאחריו לא יחטיא בכל מקום שהיה מטיל כי היה <u>גבור בכחו לירות</u>
<u>בשתי ידיו</u>. כיון שראהו יהודה לא נתירא ממנו ולא מגבורתו. <u>קפץ</u>
<u>ורץ לקראתו נטל אבן מן הארץ משקלה ס' סלעים והשליכה עליו</u>
<u>והוא היה רחוק ממנו שני חלקי ריס שהוא קע"ז אמות ושליש</u>. והוא
היה בא לקראת יהודה מקושט בכלי ברזל ונמורה חניתות. <u>והכהו</u>
<u>יהודה באותה האבן על מנינו והפילו מן הסוס</u>. כיון שרצה לקום
רץ יהודה ובקש להורגו קודם שיקום מן הארץ. ונהוא מהר ועמד
<u>על רגליו לקראת יהודה וערך מלחמה כנגדו מנינו מול מנינו ושלף</u> iii. 4.,

Greek equivalents of underlined words: III. 2. βασιλέα τοῦ Ταφουὲ ... καθήμενον ἐφ' ἵππου. 3. καὶ βάλλοντα δόρατα αὐτοῦ (for δόρατα Greek text gives τόξα—a bad rendering) ... ἀφ' ἵππου ἔμπροσθεν καὶ ὄπισθεν ... γίγαντα ... ἀνείλετο λίθον . . ἑξήκοντα λιτρῶν (?) καὶ ἠκόντισε ... καὶ ἐπάταξε αὐτόν. 4. καὶ ἐπολέμησε ... καὶ εἰς δύο μέρη ἐποίησε τὴν ἀσπίδα ... καὶ συνέκοψε τοὺς πόδας αὐτοῦ.

APPENDIX I

	כידונו ובקש לחתוך ראש יהודה. ויהודה הרים מגינו לנגד הכידון
	קבל הכאת הכידון ופסק המגן לשנים. מה עשה יהודה גזל¹ והכהו
	בכידונו וקטע שתי רגליו למעלה מן הקרסולים ואז נפל לארץ וכידונו
Jud. iii. 5.	נפל מידו וקפץ וקטע ראשו ועד שהיה חולץ שריונו באו עליו תשעה
	חביריו. הראשון שהגיעו נטל יהודה אבן והכהו את ראשו ומגינו נפל
	מידו ולקחו יהודה ועמד לקראת השמונה, ולוי אחיו הגיע ובא ועמד
iii. 6.	אצלו וירה בחץ והרג לאילון מלך געש. ויהודה הרג כל השמונה
iii. 7 (8).	ויעקב אביו קרב והרג לזירורי מלך שילה וכולם לא קמו לקראת בני
	יעקב ועור לא היה להם לב לעמוד אלא לנוס. ובני יעקב רדפו אחריהם
iv. 1.	והרגו מהם יהודה ביום ההוא אלף קודם שיבא השמש. ושאר בני יעקב
	יצאו מתל שכם מן המקום שהיו עומדין בצידו ורדפו אחריהם בהר
iv. 1.	עד שיצאו לחצר העיר. ולפני חצר העיר היה להם מלחמה כבדה
	מן אותה המלחמה שנלחמו עמם בבקעת שכם. וירה יעקב חצים
	והרג לפרעתון² מלך חצר ופסוסי³ מלך סרטן וללבון⁴ מלך ארם
iv. 2.	לשביר⁵ מלך מחנים. ויהודה היה ראשון ועלה לחומה של חצר וערבע
	גבורים ערכו מלחמה עם יהודה קודם שהגיע נפתלי אצלו שהיה עולה
	אחריו וטרם שעלה הרג לאותם ד' גבורים ונפתלי קפץ ועלה אחריו.
	עמד יהודה לימין החומה ונפתלי לשמאל החומה והתחילו להרוג
	בהם. ושאר בני יעקב דלגו ועלו אחריהם ושברו אותם ביום ההוא
iv. 3.	וכבשו לחצר. והרגו כל הגבורים ולא הניחו איש שלא הרגוהו ושבו
	כל השבי.
v. 1.	ביום השני הלכו לסרטן וגם בה היה עמם מלחמה כבדה
	עיר גבוהה ותלה גבוה וכתשה לכל מי שקרב אצלה ולא היה מקום

5. Ἐν δὲ τῷ ἐκδύειν τὸν θώρακα αὐτοῦ ... ἐννέα ἑταῖροι αὐτοῦ ...
6. ἀνεῖλε ... τοὺς ὀκτώ. 7. Ἰακώβ δὲ ὁ πατὴρ αὐτοῦ .. ἀνεῖλε .. τὸν βασιλέα τῆς Σιλώ. 8. (καὶ οὐκέτι αὐτοῖς καρδία τοῦ στῆναι ἀλλὰ τοῦ φεύγειν). IV. 1. καὶ ἀπέκτεινε ἐξ αὐτῶν χιλίους ... ἐγένετο αὐτοῖς πόλεμος μείζων τοῦ ... ἐν Σικίμοις. 2. καὶ Ἰούδα ... ἀνῆλθε ἐπὶ τοῦ τείχους ... καὶ ... ἀνεῖλε τοὺς τέσσαρας ἰσχυρούς. 3. καὶ ... κατεκυρίευσαν τὴν Ἀσούρ ... καὶ ἔλαβον πᾶσαν τὴν αἰχμαλωσίαν. V. 1. καὶ τῇ δευτέρᾳ ἡμέρᾳ ἀπῆλθον εἰς Σαρτάν. πόλιν κραταιὰν ... καὶ συνέτριψε πάντα τὸν προσεγγίζοντα αὐτῇ καὶ ἦν ἀπροσέγγιστος, ὅτι ἰσχυρὸν τὸ τεῖχος.

---

¹ Chron. Jer. reads נחן עצמו = 'ducked his head.' ² Chron. Jer. xxxvi. 5 לפרעתהו. ³ ולסוסי. ⁴ בן חלרון (or חרן). ⁵ ולשכור.

APPENDIX I

Jud. v. 2. לקרב אצל החומה משום שחזק היה השור וגבוה מאד ולא היה מקום
ללוכדה . ביום ההוא כבשו אותה ועלו לחומה וקדם יהודה ועלה
ראשון מן המזרח וגד עלה מן המערב . עלו שמעון ולוי מן הצפון
עלו ראובן ודן מן הדרום . קרבו נפתלי ויששכר והדליקו צירי השערים
ועל החומה היה עמם מלחמה כבדה עד שעלו סיעת החבריהם שם .
v. 5. עמדו לנגדם על המגדל קודם שכבש יהודה את המגדל , ואחר כך
עלה יהודה לראש המגדל והרג מאתים איש על גג המגדל טרם שירד
ממנו . כל בני העיר לכדו והרגו כל הגבורים ולא החיו מהם איש . מפני
שהאנשים חזקים וקשים היו למלחמה והוציאו כל השבי משם . וחזרו
v. 6. לאחוריהם והלכו לתפוח מפני שיצאו אנשי תפוח להציל מידם השבי
vi. 1. שלקחו מחצר העיר והלכו משם לארבאל והרגו לאותן אנשים שיצאו
להציל השבי .
ביום השלישי הלכו לתפוח בעת הבוקר וכאשר היו
מקבצים השבי ובני שילה באו אצלם לעשות מלחמה או חלצו עצמם
ויצאו אחריהם והרגו כולם קודם חצות יום ונכנסו אחר הנשים לתוך
שילה ולא נתנו להם יד לעמוד . בו ביום לכדו העיר והוציאו כל
השבי [ל]סיעת חבריהם שהניחו בתפוח באו אצלם ועמהם שלל תפוח .
vi. 3. ביום הרביעי היו עוברים נגד מחנה שביר[1] יצאו אף הם להציל את
השבי וירדו מהם תוך הבקעה וקפצו ועלו אחריהם והרגום קודם שעלו
vi. 4. המעלה . בו ביום יצאו אנשים ממחנה שביר[1] לנגדם עליהם היו משליכים
אבנים . בו ביום לכדום והרגו כל הגבורים והצילו לכל השבי ודבקוהו
לאותו שהיה עמהם .
vii. 1. ביום החמשי הלכו לנועש משום ששמעו
שנאספו שם עם רב מן אמוריים והיו אומרים שהיו באים עליהם ועיר

2. Ὁ Ἰούδας ... ἀνέβη ... ἀπὸ ἀνατολῶν καὶ ὁ Γὰδ ἀνέβη ἀπὸ
δυσμῶν ... καὶ ὁ Λευὶ ... Ῥουβήμ. 5. κατέλαβεν ὁ Ἰούδας τὸν πύργον
... καὶ ἀπέκτεινε τοὺς ἄνδρας τοὺς ἐπὶ (τὸ ὄροφος) τοῦ πύργου.
6. Ἄνδρες Θαφφουὲ ἐξῆλθον τοῦ ἐξαιρεῖσθαι ἀπὸ χειρῶν αὐτῶν τὴν
αἰχμαλωσίαν. VI. 1, 2. Ἀρβαήλ ... ἄνδρες Σιλὼ ἦλθον ἐπ' αὐτοὺς
εἰς πόλεμον ... καὶ ἀπέκτειναν . ... Σιλὼ καὶ οὐκ ἔδωκαν αὐτοῖς
σθένος τοῦ στῆναι. 3. Σακίρ· ἐξῆλθον καὶ αὐτοὶ ... καὶ ἀπέκτειναν
αὐτοὺς πρὸ τοῦ ἀναβῆναι τὴν ἀνάβασιν. 4. ἐπ' αὐτοὺς ἐσφενδόνιζον
λίθους. 5. ἐπελάβοντο αὐτούς ... VII. 1. Γαὰς ... διότι

---

[1] Chron. Jer. שביר.

APPENDIX I

	חזקה היתה נועש אחת מן ערי מלכי האמורי הלכו לשם ועשו
	מלחמה עם העיר עד חצות היום ולא יכלו ללכדה מפני ששלש
Jud. vii. 3.	חומות היו לה חומה לפנים מחומה . והתחילו מצערין להן והיו
vii. 5.	מחרפין להן . באותה שעה עלתה חמתו של יהודה ורוח קנאת גבור
	נכנסה בו וקפץ בכל כחו ועלה ראשון לחומה . ושם הגיע יהודה
vii. 6.	למות אילו לא *היה יעקב אביו ושם היה נהרג שהוא משך בקשתו¹
vii. 5.	והרג מן ימין ומן שמאל . מן ימין היו משליכין עליו אבנים ומן שמאל
	ומלפניו היו עומדין למלחמה וכולן היו מבקשין למורדו מן החומה .
vii. 6.	וכאשר עלה דן אחיו הבריחם מעט מן החומה . ונפתלי שלישי
	מאחריהם ושמעון ולוי כבשו ועלו מערב והמשתן השעו ולא נתנו
	להם יד לעמוד והרגו בהם רבים הרוגים עד זמן שהיה מושך נחל
	של דם מדמן . ולקדו העיר בעת נטה השמש למערב והרגו כל
	הגבורים ביום ההוא והוציאו את השבי והלבו ונפשו מחוץ לעיר
	משום שינועם היו .
	ביום הששי נתקבצו כל האמוריים ובאו אצלם בלא
vii. 7.	כלי מלחמה *והיו משתחוים להם ובקשו מהם שיעשו שלום ואז עשו
vii. 8.	עמהם שלום ונתנו להם תמנה ולכל ארץ חרריח . ואז עשה יעקב
	עמהם שלום ושלמו לבני יעקב כל הצאן ששבו מהם שנים באחד
vii. 9.	ונתנו להם מס והחזירו להם כל השבי †ונטה יעקב לתמנה ויהודה
	לארבאל² ומשם והלאה עמדו בשלום עם האמוריים³

ἤκουσαν ὅτι συνελέχθη ἐκεῖ λαὸς πολὺς τῶν Ἀμορραίων καὶ ἐρρέθη ὅτι ἔρχονται πρὸς αὐτούς. 3. τρία τείχη. 5. ὕβριζον αὐτούς· τότε ἀνέβη ὀργὴ τοῦ Ἰούδα ... καὶ ὥρμησε ... πρῶτος ἐπὶ τὸ τεῖχος. 6. εἰ μὴ Ἰακὼβ πατὴρ αὐτοῦ (†συνεμάχησεν αὐτῷ, εἶχον ἀνελεῖν Ἰούδαν Chron. Jer.). Text is dislocated. Transpose ושם היה נהרג before אילו. 5. ἐσφενδόνιζον ἐπ' αὐτὸν λίθους. 6. Δὰν ὁ ἀδελφὸς αὐτοῦ. 7. ἐδεήθησαν αὐτῶν .. καὶ τότε ἐποίησαν μετ' αὐτῶν εἰρήνην ... καὶ τότε ἐποίησεν Ἰακὼβ μετ' αὐτῶν εἰρήνην .... 8. καὶ ἐποίησαν αὐτοὺς ὑποφόρους καὶ ἀπέδωκαν αὐτοῖς πᾶσαν τὴν αἰχμαλωσίαν. 9. καὶ ᾠκοδόμησε Ἰακὼβ Θάμναν καὶ Ἰούδα Ἀρβαήλ.

---

¹ Chron. Jer. בא יעקב אביו לעזרו היו הורגין את יהודה היה מת יהודה כי
יעקב משך את קשתו וירה בחצים וכלם עראות בימינא וגם שלף את
חרבו . ² ומסרו עצמם לשברם ועשו שלום ביניהם ונתנו להם
מנחה ושלמו להם יעקב כל צאנם ששבו כפליים וחזרו להם את השבי
ובנה יעקב וגם יהודה. Hence in text for נטה read בנה with Chron.
Jer. and T. Jud. ³ Here Chron. Jer. add לוה שאמר יעקב ליוסף
בנו הנה נתתי לך שכם אחר שאחיך אשר לקחתי בחרבי ובקשתי

APPENDIX II

LATE HEBREW TESTAMENT OF NAPHTALI

זה צוואת נפתלי בן יעקב:

(Containing Fragments of the Ancient Testament. These are underlined.)

<u>צוואת נפתלי</u>: נפתלי בן יעקב נפתולי אלהים. ויהי כאשר הוזקן נפתלי
ובא בשיבה טובה ובא שלם בגבורתו ועבר משפט שוח ויחל לצואת את
בניו ויאמר להן. בני בואו וגשו וקיבלו מצות אביכם. 2 ויענו ויאמרו
לו. הננו *שומעין לקיים¹ לכל אשר תצונו. 3 ויאמר להם. איני מצוה
לכם לא על כספי ולא על זהבי *ולא על כל העבודה² אשר אני מניח
לכם תחת השמש. ואיני מצויכם³ דבר כבד שאינכם יכולין לעמוד בו.
אבל אני אומר לכם דבר קל שאתם יכולין לקיימו. 4 וענו והשיבו
בניו שנית ואמרו דבר אבינו כי שומעין אנו. 5 אמר להם. איני מצויכם
אלא על יראת י"י אותו תעבודו ובו תדבקו. 6 אמרו לו. ומה הוא
צריך לעבודתינו. אמר להם. לא הוא צריך לכל בריה אלא כל בריות
עולמו צריכין לו. אבל לא תהו יצר לעולמו אלא כדי שיראו מלפניו
ושלא יעשה איש לרעהו מה שלא רצה לנפשו. 7 אמרו לו. אבינו.
כלום ראיתנו שפירשנו מדרכיך ומדרכי אבותינו ימין ושמאל. 8 אמר
להן. עד י"י ואני בכם שכדבריכם כן הוא אבל יראתי על העתידות לבוא⁴
שלא תתעו אחרי אלילי בני נכר ולא תלכו בחוקי גויי הארצות ולא

The text follows the Oxford MS. d. 11, pp. 32 sqq., already collated by Gaster but here collated afresh. This MS., which is of the thirteenth century, is here designated as A. The readings from P and J are taken from Gaster's edition. P is a twelfth-century MS. now in Paris, and J represents the text of the Testament printed by Wertheimer, 1890, in Jerusalem.

---

¹ J. A reads שומע ולקיים. ² J. A reads הכבודה. ³ A. P J read מצוה אתכם. ⁴ A^{marg.} P J. A reads לבדו.

APPENDIX II

תשתתפו עם בני יוסף . זולתי עם בני לוי ועם בני יהודה .   9 אמרו לו .
ומה ראית לְצַוֵּינוּ על ככה .   10 אמ' להן . לפי שידעתי שעתידין בני
יוסף לסור מאחרי י"י אלי'[1] אבותם ולהחטיא את בני ישראל ולהגלותן
מעל הארץ הטובה בארץ לא לנו . כאשר נלינו על ידו[2] לשיעבוד[3] מצרים .

T. Naph. v. 1-3.
II   ועוד אספרה נא לכם החזון אשר ראיתי בהיותי רועה בצאן .
2 ראיתי והנה י"ב אחי רועים עמי בשדה . והנה אבינו בא ואמר לנו .
בניי רוצו[4] ותיפסו לפניי[5] כל אחד אשר יעלה בחלקו .   3 נענה ונאמר
לו ומה נתפוס הנה אין אנו רואים אלא השמש והירח והכוכבים[6] .
4 כשמוע לוי כן ויתפוש מרדע בידו וידלג על השמש וישב וירכב עליו .
5 וכראות יהודה ויעש גם הוא כן ותפס מרדעו ויקפץ על הירח וירכב
עליו   6 וגם כל[7] השבטים . כל אחד מהם רכב על כוכבו ומזלו בשמים .
ונשאר זולתי[8] יוסף לבדו בארץ .   7 אמר לו יעקב אבינו . בני ואתה
*למה (לא)[9] עשית כאחיך . אמד לו . אבי ומה לילודי[10] אשה בשמים
וסופן על הארץ יעמודו .

v. 6.
III   כדבר יוסף כן הנה שור[11] אחד גבה עומד אצלו ולו כנפיים גדולים
בכנפי החסידה וקרניו נבוהין כקרני ראימים .   2 ויאמר לו יעקב . קום
יוסף בני ורכב עליו .   3 ויקם יוסף וירכב על השור . ויעקב אבינו הלך
v. 7.
מאתנו .   4 בעוד ד' שעות[12] היה יוסף מתנאה על השור שפעמים היה
הולך ורץ ופעמים היה בו מעופף עד אשר הגיע אצל יהודה . ויושט יוסף
הנס אשר בידו ויחל להכות את יהודה אחיו .   5 אמר[12] לו יהודה . אחי
למה תכני .   6 אמר לו שבידך י"ב מרדעות ולי אחת . *עתה תנם לי[13]
ויהיה שלום .   7 ומאן[14] יהודה לתתם לו . והיכהו[15] יוסף עד שנטל ממנו
הי' שלא בטובתו ולא נשאר ביד יהודה כי אם ב' מהן .   8 אמר להן
יוסף לי' אחיו מה לכם לרוץ לרוץ ליהודה[16] ולי . סרו מאחריהן ולכו אחרי .
9 וכשמעו אחיו מפי יוסף סרו מעל לוי ויהודה באיש אחד . ללכת אחרי
יוסף . ולא נותר עם יהודה בלתי בנימין ולוי .   10 כראות לוי[17] בן ירד

---

[1] P J. A reads אלקי.   [2] P J. A reads ידו.   [3] P J. A reads בשעבוד.   [4] A. P J read באו but T. Naph. v. 2 reads προσδραμόντες.   [5] A. Possibly this should be emended into לפי כח, or as Mr. Cowley suggests לפי יכלת, in accordance with T. Naph. v. 2 κατὰ δύναμιν. P J read לפני כל.   [6] P J add אמר להם ומהם.   [7] P J read תשעת.   [8] P J add שבט.   [9] So Gaster reads, adding לא. Perhaps it would be best to read merely לא with J. P reads לו only.   [10] P J. A reads לילוד.   [11] A adds יותר.   [12] A. P J ויאמר.   [13] A. P J read תן לי עשר.   [14] A. Other MSS. וימאן.   [15] A. P J read והכהו.   [16] A adds only on marg.   [17] P J om.

APPENDIX II

בעצבון רוחו¹ מעל השמש. 11 אמר לו יוסף² לבנימין אחיו. בנימין
אחי הלא אחי אתה. לכה גם אתה עמי. וימאן בנימין ללכת³ עם יוסף
אחיו. 12 ויהי כהפנות היום הנה רוח גדולה ותפריד בין יוסף לאחיו⁴
ולא נותרו שנים יחד. 13 ויהי כראותי⁵ החזון הזה ואמר⁵ אותו ליעקב
אבי. ואמר לי. בני חלום הוא לא יעלה ולא יוריד כי לא משנה הוא.

IV ולא חלף זמן מרובה ויראוני⁶ עוד חזון אחר. 2 שהיינו כולנו vi. 1.
עומדין עם יעקב אבינו על שפתו של ים הגדול והנה אנייה הולכת בלב vi. 2, 3.
ים בלא מלח ובלא איש. 3 אמר לנו אבינו. הרואים אתם מה אני
רואה. אמרנו לו. רואין אנו. 4 אמר לנו. ממני תראו וכן תעשו.
(vi. 3.) והפשיט יעקב אבינו את בגדיו והפיל עצמו הימה. וכלנו אחריו. 5 וקדמו
לוי ויהודה תחילה וקפצו לתוכה ויעקב עמם. 6 והנה בספינה כל טוב⁷
שבעולם. 7 אמר להן יעקב אבינו. הביטו נא אל התורן מה כתוב
עליו. שאין ספינה שאין שם בעלה⁸ כתוב על התורן. 8 ויסתכל לוי
ויהודה ויראו והנה כתוב זו⁹ האנייה. לבן ברכואל¹⁰ היא וכל טוב ששׁ
בה. 9 וכשמוע יעקב אבינו כן שמח ונתן קידה והעלה הודייה לה׳ב׳ה.
אמר לא דיי שברכני בארץ אלא ברכני גם בים. 10 מיד אמר לנו.
בני עתה תתגברו¹¹ וכל אחד מה שיתפוס הוא חלקו. 11 מיד דילג לוי על
התורן הגדול שבה וישב עליו. 12 ושיני לו קפץ גם יהודה על התורן
השני הסמוך לתורן של לוי וישב גם הוא עליו. 13 ושאר אחיי
החזיקו גבר במשוטו. ויעקב אבינו תפס ב׳ הקברניטין כדי לישר הספינה vi. 4.
בהן. 14 ונשאר יוסף לבדו. אמר לו אבינו. יוסף בני תפוס גם אתה
משוטך. ולא אבה יוסף. 15 כראות אבי כי לא אבה יוסף לתפוס
משוטו אמר לו. בני גש הנה ותפוש אחד מהקברניטין שבידי¹² ותיישר
הספינה ואחיך ישוטו במשוטות עד שהגיעכם אל היבשה. 16 ולימדנו
לכל אחד ואחד ואמר לנו. ככה תנהיגו את הספינה ואינכם מתפחדין מכל
גלי הים ומרוח סערה אם יעמוד עליכם.

V ויהי ככלותו לצוותו לנו ויתעלם מעלינו¹². 2 ויתפוס יוסף בל¹³
הקברניטין אחד מימינו ואחד משמאלו ושאר אחיי משיטין. ותשט
האנייה ותצף על פני המים. 3 ולוי ויהודה יושבים על ׳ב׳ התורנין¹⁴
לראות איזה דרך תלך האנייה. 4 כל שעה שהיה דעת יוסף ויהודה שוין.

---

¹ P om. ² P J om. ³ A om. ⁴ P J ובין אחיו. ⁵ A. P J read
ואומר. ⁶ Read ואראה with O. ⁷ A over an erasure. P J read
טובות. ⁸ P. A reads תעלה. ⁹ A ^marg. P add על תורן. ¹⁰ A.
P J read ברכאל. ¹¹ A marg. P J. A תתגבא (?). ¹² A om. but
adds on marg. ¹³ A. P J read בשני. ¹⁴ A. P J read התורן.

CH. PA.   R

APPENDIX II

שיהודה יורה ליוסף לאיזו דרך טוב לשם יטה יוסף הספינה הלכה¹ הספינה
בשלום בלא מכשול.   5   ולפי שעה נפלה מריבה בין יוסף ליהודה. ולא
פירנם יוסף הספינה כמאמר אביו וכאילוף יהודה. ותלך הספינה דרך
עקלתון והיכוה² גלי הים [אל הסלע] עד שנשתברה.   vi. 5.

VI   אז ירדו לו ויהודה מעל התורנים להימלט איש על נפשו.
וגם שאר אחי כל אחד ממנו ונמלטנו על³ נפשינו אל היבשה.
2   והנה בא יעקב אבינו ומצאנו מטורפין אחד הנה ואחד הנה.   3   אמר
לנו. מה לכם בניי. שמא לא הינהגתם האנייה בראוי לה כאשר צויתי
לכם.   4   ונאמר לו. חי נפש עבדיך כי לא סרנו⁴ מכל אשר צויתנו.
אבל יוסף פשע⁵ בדבר שלא יישר האנייה כציוויך וכאשר הורהו יהודה
ולוי בקנאו להם.   5   ויאמר לנו הראו לי איה מקומה. וירא והנה ראשי
התורנים נראין והנה צפה על פני המים.   6   וישרוק אבי ונתקבצנו⁶
אליו כלנו.   7   ויפול הימה כתחילה⁷ וירפא את הספינה.   8   ויוכח ליוסף
ואמר לו. אל תוסף בני להתל לקנא באחיך כמעט שעוברין⁸ כל אחיך
על ידך.

VII   וכאשר סיפרתי החזון הזה לאבי. ספק אבי כפיו ויאנח נתזלגנה עיניו
דמעות.   2   ואחל עד בוש ולא אמר לי דבר.   3   ואתפוס יד אבי
לחבקה ולנשקה ואומרה לו. אי עבד י״י למה זלגו עיניך.   4   אמר לי.
בני על הישנות לך החזון נפל ליבי *ותשתומם גווייתי⁹ על יוסף בני. שאני
אהבתיו מכולכם ועל משחת בני יוסף אתם גולים ומתפורין לבין האומות.
5   שחזיונך ראשון והשני כולהן¹⁰ שיוי חזון אחד הוא. על כן בני אני
מצוה לכם שלא תתחברו עם בני יוסף אלא עם לוי ויהודה.

VIII   וגם אנידה לכם שיפול נורלי במיטב טבור הארץ ותאכלו ותשבעו   (Deut.
ממגדי ערניה.   2   מזהירכם אני שלא תבעטן במשמניכם ולא תמרדון   xxxii. 15.)
ולא¹¹ תמרו את פי י״י המשביעכם מטובי אדמתו.   3   ולא תשכחו את
י״י אלהיכם אלהי אבותיכם שבו בחר אבינו אברהם כשנתפלגו הדורות
בימי פלג.   4   כי¹² אז ירד הק׳ משמי מדומו והוריד ע׳ מלאכי שרת¹³
ומיכאל בראשון.¹⁴   5   א׳¹² וציוה לכל אחד מהן שילמדו לע׳ משפחות

---

¹ A² prefixes ו.   ² A. P J read והיטוה. Best read ודכוה or
הדיחוה as T. Naph. vi. 5 suggests, or omit אל הסלע.   ³ P J.
A reads אל.   ⁴ P J. A reads סרינו.   ⁵ A. P J read מעה.
⁶ P J. A reads ונקבצנו.   ⁷ Read בתחילה.   ⁸ A. Better read
נאברו with P J.   ⁹ A. P J read וישתומם גופי.   ¹⁰ A. P J read
שניהם.   ¹¹ A. P J read ואל.   ¹² P J om.   ¹³ A. P J read
השרת.   ¹⁴ Schnapp emends rightly into בראשם.

APPENDIX II

יוצאי ירך נח ע' לשון.   6 מיד[1] ירדו המלאכים ועשו[2] כציוי בראן.
ולא נשאר לשון הקודש לשון עברי כי אם בבית שם ועבר ובבית
אברהם אבינו שהוא מבני בניהן.

IX ובו ביום הוציא מיכאל פרק מלפני הק'ב'ה' ואמר לע' אומות לכל
אחת בפני עצמה.   2 אתם ידעתם את המרד אשר אתכם ואת הקשר
אשר קשרתם על אדוני השמים והארץ. ועתה בחרו לכם היום את מי
תעבודו ומי מליצכם במרום.   3 ענה נמרוד הרשע ואמר. אני אין לי
גדול מזה שלומד[3] לי ולאומתי כפי שעה לשון כוש.   4 וענתה גם'
פוט ומצרים ותובל ויון ומשך ותירס וכן כל אומה ואומה בחרה
במלאכה ולא הזכירה אחת מהן שמו של הק'ב'ה'.   5 אלא כיון שאמר
מיכאל לאברהם אבינו. אברם את מי אתה תבדור ולמי תעבוד. ענה
אברם אני בוחר ואני בורר אלא במי שאמר והיה העולם שיצרני במעי
אמי נויה בתוך נויה ומטיל בה רוח ונשמה. לו אברור ובו אדבק. אני
וזרעי כל ימי עולם.

X אז[5] הפריד עליהן[6] והנחיל †והנדיל[7] לכל אומה ואומה לחלקה
ולגורלה.   2 ומאז היבדלו[8] כל נויי אדמה מהק' זולתי בית אברהם
לבדו נשאר עם בוראו לעבדו ואחריו[9] יצחק ויעקב.   3 לכן בני אני
משביעכם שלא תתעו ולא תעבדו לאל אחר אלא לאותו שבחרו בו
אבותיכם[10].   4 כי ידוע תדעו שאין כמוהו ואין מי אשר יעשה כמוהו
וכמעשיו בשמים ובארץ ואין מי אשר יפליא לעשות כנבורותיו.   5 ותבינו
מקצת כוחו[11] מבריית האדם כמה פילאי פלאות יש בו.   6 בראו טראשו
*עד רגליו. מאזניו ישמע[12] ומעיניו יביט. וממוחו יבין. ומחוטמו יריח.
ומקניהו יוצא קול ומושטו יכנים מאכל ומשתה. ולשונו ידבר. ובפיו   T. Naph
יגמור. בידיו יעשה מלאכתו. ובלבו יחשוב. ובטחולי ישחק. ובכבידו   ii. 8.
יכעום. וקיבתו טוחנת. וברגליו הולך. וריאה [בריאה] †לנפש[13].
ומכליותיו נעוץ.   7 ואין אחד מאוברייו יתחלף מאומנותו אלא כל אחד
בשלו.   8 לפיכך נאה לאדם לשום על לבו מכל אילו מי הוא שבראו
ומי הוא שיצרו מטיפה באושה במעי האשה. ומי הוא שמוציאו לאור

---

[1] P J. Inserted above the line in A.   [2] A adds כן above the line.   [3] P J. A reads שילמד.   [4] P J. A inserts above line.
[5] A marg. P J. A om.   [6] A. P J read עליון. A supra lin. PJ add נוים.   [7] Read והנדיל.   [8] A. P J read הבדלו.   [9] P J add אבותינו.   [10] P J read אבותינו.   [11] P J. A reads רוחו.
[12] P J. A reads שבו ישמע מאזניו.   [13] Read לשאוב. Cf. Othioth of 'R. Akiba' on p. 148 of text.

העולם ותתן לו ראיית עינים והילוך רגלים ומעמידו ומציגנו[1] על בוריו ועל
מכונו ותיכן לו נמולין טובים במקום בינה. וזרק בו נשמת חיים ורוח
טהרה מאתו. 9 ואשרי אדם אשר לא יטנף את רוח אלהים[2] הקדושה
אשר שמה ונפחה בקרבו. ואשריו אם ישיבינה טהורה לבוראה כיום
אשר[3] הופקדה בו: 10 עד הנה דברי נפתלי בן ישראל אשר הוכיח
לבניו *בנופת מיתוק חיכו[4]:
סליקא צואת נפתלי בן יעקב:

[1] A P. Read ומשיגנו with O. [2] Rest missing in P J. [3] A adds above the line. [4] Corrupt. Read perhaps בשיח מתוק מנופת = 'with words sweeter than honey.'

APPENDIX III

ARAMAIC AND GREEK FRAGMENTS CONTAINING PHRASES AND CLAUSES FROM AN ORIGINAL (?) SOURCE OF THE TESTAMENT OF LEVI AND THE BOOK OF JUBILEES.

CAMBRIDGE FRAGMENT

(First 14 lines are missing)

(Col. a)   (Col. b)

(Col. b)		(Col. a)	
3 . . . . אחי בכל ערן	15	. . ו . . מאת . .
. . . . א די הון בשכם	16	דברת די כלא
. . . . אחי ואחוי דן	17	למעבד כדין בכ
. . . . בשכם ומה	18	יעקב אבי ורא
מ . . . . . . (עב)די חמסא ואחוי	19	ואטרנן להון ב . . . . ה ד . .
אינון יהודה די אנה ושמעון	20	צביין אינת בברתן ונהוי כולן א(חין)
אחי אזלנא לה . . ד' לראובן	21	ותברין 2 נזורו עורלת בשרכון
אחונן די למד . . . . שׂרׂ ושור	22	והתחמין כ(ואתן) ותהוֹ חתימין
(י)הודה קדמא (די) שבק עצנא	23	כואתן במילת . . ט ונהוי לכ(ון)
(A section lost here.)		(Then three columns missing.)	

Where the above texts have parts in common with the Testament of Levi, these are underlined.

BODLEIAN FRAGMENT

(Col. a)

1	4 שלמא וכל חמדת בכורי ארעא
2	כולא למאכל ולמלכות חרבא פנשא
3	וקרבא ונחשירותא ᵃ ועמלא
4	ונצפתא ᵇ וקטלא וכפנא 5 זמנין תאכול
5	חמנין תכפן וזמנין תעמול וזמנין
6	תנוח וזמנין תדמוך וזמנין תנוד
7	שנת עינא 6 כען חזי לך הכין רביניך
8	מן כולא והך יהבנא לך רבות שלם
9	עלמא 7 ונגדו שבעתין מן לותי
10	ואנה אתעירת מן שנתי אדין (T. Lev. viii. 18.)
11	אמרת חזוא הוא דן וכדן אנה
12	מתמה די יהוי לה כל חזוא וטמרת (viii. 19.)
13	אף דן בלבי ולכל אינש לא גליתה
14	8 ועלנא על אבי יצחק ואף הוא כדן
15	(ברכ)ני 9 אדין כדי הוה ᶜ יעקב
16	.... עשׂר כל מה דיהוה לה בנדרה
17	(וכדי) אנה הוית קדמי בראש
18	(כהונת)ה ולי מכל בנוהי יהב קרבן
19	.... לאל * ואלבשי לבוש כהונתא
20	(ומ)לי ידי ᵈ והוית כהין לאל עלמיא (Jub. xxxii. 3.)
21	וקרבית כל קרבנוהי וברכת לאבי (viii. 10.)
22	בחיותי וברכת לאחי 10 אדין כולהון
23	ברכוני ואף אבא ברכני ואשלמית

ᵃ As in Syriac.　　ᵇ Root in Syriac = 'to hiss with rage.'
ᶜ Corrupt for חזה.　ᵈ So Jub. xxxii. 3 'His father clothed him in the garments of the priesthood and filled his hands.'

APPENDIX III

(Col. b)   (Greek Fragment)

1	ואולנא 11 אל בביתֿ קורבנוהי להקרבה T.	11. καὶ ἀνήλθομεν ἀπὸ Βεθὴλ καὶ
2	מבית אל ושרינא בבירת אברהם	Lev. ix. 1? κατελύσαμεν ἐν τῇ αὐλῇ Ἀβραὰμ τοῦ πατρὸς ἡμῶν παρὰ Ἰσαὰκ τὸν πατέρα
3	אבונן לות יצחק אבונה 12 וחזא a	ix. 5. ἡμῶν. 12. καὶ ἴδεν Ἰσαὰκ ὁ πατὴρ
4	יצחק אבונא לכולנא וברכנא	ἡμῶν πάντας ἡμᾶς καὶ ηὐλόγησεν ἡμᾶς,
5	וחדי 13 וכדי ידע די אנה כהין לאל	καὶ ηὐφράνθη. 13. καὶ ὅτε ἔγνω ὅτι
6	עליון למארי שמיא שארי	ἐγὼ ἱεράτευσα τῷ Κυρίῳ¹ δεσπότῃ τοῦ οὐρανοῦ ἤρξατο
7	לפקדה יתי ולאלפא יתי דין	ix. 7. διδάσκειν² με τὴν κρίσιν
8	כהנותא ואמר לי 14 לוי אזדהר	ἱεροσύνης³ καὶ εἶπεν· 14. Τέκνον⁴ Λευί,
9	לך ברי ברי מן כל טומאה ומן	πρόσεχε σεαυτῷ ἀπὸ πάσης ἀκαθαρσίας⁵.
10	כל חטא דינך רב הוא מן כל	ἡ κρίσις σου μεγάλη ἀπὸ πάσης
11	בישרא 15 וכען ברי דין	σαρκός. 15. καὶ νῦν⁶ τὴν κρίσιν τῆς
12	קושטא אחוינך ולא אטמר	ἀληθείας ἀναγγελῶ σοι καὶ οὐ μὴ κρύψω ἀπὸ σοῦ πᾶν ῥῆμα *διδάξω σε⁷
13	מינך כל פתגם לאלפותך דין	16. πρόσεχε⁸ σεαυτῷ⁹ ἀπὸ παντὸς
14	כהונתא 16 לקדמין היזדהר לך	ix. 9. συνουσιασμοῦ καὶ ἀπὸ πάσης¹⁰ ἀκαθαρ-
15	ברי מן כל פחז וטמאה ומן כל	σίας καὶ ἀπὸ πάσης πορνείας. 17.
16	זנות 17 ואנת אנתתא מן משפחתי	ix. 10. σὺ πρῶτος ἀπὸ τοῦ σπέρματος¹¹ λαβὲ
17	סב לך ולא תחל זרעך עם זניאן	(ix. 9 ?) σεαυτῷ καὶ μὴ βεβηλώσῃς τὸ σπέρμα σου μετὰ †πολλῶν¹²· ἐκ σπέρματος γὰρ
18	ארי זרע קדיש אנת וקדיש	ἁγίου εἶ, καὶ *τὸ σπέρμα σου ἁγίασον
19	זרעך היך קודשא ארו כהין	καὶ τὸ σπέρμα τοῦ ἁγιασμοῦ σου ἐστίν.
20	קדיש אנת מתקרי לכל זרע	Ἱερεὺς ἅγιος κληθήσεται τῷ¹³ σπέρματι
21	אברהם 18 קריב אנת ל(אל ו)קריב	ii. 10. Ἀβραάμ. 18. Ἐγγὺς εἶ κυρίου καὶ
22	לכל קדישוהי כען *אודכי	(Jub. xxi. σὺ¹⁰ ἐγγὺς¹⁴ τῶν ἁγίων αὐτοῦ. Γίνου¹⁵ καθαρὸς ἐν τῷ σώματί¹⁶ σου ἀπὸ πάσης
23	בבשרך b מן כל טומאת כל גבר	16.) ἀκαθαρσίας παντὸς ἀνθρώπου

ᵃ Emended in accordance with Gk. Frag. καὶ ἴδεν and Jubilees xxxi. 9 from והוא. ᵇ So Jub. xxi. 16 'Be pure in thy body.'

¹ Aram. = θεῷ τῷ ὑψίστῳ. ² Aram. = παραγγέλλειν με καὶ διδάσκειν.
³ So this MS. writes this word always. ⁴ Aram. repeats τέκνον. ⁵ Aram. adds καὶ ἀπὸ πάσης ἁμαρτίας. ⁶ Aram. adds τέκνον. ⁷ Aram. = ὥστε διδάσκειν σε τὴν κρίσιν τῆς ἱερωσύνης. ⁸ Aram. pref. τέκνον. ⁹ Aram. adds τέκνον. ¹⁰ Aram. om. ¹¹ Aram. = γένους μου. The Aram. here is really a Hebrew word. ¹² Corrupt for πορνῶν. ¹³ Aram. = ἅγιον τὸ σπέρμα σου ὡς τὸ ἁγίασμα, ὅτι ἱερεὺς ἅγιος σὺ κληθήσῃ τῷ παντί. Here τὸ σπέρμα σου ἁγίασον and τὸ σπέρμα τοῦ ἁγιασμοῦ σου are dittographs. ¹⁴ Aram. adds πάντων. ¹⁵ Aram. = Γίνου νῦν. ¹⁶ Here γίνου ... σώματί σου agrees with Jub. xxi. 16. See note on Aram.

line 7 דין here T. Lev. ix. 9 has νόμον, but Gk. Frag. κρίσιν. Cf. Deut. xviii. 3 for the phrase κρίσις ἱερωσύνης, i. e. משפט כהנים

line 16 משפחתי; cp. T. Lev. ix. 10 ἀπὸ γένους, but Gk. Frag. has ἀπὸ τοῦ σπέρματος.

(Col. c)

1	19 וכדי תהוי קאים למיעל לבית אל	19. καὶ ὅταν εἰσπορεύει ἐν *τοῖς
2	הוי סחי במיא ᵃ ובאדין תהוי לביש	ἁγίοις¹ λούου ὕδατι πρῶτον² καὶ τότε
3	לבוש כהנותא 20 וכדי תהוי לביש	ἐνδιδύσκου τὴν στολὴν τῆς ἱεροσύνης.
4	הוי תאיב תוב ורחיע ידיך	20. καὶ ὅταν ἐνδιδύσκει νίπτου πάλιν τὰς χεῖράς σου
5	ורגליך עד דלא תקרב למדבחא	καὶ τοὺς πόδας σου πρὸ τοῦ ἐγγίσαι
6	21 וכדי תהוי נסב ᵇ להקרבה כל דנה	πρὸς τὸν βωμὸν προσενέγκαι ὁλοκάρπωσιν
7	כל די חזה להנסקה למדבחה	21. καὶ ὅταν μέλλεις προσφέρειν *ὡς
8	הוי עוד תאב ורחע ידיך ורגליך	ἁδίαν ἐνέγκε³ ἐπὶ τὸν βωμόν,
9	22. ומהקריב אעין מהצלחין ובקר	πάλιν νίπτου τὰς χεῖράς σου καὶ τοὺς
10	אינון לקודמין מן תולעא	πόδας σου
11	ובאדין הסק אינון ארי כדנה	22. καὶ ἀνάφερε τὰ ξύλα πρῶτον²
12	חזיתי לאברהם אבי מיזדהר	(ἐ)σχισμένα, ἐπισκοπῶν αὐτὰ πρῶτον ἀπὸ *παντὸς μολυσμοῦ⁴
13	23 מן כל תריעשר מיני אעין אמר	23. *ιβʹ ξύλα⁵ εἴρηκέν
14	לי די חזין להסקה מינהון למדבחה	μοι *ἐπὶ τὸν βωμὸν πρόσφερε⁶
15	24 ואלין סליק בשים חנגהון ריח די	ὧν ἐστιν ὁ καπνὸς αὐτῶν ἡδὺς ἀναβαίνων. 24. καὶ ταῦτα τὰ ὀνόματα
16	אינון שמהתהון ארזא ודפרנא	αὐτῶν, κέδρον καὶ οὐεδεφῶνα⁷
17	וסגרא ואטולא ᶜ †שוחא ᵈ †וארונא ᵉ	καὶ *σχῖνον καὶ στρόβιλον⁸ καὶ πίτυν
18	ברותא ותאנתא ואע משחא	καὶ †ὀλδίνα⁹
19	25 אלין †דקתא ᶠ ואעי והדסה וערא	καὶ βερωθα *καν θεχὰκ¹⁰

ᵃ With 19–21, cf. Jub. xxi. 16 'Wash thyself with water before thou approachest to offer on the altar, and wash thy hands and thy feet before thou drawest near the altar, and when thou art done sacrificing, wash again thy hands and thy feet.' ᵇ = προσλαμβάνεις (?). Cf. ver. 52 for another instance of this expression. ᶜ Corrupt for איסטרובילא = στρόβιλος (Cowley). ᵈ Corrupt. Gk. Fr. and Jub. give πίτυς. Read שיטא. Lévi conjectures אשוחא a species of cedar. ᵉ Corrupt for ארנא = κέδρος. ᶠ What was in the original here is uncertain. Perhaps

¹ Aram. = οἴκῳ θεοῦ. T. Lev. ix. 11 supports Gk. Fr.   ² Aram. om.
³ Corrupt for ὅσα δεῖ ἀνενέγκαι (Wilkins).   ⁴ Aram. = σκώληκος καὶ τότε λαβὲ αὐτά· οὕτως γὰρ εἶδον τὸν Ἀβραὰμ τὸν πατέρα μου προσέχοντα.   ⁵ Aram. = ἐκ πάντων τῶν δώδεκα γενῶν ξύλων.   ⁶ Aram. = ἐξ ὧν (?) καθήκει προσφέρειν ἐπὶ τὸν βωμόν.   ⁷ Corrupt transliteration of ודפרנא.   ⁸ Aram. and Jub. = ἀμύγδαλον καὶ στρόβιλον.   ⁹ Corrupt transliteration of אורנא.   ¹⁰ Here καν is a corruption of καί and θεχάκ a corrupt transliteration of תאנתא. Cf. similar corruption, Jub. xxi. 12 where we have τᾶνἀκ. See note f.

line 4 רחע, i. e. the Hebrew רחץ. Not Aram.

20 איגון די אמר לי די חזין g להסקה
21 מנהתן ל(תחו)ת עלתא על מדבחה
22 וכדי (הסקת) h מן אעי אלין על
23 מדבחה וגורא ישרא להדלקא

καὶ κυπάρισσον καὶ δάφνην[11] καὶ ἀσφάλαθον. 25. *Ταῦτα εἴρηκεν ὅτι ταῦτά ἐστιν ἃ σε[12] ἀναφέρειν ὑποκάτω τῆς ὁλοκαυτώσεως ἐπὶ τοῦ θυσιαστηρίου[13]
καὶ τὸ πῦρ τότε[14] ἄρξει ἐκκαίειν

I append here in parallel columns, the three lists of these trees, as they help to settle the question of the mutual relations of the Aramaic and Greek. The names of the trees are given in Greek so far as possible:—

ARAMAIC.	GREEK FRAG.	JUB. XXI. 12.
κέδρος	κέδρος	κυπάρισσος
δεφράνα	δεφράνα	δεφράν
ἀμύγδαλος	σχῖνος	ἀμύγδαλος
στρόβιλος	στρόβιλος	στρόβιλος
πίτυς	πίτυς	πίτυς
אורנא	ὀλδίνα (i. e. אורנא)	κέδρος
βερώθα	βερώθα	βῦραθί
συκῆ	συκῆ	συκῆ
ἐλαία	κυπάρισσος	ἐλαία
δάφνη	δάφνη	μυρσίνη
μυρσίνη	ἀσφάλαθος	δάφνη
ἀσφάλαθος (?)		ἀσφάλαθος

Here the first and third lists practically imply the same original. They diverge in their order. Jub. relegates no. 1 of Aram. to the sixth place and possibly no. 6 of Aram. to its first place. Also it transposes the order of 10 and 11.

The second list differs from the first and third in that it omits ἀμύγδαλος and ἐλαία and adds σχῖνος. Again it gives κυπάρισσος where the other lists give μυρσίνη. From these facts it is clear that the Greek Frag. cannot be the source of the Aramaic.

דולבא = 'plane tree,' see Rosh ha-Shan., 23 a, where ten different names are applied to the cedar. Jub. xxi. 12 = φυλάσσον εἰς τὰ ξύλα προσφορᾶς προσφέρειν ταῦτα τὰ ξύλα ἐπὶ τὸν βωμόν (so MS. A), κυπάρισσον, δεφράν, ἀμύγδαλον, στρόβιλον, πίτυν, κέδρον, βῦραθί, τᾶνᾶκ (corrupt transliteration of תאנתא), δένδρον ἐλαίας, μυρσίνην, δάφνην, κέδρον ὀνομαζομένην αρβατ (corrupt for ἀσφάλαθος) (emended text). g Read חזי = δεῖ. h Restored by Cowley.

Here Gk. om. καὶ ἐλαίαν. [11] Aram. trans. before κυπάρισσον against Gk. and Jub. [12] Corrupt, perhaps, for ταῦτά ἐστιν (ἃ εἴρηκέν μοι) ἃ δεῖ. So Aram. [13] Aram. adds καὶ ὅτε . . . ἐκ τούτων τῶν ξύλων ἐπὶ τὸν βωμόν. [14] Aram. om.

(Col. d)

1	בהון והא באדין תשרא למזרק דמא	ἐν αὐτοῖς, τότε ἄρξει κατασπένδειν τὸ αἷμα ἐπὶ τὸν τοῖχον τοῦ θυσιαστηρίου.
2	על כותלי מדבחה 26 ועוד רחע ידיך	26. καὶ πάλιν νίψαι σου τὰς χεῖρας
3	ורגליך מן דמא ושרי להנסקה אבריה	καὶ τοὺς πόδας ἀπὸ τοῦ αἵματος, καὶ
4	מליחי.ᵃ 27 ואשהᵇ הוי מתנסק לקדמין	ἄρξει τὰ μέλη ἀναφέρειν ἡλισμένα. 27. τὴν κεφαλὴν ἀνάφερε πρῶτον καὶ
5	ועלוהי חפי תרבא ולא יתחזה לה	κάλυπτε αὐτὴν τῷ στέατι. καὶ μὴ
6	דם †נסבת תוראיᶜ.† 28 ובתרוהי צוארה	ὀπτανέσθω τὸ αἷμα ἐπὶ τῆς κεφαλῆς αὐτῆς. 28. καὶ μετὰ τοῦτο τὸν
7	ובתר צוארה ידוהי ובתר ידוהי	τράχηλον καὶ μετὰ τοῦτο τοὺς ὤμους,
8	ניעא עם בן דפנא ובתר ידיאᵈ	καὶ μετὰ ταῦτα τὸ στῆθος μετὰ τῶν
9	ירכאתא עם שדרת חרצא	πλευρῶν, καὶ μετὰ ταῦτα τὴν ὀσφὺν
10	ובתר ירכאתא רגלין רחיען עם	σὺν τῷ νώτῳ,
11	קרביא 29 וכולהון מליחין במלח כדי	καὶ μετὰ ταῦτα τοὺς πόδας πεπλυμένους σὺν τοῖς ἐνδοσθείοις. 29. καὶ πάντα
12	חזה להן כמסתהון 30 ובתר דנה נישפא	ἠλισμένα ἐν ἅλατι ὡς καθήκει αὐτοῖς
13	בליל במשחא ובתר כולא חמר נסך	αὐτάρκως. 30. καὶ μετὰ ταῦτα σεμί-
14	והקטיר עליהון לבונה ויהון (כל)	δαλιν ἀναπεποιημένον ἐν ἐλαίῳ, καὶ
15	עובדיך בסרך וכל קורבניך (לרעו)א	μετὰ ταῦτα οἶνον σπεῖσον καὶ θυμίασον
16	לריח ניחח קודם אל עליון 31 (וכל די)	ἐπάνω λίβανον †τὸ γεσεσθαι†¹ τὸ ἔργον σου ἐν τάξει καὶ πᾶσα προσ-
17	תהוה עביד בסרך הוי עב(יד במדה)	φορά σου εἰς εὐδόκησιν καὶ ὀσμὴν
18	ובמתקל לא תותר צבו די לא (הזה)	εὐωδίας ἔναντι Κυρίου ὑψίστου. 31.
19	ולא תחסר מן חושבן *חזת . . אע(ן)ᵉ	καὶ ὅσα ἂν ποιῇς, ἐν τάξει ποίει ὃ
20	חזןᶠ להקרבה לכל די סליק למדב(חא)	ποιῇς ἐν μέτρῳ καὶ σταθμῷ. καὶ μὴ περισσεύσῃς μηθὲν ὅσα οὐ καθήκει.
21	32 לתורא רבא כברᵍ אעין ליא במתקל	καὶ †τῷ καθηκει τῶν οὕτως ξύλα†
22	ואם תרבא בלחדוהי סליק שיתה	καθήκει² ἀναφέρεσθαι ἐπὶ τὸν βωμόν.
23	מנין ואם פר תורין הוא די סליק	32. τῷ ταύρῳ τῷ τελείῳ τάλαντον

ξύλων καθήκει αὐτῷ ἐν σταθμῷ, καὶ εἰς τὸ στέαρ μόνον ἀναφέρεσθαι ἐξ μνᾶς κα
τῷ ταύρῳ τῷ δευτέρῳ³ πεντήκοντα μνᾶς. καὶ εἰς τὸ στέαρ αὐτοῦ μόνον πέντε μνᾶς.

(The next four columns of the Aramaic are missing.)

ᵃ Read מליחין. ᵇ Emend into ראשא with Gk. ᶜ Gk. = ראשה על.
ᵈ Read ניעא. Cowley suggests דנא. ᵉ Read חזי די אעין. ᶠ MS. reads
חזיק. ᵍ MS. reads כבר.

¹ Corrupt (?) for τοῦ ἔσεσθαι. ² Defective and corrupt. Perhaps we should read μὴ ἐλαττώσῃς τοῦ λογισμοῦ τοῦ καθήκοντος τῶν ξύλων τῶν καθηκόντων. This suggestion is supported by ver. 52 below, where we have λογισμὸν τῶν ξύλων. The Aram. also favours this suggestion, and the expressions that follow כבר אען. Wilkins suggests that οὕτως is a remnant of ἐλαττώσῃς. For conjunction of the two ideas περισσεύειν and ἐλαττοῦν see Deut. iv. 2; Ecclus. xlii. 21; Eccles. iii. 14. ³ = השני (cp. vers. 38, 41) but Aram. = השור. For phrase cf. Judg. vi. 25.

33. καὶ εἰς μόσχον τέλειον μ̄ μναῖ. 34. καὶ εἰ κριὸς ἐκ προβάτων ἢ τράγος ἐξ αἰγῶν τὸ προσφερόμενον ᾖ, καὶ τούτῳ λ̄ μναῖ, καὶ τῷ στέατι τρεῖς μναῖ. 35. καὶ εἰ ἄρνα ἐκ προβάτων ἢ ἔριφον ἐξ αἰγῶν κ̄ μναῖ· καὶ τῷ στέατι β̄ μναῖ. 36. καὶ εἰ ἀμνὸς τέλειος ἐνιαύσιος ἢ ἔριφος ἐξ αἰγῶν ῑε μναῖ, καὶ τῷ στέατι μίαν ἥμισυ μνᾶν. 37. καὶ ἅλας †ἀποδεδεικτω[1] τῷ ταύρῳ τῷ μεγάλῳ ἀλῆσαι τὸ κρέας αὐτοῦ, καὶ ἀνένεγκε ἐπὶ τὸν βωμόν. σάτον καθήκει τῷ ταύρῳ. καὶ ᾧ ἂν περισσεύσει τοῦ ἁλὸς ἄλησον ἐν αὐτῷ τὸ δέρμα. 38. καὶ τῷ ταύρῳ τῷ δευτέρῳ τὰ πέντε μέρη ἀπὸ τῶν ἓξ μερῶν τοῦ σάτου. καὶ τοῦ μόσχου τὸ δίμοιρον τοῦ σάτου. 39. καὶ τῷ κριῷ τὸ ἥμισυ τοῦ σάτου, καὶ τῷ τράγῳ τὸ ἴσον. 40. καὶ τῷ ἀρνίῳ καὶ τῷ ἐρίφῳ τὸ τρίτον τοῦ σάτου. καὶ σεμίδαλις καθήκουσα αὐτοῖς· 41. τῷ ταύρῳ τῷ μεγάλῳ [2] καὶ τῷ ταύρῳ τῷ β̄ καὶ τῷ μοσχαρίῳ, σάτον σεμίδαλιν. 42. καὶ τῷ κριῷ καὶ τῷ τράγῳ τὰ δύο μέρη τοῦ σάτου καὶ τῷ ἀρνίῳ καὶ τῷ ἐρίφῳ ἐξ αἰγῶν τὸ τρίτον τοῦ σάτου καὶ τὸ ἔλαιον. 43. καὶ τὸ τέταρτον τοῦ σάτου τῷ ταύρῳ ἀναπεποιημένον ἐν τῇ σεμιδάλει ταύτῃ[ν]. 44. καὶ τῷ κριῷ τὸ ἕκτον τοῦ σάτου, καὶ τῷ ἀρνίῳ τὸ ὄγδοον τοῦ σάτου καὶ ἀμνοῦ καὶ οἶνον κατὰ τὸ μέτρον τοῦ ἐλαίου τῷ ταύρῳ καὶ τῷ κριῷ καὶ τῷ ἐρίφῳ κατασπεῖσαι σπονδήν. 45. Λιβανωτοῦ σίκλοι ἐξ τῷ ταύρῳ καὶ τὸ ἥμισυ αὐτοῦ τῷ κριῷ καὶ τὸ τρίτον αὐτοῦ τῷ ἐρίφῳ, καὶ πᾶσα ἡ σεμίδαλις ἀναπεποιημένη· 46. ἣ(ν) ἂν προσαγάγεις μόνον οὐκ ἐπὶ στέατος† προσωχθίσεται[3] ἐπ' αὐτὴν λιβάνου ὁλκὴ σίκλων δύο· καὶ τὸ τρίτον τοῦ σάτου τὸ τρίτον τοῦ ὑφή ἐστιν. 47. καὶ τὰ δύο μέρη τοῦ βάτου καὶ ὁλκῆς τῆς μνᾶς ῡ σίκλων ἐστίν. καὶ τοῦ σικλίου. τὸ τέταρτον ὁλκὴ θερμὸν δ̄ ἐστιν· γίνεται ὁ σίκλος ὡσεὶ ῑϛ† θερμοὶ καὶ ὁλκῆς μιᾶς. 48. καὶ νῦν, τέκνον μου, ἄκουσον τοὺς λόγους μου καὶ ἐνωτίσαι τὰς ἐντολάς μου, καὶ μὴ ἀποστήτωσαν οἱ λόγοι μου οὗτοι ἀπὸ τῆς καρδίας σου ἐν πάσαις ταῖς ἡμέραις σου, ὅτι ἱερεὺς σὺ ἅγιος κυρίου. 49. καὶ ἱερεῖς ἔσονται πᾶν τὸ σπέρμα σου· καὶ τοῖς υἱοῖς σου οὕτως ἐντειλον ἵνα ποιήσουσιν κατὰ τὴν κρίσιν[4] ταύτην ὡς σοὶ ὑπέδειξα. 50. Οὕτως γάρ μοι ἐνετείλατο ὁ πατὴρ Ἀβραὰμ ποιεῖν καὶ ἐντέλλεσθαι τοῖς υἱοῖς μου. 51. καὶ νῦν, τέκνον, χαίρω ὅτι ἐξελέχθης εἰς ἱεροσύνην ἁγίαν καὶ προσενεγκεῖν θυσίαν κυρίῳ ὑψίστῳ, ὡς καθήκει κατὰ τὸ προστεταγμένον τούτῳ ποιεῖν. 52. ὅταν παραλαμβάνεις θυσίαν ποιεῖν ἔναντι κυρίου ἀπὸ πάσης σαρκὸς κατὰ τὸν λογισμὸν τῶν ξύλων ἐπιδέχου οὕτως, ὡς σοὶ ἐντέλλομαι, καὶ τὸ ἅλας καὶ τὴν σεμίδαλιν καὶ τὸν οἶνον καὶ τὸν λίβανον ἐπιδέχου ἐκ τῶν χειρῶν αὐτῶν ἐπὶ πάντα κτήνη. 53. καὶ [5] (Jub. xxi. ἐπὶ πᾶσαν ὥραν νίπτου τὰς χεῖρας καὶ τοὺς πόδας ὅταν πορεύει πρὸς τὸ θυσιαστήριον· 16-18 = 53-56.)

---

[1] A corrupt form of ἀποδείκνυμι. The context shows that an imperative is needed here. Now the 2nd sing. imper. = תורה, which the Greek translator should have rendered by βάλλε. [2] Seems to be the equivalent of τελείῳ = רבא in ver. 32. [3] Corrupt for προσενεχθήσεται. [4] = משפט. [5] With 53–56 cf. Jub. xxi. 16–18 which I here retrovert into Greek. 16. καὶ ἐπὶ πᾶσαν ὥραν γίνου καθαρὸς ἐν τῷ σώματί σου καὶ πλῦνε σεαυτὸν ἐν ὕδατι πρὸ τοῦ ἐλθεῖν τοῦ προσφέρειν ἐπὶ τὸν βωμόν, καὶ νίπτου τὰς χεῖρας καὶ τοὺς πόδας πρὸ τοῦ ἐγγίσαι πρὸς τὸν βωμόν, καὶ ὅτε τὴν θυσίαν ἐτέλεσας, πάλιν νίπτου τὰς χεῖρας καὶ τοὺς ποδας. 17. καὶ μὴ ὀφθήτω πᾶν αἷμα ἐπί σοι μηδὲ ἐπὶ τῇ στολῇ σου ...... κάλυπτε αὐτὸ τῇ γῇ. 18. καὶ μὴ φάγε τὸ

καὶ ὅταν ἐκπορεύεις ἐκ τῶν ἁγίων, πᾶν αἷμα μὴ ἀπτέσθω τῆς στολῆς σου· οὐκ ἀνήψης αὐτῷ αὐθήμερον. 54. καὶ τὰς χεῖρας καὶ τοὺς πόδας νίπτου διὰ παντὸς ἀπὸ πάσης τῆς σαρκός. 55. καὶ μὴ ὀφθήτω ἐπὶ σοὶ πᾶν αἷμα καὶ πᾶσα ψυχή†·[1] τὸ γὰρ αἷμα ψυχή ἐστιν ἐν τῇ σαρκί. 56. καὶ ὃ ἐὰν ἐν οἴκῳ †ουσης σεαυτὸν πᾶν κρέας φαγεῖν [κε]κάλυπτε τὸ αἷμα αὐτοῦ τῇ γῇ πρῶτον πρὶν ἢ φαγεῖν σε ἀπὸ τῶν κρεῶν καὶ (Jub. οὐκέτι ἔσῃ ἐσθίων ἐπὶ τοῦ αἵματος. 57. *οὕτως γάρ μοι ἐνετείλατο ὁ πατήρ μου xxi.'i.) Ἀβραάμ[2], ὅτι οὕτως εὗρεν ἐν τῇ γραφῇ τῆς βίβλου τοῦ Νῶε περὶ τοῦ αἵματος. 58. καὶ νῦν, ὡς σοί, τέκνον ἀγαπητόν, ἐγὼ λέγω, ἠγαπημένος σὺ τῷ πατρί σου καὶ ἅγιος κυρίου ὑψίστου· καὶ ἠγαπημένος ἔσῃ ὑπὲρ πάντας τοὺς ἀδελφούς σου. 59. τῷ σπέρματί σου εὐλογηθήσεται ἐν τῇ γῇ καὶ τὸ σπέρμα σου ἕως πάντων τῶν αἰώνων †ἐνεχθήσεται ἐν βιβλίῳ μνημοσύνου ζωῆς. 60. καὶ οὐκ ἐξαληφθήσεται τὸ ὄνομά σου καὶ τὸ ὄνομα τοῦ σπέρματός σου ἕως τῶν αἰώνων. 61. καὶ νῦν, τέκνον Λευί, εὐλογημένον ἔσται τὸ σπέρμα σου ἐπὶ τῆς γῆς εἰς πάσας τὰς γενεὰς τῶν αἰώνων.

T. Lev. 62. καὶ ὅτε ἀνεπληρώθησάν μοι ἑβδομάδες τέσσαρες ἐν τοῖς ἔτεσιν τῆς ζωῆς μου xi. 1. ἐν ἔτεσιν ὀγδόῳ καὶ εἰκοστῷ ἔλαβον γυναῖκα ἐμαυτῷ, ἐκ τῆς συγγενείας Ἀβραὰμ τοῦ πατρός μου Μελχάν, θυγατέρα Βαθουήλ, υἱοῦ Λαβά, ἀδελφοῦ μητρός μου. 63.

xi. 2. καὶ ἐν γαστρὶ λαβοῦσα ἐξ ἐμοῦ ἔτεκεν υἱὸν πρῶτον καὶ ἐκάλεσα τὸ ὄνομα αὐτοῦ Γηρσώμ· εἶπα γὰρ ὅτι πάροικον ἔσται τὸ σπέρμα μου ἐν γῇ, ᾗ ἐγεννήθην· πάροικοί

xi. 3. ἐσμεν ὡς τούτῳ ἐν τῇ γῇ †ῃ μητέρα νομιζομένη†. 64. καὶ ἐπὶ τοῦ παιδαρίου ἰδοὺ ἐγὼ ἐν τῷ ὁράματί μου, ὅτι ἐκβεβλημένος ἔσται αὐτὸς καὶ τὸ σπέρμα αὐτοῦ ἀπὸ τῆς ἀρχῆς ἱεροσύνης ἔσται [τω σπέρμα αὐτοῦ].

αἷμα, αὐτὸ γάρ ἐστιν ἡ ψυχή· οὐκέτι ἔσῃ ἐσθίων τὸ αἷμα. [1] †καὶ πᾶσα ψυχή†· τὸ γὰρ αἷμα ψυχή ἐστιν. Here Jub. xxi. 18 'And do not eat any blood; for it is the soul,' shows what should be read. [2] Cf. Jub. xxi. 1 where Abraham gives these commands to Isaac, and yet agrees with Test. Lev. ix. 6 where Isaac is represented as passing them on to Levi.

APPENDIX III

(Col. c)

(Two lines missing.)

3	66 .. ח כומ	
4	(והר)ח עוד	T. Lev.
5	(וקרא)תי שמה (קהת . 67 וחזיתי) די לה	xi. 6.
6	(תהו)ה כנשת כל (עמא ודי) לה תהוה	xi. 5.
7	(כהנ)ותא בבתא (לכל יש)ראל	
8	בשנת אר(בא ותל)חין לחיי 68	xi. 4.
9	יליד בידחא קמ(אה בח)ד ליר(חא)	
10	עם מדנח שמש(א) . 69 ועוד	
11	אוספת והוית עמה וילידת לי בר	xi. 7.
12	תליתוי וקראתי שמה מררי ארי	
13	מר לי עלוהי לחדה ארי כדי יליד	
14	הוא מית *והוה מריר לי עלוהי	
15	סניא מן די.ימות ᵃ ובעית והתחננת	
16	עלוהי והיה בכל מרר 70 בשנת	
17	ארבעין לחיי ילידת ביירחא תליתי(י)	
18	71 ועוד אוספת והויתי עמה והרת	
19	וילידת לי ברתא ושויתי שמהא	
20	יוכבד אמ(רת) כדי ילידת לי ליקר	xi. 8.
21	ילידת לי לכבוד לישראל	
22	72 בשנת שתין וארבע לי לחיי וילידת	
23	בחד בחודשא שביעיא מן בתר די	

65. Λ ἐτῶν ἤμην ὅτε ἐγεννήθη ἐν τῇ ζωῇ μου, καὶ ἐν τῷ ī μηνὶ ἐγεννήθη ἐπὶ δυσμὰς ἡλίου. 66. καὶ πάλιν συλλαβοῦσα ἔτεκεν ἐξ ἐμοῦ κατὰ τὸν καιρὸν τὸν καθήκοντα τῶν γυναικῶν καὶ ἐκάλεσα τὸ ὄνομα αὐτοῦ Καάθ. 67. καὶ * ὅτε ἐγεννήθη ¹ ἑώρακα ὅτι ἐπ' αὐτῷ ἔσται ἡ συναγωγὴ παντὸς τοῦ λαοῦ, καὶ ὅτι † αὐτὸς ² ἔσται ἡ ἀρχιεροσύνη ἡ μεγάλη, *αὐτὸς καὶ τὸ σπέρμα αὐτοῦ ἔσονται ἀρχὴ βασιλέων ἱεράτευμα τῷ Ἰσραήλ.
68. Ἐν τῷ † ἐνιαυτῷ ³ καὶ λ ἔτει ⁴ ἐγεννήθη ἐν τῷ πρώτῳ μηνὶ μιᾷ τοῦ μηνὸς ἐπ' ἀνατολῆς ἡλίου. 69. καὶ πάλιν συνεγενόμην αὐτῇ * καὶ ἐν γαστρὶ ἔλαβεν ¹, καὶ ἔτεκέν μοι υἱὸν τρίτον καὶ ἐκάλεσα τὸ ὄνομα αὐτοῦ Μεραρήν· ἐλυπήθην γὰρ περὶ αὐτοῦ.

ᵃ This is obviously a dittograph of מית ... מר לי preceding. The two words of לחדה and שניא are here synonymous. This dittograph points to our text being a translation.

---

¹ Aram. om.   ² Read αὐτῷ with Aram.; αὐτῷ καὶ τῷ σπέρματι in next line.   ³ Corrupt for τετάρτῳ. Cf. Aram.   ⁴ Add ζωῆς μου with Aram.

APPENDIX III

(Col. d)

1	ה(עלנא ל)מצרים 73 בשנת שת
2	עשרה (ה)עלינא לארע מצרים ולבני
3	. . . . בנת אחי לעדן אשויות
4	וּבניהון . . . . להון בנין 74 ושם בני
5	גרשון (לבני ו)שמעי ושם בני T. Lev.
6	ק(הת עמר)ם ויצהר וחברון ועזיאל xii. 1, 2.
7	(ושם) בני מררי מחלי ומושי xii. 3.
8	(ונסב) לה עמרם אנתא ליוכבד ברתי xii. 4.
9	עד די אנה חי בשנת תשעין וא(רבע)
10	לחיי 76 וקריתי שמה די עמרם כדי
11	יליד עמרם ארי אמרת כדי יליד
12	דנה (יפיק) עמא מן א(רע מצ)רים
13	כדן (א)חקרא (שמה עמא) ראמא
14	ביום חד י . . . . יא הוא ויוכבד 77 xii. 4.
15	ברתי 78 בר שנין ת(מ)נה עשרה העלת xii. 5.
16	(לא)רע כנען ובר שנין (תמ)נה[a] עשרה
17	כדי קטלית אנה לש(כם) וגמרת
18	לעברי חמסא 79 ובר שנין תשע
19	עשרה כהנית ובר שנין תמנה
20	ועסרין נסבת לי אנתה 80 ובר
21	שנין תמנה וארבעין הויתי כדי
22	העלנא לארע מצרים . ושנין
23	תמנין ותשע הויתי חי במצרים

Syriac Fragment of Origin[al] Source[1]

ܠܘܬ ܘܦܩܕ ܒܠ ܠܗܘܢ. ܐܢܒܠ
ܓܣܐܝ ܥܡ ܘܐܠܗܐ ܘܠܟܗܢ. ܐܓܢ
ܠܐܒ ܚܝܠܬܗܐ ܘܠܟܗܢ ܘܥܡ. 78 ܟܕ
ܘܘܗܝܬ ܩܠܝܡ ܥܡ ܚܠܠܐ ܠܘܚܠ
ܥܠܗ. ܘܟܕ ܗܘ ܟܢ ܩܠܝܡ ܘܗܘܝܬ ܥܡ
ܠܗܐ ܚܡܣܝ ܘܠܘܟܒܪ ܚܠܐܥܘܗܝ
ܢܟܒ ܚܘܠܠ. 79 ܘܟܕ ܠܝ ܩܠܝܡ
ܗܢܬ ܘܟܕ ܟܢ ܩܠܝܡ ܣܡܟܐ ܠܗ
ܠܓܐܠ 80 ܘܟܕ ܓ ܩܠܝܡ ܘܗܘܝܬ
ܘ ܚܠܠܐ ܚܡܥܝܢܝ. ܓܦ ܩܠܝܡ
ܢܣܒܘܐ ܚܡܥܝܢܝ. 81 ܡܠܟܘܢ ܩܠܘ
ܟܠ ܓܒܠ.

[a] The writing is almost obliterated, Pass and Cowley read חשעה. But the ש, if it is ש, seems to be written over an erasure.

---

[1] See Wright's *Catalogue of Syriac MSS.*, Part II, p. 997 [Add. 17,193], which I have in accordance with MS. corrected in last line. But Levi's age, when he married, is incorrectly given, and also the number of years he lived in Egypt.

(Col. e)

1	81 והוו כל יומי חיי שבע ות(ל)י(ת)י(ן ומ)אה	T. Lev. xix. 5.
2	שנין וחזיתי לי בנין ת(ליתאין) עד	xii. 6.
3	די לא מיתת 82 וב(שנת מאה ות)מני	xii. 7.
4	עשרה לחיי היא ש(תא) די מית בה	
5	יוסף אחי קריתי לב(ני ול)בניהון	
6	ושריתי לפקדה הנון כל ד(י) הווה	
7	עם לבבי 83 ענית ואמרת לבנ(י שמעו)	
8	למאמר לוי אבוכן והציתו לפקודי	
9	יהיד אל. 84 אנה לכון מפקד בני ואנה	xiii. 1.
10	קושטא לכון מהחוי חביבי 85 ראש	Ps. cxix. 160.
11	עובדיכון יהוי קושטא ועד	
12	עלמ(א) י(הו)י קאים עמכון צדקה	
13	86 וקוש(טא) . . . . . מלכני עלון	
14	עללה בריכא ו(זר)עא 87 די זרע	xiii. 6.
15	טאב טאב מהנעל ודי זרע	
16	ביש עלוהי תאיב זרעה	
17	88 וכען בני ספר מוסר	
18	חוכמה אפילו¹ לבניכון ותהוי	xiii. 2.
19	חוכמתא עמכון ליקר עלם	
20	89 די אליף חוכמתא ויקר היא	xiii. 3.
21	בה ודי שאיט חוכמתא ² לבשרון	
22	מתיהב 90 חזו בני ליוסף אחי	xiii. 9.
23	(ד)מאלפא ספר ומוסר חכמא	xiii. 2.

¹ Read with Pass אליפו.   ² Emend into לבושרן.

APPENDIX III

(Col. f)

(Two lines missing.)

3	91 . . . . . . חשב . .	
4	לב . . . גבר . .	
5	את . . . . . מוהו	
6	וסנה . . . . . . עה לכל מ(אתא)	
7	ומדינה . . . ל לה אחא	
8	הוי בה (לא כוא)ת נכר הוא בה	xiii. 3.
9	ולא דמ(ה בה ל)נכרי ולא דמה	
10	בה לנִיל¹ . . . . די כולהון יהבין	
11	לה בה יקר (א)רי כולה צבין	xiii. 4.
12	למאלף מן חוכמתה 92 רחמוה(י)	
13	סגיאין ושאלי שלמיה רברבין	
14	93 ועל כורסי יקר מהותבין לה	
15	בדיל דמשמע מילי חוכמתה	
16	94 עותר רב די יקר היא חכמתה	
17	וסימא טאבא לכל קניהא הן	xiii. 7.
18	95 יאתון מלכין תקיפין ועם רב	
19	וחיל ופרשין ורתיבין סגיאין	
20	עמהם וינסבון . . . . מאת	
21	ומדינה ויבחון כל די בהון	
22	אוצרי חוכמתא לא יבחון	
23	ולא ישכחון מטמוריה ולא	

¹ Read = לדיר = παροίκῳ.

APPENDIX IV

CHRISTIAN ADDITIONS MADE BY THE SLAVONIC SCRIBE IN S¹.*

After T. Reuben vi. 12 adds:—

Ἐννόει, Ἰουδαῖε, ὡς εὖ δοκιμάζει Ῥουβὴμ Χριστὸν εἶναι ἀρχιερέα ὅστις ὑπὲρ πάντων ἐγεύσατο τοῦ θανάτου, ὧν ἀρχιερεὺς μετὰ τὸν Λευί. Ἐξ Ἰούδα εἷλεν ὁ θεὸς αὐτὸν ὥστε κρατεῖν παντὸς τοῦ λαοῦ καὶ προσκυνεῖν τῷ σπέρματι αὐτοῦ, ὅστις ὑπὲρ ὑμῶν θανεῖται ἐν πολέμοις ὁρατοῖς καὶ ἀοράτοις. Ἐννόει δὲ σύ, ἐν γὰρ ἀοράτῳ οὐδεὶς τῶν ἐπιχθονίων δύναται ὠφέλειαν ἑαυτῷ προσφέρειν· πῶς γὰρ δύναται ὠφελεῖν, μὴ ὁρῶν τὸ ἀόρατον; διάβολος γὰρ ἔτι μαχεῖται, ἀλλὰ τῇ κλήσει τοῦ θεοῦ ὑπὸ τούτου ἐκ γένους Ἰούδα γεννηθέντος νικηθήσεται ὁ διάβολος. Καὶ προσθὲς ταύτην τὴν σκέψιν, καὶ ἔτι ἔλεξεν, αὐτὸς ἔσται ὑμῖν ὁ βασιλεὺς ὁ αἰώνιος ὡς τῷ Ῥουβὴμ ἔδοξεν ὅτι ὁ βασιλεὺς ὁ αἰώνιος γενήσεται ἀπὸ τοῦ Ἰούδα.

After viii. 3 repeats and adds:—

Καὶ νῦν, τεκνία μου, ὑπακούετε Λευὶ καὶ ἐν Ἰούδᾳ λυτρωθήσεσθε· καὶ μὴ ἐπαίρεσθε ἐπὶ τὰς δύο φυλὰς ταύτας, ὅτι ἐξ αὐτῶν ἀνατελεῖ ὑμῖν τὸ σωτήριον τοῦ θεοῦ. 2. Ἀναστήσει γὰρ κύριος ἐκ τοῦ Λευὶ ὡς ἀρχιερέα, καὶ ἐκ τοῦ Ἰούδα ὡς βασιλέα καὶ ἄνθρωπον, οὕτως σώσει καὶ πάντας ἀνθρώπους. Ὁρᾶτε, οἱ ἀθυμοῦντες, ὁ Κύριος καθίστησι ἱερέα ὑμῖν ἀπὸ Λευί, ὡς ἀρχιερέα εἶπεν ὁ θεὸς ὅτι ἠμφίεσε αὐτὸν τῇ σαρκὶ καὶ ἦν ὥσπερ ἱερεὺς κατὰ Λευί· ὡς εἶπεν πᾶσι τοῖς ἔθνεσι καὶ τὸ γένος τοῦ Ἰσραὴλ τότε πολλοὶ Ἰσραηλῖται ἐσώζοντο ἀπὸ αὐτῶν. τῶν ὑψιτέρων ἀποστόλων ἦσαν δώδεκα .. καὶ ἐννέα τῶν μαθητῶν ὑμεῖς ἔσεσθε ταλαίπωροι προριμμένοι, ἐν ὕβρει καὶ ἐν αἰκείᾳ καὶ ἐν ἐλέγχει εἰς πάντα τὰ ἔθνη. 3. Διὰ τοῦτο ἐντέλλομαι ... ὑμῖν, ἵνα καὶ ὑμεῖς ἐντείλησθε τοῖς τέκνοις ὑμῶν, καὶ ἃ εἶπον ὑμῖν ὅπως φυλάξητε εἰς τὰς γενεὰς ὑμῶν.

* The text is frequently corrupt and unintelligible. Professor Morfill's rendering reproduces the text as it stands. In some passages the corruptions are obvious.

APPENDIX IV

After T. Sim. viii. 3 adds:—

Ἄκουε, ὦ Ἰουδαῖε, ὅτι λέγει ὁ Συμεών, ἑώρακα γὰρ ἐν λόγοις βιβλίων Ἐνώχ, ὅτι υἱοὶ ὑμῶν μεθ᾽ ὑμῶν ἐν πορνείᾳ φθαρήσονται. ὡς οὐκ εἰδότες τὸν υἱὸν τοῦ θεοῦ καὶ διαφθαρέντες ἐν τοῖς ἔθνεσιν ἐν Λευὶ ἀδικήσουσιν, τοῦτο ἐστί. ὁ Χριστὸς Ἰησοῦς ἀρχιερεὺς ἐστὶ κατὰ τὸν Λευιτικόν, αὐτὸν οἱ Ἰουδαῖοι ἐκέντησαν λόγχῃ. Ἀλλ᾽ οὐ δυνήσονται πρὸς Λευὶ ὅτι πόλεμον Κυρίου πολεμήσει. Ὁμολόγει, Ἰουδαῖε, πρόσεχε τῷ πολέμῳ Κυρίου, ὅτι τῷ Κυρίῳ ἀνθίσταντο, καὶ ἀνθιστάμενοι τῷ σταυρῷ ἐγομφώσατε πάσχοντα κατὰ βούλησιν αὐτὸν ἐν μνημείῳ σφραγίσαντες ἐθήκατε, ἀλλὰ τῆς σφραγῖδος ὅλης σωζομένης ἀνεγέρθη ἐκ τοῦ μνημείου ἄνευ διαφθορᾶς, ἀλλ᾽ οὐκ ἐδυνήθη (repetition) κατέχειν τὸ θεῖον τὸ μνημεῖον ἐσφραγισμένον. ἀλλ᾽ ὥσπερ ὁ πατὴρ Ἰακὼβ προφητεύσας εὐλόγησε οὐκ ἦν αὐτοῖς εὐλογεῖν τὰ ἔθνη. καὶ προσέθηκεν ὁ Συμεὼν εἰπεῖν τοῖς υἱοῖς, τοῦτο ἐστί, ἐλευθεροῦν τὰς ψυχὰς ὑμῶν ἀπὸ τῶν ἁμαρτιῶν, καὶ ἰδοὺ ὁ Συμεὼν προφητεύει καὶ λέγει περὶ τῆς ἀφίξεως τοῦ υἱοῦ τούτῳ καθαίρει τὴν ψυχὴν αὐτοῦ ἀπὸ τῆς πονηρᾶς πράξεως τῆς γενεᾶς τῶν Ἑβραίων, εἰ ἀφαιρήσετε· καὶ ἐκώλυσεν Συμεὼν τοὺς υἱοὺς αὐτοῦ ὥστε ἀποτρέπειν ἀπὸ φθόνου καὶ ὑπερηφανίας ἀλλ᾽ οὐκ ἠδύνατο κωλύειν, καὶ γὰρ τότε ὁ Ἰουδαῖος ἐπληρώθη φθόνου καὶ ὑπερηφανίας καὶ δήσαντες τὸν Ἰησοῦν ἤγαγον αὐτὸν πρὸς τὸν Πιλάτον πρὸς τὴν κρίσιν. καὶ ὁ Πιλάτος εἶπεν, οὐχ εὗρον ἐν αὐτῷ οὐδεμίαν αἰτίαν, ὁ δὲ Συμεὼν εἶπεν, εἴπερ ἀποτρέπεσθε ἀπὸ φθόνου καὶ ὑπερηφανίας τότε ὥσπερ ῥόδον ἐμὰ ὀστέα ἀνθήσει ἐν Ἰσραὴλ καὶ ὥσπερ κρίνον σὰρξ ἐμὴ ἐν Ἰακὼβ καὶ ὀσμή μου ἔσται θαυμασία ὀσμή, καὶ πληθυνθήσεται ὥσπερ ἁγία κέδρος. ἡ γὰρ κέδρος ἁγία ὀνομάζεται ἢ ποῦ πρόσθεν δένδρον ἁγιάζεται; ἀλλὰ τοῖς ὀφθαλμοῖς τῆς σοφίας οἱ μεγάλοι πατριάρχαι εἶδον, ὡς ὁ Ἰησοῦς Χριστὸς ἦν ὁ υἱὸς τοῦ θεοῦ, σταυρωθῆναι ἐν κυπαρίσσῳ καὶ ἐν πεύκῃ καὶ ἐν κέδρῳ. καὶ τούτου ἕνεκα ἡ κέδρος ἁγία ὀνομάζεται, καὶ πρὸς τούτοις ὁ λόγος μου εἰς τοὺς αἰῶνας. τοῦτο ἐστὶ ἡ προφητεία περὶ τοῦ Χριστοῦ ἕως τῆς τελειώσεως τῶν κλάδων αὐτῶν καὶ μακροὶ ἔσονται. τοῦτο ἐστί· τὸ ὄνομά τοῦ Χριστοῦ παρατενεῖται ἐν τοῖς ἔθνεσιν. καὶ τότε ἔσται σημεῖον, ὅταν ὁ μέγας Κύριος φαίνηται ἐπὶ τῇ γῇ ὡς ἄνθρωπος σώζων τὸν Ἀδάμ. Ὅρα, πῶς ἑαυτῷ σώσει τὸν Ἀδάμ; ὅτι Ἀδὰμ ἦν πρῶτος ἄνθρωπος, καὶ ἔπεσεν παραβαίνων τὴν ἐντολὴν τοῦ Θεοῦ. καὶ ἕνεκα τούτου ὁ Θεὸς ἄνθρωπος ἐγένετο, λαβὼν τὴν σάρκα ἀπὸ παρθένου, ἑαυτὸς σώζων τὴν φύσιν καὶ τὸν ἄνθρωπον, καὶ τὸν Ἀδὰμ ἐγείρει· καὶ τότε (εἶπεν) πάντα τὰ πνεύματα τῆς πλάνης δοθήσονται αὐτῷ εἰς πάτημα καὶ ἄνθρωποι ἄρξονται κατακυριεύειν τῶν πονηρῶν πνευμάτων. καὶ ἐπὶ τῇ ἀναλήψει τοῦ Κυρίου ἔπεμψεν τὸ ἅγιον αὐτῷ πνεῦμα ἐπὶ τοῖς ἁγίοις ἀγγέλοις καὶ ἔδωκεν αὐτοῖς ἐξουσίαν καὶ δύναμιν, καὶ τοῖς λόγοις τοῦ Κυρίου ἐλαύνουσι πνεύματα τῆς πλάνης καὶ ἡμεῖς ἕως σήμερον ἔχουσα τὰ ἅγια ὀστέα ἐν ταῖς χερσὶ ἐτητύμως ὀσμὴ ἀκαθάρτων ψυχῶν καὶ ὁ καπνὸς ἀποφθίνει. Τότε ἐγὼ ἐγεροῦμαι ἐν χαρᾷ καὶ εὐλογήσω τὸν ὕψιστον ἀπὸ τῶν θαυμάτων αὐτοῦ. Ὁρᾶτε τὴν φωνὴν τῆς ἰσχύος ὅτι τοῦ Κυρίου σταυρουμένου ἡ γῆ ἐτινάσσετο καὶ τὰ μνημεῖα ἀνεῴχθη καὶ οἱ νεκροὶ ἀνίσταντο καὶ εὐλόγησαν τὸν ὕψιστον ἀπὸ τῶν θαυμάτων αὐτοῦ πάντες. ὡς εἶπεν ὁ Θεός, ὁ σωτὴρ τοῦ ἀνθρώπου ἔχων τὴν σάρκα καὶ ἐσθίων σὺν τοῖς ἀνθρώποις.

After T. Lev. vii. 4 adds:—

Ἐννόει δὲ σὺ τὴν φροντίδα, ὦ Ἰουδαῖε, καὶ εἴσελθε εἰς τὴν ὄψιν τοῦ Λευὶ ὡς τὸν ἄγγελον θαυμάτων ἀπὸ τῶν οὐρανῶν. καὶ αὐτῷ ὁ ἄγγελος εἶπε, σὺ ἐγγὺς τοῦ Κυρίου στήσει καὶ ἔσει ὁ ὑπηρέτης αὐτοῦ καὶ ἀποκρύξεις τὰ μυστήρια τοῖς ἀνθρώποις. καὶ περὶ τοῦ θέλοντος σώζειν τὸν Ἰσραήλ. Καὶ οὕτως οὐκ ἐννοεῖς, ὦ Ἰουδαῖε, τοῦ ἀγγέλου τοῦ Θεοῦ προφητεύοντος τοῖς πατράσιν ὑμῶν περὶ τῆς σωτηρίας Ἰσραήλ, οὐ γὰρ τὸ ῥῆμά σοι ἐφάνη, ὅτι ἀπὸ τοῦ Ἰούδα σώσει ὁ Κύριος πᾶν τὸ γένος ἀνθρώπων. Ἐννόει γάρ, ὦ ταλαίπωρε, ὅτι οὔτε ἄγγελος οὔτε ἄνθρωπος μεσιτεύεται ἀλλὰ ὁ Θεὸς αὐτὸς σώζει ἡμᾶς, ἰδοὺ γὰρ ὡς ἐν πρώτοις εἴπομέν σοι, ὡς ἀπὸ τῆς γενεᾶς Ἰούδα ὁ Κύριος γίγνεται ἐκ τῆς παρθένου Μαρίας καὶ Λευὶ ἦν Λευίτης, καὶ κατὰ τὸν πρῶτον νόμον ἦν ἱερεύς, ὥστε καθαρίζειν τὰς ἁμαρτίας τοῦ λαοῦ, καὶ διὰ τοῦτο ἦν ἱερεὺς ὅτι ὁ ἄγγελος εἶπε τῷ Λευί, ἐκ σοῦ καὶ ἐξ Ἰούδα ὁ Κύριος φανήσεται τοῖς ἀνθρώποις σῴζων καὶ φέρων πᾶν τὸ γένος ἀνθρώπων ἄνευ αἵματος. Ἐννόει γὰρ ὡς οἱ ἄγγελοι τοῦ Θεοῦ ἐν τῇ λατρείᾳ τῷ Θεῷ προσφέρουσιν οὔτε τὸ αἷμα τῶν μόσχων οὔτε τὸ αἷμα τῶν τράγων ἀλλὰ χάριν τῷ Κυρίῳ πέμπουσιν τῆς καθαρᾶς λατρείας. καὶ οὕτως ἡμεῖς οἱ Χριστιανοὶ πέμπουσιν τῷ Κυρίῳ τὸ σῶμα καὶ τὸ αἷμα ὡς καθαρὰν λατρείαν κατὰ τὴν τάξιν τοῦ Μελχισεδέκ. Ἐννόει γὰρ περὶ τούτου ἄλλου καὶ πείθου ὡς ὁ Κύριος ποιεῖ κρίσιν περὶ τούτων τῶν ἀνθρώπων. περὶ ὑμῶν δέ, ὦ ταλαίπωροι, οὐ ποιεῖ κρίσιν ἐν τῷ πυρὶ τῷ ἀσβέστῳ καὶ τῷ σκώληκι ἀκοιμήτῳ καὶ παρασκευάζων ὑμᾶς ὡς πέτρας διασκορπίζων. ἐπεὶ γὰρ τὸν Κύριον προσηλώσατε, καὶ ὁ ἥλιος ἐσβέσθη τότε οὐχ ὁ ἥλιος ἐσβέσθη; ὅτε γὰρ ὑμεῖς τὸν κύριον ἐσταυρώσατε, ὡς τὸ εὐαγγέλιον λέγει, τότε γὰρ σκότος ἦν ἐπὶ πᾶσαν τὴν γῆν ἀπὸ τρίτης ὥρας ἕως ἐννάτης τῶν ὑδάτων ξηραινομένων καὶ τοῦ Ἅδου αἰχμαλωτιζομένου. λέγε δέ μοι, εἰ ὁ Ἅδης ἠχμαλωτίσθη, εἰ πολέμιοι ὡπλισμένοι εἰς τὸν Ἅδην εἰσῆλθον ἀλλ' ὁ θεὸς αὐτὸς ὅτε ἔκειτο ἐν τῷ μνημείῳ, τότε γὰρ εἰσῆλθεν εἰς τὸν Ἅδην ἐλευθερῶν τὸν Ἀδὰμ τὸν πρῶτον κλητὸν ἀπὸ τοῦ δεσμωτηρίου τοῦ Ἅδου, ἦν γὰρ ὁ Κύριος τῆς γῆς καὶ τῆς ἀβύσσου, καὶ ἕνεκα τούτου ἦλθε ὥστε αἰχμαλωτίζειν τὸν Ἅδην. Εἰ γὰρ ἔπαθεν, ἡ θειότης αὐτοῦ ἦν ἄνευ πάθους.

Καί, ἰδού, εἶπεν Λευί, ὅτε ἐγερθέντες ἤλθομεν εἰς Βεθήλ.

After viii. 4 adds:—

τοῦτό ἐστι ἐλαίῳ ἁγίῳ ᾧ χρίονται Χριστιανοὶ στάντες ἐν τῇ ἁγίᾳ κολυμβήθρᾳ βαπτισμῷ. τότε ἁγιάζονται τῷ κυρίῳ καὶ δέχονται τὸν αἰώνιον βίον.

In viii. 5 after ἔλουσέ με ὕδατι καθαρῷ adds:—

τοῦτό ἐστι τῷ τριπλῷ βαπτισμῷ ἐν τῷ ὀνόματι τοῦ πατρὸς καὶ τοῦ υἱοῦ καὶ τοῦ ἁγίου πνεύματος.

and after ἄρτον καὶ οἶνον ἅγια ἁγίων adds:—

τοῦτό ἐστι τὴν ἁγίαν εὐχαριστίαν ἐν τῇ ἐκκλησίᾳ τοῦ θεοῦ.

and at close of verse:—

τοῦτό ἐστι τὸ σημεῖον τοῦ ἁγίου βαπτισμοῦ· τοῦτο γὰρ τὸ ἱμάτιον οἱ ἄγγελοι ἐπουράνιοι ἰδόντες ἠγαλλιάσαντο· ἰδόντες γὰρ τοῦτο τὸ ἱμάτιον ταύτην τὴν στολὴν ἔνδοξον νικῶσιν τὰς στρατιὰς τῶν δαιμόνων.

After viii. 6 adds:—

καὶ οὕτως ἐκ χρόνου καὶ οὐκ εἰς ἀεὶ ἐδόθη μοι ἱερατεύειν. τοῦτό ἐστι, ὅτι μόνος ἦν εἰς τοὺς αἰῶνας καὶ εἰς τοὺς αἰῶνας μένει ὁ Ἰησοῦς ὁ θεὸς ἱερατεύειν κατὰ τὴν τάξιν τοῦ Μελχισεδέκ.

After viii. 8 adds:—

τοῦτό ἐστι λόγων εὐαγγελικῶν καὶ ἀποστολικῶν· ἀκούοντες γὰρ οἱ ἅγιοι μάρτυρες ἐγέρθησαν ἐπὶ τὴν στρατιὰν τοῦ πολεμίου.

After viii. 9 adds:—

διὰ τοῦτο γὰρ οἱ μάρτυρες ἐγέρθησαν καὶ ἐστεφανώθησαν ἐν τῇ ὀρθῇ πίστει.

After viii. 12 adds:—

τίς προσελθὼν ἀλλ' οὐ γενήσεται ὁ λεγόμενος ὑπὸ τοῦ Ἰωάννου τοῦ βαπτιστοῦ, ὅστις ἦν ἀπὸ τῆς γενεᾶς τῶν ἱερέων· ἔσται δὲ ἀπὸ ἄλλης

APPENDIX IV

τινὸς μαθείας, ὅτι ἡ σωτηρία τοῦ κόσμου λέγεται εἶναι ἀπὸ τοῦ Χριστοῦ Ἰησοῦ.

After viii. 19 adds:—

Ἐννόει δέ, ὦ ταλαίπωρε Ἰουδαῖε, ὡς καὶ σοὶ ἐγένετο ἡ ὄψις τοῦ Λευὶ καὶ ἡ ἐνσωμάτωσις καὶ τὸ πάθημα τοῦ υἱοῦ τοῦ Θεοῦ, ἐγὼ σοὶ λέγω.

After πλανῶντες τὸν Ἰσραήλ in x. 2 adds:—

Τί προσδοκᾷς, ὦ Ἰουδαῖε, τίνα δὲ μένεις ἐρχόμενον τοῦ Λευὶ λέγοντος ὡς οὐκ ἐπιστεύσατε ἐν τῷ σωτῆρι τοῦ κόσμου καὶ πλανῶντες αὐτόν;

After x. 5 adds:—

ὃς γὰρ οὐ προσέχει τοῖς λόγοις μου ὁ Κύριος επ.... ται ἐπ' ἐμὲ πῦρ αἰώνιον.

After xix. 12 T. Joseph adds:—

Ἀκούσατε γάρ, Ἰουδαῖοι, ὅτι δηλοῖ τὸ ἐνύπνιον, εἶδε γὰρ δώδεκα ἐλάφους νεμομένους. οὗτοι δὲ ἔλαφοί εἰσι δώδεκα ἀπόστολοι, ἀγγέλλοντες θαύματα ἐν τῷ κόσμῳ, καὶ ἐννέα αὐτῶν, φησί, διεσπάρησαν ἐν ὅλῃ τῇ γῇ, διδάσκοντες καὶ βαπτίζοντες ἐν τῷ ὀνόματι τοῦ πατέρος καὶ τοῦ υἱοῦ καὶ τοῦ ἁγίου πνεύματος· ὁμοίως, φησί, οἱ τρεῖς. Οἱ τρεῖς ἐκήρυσσον καὶ ἀπέθανον οὐ λείψαντες τὸ Ἱεροσόλυμα. Ὡς ἡ γραφὴ λέγει, ὡς ὑπὸ τοῦ Ἡρώδου, τοῦ ἀνόμου, Ἰακὼβ ἀδελφὸς τοῦ Ἰωάννου ἐκτάνθη τῷ ξίφει καὶ οὕτως ὁ Στέφανος καλούμενος ὁ πρῶτος τῶν μαρτύρων ὑπὸ τῶν Ἰουδαίων κατεφονεύθη πέτροις, ὅστις ἐκοιμήθη λέγων· Κύριε, μὴ στήσῃς αὐτοῖς τὴν ἁμαρτίαν ταύτην, οὐκ οἴδασι γὰρ ὅ τι ποιοῦσιν. Ὁράω, φησί, ὅτι ἐξῆλθε παρθένος ἐξ Ἰούδα, τοῦτό ἐστι ἡ ἁγία παρθένος (ἡ μήτηρ τοῦ Θεοῦ) ἐκ τοῦ γένους τοῦ Ἰούδα ἡ θυγάτηρ τοῦ Ἰωαχίμ, ἔχουσα ἐσθῆτα βυσσίνην. τοῦτο ἐστὶ οὐ μιανθεῖσα οὐδὲ ὑβρισθεῖσα (?), ἀλλὰ καθαρὰ καὶ σφόδρα καθαρὰ ἐξ ἧς ἦλθεν ὁ ἀμνὸς ἄτερ κακίας, τοῦτο ἐστὶν ὁ υἱὸς τοῦ Θεοῦ αἰδήμων, ταπεινὸς ἄνευ λοιδορίας, ἄνευ κακίας ὅλως ἄνευ ἁμαρτίας, καὶ ἐπὶ τῇ ἀριστερᾷ ὥσπερ λέων, φησί, καὶ γὰρ ὁ λόγος τῆς θεότητος αὐτοῦ μέγας καὶ δεινὸς καὶ ἰσχυρὸς καὶ εὔγνωστος, καὶ πάντα τὰ θηρία ὥρμων κατ' αὐτόν, φησί. τοῦτό ἐστι, ὑμεῖς κατάρατοι Ἰουδαῖοι, ἑωρᾶτε τὸν υἱὸν τοῦ Θεοῦ λαμβάνοντα ταπεινὸν ὄψιν, καὶ πάντα τὰ ἄγρια θηρία ὥρμων κατ' αὐτὸν λέγοντες Λαβὲ λαβὲ σταυρώσατε, τὸ αἷμα αὐτοῦ ἐφ' ἡμῖν καὶ ἐπὶ τοῖς τέκνοις ἡμῶν. ἐνίκησεν αὐτούς, φησί, ὁ ἀμνός· τοῦτο ἐστί, ὁ υἱὸς τοῦ Θεοῦ ἐξεγέρθη ἀπὸ τῶν νεκρῶν. ὑμεῖς δὲ [   ] τῶν κακῶς πεπραγμένων ἐμνήσθητε καὶ ἀπωλέσατε αὐτὰ εἰς καταπάτησιν· τοῦτό ἐστι, δώσει ὑμᾶς εἰς δουλείαν. εἰς τὰ ἔθνη καὶ ἔσεσθε καταπατούμενοι ἕως τοῦ νῦν ἐν τῇ γῇ ὑμῶν. Καὶ ἔχαιρον, φησί, ἐν αὐτῷ οἱ ἄγγελοι καὶ οἱ ἄνθρωποι, καὶ πᾶσα ἡ γῆ. ὁ Κύριος ὁ Θεὸς ἡμῶν, βασιλεὺς τῶν οὐρανῶν καὶ τῆς γῆς, τὰ ὕψιστα καὶ τὰ νέρτερα εἰς μίαν εὐδαιμονίαν τοῦ εὐλογισμοῦ συναγερεῖ. Ταῦτα δὲ γενήσεται ἐν καιρῷ αὐτῶν. Ἰακὼβ γὰρ ἦν τριῶν καὶ ἑπτὰ χ' ἐτῶν καὶ υἱὸς τοῦ Θεοῦ ἐγενήθη ἐννέα ἐτῶν καὶ ἐχαρήσαν ἐπ' αὐτῷ ἐν ἐσχάταις ἡμέραις, τοῦτό ἐστι, ἡ ἀρχὴ καὶ τὸ τέλος. Ἐν τῷ πρώτῳ ἦλθεν ἐκ τοῦ μὴ γενέσθαι εἰς τὸ γενέσθαι. περὶ τούτου ἔλεγον οἱ προφῆται. Καὶ ἡμεῖς χαρήσομεν ἐπ' αὐτῷ ἕως τῶν ἐσχάτων ἡμερῶν. ἀλλ' ὑμεῖς, τέκνα μου, φυλάξατε τὰς ἐντολὰς τοῦ Θεοῦ Κυρίου καὶ τιμᾶτε τὸν Ἰούδαν καὶ τὸν Λευΐ· ὅτι ἐξ αὐτῶν ἀνατελεῖ ὑμῖν ὁ ἀμνὸς τοῦ Θεοῦ, τοῦτό ἐστι, ἀπὸ τῆς γενεᾶς τοῦ Ἰούδα καὶ κατὰ τὴν τάξιν τοῦ Λευὶ τὰ πρωτεῖα λαμβάνων τῇ ἐλεημοσύνῃ σώζων πάντας τοὺς λαοὺς Ἰσραήλ, καὶ ἐνθυμοῦ σὺ Ἰσραήλ, οὐ γὰρ μόνῳ τῷ Ἰσραὴλ ἡ σωτηρία, ἀλλὰ πᾶσι τοῖς ἔθνεσιν. Καὶ γὰρ οὐ μόνῳ τῷ Ἰσραὴλ ἐγένετο ἡ σωτηρία, ἐγένετο ἐκ τῆς ἁγιωτάτης παρθένου, καὶ ἔτραπε πάντα τὰ ἔθνη εἰς σωτηρίαν. καὶ ἐνθυμοῦ ὡς ὁ ἀμνὸς τὴν παρθένον κηρύσσει, καὶ ἡ βασιλεία αὐτοῦ οὐ παρασαλεύσεται εἰς ἀεὶ καὶ εἶπεν Ἰωσήφ. .

After εἰς ἀτιμίαν in x. 8 T. Benj. adds:—

οἱ μὲν θέλοντες εἶναι ἐν τῷ μέλλοντι βίῳ ... ἀεὶ ... βάσανον αἰώνιον ... ἀγαλλιῶντες ἐπὶ τῷ ποιοῦντι τὰ ἀγαθὰ πράγματα, ἢ συνεχῶς ἀτιμάζοντες οὐ μόνον ἀλλὰ καὶ βασανίζοντες, οἳ ἦσαν ἐνθάδε μιαροὶ θεράποντες καὶ οὐ θέλοντες μετανοεῖν πρὶν ἢ ἐνθάδε φεύγειν καὶ ἀφικνεῖσθαι. ὁ σκώληξ γὰρ αὐτῶν οὐ λήγει, εἶπεν ὁ Χριστός— κρῖμα δίκαιον καὶ τὸ πῦρ οὐ σβέννυται.

After xvi. adds:—

. Καὶ ἔτι σοι λέγω, Ἰουδαῖε, ἆρ' ἤκουσας Λευὶ λέγοντος τοῖς τέκνοις τῶν τέκνων αὐτοῦ, εἰ γὰρ ἐσταύρωσας Κύριον ὅμως οἰκτείρει καὶ δέχεται τοὺς ἐρχομένους πρὸς αὐτὸν βαπτισθέντας ὕδατι ἐν τῷ ὀνόματι τοῦ πατρὸς καὶ τοῦ υἱοῦ καὶ τοῦ ἁγίου πνεύματος καὶ ἐννόει ὅτι οὐκ ἐστί σοι συγγνώμη εἰ μὴ πιστεύεις ἐν αὐτῷ καὶ δέχει τὸν βαπτισμὸν ἐν τῷ ὀνόματι αὐτοῦ. καὶ γὰρ ὁ Θεὸς ὁ Κύριος αὐτὸς εἶπε ἐν τῷ ἁγίῳ εὐαγγελίῳ, εἰ μὴ γενήσεταί τις τῷ ὕδατι καὶ τῷ πνεύματι, οὐκ εἰσελεύσεται εἰς τὴν βασιλείαν τῶν οὐρανῶν. Ἀλλα σύ, ὦ Ἰουδαῖε, μὴ ἐννόει περὶ τῶν πρότερον ὅπως μὴ ἀπολλύῃς τὴν ψυχήν σου. Ἀποδέχου τὸν ἅγιον βαπτισμὸν καὶ ἔσει ὡς νεόγονος παῖς ἄνευ φθορᾶς κακίας [ ]. Ἄκουε, ὦ Ἰουδαῖε, τοῦ Λευὶ λέγοντος, περὶ τῆς ἱερατείας τοῦ Κυρίου.

APPENDIX V

RETRANSLATION OF THE SECOND RECENSION (S²) OF THE SLAVONIC VERSION BY PROFESSOR MORFILL[1]

ΔΙΑΘΗΚΗ ΡΟΥΒΗΜ

I. 2. Ἐν τῷ δευτέρῳ μετὰ ταῦτα ἔτει Ῥουβὴμ ὁ πρωτόγονος τοῦ Ἰακὼβ υἱὸς ἀρρωστῶν προσεκάλεσε τοὺς ἀδελφοὺς αὐτοῦ καὶ τὰ τέκνα, 3. καὶ ἐμήκυνε αὐτοῖς λόγον μετανοίας καὶ εἶπε· 6. ἥμαρτον σὺν Βάλλᾳ, τῇ δούλῃ τοῦ πατρός μου, 7. καὶ εἰ μὴ ὁ πατὴρ προσηύξατο τῷ Κυρίῳ ὁ ἄγγελος τοῦ Κυρίου ἔκτεινεν ἄν. 10. Ἐγὼ δὲ ἑπτὰ ἔτη οὐκ ἐγευσάμην τοῦ οἴνου καὶ τοῦ σίκερα καὶ κρέας οὐκ εἰσῆλθε εἰς τὸ στόμα μου ἤδη ἑπτὰ ἔτη διὰ τὴν ἀσέλγειαν.

II. Ἀκούσατε, τέκνα μου, πατρὸς ὑμῶν Ῥουβὴμ ὅσα εἶδον· 2. Ἑπτὰ πνεύματα τῆς πλάνης ἐδόθη κατὰ τοῦ ἀνθρώπου ἀπὸ τοῦ Βελίαρ καὶ αὐτά εἰσι κεφαλὴ τῶν ἔργων τῆς πλάνης, [αὐτὰ δὲ πειράζεται ἕκαστον ἄνθρωπον ἐν παντὶ τῷ βίῳ. οὐ φύσει ἐγγίγνεται ταῦτα τὰ συστήματα]. 3. ἀλλὰ ἐδόθη αὐτῷ εἰς αὔξησιν διὰ τὸ εἶναι ἐν αὐτοῖς πᾶν ἔργον ἀνθρώπου. 4. πρῶτον πνεῦμα ζωῆς, μεθ᾽ ἧς ἡ σύστασις κτίζεται. δεύτερον πνεῦμα ὁράσεως, μεθ᾽ ἧς γίνεται ἐπιθυμία. 5. Τρίτον πνεῦμα ἀκοῆς μεθ᾽ ἧς γίνεται διδασκαλία. Τέταρτον πνεῦμα ὀσφρήσεως, μεθ᾽ ἧς ἐστι γεῦσις δεδομένη εἰς συνολκὴν ἀέρος καὶ πνοῆς. 6. Πέμπτον βούλησις, μεθ᾽ ἧς γίνεται γνῶσις. 7. Ἕκτον πνεῦμα γεύσεως μεθ᾽ ἧς γίνεται βρῶσις βρωτῶν καὶ ποτῶν καὶ ἰσχὺς ἐν αὐτοῖς κτίζεται· ὅτι ἐν βρώμασίν ἐστιν ἡ ὑπόστασις τῆς ἰσχύος. 8. Ἕβδομον πνεῦμα σπορᾶς μεθ᾽ ἧς συνεισέρχεται διὰ τῆς φιληδονίας ἡ ἁμαρτία. 9. Διὰ τοῦτο ἔσχατόν ἐστι τῆς κτίσεως καὶ πρῶτον τῆς νεότητος, ὅτι ἀγνοίας πεπλήρωται καὶ αὐτὴ τὸν νεώτερον ὁδηγεῖ ὡς τυφλὸν ἐπὶ βόθρον καὶ ὡς κτῆνος ἐπὶ κρημνόν. III. Ἐπὶ πᾶσι τούτοις ὄγδοον πνεῦμα τοῦ

---

[1] In this retranslation the chief and indeed most of the minor additions peculiar to the Slavonic Version are enclosed in square brackets. The text is frequently corrupt and defective, and occasionally, as in the Test. Judah, exhibits a complete inversion of the proper order of the narrative.

ὕπνου ἐστί; μεθ' οὗ ἐκτίσθη ἔκστασις φύσεως καὶ εἰκὼν τοῦ θανάτου. 2. Τούτοις τοῖς πνεύμασι συμμίγνυται τὸ πνεῦμα τῆς πλάνης. 3. Πρῶτον τὸ τῆς πορνείας ἀνθάπτεται τῆς φύσεως. δεύτερον πνεῦμα ἀπληστείας ἐν τῇ γαστρί. 4. Τρίτον πνεῦμα μάχης ἐν τῇ καρδίᾳ καὶ τῇ χολῇ. τέταρτον πνεῦμα ἀρεσκείας καὶ μαγγανείας, ἵνα διὰ περιεργείας ὡραῖος ὀφθῇ [τοῖς δυσκόλως ὁρῶσι]. 5. Πέμπτον πνεῦμα ὑπερηφανείας ἐπαινοῦντος ἑαυτὸν καὶ μεγαλοφρονοῦντος. Ἕκτον πνεῦμα ψεύδους ἐν ἀπωλείᾳ καὶ ἐν φθόνῳ ὥστε πλάττειν λόγους καὶ κρύπτειν ἀπὸ τοῦ γένους καὶ ἀπὸ τῶν οἰκείων. 6. Ἕβδομον πνεῦμα ἀδικίας, μεθ' ἧς κλοπὴ καὶ γρυπίσματα ἵνα ποιήσῃ φιληδονίαν καρδίας αὐτοῦ. Ἡ γὰρ ἀδικία συνεργεῖ τοῖς λοιποῖς πνεύμασι. 7. Ἐπὶ πᾶσι τούτοις τὸ πνεῦμα τοῦ ὕπνου συνάπτεται πλάνῃ καὶ φαντασίᾳ. 8. καὶ οὕτως ἀπόλλυται πᾶς νεώτερος, σκοτίζων τὸν νοῦν αὐτοῦ ἀπὸ τῆς ἀληθείας, καὶ μὴ συνίων ἐν τῷ νόμῳ τοῦ Θεοῦ βαίνειν, μήτε ὑπακούων νουθεσίας πατέρων αὐτοῦ· ὥσπερ κἀγὼ ἔπαθον ἐν τῇ νεότητί μου. 10. καὶ νῦν, τέκνα, μὴ προσέχετε ἐν ὄψει γυναικός. 12. συλλαβοῦσα γὰρ ἡ διάνοιά μου τὴν γυμνότητα τῶν γυναικῶν οὐκ ἔδωκέ μοι εἰρήνην ἕως οὗ ἔπραξα τὸ βδέλυγμα, [καὶ κακὸν ἐνώπιον τοῦ Θεοῦ].

VI. 8. Ἀκούσατε, τέκνα μου, Λευί, ὡς αὐτὸς συνίησι τὸν νόμον τοῦ Κυρίου καὶ διαστελεῖ ὑμᾶς καὶ προσοίσει θυσίας, ὑπὲρ παντὸς Ἰσραήλ, μέχρι τελειώσεως χρόνων ἀρχιερέως Χριστοῦ, ὃν εἶπε Κύριος. [Ἐννόει, Ἰουδαῖε, ὡς εὖ δοκιμάζει Ῥουβὴμ Χριστὸν εἶναι ἀρχιερέα ὅστις ὑπὲρ πάντων ἐγεύσατο τοῦ θανάτου.] 11. ἀλλὰ Λευὶ ἦν ἐξ Ἰουδαίων ὃν ἐξελέξατο ὁ Θεὸς ὥστε κρατεῖν παντὸς τοῦ λαοῦ καὶ προσκυνεῖν τῷ σπέρματι αὐτοῦ, ὅτι ὑπὲρ ὑμῶν θανεῖται ἐν πολέμοις ὁρατοῖς καὶ ἀοράτοις. [ἐννόει δὲ σύ, τί τὸ ὁ πόλεμος ὁ ἀόρατος, ἐν γὰρ ἀοράτῳ οὐδεὶς τῶν θνητῶν δύναται ὠφέλειαν ἑαυτῷ προφέρειν. πῶς γὰρ δύναται ὠφελεῖν, μὴ ὁρῶν τὸ ἀόρατον; διάβολος γὰρ ἔτι μαχεῖται τῇ κλήσει τοῦ Θεοῦ ὑπὸ τούτου ἐκ γένους Ἰούδα γεννηθέντος νικηθήσεται ὁ διάβολος. ἀκούσατε καὶ ἐννοεῖτε ὃ ἔλεξε, καὶ ὁ Κύριος ὁ αἰώνιος ἔσται σὺν ὑμῖν. Ὡς τῷ Ῥουβὴμ ἔδοξεν ὅτι γίγνεται ὁ αἰώνιος Κύριος ἐξ Ἰούδα. ὁ γὰρ θνητὸς ὢν διὰ τοὺς αἰῶνας καὶ ἕως τοῦ διαλύεσθαι τὸν κόσμον ζήσεται εἰς τοὺς αἰῶνας.] VII. 1, 2. Ταῦτα λέξας ἀπέθανεν ὁ Ῥουβήμ, πρωτόγονος τοῦ Ἰακώβ. ἔζη δὲ 125 ἔτη καὶ ἀπέθανεν.

ΔΙΑΘΗΚΗ ΣΥΜΕΩΝ

Ἦν δὲ ὁ Συμεὼν ὁ δεύτερος υἱὸς τοῦ Ἰακώβ, καὶ ἡμέρας τῆς τελευτῆς προσερχομένης ἐκάλεσε υἱοὺς καὶ ἀδελφούς. εἶτα ἐμήκυνε τὸν λόγον αὐτοῖς. II. 5. ἀπὸ ὑψίστου ἡ ἀνδρεία δέδοται τῷ ἀνθρώπῳ ἐν ψυχαῖς καὶ ἐν σώμασι. 6. ἐζήλωσα τὸν Ἰωσήφ, τὸν ἐμὸν ἀδελφόν; 7. καὶ ὁ Σατανᾶς ὁ ἄρχων τῆς πλάνης ἀπέστειλε τὸ πνεῦμα τοῦ ζήλου, ἐτύφλωσέ μου τὸν νοῦν, καὶ ἐζήτησα κτεῖνειν τὸν Ἰωσήφ. 8. ἀλλὰ ὁ Θεὸς αὐτοῦ καὶ ὁ Θεὸς τοῦ πατέρος ἐμοῦ ἐρρύσατο αὐτὸν ἐκ τῶν χειρῶν μου. 12. καὶ ὁ Θεὸς οὐκ εἴασέ με ταύτην τὴν ἀνομίαν ἐργάζεσθαι.

III. Καὶ νῦν, τέκνα, φυλάξασθε ἀπὸ τοῦ πνεύματος τῆς πλάνης, ὃ διεγείρει τὸν φθόνον. 2. καὶ γὰρ ὁ φθόνος, εἰσελθὼν ἀπὸ τοῦ Βελίαρ κυριεύει πάσης τῆς διανοίας τοῦ ἀνθρώπου καὶ οὐκ ἀφίησιν αὐτὸν εὐφραίνεσθαι. 3. πάντοτε ὑποβάλλει ἀνελεῖν τὸν φθονούμενον, καὶ αὐτὸς (ὁ φθονούμενος) πάντοτε ἀνθεῖ [ἐν τῷ φόβῳ τοῦ Κυρίου] ὁ δὲ φθονῶν [μένει ἄνευ ἡσυχίας, φθόνος γὰρ ψυχὴν τεταραγμένον ποιεῖ καὶ σῶμα ἐκπλήξεσιν] μαραίνεται. IV. 8. Καὶ φθόνος ὀργὴν καὶ πόλεμον γεννᾷ καὶ εἰς αἵματα ἡγεῖται καὶ ἀφαιρεῖ τὸν ὕπνον καὶ κλόνον παρέχει τῇ ψυχῇ. [ἐννόει δὲ διανοίᾳ ὡς θεῖον πρᾶγμα ὁ ἄνθρωπος, ἀλλὰ νῦν ὅταν πνεῦμα ἐχθρὸν εἰσέρχηται ἀναγκάζει κατ' αὐτὸν δρᾶν τι.] 9. καὶ ἐν πνεύματι πονηρῷ τὴν ψυχὴν αὐτοῦ βασανίζει καὶ προφέρει φόβον τῷ σώματι [καὶ στάσιν εἰσφέρει]. καὶ γὰρ πνεῦμα ἐχθρὸν ἐγχεῖ τὸν ἰόν αὐτοῦ. [ὥστε μὴ μέμνησθαι τοῦ ἐλέους ἐγὼ δὲ ἐννόησα καὶ] III. 4. ἐκάκωσα ἐν νηστείᾳ τὴν ψυχήν μου, καὶ ἔγνων ὅτι ἡ μέμψις τοῦ φθόνου γίνεται σὺν τῷ φόβῳ τοῦ Θεοῦ.

['Αλλ' ἐπεὶ ὁ ἀδελφὸς Ἰωσὴφ ἦν ἐν Αἰγύπτῳ ἠδύνατο τιμωρεῖσθαι διὰ τὸ ἐμὸν πρᾶγμα ἀνόσιον] IV. 4. Ἰωσὴφ δὲ ἀδελφὸς ἡμῶν ἦν ἀνὴρ ἀγαθὸς καὶ οὐκ ἐμνησικάκησέ μοι [ὡς κατ' αὐτοῦ ἥμαρτον, ἀλλὰ ἐνοήσατο περὶ ἡμῶν, ὡς ταῦτα βουλῇ Θεοῦ πέπρακται, καὶ ἔλεγε πάντα τὰ ἄλλα κατὰ τάξιν καὶ τούτους τοὺς λόγους προσέθηκε].

V. 4. ἑώρακα γὰρ ἐν χαρακτῆρι γραφῆς Ἐνώχ, ὅτι υἱοὶ ὑμῶν μεθ' ὑμῶν ἐν πορνείᾳ φθαρήσονται, [τοῦτό ἐστι, οὐκ εἰδότες τὸν υἱὸν τοῦ Θεοῦ διαφθειρόμενοι ἐν τοῖς ἔθνεσιν], καὶ ἐν Λευὶ ἀδικήσουσιν. [τοῦτό ἐστι, Ἰησοῦν Χριστὸν ἱερέα κατὰ τὸν Λευὶ ὃν οἱ Ἰουδαῖοι] ῥομφαίᾳ [διετρύπησαν]. 5. ἀλλ' οὐ δύνανται πρὸς Λευί, ὅτι πόλεμον Κυρίου πολεμεῖ, [ἐννόει δέ, Ἰουδαῖε, ὁ πόλεμος τοῦ Θεοῦ τι σημαίνει. καὶ οὕτως ἀντικατέστης τῷ Κυρίῳ, καὶ τῷ σταυρῷ προσήλωσας. κατὰ τὸ θέλημα τοῦ φρουροῦντος σφραγίσαντες ἐν τῷ τάφῳ κατέθηκατε, ἀλλὰ καίπερ ἔχων τὴν σφραγίδα διασεσωμένην, ἀνέστη ἐκ τοῦ τάφου ἄνευ διαφθορᾶς, ὡς εἶπε, οὐκ ἠδύναντο καὶ οὐ δύνανται δεσμεύειν τὸν Θεόν, καίπερ σφραγίσαντες τὸν τάφον, ἀλλὰ] 6. καθὼς καὶ Ἰακὼβ προφητεύων ἐν εὐλογίαις, [καὶ οὐκ εὐλόγησε τὰ ἔθνη, καὶ Συμεὼν προσέθηκε λέγειν τοῖς υἱοῖς]. VI. 1. ἰδοὺ εἴρηκα ὑμῖν πάντα, ὅπως δικαιωθῶ ἀπὸ τῆς ἁμαρτίας τῶν ψυχῶν ὑμῶν [ἰδοὺ Συμεὼν προφητεύει και λέγει την έλευσιν τοῦ Χριστοῦ, και τούτῳ καθαίρει την ψυχὴν ἐκ τῶν ἀνόμων πράξεων τοῦ Ἑβραϊκοῦ γένους εἴπερ ἀφαιρήσετε φθόνον και μεγαλοφροσύνην και ἐπολέμησε Συμεὼν τοῖς υἱοῖς αὐτοῦ ὥστε ἀποτρέπειν αὐτοὺς ἀπὸ φθόνου και μεγαλοφροσύνης, ἀλλ' οὐκ ἠδύνατο τότε πολεμεῖν, και γὰρ Ἰουδαῖοι τότε προσεκαίοντο φθόνῳ και μεγαλοφροσύνῃ, ἀφ' ἧς δεσμεύοντες τὸν Ἰησοῦν προσέφερον αὐτὸν τῷ Πιλάτῳ εἰς τὸ βουλευτήριον. Πιλάτος δὲ οὐχ εὑρίσκει ἁμαρτίαν ἐν αὐτῷ. Και Συμεὼν εἶπεν αὐτοῖς] 2. εἰ ἀποκλίνεσθε ἀπὸ φθόνου και σκληροτραχηλίας, και ὀστᾶ μου ὡς ῥόδον ἀνθήσει ἐν Ἰσραὴλ και ὡς κρίνον ἡ σάρξ μου ἐν Ἰακώβ, και ἔσται ἡ ὀσμή μου θαυμάσιος και πληθυνθήσεται ὡς κέδροι ἅγιαι.

[Ποῦ γὰρ κέδρον ἁγίαν λέγει ἢ ποῦ τὸ πρότερον δένδρον ἁγιάζεται, ἀλλ' οἱ μεγάλοι πατριάρχαι εἶδον τοῖς ὀφθαλμοῖς τῆς διανοίας καθὼς ἦν τῷ Ἰησοῦ τῷ υἱῷ τοῦ Θεοῦ κυπαρίσσῳ και πεύκῃ και κέδρῳ σταυροῦσθαι και ἕνεκα τούτου ἡ ἁγία κέδρος ἔννοιαν ἔχει ἀπ' ἐμοῦ και ἔσται εἰς ἀεὶ προφητεία και ἀπὸ Χριστοῦ ἕως τοῦ χρόνου πεπληρωμένου] ἀποβλαστήματα αὐτῶν [εἰς μακρὸν χρόνον φύσεται, τοῦτό ἐστι, ὄνομα Χριστοῦ ἐκταθήσεται εἰς πάντα τὰ ἔθνη]. 5. και τότε σημεῖα δοξάζεται ὅταν ὁ Κύριος ὁ ὕψιστος Θεὸς φανεῖται ἐπὶ τῇ γῇ, ὥσπερ ἄνθρωπος σώζων τὸν Ἀδάμ. [Ἰδού, ὡς ὁ Ἀδὰμ σώζεται, ὥσπερ Ἀδὰμ ἦν ὁ πρῶτος ἄνθρωπος, και ἔπεσε παραβαίνων την ἐντολὴν τοῦ Θεοῦ, ἕνεκα τούτου, ὁ Θεὸς ἄνθρωπος ἐγένετο, λαβὼν σάρκα ἀπὸ παρθένου σώζει σὺν αὐτῷ και την φύσιν και τοὺς ἀνθρώπους, και ἐκφέρει τὸν Ἀδὰμ και δίδωσι αὐτῷ πάντα τὰ πνεύματα τῆς πλάνης εἰς τὸ κολάζειν και ἄνθρωποι ἄρξονται κρατεῖν τῶν πονηρῶν πνευμάτων. και ἐπὶ τῇ ἀναλήψει ὁ Κύριος ἀπέπεμψε τὸ ἅγιον πνεῦμα τοῖς ἁγίοις ἀποστόλοις και ἔδωκεν αὐτοῖς δύναμιν και κράτος τοῖς λόγοις τοῦ Κυρίου τὰ πνεύματα τῆς πλάνης ἐξήλασαν, και ἡμεῖς εἰς ταύτην την ἡμέραν τὰ ὀστᾶ τῶν ἁγίων ἔχομεν τῷ ἔργῳ τοῦ ἁγίου πνεύματος]. 6. τὰ πνεύματα τὰ ἀκάθαρτα ἀφανισθήσεται, [ὡς ὁ καπνὸς] 7. και τότε ἔσονται εὐλογίαι τοῦ ὑψίστου περὶ τῶν σημείων αὐτοῦ, ὡς εἶπεν ὁ Θεὸς λαβὼν τὸ σῶμα και συνεσθίων ἀνθρώποις, σώζειν τὸν ἄνθρωπον.

VII. 1. Και νῦν, τέκνα μου, ἐν Λευὶ και ἐν Ἰούδᾳ λυτρωθήσεσθε και μὴ ἐπαίρεσθε ἐπὶ τὰς δύο φυλὰς ταύτας, ὅτι ἐξ αὐτῶν ἀνατελεῖ ὑμῖν τὸ σωτήριον τοῦ Θεοῦ. 2. Ἀναστήσει γὰρ Κύριος ἐκ τοῦ Λευὶ ὡς ἀρχιερέα, και ἐκ τοῦ Ἰούδα ὡς βασιλέα και ἄνθρωπον, οὕτως σώσει πάντα τὰ ἔθνη και τὸ γένος τοῦ Ἰσραήλ. [Και τότε πολλοὶ Ἰσραηλῖται σώζονται και ἄλλοι ἀφιερώθησαν ἄνευ ἀριθμοῦ πιστεύοντες τῷ Θεῷ, ἐξ αὐτῶν και τῶν μεγάλων ἀποστόλων ἦσαν 12 και 70 μαθηταί. Ὑμεῖς δὲ ἄθλιοι ἐστὲ πρὸς ὕβριν καὶ ὄνειδος καὶ ἐστὲ παράδειγμα πᾶσι τοῖς ἔθνεσι]. 3. Διὰ τοῦτο ταῦτα ἐντέλλομαι ὑμῖν, ἵνα καὶ ὑμεῖς ἐντείλησθε τοῖς τέκνοις ὑμῶν ὅπως φυλάξωσιν αὐτὰ εἰς τὰς γενεὰς αὐτῶν. VIII. καὶ ταῦτα συνετέλεσεν Συμεὼν τοῖς υἱοῖς αὐτοῦ ζήσας ἑκατὸν εἴκοσι ἐτῶν. 2. καὶ ἔθηκαν τὰ ὀστᾶ αὐτοῦ ἐν θήκῃ ξύλων ἀσήπτων ὡς ἀναγαγεῖν τὰ ὀστᾶ αὐτοῦ ἐν Χεβρὼν ἐκέλευσε. καὶ ἀνήνεγκαν αὐτὰ ἐν πολέμῳ Αἰγυπτίων κρυφῇ.

ΔΙΑΘΗΚΗ ΛΕΥΙ

I. 1, 2. Καὶ τότε Λευὶ ὁ τρίτος υἱὸς Ἰακὼβ υἱὸς Λέας, ἐκάλεσεν αὐτοὺς πρὸς ἑαυτὸν [ὥστε διδάσκειν αὐτοὺς τὰς περὶ ἱερωσύνης ὁράσεις, καὶ περὶ τῆς προόψεως τοῦ λόγου] πρὶν ἀποθανεῖν.

II. Ἐγὼ Λευὶ ἐν ἀγαλλιάσει ἠρξάμην καὶ ἐγενόμην, [καὶ ἀνεφυσάμην ἐν δόμῳ τοῦ πατρός μου] καὶ μετὰ ταῦτα ἦλθον σὺν τῷ πατρὶ εἰς Σίκιμα. 2. Ἤμην δὲ νέος, ὡσεὶ ἐτῶν εἴκοσι, ὅτε ἐποίησα μετὰ Συμεὼν τὴν ἐκδίκησιν τῆς ἀδελφῆς ἡμῶν Δίνας. 3. Ὡς δὲ ἐποίμαινον ἐν Ἀβελμαούλ, πνεῦμα συνέσεως Κυρίου ἦλθεν ἐπ' ἐμέ, καὶ πάντας ἑώρων ἀνθρώπους ἀφανίσαντας τὴν ὁδὸν αὐτῶν καὶ ὅτι ὡς τεῖχος ᾠκοδόμησαν τὴν ἀδικίαν καὶ ἐπὶ πύργους ἡ ἀνομία κάθηται. 4. καὶ ἐλυπούμην περὶ τοῦ γένους τῶν ἀνθρώπων, καὶ ηὐξάμην Κυρίῳ, ὅπως σωθῶσιν. 5. Τότε ἐπέπεσεν ἐπ' ἐμὲ ὕπνος, καὶ ἐθεασάμην ὄρος ὑψηλόν· τοῦτο ὄρος Ἀσπίδος ἐν Ἀβελμαούλ. 6. καὶ ἰδοὺ ἠνεῴχθησαν οἱ οὐρανοὶ καὶ ἄγγελος Θεοῦ εἶπε πρός με· Λευὶ εἴσελθε. 7. καὶ εἰσῆλθον ἐκ τοῦ πρώτου οὐρανοῦ εἰς τὸν δεύτερον, καὶ εἶδον ἐκεῖ ὕδωρ κρεμάμενον ἀνάμεσον τούτου κἀκείνου. 8. καὶ εἶδον τρίτον οὐρανὸν πολὺ φωτεινότερον παρὰ τοὺς δύο, καὶ γὰρ ὕψος ἦν ἐν αὐτῷ ἄπειρον. 9. καὶ εἶπον τῷ ἀγγέλῳ, διατί οὗτος; καὶ εἶπεν ὁ ἄγγελος πρός με, Μὴ θαύμαζε ἐπὶ τούτοις, ἄλλους γὰρ οὐρανοὺς ὄψει, [οἳ εἰσὶ πλανῆται καὶ οἱ καλοῦνται ζῶναι τέσσαρες] φαιδρότεροι καὶ δεινότεροι τούτων, 10. ὅτε ἀνέλθῃς ἐκεῖ. ὅτι σύνεγγυς Κυρίου στήσῃ καὶ λειτουργὸς αὐτοῦ ἔσῃ, καὶ μυστήρια αὐτοῦ ἐξαγγελεῖς τοῖς ἀνθρώποις, καὶ περὶ τοῦ μέλλοντος λυτροῦσθαι τὸν Ἰσραὴλ κηρύξεις· 11. καὶ περὶ Ἰούδα δείξει Κύριος ἐν ἀνθρώποις σῴζων ἐν αὐτῷ πᾶν γένος ἀνθρώπων.

III. Καὶ εἶπέ μοι, ἄκουσον, καὶ γὰρ τῶν ἑπτὰ οὐρανῶν ὁ κατώτερος διὰ τοῦτο στυγνότερός ἐστιν, ὅτι ὁρᾷ πάσας τὰς ἀδικίας ἀνθρώπων. 2. ὁ δεύτερος ἔχει πῦρ, χιόνα, κρύσταλλον ἕτοιμα εἰς ἡμέραν προστάγματος Κυρίου, ἐν τῇ δικαιοκρισίᾳ τοῦ Θεοῦ. ἐν αὐτῷ εἰσὶ πάντα τὰ πνεύματα πεμπόμενα εἰς ἐκδίκησιν τῶν ἀνθρώπων. 3. Ἐν τῷ τρίτῳ εἰσὶν αἱ δυνάμεις τοῦ συντάγματος τῆς προσβολῆς ὥστε ἐν ἡμέρᾳ κρίσεως ποιῆσαι ἐκδίκησιν ἐν τοῖς πνεύμασι τῆς πλάνης καὶ τοῦ Βελίαρ. οἱ δὲ εἰς τὸν τέταρτον ἐπάνω τούτων ἅγιοι εἰσίν, 4. καὶ ἐν τῷ ἀνωτέρῳ τῶν πάντων καταλύει ἡ μεγάλη δόξα ἐν ἁγίῳ ἁγίων, ὑπεράνω πάσης ἁγιότητος. 5. Ἐν τῷ ὑπ' αὐτοῖς οἱ ἄγγελοί εἰσι τοῦ προσώπου Κυρίου, οἱ λειτουργοῦντες καὶ ἐξιλασκόμενοι πρὸς Κύριον ἐπὶ πάσαις ταῖς ἀγνοίαις τῶν δικαίων. 6. προσφέρουσι δὲ Κυρίῳ ὀσμὴν εὐωδίας λογικήν, καὶ ἀναίμακτον προσφοράν. 7. Ἐν δὲ τῷ ὑποκάτω εἰσὶν οἱ ἄγγελοι οἱ φέροντες τὰς ἀποκρίσεις τοῖς ἀγγέλοις τοῦ προσώπου Κυρίου. 8. Ἐν δὲ τῷ ὑπ' αὐτοῖς εἰσὶ θρόνοι τῆς ἐξουσίας, ἐν ᾧ ὕμνους ἀεὶ τῷ Θεῷ προσφέρουσιν. 9. ὅταν οὖν ἐπιβλέψῃ Κύριος ἐφ' ἡμᾶς πάντες ἡμεῖς σαλευόμεθα, καὶ οἱ οὐρανοὶ καὶ ἡ γῆ ἐξ ἀβύσσου τῆς μεγαλωσύνης αὐτοῦ. 10. οἱ δὲ υἱοὶ τῶν ἀνθρώπων ἐπὶ τούτοις ἀναισθητοῦντες ἁμαρτάνουσι, καὶ παροργίζουσι τὸν Ὕψιστον.

IV. Νῦν οὖν γινώσκετε, ὅτι ποιήσει Κύριος κρίσιν ἐπὶ τοὺς υἱοὺς τῶν ἀνθρώπων, ὥσπερ τῶν πετρῶν σχιζομένων καὶ τοῦ ἡλίου σβεννυμένου καὶ τῶν ὑδάτων ξηραινομένων καὶ τοῦ ᾅδου σκυλευομένου ἐπὶ τῷ πάθει τοῦ ὑψίστου, οἱ ἄνθρωποι ἀπιστοῦντες ἐπιμενοῦσιν ἐν ταῖς ἀδικίαις. διὰ τοῦτο ἐν κολάσει κριθήσονται. 2. καὶ γὰρ ὁ ὕψιστος (εἰσήκουσε) τῆς προσευχῆς σου, τοῦ διελεῖν σε ἀπὸ τῆς ἀδικίας καὶ γενέσθαι αὐτῷ υἱὸν καὶ θεράποντα καὶ λειτουργόν. 3. φῶς γνώσεως φωτεινὸν φωτιεῖς ἐν Ἰακώβ, καὶ ὡς ὁ ἥλιος ἔσῃ παντὶ σπέρματι ἐν Ἰσραήλ. 4. καὶ δοθήσεταί σοι εὐλογία καὶ παντὶ σπέρματί σου, ἕως ἐπισκέψηται Κύριος πάντα τὰ ἔθνη ἐν σπλάγχνοις υἱοῦ αὐτοῦ ἕως αἰῶνος. πλὴν οἱ υἱοί σου ἐπιβαλοῦσι χεῖρας ἐπ' αὐτόν, τοῦ κακῶσαι αὐτόν, 5. καὶ διὰ τοῦτο δώσεταί σοι βουλὴ καὶ συνετίσαι τοὺς υἱούς σου περὶ αὐτοῦ, 6. ὅτι ὁ εὐλογῶν αὐτὸν εὐλογημένος ἔσται, οἱ δὲ καταρώμενοι αὐτὸν ἀπυλοῦνται.

[Καὶ οὕτως Λευῒ προσέθηκε ταύτην τὴν παραίνεσιν τοῖς υἱοῖς αὐτοῦ.]
V. καὶ ἤνοιξέ μοι ὁ ἄγγελος τὰς πύλας τοῦ οὐρανοῦ καὶ εἶδον τὸν ναὸν τὸν ἅγιον. καὶ ἐπὶ θρόνου δόξης τὸν Ὕψιστον, 2. καὶ εἶπέ μοι· Λευῒ σοὶ δέδωκα τὰς εὐλογίας ἀξιώματος ἕως οὗ ἐλθὼν παροικήσω ἐμμέσῳ τοῦ Ἰσραήλ. 3. Τότε ὁ ἄγγελος ἤγαγέ με ἐπὶ τὴν γῆν καὶ ἔδωκέ μοι ὅπλον καὶ ῥομφαίαν καὶ εἶπε, ποίησον ἐκδίκησιν ἐν Συχὲμ ὑπὲρ Δίνας, κἀγὼ ἔσομαι μετὰ σοῦ ὅτι Κύριος ἀπέσταλκέ με. 7. καὶ τότε ὡς ἐξ ὕπνου ἐγερθεὶς εὐλόγησα τὸν Κύριον. 4. Καὶ συνετέλεσα τῷ καιρῷ ἐκείνῳ τοὺς υἱοὺς Ἐμμώρ, VI. 3. καὶ ἔπειτα σὺν τῷ Συμεὼν ἐζήλωσα ἐν τῇ ἀνομίᾳ ἣν ἐποίησαν ἐν Ἰσραήλ, 4. καὶ ἀνεῖλον τὸν Συχὲμ καὶ Συμεὼν τὸν Ἐμμώρ 6. καὶ ὁ πατὴρ ἡμῶν ἀκούσας ὅσα παρενόμησαν

ἐχαλέπαινε ἐν ἡμῖν VII. 1. καὶ εἶπον τῷ πατρί μου, Κύριε Ἰακὼβ πάτερ, μὴ ὀργίζου. 3. καὶ γὰρ ἐλυμαίνοντο τὴν Δίνην ἡμῶν. [καὶ ἕνεκα τούτου ὁ χόλος τοῦ Θεοῦ ἐξῆλθε κατ' αὐτῶν καὶ ὁ ἄγγελος τοῦ κρατεροῦ ἐβοήθησεν ἐμοί, ἐννόει, Ἰουδαῖε, ταύτην τὴν ἔννοιαν καὶ ἔθιζε σεαυτὸν πρὸς τὴν ὄψιν, ἣν ἐδήλωσέ σοι ὁ Λευὶ ὁ εὐλογημένος ὡς ἐρώτησε ὁ Λευὶ ὁ εὐλογημένος τὸν ἄγγελον θαυμάσας τὰ ἐπουράνια, ἄγγελος εἶπεν αὐτῷ πλησίον τῷ Κυρίῳ στήσει καὶ θεράπων αὐτῷ ἔσει καὶ τοῖς ἀνθρώποις τὰ μυστήρια ἀγγελεῖς καὶ προφητεύσεις περὶ τοῦ μέλλοντος σώζειν τὸν Ἰσραήλ καὶ οὕτως οὐκ ἐννοεῖς, ὦ Ἰουδαῖε, καίπερ τοῦ ἀγγέλου τοῦ Θεοῦ προφητεύοντος τοῖς προγόνοις σου περὶ τῆς σωτηρίας τοῦ Ἰσραήλ, ὡς ἐκ σοῦ φανήσεται περὶ Ἰούδου ὁ Κύριος τοῖς ἀνθρώποις, σώζων, ὡς εἶπε δι' ἑαυτὸν πᾶν τὸ γένος τῶν ἀνθρώπων. Ἐννόει, ἄθλιε, ὅτι οὔτε ἄγγελος οὔτε πρέσβυς ἀλλ' ὁ Θεὸς αὐτὸς ἔσωσεν ἡμᾶς. Τόδε γὰρ ἐν πρώτοις ἐλέξαμέν σοι ὅτι ἐκ γενεᾶς τῶν Ἰουδαίων ἐγένετο ὁ Κύριος ἐκ Μαρίας παρθένου, ὧν ἱερεὺς κατὰ τὸν Λευί, ὡς γὰρ κατὰ τὴν πρώτην ἐντολὴν ἦν ἱερεὺς ἵνα καθαρίσῃ τὰς τοῦ λαοῦ ἁμαρτίας, ἕνεκα τούτου ἱερεὺς ἦν ὁ Κύριος, περὶ οὗ ἔλεξεν ὁ ἄγγελος τῷ Λευί· εἶπον περὶ σοῦ καὶ περὶ τοῦ Ἰούδου ὅτι Κύριος φανήσεται ἀνθρώποις, σώζων δι' ἑαυτὸν πᾶν τὸ γένος τῶν ἀνθρώπων ἄνευ αἵματος, ἐννοοῦντες προσφορὰν ὅτι οἱ ἄγγελοι θρησκείαν προφέρουσι τῷ Κυρίῳ οὐκ ἐξ αἵματος μόσχων ἢ αἵματος τράγων ἀλλ' εὐχαριστίαν τῷ Κυρίῳ καὶ καθαρὰν θρησκείαν προφέρουσιν, καὶ οὕτως ἡμεῖς Χριστιανοὶ τὸ σῶμα καὶ τὸ αἷμα καθαρὰν θρησκείαν κατὰ τὴν τάξιν τοῦ Μελχισεδὲκ προφέρομεν. Ἐννόει δὲ νῦν περὶ τούτου, νῦν πάρεστι ὁρᾶν ὡς ὁ Θεὸς ποιεῖ κρίσιν περὶ τῶν υἱῶν τοῦ ἀνθρώπου, περὶ ὑμῶν, ὦ ἄθλιοι, οὐ ποιεῖ κρίσιν ὁ Θεὸς εἰς τὸ πῦρ τὸ ἄσβεστον καὶ εἰς τὸν σκώληκα ὃς οὐ τελευτᾷ καὶ ἑτοιμάζων ὑμῖν λίθον τοῦ προσκόμματος ὅτε προσηλώσατε τὸν Θεὸν τῆς δόξης ἐπὶ τῷ σταυρῷ καὶ ὁ ἥλιος ἐξέλειψε, καὶ γὰρ οὐ τότε ὁ ἥλιος ἐξέλειψε, ἡνίκα τὸν Κύριον ἐπὶ σταυρῷ ἐσταυρώσατε; ὡς τὸ ἅγιον εὐαγγέλιον λέγει. τότε γὰρ ἦν σκότος ἐπὶ πάσῃ τῇ γῇ ἀπὸ τῆς τρίτης ὥρας ἕως τῆς ἐννάτης ὑδάτων ξηραινομένων καὶ τοῦ Ἅδου αἰχμαλωτιζομένου. εἶπε γάρ μοι, εἰ ὁ Ἅδης αἰχμαλωτίσθη στρατιῶται ὡπλισμένοι εἰς τὸν Ἅδην εἰσῆλθον, ἀλλὰ καὶ ὁ Κύριος κείμενος ἐν τῷ μνημείῳ, τότε εἰσῆλθεν εἰς τὸν Ἅδην. λύει τὸν πρωτογεννηθέντα Ἀδὰμ ἐκ δεσμωτηρίου, ὅτι αὐτὸς Κύριος ἐστι τῶν οὐρανῶν καὶ τῆς γῆς καὶ τῶν κάτω, καὶ διὰ τοῦτο ἦλθεν ὥστε αἰχμαλωτίζειν τὸν Ἅδην. καὶ ἔτι ἔπαθεν, καὶ τὸ θεῖον [μέρος] αὐτοῦ ἦν ἄνευ πάθους, καὶ γὰρ τῷ αὐτοῦ πάθει ἔδωκεν ἀπάθειαν τῷ γένει τῶν ἀνθρώπων. Ἄνθρωποι οὐκ εἰδότες ἐν ἀδικίᾳ μενοῦσιν, ὑμεῖς γὰρ οἱ οὐκ ἔννοιαν ἔχοντες ταλαιπώρῳ ἐν ἀδικίᾳ μένετε καὶ ἕνεκα τούτου κατακρίνεσθε ἐν βασάνοις, καὶ ἤκουσεν ὁ ὕψιστος τὴν εὐχήν, καὶ ἀποτρέπου ἀπὸ τῆς πονηρίας καὶ γένου ὁ υἱὸς αὐτοῦ καὶ θεράπων, ἐννόει γὰρ ὡς τὸ πρόσθεν ὁ υἱὸς τοῦ Θεοῦ ἦν καὶ ὑπηρέτει πρὸ προσώπου αὐτοῦ. καὶ δώσει σοι τὴν εὐλογίαν· καὶ παντὶ τῷ σπέρματί σου, ἕως ἂν ὁ Κύριος ἐπισκέψηται πάντα τὰ ἔθνη καὶ (πέμψει) τὸν υἱὸν αὐτοῦ εἰς ἀεὶ σὺν ἐλεημοσύνῃ. ὡς ὑμεῖς, ὦ ταλαίπωροι, ἐπεβάλετε τὰς χεῖρας καὶ ἐκακώσατε τὸν υἱὸν τοῦ Θεοῦ καὶ ἕνεκα τούτου ἔννοια δοθήσεται ὑμῖν ὥστε γνωρίζειν τοὺς υἱοὺς περὶ τούτου, ὡς ὁ εὐλογίζων αὐτὸν εὐλογήσεται καὶ ὁ καταρώμενος ἐξολοθρευθήσεται. καὶ οὕτως μέμνησθε περὶ τούτου, τίς ἐστι, εὐλογῶν τὸν υἱὸν τοῦ Θεοῦ καὶ πιστεύοντες ἐν αὐτῷ ἐν τῇ ἀληθείᾳ, ἡμεῖς γὰρ οἱ Χριστιανοὶ προεκυνήσαμεν αὐτῷ, ὑμεῖς δὲ ἐσταυρώσατε, καὶ οὕτως ἐν ἀληθείᾳ ἐποιήσατε καθ᾽ ὑμῶν αὐτῶν τὸν ὄλεθρον. καὶ ἀπόλλυσθε ὡς μικρόν τι μέρος διασκορπισθέντες ἐν τῇ οἰκουμένῃ. καὶ τοῦτο τὸ μέρος οὐκ ὀλίγον λαμβάνει βάρος καὶ λύπην καὶ κάκωσιν. Ἐννόει δὲ τὸ λεχθὲν τῷ Λευὶ ἐν τοῖς οὐρανοῖς· ἔδωκά σοι τὴν εὐλογίαν τῆς καθαρότητος, ἕως ἐλθὼν παροικῶ ἐν τῷ Ἰσραήλ, ἀλλ᾽ ὑμεῖς, ὦ ταλαίπωροι, οὐκ ἐννοεῖτε ὅτι ἐλεύσεται ὁ Κύριος σώζειν τὸν Ἰσραήλ, εἰ καὶ ἐβλασφημήσατε βλασφημίᾳ τὸν Κύριον, καὶ τούτου χάριν ἡμεῖς ἄλλοτε φέροντες νῦν ἀπεδεξάμεθα τὸν νόμον τοῦ Θεοῦ αὐτοῦ, ἀλλ᾽ ὑμεῖς, ταλαίπωροι, ὅμοιοι γενόμενοι τῷ παλαιῷ σατανᾷ ἕνεκα τῆς ὑπερηφανίας εἰς τὸν ὄλεθρον ἐπέσετε].

VIII. 1. [Καὶ εἶπεν ὁ Λευί· ὅτε ἦλθον πορευόμενος] εἰς Βεθήλ, εἶδον ὅραμα δεινὸν περὶ ἁγιότητος, ὡς πρότερον. εἶδον, 2. ἑπτὰ ἀνθρώπους ἐν ἐσθῆτι λευκῇ λέγοντάς μοι, Ἀναστὰς ἔνδυσαι τὸ ἱμάτιον τῆς πίστεως καὶ τὴν ἐπιστήθιον χλαμύδα καὶ τὸ ἐφοὺδ τῆς προφητείας. 3. Καὶ εἷς ἕκαστος αὐτῶν ἕκαστον βαστάζοντες ἐπέθηκάν μοι καὶ εἶπον· Ἀπὸ τοῦ νῦν γίνου εἰς ἱερέα Κυρίου, σὺ καὶ υἱοί σου καὶ σπέρμα σου πρὸς αὐτὸν ἕως αἰῶνος. 4. καὶ ὁ πρῶτος ἤλειψεν ἐλαίῳ ἁγίῳ καὶ ἔδωκέ μοι τὴν ζωὴν τῆς ἐλαίας [τοῦτό ἐστιν τῇ ἁγίᾳ ἐλαίᾳ ᾗ ἀλείφονται Χριστιανοὶ ἐν τοῖς ἁγίοις λουτροῖς, καὶ τότε καθιέρωσαν ἑαυτοὺς τῷ Κυρίῳ καὶ λήψονται τὴν ζωὴν τὴν αἰώνιον]. 5. Ὁ δεύτερος ἔλουσέ με ὕδατι καθαρῷ, [τοῦτό ἐστι τριπλῷ βυθισμῷ, ἐν ὀνόματι τοῦ πατρὸς καὶ τοῦ υἱοῦ καὶ τοῦ ἁγίου πνεύματος,] καὶ ἐψώμισεν ἄρτον καὶ οἶνον, εἰς ἅγια ἁγίων, [τοῦτό ἐστι εὐχαριστίαν ἐν τῇ ἐκκλησίᾳ τοῦ Κυρίου]. καὶ περιέθηκέ μοι στολὴν ἁγίαν καὶ ἔνδοξον, [τοῦτό ἐστι τὸ ἅγιον σημεῖον τοῦ ἐπουρανίου βασιλέως, βαπτισμός. οἱ ἄγγελοι γὰρ ὁρῶντες τοῦτο τὸ ἔνδοξον ἔνδυμα εὐφραίνονται, καὶ τὰ στρατεύματα

APPENDIX V

τῶν δαιμόνων ὁρῶντα φεύγει]. 6. Ὁ τρίτος βυσσίνην με περιέβαλεν, ὁμοίαν ἐφούδ, [καὶ τότε ἐξῆν μοι ἱερατεύειν κατὰ καιρὸν καὶ οὐκ εἰς τοὺς αἰῶνας τοῦτο ἐστι· εἰς μόνος ἐστι εἰς τοὺς αἰῶνας καὶ μένων εἰς τοὺς αἰῶνας· ὁ γὰρ Ἰησοῦς ἦν ἱερεὺς κατὰ τὴν τάξιν τοῦ Μελχισεδέκ]. 7. Ὁ τέταρτος ζώνην μοι περιέθηκεν, [οὐκ ἐν τῷ μέσῳ σώματι ἀλλ' ἐν τῷ νερτέρῳ μέρει, καὶ ἡ ζώνη ἦν] ὁμοία πορφύρᾳ. 8. Ὁ πέμπτος ἔδωκέ μοι τὴν πίστιν τῆς πιότητος, [τοῦτό ἐστι εὐαγγελικῶν καὶ ἀποστολικῶν λόγων, τούτους γὰρ ἀκούοντες οἱ ἅγιοι μάρτυρες ἐγέρθησαν ἀντὶ τοῦ στρατεύματος τοῦ πονηροῦ]. 9. Ὁ ἕκτος στέφανόν μοι τῇ κεφαλῇ περιέθηκεν, [καὶ γὰρ οἱ μάρτυρες ἐγερθέντες διὰ τὴν ἀληθινὴν πίστιν ἐστεφανώθησαν]. 10. Ὁ ἕβδομος διάδημά μοι τῇ κεφαλῇ περιέθηκεν ἱερατείας, καὶ ἐπλήρωσε τὰς χεῖράς μου θυμιάματος, ὥστε ἱερατεύειν με Κυρίῳ. 11. Εἶπε δὲ πρός με, Λευί, εἰς τρεῖς ἀρχὰς διαιρεθήσεται τὸ σπέρμα σου, εἰς σημεῖον δόξης Κυρίου ἐπερχομένου. 12. καὶ ὁ πιστεύσας πρῶτος κληρονόμος ἔσται καὶ μείζων ὑπὲρ αὐτὸν οὐ γενήσεται [οὕτως τῷ Ἰωάννῃ τῷ βαπτιστῇ ἐσημάνθη, ὃς ἦν ἐκ τῆς φυλῆς τῶν ἱερέων]· 13. ὁ δεύτερος διδάξει [ὡς ὁ Ἰησοῦς Χριστὸς σώσει τὸν κόσμον]. 14. Ὁ τρίτος ἐπικληθήσεται αὐτῷ ὄνομα καινόν, ὅτι βασιλεὺς ἐκ τοῦ Ἰούδα ἀναστήσεται καὶ ποιήσει ἱερατείαν νέαν κατὰ τὸν τύπον τῶν ἐθνῶν εἰς πάντα τὰ ἔθνη [τῆς ἀφίξεως αὐτοῦ]. 15. ἡ δὲ (παρουσία) ἀγαπητὴ ὡς προφήτου ὑψηλοῦ ἐκ σπέρματος Ἀβραὰμ πατρὸς ἡμῶν. 16. πᾶν ἐπιθυμητὸν ἐν Ἰσραὴλ σοὶ ἔσται καὶ τῷ σπέρματί σου· καὶ ἔδεσθε πᾶν ὡραῖον ὁράσει, καὶ τὴν τράπεζαν Κυρίου διανεμήσεται τὰ τέκνα σου [τοῦτό ἐστι ἡ ἀποστολικὴ εὐχαριστία σὺν τῷ Κυρίῳ]. 17. καὶ ἐξ αὐτῶν ἔσονται ἀρχιερεῖς καὶ κριταὶ καὶ γραμματεῖς, καὶ τὰ στόματα αὐτῶν ποιηθήσεται ἅγια. 18. Καὶ ἐξυπνισθεὶς συνῆκα ὅτι οὐχ ὅμοιόν ἐστι τῷ πρώτῳ ὁράματι. 19. Καὶ ἔκρυψα καίγε τοῦτο ἐν τῇ καρδίᾳ μου.

[Ἐννόει δὲ καί σύ, ὦ ταλαίπωρε Ἰουδαῖε, ὡς καὶ σοὶ τὸ ὅραμα τοῦ Λευί, καὶ σοὶ ἔλεξα τὴν σωμάτωσιν καὶ τὸ πάθημα τοῦ υἱοῦ τοῦ Θεοῦ.]

IX. Καὶ μεθ' ἡμέρας δύο ἀνέβημεν ἐγὼ καὶ Ἰούδας μετὰ τοῦ πατρὸς ἡμῶν πρὸς τὸν πάππον Ἰσαάκ· 2. καὶ εὐλόγησέ με ὁ πατὴρ τοῦ πατρός μου κατὰ πάντας τοὺς λόγους τῆς ὁράσεώς μου ἧς εἶδον περὶ τῆς ἱερατείας, 7. καὶ ἐδίδαξέ με ὡς ἱερατεύειν τῷ Θεῷ τῷ ὑψίστῳ καθαρᾷ ψυχῇ. 8. καὶ ἦν καθ' ἑκάστην ἡμέραν συνετίζων με καὶ ἐν τοῖς νουθετισμοῖς εἶπέ μοι. X. [Καὶ ἔλεγε] Νῦν οὖν φυλάξασθε ὅσα ἐντέλλομαι ὑμῖν, τέκνα· ὅτι ὅσα ἤκουσα, ἀνήγγειλα ὑμῖν. 2. Ἀθῷός εἰμι ἀπὸ πάσης ἀσεβείας ὑμῶν, ἣν ποιήσετε ἐπὶ συντελείᾳ τῶν αἰώνων εἰς τὸν σωτῆρα τοῦ κόσμου, οὐ πιστεύοντες. [τίνα προσδοκᾷς, ὦ

Ἰουδαῖε, καὶ τίνα μένεις ἐρχόμενον, τοῦ Λευὶ προφητεύοντος, ἐπεὶ ἐν τῷ σωτῆρι τοῦ κόσμου οὐ πίστιν ἔχεις] πλανῶντες τὸν Ἰσραὴλ καὶ ἐγείροντες αὐτῷ κακὸν μέγα ἀπὸ τοῦ Κυρίου. 3. Καὶ ἀνομήσετε σὺν τῷ Ἰσραήλ, ὥστε μὴ βαστάξαι τὴν Ἰερουσαλήμ, ἀπὸ προσώπου πονηρίας ὑμῶν, ἀλλὰ σχίσαι τὸ ἔνδυμα τοῦ ναοῦ, ὥστε μὴ κατακαλύπτειν ἀσχημοσύνην ὑμῶν. 4. Καὶ διασπαρήσεσθε αἰχμάλωτοι ἐν τοῖς ἔθνεσι καὶ ἔσεσθε εἰς ὀνειδισμὸν καὶ εἰς κατάραν καὶ εἰς καταπάτημα. 5. ὁ γὰρ οἶκος, ὃν ἂν ἐκλέξηται Κύριος, Ἰερουσαλὴμ κληθήσεται. καὶ εὕρομεν ἐν τῇ βίβλῳ Ἐνὼχ τοῦ δικαίου.

[Ἰδοῦ δέ, ὦ Ἰουδαῖε, ὡς ὁ εὐλογημένος Λευὶ εἶπέ σοι τὸ ὅραμα].

XIV. καὶ νῦν, τέκνα, ἔγνων ἀπὸ γραφῆς Ἐνώχ, ὅτι ἐπὶ τέλει ἀσεβήσετε ἐπὶ Κύριον, χεῖρας ἐπιβάλλοντες ἐν πάσῃ κακίᾳ, καὶ αἰσχυνθήσονται ἐφ᾽ ὑμῖν οἱ ἀδελφοὶ ὑμῶν, καὶ πᾶσι τοῖς ἔθνεσι γενήσεται χλευασμός. 2. καὶ γὰρ ὁ πατὴρ ἡμῶν Ἰσραὴλ καθαρός ἐστιν ἀπὸ τῆς ἀσεβείας τῶν ἀρχιερέων οἵτινες ἐπιβαλοῦσι τὰς χεῖρας αὐτῶν ἐπὶ τὸν σωτῆρα τοῦ κόσμου. 4. καὶ ἐπάξετε κατάραν ἐπὶ τὸ γένος ἡμῶν, ὅτι τὸ φῶς τοῦ κόσμου τὸ δοθὲν ἐν ὑμῖν εἰς φωτισμὸν παντὸς ἀνθρώπου, τοῦτον θέλοντες ἀνελεῖν, ἐναντίας ἐντολὰς διδάσκοντες τοῖς τοῦ Θεοῦ δικαιώμασι. 5. τὰς προσφορὰς λαμβάνετε.

XV. Καὶ ὁ ναὸς ὃν ἂν ἐκλέξηται ὁ Κύριος (ἔρημος ἔσται) ἐν τῇ ἀκαθαρσίᾳ ὑμῶν. καὶ ὑμεῖς αἰχμάλωτοι ἔσεσθε εἰς πάντα τὰ ἔθνη. 2. καὶ ἔσεσθε βδέλυγμα καὶ λήψεσθε ὀνειδισμὸν καὶ αἰσχύνην αἰώνιον παρὰ τῆς δικαιοκρισίας τοῦ Θεοῦ. 3. καὶ πάντες στυγήσουσιν ἡμᾶς. 4. καὶ εἰ μὴ δι᾽ Ἀβραὰμ καὶ Ἰσαὰκ καὶ Ἰακὼβ τοὺς πατέρας ἡμῶν, εἷς ἐκ τοῦ σπέρματός μου οὐ μὴ καταλειφθῇ ἐπὶ τῆς γῆς.

XVI. Καὶ νῦν ἔγνων ἐν βιβλίοις Ἐνὼχ ὅτι ἑβδομάδα πλανηθήσεσθε καὶ τὴν ἱεροσύνην βεβηλώσετε καὶ τὰς θυσίας μιανεῖτε. 2. καὶ τὸν νόμον ἀφανίσετε καὶ λόγους προφητῶν ἐξουθενώσετε, ἐν διαστροφῇ διώξετε ἄνδρας δικαίους καὶ εὐσεβεῖς μισήσετε, ἀληθινῶν λόγους βδελύξεσθε. 3. καὶ ἄνδρα ἀνακαινοποιοῦντα νόμον ἐν δυνάμει ὑψίστου, πλάνον προσαγορεύσετε, καὶ τέλος, ὡς νομίζετε, ἀποκτενεῖτε αὐτόν, οὐκ εἰδότες αὐτοῦ τὸ ἀνάστημα, τὸ ἀθῷον αἷμα ἐν κακίᾳ ἐπὶ κεφαλὰς ὑμῶν ἀναδεχόμενοι. 4. Δι᾽ αὐτὸν ἔσται τὰ ἅγια ὑμῶν ἔρημα, ἕως ἐδάφους μεμιαμμένα. 5. καὶ οὐκ ἔσται τόπος ὑμῶν καθαρός, ἀλλ᾽ ἐν τοῖς ἔθνεσιν ἔσεσθε εἰς κατάραν καὶ εἰς διασκορπισμόν, ἕως αὐτὸς πάλιν ἐπισκέψηται, καὶ οἰκτειρήσας προσδέξηται ὑμᾶς ἐν πίστει καὶ ὕδατι. [καὶ ὅσα σοι λέγω, ὦ Ἰουδαῖε, ἤκουσας Λευὶ λέγοντα τοῖς τέκνοις τῶν τέκνων αὐτοῦ ὡς τὸν Κύριον ἐσταυρώσατε αὐτὸς δὲ οἰκτείρει καὶ ἀποδέχεται ὑμᾶς ἁγιάζοντες αὐτοὺς τῷ ὕδατι ἐν τῷ ὀνόματι τοῦ πατρὸς καὶ τοῦ υἱοῦ καὶ τοῦ ἁγίου πνεύματος, ἐννόει δὲ ὅτι οὐκ οἰκτερεῖ σε, εἴπερ ἐν αὐτῷ οὐ πιστεύεις καὶ οὐ τὸν βαπτισμὸν ἀποδέχει ἐν τῷ ὀνόματι αὐτοῦ, καὶ γὰρ ὁ Κύριος αὐτὸς εἶπεν ἐν τῷ ἁγίῳ εὐαγγελίῳ ὅτι ὁ μὴ γεννηθεὶς τῷ ὕδατι καὶ τῷ πνεύματι οὐκ ἐλεύσεται εἰς τὴν βασιλείαν τῶν οὐρανῶν. Σὺ δέ, ὦ Ἰουδαῖε, περὶ τῶν προγόνων ἐννοῶν ὥστε μὴ ἀπολλύναι τὴν ψυχὴν σοῦ, λαβὲ τὸν ἅγιον βαπτισμόν, καὶ γενοῦ ὡς νεόγονον βρέφος ἄνευ μιάσματος ἐν ἁγιότητι. Ἄκουε δέ, ὦ Ἰουδαῖε, περὶ τὴν ἱερατείαν τῷ Θεῷ τοῦ Λευὶ λέγοντος].

XVII. Ἀκούετε, ὦ τέκνα μου, περὶ τῆς ἱερατείας ἐν τίνι μένει ἐστὶ ἱερατεία· 2. ὁ πρῶτος χριόμενος εἰς τὴν ἱερωσύνην μέγας ἐστι. 3. Ἐν τῷ δευτέρῳ ὁ χριόμενος ἐν πένθει ἀγαπητῶν συλληφθήσεται, καὶ ἡ ἱερωσύνη αὐτοῦ καθαρὰ ἔσται. 4. Ὁ δὲ τρίτος ἱερεὺς ἐν λύπῃ παραληφθήσεται. 5. καὶ ὁ τέταρτος ἐν ὀδύνῃ ἔσται· ὅτι προσθήσει ἐπ' αὐτὸν ἡ ἀδικία εἰς πλῆθος. καὶ πᾶς Ἰσραὴλ μισήσουσιν ἕκαστος τὸν πλησίον αὐτοῦ. 6. Ὁ πέμπτος ἐν σκότει παραληφθήσεται. 7. ὡσαύτως καὶ ὁ ἕκτος καὶ ὁ ἕβδομος. 8. καὶ ἐν παντὶ ἔσται μιασμός, ὃν οὐ δύναμαι εἰπεῖν, ἐνώπιον τῶν ἀνθρώπων· ὅτι αὐτοὶ γνώσονται οἱ ποιοῦντες αὐτά. 9. Διὰ τοῦτο ἐν αἰχμαλωσίᾳ ληφθήσονται, καὶ ἡ γῆ καὶ ἡ ὕπαρξις αὐτῶν ἀφανισθήσεται. 10. [καὶ ἀνακαινοποιήσουσιν οἶκον Κυρίου] καὶ ἐν πέμπτῃ ἑβδομάδι ἐπιστρέψουσιν εἰς γῆν ἐρημώσεως αὐτῶν καὶ ἀνακαινοποιήσουσιν οἶκον Κυρίου. 11. Ἐν δὲ τῷ ἑβδόμῳ ἑβδοματικῷ ἥξουσιν οἱ ἱερεῖς, εἰδωλολατροῦντες, μάχιμοι, φιλάργυροι, ὑπερήφανοι, ἄνομοι, κτηνοφθόροι, ἀσελγεῖς.

XVIII. Καὶ μετὰ τὸ γενέσθαι τὴν ἐκδίκησιν παρὰ Κυρίου, 2. τῇ ἱερατείᾳ τότε ἐγερεῖ Κύριος ἱερέα καινόν, ᾧ πάντες οἱ λόγοι Κυρίου ἀποκαλυφθήσονται καὶ αὐτὸς ποιήσει κρίσιν ἀληθείας ἐπὶ τῆς γῆς ἐν πλήθει ἡμερῶν. 3. καὶ ἀνατελεῖ ἄστρον αὐτοῦ ἐν οὐρανῷ ὡς βασιλεύς, φωτίζων φῶς γνώσεως ἐν ἡλίῳ ἡμέρας· καὶ μεγαλυνθήσεται ἐν τῇ οἰκουμένῃ ἕως ἀναλήψεως αὐτοῦ. 4. Ἐκεῖ ἀναλάμψει ἐν τῇ γῇ καὶ ἐξαρεῖ πᾶν σκότος ἐκ τῆς ὑπ' οὐρανὸν καὶ ἔσται εἰρήνη ἐν πάσῃ τῇ γῇ. 5. οἱ οὐρανοὶ ἀγαλλιάσονται ἐν ἐκείνῃ τῇ ἡμέρᾳ καὶ ἡ γῆ χαρίσεται καὶ λίμναι εὐφρανθήσονται καὶ ἡ γνῶσις Κυρίου χυθήσεται ἐπὶ τῆς γῆς, ὡς ὕδωρ θαλασσῶν. καὶ οἱ ἄγγελοι τῆς δόξης τοῦ προσώπου Κυρίου χαρίσονται ἐν αὐτῷ. 6. Οἱ οὐρανοὶ ἀνοιγήσονται καὶ ἐκ τοῦ ναοῦ τῆς δόξης ἥξει ὁ ἅγιος μετὰ φωνῆς τοῦ πατρός. 7. Καὶ δόξα ὑψίστου ἐπ' αὐτὸν ῥηθήσεται καὶ πνεῦμα συνέσεως καὶ ἁγιασμοῦ καταπαύσει ἐπ' αὐτὸν ἐν τῷ ὕδατι. 8. Αὐτὸς δώσει τὴν μεγαλωσύνην Κυρίου τοῖς υἱοῖς αὐτοῦ ἐν ἀληθείᾳ εἰς τὸν αἰῶνα· καὶ οὐκ ἔσται διαδοχὴ αὐτοῦ εἰς γενεὰς καὶ γενεὰς ἕως τοῦ αἰῶνος. 9. καὶ χῶραι τῆς ὁσιότητος αὐτοῦ αὐξήσονται ἐν συνέσει ἐπὶ τῇ γῇ καὶ τῇ χάριτι τοῦ Θεοῦ ὁ Ἰσραὴλ ἁγιασθήσεται· [ἐκλείψει πᾶσα ἁμαρτία] καὶ ἀμαυρωθήσεται ἐν τῇ λύπῃ τῆς ἁγιότητος αὐτοῦ καὶ πᾶσα ἁμαρτία ἐλαττώσεται καὶ οἱ ἄνομοι καταπαύσουσιν εἰς κακά. οἱ δὲ δίκαιοι καταπαύσουσιν ἐν αὐτῷ. 10. Καὶ γὰρ αὐτὸς ἀνοίξει τὰς θύρας τοῦ παραδείσου καὶ στήσει τὴν ἀπειλοῦσαν ῥομφαίαν κατὰ τοῦ Ἀδάμ. 11. καὶ δώσει τοῖς ἁγίοις φαγεῖν ἐκ τοῦ ξύλου τῆς ζωῆς, καὶ πνεῦμα ἁγιωσύνης ἔσται ἐπ' αὐτοῖς. 12. Καὶ ὁ Βελίαρ δεθήσεται ὑπ' αὐτοῦ, καὶ δώσει ἐξουσίαν τοῖς τέκνοις αὐτοῦ τοῦ πατεῖν ἐπὶ τὰ πονηρὰ πνεύματα. 13. Καὶ εὐφρανθήσεται Κύριος ἐπὶ τοῖς τέκνοις αὐτοῦ ἕως τῶν αἰώνων. 14. Τότε ἀγαλλιάσεται Ἀβραὰμ καὶ Ἰσαὰκ καὶ Ἰακὼβ κἀγὼ χαρίσομαι καὶ πάντες οἱ ἅγιοι ἐνδύσονται δικαιοσύνην.

XIX. Καὶ νῦν, τέκνα μου, πάντα ἠκούσατε· ἐλέσθε οὖν ἑαυτοῖς ἢ τὸ σκότος ἢ τὸ φῶς, ἢ νόμον Κυρίου ἢ ἔργα τοῦ Βελίαρ.

XIII. 1. Πάντα ἃ ἐννόησα ἐντέλλεσθαι ὑμῖν, καὶ ἕνεκα τούτου φοβεῖσθε τὸν Κύριον τὸν Θεὸν ὑμῶν πάσῃ τῇ καρδίᾳ ὑμῶν καὶ πορεύεσθε ἐν τῇ ἁπλότητι τοῦ νόμου αὐτοῦ. 2. καὶ διδάσκετε τοὺς υἱοὺς ὑμῶν τὰ βιβλία, ὅπως ἐννοῶσιν ἐν πάσῃ τῇ ζωῇ αὐτῶν διδαξάμενοι τὸν νόμον τοῦ ἁγιωτάτου Θεοῦ. 3. καὶ πᾶς ὁ ἐννοῶν τὸν νόμον τοῦ Κυρίου καθαρὸς ἔσται καὶ οὐ ξένος ἐστὶ ὅπου ἂν ξενίζηται. 4. πολλοὶ γὰρ τῶν ἀνθρώπων ἐν τῷ βιβλίῳ τιθέναι τὰ ὀνόματα αὐτῶν θέλουσι ὥστε ἐργάζεσθαι δι' αὐτὸν καὶ ἀκούειν τὸν νόμον ἀπὸ τῶν χειλέων αὐτοῦ. 5. Καὶ ἐργάζεσθε τὴν δικαιοσύνην, τέκνα μου, ἐν τῇ γῇ καὶ εὑρήσετε αὐτὴν ἐν τοῖς οὐρανοῖς. 6. Καὶ σπείρετε ἐν τῇ ψυχῇ καὶ εὐλογοῦντες καὶ θερίσετε ἐν τῇ ζωῇ ὑμῶν, καὶ σπείραντες ἐν κακῷ κακὸν θερίσετε. 7. Ὑμεῖς δέ, τέκνα, τίθεσθε τὴν σοφίαν ἐν τῷ φόβῳ τοῦ Κυρίου σὺν πόνῳ. εἰ δὲ πόλις ἁλίσκεται, ἀποβάλλουσι τὸν χρυσὸν καὶ τὸν ἄργυρον καὶ πᾶν τὸ κέρδος ἀπόλλυται, ἀλλ' οὐδεὶς ἀπὸ τοῦ σοφοῦ ἀφαιρεῖν δύναται τὴν σοφίαν, ἀλλὰ μόνον σκότωσις διὰ τὰς ἁμαρτίας καὶ τύφλωσις τῶν πραγμάτων· 8. ἐκ τῆς εὐγενείας αὐτοῦ τότε ἔσται μάχη ἀπὸ τῶν πολεμίων καὶ ὥσπερ πατρὶς ἐν γῇ ἀλλοτρίᾳ καὶ ἐν τοῖς πολεμίοις ἀποστρέψεται. 9. εἴ τις τῆς μαθήσεως καὶ σοφίας ἀντιλαμβάνεται ἔσται αὐτὸς ἐπιτραπέζιος τοῖς βασιλεῦσιν ὡς ὁ ἀδελφὸς ἡμῶν ὁ ἁγνὸς Ἰωσήφ. XIX. 2. καὶ ἀπεκρίθησαν οἱ υἱοὶ τοῦ Λευὶ τῷ πατρὶ λέγοντες Ἐνώπιον Κυρίου πορευσώμεθα κατὰ τὸν νόμον αὐτοῦ. 3. καὶ εἶπε Λευί· Μάρτυς ἔστω ὁ Κύριος ὅσα ὑπέσχεσθε σήμερον. 4. καὶ ταῦτα εἰπὼν ἐκοιμήθη ζήσας ἑκατὸν τριάκοντα ἑπτὰ ἔτη. 5. καὶ ἔθηκαν αὐτὸν ἐν σωρῷ, καὶ ὕστερον ἔθαψαν αὐτὸν ἐν Χεβρὼν ὅπου Ἀβραὰμ καὶ Ἰσαὰκ καὶ Ἰακώβ.

ΔΙΑΘΗΚΗ ΙΟΥΔΑ

I. 1, 2, 3. Μετὰ ταῦτα Ἰούδα, τέταρτος υἱὸς Ἰακώβ, υἱὸς Λέας ἐκαλέσατο τοὺς υἱοὺς αὐτοῦ πρὸς ἑαυτὸν καὶ εἶπε, Τέκνα μου, πρὸ τοῦ ἀποθανεῖν ἐμέ, λέξω σοι τὰ ἔργα μου, ὅτε κράτος ἦν ἐν τῷ στέρνῳ 3..καὶ ταχὺς ἦν τοῖς ποσὶ καὶ κρατερὸς τῷ σώματι, [πολλοὶ τῶν πολεμίων οὐκ ἀνέσχον τοὺς ἐμοὺς βραχίονας καὶ ἐνίκησα κράτος πόλεως οὐκ εἰκούσης] III. 10. καὶ εἶδεν ὁ πατήρ μου Ἰακὼβ ὡς ὁ ἄγγελος τοῦ κρατεροῦ ἐβοήθησέ μοι περὶ τῆς ἀνδρείας καὶ προσεῖχεν αὐτοῖς τὸν νοῦν. XVIII. 1. Εἶδον γὰρ ἐν τοῖς βιβλίοις τοῦ Ἐνώχ, ὅσα κακὰ ποιεῖται ἐν ταῖς ἐσχάταις ἡμέραις, 2. ἀλλὰ σώσατε ὑμᾶς ἑαυτούς, τέκνα μου, ἀπὸ πάσης πορνείας καὶ φιλαργυρίας, 3. ἥτις ἀποστερεῖ τοῦ νόμου τοῦ Κυρίου, καὶ ἐκτυφλοῖ τὰ ἐννοήματα τῆς ψυχῆς, καὶ οὐκ ἀφίει ἄνδρα ἐλεῆσαι τὸν πλησίον αὐτοῦ. 4. καὶ συνέχει αὐτὸν ἐν μόχθοις καὶ πόνοις. XIX. 2. Διὰ ἀργύριον ἐγὼ ἀπώλεσα τὰ τέκνα μου, καὶ εἰ μὴ ἡ μετάνοια σαρκός μου καὶ ἡ ταπείνωσις ψυχῆς μου, καὶ αἱ εὐχαὶ Ἰακὼβ τοῦ πατρός μου, ἄτεκνος εἶχον ἀποθανεῖν. 3. Ἀλλ' ὁ Θεὸς τῶν πατέρων μοῦ ὁ οἰκτίρμων καὶ ἐλεήμων, συνέγνω ὅτι ἐν ἀγνοίᾳ ἐποίησα. 4. Ἐτύφλωσε γάρ με ὁ ἄρχων τῆς πλάνης· καὶ ἠγνόησα ὡς ἄνθρωπος καὶ ὡς σάρξ, ἐν ἁμαρτίαις φθαρείς, καὶ ἐπέγνων τὴν ἐμαυτοῦ ἀσθένειαν νομίζων ἀκαταμάχητος εἶναι XIII. 3. ὠνείδισα τὸν ἀδελφὸν Ῥουβὴμ περὶ Βάλλας τῆς γυναικὸς τοῦ πατρός, καὶ πολλάκις ἐκόμπαζον ἐν τοῖς ἀδελφοῖς τῷ σθένει τῶν πραγμάτων τῆς νεότητος οὐκ ἀπάντησεν ἐμοὶ πρόσωπον γυναικὸς εὐμόρφου ἀλλὰ τὸ πνεῦμα τοῦ ζήλου παρετάξατο ἐν ἐμοὶ καὶ ἐτύφλωσεν ἕως συνέπεσα εἰς Βησσουὲ τὴν Χαναναίαν. 6. οἶνος γὰρ διέστρεψε τοὺς ὀφθαλμούς μου, καὶ ἠμαύρωσέ μου τὴν καρδίαν ἐπιθυμίᾳ. 7. καὶ παραβὰς τὸν νόμον τοῦ Θεοῦ συνέπεσα. 8. καὶ ἀνταπέδωκέ μοι Κύριος ὅτι οὐκ ηὐφράνθην ἐπὶ τοῖς τέκνοις αὐτῆς.

XIV. Καὶ νῦν, τέκνα μου, μὴ μεθύσκεσθε οἴνῳ· ὅτι ὁ οἶνος διαστρέφει τὸν νοῦν ἀπὸ τῆς ἀληθείας, καὶ ἐμβάλλει νόημα ὀργῆς, καὶ ὁδηγεῖ εἰς πλάνην τοὺς ὀφθαλμούς. 2. Τὸ γὰρ πνεῦμα τῆς πορνείας τὸν οἶνον ὡς διάκονον πρὸς τὰς ἡδονὰς ἔχει· ὅτι καίγε τὰ δύο ταῦτα ἀφιστῶσι τὴν δύναμιν τοῦ ἀνθρώπου. 3. Ἐὰν γάρ τις πίῃ οἶνον εἰς μέθην ἐν διαλογισμοῖς ῥυπαροῖς συνταράσσει τὸν νοῦν εἰς πορνείαν καὶ ἐκθερμαίνει τὸ σῶμα πρὸς μίξιν, καὶ εἰ πάρεστι τὸ τῆς ἐπιθυμίας αἴτιον πράσσει τὴν ἁμαρτίαν καὶ οὐκ αἰσχύνεται 4. ὁ γὰρ μεθύων οὐδένα αἰδεῖται. 5. Ἰδοὺ γὰρ (ὁ οἶνος) κἀμὲ ἐπλάνησε μὴ αἰσχυνθῆναι πλῆθος ἐπὶ ταῖς πύλαις, ὅτι ἐν ὀφθαλμοῖς πάντων ἐξέκλινα πρὸς τὴν Θάμαρ, οὖσαν νύμφην, καὶ ἐποίησα ἁμαρτίαν 6. ἐν μέθῃ. καὶ οὐκ ἐφοβούμην τὴν ἐντολὴν τοῦ Κυρίου. 5. καὶ ἀνεκάλυψα κάλυμμα πᾶσιν ἐν ταῖς ἁμαρτίαις μου. 7. Καὶ νῦν, τέκνα, μὴ μεθύσκητε παρὰ φύσιν τὴν σύνεσιν ὑμῶν 8. εἴπερ μεταβάλλετε τὸν διαλογισμὸν τῆς συνέσεως ὑμῶν μέθῃ, τὸ πνεῦμα τῆς πορνείας εἰσπορεύεται εἰς (ἄνθρωπον) καὶ ποιεῖ τὸν μέθυσον αἰσχρορημονεῖν καὶ παρανομεῖν, καὶ μὴ αἰσχύνεσθαι, ἀλλὰ ἐγκαυχᾶσθαι τῇ ἀτιμίᾳ αὐτοῦ.

XV. Καὶ κατηγορούμενος οὐ ταπεινοῦται διὰ τὴν ἀτιμίαν μέμνησθε ὡς τὰ ἀγαθὰ λέγειν. 2. εἰ γὰρ βασιλεύς τις μένει μεθυσκόμενος καὶ πορνείᾳ παρέχει ἑαυτὸν γυμνούμενος ἐκ τῆς βασιλείας ταχέως ἐκπίπτει. 5. Καὶ ἔδειξέ μοι ὁ ἄγγελος τοῦ Κυρίου ὅτι τῶν ζώντων ἐν μέθῃ, ἢ βασιλέων ἢ πτωχῶν αἱ γυναῖκες κατακυριεύουσιν καὶ τοῦ μὲν βασιλέως αἴρουσιν τὴν δόξαν, τοῦ δὲ ἀνδρείου τὴν δύναμιν καὶ τοῦ πτωχοῦ ἐν τῇ πτωχείᾳ τέλειον στήριγμα.

XVI. Φυλάσσεσθε οὖν, τέκνα μου, τὰ χείλη ἐν μέθῃ, ἐστὶ γὰρ ἐν αὐτῇ τέσσαρα πνεύματα πονηρὰ ἐπιθυμίας, πυρώσεως ἀσωτίας, αἰσχροκερδίας, [ἀναιδείας]. 2. Εἰ μὴ πίνετε σὺν τῷ φόβῳ τοῦ Θεοῦ. Ἐὰν γὰρ ἐν τῷ εὐφραίνεσθαι ἀποστῇ ὁ τοῦ Θεοῦ φόβος, παρεισέρχεται ἡ ἀναισχυντία [καὶ ἀρχὴ τῆς ἁμαρτίας]. 3. Καὶ γίγνονται ἀντιλογίαι τὴν ὀργὴν γεννήσαντες, συκοφαντίαις μωραινόμενοι, καὶ γίγνεται παράβασις ἐντολῶν Θεοῦ καὶ ἔσται ἀπώλεια οὐκ ἐν καιρῷ ὑμῶν. 4. ὡς κἀγὼ ἐντολὰς Θεοῦ καὶ μυστήρια Ἰακὼβ τοῦ πατρός μου ἀπεκάλυψα τῇ Χανανίτιδι, οἷς εἶπεν ὁ Θεὸς μὴ ἀποκαλύψαι.

XVII. Καὶ νῦν ἐντέλλομαι ὑμῖν, τέκνα μου, [μὴ μεθύσκεσθαι οἴνῳ καὶ] μὴ ἀγαπᾶν ἀργύριον, μηδὲ ἐμβλέπειν εἰς κάλλος γυναικῶν ἐν τῇ ὄψει, ἐγὼ γὰρ ἐν μέθῃ εἶδον τὴν Χαναναίαν ὅλως ἐν λαμπρῷ χρυσῷ καὶ ἐπλανήθην δι' αὐτὴν ὡς ἄνθρωπος ὢν ἐν μέθῃ καὶ τῇ ὄψει αἴτιος ἐγενόμην.

XVIII. 2. Καὶ νῦν, τέκνα μου, ἀκούσατε Ἰούδα τοῦ πατρὸς ὑμῶν, καὶ φυλάξασθε ἀπὸ τῆς φιλαργυρίας καὶ μέθης· 3. ὅτι ταῦτα ἀφιστᾷ (νόμου Θεοῦ) καὶ ὑπερηφανίαν ἐκδιδάσκει· 4. καὶ στερίσκει τὴν ψυχὴν αὐτοῦ ἀπὸ πάσης ἀγαθοσύνης, καὶ ἀφιστᾷ ὕπνον ἀπ' αὐτοῦ καὶ καταδαπανᾷ σάρκας αὐτοῦ. 5. καὶ τὰς εὐχὰς Θεοῦ ἐμποδίζει καὶ εὐλογίας οὐ μέμνηται, καὶ προφήτῃ λαλοῦντι οὐχ ὑπακούει, καὶ λόγῳ εὐσεβείας προσοχθίζει. 6. καὶ ἐν ἡμέρᾳ ὡς ἐν νυκτὶ πορεύεται.

XII. 3, 4, 6. Ἐγὼ δὲ μωραινόμενος τῇ μέθῃ ἐδήλωσα τὰ μυστήρια τῆς καρδίας μου καὶ ἔδωκα τὴν ῥάβδον καὶ τὸ διάδημα τῆς βασιλείας μου τῇ Θάμαρ τῇ νύμφῃ μου, [ἠγνόησα γὰρ ὅτι Θάμαρ ἦν πόρνη, αἱ γὰρ ἀπὸ Μεσοποταμίας ἦσαν θυγατέρες Ἀβραάμ]. X. 1, 2. καὶ ἔδωκα αὐτὴν τῷ υἱῷ Ἢρ ἐς γάμον καὶ Ἢρ ἦν σκολιὸς καὶ ἠμέλησε τῆς Θάμαρ. αὐτοῖς οὐκ ἦν μοῖρα ἐκ γαῖας Χαναάν, καὶ ὁ ἄγγελος τοῦ Θεοῦ ἔκτεινεν αὐτὸν ἐν τῇ τρίτῃ νυκτί. 3. καὶ οὐκ ἐγίνωσκεν αὐτὴν διὰ τῆς σκολιότητος, οὐ γὰρ ἤθελεν ἔχειν ἐξ αὐτῆς τέκνα. 4. ἐν ταῖς ἡμέραις τοῦ γάμου· 1. ἦν γὰρ ἐκ Μεσοποταμίας, θυγάτηρ Ἀράμ. καὶ ἔδωκα αὐτὴν τῷ υἱῷ μου Ἢρ εἰς γάμον. 2. Ἦν δὲ Ἢρ πονηρὸς καὶ ἠπορεῖτο περὶ τῆς Θάμαρ ὅτι οὐκ ἦν ἐκ γῆς Χαναάν. Καὶ ἄγγελος Κυρίου ἀνεῖλεν αὐτὸν τῇ τρίτῃ νυκτί. 3. καὶ αὐτὸς οὐκ ἔγνω αὐτήν, κατὰ πανουργίαν τῆς μητρὸς αὐτοῦ, οὐ γὰρ ἤθελεν ἔχειν τέκνα ἀπ᾽ αὐτῆς. 4. Ἐν ταῖς ἡμέραις τοῦ θαλάμου ἐπεγάμβρευσα αὐτῇ τὸν Αὐνᾶν, τῷ δευτέρῳ υἱῷ μου, καί γε οὗτος ἐν πονηρίᾳ οὐκ ἔγνω αὐτὴν ποιήσας σὺν αὐτῇ ἐνιαυτόν, 5. καὶ ὅτε ἠπείλησα αὐτῷ συνελθεῖν τάσσων αὐτῇ, διέφθειρε τὸ σπέρμα ἐπὶ τὴν γῆν κατὰ τὴν ἐντολὴν τῆς μητρὸς αὐτοῦ, ἀλλὰ ταύτης τῆς πονηρίας γενομένης, 6. ἤθελον καὶ τὸν Σιλὼμ δοῦναι αὐτῇ, τὸν τρίτον υἱόν, ἀλλ᾽ ἡ γυνή μου Βησσουὲ οὐκ ἀφῆκεν· ἐπονηρεύετο γὰρ πρὸς τὴν Θάμαρ, ὅτι οὐκ ἦν ἐκ θυγατέρων Φαραὼν ὡς αὐτή.

XII. 1. [Σπουδὴ γὰρ ἦν τῇ Θάμαρ ἔχειν τέκνα ἀπὸ τῆς γενεᾶς τοῦ Ἀβραάμ. Ἡ γὰρ γενεὰ τοῦ Ἀβραὰμ ἦν προστεταγμένη καὶ ἠναγκάσθη] ἡ Θάμαρ καθῆσθαι ἐπὶ ταῖς πύλαις, ὡς πόρνη, κοσμηθεῖσα κόσμῳ νυμφικῷ [καὶ φθάσασα τὴν ὁδόν μου], ὅτι ἀνέρχομαι ἀπὸ τῶν προβάτων. 3. Μεθυσθεὶς οὖν ἐγὼ οὐκ ἀπέγνων αὐτὴν ἀπὸ τοῦ οἴνου, καὶ ἠπάτησέ με τὸ κάλλος αὐτῆς, 4. καὶ ἔδωκα αὐτῇ τὴν ῥάβδον καὶ τὴν ζώνην, καὶ ἐπλησιάσθη ἐμοί, [καὶ εἶχεν ἐν τῇ κοιλίᾳ τοὺς διδύμους Φαρὲς καὶ Ἀζάρ, καὶ ἦν μυστήριον φαινόμενον ἐν τῷ τεκεῖν τὴν Θάμαρ, ἐπεὶ τὸ πρῶτον τέκνον ἐξετίθη τὴν χεῖρα, ἡ μαιεύτρια ἐδέσμευσε νῆμα κόκκινον ἐπὶ τῇ χειρί, τῇ ὠθημένῃ, ὥστε εἰδέναι τὸ τέκνον ὃ πρῶτον ἐγένετο. καὶ τὸ τέκνον ἐκάλυψε τὴν χεῖρα καὶ ἦν τὰ τέκνα ἀγγελία τοῖς λαοῖς παλαιῶν καὶ καινῶν, ὡς γὰρ ἦν τὰ παλαιὰ πρὸ τοῦ νόμου ὄντα ἀνώρθει κατὰ τὸν νόμον, ὡς εἰ τῷ νόμῳ συντηρούμενα. ἐννόει δὲ τὸν Ἄβελ καὶ τὸν Σὴθ καὶ Ἐνὼχ καὶ Ἐνώς, Νῶε καὶ Ἑβὲρ καὶ οὕτως τὸν Ἀβραὰμ ὃς ἔλειψε τὸν πατέρα χάριν τοῦ Θεοῦ, Ἰώβ τε καὶ Μελχισεδέκ, καὶ οὕτως οἱ ἄλλοι προφῆται, οἳ ἐλάλησαν περὶ τῆς ἐλεύσεως τοῦ Χριστοῦ. ἀλλὰ ὡς ἔκρυψε τὴν χεῖρα ἐν τῇ κοιλίᾳ, οὕτως τοῦ νόμου κρυπτομένου καὶ ἀτιμαζομένου ἐγεννήθη ὁ Φαρές. καὶ τότε ἐξῆλθεν ὁ Ζαρὰ καὶ ἐφαίνετο τὸ νῆμα τὸ κόκκινον, τὸ σημαινόμενον τῷ αἵματι τοῦ Χριστοῦ].

XX. Καὶ ἐπίγνωτε, τέκνα μου, ὅτι δύο πνεύματα σχολάζουσι τῷ ἀνθρώπῳ τὸ τῆς ἀληθείας καὶ τὸ τῆς πλάνης. 2. μέσον ἐστὶ τὸ τῆς συνέσεως τοῦ νοός, πρὸς ταύτης θέλει ἡ εἰλικρινὴς κλίνεσθαι καὶ κλίνεται πρὸς τὴν καρδίαν τοῦ ἀνθρώπου καὶ ἕκαστος γιγνώσκει τὴν φωνήν. 4. καὶ οὐκ ἐστὶ καιρὸς ἐν ᾧ δυνήσεται λαθεῖν ἀνθρωπων ἔργα. ὅτι ἐν στήθει ὀστέων αὐτὸς ἐγγέγραπται ἐνώπιον Κυρίου. 5. καὶ ὁ ἁμαρτωλὸς ἐκ τῆς καρδίας αὐτοῦ, καὶ ἆραι πρόσωπον οὐ δύναται πρὸς τὸν κριτήν. XXI. 1, 2. Καὶ νῦν, τέκνα, ἀγγέλλω ὑμῖν ὡς ὁ Θεὸς ἔδωκε τὴν ἱερατείαν τῷ Λευί, καὶ ἐμοὶ ἔδωκε τὴν βασιλείαν. XXII. 1. [Μεγάλη μὲν ἦν μοι ταραχὴ καὶ μετὰ ταῦτα ἔσται ἐν ταῖς ἐσχάταις ἡμέραις] πολλοὶ ἔσονται πόλεμοι ἐν τῷ Ἰσραὴλ καὶ κατ' ἀλλήλων, καὶ ἔσονται διαιρέσεις. XXIII. 3. καὶ ἐλεύσεται λιμὸς καὶ λοιμός. καὶ τὰ τέκνα ὑμῶν πείσεται πολιορκίαν καὶ πάντας τοὺς ὀλέθρους. 4. καὶ ἐκτεμοῦσιν ἐξ ὑμῶν εἰς εὐνούχους ταῖς γυναιξὶν αὐτῶν. 5. Καὶ ἐπισκέψεται ὑμᾶς Κύριος ἐν ἐλέει, [καὶ ἔσται σωτηρία τῷ Ἰσραήλ, ἐν τῇ παρουσίᾳ τοῦ Θεοῦ τοῦ ἀληθοῦς].

XXIV. Καὶ μετὰ ταῦτα ἀνατελεῖ ὑμῖν ἄστρον ἐξ Ἰακὼβ ἐν εἰρήνῃ, καὶ ἀναστήσεται ἄνθρωπος ἐκ τοῦ γένους μου ὡς ὁ ἥλιος τῆς δικαιοσύνης, συμπορευόμενος τοῖς ἀνθρώποις ἐν δικαιοσύνῃ καὶ πραότητι, καὶ πᾶσα ἁμαρτία οὐχ εὑρεθήσεται ἐν αὐτῷ. 2. Καὶ ἀνοιγήσονται ἐπ' αὐτὸν οἱ οὐρανοὶ ἐκχέαι πνεύματος εὐλογίαν πατρὸς ἁγίου καὶ αὐτὸς ἐκχεεῖ πνεῦμα χάριτος ἐφ' ὑμᾶς. 4. καὶ ἔσεσθε αὐτῷ εἰς υἱοὺς ἐν ἀληθείᾳ καὶ πορεύσεσθε ἐν προστάγμασι αὐτοῦ πρώτοις καὶ ἐσχάτοις. 5. οὗτος ὁ βλαστὸς Θεοῦ ὑψίστου καὶ αὕτη ἡ πηγὴ εἰς ζωὴν πάσης σαρκός. 6. Τότε ἀναλάμψει σκῆπτρον βασιλείας μου, καὶ ἀπὸ τῆς ῥίζης ὑμῶν γενήσεται πυθμήν, 7. καὶ ἐν αὐτῷ ἀναβήσεται ῥάβδος δικαιοσύνης τοῖς ἔθνεσι κρῖναι καὶ σῶσαι πάντας τοὺς ἐπικαλουμένους Κύριον.

XXVI. 4. Καὶ ταῦτα εἰπὼν ἐξέδωκε τὴν ψυχὴν Ἰούδας ὁ υἱὸς τοῦ Ἰακὼβ τέταρτος καὶ τῆς Λίας, ζήσας ἔτη ἑκατὸν καὶ ἐννέα καὶ δέκα· καὶ ἐξέφερον αὐτὸν οἱ υἱοὶ αὐτοῦ καὶ ἔθαψαν αὐτὸν ἐν Χεβρὼν μετὰ τῶν πατέρων αὐτοῦ.

ΔΙΑΘΗΚΗ ΙΣΑΧΑΡ ΠΕΡΙ ΑΠΛΟΤΗΤΟΣ

I. Μετὰ ταῦτα Ἰσαχὰρ καλέσας τοὺς υἱοὺς αὐτοῦ εἶπεν αὐτοῖς. ἀκούσατε, τέκνα Ἰσαχὰρ τοῦ πατρὸς ὑμῶν, ἐνωτίσασθε ῥήματα. 2. Ἐγὼ ἐτέχθην πέμπτος υἱὸς τῷ Ἰακὼβ ἐν μισθῷ τῶν μανδραγορῶν.

III. 1. [Καὶ πρὸς τούτοις εἶπεν· οὐκ οἴδατε], τέκνα μου, ὡς ἐπορευόμην ἐν εὐθύτητι καρδίας 5. καὶ πᾶς πόνος ἀνήλωσε τὸ κράτος μου. 7. Καὶ Κύριος ἐδιπλασίαζε τὰ ἀγαθὰ ἐν χερσί μου. πατρί μου πᾶν ἐποίησα τερπνὸν καὶ ἐν οὐδενὶ παρώργισα τὴν καρδίαν αὐτοῦ. καὶ ἐγὼ [ἔφερον] πᾶν τὸ βάρος τοῦ θελήματος αὐτοῦ. ἐγὼ ἦν ὁ φέρων ὑπὲρ μέτρον, καὶ εἶδεν ὁ πατήρ ἐμὸς ὅτι ὁ Θεὸς συνεργεῖ τῇ ἁπλότητί μου. 3. Καὶ οὐκ ἤμην περίεργος ἐν ταῖς πράξεσί μου οὐδὲ φθονερὸς καὶ βάσκανος τῷ πλησίον, 4. οὐ κατελάλησά τινος, οὐδὲ ἔψεξα βίον ἀνθρώπου, πορευόμενος ἐν ἁπλότητι ὀφθαλμῶν. IV. Καὶ νῦν ἀκούσατε, τέκνα Ἰσαχὰρ πατρὸς ὑμῶν, καὶ πορεύεσθε ἐν ἁπλότητι καρδίας. 2. Οἱ ἐν ἁπλότητι βαίνοντες οὐ θέλουσι τὸ μιαρόν, οὐκ ἐπιθυμοῦσι εὑρεῖν τοὺς θησαυροὺς τοὺς πολυτίμους. οὐ θέλουσι εἰς πλεονεξίαν, τοῦ πλησίον οὐ κατακρίνουσιν, καὶ οὐκ ἐπιφέρουσι τὸ ὄνειδος κατ' ἀνθρώπου, βρωμάτων ποικίλων οὐκ ἐφίεται. 3. χρόνους μακροὺς οὐχ ὑπογράφει ζῆν, ἀλλὰ μόνον ἐκδέχεται τὸ θέλημα τοῦ Θεοῦ [ἐν τῇ εὐγενείᾳ τῆς ταπεινοφροσύνης αὐτοῦ]. 4. καί γε τὰ πνεύματα τῆς πλάνης οὐδὲν ἰσχύουσι πρὸς αὐτόν, οὐ γὰρ εἶδεν ἐπιδέξασθαι κάλλος θηλείας, ἵνα μὴ ἐν διαστροφῇ μιαίνῃ τὸν νοῦν αὐτοῦ· 5. οὐ ζῆλος ἐν διαβουλίοις αὐτοῦ ἐπελεύσεται· οὐ βασκανία ἐκτήκει ψυχὴν αὐτοῦ οὐδὲ αἰσθάνεται τὰ στασιώδη. 6. πάντα ὁρᾷ ἐν ἁπλότητι, καὶ οὐ λήψεται πονηρὸν ὀφθαλμόν· οὐ πορεύεται ἐν τῷ κέρδει πορεύεται ἐν τῇ εὐθύτητι τῆς ψυχῆς V. καὶ φυλάττων τὸν νόμον τοῦ Κυρίου, καὶ ὑμεῖς, τέκνα μου, στῆτε ἐν ἁπλότητι [ἐν πάσαις διανοίαις ὑμῶν καὶ ἀγαπᾶτε αὐτὴν καὶ συμβιοῦτε σὺν αὐτῇ καὶ κολλήθησθε αὐτῇ] καὶ ἀκούσατε τὰς ἐντολὰς Κυρίου καὶ μὴ ὀνειδίζετε μηδαμῶς τῷ πλησίῳ 2. ἀλλὰ ἀγαπᾶτε τὸν Κύριον καὶ τὸν πλησίον, πένητα καὶ ἀσθενῆ ἐλεᾶτε. 3. Ὑπόθετε τὸν νῶτον ὑμῶν εἰς τὸ γεωργεῖν τὴν γῆν ὑμῶν, καὶ ἀπὸ τῶν ἔργων δῶρα μετ' εὐχαριστείας Κυρίῳ προσφέρετε, 4. καὶ ἀπὸ [τοῦ ἔργου] λήψεσθε εὐλογίαν, ὡς τὸ πρὶν Ἄβελ [καὶ εὐχαριστείαν φέρετε, τέκνα μου], 7. Λευὶ καὶ Ἰούδα, καὶ γὰρ οἱ δύο ἐδοξάσθησαν τῷ Κυρίῳ ἐν πᾶσιν τοῖς υἱοῖς Ἰακώβ, καὶ γὰρ Κύριος ἐκλήρωσεν ἐν αὐτοῖς, καὶ τῷ μὲν ἔδωκε τὴν ἱερατείαν, τῷ δὲ τὴν βασιλείαν.

VI. Ἀκούσατε οὖν, ὡς ὁρᾶτε, τέκνα μου, καὶ γὰρ ἐν ἐσχάτοις καιροῖς καταλείψουσιν οἱ υἱοὶ ὑμῶν τὴν ἁπλότητα καὶ κολληθήσονται τῇ ἀπληστίᾳ, καὶ ἀφέντες τὴν ἀκακίαν προσπελάσουσι τῇ κακουργίᾳ, καὶ καταλίποντες τὰς ἐντολὰς Κυρίου κολληθήσονται τῷ πονηρῷ, 2. καὶ ἀφέντες τὸ γεώργειον ἐξακολουθήσουσι τοῖς πονηροῖς διαβουλίοις αὐτῶν, καὶ διασπαρήσονται ἐν τοῖς ἔθνεσι καὶ δουλεύσουσι τοῖς ἐχθροῖς αὐτῶν. 3. καὶ ὑμεῖς οὖν εἴπατε ταῦτα τοῖς τέκνοις ὑμῶν. VII. 8, 9. καὶ ταῦτα εἰπὼν ἀφῆκε τὴν ψυχὴν αὐτοῦ, ζήσας ἑκατὸν εἴκοσι δύο ἔτη.

ΔΙΑΘΗΚΗ ΖΑΒΟΥΛΩΝ

Ἐπεκαλέσατο Ζαβουλὼν τοὺς υἱοὺς αὐτοῦ πρὸς ἑαυτὸν 2. καὶ εἶπεν αὐτοῖς. Ἀκούσατέ μου, υἱοὶ Ζαβουλών, προσέχετε ῥήμασι πατρὸς ὑμῶν. 3. Ἐγώ εἰμι Ζαβουλών, δόσις ἀγαθὴ τοῖς γονεῦσί μου. Ἐν γὰρ τῷ γεννηθῆναί με, ηὐξήθη ὁ πατήρ μου ὅτι ἐν ταῖς ποικίλαις ῥάβδοις εἶχε τὸν κλῆρον. 4. οὐκ ἔγνων, τέκνα μου, ὅτι ἥμαρτον, ὅτι παρανομίαν ἐποίησα, πλὴν τῆς ἀγνοίας ἣν ἐποιήσαμεν ἐπὶ τὸν Ἰωσὴφ ἀδελφὸν ἡμῶν, οὐ γὰρ ἦν τὸ θέλημά μου 6. καὶ ἔκλαιον πολλὰ 7. καὶ πολλὰ διεμαρτυρησάμην αὐτοῖς μετὰ δακρύων, τοῦ μὴ ποιῆσαι τὴν ἀνομίαν ταύτην [ἐν τῷ Ἰσραήλ.

II. Καὶ μετὰ ταῦτα οὐκ ἐπαυσάμην θέλειν πολλὰς ἡμέρας τῷ Ἰωσήφ], ὅτε Συμεὼν καὶ Γὰδ ἐθέλησαν ἀνελεῖν αὐτὸν [καὶ ἔδωκα τὴν ψυχήν μου πρὸ τῆς ψυχῆς αὐτοῦ καὶ νῦν ἀναίτιός εἰμι τῆς πράσεως τοῦ ἀδελφοῦ ἡμετέρου Ἰωσήφ].

V. Ὑμεῖς δέ, τέκνα μου, ἀκούσατε ἐμοῦ καὶ φυλάσσετε τὰς ἐντολὰς Κυρίου καὶ ποιήσατε ἔλεος ἐπὶ τὸν ἀδελφόν, καὶ εὐσπλαγχνίαν πρὸς πάντας. 2. Διὰ γὰρ ταῦτα εὐλόγησέ με Κύριος, οἶδε γὰρ Κύριος ἑκάστου τὴν προαίρεσιν, 3. ὡς ἔχει ἐν σπλάγχνοις ἔλεος, ὅτι ὡς ἄν τις ποιήσῃ ἐπὶ τὸν πλησίον αὐτοῦ, οὕτως καὶ ὁ Κύριος ποιήσει ἐπ' αὐτόν. 4. Καὶ γὰρ οἱ ἀδελφοί μου ἠσθένουν, καὶ οἱ υἱοὶ ἀπέθνησκον διὰ Ἰωσήφ, ὅτι οὐκ ἐποίησαν ἔλεος ἐν σπλάγχνοις αὐτῶν. [Ὡς γὰρ οὐκ ἐποίησαν ἔλεος ἐν σπλάγχνοις αὐτῶν ἐπὶ τὸν Ἰωσήφ]. Ὑμεῖς δέ, τέκνα μου, ἐσώθητε ἄνοσοι ἀπὸ Κυρίου, καὶ ὑμεῖς αὐτοὶ οἴδατε.

VIII. 5. Καὶ νῦν ἀγαπᾶτε ἀλλήλους, καὶ μὴ λογίζεσθε κακὸν ἐπὶ τὸν πλησίον ὑμῶν, 6. καὶ γὰρ ἡ ἀπέχθεια τὴν ψυχὴν ἀποχωρίζει [ἀπὸ τοῦ σώματος καὶ ἀπελαύνει τὴν εὐλογίαν τοῦ Θεοῦ, ἡ γὰρ ἀπέχθεια εἰσφέρει τὸ μόνον ἐν τέκνον ἔχειν. καὶ εἰσφέρει τὴν λύπην], καὶ ταράττει τὴν ἔννοιαν καὶ ἀφανίζει τὴν ὕπαρξιν.

IX. Προσέχετε δέ, τέκνα, τὰ ὕδατα ὅτι ἐπὶ τὸ αὐτὸ πορεύεται, λίθους ξύλα τὴν γῆν καὶ τὴν ἄμμον κατασύρει, 2. ἐὰν δὲ εἰς πολλὰ διαιρεθῇ ἡ γῆ ἀφανίζει αὐτά. 3. καὶ ὑμεῖς, ἐὰν διαιρεθῆτε ἔσεσθε οὕτως εὐκαταφρόνητοι. 4. Μὴ σχισθῆτε εἰς δύο κεφαλάς, ὅτι πᾶν ὃ ἐποίησεν ὁ Κύριος κεφαλὴν μίαν ἔχει. Ἔδωκε δύο ὤμους, χεῖρας, ἀλλὰ πάντα τῇ μιᾷ κεφαλῇ ὑπακούει. 5. Ἔγνων ἐν γραφαῖς πατέρων μου ὅτι διαιρεθήσεσθε ἐν Ἰσραὴλ καὶ δύο βασιλεῖαι ἐξακολουθήσονται καὶ πᾶν βδέλυγμα ποιήσετε, καί γε πᾶν εἴδωλον προσκυνήσετε. 6. καὶ αἰχμαλωτεύσουσιν ὑμᾶς οἱ ἐχθροὶ ὑμῶν καὶ κακωθήσεσθε ἐν ἔθνεσι καὶ ἐν ἀσθενείαις καὶ θλίψεσι. 7. Καὶ μετὰ ταῦτα μνησθήσεσθε Κυρίου καὶ μετανοήσετε καὶ ἐπιστρέψει ὑμᾶς, ὅτι ἐλεήμων ἐστὶ καὶ εὔσπλαγχνος, μὴ λογιζόμενος κακίαν τοῖς υἱοῖς τῶν ἀνθρώπων, διότι σάρξ εἰσὶ καὶ τὰ πνεύματα τῆς πλάνης ἀπατᾷ αὐτοὺς ἐπὶ πάσαις πράξεσιν αὐτῶν. 8. καὶ μετὰ ταῦτα ἀνατέλλει ὑμῖν αὐτὸς ὁ Κύριος φῶς δικαιοσύνης καὶ ἐπανελεύσεσθε εἰς τὴν γῆν ὑμῶν καὶ ὄψεσθε

Κύριον ἐν Ἰερουσαλήμ. 9. καὶ πάλιν ἐν πονηρίᾳ ἔργων ὑμῶν παροργίσετε αὐτὸν καὶ ἀπορριφήσεσθε ἕως καιροῦ συντελείας. X. Καὶ νῦν, τέκνα, 2. ὅσοι ὑμῶν ἀκούετε τὰς διαθήκας Ζαβουλὼν πατρὸς ὑμῶν 5. φοβεῖσθε Κύριον τὸν Θεὸν πάσῃ τῇ [ψυχῇ καὶ] ἰσχύϊ, [εἰ δέ τις μὴ ἐννοῇ τοὺς λόγους μου ἐπάξει ἐπ' αὐτὸν Κύριος πῦρ αἰώνιον]. 6. Καὶ ταῦτα εἰπὼν ἐκοιμήθη, ζήσας ἔτη ἑκατὸν καὶ τέσσερα καὶ δέκα, καὶ ἔθηκαν αὐτὸν οἱ υἱοὶ αὐτοῦ ἐν θήκῃ 7. καὶ ἔθαψαν αὐτὸν ἐν τῷ αὐτῷ σπηλαίῳ μετὰ τῶν πατέρων αὐτοῦ.

ΔΙΑΘΗΚΗ ΔΑΝ ΠΕΡΙ ΘΥΜΟΥ ΚΑΙ ΟΡΓΗΣ

I. 2. Καλέσας γὰρ Δὰν υἱοὺς αὐτοῦ πρὸς ἑαυτὸν εἶπε. Ἀκούσατε υἱοὶ Δάν, λόγων μου, προσέχετε ῥήμασι στόματος τοῦ πατρὸς ὑμῶν. 3. Ἐπείρασα ἐν καρδίᾳ μου καὶ ἐν πάσῃ τῇ ζωῇ μου, ὅτι καλὸν Θεῷ καὶ εὐάρεστον ἡ ἀλήθεια μετὰ δικαιοπραγίας· καὶ ὅτι πονηρὸν τὸ ψεῦδος καὶ ὁ θυμὸς καὶ πᾶσαν κακίαν ἀνθρώπους ἐκδιδάσκει. 4. Ὁμολογῶ σήμερον ὑμῖν, τέκνα μου, ὅτι ἐν καρδίᾳ μου ἐβουλευσάμην περὶ τοῦ θανάτου Ἰωσὴφ ἀνδρὸς ἀγαθοῦ καὶ ἀληθινοῦ. 5. καὶ ἔχαιρον ἐπὶ τῇ πράσει Ἰωσήφ, ὅτι ὑπὲρ ἡμᾶς ὁ πατὴρ ἠγάπα. 6. τὸ γὰρ πνεῦμα τοῦ ζήλου (καὶ) διαφθορᾶς εἶπέ μοι· 7. Λαβὲ τὸ ξίφος καὶ ἄνελε τὸν Ἰωσήφ, καὶ ἀγαπήσει σε ὁ πατήρ σου, τοῦ Ἰωσὴφ ἀποθανόντος. 8. τοῦτο εἶπε τὸ πνεῦμα τὸ πονηρὸν ἀνάγκαζον ἐμὲ καὶ ἦν ὥσπερ πάρδαλις ἐκμύζουσα ἔριφον. [οὕτως καὶ ἐγὼ ἐφύλασσον τὸν Ἰωσήφ·] 9. Ἀλλ' ὁ Θεὸς Ἰακὼβ τοῦ πατρός μου οὐκ ἔδωκέ μοι ταύτην τὴν ἀνομίαν ἐργάζεσθαι, οὐδὲ εὗρον τὸν Ἰωσὴφ μόνον.

II. 1. Καὶ νῦν, τέκνα μου, ἐγὼ ἀποθνῄσκω καὶ ἐν ἀληθείᾳ λέγω ὑμῖν, ὅτι ἐὰν μὴ διαφυλάξητε ἑαυτοὺς ἀπὸ τοῦ πνεύματος τοῦ ψεύδους καὶ τοῦ θυμουμένου καὶ ἀγαπήσητε τὴν ἀλήθειαν καὶ τὴν μακροθυμίαν, ἀπολεῖσθε. 2. ἡ γὰρ ὀργὴ τυφλίζει τοὺς ἀνθρώπους καὶ ὅταν ἔρχηται ὁ θυμός, 3. οὐ γιγνώσκει τὴν ἀγάπην τῶν ἀδελφῶν. οὐ φοβεῖται τὸν πατέρα, οὐδὲ τιμᾷ τὴν μητέρα, [οὐ πάσχει τὸν γέροντα. οὐκ ἔχει αἰδῶ τῶν λαῶν οὐδὲ οἰκτιρμὸν τῶν τέκνων, ὅτι δεσμεύει αὐτά]. 4. περιβάλλει γὰρ αὐτὸν τὸ πνεῦμα τοῦ θυμοῦ τὰ δίκτυα τῆς πλάνης. καὶ τυφλοῖ τοὺς ὀφθαλμοὺς τῆς καρδίας, διὰ τοῦ ψεύδους σκοτοῖ τὴν διάνοιαν αὐτοῦ, καὶ τὴν ὅρασιν τὴν πονηρὰν παρέχει αὐτῷ. 5. καὶ περιβάλλει τοὺς ὀφθαλμοὺς αὐτοῦ [καὶ οὐ γιγνώσκει τὴν ἀλήθειαν] καὶ δίδωσιν αὐτῷ καρδίαν ἰδίαν κατὰ τοῦ ἀδελφοῦ εἰς φθόνον καὶ ἔχθραν.

III. 2. Καὶ ὁ θυμὸς τῆς ψυχῆς αὐτοῦ κατακυριεύει 3. ὅτε ποιεῖ τὴν ἀνομίαν καὶ δικαιοῖ ἑαυτὸν ἐν τῇ ἀνομίᾳ, [οὐ γὰρ οἶδε τὸν νόμον τοῦ

Θεοῦ, ἐγείρεται καὶ ἡ ὀξύτης τοῦ ξίφους, εἰσέρχεται εἰς τὴν κεφαλήν, καὶ ὅτε ἡ ψυχὴ αὐτοῦ ἀφαιρεῖται ἀπὸ τοῦ σώματος καὶ οὐκ ἐπανέρχεται καὶ τὰ πεποιημένα ἀεὶ πρὸ ὀφθαλμῶν ἔσται ὅτι ἐπείσθη τῇ πονηρᾷ ψυχῇ]. 6. ψυχὴ αὐτοῦ ἀεὶ μετὰ τοῦ ψεύδους ἐκ δεξιῶν τοῦ Σατανᾶ πορεύεται [καὶ ὅτε ὁρᾷ ἄνθρωπον ὀργιζόμενον πελάζεται αὐτῷ καὶ τυφλοῖ αὐτοῦ τὴν ψυχήν].

IV. 2. Καὶ οὕτως διεγείρει ἐν θυμῷ μεγάλῳ τὴν ψυχὴν αὐτοῦ. ['Εννοεῖτε δέ, τέκνα, ὅτι ψυχὴ ἀπὸ τοῦ Σατανᾶ εἰσέρχεται εἰς ἄνθρωπον ὀργιζόμενον, ἐγείρει αὐτὸν μὴ μεμνῆσθαι τοῦ Κυρίου, ἀλλ' ἐργάζεσθαι τὴν ἀνομίαν· πρὸ προσώπου τοῦ Θεοῦ καὶ μυρίων ἀγγέλων, ἀλλὰ ὡς λέγεται ἡμῖν οὕτως καὶ ὑμεῖς, τέκνα]. 3. μὴ κινήσθητε εἰς ταραγμοὺς ὀργῆς. 8. ταρασσομένης δὲ ψυχῆς ἀφίσταται Κύριος ἀπ' αὐτῆς καὶ κυριεύει αὐτῆς ὁ Βελίαρ.

V. 1. Φυλάξατε οὖν, τέκνα μου, τὴν ἐντολὴν τοῦ Κυρίου καὶ τὸν νόμον αὐτοῦ. ἀγαπᾶτε καὶ μισήσατε τὸ ψεῦδος, ἵνα φεύγῃ ἀφ' ὑμῶν ἡ ὀργή. 2. Ἀλήθειαν φθέγγεσθε ἕκαστος πρὸς τὸν πλησίον σου [καὶ φεύγεσθε ἀπὸ τοῦ πονηροῦ] καὶ οὐ μὴ κατισχύσῃ ὑμῶν πόλεμος. 3. καὶ ἀγαπᾶτε τὸν Κύριον ἐν πάσῃ τῇ ζωῇ ὑμῶν. 4. Οἶδα γὰρ ὅτι ἐν ἐσχάταις ἡμέραις ἀποστήσεσθε τοῦ Κυρίου ἐν κακοῖς βουλεύμασι πορευόμενοι. 6. Ἀνέγνων γὰρ ἐν βίβλῳ Ἐνὼχ τοῦ δικαίου 8. ὅτι πολλὰς κολάσεις καὶ πληγὰς λήψεσθε 9. καὶ οὕτως ἐπιστρέψαντες πρὸς Κύριον ἐλεηθήσεσθε 12. καὶ ἐπὶ τῆς ἁγίας Ἰερουσαλὴμ εὐφρανθήσεσθε [καὶ μετὰ ταῦτα τὸ πονηρὸν πνεῦμα ἀπατήσει ὑμᾶς εἰς τὴν ἀνομίαν ὡς εἰ μὴ ἐπικαλούμενοι ἐπὶ τῷ ὀνόματι τοῦ Θεοῦ, ἀκοῦσαι τῶν ἁγίων αὐτοῦ]. 13. ὅτι Κύριος ἔσται ἐμμέσῳ αὐτῆς (Ἰερουσαλὴμ) τοῖς ἀνθρώποις συναναστρεφόμενος καὶ ἅγιος Ἰσραὴλ οὐ γνωρισθήσεται ὑμῖν ἐν ταπεινώσει καὶ ἐν πτωχείᾳ καὶ ὁ πιστεύων ἐπ' αὐτῷ οὐ διαφθερεῖται [καὶ ἄρξονται λαβεῖν τὸν αἰώνιον βίον οἱ ἄγγελοι πιστεύσαντες ἐπ' αὐτῷ].

VI. 3. διὰ τοῦτο σπουδάζει ὁ ἐχθρὸς ὑποσκελίζειν πάντας τοὺς ἐπικαλουμένους τὸν Κύριον, 4. καὶ συντελεῖται ἡ βασιλεία τοῦ ἐχθροῦ. 6. Ἔσται δὲ ἐν καιρῷ ἀνομίας τοῦ Ἰσραὴλ ἀφιστάμενος ἀπ' αὐτῶν Κύριος, καὶ μνήσεται τῶν ἐθνῶν τῶν ποιούντων [ἐργαζομένων] τὸ θέλημα αὐτοῦ, ὅτι οὐδενὶ τῶν ἀγγέλων ἔσται ὡς αὐτῷ. 7. τὸ δὲ ὄνομα αὐτοῦ ἔσται ἐν πᾶσι τοῖς ἔθνεσιν Σωτὴρ 9. ὁ ἀληθὴς καὶ Ἰερουσαλὴμ πραῢς καὶ ταπεινὸς καὶ διδάσκεται ἐν παντὶ τῷ νόμῳ. V. 6. ὁ Σατανᾶς ἔσται βασιλεὺς ὑμῶν καὶ πᾶσαι αἱ ψυχαὶ ἀνόητοι ἔσονται ἐν μέσῳ ὑμῶν. VI. 9. Καὶ οὕτως ἐπεστειλάμην ὑμῖν, μετάδοτε καὶ ὑμεῖς τοῖς τέκνοις ὑμῶν εἰς ἀεὶ καὶ πειθόμενοι τῷ Θεῷ ἀκούσατε. 10. καὶ γένοιτο τὸ γένος μου εἰς σωτηρίαν εἰς ἀεί.

VII. 1. καὶ ταῦτα εἰπὼν κατεφίλησεν αὐτοὺς καὶ ἐκδίδωσι τὸ πνεῦμα αὐτοῦ. 2. Καὶ οἱ υἱοὶ αὐτοῦ μετὰ ταῦτα ἤνεγκαν αὐτὸν εἰς Χεβρὼν καὶ ἔθηκαν ἐν τῷ αὐτῷ σπηλαίῳ ἐν ᾧ Ἰσαὰκ καὶ Ἰακώβ. 3. καὶ πάντα τὰ ἔτη αὐτοῦ ἑκατὸν καὶ εἴκοσι καὶ πέντε.

ΔΙΑΘΗΚΗ ΝΕΦΘΑΛΕΙΜ Η ΠΕΡΙ ΦΥΣΙΚΗΣ ΑΓΑΘΟΤΗΤΟΣ

I. 1. Ἀντίγραφον διαθήκης Νεφθαλεὶμ υἱοῦ Ἰακώβ, τοῦ ὀγδόου υἱοῦ Βάλλης, τῆς δούλης Ῥαχήλ, περὶ φυσικῆς ἀγαθότητος. 5. Ἀκούσατε ἐμοῦ τοῦ πατρὸς ὑμῶν λέγοντος.

II. 1. Ἐπειδὴ κοῦφος ἤμην τοῖς ποσί μου ὡς ἔλαφος, ἔταξέ με ὁ πατήρ μου Ἰακὼβ εἰς πᾶσαν ἀποστολὴν καὶ ἄγειν καὶ φέρειν καί γε ὡς ἄγγελον εὐλόγησέ με. 2. καὶ γὰρ ὁ κεραμεὺς οἶδε τὸ σκεῦος, πόσον χωρεῖν θέλει ποιῆσαι καὶ οἴσει πηλὸν καὶ ποιεῖν αὐτὸ καθὼς θέλει οὕτω καὶ ὁ Κύριος πρὸς ὁμοίωσιν τοῦ πνεύματος ποιεῖ τὸ σῶμα τοῦ ἀνθρώπου καὶ πρὸς τὴν δύναμιν τοῦ σώματος τὸ πνεῦμα ἐντίθησι. 3. καὶ ἐν μέτρῳ καὶ ἀριθμῷ ἴσον ποιεῖ καὶ οὐκ ἐστὶ λοιπὸν ἓν καὶ τρίτον μέρος τριχὸς ἑκάστῳ ἀνθρώπῳ, οὕτω ὅμοιον ποιεῖ. 5. ὅτι οὐκ ἔστι πᾶν πλάσμα καὶ πᾶσα ἔννοια ἣν οὐκ ἔγνω Κύριος. 6. Ὡς ἡ ἰσχὺς αὐτοῦ, οὕτω καὶ τὸ ἔργον αὐτοῦ· καὶ ὡς ἡ προαίρεσις αὐτοῦ, οὕτω καὶ σύννοια αὐτοῦ καὶ ἡ πρᾶξις αὐτοῦ· ὡς ἡ καρδία αὐτοῦ, οὕτω καὶ τὸ στόμα αὐτοῦ· ὡς ὁ ὀφθαλμὸς αὐτοῦ, οὕτω καὶ ὁ ὕπνος αὐτοῦ. ὡς ἡ ψυχὴ αὐτοῦ, οὕτω καὶ ὁ λόγος αὐτοῦ ἢ ἐν νόμῳ Κυρίου ἢ ἐν νόμῳ Βελίαρ. 7. καὶ ὡς κεχώρισται ἀνάμεσον φωτὸς καὶ σκότους ὁράσεως καὶ ἀκοῆς· οὕτω κεχώρισται ἀνάμεσον ἀνδρὸς καὶ γυναικὸς καὶ οὐκ ἔστιν εἰπεῖν ὅτι ἐν τῷ ἑνὶ προσώπῳ ὅμοιόν ἐστι. 8. πάντα γὰρ ἐν τάξει ἐποίησεν ὁ Θεὸς καλά, ἐν τῇ μορφῇ τῆς κεφαλῆς συνηγμέναι εἰσὶ τρίχες πρὸς δόξαν, εἶτα καρδίαν εἰς φρόνησιν, κοιλίαν εἰς διάκρισιν, στομάχου κάλαμον πρὸς ὑγίειαν, ἧπαρ πρὸς θυμόν, χολὴν πρὸς πικρίαν, ἀκοὴν εἰς γέλωτα, ψύας εἰς δύναμιν, πλευρὰς εἰς θήκην, ὀσφὺν εἰς ἰσχύν, καὶ πάντα καὶ πάσας τὰς αἰσθήσεις. [Φυλάσσετε τὴν ἀγάπην πρὸς τὸν Θεόν, καὶ εἰ φοβεῖταί τις τὸν Θεὸν ὅλῃ τῇ ψυχῇ καὶ πάσας τὰς αἰσθήσεις, ὅτι ὁ Θεός ἐστι καὶ κρατεῖ αὐτῶν· εἴ τις ἀποβάλλει τὴν ἀγάπην τοῦ Θεοῦ, τότε ἐν τῇ διαθέσει αὐτοῦ ἐργάζεσθαι ἄρξουσιν θυμός, λοιδορία, βαρυκαρδία, χόλος, μέθη, πολυφαγία, πορνεία, ζηλοτυπία, ἀπληστία, λοιδορία, φθόνος καὶ πᾶν βδέλυγμα]. 9. πάντα ποιήσαντας ἐν τάξει ἐν φόβῳ Θεοῦ, III. 1. καὶ σιωπῶντας τὰ μέρη τῆς καρδίας τὸ θέλημα τοῦ Θεοῦ κρατεῖν, καὶ ἀπορρίπτειν τὸ θέλημα τοῦ διαβόλου. 2. Ἥλιος γὰρ καὶ σελήνη καὶ ἀστέρες οὐκ ἀλλοιοῦσι τάξιν αὐτῶν, οὕτως καὶ ὑμεῖς μὴ ἀλλοιώσητε [νόμον Θεοῦ] ἐν ἀταξίᾳ πράξεων ὑμῶν. 3. Ἔθνη γὰρ πλανηθέντα ἔπεσε καὶ ἀφέντα τὸν Κύριον ἠλλοίωσαν τάξιν αὐτῶν καὶ ἐπηκολούθησαν τοῖς εἰδώλοις καὶ ἐξηκολούθησαν πνεύμασι πλάνης. [καὶ τοὺς βίους αὐτῶν ὁδηγοῦσιν ἐν ἀταξίᾳ καὶ ἡ ψυχὴ αὐτῶν γίνεται βρῶμα τῷ Σατανᾷ]. 4. Ὁρᾶτε γάρ, τέκνα μου, γιγνώσκετε τὸ στερέωμα τῆς γῆς καὶ θαλάσσης ἐν πᾶσι τοῖς δημιουργήμασιν, [καὶ] Κύριον τὸν ποιήσαντα ταῦτα πάντα ἵνα μὴ γίνησθε ὡς Σόδομα καὶ Γόμορρα, αἵτινες ἐνήλλαξαν τὰς τάξεις αὐτῶν.

IV. 1. Ταῦτα γὰρ ἐννόησα ἐν ταῖς γραφαῖς (Ἐνώχ), ὅτι καί γε καὶ ὑμεῖς ἀποστήσεσθε ἀπὸ τοῦ νόμου Κυρίου, καὶ ἄρξεσθε πορεύεσθαι κατὰ πᾶσαν ἀνομίαν τῶν ἐθνῶν. 2. Καὶ ἐπάξει ὑμῖν Κύριος αἰχμαλωσίαν, καὶ δουλεύσετε ἐκεῖ τοῖς ἐχθροῖς ὑμῶν καὶ κακώσει (καὶ) θλίψει ζήσετε ἕως ἂν κατακρίνῃ Κύριος πάντων ὑμῶν. 3. καὶ οὕτως ἐπιστρέψετε καὶ ἐπιγνώσεσθε Κύριον τὸν Θεὸν ὑμῶν καὶ ἐπιστρέψει ὑμᾶς εἰς τὴν γῆν ὑμῶν κατὰ τὸ πολὺ αὐτοῦ ἔλεος. 4. καὶ ὅτε ἔσεσθε ἐν τῇ γῇ ὑμῶν, πάλιν ἁμαρτήσεσθε καὶ Κυρίου ἐπιλήσεσθε. 5. Καὶ ἡ μακροθυμία τοῦ Κυρίου ἐλεύσεται [ὡς] ἄνθρωπος ποιῶν δικαιοσύνην ἀπὸ τῆς γενεᾶς Ἰούδα, καὶ ποιῶν ἔλεος εἰς πάντας τοὺς μακρὰν καὶ τοὺς ἐγγύς.

VIII. 2. Διὰ τούτου γὰρ ἀνατελεῖ σωτηρία, καὶ ἐν αὐτῷ εὐλογοῦνται Ἀβραάμ, Ἰσαάκ, Ἰακώβ. 3. τὸ σκῆπτρον γὰρ αὐτοῦ φανεῖται, ὁ Θεὸς τῆς ζωῆς ἐν τοῖς οὐρανοῖς καὶ ἐν τῇ γῇ σώζει καὶ ἐκλέγει τοὺς ἁγίους, [ἀλλ᾽ ὑμεῖς οὐκ ἀκούσαντες αὐτοῦ διασπερεῖσθε κατὰ τὸ πρόσωπον πάσης τῆς γῆς· ὑμῖν γὰρ ἐν τοῖς πρώτοις ἦν βασιλεία ἐπαγγελλομένη], 4. καὶ ὁ Θεὸς δοξάζεται ἐν τοῖς ἔθνεσι δι᾽ ὑμᾶς· [ὑμεῖς γὰρ ἐννοούμενοι ἠκούσατε τοῦτο] καὶ ὁ Κύριος ἐλεεῖ ὑμᾶς, καὶ οἱ ἄγγελοι ἐλεοῦσιν· [ὑμεῖς εἰ δὲ μὴ ἀκούετε αὐτοῦ, κοινωνοὶ ἔσεσθε τῶν βασάνων· τοῖς δὲ ἀκούουσι ἑτοιμάζονται οἱ θρόνοι καὶ ἡ δόξα ἐν τοῖς οὐρανοῖς].

IX. 1, 2. Καὶ ταῦτα εἰπὼν τὴν ψυχὴν ἀπέδωκεν ὁ Νεφθαλείμ, ὁ ὄγδοος υἱὸς Ἰακὼβ καὶ υἱὸς Βάλλης· ἔζη ἑκατὸν καὶ τριάκοντα καὶ δύο ἔτη καὶ ἐτάφη ἐν Χεβρὼν ἐν τῷ αὐτῷ σπηλαίῳ.

ΔΙΑΘΗΚΗ ΓΑΔ ΠΕΡΙ ΜΙΣΟΥΣ

I. 1. Ἀντίγραφον διαθήκης Γὰδ περὶ μίσους, ἐκαλέσατο γὰρ τοὺς υἱοὺς αὐτοῦ καὶ εἶπε· 2. Ἔννατος υἱὸς ἐγενόμην τῷ Ἰακώβ, καὶ ἤμην ἀνδρεῖος ἐπὶ τῶν ποιμνίων. 3. Ἐγὼ ἐφύλαττον ἐν νυκτὶ τὸ ποίμνιον καὶ ἐπεὶ ἤρχετο ἐν νυκτὶ λέων ἢ ἕτερον θηρίον ἔκτεινα αὐτόν, 7. καὶ ἅπαξ ἄρνον ἐξειλόμην ἐκ τοῦ στόματος θηρίου καὶ ἐθανάτωσα καὶ ἔφαγον. 6. καὶ ὁ ἀδελφός μου Ἰωσὴφ ἰδὼν εἶπε τῷ πατρί, λέγων·

κτείνας πρόβατον οὐκ ἔδωκε τοῖς υἱοῖς Ζέλφας καὶ Βάλλας. 8. καὶ ἐνεκότουν τῷ Ἰωσὴφ περὶ τοῦ λόγου τούτου, 9. καὶ τὸ πνεῦμα τοῦ θυμοῦ ἦν ἐν ἐμοὶ καὶ οὐκ ἤθελον οὔτε δι' ὀφθαλμῶν οὔτε δι' ἀκοῆς ἰδεῖν τὸν Ἰωσήφ.

II. 2, 3. Καὶ ἠθέλησα ἐξελαύνειν βίον αὐτοῦ ἐκ τῆς γῆς, ὥσπερ βοῦς χαράσσει ὄγμον ἀρούρας· καὶ ἐγὼ καὶ ὁ Συμεὼν ἐπωλήσαμεν τοῖς Ἰσμαηλίταις.

III. 1. Καὶ νῦν ἀκούσατε, τέκνα μου, λόγους ἀληθείας τοῦ ποιεῖν δικαιοσύνην, καὶ πάντα νόμον ὑψίστου, καὶ μὴ πλανᾶσθαι τῷ πνεύματι τοῦ μίσους, ὅτι κακόν ἐστιν παντὶ ἀνθρώπῳ. 2. πᾶν γὰρ ὃ ἐὰν ποιῇ μισούμενόν ἐστι βδέλυγμα. ἐὰν ποιῇ νόμον Κυρίου, τοῦτον οὐκ ἐπαινεῖ, [τὸ γὰρ πνεῦμα τοῦ μίσους οὐ] θέλει τὴν δικαιοσύνην. ἐάν τις φοβῆται Κύριον, τότε ἀγαπᾷ 3. λοιδορεῖν τὴν ἀλήθειαν αὐτοῦ, τοῦ τὸν νόμον δικαιοῦντος καταφρονεῖ, καταλαλιὰν ἀσπάζεται, ὑπερηφανίαν ἐπαινεῖ, ὅτι τὸ πνεῦμα τοῦ μίσους ἐτύφλωσε τὴν ψυχὴν αὐτοῦ, [ὥστε μὴ μεμνῆσθαι τοῦ Θεοῦ].

IV. 2. Οὐ θέλει ἀκούειν τοὺς λόγους νουθετήσεως περὶ τῆς ἀγάπης τῶν ἀδελφῶν. 3. ἐὰν γὰρ πταίσῃ, ὁ ἀδελφὸς εὐθὺς ἀγγέλλει πᾶσι, καὶ κολασθεὶς ἀποθανεῖται. 6. ὁ ποιῶν τὰ ἀγαθὰ ἀεὶ σπουδάζει, ὡς ἀγαπῶν καὶ θέλων τοὺς νεκροὺς ζωοποιῆσαι, καὶ τοὺς ἐν ἀποφάσει θανάτου θέλει ἀνακαλέσασθαι, οὕτως τὸ μῖσος τοὺς ζῶντας θέλει ἀποκτεῖναι, καὶ τοὺς ἐν ὀλίγῳ ἁμαρτήσαντας οὐ θέλει ζῆν. 7. Τὸ γὰρ πνεῦμα τοῦ μίσους συνεργεῖ τῷ Σατανᾷ ἐν πᾶσιν εἰς θάνατον τῶν ἀνθρώπων, τὸ δὲ πνεῦμα τῆς ἀγάπης συνεργεῖ τῷ νόμῳ τοῦ Θεοῦ εἰς σωτηρίαν ἀνθρώπων.

V. Κακὸν οὖν τὸ μῖσος, τὸ φῶς σκότος ποιεῖ καὶ συκοφαντίαν ἐκδιδάσκει καὶ θυμὸν καὶ πᾶν κέρδος αἰσχρὸν ποιεῖ καὶ τῆς πράξεως τοῦ διαβόλου τὴν καρδίαν πληροῖ. [Ὁρᾶτε γάρ, τέκνα, λέγω ὑμῖν ὅτι] 2. ἡ δικαιοσύνη ἐκβάλλει τὸ μῖσος τοῦ διαβόλου καὶ κολλᾶται τῇ ἀγάπῃ τοῦ Κυρίου· 3. ἀλήθεια γὰρ ἐξελαύνει τὸ μῖσος, καὶ ἡ ταπείνωσις ἀναιρεῖ τὸ μῖσος. Ὁ γὰρ δίκαιος αἰδεῖται ποιῆσαι ἄδικον οὐχ ὑπὸ ἄλλου καταγινωσκόμενος, ἀλλ' ὑπὸ τῆς ἰδίας καρδίας. 6. ταῦτα ἐγὼ ἔσχατον ἔγνων μετὰ τὸ μετανοῆσαί με περὶ τοῦ Ἰωσὴφ ἀδελφοῦ. 7. Ἡ γὰρ ἀληθὴς μετάνοια φωτίζει τοὺς ὀφθαλμούς, ἀποβάλλει καὶ διαφθείρει τὴν ἁμαρτίαν, γνῶσιν παρέχουσα τῇ ψυχῇ, καὶ ὁδηγεῖ τὸ διαβούλιον πρὸς σωτηρίαν. 9. Ἐπήγαγε γάρ μοι ὁ Θεὸς νόσον ἥπατος καὶ εἰ μὴ αἱ εὐχαὶ Ἰακὼβ τοῦ πατρός μου, ὀλίγου οὐκ ἐξῆλθε ἐξ ἐμοῦ τὸ πνεῦμα· 10. ὁ Θεὸς οἶδε δι' ὧν ἄνθρωπος παρανομεῖ, δι' ἐκείνων καὶ κολάζεται. 11. Τὰ ἥπατά μου ἐνέκειτο ἀνίλεως κατὰ τοῦ Ἰωσήφ—

καὶ ἐκρινόμην ἐν νόσῳ (ἐπὶ μῆνας) ἔνδεκα· [διὰ ταῦτ' ἐννόησα ὅτι ὁ Θεὸς οὕτως ἐποίησε κατ' ἐμοῦ, ὅτι καὶ] ἐγὼ τοσοῦτον χρόνον ἐνεῖχον τῷ Ἰωσήφ, ἕως ἂν πραθῇ.—VI. 1. καὶ νῦν, τέκνα μου, ἕκαστος λέγοι τοῖς υἱοῖς αὐτοῦ καὶ ἀγαπήσατε ἀλλήλους ἐν ἔργῳ καὶ λόγῳ καὶ πάσῃ διανοίᾳ [καὶ] ἐκ πάσης ψυχῆς. 3. Ἐάν τις ἁμάρτῃ εἰς σε, σὺ πρῶτον ἐξόριζε ἀπὸ σεαυτοῦ τὸν ἰὸν τοῦ μίσους. [Αἱ γὰρ παρακλήσεις εἰς εἰρήνην οὐκ ἀκούονται] 5. ἐν τῇ ἀλλοτρίᾳ ταραχῇ τῶν μυστηρίων ὑμῶν. VII. 2. Εἰ δὲ ὁ ἐχθρὸς ὑμῶν ὑπερηφανὴς γίγνεται μὴ φθονήσητε, ὅτι πάσῃ σαρκὶ κατθανεῖν ἔστι. ὁ δὲ Θεὸς τὸν ἔπαινον φέρει τῷ διδόντι τὰ ἀγαθὰ καὶ ἀναγκαῖα τοῖς ἀνθρώποις. 4. Ἐὰν δὲ ἐκ κακῶν τις πλουτίσῃ μὴ ζηλώσητε αὐτόν. 6. ὁ γὰρ πένης καὶ ἄφθονος ἐπὶ πᾶσι Κυρίῳ εὐχαριστεῖ, αὐτὸς παρὰ πᾶσι πλουτεῖ εὐλογητοῖς τρόποις.
VIII. 1. Εἴπατε δὲ καὶ ὑμεῖς ταῦτα τοῖς τέκνοις ὑμῶν, ὅπως τιμήσωσιν Ἰούδαν καὶ τὸν Λευί. ὅτι ἐξ αὐτῶν ἀνατελεῖ Κύριος σωτῆρα τῷ Ἰσραήλ. 2. Ἔγνων γὰρ ὅτι ἐπὶ τέλει ἀποστήσονται τὰ τέκνα ὑμῶν ἀπ' αὐτοῦ, ἐν πάσῃ πονηρίᾳ καὶ ἐν διαφθορᾷ ἔσονται ἐνώπιον Κυρίου. 4. Καὶ ταῦτα εἰπὼν προσέφερε τὴν ψυχὴν τῷ Κυρίῳ 5. καὶ ἔταφον αὐτὸν ἐν τῷ αὐτῷ σπηλαίῳ. καὶ ἦν πάντα τὰ ἔτη τοῦ Γὰδ ἑκατὸν καὶ πεντήκοντα καὶ πέντε, καὶ Γὰδ ἦν υἱὸς Ζέλφας ὁ τέταρτος.

ΔΙΑΘΗΚΗ ΑΣΗΡ ΠΕΡΙ ΚΑΚΙΑΣ ΚΑΙ ΑΡΕΤΗΣ

I. 1. Ἀντίγραφον διαθήκης Ἀσὴρ περὶ κακίας καὶ ἀρετῆς. 2. Ἀκούσατε, εἶπε, τέκνα Ἀσήρ, τοῦ πατρὸς ὑμῶν καὶ ὑποδείξω ὑμῖν πᾶν τὸ εὐθὲς ἐνώπιον τοῦ Θεοῦ. 3. Δύο ὁδοὺς ἔδωκεν ὁ Θεὸς τοῖς υἱοῖς τῶν ἀνθρώπων, καὶ δύο διαβούλια καὶ δύο πράξεις καὶ δύο τόπους. 4. Διὰ τοῦτο πάντα δύο ἐστίν, ἓν κατέναντι τοῦ ἑνός. 5. Δύο ἐστὶ διαβούλια ἐν στέρνοις ἡμῶν διακρίνοντα ἡμᾶς. 6. Ἐὰν οὖν ἄνθρωπός τις εἰς τὴν δικαιοσύνην ἐπιτρέπηται καὶ τὰ διαβούλια αὐτοῦ. Ἐὰν πίπτῃ εἰς τὴν ἁμαρτίαν ὁ ἄνθρωπος ἢ δι' ἄγνοιαν ἐν τίνι (ἁμάρτῃ) εὐθὺς μετανοεῖ, [καὶ διὰ τὴν μετάνοιαν αὐτοῦ καθαίρει τὰ ἁμαρτήματα αὐτοῦ]. 7. Δίκαια γὰρ λογιζόμενος ἀνατρέπει τὸ κακὸν καὶ ἐκριζοῖ τὴν ἁμαρτίαν. 8. εἴ τις ἐπιτρέπει εἰς ἄλλους τρόπους τὸν τρόπον αὐτοῦ, πᾶσα πρᾶξις αὐτοῦ ἐν πονηρίᾳ [καὶ διὰ κακίαν ἐπαινεῖται, καὶ διδάσκει τὰ χείλη αὐτοῦ ἀεὶ τὰ ψευδῆ λέγειν] καὶ ἀπωθούμενος τὸ ἀγαθὸν λήψεται τὸ κακόν, εἴπερ θέλει τι ἀγαθὸν ποιεῖν, εἰς κακὸν μεταστρέφει. 9. Ὅταν γὰρ εὖ ἄρξηται ὡς ἀγαθὸν ποιῶν, τὸ τέλος τῆς πράξεως αὐτοῦ εἰς κακὸν ποιεῖν ἀνελαύνει, ὅτι ὁ θησαυρὸς τοῦ διαβουλίου αὐτοῦ κατακυριεύεται ὑπὸ τοῦ Βελίαρ καὶ ἐπεπεπλήρωται τοῦ πνεύματος τῆς πλάνης. [ἄνθρωπος κατὰ βίαν ποιεῖ].

II. 5. Κλέπτων καὶ πλεονεκτῶν, ἀλλὰ καὶ ἔτι ἐλεεῖ τοὺς πτωχούς. διπρόσωπον μὲν καὶ τοῦτο. 8. Μοιχεύουσιν καὶ πορνεύουσιν, καὶ ἔτι ἀπέχονται ἐδεσμάτων καὶ ἄγαν τις νηστεύει. καὶ τοῦτο διπρόσωπόν ἐστι. [Ὁρᾶτε οὖν, τέκνα ἐμοῦ, ὡς εἶπον] 7. τοιαῦτα γὰρ διαφθείρει τὴν ψυχήν, καθαρίζει τὸ σῶμα. 10. Ἐγώ, τέκνα, εὗρον ἐν βιβλίοις τοῦ δικαίου Ἐνώχ, λέγουσι III. 1. μὴ γίγνησθε διπρόσωποι τῇ δικαιοσύνῃ καὶ τῇ κακίᾳ, ἀλλὰ προσκολλήθητε τῷ ἀγαθῷ, ὡς ὁ Θεὸς ἀναπαύεται ἐν αὐτῷ καὶ ἄνθρωποι θέλουσιν ἐν αὐτῇ παρακύπτειν [καὶ κατὰ τὸ ἦθος τῆς κακίας μὴ ἰδεῖν τὴν χάριν]. 2. καὶ νῦν, τέκνα, φεύγετε τὴν κακίαν τοῦ Βελίαρ εἰσελθοῦσαν εἰς τὰς ἀγαθὰς ὑμῶν πράξεις.

V. Ὁρᾶτε οὖν, τέκνα, πῶς δύο ἐστὶν ἐν πᾶσιν, καὶ ἓν ὑπὸ τοῦ ἑνὸς κέκρυπται καὶ πένθος ἐν ἀδελφοῖς ἐν ποιήσει καὶ αἰσχροκέρδεια ἐν χαρᾷ κρύπτεται τῇ μέθῃ τὰ τολμηρὰ κρύπτεται καὶ ἡ λύπη ἐν ἀδελφοῖς καὶ τῇ τροφῇ. 2. ὁ θάνατος διαδέχεται τὴν ζωήν, καὶ τὴν τιμὴν διαδέχεται ἡ ἀτιμία, καὶ ὁ ποιῶν τὰ ἀληθῆ ἐστιν ἐν τῷ φωτί, ὁ δὲ ποιῶν τὴν ἀδικίαν ἐν τῷ σκότῳ πορεύεται. 4. ἐγὼ ἐν πάσῃ τῇ ζωῇ μου (ταῦτα) ἐδοκίμασα καὶ οὐκ ἐπλανήθην ἀπὸ τῆς ἀληθείας Κυρίου.

VI. 4. Τὸ γὰρ τέλος δείκνυσι τὴν δικαιοσύνην ἢ τὴν ἀδικίαν. 5. ἐπεὶ γὰρ τῇ ἐντολῇ (τοῦ Θεοῦ) ἡ ψυχή μου ἡρπάσθη τῇ χειρὶ τοῦ ἀγγέλου τοῦ Θεοῦ, ταχέως φαίνεται τὸ πνεῦμα τῆς πλάνης. Ἡ γὰρ ψυχή, ἐλέγχουσα τὰς φροντίδας καὶ τὰς πράξεις, πάσχει σφόδρα ἀπὸ τοῦ πνεύματος τῆς πλάνης, ἐδούλευσεν γὰρ ἐν τούτῳ τῷ βίῳ αὐτῷ. 6. Εἰ δὲ ψυχὴ πορεύεται ἐν ἀληθείᾳ, τότε ἐν χαρᾷ ἐγνώρισε τὸν ἄγγελον τοῦ Θεοῦ, καὶ ὁ ἄγγελος παραμυθεῖται αὐτὴν εἰς τὸν αἰώνιον βίον.

VII. Ὑμεῖς δέ, τέκνα, μὴ γένεσθε ὡς Σόδομα, ἀγνοήσαντες τὰς ἐντολὰς Θεοῦ. 2. Εἶδον γὰρ ἐν βιβλίοις τοῦ Ἐνὼχ τοῦ δικαίου ὡς σφόδρα πλανᾶσθε καὶ πολλαὶ τιμωρίαι ἔσονται ἐφ' ὑμῖν καὶ ποιήσετε ἐν ξέναις χώραις, [ἀλλὰ τῇ ἐλεημοσύνῃ τοῦ Κυρίου ἐπιστρέψεσθε εἰς τὴν γῆν ὑμῶν, ὅπου ὑπέσχετο ὁ Κύριος τῷ πατρὶ ἡμῶν Ἀβραάμ], καὶ ἔσεσθε ἐκεῖ 3. ἕως ὁ Ὕψιστος ἐπισκέψηται τὴν γῆν [καὶ τοῖς ζῶσι ἐν αὐτῇ ἕξει εὐσπλαγχνίαν], καὶ αὐτὸς ἐλεύσεται ὡς ἄνθρωπος μετὰ ἀνθρώπων ἐσθίων καὶ πίνων καὶ ἐν ἡσυχίᾳ συντρίβων τὴν κεφαλὴν τοῦ δράκοντος δι' ὕδατος. Οὗτος σώσει πολλοὺς [ἐξ] Ἰσραὴλ καὶ πάντα τὰ ἔθνη, Θεὸς εἰς ἄνδρα ὑποκρινόμενος. 4. Εἴπατε οὖν ταῦτα τοῖς τέκνοις ὑμῶν μὴ ἀπειθεῖν αὐτῷ. 5. Ἀνέγνων γὰρ ἐν βιβλίοις Ἐνὼχ τοῦ δικαίου, ὅτι ἀπειθοῦντες ἀπειθήσετε αὐτῷ καὶ ἀσεβοῦντες ἀσεβήσετε εἰς αὐτόν, μὴ προσέχοντες τῷ νόμῳ τοῦ Θεοῦ. 6. Διὰ τοῦτο διασκορπισθήσεσθε εἰς τὸ εὖρος τῆς γῆς, καὶ ἔσεσθε ἐν διασπορᾷ, καὶ

ἐξουθενωθήσεσθε ὡς ὕδωρ ἄχρηστον. 7. [καὶ ὁμολογοῦντες τότε τὸ ὄνομα] τοῦ Κυρίου πάλιν πιστεύσετε καὶ ἐπιθήσει αὐτοῖς τὴν εὐσπλαγχνίαν αὐτοῦ, διὰ Ἀβραὰμ καὶ Ἰσαὰκ καὶ Ἰακώβ.
VIII. 1. Εἶτα δὲ εἶπεν αὐτοῖς· θάψατέ με εἰς Χεβρών. καὶ ἐκοίμηθη ὕπνῳ αἰωνίῳ. 2. καὶ ἔθαψαν αὐτὸν ὅτι υἱοὶ ὡς ὁ πατὴρ ἐνετείλατο αὐτοῖς. καὶ ἔζη πάντα τὰ ἔτη αὐτοῦ, ἑκατὸν καὶ εἴκοσι καὶ τρία, Ἀσὴρ ὁ υἱὸς Ἰακὼβ δέκατος, υἱὸς Ζέλφας.

ΔΙΑΘΗΚΗ ΙΩΣΗΦ

[Ἐπὶ τούτοις οἱ ἀδελφοὶ Ἰωσὴφ εἶπον· ὁ πατήρ σου λίσσεταί σε, λέγων, εἴπετε τῷ Ἰωσήφ· Συγγνῶθι αὐτοῖς τὴν σκολιότητα τῶν ἁμαρτιῶν αὐτῶν, ὡς κακὸν ἐποίησάν σοι καὶ νῦν ὁ Θεὸς ἀνίησι σκολιότητα τοῖς δούλοις (αὐτοῦ), τοῦ πατρός σου χάριν. Ὁ Ἰωσὴφ ταῦτα ἀκούσας ἐκλαύσατο ὅτε οἱ ἀδελφοὶ εἰς δούλους μετεβλήθησαν, καὶ Ἰωσὴφ σφόδρα στενάξας εἶπεν αὐτοῖς οὐχ ὥσπερ πατέρες καὶ ἀδελφοὶ πάντες]. I. 4. ὑμεῖς ἐμισήσατέ με, ἀδελφοί, ἀλλ' ὁ Θεὸς ἠγάπησέ με, ὑμεῖς δὲ ἠθέλετέ με ἀνελεῖν καὶ ὁ Θεὸς τῶν πατέρων μου ἐφύλαξέ με, εἰς λάκκον με ἐβάλετε ἀλλ' ὁ Ὕψιστος ἀνήγαγέ με. 5. ἐπωλήσατέ με εἰς δοῦλον, καὶ ὁ Θεὸς ἐκ πάντων ἐλευθέρωσέ με [καὶ πάσῃ τῇ Αἰγύπτῳ δοῦναι κρίσιν ἐποίησέ με], 5. εἰς αἰχμαλωσίαν ἐλήφθην καὶ ἡ κραταιὰ αὐτοῦ χεὶρ ἐβοήθησέ μοι· ἐν λιμῷ συνεσχέθην καὶ αὐτὸς ὁ Κύριος διέθρεψέ με. 6. μόνος ἤμην ἐν λάκκῳ, ἀλλ' ὁ Θεὸς τοῦ πατρός μου παρεκάλεσέ με· ἐν ἀσθενείᾳ ἤμην ἀλλὰ ὁ σωτὴρ ἐχαρίτωσέ με, ὠνείδισάν με ἐν δεσμοῖς 7. καὶ ἐν (διαβολαῖς), ἀλλ' ὁ Θεὸς ἐρρύσατό με, καὶ ἐν λόγοις πικροῖς οἱ Αἰγύπτιοι ἐκβάλλουσί με.
II. 2. Καὶ ἠγωνισάμην τῷ πάθηματι ἐλθόντι ἐπ' ἐμὲ ἀπὸ γυναικὸς ἐπειγούσης με παρανομεῖν μετ' αὐτῆς ἀλλ' ὁ Θεὸς Ἰσραὴλ τοῦ πατρός μου ἐφύλαξέ με ἀπὸ ταύτης φλογὸς καιομένης. 3. Ἐφυλακίσθην, ἐτύφθην, ἐμυκτηρίσθην καὶ ἔδωκέ με Κύριος εἰς οἰκτιρμοὺς ἐνώπιον πάντων τῶν δεσμοφυλάκων ἐν τῷ δεσμωτηρίῳ. 4. Οὐ γὰρ ἐγκαταλείψει τοὺς φοβουμένους αὐτὸν ἐν ἀληθείᾳ ἐν δεσμωτηρίῳ σκοτεινῷ οὔτε ἐν δεσμωτηρίῳ ἢ δεσμοῖς, ἢ θλίψεσιν ἢ ἀνάγκαις 5. οὐ γὰρ ὡς ἄνθρωπος ἐπαισχύνεται ὁ Θεός. οὐδὲ ὡς γηγενὴς ἀσθενεῖ ἢ ἀπωθεῖται. 6. ἐπὶ πᾶσι δὲ [τόποις] παρίσταται καὶ ἐν διαφόροις λύπαις παρακαλεῖ παρών. 7. ἐν δέκα πειρασμοῖς ὁ Θεὸς ἐποίησέ με κρατερόν.
IV. 1, 5. Ποσάκις ἡ Αἰγυπτία σαίνουσά με εἶπε, εἴπερ συνέσει μοι ἀποβαλῶ εἴδωλον τοῦ Αἰγυπτίου Πεστεφρῆ. 7. Θέλω ὑμᾶς πιστεῦσαι κατὰ τὸν νόμον τοῦ Κυρίου σου. 8. ἀποκρινάμενος αὐτῇ εἶπον·

'Αμεμεφρή, ή δέσποινά μου ού καθαρά και Θεός ό Κύριος βούλεται τους φοβουμένους αυτόν μη τοις λάγνοις χαρίζεσθαι. [Αύτη δε μάλλον έθηκε την εσθήτα ώστε περιπλέκειν εμέ]. VI. 1. Και αποστέλλει μοι βρώμα εν γοητεία πεφυραμένον. 6. και ο Θεός του πατρός μου απεκάλυψε. 4. Μετά ταύτα εισελθών εις την κοίτην μου είπον αυτή, ότι ενόμιζεν κτείνειν εμέ αδίκως ότι έπεμψέ μοι το βρώμα τω (φαρμάκω) θανασίμω μεμιγμένον, και 7. ότι γνοίης των εν σωφροσύνη θεοσεβούντων ου κατισχύει κακία ασεβούντων, λαβών ενώπιον αυτής φαγείν ηρξάμην· ο Θεός των πατέρων μου εστί μετ' εμού. 8. Ή δε έπεσεν επί πρόσωπον εις τους πόδας μου, και έκλαυσε, και συνέθετό μοι μη ποιήσαι έτι την ασέβειαν ταύτην, [και όμως εξεγείρεται ταις φροντίσιν και έσω ο δαίμων της ακολασίας επιφλέγει αυτήν].

Μετά ταύτα ως εγώ ήλθον προς αυτήν διά των αναγκαίων, λέγουσά μοι VIII. 2. και αίρουσα της εσθήτος έσυρέ με εις την κοίτην αυτής. Και εγώ συνέστρεψα αμφί εμαυτόν την εσθήτα. και έφυγον από της Αιγυπτίας. 3. ή δε ου δεξαμένη το θέλημα εσυκοφάντισέ με προς τον άνδρα αυτής. Εγώ δη ετύφθην και εβλήθην εις το δεσμωτήριον και ή Αιγυπτία ανίετο κατ' εμού IX. 1. και είπε πολλάκις πλήρωσον το θέλημά μου, και εξελευθερώσω σε εκ των δεσμών και σώσω σε εκ του δεσμωτηρίου. 2. Εγώ δε και εν φροντίδι ου συνεχώρησα αυτή· αγαπά γάρ ό Κύριος τον εν στέγη σκοτεινή νηστεύοντα εν διανοία μάλλον ή εν τοις βασιλικοίς μεγαλείοις τον άνδρα τρέφοντα εαυτόν εν πορνεία 3. ο πορευόμενος εν φροντίσιν λήψεται δόξαν, και ο Θεός οίδε ου έχει χρείαν, και δώσει αυτοίς ο και εμοί έδωκε.

[Νύν ούν, αδελφοί, μη φοβείσθε. εγώ θρέψω υμάς και δόμους υμετέρους. παραμυθήσομαι γαρ λέγων αυτοίς. και ούτως ήλθεν ο Ιωσήφ εις την Αίγυπτον και οι αδελφοί αυτού. και ήρξατο ζην εν Αιγύπτω και εστήριξε πάσαν την δύναμιν των Αιγυπτίων. Και ο Ιωσήφ έζη έτη εκατόν και δέκα και βλέψας τους παίδας του Εφραίμ τρεις υιούς του γένους Μάχερ, υιού Μανασσή. και Ιωσήφ είδε την ημέραν ου μακράν απέχουσαν απ' αυτού, και προστίθεται τοις προγόνοις και τω πατρί, και ήρξατο λέγειν τοις πλησίοις Ιδού πάσαι αι αισθήσεις ανέχουσαι το σώμά μου αδυνατούσι, και το κράτος ζωοτρόφον απέστη απ' εμού, και απήλθεν το κράτος της δυνάμεως και νόσοι γίγνονται κρατερώτεραι εν εμοί, και ουκέτι έχω μέρος εν τοις ζώσιν επί τη γη, και ουκ έχω από του νύν οικίαν και μικρόν χρόνον πρόσθεν του θανάτου λέξω τι υμίν και τοις υιοίς των αδελφών μου].

XVII. 1. Ηκούσατε γάρ, τέκνα μου, όσον εγώ έπαθον [από των

ἀδελφῶν μου, ἀλλὰ γινόμενος δοῦλος, μετεβλήθην]· ἵνα μὴ καταισχύνω τοὺς ἀδελφούς 2. καὶ ὑμεῖς οὖν ἀγαπᾶτε ἀλλήλους, τέκνα μου, καὶ ἐν μακροθυμίαις ζῆτε μὴ φέροντες αἰτίας ἄλλος ἄλλῳ. 3. Τέρπεται γὰρ ὁ Θεὸς ἐπὶ ὁμονοίᾳ ἀδελφῶν, καὶ ἐπὶ προαιρέσει καρδίας εὐδοκεῖτε πρὸς τὸ ζῆν. 4. καὶ ὅτι ἦλθον οἱ ἀδελφοί μου εἰς Αἴγυπτον, ὡς καὶ αὐτοὶ ὁρῶσι, καὶ πάλιν ἔδωκα τὸ ἀργύριον αὐτῶν καὶ οὐκ ὠνείδισα τῇ ὕβρει ἀλλὰ καὶ παρεκάλεσα αὐτοὺς 5. καὶ ἔτι μετὰ θάνατον Ἰακὼβ περισσοτέρως ἠγάπησα αὐτούς. 6. οὐκ ἀφῆκα γὰρ αὐτοῖς θλιβῆναι, καὶ ὃ ἦν ἐν χειρί μου, αὐτοῖς ἔδωκα. 7. οἱ υἱοὶ γὰρ αὐτῶν υἱοί μου. καὶ τοὺς υἱούς μου ὡς δούλους αὐτῶν ἐποίησα. ἡ ψυχὴ αὐτῶν ἦν ψυχή μου, καὶ πᾶν ἄλγημα αὐτῶν ἄλγημά μου καὶ πᾶσα μαλακία αὐτῶν ἀσθένειά μου, τὸ φῶς αὐτῶν φῶς μου καὶ ἡ βουλή μου σὺν αὐτοῖς ἦν. 8. καὶ οὐχ ὕψωσα ἐμαυτὸν ἐν αὐτοῖς ἐν ἀλαζονείᾳ διὰ τὴν κοσμικὴν δόξαν μου, ἀλλ' ἤμην ἐν αὐτοῖς ταπεινὸς [καὶ ὑφειμένος, ἐπαίρων αὐτοὺς μᾶλλον ἢ ἐμαυτόν].

XVIII. 1. Ἐὰν οὖν ὑμεῖς, τέκνα μου, θέλητε πορεύεσθαι ἐν ταῖς ἐντολαῖς Κυρίου [καὶ τὰ δῶρα τῆς γῆς ἐδεῖσθε καὶ ὁ στέφανος τῆς βασιλείας πλεχθήσεται ὑμῖν. καὶ ἐπισκιασθήσεσθε τῇ χάριτι τοῦ Θεοῦ καὶ ἐν τῇ εὐλογίᾳ τοῦ κτίστου αἱ ἀκτῖνες ἡλίου λάμψουσι ἐφ' ὑμᾶς]. 2. καὶ ἐὰν θέλῃ τις κακοποιῆσαι ὑμᾶς, ὑμεῖς [ἐξ ἰσχύος ὑμῶν] ἀγαθὰ ποιοῦντες βοηθεῖτε αὐτῷ καὶ εὔχεσθε ὑπὲρ αὐτοῦ τῷ Κυρίῳ ἀπὸ παντὸς κακοῦ [τῇ ἰσχύι καὶ κράτει αὐτοῦ] ὁ Θεὸς λυτρώσει ὑμᾶς. 3. Ἑωρᾶτε γὰρ ὅτι [Θεὸς ἐποίησέ μοι ταπεινωθέντι καὶ πωλουμένῳ καὶ συκοφαντηθέντι καὶ πάντα ἔπαθον τῇ ὑπομονῇ, ἐπαινῶν τὸν Θεόν μου καὶ ὡς κρατερὸς στρατὸς ὡπλισμένος τῷ σιδήρῳ ὁ λόγος τοῦ Κυρίου ἀφαιρεῖ με ἐκ τῆς δουλείας καὶ ἐξ ἐπιβουλῆς καὶ κύριον τῆς Αἰγύπτου ἐν πάσαις τύχαις ἐποίησέ με].

XIX. 1. Ἀκούσατε, τέκνα μου, ἐνύπνιον ὃ εἶδον λέξω ὑμῖν. 2. Ἰδοὺ δώδεκα ἔλαφοι ἐνέμοντο καὶ οἱ ἐννέα διῃρέθησαν εἰς πᾶσαν τὴν γῆν· ὁμοίως καὶ οἱ τρεῖς. 8. καὶ εἶδον ὅτι ἐκ τοῦ Ἰούδα ἐγεννήθη παρθένος, ἔχουσα στολὴν βυσσίνην· καὶ ἐξ αὐτῆς προῆλθεν ἀμνὸς ἄμωμος. καὶ πάντα τὰ θηρία ὥρμων κατ' αὐτοῦ, καὶ ἐνίκησεν αὐτὰ ὁ ἀμνὸς καὶ ἀπώλεσεν αὐτοὺς εἰς καταπάτησιν. 9. Καὶ ἔχαιρον ἐπ' αὐτῷ οἱ ἄγγελοι, καὶ οἱ ἄνθρωποι καὶ πᾶσα ἡ γῆ. 10. Ταῦτα δὲ γενήσεται ἐν καιρῷ αὐτῶν [εὐφράνθησαν ἐν αὐτοῖς], ἐν ἐσχάταις ἡμέραις. 11. Ὑμεῖς οὖν, τέκνα μου, φυλάξατε τὰς ἐντολὰς Κυρίου καὶ τιμᾶτε τὸν Ἰούδαν καὶ τὸν Λευΐ· ὅτι ἐξ αὐτῶν ἀνατελεῖ ὑμῖν ὁ ἀμνὸς τοῦ Θεοῦ, χάριτι σώζων πάντα τὰ ἔθνη [καὶ τὸν] Ἰσραήλ. 12. Ἡ γὰρ βασιλεία αὐτοῦ βασιλεία αἰῶνος. ἡ δὲ ἐμὴ βασιλεία ἐν ὑμῖν ἐπιτελεῖται ὡς ὀπωροφυλάκιον· μετὰ τὸ θέρος οὐ φαίνεται.

APPENDIX V. 291

["Ακουσον οὖν, ὦ Ἰουδαῖε, τί λέγει τὸ ἐνύπνιον τοῦ Ἰωσήφ. Ἑώρακα γὰρ δώδεκα ἐλάφους, καὶ ἔλαφοί εἰσιν οἱ δώδεκα ἀπόστολοι, εὐαγγελιζόμενοι τὰ σημεῖα ἐν τῷ κόσμῳ καὶ ἐννέα αὐτῶν, εἶπε, στρώννυνται ἐπὶ πᾶσαν τὴν γῆν διδάσκοντες καὶ βαπτίζοντες ἐν ὀνόματι τοῦ πατρὸς καὶ τοῦ υἱοῦ καὶ τοῦ ἁγίου πνεύματος. οὕτως εἶπον τρεῖς, καὶ οὗτοι οἱ τρεῖς ὁμοίως ἐκήρυξαν καὶ ἀπέθανον οὐκ ἐξιόντες ἐξ Ἱερουσαλήμ. Ὡς ἡ γραφὴ ἔλεξε ὅτι Ἡρώδη τῷ ἀνόμῳ Ἰακὼβ ὁ ἀδελφὸς Ἰωάννου τῷ ξίφει ἐκτάνθη καὶ οὕτως ὁ Στέφανος ὁ διάκονος καλούμενος ἐλιθάσθη ὑπὸ τῶν Ἰουδαίων, ὅστις ἔκραξε λέγων, Κύριε, μὴ στήσῃς αὐτοῖς τὴν ἁμαρτίαν ταύτην, οὐ γὰρ οἴδασι ὅτι ποιοῦσιν. καὶ εἶδον, εἶπεν, ὡς ἐκ τοῦ Ἰούδα ἐγεννήθη παρθένος, τοῦτό ἐστ' ἡ μήτηρ τοῦ Θεοῦ ἐκ τοῦ γένους τοῦ Ἰούδα, θυγάτηρ Ἰωακίμ, ἔχουσα, εἶπε, στολὴν βυσσίνην. τοῦτό ἐστι καθαρὰ καὶ ἄνευ πλάνης, ἀλλὰ ἁγνὴ καὶ ὑπεραγνή. Ἐξ αὐτῆς, εἶπε, προῆλθεν ἀμνὸς ἄμωμος, τοῦτό ἐστιν ὁ υἱὸς τοῦ Θεοῦ, ἤπιος καὶ ταπεινὸς ἄνευ κακίας, καὶ ἄνευ πονηρίας. ἐξαιρεῖται οὐκ εἰδὼς τὴν ἁμαρτίαν, καὶ ἐξ ἀριστεροῦ αὐτοῦ ὡς λέων, εἶπε, Ἰδού ἐστι ὡς λόγος τοῦ Θεοῦ· μεγάλως καὶ δεινῶς καὶ φοβερῶς ἐπισημαίνεται καὶ πάντα τὰ θηρία ὥρμων (κατ' αὐτοῦ). Τοῦτό ἐστι, ὑμεῖς ταλαίπωροι Ἰουδαῖοι εἴδετε τὸν υἱὸν τοῦ Θεοῦ λαβόντα ταπεινὴν μορφήν, καὶ ὡς ἄγρια θηρία ἐκράζετε καὶ ὡρμήσατε εἰπόντες, λάβετε, λάβετε, σταυρώσατε αὐτόν, γένοιτο τὸ αἷμα αὐτοῦ ἐφ' ἡμῖν καὶ ἐπὶ τέκνοις ἡμῶν.

Ἐνίκησεν αὐτοῖς ἐκ νεκρῶν ἐγερθεὶς ὁ υἱὸς τοῦ Θεοῦ οὗ ὑμεῖς κατεφρονήσατε, κακῶς ποιοῦντες, καὶ ὤλεσεν αὐτὸς ἐν καταπατήσει, τοῦτό ἐστι, δίδοσθε εἰς δουλείαν ὑπὸ τὰ ἔθνη. καὶ καταπατεῖσθε ἕως τοῦ νῦν ἐν ταῖς χώραις ἡμῶν καὶ περὶ τούτου ἠγαλλιάσαντο οἱ ἄγγελοι καὶ ἄνθρωποι καὶ πᾶσα ἡ γῆ. Ὁ Κύριος ὁ Θεὸς ἡμῶν συνήψει τὰ ἄνω σὺν τοῖς κάτω ἅμα ἐν ἑνὶ φαιδρᾷ εὐλογίᾳ. τοῦτο γὰρ γενήσεται ἐν τῷ καιρῷ αὐτοῦ. Ἰακὼβ γὰρ ἦν ἐν τῷ τρίτῳ καὶ ἑβδόμῳ ἔτει, καὶ ὁ υἱὸς τοῦ Θεοῦ ἐγένετο ἐν ἐννάτῳ ἔτει καὶ ἠγαλλιάσατο ἐν ταῖς ἐσχάταις ἡμέραις. Τούτου ἐστιν ἡ ἀρχὴ καὶ τὸ τέλος. ὁ γὰρ πρῶτον ἀπὸ τοῦ μὴ εἶναι εἰς τὸ εἶναι ἤγαγεν. περὶ τούτου οἱ προφῆται ἔλεξαν καὶ ἡμεῖς ἀγαλλιώμεθα περὶ αὐτοῦ, ἕως τῶν ἐσχάτων ἡμερῶν. Καὶ ὑμεῖς, τέκνα μου, φυλάξατε τὰς ἐντολὰς τοῦ Κυρίου. καὶ τιμᾶτε τὸν Ἰούδαν καὶ τὸν Λευΐ, ὅτι ἐξ αὐτῶν ἀνατελεῖ ὑμῖν ὁ ἀμνὸς τοῦ Θεοῦ, τοῦτό ἐστι, ἐκ γένους Ἰούδα καὶ κατὰ τὴν τάξιν τοῦ Λευΐ δέξεται ἡγεμονίαν τῇ χάριτι σώζων πάντα τὰ ἔθνη (καὶ) Ἰσραήλ. καὶ ἐννόει ὅτι οὐ μόνον Ἰσραὴλ ἦν ὁ σώζων ἀλλὰ πάντα τὰ ἔθνη. Ἕως γιγνόμενος οὐ μόνον Ἰσραὴλ ἔσωσε γιγνόμενος ἐξ ἁγνῆς παρθένου, καὶ πάντα τὰ ἔθνη εἰς σωτηρίαν ἔσυρε· καὶ βασιλεία αὐτοῦ βασιλεία αἰώνιος. Ἐννόει

δὲ ἆρ' οὐκ ἦν τούτου ἀμνοῦ ἡ παρθένος· καὶ ἡ βασιλεία αὐτοῦ οὐ μεταλλάσσεται εἰς τοὺς αἰῶνας.
XX. 4. Καὶ ταῦτα εἰπὼν ἐξέτεινε τοὺς πόδας αὐτοῦ ἐν τῷ λέχει καὶ ἐκοιμήθη ὕπνον αἰώνιον. 5, 6. Καὶ ἐπένθησαν αὐτὸν πᾶς Ἰσραὴλ καὶ πᾶσα ἡ Αἴγυπτος ὅτι ὡς ἓν μέλος ἔπαθον σὺν αὐτῷ καὶ ἔζη Ἰωσὴφ πάντα τὰ ἔτη ἑκατὸν καὶ δέκα (καὶ) ἀπέθανε.]

ΔΙΑΘΗΚΗ ΒΕΝΙΑΜΙΝ ΠΕΡΙ ΔΙΑΝΟΙΑΣ ΚΑΘΑΡΑΣ

[Συνεκάλεσε γὰρ Βενιαμὶν τοὺς υἱοὺς αὐτοῦ καὶ ἤρξατο λέγειν ἐν τοῖς ὠσὶν αὐτῶν. Ἐγὼ Βενιαμὶν [υἱὸς]· τοῦ γήρως τοῦ πατρός μου Ἰακὼβ καὶ ἦν νεώτερος πάντων τῶν ἀδελφῶν μου]. I. 2. ὡς Ἰσαάκ, ὁ πάππος ἡμῶν, ἐτέχθη τῷ Ἀβραάμ, ἑκατοστῷ ἔτει, οὕτως κἀγὼ τῷ Ἰακώβ, ἐν ἑκατοστῷ ἔτει. 4. ἡ γὰρ Ῥαχὴλ μετὰ τὸ τεκεῖν τὸν Ἰωσὴφ δώδεκα ἔτη ἐστείρευσε. καὶ προσηύξατο Κυρίῳ μετὰ σπουδῆς δώδεκα ἡμέρας, καὶ συλλαβοῦσα ἔτεκέ με. 5. Διὰ τοῦτο ἐκλήθην υἱὸς ἡμερῶν, ὅ ἐστι Βενιαμίν.
III. 1. Καὶ ὑμεῖς οὖν, τέκνα μου, ἀγαπήσατε Κύριον τὸν Θεὸν τοῦ οὐρανοῦ καὶ φυλάξατε ἐντολὰς αὐτοῦ, μιμούμενοι τὸν ἀγαθὸν καὶ ὅσιον ἄνδρα Ἰωσήφ. 2. Καὶ ἔστω ἡ διάνοια ὑμῶν εἰς τὸ ἀγαθόν, ὡς κἀμὲ οἴδατε. 3. [οὕτως ζῆτε καὶ ὑμεῖς] φοβεῖσθε Κύριον καὶ ἀγαπᾶτε τὸν πλησίον· καὶ ἐὰν τὰ πνεύματα τοῦ Βελίαρ εἰς πᾶσαν πονηρίαν θλίψεως ἐξαιτήσωνται ὑμᾶς, οὐ μὴ κατακυριεύσῃ ὑμῶν πᾶσα πονηρία θλίψεως, ὡς οὐδὲ Ἰωσὴφ τοῦ ἀδελφοῦ μου. 4. Πόσοι τῶν ἀνθρώπων ἠθέλησαν ἀνελεῖν αὐτὸν καὶ ὁ Θεὸς ἐσκέπασεν αὐτόν; ὁ γὰρ φοβούμενος τὸν Θεὸν καὶ ἀγαπῶν τὸν πλησίον αὐτοῦ τούτῳ οὐκ ἀνάγκη τι φοβεῖσθαι. 5. καὶ εἴπερ πόλλην ὕβριν οἱ υἱοὶ τοῦ κόσμου ἐπιφέρουσι, οὐ προχωρήσουσι καὶ ὑπὸ θηρίου οὐ δύναται κυριευθῆναι βοηθούμενος ὑπὸ τῆς τοῦ Κυρίου ἀγάπης ἥτις πρὸς τὸν Θεὸν καὶ ἣν ἔχει πρὸς τὸν πλησίον. 6. καὶ γὰρ ἐδεήθην τοῦ πατρὸς ἡμῶν Ἰωσήφ, λέγων· Ὦ ἀγαθὲ πάτερ, Ἰακώβ, προσεύχου περὶ τῶν υἱῶν σου τῷ Κυρίῳ, ἵνα μὴ λογίσηται αὐτοῖς ὡς ἁμαρτίαν ὁ Κύριος, ὅτι ἐνεθυμήθησαν πονηρὸν περὶ ἐμοῦ. 7. Καὶ οὕτως ἐβόα Ἰακὼβ μεγάλῃ φωνῇ, λέγων· Ὦ τέκνον εὐλογηθείς, νικᾷς ἐμὲ τοῖς σπλάγχνοις. 8. πληρωθήτω ἐν σοι προφητεία ἀνθρώπων, ὁ ἀμνὸς τοῦ Θεοῦ σώσει τὸν κόσμον. ὅτι ἄμωμος ὑπὲρ ἀνόμων ἀποθανεῖ ἐν τῷ αἵματι τῆς διαθήκης, ἐπὶ σωτηρίᾳ ἐθνῶν καὶ Ἰσραήλ, καὶ καταργήσει Βελίαρ καὶ τὸν ὑπηρετοῦντα αὐτῷ.
IV. Καὶ ὁρᾶτε, τέκνα, τοῦ ἀγαθοῦ ἀνδρὸς Ἰωσὴφ τὸ τέλος· μιμήσασθε τὴν εὐσπλαγχνίαν αὐτοῦ, ἵνα καὶ ὑμεῖς στεφάνους δόξης

APPENDIX V

φορέσητε. 2. Ὁ ἀγαθὸς ἄνθρωπος οὐκ ἔχει σκοτεινὸν ὄμμα, ἐλεᾷ γὰρ πάντας, κἂν ὦσιν ἁμαρτωλοί. 3. κἂν βουλεύωνται περὶ αὐτοῦ εἰς κακά, οὗτως ὁ ἀγαθοποιῶν νικᾷ τὸ κακόν, σκεπαζόμενος ὑπὸ τοῦ Θεοῦ, τῆς ἀρετῆς αὐτοῦ χάριν. 4. Ἐάν τις δοξάζηται οὐ φθονεῖτε αὐτῷ, ἐάν τις πλουτῇ μὴ ζηλώσητε. τὸν πένητα ἐλεεῖτε, τῷ ἀσθενοῦντι συμπαθεῖτε, [τοὺς ἀδελφοὺς ἀγαπᾶτε, τῶν οἰκείων μὴ ἐπιλανθάνεσθε]· τὸν Θεὸν ἀνυμνεῖτε. 5. καὶ τῷ ἔχοντι φόβον Θεοῦ βοηθεῖτε, κολάζετε τὸν ἀθετοῦντα τὸν Θεὸν καὶ ἀποστρέφετε ἀπὸ τῆς ἀδίκης ὁδοῦ αὐτοῦ· ἀγαπᾶτε τὸν ἀγαπῶντα τὸν Θεὸν καὶ τῇ ψυχῇ ὑμῶν.

V. 2. Ἐὰν γὰρ συνδεδεσμένοι ἐστὲ τῇ ἀγάπῃ τοῦ Θεοῦ τὰ πνεύματα τῆς πλάνης φεύξει ὑμᾶς. 3. Ὅπου γάρ ἐστι ἀγαθὴ φροντὶς ἐν τῇ ψυχῇ τοῦ ἀνθρώπου, ἐκεῖ καὶ τὰ πνεύματα πλάνης φεύγει αὐτόν. 4. καὶ δίκαιον ἄνδρα μηδαμῶς ὑβρίζετε, καὶ ὁ δίκαιος ἀγαπᾷ τὸν κολάζοντα καὶ σιγᾷ. 5. ἐὰν γὰρ εἰς τὴν ψυχὴν κολάζεται, εὐχὰς ποιῶν φαίνεται λαμπρὸς τῷ Ὑψίστῳ. Οὕτως ἀδελφός μου Ἰωσήφ.

VI. 1. Ἀπέκλινε γὰρ τὴν ψυχὴν ἀπὸ τοῦ πνεύματος τῆς πλάνης, ἀλλ' εἶχε τὸν ἄγγελον τῆς εἰρήνης τὸν κύριον τῆς ψυχῆς. 3. καὶ οὕτως ὑμεῖς, τέκνα μου, μὴ λυπῆτε τοὺς πλησίους σου 2. μηδὲ συλλέγεσθε τὸν πλοῦτον τοῦ ἀδίκου. μὴ τέρψησθε ταῖς ἀδικίαις, καὶ μὴ ἐπάγησθε τῷ αἰνίγματι τῶν ὀφθαλμῶν [εἰς τὴν κακίαν] ἀλλ' ἀεί, τέκνα μου, (ὁ Κύριος) συλλήπτωρ ὑμῖν. [καὶ συζεύχθητε τοῖς δίκαια φρονοῦσιν καὶ φεύγετε, τέκνα μου, τὴν μάχαιραν τῆς πονηρίας, μάχαιρα γὰρ ἐγειρομένη τέμνει τὸν τράχηλον τοῦ ἀνθρώπου. καὶ πονηρία συναγειρομένη περὶ ἀνθρώπου θλίβει καὶ εἰς τὴν φάρυγγα τρέπεται εἰς ἄπληστον Ἅδην].

VII. 2. Ἡ δὲ μάχαιρα ἑπτὰ κακῶν μήτηρ ἐστί. πρῶτον συλλαμβάνει ἡ διάνοια διὰ τοῦ Βελίαρ. καὶ φυτεύει φθόνον. δεύτερον τὴν ἀπώλειαν, τρίτον θλίψιν, τέταρτον αἰχμαλωσίαν, πέμπτον ἔνδειαν, ἕκτον ταραχήν, ἕβδομον ἐρήμωσιν. 3. Διὰ τοῦτο καὶ ὁ Καῒν ἑπτὰ ἀδικίαις παρεδόθη ὑπὸ τοῦ Θεοῦ, διὰ τοῦ αἷμα τοῦ Ἀβὲλ τοῦ ἀδελφοῦ, κατὰ γὰρ ἑκατὸν ἔτη μίαν πληγὴν ἐπήγαγεν αὐτῷ ὁ Κύριος. Διακοσίων ἐτῶν ἀπὸ [τοῦ χρόνου] ὅτε Καῒν ἔκτεινε τὸν ἀδελφὸν αὐτοῦ. 5. Ἐν τοῖς ἑπτακοσίοις ἔτεσιν ὁ Καῒν ἐκρίνετο, ὁ δὲ Λαμὲχ ἐν τοῖς ἑβδομηκοντάκις ἑπτά. 6. ὅτι ἕως τοῦ αἰῶνος οἱ ὁμοιούμενοι τῷ Καῒν εἰς τὴν μισαδελφίαν τῷ αὐτῷ φόνῳ καὶ τῇ αὐτῇ κολάσει κριθήσονται.

VIII. Καὶ ὑμεῖς οὖν, τέκνα μου, ἀποδράσατε τὴν ἔχθραν καὶ κακίαν καὶ μισαδελφίαν καὶ προσκολλᾶσθε τῇ ἀγαθότητι καὶ τῇ ἀγάπῃ. 2. Καὶ μὴ ἔχητε αἰσχρὰ ἐν τῇ καρδίᾳ ὑμῶν, ὅτι ἀναπαύεται ἐπὶ τοιούτοις ὁ Θεός. 3. Ὥσπερ γὰρ ὁ ἥλιος οὐ μιαίνεται προσέχων ἐπὶ κόπρον καὶ βόρβορον, ἀλλὰ μᾶλλον ἀμφότερα ψύχει καὶ ἀπελαύνει τὴν δυσωδίαν, οὕτω καὶ δεῖ τὸν καθαρὸν εἶναι ἐν τοῖς μιασμοῖς τῆς γῆς.

IX. Ὑπενόησα δὲ περὶ τῶν λόγων τοῦ Ἐνὼχ τοῦ δικαίου, φύλαξασθε, τέκνα μου, ἀπὸ τῆς πορνείας Σοδόμων. Εἰ δὲ ὑμεῖς διαφθείρεσθε καὶ γαμεῖτε τὰς γυναῖκας τὰς ὑβριστικὰς καὶ οὐκ ἔσται ἐν ὑμῖν ἡ βασιλεία τῶν οὐρανῶν, ὅτι εὐθὺς αὐτὸς λήψεται αὐτήν. 2. καὶ ἀποστελεῖ ὁ Ὕψιστος τὴν σωτηρίαν αὐτοῦ τῇ ἐπισκέψει τοῦ μονογενοῦς, ὥσπερ προφήτου. 3. καὶ εἰσελεύσεται εἰς τὸν πρῶτον ναὸν καὶ ἐκεῖ Κύριος ὑβρισθήσεται καὶ ἐπὶ ξύλου ὑψωθήσεται. 4. Καὶ ἔσται τὸ ἅπλωμα τοῦ ναοῦ σχιζόμενον εἰς δύο καὶ καταβήσεται τὸ πνεῦμα τοῦ Θεοῦ, ὡς πῦρ ἐκχυνόμενον. 5. καὶ ἀνελθὼν ἐκ τῶν λαῶν ἔσται ἀναβαίνων ἀπὸ γῆς εἰς οὐρανόν. Ἔγνω δὲ οἷος ἔσται ταπεινὸς ἐπὶ γῆς, καὶ οἷος ἔνδοξος ἐν οὐρανῷ.

XI. 2. Ἀναστήσεται γὰρ ἐν ταῖς ἐσχάταις ἡμέραις ἐκ τοῦ γένους μου ἄνθρωπος ἀγαπητὸς Θεῷ καὶ ποιῶν τὰ ἐπιτήδεια γνῶσιν καινὴν φωτίζων πάντα τὰ ἔθνη [ὀνόματι τοῦ καλουμένου καὶ ἐγγράψεται ἐν ταῖς γραφαῖς τῶν ἁγίων. καὶ ὑμῖν, τέκνα μου, ὅσα ἐννόησα εἶπον].

XII. 1. [καὶ ἰδοὺ παραδίδομαι τῷ τάφῳ], καὶ θάπτετε ἐμὲ ἐν Χεβρὼν ἐγγὺς τῶν πατέρων μου. 2. καὶ ταῦτα εἰπὼν ἐκοιμήθη Βενιαμίν, υἱὸς Ἰακώβ, δωδέκατος υἱὸς Ῥαχήλ, καὶ πάντα τὰ ἔτη αὐτοῦ ἦν ἑκατὸν καὶ εἴκοσι. [καὶ πάντες οἱ υἱοὶ τοῦ Ἰακὼβ ἀπέθανον ἐν Αἰγύπτῳ, διδόντες. διαθήκας τοῖς υἱοῖς καὶ υἱωνοῖς, ὅσας εἶχον ἐν ταῖς καρδίαις αὐτῶν καὶ προεφήτευσαν προορῶντες κινούμενοι τῷ ἁγίῳ πνεύματι. τὰ μέλλοντα ἐν τῷ καιρῷ αὐτῶν τελεῖσθαι πάντα ἐγνώρισαν καὶ ἔλεγον αὐτοῖς· Ἔχετε ἀγαθὴν ἐλπίδα ὅτι ὁ Ὕψιστος ἐπισκέψεται τοὺς πένητας, καὶ ἐν σιγῇ θλίψει τοὺς ἀμελοῦντας αὐτὸν καὶ τοὺς υἱοὺς ὑμῶν τοὺς λελειμμένους ἐν τοῖς ἔτεσι διασκορπισθήσονται εἰς ὄλεθρον καὶ εἰς τὴν ὕβριν τῶν ἐθνῶν].

APPENDIX VI

Collation of the second Sinaitic MS. *i* where it diverges from *h* for the Testaments of Reuben, Simeon, Levi, and Judah i–xx.[1]

T. REUBEN.

Page 1, line 3 πρώτου. l. 4 ὅσα. l. 5 after αὐτόν add καὶ ἐκάλεσε τοὺς υἱοὺς αὐτοῦ. For ἐν read ἐν τῷ. l. 8 συνήχθησαν. P. 2, l. 11 add τὴν after ἐμίανα. P. 3, ll. 7–8 does not om. as *h*. l. 11 οἷά μοι μὴ γένηται ἐν Ἰσραὴλ οὕτως. P. 4, l. 9 γίνεται βρῶσις. l. 11 ἕκτον (so also *h* whose reading is not given in notes). l. 13 ἔσχατα. l. 14 ἀγνοίας πεπλήρωται. P. 5, l. 8 τέταρτον. μαγκανίας. l. 9 περιεργίας. l. 10 ὑπερηφανίας. om. ἵνα. l. 10 ἀπειλίαν. P. 6, l. 7 νουθεσίαν. l. 10 αὐτὴν φυλάξατε. l. 12 προσέχετε ὄψει γυναικείᾳ. P. 7, l. 3 γύμνωσιν. l. 4 om. ἕως οὗ. l. 5 ἀπιόντος. l. 7 εὐφαθά (*h* υρφαθά—so read in notes). l. 10 αἰσθανθείσης. P. 8, l. 6 ἀποθάνῃτε. l. 9 ὀνειδισμοὺς αὐτῶν. συνείδησίς μου. l. 10 ἐλέγχει με περί. P. 9, l. 15 προσεκάλεσεν. P. 10, l. 1 ἐδέξατο. l. 4 for πονηροῦ read πονηροῦ πράγματος. L 5 om. γάρ. l. 6 om. οὐδὲ ... ὑμῶν through hmt. l. 9 σεαυτάς. l. 10 ἴσχυον καταγοητεύσασθαι ... καταγωνίζονται. P. 11, l. 3 μηχανῶνται. l. 5 τὸν ἰόν. l. 10 κοσμῶσιν τάς. l. 13 τετήρηται. P. 12, l. 1 καὶ τὴν πρᾶξιν. μετεσχηματίζοντο γάρ. l. 4 διανοίᾳ τῆς φαντασίας. l. 6 φθάνοντες. l. 8 αἰσθήσεις ὑμῶν. l. 9 συνδιάγειν (so also *h*). P. 13, l. 3 οὖν λέγω ὑμῖν. l. 10 ὅτι αὐτὸς γνώσεται. l. 12 ἀρχιερέα χριστοῦ. P. 14, l. 4 δέξητε εὐλογίαν. l. 7 παντὸς λαοῦ (so also *h*).

T. SIMEON.

P. 15, l. 3 υἱοῦ Ἰακώβ. P. 16, l. 3 τῆς δεήσεως. P. 17, l. 4 Ῥουβὶμ εἰς Δοδαήμ. P. 18, l. 3 ἀποστῶ (so also *h*). l. 10 πάσας τὰς διανοίας (so also *h*). P. 19, l. 6 αὐτῷ, οὗτος. P. 20, l. 11 τέκνα μου. P. 21, l. 1 ὡς (so also *h*). ll. 7–8 τῷ σώματι, ἢ καὶ ἐν (so also *h*). l. 11 ἐκήνισεν

---

[1] This MS. *i* was not discovered till the spring of 1906, when the above section of my Text had already passed through the press. Since the two Sinaitic MSS. *h* and *i* are derived from one archetype, I have given the readings of *i* only where it diverges from *h*, except in some cases where *h* is omitted in my Notes or was wrongly copied or read. In these cases *i* and *h* alike are given.

(sic). Copy of h very corrupt but probably h = i. Since c, d read ενίκησεν it is probably that α read ουκ ενίκησεν εις αυτόν = לו יכי לא. P. 22, l. 7 ούν από (so h should be read). l. 14 πόλεμον κυρίου πολεμήσει. l. 17 τις εις ηγεμονίαν. P. 23, l. 1 ταύτα (h τούτο). δικαιώ (h reads διάγω?). l. 4 όστα μου. l. 7 πληθυνθήσυνται. l. 13 Χετταίοι καί (so h). l. 14 τότε εκλείψει. l. 17 πολέμων. P. 25, l. 5 εγώ (so h). l. 13 χάριν ό κύριος. P. 26, l. 4 ούτως. καί (so h). l. 7 ετών ών ρκ.

T. Levi.

P. 27, l. 11 έως ημέρας κρίσεως. P. 28, l. 7 Βαλμαούλ (so h). l. 9 επί ταύτας τοίχους. P. 31, ver. 11, l. 3 γένος ανθρώπου (so h). P. 32, ll. 8–9 διατί εστι.δυνός. επειδή (sic—so h but reads δεινός επεί). P. 33, ll. 1–2 εν δικαιοκρισία. l. 17 και εν. l. 19 καταλύει ή. P. 34, l. 10 λογικόν. P. 35, chap. iv, l. 3 ουρανών (so also h). P. 36, l. 9 καί επί. P. 37, l. 6 άγιον και ύψιστον. l. 8 κατοικήσαι (so also h). P. 39 margin, second line from bottom, και το όνομα (so also h). P. 40, l. 13 'Ηεμβλακήν τον οιγενήν (sic). P. 41, l. 9 χλευάσει... αυτούς. P. 42, l. 9 πέταλον της αληθείας και της πίστεως. l. 12 μοι και ειπόν μοι. P. 43, l. 2 ό μέν πρώτος (so also h). l. 4 εψώμοισεν (sic) άρτον (so also h). άγιον αγίων. l. 6 ομοίαν. P. 44, l. 6 τώ κυρίω και θεώ. P. 45, l. 10 κριταί γραμματείς (so also h). P. 46, l. 1 έκρυψα κάγώ τούτο (so also h, omitting καί before έκρυψα). l. 10 το πρωί. P. 48, l. 2 και πετεινού πρόσφερε θυσίαν αυτού. l. 4 και θεώ ημών. l. 6 και νύν (so also h). l. 7 τέκνα μου (so also h). l. 13 βαστάσαι. P. 49, l. 5 όν εκλέξεται (so h). l. 9 εκάλεσε. P. 50, l. 6 for έτεκέν μοι reads εκάλεσα Μεραρί (next nine (?) letters lost in photo) Μεραρί τώ τεσσαρακοστώ. P. 51, l. 1 ή μήτηρ μου καί η μήτηρ αυτού. l. 2 πικρασμός (sic). P. 52, l. 12 ημών. P. 53, l. 6 διότι. l. 11 υγιασμένοι ήτε. P. 54, l. 12 πας γαρ ός. P. 56, l. 7 ποιήσειν. l. 11 ημών. l. 13 του κόσμου. l. 21 ληστεύσητε. P. 57, l. 3 του θεού. l. 9 τα αγαθά. P. 58, l. 1 βδελύσσεται. l. 3 διακρίσεως (so also h). l. 7 καταλειφθή. P. 59, l. 1 και αληθινών (so also h). l. 4 ορμήσητε αποκτείναι (so also h). P. 60, l. 7 αυτών πλήρης. ll. 9–10 Ιωβηλαίω εν πένθει αγαπητοί ληφθήσεται (so also h). l. 14 αδικία εαυτώ. P. 61, l. 3 μιασμός όν ού δύναμαι. l. 9 αυτών καί. l. 15 περί του Χριστού και τότε (so also h). l. 19 εν άνω (i. e. ανθρώπω). P. 62, ll. 7–8 νεφέλαι επί της γης ως ύδωρ θαλασσών. P. 63, ll. 9–10 εν γνώσει επί της γης και φωτισθήσονται. l. 13 επί της γης ιερωσύνη. P. 65, ll. 1–2 και ούτος έτεινε τους πόδας (so also h).

T. Judah.

P. 66, l. 4 υπήκουον. P. 68, l. 2 αυτήν... αυτήν (so h also in second

APPENDIX VI

case). l. 5 συσσάσης (sic). l. 7 ἦλθον δύο (so also *h*). P. 69, l. 5 Ναχώρ (so also *h*). P. 70, last line, λίθοις. P. 75, ll. 10–11 πόλεως βασιλεύς. P. 76, l. 6 νυκτὶ δὲ βαθείᾳ (so also *h*). ver. 5 τότε οὖν ἐγώ (so also *h*). P. 77, l. 5 οὐδὲν πονηρόν (*h* οὐδὲν πονηρὸν κακόν). l. 7 om. ver. 9. ver. 11 φοβούμενοι ἐμοὶ καὶ τοὺς ἀδ. (*h* φοβ. ἐμοὶ καὶ τοῖς ἀδ.). Chap. VIII, 1 'Οδουλομακήτην (*h* 'Οδολομακίτην). P. 78, l. 4 om. καὶ τοὺς ... Σηλώμ by hmt. P. 79, l. 5 προσάγων (so also *h*). P. 80, l. 5 om. πυροῦ. P. 82, l. 13 βουλομένου (so also *h*). P. 85, last line of note 44 read αὐτόν for τὸ ὄνομα αὐτοῦ (so also *h*). P. 86, l. 13 ἐπιθυμιῶν ὑμῶν μηδὲ ἐν ἐπενθυμήσεσι τῶν διανοιῶν ὑμῶν ἐν ὑπερηφανείᾳ. P. 87, l. 1 ἐκαυχησάμην. l. 5 'Ακνὰν (so also *h*) τὴν Χαναίτην. P. 88, l. 9 ὅτι ὁ οἶνος. P. 89, l. 2 πίνης. l. 4 τὴν ἡδονήν (so also *h*). P. 90, l. 1 ἕως ὅτι. l. 2 ἐκβάλλει (so also *h*). l. 7 καὶ γάρ (so also *h*). P. 91, l. 3 τοῦ ἀνδρός (so also *h*). l. 8 πίνετε. l. 9 φόβου θεοῦ. l. 12 τὸν οἶνον (so also *h*). P. 92, l. 13 βασιλείαν. P. 93, l. 4 προπάπος (sic). l. 5 'Ιακώβ οὕτι. P. 94, l. 8 εὐλογίαν αὐτοῦ (so also *h*). l. 9 προφήτῃ λαλοῦντι. P. 96, l. 1 ἐστὶ τὸ τῆς συνειδήσεως. l. 6 κατὰ στήθη. Here *i* is obviously right and *ch* corrupt.

INDEX

[For the sake of brevity the Testaments are referred to in the following Index by their initial letters except in the case of the Testaments of Judah, Issachar, and Joseph which are denoted by Jud, Iss, Jos.]

'Αβέλ Iss 5^4; B 7^4.
'Αβελμαούλ ('Αβελμαούμ, 'Εβαλμαούλ) L 2^3 2^5 (β).
'Αβιμά ('Αβιλά, 'Αμηβά) L 6^1.
άβλαβής Z 5^5.
'Αβραάμ L 6^9 8^{15} 9^{12} 12^2 12^4 15^4 18^6 18^{14} 19^5; Jud 17^5 25^1; D 7^2; N 1^{10}; A 7^7; Jos 6^7; B 1^2 10^4 10^6.
άβυσσος L 3^9.
άγαθοεργεία Jos 18^2.
άγαθοποιέω B 4^3 (β–g) 5^2.
άγαθοποιΐα Jos 18^2 (β).
άγαθός S 3^2 4^4 4^5 (β) 4^7; L 13^6; Iss 3^7 3^8; Z 1^3 7^2; D 1^4 4^3 (bdg); N 2^4 2^9 8^5; A 1^8 1^9 3^2 4^1 4^3 4^4 4^5 5^4 (β); Jos 2^7 7^8 17^3 18^1; B 3^1 3^2 4^1 4^2 4^3 4^5 5^1 5^3 6^1 6^4 6^5 11^1 12^2 (c).
άγαθότης Jud 18^4; A 3^1; B 8^1.
άγαθύνω S 5^2.
άγαθώς Z 6^5.
άγαλλίασις Jud 25^5; B 10^6.
άγαλλιάω L 18^5 18^{14}; N 6^{10}.
άγαπάω R 3^9; S 2^6 3^6 4^4 4^6 4^7; Jud 17^1 21^1; Iss 1^1 5^2 7^6; Z 8^5; D 1^5 1^7 2^1 5^8 6^8; N 1^7 8^4 8^{10}; G 1^5 3^2 3^3 6^1 6^3 7^7; A 2^3; Jos 1^2 1^4 7^6 9^2 10^2 10^5 11^1 17^2 17^5; B 1^5 3^1 3^3 3^4 4^3 4^4 4^5.
άγάπη R 6^9; G 4^2 4^6 4^7 5^2; A 2^4; Jos 17^3 (β–a); B 3^5 8^1 8^2 (β).
άγαπητός L 8^{15} 17^3 18^{13}; B 11^2.
άγγελία N 2^1.
άγγελος R 3^{15} 5^3; S 2^8; L 2^6 2^9 3^7 5^1 5^3 5^6 5^7 (β) 9^6 18^5 19^8; Jud 3^{10} 10^2 15^5 21^5 25^3; D 5^4 6^2 6^6 6^6; N 8^4 8^6; A 6^4 6^6 7^1; Jos 6^6 6^7 19^9; B 6^1.
άγίασμα L 18^6; D 5^9.
άγιασμός L 18^7; B 10^{11}.
άγιος S 6^2; L 3^8 5^1 8^4 8^5 8^{17} 9^9 9^{11} 14^8 16^4 18^{11} 18^{14}; Jud 24^2; Iss 5^4; Z 9^8; D 4^3 5^{11} 5^{12} 5^{13}; N 5^8; A 7^2; Jos 4^1; B 11^4.
άγιότης L 3^4.
άγιωσύνη L 18^{11}.
άγνεία Jos 10^2.
άγνοέω Jud 5^4 (β) 12^5 19^4; A 7^1 7^6; Jos 3^8 14^4.
άγνοια R 1^9 2^9; L 3^5; Jud 19^3 (h, β); Z 1^5; G 5^7.
άγνωσία L 18^9; Jud 19^3.

άγοράζω N 1^{11}; Jos 15^7 16^1 16^3 (c).
άγρα Z 6^6.
άγριος Jud 2^3 (β) 2^5 2^7; Iss 7^7; A 4^5.
άγριόω S 4^8.
άγρός L 2^{12}; Jud 2^1 21^7; Iss 1^3 3^1.
άγχω Jos 7^3.
άγω S 4^8; L 5^3 (β–dg); Jud 10^1 23^3 (β–d); D 5^9; A 2^1; Jos 13^1 (bdg) 16^4 19^3 (A) 20^8 (c, A).
άγωνίζομαι A 6^2 (h, β); Jos 2^2.
'Αδάμ S 6^5; L 18^{10}.
άδελφή L 2^2 5^3 6^3 6^8 7^3 7^4 (beg); Jud 1^5.
άδελφός R 1^2 1^4 1^6 4^2 6^9; S 1^1 2^7 2^9 2^{14} 4^4 4^7 8^4; L 6^3 (h, β) 6^5 11^8 13^9 14^1 (β); Jud 3^9 4^1 5^4 7^2 7^6 7^{11} 9^1 9^2 13^8 25^1; Iss 1^3 3^1; Z 1^5 1^6 2^2 2^3 2^7 3^2 (β) 3^3 3^4 3^5 4^1 5^2 5^4 6^8 8^5; D 1^4 2^3 2^5; N 1^7 1^{10} 7^4; G 1^4 2^3 (β) 4^3 6^1 (bdg); A 7^6; Jos 1^1 1^2 1^4 10^5 10^6 11^1 11^2 15^3 17^1 17^3 17^4; B 2^1 2^3 2^6 (A) 3^3 3^6 5^5 7^4 10^{10} 12^3 (β).
ᾅδης R 4^6; L 4^1; B 9^6.
άδιακρίτως Z 7^2.
άδιαλείπτως L 13^2; Jos 3^6.
άδικέω S 5^4; G 5^5; A 2^5; Jos 14^1; B 4^3.
άδικία R 3^6; L 2^3 3^1 4^1 4^2 17^5; D 6^{10}; B 10^8.
άδικος Jud 21^6 (β–af); D 3^4 (β–d); G 5^3; A 4^3 5^2 5^3; Jos 14^1.
άδίκως Jud 21^8; D 3^4; Jos 14^1 (a).
άδοξέω Jud 15^1; N 8^6.
άδρύνω Jud 1^6; Iss 3^1.
άέριος B 3^4 (β–ag).
άετός Jud 25^5; N 5^6.
άηδία D 4^3.
άήρ R 2^6.
άθετέω L 16^2; A 2^6; B 4^5 (β–a).
άθλιος Jos 7^5.
άθῷος L 10^2 16^3; Z 2^2.
αίγιαλός D 6^3.
Αίγύπτιος R 4^9; S 8^2 8^3 8^4; Z 3^7 3^8 (β–dg); Jos 1^7 (β) 3^1 3^4 3^6 4^3 (β–a) 4^5 (β) 5^1 (β) 7^2 (β) 8^1 (β–d) 8^4 (β–d) 8^5 14^5 16^1 20^1 20^2 20^6 (β).
Αίγυπτος R 7^2; S 4^3 8^4 (β) 9; L 11^8 12^5; Jud 9^8 12^{11} 12^{12}; Z 3^6 6^3 8^4; D 5^8; G 1^8 (β); Jos 14^5 11^5 17^4 20^5 20^6 (c); B 2^1 10^1 12^1 (β) 12^3 (β) 12^4.
αίδέομαι Jud 14^4 16^2; G 5^3 6^6; Jos 5^2; B 5^1.

CH. PA.

αἰδώς Jud 14⁷.
αἰκίζω L 6⁹ ; Jos 16⁶ (aef).
αἷμα S 4⁸ ; L 16³ ; Z 2² 3³ ; B 2² 3³.
αἴξ Z 4⁹.
αἱρέω L 19¹ (β–de) ; A 2³.
αἴρω Jud 9³ 15⁸ 20⁵ ; Jos 19¹¹ ; B 12³ (c).
αἰσθάνομαι R 3¹⁴ ; Jud 15¹.
αἴσθησις R 3³ 16¹ ; N 2⁸.
αἰσχραίνω A 4⁴.
αἰσχροκερδία Jud 16¹.
αἰσχρορημονέω Jud 14⁸.
αἰσχύνη L 15².
αἰσχύνω L 14¹ (β) ; Jud 14³ 14⁵ 14⁶ 14⁸ 15¹ ; Z 3⁷ ; Jos 11² 15³ 16⁶ 17¹.
αἰτέω Jud 9⁷ ; Jos 8¹ 15⁷ 16² 16³ 16⁴ (β–be).
αἴτιος S 4² ; Jud 14³ (β).
αἰχμαλωσία L 13⁷ 17⁹ ; Jud 4³ 5⁶ 5⁷ (a) 6³ (β) 7⁸ 23⁵ ; Z 9⁸ (bdg) ; D 5⁸ 5¹¹ ; N 4² 5⁸ ; Jos 1⁵ ; B 7² (β–bg).
αἰχμαλωτεύω Z 9⁶.
αἰχμαλωτίζω R 5³ ; Jud 21⁶ ; D 5¹³ ; N 1¹¹.
αἰχμάλωτος L 10⁴ 15¹ ; Jos 14³.
αἰών R 6¹² (β–d) ; S 6² ; L 4⁴ 8³ (β) 10² 14¹ (a) 18⁸ 18¹³ ; Jud 15⁵ (β) 22³ 25³ 25⁵ ; D 5¹² (β–ag) 6¹⁰ ; G 7⁵ (a, β–d) ; A 7¹ ; Jos 18¹ ; B 7⁵ 11³·¹¹⁴.
αἰώνιος R 5⁵ 6³ 6¹² ; L 15² ; Iss 7⁹ ; Z 10³ ; D 5¹¹ 5¹² 7¹ (β) ; G 7⁵ ; A 5² 6⁶ (a) ; Jos 19¹² 20⁴ (β) ; B 10⁴.
ἀκαθαρσία L 15¹ ; Jud 14⁵ ; Jos 4⁶.
ἀκάθαρτος A 2⁹ 4⁵ ; B 5².
ἀκακία Iss 5¹ 6¹.
ἀκάλυπτος R 3¹³.
ἄκαρπος N 3⁵.
ἀκαταμάχητος Jud 19⁴.
ἀκάτιον N 6⁶.
ἀκίνητος S 2⁴.
ἀκοή R 2⁵ ; D 4⁴ ; N 2⁷ ; G 1⁹ ; B 6⁶.
ἀκολασία Jos 7¹ (β) 9².
ἀκολουθέω A 6¹.
ἀκοντίζω Jud 3³ ; G 1³.
ἀκουσίως D 4⁶.
ἀκούω R 1⁵ 2¹ 3⁸ 3⁹ 4⁸ 6⁸ ; S 2¹ 2² 2¹⁰ 2¹¹ 3¹ ; L 3¹ 6⁶ 10¹ 13⁴ 17¹ 19¹ ; Jud 1³ 12¹ 12⁶ 13¹ 18² 18⁵ ; Iss 1¹ 4¹ ; Z 1² 3³ 4⁵ ; D 1² 6⁹ ; N 1⁵ 2¹⁰ ; G 1² 3¹ 4² 4⁵ 6⁵ ; A 1² ; Jos 1² 5² 7⁸ 9⁴ 12¹ 13¹ 15¹ 15³ 15⁵ 16¹ 19¹ ; B 11² (β).
ἀκτίς N 5⁴.
ἀλαζονεία D 1⁶ ; Jos 17⁸.
ἅλας L 9¹⁴.
ἄλγημα Jos 17⁷.
ἀλγῶ Jos 7².
ἄλειμμα S 2⁹.
ἀλείφω L 8⁴.
ἀλήθεια R 3⁸ 3⁹ 6⁹ ; L 8² 18² 18⁸ ; Jud 14¹ 20¹·²⁰³ (β) 20⁶ 24³ ; Iss 7⁵ ; D 1³ 2¹ 2² 5² 5¹³ 6⁸ ; G 3¹ 3³ 5¹ ; A 5³ 5⁴ 6¹ ; Jos 1³ ; B 6⁵ 10³.
ἀληθής D 6⁹ ; G 5⁷ ; A 2⁹.

ἀληθινός L 16² ; D α⁴ ; A 4³.
ἁλιεύω Z 6³ 6⁷ 6⁸.
ἁλίζω L 9¹⁴.
ἀλλά saepissime.
ἀλλάσσω Jos 14².
ἀλλήλων R 5⁶ (a, β–g) ; Jud 22¹ ; Z 8⁵ ; D 4⁷ 5³ ; N 5⁵ (β) ; G 6¹ 6³ 7⁷ ; Jos 17².
ἀλλοιόω Jud 17³ ; N 3² 3³.
ἄλλος S 4¹ (β) ; L 2⁹ ; Jud 3⁶ (β–g) 4² (β) 7⁷ 12⁷ 12⁹ ; Iss 2⁴ (β–dg), 5⁵ 7² (β) ; Z 3² (β) ; G 5³ ; A 2⁵ 2⁵ 4⁴ ; Jos 6³ 19⁶ (A).
ἀλλότριος L 13⁸ ; Jud 21⁶ ; D 5⁷ ; G 6⁵ ; Jos 14⁵.
ἀλλοτριόω D 7⁸.
ἀλλόφυλος L 9¹⁰ ; Jud 22².
ἄλογος Z 5¹.
Ἀμαλήκ S 6².
ἁμαρτάνω R 4⁴ 4⁵ ; L 3¹⁰ 6⁷ ; Jud 16³ 20⁵ (β) ; Iss 6³ ; Z 1⁴ 2² 2³ ; G 4² 4⁶ 6³ 6⁴ ; A 1⁶ 4¹ 7².
ἁμαρτία R 1¹⁰ 2⁸ 4³ (β) 4⁶ ; S 6¹ ; L 2⁸ 13⁷ 18⁹ ; Jud 14³ 14⁸ 19⁴ 21⁴ 24¹ ; Iss 7¹ ; Z 1⁷ ; N 8⁹ ; G 2¹ 6⁵ ; A 1⁷ ; Jos 7⁵ 14⁴ 19¹¹ ; B 3⁶.
ἁμαρτωλός Jud 20⁵ 25⁵ ; A 4¹ (a) ; B 4².
ἀμαυρόω Jud 13⁶.
ἀμέριμνος Jud 3⁹.
ἀμετανόητος G 7⁵.
ἀμετανόητως G 7⁵ (a).
ἀμίαντος Jos 4⁶.
ἄμμος Z 9¹ (β).
Ἀμνεία (Ἰαμνία, Ἰαμνεία) N 6¹.
ἄν = ἐάν c. pres. ind. D 2³ ; N 8⁵ ; A 1⁸.
ἄν c. pres. ind. L 13⁹ ; Iss 1¹¹ (a) : c. pres. subj. in independent clause Iss 1¹¹ : c. past imperf. R 3¹¹.
ἀμνός Jos 19³ (A) 19⁸ 19¹¹ ; B 3⁶.
Ἀμορραῖος Jud 7² 12².
ἀμπελών L 2¹⁹.
ἀμφότερος N 5³ ; B 8³.
ἄμωμος Jos 19⁸ ; B 3⁸.
ἀναβαίνω L 9¹ ; Jud 6³ 24⁶ (β) ; Z 2⁸ (β–dg) ; N 6² (β–bg) ; Jos 19⁶ (A).
ἀνάβασις Jud 6³.
ἀναβλέπω Jos 6².
ἀναβλύζω Z 2⁸.
ἀναγγέλλω S 2¹ ; L 8¹⁹ 10¹ ; Z 5¹ (β) 7¹ ; N 7⁴ ; G 4³.
ἀναγινώσκω L 13² ; Jud 18¹ (β) ; D 5⁶ ; N 4¹ (bdg) ; A 7⁵ (bdg).
ἀνάγκη Jos 2⁴.
ἀναγράφω B 11⁴.
ἀνάγω S 8² ; L 9¹² ; Jud 23⁵ 26⁵ ; Iss 7⁸ ; Z 10⁷ ; G 8⁵ ; A 8² ; Jos 1⁴ 20² 20³ (β) ; B 12³ (β).
ἀναδείκνυμι Jos 2⁷ (β–d).
ἀναδέχομαι L 16³.
ἀναιδής G 6⁷ ; Jos 2².
ἀναίμακτος L 3⁶.

ἀναίρεσις Jud 23³; G 2⁴ (β).
ἀναιρέω R 1⁷; S 2⁷ 3³; L 6⁴ 14⁴; Jud 2⁷ 3¹ 3² 3³ 3⁶ 3⁷ 4² 7⁶ 8³ 9⁵ 9⁶ 10² (β) 10⁴ (a) 12⁵ 12⁶; Z 1⁶ 1⁷ 2¹ 2⁶ 4² 4¹¹; D 1⁷ 1⁹ (a); G 1³ 2¹ 5³ 5⁷ 6²; A 2⁷ 3² 4²; Jos 1⁴ 5¹ 7⁵; B 2⁴ 3⁴.
ἀναισθητέω L 3¹⁰.
ἀναισχυντία Jud 16².
ἀνακαινοποιέω L 16³ (β) 17¹⁰.
ἀνακαλέω G 4⁶; Jos 3¹.
ἀνακαλύπτω Jud 14⁵.
ἀνακλίνω G 1⁵.
ἀναλαμβάνω Jos 16⁵.
ἀναλάμπω L 18⁴; Jud 24⁵.
ἀνάληψις L 18³ (β).
ἀναλίσκω N 4².
ἀναμάρτητος B 3⁸.
ἀναμένω A 5².
ἀνάμεσον L 2⁷ (β); N 2⁷.
Ἀνᾶν Jud 13³.
ἀνανεόομαι B 9¹.
ἀνάπαυσις Z 10⁴.
ἀναπαύω D 5¹²; A 2⁶ 3¹; B 8².
ἀναπληρόω B 11⁵.
ἀναπνοή R 2⁵.
ἀναρρήγνυμι Jud 26³ (β).
ἀνασκολοπίζω L 4⁴.
ἀνάστημα L 16³.
ἀναστρέφω A 6³.
ἀνατελέω S 7¹; L 18³; Jud 24¹; Z 9⁸; D 5¹⁰; N 8²; G 8¹; Jos 19¹¹.
ἀνατίθημι Iss 2⁶.
ἀνατολή L 11⁴; Jud 5²; N 5¹.
ἀνατρέπω A 1⁷.
ἀναφαίνω B 5⁵.
ἀναφέρω R 7²; S 8² (abd); D 7² (β-d); B 12¹ (β).
ἀναφύω D 3⁵.
ἀναχωρέω Jos 5⁴ 16³.
ἀνδρεία S 2⁶.
ἀνδρεῖος Jud 15⁶; G 1²; B 4⁴.
ἀνείρω Jos 5¹ (a).
ἄνεμος N 6⁴.
ἀνέρχομαι L 2¹⁰; Jud 4² 9⁵ 12¹; Iss 7⁴; N 6³; B 9⁵.
ἄνεσις B 2⁵ (c).
ἄνετος Jos 14³.
ἄνευ G 1⁹ (β).
ἀνήρ R 5¹ 5³ 5⁴ 5⁶ 6²; L 8² 16² 16³; Jud 3³ 3⁵ 3⁷ 4¹ (β) 5⁶ 17³ 18³; Iss 1⁷ 2¹; D 1⁴; N 2⁷; G 5⁴; A 4¹ (bdg) 7³; Jos 4¹ 4² 4⁵ 5¹ 6² 7² 7³ 7⁵ 8⁴ 10⁶ 12² 14¹ (β) 14³ 15² 16¹; B 3¹ 4¹ 5⁴ 6¹.
ἀνηρίθμητος Jos 19⁶ (A).
ἀνθέω S 3³ 6².
ἀνθίστημι S 5⁵.
ἀνθομολογέομαι Jud 1³.
ἄνθρωπος R 2² 2³ 4⁷ 4⁸ 5¹ (β) 5³ 5⁴ (β) 5⁶ (β) 6² (β); S 2⁶ 3² 4⁸ (β) 4⁹ 5² 6⁵ 6⁶ 6⁷ 7²; L 2³ 2⁴ 2¹⁰ 2¹¹ 3¹ 3² (α, a) 3¹⁰ 4¹ 8² (h, β–g) 8¹⁹ 13⁴ 14⁴ 14⁷ 17⁶; Jud 14² 16¹ 19⁴ 20¹ 20³ (β) 20⁴ 21⁶ 21⁷ 24¹; Iss 1¹¹

3⁴ 7⁵ 7⁶ 7⁷; Z 5¹ 6⁴ 6⁷ 7² 8¹ 8⁹ 9⁷ 9⁸ (bdg); D 1³ 5¹³ 6²; N 2⁵ 4⁵ 8³ 8⁴ 8⁶ 8⁹; G 3¹ 4⁷ 5⁵ 5⁸ 5¹⁰ 7² 7⁶; A 1³ 2² 2³ 3¹ 3² 4¹ 6² 6⁴ 7³ 7⁵; Jos 2⁵ 5⁴ (β–d) 10⁴ 15⁵ 19⁹; B 3⁴ 3⁵ 4² 5¹ 6⁴ 6⁷ 10⁷.
ἀνίατος R 6³.
ἀνίλεως G 5¹¹.
ἀνίστημι R 1⁴ 1⁵; S 6⁷ 7²; L 8² 8¹⁴ 9⁴ 17²; Jud 24¹ 25¹ 25⁴; Z 2⁷ 3⁴ 4¹² 10²; Jos 6⁸ 8¹; B 10⁶ 10⁷ 10⁸ 11².
ἀνοίγνυμι L 2⁶ 5¹ 18⁶ 18¹⁰; Jud 7³ 9⁵ 24².
ἀνομέω L 10³; G 4¹ (β–bg).
ἀνόμημα D 1⁹ (β); G 2⁵ (β).
ἀνομία R 3¹¹; L 2³ (β); D 3² 6⁶; N 4¹; G 2⁵ (a) 4¹.
ἄνομος L 3² (β) 17¹¹ 18⁹; D 5⁵; B 3⁸.
Ἀνονιράμ Jud 9³ (β).
ἄνοσος Z 5² 5⁴.
ἀνταποδίδωμι Jud 13⁸.
ἀντέχω N 8⁴.
ἀντί 9 times.
ἀντίγραφον R 1¹; S 1¹; L 1¹; Jud 1¹; Iss 1¹; Z 1¹; D 1¹; N 1¹; G 1¹; A 1¹; Jos 1¹; B 1¹.
ἀντίζηλος Jos 7⁵.
ἀντιποιέω Jos 7⁶.
ἀντιτάσσω D 5⁴ (bdg).
ἀντιφιλονεικέω Jos 4⁷.
ἀνυμνέω B 4⁴ (β).
ἄνω L 3⁴.
ἄξιος Jos 13⁵ (β).
ἀξιόω Jos 5³.
ἀξίωμα Jos 13⁵.
ἀοίκητος N 3⁵.
ἀόρατος R 6¹²; L 4¹.
ἀπαγορεύω A 4⁵.
ἀπάγω S 2¹⁰; D 5⁸.
ἀπαίρω L 7⁴.
ἀπακοντίζω Jud 2⁶.
ἀπαλλάσσω Jos 8⁵ 9¹.
ἀπαλλοτριόω B 10¹⁰.
ἀπαλός N 1⁷.
ἀπαρτίζω L 9¹¹.
ἀπαρχή L 9⁷ 9¹⁴; Jud 21⁵ 23³ (a); Iss 5⁶.
ἅπας Z 9⁴.
ἀπατάω Jud 11² 12³ 13³; N 3¹; B 10¹⁰.
ἀπάτη R 5² 5⁵; Jos 9⁵.
ἀπειθής D 5¹¹.
ἀπειλέω L 4¹; A 7⁴ 7⁵.
ἀπειλέω L 18¹⁰; Jud 5¹ 10⁵ (β); Jos 3¹ 11³ (β).
ἄπειμι (εἰμί) R 3¹³ (β); Jud 11³; Z 4⁵.
ἄπειμι (εἶμι) R 3¹³; Jud 5⁰.
ἀπείργω A 4⁵.
ἄπειρος L 2⁸; Jud 13⁴.
ἀπελαύνω B 8³.
ἀπέρχομαι Jud 5¹ 7⁷; A 6⁵.
ἀπέχω S 2¹³; A 2⁸ 4⁵.
ἀπιστέω L 4¹ (β–d).
ἀπληστία (ἀπλησίᾳ) R 3³; Iss 4⁵ 6¹.
ἁπλότης R 4¹; S 4⁵; L 13¹; Iss 3² 3⁴ (β–g) 3⁶ 3⁷ 3⁸ 4¹ 4⁶ 5¹ 5⁸ 6¹ 7³ 7⁷; B 6⁷.

ἁπλοῦς Iss 4².
ἅπλωμα B 9⁴.
ἀπό above 100 times.
ἀποβλέπω A 6³.
ἀποδείκνυμι Jos 2⁷.
ἀπόδειξις Jos 14⁵.
ἀποδεκατόω L 9⁴.
ἀποδέχομαι Jud 9⁵.
ἀποδημέω Jos 3⁵.
ἀποδιδράσκω B 5³.
ἀποδίδωμι Jud 7⁸; Iss 2²; Z 4³ (a).
ἀποδράω A 3²; B 8¹.
ἀποδύω B 2⁸ (β).
ἀπόθεσις S 2⁹.
ἀποθνήσκω R 1¹ 1³ 6⁶ 6¹² 7¹; S 1¹; L 1¹ (β–ab) 1² 6⁶ 11⁷ (β) 12⁷; Jud 1¹ 9³ (β) 10⁵ (β) 11⁵ 19² 25⁴; Iss 7⁹ (β); Z 1¹ 5⁴ 10¹; D 1⁷ 2¹; N 1³ 1⁴ 9²; G 4⁸ 7²; A 2⁸ 8¹; Jos 1¹; B 3⁸ 10² 12² (β).
ἀποκαθίστημι S 2¹⁰.
ἀποκαλύπτω R 3¹⁵; L 1² 18²; Jud 16⁴; Jos 6⁸; B 10⁵.
ἀποκρίνω L 19²; Jos 13⁴ (aef).
ἀπόκρισις L 3⁷.
ἀποκρύπτω G 2³ (β).
ἀποκτείνω L 12⁵ 16³; Jud 2⁴ 3³ 3¹⁴ 4¹ 5⁷ 6² 6³; Z 2⁷; G 4⁶.
ἀπολαμβάνω D 5⁸.
ἀπόλαυσις Jos 5⁴.
ἀπολαύω Jos 7⁶.
ἀπολείπω Z 10¹ (bfg).
ἀπολήγω Z 10¹.
ἀπόλλυμι R 3⁸ 4⁷; S 6³ 6⁴; L 4⁶ 13⁷; Jud 16³ 19²; Iss 5⁸; Z 10³; D 2¹ 4⁵; A 4² 7¹; Jos 7⁵ 19⁸; B 9¹.
ἀπολύω S 2¹¹; Jud 2⁴; Z 3⁶ (a).
ἀποπηδάω Z 4².
ἀποπλανάω R 4¹ (β).
ἀποπλάνησις Iss 7³; Jos 6².
ἀπορέω Jud 10² (β).
ἀπορρίπτω Z 9⁹; D 6⁸; N 3¹; A 1⁷.
ἀποσκευή Jud 7⁴.
ἀποστέλλω S 2⁷ (β) 2⁸; L 5³; Z 4⁹ 8²; Jos 6¹ 14¹ 16² 16⁴; B 9².
ἀποστολή N 2¹ (bdg).
ἀποστρέφω Jos 17⁴.
ἀποτρέχω S 3⁵; Z 10⁴.
ἀπόφασις L 6⁸; G 4⁶.
ἀποφέρω D 7².
ἀπροσέγγιστος Jud 5¹ (β–dg).
ἅπτω R 3¹⁵; Jud 3¹⁰.
ἀπωθέω A 1⁸; Jos 2⁵ (β).
ἀπώλεια (ἀπολεία) R 3⁵; L 15³; Jud 17² 23³; D 4⁵; B 7².
Ἀράμ (Ἀράν, Ἀράβ) Jud 10¹; Iss 1⁵ (β).
ἀργύριον L 2¹²; Jud 17¹ 19¹ 19²; Z 4⁶; Jos 11⁷ 15⁷ 17⁴.
ἄργυρος L 13⁷.
ἀρέσκεια R 3⁴.
ἀρέσκω A 3².
Ἀρετά (Ἀβετά) Jud 5¹.
ἀριθμέω N 7² (c).

ἀριθμός B 12² (c).
ἀριστερός Jos 19⁸.
ἀρκέω Jos 7⁶.
ἄρκος Jud 2⁴; G 1³ (β–fg) 1⁷.
ἀρμενίζω N 6².
ἁρμόζω Iss 1¹⁰.
ἁρμός Z 2⁸.
ἀρνέομαι G 6⁴ 6⁶.
ἀρνός G 1⁷.
ἁρπαγή Jud 23³; B 11¹.
ἁρπάζω L 6¹⁰; Jud 21⁶ 21⁷; D 5⁷; A 2⁵; B 11¹.
ἅρπαξ B 11¹.
ἀρραβών Jud 12⁴ 12⁵ 12⁷.
ἀρρενικός Jos 3⁷ (β–d).
ἄρρην Jos 3⁷.
ἀρρωστέω R 1²; S 1².
ἄρτος R 1¹⁰; L 8⁵; Iss 7⁵; Z 4⁷.
ἀρχάγγελος L 3⁵ (α).
ἀρχή R 6⁷; L 8¹¹ 11⁶.
ἀρχιερεύς R 6⁸; S 7²; L 8¹⁶ (β–af) 14².
ἀρχιευνοῦχος Jos 13⁵ (β).
ἀρχιμάγειρος Jos 2¹ 16² (β).
ἀρχιποίμην Jud 8¹.
ἄρχω R 6⁷; Jud 3⁵; Z 2⁴ 5⁶; N 1⁵ 2¹ (bd) 6²; G 1³; A 1⁹; Jos 13⁵.
ἄρχων S 2⁷; Jud 10⁴; D 5⁶; B 11³.
ἀσέβεια R 3¹⁴ 3¹⁵ 4³; L 10² 13⁷ 14² 14⁴ 14⁶ (β); Jos 5² (β–d) 6⁹.
ἀσεβέω L 10² (β) 14¹; N 4⁴; A 7⁵; Jos 6⁷.
ἀσέβημα R 6³.
ἀσεβής Jud 25⁵; Z 10³; B 3⁸.
ἀσέλγεια Jud 23¹.
ἀσελγής L 17¹¹.
ἄσηπτος S 8² (β).
Ἀσήρ (Ἀσσήρ) R 1⁴; Jud 25²; A 1¹ 1².
ἀσθένεια Jud 19⁴ 25⁴ (β–g); Z 9⁶; Jos 1² 1⁶ 17⁷.
ἀσθενέω Z 5² 5⁴; G 4⁵; Jos 2⁵ 3⁵ 7¹ 7² (β) 8⁵ (β–d) 9⁴; B 4¹.
ἀσθενής Iss 5⁷; D 3⁵; B 4⁴ (β–a).
ἄσιτος Z 4⁴ (β).
Ἀσούρ Jud 3¹ (β).
ἀσπάζομαι G 3³.
Ἀσπις L 6¹.
ἀσπίς L 2⁵ (β) 6¹; Jud 3⁴ (β) 9⁵.
Ἀσσύριος N 5⁸.
ἀστήρ N 3².
Ἀστηθώ Jos 7⁵.
ἄστρον L 18³; Jud 24¹.
ἀσύγκριτος L 2⁹.
ἀσυμπαθής S 4¹.
Ἀσυνέθ Jos 20³ (c, A).
ἀσύνετος L 7².
ἀσχαλάω L 9⁸.
ἀσχημοσύνη L 10³.
ἀσωτία Jud 16¹; A 5¹.
ἄσωτος A 4⁴; B 5¹.
ἄτακτος N 2⁹.
ἀταξία N 3².
ἄτεκνος Jud 8³ (bde) 19².

ἀτενίζω R 4².
ἀτιμία Jud 14⁸; A 5²; B 6⁴ 10⁸.
Αὐνάν Jud 10⁴ 17¹ (a).
αὐξάνω Z 1³; Jos 19⁴ (A).
αὐτό, ἐπὶ τὸ N 6⁶.
αὐχήν N 6⁴.
ἀφαίρεσις Jud 23³ (β-g).
ἀφαιρέω S 4⁸ (β) 6²; L 13⁷; Jud 2⁴;
  G 7⁵; Jos 12³ 14⁵.
ἀφανίζω L 2³ 16² (β-d) 17⁹; Z 8⁶ (a,
  β-bg) 9².
ἄφθονος G 7⁶ (β-a).
ἀφθόνως G 7⁶.
ἀφίημι S 3²; Jud 10⁶ 18³; Iss 6¹ 6²;
  Z 4⁶ (β); N 3³; G 6³ 6⁷ 7⁵; Jos 17⁶.
ἀφίστημι S 4⁷; L 18¹⁰; Jud 14² 16² 18⁸
  18⁴ (β-g); D 4⁷ 5¹ 5⁴ 5⁵ 6⁶ 6¹⁰; N 4¹
  6⁴; G 8²; A 2¹; Jos 2⁶ 4⁵; B 5¹.
ἄφραστος L 8¹⁵ (β-af).
ἀφροσύνη S 2¹³; L 7³.
ἄχρηστος A 7².
ἄχρι R 4².
ἄχρις N 4⁵.
Ἀχώρ Jud 3³ 3⁴ (β).
ἀωρία Jos 9⁴.

βαθύς Jud 7³.
βαίον N 5⁴.
Βάλλα R 3¹¹ 3¹³; Jud 13³; N 1⁶ 1⁹ 1¹²;
  G 1⁶; Jos 20³ (β); B 1³.
βάλλω Jud 3³; Z 4¹ (β); Jos 8⁴.
Βαρσαβά (Βαρσάν, Βαρσά) Jud 8².
βαρύς Jud 7¹ (h, β) 9².
βασανίζω A 6⁶.
βασιλεία Jud 12⁴ 15² 15³ 17³ 21² 21⁴ 22²
  22³ 24⁵; Iss 5⁷; Z 9⁶; D 6² 6⁴; Jos
  19¹²; B 9¹.
βασίλειον Jud 17⁶ 22³ 23¹.
βασιλεύς R 6¹²; S 7² 8³; L 13⁹ 18³; Jud
  1⁶ 3¹ 3² 3³ 3⁷ 4¹ (β) 4² 4³ (β) 7¹ 7⁴ (β-d)
  8² 13⁴ 15² 15⁵ 15⁶ 21⁵ 21⁷; Z 3⁶; Jos
  9²; B 10⁷.
βασιλεύω R 6¹¹; S 6⁶; Jud 17⁵ 21⁷ (β)
  26³ (β); Z 3³; D 5¹³.
βασκανία Iss 4⁵ (bdg).
βάσκανος Iss 3³ 4⁵.
Βασσουέ (Βησσουέ, Βουσεέ, Βισσουέ) Jud 8²
  (β) 10⁶ (β) 13³ (β) 16⁴ (β) 17¹.
βαστάζω L 8³ 10⁵.
βδέλυγμα R 3¹²; L 6³ 15²; Jud 12⁸ 23²;
  Z 9⁵; D 5⁵.
βδελυκτός G 3².
βδελύσσω L 16²; G 3² (β-f).
βεβαιόω Z 1⁵.
βεβηλόω L 9¹⁰ 14⁶ 16¹.
βέθ Jud 9⁸ (β-af).
Βεθήλ or Βαιθήλ L 7⁴ 9² 9³.
Βηθλεέμ R 3¹³.
Βελίαρ R 2² (β) 4⁷ 4¹¹ 6³; S 5³; L 3³ 18¹²
  19¹; Jud 25³; Iss 6¹ 7⁷; Z 9⁸ (bdg);
  D 1⁷ 4⁷ 5¹ 5¹⁰ 5¹¹; N 2⁶ 3¹; A 1⁸ 3²
  6⁴; Jos 7¹ 20²; B 3³ 3⁴ 3⁸ 6¹ 6⁷ 7¹ 7².

Βελισάθ (Βεελισά, Βεελησάθ, Βεελισάδ)
  Jud 3⁷.
Βενιαμήν (Βενιαμίν, Βενιαμείν) Jud 25¹
  25²; B 1¹ 1⁶ 2⁷ (A) 12² (β).
βία Jos 8².
βιάζω R 5⁴.
βιβλίον Jud 18¹ (β-bg).
βίβλος L 10⁵ 16¹ (β); D 5⁶; B 11⁴.
βιβρώσκω Iss 7⁵ (β-b).
βίος Iss 3⁴.
βλαστάνω Jud 24⁶.
βλαστός Jud 24⁴.
βλέμμα R 5³.
βλέπω Iss 3²; D 2³ 3³; N 7³; G 3³;
  B 3².
βοάω Jos 19³ (A) 19⁴ (A); B 3⁷.
βοήθεια Z 2⁶; D 3⁴; Jos 19⁷ (A).
βοηθέω D 3⁶; G 5⁹; Jos 1⁶; B 3⁵.
βόθρος R 2⁹ 4⁶.
βολή G 1³.
βομβέω Z 2⁶.
βόρβορος B 8³.
βουκόλιον Z 1³.
βουλεύω Jud 11²; Jos 15⁴; B 4³ (β).
βουλή L 4⁵; Jud 9⁷; Jos 17⁷ 20⁶ (β).
βούλομαι Z 1⁷ 4¹¹; Jos 4¹; B 4³.
βοῦς Jud 2⁷; Jos 19⁵ (A) 19⁶ (A) 19⁷ (A).
βραχίων Jos 9⁵.
βραχύς Jud 12⁹; Jos 2⁶; B 9¹.
βρῶμα R 2⁷; Jud 2²; Iss 4²; Jos 6¹ 6⁴.
βρῶσις R 2².
βύσσινος L 8⁶; Jos 19⁸.

Γαάς Jud 7¹.
Γάδ R 1⁴; Jud 5² 7² (a) 9⁶ 25²; Iss 5⁸;
  Z 2¹ 3² 4²; G 1¹; A 7⁶.
Γαδέρ B 3¹³.
Γάζη Jud 2⁶ (β).
γάλα Jos 19⁵ (A); B 1³.
γαμέω Jud 12² (β).
γάμος A 5¹.
γάρ passim.
γαστήρ R 3⁸; Jud 23¹ (a).
Γεβάλ L 6¹.
Γελαχαίος (Χελκαίος) N 5⁸ (β).
γελοιάζω L 14⁸.
γέλως R 4⁷ (β-af); N 2⁸; A 5¹.
γενεά S 7¹ 7³; L 12⁶ 18⁸; Z 10³.
γεννάω S 2¹ (a) 11⁴ 11⁸ 12⁴; Iss 1⁶;
  Z 1³ (β); N 1⁶ 1⁷ 7³; Jos 19⁸; B 1³.
γέννημα (γένημα) L 9¹⁴ (deg); Iss 3⁶.
γένος R 3⁵; S 7²; L 2⁴ 2¹¹ 5⁶ 5⁷ (β) 9¹⁰
  14⁴; Jud 11¹ 17² 21⁶; D 6¹⁰ 7³; N 1¹⁰
  8³; Jos 10⁶ (β).
γέρων R 4⁷.
γεύομαι R 1¹⁰ (h, β); Z 4² (β); Jos 6³.
γεῦσις R 2⁶ 2⁷.
γεωργέω Iss 5⁵ 6².
γεωργία Iss 5³.
γεωργός Iss 3⁴.
γῆ R 1⁶ (a); S 6⁴, 6⁵, 8⁴; L 3⁹ 5³ 7¹ 8¹⁹
  11¹² 12⁵ 13⁵ 13⁹ 14³ 15⁴ 17⁹ 17¹⁰ 18² 18⁴

18⁵ 18⁹; Jud 10⁵ (β) 11³ (β-d) 21³ 21⁴ (β) 23³ 25²; Iss 1⁵ 1¹¹, 3⁸ 5³ (β) 5⁴ 5⁵ 5⁶ 6⁴ 7⁷; Z 5⁵ 8² 9¹ 9² 9⁸ (α, aef); D 7³; N 3⁴ 3⁵ 4³ 4⁴ 4⁵ 5⁶ 6⁷ 6⁹ 8³; G 2²; A 7² 7³; Jos 7⁵ 12² 13¹ 13⁸ 15² 17⁷ (bdg) 19² 19⁹; B 3¹ 8³ 9⁵ 10⁷ 10⁹ 11² (bdg) 12⁴.
γηγενής Jos 2⁶.
Γηρσάμ (Γερσάμ) L 11² 12¹.
γῆρας Jud 15⁴; Iss 7⁹; Jos 18⁴; B 1² 12² (β).
γηράσκω Z 6⁵.
γίγας R 5⁷; Jud 3³ 3⁷.
γίνομαι Γ. 1¹⁰ 2⁴ 2⁵ 2⁶ 2⁷ 5⁶; S 2³ 2¹² 3⁴ 3⁵; L 4² 5⁷ 8³ 8¹² 13⁷ 13⁸ 14¹ 14⁶ 18¹; Jud 1⁵ 1⁶ 4¹ 7¹⁰ 9⁷ 16² 24⁶; Iss 1⁵ 1¹³ 3¹ 7⁴; Z 1³ 1⁵ 2⁸ 9²; D 3¹ (β-a) 3⁶; N 2³ 3⁴ 5⁴ 6⁴ 8¹ 8⁹ 8¹⁰; G 1²; A 3¹ 7¹; Jos 13⁸ 19³ (A) 19⁴ (A) 19⁶ (A) 19⁷ (A) 19¹⁰ 20⁶ (c); B 2⁸ (A) 5⁵ 9³ 10¹⁰.
γινώσκω R 6⁸; S 2¹³ 2¹⁴ 3⁴ 4³; L 4¹ 13⁸ 14¹ 16¹ 17⁸; Jud 10³ (β) 10⁴ 11⁴ (β) 12¹⁰ 18¹ 20¹; Iss 1¹⁵ 6¹ 7¹ 7² (β); Z 1⁴ 9¹ 9⁵; D 5⁶; N 2⁵ 3⁴ 4¹; G 5⁶ 8²; A 7⁵; Jos 3⁹ 5² 6⁶ 7⁷ 10⁵ 15³ 17⁴; B 9⁶ 10².
γλυκύς G 5¹.
γλῶσσα Jud 25³; A 7⁶; B 6⁶.
γνόφος S 8⁴.
γνώμη L 6⁷; G 1⁶.
γνωρίζω Jud 20³; D 2⁸; A 6⁴ 6⁶; B 2¹.
γνῶσις R 2⁶; L 4³ 18³ 18⁵ 18⁹; G 5⁷; B 11².
γοητεία Jud 23¹; Jos 6¹ 6⁵.
Γόμορρα L 14⁶.
γονεύς L 13⁴; Z 1³.
γόνυ N 1⁶ 1⁷; Jos 8¹.
γράμμα R 4¹; L 13².
γραμματεύς L 8¹⁷.
γραφή S 5⁴; L 14¹ (β); Z 3⁴ 9⁵; N 4¹ 5⁸.
γραφίς S 5⁴ (a, g).
γράφω L 5⁴ 11² (bde); Jud 20³ (β) 20⁴; Z 3⁴.
γρηγορέω B 10¹.
γρήπισμα (γρύπισμα, γρηπίασμα) R 3⁶.
γυμνός Jos 8³ 13⁴ 13⁹.
γυμνότης Z 7¹.
γυμνόω Jud 15²; Jos 9⁵.
γύμνωσις R 3¹² 3¹⁴.
γυναικεῖος R 3¹⁰ 3¹².
γυνή R 3¹⁰ 4¹ 4⁸ 5¹ 5³ 5⁴ 5⁵ 6¹; L 6¹⁰ (β-af) 9¹⁰ 11¹ 12¹ 12⁴ 12⁵ 14⁶; Jud 6⁴ 8² 10¹ 10⁶ (β) 11⁸ 13³ 13⁵ (β) 13⁷ 14⁶ 15⁵ 17¹ 23⁴; Iss 1⁹ 1¹² 3⁵ 7²; Z 3²; D 5⁶; N 1¹¹ 2⁷ 8⁸; Jos 2² 5² 12¹ 13⁵ (β) 14³ 18³; B 8² (β) 9¹ (β).
γυρίζω G 1³ (β-b).
γωνία A 7².

δαίμων Jud 23¹.
δάκρυον Z 1⁷ 2¹.
δακρύω N 7⁴; Jos 8¹ 15³.

δακτύλιον Jud 12⁴.
δάμαλις Jos 19⁵ (A).
Δάν R 6⁷; Jud 7² (β) 7⁶ 25²; Z 2¹ 3² 4² (α) 4⁷ 4¹³; D 1¹ 1² 7³; A 7⁶.
δασύπους A 2⁹.
δέ characteristic of α: found about 170 times in both: 85 times in common passages: 75 times in α where β omits or reads οὖν, γάρ, or καί: about 10 times in β where α reads otherwise: in one case out of 14 where α omits or reads οὖν.
Δέβορρα N 1⁹.
δέησις S 2².
δεῖ Jos 14³.
δείκνυμι R 4⁴; L 3¹ (α) 9⁶; Jud 13⁴ 15⁵; G 2³ (β); A 6⁴.
δειλία Jos 2⁵.
δειλιάω S 2³.
Δεῖνα (Δίνα) L 2² 5³ 6⁸ 7⁴ (beg).
δεῖπνον Jud 13⁵; N 1² 1⁴.
δέκα L 12⁵; Jud 9¹ 26²; N 6⁶ (β); G 2³ (β) 5¹¹; Jos 2⁷ 20⁶ (c).
δεκαοκτώ Jud 9¹ (β) 9².
δεκατέσσαρες Iss 1¹⁰.
δέκατος L 12⁷; Z 1¹.
δένδρον L 9¹².
δεξιός S 2¹²; L 6¹; D 3⁶; B 10⁶.
δέομαι S 4⁸; L 5⁶ 18¹²; Jud 7⁷; Z 2⁶; N 6⁸ 7¹; G 5⁹; Jos 4³ 13²; B 3⁶.
δεσμός Jos 1⁶ 2⁴ 8⁶ 9¹ 14⁵.
δεσμοφύλαξ Jos 2⁸.
δέσποινα Jos 16³.
δεσπότης Jos 1⁵ 3².
δεῦτε Z 2⁷; N 6⁸.
δεύτερος R 2⁴ 3³; S 2²; L 2⁷ (β) 2⁸ (α) 3² (β) 3³ (α) 8⁵ 8¹³ 17⁸; Jud 10⁴ (α) 25¹; D 1⁹ (α) 3⁴; B 7².
δέχομαι R 4⁹ 6¹⁰; Jud 9⁷; D 6⁹; G 5⁸; B 6⁴.
δηλόω S 5¹; Jos 11³ 16¹ (β) 16³.
δημιούργημα N 3⁴.
δημόσιος Jud 23².
διά c. gen. 49 times: c. acc. 54.
διαβολή Jos 1⁷.
διαβολικός G 5¹ 5².
διάβολος S 4⁸ (α); N 3¹ (β-g) 8⁴ 8⁶; G 5² (β-b); A 3² (β).
διαβούλιον R 4⁹; S. 4⁸; Jud 11¹ 13² (β-ag) 13⁸ 18³; Iss 4⁵ 6²; D 4² 4⁷ (β); G 5³ (β-d), 5⁷ 7³; A 1³ 1⁵ 1⁸ 1⁹ 3²; Jos 2⁶; B 6¹ 6⁴.
διάγω L 14⁴ (α); Jos 3⁴ 9³.
διάδημα L 8¹⁰; Jud 12⁴ 15⁷.
διαδίδωμι B 11¹.
διαδοχή L 18⁸.
διάθεσις B 6⁵.
διαθήκη R 1¹; N 1¹; G 1¹; A 1¹; Jos 1¹; B 3⁸.
διαίρεσις Jud 22¹.
διαιρέω L 4² 8¹¹; Z 9² 9¹ 9⁵.
δίαιτα Jos 3⁵ (β).

διάκονος Jud 14².
διακόσιοι Jud 4¹ 9⁸ (bde); B 7⁴.
διακρίνω A 1⁵.
διάκρισις N 2⁶.
διαλογισμός Jud 14³.
διαλύω Jos 15³.
διαμαρτύρομαι Z 1⁷ (β).
διαμένω Jud 21¹.
διανέμω L 8¹⁶.
διάνοια R 3¹² 4⁶ 5³ 5⁵ 5⁶ 5⁷ 6¹ 6² ; S 3² 3⁵ 4⁸ ; Jud 11¹ 13⁶ (h, de) 14² ; D 2⁴ ; G 6¹ ; Jos 10⁴ 10⁵ ; B 3² 4¹ (β) 5¹ 5³ 6⁵ 6⁷ 7² 8² (β).
διαπορεύομαι Z 6³.
διάπρασις G 1⁸ ; Jos 16².
διαπτύω Iss 2¹ (β).
διαπωλέω B 2⁵ (β).
διαρκέω N 2⁴.
διαρρήγνυμι Jos 5².
διασκορπίζω Jud 3² ; Z 8⁶ ; A 7² 7⁶.
διασκορπισμός L 16⁵.
διασπασμός Jud 23³.
διασπάω Jud 2⁴ (β).
διασπείρω L 10⁴ ; Iss 6² ; N 4⁵ 6⁷ ; Jos 19².
διασπορά A 7².
διαστέλλω R 6⁸.
διαστρέφω Jud 13⁶ 14¹ ; Iss 4⁶ ; Jos 1⁵.
διαστροφή L 16² ; Iss 4⁴.
διασώζω S 2¹⁰ (β–af).
διαταράσσω S 4⁹.
διατηρέω D 6⁸ ; A 6³.
διατί L 2⁹.
διατίθημι L 1¹ ; Z 1¹ ; N 1¹ ; B 1¹.
διαφθείρω Jud 10⁵ (β) ; N 3¹ ; A 7⁵.
διαφθορά G 8².
διάφορος Iss 4² ; Jos 2⁶.
διαφυλάσσω Z 5⁴ ; Jos. 18⁴ (β–a).
διαφωνέω G 5⁹ (β).
διαχωρίζω N 6⁶ ; Jos 13⁶.
διδασκαλία R 2⁵.
διδάσκω R 5³ ; L 5⁵ 9⁶ (β–bg) 9⁷ 9¹² 13² 13⁹ 14⁴ 14⁶ ; D 1³ (β) ; B 10⁴ (β).
δίδωμι R 2² 2³ 2⁵ 4¹ 6⁷ ; S 2⁵ 4⁵ 6⁶ ; L 4⁴ 4⁵ 5² 5³ 7¹ 8⁴ 8⁸ 14⁴ 18⁸ 18¹¹ 18¹² ; Jud 1³ 2¹ 3⁵ 6² 8² 9⁸ 10⁴ (a) 10⁶ 12⁴ 15³ 17⁸ 21² 21³ ; Iss 1⁶ 5⁵ 5⁸ ; Z 4¹¹ 4¹² 4¹³ 6¹ 7¹ 7³ ; D 2⁵ (bde) 5⁹ 5¹⁰ 5¹¹ ; N 1⁶ 1⁷ 1¹¹ ; G 6⁷ ; A 1³ ; Jos 2³ 2⁷ 3⁵ 11⁶ 16⁵ 17⁶ 18³ 18⁴ ; B 2³ 5¹ 7¹ 10⁴ 10⁵ 11².
διεγείρω D 4² ; G 5¹.
διέξοδος Jud 6².
διέρχομαι Jud 7⁷ (β–d).
δικαιοκρισία L 3² 15².
δικαιοπραγία D 1³.
δίκαιος L 3⁵ 5⁷ (β) 10⁵ 16² 18⁹ ; Jud 18¹ (β) 21⁶ 21⁹ ; D 2³ 5⁶ 5¹² ; N 8³ ; G 3² 5² ; A 1⁷ 4¹ 5² 5³ ; Jos 10⁶ ; B 4³ (β) 5⁵ 7⁴ (β) 9¹.
δικαιοσύνη L 8² 13⁵ 18¹⁴ ; Jud 22² 24¹ 24⁶ ; Z 9⁸ ; D 6¹⁰ ; N 4⁵ ; G 3¹ 5³ ; A 1⁶ 6⁴ ; B 10³ (β).

δικαιόω S 6¹ ; D 3².
δικαίως S 4³ ; D 4⁴.
δίκτυον D 2⁴.
διό L 6¹ (β) ; G 1³ (β) ; A 5² ; Jos 11⁵.
διοδεύω Z 4⁶ (a).
διότι L 6⁷ (a)⁸ ; Z 9⁷.
διπλάζω Iss 3⁷ (β).
διπλοῦς R 4¹ ; D 3⁵ ; N 8⁷ ; B 6⁶ 6⁷.
διπρόσωπος D 4⁷ ; A 2² 2³ 2⁵ 2⁷ 2⁸ 3¹ 3² 4¹ 4³ 4⁴ 6².
δισσῶς G 6⁴ ; A 6².
διυπνίζω S 4⁹.
διώκω L 6⁹ 16² ; Jud 4¹ 21⁹.
Δοθαείμ (Δωδαείμ) S 2⁹.
δοκέω A 4³ 4⁵ ; Jos 11⁵.
δοκιμάζω A 5⁴ ; Jos 2⁶.
δόκιμος Jos 2⁷.
δολιεύομαι R 5¹ 5⁵.
δολιότης Jud 12⁷ ; Jos 4³.
δόλος Iss 1¹¹ 1¹² 7⁴ ; G 6³ ; Jos 3⁹ 4¹ ; B 6⁴.
δολοφωνέω G 6⁵.
δόξα S 4⁵ ; L 3⁴ 5¹ (β) 8¹¹ 18⁵ 18⁶ 18⁷ ; Jud 15³ (a, adf) 15⁶ 25² ; D 5¹² ; N 2⁸ ; A 5² ; Jos 9³ 12¹ 17⁵ ; B 4¹ 6⁴ 10⁸.
δοξάζω S 4⁶ ; L 17³ ; Jud 25⁵ ; Iss 1⁹ (β) 1¹⁰ 5⁷ ; N 1⁴ 8⁴ ; Jos 4² 8⁵ 10³ ; B 4⁴.
δόξασμα D 5¹² (β–ad).
δορκάς Jud 2³ ; A 4⁵.
δόσις Z 1³.
δοσοληψία R 3⁶.
δουλεία Jud 23³ ; Jos 1⁵ 10³.
δουλεύω L 13⁴ ; Jud 18⁶ ; Iss 1¹⁰ 6² ; N 4² ; A 3² 6⁵.
δουλικός Z 4¹⁰.
δοῦλος Z 4¹⁰ (β–g) ; G 4⁴ ; Jos 1⁵ (β) 1⁷ 11² 11³ 13⁶ 13⁸ 15² 15³ 17⁷.
δουλόω Jud 15² ; Jos 7⁸.
δράκων A 7⁸.
δρᾶσις S 2¹².
δράω D 3⁴.
δρόμος Jud 2³.
δύναμαι R 4¹¹ 5⁴ 6⁵ (β) ; S 5⁵ ; L 13⁷ 17⁸ ; Jud 9⁴ 12⁶ 18⁶ 20⁵ ; Z 2⁵ ; D 4² 5⁴ ; N 2¹⁰ 5⁶ ; G 1⁷ ; B 3⁴ 3⁵.
δύναμις R 5¹ 5² (β) ; L 3³ 16³ ; Jud 3¹⁰ 14² (β) 15³ 15⁶ 25² ; D 3² 3⁴ 3⁵ (β–d) 4¹ ; N 2² 4² 5⁸ ; Jos 18⁴.
δυναστεία L 6¹⁰ ; A 2⁸.
δυνάστης Jud 6³ (β–bg) 9⁵.
δυνατός S 2³ ; D 3⁴ ; Jos 10⁶ (β).
δύο R 1² ; S 3⁴ 7¹ ; L 2⁸ (β) 9¹ ; Jud 2⁶ 3¹ 3⁴ (β) 4² (β) 8³ 12¹ 14² 17² 18⁶ 20¹ ; Iss 1⁷ 2¹ (β–dg) 2² ; Z 1¹ 4² (β) 9⁴ 9⁵ ; D 1⁹ (β) ; N 5⁵ 5⁶ 7¹ 8⁹ ; G 1³ (β) ; A 1³ 1⁴ 1⁵ 4² 5¹ ; Jos 16⁴ 16⁶ (A) ; B 1⁵ 3⁷ 6⁵.
δυσμαί Jud 5².
δυστοκέω L 11⁷.
δυσωδία B 8³.
δώδεκα L 9¹² ; Jud 3⁷ ; N 5⁴ 5⁸ ; Jos 19² 19⁴ (A) 19⁵ (A) ; B 1⁴ 9².

δωδεκάκις Jos 19⁷ (A).
δῶρον Iss 5³ ; Jos 5⁴.

ἐάν c. fut. R 4¹¹ : subj. R 6² ; S 3⁵ &c. : pres. ind. Jud 15² ; Jos 18² (c).
ἐάω R 3¹² ; S 4⁸ (β) ; Iss 1¹³ ; D 1⁹ 2².
ἑβδομάς L 16¹ 17¹⁰.
ἑβδοματικός L 17¹¹ (β).
ἑβδομήκοντα L 8¹ 16¹ 17¹ ; Jud 12¹².
ἑβδομηκοντάκις Β 7⁴.
ἑβδομηκοστός L 17¹¹.
ἕβδομος R 2⁸ 3⁶ ; L 8¹⁰ 17⁷ 17⁸ 17¹¹ ; N 1² ; B 7².
Ἐβλαής ('Ηεβλαής 'Ιεβλαής) L 6⁹.
Ἑβραῖος Jos 12² 12³ 13³.
ἐγγαστρίμυθος Jud 23¹.
ἐγγίζω R 6¹⁰ ; Jud 12⁸ 21⁵ (β) ; D 5⁷ (β) 6² ; Jos 6⁵ (β-g).
ἐγγύς D 6¹¹ ; N 4⁵ ; G 8³ ; Jos 20³ (β) ; B 12¹ (β).
ἐγείρω L 18² ; D 4⁶.
ἐγκατάκλειστος Jos 14⁶.
ἐγκατάλειμμα S 6³.
ἐγκαταλείπω Jos 2⁴.
ἐγκαυχάομαι Jud 13³.
ἔγκειμαι R 3⁸ ; Jos 7¹ (β).
ἐγκοτέω G 1⁸.
ἐγκράτεια Iss 2¹ ; N 8⁸.
Ἐγρήγορος ('Εγρήγορος) R 5⁶ 5⁷ ; N 3⁵.
ἐγχείρημα Jos 9⁵.
ἐγχρῄζω S 2⁹.
ἔδαφος L 16⁴.
Ἐδέμ D 5¹².
ἔδεσμα A 2⁸ ; Jos 6³.
ἐθέλω (θέλω) R 1⁷ 4¹ 6¹ (β) ; S 2¹⁰ : L 6⁸ 9² 14⁴ ; Jud 10³ (β) 10⁶ 12⁵ 13⁴ 16³ 20² (β) ; Iss 2³ 4² ; Z 3⁴ 3⁵ 4¹¹ ; N 5⁶ ; G 1⁹ 2¹ 2² 3² 4² 4³ (β) 4⁶ 5⁵ ; A 1⁶ 4⁴ ; Jos 1⁴ 3¹ 4⁵ 4⁶ 4⁷ 5¹ 9³ 14⁴ 15³ 16³ 17⁵ 18² ; B 2⁶ (A) 3⁴.
ἔθνος S 7² ; L 4⁴ 8¹⁴ 9¹⁰ 10⁴ 14¹ 14³ (a) 14⁴ 14⁶ 15¹ 16⁵ 18⁹ ; Jud 22² 23² 23⁸ 23⁵ 24⁶ ; Iss 6² ; Z 9⁶ 9⁸ (bdg) ; D 5⁶ 5⁸ 6⁶ 6⁷ 6⁹ ; N 3³ 4¹ 8³ 8⁴ 8⁶ ; A 7³ ; Jos 19¹¹ ; B 3⁸ 9² 9⁴ 10⁶ 10⁹ 10¹⁰ 11² 11³.
εἰδέα B 10¹.
εἶδον R 1³ 1⁴ 1⁶ 2¹ 3¹¹ 3¹⁴ (β-g) ; S 4⁵ 6¹ ; L 2⁶ 2⁷ 2⁸ 5¹ 6⁸ 8¹ 8² 9² 9³ 10² 11³ 11⁵ 12⁶ ; Jud 3⁵ 3¹⁰ 5⁶ (a) 8² 10⁴ (a) 11² 14⁵ 15⁴ 26² ; Iss 1¹³ 2³ 4¹ 4⁴ 4⁶ 7¹ (a) ; Z 2⁶ 3³ 5² (a) 7¹ 8⁴ (bdg) ; D 2¹ ; N 1⁷ (β-g) 5¹ 5² 5⁴ 5⁶ 5⁸ 6¹ 6² 6¹⁰ 8¹ 8¹⁰ ; G 1⁷ 1⁹ ; A 4⁴ ; Jos 1³ 6² 6⁶ 6⁷ 6⁸ 7² 7⁶ 8³ 15² 18³ 19¹ (β) 19⁵ (A) 19⁸ ; B 1⁶ 4¹ 10¹.
εἶδος S 5¹.
εἰδωλολατρεία Jud 19¹ 23¹ (β-af) ; B 10¹⁰.
εἰδωλολατρέω L 17¹¹.
εἴδωλον R 4⁶ ; Jud 19¹ (β) ; Z 9⁶ (h, β) ; Jos 4⁵ 6⁶.

εἴκοσι S 8¹ ; L 2² 11¹ 12⁵ ; Jud 7¹⁰ 9³ ; Iss 7¹ (a) ; G 2⁸ (β) ; B 1¹ 12².
εἰκοσιδύο Iss 7¹ (β).
εἰκοσιτέσσαρες Jos 15¹.
εἰκοστός R 1¹ ; S 1¹ ; D 1¹ ; G 1¹ ; A 1¹.
εἰκών R 3¹ ; N 2⁵.
εἰλικρινής B 6⁵.
εἰ μή R 1⁷ 3¹¹ ; L 13⁷ &c.
εἰμί R 1¹⁰ 2² 2³ 2⁵ (β-dg) 2⁹ passim.
εἶπον R 1³ 1⁴ 1⁵ 5³ 6⁸ ; S 1² 6¹ ; L 1² 2⁶ 2⁹ 5² 5³ 5⁵ 5⁶ 6³ 7¹ 8³ 17⁸ 18⁷ 19³ ; Jud 1² 7¹ 12⁴ 16¹ 17⁴ (β-dg), 21⁵ 26² 26⁴ ; Iss 1¹ 1⁶ 1⁷ 1⁸ 1⁹ 1¹⁰ 1¹⁴ (β-d) 6³ 7⁸ ; Z 1² 1⁵ 2⁷ 3² 3⁸ 4⁷ 4⁸ 4⁹ (β) 4¹² 4¹³ 10⁶ ; D 1¹ 1² 7¹ ; N 1³ 1⁴ 2⁷ 2¹⁰ 7¹ ; G 1⁶ 6³ 8¹ 8³ ; A 1² 2¹⁰ 5³ 7⁴ 8¹ ; Jos 1¹ 4² 5² 6⁵ 6⁶ 6⁷ 7² 7⁴ 7⁷ 10⁶ 11² 12¹ (β) 13³ 13⁶ 13⁸ 13⁹ 14⁵ 14⁶ 15¹ (β) 15² 15³ 15⁷ 16¹ 16⁵ 20⁴ ; B 1² 2¹ 2² 10² 10⁶ 12¹.
εἴπως G 4⁴ ; Jos 6⁶ (c).
εἰρηνεύω G 6⁶ ; B 5¹.
εἰρήνη L 18⁴ ; Jud 7⁷ 9¹ 9⁷ 22² 24¹ ; D 5² 5⁹ 5¹¹ 6² 6⁵ ; N 6⁹ ; G 6³ 8⁴ ; A 6⁶ ; B 6¹.
εἰρηνικός G 6².
εἰρκτή Jos 8⁴.
εἰς above 200 times.
εἷς L 8³ 12⁴ ; Jud 3¹ 20³ 25³ ; Iss 1¹⁴ ; Z 2⁷ 9⁴ ; D 3⁴ ; N 1² 1⁹ 2³ 2⁴ 2⁷ ; G 7¹ ; A 1⁴ 5¹ ; Jos 6⁴ 19⁵ (A) ; B 2⁴ (c) 6⁵ 7³.
εἰσάγω Iss 1¹² ; Jos 13⁵.
εἰσακούω L 4².
εἴσειμι Jos 3⁵.
εἰσέρχομαι R 1¹⁰ 3¹⁴ ; L 2⁶ 2⁷ 9¹¹ 12⁵ ; Jud 5⁴ 6² 7² 9⁴ 12⁴ 12¹⁰ ; N 6⁴ ; Jos 3³ 4⁴ (aeg) ; B 2¹ (β-d) 9³.
εἰσπηδάω Jos 7³.
εἰσφέρω A 6⁶ (a).
εἶτα N 2⁸.
ἐκ about 40 times.
ἕκαστος R 6⁹ ; S 4⁷ 8⁴ ; L 8⁸ 9⁶ ; Jud 20³ ; Iss 5³ ; Z 5² 6⁵ 8⁵ ; D 5² ; N 5² ; G 6¹ ; B 10⁸ 10⁷.
ἑκάτερος Jud 5⁴ ; D 5⁴.
ἑκατόν S 8¹ ; L 19⁴ ; Jud 26² ; Iss 7¹ ; Jos 16⁵ 18³ 20⁶ (c) ; B 1¹ 7³ (β) 12².
ἑκατοστός R 1¹ ; S 1¹ ; L 12⁷ ; Z 1¹ ; D 1¹ ; N 1¹ ; G 1¹ ; A 1¹ ; B 1² (β-d) 7³.
ἐκβάλλω G 7⁴.
ἐκβλαστάνω Jos 19⁶ (A).
ἐκδέχομαι G 7⁴.
ἐκδιδάσκω Jud 18³ ; D 1³ 6⁹ ; G 5¹.
ἐκδικέω Jud 23³.
ἐκδίκησις R 6⁶ ; L 2² 3² 3³ 5³ 18¹ ; D 5¹⁰ ; G 6⁷ ; Jos 15⁵ 20¹.
ἐκδικία B 7³.
ἐκδιώκω Jud 18⁴.
ἐκδύω Jud 3⁵ ; Z 4¹⁰ ; B 2³ (c).
ἐκεῖ Jos 20² ; B 9² 9³.
ἐκζητέω A 5⁵.
ἐκθερμαίνω Jud 14³.
ἐκθροέω S 4⁹ ; D 4⁵.

ἐκκλίνω Jud 12⁴ 14⁵; Jos 9².
ἐκλαμβάνω L 18¹ (c, ef) 18⁹ (a–h, β–ab); Jos 7⁸.
ἐκλέγω R 6¹¹; L 10⁵ 15¹ 19¹; Jud 21⁵; Iss 2¹; Z 9⁸ (bdg).
ἐκλείπω R 1⁴; S 6⁴; L 18¹ 18⁹; G 5⁹.
ἐκλείχω G 2².
ἐκλεκτός L 14⁵; B 10¹⁰ 11⁴.
ἐκμισθόω Iss 1¹⁴.
ἐκμυζάω (ἐκμίζω, ἐκμύζω) D 1⁸.
ἐκμυκτηρίζω Jos 2³.
ἐκούσιος L 9⁷.
ἐκουσίως D 4⁶.
ἐκπέμπω Jos 8⁴.
ἐκπίπτω Jud 21⁴.
ἐκπληρόω G 5¹.
ἐκπορνεύω D 5⁵.
ἐκριζόω A 1⁷ 4².
ἔκστασις R 3¹; S 4⁸; Jud 19¹.
ἐκταράσσω D 3¹; G 5¹.
ἐκτείνω L 19⁴; Iss 7⁹; Z 6²; Jos 20⁴; B 12¹ (c).
ἐκτέμνω Jud 23⁴.
ἐκτός N 6².
ἕκτος R 2⁷ 3⁵; L 8⁹ 17⁷; Jud 25¹; Jos 8¹; B 7².
ἐκτρέφω N 8⁵.
ἐκτυφλόω G 3⁸.
ἐκχέω R 1⁶; L 18⁵; Jud 24²; Z 2² 2⁴.
ἐλαία L 8⁸.
ἔλαιον L 8⁴; Jud 9⁸.
ἔλαιος N 5¹ (abe).
Ἐλαιών N 5¹.
ἐλαττόω L 18⁹.
ἐλάττωμα Jos 17².
ἐλαύνω A 1⁹.
ἔλαφος Jud 2² 25⁵; N 2¹; A 4⁵; Jos 19² 19³ (A) 19⁴ (A).
ἐλάχιστος Jud 15⁶; Jos 17⁸.
ἔλεγχος Jos 6⁶.
ἐλέγχω G 1⁹ 6⁶; B 10¹⁰.
ἐλεέω Jud 18³ 19³; Iss 5²; Z 2² 7² 8¹ 9⁷ (a); D 5⁹; A 2⁵ 2⁶ 2⁷; B 4² 4⁴ 5⁴.
ἐλεήμων S 4⁴; Jud 19³ (β); Iss 6⁴; Z 9⁷; A 4³.
ἔλεος L 15⁴; Z 5¹ 5³ 5⁴ 7³ 8² 8⁶ (bdg); N 4³ 4⁵.
ἐλεύθερος Jud 21⁷; N 1¹⁰; Jos 13⁶ 14¹.
ἐλευθερόω Jud 4³; Jos 1⁵.
ἐλευθερωτής B 10⁸ (β).
Ἐλιμαῖος (Ἐλαμήτης) N 5⁸ (β).
ἐλπίς Jud 26¹; A 7⁷ (β); B 10¹¹.
ἐμβαίνω Jud 9⁶ (β).
ἐμβάλλω Jud 14¹ 14⁸ 25³; D 1⁸ 1⁹ (β); Jos 8⁴ (β–d).
ἐμβάπτω Z 4⁹ (β).
Ἐμμώρ (Ἐμώρ) L 2² 5⁴ 6³ 6⁴.
ἐμπαθῶς B 6².
ἐμπίμπλημι R 3⁶; Z 6⁶; B 6³.
ἐμπίρημι Jud 5⁵ 5⁷ (β).
ἐμπίπτω R 3¹¹ (abg); Jud 19¹; D 1⁹ (a) 5² 6⁵.

ἐμποδίζω Jud 18⁶.
ἐμπορία Jos 11⁵.
ἔμπορος Z 4⁶.
ἐμπρησμός Jud 23³.
ἔμπροσθεν Jud 3³ (β); Iss 3²; Z 3⁶ (β) 3⁷.
ἐμπτύω Z 3⁴ 3⁷.
ἐμπυρίζω Jud 20⁶.
ἐμπυρισμός Jud 23³ (bef).
ἐν nearly 600 times.
ἐνάγω Jos 13⁴.
ἐναλλάσσω N 3⁴ 3⁵.
Ἐνάν Jud 12¹.
ἐναντίος L 14⁴; Jud 18⁶.
ἐνάρχομαι A 1⁹ (β).
ἔνδεια B 7².
ἐνδείκνυμι Z 3⁸.
ἕνδεκα G 5¹¹ (β); Jos 2⁷ (a).
ἐνδελεχέω G 5¹.
ἐνδελεχής L 9⁹.
ἐνδέχομαι Iss 4³.
ἐνδοξάζω S 6⁵.
ἔνδοξος L 8⁵ 11⁸; B 9² 9⁵.
ἔνδυμα L 10³ (β–d).
ἐνδύω L 8² 18¹⁴; Z 4¹⁰.
ἐνειλέω Jud 3⁶.
ἐνενηκοστός L 12⁴; B 12³ (β).
ἐνεργέω S 4⁸ (β); D 5⁵.
ἐνέχω G 5¹¹.
ἔνθα Jud 26³; D 7² (a).
ἐνθυμέω S 2¹⁴; B 3⁸ (β).
ἐνθύμησις Jud 13² (β–ag).
ἐνιαυτός Jud 10⁴ (β).
ἐνίστημι G 6⁷.
ἐνισχύω S 1²; D 6⁵.
ἐνλείπω N 2³.
ἐννακοσιοστός B 7⁴.
ἔννατος G 1².
ἐννέα L 12⁵; N 6⁶; Jos 19² 19⁴ (A).
ἐννοέω R 4¹ 4⁴ (aef) 5⁵ (β); Iss 3⁵ 4⁵ (a, β).
ἔννοια R 4⁸ 4¹¹; Z 1⁴; N 2⁵; G 5⁵; Jos 9²; B 2⁸ (A).
ἐνοικέω S 5¹.
ἑνότης Z 8⁶.
ἐνοχλέω Jos 3⁶ 7⁴.
ἐνόω N 8².
ἐνσπείρω R 5³.
ἐνταφιάζω Jud 26³.
ἐντέλλομαι R 1¹ 1⁵ 4⁵ 6² 6⁸ 7¹; S 7³ 8¹; L 10¹ 13¹ 19⁴; Jud 13¹ 17¹ 26⁴; Iss 7⁸; N 8² 9¹ 9³; A 8¹ 8²; B 12¹ (β).
ἐντίθημι N 2² (β–dg).
ἐντολεύς A 2⁶.
ἐντολή L 14⁴ 14⁶ 14⁷; Jud 10⁵ (β) 13¹ 13⁷ 14⁶ 16³ 16⁴ 18⁶ (abeg) 23⁵; Iss 4⁶ 5¹ (β) 6¹; Z 5¹ 10² ; D 5¹; N 8⁷ 8⁹ 8¹⁰; G 4²; A 2⁸ 2¹⁰ 4⁵ 5⁴ 6¹ 6³ 7⁵; Jos 18¹ 19¹¹; B 3¹ 10³ 10⁵ 10¹¹.
ἐντρύφημα Jud 21⁵.
ἔνυδρος Jos 19³ (A).
ἐνύπνιον Z 3³; N 7¹; G 2²; Jos 1⁷ 19¹.
ἐνώπιον R 1⁸ 1⁹ 4⁸ 6¹¹; S 2¹⁴ 5²; L 9⁸

(β) 14³ (a) 17⁸ 19² ; Jud 13² 20⁴ (β) ;
D 5⁶ ; G 8² (β–g) ; A 1² ; Jos 2³ 4¹
4⁵ 6⁷.
ἐνωτίζομαι R 1⁵ ; Iss 1¹ ; Jos 1².
Ἐνώχ S 5⁴ ; L 10⁵ 14¹ (β) 16¹ (β); Jud 18¹
(β) ; Z 3⁴ (β) ; D 5⁶ ; N 4¹ ; B 9¹ 10⁶.
ἕξ Jud 9⁶ 12¹² ; Iss 2² 7¹ (a).
ἐξαγγέλλω L 2¹⁰ ; Jos 5² 5³.
ἐξάγω G 6⁶ (β) ; Jos 19³ (A).
ἐξαιρέω Iss 6⁴ ; G 1⁷.
ἐξαίρω L 18⁴ ; G 6¹ 7⁷ 8⁴.
ἐξαιτέω B 3³ (β).
ἐξακολουθέω Jud 23¹ ; Iss 6² ; Z 9⁵ ;
N 3³ (β).
ἐξαλείφω Jud 22³.
ἐξαρκέω Z 6⁷.
ἔξαρχος Jud 25¹.
ἐξαφανίζω Jos 19¹².
ἐξεῖπον Z 1⁶.
ἐξελέγχω R 6¹¹.
ἐξέρχομαι R 3¹⁴ ; Jud 15² (β); Iss 1⁴ ;
Z 2⁴ (hi, β–dg) ; N 4⁴ ; G 6² ; Jos 3⁹
6³ 8¹.
ἐξετάζω G 7³.
ἐξηγέομαι B 2⁷ (A).
ἐξήκοντα Jud 3³.
ἐξηκοστός L 11⁸.
ἑξῆς Jud 5¹ 7¹ 9⁶ (β) ; N 2⁸ ; Jos 8⁴.
ἐξιλάσκομαι L 3⁵.
ἐξίστημι Z 2⁵ (β) ; B 3³.
ἔξοδος S 8⁴ 9 ; N 1¹ ; Jos 20⁶ (c) ; B 12³
(β) 12⁴.
ἐξολοθρεύω S 6³ ; Jud 6⁵ 7³ (a) 21¹ ;
Jos 5².
ἐξόπισθεν Jud 6⁵.
ἐξορίζω G 6³ (β).
ἐξουδενόω L 7¹ 16² ; A 7².
ἐξουσία R 5¹ ; L 3⁸ 18¹².
ἐξυπνίζω L 8¹⁸ ; Jud 25⁴ ; N 1⁸.
ἔξυπνος L 5⁷.
ἔξω N 2⁹ ; Jos 7³.
ἔξωθεν Z 3⁶.
ἐξωθέω G 5².
ἐπαγγελία Jos 20¹.
ἐπάγω L 14⁴ ; Jud 22¹ 23³ ; Z 2² 10³ ;
N 4² ; G 5⁹ ; Jos 20¹ ; B 7³.
ἐπαγωγός L 3².
ἐπαινέω D 4³ ; G 3² ; Jos 4¹ ; B 4⁴.
ἐπαίρω S 7¹ ; L 14⁷ ; Jud 21¹ ; D 4³ ;
Jos 10⁶.
ἐπαοιδός S 8⁴.
ἐπαισχύνομαι Jos 2⁵.
ἐπακολουθέω N 3³ (β).
ἐπακούω S 7¹ ; Iss 2⁴.
ἐπακροάομαι Jos 8⁵.
ἐπαναβαίνω Jud 5⁴ (β).
ἐπανέρχομαι Jud 9³.
ἐπάνω L 3³ (β).
ἐπαύριον Iss 2⁴.
ἐπεγείρω L 10².
ἐπείγω Jos 2².
ἐπειδή S 2⁵ (a) ; L 3¹ 6⁷ (a) 10¹ &c.

ἐπεμβαίνω B 11².
ἐπέρχομαι L 8¹¹ ; Jud 6³ 7⁷ (h, β–dg) 9²
(β–f) ; Iss 4⁵ (β) 5⁸ ; Z 2⁶.
ἐπερωτάω Jos 11².
ἐπευλογέω Jud 17⁵ (aef).
ἐπεύχομαι Jud 1⁶ (β–b) ; Jos 6⁷.
ἐπέχω Jos 15³.
ἐπί c. gen. about 45 times : c. dat. about
40 times : c. acc. about 70 times.
ἐπιβάλλω L 4⁴ 14¹ 14² ; Jud 5⁶ (β) ; Jos
12¹ (β–d).
ἐπιβλέπω L 3⁹ ; Jud 17¹.
ἐπιβουλή B 3⁵.
ἐπιγαμβρεύω Jud 10⁴ (β).
ἐπίγειος Jud 21⁴.
ἐπιγιγνώσκω S 8⁴ ; Jud 11⁴ 12³ 19⁴ 20¹
(β–ad) ; Z 4⁹ ; N 4³ ; Jos 6⁴ ; B 2².
ἐπιγράφω Iss 4⁸ ; N 6².
ἐπιδέχομαι Iss 4⁴ 4⁶ ; B 6⁴ (β–a).
ἐπιδίδωμι Z 7⁴ ; N 5⁴ ; Jos 3² 6².
ἐπιθάλπω Jos 5⁴.
ἐπιθυμέω R 5⁷ ; L 13⁴ ; Iss 4² (β–af) 7³ ;
D 4⁵ ; B 10¹.
ἐπιθύμημα Iss 7³.
ἐπιθυμητός L 8¹⁶.
ἐπιθυμία R 1¹⁰ 2⁴ 4⁹ 5⁶ 6⁴ ; Jud 13² 14¹
14³ (β) 16¹ ; A 3² 6⁵ ; Jos 3¹⁰ 4⁷ 7⁶ 7⁸
9¹.
ἐπικαλέω L 5⁵ 8¹⁴ ; Jud 24⁶ ; D 5¹¹ 6⁵.
ἐπιλαμβάνω Jud 5⁶ (a) 6⁶ ; N 1¹² (bef) ;
Jos 8².
ἐπιλανθάνω D 7³ ; N 4⁴.
ἐπιμαρτύρομαι R 1⁶.
ἐπιμένω L 4¹ ; Jos 13⁴.
ἐπιμερίζω S 5⁶.
ἐπιμίγνυμι Jud 23².
ἐπίνοια Jos 5² 5³.
ἐπιορκέω A 2⁶.
ἐπιπίπτω L 2⁶ ; Jud 3⁸ 9³ (a).
ἐπιπλέω Z 6¹.
ἐπίσκεψις Jos 3⁶.
ἐπισκοπεύω B 6⁶ (β–bg).
ἐπισκοπέω R 1² ; S 1² ; L 4⁴ 16⁵ ; Jud
23⁵ ; Iss 2² ; G 5³ ; A 7³ ; Jos 1⁶ ; B 6⁶.
ἐπισκοπή B 9².
ἐπισπάω R 5¹.
ἐπιστρέφω L 17¹⁰ ; Jud 2⁴ (β) 23⁵ (β) ;
Iss 6³ 6⁴ ; Z 9⁷ 9⁸ ; D 5⁹ 5¹¹ 6⁴ ; N 4⁵ ;
G 5⁸ ; Jos 3¹⁰ 11⁵ 13³ ; B 4⁸ (β–a) 5¹
12⁴.
ἐπισυνάγω N 8³ ; A 7⁷.
ἐπιτελέω Jos 19¹².
ἐπιτίθημι L 8³ ; N 2².
ἐπιτρέχω N 5³ (β).
ἐπιφέρω Z 2³ (β).
ἐπιχαίρω G 4⁴.
ἐπονομάζω Jud 1³.
ἑπτά R 1⁷ 1⁸ 1⁹ 2¹ 2² 2³ ; S 2¹² ; L 3¹ (β)
8² 19⁴ ; Jud 12² (β) ; Z 7⁴ ; N 6¹ ; Jos
3⁴ ; B 7² 7³ 7⁴.
ἐράω Jud 13⁷.
ἐργάζομαι Iss 5³ ; N 8⁴ ; G 6⁵ ; B 11¹.

ἐργάτης B 11¹.
ἔργον R 2² 2³ 4¹ 5³ ; L 13⁸ 19¹ ; Jud 2²
  13² 20⁴ ; Iss 5⁸ ; Z 9⁹ ; D 4² 6⁸ 6⁹ ;
  N 2⁶ 2⁹ 2¹⁰ 8⁵ ; G 6¹ ; A 4² 4³ 6⁵ ;
  Jos 10⁴ 11⁷ 20⁶ (β) ; B 2⁶ (A) 5³ 6⁷
  11⁴.
ἐρεθίζω D 4⁴.
ἔρημος L 15¹ 16⁴.
ἐρημόω Jud 23³ ; A 7² ; B 7⁴.
ἐρήμωσις L 17¹⁰ ; D 5¹³ ; B 7².
ἔριφος Jud 2⁴ ; D 1⁸.
ἔρχομαι R 3¹⁵ ; S 1² 2¹⁰ (β) ; L 2¹ 2⁸ 5²
  6¹ 6⁵ 7⁴ 9³ 9⁶ ; Jud 1² 3¹ 6¹ 7¹ 7² (abf)
  7³ 8² 9¹ 12⁹ 12¹¹ 22² ; Z 2¹ 2⁴ (β) 3⁶
  4⁵ (a) 6³ ; N 2⁴ 4⁵ 5⁷ 6¹⁰ ; A 2⁴ 7³ ;
  Jos 3⁹ 4⁴ 6² 6⁴ 8⁴ 8⁵ (a) 11² 11⁴ (β) 13¹
  14² 15¹ 15⁵ 17⁴ ; B 2¹ 2⁸ (A).
ἐρωτάω S 4¹ ; Jos 11² (β).
ἐσθής L 8² ; Jud 26³ ; Iss 4².
ἐσθίω R 1¹⁰ ; S 3² ; L 8¹⁶ 14⁵ 18¹¹ ; Jud 2²
  15⁴ 21⁵ ; Iss 2⁶ ; Z 3³ 4¹ 4² (a)
  4³ 4⁷ ; N 9² ; G 1⁶ 1⁷ 1⁹ ; A 7³ ;
  Jos 6⁴ 6⁷.
ἔσχατος R 2⁹ ; Jud 18¹ 24³ ; Iss 6¹ ;
  Z 8² ; D 1¹ 5⁴ ; N 8¹ ; G 5⁶ ; Jos 19¹⁰ ;
  B 9².
ἑταῖρος Jud 3⁶.
ἕτερος R 2³ (a) ; L 8¹² (a) ; Jud 3² 3⁵
  (a, β–ab) 9⁶ ; Z 9¹ ; A 1⁵ (a) 4⁴ (bdg) ;
  Jos 5¹ 16⁴ ; B 2⁵ (β).
ἔτι L 2⁸ 9¹⁰ ; Jud 12⁷ &c.
ἑτοιμάζω L 3² (a).
ἕτοιμος L 3² (β).
ἔτος R 1¹ 1² 1⁸ 1⁹ ; S 1¹ 3⁴ 8¹ ; L 2² 11¹
  11⁴ 11⁷ 11⁸ 11⁴ 12⁵ 12⁷ 19⁴ ; Jud 7¹⁰
  (β) 9¹ 9² 12¹ 12¹² 26² ; Iss 1¹⁰ 3⁵ 7¹ ;
  Z 1¹ 6⁷ ; D 1¹ ; N 1¹ 5¹ ; G 1¹ 8⁵ ;
  A 1¹ ; Jos 3⁴ 20⁶ (c) ; B 1¹ 1² (β–d)
  1⁴ 7³ 7⁴ 12² 12³ (β).
εὐαρεστέω G 7⁶.
εὐαρέστησις Iss 4¹.
εὐάρεστος D 1³.
εὐγενής R 4⁷ ; N 1¹⁰ ; Jos 14³.
εὐδοκέω L 18¹³ ; Jos 4⁶ 9¹ 17³.
εὐδοκία B 11².
εὐδοκιμέω Jos 17³ (β).
εὐεργετέω Jos 20⁶ (β).
εὐθαλής Jos 19⁸ (A).
εὐθέως R 3¹⁵ ; Jos 16² (c).
εὐθής A 1².
εὐθύνω S 5².
εὐθύς adv. N 1¹² (bef); G 4³ ; A 1⁶ 1⁷ ; Jos
  13⁹ ; B 9¹ (β).
εὐθύτης Iss 3¹ 4⁶ ; G 7⁷.
εὐκαιρία Jos 7³.
εὐκαταφρόνητος Z 9².
εὐλογέω R 6¹¹ ; S 6⁷ ; L 4⁶ 5⁷ 9² ; Jud
  17⁵ 25² ; Iss 3² 5⁴ 5⁶ ; Z 5² ; N 1⁴ (β)
  2¹ 8² 8⁴ ; Jos 11⁷ 12³ 18¹ (β–af).
εὐλογία R 6¹⁰ ; S 4⁵ 5⁶ ; L 4⁴ 5² 6⁶ ;
  Jud 18⁵ 24² ; Iss 5⁶ ; N 1⁸ ; B 6⁵.
εὐμορφία Jud 17¹.

εὔμορφος Jud 13⁸.
Εὐνά ('Ενά, Αἰνά, 'Εδνά) N 1¹¹.
εὐνοῦχος Jud 23⁴ ; Jos 2¹ (β–bd) 6² 12¹
  13⁵ (β) 16² 16³ 16⁴ 16⁵ 16⁶.
εὐοδόω G 7¹.
εὔοσμος (εὐωσμος) Iss 1⁵.
εὐπραγέω G 4⁵.
εὐπρέπεια N 2⁸.
εὑρίσκω R 4⁸ ; S 5² ; L 6¹ 13⁵ 13⁶ 13⁸ ;
  Jud 2⁷ 3³ (a) 24¹ ; Z 2⁷ 4⁶ 4⁸ 7¹ 8² ;
  D 1⁹ ; Jos 15⁴.
εὐσεβής L 16².
εὐσέβεια R 6⁴ ; Jud 18⁵ ; Iss 7⁵.
εὐσπλαγχνία Z 5¹ 8¹ 9⁸ (bdg) ; A 7⁷ ;
  B 4¹.
εὔσπλαγχνος S 4⁴ ; Z 9⁷.
εὐφραίνω L 18⁶ 18¹³ ; Jud 13⁸ ; Z 10² ;
  D 5¹².
εὐφροσύνη S 6⁷ ; L 18¹⁴ (beg) ; Jud 15⁴
  16² ; A 5¹.
εὐχαριστεία Iss 5³.
εὐχαριστέω G 7⁶ (β–a) ; Jos 8⁵ (a).
εὐχή Jud 19² ; N 1⁸ (bd) ; G 5⁹ ; B 10¹.
εὔχομαι R 4⁴ ; S 2¹³ ; L 2⁴ ; Jud 1⁶ ; G
  7¹ ; Jos 3⁷ (β) 18² ; B 1⁵.
εὐωδία L 3⁶.
ἐφάπτω Jud 16³.
ἐφελκύω Jud 5³.
ἐφέλκω Jos 3⁶ 8².
ἐφίημι Iss 4².
ἐφούδ L 8² 8⁶.
Ἐφραθά (Εὐφραθά, Εὐφρανθά, Ὑφραθά)
  R 3¹³.
ἐχθραίνω G 6⁵.
ἐχθρός L 13⁸ ; Jud 23³ ; Iss 6² ; Z 9⁶ ;
  D 6³ 6⁴ ; N 4² ; A 7².
ἔχω R 1⁴ 4² 5¹ 6⁴ 6⁹ ; S 2¹ 4⁴ 4⁹ (β) ;
  L 3² 9¹⁰ 9¹² ; Jud 7⁶ 7⁸ 8¹ 10⁵ (β)
  14² 14⁷ 19¹ 19² ; Iss 1⁶ 2² (β) 7⁷ ;
  Z 1³ 4¹¹ (β) 5¹ 5⁹ 7⁸ 8¹ 8⁶ (bdg) ; D 3⁴
  5² ; N 5⁶ 8⁵ ; G 7⁶ ; Jos 3⁷ 7⁶ 10⁵ 11¹
  12³ 13⁵ 15⁷ 19⁸ ; B 1³ 3² 3⁵ 4² 4⁵
  5¹ 6⁵ 6⁶ 6⁷ 8².
ἕψω Z 6⁵.
ἕως c. gen. about 30 times : c. acc. 7
  times.
ἕως νῦν R 4³ 4⁴.
ἕως οὗ 5 times.
ἕως ὅτι R 7².

Ζαβουλών Jud 25¹ (a) 25² ; Z 1¹ 1² 1³
  10².
ζάω S 2¹¹ ; L 19⁴ ; Jud 8³ 12¹² (β–g) 16³ ;
  Iss 4³ ; Z 4¹¹ (β) ; N 7² 7³ ; G 1⁷ 2⁴ 4⁶ ;
  B 1¹ 3⁵.
Ζελφά (Ζεβδά) N 1¹¹ ; G 1⁶ ; Jos 20⁸ (β).
ζῆλος R 3⁶ 6⁴ ; S 2⁷ 4⁵ 4⁹ ; Jud 13³ ; Iss
  4⁵ (β) ; D 1⁶ ; G 5³ ; A 4⁵.
ζηλόω R 6⁵ ; S 2⁶ ; L 6³ ; Iss 4⁵ ; G 7⁴ ;
  B 4¹.
ζημία D 4² 4⁵.
ζημιόω Jud 15¹ ; D 4⁶.

ζητέω R 6⁵; D 6⁶; Jos 16⁴.
ζοή R 1¹ 2⁴; S 1¹; L 2¹² 11⁴ 11⁷ 13² 13⁶ 18¹¹; Jud 9² (β) 12⁸ 15⁵ 24⁴ 25¹ 25⁴; Z 1¹ 3⁵ 10⁶; D 1¹ 1³ 5³; N 1¹ 5¹; G 1¹; A 1¹ 5² 5⁴ 6⁶; Jos 1³ 7⁶ 20⁶ (c); B 12² (c).
ζώνη L 8⁷; Jud 12⁴ (β) 15³.
ζῷον L 9¹³; Z 5¹.
ζωοποιέω G 4⁶.

ἤ saepissime.
ἡγεμονία S 5⁶.
ἡγέομαι Z 10².
ἥδομαι D 1⁴ (β).
ἡδονή Jud 13⁶ 14² 14³; Iss 3⁵; B 6³.
ἦθος A 4⁵.
ἥκω S 6⁵ (a); L 17¹¹ 18⁶; Jud 6⁴; N 4⁴ (β-a).
ἥλιος L 4¹ 4³ 11⁴ 14³ 18³ 18⁴; Jud 24¹ 25²; N 3² 5¹ 5² 5³ 5⁴; B 8³.
Ἡλιούπολις Jos 18³.
ἡμέρα S 2¹² 3⁴ (h, β) 4⁵ 9; L 1¹ 3² 3³ 5⁵ 6⁷ 8¹ 9¹ 9⁸ 12⁴ 17² 18² 18³ 18⁵; Jud 6³ 9⁵ 10⁴ (β) 12² (β) 18¹ 18⁶ 22³ (β-f); Iss 7⁵; Z 1⁴ 1⁶ 4² (β) 4⁴ (β) 4⁷ 8² 10⁶; D 1¹ 5⁴ 6⁴; N 1⁹ 6¹; G 1¹ 1⁸; A 4⁴ 5²; Jos 3⁹ 6⁴ 8¹ 11⁸ (β-d) 15¹ 19¹⁰; B 1⁴ (β) 1⁶ 10¹ 12⁴.
ἡμερόω Jud 2⁵ (β).
ἡμίξηρος S 2¹².
ἥμισυς A 2⁹.
ἧπαρ R 3⁴; S 2⁴ 2⁷ 4¹; Z 2⁴; N 2⁸; G 5⁹ 5¹¹.
Ἤρ (Εἴρ) Jud 8³ 10¹ 10².
Ἠσαῦ Jud 9¹ 9² 9³ 9⁴; G 7⁴; B 10¹⁰.
ἡσυχάζω Jud 22²; G 6⁶ 7³ 8³.
ἡσυχία A 7³ (hi, β); B 6⁵.
ἥσυχος A 6⁶ (a).
ἡσύχως A 6⁶ (β-f).
ἡττάομαι R 5³; Jud 3¹⁰ (β-e); N 2⁷; Jos 7⁸ (β-ag).
ἥττων N 2⁷ (def).

θάλαμος Jud 10⁴ (β).
θάλασσα L 18⁵; Jud 21⁶ 25²; Z 5⁵ 6¹; N 3⁴ 6¹; Jos 19⁵ (A).
θάλπω Jos 5⁴ (β-a).
θαμάρ Jud 10¹ 10² (β) 12¹ 13³ 14⁵.
Θάμνα Jud 7⁴ 7⁹ (β).
θάνατος R 1⁶ 3¹ 4¹⁰ 6⁶; Jud 5¹ 23³; Iss 7¹ (β); Z 1¹; D 1⁴; G 4⁶ 4⁷; A 5²; Jos 1³ 3¹ 3⁹ 6⁵ 11³ (β) 17⁵.
θανατόω Jud 10² (a); G 1⁷ 4¹.
θάπτω R 7²; L 19⁶; Jud 26⁴; Iss 7⁸; Z 10⁷; D 6¹¹ 7²; N 9¹; G 8³ 8⁵ (β-bd); A 8¹ 8²; Jos 20³ (c, A) 20⁶ (c); B 12¹ (β) 12⁸.
θαυμάζω L 2⁹.
θαυμάσιος S 6⁷.
Θαρφουέ (Θαφουέ, Βαθουέ) Jud 5⁶.
θεάομαι R 3¹⁴; L 2⁵.
θεηλασία B 7² (c, bg).

θέλγω R 5⁶.
θέλημα Iss 4³; D 6⁸; N 3¹; B 11² (β-bg).
θεός R 1⁶ 3⁸ 3¹⁵ 4⁶ 4⁸ 4¹⁰ 5³ 6⁶ 6⁷ 6⁸ 6⁹; S 2⁸ 2¹³ 3⁴ 4⁴ 4⁵ 5² (β-dg) 5³ 6⁵ 6⁷ 7¹ 7²; L 3² 3⁸ 6⁸ 6¹¹ 8¹⁰ 9³ (β) 9⁶ (beg) 9¹⁴ 13¹ 13² 13³ (β-a) 13⁷ 14⁴ 14⁷ 15² 17²; Jud 13¹ 14⁶ 15⁵ 16² 16³ 16⁴ 18³ 18⁵ 18⁶ 19¹ 19⁸ 21² 21⁴ 22² 23³ 23⁶ (β) 24⁴; Iss 3⁷ 4³ 5¹ 7⁷; Z 7² 8² 9⁸ (bdg) 10⁵; D 1³ 1⁹ 5² 5¹² 6² 6⁹ (β) 6¹⁰ 7³; N 2⁸ 2⁹ 3¹ 3² 4³ 7² 8³ 8⁴ 8⁵ 8⁶ 8⁹ 8¹⁰; G 2⁵ 4² 4⁷ 5² 5⁴ 5⁷ 5⁹ 6⁷; A 1² 1³ 2⁶ 2¹⁰ 3¹ 3² 4¹ 4⁵ 5³ 7³ 7⁵; Jos 1⁴ 1⁶ 2² 2⁵ 3⁴ 4³ 4⁴ 5² 6⁶ 6⁷ 8⁵ 9² 10⁵ 11¹ 11⁷ 12³ 15⁵ 17³ 18¹ 19¹¹ 20¹; B 3¹ 3⁴ 3⁸ 4³ 4⁴ 4⁵ (β-a) 6⁷ 7³ 8² 9² 9⁴ 10⁵ 10⁸ 10¹⁰ 11⁴.
θεοσεβέω Jos 6⁷.
θεοσεβής N 1¹⁰.
θεραπεύω Jos 7².
θεράπων L 4².
θερίζω L 13⁶.
θέρος Z 6⁸; Jos 19¹².
θεσμός N 8¹⁰.
θεωρέω L 2⁸.
θήκη S 8²; Z 10⁶; N 2⁸ (β-g).
θηλάζω N 1¹² (bef); Jos 19⁵ (A); B 1³.
θῆλυς R 3¹⁰ 6¹ (h, β); Iss 4⁴.
θήρα Z 5⁵ 6⁴.
θηρεύω Z 5⁵.
θηρίον Jud 2⁴ (β); Iss 7⁷; N 8⁴ 8⁶; G 1³; Jos 19⁶; B 3⁵ 5².
θησαυρός A 1⁹.
θλίβω Iss 3⁸; Z 7¹; Jos 17⁶ 20¹; B 5¹.
θλίψις L 5⁵ 13⁶; Z 9⁶; N 4²; G 4⁴; Jos 2⁴; B 3³ 7².
θορυβέω Jos 7².
θρέμμα G 1⁶ 1⁹.
θρηνέω Z 4⁵.
θρίξ N 2³ 4⁸.
θροέω D 4⁵ (h, β-g).
θρόνος L 3⁹ 5¹.
θυγάτηρ R 5⁶; L 12⁴; Jud 8² 10¹ 10⁶ 13⁴ 21⁷ 23²; N 1⁹ 1¹¹ 1¹²; Jos 18³.
θυμέομαι D 3⁴ 3⁵.
θυμίαμα L 8¹⁰.
θυμός Jud 9⁷; D 1³ 1⁸ 2¹ 2² 2⁴ 3¹ 3⁴ 3⁵ 4¹ 4² 4⁴ 6⁴ 4⁷ 5¹ 6⁸; N 2⁸.
θυμόω D 4⁴ 4⁵ (β).
θυμώδης D 3².
θύρα L 18¹⁰.
θυρίς Jos 14¹.
θυσία L 3⁶ (a) 9⁷ 9¹¹ 9¹³ 9¹⁴ 16¹ (β); Jud 18⁵.
θυσιάζω R 6⁸; L 14⁵ (β-af).
θυσιαστήριον L 16¹.
θύω L 9¹¹; Z 4²; G 1⁶ 1⁷.
θωρακίζω Jud 3¹.
θώραξ Jud 3⁵.

Ἰακώβ R 1⁶ 1⁷ 3¹³ 3¹⁵ (β) 4² (β-de); S 2² 2⁷ 2¹⁴ 5⁶ (β) 6² ; L 4³ 7¹ 9¹ 9³ 15⁴ 18¹⁴

19⁵; Jud 1³ 1⁶ (β) 3⁷ 9³ 16⁴ 17⁴ 17⁵
19² (β) 21⁵ 22³ 24¹ 25¹ 25⁵ (abg);
Iss 1² 1⁶ 1⁸ 1⁹ 1¹¹ 1¹³ 1¹⁴ 1¹⁵ 2¹ 2³ 2⁴ 3⁷
5⁶ 5⁷; Z 2² 2³ 4⁵ 4⁸ (β-g) 4⁹ 5⁵; D 1⁹
(β) 7²; N 1⁶ 2¹ 6² 7³ 8²; G 1² 5⁹
(β); A 7⁷; Jos 10⁶ 15¹ 15⁵ (β), 17⁵
18⁴; B 1² 3⁷ 10¹ 10⁴ 10⁶ 11⁵.
ἴασις Z 9⁸ (bdg).
ἶβις Jud 21⁸.
ἰδιάζω R 3¹⁰ (β-g).
ἴδιος Jud 20⁵; D 2⁴ 2⁵ (β-ag) 3²; N 8⁶;
G 5³; B 10¹ (ade).
ἰδού R 1³ 1⁴ 1⁶; S 6¹; L 2⁶ 10² 12⁶ &c.
Ἱεράμ ('Ιράν, 'Ηράν) Jud 8¹.
ἱερατεία L 5² 8² 8¹⁰ 8¹⁴; Jud 21² 21⁴;
Iss 5⁷.
ἱερατεῖον Iss 5⁷ (hi, a).
ἱερατεύω L 8¹⁰ 12⁵.
ἱερεύς L 8³ 8¹⁷ 9³ 17⁴ 17¹¹ 18²; Iss 2⁵ 3⁶;
Jos 18⁸.
Ἱερουσαλήμ L 10³ 10⁵; Z 9⁸; D 5¹² 5¹³;
N 5¹.
ἱερωσύνη L 8¹³ 9⁷ 14⁷ 16¹ 17¹ 17² 17³ 18¹
18⁹; Jud 21².
ἱκανός N 2⁴.
ἱκανόω Iss 1⁷.
ἱλαρός Jos 8⁶.
ἱλαρότης N 9².
ἱμάτιον Z 4⁵ (β) 4¹⁰ 7¹; Jos 5² 8² 8³ (β);
B 2⁴ (β).
ἵνα of purpose R 3⁴ 3⁵ &c.: ecbatic R 4¹
&c.: after verbs of commanding L 6³.
ἵνα μή R 4¹ 5⁵; Iss 4⁴ 4⁶.
ἵνα τί Jos 7⁵.
Ἰνδοκολπίτη Jos 11² (β-d).
ἰοβόλος S 4⁹.
ἰός R 5³; G 5¹ 6³ (β) 6⁵.
Ἰούδας R 1⁴ 6⁷ 6¹¹; S 2⁹ 2¹¹ 5⁶ 7¹ 7²;
L 2¹¹ 8¹⁴ 9¹; Jud 1¹ 1³ 13¹ 17⁵ 18² 26⁴
(β); Iss 5⁷; Z 4²; D 5⁴ 5⁷ 5¹⁰; N 5³
5⁴ 5⁵ 6⁶ 8²; G 1⁶ 1⁹ 2³ (a, b) 8¹; Jos.
19⁸ 19¹¹; B 11² (c).
ἱππόδρομος Jos 20³.
ἵππος Jud 3² 3³.
Ἰσαάκ R 3¹³; L 9¹ 9⁶ 15⁴ 18⁶ 18¹⁴ 19⁵;
Jud 17⁵ (β-g) 25¹; D 7²; N 5²; A 7⁷;
B 1² 10⁴ 10⁶.
Ἰσαχάρ ('Ησαχάρ) L 12²; Jud 25¹ 25²;
Iss 1¹ 1¹⁵.
Ἰσμαηλίτης S 2⁹; Z 2⁹ 4³ (a); G 2³;
Jos 10⁶ 11² 13³ 13⁷ 15¹ 16²; B 2⁸.
ἴσος D 6⁶.
Ἰσραήλ R 1¹⁰ 6⁸ 6¹¹; S 6² 6⁵ 7²; L 2¹⁰
4³ 5² 5⁶ 5⁷ (β) 6³ (β) 7³ 8¹⁶ 10² 10³ 14²
14³ 14⁶ (β) 17⁵ 18⁹; Jud 12⁸ 17⁵ 21⁵
22¹ 22² 25¹ 25⁵; Iss 5⁸; Z 4¹² 9⁶;
D 1⁹ 5⁴ 5¹³ 6² 6⁴ 6⁶ 6⁶ 6⁷ 7³; N 5⁵ 7¹
8¹ 8² 8³; G 2⁵ 8¹; A 7³; Jos 1² 2²
(β-ad) 18⁴ 19¹¹ 20⁵ 20⁶ (c); B 10⁸ 10¹⁰
10¹¹ 11² 12² (β).
ἵστημι L 2¹⁰ 11⁵; Jud 17⁶; Iss 4⁵; Z 2⁵;
D 5⁴ 6²; N 2⁹ 5¹ 6¹.

ἰσχυρός Jud 5¹ 9².
ἰσχύς R 2⁷; Jud 3⁷ 13²; Iss 3⁵ 7⁶ (β);
Z 10⁵; N 2⁶ 2⁸; A 5⁴.
ἰσχύω R 5² 6⁵; Jud 25⁴ (β-g); Iss 4⁴ 7⁹
(β); Jos 4⁴.
ἰχθύς Jud 21⁷; Z 5⁵ (β-a) 6³ 6⁵ 6⁶.
Ἰωβήλ ('Ιώ, 'Ιωήλ) Jud 6¹.
Ἰωβηλαῖον L 17² 17³.
Ἰωσήφ R 1² 4⁸ 6⁷; S 1¹ 2⁶ 2¹³ 2¹⁴ 4² 4⁴
4⁵ 5¹ 8³ 8⁴; L 12⁷ 13⁹; Jud 12¹¹ 25¹ 25²
25⁵; Z 1¹ 1⁵ 1⁶ 2¹ 2⁶ 2⁶ 2⁸ 3¹ (β-d) 3²
(β) 3⁵ 3⁶ 4² 4⁹ 4¹⁰ 5⁴ 8⁴; D 1⁴ 1⁷ 1⁸;
N 1⁸ 5⁷ 6⁶ 7² 7³ 7⁴; G 1⁴ 1⁶ 1⁸ 1⁹ 3³ 5⁶
5¹¹ 6²; Jos 1¹ 1² 20⁶ (c); B 1⁴ 2¹ 3¹ 3³
3⁶ 5⁵ 10¹.
Ἰωχαβέδ ('Ιωχαβέθ, 'Ιωχαβέλ, 'Ηοχαβέλ)
L 11⁸ 12⁴.

καθαιρέω Jud 7³ (β); B 6⁷.
καθάπερ Jud 21⁶ (a).
καθαρεύω R 6¹ 6².
καθαρίζω R 4⁸; L 14⁶ (β).
καθαρισμός L 14⁶ (β).
καθαρός L 8⁵ 9¹³ 14² 14³ 16⁵; A 2⁹ 4⁵;
Jos 4⁶; B 6⁵ 8² 8³.
καθαρότης N 3¹.
καθεξῆς Jud 25¹.
καθεύδω Jud 12⁶; N 2⁸.
κάθημαι Jud 3²; Z 4¹.
καθίζω N 1²; L 2⁸ 5¹; Jud 12¹ 12⁹.
καθίημι Z 6² 9⁶ (c, bd).
καθόλου G 5⁵.
καθώς S 4⁵ 5⁶; L 5⁴ &c.
Κάιν B 7³ 7⁴ (β) 7⁵.
καινοποιέω L 16⁸.
καινοποιός N 1¹² (a).
καινός L 8¹⁴ 18²; N 3¹ (c, ef); B 11².
καίπερ Jos 10⁵.
καιρός R 4⁶; S 2⁶; L 5⁴; Jud 16³ 20⁴;
Iss 2⁵ (β) 3¹ (β-af) 6¹; Z 9⁹; D 6⁶;
N 1² 2⁹ 7¹ 8¹ 8⁸; Jos 12¹ 19¹⁰; B 6⁴
11² (β).
καίω N 7⁴; Jos 2².
κακία S 4⁹; L 14¹ 16³; Z 8⁵ 9⁷; D 1⁹ 5⁵;
G 6⁷; A 2¹ 2⁸ 3¹ 3² 7⁵; Jos 5³ (β-g)
6⁷; B 7¹ 8¹.
κακοποιέω A 2⁸; Jos 18².
κακός R 3³; L 6⁸ 10² 13⁶ (β-dg) 16² 18⁹;
Jud 7⁸ 18¹ 21⁶; Z 3⁸; D 3⁴ 4⁷ 6⁵;
N 2⁴; G 3¹ 5¹ 6⁵ 7⁴ 7⁵; A 1⁵ 1⁷ 1⁸ 2¹
2² (β) 2³ 2⁸ 4² 4⁸ (β) 4⁵ 6² 6³; Jos
7¹ 10⁵ 10⁶ 18²; B 4³ 7² 7⁴.
κακουργία Iss 6¹ (β).
κακόω S 3⁴ 4¹ (hi, β); Z 9⁶.
κάκωσις N 4⁷; G 8².
κάλαμος N 2⁸.
καλέω S 2²; L 1² 9⁶ 10⁵ 11² 11⁷; Jud 12⁶;
Iss 1¹⁵; D 1²; N 1⁶ 1¹¹; Jos 1¹ 16²
(β), B 1⁶ 2⁶ (A) 11¹.
κάλλος R 4¹; Jud 2⁸ 13⁵ (β) 17¹; Iss
4⁴; Jos 18⁴.

καλός R 4¹; S 5¹; L 13⁹; Jud 14⁸;
 Iss 7⁹; Z 10⁶; D 1³.7¹; N 2⁸ 8⁴ 8⁵ 8⁶;
 G 1⁶ 7²; A 1⁵ 1⁶ (β) 2¹ 2⁴ 4² 4³ 4⁴ 6³
 8¹; Jos 20⁴; B 4³ 9¹ (β) 12².
κάλυμμα Jud 14⁵.
καλύπτω L 10³; N 3².
καλῶς N 8⁵; A 1⁶.
κάματος Iss 3⁵.
κάμνω Iss 3⁶ (β).
κανών N 2³.
Καππαδόκαι (Καππάδοκες) S 6³.
κάρα A 7³.
καρδία R 1⁴ 3⁶ 4¹ 5³ 6¹⁰; S 2¹ 2⁴ 4¹ 4⁷ 5²;
 L 6² 8¹⁹ 13¹; Jud 11¹ (β–d) 13² 13⁶
 13⁸ (β–a) 20⁵ 23⁵; Iss 3¹ 3⁸ 4¹ 4⁶ 7⁴ 7⁶
 (a) 7⁷; Z 2⁵ 7²; D 1³ 1⁴ 2⁵ 4⁷ 5³ 5¹¹;
 N 2⁶ (β–ag) 2⁸ 3¹; G 5¹ 5³ 6¹ 6³ 6⁷ 7⁷;
 Jos 4⁶ 7¹ 7² 10² 10⁶ 15³ 17³; B 2⁸ (A)
 8².
καρπός S 4⁶; L 2¹²; Iss 3¹ 5⁴ 5⁵ 5⁶;
 N 3⁵ (β–a).
καρτερός Jud 6³ (β–df).
κατά c. gen. 18 times: c. acc. 34.
καταβαίνω S 4³.
καταγινώσκω S 3⁶ (bdg); G 5³; B 6⁷.
καταγοητεύω R 5².
κατάγω R 4⁶; L 5³.
καταγωνίζομαι R 5².
καταδαπανάω Jud 18⁴.
καταδέχομαι L 6⁶.
καταδιώκω Jud 9⁴; G 1³.
καταδουλόω Jud 21⁷; Iss 7⁷; Jos 18³.
καταιγίς Jud 21⁹.
καταισχύνω Jud 12⁵; Jos 17¹ (β).
κατάκειμαι R 13¹ (β–dg).
κατακληρονομέω B 10⁶ (β).
κατακλυσμός R 5⁶; N 3⁵; B 7⁴ (bdg).
κατακόπτω Z 4¹¹.
κατακυριεύω Jud 15⁵; D 3²; N 8⁶; B
 3³ 3⁵.
καταλαλέω Iss 3⁴; G 5⁴.
καταλαλιά G 3³.
καταλαμβάνω Jud 2³ 5⁵; N 5⁷.
καταλάμπω G 7³.
καταλειμπάνω B 10⁴.
καταλείπω R 3¹⁴; L 15⁴; Iss 6¹; Z 4⁶
 (a); Jos 4⁵ 8³.
καταλιμπάνω Iss 6¹.
κατάλυμα L 3⁴ (a).
καταλύω L 3⁴ (β); B 3⁸.
καταμένω L 9⁶.
καταμόνας D 1⁹ (a).
καταπαίζω L 14⁸ (bdg).
καταπατέω Z 3⁵.
καταπάτημα L 10⁴ (β); Jos 19⁶.
καταπάτησις S 6⁶; Z 3³; Jos 19⁸ (adg).
καταπαύω S 6⁴; L 18⁷ 18⁹; A 6³.
καταπέτασμα L 10⁸.
καταπίνω Jud 21⁷.
καταπονέω L 6⁹.
καταπτήσσω L 4¹.
καταπτύω Iss 2¹.

κατάρα L 10⁴ 14⁴ 16⁵; B 6⁵.
καταράομαι L 4⁶; Jud 11⁴; N 3⁵ 8⁶.
κατάρχω Z 6² (a).
κατάσκοπος S 4³.
κατασπαράσσω Jud 2⁶.
κατασπάω Jud 3¹.
κατασύρω Z 9¹; A 2⁸.
κατάσχεσις B 10⁴.
κατατρέχω Jud 2⁵; Z 4⁶.
καταφέρω Z 9¹ (aef).
καταφεύγω S 3⁵; Jud 5⁶; Z 2⁶.
καταφθείρω A 7².
καταφιλέω R 1⁵; S 1²; D 7¹; N 1⁷; B
 1² 3⁷.
καταφρονέω L 14⁸.
καταφρόνησις L 14⁵ 14⁸ (β); N 2⁹.
κατέναντι D 6²; A 1⁴ 5¹.
κατεργάζομαι Jos 10¹.
κατέρχομαι Jud 9⁸; Z 8⁴; Jos 9⁴ 12¹.
κατεσθίω S 4⁹; Iss 3⁵; G 1⁶ (β).
κατευθύνω Jud 26¹ (β).
κατευοδόω Jud 1⁶.
κατέχω Jud 26¹; B 2⁵ (c).
κατηγορέω Jud 20⁵.
κατήχησις Jos 4⁴.
κατισχύω R 4¹¹; D 5²; Jos 6⁷.
κατοικέω R 6⁴; L 5²; Z 8²; D 5¹; N 8³;
 Jos 10² 10³; B 6⁴ 10¹¹.
κατοικησία N 3⁵.
κατορθόω G 3³.
κάτω L 3¹.
καύσων G 1⁴.
καυχάομαι R 3⁵; Jud 13² 14⁸; Iss 1⁹ (β)
 1¹⁰.
κέδρος S 6² (β).
κεῖμαι G 5¹¹; Jos 7¹.
κείρω (κήρω) Jud 12¹.
κελεύω Jos 13¹ 13⁴ 13⁹ 14² 17⁵ (β–ad).
κενός N 3¹.
κεραμεύς N 2² 2⁴.
κέρας Jud 2⁷; N 5⁶; Jos 19⁶ (A).
κέρκος Jud 2⁶.
κεφαλή R 2² 5⁵; S 4⁵; L 8² 8⁹ 16³; Jud
 9⁵; Z 9⁴; N 2⁸; A 7³ (β).
κηρύσσω L 2¹⁰.
κῆτος Jud 21⁷.
κινδυνεύω Jud 21⁶.
κίνδυνος Jos 15⁵.
κινέω D 4³.
κίνησις R 2⁴ (aef).
κλάδος S 6²; L 8⁸.
κλαίω R 1⁵ (β–d); S 2¹³ 9; Iss 1⁴; Z 1⁶
 2⁴ 2⁵ 4⁸ 7⁴; N 7³; Jos 3³ 3⁸ 6³ 6⁸.
κλέπτω L 14⁵; Z 7¹; A 2⁶; Jos 12² 13¹
 14¹.
κληδών Jud 23¹.
κληροδοτέω Iss 5⁷.
κληρονομέω N 5⁶.
κληρονομία B 10⁴ 10⁵.
κλῆρος L 8¹²; Z 1³; D 7³.
κληρόω Iss 5⁷ (β–d).
κλίμαξ Jud 9⁵.

κλίνη L 19⁴.
κλίνω Jud 20² (β); A 1⁸; Jos 8¹ 9¹ (h, β).
κλονέω L 4¹.
κλόνος S 4⁸.
κλοπή R 3⁶; Jos 12².
κνήμη Jos 9⁵.
κνημίς Jud 3¹.
κοιλία. Jud 26⁵ (β); N 1⁷ 2⁸.
κοιμάομαι R 3¹³ 3¹⁴; S 8¹; Jud 26⁴; Iss 7⁹ (a); Z 10⁶; G 8⁴; A 8¹; Jos 20⁴; B 12² (c).
κοινωνέω Z 3¹.
κοίτη R 1⁶.
κοιτών R 3¹³.
κολάζω G 4³ 5¹⁰; A 6²; B 7⁵.
κολακεύω Jos 4¹.
κύλασις R 5⁵; L 4¹; G 7⁵; B 7⁵ (β-ag).
κολλάομαι Iss 6¹; D 6¹⁰; G 5²; A 3¹.
κομίζω Jos 6².
κονδυλίζω Jos 7⁵.
κόπος Iss 3⁵.
κόπρος B 8³.
κόραξ Jud 21⁸.
κόρος Jud 9⁸.
κορυφή Jud 6⁴ 7⁵.
κοσμέω R 5⁵; Jud 12¹ 13⁵; Jos 9⁵.
κόσμησις R 5³; Jud 12³.
κοσμικός Jos 17⁸.
κόσμος L 10² 14² 17²; Jud 12¹; Iss 4⁵; Jos 19¹¹; B 3⁸.
κοῦφος S 3⁵; N 2¹.
κραταιός Jud 5¹ 6³; Jos 1⁵.
κραταιόω N 1⁴.
κρατέω Jud 2³ 2⁷; N 3¹ 5² 5³ 5⁵ 6⁴; G 1³ 6³; Jos 8³ 8⁴.
κράτος Jud 22³.
κρέας R 1¹⁰; Jud 15⁴.
κρεμάννυμι L 2⁷.
κρημνός R 2⁹; Jud 2⁴; Jos 7³.
κρίμα G 7³; B 10³ (β-a).
κρίνον S 6².
κρίνω L 4¹; Jud 24⁶; G 4³ 5¹¹; B 7⁴ 7⁵ (β) 10⁸ 10⁹.
κρίσις R 6⁸; L 1¹ 3² (a) 3³ 4¹ 8⁴ (bdg) 18²; Jos 12³ 14¹ 15⁶; B 7⁵.
κριτής L 8¹⁷; Jud 20⁶.
κρούω Jud 3¹.
κρυπτός R 1⁴; Jud 12⁶.
κρύπτω R 4¹⁰; L 8¹⁹; A 5¹; B 2⁴ (β) 2⁶ (A).
κρύσταλλος L 3².
κρυφαίος (b. κρυφίως d) Z 7¹.
κρυφῇ S 8²; Z 1⁶; G 2³ (a); Jos 4²; B 12³ (β).
κτάομαι L 13⁴ 13⁷; Iss 5¹; Z 9⁴; D 3⁴.
κτῆνος R 2⁹; S 4⁶; Jud 8¹.
κτηνοφθόρος L 17¹¹.
κτῆσις L 13⁷; A 5¹.
κτίζω R 2⁴ 2⁷ 3¹; N 2⁵.
κτίσις R 2³ 2⁹; L 4¹ 13⁷ (a, df); N 2³.
κυβερνήτης N 6².
κύκλος Jud 2⁷.

κυλίω Jud 6⁴.
κυριεύω S 3²; Jud 21⁴; Iss 7⁷; D 4⁷; A 1⁸; Jos 3².
κύριος R 1⁷ 1⁸ 1⁹ 3¹⁵ (adg) 4¹ 4⁴ 4⁸ (β) 6⁸ 6¹¹; S 2² 2¹² 2¹³ 3⁴ 3⁵ 5² 5⁶ 6⁵ 7²; L 2³ 2⁴ 2⁶ 2¹⁰ 2¹¹ 2¹² 3² (β) 3⁵ 3⁶ 3⁷ 3⁹ 4¹ 4⁴ 5³ 5⁵ 6⁸ 7¹ 8³ (β) 8¹⁰ 8¹¹ 8¹⁶ 9⁴ 9⁶ 9⁸ (β) 9¹² 9¹³ 9¹⁴ 10² 10⁵ 13¹ 13³ 14¹ 14³ (a) 14⁵ 14⁶ 15¹ 17² 17¹⁰ 18¹ 18² 18⁶ 18⁸ 18⁹ 18¹³ 19¹ 19² 19³; Jud 1³ 2¹ 8³ 10² 10⁴ (a) 12⁶ 13¹ 13² 13⁷ 13⁸ 17³ 20³ 20⁴ 21² (β) 21⁵ 22¹ 22³ 23³ 23⁵ 24⁶ 25² 25³ 25⁴ 25⁵ 26¹; Iss 1¹ 1⁶ 2¹ 2⁴ 2⁵ 3⁶ 4¹ 4⁶ 5¹ (β) 5² 5³ 5⁴ 5⁷ 6¹ 6³ 7⁶; Z 2⁸ 2⁹ (β-dg) 3⁵ 5¹ 5² 5³ 6⁶ 8¹ 8³ 9⁴ 9⁷ 9⁸ 10² 10³ 10⁵; D 2³ 4⁷ 5¹ 5³ 5⁴ 5⁵ 5⁶ 5⁹ 5¹⁰ 5¹¹ 5¹³ 6¹ 6³ 6⁶ 6⁹; N 1⁴ 2² 2⁴ 2⁵ 2⁶ 3³ 3⁴ 3⁶ 4¹ 4² 4³ 4⁴ 4⁵ 6⁸ 7² 8⁴ 8⁶ 8¹⁰; G 3² 4¹ 4⁴ 5² (h, β-d) 5³ 5⁵ 7² 7³ 7⁶ 8¹ 8²; A 2⁶ 3¹ 4³ 4⁵ 4⁶ 6¹ 6³ 6⁴ 7¹ 7⁷ (β-e); Jos 1³ 1⁴ 1⁵ 1⁶ 2³ 2⁴ 3³ 3⁵ 3⁶ 3⁷ (β) 4⁴ (β) 4⁵ 4⁶ 4⁸ 5² (β-f) 6⁵ 7⁴ 7⁷ 8¹ 8⁵ 9⁵ 10² 10³ 11¹ 11⁶ 11⁷ (β-af) 13² 14² 15⁵ (β-g) 18¹ 18² 18³ 19³ (A) 19⁴ (A) 19¹¹ 20²; B 1⁴ 3¹ 3³ 3⁵ (β-dg) 3⁶ 4⁵ (β-a) 6³ 6⁴ 6⁶ 7³ 9¹ 9³ 10³ 10⁵ 10⁸ 10¹⁰ 10¹¹ 11¹ 11².
κύων Jud 2⁴ (β) 2⁶ 23³.
κώθων N 1² (β-dg).
κωλύω S 2¹²; L 6⁸; Z 2⁸.
κώμη N 1¹¹ (β-f).

Λαβάν Jud 9¹; N 1¹¹.
λαγών R 1⁷.
λάθρα Jud 5⁴.
λαῖλαψ N 6⁴.
λάκκος Z 2⁷ 4¹ (β) 4² 4⁴ (β); Jos 1⁴ 9².
λαλέω R 4²; S 1¹; L 17³²; Jud 1¹ 8² 12⁶ 18⁵; D 4⁸; G 1¹ 5¹ 6²; A 1¹; B 6⁶.
λαλιά R 2⁶.
λαμβάνω S 6⁷; L 7⁴ (beg) 8¹⁷ 9¹⁰ 11¹ 12¹ 12⁴ 12⁵ 14⁵ (β-af) 14⁶ 15² 15⁴; Jud 2⁴ 4³ 5⁵ 5⁷ (a) 6³ (β) 11¹ 11³ 12⁶ (a) 12⁷ 13⁴ 13⁷ 14⁶ 15⁴ (β); Iss 1³ 1⁷ 1¹⁴ (β) 2⁴ (β-dg) 3⁵; Z 3² 4⁶ 4¹¹ 6⁶; D 1⁷ 5¹¹; G 6⁵; Jos 1⁵ 3⁴ 3⁵ 5¹ 6⁷ 7³ 11⁴ 18³; B 2³ (β) 9¹ (β).
Λαμέχ B 7⁴.
λαμπηνή Jos 12¹.
λαμπρός L 13⁸; N 5⁴.
λαμπρύνω A 2⁷.
λανθάνω Jud 20⁴.
λαός R 6¹¹; S 6⁴; Jud 3¹ 3² 7¹ 9² 25³ 25⁶.
λέγω R 1⁷ 4⁵ 6⁵; S 4¹ 8⁴; L 6¹ (a) 7² 8² 8¹¹ 9⁸ 16⁴ 19²; Jud 1³ 1⁶ 12⁷ 12⁹ 13⁴ 14¹ 16⁵ (aef) 17⁴; Iss 2¹; Z 4¹ 4⁴; D 1⁶ 1⁷ 2¹; N 1⁵ 1⁷ 1¹² 4¹ 5² 5⁵ 6³ 7² 7³; G 1¹ 1⁹ 5¹ 5²; A 2¹ (β-g) 8¹; Jos 3¹ 3¹⁰ 4² 4⁵ 5¹ 6⁴ 7² 7³ 7⁶ 8¹ 9¹¹ 11³ 11² 12² 13¹ 13² 13³ 13⁴ 13⁶ 13⁷ 14¹ 14³ 15¹ 15⁶ 15⁷ 16¹; B 2¹ 2³ 2⁶ (A) 2⁷ (A) 3⁷ 7¹ 9¹ (c) 10² 11⁵.

λειτουργέω L 3⁵; A 2² (β).
λειτουργός L 2¹⁰ 4²; A 2².
Λευί R 6⁵ 6⁷ 6⁸ 6¹⁰; S 5⁴ 5⁵ 5⁶ 7¹ 7²; L 1¹ 2¹ 2⁶ 5² 8¹¹ 19⁴; Jud 5² 21¹ 25¹ 25²; Iss 5⁷; D 5⁴ 5⁶ 5⁷ 5¹⁰; N 5³ 5⁴ 5⁵ 6⁶ 6⁸ 8²; G 8¹; Jos 19¹¹; B 11² (c).
λευκός L 8².
λέων Jud 2⁴; D 5⁷; G 1³; Jos 19⁸; B 2⁴.
ληστεύω L 14⁵.
Λία (Λεία) S 2²; Jud 1³; Iss 1⁴ 1⁷ 1⁹ 1¹⁵ 2².
Λίβανος S 6².
λίθος Jud 3³ 3⁶ 6⁴ 7⁵ 9⁵; Z 9¹; N 3³; G 1³.
λιμός Jud 9⁸ 12¹¹ 23³; Jos 1⁵.
λίτρα Jud 3³.
λογίζομαι Z 8⁵ 9⁷; A 1⁷; B 3⁶.
λογικός L 3⁶.
λόγιον L 8²; B 9¹ (c).
λογισμός G 6².
λόγος R 3⁵ 3⁹; S 1¹; L 1¹ 6² 9² (β) 16² 18² 19⁸; Jud 1¹ 1⁴ 12¹ (β-d) 12⁶ 13¹ 16⁸ 18⁵; Iss 1¹; Z 1¹; D 1¹ 1² 4²; N 1⁵ 2⁶ 3¹ 7⁴; G 1⁸ (β) 3¹ 4² 6¹; A 2¹; Jos 1⁷ 3³ 3⁶ 4¹ 4⁴ 7² 10⁴ 13¹ 13⁴ 14²; B 1¹ 2⁸ (A) 9¹ (β) 11⁴ 12¹ (β).
λοιδορία B 6⁴.
λοίδωρος (λοίδορος) B 5⁴.
λοιμός Jud 23³.
λοιπός R 3⁶ 5⁵; S 3⁶; L 14⁴ (a); Jud 3⁶ 16²; Z 9⁴; N 8⁹.
Λομνή (Λομνί, Λωμνήν) L 12¹.
λούω R 3¹¹; L 8⁵ 9¹¹.
λύκος G 1³; B 11¹ 11².
λυπέω S 2¹⁰ 4³; L 2⁴ 6⁶; Jud 17⁴ (β-g); Z 4⁷ 4⁸ 10¹; D 4⁶; G 1⁷ 7¹; Jos 3⁹; B 6³.
λύπη L 17⁴; Jud 23¹ 25⁴; D 4⁶; Jos 8⁵; B 6⁵ (β).
λύσις S 3⁴.
λυτρόω S 7¹ (h, β); L 2¹⁰ (a); Z 9⁸ (bdg); Jos 18².
λύτρωσις L 2¹⁰ (β); Jos 8¹.
λύχνος S 8⁴.
λύω Iss 7⁵ (β); D 1⁹; Jos 1⁶ 9¹ 15⁶.

μαγγανεία R 3⁴.
μάγος R 4⁹.
Μαδιναῖος B 10¹⁰.
μαζός N 1¹² (bef).
μαίνομαι Jos 8³.
μακράν S 6².
μακροθυμέω Jos 2⁷.
μακροθυμία D 2¹ 6⁸; G 4⁷; Jos 2⁷ 17² 18⁸.
μακρόθυμος D 6⁹.
μακρός Iss 4³ (β); N 4⁵.
μάλα Jos 14³; B 8³.
μαλακία Jos 17⁷.
μαλακίζω R 1⁶; L 6⁷; G 1⁴.
μανδραγόρας Iss 1² 1⁵ 1⁶ 1¹⁴ 2² 2⁴.

μανθάνω G 5⁸; Jos 4⁴ 6⁷.
μαραίνω S 3³.
μαργαρίτης Jud 13⁵.
μαρτυρέω Jud 20⁵ (β).
μάρτυς L 19³.
μαστιγόω Jos 8⁴.
μαστίζω Jos 8⁴ (β-d); B 2⁴ (c).
μάταιος D 4¹; G 7⁶.
μάχαιρα L 6⁵; Jud 5⁵ 6³; Z 1⁶ (β) 4⁹; Jos 6²; B 7¹ 7².
μάχη R 3⁴; Jud 6⁸ (β-df) 16³; G 6⁵; B 6⁴.
Μαχήρ (Μεχίρ, Μεχείρ) Jud 6⁸.
μάχιμος L 17¹¹ (β).
μάχομαι Jos 11⁴.
μεγαλεῖος L 11⁶.
μεγαλοφρονέω R 3⁵.
μεγαλύνω L 18³.
μεγαλωσύνη L 3⁹ 18⁸.
μέγας R 1⁷ 1¹⁰ 3¹¹; S 6⁵ 8⁴; L 3⁴ 8¹² 10² 17²; Jud 4¹ 14⁵; Z 4⁶ (β); D 4²; N 5⁶ 6⁴ 8⁹; G 2⁵ (a) 5¹ 6⁵; Jos 2⁷ 10⁶ 11³ 15² 15⁵ 20⁶.
μέθη Jud 11² (β) 12⁶ 14³ 16²; A 5¹.
μεθίστημι Iss 1¹³.
μεθύσκω Jud 14¹.
μέθυσος Jud 14⁸.
μεθύω R 3¹³; Jud 12³ 14⁴.
μέλλω L 1⁸ 2¹⁰ (a) 9⁹; Jud 26³ (β); Iss 2² (a); Jos 1¹.
μέλος Iss 7⁹ (β); Z 9⁴; Jos 20⁶ (β); B 11³.
Μελχά (Μελχέ, Μελχώ) L 11¹.
Μέμφις Jos 3⁶ 12¹ 14¹ 14⁵ (β-ad) 16¹.
μένω Jos 1³.
Μεραρεί L 11⁷ 12³.
μερίς L 2¹² 14⁵; Iss 5⁵; B 6³ 9² 10¹⁰.
μέρος Jud 3⁴ (β) 5⁴.
μεσίτης D 6².
Μεσοποταμία Jud 9¹ 10¹.
μέσος L 5² 11⁵ 11⁸ 13⁸; Jud 20²; Z 6² 1b²; D 5¹³; Jos 19⁶ (A).
μεστός N 6² (β).
μετά c. gen. above 70 times: c. dat. once: c. acc. about 40 times.
μεταβαίνω B 9⁴ 9⁵.
μεταβάλλω D 4³.
μετάβολος Jos 11⁵ 11⁶ 12² 13¹ 13² 14⁶ 15⁶.
μεταδίδωμι Iss 7⁵; Z 6⁴ 6⁶ 6⁷; D 6⁹.
μεταδιώκω Jos 10².
μετακομίζω N 9¹.
μεταμέλομαι Jud 23⁵.
μετανοέω R 1⁹; S 2¹³; Jud 15⁴; Z 9⁷ (β); G 5⁶ 6³ 6⁶ 7⁵; A 1⁶; Jos 6⁶; B 5⁴.
μετάνοια R 2¹; Jud 19²; G 5⁷ 5⁸.
μεταξύ Z 2⁷.
μεταπωλέω Jos 13¹.
μεταστρέφω A 1⁸.
μετασχηματίζω R 5⁶.
μετέρχομαι D 6⁶; Jos 10² (h, β).
μετεωρισμός Iss 7²; B 6².

μέτοχος B 2⁵.
μετρέω Jos 10⁶ (β).
μέτρον Jud 9⁸; N 2³.
μέχρι R 6⁸ Jos 19⁶.
μή c. part. R 3³ 3¹⁵; L 9¹⁰ &c.: c.
  imper. R 3¹⁰ &c.: c. inf. S 1⁷ 8⁴ &c.
μηδέ passim.
μηδείς saepe.
Μῆδος N 5⁸.
μηκέτι R 3¹⁵.
μῆλον Iss 1⁵ 1⁷ 2².
μήν R 1⁷ 1⁸; S 2¹¹; N 1² 6¹ (β); G 5¹¹
  (β); Jos 11⁸.
μῆνις D 5².
μήποτε G 6⁴.
μήπως Z 4².
μηρός N 1⁶ (β-g) 1⁷ (β-g).
μήτηρ S 2² 5³; L 11⁷; Jud 1³ 1⁵ 10³ 10⁵
  (β) 10⁶; Iss 1⁴ 2²; D 2³; N 1⁹; Jos
  20³; B 1³ 7².
μηχανάομαι R 5³.
μιαίνω R 1⁶; L 7³ 9⁹ 14⁶ (β) 16¹ 16⁴ (β);
  Iss 4⁴; B 8³.
μιασμός L 17⁸; B 8² 8³.
μικρός G 5¹; Jos 17⁶.
μιμέομαι A 4³ 6²; B 3¹ 4¹.
μιμνήσκομαι Z 1⁵ 9⁷; Jos 3⁹ (β) 7⁵.
μίξις L 14⁶; Jud 14⁸ (β).
μισαδελφία B 7⁵ 8¹.
μισέω L 15³ 16² 17⁵; D 5¹; N 8⁶; G 2¹
  3² 6⁵; A 4³ 4⁵ 6² (bdg); Jos 1⁴.
μισθός Iss 1² 1¹⁵.
μῖσος D 2⁵; G 1⁹ 2² 3¹ 3³ 4¹ 4⁵ 4⁶ 4⁷ 5¹ 5²
  5³ 5⁴ (β) 6¹ 6² 6³ (β) 7⁷.
μίτρα L 8².
μνᾶ Jos 16⁴.
μνεία N 8⁵.
μνῆμα S 8³.
μνήμη N 8⁵.
μνημονεύω Jud 18⁵; G 7²; Jos 3³.
μνημόσυνον Jos 7⁶.
μνησικακέω S 4⁴; Z 8⁴.
μνησίκακος Z 8⁶ (bdg).
μοιχαλίς L 14⁶.
μοιχεύω A 2⁸; Jos 4⁶ 5¹.
μοιχός L 17¹¹; A 4³.
μολύνω Z 4⁹; A 4⁴.
μολυσμός S 2¹³.
μονογενής B 9².
μονοπρόσωπος A 4¹.
μονοπροσώπως A 5⁴ (β) 6¹.
μόνος Jud 3¹ 5³; Iss 4³ 7⁵ (β); Z 3⁷ 4¹² 5¹;
  D 1⁹ (β); Jos 1⁶ 4¹ 6⁵ 7⁶ 10³ 16⁴; B 5¹.
Μοολί (Μοθλί, Μεχθί, Μοθλή) L 12⁸.
μορφή B 10⁷.
μόρφωσις B 10¹.
μόσχος G 2²; Jos 19⁷ (A).
μουσική Jud 23².
μουσικός B 11³.
μοχθέω R 4¹.
μόχθος Jud 18⁴.
μῦθος Jud 23¹ (α).

μυκτηρίζω Jos 2³ (bdg).
μυριοπλασιάζω Iss 3⁷.
μυστήριον L 2¹⁰; Jud 12⁶ 16⁴; Z 1⁶;
  G 6⁵.
μῶμος L 9¹⁰.
μωρός L 7².
Μωϋσῆς S 9; L 12³; Z 3⅔.

ναός L 5¹ (β) 10³ 15¹ 18⁶; Jud 23³; B 9²
  9³ 9⁴.
ναύτης N 6².
νεανίας Jos 12³ 16¹.
νεανίσκος R 4⁶; Jos 13⁴.
νεκρός Jud 9³; G 4⁶.
νέμω Jud 2⁷; Jos 19².
νέος R 2⁹ 3⁸; L 2² 8¹⁴ 9¹⁰; D 5¹²; N 5⁴;
  G 1⁴; Jos 12².
νεότης R 1⁶ 2⁹; S 2⁶; Jud 1⁴ 11¹ 13²;
  Iss 1⁹.
νεφέλη L 18⁵.
Νεφθαλείμ (Νεφθαλήμ) Jud 25²; N 1¹ 1⁵
  1⁶ 9⁹.
νεφρός N 2⁸.
νεωτερισμός R 2² 2⁹ (β-bg) 3⁸.
νήπιος Jud 23³; Jos 10⁵.
νηστεία S 3⁴; Jos 4⁸ 10¹ 10²; B 1⁴.
νηστεύω A 2⁸ 4³; Jos 3⁴ 9² (β-af).
νικάω S 5⁵; D 3⁴; G 5⁴ (β); Jos 19⁸;
  B 3⁷ 4³.
νῖκος D 5¹⁰.
ῥίπτω L 9¹¹.
νοέω Iss 3⁵ (hi, β-bd); D 4⁴; Jos 3⁹ 7⁴.
νομίζω L 16³ (β); Jud 5³ 12¹⁰ 14⁸ 19⁴;
  D 4⁴; A 4¹.
νόμος R 3⁸ 6⁸; S 9 (β); L 9⁶ 9⁷ 13¹ 13²
  13⁴ 14⁴ 16² 16⁵ 19¹ 19²; Jud 12² 18³
  26¹; Iss 5¹; Z 3⁴ 10²; D 5¹ 6⁹ 6¹⁰
  (β); N 2⁶ 3² 8⁷; G 3¹ 3² 4⁷; A 2⁶ 6³
  7⁵; Jos 4⁵ (β) 11¹; B 10³.
νοσέω Z 6⁵.
νόσος R 6³; G 5⁹.
νότος Jud 4¹.
νουθεσία R 3⁸.
νουθετέω Jos 6⁸; B 4⁵ (β-a).
νοῦς R 3⁸ 4⁶; S 2⁷ 4⁹; Jud 14¹ 14² 14³
  14⁸ 20² (β); Iss 4⁴ 4⁵; D 4⁵; N 2⁶
  (bef); G 6²; B 8² (c) 8³.
νυμφεύω Jud 13³.
νύμφη Jud 13³.
νυμφικός Jud 12¹.
νύξ Jud 7³ 10² (β) 18⁶; Iss 1⁸ 1¹³ 1¹⁴;
  Z 4² (β) 4⁴ (β); G 1³; A 5²; Jos 3⁶
  8¹.
Νῶε B 10⁶ (β-d).
νῶτον Iss 5³; N 5⁶.

ξενηλατέω L 6¹⁰.
ξένος L 6⁹ 6¹⁰ 13³; Z 6⁴ (
ξηραίνω L 4¹.
ξηρός 2⁷.
ξίφος D 1⁷.
ξύλινος S 8²; Z 10⁶.

ξύλον S 8² (β); L 18¹¹; Z 6² 9¹; N 3³; B 9³.

ὀγδοήκοντα Jos 16⁵.
ὄγδοος R 3¹ 3⁷ (β); L 12⁷.
ὀγκόω S 4¹ (c); L 6⁹.
ὁδηγέω R 2⁹; Jud 14¹ 19¹; G 5⁷; B 6¹.
Ὀδολάμ (Ὀδολλάμ) Jud 8².
Ὀδολομήτης (Ὀδωλλαμίτης, Ὀδολαμήτης) Jud 8¹.
ὁδός R 1³; S 5²; L 2³; Jud 7⁷ 26¹; Z 4⁶; A 1³ 1⁵.
ὀδυνάω Iss 7⁵.
ὀδύνη L 17⁶; Jud 11⁴; Z 9⁶ (bdg).
ὀδύρομαι Z 2⁴ 4⁶ (a).
Ὀζήλ (Ὀζίηλ, Ὀζαήλ) L 12².
ὅθεν N 1⁸.
ὀθόνη Z 6².
οἶδα L 16³; Jud 2² 11¹ 17² 17⁶; Iss 3⁷ 6¹ (β); Z 5² 5⁴ 7⁴; D 2³ 5¹ 6⁴; N 2² 2⁴ 8¹⁰ (β–g); G 5⁸; A 7²; Jos 9³ 10⁵ 13² 15³ 16⁶ 17⁴ (β–bd) 19¹ 20¹; B 3² 4¹ (β–d) 6⁴ 6⁶.
οἰκεῖος R 3⁵.
οἰκειόω N 8⁶.
οἰκέω L 18³; G 5⁴; B 12⁴.
οἰκογενής L 6⁹.
οἰκοδομέω L 2³; Jud 7⁹; B 8³.
οἰκονόμος Jos 12³ (bdg).
οἶκος L 10⁵ 17¹⁰; Jud 2¹ 21⁷; Iss 2⁵; Z 6³ 6⁷ 7¹; Jos 2¹ 3² 8⁴ 8⁵ 9⁵ 11² 11⁶ 12³ 14¹.
οἰκτείρω L 16⁵; Z 2²; A 2².
οἰκτιρμός Jos 2³.
οἰκτίρμων Jud 19³ (β).
οἶκτος Z 2⁴ (β).
οἰμωγή Z 2⁴.
οἰνοποσία Jud 14⁷.
οἶνος R 1¹⁰; L 8⁵ 9¹⁴; Jud 9⁸ 11² (β) 12⁸ 13⁶ 14¹ 14² 14³ 14⁶ 14⁷ 15⁴ 16¹ 16² 16³ 16⁴; Iss 7³; Jos 3⁶.
οἰνοχοέω Jud 11² 13⁵.
οἷος B 5⁵ 9⁶.
ὀκτώ L 11¹ 12⁵; Jud 3⁵ 9¹ 26²; Iss 2².
ὄλεθρος R 4⁵ (β) 6³.
ὀλίγος G 4⁶ 5⁹ 8³; A 2⁷; Jos 19⁴ (A); B 5⁵.
ὀλιγοστός S 5⁶.
ὀλιγοψυχία G 4⁷.
ὀλιγόω N 4³ (β).
ὀλκή R 2⁵.
ὀλοθρεύω L 13⁷; Jud 6⁵ (β) 7³ (β).
ὁλοκαύτωμα L 9⁷.
ὁλοκλήρως Jos 19⁷ (A).
ὅλος L 13¹; Jud 6⁵ (β); Iss 7⁶ (a); A 2² 2³ (a) 2⁵ 2⁷ 2⁸ 4² 4⁴; Jos 8¹.
ὅλως Jud 16³; G 2¹ (bg).
ὄμνυμι Jud 22³; G 6⁴.
ὁμοθυμαδόν N 6¹⁰.
ὅμοιος L 8¹⁸; N 1⁸ 2⁷ (bef); A 3² 4⁵; Jos 18⁴.
ὁμοιόω N 2²; B 7⁵.

ὁμοίως N 3⁵; Jos 19²; B 6⁷ (a).
ὁμολογέω D 1⁴; G 2¹ 6³.
ὁμόνοια Jos 17³.
ὁμοῦ N 5³.
ὀνειδίζω S 4⁶; Jud 13³; Jos 17⁴.
ὀνειδισμός R 4² 4⁷; L 10⁴ (β); Jud 23³.
ὄνειδος R 4⁷ (β–af) 6³; L 10⁴ 15².
ὄνειρος L 8¹⁸.
ὄνομα L 5⁵ 6¹ 8¹⁴ 11¹ 11² 11⁶; Jud 8² 13⁴; Z 9⁸; D 6⁷; N 1⁶ 1¹¹; A 2⁴.
ὀνομάζω Jud 1³ (β) 19¹.
ὄντως Jos 13⁹.
ὀξύνω D 4⁴.
ὀξύς Jud 1⁴.
ὄπισθεν Jud 3³ (β); Z 2⁶ (a) 6².
ὀπίσω Z 2⁶ (β) 4⁶ (a).
ὅπλον L 5³.
ὅπου R 7² (β) &c.
ὀπώρα Iss 3⁶ (β).
ὀπωροφυλάκιον Jos 19¹².
ὅπως R 1⁴ 1⁶ 5¹ (a) &c.
ὅραμα L 8¹ 9² 9³ 11⁵; Jud 3¹⁰; N 5¹.
ὅρασις R 2⁴; L 8¹⁶ 9² (β); D 2⁴; N 2⁷; B 6⁶.
ὁρατός R 4¹⁰ (β–d) 6¹².
ὁράω R 3⁴ 5⁶; S 4¹ 5⁴; L 2⁹ 2¹¹ 3¹; Jud 9⁵; Iss 1¹¹ 2⁴ 4⁶ 7¹ (a); Z 4³ 4⁵ 6⁷ 9⁶; D 2²; N 5⁸ 7² 7⁸ 8³; G 4⁵; A 5¹; Jos 10¹ 14¹ 14⁴ 17¹ 18³ 19³ (A) 19⁵ (A) 19⁷ (A); B 6² 6⁶ 8² (β) 10⁶.
ὀργή R 4⁴; S 4⁸; L 6¹¹; Jud 14¹; Z 2¹ (deg); D 3⁸ 4³; G 5¹.
ὀργίζω S 2¹¹; L 6⁸ 7¹ (β–b); Jud 7⁵; Z 4¹¹; D 4² 4¹.
ὀρθός Z 6²; B 3².
ὀρθρίζω Jos 3⁶.
ὄρθρος Jos 8¹.
ὀρθῶς D 3³; B 3².
ὅριον Jud 2⁶ (β); Iss 7⁵ (β).
ὅρκος Jud 22³.
ὁρμάω R 6⁹.
ὁρμάω L 16³; Jud 7⁵; Jos 19⁸.
ὅρος L 2⁵ 6¹; Jud 6⁴ 9³ 25²; N 5¹.
ὄρος Jud 14⁶ 16¹; G 7⁴.
ὀρύσσω Z 2⁷.
ὅσιος G 5⁴; B 3¹ 5⁴.
ὀσμή S 6²; L 3⁶.
ὀστοῦν S 6² 8² 8³ 8⁴; Jud 20⁴; D 7²; N 9¹; Jos 20² 20⁶ (c); B 12¹ (β) 12³ (β).
ὄσφρησις R 2⁶.
ὀσφύς N 2⁸.
ὅταν c. ind. Z 9¹ (a); G 1³.
ὅτε passim.
ὅτι passim.
οὐ μή c. subj. vel fut. R 4⁵; L 15⁴; D 5².
οὐ μόνον L 14⁷; Iss 4³; Z 3⁷ 5¹.
οὐ, οὔτε, οὐδέ passim.
οὐκέτι B 11¹.
οὖν passim.
οὐρά Jud 2⁶ (β–af).
οὐράνιος B 3⁶ (c).

οὐρανός R 1⁶ 5⁷ 6⁹; S 6⁴; L 2⁶ 2⁷ 2⁸ 2⁹ 3¹ 3⁹ 5¹ 5⁴ (β) 13⁵ 14³ (β) 18³ 18⁴ 18⁵ 18⁶; Jud 21³ 21⁴ (β-af) 24² 25²; Iss 7⁷; D 5¹³ (β-a); A 2¹⁰ (β) 7⁵ (β); Jos 12³ 19⁶ (A); B 3¹ 3⁸ (β) 9⁵ 10⁷.
οὕτως passim.
ὀφείλω Jos 14⁶.
ὀφθαλμός Jud 13⁶ 14¹ 14⁵ 23³ 26² (β); Iss 3⁴ (β-g) 4⁶ 7²; D 2⁴ 2⁵; N 2⁶ 2¹⁰; G 1⁹ 5⁷; Jos 11¹ 11⁶ 12¹ (β); B 4² 6³.
ὄχλος Jud 7¹ (β).
ὀχυρός Jud 9⁴.
ὄψις R 3¹⁰ 5⁶; S 5¹; Jos 11³; B 10¹.

παγιδεύω Jos 7¹.
πάθος L 4¹; Jud 18⁶; D 3⁵ 4⁵; Jos 7⁸; B 5¹.
παιδεία Z 2³.
παιδεύω Z 2³.
παιδίσκη N 1¹¹; B 1³.
παιδοφθόρος L 17¹¹.
παῖς Z 3⁶; Jos 13¹ 13³ 14² 14³ 14⁶ 16³ 16⁴.
παίω Jud 9³.
παλαιός Z 4¹⁰ (β).
πάλιν L 8¹ 9¹¹; Jud 5⁷ (a) 6³ (a); Z 9⁹ 10²; N 4⁴ 6¹; G 8³; Jos 4⁴ 5¹; B 9¹ (c) 10¹¹.
παλλακή Jos 7⁵ 13⁵ (β).
πανδοχεῖον Jud 12¹.
πανουργεύω R 5⁴.
πανουργία Jud 10³; Iss 1¹¹ (β) 6'; Z 9⁹; N 1⁶ 2⁶.
πάντοτε S 3³ (bis); N 7²; G 4⁵.
πάντως Jos 10⁴ (β-dg).
πάνυ N 1⁷ (a); G 1⁵ (a); Jos 9⁶ (β) 15³.
παρά c. gen. 16 times : c. dat. 3 times : c. acc. 8 times.
παραβαίνω Jud 13⁷.
παράβασις L 10²; Jud 16³.
παραγγέλλω Jud 21¹; Z 5¹.
παραγίγνομαι B 10⁸.
παράδεισος L 18¹⁰.
παραδίδωμι Jud 5⁶ (β); A 7²; Jos 3¹; B 3⁸ 7³.
παραζήλωσις Z 9⁸ (bdg).
παραθήκη B 12² (β).
παραινῶ G 6¹.
παραιτέομαι L 5⁶ 5⁷ (β); D 6².
παρακαλέω R 4⁴ 4⁹ (h, β); Jud 8²; N 9¹; A 6⁶ (bdg); Jos 1⁶ 2⁶ 17⁴.
παρακούω D 2³.
παραλαμβάνω L 17⁴ 17⁶.
παραλία Z 5⁵.
παράλιος Z 5⁵ (β-bg).
παραλυπέω Jud 17⁴.
παραμυθέομαι A 6⁶ (aef).
παρανομέω Jud 14⁸; G 5¹⁰; Jos 2².
παρανομία Z 1⁵; D 3⁵.
παράνομος L 14⁶ (β).
παραπείθω D 3⁴ (β).
παρατάσσω Jud 4¹ 13³; D 5⁴.

παρατίθημι Jud 9⁵; Jos 13³.
παραφυλάσσω R 4⁴.
παραχρῆμα Z 3⁷ (bdf).
πάρδαλις Jud 2⁶; D 1⁸; G 1³ (β-df).
παρεδρεύω D 5⁶.
παρεῖδον L 6⁶; Iss 1⁶.
πάρειμι (εἰμί) Jud 14³ (β).
παρεισέρχομαι Jud 16².
παρεκεῖ N 5⁸ (a).
παρεκτός Z 1⁴.
παρεμβολή S 5⁵; L 3³.
παρέπομαι L 5⁶ (a); D 6² (a).
παρέρχομαι R 4⁴; Jud 14⁸; Z 5²; Jos 10⁵ 12¹ (β) 19¹².
παρέχω S 4⁸; Jud 24⁴; Iss 3⁸; Z 7²; D 2⁴ 3²; N 8⁹; G 5¹ 5⁷ 7²; Jos 9³ 16⁴.
παρθένος L 14⁶ (β); Jos 19⁸.
παρίστημι Jos 2⁶ (β) 20⁶ (β).
παροικία L 11².
πάροικος L 11² (β).
πάροινος Jud 14⁴.
παροξύνω S 4⁸; D 4²; A 2⁶.
παρoργίζω L 3¹⁰; Z 9⁹; A 2⁶.
παρουσία L 8¹⁵; Jud 22².
παρρησία R 4².
πᾶς R 1¹⁰ 2³ 3¹ 3⁸ passim.
πάσσαλος Jud 5⁴ (β).
πάσχω R 3⁸ 4¹; S 4⁸; Jud 15²; G 5¹¹; Jos 20⁶ (β); B 7⁴.
πατάσσω L 5⁶ 6⁵.
πατέω L 18¹²; Z 9⁸ (bdg).
πατήρ R 1³ 1⁵ 1⁶ 1⁷ 1⁸ (a) 3⁸ 3⁹ 3¹³ 3¹⁵ 4² 4⁴ 4¹⁰ 7²; S 2¹ 2² 2⁶ 2⁷ 2⁸ 2¹⁰ 2¹⁴ 4¹ 5⁶ 8¹ 9⁵; L 5¹ 5⁴ 6¹ 6³ 6⁶ 6⁹ 7¹ 8¹⁵ 9¹ 9² 9³ 10¹ 14² 15⁴ 17² 18⁶ (h, abg) 19² (β-g) 19³ 19⁴; Jud 1³ 1⁴ 1⁶ 2² 3⁷ 3⁹ 7⁷ 7⁹ (β) 9¹ 9² 9⁷ 11² 13¹ 13³ 13⁴ 13⁷ 16⁴ 17³ 17⁴ 17⁵ (β) 18² 19² 19³ 24² 26³ (a) 26⁴; Iss 1¹ 1¹⁰ 1¹³ 3¹ 3² 3⁶ 3⁷ 5⁶ 5⁸ 7⁸; Z 1² 1³ 1⁵ 2² 2³ 2⁷ 4⁵ 4⁸ 4¹⁰ (β-dg) 4¹² 5⁵ 6³ 6⁷ 7¹ 9⁶ 10² 10⁴ 10⁷; D 1² 1⁵ 1⁷ 1⁹ 2³ 5¹⁰ 6⁹ 6¹¹; N 1⁵ 2¹ 4⁴ 5² 6¹ 6³ 6⁴ 6¹⁰ 7¹ 7² 9¹ 9³; G 1⁵ 1⁶ 1⁹ 2⁵ 5⁹ 6² 8³ 8⁵; A 1² 8²; Jos 1² (β) 1⁴ 2² 3³ 6⁶ 6⁷ 10⁵ 15¹ 15² 15⁵ 17⁵ 20¹ 20⁶ (c); B 1⁵ 2¹ 2⁷ (A) 2⁸ (A) 3⁶ 3⁷ 10¹ 11⁵ 12¹ (β) 12³.
πατράδελφος S 4⁵ (β); G 7⁴.
πατρία D 1² 7³.
πατρικός L 18⁶.
πατρίς L 13⁸.
παύω S 3⁶; L 19⁴; Jud 3⁸; N 6⁹.
πέδη Jos 8⁵ (β-a).
πεδίον Jud 2³; G 2².
πείθω D 1⁸ 3⁴; G 1⁹; Jos 4² 4⁵ 13¹; B 7¹.
πεῖνα Jud 25⁴ (β-g).
πεῖρα G 5².
πειρασμός Jos 2⁷.
πειρατήριον Iss 5⁸.
πειράω D 3¹; Jos 16³.
πέλαγος N 6⁶.
πέμπτος R 1¹ 2⁶ 3⁵; L 8⁸ 11⁴ 17⁶ 17¹⁰;

Jud 6^3 25^1; Iss 1^2; D 1^1; G 1^1; A 1^1; B 7^2.
πέμπω Jud 12^5; Jos 5^4 (β-d) 8^4 (β-d) 9^1; B 2^2.
πένης R 4^7; Iss 3^8 5^2; G 7^6; A 2^6; Jos 3^5; B 4^4.
πενθερός Jud 13^4.
πενθέω R 1^{10} 3^{15}; S 4^2; Jud 25^5; Z 4^8 (β); Jos 3^9 15^1 15^2 20^5.
πένθος S 9 (β); L 17^3 18^9; A 5^1; Jos 20^5.
πενία B 6^5.
πεντακόσιοι Jud 9^8.
πέντε S 2^{11}; Iss 3^5; Z 6^7; N 2^8; G 8^5; Jos 11^8 (β-dg); B 1^1 12^2.
Πεντεφρίς (Πετεφρίς, Πεντεφρής) Jos 12^1 13^1 13^3 13^4 13^5 15^6.
πέρας N 6^7.
περί c. gen. about 40 times : c. acc. twice.
περιβάλλω L 8^7; D 2^4 2^5; N 6^8; Jos 19^7 (A).
περιβλέπομαι Jos 7^1.
περιγίγνομαι Jud 6^3; Iss 3^6.
περιεργάζομαι R 3^{10}; Iss 5^1; G 6^5.
περιέργεια or περιεργία R 3^4; Jos 6^2.
περίεργος Iss 3^8.
περιέχω L 10^5.
περίζωμα B 2^3.
περικαθίζω Jud 9^4.
περιλαμβάνω B 3^7.
περιπατέω Iss 5^8.
περιπίπτω D 4^5; Jos 10^3.
περιποίησις Z 2^6.
περιπτύσσω Jos 3^8.
περιρήσσω (for περιρρήσσω) N 6^5.
περισπασμός Iss 4^5; G 7^6.
περισσός Jos 17^5 (β-d).
περισσώς Jos 17^5.
περισχίζω Z 4^5.
περιτέμνω L 6^3.
περιτίθημι L 8^5 8^6 8^7 (β-a) 8^9 8^{10}.
περιτομή L 6^6.
Πέρσης N 5^8.
πέταλον L 8^2.
πετάννυμι Jud 25^5.
πετεινόν L 9^{13}.
πέτρα L 4^1; Jud 2^6.
πηγή Jud 24^4 24^5 (a).
πηλός N 2^2.
πῆχυς Jud 3^7.
πιάζω Jud 2^2 2^3 (β-a) 2^6; N 5^2 5^3 5^6; G 1^8 (β-a).
πικρία L 11^7 (β-e); N 2^8.
πικριασμός L 11^7.
πικρός D 4^2; G 5^1; Jos 1^7.
πίνω R 1^{10}; S 3^2; Jud 14^3 14^6 14^7 16^2 16^3 (β); Iss 7^3; Z 4^1 (a); N 9^2; A 7^3; Jos 3^5 19^5 (A).
πιότης L 8^8; Iss 5^5.
πιπράσκω Z 4^1 (a) 4^3 (β) 4^4 (β) 4^5 4^{10}; N 7^4; G 2^3 5^{11} (β); Jos 1^5 10^6.
πίπτω R 3^{11}; Jud 3^8 (h, deg) 9^3 (β-a);

Z 2^1 (β) 3^7; D 4^5; G 4^3; Jos 6^8 13^2.
πιστεύω L 8^{12} (β); N 1^3 7^2; D 5^{13} 6^4 (β); Jos 2^1 4^2 11^6 13^4; B 4^4 (β-af) 10^7 10^8 10^9.
πίστις L 8^2; A 7^7.
πιστοποίησις B 10^3 (β-a).
πιστός Jos 9^2.
πλανάω R 4^6 5^3; L 10^2 16^1; Jud 14^5 17^1; Iss 1^{13}; Z 9^7; N 3^3; G 3^1; A 5^4; Jos 1^3; B 6^3.
πλάνη R 2^1 3^2 3^7; S 2^7 3^1 6^6; L 3^3; Jud 14^1 14^8 19^1 19^4 20^1 20^3 (β) 23^1 25^3; Iss 4^4 4^6; Z 9^7 (β) 9^8 (bdg); D 2^4 5^5 (β); N 3^3; A 6^2; Jos 3^9; B 6^1.
πλάνος L 16^3; B 6^1 (af).
πλάξ L 5^4; A 2^{10} 7^5 (β).
πλάσμα N 2^5.
πλάττω R 3^5.
πλατύς Z 4^6 (a).
πλειστάκις G 2^1.
πλείων G 7^2.
πλεονεκτέω Iss 4^2; A 2^5 2^6; B 5^1.
πλεονεξία L 14^6; Jud 21^8; D 5^7; N 3^1; G 2^4 (β) 5^1; A 5^1; B 5^1.
πλευρά N 2^8.
πληγή R 1^7; S 8^4; D 5^8; B 7^3.
πλῆθος L 17^5 18^2; Jud 6^3 (β) 13^4 14^8.
πληθύνω S 6^2; L 18^9; Iss 1^{11}; Jos 11^7.
πλημμελέω G 6^6.
πλήν Iss 7^2; Z 1^5.
πλήρης L 17^2.
πληροφορέω G 2^4 (β).
πληρόω R 2^9; L 8^{10}; Jud 9^2; N 6^8 7^1 8^7; G 5^1 (β-ad); A 1^9; Jos 4^7 6^5 9^1; B 3^8 12^1 (β).
πλησίον R 3^{13} 6^9; L 17^5; Jud 18^3; Iss 3^3 4^2 (bde) 5^1 5^2 7^3; Z 5^1 5^3 6^6 8^3; D 5^2; G 1^5 4^2 6^1; A 2^8; Jos 14^1 20^3; B 3^3 3^4 3^5 6^3 10^3.
πλήσσω R 1^7; B 3^4.
πλοῖον N 6^2 6^3 6^5.
πλούσιος R 4^7.
πλουτέω Jud 21^6; G 7^4 7^6; Jos 12^2; B 4^4.
πλουτίζω Jud 25^4.
πλοῦτος S 4^6; D 3^4; A 2^8; B 6^2 6^5.
πνεῦμα R 2^1 2^2 2^3 2^4 2^5 2^6 2^7 2^8 3^1 3^2 3^3 3^5 3^6 3^7 5^3; S 2^7 3^3 4^4 4^7 4^9 5^1 6^6; L 2^3 3^2 3^8 4^1 5^6 (β-d) 9^9 18^7 18^{11} 18^{12}; Jud 19^3 14^2 14^8 16^1 20^1 20^5 24^2 25^3; Iss 4^4 7^7; Z 9^7 (β) 9^8 (bdg); D 1^6 1^7 1^8 2^1 2^4 4^5 5^5 5^6 6^1; N 2^2 3^3; G 1^9 3^1 4^7 5^9 6^2; A 1^9 6^2 6^5; Jos 7^2 7^4; B 3^3 3^4 4^5 5^2 6^1 8^2 9^4.
πνοή R 2^6 (β).
ποδήρης L 8^2.
ποθέω Iss 2^6; A 3^1; Jos 4^7 (β).
πόθος D 4^5 (β); Jos 14^4.
ποιέω R 3^6 (β-g) 4^7 (β) 4^9 6^6 6^9; S 2^{11} 3^2 4^9; L 1^1 2^2 3^3 5^3 6^3 6^6 (β) 6^7 6^8 6^{10} 8^1 8^{14} 10^2 13^5 14^4 17^8 18^2; Jud 2^2 3^4

(β) 7^7 7^8 8^2 9^1 10^4 (β) 11^4 12^5 12^7 12^8 12^{12} 13^1 13^5 14^5 14^8 17^3 17^4 18^1 19^1 19^3 23^1 23^2 26^3 (β) 26^4; Iss 1^5 (β-g) 1^{11} (β) 7^5 7^7; Z 1^5 1^7 2^9 3^7 (β-eg) 4^4 (β) 4^9 4^{12} 4^{13} 5^1 5^3 5^4 6^1 6^5 7^1 9^4 9^5; D 1^9 3^2 4^5 5^5 5^6 5^{10} 6^6 (β); N 1^2 1^8 2^2 2^8 2^9 2^{10} 3^4 4^1 4^5 7^4 8^6 9^3; G 2^6 3^1 3^2 4^1 5^1 5^3; A 1^6 1^9 2^6 4^2 8^2; Jos 5^2 6^9 11^1 12^3 15^5 17^5 19^5 (A) 20^1; B 2^7 (A) 3^6 4^3 6^6 10^3 10^4 11^2 12^3 (c).
ποικίλος Iss 4^2; Z 1^3.
ποιμαίνω L 2^3; Z 6^8; G 1^4.
ποίμνη G 1^3; Jos 19^5 (A) 19^6 (A).
ποίμνιον R 4^1; S 2^9; L 6^9; Jud 3^1 21^7; Z 1^3 (β-af); G 1^2 1^3; Jos 19^4 (A) 19^5 (A).
ποιός Jos 7^1 (a).
πολεμέω S 5^5; Jud 3^4 (β) 3^5 3^8.
πολέμιος R 6^{12}; L 13^8; Jud 3^9 7^4 (β-d) 13^8; D 2^3.
πόλεμος S 4^8 5^5 6^4 8^2; Jud 4^1 5^6 (a) 6^1 7^{10} 22^1; D 5^2 5^{10}; G 5^1; B 12^3 (β).
πολιορκέω Jud 9^4.
πολιορκία Jud 23^3.
πόλις L 6^5 7^2 13^7; Jud 5^1 5^2 5^4 5^7 (β) 6^4 6^5 7^1 7^2 7^9 (a) 9^4 12^1 12^9 14^5; N 1^{11}.
πολλάκις G 6^5; Jos 4^1 (a) 9^1.
πολλαπλασίων Z 6^6 (bdg).
πολύς R 4^4 4^7 4^9; S 2^6; L 2^7 (a) 2^8 13^4; Jud 3^1 7^1 8^1 14^7 21^8 23^1; Iss 4^8; Z 1^6 1^7 (β) 5^5 6^6 9^2 9^6; N 4^3 7^1 9^1; A 2^7 2^8 4^2; Jos 3^9 12^1 15^1 16^3 19^4 (A); B 5^5.
πολυτελής Jud 26^3.
πόμα R 2^7.
πονηρεύομαι Jud 10^6 13^2; A 2^3.
πονηρία L 10^3; Jud 10^4 (β) 10^5 (β) 11^5 17^2 (β); Iss 1^{11} (a); Z 9^9 (h, β); D 5^5 5^6 5^8; N 4^1; G 8^2; A 1^7 1^8 2^3 2^4; B 3^3.
πονηρός R 1^8 4^9 4^{10} 5^1 6^6; S 2^{14} 3^5 4^9 5^1 6^6; L 5^6 (β-d) 13^6 13^8 18^{12}; Jud 10^2 11^1 12^2 14^4 (a, af) 16^1; Iss 4^6 6^2 7^7; Z 4^{12} 9^7 (a); D 1^3 3^1 6^8; G 7^6 (β); A 1^8 1^9 2^2 2^5 2^7 4^2 6^5; Jos 3^{10} 5^2 7^8; B 3^6 5^1.
πόνος Jud 18^4; Iss 5^5; Jos 7^2.
πορεύομαι R 1^3 1^6 4^1; S 2^9 4^5; L 9^2 13^1 19^2; Jud 7^2 (a) 9^3 (β) 11^3 13^2 (β) 18^6 23^5 24^3; Iss 3^1 3^2 3^4 (β-g) 4^1 4^6 5^1; Z 4^6 (β) 9^1; D 3^6 5^5; N 4^1 6^6; A 1^6 4^5 5^4; Jos 4^5 18^1; B 10^{11}.
πορνεία R 1^6 3^3 4^6 4^7 4^8 4^{11} 5^3 5^5 6^1 6^4; S 5^3 5^4; L 9^9; Jud 12^2 13^3 14^2 14^3 15^2 17^2 18^2; D 5^6 (β); Jos 3^8; B 8^2 (β) 9^1 10^{10}.
πορνεύω S 5^3 (β); Jud 15^1 15^2; Iss 7^2; A 2^8; B 9^1.
πόρνη L 14^5 14^6.
πορνικός R 5^4.
πορφύρα L 8^7.
ποσάκις Jos 3^1 4^1 (β-a) 9^4.

πόσος N 2^2; Jos 10^1 17^1; B 3^4.
πότε N 2^4.
πότος Jud 8^2.
πούς L 19^4; Jud 2^4 3^4 (β); Iss 7^9; Z 9^4; N 2^1 5^4; G 1^3 8^4; Jos 6^8 13^2 20^4; B 12^1 (c) 12^3 (β).
πράγμα S 2^8 2^{14} 4^6; N 8^{10}; A 2^1; Jos 17^6 20^6 (β).
πράξις R 3^{10} 4^1 5^6; S 2^3; Iss 3^3 5^1 7^7; Z 9^7; D 3^6; N 2^6 (β-ag) 3^1 3^2; G 3^1; A 1^3 1^6 1^8 1^9 2^3 2^4 3^2; Jos 5^2 11^1; B 9^1.
πρᾶος D 6^9.
πραότης Jud 24^1.
πρᾶσις S 4^2; D 1^5; Jos 16^2 (β).
πράσσω R 1^8 3^{12} 3^{14} 6^3; L 7^3 13^9; Jud 14^3; D 3^3; A 1^8 6^2.
προαίρεσις R 1^9; Z 5^2; N 2^6 (bef); Jos 17^3.
πρόβατον Jud 12^1; Z 1^3; Jos 19^4 (A).
προδίδωμι Jos 11^4; B 5^5.
προείπον S 6^1 (β).
προέρχομαι Jud 19^8 (β).
προΐστημι Jos 2^6.
πρό 7 times.
προκαθέζομαι Jud 12^2.
προκοπή Jud 15^5; G 4^5.
προκόπτω Jud 21^8.
προλαμβάνω Jud 2^5.
προνοέομαι Jud 7^3.
προνομή L 17^9.
πρόπαππος Jud 17^5.
πρός c. dat. 4 times: c. acc. about 100 times.
προσαγορεύω L 16^9.
προσάγω Jud 6^3 0^5; Iss 2^5.
προσαπαντάω Iss 1^3.
προσβάλλω L 5^6 (β-dg).
προσδέχομαι L 16^5; A 4^3 (β).
προσδοκάω A 4^8.
προσδοκία Jos 7^6.
προσεγγίζω R 4^6; S 5^3; Jud 7^4 21^5; Jos 6^5.
προσέρχομαι Z 4^7; Jos 4^6 15^7.
προσευχή L 4^2; N 8^8; Jos 4^8 10^1 10^2.
προσεύχομαι R 1^7; Jos 3^3 7^4 9^4; B 1^4 3^6 5^5.
προσέχω R 3^{10} 4^1; S 2^7; L 9^9; Z 1^2 4^2 8^5 9^1; D 1^2 2^3 6^1; A 6^1 6^3 7^5; Jos 16^4 (β-ad); B 8^3.
προσήκω Jud 5^2.
προσκαλέω R 4^9; Z 1^7.
προσκολλάομαι A 1^8 (a); B 8^1.
πρόσκομμα R 4^7.
προσκρούω G 5^6.
προσκυνέω R 6^{12}; Z 3^6 3^7 9^6 (h, β); Jos 13^5; B 10^7.
προσλαμβάνω A 1^8 (β); Jos 3^4 (β-bd).
προσοχθίζω Jud 18^5; D 5^4.
προσπεδάω Jud 2^6.
προσπελάζω Iss 6^1.

προσποιέομαι Jud 7²; Jos 3⁷.
πρόσταγμα L 3² (β); Jud 24³.
προστάσσω R 5⁵; B 12³ (c).
προστίθημι L 17⁵ 19⁴; Iss 2⁴; N 2⁸; G 2²; Jos 4⁸.
προστρέχω N 5² 5⁵.
προσφέρω R 4⁹; L 3⁶ 3⁸ 9¹³ 9¹⁴; Jud 21⁵; Iss 2⁶ (β-g) 3⁶ 5³; Z 6⁵; G 7².
προσφορά L 3⁶ (β) 14⁵.
πρόσωπον R 4² 5⁴; S 5¹; L 3⁵ (β) 3⁷ 3⁹ 4² 10³ 18⁵; Jud 13⁸ 20⁵ 25²; Iss 1¹¹; Z 2¹ (β) 3⁴ 4⁵ 8⁶ (a); D 2²; N 2⁷ 4⁵ 9²; G 1⁹ 6²; Jos 3⁴ 6⁸ 7² 13² (β-g); B 10¹¹ (β).
πρότερος L 8¹; Iss 1¹⁰.
προτίθημι R 1⁶ (a).
πρόφασις Jos 8⁶.
προφητεία L 8²; B 3⁸.
προφητεύω S 5⁶; D 7³.
προφήτης L 8¹⁵ 16²; Jud 18⁵; D 2³; B 9².
προχωρέω Iss 1¹¹ (β).
πρωί L 9⁴; N 1³.
πρωτογέννημα L 9¹⁴; Iss 3⁶ (β) 5⁴.
πρῶτος R 2⁴ 2⁹ 3³ 5³ (β); L 2⁷ 6⁴ 8⁴ 8¹² 8¹⁸ 9¹⁴ (deg) 11³ 17²; Jud 24³ 25¹; Iss 3⁶; Z 6¹; D 4² 4⁴; B 7² 9² 9³ 10⁸ 12³ (β).
πρωτότοκος R title.
πτέρυξ Z 9⁸ (bdg); N 5⁶.
πτοέω Jos 2⁵.
πτωχεία Jud 15⁶ 25⁴ (β); D 5¹³.
πτωχός Jud 15⁵ 15⁶ 25⁴; Iss 7⁵; A 2⁵ 2⁶.
πυθμήν Jud 24⁵.
πύλη L 5¹; Jud 7³ 9⁴ (β) 12¹ 12² (β) 12⁹.
πυλών Z 3⁶.
πῦρ L 3² 4¹; Jud 5⁵ 25³; Z 10³.
πύργος L 2⁸; Jud 5⁶.
πυρός Jud 9⁸.
πύρωσις Jud 16¹.
πωλέω S 2⁹; Z 2⁹; Jos 15⁴ 16¹; B 2¹.
πώρωσις (πύρωσις) L 13⁷.
πῶς R 4⁸; Z 4⁵; A 5¹; Jos 6⁸ 10⁵.

Ῥαβαήλ (Ῥαμβαήλ, Ῥοβαήλ) Jud 7⁹ (β).
ῥάβδος L 8⁴; Jud 12⁴ 15³ 24⁶; Z 1³; B 2⁴ (c).
Ῥαχιήλ (Ῥαχήλ) Iss 1³ 1⁶ 1⁷ 1⁸ 1¹⁰ 1¹⁴ (β-d) 2¹ 2² 2⁴; N 1⁶ 1⁷ 1⁸ 1⁹; Jos 20³; B 1³ 1⁴ 1⁵.
Ῥεβέκκα L 6⁸; N 1⁹.
ῥήγνυμι Jud 2⁶.
ῥῆμα Iss 1¹; Z 1² 2⁴; D 1²; Jos 1² 3¹⁰ 4¹.
ῥίζα Jud 24⁵.
ῥίπτω Jud 2⁷; Z 2⁷; Jos 7³.
ῥόδον S 6².
ῥομφαία S 5⁴; L 5³ 18¹⁰; Jud 23³; Z 4¹¹.
Ῥουβήμ (Ῥουβίμ) R 1¹ 1² 1⁵ 3⁹ 7¹; S 2⁹ 2¹⁰; L 6³; Jud 5² 9⁶ 13³ 25²; Iss 1³ 1⁴; Z 2⁷ 4⁵ 4⁷; G 1⁶.

Ῥουθαῖος (Ῥούθεος, Ῥώθεος, Ἡροθαῖος) N 1⁹ 1¹⁰.
ῥύομαι R 4¹⁰; S 2⁸; G 2⁵; Jos 1⁷ 2² 4³ 4⁸ 10³.
ῥυπαρός Jud 14³.
Σαβά Jud 8².
σάκκος N 6⁸; Jos 4³ (β) 15².
σαλεύομαι L 3⁹.
σανίς N 6⁶.
σάρξ S 6²; Jud 18⁴ 19² (β-f) 19⁴ 21⁸ 24⁴ (β-d); Z 9⁷; N 1⁴; G 7²; B 10⁸.
Σαρρά L 6⁸.
Σατανᾶς D 3⁶ 5⁶ 6¹; G 4⁷; A 6⁴ (β).
σβέννυμι L 4¹.
σέβομαι Jos 4⁶.
σελήνη L 14³ (β); Jud 25²; N 3² 5¹ 5² 5³ 5⁴.
Σεμεή (Σεμεί) L 12¹.
Σήθ B 10⁶.
Σήμ B 10⁶ (β-d).
σημεῖον S 6⁵; L 8² (β-af) 8¹¹.
σήμερον R 1⁶; L 7²; Jud 26²; D 1⁴.
σίδηρος Jud 9⁴ (β).
Σείρ (Σικάρ, Σιήρ, Σιρήχ) Jud 9³.
σίκερα R 1¹⁰.
Σίκιμα (Σήκιμα, Σίκημα, Σύκημα) S 2⁹; L 2¹ 6⁸ (β) 7²; Jud 4¹.
Σιλώμ (Σολών, Σηλώμ, Σιλών) Jud 6² 8³ 10⁶ 11³.
σιωπάω N 3¹; Jos 4⁷ (bdg) 9⁴ 10⁶ 16⁶; B 5⁴.
σκάφος Z 6¹; N 6⁹.
σκεπάζω B 3⁴.
σκεπεινός (σκεπεινός) R 3¹¹.
σκέπω B 4⁵.
σκεῦος N 2² 8¹.
σκηνή Jud 25².
σκῆπτρον Jud 24⁵ 25¹; D 1⁹; N 5⁸ 8³; B 10⁷.
σκληροκαρδία S 6² (a).
σκληρός S 2⁴.
σκληροτραχηλία S 6² (β).
σκοπέω N 3¹ (df).
σκορπίζω A 7⁶ (hi, g).
σκοτεινός B 4².
σκοτίζω R 3⁸; L 14⁴ 18⁹; Jud 2⁷; G 6².
σκότος S 8⁴; L 17⁶ 18⁴ 19¹; N 2⁷ 2¹⁰; G 5¹ 5⁷; A 5²; Jos 2⁴ 8⁵ 9¹ 9² 10³ (β-b) 19³ (A) 20²; B 5³.
σκοτόω Jud 2⁷ (adeg); D 2⁴; G 1³ (β).
σκυθρωπός S 4¹.
σκυλεύω L 4¹; Jud 5⁷ (β).
σμικρύνω Jud 17³; N 4³.
Σόδομα L 14⁶; N 3⁴ 4¹; A 7¹; B 9¹.
σορός R 7²; L 19⁵.
σοφία L 13⁷ 13⁸; Z 6¹.
σοφός L 13⁷; Jud 17³; N 8¹⁰.
σπείρω L 13⁶.
σπέρμα R 6¹²; S 6³; L 4³ 4⁴ 7¹ 8³ 8¹¹ 8¹⁵ 8¹⁶ 9⁹ 15⁴; Jud 10⁵ (β) 22³ 24¹; Z 3⁴; D 7³; Jos 19¹¹; B 11².

σπεύδω N 1¹² (bef); G 4³.
σπήλαιον R 7¹; Iss 7⁸ (β-g).
σπιλόω A 2⁷.
σπλαγχνίζομαι Z 4² 6⁴ 7¹ 7² 8¹ 8³ 8⁴ (bdg).
σπλάγχνον S 2⁴; L 4⁴; Z 2² 2⁴ 5³ 5⁴ 7³ 7⁴ (bdg) 8² (bdg) 8⁶ (bdg); N 4⁵ 7⁴; Jos 15⁸; B 3⁷.
σπλήν N 2⁸.
σποδός Jos 15².
σπορά R 2⁸.
σπουδάζω D 6³; N 3¹; G 4³.
σπουδαῖος Jud 1⁴ (β).
σπουδή L 13⁷ (β).
στάδιος Z 7⁴; G 1³ (β).
σταθμός N 2³.
στειρεύω B 1⁴.
στεναγμός Jos 7² 9⁴.
στενάζω Jos 7¹.
στερέωμα N 3⁴.
στερίσκω Jud 18⁴.
στέρνον A 1⁵; Jos 9⁵ (β).
στέφανος L 8² 8⁹; B 4¹.
στῆθος Jud 20³ (β) 20⁴.
στήριγμα Jud 15³ 15⁶.
στηρίζω S 2⁷.
στολή L 8⁵; Jud 3⁶; Jos 5² (β) 19⁸.
στόμα R 1¹⁰ 6¹⁰; L 6⁵ 8¹⁷ 13⁴ 19³; Jud 2⁴ 5⁵; D 1² (β-dg); N 2⁶ (β-ag); G 1⁷; Jos 1² 4⁶; B 11² (c) 11³.
στόμαχος N 2⁸.
στρέφω Z 7⁴.
στρῖνος B 9¹ (β).
στυγνός L 3¹.
συγγένεια Z 8⁶.
συγγίγνομαι Jos 4⁵ 7³.
συγγινώσκω S 3⁶; Jud 19³ (β).
συγκαλύπτω N 9².
συγκαταριθμέω N 7² (hi, β).
συγκόπτω Jud 3⁴ (β).
συγκρύπτω A 2⁴; Jos 17².
συγχαρίζομαι B 10⁷ (β-d).
σύζυγος R 4¹.
συκοφαντέω Jos 8⁴.
συκοφαντία Jud 16³; G 5¹; Jos 10³.
συλλαμβάνω R 3¹² 5⁶; L 2¹ (β) 11² 17³; Jud 12⁴; Iss 1¹⁵; N 1⁶; B 1⁴ 7².
συμβαίνω S 2¹³.
συμβάλλω G 4⁴.
συμβιβασμός L 11⁶.
σύμβιος Jud 23³ (β); Iss 7² (a).
συμβουλεύω L 6³; Jud 13⁴.
Συμεών S 1¹ 1² 2¹ 2² 8¹ 9; L 2² 6⁴; Jud 6⁵ 25¹ 25²; Z 2¹ 3² 4² 4¹¹; G 2³ (β).
συμμαχέω Jud 7⁶.
σύμμαχος Jud 6² 7².
συμμίγνυμι R 3².
συμπάθεια Z 7⁴.
συμπαθέω S 3⁶; B 4⁴ (β-a).
συμπάσχω Z 6⁵ 7³; B 4⁴ (a).
συμπίπτω Jud 11² (β) 13⁸ (β-d) 13⁷; Z 10¹; Jos 7¹ 7² 9⁵.
σύμπυθίζω S 2¹².
συμπορεύομαι Jud 24¹; Iss 7⁷; Z 7⁴.

συμφαίνομαι R 5⁶.
συμφέρω G 7¹ 7²; Jos 9³.
σύν 12 times.
συνάγω R 1²; L 1²; Jud 1²; Jos 19⁴ (A) 20⁶ (c); B 6² 9² 10¹¹.
συναγωγή L 11⁵; B 11² 11³.
συναίρω D 4⁷.
συναλγέω Z 6⁵.
συναμαρτάνω D 5⁷ (c).
συναναστρέφομαι D 5¹³; N 4².
συναναφέρω Jos 20².
συνανέρχομαι N 5⁷.
συναντάω L 1¹.
συνάπτω R 3⁷; L 14⁸; Jud 5⁶ 6²; N 2⁸; Jos 8¹ (β-d).
συνδιάζω R 3¹⁰ (a) 6² (a, de).
συνδυάζω R 6² (bfg).
συνεγγίζω D 5⁷.
σύνεγγυς D 7² (β-dg); G 8³ (β).
συνείδησις R 4³; Jud 20² (a).
σύνειμι Iss 2³.
συνεξαμαρτάνω D 5⁷ (hi, kef).
συνέπομαι Jud 3¹⁰.
συνεργέω R 3⁶; Iss 3⁷; D 1⁷; G 4⁵ 4⁷.
συνέρχομαι R 2⁸ 3⁸; Jud 10⁵ (β) 12⁴; N 1²; Jos 3¹ 9⁴ 10⁴.
συνεσθίω S 7¹.
σύνεσις R 6⁴; S 4⁸ (β); L 2³ 4⁵ 8² 13² 18⁷; Jud 14⁷ 20² (β); Z 6¹.
συνετίζω L 4⁵ 9⁸.
συνευδοκέω A 6².
συνεχής R 6³; Jud 22¹.
συνέχω R 4³; Jud 3¹ (β) 18⁴; Jos 1⁵ 7² 8⁵ 14⁸; B 8³.
συνεχῶς R 5⁶; L 9⁶; D 4⁷; G 5¹.
συνηγορέω Jos 1⁷.
σύνθρονος L 13⁹.
συνίημι L 8¹³; D 4¹; N 3¹; Jos 6².
συνκλαίω Z 2⁶.
συνουσία R 2⁸ 5⁶; Iss 2¹ 2²; N 8⁸; Jos 8².
συνταράσσω Jud 14³.
συντέλεια L 10²; Z 9⁹; B 11³.
συντελέω S 8¹; L 5⁴; Jud 13³ 22²; D 6⁴.
συντηρέω L 6².
συντίθεμαι Z 1⁶; Jos 6⁹.
σύντομος Z 4⁶.
συντόμως Jos 7¹.
συντρέχω Jud 2² 2⁵ (β-a) 19²; B 4⁵ (β-ab).
συντρίβω Jud 2⁴; N 6⁵; A 7³.
συντράγω Z 4² (β).
συντυχία R 6³.
Σύρος R 6³.
συσσείω Jud 2⁷.
σύστασις R 2⁴.
συστενάζω Iss 7⁵.
Συχέμ L 5³ 6² 12⁵.
σφακελισμός Jud 23³.
σφενδονάω Jud 3⁶.
σφενδονίζω Jud 7⁵.
σφόδρα Z 7¹; Jos 3⁶; B 1⁵.
σφοδρός N 6⁴; B 1⁵.
σχῆμα R 5¹ 5² 5⁴; Jud 12³; Z 3⁷ (a, aeg) 9⁸ (bdg).

σχίζω L 4¹ 10³; Z 9⁴ (β); B 9⁴.
σχολάζω Jud 20¹.
σώζω S 6⁵ 6⁷ 7²; L 2⁴ 2¹¹; Jud 24⁶; N 8³; A 7³; Jos 19¹¹.
σῶμα S 2⁵ 4⁸ 4⁹ 6⁷; Jud 14³; Z 2⁵; D 3² 3³ 3⁴; N 2² 2⁴; A 2⁷ 4⁴; B 12³ (c).
σωτήρ L 10² 14²; D 6⁷ (β) 6⁹; G 8¹ (β-bg); Jos 1⁶; B 3⁸.
σωτηρία L 17²; D 6¹⁰; N 8²; G 4⁷ 5⁷ 8¹; B 3⁸ 11².
σωτήριος S 7¹; L 9⁷; Jud 22²; D 5¹⁰; B 9² 10⁵.
σωφρόνως Jud 16³.
σωφροσύνη Jos 4¹ 4² 6⁷ 9² 9³ 10² 10³.
σώφρων Jos 4²; B 4⁴.

τάλαντον Jud 9⁵ (β); Jos 18³.
ταμιεῖον S 8³ (β); Jos 3³ 9².
τανῦν L 10¹ (a).
τάξις L 11³; N 2⁸ 2⁹ 3² 3³ 3⁴ 3⁵ 8⁹ 8¹⁰.
ταπεινός D 6⁹; G 5³; B 9⁵.
ταπεινόω B 5⁶.
ταπείνωσις R 6¹⁰; Jud 19²; D 5¹³; G 5³; Jos 10² 18³; B 10⁷.
ταράσσω Z 8⁶; D 4² 4⁷; G 6²; A 6⁵ (β); Jos 7⁵.
ταραχή S 4⁹ 5¹ 6⁴; L 13⁶; D 5²; B 6⁵ 7².
τάριχος N 6² (β).
τάσσω L 3³; N 2¹ 3⁵.
ταῦρος N 5⁶.
Ταφουέ (Ταφουσέ, Γαφούς) Jud 3² 5⁶.
ταχύς Iss 6³.
τειχήρης Jud 5¹ (β-dg).
τεῖχος L 2³; Jud 4² 5³ 5⁴ 7³ (β) 9⁴ (β); Jos 19⁶ (A).
τεκνίον R 1⁸ (c, bg).
τέκνον R 1³ 1⁴ 2¹ 3⁹ 4¹ 4⁵ 5¹ 5⁵; S 2¹ 2¹³ 3¹ 4⁵ 4⁷ 5² 7¹ 7³ 8¹ (h, afg); Lev 9⁹ (bdg) 10¹ 12⁶ 13¹ 13² 13⁵ 14¹ 18¹² 18¹³ 19¹; Jud 1³ 8³ (β) 10³ (β) 11⁵ 13¹ 13⁸ 14¹ 14⁴ 14⁷ 16¹ 17¹ 18² 19¹ 19² 20¹ 21¹ 23¹ 26¹; Iss 1¹ 1⁶ 2¹ 2³ 3¹ 4¹ 5¹ 6¹ 6³ 7⁶ (β) 7⁷; Z 1¹ (β) 3¹ 3² 5¹ 5³ (β-d) 7² 8¹ 8⁵ 10¹; D 1⁴ 2¹ 2² (β) 3¹ 4⁵ 5¹ 6¹ 6⁸ 6⁹; N 1⁵ 2⁹ 3⁴ 4¹ 7³ 8¹ 8² 8⁴ (β) 8⁵ 8¹⁰; G 1² 2¹ 3¹ (β-a) 4¹ 5² 6¹ 8¹ 8² 8³; A 1² 3¹ 5¹ 6¹ 6³ 7⁴; Jos 1² 3⁷ 7⁵ 7⁶ 8¹ 10¹ 11¹ 13⁵ (β) 17¹ 18¹ (β-ae) 19¹ 19¹¹; B 3¹ 3⁷ 4¹ 7¹ 8¹ 10² 10⁴ 10¹⁰ 10¹¹ 12¹ (β).
τέλειος Jud 23⁵; A 1³ (ci, e).
τελειόω G 7¹.
τελείως G 7¹ (β-af).
τελευτάω Jud 25⁴.
τελευτή R 1² 4²; L 1¹ (efg); N 1¹ (hi, β-bg); Jos 20¹.
τελέω Jos 4⁷ (β).
τελείωσις R 6⁸.
τελίσκομαι Jud 12⁹ (bg).
τέλος L 5⁶ (β-d) 6¹¹ 14¹ 16³; D 6⁵; N 1¹ (bg); G 8² (β); A 1³ 1⁹ 2¹ 2⁴ 6⁴; Jos 8²; B 4¹.
τελωνέομαι Jud 12⁹ (aef).
τέρπω D 4⁴; Jos 17³; B 6³.

τέρψις D 4³.
τεσσαράκοντα L 12⁵; Jud 12¹².
τεσσαρακοστός L 11⁷; Jud 9² (β); N 5¹.
τέσσαρες L 2⁹ (β); Jud 3⁶ 4¹ (β) 9⁵ 16¹; A 7².
τέταρτος R 2⁵ 3⁴; L 3³ (β) 8⁷ 11⁸ 12⁴ 17⁵; Jud 1³ 25¹; Z 1¹; Jos 19⁶ (A); B 7².
τέχνη N 2⁶ (def) 8⁷.
τήκω L 4¹; Jos 15³.
τηρέω R 5⁶; Z 4³; D 5¹; G 7⁵.
τίθημι R 7²; S 8²; L 19⁵; Z 4³ 10⁶; D 1⁴; G 8⁶; Jos 20³ (β); B 12² (β).
τίκτω R 5⁷; L 2¹ (β) 11² 11⁷ 11⁸ (β) 12¹; Jud 8³; Iss 1² 1¹⁵ 2¹ 2²; Z 1³; N 1⁶ 1⁹ 1¹¹ 1¹²; Jos 3⁷ (β); B 1² 1⁴ 7² (β-bg).
τιμάω L 13³; Jud 1⁵; G 6⁶ (β-af) 8¹; Jos 10⁶ 11¹ 19¹¹.
τιμή Z 3² 3³; Jos 16³; B 6⁵.
τίμημα Z 3¹.
τίμιος L 17⁸.
τιμωρέω Jos 14¹.
τιμωρία Jos 3¹.
τοιοῦτος N 9¹; A 2⁹ 4⁵; B 2⁸ (A) 7⁵.
τόξον Jud 3³ 7⁵ 9³.
τόπος R 3¹¹; L 16⁵; D 6⁷; Jos 2⁶ (bg); 19² 19³ (A).
τότε passim.
τότε οὖν peculiar to a, Jud 7⁵ 9⁷; Iss 2¹.
τράπεζα L 8¹⁶; Jud 21⁵.
τράχηλος N 2⁸.
τρεῖς L 8¹¹; Jud 7³ (β) 9⁶ (β) 12¹² ; Z 4⁴ (β); Jos 11⁸ 19² 19³ (A).
τρέμω L 3⁹ (a); Z 2⁵.
τρέπω Jud 6².
τρέχω Jud 2⁵ 3¹ 25⁵; N 5³; B 2³.
τριάκοντα R 1⁸; L 19⁴; Iss 3⁵; G 1⁴ 2³ (β).
τριακοστός L 14¹; N 1¹.
τριημερίζω Jos 3⁵.
τρικυμία N 6⁵.
τριπλοῦς D 4⁴.
τρίτος R 2⁵ 3⁴; L 2⁸ (β) 3³ (β) 8⁶ 8¹⁴ 11⁷ 12⁶ 17⁴; Jud 10² (β) 25¹; D 3⁴; N 2³; Jos 13⁵; B 7².
Τρωγλοδίτης (Τρωγλοδύτης, &c.) Z 4⁶.
τρόμος S 4⁸; Jud 3⁸.
τρόπος L 6⁸; G 2²; A 1³; Jos 2⁶ 7¹.
τροφή Jos 3⁵; B 11¹.
τροφός N 1⁹.
τρύβλιον Jos 6².
τρυφάω Jos 9².
τρυφερός G 4¹ (β).
τρυφή Jud 25²; Jos 3⁴; B 6³.
τύπος L 8¹⁴; Z 3⁶.
τύπτω Jos 2³ 13¹ 13⁹ 14¹ 14².
τυφλός R 2⁹.
τυφλόω S 2⁷; Jud 11¹ 18³ 18⁶ 19⁴; D 2⁴.
τύφλωσις L 13⁷ 14⁴ (a); D 2².
τυφλώττω Jos 7⁵.

ὑβρίζω Jud 7⁵; B 5⁴ 9³.
ὕβρις Jud 16³; G 5¹; B 6⁵.
ὑγεία N 2⁸.
ὑγιάζω L 13⁵ (a).

INDEX 323

ὑγιαίνω L 1²; N 1² (β); A 1².
ὑγιής Iss 7⁹ (β).
ὕδωρ L 2⁷ 4¹ 8⁵ 18⁵ 18⁷; Jud 6¹ 12³ (β-df);
  Iss 1⁵; Z 2⁷ 2⁸ 9¹; N 6⁵; A 7² 7³.
υἱός R 1¹ 1² 1⁵ 4⁷ 6⁵ 7¹; S 1¹ 1² 2² 4⁶ 5⁴
  8¹ 9; L 1¹ 2⁴ 3¹⁰ 4¹ 4² 4⁴ 4⁵ 5⁴ 6³ 11²
  11⁷ 12² 12³ 18⁸ 19² 19³ 19⁴; Jud 1¹ 1³
  5⁶ (β) 9¹ 9⁴ 10¹ 10⁴ (a) 11⁵ (β) 13³ (β)
  14⁵ 17³ 21⁵ 21⁷ 23⁴ 24¹ (bdg) 24³ 26⁴;
  Iss 1¹ 1² 1⁸ 2² 5⁷ 6¹ 7⁸; Z 1¹ 4⁹ 5⁴ 9⁷ 9⁸
  (bdg) 10² 10⁶; D 1¹ 1² 1⁶ 5⁶ 5⁷ 7²; N
  1² 1⁵ 6¹ (β) 9⁸; G 1¹ 1² 1⁶; A 1¹ 1³ 8²;
  Jos 1¹ 1² (β) 2⁵ 3⁷ 3⁸ 5⁴ (β-d) 10⁶ 15² 17⁷
  20⁶ (c); B 1¹ 1⁵ 1⁶ 2² 3⁶ (β-b) 9² (c) 12³.
ὕμνος L 3⁸; G 7².
ὑμνέω Jos 8⁵.
ὑπάγω L 13³; B 2⁴ (β).
ὑπακοή Jud 17³.
ὑπακούω R 3⁸ (β-dg); S 7¹ (h, β); Jud 1⁴
  13¹ 18⁵ (β) 18⁶; Iss 5⁸; Z 9⁴ (β); D
  5⁶; N 3³; G 8³.
ὕπανδρος R 3¹⁰; L 14⁶.
ὑπαντάω Jud 13³ (a); B 2⁴.
ὕπαρ N 2⁸ (a).
ὕπαρξις L 17⁹; Z 8⁶ (aef).
ὑπάρχω S 4⁴; L 11¹; Jud 23³; Iss 7¹ (a);
  N 1⁹; G 1⁴; Jos 10⁵ 11³.
ὑπέρ c. gen. 9 times : c. acc. 15 times.
ὑπεράνω L 3⁴.
ὑπερασπίζω B 4⁵ (β-a).
ὑπερεκπερισσοῦ Jos 17⁵.
ὑπερέχω Jud 21⁴.
ὑπερηφανεία (ὑπερηφανία) R 3⁵; Jud 13²
  18³; D 5⁶; G 3³.
ὑπερήφανος L 17¹¹.
ὑπέρογκος A 2⁸.
ὑπηρετέω Jos 14³.
ὑπηρέτης B 3⁸.
ὕπνος R 3¹ 3⁷; S 4⁸ (β) 4⁹; L 2⁵; Jud
  18⁴; Iss 3⁵ 7⁹; Z 10⁶; D 7¹; N 2⁶;
  A 8¹; Jos 20⁴; B 12² (c).
ὑπνόω R 3¹²; Iss 7⁹ (β); D 7¹.
ὑπό c. gen. about 25 times : c. acc. 5 times.
ὑποβάλλω S 3³.
ὑπογράφω Iss 4³ (β-g).
ὑποδείκνυμι N 8¹; A 1².
ὑπόδημα Z 3² 3⁴ 3⁵.
ὑποκάτω L 3⁷; Iss 1⁵.
ὑποκρίνομαι A 7³.
ὑπόκρισις B 6⁵.
ὑποκρύπτω Jud 6⁵.
ὑπολύω Z 3⁴ 3⁵ 3⁶.
ὑπομένω D 5¹³; N 7¹; Jos 17¹.
ὑπομιμνήσκω L 9⁶.
ὑπομονή Jos 2⁷ 10¹ 10².
ὑπονοῶ B 9¹ (β).
ὑποπίπτω Jos 7⁸.
ὑποσκελίζω D 6³; Jos 4¹.
ὑπόσπονδος Jud 7⁸ (β).
ὑπόστασις R 2⁷; Z 2⁴.
ὑποστρέφω Z 4⁶ (a); G 1⁵.
ὑποτάσσω Jud 21².
ὑποτίθημι Iss 5³.

ὑπουργέω D 3⁴.
ὑπόφορος Jud 7⁸ 9⁷ (β).
ὗς A 2⁹ (bdg).
ὑστέρημα B 11⁵.
ὕστερος L 19⁶ (β); Z 10⁷; Jos 3⁸; B 11².
ὕφης Jud 9⁸.
ὑψηλός L 2⁶ 11⁵; Jud 6⁵.
ὕψιστος S 2⁸ 6⁷; L 3¹⁰ 4¹ 4² 5¹ 5⁷ 8¹⁵
  16³ 18⁷; Jud 24⁴; Iss 2⁸ (β); N 2³
  (b, A); G 3¹; A 2⁶ 5⁴ 7³; Jos 1⁴ 1⁶
  (bdg) 3¹⁰ 9³ 10³; B 4⁵ (β-a) 9².
ὕψος L 2⁸; Iss 1⁵ (β); N 5⁷.
ὑψόω R 6⁶; Jud 2¹⁸; N 5³; G 7²; Jos
  1⁷ 10³ 10⁵ 17³ 18¹; B 9³.

φαιδρός L 2⁸ 2⁹; B 5⁵.
φαίνω R 5⁷; S 4⁹ 6⁵; Jos 3⁴ 19¹² (β);
  B 10⁷ 10⁹.
φανερός A 2⁸.
φανερῶς Jos 4².
φαντάζω S 4⁹.
φαντασία R 3⁷ 5⁷.
φάραγξ Iss 1⁶.
Φαρμακόν R 4⁹; Jos 2⁷ 5¹.
φείδομαι S 2⁷; Jos 16⁴.
φέρω R 4⁷; S 2⁹; L 3⁷; Iss 1³ 3¹; Z 2³
  2⁴; N 2² 6⁵; Jos 11⁵.
φεύγω R 5⁵; L 15⁸ (β); Jud 3⁶ 7⁷; Iss
  7⁷; D 5¹; N 6⁶ (β) 8⁴; Jos 8¹; B 5² 7¹.
φημί A 2¹ (β-g); Jos 14² (β-ad) 16¹.
φθάνω R 5⁷; L 6¹¹; N 5³ 5⁷ (β) 6⁹; G
  1³; Jos 11⁴ (a).
φθαρτός B 6².
φθέγγομαι D 5².
φθείρω S 4⁸ 5⁴; Jud 19⁴.
φθονερός Iss 3³.
φθονέω S 2¹⁴ 3³ 3⁶; G 3³ 7²; B 4⁴.
φθόνος S 2¹³ 3¹ 3² 3⁴ 3⁶ 4⁵ 4⁷ 6²; D 2⁵;
  G 4⁵; Jos 1³ 1⁷ (β-af) 10³; B 7² 7⁵ 8¹.
φιλαργυρία Jud 18² 19¹.
φιλάργυρος (φιλάργυρος) L 17¹¹.
φιλέω B 1² (β-dg).
φιληδονία R 2⁸ 3⁶; Iss 2³; B 6².
φιλονεικέω G 6⁴; Jos 4⁷ (β-bg).
φίλος L 13⁴ 13⁸; Jud 23³; D 2³.
φλόξ Jos 2².
φοβερός Jos 6².
φοβέομαι S 2³; L 13¹; Jud 7¹¹; Z 16.4²
  10⁵; D 6¹; N 7¹ 8⁴; G 3² 5⁵ 6⁶;
  Jos 2⁴ 4² 5³ 15⁵; B 2⁵ 3³ 4⁴ 5² 10¹⁰.
φόβος R 4¹; S 3⁴; L 13⁷; Jud 16² ; N 2⁹;
  G 5⁴; Jos 10⁵ 10⁶ 11¹; B 3⁴ 4⁵ (β-a) 5¹.
φοῖνιξ N 5⁴.
φοιτάω B 11⁵.
φόνος Z 2³.
φοράς Jud 2³ (β).
φορέω Z 3⁵; B 4¹.
φραγγελόω B 2³.
φρόνησις N 8¹⁰.
φρόνιμος N 8¹⁰.
φυγαδεύω G 5⁷.
φυλακή Jos 1⁶ 8⁴.

φυλάσσω R 3⁹ 4⁵ 4⁸ 6¹ ; S 3¹ 4⁵ 5ᵃ 7³ 8⁸ ;
L 8¹⁷ (β-af) 10¹ 13⁸ ; Jud 13¹ 16¹ 18²
22³ 26¹ ; Iss 5¹ 7⁵ ; Z 5¹ 10²; D 2¹ 5¹ ;
G 1³ 4¹ ; A 6³ ; Jos 1⁴ 2³ 9⁵ 14² 18⁴
19¹¹ ; B 3¹ 10³ 10⁵.
φυλή S 7¹ (β) ; Jud 15³ ; Z 10² ; D 5¹⁰ ;
A 7⁶ ; B 9² 11⁵.
φύλλον L 9¹².
φύρω Jos 6¹ ; B 2².
φυσιδομαι L 14⁷ 14⁸ (β).
φυσικός D 2⁴ (β-a) 3⁴.
φύσις R 3¹ 3³ ; D 3⁶ (β-d) ; N 3⁴ 3⁵.
φωνή L 18⁶ ; Iss 1⁴; Jos 8⁵ 9⁴ ; B 11²(β).
φῶς L 4³ 14⁴ 18³ 19¹ ; Z 9⁸ ; N 2⁷ 2¹⁰ ; G
5¹ ; A 5² 5³ ; Jos 19³ (A) 20² ; B 5³ 11².
φωστήρ L 14³ ; Jud 25².
φωτεινός L 2⁸ 4³ (β).
φωτίζω L 4³ 18³· 18⁹ ; G 5⁷ ; B 6⁴ 11².
φωτισμός L 14⁴.

χαίρω Iss 3⁶ ; D 1⁵ ; Jos 8⁵ 19⁹ ; B 6⁴.
χαλάω Jos 1⁴.
Χαλδαῖος N 1¹⁰ 5⁸.
χαλκοῦς L 6¹ ; Jud 9⁴ (β).
Χάμ S 6⁴.
χαμοκοιτέω Jos 4³.
Χαναάν S 6³ ; L 12⁵ ; Jud 10² (β) 11¹ (β)
11³ ; Z 5⁵ ; Jos 12² 13¹ 13⁸ 15² ; B 12³
(β) 12⁴.
Χαναναῖος L 7¹ ; Jud 3¹ 7¹¹ 10⁸ 11¹ 13³
(β) 14⁶ 17¹.
Χανανάνιτος (Χανανίτης) Jud 13³ 16⁴.
χαρά L 17² ; Jud 25⁴ 25⁵ ; A 6⁶ ; B 6⁵ (β).
χαρακτήρ S 5⁴.
χαρίζομαι S 4⁶ ; L 15³ 18⁵ 18¹⁴ ; B 10⁷ (a).
χάρις R 4⁸ ; S 4⁵ 5² ; L 18⁹ ; Jud 2¹ 24² ;
Jos 3⁴ 11⁶ 12³ 19¹¹ (β) ; B 4⁵.
χαριτόω Jos 1⁶.
Χαρράν (Χαρά) L 2¹ ; Iss 1⁵.
χαυνόομαι Z 2⁴.
Χεβρών R 7² ; S 8² ; L 9⁵ 12² 19⁶ ; Jud
2⁶ 4³ 26³ 26⁴ ; Iss 7⁸ ; Z 10⁷ ; N 9¹ ;
G 1⁵ 8⁵ ; A 8¹ 8² ; Jos 20⁶ (c) ; B 12¹
(β) 12³.
χεῖλος Iss 7⁴.
χειμάζομαι Jud 21⁶ ; N 6⁵.
χειμών Z 6⁸ 7¹ ; N 6⁹.
χείρ S 2⁸ 2¹² 2¹³ 9 ; L 4⁴ 8¹⁰ 14¹ 14² ;
Jud 3⁶ ; Iss 3⁷ ; Z 2² 2³ 7⁴ 9⁴ ; D 1⁹ ;
G 1³ 2⁵ ; A 7² ; Jos 1⁵ 11⁷ 12² 15⁴ 17⁶ ;
B 6¹.
Χετταῖος S 6³.
χέω L 18⁵ (beg).
χηρεύω Jud 12¹ 12².
χθές N 1⁴.
χίλιοι Jud 4¹ 9⁸ (β).
χίμαρρος Z 4⁹.
χιτών Z 4⁵ (a) 4⁹ 4¹⁰ 4¹¹ 4¹² ; Jos 8³ ; B
2² 2³.

χιών L 3².
χλευάζω L 7² 14⁸.
χλευασμός L 14¹.
χλωρός G 2².
χοῖρος Jud 2⁶.
χολή R 3⁴ ; N 2⁸.
χορτάζω Jud 21⁸ 25⁴ (β-g).
χρεία Z 6⁵.
χρῄζω Jud 14⁷ ; Z 7³ 7¹.
χρῆμα Jud 21⁷.
χρῆσις N 2⁴.
χρηστός B 3⁷.
Χριστός A 7² (a, d).
χριστός R 6⁸ ; L 10².
χρίω L 17² 17³.
χρόνος R 6⁸ ; S 1¹ ; Jud 7¹⁰ ; Iss 2⁵ 4³ ;
G 5¹¹ ; Jos 3⁸ 5¹ 19⁴ (A).
χρύσινος Jos 16⁵ (β-eg).
χρυσίον L 2¹² ; Jud 13⁵ 17¹ ; Iss 4² ; G
2³ (β) ; Jos 11⁴ 11⁷ 16⁴ 18³.
χρυσός L 13⁷ ; Jud 13⁴ ; Jos 16⁵.
Χωζηβά (Χωζιβά, Χουζηβά) Jud 6¹ 12³
(β-d).
χώρα L 13⁷ ; Jud 2⁷.
χωρέω Iss 1¹¹ (a) ; N 2².
χωρίζω R 4⁶ ; S 5³ ; Z 8⁶ 9⁴ ; N 2⁷ 6⁶
(β).
χωρίον Jud 12⁹.
χωρίς G 1⁹ (a).

ψέγω Iss 3⁴ ; G 3³.
ψευδοπροφήτης Jud 21⁹.
ψεῦδος R 3⁵ ; Iss 7⁴ ; D 1³ 2¹ 2⁴ 3⁶ 4⁶ 4⁷
5¹ 6⁸ ; G 5¹ ; A 5³ ; B 6⁴.
ψεύδομαι Jos 13⁹ ; B 2⁶ (A).
ψύα N 2⁸ (bdf).
ψύγω B 8³.
ψυχή R 1⁹ 4⁶ 4⁹ ; S 2⁵ 3⁴ 4⁵ (β) 4⁶ 4⁸ 4⁹ 6¹
(β) ; L 13⁶ ; Jud 11⁴ 13⁸ 18³ 18⁴ 18⁶ 19²
(β) ; Iss 4¹ (hi, β-bg) 4⁵ 4⁶ ; Z 2⁴ (β)
8⁶ 9⁶ (bdg) ; D 3¹ 3² 3³ 4² 4⁷ 5¹¹ ; N 2⁶
3¹ 9² ; G 2¹ 3³ 5⁵ 5⁷ 6¹ 6² (β) 6³ 7⁷ ;
A 1⁶ 2¹ 2⁷ 4⁴ 6⁵ ; Jos 2⁶ 13¹ 17⁷ ; B 4³
4⁵ 5⁵ (β-a) 6¹ 6⁴ 6⁶.
ψώα N 2⁸ (a).
ψωμίζω L 8⁵.

ὦμος Z 9⁴.
ὠμότης D 3⁶.
ὠνέομαι Z 3² ; Jos 13⁸ 16¹ (β-df) 16⁴.
ὥρα Jud 3⁴ (β) ; Jos 8¹ ; B 3⁷.
ὡραῖος R 3⁴ ; S 5¹ ; L 8¹⁶ ; Jos 9⁵ 18⁴.
ὡραιότης Jos 18¹.
ὡς = 'when,' passim.
= 'as,' saepissime.
ὡσαύτως L 17⁷ ; A 2³ (beg).
ὡσεί L 7² ; N 2¹ (a) ; G 1³ (a) ; Jos 8¹.
ὥσπερ saepe.
ὥστε saepe.

www.ingramcontent.com/pod-product-compliance
Lightning Source LLC
Chambersburg PA
CBHW072130220426
43664CB00013B/2195